10639686

COLLINS GEM

FRANÇAIS ▶ ESPAGNOL
ESPAÑOL ▶ FRANCÉS

Collins Gem
An imprint of HarperCollinsPublishers

Dictionnaires Le Robert
Paris

Primera edición 1999/Première édition 1999

© HarperCollins Publishers 1999

Collins Gem ® is a registered trademark
of HarperCollins Publishers Limited

Redactores/Rédaction
Teresa Alvarez García • Jean-Benoit Ormal-Grenon
Christine Penman • Christian Salzedo

Coordinación/Coordination
Sharon J. Hunter

Ayudante de redacción/Secrétariat de rédaction
Emma Aeppli

Informática/Information éditoriale
John Podbielski

Colección dirigida por/Collection dirigée par
Lorna Sinclair Knight

DICTIONNAIRES LE ROBERT
27, rue de la Glacière
75013 PARIS
ISBN 2-85036-585-8

Dépôt légal : mai 1999
Achevé d'imprimer en mars 1999

Grijalbo Mondadori, S.A.
Aragó 385, Barcelona 08013
ISBN 84-253-3321-0

Fotocomposición/Photocomposition Morton Word Processing Ltd, Scarborough
Impreso por/Imprimé par Caledonian International Book Manufacturing Ltd
Glasgow, G64

TABLE DES MATIÈRES   ÍNDICE

prot. cm

Marques déposées

Les termes qui constituent à notre connaissance une marque déposée ont été désignés comme tels. La présence ou l'absence de cette désignation ne peut toutefois être considérée comme ayant valeur juridique.

Marcas Registradas

Las marcas que creemos que constituyen marcas registradas las denominamos como tales. Sin embargo, no debe considerarse que la presencia o la ausencia de esta designación tenga que ver con la situación legal de ninguna marca.

ABRÉVIATIONS

ABREVIATURAS

abréviation	**abr**	abreviatura
adjectif	**adj**	adjetivo
administration	**ADMIN**	administración
adverbe	**adv**	adverbio
agriculture	**AGR**	agricultura
quelqu'un	**algn**	alguien
Amérique Latine	**AM**	América Latina
anatomie	**ANAT**	anatomía
Andes	**AND**	Andes
architecture	**ARQ, ARCHIT**	arquitectura
automobile	**AUTO**	automóvil
aviation	**AVIAT**	aviación
biologie	**BIO(L)**	biología
botanique	**BOT**	botánica
chimie	**CHIM**	química
cinéma	**CINE, CINÉ**	cine
commerce	**COM(M)**	comercio
conjonction	**conj**	conjunción
construction	**CONSTR**	construcción
Argentine, Chili et Uruguay	**CSUR**	Cono Sur
Cuba	**CU**	Cuba
cuisine	**CULIN**	cocina
économie	**ECON, ÉCON**	economía
électricité, électronique	**ELEC, ÉLEC**	electricidad, electrónica
enseignement	**ESCOL**	escolar
Espagne	**ESP**	España
surtout	**esp**	especialmente
exclamation	**excl**	exclamación
féminin	**f**	femenino
familier	**fam**	familiar
vulgaire	**fam!**	vulgar
chemins de fer	**FERRO**	ferrocarril
figuré	**fig**	figurado
finance	**FIN**	finanzas
physique	**FIS**	física
photographie	**FOTO**	fotografía
en général, généralement	**gen, gén**	generalmente
géographie	**GEO, GÉO**	geografía
géométrie	**GEOM, GÉOM**	geometría
histoire	**HIST**	historia
industrie	**IND**	industria
informatique	**INFORM**	informática
invariable	**inv**	invariable
juridique	**JUR**	jurídico
linguistique	**LING**	lingüística
littérature	**LIT(T)**	literatura
masculin	**m**	masculino

iv

ABRÉVIATIONS   ABREVIATURAS

mathématiques	**MAT, MATH**	matemáticas
médecine	**MÉD, MÉD**	medicina
météorologie	**METEO**	meteorología
Mexique	**MÉX, MEX**	México
domaine militaire	**MIL**	militar
musique	**MÚS, MUS**	música
nom	**n**	nombre
nautisme	**NÁUT, NAUT**	náutica
Panama	**PAN**	Panamá
Pérou	**PE**	Perú
péjoratif	**pey, péj**	peyorativo
photographie	**PHOTO**	fotografía
physique	**PHYS**	física
physiologie	**PHYSIOL**	fisiología
pluriel	**pl**	plural
politique	**POL**	política
participe passé	**pp**	participio de pasado
préfixe	**pref, préf**	prefijo
préposition	**prep, prép**	preposición
pronom	**pron**	pronombre
psychologie	**PSICO, PSYCH**	psicología
quelque chose	**qch**	algo
quelqu'un	**qn**	alguien
chimie	**QUÍM**	química
chemins de fer	**RAIL**	ferrocarril
religion	**REL**	religión
enseignement	**SCOL**	escolar
singulier	**sg**	singular
subjonctif	**subjun**	subjuntivo
sujet	**suj**	sujeto
aussi	**tb**	también
technique	**TEC(H)**	técnica, tecnología
télécommunications	**TELEC, TÉL**	telecomunicaciones
typographie	**TIP**	tipografía
télévision	**TV**	televisión
typographie	**TYPO**	tipografía
université	**UNIV**	universitario
verbe	**vb**	verbo
Venezuela	**VEN**	Venezuela
verbe intransitif	**vi**	verbo intransitivo
verbe pronominal	**vpr**	verbo pronominal
verbe transitif	**vt**	verbo transitivo
zoologie	**ZOOL**	zoología
marque déposée	**®**	marca registrada
indique une équivalence culturelle	**≈**	indica un equivalente cultural

LA PRONONCIATION DE L'ESPAGNOL

La prononciation de l'espagnol pose peu de problèmes à francophone, du moins lorsqu'il s'agit de se faire comprendre sar essayer de passer pour un hispanophone. Nous ne montreror donc ici pour mémoire que la dizaine de lettres ou groupes c lettres qui correspondent à une prononciation très différente c celle à laquelle le francophone pourrait s'attendre.

CONSONNES

ci, ce	le **c** se prononce comme le *th* anglais dans *thin*: on appelle ce son une dentale fricative sourde
ch	se prononcent *tch*
gi, ge, j	le son représenté ici par le **g** ou le **j** se prononce approximativement comme le *ch* de *nach* en allemand: on l'appelle une vélaire fricative sourde
ll	se prononcent approximativement comme le *lii* de *million*
ñ	se prononce comme le *gn* de *agneau*
r, rr	le **r** espagnol est roulé, le **rr** doublement roulé
v	se prononce approximativement comme *b* (un b prononcé de façon douce): on appelle ce son une bilabiale fricative sonore
z	se prononce comme le *th* anglais dans *thin*: on appelle ce son une dentale fricative sourde

VOYELLES

e	n'est jamais muet, mais se prononce toujours, comme un *é* ou *è*
u	se prononce comme le *ou* de *cou* (mais reste muet dans les groupes **gue**, **gui**)
an, en etc	il n'y a pas de nasales en espagnol: **tanto** se prononce *tann-to*, **viento** *bienne-to* etc

DIPHTONGUES

ai, ay	se prononcent *aille* comme dans *bataille*
ei, ey	se prononcent *eille* comme dans *bouteille*
oi, oy	se prononcent comme on prononcerait *oille*
eu	se prononcent *é-ou*: **deuda** *dé-ouda*
au	se prononcent *ao*: **causa** *kao-sa*

L'ACCENT TONIQUE

Il est très important pour être compris de placer correctement l'accent tonique. Voici les règles à observer:

a) mot se terminant par une voyelle (sauf *y*), par *n* ou *s*: accent sur l'avant-dernière syllabe
apart**a**mento, ha**bla**mos, c**o**men, m**a**dre

b) mot se terminant par *y*, par une consonne (sauf *n* ou *s*): accent sur la dernière syllabe
ca**rey**, ciu**dad**, ha**blar**, desle**al**

c) Les exceptions sont signalées dans l'orthographe espagnole par un accent (aigu) marquant la syllabe accentuée:
inter**és**, com**ún**, dactil**ó**grafo, **glán**dula

TRANSCRIPCIÓN FONÉTICA DEL FRANCÉS

CONSONANTES

poupée poupe	p	f	*fer phare gaffe paraphe*
bombe	b	v	*valve*
tente thermal	t	l	*lent salle sol*
dinde	d	R	*rare venir rentrer*
coq qui képi sac pastèque	k	m	*maman femme*
gag gare bague gringalet	g	n	*non nonne*
sale ce ça dessous	s	ɲ	*gnôle agneau vigne*
nation pouce tous		h	*hop! (avec h aspiré)*
zéro maison rose	z	j	*yeux paille pied hier*
chat tache	ʃ	w	*nouer oui*
gilet juge	ʒ	ɥ	*huile lui*

VOCALES

ici vie lyre	i	œ	*beurre peur*
jouer été fermée	e	ø	*peu deux*
lait jouet merci	ɛ	ɔ	*mort or homme*
patte plat amour	a	o	*geôle mot dôme eau gauche chevaux*
bas pâte	ɑ	u	*genou toue*
le premier	ə	y	*rue vêtu urne*
matin plein brin	ɛ̃	ɑ̃	*vent sang an dans*
brun	œ̃	ɔ̃	*bon ombre*

DIVERSOS

para el francés: no hay enlace	'	pour l'espagnol: précède la syllabe accentué

FRANÇAIS – ESPAGNOL
FRANCÉS – ESPAÑOL

A, a

a [a] *vb voir* **avoir**

MOT-CLÉ

à [a] (*à* + *le* = **au**, *à* + *les* = **aux**) *prép* **1** (*endroit, situation*) en; **être à Paris/au Portugal** estar en París/en Portugal; **être à la maison/à l'école/au bureau** estar en casa/en la colegio/en la oficina; **être à la campagne** estar en el campo; **c'est à 10 km/à 20 minutes (d'ici)** está a 10 km/a 20 minutos (de aquí); **à la radio/télévision** en la radio/televisión **2** (*direction*) a; **aller à Paris/au Portugal** ir a París/a Portugal; **aller à la maison/à l'école/au bureau** ir a casa/al colegio/a la oficina; **aller à la campagne** ir al campo **3** (*temps*) a; **à 3 heures/à minuit** a las tres/a medianoche; **à demain/lundi/la semaine prochaine!** ¡hasta mañana/el lunes/la semana que viene!; **au printemps/au mois de juin** en primavera/en el mes de junio; **à cette époque là** en aquella época; **nous nous verrons à Noël** nos veremos por Navidad; **visites de 5 h à 6 h** visitas de 5 a 6 **4** (*attribution, appartenance*) de; **le livre est à lui/à nous/à Paul** el libro es suyo/nuestro/de Pablo; **un ami à moi** un amigo mío; **donner qch à qn** dar algo

a algn **5** (*moyen*): **se chauffer au gaz/à l'électricité** calentarse con gas/con electricidad; **à bicyclette** en bicicleta; **à pied** a pie; **à la main/machine** a mano/máquina; **pêcher à la ligne** pescar con caña **6** (*provenance*) de; **boire à la bouteille** beber de la botella **7** (*caractérisation, manière*): **l'homme aux yeux bleus/à la veste rouge** el hombre de ojos azules/de la chaqueta roja; **café au lait** café con leche; **à sa grande surprise** para su gran sorpresa; **à ce qu'il prétend** según pretende (él); **à l'européenne/la russe** a la europea/a la rusa; **à nous trois nous n'avons pas su le faire** no hemos sabido hacerlo entre los tres **8** (*but, destination: de choses ou personnes*): **tasse à café** taza de café; **"à vendre"** "se vende"; **à bien réfléchir** pensándolo bien; **problèmes à régler** problemas *mpl* por solucionar **9** (*rapport, évaluation, distribution*): **100 km/unités à l'heure** 100 km/unidades por hora; **payé au mois/à l'heure** pagado por mes/por hora; **cinq à six** cinco a seis; **ils sont arrivés à quatre** llegaron cuatro

abaisser [abese] *vt* bajar; (*fig*)

rebajar

abandon [abɑ̃dɔ̃] nm abandono; **être à l'~** estar abandonado(-a); **laisser à l'~** abandonar

abandonner [abɑ̃dɔne] vt abandonar ♦ vi (SPORT) abandonar; (INFORM) salir; **~ qch à qn** entregar algo a algn

abat-jour [abaʒuʀ] nm inv pantalla

abats [aba] nvb voir **abattre** ♦ nmpl (CULIN) menudos mpl

abattement [abatmɑ̃] nm (déduction) deducción f; **~ fiscal** deducción fiscal

abattoir [abatwaʀ] nm matadero

abattre [abatʀ] vt (arbre) talar; (mur, maison, avion) derribar; (tuer) matar; (déprimer) desanimar; **s'~** vpr (mât, malheur) caerse; **s'~ sur** caer sobre; **~ du travail** (ou de la besogne) trabajar duro

abbaye [abei] nf abadía

abbé [abe] nm (d'une abbaye) abad m

abcès [apsɛ] nm absceso

abdiquer [abdike] vi abdicar ♦ vt (pouvoir, dignité) renunciar a

abdominal, e, -aux [abdɔminal, o] adj abdominal; **abdominaux** nmpl abdominales mpl; **faire des abdominaux** hacer abdominales

abeille [abɛj] nf abeja

aberrant, e [abeʀɑ̃, ɑ̃t] adj aberrante

aberration [abeʀasjɔ̃] nf aberración f

abîme [abim] nm abismo

abîmer [abime] vt estropear; **s'~** vpr estropearse; (fig) abismarse

aboiement [abwamɑ̃] nm ladrido

abolir [abɔliʀ] vt abolir

abominable [abɔminabl] adj

abominable

abondance [abɔ̃dɑ̃s] nf abundancia

abondant, e [abɔ̃dɑ̃, ɑ̃t] adj abundante; **abonder** vi abundar

abonné, e [abɔne] adj (à un journal) suscrito(-a); (au téléphone) abonado(-a) ♦ nm/f (au téléphone, à l'opéra) abonado(-a); (à un journal) suscriptor(a)

abonnement [abɔnmɑ̃] nm (à un journal) suscripción f; (transports en commun, théâtre) abono

abonner [abɔne] vt: **~ qn à** (revue) suscribir a algn a; **s'~** vpr: **s'~ à** (revue) suscribirse a; (téléphone) abonarse a

abord [abɔʀ] nm: **être d'un ~ facile/difficile** ser de fácil/difícil acceso; **~s** nmpl (d'un lieu) alrededores mpl; **d'~** primero, en primer lugar; **de prime ~, au premier ~** a primera vista

abordable [abɔʀdabl] adj (personne) accesible; (prix, marchandise) asequible

aborder [abɔʀde] vi abordar ♦ vt abordar

aboutir [abutiʀ] vi tener éxito; **~ à/dans/sur** (lieu) dar a

aboyer [abwaje] vi ladrar

abréger [abʀeʒe] vt acortar

abreuver [abʀœve] vt abrevar; (fig): **~ qn de** (injures) colmar a algn de; **s'~** vpr (fam) beber hasta reventar; **abreuvoir** nm abrevadero

abréviation [abʀevjasjɔ̃] nf abreviatura

abri [abʀi] nm refugio; **à l'~** (des intempéries, financièrement) a cubierto; (de l'ennemi) a salvo; **à l'~ de** (fig: erreur) protegido(-a) contra

abricot [abʀiko] nm albaricoque

m, damasco (*AM*)
abriter [abʀite] *vt* (*lieu*)
resguardar; **s'~** *vpr* resguardarse
abrupt, e [abʀypt] *adj*
abrupto(-a); (*personne, ton*)
rudo(-a)
abruti, e [abʀyti] (*fam*) *nm/f*
tonto(-a)
absence [apsɑ̃s] *nf* ausencia
absent, e [apsɑ̃, ɑ̃t] *adj, nm/f*
ausente *m/f*; **absenter:**
s'absenter *vpr* ausentarse
absolu, e [apsɔly] *adj*
absoluto(-a); **absolument** *adv*
(*oui*) sí, por supuesto
absorbant, e [apsɔʀbɑ̃, ɑ̃t] *adj*
absorbente
absorber [apsɔʀbe] *vt* absorber;
(*manger, boire*) tomar
abstenir [apstəniʀ]: **s'~** *vpr*
abstenerse; **s'~ de qch/de faire**
privarse de algo/de hacer
abstrait, e [apstʀɛ, ɛt] *adj*
abstracto(-a)
absurde [apsyʀd] *adj* absurdo(-a)
abus [aby] *nm* abuso; **abuser** *vi*
abusar; **abuser de** abusar de;
abusif, -ive *adj* abusivo(-a)
académie [akademi] *nf*
academia; (*UNIV*) ≃ distrito
universitario

Académie française

La **Académie française** *fue
fundada por el cardenal Richelieu
en 1635 durante el reinado de
Luis XIII. Consta de cuarenta
eruditos y escritores electos a los
que se conoce como "les
Quarante" o "les Immortels". Una
de las funciones de la Academia
es regular el desarrollo de la
lengua francesa y sus
recomendaciones son con
frecuencia objeto de encendido*

---

*debate. Ha publicado varias
ediciones de su conocido
diccionario y concede diversos
premios literarios.*

---

acajou [akaʒu] *nm* caoba
acariâtre [akaʀjɑtʀ] *adj*
desabrido(-a)
accablant, e [akɑblɑ̃, ɑ̃t] *adj*
(*témoignage, preuve*)
abrumador(a); (*chaleur, poids*)
agobiante
accabler [akɑble] *vt*
(*physiquement*) agobiar;
(*moralement*) abatir; (*suj: preuves,
témoignage*) inculpar; **~ qn
d'injures/de travail** colmar a
algn de injurias/de trabajo
accalmie [akalmi] *nf* calma,
tregua
accaparer [akapaʀe] *vt* acaparar
accéder [aksede]: **~ à** *vt ind*
(*lieu*) tener acceso a; (*fig*) acceder
a
accélérateur [akseleʀatœʀ] *nm*
acelerador *m*
accélérer [akseleʀe] *vt, vi*
acelerar
accent [aksɑ̃] *nm* acento; **mettre
l'~ sur** (*fig*) hacer hincapié en; **~
aigu/circonflexe/grave**
acento agudo/circunflejo/grave;
accentuer *vt* acentuar;
s'accentuer *vpr* acentuarse
acceptation [akseptasjɔ̃] *nf*
aceptación *f*, admisión *f*
accepter [aksɛpte] *vt* aceptar; **~
de faire** aceptar hacer
accès [aksɛ] *nm* acceso ♦ *nmpl*
(*routes, entrées*) accesos *mpl*; **~ de
colère** arrebato; **accessible**
adj accesible; (*prix, objet*)
asequible; (*livre, sujet*):
accessible (à qn) accesible (a

algn)

accessoire [akseswar] *adj* secundario(-a) ♦ *nm* accesorio

accident [aksidã] *nm* accidente *m*; (*événement fortuit*) incidente *m*; **par ~** por accidente;

accidenté, e *adj* accidentado(-a); (*voiture*) estropeado(-a), dañado(-a);

accidentel, le *adj* accidental; (*fortuit*) casual

acclamer [aklame] *vt* aclamar

acclimater [aklimate] *vt* aclimatar; **s'~** *vpr* aclimatarse

accolade [akɔlad] *nf* abrazo

accommoder [akɔmɔde] *vt* (*CULIN*) aliñar; **s'~** *vpr*: **s'~ de** contentarse con

accompagnateur, -trice [akɔ̃paɲatœr, tris] *nm/f* acompañante *m/f*

accompagner [akɔ̃paɲe] *vt* acompañar

accompli, e [akɔ̃pli] *adj* consumado(-a)

accomplir [akɔ̃plir] *vt* cumplir

accord [akɔr] *nm* (*entente*) acuerdo; (*consentement, autorisation*) consentimiento; (*MUS*) acorde *m*; **se mettre d'~** ponerse de acuerdo; **être d'~ (pour faire/que)** estar de acuerdo (en hacer/en que); **d'~!** ¡de acuerdo!

accordéon [akɔrdeɔ̃] *nm* acordeón *m*

accorder [akɔrde] *vt* (*faveur, délai*) conceder; (*MUS*) afinar; **~ de l'importance/de la valeur à qch** dar importancia/valor a algo

accoster [akɔste] *vt* (*NAUT*) acostar ♦ *vi* acostar

accouchement [akuʃmã] *nm* parto

accoucher [akuʃe] *vi, vt* dar a luz

accouder [akude] *vb*: **s'~ à/sur** acodarse en/sobre; **accoudoir** *nm* brazo

accoupler [akuple] *vt*: **s'accoupler** *vpr* aparearse

accourir [akurir] *vi* precipitarse

accoutumance [akutymãs] *nf* (*au climat*) adaptación *f*

accoutumé, e [akutyme] *adj* acostumbrado(-a)

accoutumer [akutyme] *vt*: **s'~ à qch/à faire** acostumbrarse a algo/a hacer

accroc [akro] *nm* (*déchirure*) desgarrón *m*; **sans ~s** (*fig*) sin contratiempos

accrochage [akrɔʃaʒ] *nm* (*accident*) choque *m*

accrocher [akrɔʃe]: **~ à** *vt ind* (*vêtement, tableau*) colgar en; (*véhicule*) chocar con; (*déchirer: robe, pull*) rasgar; (*fig: regard, client*) atraer; **s'~** *vpr* (*se disputer*) pelearse; **s'~ à** (*agripper*) agarrarse a; (*personne*) pegarse a

accroissement [akrwasmã] *nm* aumento

accroître [akrwatr] *vt*; **s'~** *vpr* acrecentarse

accroupir [akrupir]: **s'~** *vpr* ponerse en cuclillas

accru, e [akry] *adj* acrecentado(-a)

accueil [akœj] *nm* acogida; **centre/comité d'~** centro/comité *m* de recepción;

accueillir *vt* (*recevoir, saluer*) acoger; (*loger*) alojar

accumuler [akymyle] *vt* acumular; **s'~** *vpr* acumularse

accusation [akyzasjɔ̃] *nf* acusación *f*; **l'~** (*JUR*) la acusación; **mettre qn en ~** iniciar causa en contra de algn

accusé, e [akyze] *adj, nm/f*

acusado(-a); **~ de réception** nm
acuse m de recibo

accuser [akyze] vt acusar; (fig:
souligner) accentuar; **~ qn de qch**
acusar a algn de algo; **~
réception de** acusar recibo de

acéré, e [asere] adj acerado(-a)

acharné, e [aʃaʀne] adj
encarnizado(-a)

acharner [aʃaʀne] vb: **s'~
contre/sur** ensañarse con

achat [aʃa] nm compra; **faire
des ~s** ir de compras

acheter [aʃ(ə)te] vt comprar; **~
qch à qn** comprar algo a algn;
acheteur, -euse nm/f
comprador(a)

achever [aʃ(ə)ve] vt acabar,
finalizar; **s'~** vpr acabarse

acide [asid] adj ácido(-a) ♦ nm
ácido; **acidulé** adj ácido(-a);
bonbons acidulés caramelos
mpl ácidos

acier [asje] nm acero; **~
inoxydable** acero inoxidable;
aciérie nf acería

acné [akne] nf acné f

acompte [akɔ̃t] nm (arrhes) señal
f; (sur somme due) adelanto

à-côté [akote] nm (point
accessoire) cuestión f secundaria;
(argent: aussi pl) dinero extra inv

à-coup [aku] nm **sans ~~~s** sin
interrupción; **par ~~~s** a tirones

acoustique [akustik] nf acústica

acquéreur [akeʀœʀ] nm
comprador(a)

acquérir [akeʀiʀ] vt comprar

acquis, e [aki, iz] pp de
acquérir ♦ nm (savoir, expérience)
conocimientos mpl; ♦ nmpl: **les
~ sociaux** los logros sociales

acquitter [akite] vt (accusé)
absolver

âcre [ɑkʀ] adj acre

acrobate [akʀɔbat] nm/f acróbata
m/f

acrobatie [akʀɔbasi] nf acrobacia

acte [akt] nm (THÉÂTRE, action)
acto; (document) acta; **~s** nmpl
(compte-rendu) actas fpl; **faire ~
de candidature** presentar una
candidatura

acteur, -trice [aktœʀ, tʀis] nm/f
actor (actriz)

actif, -ive [aktif, iv] adj activo(-a)
♦ nm activo; **l'~ et le passif** el
activo y el pasivo

action [aksjɔ̃] nf (acte);
(déploiement d'énergie) actividad f;
une bonne/mauvaise ~ una
buena/mala acción; **actionnaire**
nm/f accionista m/f; **actionner**
vt accionar

activer [aktive] vt: **s'~** ♦ vpr (se
presser) apresurarse; (s'affairer)
trajinar

activité [aktivite] nf actividad f

actrice [aktʀis] nf voir **acteur**

actualité [aktɥalite] nf actualidad
f; **~s** nfpl: **les ~s** las noticias; **l'~
politique/sportive** la actualidad
política/deportiva

actuel, le [aktɥεl] adj actual;
actuellement adv actualmente

acupuncture [akypɔ̃ktyʀ] nf
acupuntura

adaptateur, -trice [adaptatœʀ,
tʀis] nm (ÉLEC) adaptador m

adapter [adapte] vt: **~** a adaptar
a; **s'~** vpr (personne): **s'~ (à)**
adaptarse (a)

addition [adisjɔ̃] nf (MATH) adición
f; (au restaurant) cuenta;
additionner vt sumar

adepte [adept] nm/f (d'une
religion) adepto(-a); (d'un sport)
partidario(-a)

adéquat, e [adekwa(t), at] adj
adecuado(-a)

adhérent, e [aderɑ̃, ɑ̃t] *adj*
adherente ♦ *nm/f* miembro *m/f*
adhérer [adere] *vi* adherirse: **~ à**
♦ *vt ind* (coller) adherir a; (devenir
membre de) afiliarse a; **adhésif,**
-ive *adj* adhesivo(-a) ♦ *nm*
adhesivo
adieu [adjø] *excl* ¡adiós! ♦ *nm*
adiós *msg*; **dire ~ à qn** decir
adiós a algn
adjectif, -ive [adʒɛktif, iv] *nm*
adjetivo
adjoint, e [adʒwɛ̃, wɛ̃t] *nm/f*
adjunto(-a); **directeur adjoint**
director *m* adjunto; **~ au maire**
teniente *m* alcalde
admettre [admɛtʀ] *vt* admitir;
(candidat) admitir, aprobar;
admettons que ... admitamos
que ...
administrateur, -trice
[administratœʀ, tʀis] *nm/f*
administrador(a)
administration [administʀasjɔ̃]
nf administración *f*
administrer [administʀe] *vt*
administrar
admirable [admiʀabl] *adj*
admirable
admirateur, -trice [admiʀatœʀ,
tʀis] *nm/f* admirador(a)
admiration [admiʀasjɔ̃] *nf*
admiración *f*
admirer [admiʀe] *vt* admirar
admis, e [admi, iz] *pp de*
admettre
admissible [admisibl] *adj*
(candidat) admitido(-a);
(comportement: gén nég) admisible
ADN [adeen] *sigle m* (= acide
désoxyribonucléique) ADN *m*
adolescence [adɔlesɑ̃s] *nf*
adolescencia
adolescent, e [adɔlesɑ̃, ɑ̃t] *nm/f*
adolescente *m/f*

adopter [adɔpte] *vt* (projet de loi)
aprobar; (politique, enfant)
adoptar; **adoptif, -ive** *adj*
adoptivo(-a)
adorable [adɔʀabl] *adj* adorable
adorer [adɔʀe] *vt* adorar
adosser [adose] *vt*: **s'~ à/**
contre respaldarse en/contra
adoucir [adusiʀ] *vt* suavizar;
(peine, douleur) aliviar
adresse [adʀɛs] *nf* (habileté)
habilidad *f*; (domicile) dirección *f*
adresser [adʀese] *vt* (expédier)
enviar; (écrire l'adresse sur) poner
la dirección en; (injure,
compliments) dirigir; **s'~** *vpr*: **s'~**
à dirigirse a; (suj: livre, conseil)
estar dirigido(-a) a; **~ la parole à**
qn dirigir la palabra a algn
adroit, e [adʀwa, wat] *adj* hábil
adulte [adylt] *nm/f* adulto(-a)
adverbe [advɛʀb] *nm* adverbio
adversaire [advɛʀsɛʀ] *nm/f*
adversario(-a)
aération [aeʀasjɔ̃] *nf* (circulation
de l'air) ventilación *f*
aérer [aeʀe] *vt* (pièce, literie)
ventilar
aérien, ne [aeʀjɛ̃, jɛn] *adj*
aéreo(-a); **ligne ~e** línea aérea
aéro... [aeʀɔ] *préfixe*: **aérogare**
nf terminal *f*; (en ville) estación *f*
terminal; **aéroglisseur** *nm*
aerodeslizador *m*
aéronaval, e, -aux [aeʀɔnaval,
o] *adj* aeronaval ♦ *nf*: **l'A~e** las
Fuerzas aeronavales; **aérophagie**
nf aerofagia; **aéroport** *nm*
aeropuerto; **aérosol** *nm* aerosol
m
affaiblir [afeblíʀ] *vt* debilitar; **s'~**
vpr debilitarse
affaire [afɛʀ] *nf* (problème,
question) asunto; (scandale)
escándalo; (criminelle, judiciaire)

caso; (*entreprise, magasin*) negocio, empresa; (*marché, transaction*) negocio; (*occasion intéressante*) ganga; **~s** *nfpl* negocios *mpl*; (*objets, effets personnels*) cosas *fpl*; **ce sont mes/tes ~s** (*cela me/te concerne*) es asunto mío/tuyo; **ceci fera l'~** esto bastará; **avoir ~ à qn/qch** (*comme contact*) estar en relación con algn/algo; **c'est une ~ de goût/d'argent** es una cuestión de gusto/dinero; **les A~s étrangères** Asuntos Exteriores; **affairer: s'affairer** *vpr* afanarse

affamé, e [afame] *adj* hambriento(-a)

affecter [afɛkte] *vt* (*toucher, émouvoir*) conmover, afectar; (*feindre*) fingir

affectif, -ive [afɛktif, iv] *adj* afectivo(-a)

affection [afɛksjɔ̃] *nf* afecto, cariño; **affectionner** *vt* querer; **affectueux, -euse** *adj* afectuoso(-a)

affichage [afiʃaʒ] *nm* anuncio; (*électronique*) marcador *m*; **"~ interdit"** "se prohibe fijar carteles"

affiche [afiʃ] *nf* cartel *m*, afiche *m* (*AM*); (*officielle*) anuncio

afficher [afiʃe] *vt* anunciar; (*électronique*) marcar; (*fig, péj*) ostentar

affilée [afile]: **d'~** *adv* de un tirón

affirmatif, -ive [afiʀmatif, iv] *adj* (*réponse*) afirmativo(-a)

affirmer [afiʀme] *vt* afirmar

affligé, e [afliʒe] *adj* afligido(-a); **~ d'une maladie/tare** aquejado(-a) por una enfermedad/tara

affliger [afliʒe] *vt* afligir

affluence [aflyɑ̃s] *nf* afluencia; **heure/jour d'~** hora/día *m* de afluencia

affluent [aflyɑ̃] *nm* afluente *m*

affolant, e [afɔlɑ̃, ɑ̃t] *adj* enloquecedor(-a)

affolement [afɔlmɑ̃] *nm* pánico

affoler [afɔle] *vt* asustar; **s'~** *vpr* asustarse

affranchir [afʀɑ̃ʃiʀ] *vt* (*lettre, paquet*) franquear; (*esclave*) libertar; **affranchissement** (*POSTES*) franqueo

affreux, -euse [afʀø, øz] *adj* horrible

affront [afʀɔ̃] *nm* afrenta; **affrontement** *nm* enfrentamiento

affronter [afʀɔ̃te] *vt* (*adversaire*) afrontar, hacer frente a; (*tempête, critiques*) afrontar

affût [afy] *nm*: **à l'~ (de)** al acecho (de)

afin [afɛ̃]: **~ que** *conj* a fin de que; **~ de faire** a fin de hacer, con el fin de hacer

africain, e [afʀikɛ̃, ɛn] *adj* africano(-a) ♦ *nm/f*: **A~, e** africano(-a)

Afrique [afʀik] *nf* África; **~ australe/du Nord/du Sud** África austral/del Norte/del Sur

agacer [agase] *vt* molestar

âge [aʒ] *nm* edad *f*; **quel ~ as-tu?** ¿qué edad tienes?; **troisième ~** tercera edad; **âgé, e** *adj* de edad; **âgé de 10 ans** de 10 años de edad; **les personnes âgées** los ancianos

agence [aʒɑ̃s] *nf* agencia; (*succursale*) sucursal *f*; **~ immobilière/matrimoniale** agencia inmobiliaria/matrimonial

agenda [aʒɛ̃da] *nm* agenda

agenouiller [aʒ(ə)nuje]: **s'~** *vpr*

arrodillarse

agent [aʒɑ̃] nm (ADMIN) funcionario(-a); (élément, facteur) agente m, factor m; **~ (de police)** policía m, agente (AM); **~ immobilier** agente inmobiliario

agglomération [aglɔmeʀasjɔ̃] nf aglomeración f; **l'~ parisienne** el área metropolitana de París

aggraver [agʀave] vt agravar, empeorar; **s'~** vpr agravarse

agile [aʒil] adj ágil

agir [aʒiʀ] vi actuar; (avoir de l'effet) hacer efecto; **s'~** vpr: **il s'agit de faire** se trata de hacer; **il s'agit de** se trata de; **de quoi s'agit-il?** ¿de qué se trata?

agitation [aʒitasjɔ̃] nf agitación f

agité, e [aʒite] adj (gén enfant) revoltoso(-a); (vie, personne) agitado(-a); **une mer ~e** un mar agitado ou revuelto

agiter [aʒite] vt agitar; (personne) inquietar

agneau [aɲo] nm cordero

agonie [agɔni] nf agonía

agrafe [agʀaf] nf (MÉD, de bureau) grapa; **agrafer** vt (des feuilles de papier) grapar; **agrafeuse** nf grapadora

agrandir [agʀɑ̃diʀ] vt agrandar, ampliar; **s'~** vpr agrandarse; **agrandissement** nm (PHOTO) ampliación f

agréable [agʀeabl] adj agradable

agréé, e [agʀee] adj: **magasin/ concessionnaire ~** establecimiento/concesionario autorizado

agréer [agʀee] vt: **veuillez ~ ...** le saluda ...

agrégation [agʀegasjɔ̃] nf oposición f; **agrégé, e** nm/f catedrático(-a)

agrément [agʀemɑ̃] nm (accord)

consentimiento

agresser [agʀese] vt agredir; **agresseur** nm agresor(a); **agressif, -ive** adj agresivo(-a); (couleur, toilette) provocador(a)

agricole [agʀikɔl] adj agrícola; **agriculteur, -trice** nm/f agricultor(a); **agriculture** nf agricultura

agripper [agʀipe] vt agarrar; **s'~** vpr: **s'~ à** agarrarse a, aferrarse a

agro-alimentaire [agʀoalimɑ̃tɛʀ] (pl **~-~s**) adj agroalimenticio(-a)

agrumes [agʀym] nmpl agrios mpl

aguets [agɛ] nmpl: **être aux ~** estar al acecho

ai [e] vb voir **avoir**

aide [ɛd] nf ayuda ♦ nm/f ayudante m/f; **à l'~ de** con (la) ayuda de; **appeler (qn) à l'~** pedir ayuda a algn; **~ judiciaire** nf ayuda judicial; **aide-mémoire** nm inv memorándum m

aider [ede] vt ayudar; **s'~ de** vpr ayudarse de, servirse de; **~ à** (faciliter, favoriser) ayudar a; **aide-soignant, e** (pl **aides-soignants, es**) nm/f auxiliar m/f de enfermería

aie etc [e] vb voir **avoir**

aïe [aj] excl ¡ay!

aigle [egl] nm águila

aigre [ɛgʀ] adj agrio(-a); **aigre-doux, -douce** (pl **aigres-doux, -douces**) adj agridulce; **aigreur** nf acidez f; (d'un propos) acritud f; **aigreurs d'estomac** acidez de estómago

aigu, ë [egy] adj (objet, arête) afilado(-a); (voix, note, douleur) agudo(-a)

aiguille [egɥij] nf aguja; **~ à**

tricoter aguja de tejer
aiguiser [egize] *vt* afilar; *(fig)* aguzar
ail [aj] *nm* ajo
aile [ɛl] *nf* ala; *(de voiture)* aleta;
ailier *nm* extremo
aille *etc* [aj] *vb voir* **aller**
ailleurs [ajœr] *adv* en otra parte;
partout/nulle part ~ en
cualquier/en ninguna otra parte;
d'~ además; **par ~** por otra parte
aimable [ɛmabl] *adj* amable
aimant, e [ɛmɑ̃, ɑ̃t] *adj*
afectuoso(-a) ♦ *nm* imán *m*
aimer [eme] *vt (d'amour)* querer,
amar; *(d'amitié, affection)* querer;
(chose, activité) gustar; **bien ~**
qn/qch querer mucho a algn/
algo; **j'aimerais autant** *ou*
mieux y aller maintenant
preferiría ir ahora
aine [ɛn] *nf* ingle *f*
aîné, e [ene] *adj* mayor ♦ *nm/f*
primogénito(-a)
ainsi [ɛ̃si] *adv (de cette façon)* de
este modo; *(ce faisant)* así ♦ *conj*
entonces; **~ que** *(comme)* así
como; *(et aussi)* y también; **et ~**
de suite así y sucesivamente
air [ɛr] *nm* aire *m*; *(expression,
attitude)* aspecto; **prendre l'~**
tomar el aire; **avoir l'~** parecer,
verse *(AM)*; **avoir l'~ de manger/
dormir/faire** parece que está
comiendo/durmiendo/haciendo;
avoir l'~ d'un homme/clown
parecer un hombre/payaso
aisance [ɛzɑ̃s] *nf (facilité)*
facilidad *f*
aise [ɛz] *nf (confort)* comodidad *f*;
(financière) desahogo ♦ *adj* **~s**
nfpl: **prendre ses ~s** instalarse
a sus anchas; **être à l'~** *ou* **à
son ~** estar a gusto; *(pas
embarrassé)* estar a sus anchas;

(financièrement) estar
desahogado(-a); **se mettre à l'~**
ponerse a gusto; **être mal à l'~**
ou **à son ~** estar a disgusto;
aisé, e *adj (facile)* fácil; *(assez
riche)* acomodado(-a)
aisselle [ɛsɛl] *nf* axila
ait [ɛ] *vb voir* **avoir**
ajonc [aʒɔ̃] *nm* aulaga
ajourner [aʒurne] *vt (débat,
décision)* aplazar, postergar *(AM)*
ajouter [aʒute] *vt* añadir, agregar
(esp AM)
alarme [alarm] *nf (signal)* alarma;
donner l'~ dar la alarma;
alarmer *vt* alarmar; **s'alarmer**
vpr alarmarse; **alarmiste** *adj*
alarmista
album [albɔm] *nm* álbum *m*; **~ à
colorier/de timbres** álbum
para colorear/de sellos
albumine [albymin] *nf* albúmina;
avoir *ou* **faire de l'~** tener
albúmina
alcool [alkɔl] *nm*: **l'~** el alcohol;
un ~ un licor; **~ à 90°** alcohol
de 90º; **~ à brûler** alcohol de
quemar; **alcoolique** *adj, nm/f*
alcohólico(-a); **alcoolisé, e** *adj*
alcoholizado(-a); **alcoolisme**
nm alcoholismo; **alco(o)test** ®
nm (objet) alcohómetro; *(épreuve)*
prueba del alcohol; **faire subir
l'alcootest à qn** hacer la prueba
del alcohol a algn
aléatoire [aleatwar] *adj*
aleatorio(-a)
alentour [alɑ̃tur] *adv* alrededor;
~s *nmpl* alrededores *mpl*; **aux ~s
de** en los alrededores de
alerte [alɛrt] *adj* vivo(-a) ♦ *nf
(menace)* alerta; **alerter** *vt* alertar
algèbre [alʒɛbr] *nf* álgebra
Alger [alʒe] *n* Argel
Algérie [alʒeri] *nf* Argelia;

algérien, ne adj argelino(-a)
algue [alg] nf alga
alibi [alibi] nm coartada
aligner [aliɲe] vt alinear; (idées) ordenar; **s'~** vpr alinearse; **s'~ (sur)** (POL) estar alineado(-a) (con)
aliment [alimɑ̃] nm alimento; **alimentation** nf alimentación f; (en eau, en électricité) provisión f; **alimenter** vt alimentar; (en eau, électricité): **alimenter (en)** alimentar (con), abastecer (con)
allaiter [alete] vt (femme) dar el pecho a
alléchant, e [aleʃɑ̃, ɑ̃t] adj (odeur) atrayente; (proposition etc) tentador(a)
allécher [aleʃe] vt (odeur) atraer; **~ qn** engatusar a algn
allée [ale] nf (de jardin, parc) paseo, sendero; (en ville) avenida
allégé, e [aleʒe] adj (yaourt etc) bajo(-a) en contenido graso
Allemagne [almaɲ] nf Alemania; **allemand, e** adj alemán(-ana) ♦ nm/f: **Allemand, e** nm alemán(-ana)

MOT-CLÉ

aller [ale] nm ida; **aller (simple)** ida
♦ vi **1**: aller à la chasse/pêche ir a cazar/pescar, ir de caza/pesca; **aller au théâtre/au concert/au cinéma** ir al teatro/a conciertos/al cine; **aller à l'école** ir al colegio
2 (situation, moteur, personne) andar, estar; **comment allez-vous?** ¿qué tal está usted?; **comment ça va?** ¿qué tal?; **ça va? - oui, ça va/non, ça ne va pas** ¿qué tal? - bien/mal; **ça ne va pas très bien (au bureau)** las cosas no van muy

bien (en la oficina); **ça va bien/mal** anda bien/mal; **ça va** (approbation) bien; **tout va bien** todo va bien; **il va bien/mal** está bien/mal; **il n'y est pas allé par quatre chemins** (fig) no se anduvo con rodeos; **tu y vas un peu (trop) fort** exageras un poco; **aller à** (suj: forme, pointure etc) adaptarse a; **cette robe te va très bien** este vestido te sienta muy bien; **cela me va** (couleur, vêtement) esto me sienta ou va bien; **aller avec** (couleurs, style etc) pegar con; **ça ira** (comme ça) está bien así; **se laisser aller** (se négliger) abandonarse; **aller jusqu'à Paris/100 F** (limite) llegar hasta París/100 francos; **ça va de soi** se cae por su propio peso; **ça va sans dire** ni qué decir tiene; **il va sans dire que ...** ni qué decir tiene que ...
3 (fonction d'auxiliaire): **je vais me fâcher/le faire** voy a enfadarme/hacerlo; **aller chercher/voir qn** ir a buscar/a ver a algn; **je vais m'en occuper demain** voy a ocuparme de ello mañana
4: **allons-y!** ¡vamos!; **allez!** ¡venga!; **allons donc!** ¡anda ya!; **aller mieux** ir mejor; **aller en empirant** ir empeorando; **allez, fais un effort** vamos, haz un esfuerzo; **allez, je m'en vais** bueno, me voy; **s'en aller** irse

allergique [alɛrʒik] adj alérgico(-a); **~ à** alérgico(-a) a
alliance [aljɑ̃s] nf alianza
allier [alje] vt aliar; (fig) unir; **s'~** vpr aliarse
allô [alo] excl dígame, aló (AM)

allocation [alɔkasjɔ̃] *nf* asignación *f*; **~ (de) chômage** subsidio de desempleo; **~s familiales** ayuda *fsg* familiar

allonger [alɔ̃ʒe] *vt* (*objet, durée*) alargar; (*bras*) estirar; **s'~** *vpr* (*personne*) tumbarse

allumage [alymaʒ] *nm* encendido

allume-cigare [alymsigaʀ] *nm inv* encendedor *m*

allumer [alyme] *vt* encender, prender (AM); (*pièce*) alumbrar; **s'~** *vpr* encenderse

allumette [alymɛt] *nf* cerilla

allure [alyʀ] *nf* (*d'un véhicule*) velocidad *f*; (*d'un piéton*) paso; (*démarche, maintien*) presencia; (*aspect, air*) aspecto; **avoir de l'~** tener buena presencia; **à toute ~** a toda velocidad

allusion [a(l)lyzjɔ̃] *nf* (*référence*) referencia; (*sous-entendu*) alusión *f*; **faire ~ à** hacer referencia a; (*avec sous-entendu*) hacer alusión a

---

MOT-CLÉ

---

alors [alɔʀ] *adv* (*à ce moment-là*) entonces; **il habitait alors à Paris** vivía entonces en París ♦ *conj* (*par conséquent*) entonces; **tu as fini? alors je m'en vais** ¿has acabado? entonces, me voy; **et alors?** (*pour en savoir plus*) ¿entonces?; (*indifférence*) ¿y qué?; **alors que** *conj* **1** (*au moment où*) cuando; **il est arrivé alors que je partais** llegó cuando me iba

2 (*pendant que*) cuando, mientras; **alors qu'il était à Paris, il a visité ...** mientras estaba en París, visitó ...

3 (*tandis que, opposition*) mientras que; **alors que son frère**

travaillait dur, lui se reposait mientras que su hermano trabajaba duro, él descansaba

alourdir [aluʀdiʀ] *vt* hacer pesado(-a)

Alpes [alp] *nfpl*: **les ~** los Alpes

alphabet [alfabɛ] *nm* alfabeto; **alphabétique** *adj* alfabético(-a); **par ordre alphabétique** por orden alfabético

alpinisme [alpinism] *nm* alpinismo, andinismo (AM); **alpiniste** [alpinist] *nm/f* alpinista *m/f*, andinista *m/f* (AM)

Alsace [alzas] *nf* Alsacia; **alsacien, ne** *adj* alsaciano(-a) ♦ *nm/f*: **Alsacien, ne** alsaciano(-a)

alternateur [altɛʀnatœʀ] *nm* alternador *m*

alternatif, -ive [altɛʀnatif, iv] *adj* alternativo(-a); **alternative** *nf* alternativa; **alterner** *vt* (*choses*) alternar ♦ *vi* alternar

altitude [altityd] *nf* (*par rapport à la mer*) altitud *f*

alto [alto] *nm* (*instrument*) viola ♦ *nf* (*chanteuse*) contralto *f*

aluminium [alyminjɔm] *nm* aluminio

amabilité [amabilite] *nf* amabilidad *f*

amaigrissant, e [amegrisɑ̃, ɑ̃t] *adj*: **régime ~** régimen *m* de adelgazamiento

amande [amɑ̃d] *nf* almendra; **amandier** *nm* almendro

amant [amɑ̃] *nm* amante *m*

amas [ama] *nm* montón *m*; **amasser** *vt* amontonar

amateur [amatœʀ] *nm* aficionado(-a); **en ~** (*péj*) como aficionado(-a)

ambassade [ɑ̃basad] *nf* embajada; **ambassadeur,**

-drice *nm/f* (POL, *fig*)
embajador(a)
ambiance [ãbjãs] *nf* ambiente *m*
ambigu, -uë [ãbigy] *adj*
ambiguo(-a)
ambitieux, -euse [ãbisjø, jøz]
adj, nm/f ambicioso(-a)
ambition [ãbisjɔ̃] *nf* ambición *f*
ambulance [ãbylãs] *nf*
ambulancia; **ambulancier,**
-ière *nm/f* conductor(a) de una
ambulancia
âme [ɑm] *nf* (*spirituelle*) alma
amélioration [ameljɔrasjɔ̃] *nf*
mejoría
améliorer [ameljɔre] *vt* mejorar;
s'~ *vpr* mejorarse
aménager [amenaʒe] *vt*
acondicionar; (*installer*) habilitar
amende [amãd] *nf* multa
amener [am(ə)ne] *vt* llevar;
(*occasionner*) provocar; **s'~** (*fam*)
vpr venirse; **~ qn à qch/à faire**
incitar a algn a algo/a hacer
amer, amère [amɛr] *adj*
amargo(-a)
américain, e [amerikɛ̃, ɛn] *adj*
americano(-a) ♦ *nm/f*: **A~, e**
americano(-a)
Amérique [amerik] *nf* América;
~ centrale/du Nord/du Sud/
latine América central/del Norte/
del Sur/latina
amertume [amɛrtym] *nf*
amargura
ameublement [amœbləmã] *nm*
mobiliario
ami, e [ami] *nm/f* amigo(-a);
(*amant/maîtresse*) amante *m/f*;
pays/groupe ~ país *m*/grupo
aliado
amiable [amjabl] *adj* (*gén*)
amistoso(-a); **à l'~**
amistosamente
amiante [amjãt] *nm* amianto
amical, e, -aux [amikal, o] *adj*

amistoso(-a); amicalement *adv*
amistosamente; (*formule*
épistolaire) cordialmente
amincir [amɛ̃sir] *vt* (suj: *vêtemer*)
hacer más delgado(-a); **s'~** *vpr*
(*personne*) adelgazar
amincissant, e [amɛ̃sisã, ãt] *ad*
adelgazante
amiral, -aux [amiral, o] *nm*
almirante *m*
amitié [amitje] *nf* amistad *f*;
prendre en ~ tomar afecto a;
faire *ou* **présenter ses ~s à**
qn dar *ou* enviar recuerdos a algr
~s (*formule épistolaire*)
cordialmente
amonceler [amɔ̃s(ə)le] *vt* (*objets*
amontonar; **s'~** *vpr* amontonarse
(*fig*) acumularse
amont [amɔ̃] *nm*: **en ~** (*d'un*
cours d'eau) río arriba
amorce [amɔrs] *nf* (*sur un*
hameçon) cebo; **amorcer** *vt*
(*hameçon, munition*) cebar; (*fig:*
négociations) emprender
amortir [amɔrtir] *vt* (*choc, bruit*)
amortiguar; (COMM) amortizar; **~**
un abonnement amortizar un
abono; **amortisseur** *nm*
amortiguador *m*
amour [amur] *nm* (*sentiment,*
goût) amor *m*; **faire l'~** hacer el
amor; **amoureux, -euse** *adj*
amoroso(-a) ♦ *nmpl* (*amants*)
amantes *mpl*; **amour-propre** (*p*
amours-propres) *nm* amor *m*
propio
ampère [ãpɛr] *nm* amperio
amphithéâtre [ãfiteatr] *nm*
anfiteatro
ample [ãpl] *adj* amplio(-a);
amplement *adv* ampliamente;
amplement suffisant más que
suficiente; **ampleur** *nf* amplitud
f; (*de vêtement*) anchura

amplificateur [ɑ̃plifikatœʀ] nm
amplificador m

amplifier [ɑ̃plifje] vt (son,
oscillation) amplificar; (importance,
quantité) acrecentar

ampoule [ɑ̃pul] nf (ÉLEC)
bombilla, foco (AM), bombillo
(AM); (de médicament, aux mains)
ampolla

amusant, e [amyzɑ̃, ɑ̃t] adj
divertido(-a)

amuse-gueule [amyzgœl] nm pl
tapas fpl

amusement [amyzmɑ̃] nm
diversión f

amuser [amyze] vt divertir; **s'~**
vpr divertirse; (péj: manquer de
sérieux) estar de juerga

amygdale [amidal] nf amígdala

an [ɑ̃] nm año; **le jour de l'~, le
premier de l'~, le nouvel ~** el
día de año nuevo, el año nuevo

analphabète [analfabɛt] adj,
nm/f analfabeto(-a)

analyse [analiz] nf análisis m inv;
analyser vt analizar

ananas [anana(s)] nm piña,
ananá(s) m (AM)

anatomie [anatɔmi] nf anatomía

ancêtre [ɑ̃sɛtʀ] nm/f (parent)
antepasado(-a)

anchois [ɑ̃ʃwa] nm anchoa

ancien, ne [ɑ̃sjɛ̃, jɛn] adj
antiguo(-a), viejo(-a); (de jadis, de
l'antiquité) antiguo(-a); (précédent,
ex-) antiguo(-a), ex- ♦ nm/f
anciano(-a); **un ~ ministre** ex-
ministro; **mon ~ne voiture**
mi antiguo coche; **ancienneté**
nf antigüedad f

ancre [ɑ̃kʀ] nf ancla; **jeter/lever
l'~** echar/levar anclas; **ancrer** vt
(câble) fijar

Andorre [ɑ̃dɔʀ] nf Andorra

andouille [ɑ̃duj] nf especie de
embutido

âne [ɑn] nm burro

anéantir [aneɑ̃tiʀ] vt (pays,
récolte, espoirs) aniquilar

anémie [anemi] nf anemia

anémique [anemik] adj
anémico(-a)

anesthésie [anɛstezi] nf
anestesia; **~ générale/locale**
anestesia general/local

ange [ɑ̃ʒ] nm ángel m

angine [ɑ̃ʒin] nf angina; **~ de
poitrine** angina de pecho

anglais, e [ɑ̃glɛ, ɛz] adj
inglés(-esa) ♦ nm (LING) inglés m ♦
nm/f: **A~, e** inglés(-esa); **les A~**
los ingleses

angle [ɑ̃gl] nm (coin) esquina;
(GÉOM, fig) ángulo; **~ droit** ángulo
recto

Angleterre [ɑ̃glətɛʀ] nf Inglaterra

anglophone [ɑ̃glɔfɔn] adj, nm/f
anglófono(-a)

angoisse [ɑ̃gwas] nf angustia;
avoir des ~s estar
angustiado(-a); **angoissé, e** adj
angustiado(-a)

anguille [ɑ̃gij] nf anguila

animal, e, -aux [animal, o] adj
animal ♦ nm animal m; **~
domestique/sauvage** animal
doméstico/salvaje

animateur, -trice [animatœʀ,
tʀis] nm/f animador(a); (de
spectacle) presentador(a)

animation [animasjɔ̃] nf
animación f

animé, e [anime] adj (rue, lieu)
animado(-a)

animer [anime] vt animar; **s'~**
vpr animarse

anis [ani(s)] nm anís m

ankyloser [ɑ̃kiloze]: **s'~** vpr
anquilosarse

anneau, x [ano] nm (de rideau)

argolla; (de chaîne) anilla

année [ane] nf año

annexe [anɛks] adj (problème) anexo(-a); (document) adjunto(-a); (salle) contiguo(-a) ♦ nf anexo

anniversaire [anivɛRsɛR] nm (d'une personne) cumpleaños m inv; (d'un événement, bâtiment) aniversario

annonce [anɔ̃s] nf anuncio; **les petites ~s** anuncios mpl por palabras

annoncer [anɔ̃se] vt anunciar; **s'~** vpr: **s'~ bien/difficile** presentarse bien/difícil

annuaire [anɥɛR] nm anuario; **~ téléphonique** guía telefónica

annuel, le [anɥɛl] adj anual

annulation [anylasjɔ̃] nf anulación f

annuler [anyle] vt anular

anonymat [anɔnima] nm anonimato; **garder l'~** mantener el anonimato

anonyme [anɔnim] adj anónimo(-a)

anorak [anɔRak] nm anorak m

anormal, e, -aux [anɔRmal, o] adj (exceptionnel, inhabituel) anormal; (injuste) injusto(-a); (personne) subnormal

ANPE [aɛnpe] sigle f (= Agence nationale pour l'emploi) ≈ INEM m (= Instituto Nacional de Empleo)

antarctique [ɑ̃taRktik] adj antártico(-a) ♦ nm: **l'A~** la Antártida; **le cercle/l'océan ~** el círculo polar antártico/el océano Antártico

antenne [ɑ̃tɛn] nf antena; (poste avancé, succursale, agence) unidad f; **avoir l'~** estar en conexión; **prendre l'~** conectar, sintonizar

antérieur, e [ɑ̃teRjœR] adj anterior

anti... [ɑ̃ti] préf anti...;

antialcoolique adj antialcohólico(-a); **antibiotique** nm antibiótico; **antibrouillard** adj: **phare antibrouillard** faro antiniebla

anticipation [ɑ̃tisipasjɔ̃] nf anticipación f, previsión f; **livre/ film d'~** libro/película de ciencia ficción

anticipé, e [ɑ̃tisipe] adj (règlement, paiement) por adelantado

anticiper [ɑ̃tisipe] vt (événement, coup) anticipar; (en imaginant) prever ♦ vi: **~ sur** anticiparse a

anti...: anticorps nm anticuerpo; **antidote** nm antídoto; **antigel** nm anticongelante m;

antihistaminique nm antihistamínico

antillais, e [ɑ̃tijɛ, ɛz] adj antillano(-a) ♦ nm/f: **A~, e** antillano(-a)

Antilles [ɑ̃tij] nfpl: **les ~** las Antillas; **les grandes/petites ~** las grandes/pequeñas Antillas

antilope [ɑ̃tilɔp] nf antílope m

anti...: antimite(s) adj, nm: **(produit) antimite(s)** antipolill m; **antipathique** adj antipático(-a); **antipelliculaire** adj anticaspa

antiquaire [ɑ̃tikɛR] nm/f anticuario-(a)

antique [ɑ̃tik] adj (gréco-romain, très vieux) antiguo(-a); (démodé) anticuado(-a); **l'Antiquité** nf (objet ancien) antigüedad f; **l'Antiquité** la Antigüedad; **magasin d'antiquités** tienda de antigüedades

anti...: antirabique adj antirrábico(-a); **antirouille** adj *inv*: **peinture/produit antirouille** pintura/producto antioxidante; **antisémite** *adj*, *nm/f* antisemita; **antiseptique** *adj* antiséptico(-a); **antivol** *nm* antirrobo

anxiété [ɑ̃ksjete] *nf* ansiedad *f*

anxieux, -euse [ɑ̃ksjø, jøz] *adj* ansioso(-a)

AOC *sigle f* (= *appellation d'origine contrôlée*) denominación *f* de origen

AOC

AOC es la categoría más alta de los vinos franceses. Indica que cumple con los criterios más estrictos en lo referente a cepa de origen, tipo de uva cultivada, método de producción y volumen alcohólico.

août [u(t)] *nm* agosto; *voir aussi* **juillet**

apaiser [apeze] *vt* tranquilizar; **s'~** *vpr* tranquilizarse

apercevoir [apɛʀsəvwaʀ] *vt* (*voir*) distinguir; (*constater, percevoir*) percibir; **s'~ de/que** darse cuenta de/de que

aperçu, e [apɛʀsy] *pp de* **apercevoir** ♦ *nm* visión *f* de conjunto; (*gén pl*: *intuition*) idea

apéritif, -ive [apeʀitif, iv] *adj* aperitivo(-a) ♦ *nm* aperitivo

à-peu-près [apøpʀɛ] (*péj*) *nm inv* aproximación *f*

apeuré, e [apœʀe] *adj* atemorizado(-a)

aphte [aft] *nm* afta

apitoyer [apitwaje] *vt* apiadar; **s'~ (sur qn/qch)** apiadarse (de algn/algo)

aplatir [aplatiʀ] *vt* aplastar; **s'~**

vpr aplastarse; (*fig*) tumbarse

aplomb [aplɔ̃] *nm* (*équilibre*) equilibrio; (*sang-froid*) aplomo; **d'~** (*en équilibre*) verticalmente; (CONSTR) aplomo

apostrophe [apɔstʀɔf] *nf* (*signe*) apóstrofe *m*

apparaître [apaʀɛtʀ] *vi* aparecer; (*avec attribut*) parecer

appareil [apaʀɛj] *nm* aparato; **~ digestif** aparato digestivo; **qui est à l'~?** ¿quién está al aparato?; **~ photographique, ~ photo** cámara de fotos;

appareiller *vi* zarpar ♦ *vt* emparejar

apparemment [apaʀamɑ̃] *adv* aparentemente, dizque (AM)

apparence [apaʀɑ̃s] *nf* apariencia

apparent, e [apaʀɑ̃, ɑ̃t] *adj* (*visible*) aparente; (*évident*) evidente; (*illusoire, superficiel*) ilusorio(-a)

apparenté, e [apaʀɑ̃te] *adj*: **~ à** emparentado(-a) con

apparition [apaʀisjɔ̃] *nf* aparición *f*

appartement [apaʀtəmɑ̃] *nm* piso, departamento (AM)

appartenir [apaʀtəniʀ]: **~ à** *vt ind* pertenecer a

apparu, e [apaʀy] *pp de* **apparaître**

appât [apɑ] *nm* cebo

appel [apɛl] *nm* llamada, llamado (AM); (*nominal*) lista; (MIL) alistamiento *m*; **faire ~ à** (*invoquer*) apelar a; (*avoir recours à*) recurrir a; (*nécessiter*) necesitar; **faire l'~** (JUR) apelar; **faire l'~** pasar lista; **~ d'offres** llamada a licitación; **~ (téléphonique)** llamada (telefónica)

appelé [ap(ə)le] *nm* (MIL) recluta *m*

appeler [ap(ə)le] vt llamar; (*nécessiter*) requerir; **s'~** vpr llamarse; **être appelé à** (fig) ser llamado a; **comment ça s'appelle?** ¿cómo se llama esto?

appendicite [apɛ̃disit] nf apendicitis f

appesantir [apəzɑ̃tiʀ]: **s'~ sur** vpr (fig) insistir en

appétissant, e [apetisɑ̃, ɑ̃t] adj apetitoso(-a)

appétit [apeti] nm apetito; **bon ~!** ¡buen provecho!

applaudir [aplodiʀ] vt, vi aplaudir; **applaudissements** nmpl aplausos mpl

application [aplikasjɔ̃] nf aplicación f

appliquer [aplike] vt aplicar; **s'~** vpr aplicarse

appoint [apwɛ̃] nm (fig) ayuda; **chauffage/lampe d'~** calefacción f/lámpara suplementaria

apporter [apɔʀte] vt (amener) traer; (soutien, preuve) aportar; (soulagement) procurar

appréciable [apʀesjabl] adj apreciable

apprécier [apʀesje] vt apreciar

appréhender [apʀeɑ̃de] vt (craindre) temer; (JUR, aborder) aprehender; **appréhension** nf aprehensión f

apprendre [apʀɑ̃dʀ] vt aprender; (nouvelle, résultat) conocer; **~ qch à qn** (informer) informar de algo a algn; (enseigner) enseñar algo a algn; **~ à faire qch** aprender a hacer algo; **~ à qn à faire qch** enseñar a algn a hacer algo; **apprenti, e** nm/f aprendiz(a); **apprentissage** nm aprendizaje m

apprêter [apʀete]: **s'~ à faire**

qch vpr disponerse a hacer algo

appris, e [apʀi, iz] pp de **apprendre**

apprivoiser [apʀivwaze] vt domesticar

approbation [apʀɔbasjɔ̃] nf (autorisation) aprobación f, conformidad f

approcher [apʀɔʃe] vi acercarse, aproximarse ♦ vt (vedette, artiste) relacionarse con; (rapprocher): **~ qch (de qch)** acercar algo (a algo); **s'~ de** vpr acercarse a; **~ de** (but, moment) acercarse a, estar más cerca de; (nombre, quantité) rozar

approfondir [apʀɔfɔ̃diʀ] vt (sujet, question) profundizar (en)

approprié, e [apʀɔpʀije] adj apropiado(-a), adecuado(-a)

approprier [apʀɔpʀije]: **s'~** vpr apropiarse de, adueñarse de

approuver [apʀuve] vt (autoriser) aprobar; (être d'accord avec) estar de acuerdo con

approvisionner [apʀɔvizjɔne] vt (magasin, personne) abastecer, proveer; (compte bancaire) cubrir; **s'~ en** proveerse de

approximatif, -ive [apʀɔksimatif, iv] adj aproximativo(-a)

appt abr = **appartement**

appui [apɥi] nm apoyo; (soutien, aide) apoyo, sostén m

appuyer [apɥije] vt (personne, demande) apoyar, respaldar; **~ qch sur/contre/à** apoyar algo en/contra/en

après [apʀɛ] prép después de ♦ adv después; **2 heures ~** 2 hora después; **~ qu'il est** ou **soit parti/avoir fait** después de que marchó/de haber hecho; **d'~** según; **~ coup** posteriormente;

tout después de todo; **et (puis)
~!** ¿y qué?; **après-demain** *adv*
pasado mañana; **après-midi** *nm
ou nf inv* tarde f; **après-rasage**
(*pl* **après-rasages**) *nm*: **lotion
après-rasage** loción f para
después del afeitado; **après-
shampooing** *nm inv*
acondicionador m; **après-ski** (*pl*
après-skis) *nm* botas *fpl*
"après-ski"

apte [apt] *adj*: **~ à qch/à faire
qch** apto(-a) para algo/para hacer
algo

aquarelle [akwaʀɛl] *nf* acuarela

aquarium [akwaʀjɔm] *nm* acuario

arabe [aʀab] *adj* árabe ♦ *nm
(LING)* árabe m ♦ *nm/f*: **A~** árabe
m/f

Arabie [aʀabi] *nf* Arabia; **l'~
saoudite** Arabia Saudita

arachide [aʀaʃid] *nf (plante)*
cacahuete m; *(graine)* cacahuete,
maní m

araignée [aʀɛɲe] *nf* araña; **~ de
mer** araña de mar

arbitraire [aʀbitʀɛʀ] *adj*
arbitrario(-a)

arbitre [aʀbitʀ] *nm (SPORT)*
árbitro m; *(JUR, TENNIS, CRICKET)* juez m;
arbitrer *vt (SPORT)* arbitrar

arbre [aʀbʀ] *nm* árbol m

arbuste [aʀbyst] *nm* arbusto

arc [aʀk] *nm* arco

arcade [aʀkad] *nf (ARCHIT)* arcada;
~s *nfpl (d'une rue)* soportales *mpl*

arc-en-ciel [aʀkɑ̃sjɛl] (*pl* **~s-~-
~**) *nm* arco iris m

arche [aʀʃ] *nf* arco; **~ de Noé**
arca de Noé

archéologie [aʀkeɔlɔʒi] *nf*
arqueología; **archéologue** *nm/f*
arqueólogo(-a)

archet [aʀʃɛ] *nm* arco

archi- [aʀʃi] *préf* archi-

archipel [aʀʃipɛl] *nm* archipiélago

architecte [aʀʃitɛkt] *nm*
arquitecto(-a)

architecture [aʀʃitɛktyʀ] *nf*
arquitectura

archives [aʀʃiv] *nfpl (documents)*
archivos *mpl*; *(local)* archivo *msg*

arctique [aʀktik] *adj* ártico(-a) ♦
nm: **l'A~** el Ártico

ardent, e [aʀdɑ̃, ɑ̃t] *adj* ardiente;
(feu, soleil) ardiente, abrasador(a);
(prière) fervoroso(-a)

ardoise [aʀdwaz] *nf* pizarra

ardu, e [aʀdy] *adj* arduo(-a)

arène [aʀɛn] *nf* arena

arête [aʀɛt] *nf (de poisson)* espina;
(d'une montagne) cresta

argent [aʀʒɑ̃] *nm (métal, couleur)*
plata; *(monnaie)* dinero; **~ de
poche** dinero para gastos
menudos; **~ liquide** dinero
líquido; **argenterie** *nf* plata

argentin, e [aʀʒɑ̃tɛ̃, in] *adj*
argentino(-a)

Argentine [aʀʒɑ̃tin] *nf* Argentina

argile [aʀʒil] *nf* arcilla

argot [aʀgo] *nm* argot m, jerga;
argotique *adj* argótico(-a)

argument [aʀgymɑ̃] *nm*
argumento

argumenter [aʀgymɑ̃te] *vi*
argumentar

aride [aʀid] *adj (sol, pays)*
árido(-a); *(texte, sujet)* árido(-a),
aburrido(-a)

aristocratie [aʀistɔkʀasi] *nf*
aristocracia; **aristocratique** *adj*
aristocrático(-a)

arithmétique [aʀitmetik] *adj*
aritmético(-a) ♦ *nf* aritmética

arme [aʀm] *nf* arma; **~ à feu/
blanche** arma de fuego/blanca

armée [aʀme] *nf* ejército; *(fig)*
nube f, ejército; **~ de l'air/de
terre** ejército del aire/de tierra

armer [aʀme] vt armar; (*arme à feu, appareil photo*) montar

armistice [aʀmistis] nm armisticio; **l'A~** el armisticio

armoire [aʀmwaʀ] nf armario, closet *ou* clóset (AM); (*penderie*) ropero

armure [aʀmyʀ] nf armadura; **armurier** nm armero

arnaquer [aʀnake] vt (*fam*) timar

aromates [aʀɔmat] nmpl hierbas fpl aromáticas

aromatisé, e [aʀɔmatize] adj aromatizado(-a)

arôme [aʀom] nm aroma m

arracher [aʀaʃe] vt arrancar; (*clou, dent*) sacar, extraer; (*par explosion, accident*) desgarrar; **s'~** vpr (*personne, article très recherché*) disputarse

arrangement [aʀɑ̃ʒmɑ̃] nm (*compromis*) acuerdo

arranger [aʀɑ̃ʒe] vt (*appartement*) arreglar, disponer; (*voyage*) organizar; (*rendez-vous*) concertar; (*problème, difficulté*) arreglar, solucionar; **s'~** vpr (*se mettre d'accord*) ponerse de acuerdo; (*querelle, situation*) arreglarse; **je vais m'~** voy a arreglarme; **cela m'arrange** eso me conviene

arrestation [aʀɛstasjɔ̃] nf detención f

arrêt [aʀe] nm detención f, interrupción f; (JUR) fallo; **sans ~** (*sans interruption*) sin parar; (*très fréquemment*) continuamente; **~ de travail** permiso de trabajo

arrêter [aʀete] vt (*projet, maladie*) parar, interrumpir; (*voiture, personne*) detener, parar; (*chauffage*) parar; (*date, choix*) fijar, decidir; (*suspect, criminel*) detener; **s'~** vpr pararse; **~ de faire (qch)** dejar de hacer (algo)

arrhes [aʀ] nfpl arras fpl, señal f

arrière [aʀjɛʀ] adj inv (AUTO) trasero(-a) ♦ nm (*d'une voiture, maison*) parte f trasera; (SPORT) defensa; **siège ~** asiento trasero; **à l'~** detrás; **en ~** hacia atrás; **arrière-goût** (pl **arrière-goûts**) nm regusto; **arrière-pays** nm inv interior m, tierra adentro; **arrière-pensée** (pl **arrière-pensées**) nf (*raison intéressée*) segunda intención f; **arrière-plan** (pl **arrière-plans**) nm segundo plano; **à l'arrière-plan** en segundo plano; **arrière-saison** (pl **arrière-saisons**) nf final m del otoño

arrimer [aʀime] vt estibar

arrivage [aʀivaʒ] nm arribada f

arrivée [aʀive] nf (*de bateau*) arribada, arribo (*esp* AM); (*concurrent, visites*) llegada, arribo (*esp* AM); (*ligne d'arrivée*) línea de llegada; **~ d'air/de gaz** entrada de aire/de gas

arriver [aʀive] vi (*événement, fait*) ocurrir, suceder; **~ à qch/faire qch** lograr algo/hacer algo; **il arrive à Paris à 8 h** llega a París a las 8; **il arrive que** ocurre que; **il lui arrive de faire** suele hacer

arrogance [aʀɔgɑ̃s] nf arrogancia, prepotencia (*esp* AM)

arrogant, e [aʀɔgɑ̃, ɑ̃t] adj arrogante, prepotente (*esp* AM)

arrondissement [aʀɔ̃dismɑ̃] nm distrito

arroser [aʀoze] vt regar; (*fig*) mojar; **arrosoir** nm regadera

arsenal, -aux [aʀsənal, o] nm arsenal m; (NAUT) arsenal, astillero

art [aʀ] nm arte m; (*expression artistique*): **l'~** el arte

artère [aʀtɛʀ] nf arteria
arthrite [aʀtʀit] nf artritis f
artichaut [aʀtiʃo] nm alcachofa
article [aʀtikl] nm artículo
articulation [aʀtikylasjɔ̃] nf
articulación f
articuler [aʀtikyle] vt articular
artificiel, le [aʀtifisjɛl] adj
artificial; (jambe) ortopédico(-a);
(péj) artificial, fingido(-a)
artisan [aʀtizɑ̃] nm artesano(-a)
artisanal, e, -aux [aʀtizanal, o]
adj artesanal; **artisanat** nm
artesanía
artiste [aʀtist] adj artista ♦ nm/f
artista m/f; **artistique** adj
artístico(-a)
as [ɑs] vb voir **avoir** ♦ nm as m
ascenseur [asɑ̃sœʀ] nm ascensor
m, elevador (AM)
ascension [asɑ̃sjɔ̃] nf ascensión f;
l'Ascension (REL) la Ascensión

Ascension

La **fête de l'Ascension** es una
festividad francesa, que suele caer en
Mayo. Como se celebra en
jueves, muchos se toman el
viernes libre para hacer puente y
disfrutar de un largo fin de
semana.

asiatique [azjatik] adj asiático(-a)
♦ nm/f: **A~** asiático(-a)
Asie [azi] nf Asia
asile [azil] nm asilo
aspect [aspɛ] nm aspecto,
apariencia; (fig) aspecto; **à l'~ de
...** a la vista de ...
asperge [aspɛʀʒ] nf espárrago
asperger [aspɛʀʒe] vt rociar
asphalte [asfalt] nm asfalto
asphyxier [asfiksje] vt asfixiar
aspirateur [aspiʀatœʀ] nm

aspiradora
aspirer [aspiʀe] vt aspirar;
(liquide) absorber; **~ à qch** aspirar
a algo
aspirine [aspiʀin] nf aspirina
assagir [asaʒiʀ]: **s'~** vpr
sosegarse, aplacarse
assaisonnement [asɛzɔnmɑ̃]
nm aliño; (ingrédient) condimento
assaisonner [asɛzɔne] vt aliñar,
condimentar
assassin [asasɛ̃] nm asesino(-a);
assassiner vt asesinar
assaut [aso] nm asalto; **prendre
d'~** tomar por asalto
assécher [aseʃe] vt desecar
assemblage [asɑ̃blaʒ] nm
ensamblaje
assemblée [asɑ̃ble] nf asamblea
assembler [asɑ̃ble] vt (TECH, gén)
ensamblar, juntar; **s'~** vpr reunirse
asseoir [aswaʀ]: **s'~** vpr sentarse
assez [ase] adv (suffisamment)
bastante; (passablement)
suficientemente, bastante; **~ de
pain** bastante pan; **~ de livres**
bastantes libros; **vous en avez ~**
tiene bastante
assidu, e [asidy] adj asiduo(-a)
assied etc [asje] vb voir **asseoir**
assiérai etc [asjeʀe] vb voir
asseoir
assiette [asjɛt] nf plato; **~ à
dessert** plato de postre; **~
anglaise** plato de fiambres
variados; **~ creuse** plato hondo;
~ plate plato llano
assimiler [asimile] vt
(connaissances, idée) asimilar;
(immigrants) integrar; (identifier): **~
qch/qn à** equiparar algo/a algn
con; **s'~** vpr integrarse
assis, e [asi, iz] pp de **asseoir** ♦
adj sentado(-a)
assistance [asistɑ̃s] nf (public)

asistencia, público; (aide) asistencia

assistant, e [asistɑ̃, ɑ̃t] *nm/f* (scol) lector(a); (d'un professeur, cinéaste) ayudante *m/f*; **~e sociale** asistenta social

assisté, e [asiste] *adj* (auto) asistido(-a) ♦ *nm/f* beneficiario(-a) (de la ayuda del estado)

assister [asiste] *vt* ayudar; **~ à** ♦ *vt ind* asistir a

association [asɔsjasjɔ̃] *nf* asociación f

associé, e [asɔsje] *adj* asociado(-a)

associer [asɔsje] *vt* asociar; **s'~** *vpr* asociarse; (un collaborateur) asociarse con; **~ qch à** unir algo a

assoiffé, e [aswafe] *adj* sediento(-a)

assommer [asɔme] *vt* (étourdir: personne) dejar inconsciente de un golpe; (étourdir, abrutir: médicament) aturdir, atontar

Assomption [asɔ̃psjɔ̃] *nf*: l'**~** la Asunción

Assomption

La fête de l'Assomption del 15 de agosto es una fiesta nacional francesa. Es costumbre que grandes cantidades de turistas realicen salidas en esta fecha y provoquen con frecuencia el caos circulatorio en las carreteras.

---

assorti, e [asɔrti] *adj* (en harmonie) combinado(-a); **fromages ~s** quesos *mpl* surtidos; **~ à** a juego con; **assortiment** *nm* (aussi comm) surtido

assortir [asɔrtir] *vt* combinar; **~**

qch à combinar algo con

assouplir [asuplir] *vt* (membres, corps, aussi fig) flexibilizar

assumer [asyme] *vt* asumir; (poste, rôle) desempeñar

assurance [asyrɑ̃s] *nf* (certitude) certeza; (confiance en soi) seguridad f; (contrat, secteur commercial) seguro; **~ au tiers** seguro contra terceros; **~ tous risques** seguro a todo riesgo; **~s sociales** seguros *mpl* sociales; **assurance-vie** (pl **assurances-vie**) *nf* seguro de vida

assuré, e [asyre] *adj*: **~ de** seguro(-a) de ♦ *nm/f* asegurado(-a); **assurément** *adv* seguramente

assurer [asyre] *vt* asegurar; (succès, victoire) asegurar, garantizar; **~ (à qn) que** asegurar (a algn) que; **s'~** *vpr*: **s'~ (contre)** asegurarse (contra); **~ qn de son amitié** garantizar a algn su amistad; **~ qch à qn** (emploi, revenu) garantizar algo a algn; (fait etc) asegurar algo a algn; **s'~ de/que** asegurarse de/ de que; **assureur** *nm* asegurador(a)

asthme [asm] *nm* asma

asticot [astiko] *nm* cresa

astre [astr] *nm* astro

astrologie [astrɔlɔʒi] *nf* astrología

astronaute [astrɔnot] *nm/f* astronauta *m/f*

astronomie [astrɔnɔmi] *nf* astronomía

astuce [astys] *nf* astucia; (plaisanterie) picardía, broma; **astucieux, -euse** *adj* astucioso(-a)

atelier [atəlje] *nm* taller m; (de

peintre) estudio; **~ de musique/
poterie** taller de música/cerámica
athée [ate] *adj, nm/f* ateo(-a)
Athènes [atɛn] *n* Atenas
athlète [atlɛt] *nm/f* atleta *m/f;*
athlétisme *nm* atletismo
atlantique [atlɑ̃tik] *adj*
atlántico(-a) ♦ *nm:* **l'(océan) A~**
el (océano) Atlántico
atlas [atlas] *nm* atlas *m*
atmosphère [atmɔsfɛʀ] *nf*
atmósfera
atome [atom] *nm* átomo;
atomique *adj* atómico(-a)
atomiseur [atɔmizœʀ] *nm*
atomizador *m*
atout [atu] *nm* triunfo; *(fig)*
triunfo, ventaja
atroce [atʀɔs] *adj* atroz; *(très
désagréable, pénible)* atroz, terrible
attachant, e [ataʃɑ̃, ɑ̃t] *adj*
(persona) atrayente; *(animal)*
encantador(a)
attache [ataʃ] *nf* grapa; *(fig)* lazo
attacher [ataʃe] *vt* atar; *(bateau)*
amarrar; *(étiquette à qch)* pegar,
fijar ♦ *vi (poêle)* pegar; **s'~ à**
encariñarse con; **~ qch à** atar
algo a
attaque [atak] *nf* ataque *m*
attaquer [atake] *vt* atacar;
(entreprendre) acometer ♦ *vi*
atacar; **~ qn en justice** entablar
una acción judicial contra algn
attarder [ataʀde]: **s'~** *vpr* *(dans
qch, en chemin)* demorarse *(chez
qn)* entretenerse
atteindre [atɛ̃dʀ] *vt* alcanzar;
(cible, fig) conseguir; *(blesser)*
alcanzar, herir; **atteint, e**, *pp de*
atteindre ♦ *adj:* **être atteint
de** estar aquejado(-a) de;
atteinte [atɛ̃t] *nf (à l'honneur, au
prestige)* ofensa; *(gén pl: d'un mal)*
ataque *m;* **hors d'atteinte** fuera

de mi *etc* alcance; **porter
atteinte à** atentar contra
attendant [atɑ̃dɑ̃] *adv:* **en ~**
(dans l'intervalle) entretanto,
mientras tanto; *(quoi qu'il en soit)*
de todos modos
attendre [atɑ̃dʀ] *vt* esperar ♦ *vi*
esperar; **s'~** *vpr:* **s'~ à (ce que)**
esperarse (que); **~ un enfant**
esperar un niño; **~ de faire/
d'être** esperar hacer/ser; **~ qch
de qn** *ou* **qch** esperar algo de
algn *ou* algo; **~ que** esperar que ♦
adv voir **attendant**
attendrir [atɑ̃dʀiʀ] *vt (personne)*
enternecer; **attendrissant, e**
adj enternecedor(a)
attendu, e [atɑ̃dy] *pp de*
attendre ♦ *adj* esperado(-a)
attentat [atɑ̃ta] *nm* atentado; **~ à
la bombe/à la pudeur**
atentado con bomba/contra el
pudor
attente [atɑ̃t] *nf* espera;
(espérance) espera, expectativa
attenter [atɑ̃te]: **~ à** atentar
contra; **~ à la vie de qn**
atentar contra la vida de algn
attentif, -ive [atɑ̃tif, iv] *adj*
(auditeur, élève) atento(-a)
attention [atɑ̃sjɔ̃] *nf* atención *f;*
(prévenance: gén pl) atenciones *fpl;*
à l'~ de a la atención de;
attirer l'~ de qn sur qch
llamar la atención de algn sobre
algo; **faire ~ à** *(remarquer, noter)*
prestar atención a; *(prendre garde
à)* tener cuidado con; **faire ~
que/à ce que** tener cuidado
que; **~!** ¡cuidado!; **attentionné,
e** *adj* atento(-a), solícito(-a)
atténuer [atenɥe] *vt* atenuar;
(douleur) aliviar
atterrir [ateʀiʀ] *vi* aterrizar;
atterrissage *nm* aterrizaje *m*

attestation [atɛstasjɔ̃] *nf* certificado; **~ de paiement** comprobante *m* de pago

attirant, e [atirɑ̃, ɑ̃t] *adj* atractivo(-a)

attirer [atire] *vt* atraer; **~ qn dans un coin/vers soi** llevar a algn a un rincón/hacia sí; **~ l'attention de qn sur qch** llamar la atención de algn sobre algo; **s'~ des ennuis** acarrearse problemas

attitude [atityd] *nf* (*comportement*) actitud *f*, conducta; (*position du corps*) postura; (*état d'esprit*) actitud, disposición *f*

attraction [atraksjɔ̃] *nf* atracción *f*; (*de cabaret, cirque*) atracción, número

attrait [atrɛ] *nm* (*de l'argent, de la gloire*) atractivo, incentivo

attraper [atrape] *vt* (*saisir*) atrapar, coger, agarrar (AM); (*voleur, animal*) atrapar, agarrar; (*train, maladie, amende*) pillar; (*fam: réprimander*) reñir; (: *duper*) engañar

attrayant, e [atrɛjɑ̃, ɑ̃t] *adj* atrayente

attribuer [atribɥe] *vt* (*prix*) otorgar; (*rôle, tâche*) asignar

attrister [atriste] *vt* entristecer

attroupement [atrupmɑ̃] *nm* aglomeración *f*

attrouper [atrupe]: **s'~** *vpr* aglomerarse, agolparse

au [o] *prép* + *dét voir* **à**

aubaine [obɛn] *nf* (*avantage inattendu*) suerte *f*; (COMM) ganga, chollo (*fam*)

aube [ob] *nf* alba, madrugada, amanecer *m*; **à l'~** al alba, de madrugada, al amanecer

aubépine [obepin] *nf* espino

auberge [obɛrʒ] *nf* posada, mesón *m*; **~ de jeunesse** albergue *m* de juventud

aubergine [obɛrʒin] *nf* berenjena

aucun, e [okœ̃, yn] *dét* ningún(-una) ♦ *pron* ninguno(-a), nadie; **il n'a ~ sens** no tiene ningún sentido, no tiene sentido alguno

audace [odas] *nf* audacia; (*péj*) descaro; **audacieux, -euse** *adj* audaz

au-dessous [od(ə)su] *adv* abajo, debajo; **~~ de** (*dans l'espace*) debajo de; (*dignité, condition, somme*) por debajo de

au-dessus [od(ə)sy] *adv* arriba, encima; **~~ de** (*dans l'espace*) arriba de, encima de; (*limite, somme, loi*) por encima de

au-devant [od(ə)vɑ̃]: **~~ de** *prép* al encuentro de; **aller ~~ de** (*personne*) ir al encuentro de; (*danger*) hacer frente a; (*désirs de qn*) adelantarse a

audience [odjɑ̃s] *nf* (*auditeurs, lecteurs*) auditorio, público; (*entrevue, séance*) audiencia

audiovisuel, le [odjovizɥɛl] *adj* audiovisual ♦ *nm* (*techniques*) técnicas *fpl* audiovisuales; (*méthodes*) métodos *mpl* audiovisuales; **l'~** los medios audiovisuales

audition [odisjɔ̃] *nf* audición *f*; (JUR) audiencia; (MUS, THÉÂTRE) prueba, audición

auditoire [oditwar] *nm* auditorio

augmentation [ɔɡmɑ̃tasjɔ̃] *nf* (*action, résultat*) aumento; (*prix*) subida; **~ (de salaire)** aumento (del salario)

augmenter [ɔgmɑ̃te] *vt* aumentar; *(prix)* subir; *(employé, salaire)* subir el sueldo a ♦ *vi* aumentar

augure [ogyʀ] *nm*: **de bon/mauvais ~** de buen/mal augurio

aujourd'hui [oʒuʀdɥi] *adv* hoy; *(de nos jours)* hoy en día

aumônier [omonje] *nm* capellán *m*

auparavant [oparavɑ̃] *adv* antes

auprès [opʀɛ]: **~ de** *prép* al lado de, cerca de; *(en comparaison de)* comparado(-a) con

auquel [okɛl] *prép + pron voir* **lequel**

aurai *etc* [ɔʀe] *vb voir* **avoir**

aurons *etc* [oʀɔ̃] *vb voir* **avoir**

aurore [ɔʀɔʀ] *nf* aurora

ausculter [oskylte] *vt* auscultar

aussi [osi] *adv* también; *(de comparaison: avec adj, adv)* tan; *(si, tellement)* tan ♦ *conj (par conséquent)* por lo tanto; **~ fort/rapidement que** tan fuerte/rápidamente como

aussitôt [osito] *adv* enseguida, inmediatamente; **~ que** tan pronto como

austère [ostɛʀ] *adj* austero(-a)

austral, e [ostʀal] *adj* austral

Australie [ostʀali] *nf* Australia; **australien, ne** *adj* australiano(-a)

autant [otɑ̃] *adv (tant, tellement)* tanto; *(comparatif)*: **~ (que)** tanto (como), tan (como); **~ (de)** tanto(-a), tantos(-as); **~ partir/ne rien dire** mejor marchar/no decir nada; **~ dire que ...** eso es tanto como decir que ...; **d'~ plus/moins/mieux que** tanto más/menos/mejor (cuanto que)

autel [otɛl] *nm* altar *m*

auteur [otœʀ] *nm* autor(a)

authenticité [otɑ̃tisite] *nf* autenticidad *f*

authentique [otɑ̃tik] *adj* auténtico(-a); *(récit, histoire)* auténtico(-a), cierto(-a)

auto [oto] *nf* coche *m*, carro (AM), auto *(esp AM)*

auto...: autobiographie *nf* autobiografía; **autobus** *nm* autobús *m*, camión *m* (MEX);

autocar *nm* autocar *m*

autochtone [otɔkton] *adj, nm/f* autóctono(-a)

auto...: autocollant, e *adj* autoadhesivo(-a) ♦ *nm* autoadhesivo(-a); **autocuiseur** *nm* olla a presión; **autodéfense** *nf* autodefensa; **groupe d'autodéfense** grupo de autodefensa; **autodidacte** *nm/f* autodidacta *m/f*; **auto-école** (*pl* **auto-écoles**) *nf* autoescuela;

autographe *nm* autógrafo **automate** [otɔmat] *nm* autómata *m*

automatique [otɔmatik] *adj* automático(-a); *(réflexe, geste)* automático(-a), mecánico(-a); **automatiquement** *adv* automáticamente

automne [otɔn] *nm* otoño

automobile [otɔmɔbil] *nf* coche *m*, automóvil *m*: **l'~** la industria automovilística; **automobiliste** *nm/f* automovilista *m/f*

autonome [otɔnɔm] *adj* autónomo(-a); **autonomie** *nf* autonomía

autopsie [otɔpsi] *nf* autopsia

autoradio [otoʀadjo] *nm* autorradio

autorisation [otɔʀizasjɔ̃] *nf* *(permission)* autorización *f*, permiso; *(papiers)* licencia, permiso

autorisé, e [otɔʀize] *adj*

autorizado(-a)

autoriser [ɔtɔʀize] vt autorizar, permitir; (justifier, permettre) autorizar

autoritaire [ɔtɔʀitɛʀ] adj autoritario(-a)

autorité [ɔtɔʀite] nf autoridad f; **les ~s** las autoridades

autoroute [otoʀut] nf autopista

auto-stop [otostɔp] nm inv: **l'~~ ~** el autostop; **faire de l'~~~** hacer autostop; **auto-stoppeur, -euse** nm/f autostopista m/f

autour [otuʀ] adv alrededor, en torno; **~ de** (en cercle) alrededor de, en torno de ou a

MOT-CLÉ

autre [otʀ] adj 1 (différent) otro(-a); **je préférerais un autre verre** preferiría otro vaso
2 (supplémentaire): **je voudrais un autre verre d'eau** querría otro vaso de agua
3 (d'une paire, dans une dualité) otro(-a); **autre chose** otra cosa; **penser à autre chose** pensar en otra cosa; **autre part** (aller) a otra parte; (se trouver) en otra parte; **d'autre part** (en outre) además; **d'une part ..., d'autre part ...** por una parte ..., por otra parte ...

♦ pron: **un autre** otro; **nous autres** nosotros(-as); **vous autres** vosotros(-as); (politesse) ustedes; **d'autres** otros(-as); **les autres** los (las) otros(-as); (autrui) los demás; **l'un et l'autre** uno y otro; **se détester l'un l'autre/les uns les autres** detestarse uno a otro/unos a otros; **d'une minute à l'autre** de un momento a otro; **entre**

autres entre otros(-as); **j'en ai vu d'autres** (indifférence) estoy curado de espanto; **à d'autres!** ¡cuéntaselo a otro!; **ni l'un ni l'autre** ni uno ni otro; **donnez-m'en un autre** deme otro; **de temps à autre** de vez en cuando; *voir aussi* **part**; **temps**; **un**

autrefois [otʀəfwa] adv antaño, en otro tiempo

autrement [otʀəmã] adv (d'une manière différente) de otro modo; (sinon) si no, de lo contrario; **je n'ai pas pu faire ~** no he podido hacer otra cosa; **~ dit** en otras palabras

Autriche [otʀiʃ] nf Austria

autrichien, ne adj austríaco(-a)

autruche [otʀyʃ] nf avestruz m

aux [o] prép +dét voir **à**

auxiliaire [ɔksiljɛʀ] adj auxiliar ♦ nm/f auxiliar m/f

auxquelles [okɛl] prép + pron voir **lequel**

auxquels [okɛl] prép + pron voir **lequel**

avalanche [avalɑ̃ʃ] nf avalancha

avaler [avale] vt tragar; (fig) devorar; (croire) tragarse

avance [avɑ̃s] nf avance m; (d'argent) adelanto, anticipo; (opposé à retard) adelanto; (être) **en ~** (sur l'heure fixée) estar adelantado(-a); **à l'~**, **par ~** de antemano; **d'~** por anticipado; **payer d'~** pagar por adelantado

avancé, e [avɑ̃se] adj avanzado(-a); (travail) adelantado(-a)

avancement [avɑ̃smã] nm (professionnel) ascenso; (de travaux) progreso

avancer [avɑ̃se] vi avanzar;

(_travail, montre, réveil_) adelantar ♦
_vt_ adelantar; (_hypothèse, idée_)
proponer, sugerir; **s'~** _vpr_
(_s'approcher_) adelantarse,
acercarse; (_se hasarder_)
aventurarse

avant [avã] _prép_ antes de ♦ _adj
inv_: **siège ~** asiento delantero ♦
_nm_ (_d'un véhicule, bâtiment_)
delantera, frente _m_; (SPORT)
delantero; **~ qu'il (ne) parte/
de faire** antes de marche/de
hacer; **~ tout** ante todo; **à l'~**
(_dans un véhicule_) en la delantera;
en ~ (_marcher, regarder_) hacia
adelante; **en ~ de** (_en tête de,
devant_) delante de

avantage [avãtaʒ] _nm_
(_supériorité_) ventaja; (_intérêt,
bénéfice_) ventaja, beneficio; **~s
sociaux** beneficios _mpl_ sociales;
avantager _vt_ favorecer;
avantageux, -euse _adj_
ventajoso(-a); (_portrait, coiffure_)
favorecedor(a)

avant...: **avant-bras** _nm inv_
antebrazo; **avant-coureur** (_pl_
avant-coureurs) _adj_: **signe
avant-coureur** signo
anunciador; **avant-dernier,
-ière** (_pl_ **avant-derniers,
-ières**) _adj, nm/f_ penúltimo(-a);
avant-goût (_pl_ **avant-goûts**)
_nm_ anticipo; **avant-hier** _adv_
anteayer; **avant-première** (_pl_
avant-premières) _nf_
preestreno; **avant-veille** (_pl_
avant-veilles) _nf_: **l'avant-
veille** la antevíspera

avare [avaʀ] _adj, nm/f_ avaro(-a)

avec [avɛk] _prép_ con; (_contre: se
battre_) con, contra; (_en plus de, en
sus de_) además de

avenir [avniʀ] _nm_: **l'~** el
porvenir, el futuro; **à l'~** en el

futuro; **métier/politicien d'~**
trabajo/político con futuro

aventure [avãtyʀ] _nf_ aventura

aventurer _vt_ aventurar,
arriesgar; **s'aventurer à faire
qch** arriesgarse a hacer algo;
aventureux, -euse _adj_
(_personne_) aventurado(-a),
arriesgado(-a)

avenue [avny] _nf_ avenida

avérer [aveʀe]: **s'~** _vpr_ (_avec
attribut_) revelarse; **s'~ faux/coûteux**
revelarse falso/costoso

averse [avɛʀs] _nf_ aguacero,
chaparrón _m_

averti, e [avɛʀti] _adj_
entendido(-a)

avertir [avɛʀtiʀ] _vt_: **~ qn de
qch/que** prevenir a algn de
algo/de que; (_renseigner_) advertir;
avertissement _nm_ advertencia;
(_blâme_) amonestación _f_;
avertisseur _nm_ bocina

aveu [avø] _nm_ confesión _f_,
declaración _f_

aveugle [avœgl] _adj, nm/f_
ciego(-a)

aviation [avjasjɔ̃] _nf_ aviación _f_

avide [avid] _adj_ ávido(-a); (_péj_)
codicioso(-a)

avion [avjɔ̃] _nm_ avión _m_; **par ~**
por avión; **aller (quelque part)
en ~** ir a (algún sitio) en avión; **~
à réaction** avión de _ou_ a
reacción

aviron [aviʀɔ̃] _nm_ remo; (SPORT):
l'~ el remo

avis [avi] _nm_ (_point de vue_)
opinión _f_; (_conseil_) opinión,
consejo; (_notification_) aviso;
changer d'~ cambiar de opinión

aviser [avize] _vt_ (_informer_): **~ qn
de qch/que** avisar a algn de
algo/de que ♦ _vi_ (_réfléchir_)
reflexionar

avocat, e [avɔka, at] *nm/f*
abogado(-a) ♦ *nm* (BOT, CULIN)
aguacate *m*, palta (AM); **~
général** fiscal *m*
avoine [avwan] *nf* avena

MOT-CLÉ

avoir [avwaʀ] *vt* **1** (*posséder*)
tener; **elle a 2 enfants/une
belle maison** tiene dos niños/
una casa bonita; **il a les yeux
gris** tiene los ojos grises; **vous
avez du sel?** ¿tiene sal?; **avoir
du courage/de la patience**
tener valor/paciencia; **avoir du
goût** tener gusto; **avoir horreur
de** tener horror a; **avoir
rendez-vous** tener una cita
2 (*âge, dimensions*) tener; **il a 3
ans** tiene 3 años; **le mur a 3
mètres de haut** la pared tiene 3
metros de alto; *voir aussi* **faim;
peur** *etc*
3 (*fam: duper*) pegársela a algn;
on vous a eu! ¡le han
engañado!
4: en avoir après *ou* **contre
qn** estar enojado(-a) con algn; **en
avoir assez** estar harto; **j'en ai
pour une demi-heure** tengo
para media hora
5 (*obtenir: train, tickets*) coger,
agarrar (AM)
♦ *vb aux* **1** haber; **avoir
mangé/dormi** haber comido/
dormido; **hier, je n'ai pas
mangé** (*verbe au passé simple
quand la période dans laquelle se
situe l'action est révolue*) ayer no
comí
2 (*avoir + à + infinitif*): **avoir à
faire qch** tener que hacer algo;
**vous n'avez qu'à lui
demander** no tiene más que
preguntarle; (*en colère*) pregúntele

a él; **tu n'as pas à le savoir** no
tienes porqué saberlo
♦ *vb impers* **1: il y a** (+ *sing, pl*)
hay; **qu'y a-t-il?** ¿qué ocurre?;
qu'est-ce qu'il y a? ¿qué
pasa?; **il n'y a rien** no pasa
nada; **qu'as-tu?** ¿qué tienes?;
qu'est-ce que tu as? ¿qué te
pasa?; **il doit y avoir une
explication** tiene que haber una
explicación; **il n'y a qu'à
recommencer ...** no hay más
que volver a empezar ...; **il ne
peut y en avoir qu'un** no
puede haber más que uno; **il n'y
a pas de quoi** no hay de qué
2 (*temporel*): **il y a 8 ans** hace 8
años; **il y a 10 ans/longtemps
que je le sais** hace 10 años/
mucho tiempo que lo sé; **il y a
10 ans qu'il est arrivé** hace
10 años que llegó
♦ *nm* haber *m*

avortement [avɔʀtəmɑ̃] *nm*
aborto
avouer [avwe] *vt* confesar,
declarar ♦ *vi* (*se confesser*)
confesar; (*admettre*) confesar,
reconocer; **~ avoir fait/être/
que** confesar haber hecho/ser/que
avril [avʀil] *nm* abril *m*; *voir aussi*
juillet

poisson d'avril

*La broma o inocentada típica del
1 de abril en Francia es pegarle
en la espalda un pez de papel,
poisson d'avril, a alguien sin
ser visto.*

axe [aks] *nm* eje *m*; (*fig*)
orientación *f*; **~ routier** carretera
general

ayons etc [ɛjɔ̃] vb voir **avoir**

azote [azɔt] nm nitrógeno

B, b

bâbord [babɔʀ] nm: **à** ou **par ~ a** babor

baby-foot [babifut] nm inv futbolín m

bac¹ [bak] abr, nm (bateau) transbordador m; (récipient) cubeta

bac² [bak] nm = **baccalauréat**

baccalauréat [bakalɔʀea] nm título que se obtiene al finalizar BUP y COU

---
baccalauréat

En Francia el **baccalauréat** o **bac** es un título que se obtiene al terminar los estudios de enseñanza secundaria cuando se llega a la edad de dieciséis o dieciocho años y que permite el ingreso en la universidad. Se pueden escoger distintas combinaciones de asignaturas de entre un amplio plan de estudios.

---

bâcler [bɑkle] vt hacer de prisa y corriendo

baffe [baf] (fam) nf bofetada, torta

bafouiller [bafuje] vi, vt farfullar

bagage [bagaʒ] nm (gén: bagages) equipaje m; **~s à main** equipaje de mano

bagarre [bagaʀ] nf pelea; **bagarrer: se bagarrer** vpr pelearse

bagnole [baɲɔl] (fam) nf coche m; (vieille) cacharro

bague [bag] nf anillo, sortija; **~**

de fiançailles sortija de pedida; **~ de serrage** casquillo

baguette [bagɛt] nf (bâton) varilla; (chinoise) palillo; (de chef d'orchestre) batuta; (pain) barra; **~ magique** varita mágica

baie [bɛ] nf bahía; (fruit) baya; **~ (vitrée)** ventanal m

baignade [bɛɲad] nf baño

baigner [beɲe] vt bañar; **se ~** vpr bañarse; **baignoire** nf bañera, tina (AM)

bail [baj] (pl **baux**) nm (contrato de) arrendamiento

bâillement [bajmɑ̃] nm bostezo

bâiller [baje] vi bostezar

bain [bɛ̃] nm baño; **se mettre dans le ~** (fig) meterse en el asunto; **prendre un ~** tomar un baño; **~ de soleil** baño de sol; **~ moussant** baño de espuma; **bain-marie** (pl **bains-marie**) nm baño (de) María; **faire chauffer au bain-marie** calentar al baño (de) María

baiser [beze] nm beso ♦ vt besar; (fam!) tirarse (fam!), coger (fam!) (AM)

baisse [bɛs] nf (de température, des prix) descenso, baja

baisser [bese] vt bajar ♦ vi (niveau, température) bajar, descender; **se ~** vpr inclinarse, agacharse

bal [bal] nm baile m; **~ costumé** baile de disfraces

balade [balad] nf (à pied) paseo, vuelta; **balader** vt pasear; se **balader** vpr pasearse; **baladeur** nm walkman m ®

balai [bale] nm escoba

balance [balɑ̃s] nf balanza; (ASTROL): **la B~** Libra; **être (de la) B~** ser Libra; **~ commerciale** balanza comercial

balancer [balɑ̃se] vt balancear; (lancer) arrojar; (renvoyer, jeter) despedir ♦ vpr: **se ~** balancearse, mecerse; **je m'en balance** (fam) me importa un pito; **balançoire** nf (suspendue) columpio; (sur pivot) balancín m, subibaja m

balayer [baleje] vt barrer; (suj: radar, phares) explorar; **balayeur, -euse** nm/f barrendero(-a)

balbutier [balbysje] vi, vt balbucear

balcon [balkɔ̃] nm balcón m; (THÉÂTRE) principal m

baleine [balɛn] nf ballena

balise [baliz] nf baliza; **baliser** vt balizar; (fam) tener miedo

balle [bal] nf (de fusil) bala; (de tennis, golf) pelota; **~s** nfpl (fam: franc) francos mpl

ballerine [bal(ə)ʀin] nf bailarina

ballet [balɛ] nm ballet m

ballon [balɔ̃] nm (de sport) balón m; (AVIAT, jouet) globo; **~ de football** balón de fútbol

balnéaire [balneɛʀ] adj termal, balneario(-a) (AM)

balustrade [balystʀad] nf balustrada

bambin [bɑ̃bɛ̃] nm niño(-a), chiquillo(-a)

bambou [bɑ̃bu] nm bambú m

banal, e [banal] adj trivial; **banalité** nf trivialidad f

banane [banan] nf plátano, banana (esp AM)

banc [bɑ̃] nm banco; **~ d'essai** (fig) banco de prueba; **~ de sable** banco de arena

bancaire [bɑ̃kɛʀ] adj bancario(-a)

bancal, e [bɑ̃kal] adj cojo(-a)

bandage [bɑ̃daʒ] nm vendaje m

bande [bɑ̃d] nf banda; (de tissu) faja; (pour panser) venda; (motif, dessin) banda, franja; **une ~ de ...** (copains, voyous) una pandilla de ...; **faire ~ à part** hacer rancho aparte; **~ dessinée** (dans un journal) tira cómica, historieta; (livre) cómic m; **~ sonore** banda sonora

bande dessinée

La **bande dessinée** o BD goza de gran cantidad de seguidores entre los niños y los adultos en Francia. Todos los años en enero se celebra en Angulema el Salón Internacional del Cómic. Astérix, Tintín, Lucky Luke y Gaston Lagaffe son algunos de los personajes de tebeo más famosos.

bandeau [bɑ̃do] nm venda; (autour du front) cinta, venda, vincha (AND, CSUR)

bander [bɑ̃de] vt (blessure) vendar

bandit [bɑ̃di] nm bandido

bandoulière [bɑ̃duljɛʀ] nf: **en ~** en bandolera

banlieue [bɑ̃ljø] nf suburbio; **quartier de ~** barrio suburbano; **lignes/trains de ~** líneas fpl/ trenes mpl de cercanías

banlieusard, e [bɑ̃ljøzaʀ, aʀd] nm/f habitante m/f de los suburbios

bannir [baniʀ] vt desterrar

banque [bɑ̃k] nf banco; (activités) banca; **~ d'affaires** banco de negocios

banquet [bɑ̃kɛ] nm banquete m

banquette [bɑ̃kɛt] nf banqueta

banquier [bɑ̃kje] nm banquero

banquise [bɑ̃kiz] nf banco de hielo, banquisa

baptême [batɛm] nm (sacrement) bautismo; **~ de l'air** bautismo

baptiser

29

basket-ball

del aire

baptiser [batize] vt bautizar

bar [baʀ] nm bar m, cantina (esp AM)

baraque [baʀak] nf barraca; (fam) casucha; **~ foraine** barraca de feria; **baraqué, e** (fam) adj plantado(-a)

barbare [baʀbaʀ] adj, nm/f bárbaro(-a)

barbe [baʀb] nf barba; **au nez et à la ~ de qn** en las barbas de algn; **quelle ~!** (fam) ¡qué lata!; **~ à papa** algodón m de azúcar

barbelé [baʀbəle] nm alambrada

barbiturique [baʀbityʀik] nm barbitúrico

barbouiller [baʀbuje] vt (couvrir, salir) embadurnar; **avoir l'estomac barbouillé** tener el estómago revuelto

barbu, e [baʀby] adj barbudo(-a)

barder [baʀde] vi (fam): **ça va ~** se va a armar la gorda ♦ vt enalbardar

barème [baʀɛm] nm (des prix, des tarifs) baremo, tabla

baril [baʀi(l)] nm barril m

bariolé, e [baʀjɔle] adj abigarrado(-a)

baromètre [baʀɔmɛtʀ] nm barómetro

baron [baʀɔ̃] nm barón m

baroque [baʀɔk] adj (ART) barroco(-a); (fig) estrambótico(-a)

barque [baʀk] nf barca

barquette [baʀkɛt] nf (en aluminium) envase m

barrage [baʀaʒ] nm pantano, embalse m

barre [baʀ] nf barra; (NAUT) timón m; (écrite) raya

barreau, x [baʀo] nm barrote m; (JUR): **le ~** el foro, la abogacía

barrer [baʀe] vt (route) obstruir;

(mot) tachar; (chèque) cruzar; (NAUT) timonear; **se ~** (fam) vpr largarse, pirarse

barrette [baʀɛt] nf (pour les cheveux) prendedor m

barricader [baʀikade] vt (rue) levantar barricadas en; (porte, fenêtre) atrancar

barrière [baʀjɛʀ] nf barrera

barrique [baʀik] nf barrica, tonel m

bas, basse [bɑ, bɑs] adj bajo(-a); (vue) corto(-a); (action) bajo(-a), vil ♦ nm (de femme) media; (partie inférieure): **le ~ de ...** la parte de abajo de... ♦ adv bajo; **au ~ mot** por lo menos, por lo bajo; **en ~** abajo; **en ~ de** debajo de, en la parte baja de; **"à ~ la dictature/l'école!"** "¡abajo la dictadura/la escuela!"

bas-côté [bakote] (pl **~~s**) nm (de route) arcén m

basculer [baskyle] vi (tomber) volcar; (benne) bascular ♦ vt (gén: faire basculer) volcar

base [bɑz] nf base f; **jeter les ~s** de sentar las bases de; **à la ~ de** (fig) en el origen de; **sur la ~ de** (fig) tomando como base; **principe/produit de ~** principio/producto de base; **à ~ de café** a base de café; **~ de données** (INFORM) base de datos; **baser** vt: **baser qch sur** basar algo en; **se baser sur** basarse en

bas-fond [bafɔ̃] (pl **~~s**) **~~s** nmpl (fig) bajos fondos mpl, hampa fsg

basilic [bazilik] nm albahaca

basket [baskɛt] nm = **basket-ball**

basket-ball [basketbol] (pl **~~s**) nm baloncesto

basque [bask] *adj, nm/f* vasco(-a)
basse [bas] *adj f voir* **bas ♦** *nf*
bajo; **basse-cour** (*pl* **basses-**
cours) *nf* (*cour*) corral *m*
bassin [basɛ̃] *nm* (*pièce d'eau*)
estanque *m*; (*de fontaine*) pila;
(GÉO) cuenca; (ANAT) pelvis *f*
bassine [basin] *nf* balde *m*
basson [bɑsɔ̃] *nm* (*instrument*)
fagot *m*
bat [ba] *vb voir* **battre**
bataille [bataj] *nf* batalla
bateau, x [bato] *nm* barco ♦ *adj*
(*banal, rebattu*) típico(-a);
bateau-mouche (*pl* **bateaux-**
mouches) *nm* golondrina
bâti, e [bɑti] *adj* (*terrain*)
edificado(-a); **bien ~** (*personne*)
bien hecho(-a), fornido(-a).
bâtiment [bɑtimɑ̃] *nm* edificio;
(NAUT) navío
bâtir [bɑtiʀ] *vt* edificar, construir
bâtisse [bɑtis] *nf* construcción *f*
bâton [bɑtɔ̃] *nm* palo, vara
bats [ba] *vb voir* **battre**
battement [batmɑ̃] *nm* (*de cœur*)
latido, palpitación *f*; (*intervalle*)
intervalo; **10 minutes de ~** 10
minutos de intervalo; **~ de**
paupières parpadeo
batterie [batʀi] *nf* batería; **~ de**
cuisine batería de cocina
batteur [batœʀ] *nm* (MUS) batería
m/f; (*appareil*) batidora
battre [batʀ] *vt* golpear; (*suj:*
pluie, vagues) golpear, azotar;
(*vaincre*) vencer, derrotar; (*tapis*)
sacudir ♦ *vi* (*cœur*) latir; (*volets etc*)
golpear; **se ~** *vpr* pelearse, luchar;
~ de ~ des mains aplaudir; **~**
la mesure llevar el compás; **~**
son plein estar en su apogeo

charlar, platicar (MEX);
(*indiscrètement*) charlatanear, irse
de la lengua
baver [bave] *vi* babear; **en baver**
(*fam*) pasar las de Caín, pasarlas
negras
bavoir [bavwaʀ] *nm* babero
bavure [bavyʀ] *nf* rebaba,
mancha; (*fig*) error *m*
bazar [bazaʀ] *nm* bazar *m*; (*fam*)
leonera; **bazarder** (*fam*) *vt*
liquidar
BCBG [besebeʒe] *sigle adj* (= *bon*
chic bon genre): **une fille ~** ≃
una chica bien vestida
BD *sigle f* (= *bande dessinée*) *voir*
bande (= *base de données*) base *f*
de datos
bd *abr* (= *boulevard*) Blvr. (=
bulevar)
béant, e [beɑ̃, ɑ̃t] *adj* abierto(-a)
beau (bel), belle, beaux [bo,
bɛl] *adj* (*gén*) bonito(-a); (*plus*
formel) hermoso(-a), bello(-a),
lindo(-a) (*esp AM*) (*fam*); (*personne*)
guapo(-a). ♦ *nm*: **avoir le sens**
du beau tener sentido estético ♦
adv: **il fait beau** hace buen
tiempo; **le temps est au beau**
el tiempo se anuncia bueno; **un**
beau geste un gesto noble; **un**
beau salaire un buen salario;
un beau gâchis/rhume (*iro*)
un buen despilfarro/resfriado; **en**
faire/dire de belles hacerlas/
decirlas buenas; **le beau monde**
la buena sociedad; **un beau jour**
... un buen día ...; **de plus belle**
más y mejor; **bel et bien** de
verdad; **le plus beau c'est que**
... lo mejor es que ...; **"c'est du**
beau!" "¡qué bonito!"; **on a**
beau essayer ... por más que
se intente ...; **faire le beau**
(*chien*) ponerse en dos patas;

beau parleur hombre *m* de labia

beaucoup [boku] *adv* mucho; **il boit** ~ bebe mucho; **il ne rit pas** ~ no ríe mucho; **il est** ~ **plus grand** es mucho más grande; **il en a** ~ tiene mucho(s)(-a(s)); ~ **trop de** demasiado(s)(-a(s)); **(pas)** ~ **de** (no) mucho(s)(-a(s)); ~ **d'étudiants/de touristes** muchos estudiantes/turistas; ~ **de courage** mucho valor; **il n'a pas** ~ **d'argent** no tiene mucho dinero; **de** ~ con mucho; ~ **le savent** (*emploi nominal*) muchos lo saben

beau...: beau-fils (*pl* **beaux-fils**) *nm* yerno; **beau-frère** (*pl* **beaux-frères**) *nm* cuñado; **beau-père** (*pl* **beaux-pères**) *nm* suegro; (*remariage*) padrastro

beauté [bote] *nf* belleza; **en** ~: **finir en** ~ terminar brillantemente

beaux-arts [bozar] *nmpl* bellas artes *fpl*

beaux-parents [bopará] *nmpl* suegros *mpl*

bébé [bebe] *nm* bebé *m*

bec [bɛk] *nm* pico; (*d'une clarinette etc*) boquilla; ~ **de gaz** farola

bêche [bɛʃ] *nf* pala; **bêcher** *vt* (*terre*) cavar

bedaine [bədɛn] *nf* barriga

bedonnant, e [bədɔnã, ãt] *adj* barrigudo(-a)

bée [be] *adj*: **bouche** ~ boquiabierto(-a)

bégayer [begeje] *vi, vt* tartamudear

beige [bɛʒ] *adj* beige

beignet [bɛɲɛ] *nm* buñuelo

bel [bɛl] *adj m voir* **beau**

bêler [bele] *vi* balar

belette [bəlɛt] *nf* comadreja

belge [bɛlʒ] *adj* belga ♦ *nm/f:* **B~** belga *m/f*

Belgique [bɛlʒik] *nf* Bélgica

bélier [belje] *nm* (*ZOOL*) carnero; (*ASTROL*): **le B~** Aries *m*

belle [bɛl] *adj f voir* **beau** ♦ *nf* (*SPORT*): **la** ~ el desempate; **belle-fille** (*pl* **belles-filles**) *nf* nuera; (*remariage*) hijastra; **belle-mère** (*pl* **belles-mères**) *nf* suegra; (*remariage*) madrastra; **belle-sœur** (*pl* **belles-sœurs**) *nf* cuñada

belvédère [bɛlvedɛʀ] *nm* mirador *m*

bémol [bemɔl] *nm* bemol *m*

bénédiction [benediksjɔ̃] *nf* bendición *f*

bénéfice [benefis] *nm* (*COMM*) beneficio; (*avantage*) beneficio, provecho; **bénéficier** *vi*: **bénéficier de** (*jouir de, avoir, obtenir*) disfrutar de; (*tirer profit de*) beneficiarse de, aprovecharse de; **bénéfique** *adj* benéfico(-a)

bénévole [benevɔl] *adj* (*personne*) benévolo(-a); (*aide etc*) voluntario(-a)

bénin, -igne [benɛ̃, iɲ] *adj* benigno(-a)

bénir [beniʀ] *vt* bendecir; **bénit, e** *adj* bendito(-a); **eau bénite** agua bendita

benne [bɛn] *nf* (*de camion*) volquete *m*; (*de téléphérique*) cabina

béquille [bekij] *nf* muleta; (*de bicyclette*) soporte *m*

berceau, x [bɛʀso] *nm* cuna

bercer [bɛʀse] *vt* acunar, mecer; (*suj: musique*) mecer; ~ **qn de** ilusionar a algn con; **berceuse** *nf* (*chanson*) canción *f* de cuna, nana

béret (basque) [beʀe (bask(ə))] *nm* boina

berge [beʀʒ] *nf (d'un cours d'eau)* ribera

berger, -ère [beʀʒe, ʒeʀ] *nm/f* pastor(a)

berner [beʀne] *vt* estafar

besogne [bəzɔɲ] *nf* tarea, faena

besoin [bəzwɛ̃] *nm* necesidad *f*; *(pauvreté)*: **le ~** la necesidad, la estrechez ♦ *adv*: **au ~** si es menester; **faire ses ~s** hacer sus necesidades; **avoir ~ de qch/de faire qch** tener necesidad de algo/de hacer algo

bestiole [bestjɔl] *nf* bicho

bétail [betaj] *nm* ganado

bête [bɛt] *nf (gén)* animal *m*; *(insecte, bestiole)* bicho ♦ *adj (stupide)* tonto(-a), bobo(-a); **chercher la petite ~** ser un chinche; **~ noire** pesadilla, bestia negra; **~s sauvages** fieras *fpl*, animales *mpl* salvajes

bêtement [bɛtmɑ̃] *adv* tontamente; **tout ~** simplemente, sin rodeos

bêtise [betiz] *nf (défaut d'intelligence)* estupidez *f*, tontería; *(action, remarque)* tontería

béton [betɔ̃] *nm* hormigón *m*; **en ~** *(alibi, argument)* sólido(-a); **~ armé** hormigón armado

betterave [betʀav] *nf* remolacha, betarraga (CHI)

Beur [bœʀ] *nm/f* joven árabe nacido en Francia de padres emigrantes

beurre [bœʀ] *nm* mantequilla, manteca (AM); **~ noir** mantequilla requemada; **beurrer** *vt* untar con mantequilla; **beurrier** *nm* mantequera

bi- [bi] *préf* bi-

biais [bjɛ] *nm (d'un tissu)* sesgo;

(moyen) rodeo, vuelta; **en ~, de ~** *(obliquement)* al sesgo; *(fig)* con rodeos

bibelot [biblo] *nm* chuchería

biberon [bibʀɔ̃] *nm* biberón *m*

bible [bibl] *nf* biblia

biblio... [biblijo] *préfixe*: **bibliobus** *nm* biblioteca ambulante, bibliobús *m*; **bibliothécaire** *nm/f* bibliotecario(-a); **bibliothèque** *nf* biblioteca; **bibliothèque municipale** biblioteca municipal

bicarbonate [bikaʀbɔnat] *nm*: **~ (de soude)** bicarbonato (sódico)

biceps [bisɛps] *nm* bíceps *m inv*

biche [biʃ] *nf* cierva

bicolore [bikɔlɔʀ] *adj* bicolor

bicoque [bikɔk] *(péj) nf* casucha

bicyclette [bisiklɛt] *nf* bicicleta

bidet [bidɛ] *nm* bidé *m*

bidon [bidɔ̃] *nm (récipient)* bidón *m* ♦ *adj inv (fam)* amañado(-a)

bidonville [bidɔ̃vil] *nm* chabolas *fpl*

bidule [bidyl] *nm* trasto, chisme *m*

MOT-CLÉ

---

bien [bjɛ̃] *nm* **1** *(avantage, profit, moral)* bien *m*; **faire du bien à qn** hacer bien a algn; **faire le bien** hacer el bien; **dire du bien de qn/qch** hablar bien de algn/algo; **c'est pour son bien** es por su bien; **mener à bien** llevar a buen término; **je te veux du bien** te quiero bien

2 *(possession, patrimoine)* bien; **son bien le plus précieux** su bien más preciado; **avoir du bien** tener fortuna; **biens de consommation** bienes *mpl* de consumo

♦ *adv* **1** *(de façon satisfaisante)*

bien; **elle travaille/mange bien** trabaja/come bien; **vite fait, bien fait** pronto y bien; **croyant bien faire, je ...** creyendo hacer bien, yo ... 2 *(valeur intensive)* muy, mucho; **bien jeune** muy joven; bien **mieux** mucho mejor; **bien souvent** muy a menudo; **c'est bien fait!** *(tu le mérites)* ¡te está bien empleado!; **j'espère bien y aller** sí espero poder ir; **je veux bien le faire** *(concession)* me parece bien hacerlo; **il faut bien l'admettre** hay que admitirlo; **il y a bien 2 ans** hace 2 años largos; **Paul est bien venu, n'est-ce pas?** Paul sí ha venido, ¿verdad?; **tu as eu bien raison de dire cela** hiciste muy bien en decir eso; **j'ai bien téléphoné** sí llamé por teléfono; **se donner bien du mal** molestarse mucho; **où peut-il bien être passé?** ¿dónde se habrá metido?; **on verra bien** ya veremos 3 *(beaucoup)*: **bien des gens** mucha gente ♦ *excl*: **eh bien?** bueno, ¿qué? ♦ *adj inv* 1 *(en bonne forme, à l'aise)* **être/se sentir bien** estar/sentirse bien; **je ne me sens pas bien** no me siento bien; **on est bien dans ce fauteuil** se está bien en este sillón 2 *(joli, beau)* bien; **tu es bien dans cette robe** estás bien con este vestido 3 *(satisfaisant, adéquat)* bien; **elle est bien, cette maison** está bien esta casa; **elle sent bien, cette secrétaire** es buena esta

secretaria; **c'est bien?** ¿está bien?; **mais non, c'est très bien** que no, está muy bien; **c'est très bien (comme ça)** está muy bien (así) 4 *(juste, moral, respectable)* bien *inv*; **ce n'est pas bien de ...** no está bien ...; **des gens bien** gente bien 5 *(en bons termes)*: **être bien avec qn** estar a bien con algn; **si bien que** *(résultat)* de tal manera que; **tant bien que mal** así, así 6 **bien que** *conj* aunque 7 **bien sûr** *adv* desde luego

bien-aimé, e [bjɛ̃neme] *adj, nm/f* bienamado(-a)
bien-être [bjɛ̃nɛtr] *nm* bienestar *m*
bienfaisance [bjɛ̃fəzɑ̃s] *nf* beneficencia
bienfait [bjɛ̃fɛ] *nm* favor *m*; *(de la science)* beneficio
bienfaiteur, -trice [bjɛ̃fɛtœr, tris] *nm/f* bienhechor(a)
bien-fondé [bjɛ̃fɔ̃de] *nm* legitimidad *f*
bientôt [bjɛ̃to] *adv* pronto, luego; **à ~** hasta luego
bienveillant, e [bjɛ̃vɛjɑ̃, ɑ̃t] *adj* benévolo(-a)
bienvenu, e [bjɛ̃vny] *adj* bienvenido(-a); **bienvenue** *nf*: **souhaiter la bienvenue à** desear la bienvenida a; **bienvenue à** bienvenida a
bière [bjɛr] *nf* cerveza; *(cercueil)* ataúd *m*; **~ blonde/brune** cerveza dorada/negra; **~ (à la) pression** cerveza de barril
bifteck [biftɛk] *nm* bistec *m*, bisté *m*, bife *m* (ARG)
bigorneau, x [bigɔrno] *nm* bígaro

bigoudi [bigudi] *nm* bigudí *m*
bijou, x [biʒu] *nm* joya, alhaja;
 bijouterie *nf* (*bijoux*) joyas *fpl*;
 (*magasin*) joyería; **bijoutier,**
 -ière *nm/f* joyero(-a)
bikini [bikini] *nm* biquini *m*
bilan [bilã] *nm* balance *m*; **faire**
 le ~ de hacer el balance de;
 déposer son ~ declararse en
 quiebra
bile [bil] *nf* bilis *f*; **se faire de la**
 ~ (*fam*) hacerse mala sangre
bilieux, -euse [biljø, jøz] *adj*
 bilioso(-a); (*fig*) bilioso(-a),
 colérico(-a)
bilingue [bilɛ̃g] *adj* bilingüe
billard [bijar] *nm* billar *m*
bille [bij] *nf* bola; (*du jeu de billes*)
 canica
billet [bijɛ] *nm* billete *m*; (*de
 cinéma*) entrada; **~ aller retour**
 billete de ida y vuelta; **billetterie**
 nf emisión *f* y venta de billetes;
 (*distributeur*) taquilla; (*BANQUE*)
 cajero (automático)
billion [biljɔ̃] *nm* billón *m*
bimensuel, le [bimãsɥɛl] *adj*
 bimensual, quincenal
bio... [bjo] *préf* bio...; **biochimie**
 nf bioquímica; **biodiversité**
 nf biodiversidad *f*; **biographie** *nf*
 biografía; **biologie** *nf* biología;
 biologique *adj* biológico(-a);
 biologiste *nm/f* biólogo(-a)
Birmanie [birmani] *nf* Birmania
bis¹, e [bi, biz] *adj* pardo(-a)
bis² [bis] *adv*: **12 ~** 12 bis ♦ *excl*
 ¡otra! ♦ *nm* bis *m*
biscotte [biskɔt] *nf* biscote *m*
biscuit [biskɥi] *nm* (*gâteau sec*)
 galleta; (*gâteau, porcelaine*)
 bizcocho
bise [biz] *adj f voir* **bis 1** ♦ *nf*
 (*baiser*) beso; (*vent*) cierzo
bisou [bizu] *nm* (*fam*) besito

bissextile [bisɛkstil] *adj*: **année**
 ~ año bisiesto
bistro(t) [bistro] *nm* bar *m*, café
 m, cantina (*esp AM*)
bitume [bitym] *nm* asfalto
bizarre [bizar] *adj* raro(-a)
blague [blag] *nf* (*propos*) chiste *m*;
 (*farce*) broma; **"sans ~!"** (*fam*)
 "¡no me digas!"; **blaguer** *vi*
 bromear
blaireau, x [blɛro] *nm* (*ZOOL*)
 tejón *m*; (*brosse*) brocha de afeitar
blâme [blam] *nm* (*jugement*)
 reprobación *f*; (*sanction*) sanción *f*;
 blâmer *vt* (*réprouver*) reprobar
blanc, blanche [blã, blãʃ] *adj*
 blanco(-a) ♦ *nm/f* blanco(-a) ♦ *nm*
 blanco; (*linge*): **le ~** la ropa
 blanca; (*aussi*: **~ d'œuf**) clara;
 (*aussi*: **~ de poulet**) pechuga; **à
 ~** (*chauffer*) al rojo vivo; (*tirer,
 charger*) con munición de fogueo;
 chèque en ~ cheque *m* en
 blanco; **~ cassé** color *m* hueso;
 blanche *adj f voir* **blanc** ♦ *nf*
 (*MUS*) blanca; **blancheur** *nf*
 blancura
blanchir [blãʃir] *vt* (*gén, argent*)
 blanquear; (*linge*) lavar; (*CULIN*)
 escaldar; (*disculper*) rehabilitar ♦ *vi*
 blanquear; (*cheveux*) blanquear,
 encanecer; **blanchisserie** *nf*
 lavandería
blason [blazɔ̃] *nm* blasón *m*
blasphème [blasfɛm] *nm*
 blasfemia
blazer [blazɛr] *nm* blázer *m*
blé [ble] *nm* trigo; **~ noir** trigo
 sarraceno
bled [blɛd] *nm* (*péj*) poblacho *m*
blême [blɛm] *adj* pálido(-a)
blessant, e [blesɑ̃, ɑ̃t] *adj*
 hiriente
blessé, e [blese] *adj* herido(-a);
 (*offensé*) ofendido(-a) ♦ *nm/f*

herido(-a)

blesser [blese] vt herir; (suj: souliers) hacer daño a; (offenser) ofender; **se ~** vpr herirse; **se ~ au pied** etc lastimarse el pie etc; **blessure** nf herida; (fig) herida, ofensa

bleu, e [blø] adj azul m; (bifteck) poco hecho ♦ nm azul m; (contusion) cardenal m; (vêtement: aussi: **~s**) mono, overol m (AM); **~ marine** azul marino; **bleuet** nm aciano

bloc [blɔk] nm bloque m; (de papier à lettres) bloc m; (ensemble) montón m; **serré à ~** apretado a fondo; **en ~** en bloque; **~ opératoire** quirófano; **blocage** nm (aussi PSYCH) bloqueo m; **bloc-notes** (pl blocs-notes) nm bloc m de notas

blond, e [blɔ̃, blɔ̃d] adj rubio(-a); (sable, blés) dorado(-a) ♦ nm/f rubio(-a); **~ cendré** rubio ceniciento

bloquer [blɔke] vt bloquear

blottir [blɔtiʁ]: **se ~** vpr acurrucarse

blouse [bluz] nf bata

blouson [bluzɔ̃] nm cazadora; **~ noir** (fig) gamberro

bluff [blœf] nm exageración f, farol m; **bluffer** vi exagerar, farolear ♦ vt engañar

bobine [bɔbin] nf (de fil) carrete m; (de film) carrete, rollo; (ÉLEC) bobina

bocal, -aux [bɔkal, o] nm tarro (de vidrio)

bock [bɔk] nm jarra (de cerveza)

body [bɔdi] nm body m; (SPORT) malla

bœuf [bœf] nm buey m; (CULIN) carne f de vaca

bof! [bɔf] (fam) excl ¡bah!

bohémien, ne [bɔemjɛ̃, jɛn] nm/f bohemio(-a)

boire [bwaʁ] vt beber, tomar (AM); **~ un coup** echar un trago

bois¹ [bwa] vb voir **boire**

bois² [bwa] nm (substance) madera; (forêt) bosque m; **de ~, en ~** de madera; **boisé, e** adj arbolado(-a)

boisson [bwasɔ̃] nf bebida

boîte [bwat] nf caja; (de fer) lata; **il a quitté sa ~** (fam: entreprise) ha dejado el curro (fam); **aliments en ~** alimentos mpl en lata; **~ à gants** guantera; **~ aux lettres** buzón m; **~ d'allumettes** caja de cerillas; **~ de conserves** lata de conservas; **~ (de nuit)** discoteca; **~ de vitesses** caja de cambios; **~ postale** apartado de correos

boiter [bwate] vi cojear, renguear (AM)

boîtier [bwatje] nm (d'appareil-photo) cuerpo

boive etc [bwav] vb voir **boire**

bol [bɔl] nm tazón m; **un ~ d'air** una bocanada de aire; **en avoir ras le ~** (fam) estar hasta la coronilla

bombarder [bɔ̃baʁde] vt (MIL) bombardear; **~ qn de** bombardear a algn con, acosar a algn con

bombe [bɔ̃b] nf bomba; (atomiseur) atomizador m

MOT-CLÉ

bon, bonne [bɔ̃, bɔn] adj **1** (agréable, satisfaisant) bueno(-a); (avant un nom masculin) buen; **un bon repas/restaurant** una buena comida/un buen restaurante; **vous êtes trop bon** es usted demasiado bueno; **avoir**

bon goût tener buen gusto; **elle est bonne en maths** se le dan bien las matemáticas

2 (*bienveillant, charitable*): **être bon (envers)** ser bueno (con)

3 (*correct*) correcto(-a); **le bon numéro** el número correcto; **le bon moment** el momento oportuno

4 (*souhaits*): **bon anniversaire!** ¡feliz cumpleaños!; **bon voyage!** ¡buen viaje!; **bonne chance!** ¡(buena) suerte!; **bonne année!** ¡feliz año nuevo!; **bonne nuit!** ¡buenas noches!

5 (*approprié, apte*): **bon à/pour** bueno(-a) para; **ces chaussures sont bonnes à jeter** estos zapatos están para tirarlos; **c'est bon à savoir** está bien saberlo

6 de bonne heure temprano; **bon marché** barato(-a); **bon sens** sentido común; **c'est un bon vivant** le gusta la buena vida

7 (*valeur intensive*) largo(-a); **ça m'a pris deux bonnes heures** me llevó dos horas largas ♦ *nm* **1** (*billet*) bono, vale *m*; **bon cadeau** vale regalo; **bon à rien** inútil *m/f*; **bon mot** ocurrencia

2: **avoir du bon** tener ventajas; **pour de bon** de verdad, en serio; **il y a du bon dans ce qu'il dit** lo que dice tiene sentido ♦ *adv*: **il fait bon** hace bueno; **sentir bon** oler bien; **tenir bon** resistir; **à quoi bon?** ¿para qué?; **juger bon de faire ...** juzgar oportuno hacer ...; **le bus/ton frère a bon dos** (*fig*) siempre es el autobús/tu hermano ♦ *excl*: **bon!** ¡bueno!; **ah bon?**

¿ah, sí?; **bon, je reste** bueno, me quedo; *voir aussi* **bonne**

bonbon [bɔ̃bɔ̃] *nm* caramelo

bond [bɔ̃] *nm* (*saut*) salto; (*d'une balle*) bote *m*; (*fig*) salto, avance *m*; **faire un ~** dar un salto

bondé, e [bɔ̃de] *adj* abarrotado(-a)

bondir [bɔ̃diʀ] *vi* saltar, brincar

bonheur [bɔnœʀ] *nm* felicidad *f*; **porter ~ (à qn)** dar buena suerte (a algn); **par ~** por fortuna

bonhomme [bɔnɔm] (*pl* **bonshommes**) *nm* hombre *m*; **~ de neige** muñeco de nieve

bonjour [bɔ̃ʒuʀ] *excl, nm* buenos días *mpl*

bonne [bɔn] *adj f voir* **bon** ♦ *nf* criada, mucama (*CSUR*), recamarera (*MEX*)

bonnet [bɔnɛ] *nm* gorro; (*de soutien-gorge*) copa; **~ de bain** gorro de baño

bonshommes [bɔ̃zɔm] *nmpl de* **bonhomme**

bonsoir [bɔ̃swaʀ] *excl, nm* buenas tardes; (*plus tard*) buenas noches

bonté [bɔ̃te] *nf* bondad *f*

bonus [bɔnys] *nm inv* (*ASSURANCE*) descuento en la prima por poca siniestralidad

bord [bɔʀ] *nm* (*de table, verre, falaise*) borde *m*; (*de lac, route*) orilla, borde; (*NAUT*): **à ~** a bordo; **monter à ~** subir a bordo; **jeter par-dessus ~** arrojar por la borda; **le commandant/les hommes du ~** el comandante/los hombres de a bordo; **au ~ de la mer/de la route** a orillas del mar/de la carretera; **être au ~ des larmes** (*fig*) estar a punto de llorar

bordeaux [bɔʀdo] *nm inv* (*vin*)

burdeos *m inv* ♦ *adj inv* (*couleur*) burdeos *inv*, rojo violáceo *inv*

bordel [bɔʀdɛl] (*fam*) *nm* burdel *m*; (*fig*) follón *m* ♦ *excl* ¡joder! (*fam!*)

bordelais, e [bɔʀdəlɛ, ɛz] *adj* bordelés(-esa) ♦ *nm/f:* **B~,** ♭ bordelés(-esa)

border [bɔʀde] *vt* (*être le long de*) orillar, bordear; (*personne, lit*) arropar; **~ qch de** (*garnir*) ribetear algo de

bordure [bɔʀdyʀ] *nf* borde *m*; **en ~ de** a orillas de

borne [bɔʀn] *nf* (*pour délimiter*) mojón *m*; (*gén: borne kilométrique*) mojón; **~s** *nfpl* (*fig*) límites *mpl*; **dépasser les ~s** pasarse de la raya

borné, e [bɔʀne] *adj* limitado(-a)

borner [bɔʀne] *vt:* **se ~ à faire** limitarse a hacer

bosquet [bɔskɛ] *nm* bosquecillo

bosse [bɔs] *nf* (*de terrain*) montículo; (*sur un objet*) protuberancia; (*enflure*) bulto; (*du bossu, du chameau*) joroba; **avoir la ~ des maths** ser ducho(-a) en matemáticas

bosser [bɔse] (*fam*) *vt* empollar

bossu, e [bɔsy] *adj*, *nm/f* jorobado(-a)

botanique [bɔtanik] *nf:* **la ~** la botánica ♦ *adj* botánico(-a)

botte [bɔt] *nf* bota; **~ d'asperges** manojo de espárragos; **~ de radis** manojo de rábanos; **~s de caoutchouc** botas *fpl* de goma

bottin [bɔtɛ̃] *nm* anuario del comercio

bottine [bɔtin] *nf* botina

bouc [buk] *nm* (*animal*) macho cabrío; (*barbe*) perilla

boucan [bukɑ̃] *nm* jaleo

bouche [buʃ] *nf* boca; **faire du ~-à-~ à qn** hacer el boca a boca a algn; **~ de métro/d'incendie** boca de metro/de incendios

bouché, e [buʃe] *adj* (*flacon*) tapado(-a); (*temps, ciel*) encapotado(-a); (*personne, carrière*) cerrado(-a)

bouchée [buʃe] *nf* bocado; **~ à la reine** pastel de hojaldre de pollo

boucher [buʃe] *nm* carnicero; (*colmater*) rellenar; (*passage*) cerrar, obstruir; **se ~** *vpr* (*tuyau*) taponarse; **se ~ le nez** taparse la nariz; **boucherie** *nf* carnicería *m*

bouchon [buʃɔ̃] *nm* (*en liège*) corcho; (*autre matière*) tapón *m*; (*embouteillage*) atasco; (*PÊCHE*) flotador *m*

boucle [bukl] *nf* curva; (*objet*) argolla; (*de ceinture*) hebilla; **~ (de cheveux)** bucle; **~s d'oreilles** pendientes *mpl*, aretes *mpl* (*esp AM*)

bouclé, e [bukle] *adj* (*cheveux, personne*) ensortijado(-a)

boucler [bukle] *vt* (*ceinture etc*) cerrar, ajustar; (*affaire*) concluir; (*budget*) equilibrar; (*enfermer*) encerrar

bouder [bude] *vi* enojarse

boudin [budɛ̃] *nm* (*CULIN*) morcilla

boue [bu] *nf* barro, fango

bouée [bwe] *nf* (*de baigneur*) flotador *m*; **~ (de sauvetage)** salvavidas *m inv*

boueux, -euse [bwø, øz] *adj* fangoso(-a)

bouffe [buf] (*fam*) *nf* comilona

bouffée [bufe] *nf* bocanada

bouffer [bufe] *vi* (*fam*) jalar

bouffi, e [bufi] *adj* hinchado(-a)

bouger [buʒe] *vi* moverse;

(*changer*) alterarse; (*agir*) agitarse
♦ *vt* mover

bougie [buʒi] *nf* vela; (*AUTO*) bujía

bouillabaisse [bujabɛs] *nf* sopa de pescado

bouillant, e [bujɑ̃, ɑ̃t] *adj* hirviendo

bouillie [buji] *nf* gachas *fpl*; (*de bébé*) papilla; **en ~** (*fig*) en papilla

bouillir [bujiʀ] *vi* hervir ♦ *vt* (*gén*: *faire bouillir*) hervir

bouilloire [bujwaʀ] *nf* hervidor *m*

bouillon [bujɔ̃] *nm* (*CULIN*) caldo; **bouillonner** *vi* borbotear

bouillotte [bujɔt] *nf* calentador *m*, bolsa de agua caliente

boulanger, ère [bulɑ̃ʒe, ʒɛʀ] *nm/f* panadero(-a); **boulangerie** *nf* panadería

boule [bul] *nf* bola; (*pour jouer*) bolo; **~ de neige** bola de nieve

boulette [bulɛt] *nf* (*petite boule*) bolita

boulevard [bulvaʀ] *nm* bulevar *m*

bouleversant, e [bulvɛʀsɑ̃, ɑ̃t] *adj* (*émouvant*) conmovedor(a)

bouleversement [bulvɛʀsəmɑ̃] *nm* trastorno

bouleverser [bulvɛʀse] *vt* (*changer*) trastornar; (*émouvoir*) conmover; (*causer du chagrin à*) afectar

boulon [bulɔ̃] *nm* perno

boulot, te [bulo, ɔt] (*fam*) *nm* trabajo, curro

boum [bum] *nm* bum *m* ♦ *nf* fiesta

bouquet [bukɛ] *nm* (*de fleurs*) ramo, ramillete *m*

bouquin [bukɛ̃] (*fam*) *nm* libro; **bouquiner** (*fam*) *vi* leer; **bouquiniste** *nm/f* librero de viejo

bourdon [buʀdɔ̃] *nm* abejorro

bourg [buʀ] *nm* burgo

bourgeois, e [buʀʒwa, waz] *adj* (*souvent péj*) burgués(-esa);
bourgeoisie *nf* burguesía

bourgeon [buʀʒɔ̃] *nm* brote *m*, yema

Bourgogne [buʀgɔɲ] *nf* Borgoña
♦ *nm*: **b~** (*vin*) vino de borgoña

bourguignon, ne [buʀgiɲɔ̃, ɔn] *adj*, *nm/f* borgoñón(-ona); **(boeuf) ~** encebollado de vaca

bourrasque [buʀask] *nf* borrasca

bourratif, -ive [buʀatif, iv] *adj* pesado(-a)

bourré, e [buʀe] *adj* (*fam*) trompa *inv*; **~ de** (*rempli*) cargado(-a) de

bourrer [buʀe] *vt* (*valise, poêle*) rellenar

bourru, e [buʀy] *adj* rudo(-a)

bourse [buʀs] *nf* (*subvention*) beca; (*porte-monnaie*) bolsa; **la B~** la Bolsa

boursier, -ière [buʀsje, jɛʀ] *adj* (*élève*) becario(-a); (*COMM*) bursáti
♦ *nm/f* becario(-a)

bous [bu] *vb voir* **bouillir**

bousculade [buskylad] *nf* (*précipitation*) atropello;
bousculer *vt* empujar; (*presser*) meter prisa a

boussole [busɔl] *nf* brújula

bout¹ [bu] *vb voir* **bouillir**

bout² [bu] *nm* (*morceau*) trozo; (*extrémité*) punta; (*de table*) extremo; (*fin, rue*) final *m*; **au ~ de** (*après*) al cabo de, al final de; **pousser qn à ~** poner a algn al límite; **venir à ~ de qch** terminar algo; **venir à ~ de qn** poder con algn

bouteille [butɛj] *nf* botella; (*de gaz*) bombona

boutique [butik] *nf* tienda

bouton [butɔ̃] *nm* botón *m*; (*sur la peau*) grano; **boutonner** *vt* abotonar; **boutonnière** nf ojal m

ovin, e [bɔvɛ̃, in] adj bovino(-a);
~s nmpl ganado msg bovino

owling [bulin] nm juego de
bolos; (salle) bolera

oxe [bɔks] nf boxeo, box m (AM)

boxeur, -euse nm/f
boxeador(a)

BP [bepe] sigle f (= boîte postale)
Apdo. (= Apartado de correos), C.P.
f (AM) (= Casilla Postal)

racelet [braslɛ] nm pulsera

braconnier [brakɔnje] nm
cazador m/pescador m furtivo

rader [brade] vt vender a precio
de saldo; **braderie** nf (marché)
mercadillo

braguette [bragɛt] nf bragueta

raise [brɛz] nf brasas fpl

brancard [brɑ̃kar] nm (civière)
camilla; **brancardier** nm
camillero

branche [brɑ̃ʃ] nf rama

ranché, e [brɑ̃ʃe] (fam) adj
(personne) a la última; (boîte de
nuit) de moda

brancher [brɑ̃ʃe] vt enchufar

brandir [brɑ̃dir] vt (arme) blandir

braquer [brake] vi (AUTO) girar ♦
vt (regard) clavar; **~ qch sur qn**
(revolver) apuntar a algn con algo

bras [brɑ] nm brazo; **~ droit** (fig)
brazo derecho

brassard [brasar] nm brazalete
m

brasse [bras] nf braza; **~
papillon** braza mariposa

brassée [brase] nf brazada

brasser [brase] vt (bière) fabricar;
(remuer) mezclar

brasserie [brasri] nf (restaurant)
cervecería; (usine) fábrica de
cerveza

brave [brav] adj (courageux, aussi
péj) valiente; (bon, gentil)

bueno(-a)

braver [brave] vt (ordre) desafiar;
(danger) afrontar

bravo [bravo] excl, nm bravo

bravoure [bravur] nf bravura

break [brɛk] nm (AUTO) ranchera

brebis [brəbi] nf oveja

bredouiller [brəduje] vi, vt
farfullar

bref, brève [brɛf, ɛv] adj breve ♦
adv total

Brésil [brezil] nm Brasil m;
brésilien, ne adj brasileño(-a) ♦
nm/f: **Brésilien, ne** brasileño(-a)

Bretagne [brətaɲ] nf Bretaña

bretelle [brətɛl] nf (de vêtement)
tirante m; (d'autoroute) enlace m;
~s nfpl (pour pantalons) tirantes
mpl, suspensores mpl (AM)

breton, ne [brətɔ̃, ɔn] adj
bretón(-ona)

brève [brɛv] adj f voir **bref**

brevet [brəvɛ] nm certificado; **~
(d'invention)** patente f;
breveté, e adj (invention)
patentado(-a)

bricolage [brikɔlaʒ] nm bricolaje
m

bricoler [brikɔle] vi hacer
chapuzas; (passe-temps) hacer
bricolaje; **bricoleur, -euse**
nm/f mañoso(-a), manitas m/f inv

bridge [bridʒ] nm (jeu) bridge m

brièvement [brijɛvmɑ̃] adv
brevemente

brigade [brigad] nf (gén)
cuadrilla; (POLICE, MIL) brigada;
brigadier nm (MIL) cabo; (POLICE)
jefe m

brillamment [brijamɑ̃] adv
estupendamente

brillant, e [brijɑ̃, ɑ̃t] adj brillante;
(luisant) reluciente ♦ nm brillante
m

briller [brije] vi brillar

brin

brin [bʀɛ̃] nm hebra; **un ~ de** (fig) una pizca de; **~ d'herbe** brizna de hierba

brindille [bʀɛ̃dij] nf ramita

brioche [bʀijɔʃ] nf bollo, queque m (AM); (fam: ventre) buche m

brique [bʀik] nf ladrillo ♦ adj inv (couleur) de color teja

briquet [bʀikɛ] nm mechero, encendedor m

brise [bʀiz] nf brisa

briser [bʀize] vt (casser) romper; (fig) arruinar, destrozar; (grève) romper; **se ~** vpr montper se

britannique [bʀitanik] adj británico(-a)

brocante [bʀɔkɑ̃t] nf (objets) baratillo; **brocanteur, -euse** nm/f chamarilero(-a)

broche [bʀɔʃ] nf (bijou) broche m; (MÉD) alambre m; **à la ~** (CULIN) al asador

broché, e [bʀɔʃe] adj (livre) en rústica

brochet [bʀɔʃɛ] nm lucio

brochette [bʀɔʃɛt] nf pincho, brocheta

brochure [bʀɔʃyʀ] nf folleto

broder [bʀɔde] vt bordar; **broderie** nf bordado

bronches [bʀɔ̃ʃ] nfpl bronquios mpl; **bronchite** nf bronquitis f inv

bronze [bʀɔ̃z] nm bronce m

bronzer [bʀɔ̃ze] vi broncearse; **se ~** vpr broncearse

brosse [bʀɔs] nf cepillo, escobilla (AM); **coiffé en ~** = peinado al cepillo; **~ à cheveux** cepillo para el pelo; **~ à dents/à habits** cepillo de dientes/de (la) ropa;

brosser [bʀɔse] vt (nettoyer) cepillar; (fig) bosquejar; **se brosser les dents** cepillarse los dientes

brouette [bʀuɛt] nf carretilla

brouillard [bʀujaʀ] nm niebla

brouiller [bʀuje] vt mezclar; (embrouiller) embarullar, enredar; (rendre trouble, confus) enturbiar; (amis) enemistar; **se ~** vpr (vue) nublarse; **se ~ (avec)** enfadarse (con)

brouillon, ne [bʀujɔ̃, ɔn] adj desordenado(-a) ♦ nm (écrit) borrador m, copia en sucio

broussailles [bʀusɑj] nfpl maleza fsg; **broussailleux, -euse** adj cubierto(-a) de maleza

brousse [bʀus] nf monte m bajo

brouter [bʀute] vt pacer

brugnon [bʀyɲɔ̃] nm nectarina

bruiner [bʀɥine] vi: **il bruine** llovizna

bruit [bʀɥi] nm ruido; (rumeur) rumor m; **sans ~** sin ruido; **~ de fond** ruido de fondo

brûlant, e [bʀylɑ̃, ɑ̃t] adj ardiente; (liquide) hirviendo

brûlé, e [bʀyle] adj (démasqué) descubierto(-a) ♦ nm: **odeur de ~** olor m a quemado

brûler [bʀyle] vt quemar; (suj: eau bouillante) escaldar; (feu rouge, signal) saltarse ♦ vi (se consumer) consumirse; (jeu): **tu brûles** caliente-caliente; **se ~** vpr (accidentellement) quemarse

brûlure [bʀylyʀ] nf (lésion) quemadura; **~s d'estomac** ardores mpl de estómago

brume [bʀym] nf bruma

brun, e [bʀɛ̃, bʀyn] adj moreno(-a)

brushing [bʀœʃiŋ] nm marcado; **faire un ~** lavar y marcar

brusque [bʀysk] adj (soudain) repentino(-a); (rude) brusco(-a)

brut, e [bʀyt] adj bruto(-a); (pétrole) **~** crudo

brutal, e, -aux [bʀytal, o] adj

brutal; (*franchise*) rudo(-a)

Bruxelles [bʀysɛl] *n* Bruselas

bruyamment [bʀɥijamɑ̃] *adv* ruidosamente

bruyant, e [bʀɥijɑ̃, ɑ̃t] *adj* ruidoso(-a)

bruyère [bʀɥijɛʀ] *nf* brezo

BTS [betees] *sigle m* (= *brevet de technicien supérieur*) diploma de enseñanza técnica

bu, e [by] *pp de* **boire**

buccal, e, -aux [bykal, o] *adj*: **par voie ~e** por vía oral

bûche [byʃ] *nf* leño; **~ de Noël** bizcocho de navidad

bûcher [byʃe] *vi, vt* (*fam*) empollar

budget [bydʒɛ] *nm* presupuesto

buée [bɥe] *nf* vaho

buffet [byfɛ] *nm* (*meuble*) aparador *m*; (*de réception*) buffet *m*; **~ (de gare)** cantina (de estación)

buis [bɥi] *nm* boj *m*

buisson [bɥisɔ̃] *nm* matorral *m*

bulbe [bylb] *nm* bulbo

Bulgarie [bylgaʀi] *nf* Bulgaria

bulle [byl] *nf* burbuja

bulletin [byltɛ̃] *nm* boletín *m*; (*papier*) folleto; **~ d'informations** boletín informativo; **~ (de vote)** papeleta

bureau, x [byʀo] *nm* (*meuble*) escritorio; (*pièce*) despacho; **~ de change/de poste** oficina de cambio/de correos; **~ de tabac** estanco

bureaucratie [byʀokʀasi] *nf* burocracia

bus¹ [by] *vb voir* **boire**

bus² [bys] *nm* autobús *m*, bus *m* (*esp AM*), camión *m* (*MEX*)

buste [byst] *nm* busto

but¹ [by] *vb voir* **boire**

but² [byt] *nm* (*cible*) meta; (*d'un voyage*) destino; (*d'une entreprise, d'une action*) objetivo; (*FOOTBALL: limites*) portería, arco (*AM*); **avoir pour ~ de faire** tener como objetivo hacer; **dans le ~ de** con el propósito de

butane [bytan] *nm* butano

butiner [bytine] *vt, vi* libar

buvais *etc* [byvɛ] *vb voir* **boire**

buvard [byvaʀ] *nm* secante *m*

buvette [byvɛt] *nf* puesto de bebidas

C, c

c' [s] *dét voir* **ce**

CA *sigle m* (= *chiffre d'affaires*) *voir* **chiffre** (= *conseil d'administration*) *voir* **conseil**

ça [sa] *pron* (*proche*) esto; (*pour désigner*) eso; (*plus loin*) aquello; **~ va?** ¿qué tal?; (*d'accord?*) ¿vale?; **~ alors!** (*désapprobation*) ¡pero bueno!; (*étonnement*) ¡y entonces!

çà [sa] *adv*: **~ et là** aquí y allá

cabane [kaban] *nf* cabaña

cabaret [kabaʀɛ] *nm* cabaret *m*

cabillaud [kabijo] *nm* bacalao fresco

cabine [kabin] *nf* cabina, (*de bateau*) camarote *m*; (*de plage*) caseta; **~ d'essayage** probador *m*; **~ (téléphonique)** cabina (telefónica), locutorio

cabinet [kabinɛ] *nm* (*aussi POL*) gabinete *m*; (*de médecin*) gabinete *m*, consulta; (*d'avocat, de notaire*) gabinete *m*, despacho; **~s** *nmpl* servicios *mpl*; **~ de toilette** cuarto de aseo

câble [kubl] *nm* cable *m*

cacahuète [kakaɥɛt] *nf* cacahuete *m*, maní *m* (*AM*), cacahuate m (AM)

cacao [kakao] nm cacao

cache [kaʃ] nf (cachette) escondite m

cache-cache [kaʃkaʃ] nm inv: **jouer à ~~** jugar al escondite

cachemire [kaʃmiʀ] nm cachemira, cachemir m

cacher [kaʃe] vt ocultar, esconder; **se ~** vpr esconderse, ocultarse; **~ qch à qn** ocultar algo a algn

cachet [kaʃε] nm (MÉD) pastilla

cachette [kaʃεt] nf escondite m; **en ~** a escondidas

cactus [kaktys] nm inv cactus m inv

cadavre [kadavʀ] nm cadáver m

caddie [kadi] nm (au supermarché) carrito

cadeau, x [kado] nm regalo; **faire un ~ à qn** hacer un regalo a algn

cadenas [kadnɑ] nm candado

cadet, te [kadε, εt] adj (plus jeune) menor; (le plus jeune) menor, más pequeño(-a) ♦ nm/f (de la famille) benjamín(-ina)

cadran [kadʀɑ̃] nm (de pendule, montre) esfera; **~ solaire** reloj m de sol

cadre [kadʀ] nm marco ♦ nm/f (ADMIN) ejecutivo(-a), cuadro; **dans le ~ de** (fig) en el marco de

cafard [kafaʀ] nm cucaracha; **avoir le ~** (fam) estar melancólico(-a)

café [kafe] nm café m; **~ noir** café solo; **~ tabac** café-estanco; **cafetière** nf cafetera

cage [kaʒ] nf jaula

cageot [kaʒo] nm caja

cagoule [kagul] nf (ski etc) gorro

cahier [kaje] nm (de classe) cuaderno, libreta; **~ d'exercices** cuaderno de ejercicios; **~ de brouillon** cuaderno de sucio

caille [kaj] nf codorniz f

caillou, x [kaju] nm guijarro, piedra; **cailloux, -euse** adj pedregoso(-a)

caisse [kεs] nf caja; (recettes) caja, recaudación f; **~ d'épargne/de retraite** caja de ahorros/de jubilaciones; **caissier, -ière** nm/f cajero(-a)

cake [kεk] nm plum-cake m

calandre [kalɑ̃dʀ] nf (AUTO) rejilla del radiador, calandra

calcaire [kalkεʀ] nm caliza ♦ adj calcáreo(-a); (GÉO) calcáreo(-a), calizo(-a)

calcul [kalkyl] nm (aussi fig) cálculo; **~ (biliaire)** cálculo (biliar); **calculatrice** nf calculadora; **calculer** vt calcular; **calculette** nf calculadora de bolsillo

cale [kal] nf (de bateau) bodega; (en bois) cuña

calé, e [kale] adj (fam: personne) empollado(-a)

caleçon [kalsɔ̃] nm calzoncillos mpl

calendrier [kalɑ̃dʀije] nm calendario; (programme) calendario, programa m

calepin [kalpε̃] nm agenda

caler [kale] vt (fixer) calzar, fijar ♦ vi (fig: ne plus pouvoir continuer) rendirse; **~ (son moteur/véhicule)** calar (el motor/vehículo)

calibre [kalibʀ] nm (d'une arme) calibre m; (fig) calibre, envergadura

câlin, e [kɑlε̃, in] adj mimoso(-a)

calmant, e [kalmɑ̃, ɑ̃t] adj, nm calmante m

calme [kalm] adj tranquilo(-a);

(ville, mer, endroit) tranquilo(-a),
apacible ♦ *nm (d'un lieu)*
tranquilidad *f*; **~ plat** *(NAUT)*
calma chicha; **calmer** *vt*
tranquilizar, calmar; *(douleur,
colère)* calmar, sosegar; **se
calmer** *vpr* calmarse; *(personne)*
calmarse, tranquilizarse
calorie [kalɔʀi] *nf* caloría
camarade [kamaʀad] *nm/f*
compañero(-a), amigo(-a); *(POL,
SYNDICATS)* camarada *m/f*
cambriolage [kɑ̃bʀijɔlaʒ] *nm*
robo (con efracción);
cambrioler *vt* robar (con
efracción); **cambrioleur, -euse**
nm/f atracador(a), ladrón(-ona)
camelote [kamlɔt] *nf (fam)*
baratija
caméra [kameʀa] *nf* cámara
caméscope [kameskɔp] *nm*
cámara de vídeo
camion [kamjɔ̃] *nm* camión *m*;
camionnette *nf* camioneta;
camionneur *nm (chauffeur)*
camionero(-a)
camomille [kamɔmij] *nf*
manzanilla
camp [kɑ̃] *nm (militaire,
d'expédition)* campo, campamento;
(réfugiés, prisonniers) campamento;
(fig) campo
campagnard, e [kɑ̃paɲaʀ, aʀd]
adj, nm/f campesino(-a)
campagne [kɑ̃paɲ] *nf (MIL, POL, COMM)* campaña; **à la ~**
en el campo; **~ électorale**
campaña electoral
camper [kɑ̃pe] *vi* acampar;
campeur, -euse *nm/f* campista
m/f
camping [kɑ̃piŋ] *nm* camping *m*;
(terrain de) ~ *(terreno de)*
camping; **faire du ~** hacer
camping; **camping-car** *(pl*

camping-cars) *nm* coche
caravana *m*
Canada [kanada] *nm* Canadá *m*;
canadien, ne *adj* canadiense;
canadienne *nf (veste)* cazadora
canal, -aux [kanal, o] *nm*
(rivière) canal *m*; **canalisation**
nf (d'un cours d'eau) canalización
f; *(tuyau)* canalización, cañería
canapé [kanape] *nm (fauteuil)*
canapé *m*, sofá *m*; *(CULIN)* canapé
m
canard [kanaʀ] *nm* pato
cancer [kɑ̃sɛʀ] *nm (aussi fig)*
cáncer *m*; *(ASTROL)*: **le C~** Cáncer
m
candidat, e [kɑ̃dida, at] *nm/f*
(examen, POL) candidato(-a); *(à un
poste)* candidato(-a), aspirante *m/f*;
candidature *nf* candidatura;
poser sa candidature
presentar su candidatura
cane [kan] *nf* pata
canette [kanɛt] *nf (de bière)*
botellín *m*
canevas [kanva] *nm (COUTURE)*
cañamazo
caniche [kaniʃ] *nm* caniche *m*
canicule [kanikyl] *nf* canícula *f*
canif [kanif] *nm* navaja
canne [kan] *nf* bastón *m*; **~ à
pêche** caña de pescar; **~ à
sucre** caña de azúcar
cannelle [kanɛl] *nf* canela
canoë [kanɔe] *nm* canoa; **~
(kayak)** *(SPORT)* piragüismo
canot [kano] *nm (bateau)* bote *m*,
lancha; **~ de sauvetage** bote
salvavidas; **~ pneumatique** bote
neumático
cantatrice [kɑ̃tatʀis] *nf* cantante
f
cantine [kɑ̃tin] *nf (réfectoire)*
cantina
canton [kɑ̃tɔ̃] *nm (en France)*
distrito; *(en Suisse)* cantón *m*

caoutchouc [kautʃu] *nm* caucho; *(bande élastique)* goma

CAP [seape] *sigle m* (= *certificat d'aptitude professionnelle*) ≃ título de FP1

cap [kap] *nm* (GÉO) cabo

capable [kapabl] *adj* (*compétent*) competente; ~ **de faire** capaz de hacer; **il est ~ d'oublier** es capaz de olvidar

capacité [kapasite] *nf* capacidad *f*

cape [kap] *nf* capa

CAPES [kapes] *sigle m* (= *certificat d'aptitude au professorat de l'enseignement du second degré*) título de profesor de enseñanza secundaria

capitaine [kapiten] *nm* capitán *m*

capital, e, -aux [kapital, o] *adj, nm* capital *m*; **capitaux** *nmpl* (*fonds*) capitales *mpl*; **capitale** *nf* (*ville*) capital *f*; (*lettre*) mayúscula; **capitalisme** *nm* capitalismo; **capitaliste** *adj, nm/f* capitalista *m/f*

caporal, -aux [kaporal, o] *nm* cabo

capot [kapo] *nm* capó

câpre [kɑpR] *nf* alcaparra

caprice [kapRis] *nm* capricho, antojo; **capricieux, -euse** *adj* caprichoso(-a)

Capricorne [kapRikɔRn] *nm* (ASTROL) Capricornio

capsule [kapsyl] *nf* cápsula; (*de bouteille*) cápsula, chapa

capter [kapte] *vt* captar

captivant, e [kaptivɑ̃, ɑ̃t] *adj* cautivador(-a)

capturer [kaptyRe] *vt* capturar, apresar

capuche [kapyʃ] *nf* capucha

capuchon [kapyʃɔ̃] *nm* capuchón *m*

car [kaR] *nm* autocar *m* ♦ *conj* pues, porque

carabine [kaRabin] *nf* carabina

caractère [kaRaktɛR] *nm* (*humeur, tempérament*) carácter *m* (*de choses*) naturaleza; (*cachet*) carácter, personalidad *f*; **avoir bon/mauvais ~** tener buen/mal carácter; **en ~s gras** en negrita; **en ~s d'imprimerie** en letras mayúsculas

caractériser [kaRakteRize] *vt* caracterizar; **se ~ par** *vpr* caracterizarse por

caractéristique [kaRakteRistik] *adj* característico(-a) ♦ *nf* característica

carafe [kaRaf] *nf* (*d'eau, de vin*) jarra

caraïbe [kaRaib] *adj* caribeño(-a); **les C~s** *nfpl* el Caribe

caramel [kaRamɛl] *nm* caramelo; (*bonbon*) caramelo blando

caravane [kaRavan] *nf* caravana; **caravaning** *nm* (*camping*) camping *m* en caravana

carbone [kaRbɔn] *nm* carbono; (*aussi*: **papier ~**) papel *m* carbón; **carbonique** *adj* carbónico(-a); **carbonisé, e** *adj* carbonizado(-a)

carburant [kaRbyRɑ̃] *nm* carburante *m*

carburateur [kaRbyRatœR] *nm* carburador *m*

cardiaque [kaRdjak] *adj, nm/f* cardíaco(-a)

cardigan [kaRdigɑ̃] *nm* rebeca *f*

cardiologue [kaRdjɔlɔg] *nm/f* cardiólogo(-a)

carême [kaRɛm] *nm*: **le C~** Cuaresma

carence [kaRɑ̃s] *nf* (*manque*) carencia

caresse [kaRɛs] *nf* caricia

caresser [kaRese] *vt* acariciar

cargaison [kaʀɡɛzɔ̃] *nf* carga, cargamento

cargo [kaʀɡo] *nm* carguero, buque *m* de carga

caricature [kaʀikatyʀ] *nf* caricatura

carie [kaʀi] *nf* caries *f inv*; **la ~ (dentaire)** la caries (dental)

carnaval [kaʀnaval] *nm* carnaval *m*

carnet [kaʀnɛ] *nm* libreta *f*; (*de loterie etc*) taco; (*de timbres*) cuadernillo; **~ de chèques** talonario de cheques

carotte [kaʀɔt] *nf* zanahoria

carré, e [kaʀe] *adj* cuadrado(-a); **mètre/kilomètre ~** metro/ kilómetro cuadrado

carreau, x [kaʀo] *nm* (*par terre*) baldosa; (*de fenêtre*) cristal *m*; (*CARTES: couleur*) diamante *mpl*; (*carte*) diamante *m*; **papier/tissu à ~x** papel *m*/tela de cuadros

carrefour [kaʀfuʀ] *nm* encrucijada

carrelage [kaʀlaʒ] *nm* (*sol*) embaldosado

carrelet [kaʀlɛ] *nm* (*poisson*) platija, acedía

carrément [kaʀemɑ̃] *adv* (*franchement*) francamente; (*sans détours, sans hésiter*) directamente; (*nettement*) verdaderamente

carrière [kaʀjɛʀ] *nf* (*de craie, sable*) cantera; (*métier*) carrera; **militaire de ~** militar *m* de carrera

carrosserie [kaʀɔsʀi] *nf* carrocería

carrure [kaʀyʀ] *nf* (*d'une personne*) anchura de espalda; (*fig*) clase *f*

cartable [kaʀtabl] *nm* cartera

carte [kaʀt] *nf* mapa *m*; (*GÉO, au restaurant*) carta; (*CARTES*) carta,

naipe *m*; (*d'abonnement etc*) abono; (*aussi*: **~ postale**) postal *f*; (*aussi*: **~ de visite**) tarjeta; **à la ~** a la carta; **~ bancaire/de crédit** tarjeta bancaria/de crédito; **~ de séjour** permiso de residencia; **~ d'identité** carnet de identidad, documento nacional de identidad, cédula (de identidad) (*AM*); **~ grise** documentación *f* de un automóvil; **~ routière** mapa de carreteras

carter [kaʀtɛʀ] *nm* cárter *m*

carton [kaʀtɔ̃] *nm* (*matériau, ART*) cartón *m*; (*boîte*) caja (de cartón)

cartouche [kaʀtuʃ] *nf* (*de fusil*) cartucho; (*de stylo*) cartucho, recambio; (*de cigarettes*) cartón *m*

cas [kɑ] *nm* caso; **faire peu de ~/grand ~ de** hacer poco/ mucho caso a; **le ~ échéant** llegado el caso; **en aucun ~** en ningún caso, bajo ningún concepto; **au ~ où** en caso de que, por si acaso; **en ~ de** en caso de; **en ~ de besoin** en caso de necesidad; **en tout ~** de todas maneras

case [kɑz] *nf* casilla; (*hutte*) choza; (*pour le courrier*) casillero

caser [kɑze] *vt* colocar

caserne [kazɛʀn] *nf* cuartel *m*

casier [kɑzje] *nm* casillero; **~ judiciaire** antecedentes *mpl* penales

casino [kazino] *nm* casino

casque [kask] *nm* casco; (*chez le coiffeur*) secador *m*; (*pour audition*) casco, auricular *m*

casquette [kasket] *nf* gorra

casse-croûte [kaskʀut] *nm inv* tentempié *m*

casse-noix [kasnwa] *nm inv* cascanueces *m inv*

casse-pieds [kaspje] (*fam*) *adj*,

nm/f inv pesado(-a)

casser [kɑse] *vt (verre etc)* romper; **se ~** *vpr* romperse; **~ les prix** romper los precios

casserole [kɑsʀɔl] *nf* cacerola, cazuela

casse-tête [kɑstɛt] *nm inv (fig)* quebradero de cabeza

cassette [kɑset] *nf (bande magnétique)* cassette f, casete f

cassis [kɑsis] *nm* grosellero negro, casis m

cassoulet [kasulɛ] *nm* guiso de alubias

catalogue [katalɔg] *nm* catálogo

catalytique [katalitik] *adj*: **pot ~** catalizador m

catastrophe [katastʀɔf] *nf* catástrofe f

catéchisme [kateʃism] *nm* catecismo

catégorie [kategɔʀi] *nf* categoría; **catégorique** *adj* categórico(-a), tajante

cathédrale [katedʀal] *nf* catedral f

catholique [katɔlik] *adj, nm/f* católico(-a); **pas très ~** *(fig)* no muy católico(-a)

cauchemar [koʃmaʀ] *nm* pesadilla

cause [koz] *nf* causa; **à ~ de** *(gén)* debido a; **pour ~ de** por causa de, por; **(et) pour ~** claro está; **être en ~** *(personne)* tener parte de culpa; *(qualité, intérêts etc)* estar en juego; **mettre en ~** culpar; **remettre en ~** poner en tela de juicio; **causer** *vt* causar ♦ *vi* charlar

caution [kosjɔ̃] *nf (argent, JUR)* fianza; *(fig)* garantía, aval m; **libéré sous ~** libre bajo fianza

cavalier, -ière [kavalje, jɛʀ] *nm/f (à cheval)* jinete m/f; *(au bal)* pareja

cave [kav] *nf* sótano; *(réserve de vins)* bodega

CD [sede] *sigle m (= compact disc)* CD m

CD-Rom [sedeʀɔm] *sigle m* CD-Rom

MOT-CLÉ

---

ce, c', cette [sə, sɛt] *(devant nm commençant par voyelle ou h aspir* **cet**) *(pl* **ces**) *dét (proche)* este (esta); *(intermédiaire)* ese (esa); *(éloigné: plus loin)* aquel(la); **cette maison-ci/là** esta casa/esa *ou* aquella casa; **cette nuit** esta noche ♦ *pron* **1: c'est** es; **c'est un peintre/ce sont des peintres** *(métier)* es un pintor/ son pintores; *(en désignant)* es un pintor/son unos pintores; **c'est le facteur** *(à la porte)* es el cartero; **qui est-ce?** ¿quién es?; **c'est toi qui le dis** tú lo dices tú; **c'est toi qui lui as parlé** eres tú quien le hablaste; **c'est petit/grand** es pequeño/grande

2: ce qui, ce que *(chose qui)*: **il est bête, ce qui me chagrine** es tonto, lo cual me apena; **tout ce qui bouge** todo lo que se mueve; **tout ce que je sais** todo lo que sé; **ce dont j'ai parlé** eso de lo que hablé; *voir aussi* **-ci**; **est-ce que**; **n'est-ce pas**; **c'est-à-dire**

---

ceci [səsi] *pron* esto

céder [sede] *vi* ceder; **~ à** *(tentation etc)* ceder a

CEDEX [sedeks] *sigle m (= courrier d'entreprise à distribution exceptionnelle)* correo especial para empresas

CEI [seai] *sigle f (= Communauté*

des États indépendants) CEI f (= Comunidad de los Estados Independientes)

ceinture [sɛ̃tyʀ] nf cinturón m; (d'un pantalon, d'une jupe) cintura, cinturilla; **~ de sécurité** cinturón de seguridad

cela [s(ə)la] pron eso; (plus loin) aquello; **quand ~?** ¿cuándo?

célèbre [selɛbʀ] adj famoso(-a), célebre; **célébrer** vt celebrar; (louer) celebrar, enromiar

céleri [sɛlʀi] nm: **~-(rave)** apio (nabo); **~ en branche** apio

célibataire [selibatɛʀ] adj soltero(-a)

celle, celles [sɛl] pron voir **celui**

cellulite [selylit] nf celulitis f

celui, celle [sǝlɥi, sɛl] (pl ceux, f celles) pron: **~-ci** éste/ésa; **celle-ci** ésta/ésa; **~-là/celle-là** aquél/aquélla; **ceux-ci/celles-ci** éstos/éstas; **ceux-là/celles-là** ésos ou aquéllos/ésas ou aquéllas; **~ de mon frère** el de mi hermano; **~ du salon/du dessous** el del salón/de abajo; **~ qui bouge** (pour désigner) el que se mueve; **~ que je vois** el que veo; **~ dont je parle** el que hablo; (chose) eso de lo que hablo; **~ qui veut** (valeur indéfinie) el que quiera

cendre [sɑ̃dʀ] nf ceniza; **~s** nfpl cenizas fpl; **sous la ~** (CULIN) en las cenizas; **cendrier** nm cenicero

censé, e [sɑ̃se] adj: **je suis ~ faire 7 h par jour** se supone que hago 7 horas diarias

censeur [sɑ̃sœʀ] nm (du lycée) subdirector m; (POL, PRESSE, CINÉ) censor m

censure [sɑ̃syʀ] nf censura; **censurer** vt censurar

cent [sɑ̃] adj (avant un nombre) ciento; (avant un substantif) cien ♦ nm ciento; (MATH) cien m inv; **~ cinquante** ciento cincuenta; **~ francs** cien francos; **pour ~** por ciento; **centaine** nf centena; **une centaine (de)** un centenar (de); **plusieurs centaines (de)** varios centenares (de); **des centaines (de)** centenares (de);

centenaire adj, nm/f centenario(-a) ♦ nm (anniversaire) centenario; **centième** adj, nm/f centésimo(-a); **un centième de seconde** una centésima de segundo; voir aussi **cinquantième**; **centigrade** nm centigrado; **centilitre** nm centilitro; **centime** nm céntimo; **centimètre** nm centímetro; (ruban) cinta métrica

central, e, -aux [sɑ̃tʀal, o] adj central; **centrale** nf (prison) central f; **centrale électrique/nucléaire** central eléctrica/nuclear

centre [sɑ̃tʀ] nm centro; **le ~** (POL) el centro; **~ commercial/culturel** centro comercial/cultural; **centre-ville** nf (pl centres-villes) nm centro de la ciudad

cèpe [sɛp] nm seta

cependant [s(ə)pɑ̃dɑ̃] conj sin embargo, no obstante

céramique [seʀamik] nf cerámica

cercle [sɛʀkl] nm círculo

cercueil [sɛʀkœj] nm ataúd m, féretro

céréale [seʀeal] nf cereal m

cérémonie [seʀemɔni] nf ceremonia

cerf [sɛʀ] nm ciervo

cerf-volant [sɛʀvɔlɑ̃] (pl ~s-~s) nm cometa

cerise [s(ə)ʀiz] nf, adj inv cereza;
cerisier nm cerezo
cerner [sɛʀne] vt (armée, ville)
cercar; (problème) delimitar
certain, e [sɛʀtɛ̃, ɛn] adj
(indéniable) cierto(-a), seguro(-a);
(personne) seguro(-a); **~ de/que**
seguro(-a) (de/de que), convencido(-a) (de/
de que) ♦ dét: **un ~ Georges** un
tal Georges; **d'un ~ âge** de cierta
edad; **un ~ temps** cierto tiempo;
certainement adv
(probablement) probablemente;
(bien sûr) sin duda, por supuesto
certes [sɛʀt] adv (bien sûr) por
supuesto
certificat [sɛʀtifika] nm
certificado
certifier [sɛʀtifje] vt asegurar
certitude [sɛʀtityd] nf certeza
cerveau, x [sɛʀvo] nm cerebro
cervelas [sɛʀvəla] nm salchicha
corta y gruesa de carne y sesos
cervelle [sɛʀvɛl] nf (CULIN) sesos
mpl
CES [seəɛs] sigle m (= collège
d'enseignement secondaire) ≈
Instituto de Enseñanza Media
ces [se] dét voir **ce**
cesse [sɛs]: **sans ~** sin parar;
n'avoir de ~ que no descansar
hasta que; **cesser** vt detener ♦ vi
parar, cesar; **cesser de faire**
dejar de hacer; **cessez-le-feu**
nm inv alto el fuego
c'est-à-dire [setadiʀ] adv es
decir; (manière d'excuse) es decir
que
cet, cette [sɛt] dét voir **ce**
ceux [sø] pron voir **celui**
chacun, e [ʃakœ̃, yn] pron cada
uno(-a)
chagrin [ʃagʀɛ̃] nm pena; **avoir
du ~** sentir pena
chahut [ʃay] nm jaleo; **chahuter**

vt incordiar ♦ vi alborotar
chaîne [ʃɛn] nf cadena; (TV)
cadena, canal m; **travail à la ~**
trabajo en cadena; **~ (de
fabrication)/(de montage)**
cadena (de fabricación)/(de
montaje); **~ (de montagnes)**
cadena (de montañas), cordillera;
~ (hi-fi) cadena (hi-fi) ou equipo
de música; **~ stéréo** cadena ou
equipo estéreo
chair [ʃɛʀ] nf carne f; **avoir la ~
de poule** tener la carne ou piel de
gallina
chaise [ʃɛz] nf silla; **~ longue**
tumbona, hamaca
châle [ʃal] nm chal m
chaleur [ʃalœʀ] nf calor m;
chaleureux, -euse adj (accueil,
gens) caluroso(-a)
chamailler [ʃamaje]: **se ~** (fam)
vpr reñir
chambre [ʃɑ̃bʀ] nf (d'un
logement) habitación f, cuarto;
(TECH, POL, COMM) cámara; **~ à air**
cámara de aire; **~ à coucher**
dormitorio; **~ à un lit/deux lits**
(à l'hôtel) habitación individual/
doble; **~ d'amis** cuarto de
invitados; **~ d'hôte** habitación de
huéspedes; **~ meublée**
habitación amueblada
chameau, x [ʃamo] nm camello
chamois [ʃamwa] nm gamuza
champ [ʃɑ̃] nm campo; **laisser
le ~ libre à qn** dejar el campo
libre a algn; **~ de courses**
hipódromo
champagne [ʃɑ̃paɲ] nm
champán m
champignon [ʃɑ̃piɲɔ̃] nm seta;
(BOT) hongo; **~ de couche** ou
de Paris champiñón
champion, ne [ʃɑ̃pjɔ̃, jɔn] nm/f
(SPORT) campeón(-ona); (d'une

cause) adalid *m/f*; **championnat** *nm* campeonato

chance [ʃɑ̃s] *nf* suerte *f*; *(occasion)* oportunidad *f*; **~s** *nfpl (probabilités)* posibilidades *fpl*; **bonne ~!** ¡buena suerte!; **je n'ai pas de ~** no tengo suerte

Chandeleur [ʃɑ̃dlœʀ] *nf*: **la ~** la Candelaria

change [ʃɑ̃ʒ] *nm* cambio

changement [ʃɑ̃ʒmɑ̃] *nm* cambio; **~ de vitesse** cambio de velocidades *ou* marchas

changer [ʃɑ̃ʒe] *vt* cambiar ♦ *vi* cambiar; **se ~** *vpr* cambiarse; **~ de** cambiar de; **~ de vitesse** *(AUTO)* cambiar de velocidad *ou* de marcha; **il faut ~ à Lyon** hay que cambiar en Lyon

chanson [ʃɑ̃sɔ̃] *nf* canción *f*

chant [ʃɑ̃] *nm* canto

chantage [ʃɑ̃taʒ] *nm* chantaje *m*; **faire du ~** chantajear *ou* hacer chantaje

chanter [ʃɑ̃te] *vt* cantar; *(louer)* alabar; **~ juste** cantar sin desafinar; **~ faux** desafinar; **si cela lui chante** *(fam)* si le apetece; **chanteur, -euse** *nm/f* cantante *m/f*

chantier [ʃɑ̃tje] *nm* obra; **~ naval** astillero

chantilly [ʃɑ̃tiji] *nf voir* **crème**

chantonner [ʃɑ̃tɔne] *vi, vt* canturrear

chapeau, x [ʃapo] *nm* sombrero; *(PRESSE)* entradilla; **~!** *(fam)* ¡bravo!

chapelle [ʃapɛl] *nf* capilla

chapitre [ʃapitʀ] *nm* capítulo; *(sujet)* tema

chaque [ʃak] *dét* cada; **c'est cinq francs ~** son cinco francos cada uno(-a)

char [ʃaʀ] *nm* carro

charbon [ʃaʀbɔ̃] *nm* carbón *m*; **~**

de bois carbón de leña

charcuterie [ʃaʀkytʀi] *nf (magasin)* charcutería; *(produits)* embutidos *mpl*; **charcutier, -ière** *nm/f* chacinero(-a)

chardon [ʃaʀdɔ̃] *nm* cardo

charge [ʃaʀʒ] *nf* carga; *(rôle, mission)* misión *f*; **~s** *nfpl (du loyer)* facturas *fpl*; **à la ~ de** a cargo de; **prendre en ~** hacerse cargo de; **~s sociales** cargas sociales

chargement [ʃaʀʒəmɑ̃] *nm (marchandises)* cargamento

charger [ʃaʀʒe] *vt* cargar ♦ *vi* cargar; **se ~ de** encargarse de

chariot [ʃaʀjo] *nm* carretilla; *(charrette)* carreta

charité [ʃaʀite] *nf* caridad *f*

charmant, e [ʃaʀmɑ̃, ɑ̃t] *adj* encantador(a)

charme [ʃaʀm] *nm* encanto; **charmer** *vt (plaire)* fascinar

charpente [ʃaʀpɑ̃t] *nf (d'un bâtiment)* esqueleto; **charpentier** *nm* albañil *m*

charrette [ʃaʀɛt] *nf* carreta

charter [ʃaʀtɛʀ] *nm* chárter *m*

chasse [ʃas] *nf* caza; **prendre en ~** perseguir, dar caza a; **tirer la ~ (d'eau)** tirar de la cadena; **~ à courre** caza a caballo; **~ gardée** *(aussi fig)* coto vedado; **chasse-neige** *nm inv* quitanieves *m inv*; **chasser** *vt* cazar; *(expulser)* echar; **chasseur, -euse** *nm/f (de gibier)* cazador(a)

chat [ʃa] *nm* gato

châtaigne [ʃatɛɲ] *nf* castaña; **châtaignier** *nm* castaño

châtain [ʃatɛ̃] *adj inv* castaño(-a)

château, x [ʃato] *nm* castillo; **~ fort** fortaleza, alcázar *m*

châtiment [ʃatimɑ̃] *nm* castigo

chaton [ʃatɔ̃] nm (ZOOL) gatito

chatouiller [ʃatuje] vt hacer cosquillas

chatte [ʃat] nf gata

chaud, e [ʃo, ʃod] adj caliente; (très chaud) ardiente; (vêtement) abrigado(-a); (couleur) cálido(-a); (félicitations) ardiente, cálido(-a) ♦ nm calor m; **il fait ~** hace calor; **avoir ~** tener calor; **ça me tient ~** eso me abriga; **rester au ~** permanecer abrigado(-a)

chaudière [ʃodjɛʀ] nf caldera

chauffage [ʃofaʒ] nm calentamiento, calefacción f; (appareils) calefacción; **~ central** calefacción central

chauffe-eau [ʃofo] nm inv calentador m de agua

chauffer [ʃofe] vt calentar ♦ vi calentar; (trop chauffer) recalentar; **se ~** vpr (aussi fig) calentarse

chauffeur, -euse [ʃofœʀ, øz] nm/f chófer m, chofer m (AM)

chaumière [ʃomjɛʀ] nf choza

chaussée [ʃose] nf calzada

chausser [ʃose] vt calzar; **~ du 38/42** calzar el 38/42

chaussette [ʃosɛt] nf calcetín m, media (AM)

chausson [ʃosɔ̃] nm zapatilla; (de bébé) patuco; **~ (aux pommes)** pastel m de manzana

chaussure [ʃosyʀ] nf zapato; **~s basses** zapatos mpl bajos; **~s de ski** botas fpl de esquí

chauve [ʃov] adj calvo(-a); **chauve-souris** (pl **chauves-souris**) nf murciélago

chauvin, e [ʃovɛ̃, in] adj, nm/f patriotero(-a)

chaux [ʃo] nf cal f; **blanchi à la ~** encalado

chef [ʃɛf] nm jefe m; **~ d'entreprise** empresario; **~**

d'équipe jefe de equipo; **~ d'État** jefe de estado; **~ d'orchestre** director m de orquesta; **~ de famille** cabeza de familia; **~ de gare** jefe de estación; **~ de rayon/de service** jefe de sección/de servicio; **chef-d'œuvre** (pl **chefs-d'œuvre**) nm obra maestra; **chef-lieu** (pl **chefs-lieux**) nm cabeza de distrito

chemin [ʃ(ə)mɛ̃] nm camino, sendero; (itinéraire) camino; (trajet) trayecto, camino; **en ~** por el camino; **les ~s de fer** (organisation) los ferrocarriles mpl

cheminée [ʃ(ə)mine] nf chimenea

chemise [ʃ(ə)miz] nf (vêtement) camisa; (dossier) carpeta

chemisier [ʃ(ə)mizje] nm blusa

chêne [ʃɛn] nm castaño

chenil [ʃ(ə)nil] nm perrera

chenille [ʃ(ə)nij] nf oruga

chèque [ʃɛk] nm cheque m, talón m; **~ de voyage** cheque de viaje, **~ sans provision** cheque sin fondos

chéquier [ʃekje] nm talonario de cheques

cher, chère [ʃɛʀ] adj (aimé) querido(-a); (coûteux) caro(-a) ♦ adv: **coûter ~** costar caro; **payer ~** pagar mucho dinero; **cela coûte ~** esto cuesta caro

chercher [ʃɛʀʃe] vt buscar; **~ des ennuis** buscarse problemas; **~ la bagarre** buscar pelea; **aller ~** ir a buscar; **~ à faire** tratar de hacer; **chercheur, -euse** nm/f investigador(a)

chéri, e [ʃeʀi] adj querido(-a); **(mon) ~** querido (mío)

cheval, -aux [ʃ(ə)val, o] nm caballo; **faire du ~** practicar equitación; **à ~** a caballo; **à ~**

sur (*mur etc*) a horcajadas en *ou* sobre; **~ de course** caballo de carreras

chevalier [ʃ(ə)valje] *nm* caballero

chevalière [ʃ(ə)valjɛʀ] *nf* (*sortija de*) sello

chevaux [ʃəvo] *nmpl voir* **cheval**

chevet [ʃ(ə)vɛ] *nm* presbiterio; **au ~ de qn** al lecho de algn; **lampe de ~** lámpara de noche

cheveu, x [ʃ(ə)vø] *nm* cabello, pelo; **~x** *nmpl* pelo *msg*; **avoir les ~x courts/en brosse** tener el pelo corto/de punta; **tiré par les ~x** (*histoire*) inverosímil

cheville [ʃ(ə)vij] *nf* (*ANAT*) tobillo

chèvre [ʃɛvʀ] *nf* cabra ♦ *nm* queso de cabra

chèvrefeuille [ʃɛvʀəfœj] *nm* madreselva

chevreuil [ʃəvʀœj] *nm* corzo

chez [ʃe] *prép* (*à la demeure de*) en casa de; (: *direction*) a casa de; (*auprès de, parmi*) entre ♦ *nm inv*: **~-moi/~-soi/~-toi** casa; **~ qn** en casa de algn; **~ moi** (*à la maison*) en mi casa; (*direction*) a mi casa; **~ ce poète** en este poeta; **~ les Français/les renards** entre los franceses/los zorros; **~ lui c'est un devoir** es un deber en él; **aller ~ le boulanger/le dentiste** ir a la panadería/al dentista; **il travaille ~ Renault** trabaja en la Renault

chic [ʃik] *adj inv* (*élégant*) elegante; (*généreux*) amable ♦ *nm* (*élégance*) elegancia; **avoir le ~ pour** tener el don de

chicorée [ʃikɔʀe] *nf* achicoria

chien [ʃjɛ] *nm* perro

chienne [ʃjɛn] *nf* perra

chiffon [ʃifɔ̃] *nm* trapo

chiffonner [ʃifɔne] *vt* arrugar

chiffre [ʃifʀ] *nm* cifra, número;

(*montant, total*) importe *m*; **~ d'affaires** volumen *m* de negocios; **chiffrer** *vt* (*dépense*) calcular; **se chiffrer à** *vpr* ascender a

chignon [ʃiɲɔ̃] *nm* moño

Chili [ʃili] *nm* Chile *m*; **chilien, ne** *adj* chileno(-a) ♦ *nm/f*: **Chilien, ne** chileno(-a)

chimie [ʃimi] *nf* química;

chimique *adj* químico(-a);

produits chimiques productos *mpl* químicos

chimpanzé [ʃɛ̃pɑ̃ze] *nm* chimpancé *m*

Chine [ʃin] *nf* China; **la république de ~** la república de China

chinois, e [ʃinwa, waz] *adj* chino(-a)

chiot [ʃjo] *nm* cachorro (de perro)

chips [ʃips] *nfpl* (*aussi:* **pommes ~**) patatas *fpl* fritas

chirurgie [ʃiʀyʀʒi] *nf* cirugía; **~ esthétique** cirugía estética;

chirurgien, ne *nm/f* cirujano(-a)

chlore [klɔʀ] *nm* cloro

choc [ʃɔk] *nm* choque *m*; (*moral*) impacto; (*affrontement*) enfrentamiento

chocolat [ʃɔkɔla] *nm* chocolate *m*; (*bonbon*) bombón *m*; **~ à croquer** chocolate para crudo; **~ au lait** chocolate con leche

chœur [kœʀ] *nm* coro; **en ~** a coro

choisir [ʃwaziʀ] *vt* escoger, elegir; (*candidat*) elegir

choix [ʃwa] *nm* elección *f*; (*assortiment*) selección *f*, surtido; **avoir le ~ de/entre** tener la opción de/entre; **de premier ~** (*COMM*) de primera calidad; **au ~** a escoger

chômage [ʃomaʒ] nm paro, cesantía (AM); **mettre au ~** dejar en el paro; **être au ~** estar en paro; **chômeur, -euse** nm/f parado(-a)

choquer [ʃɔke] vt chocar

chorale [kɔʀal] nf coral f

chose [ʃoz] nf cosa; **c'est peu de ~** es poca cosa

chou, x [ʃu] nm col f, berza; **chou à la crème** pastelillo (de crema); **choucroute** nf chucrut m

chou-fleur [ʃuflœʀ] (pl **x-~s**) nm coliflor f

chrétien, ne [kʀetjɛ̃, jɛn] adj, nm/f cristiano(-a)

Christ [kʀist] nm: **le ~** el Cristo; **christianisme** nm cristianismo

chronique [kʀɔnik] adj crónico(-a) ♦ nf crónica

chronologique [kʀɔnɔlɔʒik] adj cronológico(-a)

chrono(mètre) [kʀɔnɔ(mɛtʀ)] nm cronómetro; **chronométrer** vt cronometrar

chrysanthème [kʀizɑ̃tɛm] nm crisantemo

chuchotement [ʃyʃɔtmɑ̃] nm cuchicheo

chuchoter [ʃyʃɔte] vt, vi cuchichear

chut [ʃyt] excl ¡chitón!

chute [ʃyt] nf caída; (déchet) recorte m; **faire une ~ de 10 m)** caerse (10 metros); **~ (d'eau)** salto de agua; **~ libre** caída libre; **~s de neige** nevadas fpl

Chypre [ʃipʀ] n Chipre f

ci-, -ci [si] adv voir **par**; **comme**; **ci-contre** etc ♦ dét: **ce garçon/cet homme-ci** este chico/este hombre; **ces hommes/femmes-ci** estos hombres/estas mujeres

cible [sibl] nf blanco; (fig) blanco, objetivo

ciboulette [sibulɛt] nf cebolleta

cicatrice [sikatʀis] nf cicatriz f; **cicatriser** vt cicatrizar

ci-contre [sikɔ̃tʀ] adv al lado

ci-dessous [sidəsu] adv más abajo

ci-dessus [sidəsy] adv arriba

cidre [sidʀ] nm sidra

Cie abr (= compagnie) Cía (= compañía)

ciel [sjɛl] (pl **~s** ou (litt) **cieux**) nm cielo; **cieux** nmpl cielos mpl; **à ~ ouvert** a cielo abierto

cieux [sjø] nmpl voir **ciel**

cigale [sigal] nf cigarra

cigare [sigaʀ] nm cigarro, puro

cigarette [sigaʀɛt] nf cigarrillo, pitillo

ci-inclus, e [siɛ̃kly, yz] adj incluso(-a)

ci-joint, e [siʒwɛ̃, ɛ̃t] adj adjunto(-a)

cil [sil] nm pestaña

cime [sim] nf cima

ciment [simɑ̃] nm cemento

cimetière [simtjɛʀ] nm cementerio, camposanto

cinéaste [sineast] nm/f cineasta m/f

cinéma [sinema] nm cine m

cinq [sɛ̃k] adj inv, nm inv cinco inv; **avoir ~ ans** tener cinco años; **le ~ décembre** el cinco de diciembre; **à ~ heures** a las cinco; **nous sommes ~** somos cinco; **Henri V (cinq)** Enrique V (quinto); **cinquantaine** nf: **une cinquantaine (de)** una cincuentena (de); **cinquante** adj inv, nm inv cincuenta inv; voir aussi **cinq**; **cinquantenaire** adj (institution) cincuentenario(-a); (personne) cincuentón(-ona)

cinquantième [sɛkɑ̃tjɛm] adj, nm/f quincuagésimo(-a); **son ~ anniversaire** su cincuenta cumpleaños; **vous êtes le ~** Usted es el (número) cincuenta; **cinquième** adj, nm/f quinto(-a); **un cinquième de la population** un quinto de la población; **trois cinquièmes** tres quintos

cintre [sɛtʀ] nm percha

cintré, e [sɛtʀe] adj (chemise) entallado(-a)

cirage [siʀaʒ] nm betún m

circonstance [siʀkɔ̃stɑ̃s] nf circunstancia; **~s atténuantes** circunstancias atenuantes fpl

circuit [siʀkɥi] nm circuito

circulaire [siʀkylɛʀ] adj, nf circular f

circulation [siʀkylasjɔ̃] nf circulación f; **bonne/mauvaise ~** (du sang) buena/mala circulación; **la ~** (AUTO) la circulación, el tráfico

circuler [siʀkyle] vi (aussi fig) circular; **faire ~** hacer circular

cire [siʀ] nf cera; **ciré, e** [siʀe] adj encerado(-a); **cirer** vt encerar

cirque [siʀk] nm circo

ciseaux [sizo] nmpl tijeras fpl

citadin, e [sitadɛ̃, in] nm/f, adj ciudadano(-a)

citation [sitasjɔ̃] nf (d'auteur) cita

cité [site] nf ciudad f; **~ universitaire** ciudad universitaria

citer [site] vt citar

citoyen, ne [sitwajɛ̃, jɛn] nm/f ciudadano(-a)

citron [sitʀɔ̃] nm limón m; **~ pressé** (boisson) zumo natural de limón; **~ vert** limón verde; **citronnade** nf limonada

citrouille [sitʀuj] nf calabaza

civet [sive] nm encebollado

civière [sivjɛʀ] nf camilla

civil, e [sivil] adj civil; **dans le ~** en la vida civil; **mariage/ enterrement ~** matrimonio/ entierro civil

civilisation [sivilizasjɔ̃] nf civilización f

clair, e [klɛʀ] adj claro(-a) ♦ nm: **~ de lune** claro de luna; **y voir ~** (comprendre) verlo claro; **tirer qch au ~** sacar algo en claro; **mettre au ~** (notes etc) poner en limpio, pasar a limpio; **le plus ~ de son temps/argent** la mayor parte de su tiempo/dinero; **clairement** adv claramente

clairière [klɛʀjɛʀ] nf claro, calvero

clandestin, e [klɑ̃dɛstɛ̃, in] adj clandestino(-a); **passager ~** polizón m; **immigration ~e** inmigración f clandestina

claque [klak] nf bofetada; **claquer** vi (coup de feu) sonar; (porte) golpear ♦ vt (doigts) castañetear; **se claquer un muscle** distenderse un músculo; **claquettes** nfpl claquetas fpl

clarinette [klaʀinɛt] nf clarinete m

classe [klas] nf (aussi fig) clase f; (local) clase, aula; **aller en ~** ir a clase; **classement** nm clasificación f

classer [klase] vt clasificar; (JUR) archivar, cerrar; **se ~ premier/ dernier** clasificarse el primero/el último; **classeur** nm (cahier) clasificador m; (meuble) archivador m

classique [klasik] adj clásico(-a); (habituel) típico(-a)

clavecin [klav(ə)sɛ̃] nm clavicordio, clavecín m

clavicule [klavikyl] *nf* clavícula

clé [kle] *nf* = **clef**

clef [kle] *nf* llave *f*; (*fig*) clave *f*; **~ de contact** llave de contacto

clergé [klɛRʒe] *nm* clero

cliché [kliʃe] *nm* cliché *m*

client, e [klijɑ̃, klijɑ̃t] *nm/f* cliente(-a); **clientèle** *nf* clientela

cligner [kliɲe] *vi*: **~ des yeux** (*rapidement*) parpadear; **~ de l'œil** guiñar (el ojo); **clignotant, e** [kliɲɔtɑ̃, ɑ̃t] *adj* intermitente ♦ *nm* (*AUTO*) intermitente *m*, direccional *m* (*AM*); **clignoter** *vi* parpadear

climat [klima] *nm* clima *m*

climatisation [klimatizasjɔ̃] *nf* climatización *f*; **climatisé, e** *adj* climatizado(-a)

clin d'œil [klɛ̃dœj] *nm* guiño; **en un ~ ~** en un abrir y cerrar de ojos

clinique [klinik] *adj* clínico(-a) ♦ *nf* clínica

clip [klip] *nm* clip *m*

clochard, e [klɔʃaR, aRd] *nm/f* mendigo(-a)

cloche [klɔʃ] *nf* (*d'église*) campana; **clocher** *nm* campanario ♦ *vi* (*fam*) fallar, no andar bien

cloison [klwazɔ̃] *nf* tabique *m*

cloque [klɔk] *nf* ampolla

clôture [klotyR] *nf* (*des inscriptions*) cierre del plazo; (*barrière*) cercado, valla

clou [klu] *nm* clavo; **~s** *nmpl* (= *passage clouté*) *voir* **passage; ~ de girofle** clavo de especia

clown [klun] *nm* payaso, clown *m*

club [klœb] *nm* club *m*

CNRS [seenɛRɛs] *sigle m* (= *Centre national de la recherche scientifique*) ≃ CSIC *m* (= *Consejo Superior de Investigaciones Científicas*)

coaguler [kɔagyle] *vi* (*aussi:* **se ~**) coagularse

cobaye [kɔbaj] *nm* cobaya *m ou f*, conejillo de Indias; (*fig*) cobaya

coca [kɔka] *nm* coca

cocaïne [kɔkain] *nf* cocaína

coccinelle [kɔksinɛl] *nf* mariquita

cocher [kɔʃe] *vt* marcar (*con una cruz*)

cochon [kɔʃɔ̃] *nm* cerdo, cancho (*AM*) ♦ *nm/f* (*péj*) cerdo(-a) ♦ *adj* (*fam: livre, histoire, propos*) verde; **cochonnerie** (*fam*) *nf* porquería

cocktail [kɔktɛl] *nm* cóctel *m*, highball *ou* jaibol *m* (*AM*), daiquiri *ou* daiquirí *m* (*AM*)

cocorico [kɔkɔriko] *excl* ¡quiquiriquí!

cocotte [kɔkɔt] *nf* olla, cacerola; **~ (-minute)** ® olla a presión

code [kɔd] *nm* código; (*conventions*) reglas *fpl*; **se mettre en ~(s)** (*AUTO*) poner las luces de cruce; **éclairage** *ou* **phares ~(s)** luz *f* de cruce; **~ à barres** código de barras; **~ civil** código civil; **~ de la route** código de la circulación; **~ pénal** código penal; **~ postal** código postal

cœur [kœR] *nm* corazón *m*; (*CARTES: couleur*) corazones *mpl*; (: *carte*) corazón; **avoir bon/du ~** tener buen corazón; **avoir mal au ~** tener náuseas; **opérer qn à ~ ouvert** operar a algn a corazón abierto; **parler à ~ ouvert** hablar con el corazón en la mano; **de tout son ~** de todo corazón; **avoir le ~ gros** *ou* **serré** estar acongojado; **en avoir le ~ net** saber a qué atenerse; **avoir le ~ sur la main** ser muy generoso; **par ~** de memoria; **de bon/ grand ~** con toda el alma; **cela**

lui tient à ~ esto le apasiona; **prendre les choses à ~** tomar las cosas a pecho; **s'en donner à ~ joie** gozar; **être de (tout) ~ avec qn** apoyar a algn, estar (moralmente) con algn

coffre [kɔfʀ] *nm (meuble)* arca; *(coffre-fort)* cofre *m*; *(d'auto)* maletero, baúl *m* (*AM*), maletera (*AND, CSUR*); **coffret** *nm* cofrecito

cognac [kɔɲak] *nm* coñac *m*

cogner [kɔɲe] *vt, vi* golpear

cohérent, e [kɔeʀɑ̃, ɑ̃t] *adj* coherente

coiffé, e [kwafe] *adj*: **bien/mal ~** bien/mal peinado(-a); **~ en brosse** peinado(-a) con el cepillo

coiffer [kwafe] *vt* peinar; **se ~** *vpr* peinarse; **coiffeur, -euse** *nm/f* peluquero(-a); **coiffeuse** *nf (table)* tocador *m*, coqueta; **coiffure** *nf (cheveux)* peinado *m*; **la coiffure** la peluquería

coin [kwɛ̃] *nm (gén)* esquina; **l'épicerie du ~** el ultramarinos de la esquina; **dans le ~** por aquí

coincé, e [kwɛ̃se] *adj (tiroir, pièce mobile)* atascado(-a); *(fig)* cortado(-a)

coincer [kwɛ̃se] *vt* calzar; *(fam: par une question, une manœuvre)* pillar; **se ~** *vpr* atascarse

coïncidence [kɔɛ̃sidɑ̃s] *nf* coincidencia

coing [kwɛ̃] *nm* membrillo

col [kɔl] *nm* cuello; *(de montagne)* puerto; **~ de l'utérus** cuello del útero; **~ roulé** cuello vuelto

colère [kɔlɛʀ] *nf* ira, cólera, enojo *(esp AM)*; **être en ~ (contre qn)** estar enfadado(-a) *ou* enojado(-a) *(esp AM)* (con algn); **se mettre en ~** enfadarse, enojarse *(esp AM)*; **coléreux, -euse** *adj* colérico(-a)

colin [kɔlɛ̃] *nm* merluza

colique [kɔlik] *nf* cólico

colis [kɔli] *nm* paquete *m*

collaborer [kɔ(l)labɔʀe] *vi (aussi POL)* colaborar; **~ à** colaborar en

collant, e [kɔlɑ̃, ɑ̃t] *adj* adherente; *(robe)* ajustado(-a); *(péj: personne)* pegajoso(-a) ♦ *nm (bas)* pantis *mpl*

colle [kɔl] *nf (à papier)* pegamento; *(à papiers peints)* cola; *(devinette)* pega

collecte [kɔlɛkt] *nf* colecta

collectif, -ive *adj* colectivo(-a) ♦ *nm* colectivo

collection [kɔlɛksjɔ̃] *nf* colección *f*; **collectionner** *vt* coleccionar; **collectionneur, -euse** *nm/f* coleccionista *m/f*

collectivité [kɔlɛktivite] *nf* colectivo; **~s locales** administraciones *fpl* locales

collège [kɔlɛʒ] *nm* colegio; **collégien, ne** [kɔlɛʒjɛ̃, jɛn] *nm/f* colegial(a)

---
collège

El **collège** es un colegio público de educación secundaria para niños de entre once y quince años. Los alumnos siguen un currículum que consta de una serie de asignaturas comunes y varias optativas. Los colegios tienen libertad para elaborar sus propios horarios y escoger su propia metodología. Antes de que abandonen el **collège**, se evalúa el trabajo de los alumnos durante la etapa y se les examina para la obtención del **brevet des collèges**.

---

collègue [kɔ(l)lɛg] *nm/f* colega *m/f*

coller [kɔle] vt pegar; (papier peint) encolar; (SCOL: fam) catear ♦ vi (être collant) pegarse; (adhérer) pegar

collier [kɔlje] nm collar m

colline [kɔlin] nf colina

collision [kɔlizjɔ̃] nf colisión f; **entrer en ~ (avec)** chocar (con)

collyre [kɔliʀ] nm colirio

colombe [kɔlɔ̃b] nf paloma

Colombie [kɔlɔ̃bi] nf Colombia

colonie [kɔlɔni] nf colonia; **~ (de vacances)** colonia (de vacaciones)

colonne [kɔlɔn] nf columna; **~ (vertébrale)** columna vertebral

colorant, e [kɔlɔʀɑ̃, ɑ̃t] adj colorante

colorer [kɔlɔʀe] vt colorear

colorier [kɔlɔʀje] vt colorear, pintar

coloris [kɔlɔʀi] nm colorido

colza [kɔlza] nm colza

coma [kɔma] nm coma m; **être dans le ~** estar en coma

combat [kɔ̃ba] vb voir **combattre** ♦ nm (MIL) combate m; (fig) lucha; **~ de boxe** combate de boxeo; **combattant** vb voir **combattre** ♦ adj combatiente ♦ nm combatiente m; (d'une rixe) contendiente m; **ancien combattant** antiguo combatiente; **combattre** vt, vi combatir

combien [kɔ̃bjɛ̃] adv (interrogatif) cuánto(-a); (nombre) cuántos(-as); (exclamatif: comme, que) cómo, qué; **~ de** cuántos(-as); **~ de temps** cuánto tiempo; **~ coûte/pèse ceci?** ¿cuánto cuesta/pesa esto?; **ça fait ~?** ¿cuánto es?

combinaison [kɔ̃binɛzɔ̃] nf combinación f; (astuce) plan m; (vestido, SPORT) traje m; (bleu de travail) mono, overol m (AM)

combiné [kɔ̃bine] nm (aussi: **~ téléphonique**) auricular m

comble [kɔ̃bl] adj abarrotado(-a) ♦ nm (du bonheur, plaisir) colmo; **c'est le ~!** ¡es el colmo!

combler [kɔ̃ble] vt (trou) llenar; (fig) llenar, cubrir; (satisfaire) colmar

comédie [kɔmedi] nf comedia; **~ musicale** comedia musical; **comédien, ne** nm/f (THÉÂTRE, fig) comediante(-a)

Comédie française

La **Comédie française**, fundada en 1680 por Luis XIV, es el teatro nacional de Francia. Financiada con fondos públicos, la compañía actúa principalmente en el Palais Royal de París y pone en escena fundamentalmente teatro clásico francés.

---

comestible [kɔmɛstibl] adj comestible

comique [kɔmik] adj cómico(-a) ♦ nm cómico(-a)

commandant [kɔmɑ̃dɑ̃] nm comandante m

commande [kɔmɑ̃d] nf (COMM) pedido; (INFORM) mando; **~s** nfpl mandos mpl; **passer une ~ (de)** cursar un pedido (de); **commander** vt (COMM) encargar, pedir; (diriger, ordonner) mandar; **commander à qn de faire qch** ordenar a algn que haga algo

---
MOT-CLÉ
---

comme [kɔm] *prép* **1**
(*comparaison*) como; **tout
comme son père** igual que su
padre; **fort comme un bœuf**
fuerte como un toro; **il est petit
comme tout** es muy pequeño;
comme c'est pas permis
(*fam*) como él (ella) solo(-a);
2 (*manière*) **comme ça** así;
comme ci, comme ça así, así;
faites comme cela hágalo así;
**on ne parle pas comme ça à
...** no se habla así a ...
3 (*en tant que*): **donner comme
prix/heure** dar como precio/
hora; **travailler comme
secrétaire** trabajar de secretaria
♦ *conj* **1** (*ainsi que*) como; **elle
écrit comme elle parle** escribe
como habla; **comme on dit**
como se dice; **comme si** como
si; **comme quoi ...** (*disant que*)
en el/la/los/las que dice *etc* que ...;
(*d'où il s'ensuit que*) lo que
demuestra que; **comme il faut**
como es debido
2 (*au moment où, alors que*)
cuando; **il est parti comme
j'arrivais** se marchó cuando yo
llegaba
3 (*parce que, puisque*) como;
comme il était en retard, ...
como se retrasaba, ...
♦ *adv* (*exclamation*): **comme
c'est bon/il est fort!** ¡qué
bueno está!/¡qué fuerte es!

---

commencement [kɔmɑ̃smɑ̃] *nm*
comienzo
commencer [kɔmɑ̃se] *vt, vi*
comenzar, empezar; **~ à** *ou* **de
faire** comenzar *ou* empezar a

hacer
comment [kɔmɑ̃] *adv*
(*interrogatif*) cómo; **~?** ¿cómo?,
¡mande (usted)?; **et ~!** ¡pero
cómo!
commentaire [kɔmɑ̃tɛr] *nm*
(*gén pl*) comentario
commerçant, e [kɔmɛrsɑ̃, ɑ̃t]
adj (*rue, ville*) comercial ♦ *nm/f*
comerciante *m/f*
commerce [kɔmɛrs] *nm* (*activité*)
comercio, negocio; (*boutique*)
comercio, tienda; **~ en** *ou* **de
gros** comercio al por mayor; **~
extérieur** comercio exterior
commercial, e, -aux
[kɔmɛrsjal, jo] *adj* (*aussi péj*)
comercial; **commercialiser** *vt*
comercializar
commissaire [kɔmisɛr] *nm*
comisario; **commissariat** *nm*
comisaría
commission [kɔmisjɔ̃] *nf* (*course*)
encargo, recado; **~s** *nfpl* compras
fpl
commode [kɔmɔd] *adj*
cómodo(-a); (*personne*): **pas ~**
difícil ♦ *nf* cómoda
commun, e [kɔmœ̃, yn] *adj*
común, colectivo(-a); **en ~** en
común; **d'un ~ accord** de
común acuerdo
communauté [kɔmynote] *nf*
comunidad *f*
commune [kɔmyn] *adj f voir*
commun ♦ *nf* municipio
communication [kɔmynikasjɔ̃]
nf comunicación *f*; **~s** *nfpl*
comunicaciones *fpl*; **vous avez
la ~** ya tiene la llamada; **mettre
qn en ~ avec qn** (*en contact*)
poner a algn en contacto con
algn; (*au téléphone*) poner a algn
en comunicación con
communier [kɔmynje] *vi*

comulgar

communion [kɔmynjɔ̃] *nf*
comunión *f*

communiquer [kɔmynike] *vt*
comunicar; (*demande, dossier*)
presentar; (*maladie, chaleur*)
transmitir ♦ *vi* comunicarse; **se ~
à** *vpr* tra(n)smitirse a

communisme [kɔmynism] *nm*
comunismo; **communiste** *adj,
nm/f* comunista *m/f*

commutateur [kɔmytatœʀ] *nm*
conmutador *m*

compact, e [kɔpakt] *adj*
compacto(-a)

compagne [kɔpaɲ] *nf* compañera

compagnie [kɔpaɲi] *nf*
compañía; **tenir ~ à qn** hacer
compañía a algn; **en ~ de** en
compañía de; **~ aérienne**
compañía aérea

compagnon [kɔpaɲɔ̃] *nm*
compañero

comparable [kɔpaʀabl] *adj*: **~
(à)** comparable (a)

comparaison [kɔpaʀɛzɔ̃] *nf*
comparación *f*

comparer [kɔpaʀe] *vt* comparar;
~ qch/qn à *ou* **et** comparar
algo/algn a *ou* con

compartiment [kɔpaʀtimɑ̃] *nm*
(*de train*) compartim(i)ento

compas [kɔpa] *nm* compás *m*

compatible [kɔpatibl] *adj*: **~
(avec)** compatible (con)

compatriote [kɔpatʀijɔt] *nm/f*
compatriota *m/f*

compensation [kɔpɑsasjɔ̃] *nf*
(*dédommagement*) compensación *f*

compenser [kɔpɑse] *vt*
compensar

compétence [kɔpetɑs] *nf* (*aussi
JUR*) competencia

compétent, e [kɔpetɑ̃, ɑ̃t] *adj*
competente

compétition [kɔpetisjɔ̃] *nf*
competencia; (*SPORT*) competición
f

complément [kɔplemɑ̃] *nm* (*gén,
aussi LING*) complemento; (*reste*)
resto; **~ d'information** (*ADMIN*)
suplemento (informativo);
complémentaire *adj*
complementario(-a)

complet, -ète [kɔple, ɛt] *adj*
completo(-a) ♦ *nm* (*aussi*: **~~
veston**) traje *m*;
complètement *adv*
completamente; **compléter** *vt*
completar

complexe [kɔpleks] *adj*
complejo(-a) ♦ *nm* complejo; **~
industriel/portuaire/
hospitalier** complejo industrial/
portuario/hospitalario;
complexé, e *adj*
acomplejado(-a)

complication [kɔplikasjɔ̃] *nf*
complicación *f*; **~s** *nfpl* (*MÉD*)
complicaciones *fpl*

complice [kɔplis] *nm/f* cómplice
m/f

compliment [kɔplimɑ̃] *nm*
cumplido; **~s** *nmpl* (*félicitations*)
enhorabuena *fsg*

compliqué, e [kɔplike] *adj*
complicado(-a)

comportement [kɔpɔʀtəmɑ̃] *nm*
comportamiento

comporter [kɔpɔʀte] *vt* constar
de; (*impliquer*) conllevar; **se ~** *vpr*
comportarse

composer [kɔpoze] *vt* componer;
se ~ de componerse de; **~ un
numéro** marcar *ou* discar (*AM*) un
número; **compositeur, -trice**
nm/f (*MUS*) compositor(a);
composition *nf* composición *f*;
(*SCOL: d'histoire, de math*) prueba

composter [kɔpɔste] *vt* (*dater*)

fechar; (poinçonner) picar, perforar

compote [kɔ̃pɔt] *nf* compota; ~ **de pommes** compota de manzana

compréhensible [kɔ̃preɑ̃sibl] *adj* (aussi fig) comprensible

compréhensif, -ive [kɔ̃preɑ̃sif, iv] *adj* comprensivo(-a)

comprendre [kɔ̃prɑ̃dr] *vt* (se composer de, être muni de) comprender, constar de; (sens, problème) comprender, entender; (point de vue) entender

compresse [kɔ̃pres] *nf* compresa

comprimé, e [kɔ̃prime] *nm* comprimido, pastilla

compris, e [kɔ̃pri, iz] *pp de* **comprendre** ♦ *adj* (inclus) incluido(-a); ~ **entre ...** (situé) situado(-a) entre ...; **y/non ~ la maison** inclusive la casa/sin incluir la casa; **100 F tout ~** 100 francos con todo incluido

comptabilité [kɔ̃tabilite] *nf* contabilidad *f*

comptable [kɔ̃tabl] *nm/f, adj* contable *m/f*, contador *m* (AM)

comptant [kɔ̃tɑ̃] *adv*: **payer/ acheter ~** pagar/comprar al contado

compte [kɔ̃t] *nm* cuenta; **~s** *nmpl* (comptabilité) cuentas *fpl*; **rendre des ~s à qn** (fig) dar cuentas a algn; **en fin de ~** (fig) a fin de cuentas; **à bon ~** a buen precio; **avoir son ~** (fig: fam) tener su merecido; **pour le ~ de qn** por cuenta de algn; **travailler à son ~** trabajar por su cuenta; **rendre ~ (à qn) de qch** dar cuenta de algo (a algn); **tenir ~ de qch/ que** tener en cuenta algo/que; ~ **courant** cuenta corriente; ~ **rendu** informe *m*; **compte-gouttes** *nm inv* cuentagotas *m*

inv

compter [kɔ̃te] *vt* contar; (facturer) cobrar; (comporter) constar de ♦ *vi* contar; ~ **parmi** figurar entre; ~ **réussir/revenir** esperar aprobar/volver; ~ **sur** (se fier à) contar con

compteur [kɔ̃tœr] *nm* (d'auto) cuentakilómetros *m inv*; (à gaz, électrique) contador *m*; ~ **de vitesse** velocímetro

comptoir [kɔ̃twar] *nm* (de magasin) mostrador *m*; (de café) barra

con, ne [kɔ̃, kɔn] (fam!) *adj, nm/f* gilipollas *m/f inv* (fam!)

concentré, e [kɔ̃sɑ̃tre] *adj* concentrado(-a) ♦ *nm* concentrado

concentrer: [kɔ̃sɑ̃tre] **se ~** *vpr* concentrarse

concerner [kɔ̃serne] *vt* concernir; **en ce qui me concerne** en lo que a mí respecta

concert [kɔ̃ser] *nm* (MUS) concierto; (fig) coro; **se ~er** *vpr* ponerse de acuerdo, concertarse

concessionnaire [kɔ̃sesjɔner] *nm/f* concesionario-a

concevoir [kɔ̃s(ə)vwar] *vt* concebir; (décoration etc) imaginar; (machine) diseñar; **appartement bien/mal conçu** piso bien/mal diseñado

concierge [kɔ̃sjerʒ] *nm/f* portero(-a); (d'hôtel) conserje *m*

concis, e [kɔ̃si, iz] *adj* conciso(-a)

conclure [kɔ̃klyr] *vt* (terminer) concluir, terminar; **conclusion** *nf* conclusión *f*

conçois *etc* [kɔ̃swa] *vb voir* **concevoir**

concombre [kɔ̃kɔ̃br] *nm* pepino

concours [kɔ̃kur] *nm* concurso; (SCOL) examen *m* eliminatorio; ~ **de circonstances** cúmulo de .

circunstancias; **~ hippique** concurso hípico

concret, -ète [kɔkʀɛ, ɛt] adj concreto(-a)

conçu, e [kɔsy] pp de concevoir

concubinage [kɔkybinaʒ] nm concubinato

concurrence [kɔkyʀɑ̃s] nf competencia f; **jusqu'à ~ de** hasta un total de

concurrent, e [kɔkyʀɑ̃, ɑ̃t] adj (société) competidor(a) ♦ nm/f (SPORT, ÉCON) competidor(a); (SCOL) candidato(-a)

condamner [kɔdane] vt condenar; **~ qn à 2 ans de prison** condenar a algn a 2 años de prisión

condensation [kɔdɑ̃sasjɔ̃] nf condensación f

condition [kɔdisjɔ̃] nf condición f; **~s** nfpl (tarif, prix, circonstances) condiciones fpl; **sans ~** adj sin condición

conditionnement [kɔdisjɔnmɑ̃] nm (emballage) embalaje m, envasado

condoléances [kɔdɔleɑ̃s] nfpl pésame m

conducteur, -trice [kɔdyktœʀ, tʀis] adj conductor(a) ♦ nm (ÉLEC) conductor m ♦ nm/f conductor(a)

conduire [kɔdɥiʀ] vt conducir; (passager) llevar; (diriger) dirigir; **se ~** vpr comportarse, portarse; **~ vers/à** (suj: route) conducir a, llevar hacia/a; **~ à** (suj: attitude, erreur) llevar a; **~ qn quelque part** llevar a algn a algún sitio

conduite [kɔdɥit] nf (comportement) conducta; (d'eau, gaz) conducto

confection [kɔfɛksjɔ̃] nf confección f; **la ~** (COUTURE) la confección; **vêtement de ~** ropa de confección

conférence [kɔfeʀɑ̃s] nf conferencia; **~ de presse** conferencia de prensa

confesser [kɔfese] vt confesar; **confession** nf confesión f

confiance [kɔfjɑ̃s] nf confianza; **avoir ~ en** tener confianza en; **~ en soi** confianza en sí mismo

confiant, e [kɔfjɑ̃, jɑ̃t] adj confiado(-a)

confidence [kɔfidɑ̃s] nf confidencia; **confidentiel, le** adj confidencial

confier [kɔfje] vt confiar; **~ à qn** (en dépôt, garde) confiar a algn; **se ~ à qn** confiarse a algn

confirmation [kɔfiʀmasjɔ̃] nf confirmación f

confirmer [kɔfiʀme] vt confirmar

confiserie [kɔfizʀi] nf confitería; **~s** nfpl golosinas fpl

confisquer [kɔfiske] vt (JUR) confiscar; (à un enfant) quitar

confit, e [kɔfi, it] adj: **fruits ~s** frutas fpl confitadas; **~ d'oie** nm conserva de oca en su grasa

confiture [kɔfityʀ] nf confitura, mermelada

conflit [kɔfli] nm conflicto; (fig) choque m, conflicto

confondre [kɔfɔdʀ] vt confundir

conforme [kɔfɔʀm] adj: **~ à** conforme a; **copie certifiée ~ (à l'original)** copia compulsada; **conformément** adv: **conformément à** conforme a, según; **conformer** vb: **se ~ à** adecuarse a, adaptarse a

confort [kɔfɔʀ] nm confort m; **tout ~** con todas las comodidades; **confortable** adj confortable, cómodo(-a)

confronter [kɔfʀɔte] vt confrontar

confus, e [kɔ̃fy, yz] *adj* confuso(-a); **confusion** *nf* confusión *f*

congé [kɔ̃ʒe] *nm* (*vacances*) vacaciones *fpl*; (*arrêt de travail*) descanso; **en ~** de vacaciones; **semaine/jour de ~** semana/día *m* de vacaciones; **prendre ~ de qn** despedirse de algn; **donner son ~ à** despedir a; **~ de maladie** baja por enfermedad; **~ de maternité** baja por maternal; **~s payés** vacaciones pagadas

congédier [kɔ̃ʒedje] *vt* despedir

congélateur [kɔ̃ʒelatœʀ] *nm* congelador *m*

congeler [kɔ̃ʒ(ə)le] *vt* congelar

congestion [kɔ̃ʒɛstjɔ̃] *nf* (*routière, postale*) congestión *f*; **~ cérébrale** derrame *m* cerebral

congrès [kɔ̃gʀɛ] *nm* congreso

conifère [kɔnifɛʀ] *nm* conífera

conjoint, e [kɔ̃ʒwɛ̃, wɛ̃t] *adj* conjunto(-a) ♦ *nm/f* (*époux*) cónyuge *m/f*

conjonctivite [kɔ̃ʒɔ̃ktivit] *nf* conjuntivitis *f inv*

conjoncture [kɔ̃ʒɔ̃ktyʀ] *nf* coyuntura

conjugaison [kɔ̃ʒygɛzɔ̃] *nf* conjugación *f*

conjuguer [kɔ̃ʒyge] *vt* (LING) conjugar

connaissance [kɔnɛsɑ̃s] *nf* (*savoir*) conocimiento; (*personne connue*) conocido(-a); **être sans ~** (MÉD) estar sin conocimiento; **perdre/reprendre ~** perder/ recobrar el conocimiento; **à ma/ sa ~** por lo que sé/sabe

connaisseur, -euse [kɔnɛsœʀ, øz] *nm/f* conocedor(a), entendido(-a)

connaître [kɔnɛtʀ] *vt* conocer; (*adresse*) conocer, saber; **se ~** *vpr*

conocerse; (*se rencontrer*) conocerse, encontrarse; **~ qn de nom/vue** conocer a algn de nombre/vista

connecter [kɔnɛkte] *vt* conectar

connerie [kɔnʀi] (*fam!*) *nf* gilipollez *f*

connu, e [kɔny] *pp de* **connaître** ♦ *adj* conocido(-a)

conquête [kɔ̃kɛt] *nf* conquista

consacrer [kɔ̃sakʀe] *vt* (*fig*) consagrar; **~ qch à** (*employer*) dedicar algo a

conscience [kɔ̃sjɑ̃s] *nf* conciencia; **avoir ~ de** ser consciente de, tomar conciencia de; **prendre ~ de** (*présence, situation*) darse cuenta de; (*responsabilité*) tomar conciencia de; **avoir qch sur la ~** tener el peso de algo en la conciencia; **perdre/reprendre ~** perder/ recuperar el conocimiento; **avoir bonne/mauvaise ~** tener buena/mala conciencia; **consciencieux, -euse** *adj* concienzudo(-a); **conscient, e** *adj* consciente

consécutif, -ive [kɔ̃sekytif, iv] *adj* consecutivo(-a); **~ à** debido(-a) a

conseil [kɔ̃sɛj] *nm* consejo; **prendre ~ (auprès de qn)** consultar (a algn)

conseiller¹ [kɔ̃seje] *vt* aconsejar a; **~ à qn de faire qch** aconsejar a algn hacer algo

conseiller², -ère [kɔ̃seje, ɛʀ] *nm/f* consejero(-a)

consentement [kɔ̃sɑ̃tmɑ̃] *nm* consentimiento

consentir [kɔ̃sɑ̃tiʀ] *vt:* **~ (à qch/à faire)** consentir (en algo/ en hacer)

conséquence [kɔ̃sekɑ̃s] *nf*

consecuencia; **~s** *nfpl* (effet, répercussion) consecuencias *fpl*; **en ~** (donc) en consecuencia, por consiguiente; (de façon appropriée) en consecuencia; **conséquent, e** *adj* () **par conséquent** por consiguiente

conservateur, -trice [kɔ̃sɛʀvatœʀ, tʀis] *adj* conservador(a) ♦ *nm/f* conservador(a)

conservatoire [kɔ̃sɛʀvatwaʀ] *nm* (de musique) conservatorio

conserve [kɔ̃sɛʀv] *nf* (gén pl: aliments) conserva; **en ~** en conserva

conserver [kɔ̃sɛʀve] *vt* conservar; (habitude) mantener, conservar

considérable [kɔ̃sideʀabl] *adj* considerable

considération [kɔ̃sideʀasjɔ̃] *nf* consideración *f*

considérer [kɔ̃sideʀe] *vt* considerar; **~ qch comme** considerar algo como

consigne [kɔ̃siɲ] *nf* (de bouteilles) importe *m* (del envase); (ordre, instruction, de gare) consigna; **~ automatique** consigna automática

consister [kɔ̃siste] *vi*: **~ en** ou **dans** consistir en; **~ à faire** consistir en hacer

consoler [kɔ̃sɔle] *vt* consolar

consommateur, -trice [kɔ̃sɔmatœʀ, tʀis] *nm/f* (ÉCON) consumidor(a); (dans un café) cliente *m/f*

consommation [kɔ̃sɔmasjɔ̃] *nf* consumición *f*; **la ~** (ÉCON) el consumo; **de ~** (biens) de consumo; **~ aux 100 km** (AUTO) consumo cada 100 km

consommer [kɔ̃sɔme] *vt* consumir ♦ *vi* (dans un café)

consumir, tomar

consonne [kɔ̃sɔn] *nf* consonante *f*

constamment [kɔ̃stamɑ̃] *adv* constantemente

constant, e [kɔ̃stɑ̃, ɑ̃t] *adj* constante

constat [kɔ̃sta] *nm* (d'huissier) acta; (après un accident) atestado

constatation [kɔ̃statasjɔ̃] *nf* (d'un fait) constatación *f*

constater [kɔ̃state] *vt* (remarquer) advertir, observar; (ADMIN, JUR) testificar; (dégâts) constatar

consterner [kɔ̃stɛʀne] *vt* consternar

constipé, e [kɔ̃stipe] *adj* estreñido(-a)

constitué, e [kɔ̃stitɥe] *adj*: **~ de** constituido(-a) por, integrado(-a) por

constituer [kɔ̃stitɥe] *vt* constituir; (équipe) crear; (dossier) elaborar; (collection) reunir

constructeur [kɔ̃stʀyktœʀ] *nm* constructor *m*

constructif, -ive [kɔ̃stʀyktif, iv] *adj* constructivo(-a)

construction [kɔ̃stʀyksjɔ̃] *nf* construcción *f*

construire [kɔ̃stʀɥiʀ] *vt* construir

consul [kɔ̃syl] *nm* cónsul *m*; **consulat** *nm* consulado

consultant, e [kɔ̃syltɑ̃, ɑ̃t] *adj* consultor(a)

consultation [kɔ̃syltasjɔ̃] *nf* consulta; **heures de ~** (MÉD) horas *fpl* de consulta

consulter [kɔ̃sylte] *vt* consultar ♦ *vi* (médecin) examinar

contact [kɔ̃takt] *nm* contacto; **au ~ de** al contacto con; **mettre/ couper le ~** (AUTO) encender ou poner/apagar ou quitar el contacto; **prendre ~ avec**

ponerse en contacto con;
contacter vt contactar con

contagieux, -euse [kɔ̃taʒjø, jøz] adj contagioso(-a)

contaminer [kɔ̃tamine] vt contaminar

conte [kɔ̃t] nm cuento; **~ de fées** cuento de hadas

contempler [kɔ̃tɑ̃ple] vt contemplar

contemporain, e [kɔ̃tɑ̃pɔʀɛ̃, ɛn] adj, nm/f contemporáneo(-a)

contenir [kɔ̃t(ə)niʀ] vt (aussi fig) contener; (local) tener una capacidad de ou para

content, e [kɔ̃tɑ̃, ɑ̃t] adj contento(-a); **~ de qn/qch** contento(-a) con algn/algo; **se contenter de** vpr contentarse con

contenu [kɔ̃t(ə)ny] pp de **contenir ♦** nm contenido

conter [kɔ̃te] vt contar, relatar

contestable [kɔ̃tɛstabl] adj discutible

conteste [kɔ̃tɛst]: **sans ~** adv sin discusión; **contester** vt discutir, cuestionar **♦** vi discutir

contexte [kɔ̃tɛkst] nm contexto

continent [kɔ̃tinɑ̃] nm continente m

continu, e [kɔ̃tiny] adj continuo(-a); **♦** nm **(courant) ~ (corriente** f) continua

continuel, le [kɔ̃tinɥɛl] adj (qui se répète) constante; (continu: pluie etc) continuo(-a)

continuer [kɔ̃tinɥe] vt continuar; (voyage, études etc) continuar, proseguir **♦** vi continuar; (voyageur) continuar, seguir; **~ à** ou **de faire** seguir haciendo

contourner [kɔ̃tuʀne] vt rodear, evitar

contraceptif, -ive [kɔ̃tʀasɛptif, iv] adj anticonceptivo(-a) **♦** nm anticonceptivo; **contraception** nf contracepción f

contracté, e [kɔ̃tʀakte] adj (personne) tenso(-a)

contracter [kɔ̃tʀakte] vt contraer; (assurance) contratar; **se ~** vpr (métal, muscles) contraerse

contractuel, le [kɔ̃tʀaktɥɛl] nm/f (agent) controlador(a) del estacionamiento

contradiction [kɔ̃tʀadiksjɔ̃] nf contradicción f; **en ~ avec** en contradicción con; **contradictoire** adj contradictorio(-a)

contraignant, e [kɔ̃tʀɛɲɑ̃, ɑ̃t] vb voir **contraindre ♦** adj apremiante

contraindre [kɔ̃tʀɛ̃dʀ] vt: **~ qn à qch/à faire qch** forzar a algn a algo/a hacer algo; **contrainte** nf coacción f

contraire [kɔ̃tʀɛʀ] adj contrario(-a), opuesto(-a); **au ~** al contrario

contrarier [kɔ̃tʀaʀje] vt (irriter) contrariar; **contrariété** nf contrariedad f

contraste [kɔ̃tʀast] nm contraste m

contrat [kɔ̃tʀa] nm contrato

contravention [kɔ̃tʀavɑ̃sjɔ̃] nf (amende) multa

contre [kɔ̃tʀ] prép contra; (en échange) por; **par ~** en cambio

contrebande [kɔ̃tʀəbɑ̃d] nf contrabando

contrebas [kɔ̃tʀəba]: **en ~** adv más abajo

contrebasse [kɔ̃tʀəbas] nf contrabajo

contre...: contrecœur: à contrecœur adv de mala gana, a regañadientes; **contrecoup**

nm rebote *m*; **contredire** *vt* contradecir

contrefaçon [kɔ̃trəfasɔ̃] *nf* falsificación *f*

contre...: contre-indication (*pl* **contre-indications**) *nf* contraindicación *f*; **contre-indiqué, e** (*pl* **contre-indiqués, es**) *adj* contraindicado(-a)

contremaître [kɔ̃trəmɛtr] *nm* contramaestre *m*, capataz *m*

contre-plaqué [kɔ̃trəplake] (*pl* **~~s**) *nm* contrachapado

contresens [kɔ̃trəsɑ̃s] *nm* contrasentido; **à ~** en sentido contrario

contretemps [kɔ̃trətɑ̃] *nm* contratiempo

contribuer [kɔ̃tribɥe]: **~ à** *vt ind* contribuir a

contribution [kɔ̃tribysjɔ̃] *nf* contribución *f*; **mettre à contribution** utilizar los servicios de

contrôle [kɔ̃trol] *nm* control *m*; **~ continu** (*SCOL*) evaluación *f* continua; **~ d'identité** control de identidad

contrôler [kɔ̃trole] *vt* controlar; (*vérifier*) comprobar; **contrôleur, -euse** *nm/f* revisor(a), inspector(a) de boletos (*AM*)

controversé, e [kɔ̃trɔvɛrse] *adj* controvertido(-a)

contusion [kɔ̃tyzjɔ̃] *nf* contusión *f*

convaincre [kɔ̃vɛ̃kr] *vt*: **~ qn (de qch/de faire)** convencer a algn (de algo/para que haga); **~ qn de** (*JUR*) inculpar de algn de

convalescence [kɔ̃valesɑ̃s] *nf* convalecencia

convenable [kɔ̃vnabl] *adj* (*personne, manières*) decoroso(-a),

correcto(-a); (*salaire, travail*) aceptable

convenir [kɔ̃vnir] *vi* convenir; **~ à** (*être approprié à*) ser apropiado(-a) para; **~ de** (*admettre*) admitir, reconocer; (*fixer*) convenir, acordar; **~ que** (*admettre*) admitir que; **~ comme convenu** como estaba acordado

convention [kɔ̃vɑ̃sjɔ̃] *nf* (*accord*) convenio, pacto *m*; (*ART, THÉÂTRE*) reglas *fpl*; **~s** *nfpl* (*règles, convenances*) convenciones *fpl*

conventionné, e *adj* (*clinique*) concertado(-a); (*médecin, pharmacie*) que tiene un acuerdo con la Seguridad Social

convenu, e [kɔ̃vny] *pp, adj* (*heure*) acordado(-a)

conversation [kɔ̃vɛrsasjɔ̃] *nf* conversación *f*

convertir [kɔ̃vɛrtir] *vt*: **~ qch en** transformar algo en, convertir algo en

conviction [kɔ̃viksjɔ̃] *nf* convicción *f*

convienne *etc* [kɔ̃vjɛn] *vb voir* **convenir**

convivial, e [kɔ̃vivjal, jo] *adj* sociable; (*INFORM*) fácil de usar

convocation [kɔ̃vɔkasjɔ̃] *nf* convocatoria

convoquer [kɔ̃vɔke] *vt* convocar

coopération [kɔɔperasjɔ̃] *nf* cooperación *f*

coopérer [kɔɔpere] *vi*: **~ (à)** cooperar (en)

coordonné, e [kɔɔrdɔne] *adj* coordinado(-a); **~s** *nmpl* (*vêtements*) coordinados *mpl*

coordonner [kɔɔrdɔne] *vt* coordinar

copain, copine [kɔpɛ̃, kɔpin] *nm/f* (*ami*) amigo(-a); (*de classe, de régiment*) compañero(-a)

copie [kɔpi] *nf* copia; *(feuille d'examen)* hoja de examen; **copier** *vt* copiar; **copier sur** copiar a; **copieur** *nm* copiadora

copieux, -euse [kɔpjø, jøz] *adj (repas)* copioso(-a), abundante; *(portion, notes, exemples)* abundante

copine [kɔpin] *nf voir* **copain**

coq [kɔk] *nm* gallo

coque [kɔk] *nf (de noix)* cáscara; *(de bateau, d'avion)* casco; *(mollusque)* berberecho; **à la ~** *(CULIN)* pasado por agua

coquelicot [kɔkliko] *nm* amapola

coqueluche [kɔklyʃ] *nf (MÉD)* tos *f* ferina

coquet, te [kɔkɛ, ɛt] *adj (qui veut plaire)* coqueto(-a); *(robe, appartement)* coquetón(-ona); *(somme)* bonito(-a)

coquetier [kɔk(ə)tje] *nm* huevera

coquillage [kɔkijaʒ] *nm (mollusque)* marisco; *(coquille)* concha

coquille [kɔkij] *nf (de mollusque)* concha; *(de noix, d'œuf)* cáscara; *(TYPO)* errata; **~ St Jacques** vieira

coquin, e [kɔkɛ̃, in] *adj (enfant, sourire, regard)* pícaro(-a)

cor [kɔr] *nm (MUS)* trompa; *(au pied)* callo

corail, -aux [kɔraj, o] *nm* coral *m*

Coran [kɔrɑ̃] *nm*: **le ~** el Corán

corbeau, x [kɔrbo] *nm* cuervo

corbeille [kɔrbɛj] *nf* cesta; **~ à papiers** cesto de los papeles

corde [kɔrd] *nf (gén)* cuerda; *(de violon, raquette)* cuerda; *(ATHLÉTISME, AUTO)* la cuerda; **~ à linge** tendedero; **~ à sauter** comba; **~s vocales** cuerdas *fpl* vocales

cordée [kɔrde] *nf* cordada

cordialement [kɔrdjalmɑ̃] *adv* cordialmente

cordon [kɔrdɔ̃] *nm* cordón *m*

cordonnerie [kɔrdɔnri] *nf* zapatería; **cordonnier** *nm* zapatero

Corée [kɔre] *nf* Corea; **la ~ du Sud/du Nord** Corea del Sur/del Norte; **la République (démocratique populaire de) ~** la República (democrática popular de) Corea

coriace [kɔrjas] *adj* correoso(-a)

corne [kɔrn] *nf* cuerno

cornée [kɔrne] *nf* córnea

corneille [kɔrnɛj] *nf* corneja

cornemuse [kɔrnəmyz] *nf* cornamusa, gaita

cornet [kɔrnɛ] *nm* cucurucho

corniche [kɔrniʃ] *nf (route)* carretera de cornisa

cornichon [kɔrniʃɔ̃] *nm* pepinillo

corporel, le [kɔrpɔrɛl] *adj* corporal

corps [kɔr] *nm* cuerpo

correct, e [kɔrɛkt] *adj (exact, bienséant)* correcto(-a); *(passable)* correcto(-a), pasable;
correcteur, -trice *nm/f (d'examen)* examinador(a); *(TYPO)* corrector(a); **correction** *nf* corrección *f*; *(coups)* paliza, golpiza *(AM)*

correspondance [kɔrɛspɔ̃dɑ̃s] *nf* correspondencia; *(de train, d'avion)* empalme *m*; **cours par ~** curso por correspondencia; **vente par ~** venta por correo

correspondant, e [kɔrɛspɔ̃dɑ̃, ɑ̃t] *adj* correspondiente; *(au téléphone)* interlocutor(a)

correspondre [kɔrɛspɔ̃dr] *vi* corresponder; **~ à** corresponder a; **~ avec qn** cartearse con algn

corrida [kɔrida] *nf* corrida

corridor [kɔʀidɔʀ] nm pasillo

corrigé [kɔʀiʒe] nm (SCOL) solución f

corriger [kɔʀiʒe] vt (aussi MÉD) corregir; (punir) castigar; ~ **qn de qch** (défaut) corregir (algo) a algn

corrompre [kɔʀɔ̃pʀ] vt corromper

corruption [kɔʀypsjɔ̃] nf corrupción f

corse [kɔʀs] adj corso(-a) ♦ nf: **C~** Córcega ♦ nm/f: **C~** corso(-a)

corsé, e [kɔʀse] adj (café etc) fuerte; (problème) arduo(-a)

cortège [kɔʀtɛʒ] nm (funèbre) comitiva; (de manifestants) desfile m

cortisone [kɔʀtizɔn] nf cortisona

corvée [kɔʀve] nf faena

cosmétique [kɔsmetik] nm (produit de beauté) cosmético

cosmopolite [kɔsmɔpɔlit] adj cosmopolita

costaud, e [kɔsto, od] adj robusto(-a)

costume [kɔstym] nm traje m; (de théâtre) vestuario; **costumé, e** adj disfrazado(-a)

cote [kɔt] nf (d'une valeur boursière) cotización f; (d'un candidat etc) popularidad f

côte [kɔt] nf (rivage) costa; (pente) cuesta; (ANAT, BOUCHERIE) costilla; ~ **à** ~ uno al lado de otro; **la** ~ **(d'Azur)** la costa Azul

côté [kote] nm (gén, GÉOM) lado; (du corps) costado; (feuille) cara; (de la rivière) orilla; **de tous les** ~**s** por todos lados, por todas partes; **de quel** ~ **est-il parti?** ¿en qué dirección salió?; **de ce/ de l'autre** ~ de este/del otro lado; **d'un** ~ ... **de l'autre** ~ por una parte ... por otra; **du** ~ **de** (provenance) por el lado de;

(direction) en dirección a; **du** ~ **de Lyon** (proximité) por Lyon; (de ~ (marcher, regarder) de lado; **laisser de** ~ dejar de lado; **mettre de** ~ poner a un lado; **de chaque** ~ **(de)** a cada lado (de), a ambos lados (de); **de mon** ~ por mi parte; **à** ~ al lado; **à** ~ **de** al lado de

côtelette [kotlɛt] nf chuleta

côtier, -ière [kotje, jɛʀ] adj costero(-a)

cotisation [kɔtizasjɔ̃] nf (à un club, syndicat) cuota; (pour une pension, sécurité sociale) cotización f

cotiser [kɔtize] vi (à une assurance etc): ~ **(à)** cotizar; **se** ~ vpr pagar a escote

coton [kɔtɔ̃] nm algodón m; ~ **hydrophile** algodón hidrófilo

Coton-tige ® [kɔtɔ̃tiʒ] (pl ~**s**- ~**s**) nm bastoncillo

cou [ku] nm cuello

couchant [kuʃɑ̃] adj: **soleil** ~ sol m poniente

couche [kuʃ] nf (de bébé) pañal m; (gén, GÉOLOGIE) capa; ~**s sociales** capas fpl sociales

couché, e [kuʃe] adj tumbado(-a), tendido(-a); (au lit) acostado(-a)

coucher [kuʃe] nm (du soleil) puesta (de sol) ♦ vt (mettre au lit) acostar; (étendre) tumbar, tender; (loger) alojar; **se** ~ vpr (pour dormir) acostarse; (pour se reposer) tumbarse, acostarse; (soleil) ponerse

couchette [kuʃɛt] nf litera

coucou [kuku] nm cuclillo ♦ excl ¡hola!

coude [kud] nm codo

coudre [kudʀ] vt, vi coser

couette [kwɛt] nf (édredon)

edredón *m*

couffin [kufɛ̃] *nm* (*de bébé*)
moisés *m*

couler [kule] *vi* (*fleuve*) fluir;
(*liquide, sang*) correr; (*stylo*) perder
tinta; (*récipient*) gotear; (*nez*)
moquear; (*bateau*) hundirse ♦ *vt*
colar; (*bateau*) hundir; (*entreprise*)
hundir, arruinar

couleur [kulœʀ] *nf* color *m*;
(*CARTES*) palo *m*; **~s** *nfpl* (*du teint,
dans un tableau*) colores *mpl*,
colorido; **film/télévision en ~s**
película/televisión *f* en color; **de ~**
de color

couleuvre [kulœvʀ] *nf* culebra

coulisse [kulis] *nf* **~s** *nfpl*
(*THÉÂTRE*) bastidores *mpl*; (*fig*):
dans les ~s entre bastidores

coup [ku] *nm* golpe *m*; (*avec arme
à feu*) disparo; (*frappé par une
horloge*) campanada; (*fam: fois*)
vez *f*; (*SPORT: geste*) jugada; **~ en
de vent** como un rayo; **donner
ou passer un ~ de balai
(dans)** dar un barrido (a), pasar
la escoba (por); **boire un ~** echar
un trago; **être dans le/hors du
~** estar/no estar en el ajo; **du ~**
así que; **d'un seul ~** (*subitement*)
de repente; (*à la fois*) en un solo
golpe; **du premier ~** al primer
intento; **du même ~** al mismo
tiempo; **à ~ sûr ...** seguro que
...; **après ~** después; **~ sur ~**
uno(-a) tras otro(-a); **sous le ~
de** (*surprise etc*) afectado(-a) por;
~ d'envoi saque *m* de centro; **~
d'État** golpe de estado; **~ d'œil**
vistazo, ojeada; **~ de chance**
golpe de suerte; **~ de coude**
codazo; **~ de couteau**
cuchillada; **~ de feu** disparo; **~
de frein** (*AUTO*) frenazo; **~ de
maindonner un coup de main**

à qn echar una mano a algn; **~
de pied** patada; **~ de poing**
puñetazo; **~ de soleil** insolación
f; **~ de sonnette** timbrazo; **~ de
téléphone** telefonazo, llamado
(*AM*); **~ de tête** (*fig*) cabezonada;
~ de tonnerre trueno

couple [kupabl] *adj, nm/f*
culpable *m/f*

coupe [kup] *nf* corte *f*; (*verre,
SPORT*) copa; (*à fruits*) frutero

couper [kupe] *vt* cortar;
(*retrancher*) suprimir; (*eau,
courant*) cortar, quitar; (*appétit,
fièvre*) quitar; (*vin, liquide*) aguar ♦
vi cortar; (*prendre un raccourci*)
atajar; **se ~** *vpr* cortarse; **~ la
parole à qn** quitar la palabra a
algn, interrumpir a algn

couple [kupl] *nm* pareja

couplet [kuplɛ] *nm* (*MUS*) copla,
estrofa

coupole [kupɔl] *nf* cúpula

coupon [kupɔ̃] *nm* (*ticket*) cupón
m, bono

coupure [kupyʀ] *nf* corte *m*;
(*billet de banque*) billete *m* de
banco; **~ de courant/d'eau**
corte de corriente/de agua

cour [kuʀ] *nf* (*de ferme*) corral *m*;
(*jardin, immeuble*) patio *m*; (*JUR*)
tribunal *m*; (*royale*) corte *f*; **faire
la ~ à qn** hacer la corte a algn; **~
de récréation** patio

courage [kuʀaʒ] *nm* valor *m*;
(*ardeur, énergie*) coraje *m*;

courageux, -euse *adj* valiente,
valeroso(-a)

couramment [kuʀamɑ̃] *adv*
(*souvent*) frecuentemente; (*parler*)
con soltura

courant, e [kuʀɑ̃, ɑ̃t] *adj*
(*fréquent*) corriente, común; (*gén,
COMM*) corriente; (*en cours*) en
curso ♦ *nm* corriente *f*; **être au ~**

(de) estar al corriente (de);
mettre qn au ~ (de) poner a
algn al corriente (de); **se tenir
au ~ (de)** mantenerse al corriente
(de); **dans le ~ de** durante; **~
d'air** corriente de aire; **~
électrique** corriente eléctrica
courbature [kuʀbatyʀ] nf
agotamiento; (SPORT) agujetas fpl
courbe [kuʀb] adj curvo(-a) ♦ nf
curva
coureur, -euse [kuʀœʀ, øz]
nm/f corredor(a)
courge [kuʀʒ] nf calabaza;
courgette [kuʀʒɛt] nf calabacín m
courir [kuʀiʀ] vi correr ♦ vt
(SPORT) disputar; (danger, risque)
correr; **~ les magasins** ir de
compras, ir de tiendas
couronne [kuʀɔn] nf (aussi fig)
corona
courons etc [kuʀɔ̃] vb voir **courir**
courrier [kuʀje] nm correo;
(rubrique) prensa
courroie [kuʀwa] nf correa
courrons etc [kuʀɔ̃] vb voir
courir
cours [kuʀ] vb voir **courir** ♦ nm
clase f; (série de leçons) clases fpl,
curso; (établissement) academia;
(des événements, d'une rivière)
curso; (avenue) avenida, paseo;
(COMM) valor m, precio; **donner
libre ~ à** dar rienda suelta a;
avoir ~ (monnaie) estar en
circulación; (fig) estilarse; (SCOL)
tener clase; **en ~** (année) en
curso; (travaux) en curso,
pendiente; **en ~ de route** en el
camino; **au ~ de** durante, en el
transcurso de; **le ~ du change** el
cambio; **d'eau** río; **~ du soir**
(SCOL) clase nocturna
course [kuʀs] nf (gén, d'un taxi,
du soleil) carrera; **~s** nfpl compras

fpl; **faire les** ou **ses ~s** ir de
compras
court, e [kuʀ, kuʀt] adj (temps)
corto(-a), breve(-a); (en longueur,
distance) corto(-a); (en hauteur)
bajo(-a) ♦ adv corto ♦ nm (de
tennis) pista, cancha; **à ~ de**
escaso de; **court-circuit** (pl
courts-circuits) nm
cortocircuito
courtoisie [kuʀtwazi] nf cortesía
couru [kuʀy] pp de **courir**
cousais etc [kuze] vb voir **coudre**
couscous [kuskus] nm cuscús m,
alcuzcuz m
cousin, e [kuzɛ̃, in] nm/f
primo(-a)
coussin [kusɛ̃] nm cojín m
cousu, e [kuzy] pp de **coudre**
coût [ku] nm (d'un travail, objet)
coste m, precio; **le ~ de la vie** el
coste de la vida
couteau, x [kuto] nm cuchillo
coûter [kute] vt costar ♦ vi: **~ à
qn** costarle a algn; **combien ça
coûte?** ¿cuánto cuesta?, ¿cuánto
vale?; **coûte que coûte** a toda
costa; **coûteux, -euse** adj
costoso(-a)
coutume [kutym] nf costumbre f
couture [kutyʀ] nf costura;
couturier nm modisto;
couturière nf modista
couvent [kuvɑ̃] nm convento
couver [kuve] vt (œufs, maladie)
incubar
couvercle [kuvɛʀkl] nm tapa
couvert, e [kuvɛʀ, ɛʀt] pp de
couvrir ♦ adj (ciel, coiffé d'un
chapeau) cubierto(-a) ♦ nm
cubierto; **~s** nmpl cubiertos mpl;
mettre le ~ poner la mesa
couverture [kuvɛʀtyʀ] nf (de lit)
manta, frazada (AM), cobija (AM)
couvre-lit [kuvʀəli] (pl **~~~**) nm

colcha

couvrir [kuvʀiʀ] vt cubrir; (*d'ornements, d'éloges*): ~ qch/qn de cubrir a algo/algn de; (*erreur*) ocultar; (*distance*) recorrer; **se** ~ vpr cubrirse; **se ~ de** (*fleurs, boutons*) llenarse de

cow-boy [kobɔj] (*pl* ~~**s**) nm vaquero

crabe [kʀab] nm cangrejo (de mar)

cracher [kʀaʃe] vi, vt escupir

crachin [kʀaʃɛ̃] nm llovizna, garúa (AM)

craie [kʀɛ] nf (*substance*) greda; (*morceau*) tiza, gis m (MEX)

craindre [kʀɛ̃dʀ] vt temer; (*être sensible à*) no tolerar

crainte [kʀɛ̃t] nf temor m; (de) ~ de/que por temor a/a que; **craintif, -ive** adj temeroso(-a)

crampe [kʀɑ̃p] nf calambre m

crampon [kʀɑ̃pɔ̃] nm (*de semelle*) taco; (ALPINISME) crampón m

cramponner (à) vb: **se cramponner (à)** agarrarse (a)

cran [kʀɑ̃] nm (*de courroie*) ojete m; (*courage*) agallas fpl

crapaud [kʀapo] nm sapo

craquement [kʀakmɑ̃] nm crujido

craquer [kʀake] vi (*bois, plancher*) crujir; (*fil, branche*) romperse; (*couture*) estallar; (*s'effondrer*) derrumbare ♦ vt **je vais me vuelvo loco(-a)**

crasse [kʀas] nf mugre f; **crasseux, -euse** adj mugriento(-a), mugroso(-a) (AM)

cravache [kʀavaʃ] nf fusta

cravate [kʀavat] nf corbata

crawl [kʀol] nm crol m

crayon [kʀejɔ̃] nm lápiz m; ~ à bille bolígrafo; ~ de couleur lápiz de color; **crayon-feutre**

(*pl* **crayons-feutres**) nm rotulador m

création [kʀeasjɔ̃] nf creación f; (*nouvelle robe, voiture etc*) creación, diseño

crèche [kʀɛʃ] nf (*de Noël*) nacimiento, belén m; (*garderie*) guardería

crédit [kʀedi] nm (*confiance, autorité*, ÉCON) crédito; ~**s** nmpl fondos mpl; **créditer** vt: **créditer un compte (de)** abonar en cuenta

créer [kʀee] vt crear; (*spectacle*) montar

crémaillère [kʀemajɛʀ] nf **pendre la ~** festejar el estreno de una casa

crème [kʀɛm] nf crema; (*du lait*) nata, crema ♦ adj inv crema; **un (café) ~** un café con leche; ~ **à raser** crema de afeitar; ~ **à chantilly** nata Chantilly; **crémeux, -euse** adj cremoso(-a)

créneau, x [kʀeno] nm (*de fortification*) almena; (*fig*) hueco; (COMM) segmento de mercado; **faire un ~** (AUTO) aparcar hacia atrás

crêpe [kʀɛp] nf crêpe f, panqueque m (AM) ♦ nm (*tissu*) crespón m; **crêperie** nf crepería

crépuscule [kʀepyskyl] nm crepúsculo

cresson [kʀesɔ̃] nm berro

creuser [kʀøze] vt cavar; (*bois*) vaciar; (*problème, idée*) cavilar; **ça creuse** (*l'estomac*) eso abre el apetito; **se ~ la cervelle** ou **la tête** romperse la cabeza

creux, -euse [kʀø, kʀøz] adj hueco(-a) ♦ nm hueco; (*fig*) vacío; **heures creuses** (*transports*) horas fpl de menos tráfico;

(travail) horas muertas

crevaison [kʀəvɛzɔ̃] nf pinchazo

crevé, e [kʀəve] adj *(pneu)* pinchado(-a); *(fam):* **je suis ~** estoy reventado(-a)

crever [kʀəve] vt estallar, explotar ♦ vi *(pneu, automobiliste)* pinchar; *(abcès, outre)* reventar; *(fam: mourir)* palmarla

crevette [kʀəvɛt] nf: **~ rose** gamba; **~ grise** quisquilla, camarón m

cri [kʀi] nm grito

criard, e [kʀijaʀ, kʀijaʀd] adj *(couleur)* chillón(-ona)

cric [kʀik] nm *(AUTO)* gato

crier [kʀije] vi gritar ♦ vt *(ordre)* dar a gritos; *(injure)* lanzar

crime [kʀim] nm crimen m; **criminel, le** adj ♦ nm/f criminal m/f

crin [kʀɛ̃] nm crin f

crinière [kʀinjɛʀ] nf *(de cheval)* crines fpl; *(lion)* melena

crique [kʀik] nf cala

criquet [kʀikɛ] nm langosta

crise [kʀiz] nf crisis f inv; **~ cardiaque** ataque m cardíaco; **~ de foie** cólico biliar; **~ de nerfs** ataque de nervios, crisis nerviosa

cristal, -aux [kʀistal, o] nm cristal m; *(neige)* cristal, copo

critère [kʀitɛʀ] nm criterio

critiquable [kʀitikabl] adj discutible

critique [kʀitik] adj crítico(-a) ♦ nf crítica ♦ nm crítico

critiquer [kʀitike] vt criticar

Croatie [kʀɔasi] nf Croacia

crochet [kʀɔʃɛ] nm gancho; *(détour)* desvío, rodeo; *(TRICOT)* ganchillo

crocodile [kʀɔkɔdil] nm cocodrilo

croire [kʀwaʀ] vt creer; **se ~ fort**

considerarse fuerte; **~ que** creer que; **~ à** ou **en** creer en

crois [kʀwa] vb voir **croître**

croisade [kʀwazad] nf cruzada

croisement [kʀwazmɑ̃] nm *(carrefour, BIOL)* cruce m

croiser [kʀwaze] vt cruzar; *(personne, voiture)* cruzarse con, encontrar; **se ~** vpr cruzarse; **les jambes/les bras** cruzar las piernas/los brazos

croisière [kʀwazjɛʀ] nf crucero

croissance [kʀwasɑ̃s] nf desarrollo, crecimiento

croissant, e [kʀwasɑ̃, ɑ̃t] vb voir **croître** ♦ adj creciente ♦ nm *(gâteau)* croissant m

croître [kʀwatʀ] vi crecer

croix [kʀwa] nf cruz f; **en ~** adj en cruz; **la C~ Rouge** la Cruz Roja

croque-monsieur [kʀɔkməsjø] nm inv sandwich de jamón y queso *(tostado)*

croquer [kʀɔke] vt *(manger, fruit)* comer ♦ vi crujir; **chocolat à ~** chocolate m para comer

croquis [kʀɔki] nm croquis m inv, boceto

crotte [kʀɔt] nf caca; **crottin** nm *(petit fromage de chèvre)* quesito redondo de cabra

croustillant, e [kʀustijɑ̃, ɑ̃t] adj crujiente

croûte [kʀut] nf *(du fromage, pain)* corteza; *(MÉD)* costra, postilla; **en ~** *(CULIN)* en pastel

croûton [kʀutɔ̃] nm *(CULIN)* picatoste m; *(extrémité: du pain)* cuscurro

croyant, e [kʀwajɑ̃, ɑ̃t] vb voir **croire** ♦ adj *(REL):* **être/ne pas être ~** ser/no ser creyente

CRS [seɛʀɛs] sigle fpl (= *Compagnies républicaines de*

cru

71

curieux

sécurité)

cru, e [kʀy] pp de **croire** ♦ adj (non cuit) crudo(-a); (lumière, couleur) fuerte, vivo(-a); (description, langage) crudo(-a); (grossier) grosero(-a) ♦ nm (vignoble) viñedo; (vin) caldo

crû [kʀy] pp de **croître**

cruauté [kʀyote] nf crueldad f

cruche [kʀyʃ] nf cántaro

crucifix [kʀysifi] nm crucifijo

crudité [kʀydite] nf **~s** nfpl (CULIN) verduras fpl y hortalizas crudas

crue [kʀy] adj f voir **cru** ♦ nf crecida

cruel, le [kʀyɛl] adj (personne, sort) cruel; (froid) despiadado(-a)

crus etc [kʀy] vb voir **croire**

crûs etc [kʀy] vb voir **croître**

crustacés [kʀystase] nmpl crustáceos mpl

Cuba [kyba] nm Cuba; **cubain, e** adj cubano(-a) ♦ nm/f: **Cubain, e** cubano(-a)

cube [kyb] nm cubo; (MATH): **2 au ~ = 8** 2 al cubo = 8; **mètre ~** metro cúbico

cueillette [kœjɛt] nf recolección f, cosecha

cueillir [kœjiʀ] vt recoger; (attraper) pillar

cuiller, cuillère [kɥijɛʀ] nf cuchara; **~ à café** cucharilla; **~ à soupe** cuchara sopera; **cuillerée** nf cucharada

cuir [kɥiʀ] nm cuero

cuire [kɥiʀ] vt (aliments, poterie) cocer; (au four) asar ♦ vi cocerse; **bien cuit** (viande) bien hecho ou pasado; **trop cuit** demasiado hecho ou pasado; **cuit à point** hecho en su punto

cuisine [kɥizin] nf cocina; (nourriture) comida; **faire la ~**

preparar la comida; **cuisiné, e** adj: **plat cuisiné** plato cocinado; **cuisiner** vt cocinar; (fam) acribillar a preguntas a ♦ vi cocinar; **cuisinier, -ière** nm/f cocinero(-a); **cuisinière** nf (poêle) cocina

cuisse [kɥis] nf (ANAT) muslo; (de poulet) muslo; (de mouton) pierna

cuisson [kɥisɔ̃] nf cocción f

cuit, e [kɥi, kɥit] pp de **cuire** ♦ adj cocido(-a)

cuivre [kɥivʀ] nm cobre m; **les ~s** (MUS) los cobres

cul [ky] (fam!) nm culo (fam!)

culminant [kylminɑ̃] adj: **point ~** punto culminante

culot [kylo] nm (effronterie) desfachatez f, descaro

culotte [kylɔt] nf (pantalon) pantalón m corto; (de cyclisme) pantalón m corto; **(petite) ~** bragas fpl, calzones mpl (AM)

culte [kylt] nm culto

cultivateur, -trice [kyltivatœʀ, tʀis] nm/f cultivador(a)

cultivé, e [kyltive] adj (terre) cultivado(-a); (personne) culto(-a)

cultiver [kyltive] vt cultivar

culture [kyltyʀ] nf cultivo; (connaissances) cultura; **~ physique** culturismo; **culturel, le** adj cultural

cumin [kymɛ̃] nm comino

cure [kyʀ] nf (MÉD) cura

curé [kyʀe] nm cura m, párroco

cure-dent [kyʀdɑ̃] (pl **~~s**) nm palillo, mondadientes m inv

curieusement [kyʀjøzmɑ̃] adv curiosamente

curieux, -euse [kyʀjø, jøz] adj curioso(-a); (indiscret) ♦ nmpl curiosos mpl, mirones mpl; **curiosité** nf curiosidad f; (objet, site) singularidad f

curriculum vitae
[kyʀikylɔmvite] *nm inv* curriculum
vitae *m*

cutané, e [kytane] *adj*
cutáneo(-a)

cuve [kyv] *nf* cuba; (*à mazout etc*)
depósito, tanque *m*

cuvette [kyvet] *nf* (*récipient*)
palangana; (*des w-c*) taza; (*GÉO*)
hondonada

CV [seve] *sigle m* (= *cheval vapeur*)
C.V. (= *caballos de vapor*) (=
curriculum vitae)

cyclable [siklabl] *adj*: **piste ~**
pista para ciclistas

cycle [sikl] *nm* (*vélo*)
velocípedo; (*naturel, biologique*)
ciclo; **cyclisme** *nm* ciclismo;
cycliste *nm/f* ciclista *m/f* ♦
adj: **coureur cycliste** corredor
m ciclista

cyclomoteur [siklɔmɔtœʀ] *nm*
ciclomotor *m*

cyclone [siklon] *nm* ciclón *m*

cygne [siɲ] *nm* cisne *m*

cylindre [silɛ̃dʀ] *nm* cilindro;
cylindrée *nf* cilindrada

cymbale [sɛ̃bal] *nf* platillo

cynique [sinik] *adj* cínico(-a)

cystite [sistit] *nf* cistitis *f*

D, d

d' [d] *prép voir* **de**

dactylo [daktilo] *nf* (*aussi:*
dactylographe) mecanógrafa

dada [dada] *nm* tema *m* de
siempre

daim [dɛ̃] *nm* (*ZOOL*) gamo; (*peau*)
ante *m*; (*imitation*) piel *f* vuelta

dame [dam] *nf* señora; (*CARTES,
ÉCHECS*) reina; **~s** *nfpl* (*jeu*) damas
nfpl

Danemark [danmaʀk] *nm*
Dinamarca

danger [dɑ̃ʒe] *nm*: **le ~** el
peligro; **un ~** un peligro; **être/
mettre en ~** estar/poner en
peligro; **dangereux, -euse** *adj*
peligroso(-a)

danois, e [danwa, waz] *nm* (*LING,
chien*) danés *msg* ♦ *nm/f*: **D~, e**
danés(-esa)

MOT-CLÉ

dans [dɑ̃] *prép* **1** (*position*) en;
dans le tiroir/le salon en el
cajón/el salón; **marcher dans la
ville** andar por la ciudad; **je l'ai
lu dans un journal** lo leí en un
periódico; **monter dans une
voiture/le bus** subir en un
coche/el autobús; **dans la rue**
en la calle; **être dans les
premiers** ser de los primeros
2 (*direction*) a; **elle a couru
dans le salon** corrió al salón
3 (*provenance*) de; **je l'ai pris
dans le tiroir/salon** lo saqué
del cajón/salón; **boire dans un
verre** beber en un vaso
4 (*temps*) dentro de; **dans 2
mois** dentro de dos meses; **dans
quelques instants** dentro de
unos momentos; **dans quelques
jours** dentro de unos días; **il
part dans quinze jours** se
marcha dentro de quince días; **je
serai là dans la matinée**
estaré allí por la mañana
5 (*approximation*) alrededor de;
dans les 20 F/4 mois alrededor
de 20 francos/4 meses
6 (*intention*) en; **dans le but
de faire qch** con objeto de
hacer algo

danse [dɑ̃s] *nf* danza; **une ~** un
baile; **danser** *vt, vi* bailar,

danzar; **danseur, -euse** nm/f (de ballet) bailarín(-ina); (cavalier) pareja

date [dat] nf (jour) fecha; **de longue** ou **vieille ~** (amitié) viejo(-a); **~ limite** fecha límite; (d'un aliment: aussi: **date limite de vente**): fecha de caducidad; **~ de naissance** fecha de nacimiento; **dater** vt fechar ♦ vi estar anticuado(-a); **dater de** (remonter à) datar de; **à dater de** a partir de

datte [dat] nf dátil m

dauphin [dofɛ̃] nm delfín m

davantage [davɑ̃taʒ] adv más; **~ de** más; (plus longtemps) más tiempo; **~ de** más

---MOT-CLÉ---

de, d' [də] (de + le = **du**, de + les = **des**) prép 1 (appartenance) de; **le toit de la maison** el tejado de la casa; **la voiture d'Élisabeth/de mes parents** el coche de Elisabeth/de mis padres

2 (moyen) con; **suivre de yeux** seguir con la mirada; **estimé de ses collègues** estimado por sus colegas

3 (provenance) de; **il vient de Londres** viene de Londres; **elle est sortie du cinéma** salió del cine

4 (caractérisation, mesure): **un mur de brique** un muro de ladrillo; **un verre d'eau** un vaso de agua; **un billet de 50 F** un billete de 50 francos; **une pièce de 2 m de large** ou **large de 2 m** una habitación de 2m de ancho; **un bébé de 10 mois** un bebé de 10 meses; **12 mois de crédit/travail** 12 meses de

crédito/trabajo; **augmenter** etc **de 10 F** aumentar etc 10 francos; **3 jours de libres** 3 días libres; **de nos jours** en nuestros días; **être payé 20 F de l'heure** cobrar 20 francos por hora

5 (rapport): **de 14 à 18** de 14 a 18; **de Madrid à Paris** de Madrid a París; **voyager de pays en pays** viajar de país en país

6 de; (cause): **mourir de faim** morir(se) de hambre; **rouge de colère** rojo(-a) de ira

7 (vb + de + infinitif): **je vous prie de venir** le ruego que venga; **il m'a dit de rester** me dijo que me quedara

8: **cet imbécile de Pierre** el tonto de Pierre ♦ dét (partitif): **du vin/de l'eau/des pommes** vino/agua/manzanas; **des enfants sont venus** vinieron unos niños; **pendant des mois** durante meses; **il mange de tout** come de todo; **y a-t-il du vin?** ¿hay vino?; **il n'a pas de chance/d'enfants** no tiene suerte/niños

---

dé [de] nm (aussi: **~ à coudre**) dedal m; (à jouer) dado m

déballer [debale] vt desembalar

débarcadère [debarkadɛr] nm desembarcadero

débardeur [debardœr] nm (maillot) camiseta corta sin mangas

débarquer [debarke] vt desembarcar ♦ vi desembarcar; (fam) plantarse

débarras [debara] nm trastero; (placard) armario trastero; **"bon ~!"** "¡anda y que te zurzan!"; **débarrasser** vt desalojar ♦ vi quitar la mesa; **se débarrasser** *vpr*: **se débarrasser de** desembarazarse de; (*habitude*) librarse de; **débarrasser la table** quitar la mesa; **débarrasser qn de qch** (*vêtements*) recogerle algo a algn; (*paquets*) ayudar a algn con algo

débat [deba] *nm* debate *m*; **~s** *nmpl* (POL) debate *msg*; **débattre** *vt* (*question, prix*) debatir, discutir; **se débattre** *vpr* debatirse

débit [debi] *nm* (*fleuve*) caudal *m*; (*élocution*) cadencia; (*d'un magasin*) ventas *fpl*; (*bancaire*) débito; **~ de tabac** estanco

déblayer [debleje] *vt* despejar

débloquer [debloke] *vt* desbloquear

déboîter [debwate] *vi* (AUTO) salirse de la fila ♦ *vt*: **se ~** dislocarse

débordé, e [debɔrde] *adj*: **être ~** estar desbordado(-a)

déborder [debɔrde] *vi* (*rivière*) desbordarse; (*eau, lait*) derramarse; (*dépasser*) **~ (de) qch** rebosar de algo

débouché [debuʃe] *nm* (*gén pl*: *pour vendre un produit*) mercado; (*perspectives d'emploi*) posibilidades *fpl*

déboucher [debuʃe] *vt* (*évier, tuyau etc*) destapar; (*bouteille*) descorchar; **~ sur** desembocar en; **~ de** salir de

debout [d(ə)bu] *adv* (*personne, chose*) de pie; (*levé, éveillé*) levantado(-a); **être encore ~** (*fig*) estar todavía en pie; **se mettre ~** ponerse de pie; **se tenir ~** mantenerse en pie; **"~!"** "¡pie!"; (*du lit*) "¡arriba!"; **cette histoire/ça ne tient pas ~**

esta historia/eso no se tiene en pie

déboutonner [debutɔne] *vt* desabrochar, desabotonar

débraillé, e [debrɑje] *adj* (*tenue*) desaliñado(-a)

débrancher [debrɑ̃ʃe] *vt* (*appareil électrique*) desenchufar; (*téléphone*) desconectar

débrayage [debrɛjaʒ] *nm* (AUTO: *aussi action*) desembrague *m*; **débrayer** *vi* (AUTO) desembragar

débris [debri] *nm* trozo ♦ *nmpl* restos *mpl*

débrouillard, e [debrujar, ard] *adj* avispado(-a)

débrouiller [debruje] *vt* (*affaire, cas*) desembrollar; **se ~** *vpr* arreglárselas

début [deby] *nm* comienzo, principio; **débutant, e** *nm/f*, *adj* principiante *m/f*; **débuter** *vi* comenzar; (*personne*) debutar

décaféiné, e [dekafeine] *adj* descafeinado(-a)

décalage [dekalaʒ] *nm* desfase *m*; (*écart*) separación *f*; **~ horaire** diferencia de horario

décaler [dekale] *vt* (*changer de position*) desplazar; (*dans le temps*: *avancer*) adelantar; (: *retarder*) aplazar

décapotable [dekapɔtabl] *adj* descapotable

décapsuleur [dekapsylœr] *nm* abrebotellas *m inv*

décédé, e [desede] *adj* fallecido(-a)

décéder [desede] *vi* fallecer

décembre [desɑ̃br] *nm* diciembre *m*; *voir aussi* **juillet**

décennie [deseni] *nf* decenio

décent, e [desɑ̃, ɑ̃t] *adj* decente

déception [desɛpsjɔ̃] *nf* decepción *f*

décès [desɛ] *nm* fallecimiento

décevant, e [des(ə)vã, ãt] *adj*
decepcionante

décevoir [des(ə)vwaʀ] *vt*
decepcionar; (*espérances, confiance*) defraudar

décharge [deʃaʀʒ] *nf* (*dépôt d'ordures*) vertedero; **décharger** *vt* descargar

déchausser [deʃose]: **se ~** *vpr* (*personne*) descalzarse; (*dent*) descarnarse

déchets [deʃe] *nmpl* (*ordures*) restos *mpl*, residuos *mpl*

déchiffrer [deʃifʀe] *vt* (*nouvelle*) leer; (*musique, partition*) ejecutar por primera vez; (*texte illisible*) descifrar

déchirant, e [deʃiʀã, ãt] *adj*

déchirement [deʃiʀmã] *nm* desgarrón *m*; (*chagrin*) desgarramiento

déchirer [deʃiʀe] *vt* (*vêtement, livre*) desgarrar; (*mettre en morceaux*) rasgar; (*pour ouvrir*) rasgar; (*arracher*) arrancar; (*fig*) destrozar; **se ~** *vpr* desgarrarse, rasgarse; (*fig*) destrozarse; **se ~ un muscle/tendon** desgarrarse un músculo/tendón

déchirure [deʃiʀyʀ] *nf* desgarrón *m*; **~ musculaire** desgarrón muscular

décidé, e [deside] *adj* decidido(-a); **c'est ~** está decidido; **décidément** *adv* decididamente

décider [deside] *vt*: **~ qch** decidir algo; **se ~** *vpr* (*personne*) decidirse; (*problème, affaire*) resolverse; **~ que** decidir que; **~ qn (à faire qch)** animar a algn (a hacer algo); **~ de faire** decidir hacer; **~ de qch** decidir algo; **se ~ à faire qch** decidirse a hacer algo; **se ~ pour qch** decidirse

por algo

décimal, e, -aux [desimal, o] *adj* decimal

décimètre [desimetʀ] *nm* decímetro; **double ~** doble decímetro

décisif, -ive [desizif, iv] *adj* decisivo(-a)

décision [desizjɔ̃] *nf* decisión *f*

déclaration [deklaʀasjɔ̃] *nf* declaración *f*; **~ (d'amour)** declaración (de amor); **~ (de perte)** denuncia (de pérdida); **~ (de sinistre)** declaración (de siniestro); **~ (de vol)** denuncia (de robo)

déclarer [deklaʀe] *vt* declarar; (*vol etc: à la police*) denunciar; (*décès, naissance*) certificar; **se ~** *vpr* declararse

déclencher [deklãʃe] *vt* activar; (*attaque*) lanzar; (*fig*) provocar; **se ~** *vpr* desencadenarse

décliner [dekline] *vi* (*jour, santé*) declinar

décoiffer [dekwafe] *vt* (*déranger la coiffure*) despeinar; **se ~** *vpr* despeinarse

décois *etc* [deswa] *vb voir* **décevoir**

décollage [dekɔlaʒ] *nm* despegue *m*, decolaje *m* (*AM*)

décoller [dekɔle] *vt, vi* despegar, decolar (*AM*); **se ~** *vpr* despegarse

décolleté, e [dekɔlte] *adj* escotado(-a) ♦ *nm* escote *m*

décolorer [dekɔlɔʀe] *vt* decolorar; (*suj: âge, lumière*) descolorir; **se ~** *vpr* descolorirse

décommander [dekɔmãde] *vt* (*marchandise*) anular; **se ~** *vpr* (*invité etc*) excusarse

déconcerter [dekɔ̃sɛʀte] *vt* desconcertar

décongeler [dekɔ̃ʒ(ə)le] *vt*

descongelar

déconner |dekɔne| (fam) vi (en parlant) decir pijadas

déconseiller |dekɔseje| vt: ~ **qch (à qn)** desaconsejar algo (a algn)

décontracté, e |dekɔ̃trakte| adj (personne) relajado(-a); (ambiance) distendido(-a)

décontracter |dekɔ̃trakte| vt descontraer; (muscle) relajar; **se ~** vpr (personne) relajarse

décor |dekɔr| nm (d'un palais etc) decoración f; (paysage) panorama m; (gén pl: THÉÂTRE, CINÉ) decorado;

décorateur, -trice |dekɔratœr, tris| nm/f (ouvrier) decorador(a); (CINÉ) escenógrafo(-a); **décoration** nf decoración f; (médaille) condecoración f; **décorer** vt decorar; (médailler) condecorar

décortiquer |dekɔrtike| vt (riz) descascarillar; (amandes, crevettes) pelar; (fig) desmenuzar

découdre |dekudr| : **se ~** vpr descoserse

découper |dekupe| vt recortar; (volaille, viande) trinchar; (fig) fragmentar; **se ~ sur** (le ciel, fond) perfilarse en

décourager |dekuraʒe| vt desanimar, desalentar; **se ~** vpr desanimarse

décousu, e |dekuzy| pp de **découdre** ♦ adj descosido(-a); (fig) deshilvanado(-a)

découvert, e |dekuvɛr, ɛrt| pp de **découvrir** ♦ adj (tête) descubierto(-a) ♦ nm (bancaire) descubierto; **découverte** nf descubrimiento

découvrir |dekuvrir| vt descubrir; (casserole) destapar; (apercevoir) divisar

décrire |dekrir| vt describir

décrocher |dekrɔʃe| vt descolgar; (contrat etc) conseguir; (abandonner) retirarse; (perdre sa concentration) desconectar

déçu, e |desy| pp de **décevoir** ♦ adj (personne) decepcionado(-a)

dédaigner |dedeɲe| vt desdeñar; **dédaigneux, -euse** adj desdeñoso(-a); **dédain** nm desdén

dedans |dədɑ̃| adv dentro, adentro (esp AM) ♦ nm interior m; **là-~** ahí dentro; **au ~** (por) dentro; **en ~** por dentro

dédicacer |dedikase| vt dedicar

dédier |dedje| vt: **~ à** (livre) dedicar a; (efforts) consagrar a

dédommagement |dedɔmaʒmɑ̃| nm (indemnité) indemnización f

dédommager |dedɔmaʒe| vt: **~ qn (de)** indemnizar a algn (por)

dédouaner |dedwane| vt aduanar

déduire |dedɥir| vt: **~ qch (de)** deducir algo (de)

défaillance |defajɑ̃s| nf desfallecimiento; (technique) fallo; **~ cardiaque** fallo cardíaco

défaire |defɛr| vt (installation, échafaudage) desmontar; (paquet etc) abrir; (vêtement) descoser; (déranger) deshacer; (cheveux) despeinar; **se ~** vpr (cheveux, nœud) deshacerse

défait, e |defɛ, ɛt| pp de **défaire** ♦ adj deshecho(-a); (nœud) desatado(-a); (visage) descompuesto(-a); **défaite** nf (MIL) derrota; (gén: échec) fracaso

défaut |defo| nm (moral) defecto; (d'étoffe, métal) falla; **~ de** (manque, carence) falta de; **en ~** en falta; **faire ~** faltar; **à ~** al menos; **à ~ de** a falta de

défavorable |defavɔrabl| adj

desfavorable
défavoriser |defavɔʀize| vt
desfavorecer
défectueux, -euse |defektɥø,
øz| adj defectuoso(-a)
défendre |defɑ̃dʀ| vt defender;
(interdire) prohibir; **se ~** qch/de
faire prohibir a algn algo/hacer;
il se défend (fig) va
defendiéndose; **ça se défend**
(fig) esto se sostiene; **se ~ de/
contre** (se protéger) protegerse
de/contra; **se ~ de** (se garder de)
evitar
défense |defɑ̃s| nf defensa; **"~
de fumer/cracher"** "prohibido
fumar/escupir"
défi |defi| nm desafío, reto
déficit |defisit| nm (COMM) déficit
m
défier |defje| vt desafiar
défigurer |defigyʀe| vt desfigurar
défilé |defile| nm (GÉO)
desfiladero; (soldats, manifestants)
desfile m
défiler |defile| vi desfilar
définir |definiʀ| vt definir
définitif, -ive |definitif, iv| adj
definitivo(-a); (décision, refus)
irrevocable; **définitive** nf: **en
définitive** en definitiva;
définitivement adv
definitivamente
déformer |defɔʀme| vt deformar;
se ~ vpr deformarse
défouler |defule|: **se ~** vpr (gén)
desahogarse
défunt, e |defœ̃, œ̃t| nm/f
difunto(-a)
dégagé, e |degaʒe| adj (ciel, vue)
despejado(-a); (ton, air)
desenvuelto(-a)
dégager |degaʒe| vt liberar;
(exhaler) desprender;

(désencombrer) despejar; (idée,
aspect etc) extraer; **se ~** vpr
(odeur) desprenderse; (passage
bloqué, ciel) despejarse
dégâts |dega| nmpl: **faire des ~**
causar daños
dégel |deʒɛl| nm deshielo;
dégeler vi deshelarse
dégivrer |deʒivʀe| vt (frigo)
descongelar; (vitres) deshelar
dégonflé, e |degɔ̃fle| adj (pneu)
desinflado(-a), deshinchado(-a)
dégonfler |degɔ̃fle| vt desinflar,
deshinchar
dégouliner |deguline| vi chorrear
dégourdi, e |deguʀdi| adj
espabilado(-a)
dégourdir |deguʀdiʀ|: **se ~** vpr:
se ~ (les jambes)
desentumecerse (las piernas)
dégoût |degu| nm asco;
dégoûtant, e adj asqueroso(-a);
c'est dégoûtant! (injuste) ¡no
hay derecho!; **dégoûté, e** adj
asqueado(-a); **dégoûté de**
asqueado(-a) de; **dégoûter** vt
asquear; **dégoûter qn de faire
qch** quitarle a algn las ganas de
hacer algo
dégrader |degʀade|: **se ~** vpr
deteriorarse
degré |dəgʀe| nm grado; (niveau,
taux) punto; **alcool à 90 ~s**
alcohol m de 90 grados
dégressif, -ive |degʀesif, iv| adj
decreciente
dégringoler |degʀɛ̃gɔle| vi caer
rodando; (prix, Bourse etc)
hundirse
déguisement |degizmɑ̃| nm
disfraz m
déguiser |degize|: **se ~** vpr
disfrazarse
dégustation |degystasjɔ̃| nf
degustación f; (vin) cata

déguster [degyste] vt degustar; (vin) catar; (fig) saborear

dehors [dəɔʀ] adv fuera, afuera (esp AM) ♦ nm exterior m ♦ nmpl (apparences) apariencias fpl; **mettre** ou **jeter ~** echar fuera; **au ~** (par) fuera; (en apparence) por fuera; **au ~ de** fuera de; **en ~** (vers l'extérieur) hacia afuera; **en ~ de** (hormis) fuera de

déjà [deʒa] adv ya

déjeuner [deʒœne] vi (matin) desayunar; (à midi) almorzar, comer ♦ nm (petit déjeuner) desayuno; (à midi) almuerzo, comida

delà [dəla] prép, adv: **par~** (plus loin que) más allá de; (de l'autre côté de) al otro lado de; **en ~ (de)/au-~ (de)** más allá de (de)

délacer [delase] vt desatar

délai [delɛ] nm plazo; (sursis) prórroga; **sans ~** sin demora; **à bref ~** en breve plazo; **dans les ~s** dentro de los plazos

délaisser [delese] vt abandonar

délasser [delase]: **se ~** vpr recrearse

délavé, e [delave] adj descolorido(-a)

délayer [deleje] vt diluir

delco ® [dɛlko] nm (AUT) delco

délégué, e [delege] adj delegado(-a) ♦ nm/f delegado(-a)

déléguer [delege] vt delegar

délibéré, e [delibeʀe] adj deliberado(-a); (déterminé) resuelto(-a)

délicat, e [delika, at] adj delicado(-a); (attentionné) atento(-a); **délicatement** adv delicadamente; (subtilement) con delicadeza

délice [delis] nm delicia

délicieux, -euse [delisjø, jøz]

adj (goût, femme) delicioso(-a); (sensation) placentero(-a)

délimiter [delimite] vt delimitar

délinquant, e [delɛ̃kɑ̃, ɑ̃t] adj, nm/f delincuente m/f

délirer [deliʀe] vi delirar

délit [deli] nm (JUR, agric) delito

délivrer [delivʀe] vt (prisonnier) liberar; (passeport, certificat) expedir

deltaplane ® [dɛltaplan] nm ala delta

déluge [delyʒ] nm diluvio

demain [d(ə)mɛ̃] adv mañana; **~ matin/soir** mañana por la mañana/tarde; **~ midi** mañana a mediodía

demande [d(ə)mɑ̃d] nf petición f; (ADMIN, formulaire) instancia, solicitud f; **la ~** (ÉCON) la demanda; **~ d'emploi** solicitud de empleo; **"~s d'emploi"** "demandas fpl de empleo"

demandé, e [d(ə)mɑ̃de] adj: **très ~** muy solicitado(-a)

demander [d(ə)mɑ̃de] vt pedir; (autorisation) solicitar; (médecin, plombier, infirmier) necesitar; (de l'habileté, du courage) requerir; **~ qch à qn** preguntar algo a algn; **~ l'heure/son chemin** preguntar la hora/el camino; **~ à qn de faire** pedir a algn que haga; **se ~ si/pourquoi** etc preguntarse si/por qué etc; **on vous demande au téléphone** le llaman por teléfono; **il ne demande que ça/qu'à faire ...** (iro) justo lo que quería/lo que quería hacer ...; **je ne demande pas mieux que ...** no deseo otra cosa más que ...; **demandeur, -euse** nm/f: **demandeur d'emploi** demandante m/f de empleo

démangeaison [demãʒezõ] *nf* picor *m*

démanger [demãʒe] *vi* picar

démaquillant, e [demakijã, ãt] *adj* desmaquillador(a)

démaquiller [demakije]: **se ~** *vpr* desmaquillarse

démarche [demarʃ] *nf* (*allure*) paso; (*intervention*) trámite *m*; (*intellectuelle etc*) proceso; **faire** *ou* **entreprendre des ~s (auprès de qn)** hacer *ou* iniciar gestiones (ante algn)

démarrage [demaraʒ] *nm* (*d'une voiture, SPORT*) salida

démarrer [demare] *vi* arrancar; (*travaux, affaire*) ponerse en marcha; **démarreur** *nm* (*AUTO*) botón *m* de arranque

démêlant, e [demɛlã, ãt] *adj*: **crème ~** *ou* **baume ~** crema suavizante

démêler [demele] *vt* (*fil, cheveux*) desenredar; **démêlés** *nmpl* diferencias *fpl*

déménagement [demenaʒmã] *nm* mudanza; **entreprise/ camion de ~** empresa/camión *m* de mudanzas

déménager [demenaʒe] *vt* mudar ♦ *vi* mudarse; **déménageur** *nm* encargado de mudanzas; (*entrepreneur*) empresario de mudanzas

démerder [demerde] (*fam!*) *vi*: **se ~** arreglárselas

démettre [demetr]: **se ~** *vpr* (*épaule etc*) dislocarse; **demeurer** *vi* (*habiter*) residir, vivir; (*séjourner*) permanecer; (*rester*) quedar, permanecer

demi, e [dəmi] *adj*: **~-rempli** medio lleno(-a) ♦ *nm* (*bière*) caña; (*FOOTBALL*) medio; **trois bouteilles et ~e** tres botellas y

media; **il est deux heures et ~e** son las dos y media; **à ~** a medias; **à la ~e** (*heure*) a la media; **demi-douzaine** (*pl demi-douzaines*) *nf* media docena; **demi-finale** (*pl demi-finales*) *nf* semifinal *f*; **demi-frère** (*pl demi-frères*) *nm* medio hermano, hermanastro; **demi-heure** (*pl demi-heures*) *nf* media hora; **demi-journée** (*pl demi-journées*) *nf* media jornada; **demi-litre** (*pl demi-litres*) *nm* medio litro; **demi-livre** (*pl demi-livres*) *nf* media libra; **demi-pension** (*pl demi-pensions*) *nf* media pensión *f*

démis, e [demi, iz] *pp de* **démettre** ♦ *adj* (*épaule etc*) dislocado(-a)

demi-sœur [dəmisœr] (*pl ~~s*) *nf* media hermana, hermanastra

démission [demisjõ] *nf* dimisión *f*; **donner sa ~** presentar la dimisión; **démissionner** *vi* dimitir

demi-tarif [dəmitarif] (*pl ~~s*) *nm* media tarifa

demi-tour [dəmitur] (*pl ~~s*) *nm* media vuelta; **faire ~~** dar la vuelta

démocratie [demɔkrasi] *nf* democracia; **démocratique** *adj* democrático(-a)

démodé, e [demɔde] *adj* pasado(-a) de moda

demoiselle [d(ə)mwazɛl] *nf* señorita; **~ d'honneur** dama de honor

démolir [demɔlir] *vt* (*bâtiment*) demoler

démon [demõ] *nm* demonio; **le D~** el demonio

démonstration [demõstrasjõ] *nf* demostración *f*

démonter [demɔ̃te] *vt* desmontar

démontrer [demɔ̃tre] *vt* demostrar

démouler [demule] *vt* (*gâteau*) extraer del molde

démuni, e [demyni] *adj* pelado(-a)

dénicher [deniʃe] *vt* dar con

dénier [denje] *vt* negar

dénivellation [denivelasjɔ̃] *nf* desnivel *m*

dénombrer [denɔ̃bre] *vt* (*compter*) contar; (*énumérer*) enumerar

dénomination [denɔminasjɔ̃] *nf* (*nom*) denominación *f*

dénoncer [denɔ̃se] *vt* denunciar

dénouement [denumɑ̃] *nm* desenlace *m*

dénouer [denwe] *vt* desatar

denrée [dɑ̃re] *nf* producto; **~s alimentaires** productos *mpl* alimenticios

dense [dɑ̃s] *adj* denso(-a); **densité** *nf* densidad *f*

dent [dɑ̃] *nf* diente *m*; **avoir une ~ contre qn** tener manía a algn; **en ~s de scie** dentado(-a); **~ de lait** diente de leche; **~ de sagesse** muela del juicio; **dentaire** *adj* dental

dentelle [dɑ̃tel] *nf* encaje *m*

dentier [dɑ̃tje] *nm* dentadura

dentifrice [dɑ̃tifris] *nm* dentífrico

dentiste [dɑ̃tist] *nm/f* dentista *m/f*

dentition [dɑ̃tisjɔ̃] *nf* (*dents*) dentadura *f*; (*formation*) dentición *f*

dénué, e [denɥe] *adj*: **~ de** desprovisto(-a) de

déodorant [deɔdɔrɑ̃] *nm* desodorante *m*

déontologie [deɔtɔlɔʒi] *nf* deontología

dépannage [depanaʒ] *nm*

reparación *f*; **service de ~** (AUTO) servicio de reparaciones

dépanner [depane] *vt* reparar; (*fig*) sacar de apuros; **dépanneuse** *nf* grúa

dépareillé, e [depareje] *adj* (*collection, service*) descabalado(-a); (*gant, volume, objet*) desparejado(-a)

départ [depar] *nm* partida, marcha; (*d'un employé*) despido; (SPORT, *jour un horaire*) salida; **à son ~** a su marcha; **au ~** al principio

département [departəmɑ̃] *nm* ≈ provincia; (*d'université*) departamento; (*de magasin*) sección *f*

---

département

Francia se halla dividida en 96 unidades administrativas denominadas **départements**. *Al frente de estas divisiones de la administración local se encuentra el* préfet, *nombrado por el gobierno, y su administración corre a cargo de un* Conseil général *electo. Los* **départements** *suelen tomar su nombre de algún hito geográfico importante, como un río o una cordillera, véase también* DOM-TOM.

---

dépassé, e [depase] *adj* pasado(-a) de moda; (*fig*) desbordado(-a)

dépasser [depase] *vt* (*véhicule, concurrent*) adelantar; (*endroit*) dejar atrás; (*somme, limite fixée, prévisions*) rebasar; (*fig*) superar; (*être en saillie sur*) sobresalir ♦ *vi* (AUTO) adelantarse; (*ourlet, jupon*) sobresalir; **se ~** vpr (se surpasser) superarse; **être dépassé** estar desbordado

dépaysé, e [depeize] adj extrañado(-a)

dépaysement [depeizmɑ̃] nm extrañamiento

dépêcher [depeʃe]: **se ~** vpr darse prisa, apresurarse, apurarse (AM)

dépendance [depɑ̃dɑ̃s] nf dependencia; (MÉD) adicción f

dépendre [depɑ̃dʀ] vt descolgar; **~ de** depender de

dépens [depɑ̃] nmpl: **aux ~ de** a expensas de

dépense [depɑ̃s] nf gasto; (fig) consumo; **dépenser** vt gastar; (fig) consumir; **se dépenser** vpr fatigarse

dépeupler [depœple]: **se ~** vpr despoblarse

dépilatoire [depilatwaʀ] adj depilatorio(-a)

dépister [depiste] vt (MÉD) identificar

dépit [depi] nm despecho; **en ~ de** a pesar de; **en ~ du bon sens** sin sentido común; **dépité, e** adj contrariado(-a)

déplacé, e [deplase] adj fuera de lugar inv

déplacement [deplasmɑ̃] nm traslado; (voyage) viaje m; **en ~** de viaje

déplacer [deplase] vt mover

déplaire [deplɛʀ] vt desagradar; **ceci me déplaît** esto me desagrada; **déplaisant, e** vb voir **déplaire** ♦ adj desagradable

dépliant [deplijɑ̃] nm folleto

déplier [deplije] vt desplegar

déposer [depoze] vt poner, dejar; (à la banque) ingresar; (ADMIN, JUR) presentar; (JUR): **~ (contre)**

declarar (contra); **se ~** vpr depositarse; **dépositaire** nm/f (COMM) concesionario(-a); **déposition** nf (JUR) deposición f

dépôt [depo] nm (d'argent) ingreso; (entrepôt) depósito

dépourvu, e [depuʀvy] adj: **~ de** desprovisto(-a) de; **au ~: prendre qn au ~** coger a algn desprevenido(-a)

dépression [depʀesjɔ̃] nf depresión f; **~ (nerveuse)** depresión (nerviosa)

déprimant, e [depʀimɑ̃, ɑ̃t] adj deprimente

déprimer [depʀime] vt deprimir

depuis [dəpɥi] prép desde ♦ adv (temps) desde entonces; **~ que** desde que; **~ qu'il m'a dit ça** desde que me dijo eso; **~ combien de temps?** ¿cuánto tiempo hace?; **il habite Paris ~ 5 ans** vive en París desde hace 5 años, lleva 5 años viviendo en París; **~ quand le connaissez-vous?** ¿desde cuándo lo conoce usted?; **je le connais ~ 9 ans** lo conozco desde hace 9 años; **~ quand?** (excl) ¿desde cuándo?; **il a plu ~ Metz** ha estado lloviendo desde Metz; **elle a téléphoné ~ Valence** llamó por teléfono desde Valencia; **~ les plus petits jusqu'aux plus grands** desde los más pequeños hasta los más grandes; **je ne lui ai pas parlé ~** no he vuelto a hablar con él ou ella; **~ lors** desde entonces

député [depyte] nm (POL) diputado(-a)

dérangement [deʀɑ̃ʒmɑ̃] nm molestia; **en ~** averiado(-a)

déranger [deʀɑ̃ʒe] vt desordenar; (personne) molestar; (projet) desarreglar; **se ~** *vpr* molestarse

déraper [deʀape] *vi* (*voiture*)
derrapar, patinar; (*personne, couteau*) resbalar

dérégler [deʀegle] *vt* (*mécanisme*)
estropear; (*estomac*) indisponer

dérisoire [deʀizwaʀ] *adj*
irrisorio(-a)

dérive [deʀiv] *nf* (NAUT) orza de
quilla; **aller à la ~** (NAUT, *fig*) ir a
la deriva

dérivé, e [deʀive] *nm* derivado

dermatologue [dɛʀmatɔlɔg]
nm/f dermatólogo(-a)

dernier, -ière [dɛʀnje, jɛʀ] *adj*
último(-a) ♦ *nm/f* último(-a) ♦ *nm*
(*étage*) último piso; **lundi/le
mois ~** el lunes/el mes pasado;
en ~ al final, por último; **ce ~/
cette dernière** este último/esta
última; **dernièrement** *adv*
últimamente

dérogation [deʀɔgasjɔ̃] *nf*
contravención *f*

dérouiller [deʀuje] *vt*: **se ~ les
jambes** estirar las piernas

déroulement [deʀulmɑ̃] *nm*
desenrollamiento

dérouler [deʀule] *vt* (*ficelle,
papier*) desenrollar; **se ~** *vpr* (*avoir
lieu*) desarrollarse

dérouter [deʀute] *vt* (*avion, train*)
desviar; (*fig*) despistar

derrière [dɛʀjɛʀ] *prép* detrás de;
(*fig*) tras, más allá de ♦ *nm* (*d'une
maison*) trasera; (*postérieur*)
trasero; **les pattes/roues de ~**
las patas/ruedas traseras; **par ~**
por detrás

des [de] *dét voir* **de** ♦ *prép* + *dét* =
de

dès [dɛ] *prép* desde; **~ que** tan
pronto como; **~ son retour** en
cuanto vuelva; **~ lors** desde
entonces

désaccord [dezakɔʀ] *nm*
desacuerdo

désagréable [dezagʀeabl] *adj*
desagradable

désagrément [dezagʀemɑ̃] *nm*
desagrado

désaltérer [dezaltere]: **se ~** *vpr*
beber

désapprobateur, -trice
[dezapʀɔbatœʀ, tʀis] *adj*
desaprobatorio(-a)

désapprouver [dezapʀuve] *vt*
desaprobar

désarmant, e [dezaʀmɑ̃, ɑ̃t] *adj*
conmovedor(a)

désastre [dezastʀ] *nm* desastre
m; **désastreux, -euse** *adj*
desastroso(-a)

désavantage [dezavɑ̃taʒ] *nm*
(*handicap*) inferioridad *f*;
(*inconvénient*) desventaja;
désavantager *vt* desfavorecer

descendre [desɑ̃dʀ] *vt* bajar;
(*abattre*) cargarse; (*boire*) pimplar,
soplar ♦ *vi* bajar, descender;
(*passager*) bajar(se); **~ à pied/en
voiture** bajar a pie/en coche; **~
de** (*famille*) descender de; **~ du
train/d'un arbre/de cheval**
bajar(se) del tren/de un árbol/del
caballo; **~ à l'hôtel** quedarse en
un hotel

descente [desɑ̃t] *nf* bajada,
descenso; (*route*) pendiente *f*; (SKI)
descenso; **au milieu de la ~** en
medio de la bajada

description [dɛskʀipsjɔ̃] *nf*
descripción *f*

déséquilibre [dezekilibʀ] *nm*
desequilibrio; **en ~**
desequilibrado(-a)

désert, e [dezɛʀ, ɛʀt] *adj*
desierto(-a) ♦ *nm* desierto;
désertique *adj* desértico(-a)

désespéré, e [dezɛspeʀe] *adj*,

nm/f desesperado(-a); **état ~**
(MÉD) estado desesperado

désespérer [dezespere] *vi*
desesperar; **~ de qn/qch** perder
la esperanza en algn/algo;
désespoir *nm* desesperación *f*,
desesperanza

déshabiller [dezabije] *vt*
desvestir; **se ~** *vpr* desnudarse,
desvestirse (esp AM)

déshydraté, e [dezidrate] *adj*
deshidratado(-a)

desiderata [deziderata] *nmpl*
desiderata *fsg*

désigner [dezipe] *vt* (montrer)
enseñar; (dénommer) designar

désinfectant, e [dezɛ̃fɛktɑ̃, ɑ̃t]
adj desinfectante ♦ *nm*
desinfectante *m*

désinfecter [dezɛ̃fɛkte] *vt*
desinfectar

désintéressé, e [dezɛ̃terese]
adj desinteresado(-a)

désintéresser [dezɛ̃terese] *vt*:
se ~ (de qn/qch) desinteresarse
(por algn/algo), perder el interés
(por algn/algo)

désintoxication [dezɛ̃tɔksikasjɔ̃]
nf (MÉD) desintoxicación *f*; **faire
une cure de ~** hacer una cura
de desintoxicación

désinvolte [dezɛ̃vɔlt] *adj*
impertinente

désir [dezir] *nm* deseo; **désirer**
vt desear; **je désire ...** (formule
de politesse) desearía ...

désister [deziste] *se ~* *vpr*
desistir

désobéir [dezɔbeir] *vi*: **~ (à
qn/qch)** desobedecer (a algn/
algo); **désobéissant, e** *adj*
desobediente

désodorisant, e [dezɔdɔrizɑ̃,
ɑ̃t] *adj* desodorante

désolé, e [dezɔle] *adj*

desolado(-a); **je suis ~, il n'y
en a plus** lo siento, ya no hay
más

désordonné, e [dezɔrdɔne] *adj*
desordenado(-a)

désordre [dezɔrdr] *nm* desorden
m; **en ~** en desorden

désormais [dezɔrmɛ] *adv* (de
ahora) en adelante

desquelles [dekɛl] *prép + pron*
voir **lequel**

desquels [dekɛl] *prép + pron voir*
lequel

dessécher [desefe]: **se ~** *vpr*
secarse

desserrer [desere] *vt* aflojar;
(poings, dents) abrir

dessert [deser] *vb voir*
desservir ♦ *nm* (moment du
repas) postres *mpl*; (mets) postre
m

desservir [deservir] *vt* (suj:
moyen de transport) cubrir el
servicio de; (: voie de
communication) comunicar

dessin [desɛ̃] *nm* dibujo; **~
animé** dibujos *mpl* animados; **~
humoristique** dibujo
humorístico, viñeta

dessinateur, -trice *nm/f*
dibujante *m/f*; **dessinateur
industriel** delineante *m/f*;
dessiner *vt* dibujar; (concevoir)
diseñar

dessous [d(ə)su] *adv* debajo,
abajo ♦ *nm* parte *f* inferior; (de
voiture) bajos *mpl*; **~** *nmpl* (fig)
secretos *mpl*; (sous-vêtements)
ropa interior *fsg*; **en ~** (sous)
debajo; (plus bas) por debajo;
par-~ *adv* por debajo; **par ~** *prép*
por debajo de; **au-~** abajo,
debajo; **au-~ de tout**
incalificable; **avoir le ~** tener *ou*
llevar la peor parte; **dessous-**

de-plat *nm inv* salvamanteles *m inv*

dessus [d(ǝ)sy] *adv* encima, arriba ♦ *nm* parte *f* superior; **c'est écrit ~** está ahí; **par-~** *adv* por encima, por arriba ♦ *prép* por encima de, por arriba de; **au-~** encima, arriba; **avoir/ prendre le ~** ir ganando; **reprendre le ~** recobrarse; **sens ~ dessous** patas arriba; **dessus-de-lit** *nm* colcha

destin [dɛstɛ̃] *nm* destino

destinataire [dɛstinatɛʀ] *nm/f* destinatario(-a)

destination [dɛstinasjɔ̃] *nf* destino; (*usage*) función *f*; **à ~ de** con destino a

destiner [dɛstine] *vt*: **~ qch à qn** destinar a algn para algo; **~ à l'enseignement** pensar dedicarse a la enseñanza; **être destiné à** estar destinado(-a) a; (*usage*) ser para

détachant [detaʃɑ̃] *nm* quitamanchas *m*

détacher [detaʃe] *vt* (*ôter*) desprender; (*délier*) desatar, soltar; **se ~** *vpr* (*tomber, se défaire*) desprenderse; **se ~ sur** (*se dessiner*) destacarse en

détail [detaj] *nm* detalle *m*; **au ~** (COMM) al por menor; **en ~** en detalle; **détaillant, e** [detajɑ̃, ɑ̃t] *nm/f* minorista *m/f*; **détaillé, e** *adj* detallado(-a); **détailler** *vt* detallar

détecter [detɛkte] *vt* detectar; **détective** [detɛktiv] *nm*: **(privé/privée)** detective *m/f*

déteindre [detɛ̃dʀ] *vi* desteñir

détendre [detɑ̃dʀ] *vt* aflojar; (*atmosphère etc*) relajar; **se ~** *vpr* (*ressort*) aflojarse; (*se reposer*) descansar

détenir [det(ǝ)niʀ] *vt* poseer; (*otage*) retener; (*prisonnier*) tener preso a; (*record*) ostentar; **~ le pouvoir** (POL) ostentar el poder

détente [detɑ̃t] *nf* distensión *f*, relajación *f*; (*politique, sociale*) distensión; (*loisirs*) esparcimiento, descanso

détention [detɑ̃sjɔ̃] *nf* posesión *f*; (*d'un otage*) retención *f*; (*d'un prisonnier*) encarcelamiento

détenu, e [det(ǝ)ny] *pp de* **détenir** ♦ *nm/f* (*prisonnier*) preso(-a)

détergent [detɛʀʒɑ̃] *nm* detergente *m*

détériorer [deteʀjɔʀe]: **se ~** *vpr* deteriorarse

déterminé, e [detɛʀmine] *adj* (*personne, air*) decidido(-a); (*but, intentions*) claro(-a)

déterminer [detɛʀmine] *vt* (*date etc*) determinar; **~ qn à faire qch** decidir a algn a hacer algo

détester [detɛste] *vt* (*haïr*) detestar, odiar; (*sens affaibli*) detestar

détour [detuʀ] *nm* rodeo; (*tournant, courbe*) curva, recodo; **sans ~** (fig) sin rodeos

détourné, e [detuʀne] *adj* (*sentier, chemin*) indirecto(-a); (*moyen*) dudoso(-a)

détourner [detuʀne] *vt* desviar; (*avion, par la force*) secuestrar; (*yeux*) apartar; (*tête*) volver; (*de l'argent*) malversar; **se ~** *vpr* (*tourner la tête*) apartar la cara

détraquer [detʀake] *vt* fastidiar, cargarse; (*santé, estomac*) estropear; **se ~** *vpr*: **ma montre s'est détraquée** se me ha fastidiado el reloj

détriment [detʀimɑ̃] *nm*: **au ~ de** en detrimento de

détroit [detʀwa] *nm* estrecho; **le ~ de Be(h)ring/de Gibraltar/ de Magellan** el estrecho de Bering/de Gibraltar/de Magallanes

détruire [detʀɥiʀ] *vt* destruir

dette [dɛt] *nf* deuda

DEUG [dœg] *sigle m* (= *diplôme d'études universitaires générales*) *diplomatura*

deuil [dœj] *nm* luto

deux [dø] *adj inv, nm inv* dos *m inv*; **les ~** los (las) dos, ambos(-as); **ses ~ mains** las dos manos; **~ points** (*ponctuation*) dos puntos *mpl*; *voir aussi* **cinq**; **deuxième** *adj, nm/f* segundo(-a); *voir aussi* **cinquième**; **deuxièmement** *adv* en segundo lugar; **deux-pièces** *nm inv* dos piezas *m inv*; (*appartement*) apartamento de dos habitaciones; **deux-roues** *nm inv* vehículo de dos ruedas

devais [dəvɛ] *vb voir* **devoir**

dévaluation [devalɥasjɔ̃] *nf* devaluación *f*

devancer [dəvɑ̃se] *vt* adelantar; (*arriver avant, aussi fig*) adelantarse a

devant [dəvɑ̃] *vb voir* **devoir** ♦ *adv* delante, adelante ♦ *prép* (*en face de*) delante de, frente a; (*passer, être*) delante de; (*en présence de*) ante; (*face à*) ante, delante de ♦ *nm* (*de maison*) fachada; (*vêtement, voiture*) delantera; **prendre les ~s** adelantarse; **de ~** delantero(-a); **par ~** por delante; **aller au-~ de qn** ir al encuentro de algn; **aller au-~ de** (*désirs de qn*) anticiparse a

devanture [dəvɑ̃tyʀ] *nf* (*étalage, vitrine*) escaparate *m*, vidriera (*AM*)

développement [devlɔpmɑ̃] *nm* desarrollo; (*photo*) revelado; (*exposé*) exposición *f*; (*gén pl*) evolución *f*

développer [devlɔpe] *vt* desarrollar; (*PHOTO*) revelar; **se ~** *vpr* desarrollarse; (*affaire*) evolucionar

devenir [dəv(ə)niʀ] *vt* volverse; **que sont-ils devenus?** ¿qué ha sido de ellos?; **~ médecin** hacerse médico

devez [dəve] *vb voir* **devoir**

déviation [devjasjɔ̃] *nf* desviación *f*; (*AUTO*) desvío

devienne *etc* [dəvjɛn] *vb voir* **devenir**

deviner [d(ə)vine] *vt* adivinar; (*apercevoir*) atisbar; **devinette** *nf* adivinanza

devins *etc* [dəvɛ̃] *vb voir* **devenir**

devis [d(ə)vi] *nm* presupuesto

devise [dəviz] *nf* (*formule*) lema *m*, divisa; (*ÉCON*) divisa; **~s** *nfpl* dinero *msg* extranjero

dévisser [devise] *vt* desatornillar

devoir [d(ə)vwaʀ] *nm* deber *m* ♦ *vt* deber; **il doit le faire** (*obligation*) debe hacerlo, tiene que hacerlo; **cela devait arriver** (*fatalité*) tenía que ocurrir (un día); **il doit partir demain** (*intention*) se va mañana; **il doit être tard** (*probabilité*) debe (de) ser tarde

dévorer [devɔʀe] *vt* devorar

dévoué, e [devwe] *adj* dedicado(-a)

dévouer [devwe] *vb:* **se ~ (pour)** sacrificarse (por); **se ~ à** dedicarse a

devrai [dəvʀe] *vb voir* **devoir**

diabète [djabɛt] *nm* (*MÉD*) diabetes *f inv*; **diabétique** *adj, nm/f* diabético(-a)

diable [djɑbl] *nm* diablo
diabolo [djabɔlo] *nm (boisson)* mezcla de gaseosa y almíbar
diagnostic [djagnɔstik] *nm* diagnóstico; **diagnostiquer** *vt* diagnosticar
diagonal, e, -aux [djagɔnal, o] *adj* diagonal; **diagonale** *nf* diagonal *f*
diagramme [djagʀam] *nm* diagrama *m*
dialecte [djalɛkt] *nm* dialecto
dialogue [djalɔg] *nm* diálogo
diamant [djamɑ̃] *nm* diamante *m*
diamètre [djamɛtʀ] *nm* diámetro
diapositive [djapozitiv] *nf* diapositiva
diarrhée [djaʀe] *nf* diarrea
dictateur [diktatœʀ] *nm* dictador *m*; **dictature** *nf* dictadura
dictée [dikte] *nf* dictado
dicter [dikte] *vt (aussi fig)* dictar
dictionnaire [diksjɔnɛʀ] *nm* diccionario
dièse [djɛz] *nm* sostenido
diesel [djezɛl] *nm* diesel *m*
diète [djɛt] *nf* dieta; **diététique** *adj* dietético(-a) ♦ *nf* dietética; **magasin diététique** tienda de dietética
dieu, x [djø] *nm* dios *msg*; **D~** Dios; **mon D~!** ¡Dios mío!
différemment [difeʀamɑ̃] *adv* de forma diferente
différence [difeʀɑ̃s] *nf* diferencia; **à la ~ de** a diferencia de; **différencier** *vt* diferenciar; **se différencier (de)** diferenciarse (de)
différent, e [difeʀɑ̃, ɑ̃t] *adj*: **~ (de)** distinto(-a) (de), diferente (de); **~s objets/personnages** varios objetos/personajes
différer [difeʀe] *vt* diferir, postergar (AM) ♦ *vi*: **~ (de)** diferir

(de)
difficile [difisil] *adj* difícil; **difficilement** *adv* difícilmente
difficulté [difikylte] *nf* dificultad *f*; **en ~** en apuros
diffuser [difyze] *vt* emitir; *(nouvelle, idée)* difundir; (COMM) distribuir
digérer [diʒeʀe] *vt* digerir; **digestif, -ive** [diʒɛstif, iv] *adj* digestivo(-a) ♦ *nm* licor *m*; **digestion** *nf* digestión *f*
digne [diɲ] *adj (respectable)* digno(-a); **~ d'intérêt/ d'admiration** digno de interés/ de admiración; **~ de foi** digno de fe; **~ de qn/qch** digno de algn/ algo; **dignité** *nf* dignidad *f*
digue [dig] *nf* dique *m*
dilemme [dilɛm] *nm* dilema *m*
diligence [diliʒɑ̃s] *nf* diligencia
diluer [dilɥe] *vt* diluir
dimanche [dimɑ̃ʃ] *nm* domingo; *voir aussi* **lundi**
dimension [dimɑ̃sjɔ̃] *nf* dimensión *f*; *(gén pl: cotes, coordonnées)* dimensiones *fpl*
diminuer [diminɥe] *vt* disminuir; *(dénigrer)* desacreditar ♦ *vi* disminuir; **diminutif** *nm (surnom)* diminutivo cariñoso
dinde [dɛ̃d] *nf* pava
dindon [dɛ̃dɔ̃] *nm* pavo
dîner [dine] *nm* cena, comida (AM) ♦ *vi* cenar
dingue [dɛ̃g] *(fam) adj* chalado(-a)
dinosaure [dinozɔʀ] *nm* dinosaurio
diplomate [diplɔmat] *nm/f* diplomático(-a); **diplomatie** *nf* diplomacia
diplôme [diplom] *nm* título, *(examen)* examen *m* de diplomatura; **diplômé, e** *adj, nm/f* titulado(-a), diplomado(-a)

dire [diʀ] *vt* decir; (*suj: horloge*)
decir, marcar; (*ordre, invitation*): ~
**à qn qu'il fasse ou de faire
qch** decir a algn que haga algo;
(*objecter*): **n'avoir rien à ~ (à)**
no tener nada que decir (a);
(*penser*): **que dites-vous de
...?** ¿qué opina usted de ...?; (*se
prétendre*): **se ~ malade** *etc*
pretenderse enfermo(-a) *etc*; **ça
se dit ... en anglais** se dice ...
en inglés; **~ quelque chose/ce
qu'on pense** decir algo/lo que
uno piensa; **~ la vérité/l'heure**
decir la verdad/la hora; **on dirait
que** parece que; **ça ne me dit
rien** no me apetece; (*rappeler
qch*) no me suena; **pour ainsi ~**
por decirlo así; **cela va sans ~**
ni qué decir tiene; **dis donc!/
dites donc!** (*pour attirer
attention*) ¡oye!/¡oiga!; (*agressif*)
¡oye!/¡oiga Vd!; **et ~ que ...** y
pensar que ...; **ceci ou cela dit** a
pesar de todo; (*à ces mots*) dicho
esto; **il n'y a pas à ~** realmente

direct, e [diʀɛkt] *adj* directo(-a);
(*personne*) franco(-a); **en ~** en
directo; **directement** *adv*
directamente

directeur, -trice [diʀɛktœʀ,
tʀis] *nm/f* director(a)

direction [diʀɛksjɔ̃] *nf* dirección *f*;
"toutes ~s" (AUTO) "todas las
direcciones"

dirent [diʀ] *vb voir* **dire**

dirigeant, e [diʀiʒɑ̃, ɑ̃t] *adj,
nm/f* dirigente *m/f*

diriger [diʀiʒe] *vt* dirigir; **se ~** *vpr*
orientarse; **~ sur** (*regard*) dirigir
hacia; **se ~ vers** *ou* **sur** dirigirse
hacia

dis [di] *vb voir* **dire**

discerner [disɛʀne] *vt*
(*apercevoir*) divisar

discipline [disiplin] *nf* disciplina;
discipliner *vt* disciplinar

discontinu, e [diskɔ̃tiny] *adj*
discontinuo(-a)

discontinuer [diskɔ̃tinɥe] *vi*:
sans ~ sin interrupción

discothèque [diskɔtek] *nf*
discoteca

discours [diskuʀ] *nm* discurso

discret, -ète [diskʀɛ, ɛt] *adj*
discreto(-a); **discrétion**
discreción *f*

discrimination [diskʀiminasjɔ̃]
nf discriminación *f*; **sans ~** sin
discriminación

discussion [diskysjɔ̃] *nf*
discusión *f*

discutable [diskytabl] *adj*
discutible

discuter [diskyte] *vt, vi* discutir

dise [diz] *vb voir* **dire**

disjoncteur [disʒɔ̃ktœʀ] *nm*
(ÉLEC) interruptor *m*

disloquer [dislɔke] *vt*: **se ~** *vpr* **se
~ l'épaule** dislocarse el hombro

disons [disɔ̃] *vb voir* **dire**

disparaître [dispaʀɛtʀ] *vi*
desaparecer; **faire ~** hacer
desaparecer algo/a algn

disparition [dispaʀisjɔ̃] *nf*
desaparición *f*

disparu, e [dispaʀy] *pp de*
disparaître ♦ *nm/f* (*dont on a
perdu la trace*) desaparecido(-a)

dispensaire [dispɑ̃sɛʀ] *nm*
dispensario

dispenser [dispɑ̃se] *vt* (*soins etc*)
prestar; (*exempter*): **~ qn de
qch/faire qch** dispensar a algn
de algo/hacer algo

disperser [dispɛʀse] *vt* dispersar

disponible [dispɔnibl] *adj*
disponible

disposé, e [dispoze] *adj*
dispuesto(-a); **bien/mal ~ de**

buen/mal humor; **être bien/mal ~ pour** ou **envers qn** estar bien/mal dispuesto(-a) hacia algn; **~ à** dispuesto(-a) a

disposer [dispoze] vt disponer ♦ vi: **~ de** disponer de; **se ~ à faire qch** disponerse a hacer algo

dispositif [dispozitif] nm dispositivo

disposition [dispozisjɔ̃] nf disposición f; (arrangement) distribución f; (pl: mesures) medidas fpl; (: préparatifs) preparativos mpl; **à la ~ de qn** a disposición de algn

disproportionné, e [dispʀɔpɔʀsjɔne] adj desproporcionado(-a)

dispute [dispyt] nf riña, disputa; **disputer**: **se disputer** vpr reñir

disqualifier [diskalifje] vt descalificar

disque [disk] nm disco; **~ compact** disco compacto; **~ d'embrayage** (AUTO) disco de embrague; **~ laser** disco láser; **disquette** nf (INFORM) diskette m

dissertation [disɛʀtasjɔ̃] nf (SCOL) redacción f

dissimuler [disimyle] vt disimular, ocultar

dissipé, e [disipe] adj (indiscipliné) distraído(-a)

dissolvant [disɔlvɑ̃] nm (CHIM) disolvente m

dissuader [disɥade] vt: **~ qn de faire qch/de qch** disuadir a algn de hacer algo/de algo

distance [distɑ̃s] nf distancia; **une ~ de 10 km** una distancia de 10 km; **distancer** vt (concurrent) distanciarse de

distant, e [distɑ̃, ɑ̃t] adj distante; **~ de 5 km** distante 5km

distillerie [distilʀi] nf destilería

distinct, e [distɛ̃(kt), ɛ̃kt] adj distinto(-a); **distinctement** adv (voir) con nitidez; (parler) con claridad; **distinctif, -ive** adj distintivo(-a)

distingué, e [distɛ̃ge] adj distinguido(-a)

distinguer [distɛ̃ge] vt distinguir

distraction [distʀaksjɔ̃] nf distracción f

distraire [distʀɛʀ] vt distraer; (amuser) distraer, entretener; **se ~** vpr distraerse; **distrait, e** pp de **distraire** ♦ adj distraído(-a)

distrayant, e [distʀɛjɑ̃, ɑ̃t] vb voir **distraire** ♦ adj distraído(-a), entretenido(-a)

distribuer [distʀibɥe] vt repartir; (CARTES) dar; **distributeur** nm: **distributeur (automatique)** máquina (expendedora)

dit [di] pp de **dire**
dites [dit] vb voir **dire**

divan [divɑ̃] nm sofá m

divers, e [divɛʀ, ɛʀs] adj (varié) diverso(-a), vario(-a); (différent) variado(-a) ♦ dét (plusieurs) varios(-as), diversos(-as); **(frais) ~** gastos mpl varios

diversité [divɛʀsite] nf diversidad f

divertir [divɛʀtiʀ]: **se ~** vpr divertirse; **divertissement** nm diversión f

diviser [divize] vt dividir; **division** nf división f

divorce [divɔʀs] nm divorcio; **divorcé, e** adj, nm/f divorciado(-a); **divorcer** vi divorciarse; **divorcer de** ou **d'avec qn** divorciarse de algn

divulguer [divylge] vt divulgar

dix [dis] adj inv, nm inv diez m inv; voir aussi **cinq**

dix-huit [dizɥit] adj inv, nm inv

dieciocho m inv; voir aussi **cinq**

dix-huitième [dizɥitjɛm] adj, nm/f decimoctavo(-a) ♦ nm (partitif) dieciochoavo; voir aussi **cinquantième**; **dixième** [dizjɛm], nm/f décimo(-a) ♦ nm décimo; voir aussi **cinquième**

dix-neuf [diznœf] adj inv, nm inv diecinueve m inv; voir aussi **cinq**

dix-neuvième [diznœvjɛm] adj, nm/f decimonoveno(-a) ♦ nm (partitif) diecinueveavo; voir aussi **cinquantième**

dix-sept [disɛt] adj inv, nm inv diecisiete m inv; voir aussi **cinq**

dix-septième [disɛtjɛm] adj, nm/f decimoséptimo(-a) ♦ nm (partitif) diecisieteavo; voir aussi **cinquantième**

dizaine [dizɛn] nf (unité) decena; **une ~ de ...** unos(-as) diez ...

do [do] nm inv (MUS) do

docile [dɔsil] adj dócil

dock [dɔk] nm dique m; **docker** nm estibador m

docteur [dɔktœʀ] nm (médecin) médico, doctor(a); **doctorat** nm (aussi: **doctorat d'État**) doctorado

doctrine [dɔktʀin] nf doctrina

document [dɔkymɑ̃] nm documento; **documentaire** nm: (film) documentaire documental m; **documentaliste** nm/f documentalista m/f; **documentation** nf documentación f; **documenter** vb: **se documenter (sur)** documentarse (sobre)

dodo [dodo] nm: **aller faire ~** ir a la cama

dogue [dɔg] nm (perro) dogo

doigt [dwa] nm dedo; **être à deux ~s de** estar a dos dedos de

doit etc [dwa] vb voir **devoir**

dollar [dɔlaʀ] nm dólar m

domaine [dɔmɛn] nm dominio

domestique [dɔmɛstik] adj doméstico(-a) ♦ nm/f doméstico(-a), sirviente(-a), criado(-a)

domicile [dɔmisil] nm domicilio; **à ~** a domicilio; **domicilié, e** adj: **être domicilié à** estar domiciliado(-a) en

dominant, e [dɔminɑ̃, ɑ̃t] adj dominante

dominer [dɔmine] vt dominar; (passions etc) dominar, controlar; (surpasser) sobrepasar a ♦ vi dominar

domino [dɔmino] nm dominó m

dommage [dɔmaʒ] nm daño, perjuicio; (gén pl: dégâts, pertes) daños mpl, pérdidas fpl; **c'est ~ de faire/que ...** es una lástima hacer/que ...; **~s matériels** daños materiales

dompter [dɔ̃(p)te] vt domar; **dompteur, -euse** nm/f domador(a)

DOM-TOM [dɔmtɔm] sigle m ou mpl (= département(s) d'outre-mer/territoire(s) d'outre-mer) provincias y territorios franceses de ultramar

don [dɔ̃] nm (cadeau) regalo; (charité) donativo; (aptitude) don m; **avoir des ~s pour** tener don ou tener gracia para

donc [dɔ̃k] conj (en conséquence) por tanto; (après une digression) así pues

donné, e [dɔne] adj (convenu): **prix/jour ~** precio/día m determinado; **c'est ~** es tirado, está regalado; **étant ~ que ...** puesto ou dado que ...; **donnée** nf dato

donner [dɔne] vt dar; (offrir) regalar; (maladie) pegar; (film, spectacle) echar, poner ♦ vi (fenêtre, chambre): **~ sur** dar a; **se ~** vpr: **se ~ à fond** (à son travail) entregarse a fondo (a su trabajo); **~ qch à qn** dar algo a algn

MOT-CLÉ

dont [dɔ̃] pron rel **1** (complément d'un nom sujet) cuyo(-a), cuyos(-as); **une méthode dont je ne connais pas les résultats** un método cuyos resultados desconozco; **c'est le chien dont le maître habite en face** es el perro cuyo dueño vive enfrente
2 (complément de verbe ou adjectif): **le voyage dont je t'ai parlé** el viaje del que te hablé; **le pays dont il est originaire** el país del que es originario; **la façon dont il l'a fait** la forma en que lo hizo
3 (parmi lesquel(le)s): **2 livres, dont l'un est gros** 2 libros, uno de los cuales es gordo; **il y avait plusieurs personnes, dont Gabrielle** había varias personas, entre ellas Gabriela; **10 blessés, dont 2 grièvement** 10 heridos, 2 de ellos de gravedad

doré, e [dɔʀe] adj dorado(-a)
dorénavant [dɔʀenavɑ̃] adv en adelante, en lo sucesivo
dorer [dɔʀe] vt dorar ♦ vi (CULIN: poulet): **(faire) ~** dorar
dorloter [dɔʀlɔte] vt mimar
dormir [dɔʀmiʀ] vi dormir; (être endormi) dormir, estar dormido(-a)
dortoir [dɔʀtwaʀ] nm dormitorio
dos [do] nm espalda; (d'un animal,

de livre) lomo; (d'un chèque etc) dorso; **voir au ~** véase al dorso; **de ~** de espaldas; **~ à ~** de espaldas uno a otro

dosage [dozaʒ] nm dosificación f
dose [doz] nf dosis f inv; **doser** vt (aussi fig) dosificar
dossier [dosje] nm expediente m; (chemise, enveloppe) carpeta; (de chaise) respaldo; (PRESSE) dossier m
douane [dwan] nf aduana; (taxes) arancel m; **douanier, -ière** adj, nm/f aduanero(-a)
double [dubl] adj doble ♦ adv: **voir ~** ver doble ♦ nm (autre exemplaire) copia; (sosie) doble; **le ~ (de)** el doble (de); **~ messieurs/mixte** (TENNIS) dobles mpl masculinos/mixtos; **en ~** por duplicado
doubler [duble] vt duplicar; (vêtement, chaussures) forrar; (voiture etc) adelantar; (film) doblar; (acteur) doblar a ♦ vi duplicarse
doublure [dublyʀ] nf (de vêtement) forro; (acteur) doble m
douce [dus] adj voir doux; **douceâtre** adj dulzón(-ona); **doucement** adv (délicatement) con cuidado; (à voix basse) bajo; (lentement) despacio; **douceur** nf suavidad f; (d'une personne, saveur etc) dulzura; (de gestes) delicadeza
douche [duʃ] nf ducha; **~s** nfpl (salle) duchas fpl; **prendre une ~** ducharse; **doucher** vt: **se doucher** ♦ vpr ducharse
doué, e [dwe] adj dotado(-a); **~ de** (possédant) dotado(-a) de
douille [duj] nf (ÉLEC) casquillo
douillet, te [duje, ɛt] adj (péj) delicado(-a)
douleur [dulœʀ] nf dolor m; **douloureux, -euse** adj

doloroso(-a)

doute [dut] *nm* duda; **sans ~** seguramente; **mettre en ~** poner en duda; **douter** *vt* dudar; **douter de** dudar de; **se douter de qch/que** sospechar algo/que; **je m'en doutais** me lo figuraba; **douteux, -euse** *adj* dudoso(-a); *(discutable)* discutible; *(péj)* de aspecto dudoso

doux, douce [du, dus] *adj* suave; *(personne, saveur)* dulce; *(climat, région)* templado(-a); *(eau)* blando(-a)

douzaine [duzɛn] *nf* docena; **une ~ (de)** unos(-as) doce

douze [duz] *adj inv, nm inv* doce *m inv; voir aussi* **cinq; douzième** *adj, nm/f* duodécimo(-a) ♦ *nm* duodécimo; *voir aussi* **cinquième**

dragée [dʀaʒe] *nf* peladilla

draguer [dʀage] *vt (rivière)* dragar; *(fam: filles)* ligar con ♦ *vi* ligar

dramatique [dʀamatik] *adj* dramático(-a) ♦ *nf (TV)* teledrama *m*

drame [dʀam] *nm* drama *m*

drap [dʀa] *nm* sábana; *(tissu)* paño

drapeau, x [dʀapo] *nm* bandera

drap-housse [dʀaus] *(pl ~s-~s)* *nm* sábana ajustable

dresser [dʀese] *vt* levantar; *(liste)* redactar; *(animal domestique)* entrenar; *(animal de cirque)* amaestrar; **se ~** *(église, falaise)* erguirse; *(obstacle)* presentarse

drogue [dʀɔg] *nf* droga; **drogué nm/f** drogadicto(-a); **droguer** *vt* drogar; **se droguer** *vpr* drogarse; **droguerie** *nf* droguería; **droguiste** *nm/f* droguero(-a)

droit, e [dʀwa, dʀwat] *adj* derecho(-a), recto(-a); *(opposé à gauche)* derecho(-a); *(fig)* recto(-a)

♦ *adv* derecho ♦ *nm* derecho; **avoir le ~ de** tener el derecho de; **avoir ~ à** tener derecho a; **être dans son ~** estar en su derecho; **de quel ~?** ¿con qué derecho?; **~s d'auteur** derechos de autor; **~s d'inscription** matrícula; **droite** *nf (direction)* derecha; *(MATH)* recta; *(POL)*: **la droite** la derecha; **à droite (de)** a la derecha (de); **de droite** *(POL)* de derechas; **droitier, -ière** *adj, nm/f* diestro(-a)

drôle [dʀol] *adj* gracioso(-a); *(bizarre)* raro(-a)

dromadaire [dʀɔmadɛʀ] *nm* dromedario

du [dy] *prép + dét voir* **de**

dû, e [dy] *pp de* **devoir** ♦ *adj (somme)* debido(-a); **~ à** debido a

dune [dyn] *nf* duna

duplex [dyplɛks] *nm (appartement)* dúplex *m*

duquel [dykɛl] *prép + pron voir* **lequel**

dur, e [dyʀ] *adj* duro(-a); *(problème)* difícil; *(fam)* almidonado(-a) ♦ *adv (travailler, taper etc)* duramente, mucho

durant [dyʀɑ̃] *prép* durante; **~ des mois, des mois ~** durante meses enteros

durcir [dyʀsiʀ] *vt, vi* endurecer; **se ~** *vpr* endurecerse

durée [dyʀe] *nf* duración *f*

durement [dyʀmɑ̃] *adv (très)* fuertemente; *(traiter)* severamente, duramente

durer [dyʀe] *vi* durar

dureté [dyʀte] *nf* dureza

durit ® [dyʀit] *nm* durita

dus *etc* [dy] *vb voir* **devoir**

duvet [dyvɛ] *nm* plumón *m*; **(sac de couchage) ~** saco de dormir (de plumón)

dynamique [dinamik] *adj* dinámico(-a); **dynamisme** *nm* dinamismo

dynamo [dinamo] *nf* dinamo *f* (*m en AM*)

dysenterie [disɑ̃tʀi] *nf* disentería

dyslexie [disleksi] *nf* dislexia

E, e

eau, x [o] *nf* agua; **prendre l'~** (*chaussure etc*) dejar pasar el agua; **tomber à l'~** (*fig*) fracasar; **~ courante/douce/salée** agua corriente/dulce/salada; **~ de Cologne/de toilette** agua de Colonia/de olor; **~ de javel** lejía; **~ oxygénée** agua oxigenada; **~ plate/minérale/gazeuse** agua natural (del grifo)/mineral/con gas; **eau-de-vie** (*pl* **eaux-de-vie**) *nf* aguardiente *m*

ébène [eben] *nf* ébano; **ébéniste** *nm* ebanista *m/f*

éblouir [ebluiʀ] *vt* deslumbrar

éboueur [ebwœʀ] *nm* basurero

ébouillanter [ebujɑ̃te] *vt* escaldar

éboulement [ebulmɑ̃] *nm* derrumbamiento

ébranler [ebʀɑ̃le] *vt* (*vitres, immeuble*) estremecer; (*résolution, personne*) hacer vacilar

ébullition [ebylisjɔ̃] *nf* ebullición *f*; **en ~** en ebullición

écaille [ekaj] *nf* (*de poisson*) escama; (*de coquillage*) concha; (*matière*) concha, carey *m*; (*de peinture*) desconchón *m*; **écailler** *vt* (*poisson*) escamar; **s'écailler** *vpr* (*peinture*) desconcharse

écart [ekaʀ] *nm* (*de temps*) lapso; (*dans l'espace*) separación *f*; (*de prix etc*) diferencia; (*embardée, mouvement*) desvío brusco; **à l'~** (*éloigné*) alejado(-a), apartado(-a)

écarté, e [ekaʀte] *adj* (*isolé*) apartado(-a); (*ouvert*) abierto(-a); **les jambes ~es** las piernas abiertas; **les bras ~s** los brazos abiertos

écarter [ekaʀte] *vt* (*éloigner*) alejar; (*personnes*) separar; (*ouvrir*) abrir; (*CARTES, candidat, possibilité*) descartar; **s'~** *vpr* (*parois, jambes*) abrirse; **s'~ de** alejarse de

échafaudage [eʃafodaʒ] *nm* (*CONSTR*) andamiaje *m*

échalote [eʃalɔt] *nf* chalote *m*, chalota

échange [eʃɑ̃ʒ] *nm* intercambio; **échanger** *vt* intercambiar; **échanger qch (contre)** (*troquer*) canjear algo (por)

échantillon [eʃɑ̃tijɔ̃] *nm* muestra

échapper [eʃape]: **~ à** *vt ind* escapar de; (*punition, péril*) librarse de; **s'~** *vpr* escaparse; **~ à qn** escapársele a algn; **l'~ belle** escapar por los pelos

écharpe [eʃaʀp] *nf* (*cache-nez*) bufanda; **avoir un bras en ~** tener un brazo en cabestrillo

échauffer [eʃofe]: **s'~** *vpr* (*SPORT*) calentarse

échéance [eʃeɑ̃s] *nf* (*date*) vencimiento; **à brève/longue ~** *adj*, *adv* a corto/largo plazo

échéant [eʃeɑ̃]: **le cas ~** *adv* llegado el caso

échec [eʃɛk] *nm* fracaso; **~s** *nmpl* (*jeu*) ajedrez *msg*; **~ et mat/au roi** jaque mate/al rey

échelle [eʃɛl] *nf* (*de bois*) escalera de mano; (*fig*) escala

échelon [eʃ(ə)lɔ̃] *nm* (*d'échelle*) escalón *m*; (*ADMIN*) escalafón *m*; (*SPORT*) categoría; **échelonner** *vt* escalonar

échiquier [eʃikje] *nm* tablero

écho [eko] nm eco; (*potins*) cotilleo; **échographie** nf ecografía

échouer [eʃwe] vi (*tentative*) fracasar; (*candidat*) suspender; (*bateau*) encallar; **s'~** vpr embarrancarse

éclabousser [eklabuse] vt salpicar

éclair [eklɛʀ] nm (*d'orage*) relámpago; (*de génie, d'intelligence*) chispa

éclairage [eklɛʀaʒ] nm iluminación f

éclaircie [eklɛʀsi] nf escampada

éclaircir [eklɛʀsiʀ] vt aclarar; **s'~** vpr (*ciel*) despejarse; **éclaircissement** nm (*gén pl: explication*) aclaración f

éclairer [eklɛʀe] vt (*suj: lampe, lumière*) iluminar; (*avec une lampe de poche*) alumbrar ♦ vi: **~ bien/mal** iluminar bien/mal

éclat [ekla] nm (*de bombe, verre*) fragmento; (*du soleil, d'une couleur*) brillo; **~ de rire** carcajada; **~s de voix** subidas fpl de tono

éclatant, e [eklatɑ̃, ɑ̃t] adj (*couleur*) brillante; (*lumière*) resplandeciente; (*succès*) clamoroso(-a)

éclater [eklate] vi estallar; **~ de rire/en sanglots** reventar de risa/en llanto

écluse [eklyz] nf esclusa

écœurant, e [ekœʀɑ̃] adj asqueroso(-a)

écœurer [ekœʀe] vt (*suj: gâteau, goût*) dar asco; (*personne, attitude*) desagradar; (*démoraliser*) destrozar

école [ekɔl] nf escuela; **aller à l'~** ir a la escuela; **~ maternelle** escuela de párvulos; **~ élémentaire, ~ primaire**

escuela primaria; **~ privée/publique/secondaire** escuela privada/pública/secundaria; **écolier, -ière** nm/f escolar m/f

---

école maternelle

En Francia la escuela infantil (l'école maternelle) está financiada por el estado y, pese a no ser obligatoria, la mayoría de los niños de entre dos y seis años acuden a ella. La educación obligatoria comienza con la educación primaria (l'école primaire) que abarca desde los seis hasta los diez u once años.

écologie [ekɔlɔʒi] nf ecología; **écologique** adj ecológico(-a); **écologiste** nm/f ecologista m/f

économe [ekɔnɔm] adj ahorrador(a)

économie [ekɔnɔmi] nf economía; (*vertu*) ahorro; **~s** nfpl ahorros mpl; **économique** adj económico(-a); **économiser** vt ahorrar, economizar

écorce [ekɔʀs] nf corteza; (*de fruit*) piel f

écorcher [ekɔʀʃe] vt (*animal*) desollar; (*égratigner*) arañar; **écorchure** nf arañazo

écossais, e [ekɔsɛ, ɛz] adj escocés(-esa)

Écosse [ekɔs] nf Escocia

écouter [ekute] vt escuchar; (*fig*) hacer caso de ou a, escuchar a; **s'~** vpr (*s'apitoyer*) hacerse caso; **si je m'écoutais** (*suivre son impulsion*) si por mí fuera; **écouteur** nm (*téléphone*) auricular m

écran [ekʀɑ̃] nm pantalla; **le petit ~** la pequeña pantalla

écrasant, e [ekʀazɑ̃, ɑ̃t] adj (responsabilité, travail) agobiante

écraser [ekʀaze] vt (broyer) aplastar; (suj: voiture, train etc) atropellar; (ennemi, équipe adverse) aplastar; **s'~ (au sol)** (avion) estrellarse (contra el suelo)

écrevisse [ekʀavis] nf cangrejo de río

écrire [ekʀiʀ] vt, vi escribir; **s'~** vpr (réciproque) escribirse; (mot): **ca s'écrit comment?** ¿cómo se escribe eso?; **écrit, e** [ekʀi, it] pp de **écrire ♦** bien/mal écrit bien/mal escrito(-a) **♦** nm escrito; **par écrit** por escrito

écriteau, x [ekʀito] nm letrero

écriture [ekʀityʀ] nf escritura; **l'É~ (sainte)** la (sagrada) Escritura

écrivain [ekʀivɛ̃] nm escritor(a)

écrou [ekʀu] nm tuerca

écrouler [ekʀule]: **s'~** vpr (mur) derrumbarse; (personne, animal) desplomarse; (projet etc) venirse abajo

écru [ekʀy] adj crudo(-a)

écu [eky] nm (monnaie de la CE) ecu m

écume [ekym] nf espuma

écureuil [ekyʀœj] nm ardilla

écurie [ekyʀi] nf cuadra

eczéma [ɛgzema] nm eczema m

EDF [adeef] sigle f (= Électricité de France)

éditer [edite] vt editar; **éditeur, -trice** nm/f editor(a); **édition** nf edición f; **l'édition** (industrie du livre) la edición

édredon [edʀadɔ̃] nm edredón m

éducateur, -trice [edykatœʀ, tʀis] nm/f educador(a)

éducatif, -ive [edykatif, iv] adj educativo(-a)

éducation [edykasjɔ̃] nf educación f; **bonne/mauvaise ~** buena/mala educación; **~ physique** educación física

éduquer [edyke] vt educar

effacer [efase] vt borrar

effarant, e [efaʀɑ̃, ɑ̃t] adj espantoso(-a)

effectif, -ive [efɛktif] adj efectivo(-a) **♦** nm (MIL, COMM: gén pl) efectivos mpl; **effectivement** adv efectivamente; (réellement) realmente

effectuer [efɛktɥe] vt efectuar; (mouvement) realizar

effervescent, e [efɛʀvesɑ̃, ɑ̃t] adj efervescente

effet [efɛ] nm efecto; **faire de l'~** (médicament, menace) hacer efecto; **en ~** en efecto

efficace [efikas] adj eficaz; **efficacité** nf eficacia

effondrer [efɔ̃dʀe]: **s'~** vpr (mur, bâtiment) desmoronarse; (prix, marché) hundirse

efforcer [efɔʀse]: **s'~ de** vpr esforzarse por; **s'~ de faire** esforzarse por hacer

effort [efɔʀ] nm esfuerzo; **faire un ~** hacer un esfuerzo

effrayant, e [efʀejɑ̃, ɑ̃t] adj horroroso(-a), espantoso(-a)

effrayer [efʀeje] vt asustar; **s'~ (de)** asustarse (de)

effréné, e [efʀene] adj desenfrenado(-a)

effronté, e [efʀɔ̃te] adj descarado(-a)

effroyable [efʀwajabl] adj espantoso(-a)

égal, e, -aux [egal, o] adj (gén) igual; (vitesse, rythme) regular **♦** nm/f igual m/f; **être ~ à** ser igual a; **ça lui/nous est ~** le/nos da igual; **sans ~** sin igual; **d'~ à ~** de igual a igual; **également** adv

(*partager etc*) en partes iguales; (*en outre, aussi*) igualmente;
égaler vt igualar; **égaliser** vt igualar ♦ vi (SPORT) empatar;
égalité nf igualdad f; **être à égalité (de points)** estar empatados(-as) (en tantos)

égard [egaʀ] nm consideración f; **~s** nmpl (*marques de respect*) atenciones fpl; **à cet ~/certains ~s/tous ~s** a este respecto/ en ciertos aspectos/por todos los conceptos; **en ~ à** en consideración a; **par/sans ~ pour** por/sin consideración para; **à l'~ de** con respecto a

égarer [egaʀe] vt (*perdre*) perder; (*personne*) echar a perder; **s'~** vpr perderse; (*objet*) extraviarse

églefin [eɡləfɛ̃] nm abadejo

église [egliz] nf iglesia; **aller à l'~** (*être pratiquant*) ir a la iglesia

égoïsme [eɡɔism] nm egoísmo;
égoïste adj, nm/f egoísta m/f

égout [egu] nm alcantarilla

égoutter [egute] vt escurrir ♦ vi gotear; **s'~** vpr escurrirse;
égouttoir nm escurridor

égratignure nf rasguño

Égypte [eʒipt] nf Egipto;
égyptien, ne adj egipcio(-a) ♦ nm/f: **Égyptien, ne** egipcio(-a)

eh [e] excl ¡eh!; **~ bien!** (*surprise*) ¡pero bueno!; **~ bien?** (*attente, doute*) ¿y bien?

élaborer [elabɔʀe] vt elaborar

élan [elã] nm (ZOOL) alce m; (*mouvement, lancée*) impulso; (*fig*) arrebato; **prendre de l'~** tomar carrerilla; **prendre son ~** tomar impulso

élancer [elãse]: **s'~** vpr lanzarse

élargir [elaʀʒiʀ] vt (*porte, route*) ensanchar; (*vêtement*) sacar a; **s'~** vpr ensancharse

élastique [elastik] adj elástico(-a) ♦ nm (*de bureau*) elástico, goma; (*pour la couture*) goma

élection [eleksjɔ̃] nf elección f; **~s** nfpl (POL) elecciones fpl

électricien, ne [elektʀisjɛ̃, jɛn] nm/f electricista m/f

électricité [elektʀisite] nf electricidad f; **allumer/éteindre l'~** encender/apagar la luz

électrique [elektʀik] adj eléctrico(-a); (*fig*) tenso(-a)

électrocuter [elektʀɔkyte] vt electrocutar

électroménager [elektʀomenaʒe] adj: **appareils ~s** aparatos mpl electrodomésticos; **l'~** (*secteur commercial*) el sector de electrodomésticos

électronique [elektʀɔnik] adj electrónico(-a) ♦ nf electrónica

élégance [elegãs] nf elegancia

élégant, e [elegã, ãt] adj elegante

élément [elemã] nm elemento;
élémentaire adj elemental

éléphant [elefã] nm elefante m

élevage [el(ə)vaʒ] nm (*de bétail, de volaille etc*) cría; (*activité, secteur économique*) ganadería

élevé, e [el(ə)ve] adj elevado(-a); **bien/mal ~** bien/mal educado(-a)

élève [elev] nm/f alumno(-a)

élever [el(ə)ve] vt (*enfant, animaux, vin*) educar, criar; (*hausser*) subir; (*monument, âme, esprit*) elevar; **s'~** vpr (*avion, alpiniste*) ascender; (*clocher, montagne*) alzarse; (*protestations*) levantar; (*cri*) oírse; (*niveau*) subir; (*température*) ascender; **s'~ contre qch** rebelarse contra algo; **s'~ à** (*frais, dégâts*) elevarse a; **éleveur, -euse** nm/f (de bétail) ganadero/-a

éliminatoire [eliminatwaʀ] adj eliminatorio(-a) ♦ nf eliminatoria

éliminer [elimine] vt eliminar

élire [eliʀ] vt (POL etc) elegir

elle [ɛl] pron ella; **Marie est~grande?** ¿María es grande?; **c'est à ~** es suyo(-a), es de ella; **ce livre est à ~** ese libro es suyo; (après préposition) sí misma; **avec ~** (réfléchi) consigo; **elle-même** ella misma

éloigné, e [elwaɲe] adj (gén) alejado(-a); (date, échéance, parent) lejano(-a)

éloigner [elwaɲe] vt (échéance, but) retrasar; (soupçons, danger) ahuyentar; **s'~** vpr alejarse; **~ qch (de)** alejar algo (de); **~ qn (de)** distanciar a algn (de)

élu, e [ely] pp de **élire** ♦ nm/f (POL) elegido(-a), electo(-a)

Élysée [elize] nm: **l'~, le palais de l'~** el Elíseo, el palacio del Elíseo

émail, -aux [emaj, o] nm esmalte m

émanciper [emɑ̃sipe] vt (JUR) emancipar; (gén: aussi moralement) liberar; **s'~** vpr (fig) liberarse

emballage [ɑ̃balaʒ] nm embalaje m; (d'un cadeau) envoltura f

emballer [ɑ̃bale] vt (gén, moteur) embalar; (cadeau) envolver; (fig: fam) apetecer; **s'~** vpr (moteur, personne) embalarse; (cheval) desbocarse; (fig) propasarse

embarcadère [ɑ̃baʀkadɛʀ] nm embarcadero

embarquement [ɑ̃baʀkəmɑ̃] nm embarque m

embarquer [ɑ̃baʀke] vt, vi embarcar; **s'~** vpr embarcarse;

s'~ dans (affaire, aventure) embarcarse en

embarras [ɑ̃baʀa] nm (gén pl: obstacle) inconveniente m; (confusion) turbación f

embarrassant, e [ɑ̃baʀasɑ̃, ɑ̃t] adj molesto(-a)

embarrasser [ɑ̃baʀase] vt (encombrer) estorbar; (gêner) molestar; (troubler) turbar

embaucher [ɑ̃boʃe] vt contratar

embêtement [ɑ̃betmɑ̃] nm (gén pl) contratiempo

embêter [ɑ̃bete] vt (importuner) molestar, embromar (AM); (ennuyer) aburrir; (contrarier) fastidiar; **s'~** vpr aburrirse

emblée [ɑ̃ble]: **d'~** adv de golpe

embouchure [ɑ̃buʃyʀ] nf (GÉO) desembocadura

embourber [ɑ̃buʀbe]: **s'~** vpr atascarse

embouteillage [ɑ̃butejaʒ] nm embotellamiento

embranchement [ɑ̃bʀɑ̃ʃmɑ̃] nm (routier) bifurcación f; (SCIENCE) tipo

embrasser [ɑ̃bʀase] vt (étreindre) abrazar; (donner un baiser) besar

embrayage [ɑ̃bʀɛjaʒ] nm embrague m

embrouiller [ɑ̃bʀuje] vt enredar; **s'~** vpr enredarse

embruns [ɑ̃bʀɛ̃] nmpl salpicaduras fpl

embué, e [ɑ̃bɥe] adj empañado(-a)

émeraude [em(ə)ʀod] nf, adj inv esmeralda

émerger [emɛʀʒe] vi emerger; (fig) surgir

émeri [em(ə)ʀi] nm: **papier ~** papel m de esmeril

émerveiller [emɛʀveje] vt maravillar; **s'~** vpr: **s'~ (de qch)**

maravillarse (de algo)

émettre [emetʀ] vt, vi emitir

émeus etc [emø] vb voir **émouvoir**

émeute [emøt] nf motín m

émigrer [emigʀe] vi emigrar

émincer [emɛ̃se] vt (viande) trinchar; (oignons etc) cortar en rodajas finas

émission [emisjɔ̃] nf emisión f

emmêler [ɑ̃mele] vt enmarañar; **s'~** vpr enmarañarse

emménager [ɑ̃menaʒe] vi mudarse; **~ dans** instalarse en

emmener [ɑ̃m(ə)ne] vt llevar; (comme otage, capture, avec soi) llevarse; **~ qn au cinéma/ restaurant** llevar a algn al cine/ restaurante

emmerder [ɑ̃mɛʀde] (fam!) vt dar el coñazo (fam!), fregar (AM) (fam!); **s'~** vpr aburrirse la hostia (fam!)

émotif, -ive [emɔtif, iv] adj (troubles etc) emocional; (personne) emotivo(-a)

émotion [emosjɔ̃] nf emoción f

émouvoir [emuvwaʀ] vt (troubler) turbar; (attendrir) conmover; **s'~** vpr (se troubler) turbarse; (s'attendrir) conmoverse

empaqueter [ɑ̃pakte] vt empaquetar

emparer [ɑ̃paʀe]: **s'~ de** vpr apoderarse de; (MIL) adueñarse de

empêchement [ɑ̃peʃmɑ̃] nm impedimento

empêcher [ɑ̃peʃe] vt impedir; **~ qn de faire qch** impedir a algn que haga algo; **il n'empêche que** lo que no quiere decir que; **il n'a pas pu s'~ de rire** no pudo evitar reírse

empereur [ɑ̃pʀœʀ] nm emperador m

empiffrer [ɑ̃pifʀe]: **s'~** vpr (péj) atracarse

empiler [ɑ̃pile] vt apilar

empire [ɑ̃piʀ] nm imperio m; (fig) dominio

empirer [ɑ̃piʀe] vi empeorar

emplacement [ɑ̃plasmɑ̃] nm emplazamiento

emplettes [ɑ̃plɛt] nfpl: **faire des ~** ir de tiendas

emploi [ɑ̃plwa] nm empleo; (COMM, ÉCON) el empleo; **offre/ demande d'~** oferta/demanda de empleo; **~ du temps** horario

employé, e [ɑ̃plwaje] nm/f empleado(-a); **~ de bureau** oficinista m/f

employer [ɑ̃plwaje] vt emplear; **employeur, -euse** nm/f patrón(-ona), empresario(-a)

empoigner [ɑ̃pwaɲe] vt empuñar

empoisonner [ɑ̃pwazɔne] vt (volontairement) envenenar; (accidentellement, empester) intoxicar; (fam: embêter): **~ qn** fastidiar a algn

emporter [ɑ̃pɔʀte] vt llevar; (en dérobant, enlevant) arrebatar; (suj: courant, vent, avalanche, choc) arrastrar; (gagner, MIL) lograr; **s'~** vpr enfurecerse; **boissons/plats chauds à ~** bebidas fpl/comidas fpl calientes para llevar

empreinte [ɑ̃pʀɛ̃t] nf huella; **~s (digitales)** huellas fpl (dactilares)

empressé, e [ɑ̃pʀese] adj solícito(-a)

empresser [ɑ̃pʀese]: **s'~** vpr apresurarse; **s'~ de faire** apresurarse a hacer

emprisonner [ɑ̃pʀizɔne] vt encarcelar

emprunt [ɑ̃pʀɛ̃] nm (gén, FIN) préstamo

emprunter [ɑ̃pʀɛ̃te] vt (gén, FIN)

pedir *ou* tomar prestado; (*route, itinéraire*) seguir

ému, e [emy] *pp de* **émouvoir ♦** *adj* (*de joie, gratitude*) emocionado(-a)

MOT-CLÉ

en [ã] *prép* 1 (*endroit, pays*) en; (*direction*) en; **habiter en France/en ville** vivir en Francia/en la ciudad; **aller en France/en ville** ir a Francia/a la ciudad
2 (*temps*) en; **en 3 jours/20 ans** en 3 días/20 años; **en été/juin** en verano/junio
3 (*moyen*) en; **en avion/taxi** en avión/taxi
4 (*composition*) de; **c'est en verre/bois** es de cristal/madera; **un collier en argent** un collar de plata
5 (*description, état*): **une femme en rouge** una mujer de rojo; **peindre qch en rouge** pintar algo de rojo; **en T/étoile** en forma de T/en estrella; **en chemise/chaussettes** en camisa/calcetines; **en soldat** de soldado; **en deuil** de luto; **cassé en plusieurs morceaux** roto en varios pedazos; **en réparation** en reparación; **partir en vacances** marcharse de vacaciones; **le même en plus grand** el mismo en tamaño más grande; **expert/licencié en ...** experto/licenciado en ...; **fort en maths** fuerte en matemáticas; **être en bonne santé** estar bien de salud; **en deux volumes/une pièce** en dos volúmenes/una pieza; (*pour locutions avec 'en'*) *voir* **tant**; **croire** *etc*
6 (*en tant que*): **en bon chrétien** como buen cristiano; **je te parle en ami** te hablo como amigo
7 (*avec gérondif*): **en travaillant/dormant** al trabajar/dormir, trabajando/durmiendo; **en apprenant la nouvelle/sortant, ...** al saber la noticia/al salir, ...; **sortir en courant** salir corriendo
♦ pron 1 (*indéfini*): **j'en ai ...** tengo ...; **en as-tu?** ¿tienes?; **en veux-tu?** ¿quieres?; **je n'en veux pas** no quiero; **j'en ai 2** tengo dos; **j'en ai assez** (*fig*) tengo bastante; (*j'en ai marre*) estoy harto de eso; **combien y en a-t-il?** ¿cuántos hay?; **où en étais-je?** ¿dónde estaba?
2 (*provenance*) de allí; **j'en viens/sors** vengo/salgo (de allí)
3 (*cause*): **il en est malade/perd le sommeil** está enfermo/pierde el sueño (por ello)
4 (*complément de nom, d'adjectif, de verbe*): **j'en connais les dangers/défauts** conozco los peligros/defectos de eso; **j'en suis fier** estoy orgulloso de ello; **j'en ai besoin** lo necesito

encadrer [ãkadʀe] *vt* (*tableau, image*) enmarcar; (*fig: entourer*) rodear; (*personnel*) formar

encaisser [ãkese] *vt* (*chèque, argent*) cobrar; (*coup, défaite*) encajar

en-cas [ãkɑ] *nm inv* tentempié *m*

enceinte [ãsɛ̃t] *adj f*: ~ **(de 6 mois)** encinta *ou* embarazada (de 6 meses) **♦** *nf* (*mur*) muralla; (*espace*) recinto; ~ **(acoustique)** bafle *m*

encens [ãsã] *nm* incienso

enchaîner [ãʃene] *vt* encadenar **♦**

vi proseguir

enchanté, e [ɑ̃ʃɑ̃te] *adj*
encantado(-a); **~ de faire votre**
connaissance encantado(-a) de
conocerle

enchère [ɑ̃ʃɛʀ] *nf* oferta;
mettre/vendre aux ~s sacar/
vender en subasta

enclencher [ɑ̃klɑ̃ʃe] *vt*
(*mécanisme*) enganchar; **s'~** *vpr*
(*mécanisme*) ponerse en marcha

encombrant, e [ɑ̃kɔ̃bʀɑ̃, ɑ̃t] *adj*
voluminoso(-a); **encombrement**
nm (*de circulation*)
embotellamiento; (*des lignes*
téléphoniques) saturación *f*

encombrer [ɑ̃kɔ̃bʀe] *vt* (*couloir,*
rue) obstruir; (*personne*) estorbar;
s'~ *vpr* (*bagages etc*) cargarse
de *ou* con

MOT-CLÉ

---

encore [ɑ̃kɔʀ] *adv* **1**
(*continuation*) todavía; **il travaille**
encore trabaja todavía; **pas**
encore todavía no
2 (*de nouveau*): **elle m'a**
encore demandé de l'argent
me ha vuelto a pedir dinero;
encore! (*insatisfaction*) ¡otra vez!;
encore un effort un esfuerzo
más; **j'irai encore demain** iré
también mañana; **encore une**
fois una vez más; **encore deux**
jours dos días más
3 (*intensif*): **encore plus fort/**
mieux aún más fuerte/mejor;
hier encore todavía ayer; **non**
seulement ... , mais encore
no sólo ... sino también
4 (*restriction*) al menos; **encore**
pourrais-je faire, si j'avais
de l'argent si al menos tuviera
dinero, podría hacerlo; **si encore**
si por lo menos; **(et puis) quoi**

encore? ¿y qué más?; **encore**
que
♦ *conj* aunque

encourager [ɑ̃kuʀaʒe] *vt*
(*personne*) animar

encourir [ɑ̃kuʀiʀ] *vt* exponerse a

encre [ɑ̃kʀ] *nf* tinta

encyclopédie [ɑ̃siklɔpedi] *nf*
enciclopedia

endetter: **s'~** *vpr*
endeudarse

endive [ɑ̃div] *nf* endibia

endormi, e [ɑ̃dɔʀmi] *pp de*
endormir ♦ *adj* dormido(-a)

endormir [ɑ̃dɔʀmiʀ] *vt*
adormecer, dormir; (*MÉD*)
anestesiar; **s'~** *vpr* dormirse

endroit [ɑ̃dʀwa] *nm* lugar *m*,
sitio; (*opposé à l'envers*) derecho; **à**
l'~ (*vêtement*) al derecho

endurance [ɑ̃dyʀɑ̃s] *nf*
resistencia

endurant, e [ɑ̃dyʀɑ̃, ɑ̃t] *adj*
resistente

endurcir [ɑ̃dyʀsiʀ]: **s'~** *vpr*
endurecerse

endurer [ɑ̃dyʀe] *vt* aguantar

énergétique [enɛʀʒetik] *adj*
energético(-a)

énergie [enɛʀʒi] *nf* energía;
énergique *adj* enérgico(-a)

énervant, e [enɛʀvɑ̃, ɑ̃t] *adj*
irritante

énerver [enɛʀve] *vt* poner
nervioso, enervar; **s'~** *vpr* ponerse
nervioso, enervarse

enfance [ɑ̃fɑ̃s] *nf* (*âge*) niñez *f*

enfant [ɑ̃fɑ̃] *nm/f* (*garçon, fillette*)
niño(-a); (*fils, fille*) hijo(-a);
enfantin, e *adj* infantil

enfer [ɑ̃fɛʀ] *nm* infierno

enfermer [ɑ̃fɛʀme] *vt* (*à clef etc*)
encerrar

enfiler [ɑ̃file] *vt* (*perles*) ensartar;

(*aiguille*) enhebrar; ~ **qch**
(*vêtement*) ponerse algo
enfin |ɑ̃fɛ̃| *adv* (*pour finir*)
finalmente; (*en dernier lieu, pour
conclure*) por último; (*de restriction,
résignation*) en fin
enflammer |ɑ̃flɑme| *vt* inflamar;
s'~ *vpr* inflamarse
enflé, e |ɑ̃fle| *adj* hinchado(-a)
enfler |ɑ̃fle| *vi* (*MÉD*) inflamar,
hinchar
enfoncer |ɑ̃fɔ̃se| *vt* (*clou*) clavar;
(*forcer, défoncer, faire pénétrer*)
hundir ♦ *vi* (*dans la vase etc*)
hundirse; **s'~** *vpr* hundirse; **s'~
dans** hundirse en
enfouir |ɑ̃fwir| *vt* (*dans le sol*)
enterrar; (*dans un tiroir, une poche*)
meter en el fondo
enfuir |ɑ̃fɥir| : **s'~** *vpr* huir
engagement |ɑ̃ɡaʒmɑ̃| *nm*
compromiso
engager |ɑ̃ɡaʒe| *vt* (*embaucher*)
contratar; (*débat*) iniciar; (:
négociations) entablar; (*lier*)
comprometer; (*impliquer,
entraîner*) implicar; **s'~** *vpr*
(*s'embaucher*) incorporarse; (*MIL*)
alistarse; (*politiquement, promettre*)
comprometerse; (*négociations*)
entablarse; ~ **qch dans** (*faire
pénétrer*) meter algo en; **s'~ à
faire qch** comprometerse a hacer
algo; **s'~ dans** (*rue, passage*)
enfilar; (*voie, carrière, discussion*)
meterse en
engelures |ɑ̃ʒlyr| *nfpl* sabañones
mpl
engin |ɑ̃ʒɛ̃| *nm* máquina; (*péj*)
artefacto
engloutir |ɑ̃ɡlutir| *vt* tragar
engouement |ɑ̃ɡumɑ̃| *nm*
apasionamiento
engouffrer |ɑ̃ɡufre| *vt* engullir;
s'~ dans *vpr* (*suj: vent, eau*)

penetrar en
engourdir |ɑ̃ɡurdir| *vt*
(*membres*) entumecer; (*esprit*)
entorpecer; **s'~** *vpr* entumecerse,
entorpecerse
engrais |ɑ̃ɡrɛ| *nm* abono
engraisser |ɑ̃ɡrɛse| *vt* (*animal*)
cebar ♦ *vi* (*péj: personne*) forrarse
engrenage |ɑ̃ɡrənaʒ| *nm*
engranaje *m*
engueuler |ɑ̃ɡœle| (*fam*) *vt*: ~
qn cabrearse con algn
enhardir |ɑ̃ardir|: **s'~** *vpr*
envalentonarse
énigme |enigm| *nf* enigma *m*
enivrer |ɑ̃nivre| *vt* embriagar,
emborrachar
enjamber |ɑ̃ʒɑ̃be| *vt* franquear
enjeu, x |ɑ̃ʒø| *nm* apuesta; (*d'une
élection, d'un match*) lo que está
en juego
enjoué, e |ɑ̃ʒwe| *adj* alegre
enlaidir |ɑ̃ledir| *vt* afear ♦ *vi*
afearse
enlèvement |ɑ̃levmɑ̃| *nm* (*rapt*)
rapto
enlever |ɑ̃l(ə)ve| *vt* quitar;
(*ordures, meubles à déménager*)
recoger; (*kidnapper*) raptar; (*prix,
victoire*) conseguir; ~ **qch à qn**
(*possessions, espoir*) quitar algo a
algn
enliser |ɑ̃lize|: **s'~** *vpr* hundirse
enneigé, e |ɑ̃neʒe| *adj* (*pente,
col*) nevado(-a)
ennemi, e |ɛnmi| *adj, nm/f*
enemigo(-a)
ennui |ɑ̃nɥi| *nm* (*lassitude*)
aburrimiento; (*difficulté*) problema
m; **avoir/s'attirer des ~s**
tener/buscarse problemas;
ennuyer |ɑ̃nɥije| *vt* (*importuner, gêner*)
molestar; (*contrarier*) fastidiar;
(*lasser*) aburrir; **s'ennuyer** *vpr* (*se
lasser*) aburrirse; **s'ennuyer de**

qch/qn (regretter) echar de menos algo/a algn; **ennuyeux, -euse** adj (lassant) aburrido(-a); (contrariant) molesto(-a)

énorme [enɔrm] adj enorme; **énormément** adv (avec vb) muchísimo; **énormément de neige/gens** muchísima nieve/ gente

enquête [ãkɛt] nf (judiciaire, administrative, de police) investigación f; (de journaliste, sondage) encuesta; **enquêter** vi (gén, police) investigar; (journaliste, sondage) hacer una encuesta

enragé, e [ãraʒe] adj (MÉD) rabioso(-a); (passionné) apasionado(-a)

enrageant, e [ãraʒã, ãt] adj irritante

enrager [ãraʒe] vi da rabia

enregistrement [ãr(ə)ʒistrəmã] nm (d'un disque) grabación f; (d'un fichier, d'une plainte) registro; **~ des bagages** facturación f

enregistrer [ãr(ə)ʒistre] vt (MUS, INFORM) grabar; (ADMIN, COMM, fig) registrar; (aussi: **faire ~**: bagages) facturar

enrhumer [ãryme]: **s'~** vpr acatarrarse, constiparse, resfriarse

enrichir [ãriʃir] vt enriquecer; **s'~** vpr enriquecerse

enrouer [ãrwe]: **s'~** vpr enronquecer

enrouler [ãrule] vt enrollar; **s'~** vpr enrollarse; **~ qch autour de** enrollar algo alrededor de

enseignant, e [ãsɛɲã, ãt] adj, nm/f docente m/f

enseignement [ãsɛɲ(ə)mã] nm enseñanza

enseigner [ãsɛɲe] vt (suj: professeur) enseñar, dar clase de; **~ qch à qn** enseñar algo a algn

ensemble [ãsãbl] adv (l'un avec l'autre) juntos(-as); (en même temps) juntos(-as) ♦ nm conjunto; **l'~ du/de la** (la totalidad del/de la; **aller ~** (être assorti) combinarse; **dans l'~** (en gros) en conjunto

ensoleillé, e [ãsɔleje] adj soleado(-a)

ensuite [ãsɥit] adv (dans une succession: après) a continuación; (plus tard) después; **~ de quoi** después de lo cual

entamer [ãtame] vt (pain, bouteille) empezar; (hostilités, pourparlers) iniciar

entasser [ãtase] vt (empiler) amontonar; **s'~** vpr amontonarse; hacinarse

entendre [ãtãdr] vt oír; (comprendre) entender; (vouloir dire) querer decir; **s'~** vpr (sympathiser) entenderse; (: se mettre d'accord) ponerse de acuerdo; **j'ai entendu dire que** he oído que; **~ parler de** oír hablar de; **je m'entends** sé lo que (me) digo; **laisser ~ que, donner à ~ que** dar a entender que

entendu, e [ãtãdy] pp de **entendre** ♦ adj (affaire) concluido(-a); (air) entendido(-a); **(c'est) ~!** ¡de acuerdo!, ¡entendido!; **c'est ~** (concession) entendido; **bien ~!** ¡por supuesto!

entente [ãtãt] nf (entre amis, pays) entendimiento; (accord, traité) acuerdo

enterrement [ãtɛrmã] nm entierro

enterrer [ãtere] vt enterrar

entêtant, e [ãtɛtã, ãt] adj (odeur, atmosphère) mareante

entêté, e [ãtete] adj

obstinado(-a), cabezota
en-tête [ɑ̃tɛt] *nm* (*pl* **~~s**) *nm*
membrete *m*; **enveloppe/
papier à ~~** sobre *m*/papel *m*
con membrete

entêter [ɑ̃tete]: **s'~** *vpr*
obstinarse, empecinarse; **s'~ (à
faire)** empeñarse (en hacer)

enthousiasme [ɑ̃tuzjasm] *nm*
entusiasmo; **enthousiasmer** *vt*
entusiasmar; **s'enthousiasmer**
vpr: **s'enthousiasmer (pour
qch)** entusiasmarse (con algo);
enthousiaste *adj, nm/f*
entusiasta *m/f*

entier, -ère [ɑ̃tje, jɛʀ] *adj*
entero(-a); (*en totalité*) entero(-a),
completo(-a); **en ~** por completo;
lait ~ leche *f* entera;
entièrement *adv* enteramente

entonnoir [ɑ̃tɔnwaʀ] *nm*
(*ustensile*) embudo

entorse [ɑ̃tɔʀs] *nf* esguince *m*

entourage [ɑ̃tuʀaʒ] *nm*
(*personnes proches*) allegados *mpl*;
(*ce qui enclôt*) cerco

entourer [ɑ̃tuʀe] *vt* (*par une
clôture etc*) cercar; (*faire cercle
autour de*) rodear; (*apporter son
soutien à*) atender; **s'~ de** *vpr*
(*collaborateurs*) rodearse de; **~
qch de** rodear algo con

entracte [ɑ̃tʀakt] *nm* entreacto

entraide [ɑ̃tʀɛd] *nf* ayuda mutua

entrain [ɑ̃tʀɛ̃] *nm* ánimo; **avec ~**
con entusiasmo

entraînement [ɑ̃tʀɛnmɑ̃] *nm*
entrenamiento

entraîner [ɑ̃tʀene] *vt* (*tirer*)
arrastrar; (*charrier*) acarrear;
(*moteur, poulie*) accionar;
(*emmener*) llevarse; (*joueurs,
soldats*) guiar; (*SPORT*) entrenar;
(*influencer*) influenciar; (*impliquer,
causer*) ocasionar; **s'~** *vpr* (*SPORT*)

entraînarse; **~ qn à/à faire** *qch*
(*inciter*) arrastrar a algn a/a hacer
algo; **s'~ à qch/à faire qch**
(*s'exercer*) ejercitarse en algo/en
hacer algo; **entraîneur, -euse**
nm/f (*SPORT*) entrenador(a);
(*HIPPISME*) picador(a)

entre [ɑ̃tʀ] *prép* entre; **l'un d'~
eux/nous** uno de ellos/nosotros;
~ autres (choses) entre otras
(cosas); **~ nous, ...** entre
nosotros, ...; **ils se battent ~
eux** se pelean entre sí;
entrecôte *nf* entrecot(e) *m*
entrée [ɑ̃tʀe] *nf* entrada; **~ en
vigueur** entrada en vigor
entre...: entrefilet *nm* noticia
breve; **entremets** *nm* postre *m*
entrepôt [ɑ̃tʀəpo] *nm* almacén *m*,
galpón *m* (*CSUR*)
entreprendre [ɑ̃tʀəpʀɑ̃dʀ] *vt*
emprender
entrepreneur [ɑ̃tʀəpʀənœʀ] *nm*
empresario; **~ (en bâtiment)**
contratista *m/f* (de obras)
entreprise [ɑ̃tʀəpʀiz] *nf* empresa
entrer [ɑ̃tʀe] *vi* entrar ♦ *vt*
(*INFORM*) meter; (**faire**) **~ qch
dans** (*objet*) meter algo en; **~
dans** entrar en; (*entrer en collision
avec*) chocar con; (*entrer au
couvent/à l'hôpital*) ingresar en
el convento/en el hospital; **faire
~** hacer pasar
entre-temps [ɑ̃tʀətɑ̃] *adv*
entretanto
entretenir [ɑ̃tʀət(ə)niʀ] *vt*
mantener
entretien [ɑ̃tʀətjɛ̃] *nm* (*d'une
maison, d'une famille, service*)
mantenimiento; (*discussion*)
conversación *f*; (*audience*)
entrevista
entrevoir [ɑ̃tʀəvwaʀ] *vt* entrever;
(*solution, problème*) vislumbrar

entrevue [ãtrəvy] *nf* entrevista

entrouvert, e [ãtruvɛr, ɛrt] *adj* entreabierto(-a)

énumérer [enymere] *vt* enumerar

envahir [ãvair] *vt* invadir; **envahissant, e** *adj* (péj: personne) avasallador(a)

enveloppe [ãv(ə)lɔp] *nf* sobre *m*; **envelopper** *vt* envolver

enverrai *etc* [ãvere] *vb voir* **envoyer**

envers [ãvɛr] *prép* hacia ♦ *nm*: **l'~** (d'une feuille) el dorso; (d'un vêtement) el revés; **à l'~** al revés

envie [ãvi] *nf* envidia; **avoir ~ de qch/de faire qch** tener ganas de algo/de hacer algo; **avoir ~ que** tener ganas de que; **ça lui fait ~** le da envidia; **envier** *vt* envidiar; **envieux, -euse** *adj, nm/f* envidioso(-a)

environ [ãvirɔ̃] *adv* aproximadamente; **3 h/2 km ~** 3 h/2 km aproximadamente

environnant, e [ãvirɔnɑ̃, ɑ̃t] *adj* cercano(-a)

environnement [ãvirɔnmɑ̃] *nm* medioambiente

environs [ãvirɔ̃] *nmpl* alrededores *mpl*; (fig: temps, somme) alrededor de

envisager [ãvizaʒe] *vt* considerar; (avoir en vue) prever

envoler [ãvɔle]: **s'~** *vpr* (oiseau) echarse a volar; (papier, feuille) volarse; (espoir, illusion) esfumarse

envoyé, e [ãvwaje] *nm/f* (POL) enviado(-a)

envoyer [ãvwaje] *vt* enviar; (projectile, ballon) lanzar; **~ chercher qch/qn** mandar a buscar algo/a algn

épagneul, e [epaɲœl] *nm/f* podenco(-a)

épais, se [epɛ, ɛs] *adj* espeso(-a); **épaisseur** *nf* (v adj) espesor *m*, grosor *m*

épanouir [epanwir]: **s'~** *vpr* (fleur) abrirse; (visage) iluminarse; (fig) florecer

épargne [eparɲ] *nf* ahorro

épargner [eparɲe] *vt* ahorrar; (ennemi, récolte, région) perdonar ♦ *vi* ahorrar; **~ qch à qn** evitarle algo a algn

éparpiller [eparpije] *vt* esparcir; (pour répartir) diseminar; **s'~** *vpr* esparcirse; (fig: étudiant, chercheur etc) dispersarse los esfuerzos

épatant, e [epatã, ãt] (fam) *adj* estupendo(-a)

épater [epate] (fam) *vt* impresionar

épaule [epol] *nf* (ANAT) hombro; (CULIN) espaldilla

épave [epav] *nf* restos *mpl*

épée [epe] *nf* espada

épeler [ep(ə)le] *vt* deletrear

éperon [eprɔ̃] *nm* (de botte) espuela

épervier [epervje] *nm* (ZOOL) gavilán *m*; (PÊCHE) esparavel *m*

épi [epi] *nm* (de blé) espiga

épice [epis] *nf* especia

épicé, e [epise] *adj* picante

épicer [epise] *vt* condimentar

épicerie [episri] *nf* (magasin) tienda de ultramarinos, boliche *m* (AM); **~ fine** ultramarinos *mpl* finos; **épicier, -ière** *nm/f* tendero(-a)

épidémie [epidemi] *nf* epidemia

épiderme [epidɛrm] *nm* epidermis *f inv*

épier [epje] *vt* (personne) espiar; (arrivée, occasion) estar pendiente de

épilepsie [epilɛpsi] *nf* epilepsia

épiler [epile] *vt* depilar

épinards [epinar] nmpl espinacas fpl

épine [epin] nf espina

épingle [epɛ̃gl] nf alfiler m; **~ de nourrice** ou **de sûreté** imperdible m

épisode [epizɔd] nm episodio; **film en trois ~s** película en tres episodios; **épisodique** adj episódico(-a)

épluche-légumes [eplyʃlegym] nm inv pelador m, mondador m

éplucher [eplyʃe] vt (fruit, légumes) pelar; (fig: texte) examinar minuciosamente; **épluchures** nfpl mondas fpl

éponge [epɔ̃ʒ] nf esponja ♦ adj: **tissu ~** tela de felpa; **éponger** vt (liquide, fig) enjugar; (surface) pasar una esponja por; **s'éponger le front** enjugarse la frente

époque [epɔk] nf época; **d'~** (meuble etc) de época

épouse [epuz] nf esposa; **épouser** vt casarse con

épousseter [epuste] vt limpiar el polvo de

épouvantable [epuvɑ̃tabl] adj horroroso(-a); (bruit, vent etc) espantoso(-a)

épouvantail [epuvɑ̃taj] nm espantapájaros m inv

épouvante [epuvɑ̃t] nf espanto; **film/livre d'~** película/novela de terror; **épouvanter** vt (terrifier) horrorizar; (sens affaibli) espantar

époux, épouse [epu, uz] nm/f esposo(-a) ♦ nmpl: **les ~** los esposos

épreuve [eprœv] nf prueba; (SCOL) éxamen m; **mettre à l'~** poner a prueba

éprouvant, e [epruvɑ̃, ɑ̃t] adj duro(-a)

éprouver [epruve] vt (fatigue, douleur) sufrir, padecer; (sentiment) sentir; (difficultés etc) encontrar

épuisé, e [epɥize] adj agotado(-a); **épuisement** nm agotamiento

épuiser [epɥize] vt agotar; **s'~** vpr agotarse

épuisette [epɥizet] nf (PÊCHE) salabre m

équateur [ekwatœr] nm ecuador m; **Équateur** Ecuador m

équation [ekwasjɔ̃] nf ecuación f

équerre [ekɛr] nf (pour dessiner, mesurer) escuadra

équilibre [ekilibr] nm equilibrio; **être/mettre en ~** estar/poner en equilibrio; **garder/perdre l'~** guardar/perder el equilibrio; **équilibré, e** adj equilibrado(-a); **équilibrer** vt equilibrar

équipage [ekipaʒ] nm (de bateau, d'avion) tripulación f

équipe [ekip] nf (de joueurs) equipo; (de travailleurs) cuadrilla

équipé, e [ekipe] adj equipado(-a)

équipement [ekipmɑ̃] nm equipo; (d'une cuisine) instalación

équiper [ekipe] vt equipar

équipier, -ière [ekipje, jɛr] nm/f compañero(-a) de equipo

équitation [ekitasjɔ̃] nf equitación f

équivalent, e [ekivalɑ̃, ɑ̃t] adj equivalente

équivaloir [ekivalwar]: **~ à** vt ind equivaler a

érable [erabl] nm arce m

érafler [erafle] vt arañar; **éraflure** nf rasguño, arañazo

ère [ɛr] nf era; **en l'an 1050 de notre ~** en el año 1050 de nuestra era

érection [erɛksjɔ̃] nf erección f

éroder [eʀɔde] vt erosionar; *(suj: acide)* corroer

érotique [eʀɔtik] adj erótico(-a)

errer [eʀe] vi vagar

erreur [eʀœʀ] nf error m; **par ~** por error; **faire ~** equivocarse

éruption [eʀypsjɔ̃] nf erupción f; *(de joie, colère)* arrebato

es [e] vb voir **être**

ès [es] prép: **licencié ~ lettres/sciences** licenciado en letras/ciencias

escabeau, x [eskabo] nm *(tabouret)* escabel m; *(échelle)* escalera de tijera

escalade [eskalad] nf escalada; **escalader** vt escalar

escale [eskal] nf escala; **faire ~ (à)** hacer escala (en)

escalier [eskalje] nm escalera; **dans l'~** ou **les ~s** en la escalera ou las escaleras; **~ roulant** ou **mecanique** escalera mecánica

escapade [eskapad] nf escapada

escargot [eskaʀgo] nm caracol m

escarpé, e [eskaʀpe] adj escarpado(-a)

esclavage [esklavaʒ] nm esclavitud f

esclave [esklav] nm/f esclavo(-a)

escompte [eskɔ̃t] nm descuento

escrime [eskʀim] nf esgrima

escroc [eskʀo] nm estafador(a)

escroquer [eskʀɔke] vt: **~ qn (de qch)** timar a algn (con algo); **~ qch (à qn)** estafar algo (a algn); **escroquerie** nf estafa

espace [espas] nm espacio

espacer [espase] vt espaciar; **s'~** vpr espaciarse

espadon [espadɔ̃] nm pez m espada inv, emperador m

espadrille [espadʀij] nf alpargata

Espagne [espaɲ] nf España;

espagnol, e adj español(a) ♦ nm *(LING)* español m, castellano *(esp AM)* ♦ nm/f: **Espagnol, e** español(a)

espèce [espes] nf especie f; **~s** nfpl *(COMM)* metálico; *(sorte, genre)* clases fpl; **une ~ de** una especie de; **~ de maladroit/de brute!** ¡pedazo de ou so inútil/bruto!; **payer en ~s** pagar en metálico

espérance [espeʀɑ̃s] nf esperanza; **~ de vie** esperanza de vida

espérer [espeʀe] vt esperar; **j'espère (bien)** eso espero; **~ que/faire** esperar que/hacer; **~ en qn/qch** confiar en algn/algo

espiègle [espjɛgl] adj travieso(-a)

espion, ne [espjɔ̃, jɔn] nm/f espía m/f; **espionnage** nm espionaje m; **espionner** vt espiar

espoir [espwaʀ] nm esperanza; **dans l'~ de/que** con la esperanza de/de que; **reprendre ~** recuperar la esperanza

esprit [espʀi] nm espíritu m; **faire de l'~** hacerse el gracioso; **reprendre ses ~s** recuperar el sentido; **avoir bon/mauvais ~** tener buenas/malas intenciones

esquimau, de, x [eskimo, od] adj esquimal; *(glace)* pingüino ♦ nm/f: **E~, de** esquimal m/f

essai [ese] nm *(d'une voiture, d'un vêtement)* prueba; *(tentative, aussi SPORT)* intento; *(RUGBY, LITT)* ensayo; **à l'~** a prueba; **~ gratuit** prueba gratuita

essaim [esɛ̃] nm enjambre m

essayer [eseje] vt probar ♦ vi intentar, tratar de; **~ de faire qch** intentar hacer algo, tratar de hacer algo

essence [esɑ̃s] nf *(carburant)*

gasolina, nafta (ARG), bencina (CHI); (d'une plante, fig) esencia; (espèce: d'arbre) especie f

essentiel, le [esɑ̃sjɛl] adj esencial; **c'est l'~** es lo esencial; **l'~ de** la mayor parte de

essieu, x [esjø] nm eje m

essor [esɔʀ] nm (de l'économie etc) auge m

essorer [esɔʀe] vt escurrir; (à la machine) centrifugar; **essoreuse** nf (à rouleaux) escurridor m; (à tambour) secadora

essouffler [esufle] vt sofocar; **s'~** vpr sofocarse

essuie-glace [esɥiglas] nm inv limpiaparabrisas m inv

essuyer [esɥije] vt secar; (épousseter) limpiar; **s'~** vpr secarse; **~ la vaisselle** secar los platos

est¹ [e] vb voir **être**

est² [ɛst] nm este m ♦ adj inv este inv; **à l'~** (situation) al este; (direction) hacia el este; **à l'~ de** al este de; **les pays de l'E~** los países del Este

est-ce que [ɛskə] adv: **~~ ~ c'est cher/c'était bon?** ¿es caro?/¿estaba bueno?; **quand est-ce qu'il part?** ¿cuándo se marcha?

esthéticienne [ɛstetisjɛn] nf (d'institut de beauté) esteticista

esthétique [ɛstetik] adj estético(-a)

estimation [ɛstimasjɔ̃] nf valoración f

estime [ɛstim] nf estima; **estimer** vt (personne, qualité) estimar, apreciar; (expertiser: bijou etc) valorar; (évaluer: prix, distance) calcular; **estimer que/être ...** (penser) estimar que/ser ..., considerar que/ser ...

estival, e, -aux [ɛstival, o] adj estival

estivant, e [ɛstivɑ̃, ɑ̃t] nm/f veraneante m/f

estomac [ɛstɔma] nm estómago

estragon [ɛstʀagɔ̃] nm estragón m

estuaire [ɛstɥɛʀ] nm estuario

et [e] conj y; **~ aussi/lui** y también/él; **~ alors** ou (puis) **après?** (qu'importe!) ¿y qué?; (ensuite) ¿y entonces?

étable [etabl] nf establo

établi, e [etabli] adj (en place, solide) establecido(-a) ♦ nm banco

établir [etabliʀ] vt establecer; (facture) hacer, realizar; (liste, programme) establecer, fijar; (installer: entreprise, camp) establecer, instalar; (relations, liens d'amitié) entablar, establecer; **s'~** vpr establecerse; (colonie) asentarse; **s'~ à son compte** establecerse (por su cuenta)

établissement [etablismɑ̃] nm establecimiento; **~ scolaire** establecimiento escolar

étage [etaʒ] nm (d'immeuble) piso, planta; **habiter à l'~/au deuxième** vivir en el primer/segundo piso

étagère [etaʒɛʀ] nf estante m

étai [etɛ] nm puntal m

étain [etɛ̃] nm estaño

étais etc [etɛ] vb voir **être**

étaler [etale] vt (carte, nappe) extender, desplegar; (beurre, liquide) extender; (paiements, dates) escalonar; (richesses, connaissances) ostentar; **s'~** vpr: **s'~ sur** (suj: travaux, paiements) repartirse en

étalon [etalɔ̃] nm (cheval) semental m

étanche [etɑ̃ʃ] adj impermeable

étang [etɑ̃] *nm* estanque *m*

étant [etɑ̃] *vb voir* **être**; **donné**

étape [etap] *nf* etapa

état [eta] *nm* estado; **en bon/ mauvais ~** en buen/mal estado; **être en ~ (de marche)** funcionar; **remettre en ~** volver a poner en condiciones, arreglar; **être en ~/hors d'~ de faire qch** estar/no estar en condiciones de hacer algo; **être dans tous ses ~s** estar fuera de sí; **être en ~ d'arrestation** (*JUR*) quedar arrestado(-a), estar detenido(-a); **~ civil** (*ADMIN*) estado civil; **~ des lieux** estado del inmueble; **États-Unis** *nmpl*: **les États-Unis** los Estados Unidos **etc.** [etsetera] *abr* (= *et c(a)etera*) etc.

et c(a)etera [etsetera] *adv* etcétera

été [ete] *pp de* **être** ♦ *nm* verano

éteindre [etɛ̃dʀ] *vt* apagar; (*incendie*) extinguir, apagar; **s'~** *vpr* apagarse; **éteint, e** *pp de* **éteindre** ♦ *adj* apagado(-a)

étendre [etɑ̃dʀ] *vt* extender; (*carte, tapis*) extender, desplegar; (*lessive, linge*) tender, colgar; (*blessé, malade*) tender; **s'~** *vpr* extenderse; **s'~ (sur)** (*personne*) tenderse (sobre *ou* en); (*fig: sujet, problème*) extenderse (en); **s'~ jusqu'à/d'un endroit à un autre** extenderse hasta/de un sitio a otro

étendu, e [etɑ̃dy] *adj* (*terrain*) extenso(-a); (*connaissances, pouvoirs etc*) amplio(-a)

éternel, le [etɛʀnɛl] *adj* eterno(-a); (*habituel*) inseparable

éternité [etɛʀnite] *nf* eternidad *f*

éternuement [etɛʀnymɑ̃] *nm* estornudo

éternuer [etɛʀnɥe] *vi* estornudar

êtes [ɛt(z)] *vb voir* **être**

étiez [etje] *vb voir* **être**

étinceler [etɛ̃s(ə)le] *vi* resplandecer

étincelle [etɛ̃sɛl] *nf* chispa, fulgor *m*

étiquette [etiket] *nf* etiqueta; **l'~** (*protocole*) la etiqueta; **sans ~** (*POL*) sin etiqueta

étirer [etiʀe] *vt* estirar; **s'~** *vpr* estirarse; (*convoi, route*): **s'~ sur plusieurs kilomètres** extenderse por varios kilómetros

étoile [etwal] *nf* estrella; (*signe*) asterisco; **à la belle ~** al sereno, al aire libre; **~ de mer** estrella de mar; **étoile filante** estrella fugaz

étonnant, e [etɔnɑ̃, ɑ̃t] *adj* (*surprenant*) asombroso(-a), sorprendente; (*valeur intensive*) sorprendente

étonnement [etɔnmɑ̃] *nm* asombro, estupefacción *f*; **à mon grand ~ ...** con gran asombro mío ...

étonner [etɔne] *vt* asombrar, sorprender; **s'~ que/de** asombrarse de que/de; **cela m'étonnerait (que)** me sorprendería (que)

étouffer [etufe] *vt* (*personne*) ahogar; (*bruit*) acallar; (*nouvelle, scandale*) ocultar, tapar ♦ *vi* ahogarse; (*avoir trop chaud*) sofocarse, ahogarse; **s'~** *vpr* (*en mangeant*) atragantarse

étourderie [etuʀdəʀi] *nf* descuido

étourdi, e [etuʀdi] *adj* aturdido(-a), distraído(-a)

étourdir [etuʀdiʀ] *vt* (*assommer*) aturdir, atontar; (*griser*) aturdir; **étourdissement** *nm* aturdimiento

étrange [etrɑ̃ʒ] *adj* extraño(-a), raro(-a)

étranger, -ère [etrɑ̃ʒe, ɛr] *adj* (*d'un autre pays*) extranjero(-a), gringo(-a) (AM); (*pas de la famille*) extraño(-a) ♦ *nm/f* (*d'un autre pays*) extranjero(-a); (*inconnu*) extraño(-a) ♦ **de l'~** del extranjero

étrangler [etrɑ̃gle] *vt* (*intentionnellement*) estrangular; (*accidentellement*) ahogar; **s'~** *vpr* (*en mangeant etc*) atragantarse

MOT-CLÉ

être [etr] *vb + attribut, vi* **1** (*qualité essentielle, permanente, profession*) ser; **il est fort/intelligent** es fuerte/inteligente; **être journaliste** ser periodista **2** (*état temporaire, position, + adj/pp*) estar; **comme tu es belle!** ¡qué guapa estás!; **être marié** estar casado; **il est à Paris/au salon** está en París/en el salón; **je ne serai pas ici demain** no estaré aquí mañana; **ça y est!** ¡ya está!

3: être à (*appartenir*) ser de; **le livre est à Paul** el libro es de Pablo; **c'est à moi/eux** es mío(-a)/suyo(-a) *ou* de ellos

4 (*+de: provenance, origine*): **il est de Paris** es de París; (: *appartenance*): **il est des nôtres** es de los nuestros; **être de Genève/de la même famille** ser de Ginebra/de la misma familia

5 (*date*): **nous sommes le 5 juin** estamos a 5 de junio

♦ *vb aux* **1** haber; **être arrivé/allé** haber llegado/ido; **il est parti** (él) se ha marchado; **il est parti hier** (*verbe au passé simple quand la période dans laquelle se situe l'action est révolue*) se marchó ayer

2 (*forme passive*) ser; **être fait par** ser hecho por; **il a été promu** ha sido ascendido

3 (*+à: obligation*): **c'est à faire/réparer** está por hacer/reparar; **c'est à essayer** está por ensayar; **il est à espérer/souhaiter que** es de esperar/desear que

♦ *vb impers* **1: il est +adjectif** es; **il est impossible de le faire** es imposible hacerlo; **il serait facile de/souhaitable que** sería fácil/deseable que

2 (*heure, date*): **il est 10 heures** son las 10

3 (*emphatique*): **c'est moi** soy yo; **c'est à lui de le faire/décider** tiene que hacerlo/decidirlo él

♦ *nm* ser *m*; **être humain** ser humano

étrennes [etrɛn] *nfpl* (*cadeaux*) regalos *mpl*

étrier [etrije] *nm* estribo

étroit, e [etrwa, wat] *adj* (*gén, fig*) estrecho(-a); **à l'~** con estrechez

étude [etyd] *nf* estudio; (SCOL: *salle de travail*) sala de estudio; **~s** *nfpl* (SCOL) estudios *mpl*; **faire des ~s de droit/médecine** cursar estudios de *ou* estudiar derecho/medicina

étudiant, e [etydjɑ̃, jɑ̃t] *nm/f* (UNIV) estudiante *m/f*, universitario(-a)

étudier [etydje] *vt, vi* estudiar

étui [etɥi] *nm* (*à lunettes*) funda, estuche *m*

eu, eue [y] *pp* de **avoir**

euh [ø] *excl* ¡ee!

Europe [ørɔp] nf Europa;
européen, ne adj européo(-a)

eus etc [y] vb voir **avoir**

eux [ø] pron ellos

évacuer [evakɥe] vt evacuar

évader [evade]: **s'~** vpr evadirse

évaluer [evalɥe] vt evaluar, calcular

évangile [evãʒil] nm evangelio; (texte de la Bible): **É~** Evangelio

évanouir [evanwir]: **s'~** vpr desmayarse, desvanecerse; (fig) desvanecerse, desaparecer;
évanouissement nm (MÉD) desmayo, desvanecimiento

évaporer [evapɔre]: **s'~** vpr evaporarse

évasion [evazjɔ̃] nf evasión f

éveillé, e [eveje] adj despierto(-a)

éveiller [eveje] vt despertar; **s'~** vpr despertarse

événement [evɛnmã] nm acontecimiento; **~s** nmpl (POL etc: situation générale) acontecimientos mpl

éventail [evãtaj] nm abanico

éventualité [evãtɥalite] nf eventualidad f; **dans l'~ de** en la eventualidad de

éventuel, le [evãtɥɛl] adj eventual; **éventuellement** adv eventualmente

évêque [evɛk] nm obispo

évidemment [evidamã] adv evidentemente; **~!** ¡claro!

évidence [evidãs] nf evidencia;
de toute ~ a todas luces; **en ~** en evidencia; **mettre en ~** (problème, détail) poner de manifiesto; **évident, e** adj evidente

évier [evje] nm fregadero

éviter [evite] vt evitar; (fig: problème, question) evitar, eludir; (importun, raseur: fuir) rehuir,

evitar; (coup, projectile, obstacle) esquivar; **~ de faire/que qch** evitar hacer/que algo suceda; **~ qch à qn** evitar algo a algn

évoluer [evɔlɥe] vi evolucionar;
évolution nf evolución f

évoquer [evɔke] vt evocar

ex- [ɛks] préf: **ex-ministre/ -président** ex-ministro/ -presidente; **son ex-mari/ -femme** su ex-marido/-mujer

ex. abr (= exemple) ej (= ejemplo)

exact, e [ɛgza(kt), ɛgzakt] adj (précis) exacto(-a); (personne: ponctuel) puntual; **l'heure ~e** la hora exacta; **exactement** adv exactamente

ex aequo [ɛgzeko] adv iguales

exagéré, e [ɛgzaʒere] adj exagerado(-a)

exagérer [ɛgzaʒere] vt exagerar ♦ vi (abuser) abusar; (déformer les faits, la vérité) exagerar

examen [ɛgzamɛ̃] nm examen m;
~ médical examen ou reconocimiento médico

examinateur, -trice
[ɛgzaminatœr, tris] nm/f examinador(a)

examiner [ɛgzamine] vt examinar

exaspérant, e [ɛgzaspɛrã, ãt] adj exasperante

exaspérer [ɛgzaspere] vt exasperar

exaucer [ɛgzose] vt (vœu) otorgar

excéder [ɛksede] vt (dépasser) exceder, sobrepasar; (agacer) crispar

excellent, e [ɛksɛlã, ãt] adj excelente

excentrique [ɛksãtrik] adj excéntrico(-a)

excepté, e [ɛksɛpte] adj: **les élèves ~s/dictionnaires ~s**

excepto los alumnos/los
diccionarios ♦ *prép*: **~ les élèves**
salvo los alumnos; **~ si/quand
...** salvo si/cuando ...
exception [ɛksɛpsjɔ̃] *nf* excepción
f; **à l'~ de** con excepción de;
exceptionnel, le *adj*
excepcional;
exceptionnellement *adv*
excepcionalmente
excès [ɛksɛ] *nm* exceso ♦ *nmpl*
(*abus*) excesos *mpl*; **~ de vitesse**
exceso de velocidad; **excessif,
-ive** *adj* excesivo(-a)
excitant [ɛksitɑ̃] *adj, nm*
excitante *m*; **excitation** *nf*
excitación *f*
exciter [ɛksite] *vt* excitar; **s'~** *vpr*
excitarse
exclamer [ɛksklame]: **s'~** *vpr*
exclamar
exclure [ɛksklyʀ] *vt* excluir;
(*d'une salle, d'un parti*) expulsar,
excluir; **exclusif, -ive** *adj*
exclusivo(-a); **exclusion** *nf*
expulsión *f*, exclusión *f*; **à
l'exclusion de** con exclusión
de; **exclusivité** *nf* exclusividad
f; **en exclusivité** en exclusiva
excursion [ɛkskyʀsjɔ̃] *nf*
excursión *f*
excuse [ɛkskyz] *nf* excusa; **~s**
nfpl (*expression of regret*) disculpas
fpl; **excuser** *vt* excusar,
disculpar; **s'excuser** *vpr* (*par
politesse*) disculparse, excusarse;
s'excuser (de) disculparse (de),
excusarse (por); **"excusez-moi"**
(*en passant devant qn*)
"discúlpeme"; (*pour attirer
l'attention*) "perdón"
exécuter [ɛgzekyte] *vt* (*INFORM,
MUS, prisonnier*) ejecutar;
(*opération, mouvement*) efectuar,
realizar

exemplaire [ɛgzɑ̃plɛʀ] *adj*
ejemplar ♦ *nm* ejemplar *m*
exemple [ɛgzɑ̃pl] *nm* ejemplo;
par ~ por ejemplo; (*valeur
intensive*) ¡no es posible!; **donner
l'~** dar ejemplo; **prendre ~ sur
qn** tomar ejemplo de algn
exercer [ɛgzɛʀse] *vt* ejercer;
(*former: personne*) acostumbrar;
(*animal*) adiestrar; (*faculté, partie
du corps*) ejercitar ♦ *vi* (*médecin*)
ejercer; **s'~ sur** (*sportif*)
entrenarse; (*musicien*) practicar;
s'~ (sur/contre) (*pression,
poussée*) ejercerse (sobre/contra)
exercice [ɛgzɛʀsis] *nm* ejercicio
exhiber [ɛgzibe] *vt* exhibir; **s'~**
vpr exhibirse
exhibitionniste [ɛgzibisjɔnist]
nm/f exhibicionista *m/f*
exigeant, e [ɛgziʒɑ̃, ɑ̃t] *adj*
exigente
exiger [ɛgziʒe] *vt* exigir
exil [ɛgzil] *nm* exilio; **exiler**:
s'exiler *vpr* exiliarse
existence [ɛgzistɑ̃s] *nf* existencia
exister [ɛgziste] *vi* existir; **il
existe une solution/des
solutions** existe una solución/
existen soluciones
exorbitant, e [ɛgzɔʀbitɑ̃, ɑ̃t] *adj*
exorbitante
exotique [ɛgzɔtik] *adj* exótico(-a)
expédier [ɛkspedje] *vt* (*lettre*)
expedir; (*troupes, renfort*) enviar;
(*péj: faire rapidement*) despachar;
expéditeur, -trice *nm/f*
remitente *m/f*; **expédition** *nf*
(*d'une lettre*) envío; (*MIL,
scientifique*) expedición *f*
expérience [ɛkspeʀjɑ̃s] *nf*
experiencia; **une ~** (*scientifique*)
un experimento
expérimenté, e [ɛkspeʀimɑ̃te]
adj experimentado(-a)

expérimenter [ɛksperimɑ̃te] vt
experimentar

expert, e [ɛkspɛʀ, ɛʀt] adj: ~ en
experto(-a) en ♦ nm experto(-a),
perito(-a); **expert-comptable**
(pl **experts-comptable**) nm
perito contable

expirer [ɛkspiʀe] vi (passeport,
bail) vencer, expirar; (respirer)
espirar

explication [ɛksplikasjɔ̃] nf
explicación f; (discussion) discusión
f

explicite [ɛksplisit] adj
explícito(-a)

expliquer [ɛksplike] vt explicar;
s'~ vpr explicarse

exploit [ɛksplwa] nm hazaña;
exploitant nm (AGR)
agricultor(a), labrador(a);
exploitation nf explotación f;
exploitation agricole
explotación agrícola; **exploiter**
vt explotar; (tirer parti de: faiblesse
de qn) aprovecharse de

explorer [ɛksplɔʀe] vt (pays,
grotte) explorar

exploser [ɛksploze] vi (bombe)
explotar, estallar; (joie, colère)
estallar; **explosif** adj
explosivo(-a); **explosion** nf
explosión f

exportateur, -trice
[ɛkspɔʀtatœʀ, tʀis] adj, nm/f
exportador(a)

exportation [ɛkspɔʀtasjɔ̃] nf
exportación f

exporter [ɛkspɔʀte] vt exportar

exposant [ɛkspozɑ̃] nm
(personne) expositor m

exposé, e [ɛkspoze] adj (orienté)
orientado(-a) ♦ nm (écrit) informe
m; (oral) charla; (SCOL) exposición
f; **à l'est/au sud** orientado(-a)
al este/al sur; **bien ~** bien

orientado(-a)

exposer [ɛkspoze] vt exponer;
(orienter: maison) orientar;
exposition nf exposición f

exprès¹, expresse [ɛkspʀɛs]
adj expreso(-a) ♦ adj inv: **lettre/
colis ~** carta/paquete m urgente

exprès² [ɛkspʀɛ] adv
(délibérément) a propósito, adrede;
(spécialement) expresamente

express [ɛkspʀɛs] adj, nm:
(café) ~ (café) exprés m; **(train)
~** (tren) expreso

expressif, -ive [ɛkspʀesif, iv]
adj expresivo(-a)

expression [ɛkspʀesjɔ̃] nf
expresión f

exprimer [ɛkspʀime] vt
(sentiment, idée) expresar; **s'~** vpr
expresarse

expulser [ɛkspylse] vt expulsar;
(locataire) echar

exquis, e [ɛkski, iz] adj (personne,
élégance, parfum) exquisito(-a)

extasier [ɛkstazje] vpr: **s'~ sur**
extasiarse ante

exténuer [ɛkstenɥe] vt extenuar

extérieur, e [ɛksteʀjœʀ] adj
exterior; (pressions, calme)
externo(-a) ♦ nm exterior m; **à l'~**
(dehors) fuera, afuera (AM); (à
l'étranger) en el exterior

externat [ɛksteʀna] nm externado m

externe [ɛkstɛʀn] adj externo(-a)
♦ nm/f externo(-a); (étudiant en
médecine) alumno(-a) en prácticas

extincteur [ɛkstɛ̃ktœʀ] nm
extintor m

extinction [ɛkstɛ̃ksjɔ̃] nf extinción
f; **~ de voix** afonía

extra [ɛkstʀa] adj inv, préf extra ♦
nm extra m

extraire [ɛkstʀɛʀ] vt extraer; **~
qch de** extraer algo de; **extrait**
pp de **extraire** ♦ nm extracto; (de

film, livre) pasaje *m;* **extrait de naissance** partida de nacimiento

extraordinaire [ɛkstraɔrdinɛr] *adj* extraordinario(-a)

extravagant, e [ɛkstravagɑ̃, ɑ̃t] *adj* extravagante

extraverti, e [ɛkstraverti] *adj* extravertido(-a), extrovertido(-a)

extrême [ɛkstrɛm] *adj* extremo(-a); **extrêmement** *adv* extremadamente; **Extrême-Orient** *nm* Extremo Oriente *m*

extrémité [ɛkstremite] *nf* extremo; (*d'un doigt, couteau*) punta

exubérant, e [ɛgzyberɑ̃, ɑ̃t] *adj* exuberante

F, f

:
F [ɛf] *abr* = **franc**; (*appartement*): **un F2/F3** un piso de 2/3 habitaciones

fa [fa] *nm inv* fa *m*

fabricant [fabrikɑ̃] *nm* fabricante *m/f*

fabrication [fabrikasjɔ̃] *nf* fabricación *f*

fabrique [fabrik] *nf* fábrica; **fabriquer** *vt* (*produire*) producir; (*construire*) fabricar; **qu'est-ce qu'il fabrique?** (*fam*) ¿qué está tramando?

fac [fak] (*pl* **fam**) *abr f* = **faculté**

façade [fasad] *nf* fachada

face [fas] *nf* (*visage*) cara, rostro; (*côté*) cara; (*d'un problème, sujet*) aspecto ♦ *adj:* **le côté ~** cara; **en ~ de** enfrente de; (*fig*) frente a; **de ~** de frente; ♦ **à** frente a, ante; **faire ~ à qn/qch** hacer frente *ou* cara a algn/algo; **~ à** *adv* frente a frente ♦ *nm inv* debate *m*

fâché, e [fɑʃe] *adj* enfadado(-a)

fâcher [fɑʃe] *vt* enfadar; **se ~ (contre ou avec qn)** enfadarse (con algn)

facile [fasil] *adj* (*aussi péj*) fácil; (*accommodant*) sencillo(-a); **facilement** *adv* con facilidad, fácilmente; (*au moins*) por lo menos; **facilité** *nf* facilidad *f;* **faciliter** *vt* facilitar

façon [fasɔ̃] *nf* modo, manera; **~s** *nfpl* (*péj*) modales *mpl;* **de quelle ~ l'a-t-il fait/construit?** ¿cómo lo ha hecho/construido?; **sans ~** *adv* simplemente; **de ~ à faire/à ce que** de modo que haga de modo que; **de (telle) ~ que** de tal forma que; **de toute ~** de todos modos

facteur, -trice [faktœr, tris] *nm/f* cartero(-a) ♦ *nm* (MATH, *fig*) factor *m*

facture [faktyr] *nf* factura

facultatif, -ive [fakyltatif, iv] *adj* facultativo(-a)

faculté [fakylte] *nf* facultad *f;* **~s** *nfpl* (*moyens intellectuels*) facultades *fpl*

fade [fad] *adj* soso(-a), insípido(-a)

faible [fɛbl] *adj* débil; (*sans volonté*) apático(-a); (*rendement, revenu*) bajo(-a) ♦ *nm:* **le ~ de qn/qch** el punto flaco de algn/algo; **faiblesse** *nf* debilidad *f;* (*défaillance*) desmayo; **faiblir** *vi* debilitarse; (*vent*) amainar

faïence [fajɑ̃s] *nf* loza

faignant, e [fɛɲɑ̃, ɑ̃t] *nm/f, adj* = **fainéant**

faillir [fajir] *vi:* **j'ai failli tomber/lui dire** estuve a punto de caer/decirle

faillite [fajit] *nf* (*échec*) fracaso; **être en/faire ~** (COMM) estar en/hacer quiebra

faim [fɛ̃] *nf* hambre *f*; **avoir ~** tener hambre

fainéant, e [fɛneɑ̃, ɑ̃t] *adj, nm/f* holgazán(-ana), flojo(-a) (AM)

MOT-CLÉ
---

faire [fɛʀ] *vt* **1** (*fabriquer, être l'auteur de*) hacer; (*blé, soie*) producir; **faire du vin/une offre/un film** hacer vino/una oferta/una película; **faire du bruit** hacer ruido; **fait à la main/la machine** hecho a mano/máquina

2 (*effectuer: travail, opération*) hacer; **que faites-vous?** ¿qué hace?; (*quel métier etc*) ¿a qué se dedica (usted)?; **faire la lessive** hacer la colada; **faire la cuisine/le ménage/les courses** hacer la cocina/la limpieza/las compras; **faire les magasins/l'Europe** ir de tiendas/por Europa

3 (*étudier, pratiquer*): **faire du droit/du français** hacer derecho/francés; **faire du sport/rugby** hacer deporte/rugby; **faire du cheval** montar a caballo; **faire du ski/du vélo** ir a esquiar/en bicicleta; **faire du violon/piano** tocar el violín/piano

4 (*simuler*): **faire le malade/l'ignorant** hacerse el enfermo/el ignorante

5 (*transformer, avoir un effet sur*): **faire de qn un frustré/avocat** hacer de algn un frustrado/abogado; **ça ne me fait rien** *ou* **ni chaud ni froid** no me importa nada; **ça ne fait rien** no importa

6 (*calculs, prix, mesures*): **2 et 2 font 4** 2 y 2 son 4; **9 divisé par**

3 fait 3 9 entre 3 es 3; **ça fait 10 m/15 F** son 10 m/15 francos; **je vous le fais 10 F** (*j'en demande 10 F*) se lo dejo en 10 francos; *voir* **mal; entrer; sortir**

7: **qu'a-t-il fait de sa valise/de sa sœur?** ¿qué ha hecho con su maleta/con su hermana?; **que faire?** ¿qué voy *etc* a hacer?; **tu fais bien de me le dire** haces bien en decírmelo

8: **ne faire que**: **il ne fait que critiquer** no hace más que criticar

9 (*dire*) decir; **"vraiment?" fit-il** "¿de verdad?" dijo

10 (*maladie*) tener; **faire du diabète/de la tension/de la fièvre** tener diabetes/tensión/fiebre

♦ *vi* **1** (*agir, s'y prendre*) hacer; (*faire ses besoins*) hacer sus necesidades; **il faut faire vite** hay que darse prisa; **comment a-t-il fait?** ¿cómo ha hecho?; **faites comme chez vous** está en su casa

2 (*paraître*): **tu fais jeune dans ce costume** este traje te hace joven; **ça fait bien** queda bien

♦ *vb substitut* hacer; **je viens de le faire** acabo de hacerlo; **ne le casse pas comme je l'ai fait** no lo rompas como he hecho yo; **je peux le voir? - faites!** ¿puedo verlo? - desde luego

♦ *vb impers* **1**: **il fait beau** hace bueno; *voir aussi* **jour; froid** *etc*

2 (*temps écoulé, durée*): **ça fait 5 ans/heures qu'il est parti** hace 5 años/horas que se fue; **ça fait 2 ans/heures qu'il y est** hace 2 años/horas que está allí

♦ *vb semi-aux*: **faire** + *infinitif* hacer + *infinitivo*; **faire**

tomber/bouger qch hacer caer/mover algo; **cela fait dormir** esto hace dormir; **faire réparer qch** llevar algo a arreglar; **que veux-tu me faire croire/comprendre?** ¿qué quieres hacerme creer/ comprender?; **il m'a fait ouvrir la porte** me hizo abrir la puerta; **il m'a fait traverser la rue** me ayudó a cruzar la calle; **se faire ♦ vi 1** (*vin, fromage*) hacerse **2:** **cela se fait beaucoup** eso se hace mucho; **cela ne se fait pas** eso no se hace **3:** **se faire** + *nom ou pron*: **se faire une jupe** hacerse una falda; **se faire des amis** hacer amigos; **se faire du souci** inquietarse; **il ne s'en fait pas** no se preocupa; **se faire des illusions** hacerse ilusiones; **se faire beaucoup d'argent** hacer mucho dinero **4:** **se faire** + *adj* (*devenir*): **se faire vieux** hacerse viejo; (*délibérément*): **se faire beau** ponerse guapo **5:** **se faire à** (*s'habituer*) acostumbrarse a; **je n'arrive pas à me faire à la nourriture/au climat** no acabo de acostumbrarme a la comida/al clima **6:** **se faire** +*infinitif*: **se faire opérer/examiner la vue** operarse/examinarse la vista; **se faire couper les cheveux** cortarse el pelo; **il va se faire tuer/punir** le van a matar/ castigar; **il s'est fait aider par qn** le ha ayudado algn; **se faire faire un vêtement** hacerse un vestido; **se faire ouvrir (la porte)** hacerse abrir (la puerta);

je me suis fait expliquer le texte par Anne Anne me explicó el texto **7** (*impersonnel*): **comment se fait-il que ...?** ¿cómo es que ...?; **il peut se faire que ...** puede ocurrir que ...

faire-part [fɛʀpaʀ] *nm inv*: **~~ de mariage** participación *f* de boda; **~~ de décès** esquela de defunción

faisan, e [fəzɑ̃] *nm/f* faisán(-ana)

faisons [fəzɔ̃] *vb voir* **faire**

fait¹ [fɛ] *vb voir* **faire ♦** *nm* hecho; **le ~ que ...** el hecho de que ...; **le ~ de manger/ travailler** el hecho de comer/ trabajar; **être au ~ de** estar al corriente de; **au ~** a propósito de; **aller droit au ~** ir al grano; **en venir au ~** pasar a los hechos; **de ~** (*opposé à: de droit*) de hecho ♦ *adv* (*en fait*) en realidad; **du ~ que** por el hecho de que; **du ~ à causa de; **de ce ~** por esto; **en ~** de hecho; **en ~ de repas/vacances** a guisa de comida/vacaciones; **c'est un ~** es un hecho, es verdad; **prendre qn sur le ~** coger a algn con las manos en la masa; **les ~s et gestes de qn** todos los movimientos de algn; **~ divers** suceso

fait², e [fɛ, fɛt] *pp de* **faire ♦** *adj* (*fromage*) curado(-a); (*melon*) maduro(-a); **c'en est ~ de lui** es su fin; **c'en est ~ de notre tranquillité** se acabó la tranquilidad; **tout(e) fait(e)** (*préparé à l'avance*) ya listo(-a), ya preparado(-a); **c'est bien ~ pour lui!** ¡le está bien empleado!

faites [fɛt] *vb voir* **faire**

falaise [falɛz] *nf* acantilado

falloir [falwaʀ] *vb impers (besoin)*: **il va ~ 100 F** se necesitarán 100 francos; **il doit ~ du temps pour ...** se necesitará tiempo para ...; **il faut faire les lits** *(obligation)* hay que hacer las camas; **il me faut/faudrait 100 F/de l'aide** necesito/ necesitaría 100 francos/ayuda; **nous avons ce qu'il (nous) faut** tenemos lo necesario; **il faut que je fasse les lits** tengo que hacer las camas; **il a fallu que je parte** tuve que irme; **comme il faut** *adj, adv (bien, convenable)* como Dios manda; **s'en ~**: **il s'en faut/s'en est fallu de 5 minutes/100 F (pour que ...)** faltan/faltaron 5 minutos/100 francos (para que ...); **il ne fallait pas** *(pour remercier)* no era necesario; **il faudrait que ...** convendría que ...; **il s'en est fallu de peu que ...** faltó poco para que ...

famé, e [fame] *adj*: **mal ~ de** mala fama

fameux, -euse [famø, øz] *adj (illustre)* famoso(-a), ilustre; *(bon)* excelente

familial, e, -aux [familjal, jo] *adj* familiar

familiarité [familjaʀite] *nf* familiaridad *f*; **~s** *nfpl* familiaridades *fpl*, confianzas *fpl*

familier, -ière [familje, jɛʀ] *adj (connu)* familiar; *(rapports)* de confianza; *(LING)* familiar, coloquial ♦ *nm* asiduo(-a); **tu es un peu trop ~ avec lui** *(cavalier, impertinent)* te tomas demasiadas confianzas con él

famille [famij] *nf* familia; **il a de la ~ à Paris** tiene familia en París

famine [famin] *nf* hambruna

fanatique [fanatik] *adj, nm/f* fanático(-a); **~ de rugby/de voile** *(sens affaibli)* entusiasta *m/f* del rugby/de la vela

faner [fane]: **se ~** *vpr (fleur)* marchitarse

fanfare [fɑ̃faʀ] *nf* fanfarria, charanga; *(musique)* fanfarria

fantaisie [fɑ̃tezi] *nf* fantasía; *(caprice)* capricho ♦ *adj*: **bijou/ pain ~** joya/pan *m* de fantasía

fantasme [fɑ̃tasm] *nm* fantasma *m*

fantastique [fɑ̃tastik] *adj* fantástico(-a)

fantôme [fɑ̃tom] *nm* fantasma *m*

faon [fɑ̃] *nm* cervatillo

farce [faʀs] *nf (viande)* relleno; *(THÉÂTRE)* farsa; **faire une ~ à qn** gastar una broma a algn; **farcir** *vt (viande)* rellenar

farder [faʀde] *vt* maquillar

farine [faʀin] *nf* harina

farouche [faʀuʃ] *adj (animal)* arisco(-a); *(personne)* esquivo(-a)

fart [faʀt] *nm (SKI)* cera

fascination [fasinasjɔ̃] *nf (fig)* fascinación *f*

fasciner [fasine] *vt* fascinar

fascisme [faʃism] *nm* fascismo

fasse *etc* [fas] *vb voir* **faire**

fastidieux, -euse [fastidjø, jøz] *adj* fastidioso(-a)

fatal, e [fatal] *adj* mortal; *(inévitable)* fatal; **fatalité** *nf* fatalidad *f*

fatidique [fatidik] *adj* fatídico(-a)

fatigant, e [fatigɑ̃, ɑ̃t] *adj* fatigante; *(agaçant)* pesado(-a)

fatigue [fatig] *nf* fatiga, cansancio; **fatigué, e** *adj* fatigado(-a); **fatiguer** *vt (personne, membres)* fatigar, cansar; *(moteur etc)* forzar;

(importuner) cansar ♦ *vi (moteur)* forzarse; **se fatiguer** *vpr (moteur)* fatigarse, cansarse

fauché, e |foʃe| *(fam) adj* pelado(-a)

faucher |foʃe| *vt (aussi fig)* segar; *(herbe)* segar, cortar; *(fam: voler)* birlar

faucon |fokɔ̃| *nm* halcón *m*

faudra |fodra| *vb voir* **falloir**

faufiler |fofile| *vt* hilvanar; **se ~** *vpr:* **se ~ dans/parmi/entre** deslizarse en/entre

faune |fon| *nf (fig, péj)* fauna

fausse |fos| *adj voir* **faux²**; **faussement** *adv (accuser)* en falso

fausser |fose| *vt (serrure, objet)* torcer; *(résultat, données)* falsear

faut |fo| *vb voir* **falloir**

faute |fot| *nf (de calcul)* error *m*; *(SPORT, d'orthographe)* falta; *(REL)* pecado, culpa; **c'est de sa/ma ~ es** culpa suya/mía; **être en ~** hacer mal; *(être responsable)* tener la culpa; **~ de** por falta de; **~ de mieux ...** a falta de algo mejor ...; **sans ~** *(à coup sûr)* sin falta; **~ de frappe** error de máquina; **~ professionnelle** error profesional

fauteuil |fotœj| *nm* sillón *m*; **~ d'orchestre** *(THÉÂTRE)* butaca de patio; **~ roulant** sillón de ruedas

fautif, -ive |fotif, iv| *adj* *(incorrect)* erróneo(-a); *(responsable)* culpable

fauve |fov| *nm* fiera

faux¹ |fo| *nf (AGR)* guadaña

faux², fausse |fo, fos| *adj* falso(-a); *(inexact)* erróneo(-a); *(rire, personne)* hipócrita; *(barbe, dent)* postizo(-a); *(MUS)* desafinado(-a); *(opposé à bon, correct: numéro, clé)*

confundido(-a) ♦ *adv:* **jouer/chanter ~** tocar/cantar desafinadamente ♦ *nm (peinture, billet)* falsificación *f*; **le ~** *(opposé au vrai)* lo falso; **faire fausse route** ir por mal camino; **faire ~ bond à qn** fallarle a algn; **fausse alerte** falsa alarma; **fausse couche** aborto; **fausse note** *(MUS, fig)* nota discordante; **~ frais** *nmpl* gastos *mpl* menudos; **~ mouvement** movimiento en falso; **~ pas** *(aussi fig)* paso en falso; **~ témoignage** *(délit)* falso testimonio; **faux-filet** *(pl* **faux-filets)** *nm* solomillo bajo

faveur |favœr| *nf* favor *m*; **à la ~ de** *(la nuit, une erreur)* aprovechando; **en ~ de qn/qch** en favor de algn/algo

favorable |favorabl| *adj* favorable

favori, te |favori, it| *adj* favorito(-a) ♦ *nm/f (SPORT)* favorito(-a)

favoriser |favorize| *vt* favorecer

fécond, e |fekɔ̃, ɔ̃d| *adj* fértil, fecundo(-a); **féconder** *vt* fecundar

féculents |fekylɑ̃| *nmpl* féculas *fpl*

fédéral, e, -aux |federal, o| *adj* federal

fée |fe| *nf* hada

feignant, e |fɛɲɑ̃, ɑ̃t| *adj, nm/f =* **fainéant**

feindre |fɛ̃dr| *vt, vi* fingir

fêler |fele| *vt (verre, assiette)* resquebrajar

félicitations |felisitasjɔ̃| *nfpl* felicidades *fpl*

féliciter |felisite| *vt* felicitar; **~ qn (de qch/d'avoir fait qch)** felicitar a algn (por algo/por haber hecho algo)

félin |felɛ̃| *nm* felino

femelle [fəmɛl] *nf* hembra

féminin, e [feminɛ̃, in] *adj* femenino(-a) (*vêtements etc*) de mujer ♦ *nm* (LING) femenino

féministe [feminist] *adj, nm/f* feminista *m/f*

femme [fam] *nf* mujer *f*; **~ au foyer** ama de casa; **~ de chambre** doncella; **~ de ménage** asistenta

fémur [femyR] *nm* fémur *m*

fendre [fɑ̃dR] *vt* hender; **se ~** *vpr* henderse

fenêtre [f(ə)nɛtR] *nf* ventana

fenouil [fənuj] *nm* hinojo

fente [fɑ̃t] *nf* (*fissure*) grieta, hendidura; (*de boîte à lettres*) ranura

fer [fɛR] *nm* hierro; (*de cheval*) herradura; **santé/main de ~** salud *f*/mano de hierro; **~ à cheval** herradura; **~ (à repasser)** plancha; **~ forgé** hierro forjado

ferai *etc* [fəRe] *vb voir* **faire**

fer-blanc [fɛRblɑ̃] (*pl* **~s-~s**) *nm* hojalata

férié, e [feRje] *adj*: **jour ~** día *m* festivo

ferions *etc* [fəRjɔ̃] *vb voir* **faire**

ferme [fɛRm] *adj* firme; (*chair*) prieto(a) ♦ *adv*: **travailler ~** trabajar mucho ♦ *nf* granja

fermé, e [fɛRme] *adj* (*aussi fig*) cerrado(-a); (*gaz, eau*) cortado(-a)

fermenter [fɛRmɑ̃te] *vi* fermentar

fermer [fɛRme] *vt* cerrar; (*rideaux*) correr; (*eau, électricité, route*) cortar ♦ *vi* cerrar; **se ~** *vpr* cerrarse; **~ à clef** cerrar con llave

fermeté [fɛRmǝte] *nf* firmeza; (*des muscles*) dureza

fermeture [fɛRmǝtyR] *nf* cierre *m*, cerradura; (*dispositif*) cerradura; **~ éclair** ® cierre relámpago

fermier, -ière [fɛRmje, jɛR] *adj*: **beurre/cidre ~** mantequilla/ sidra de granja ♦ *nm/f* (*locataire*) granjero(-a), colono; **fermière** *nf* (*femme de fermier*) granjera

féroce [feRɔs] *adj* feroz

ferons [fəRɔ̃] *vb voir* **faire**

ferrer [feRe] *vt* (*cheval*) herrar; (*poisson*) enganchar con el anzuelo

ferroviaire [feRɔvjɛR] *adj* ferroviario(-a)

ferry(-boat) [feRe(bot)] (*pl* **ferry-boats** *ou* **ferries**) *nm* ferry *m*, transbordador *m*

fertile [fɛRtil] *adj* fértil

fervent, e [fɛRvɑ̃, ɑ̃t] *adj* ferviente

fesse [fɛs] *nf* nalga; **fessée** *nf* nalgada

festin [fɛstɛ̃] *nm* festín *m*

festival [fɛstival] *nm* festival *m*

festivités [fɛstivite] *nfpl* fiestas *fpl*

fêtard, e [fetaR, aRd] (*péj*) *nm/f* juerguista *m/f*

fête [fɛt] *nf* fiesta; (*kermesse*) romería; (*d'une personne*) santo; **faire la ~** irse de juerga de farra (AM); **faire ~ à qn** festejar a algn; **les ~s (de fin d'année)** las fiestas (de fin de año); **salle/ comité des ~s** sala/comité *m* de fiestas; **la ~ des Mères/des Pères** el día de la madre/del padre; **la F~ Nationale** aniversario de la revolución francesa; **~ foraine** feria; **fêter** *vt* (*personne*) festejar; (*événement, anniversaire*) festejar, celebrar

feu, x [fø] *nm* (*signal lumineux*) luz *f*; (*fig*) fuego, ardor *m*; **~x** *nmpl* (*éclat, lumière*) destello *msg*; (AUTO: *de circulation*) semáforo *msg*; **au ~!** ¡fuego!; **à ~ doux/vif** a poco fuego/fuego vivo; **à petit ~** a fuego lento; *(fig)* lentamente; **ne pas faire long ~** *(fig)* no durar mucho; **prendre ~** *(maison)* incendiarse; *(vêtements, rideaux)* prender fuego; **mettre le ~ à** meterle fuego a; **faire du ~** hacer fuego; **avez-vous du ~?** ¿tiene fuego?; **~ arrière** *(AUTO)* luz f trasera, piloto trasero; **~ d'artifice** fuegos *mpl* de artificio; **~ de joie** fogata; **~ orange/rouge/vert** *(AUTO)* disco ámbar/rojo/verde; **~x de brouillard/de croisement/de position/de stationnement** *(AUTO)* luces *fpl* de niebla/de cruce/de posición/intermitentes; **~x de route** *(AUTO)* luces largas ou de carretera

feuillage [fœjaʒ] *nm* follaje m

feuille [fœj] *nf* hoja f; **~ de maladie** informe m médico; **~ (de papier)** hoja f (de papel); **~ de paye** aviso de pago; **~ volante** hoja suelta

feuillet [fœjɛ] *nm* pliego, página

feuilleté, e [fœjte] *adj* (CULIN) hojaldrado(-a)

feuilleter [fœjte] *vt* (livre) hojear

feuilleton [fœjtɔ̃] *nm* (aussi TV, RADIO) serial m

feutre [føtʀ] *nm* fieltro; *(chapeau)* sombrero de fieltro; *(stylo)* rotulador m; **feutré, e** *adj* (tissu) afelpado(-a); *(pas, voix, atmosphère)* amortiguado(-a)

fève [fɛv] *nf* haba; *(dans la galette des Rois)* sorpresa

février [fevʀije] *nm* febrero; *voir aussi* **juillet**

fiable [fjabl] *adj* fiable

fiançailles [fjɑ̃saj] *nfpl* noviazgo

fiancé, e [fjɑ̃se] *nm/f* novio(-a)

fiancer [fjɑ̃se]: **se ~** *vpr*: **se ~ (avec)** prometerse (con)

fibre [fibʀ] *nf* fibra; *(de bois)* veta

ficeler [fis(ə)le] *vt* atar

ficelle [fisɛl] *nf* cordón; *(pain)* violín m; **~s** *nfpl* (procédés cachés) artificios *mpl*

fiche [fiʃ] *nf* ficha; *(formulaire)* ficha, impreso; *(ÉLEC)* enchufe m

ficher [fiʃe] *vt* (pour un fichier) anotar en fichas; *(suj: police, personne)* fichar; **il ne fiche rien** *(fam)* no da golpe; **fiche(-moi) le camp** *(fam)* lárgate; **fiche-moi la paix** *(fam)* déjame en paz; **se ~ de** *vpr* *(fam)* tomar el pelo a

fichier [fiʃje] *nm* fichero

fichu, e [fiʃy] *pp de* **ficher** ♦ *adj* *(fam: fini, inutilisable)* estropeado(-a) ♦ *nm* *(foulard)* pañoleta; **être mal ~** *(fam: santé)* estar fastidiado(-a); **bien/mal ~** *(fam: habillé)* bien/mal arreglado(-a); **~ temps/caractère** tiempo/carácter m pajolero

fictif, -ive [fiktif, iv] *adj* ficticio(-a); *(promesse, nom)* falso(-a)

fiction [fiksjɔ̃] *nf* ficción f

fidèle [fidɛl] *adj* fiel; (loyal) fiel, leal ♦ *nm/f* (REL, fig) devoto(-a); **les ~s** (REL) los fieles; **fidélité** *nf* fidelidad f

fier[1] [fje] *vb*: **se ~ à** fiarse de

fier[2]**, fière** [fjɛʀ] *adj* orgulloso(-a); *(hautain, méprisant)* arrogante, altivo(-a); **être de qch/qn** orgulloso(-a) de algo/algn; **fierté** *nf* orgullo; arrogancia

fièvre [fjɛvʀ] *nf* (aussi MÉD) fiebre f; **avoir de la ~/39 de ~** tener fiebre/39 de fiebre; **fiévreux, -euse** *adj* febril

figer [fiʒe]: **se ~** *vpr* (sang) coagularse; *(personne, sourire)* petrificarse

fignoler [fiɲɔle] *vt* dar el último

toque a

figue [fig] *nf* higo; **figuier** *nm* higuera

figurant, e [figyʀɑ̃, ɑ̃t] *nm/f* figurante *m/f*

figure [figyʀ] *nf* (*visage*) cara; (*illustration, dessin*) figura, ilustración *f*

figuré, e [figyʀe] *adj* figurado(-a)

figurer [figyʀe] *vi* figurar ♦ *vt* representar, figurar; **se ~ qch/ que** imaginarse algo/que

fil [fil] *nm* hilo; (*du téléphone*) cable *m*; (*tranchant*) filo; **au ~ des heures/des années** a lo largo *ou* con el correr de las horas/de los años; **le ~ d'une histoire/de ses pensées** el hilo de una historia/de sus pensamientos; **au ~ de l'eau** a favor de la corriente; **donner/ recevoir un coup de ~** dar/ recibir un telefonazo; **~ à coudre** hilo de coser; **~ à pêche** sedal *m*; **~ de fer** alambre *m*; **~ de fer barbelé** alambre de espino; **~ électrique** cable eléctrico

file [fil] *nf* (*de voitures*) fila; (*de clients*) cola; **prendre la ~ de droite** (*AUTO*) coger el carril de la derecha; **à la ~** (*d'affilée*) seguidos(as); (*l'un derrière l'autre*) en fila; **à la ou en ~ indienne** en fila india; **~ (d'attente)** cola

filer [file] *vt* hilar; (*prendre en filature*) seguir los pasos a ♦ *vi* (*bas, maille*) correrse, hacerse una carrera; (*aller vite*) pasar volando; (*fam: partir*) largarse; **~ qch à qn** (*fam: donner*) dar algo a algn

filet [file] *nm* red *f*; (*de poisson*) filete *m*; (*viande*) solomillo; (*d'eau, sang*) hilo; **~ (à provisions)** bolsa (de la compra)

filiale [filjal] *nf* filial *f*, sucursal *f*

filière [filjeʀ] *nf* escalafón *m*

fille [fij] *nf* chica; (*opposé à fils*) hija; **vieille ~** solterona; **fillette** *nf* chiquilla

filleul, e [fijœl] *nm/f* ahijado(-a)

film [film] *nm* película; (*couche*) capa

fils [fis] *nm* hijo; **~ à papa** (*péj*) niño de papá

filtre [filtʀ] *nm* filtro; **filtrer** *vt* filtrar; (*candidats, nouvelles*) hacer una criba de ♦ *vi* filtrarse

fin¹ [fɛ̃] *nf* final *m*; (*d'un projet, d'un rêve: aussi mort*) final, fin *m*; **~s** *nfpl* (*desseins*) fines *mpl*; **prendre ~** terminar, acabar; **mettre ~ à qch** poner fin a algo; **à la ~** finalmente; **sans ~** sin fin, interminable; (*sans cesse*) sin cesar

fin², e [fɛ̃, fin] *adj* fino(-a); (*taille*) delgado(-a); (*effilé*) afilado(-a); (*subtil*) agudo(-a) ♦ *adv* fino; **avoir la vue ~e/l'ouïe ~e** tener vista aguda/buen oído; **vin ~** vino selecto; **~es herbes** hierbas *fpl* aromáticas

final, e [final] *adj* último(-a) ♦ *nm* (*MUS*) final *m*; **quart/8èmes/ 16èmes de final** *nm* cuarto/octavos/ dieciseisavos de final; **finale** *nf* (*SPORT*) final *f*; **finalement** *adv* finalmente, (*après tout*) al final, después de todo

finance [finɑ̃s] *nf*: **la ~** las finanzas; **~s** *nfpl* (*d'un club, pays*) fondos *mpl*; (*activités et problèmes financiers*) finanzas; **financer** *vt* financiar; **financier, -ière** *adj* financiero(-a)

finesse [fines] *nf* finura; delgadez *f*; afilamiento; agudeza; **~s** *nfpl* (*subtilités*) sutilezas *fpl*

fini, e [fini] *adj* terminado(-a), acabado(-a); (*MATH, PHILOSOPHIE*) finito(-a) ♦ *nm* (*d'un objet* *manufacturé*) perfección f; **bien/mal ~** (*travail, vêtement*) bien/mal terminado(-a), bien/mal rematado(-a)

finir [finiʀ] vt acabar, terminar; (*être placé en fin de: période, livre*) finalizar ♦ vi terminarse, acabarse; **~ de faire qch** (*terminer*) acabar de hacer algo; **~ par qch/par faire qch** (*gén*) acabar con algo/haciendo *ou* por hacer algo; **il finit par m'agacer** acaba molestándome; **~ en tragédie** acabar en tragedia; **en ~ (avec qn/qch)** acabar (con algn/algo); **cela/il va mal ~** eso/él acabará mal

finition [finisjɔ̃] nf acabado, último toque m

finlandais, e [fɛ̃lɑ̃dɛ, ɛz] adj finlandés(-esa) ♦ nm/f: **F~, e** finlandés(-esa)

Finlande [fɛ̃lɑ̃d] nf Finlandia

firme [fiʀm] nf firma

fis [fi] vb voir **faire**

fisc [fisk] nm: **le ~** el fisco

fiscal, e, -aux [fiskal, o] adj fiscal; **fiscalité** nf (*système*) régimen m tributario; (*charges*) cargas fpl fiscales

fissure [fisyʀ] nf fisura; **fissurer: se fissurer** vpr agrietarse

fit [fi] vb voir **faire**

fixation [fiksasjɔ̃] nf fijación f; **~ (de sécurité)** (*de ski*) fijación (de seguridad)

fixe [fiks] adj fijo(-a) ♦ nm (*salaire de base*) sueldo base; **à date/heure ~** en fecha/hora fijada; **menu à prix ~** menú m de precio fijo

fixé, e [fikse] adj: **être ~ (sur)** saber a qué atenerse (respecto a)

fixer [fikse] vt fijar; (*poser son regard sur*) fijar la mirada en; **se ~ quelque part** establecerse en algún sitio; **se ~ sur** (*suj: regard, attention*) fijarse en

flacon [flakɔ̃] nm frasco

flageolet [flaʒɔlɛ] nm (*MUS*) chirimía; (*CULIN*) frijol m

flagrant, e [flagʀɑ̃, ɑ̃t] adj flagrante; **prendre qn en ~ délit** coger a algn en flagrante delito

flair [flɛʀ] nm olfato; **flairer** vt olfatear

flamand, e [flamɑ̃, ɑ̃d] adj flamenco(-a) ♦ nm (*LING*) flamenco ♦ nm/f: **F~, e** flamenco(-a); **les F~s** los flamencos

flamant [flamɑ̃] nm (*ZOOL*) flamenco

flambant [flɑ̃bɑ̃] adv: **~ neuf** nuevo flamante

flambé, e [flɑ̃be] adj: **banane/crêpe ~e** plátano/crêpe m flameado

flambée [flɑ̃be] nf llamarada

flamber [flɑ̃be] vi llamear

flamboyer [flɑ̃bwaje] vi (*aussi fig*) resplandecer

flamme [flam] nf llama; (*fig*) pasión f; **en ~s** en llamas

flan [flɑ̃] nm flan m

flanc [flɑ̃] nm (*ANAT*) costado; (*montagne*) ladera

flancher [flɑ̃ʃe] vi flaquear

flanelle [flanɛl] nf franela

flâner [flɑne] vi callejear, deambular

flanquer [flɑ̃ke] vt flanquear; **~ qch sur/dans** (*fam: mettre*) tirar algo a/en; **~ par terre** (*fam*) arrojar al suelo; **~ à la porte** (*fam*) echar a la calle

flaque [flak] nf charco

flash [flaʃ] (pl **~es**) nm (*PHOTO: dispositif*) flash m; **~**

d'information flash informativo

flatter [flate] *vt* (*personne*) halagar, adular; **flatteur, -euse** *adj* (*photo, profil*) halagüeño(-a); (*éloges*) halagador(a) ♦ *nm/f* (*personne*) adulador(a)

flèche [flɛʃ] *nf* flecha; (*de clocher*) aguja; (*de grue*) aguilón *m*; **monter en ~** (*fig*) subir como una flecha; **fléchettes** *nfpl* (*jeu*) dardos *mpl*

flétrir [fletʀiʀ]: **se ~** *vpr* (*fleur*) marchitarse; (*peau, visage*) ajarse

fleur [flœʀ] *nf* flor *f*; **être en ~** estar en flor

fleuri, e [flœʀi] *adj* florido(-a)

fleurir [flœʀiʀ] *vi* florecer ♦ *vt* poner flores en

fleuriste [flœʀist] *nm/f* florista *m/f*

fleuve [flœv] *nm* río

flexible [flɛksibl] *adj* flexible

flic [flik] (*fam: péj*) *nm* poli *m*

flipper¹ [flipœʀ] *nm* flíper *m*

flipper² [flipe] *vi* (*fam*) amargarse

flirter [flœʀte] *vi* flirtear

flocon [flɔkɔ̃] *nm* copo

flore [flɔʀ] *nf* flora

florissant, e [flɔʀisɑ̃, ɑ̃t] *vb voir* **fleurir** ♦ *adj* (*entreprise, commerce*) floreciente, próspero(-a)

flot [flo] *nm* (*fig*) oleada; (*de paroles, etc*) río; **~s** *nmpl* (*de la mer*) olas *fpl*, mar *fsg*; **à ~s** a raudales

flottant, e [flɔtɑ̃, ɑ̃t] *adj* (*vêtement*) de vuelo, ancho(-a); (*non fixe*) fluctuante

flotte [flɔt] *nf* flota; (*fam: eau*) agua; (: *pluie*) lluvia

flotter [flɔte] *vi* flotar (*drapeau, cheveux*) ondear; (*vêtements*) volar; (*ÉCON*) fluctuar ♦ *vb impers* (*fam*):

il flotte llueve; **flotteur** *nm* (*d'hydravion etc*) flotador *m*; (*de canne à pêche*) boya

flou, e [flu] *adj* borroso(-a); (*idée*) vago(-a)

fluide [flɥid] *adj* fluido(-a)

fluor [flyɔʀ] *nm* flúor *m*

fluorescent, e [flyɔʀesɑ̃, ɑ̃t] *adj* fluorescente

flûte [flyt] *nf* flauta; (*verre*) copa; (*pain*) barra pequeña de pan; **~!** ¡caramba!; **~ à bec/traversière** flauta dulce/travesera

flux [fly] *nm* flujo; **le ~ et le reflux** el flujo y el reflujo

FM [ɛfɛm] *sigle f* (= *fréquence modulée*) FM *f* (= *frecuencia modulada*)

foc [fɔk] *nm* foque *m*

foi [fwa] *nf* fe *f*; **avoir ~ en** tener fe en; **digne de ~** fidedigno(-a); **être de bonne/mauvaise ~** actuar con buena/mala fe; **ma ~!** ¡lo juro!

foie [fwa] *nm* hígado

foin [fwɛ̃] *nm* heno

foire [fwaʀ] *nf* mercado; (*fête foraine*) feria, romería; **faire la ~** (*fig: fam*) irse de juerga *ou* de farra (*AM*); **~ (exposition)** feria de muestras

fois [fwa] *nf*: **une/deux ~** una vez/dos veces; **2 ~ 2** 2 por 2; **deux/quatre ~ plus grand (que)** dos/cuatro veces mayor (que); **une (bonne) ~ pour toutes** de una vez por todas; **une ~ que c'est fait** una vez que esté hecho; **à la ~** (*ensemble*) a la vez; **des ~** a veces; **chaque ~ que** cada vez que

fol [fɔl] *adj voir* **fou**

folie [fɔli] *nf* locura; **faire des ~s** hacer locuras, gastar a lo loco

folklorique [fɔlklɔʀik] *adj*

folklórico(-a); *(péj)* estrambótico(-a)

folle [fɔl] *adj f, nf voir* **fou**;
follement *adv (amoureux)* locamente; *(drôle, intéressant)* tremendamente; **avoir follement envie de** tener unos celos tremendos

foncé, e [fɔ̃se] *adj* oscuro(-a)

foncer [fɔ̃se] *vt* oscurecer; *(fam: aller vite)* ir volando; ~ **sur** *(fam)* arremeter contra

fonction [fɔ̃ksjɔ̃] *nf* función *f*; *(profession)* profesión *f*; *(poste)* cargo; **~s** *nfpl (activité, pouvoirs)* competencias *fpl*; **entrer en/ reprendre ses ~** tomar posesión de/reincorporarse a su cargo; **voiture/maison de ~** coche *m*/casa oficial; **être ~ de** depender de; **en ~ de** dependiendo de; **faire ~ de** *(suj: personne)* hacer las veces de; *(chose)* servir para; **la ~ publique** la función pública;
fonctionnaire *nm/f* funcionario(-a); **fonctionner** *vi* funcionar

fond [fɔ̃] *nm* fondo; **un ~ de verre/bouteille** el resto del vaso/de la botella; **le ~** *(SPORT)* el fondo; **au ~ de** *(récipient)* en el fondo de; *(salle)* al fondo de; **sans ~** *(très profond)* sin fondo; **toucher le ~** *(aussi fig)* tocar fondo; **à ~** a fondo; *(soutenir)* a capa y espada; **à ~ (de train)** *(fam)* a todo correr, a toda marcha; **dans le ~, au ~** en resumidas cuentas; **de ~ en comble** de arriba a abajo; **~ de teint** maquillaje *m* de fondo; **~ sonore** fondo sonoro

fondamental, e, -aux [fɔ̃damɑ̃tal, o] *adj* fundamental

fondant, e [fɔ̃dɑ̃, ɑ̃t] *adj*: **la neige/glace ~e** la nieve/el hielo que se derrite

fondation [fɔ̃dasjɔ̃] *nf* fundación *f*; **~s** *nfpl (d'une maison)* cimientos *mpl*

fondé, e [fɔ̃de] *adj* fundado(-a)

fondement [fɔ̃dmɑ̃] *nm*: **sans ~** sin fundamento

fonder [fɔ̃de] *vt* fundar; ~ **qch sur** *(fig)* basar algo en; **se ~ sur qch** *(personne)* basarse en algo

fonderie [fɔ̃dʀi] *nf* fundición *f*

fondre [fɔ̃dʀ] *vt (neige, glace)* fundir, derretir; *(métal)* fundir; *(dans l'eau: sucre)* disolver; *(mélanger)* mezclar ♦ *vi* fundirse, derretirse; *(métal)* fundirse; *(argent, courage)* esfumarse; ~ **sur** *(se précipiter)* abatirse sobre; **faire ~** derretir; *(sucre)* disolver; ~ **en larmes** deshacerse en lágrimas

fonds [fɔ̃] *nm* fondo ♦ *nmpl (argent)* fondos *mpl*; ~ **(de commerce)** fondo de comercio

fondu, e [fɔ̃dy] *adj (beurre)* derretido(-a); *(neige)* fundido(-a), derretido(-a); *(métal)* fundido(-a)

fondue *nf*: **fondue (savoyarde)/bourguignonne** fondue *f* (saboyana)/burguiñona

font [fɔ̃] *vb voir* **faire**

fontaine [fɔ̃tɛn] *nf* fuente *f*

fonte [fɔ̃t] *nf (de la neige)* deshielo *m*

foot(ball) [fut(bol)] *nm* fútbol *m*;
footballeur, -euse *nm/f* futbolista *m/f*

footing [futiŋ] *nm*: **faire du ~** hacer footing

forain, e [fɔʀɛ̃, ɛn] *adj* ferial ♦ *nm/f (marchand)* feriante *m/f*

forçat [fɔʀsa] *nm* forzado

force [fɔʀs] *nf* fuerza; *(d'une armée)* potencia; *(intellectuelle, morale)* fortaleza; **~s** *nfpl* (MIL, *physiques*) fuerzas *fpl*; **ménager ses/reprendre des ~s** ahorrar/recuperar fuerzas; **être à bout de ~** estar agotado(-a); **à ~ de critiques/de le critiquer/ de faire** a fuerza de críticas/de criticarlo/de hacer; **de ~** (*prendre, enlever*) a la fuerza; **être de ~ à faire qch** ser capaz de hacer algo; **les ~s de l'ordre** las fuerzas del orden; **c'est une ~ de la nature** (*personne*) es un sansón

forcé, e [fɔʀse] *adj* (*rire, attitude*) forzado(-a); (*bain, atterrissage*) forzoso(-a); **forcément** *adv* (*obligatoirement*) forzosamente; (*bien sûr*) como es lógico

forcer [fɔʀse] *vt* forzar; (*AGR*) impulsar el crecimiento de ♦ *vi* esforzarse; **~ qn à qch/à faire qch** obligar a algn a algo/a hacer algo; **se ~ à qch/faire qch** obligarse a algo/a hacer algo; **~ la main à qn** apretarle los tornillos a algn

forestier, -ière [fɔʀestje, jɛʀ] *adj* forestal

forêt [fɔʀɛ] *nf* bosque *m*

forfait [fɔʀfɛ] *nm* (*COMM*) ajuste *m*; (*crime*) crimen *m*; **déclarer ~** (*SPORT*) retirarse; **travailler à ~** trabajar a destajo; **forfaitaire** *adj* concertado(-a)

forge [fɔʀʒ] *nf* forja; **forgeron** *nm* herrero

formaliser [fɔʀmalize]: **se ~** *vpr* molestarse; **se ~ de qch** molestarse por algo

formalité [fɔʀmalite] *nf* requisito, trámite *m*; **simple ~** mera formalidad *f*

format [fɔʀma] *nm* formato; **formater** *vt* formatear

formation [fɔʀmasjɔ̃] *nf*

formación *f*; (*apprentissage*) educación *f*; **la ~ permanente/ continue** la formación permanente/continua; **la ~ professionnelle/des adultes** la formación profesional/de adultos

forme [fɔʀm] *nf* forma; (*type*) tipo; **~s** *nfpl* (*manières*) formas *fpl*; **en ~ de poire** con forma de pera; **être en (bonne/pleine) ~** estar en (buena/plena) forma; **avoir la ~** estar en forma

formel, le [fɔʀmɛl] *adj* (*preuve, décision*) categórico(-a); (*logique*) formal; **formellement** *adv* absolutamente

former [fɔʀme] *vt* formar; **se ~** *vpr* formarse

formidable [fɔʀmidabl] *adj* (*important: excellent*) estupendo(-a)

formulaire [fɔʀmylɛʀ] *nm* impreso

formule [fɔʀmyl] *nf* fórmula; (*de vacances, crédit*) sistema *m*; **~ de politesse** fórmula de cortesía

fort, e [fɔʀ, fɔʀt] *adj* (*aussi fig*) fuerte; (*gros*) grueso(-a); (*quantité*) importante; (*soleil*) intenso(-a) ♦ *adv* (*frapper, serrer, sonner*) con fuerza; (*parler*) alto; (*beaucoup*) mucho; (*très*) muy ♦ *nm* (*édifice, fig*) fuerte *m*; **être ~ (en)** (*doué*) ser bueno(-a) (en); **au plus ~ de** en lo más álgido de; **forteresse** *nf* fortaleza

fortifiant [fɔʀtifjɑ̃] *adj* fortificante

fortune [fɔʀtyn] *nf* fortuna; **faire ~** hacer fortuna; **de ~** improvisado(-a); **fortuné, e** *adj* afortunado(-a)

fosse [fos] *nf* fosa

fossé [fose] *nm* zanja

fossette [fosɛt] *nf* hoyuelo

fossile [fɔsil] *nm* fósil *m*

fou (fol), folle [fu, fɔl] *adj* loco(-a); *(fam: extrême)* inmenso(-a) ♦ *nm/f* loco(-a) ♦ *nm (d'un roi)* bufón *m*; **être fou de** estar loco(-a) por; **faire le fou** hacer el tonto *ou* el indio; **avoir le fou rire** tener un ataque de risa; **ça prend un temps fou** *(fam)* esto lleva mucho tiempo; **il a eu un succès fou** *(fam)* tuvo un éxito loco

foudre [fudʀ] *nf* rayo

foudroyant, e [fudʀwajɑ̃, ɑ̃t] *adj* fulminante

fouet [fwɛ] *nm* látigo, fuete *(AM)*, rebenque *(AM)*; *(CULIN)* batidor *m*; **de plein ~** *(heurter)* de frente;

fouetter *vt* dar latigazos a

fougère [fuʒɛʀ] *nf* helecho

fougue [fug] *nf* fogosidad *f*;

fougueux, -euse *adj* fogoso(-a)

fouille [fuj] *nf (v vt)* cacheo, registro; **~s** *nfpl (archéologiques)* excavaciones *fpl*; **fouiller** *vt (suspect)* cachear; *(local, quartier)* registrar; *(creuser)* excavar; *(approfondir)* ahondar en; **fouillis** *nm* revoltijo

foulard [fulaʀ] *nm* pañuelo

foule [ful] *nf*: **la ~ la** muchedumbre, el gentío; **une ~ de** una multitud de

foulée [fule] *nf (SPORT)* zancada

fouler [fule] *vt (écraser)* prensar; **se ~** *vpr (fam)* matarse trabajando; **se ~ la cheville/le bras** torcerse el tobillo/el brazo;

foulure *nf* esguince *m*

four [fuʀ] *nm* horno; *(échec)* fracaso

fourche [fuʀʃ] *nf* horca

fourchette [fuʀʃɛt] *nf* tenedor *m*; *(STATISTIQUE)* gama

fourgon [fuʀgɔ̃] *nm* furgón *m*;

fourgonnette *nf* furgoneta

fourmi [fuʀmi] *nf* hormiga; **avoir des ~s dans les jambes/mains** *(fig)* tener un hormigueo en las piernas/manos;

fourmilière *nf* hormiguero;

fourmiller *vi (gens)* hormiguear

fourneau, x [fuʀno] *nm* horno

fourni, e [fuʀni] *adj (barbe, cheveux)* tupido(-a), poblado(-a); **bien/mal ~ (en)** bien/mal equipado(-a) (en)

fournir [fuʀniʀ] *vt* proporcionar; *(effort)* realizar; *(chose)* dar, proporcionar; **fournisseur, -euse** *nm/f* proveedor(a);

fournitures *nfpl* material *msg*

fourrage [fuʀaʒ] *nm* forraje *m*

fourré, e [fuʀe] *adj (bonbon)* relleno(-a); *(manteau, botte)* forrado(-a) ♦ *nm* matorral *m*

fourrer [fuʀe] *(fam) vt*: **~ qch dans** meter algo en; **se ~** *vpr*: **se ~ dans/sous** meterse en/bajo

fourrière [fuʀjɛʀ] *nf (pour chiens)* perrera; *(voitures)* depósito de coches

fourrure [fuʀyʀ] *nf* piel *f*; **manteau/col de ~** abrigo/cuello de piel

foutre [futʀ] *(fam!) vt* = **ficher**; **foutu, e** *(fam!) adj* = **fichu**

foyer [fwaje] *nm* hogar *m*; *(fig)* foco

fracassant, e [fʀakasɑ̃, ɑ̃t] *adj (fig)* estrepitoso(-a)

fraction [fʀaksjɔ̃] *nf* fracción *f*; *(MATH)* fracción, quebrado

fracture [fʀaktyʀ] *nf (MÉD)* fractura; **fracturer** *vt (coffre, serrure)* forzar; **se fracturer la jambe/le crâne** fracturarse la pierna/el cráneo

fragile [fʀaʒil] *adj (aussi fig)* frágil;

(santé, personne) delicado(-a);
fragilité *nf* fragilidad *f*

fragment [fʀagmɑ̃] *nm (d'un objet)* fragmento, trozo; *(d'un discours)* fragmento

fraîche [fʀɛʃ] *adj voir* **frais**;
fraîcheur *nf (voir frais)* frescor *m*, frescura *f*; lozanía; frialdad *f*;
fraîchir *vi* refrescar; *(vent)* levantarse

frais, fraîche [fʀɛ, fʀɛʃ] *adj* fresco(-a); *(teint)* lozano(-a);
(accueil) frío(-a) ♦ *adv:* **il fait ~** hace *ou* está fresco ♦ *nm:* **mettre au ~** poner en el frigorífico ♦ *nmpl (COMM, dépenses)* gastos *mpl*;
à boire/servir ~ beber/servir frío; **légumes/fruits ~** verduras *fpl*/frutas *fpl* frescas; **prendre le ~** tomar el fresco; **faire des ~** hacer gastos; **~ de scolarité** gastos de matrícula; **~ généraux** gastos generales

fraise [fʀɛz] *nf (BOT, TECH)* fresa, frutilla *(AM)*; **~ des bois** fresa silvestre

framboise [fʀɑ̃bwaz] *nf* frambuesa

franc, franche [fʀɑ̃, fʀɑ̃ʃ] *adj* franco(-a); *(refus, couleur)* claro(-a); *(coupure)* limpio(-a); *(intensif)* auténtico(-a) ♦ *adv:* **à parler ~** francamente ♦ *nm (monnaie)* franco; **~ de port** porte pagado

français, e [fʀɑ̃sɛ, ɛz] *adj* francés(-esa) ♦ *nm (LING)* francés *m* ♦ *nm/f:* **F~, e** francés(-esa); **les F~** los franceses

France [fʀɑ̃s] *nf* Francia

franche [fʀɑ̃ʃ] *adj f voir* **franc**;
franchement *adv* francamente; *(tout à fait)* realmente

franchir [fʀɑ̃ʃiʀ] *vt (aussi fig)* salvar; *(seuil)* franquear

franchise [fʀɑ̃ʃiz] *nf* franqueza;

(douanière, ASSURANCE) franquicia;
(COMM) licencia

franc-maçon [fʀɑ̃masɔ̃] *(pl ~~s)* *nm* francmasón(-ona)

franco [fʀɑ̃ko] *adv (COMM):* **~ (de port)** porte pagado

francophone [fʀɑ̃kɔfɔn] *adj, nm/f* francófono(-a)

franc-parler [fʀɑ̃paʀle] *nm inv* franqueza

frange [fʀɑ̃ʒ] *nf* fleco, franja; *(de cheveux)* flequillo; *(fig)* franja

frangipane [fʀɑ̃ʒipan] *nf* crema almendrada

frappant, e [fʀapɑ̃, ɑ̃t] *adj* sorprendente

frappé, e [fʀape] *adj (vin, café)* helado(-a); **~ de** *ou* **par qch** impresionado(-a) por algo

frapper [fʀape] *vt* golpear; *(fig)* impresionar; *(malheur, impôt)* afectar; *(monnaie)* acuñar; **~ dans les mains** golpear con las manos; **~ du poing sur** dar un puñetazo en

fraternel, le [fʀatɛʀnɛl] *adj* fraterno(-a); **fraternité** *nf* fraternidad *f*

fraude [fʀod] *nf* fraude *m*;
passer qch en ~ pasar algo fraudulentamente

frayeur [fʀɛjœʀ] *nf* pavor *m*

fredonner [fʀədɔne] *vt* tararear

freezer [fʀizœʀ] *nm* congelador *m*

frein [fʀɛ̃] *nm* freno; **sans ~** sin freno; **~s à disques** frenos *mpl* de disco; **~ à main** freno de mano; **~s à tambours** frenos de tambor; **freiner** *vi* frenar ♦ *vt* frenar, parar

frêle [fʀɛl] *adj* frágil

frelon [fʀəlɔ̃] *nm* abejón *m*

frémir [fʀemiʀ] *vi* estremecerse; *(eau)* empezar a hervir

frêne [fʀɛn] *nm* fresno

fréquemment [fʀekamɑ̃] *adv* frecuentemente, seguido *(AM)*

fréquent, e [fʀekɑ̃, ɑ̃t] *adj* frecuente; *(opposé à rare)* corriente

fréquentation [fʀekɑ̃tasjɔ̃] *nf* frecuentación *f*, trato; *(relations)*: **de bonnes ~s** buenas relaciones

fréquenté, e [fʀekɑ̃te] *adj*: **très ~** muy concurrido(-a); **mal ~** frecuentado(-a) por gente indeseable

fréquenter [fʀekɑ̃te] *vt* frecuentar; *(personne)* tratar, frecuentar; *(courtiser)* salir con; **se ~** *vpr* tratarse, frecuentarse

frère [fʀɛʀ] *nm* hermano

fresque [fʀɛsk] *nf* fresco; *(LITT)* retrato

fret [fʀɛ(t)] *nm* flete *m*

friand, e [fʀijɑ̃, fʀijɑ̃d] *adj*: **~ de** entusiasta de

friandise [fʀijɑ̃diz] *nf* golosina

fric [fʀik] *(fam) nm* pasta

friche [fʀiʃ]: **en ~** *adj, adv* inculto(-a)

friction [fʀiksjɔ̃] *nf* fricción *f*

frigidaire ® [fʀiʒidɛʀ] *nm* nevera, frigorífico

frigo [fʀigo] *nm* = **frigidaire**

frigorifique [fʀigoʀifik] *adj* frigorífico(-a)

frileux, -euse [fʀilø, øz] *adj* friolero(-a); *(fig)* encogido(-a)

frimer [fʀime] *(fam) vi* chulear

fringale [fʀɛ̃gal] *nf*: **avoir la ~** tener un hambre canina

fringues [fʀɛ̃g] *(fam) nfpl* trapos *mpl*

fripé, e [fʀipe] *adj* arrugado(-a)

frire [fʀiʀ] *vt (aussi*: **faire ~)** freír

frisé, e [fʀize] *adj* rizado(-a)

frisson [fʀisɔ̃] *nm* escalofrío, estremecimiento; **frissonner** *vi*

tiritar, estremecerse; *(fig)* temblar

frit, e [fʀi, fʀit] *pp de* **frire** ♦ *adj* frito(-a); **(pommes) ~es** patatas *fpl ou* papas *fpl (AM)* fritas; **frite** *nf* patata frita; **friteuse** *nf* freidora; **friture** *nf (huile)* aceite *m*; *(RADIO)* ruido de fondo; **friture (de poissons)** fritura (de pescado)

froid, e [fʀwa, fʀwad] *adj* frío(-a); **il fait ~** hace frío; **avoir/prendre ~** tener/coger frío; **à ~** en frío; **jeter un ~** *(fig)* provocar el asombro; **être en ~ avec qn** estar enfadado(-a) con algn; **froidement** *adv* con frialdad

froisser [fʀwase] *vt* arrugar; *(fig)* ofender; **se ~** *vpr* arrugarse; **se ~ un muscle** distendérsele a algn un músculo

frôler [fʀole] *vt* rozar

fromage [fʀomaʒ] *nm* queso; **~ blanc** queso fresco, requesón *m*

froment [fʀomɑ̃] *nm* trigo

froncer [fʀɔ̃se] *vt* fruncir; **~ les sourcils** fruncir el ceño

front [fʀɔ̃] *nm* frente *f*; **de ~** de frente; *(rouler)* al lado; *(simultanément)* al mismo tiempo; **faire ~ à** hacer frente a; **~ de mer** paseo marítimo

frontalier, -ière [fʀɔ̃talje, jɛʀ] *adj* fronterizo(-a) ♦ *nm/f*: **(travailleurs) ~s** (trabajadores *mpl*) fronterizos *mpl*

frontière [fʀɔ̃tjɛʀ] *nf* frontera

frotter [fʀote] *vi* frotar ♦ *vt* frotar; *(pour nettoyer)* frotar, estregar; **une allumette** encender una cerilla

fruit [fʀɥi] *nm* fruta; **~s de mer** mariscos *mpl*; **~s secs** frutos secos; **fruité, e** *adj* afrutado(-a); **fruitier, -ière** *adj*: **arbre fruitier** árbol *m* frutal

frustrer |fʀystʀe| vt frustrar
fuel(-oil) |fjul(ɔjl)| (pl **fuels(-oils)**) nm fuel(-oil) m
fugace |fygas| adj fugaz
fugitif, -ive |fyʒitif, iv| adj (lueur, amour) efímero(-a); (prisonnier etc) fugitivo(-a) ♦ nm/f fugitivo(-a)
fugue |fyg| nf: **faire une ~** fugarse
fuir |fɥiʀ| vt huir ♦ vi huir; (gaz, eau) escapar; (robinet) perder agua
fuite |fɥit| nf huida; (des capitaux etc) fuga; (d'eau) escape m; (divulgation) filtración f; **être en ~** ser un(a) prófugo(-a); **mettre en ~** ahuyentar
fulgurant, e |fylgyʀɑ̃, ɑ̃t| adj fulgurante
fumé, e |fyme| adj ahumado(-a);
fumée nf humo
fumer |fyme| vi echar humo; (personne) fumar ♦ vt (cigarette, pipe) fumar
fûmes |fym| vb voir **être**
fumeur, -euse |fymœʀ, øz| nm/f fumador(a)
fumier |fymje| nm estiércol m
funérailles |fyneʀaj| nfpl funeral msg
fur |fyʀ|: **au ~ et à mesure** adv poco a poco; **au ~ et à mesure que** a medida que, conforme
furet |fyʀɛ| nm (ZOOL) hurón m
fureter |fyʀ(ə)te| (péj) vi husmear, fisgonear
fureur |fyʀœʀ| nf furia, cólera; **faire ~** estar en boga, hacer furor
furie |fyʀi| nf furia; **en ~** desencadenado(-a); **furieux, -euse** adj furioso(-a)
furoncle |fyʀɔ̃kl| nm forúnculo m
furtif, -ive |fyʀtif, iv| adj furtivo(-a)
fus |fy| vb voir **être**
fusain |fyzɛ̃| nm (BOT) bonetero;

(ART) carboncillo
fuseau, x |fyzo| nm (pantalon) fuso; (pour filer) huso; **~ horaire** huso horario
fusée |fyze| nf cohete m
fusible |fyzibl| nm fusible m
fusil |fyzi| nm (de guerre, à canon rayé) fusil m; (de chasse, à canon lisse) escopeta; **fusillade** nf (bruit) tiroteo; **fusiller** vt fusilar
fusionner |fyzjɔne| vi fusionarse
fût¹ |fy| vb voir **être**
fût² |fy| nm (tonneau) tonel m, barril m; (de canon) caña
futé, e |fyte| adj ladino(-a)
futile |fytil| adj fútil
futur, e |fytyʀ| adj futuro(-a) ♦ nm: **le ~** (LING) el futuro; (avenir) el futuro, el porvenir
fuyard, e |fɥijaʀ, aʀd| nm/f fugitivo(-a)

G, g

gâcher |gaʃe| vt arruinar, estropear; (vie) arruinar; (argent) malgastar; **gâchis** nm (gaspillage) despilfarro
gaffe |gaf| nf (instrument) bichero; (fam: erreur) metedura de pata; **faire ~** (fam) tener cuidado
gage |gaʒ| nm (dans un jeu, comme garantie) prenda; (fig: de fidélité) prueba; **mettre en ~** empeñar
gagnant, e |gaɲɑ̃, ɑ̃t| adj: **billet/numéro ~** billete m/ número premiado
gagne-pain |gaɲpɛ̃| nm inv medio de vida
gagner |gaɲe| vt ganar; (suj: maladie, feu) extenderse a; (envahir) invadir ♦ vi (être vainqueur) ganar; **~ du temps/**

de la place ganar tiempo/ espacio; **~ sa vie** ganarse la vida; **~ du terrain** (*aussi fig*) ganar terreno

gai, e [ge] *adj* alegre; **gaiement** *adv* alegremente; (*de bon cœur*) con entusiasmo; **gaieté** *nf* alegría; **de gaieté de cœur** de buena gana

gain [gɛ̃] *nm* (*revenu*) ingreso; (*bénéfice: gén pl*) ganancias *fpl*; **avoir ~ de cause** (*fig*) ganar, tener razón

gala [gala] *nm* gala

galant, e [galɑ̃, ɑ̃t] *adj* galante; (*entreprenant*) galanteador(a)

galerie [galʀi] *nf* galería; (*THÉÂTRE*) palco; (*de voiture*) baca; (*fig: spectateurs*) público, galería; **~ de peinture** galería de arte; **~ marchande** centro comercial, galería comercial

galet [galɛ] *nm* guijarro; (*TECH*) arandela

galette [galɛt] *nf* (*gâteau*) roscón *m*; (*crêpe*) crepe *f*, panqueque *m* (*AM*)

galipette [galipɛt] *nf*: **faire des ~s** hacer piruetas

Galles [gal] *nfpl*: **le pays de ~** el país de Gales; **gallois, e** *adj* galés(-esa) ♦ *nm* (*LING*) galés *m* ♦ *nm/f*: **Gallois, e** galés(-esa)

galon [galɔ̃] *nm* galón *m*

galop [galo] *nm* galope *m*; **galoper** *vi* galopar

gambader [gɑ̃bade] *vi* brincar

gamin, e [gamɛ̃, in] *nm/f* chiquillo(-a), chamaco(-a) (*CAM, MEX*), pibe(-a) (*ARG*), cabro(-a) (*AND, CHI*)

gamme [gam] *nf* (*MUS*) escala; (*fig*) gama

gang [gɑ̃g] *nm* banda

gant [gɑ̃] *nm* guante *m*; **~ de**

toilette manopla de baño

garage [gaʀaʒ] *nm* garaje *m*; **garagiste** *nm/f* (*propriétaire*) dueño(-a) de un garaje; (*mécanicien*) mecánico(-a)

garantie [gaʀɑ̃ti] *nf* garantía; **(bon de) ~** bono de garantía

garantir [gaʀɑ̃tiʀ] *vt* garantizar; **~ de qch** proteger contra *ou* de algo

garçon [gaʀsɔ̃] *nm* niño; **mon/ son ~** (*fils*) mi/su hijo; (*célibataire*) soltero; **~ de café** camarero; **~ manqué** medio chico

garde [gaʀd(ə)] *nm* guardia *m*; (*de domaine etc*) guarda *m* ♦ *nf* guardia *f*; **de ~** *adj, adv* de guardia; **mettre en ~** poner en guardia; **prendre ~ (à)** tener cuidado (con); **être sur ses ~s** estar en guardia; **monter la ~** montar guardia; **~ à vue** (*JUR*) detención *f* provisional; **~ champêtre** *nm* guarda rural; **~ d'enfants** *nf* niñera; **~ des Sceaux** *nm* ≈ ministro de Justicia; **~ du corps** *nm* guardaespaldas *m inv*, guarura *m* (*MEX*) (*fam*); **garde-boue** *nm inv* guardabarros *m inv*; **garde-chasse** (*pl* **gardes-chasse(s)**) *nm* guarda *m* de caza

garder [gaʀde] *vt* (*conserver: personne*) mantener; (*: sur soi: vêtement, chapeau*) quedarse con; (*surveiller: enfants*) cuidar; (*: prisonnier, lieu*) vigilar; **se ~** *vpr* (*aliment*) conservarse; **~ le lit** guardar cama; **~ la chambre** permanecer en la habitación; **se ~ de faire qch** abstenerse de hacer algo; **pêche/chasse gardée** coto de pesca/caza

garderie [gaʀdəʀi] *nf* guardería

garde-robe [gaʀdəʀɔb] (*pl* **~~s**)

nf (meuble) ropero; *(vêtements)* guardarropa *m*

gardien, ne [gardjɛ̃, jɛn] *nm/f (garde)* vigilante *m/f*; *(de prison)* oficial *m/f*; *(de domaine, réserve, cimetière)* guarda *m/f*; *(de musée etc)* guarda, vigilante; *(de phare)* farero; *(fig: garant)* garante *m/f*; *(d'immeuble)* portero(-a); ~ **de but** portero, arquero *(esp AM)*; ~ **de la paix** guardia *m* del orden público; ~ **de nuit** vigilante de noche

gare [gar] *nf* estación *f* ♦ *excl*: ~ **à ...** cuidado con ...; ~ **à toi** cuidado con lo que haces; ~ **routière** estación de autobuses

garer [gare] *vt* aparcar; **se** ~ *vpr (véhicule, personne)* aparcar; *(pour laisser passer)* apartarse

garni, e [garni] *adj (plat)* con guarnición ♦ *nm (appartement)* piso amueblado

garniture [garnityr] *nf (CULIN: légumes)* guarnición *f*; *(décoration)* adorno; *(protection)* revestimiento; ~ **de frein** *(AUTO)* forro de freno

gars [ga] *nm (fam: garçon)* chico; *(homme)* tío

Gascogne [gaskɔɲ] *nf* Gasconia

gas-oil [gazwal] *nm* gas-oil *m*

gaspiller [gaspije] *vt* derrochar, malgastar

gastronome [gastronɔm] *nm/f* gastrónomo(-a); **gastronomie** *nf* gastronomía;

gastronomique *adj*: **menu gastronomique** menú *m* gastronómico

gâteau, x [gato] *nm* pastel *m*; ~ **sec** galleta

gâter [gate] *vt (personne)* mimar; *(plaisir, vacances)* estropear; **se** ~ *vpr (dent, fruit)* picarse; *(temps, situation)* empeorar

gauche [goʃ] *adj* izquierda; *(personne, style)* torpe ♦ *nf* izquierda; **à** ~ a la izquierda; **à** ~ **de** a la izquierda de

gaucher, -ère *adj*, *nm/f* zurdo(-a); **gauchiste** *adj*, *nm/f* izquierdista *m/f*

gaufre [gofr] *nf (pâtisserie)* gofre *m*

gaufrette [gofrɛt] *nf* barquillo

gaulois, e [golwa, waz] *adj* galo(-a) ♦ *nm/f*: **G~, e** galo(-a)

gaz [gaz] *nm inv* gas *m*; **avoir des** ~ tener gases

gaze [gaz] *nf* gasa

gazette [gazɛt] *nf* gaceta

gazeux, -euse [gazø, øz] *adj* gaseoso(-a); **eau/boisson gazeuse** agua/bebida con gas

gazoduc [gazodyk] *nm* gaseoducto

gazon [gazɔ̃] *nm* césped *m*

geai [ʒɛ] *nm* arrendajo

géant, e [ʒeɑ̃, ɑ̃t] *adj* gigante ♦ *nm/f* gigante(-a)

geindre [ʒɛ̃dr] *vi* gemir

gel [ʒɛl] *nm (temps)* helada; *(de l'eau)* hielo; *(fig)* congelación *f*; *(produit de beauté)* gel *m*

gélatine [ʒelatin] *nf* gelatina

gelée [ʒ(ə)le] *nf (CULIN)* gelatina; *(MÉTÉO)* helada

geler [ʒ(ə)le] *vt (sol, liquide)* helar ♦ *vi (sol, personne)* helarse; **il gèle** hiela

gélule [ʒelyl] *nf* gragea

Gémeaux [ʒemo] *nmpl (ASTROL)*: **les** ~ Géminis *mpl*

gémir [ʒemir] *vi* gemir

gênant, e [ʒɛnɑ̃, ɑ̃t] *adj (aussi fig)* molesto(-a)

gencive [ʒɑ̃siv] *nf* encía

gendarme [ʒɑ̃darm] *nm* gendarme *m*, ≃ guardia *m* civil; **gendarmerie** *nf* ≃ Guardia Civil; *(caserne, bureaux)* ≃ cuartel *m* de la Guardia Civil

gendre [ʒãdʀ] *nm* yerno

gêné, e [ʒene] *adj* embarazoso(-a)

gêner [ʒene] *vt (incommoder)*
molestar; *(encombrer)* estorbar; ~
qn *(embarrasser)* violentar a algn;
se ~ *vpr* molestarse

général, e, -aux [ʒeneʀal, o]
adj, *nm* general; **en ~** en general;

généralement *adv*
(communément) al nivel general;
(habituellement) generalmente;

généraliser *vt*, *vi* generalizar;
se généraliser *vpr*
generalizarse; **généraliste** *nm*
médico general

génération [ʒeneʀasjõ] *nf*
generación *f*

généreux, -euse [ʒeneʀø, øz]
adj generoso(-a)

générique [ʒeneʀik] *adj*
genérico(-a) ♦ *nm (CINÉ, TV)* ficha
técnica

générosité [ʒeneʀozite] *nf*
generosidad *f*

genêt [ʒ(ə)nɛ] *nm* retama

génétique [ʒenetik] *adj*
genético(-a)

Genève [ʒ(ə)nɛv] *n* Ginebra

génial, e, -aux [ʒenjal, jo] *adj*
(aussi fam) genial

génie [ʒeni] *nm* genio

genièvre [ʒənjɛvʀ] *nm (BOT,
CULIN)* enebro

génisse [ʒenis] *nf* ternera

génital, e, -aux [ʒenital, o] *adj*
genital

génoise [ʒenwaz] *nf* bizcocho

genou, x [ʒ(ə)nu] *nm* rodilla; **à
~x** de rodillas

genre [ʒãʀ] *nm* género; *(allure)*
estilo; **avoir bon/mauvais ~**
(allure) tener buena/mala
presencia

gens [ʒã] *nmpl*, *parfois* *nfpl* gente

f

gentil, le [ʒãti, ij] *adj (aimable)*
amable; *(enfant)* bueno(-a);
(endroit etc) agradable;
gentillesse *nf (v adj)*
amabilidad *f*; bondad *f*; lo
agradable; encanto; **gentiment**
adv con amabilidad

géographie [ʒeɔgʀafi] *nf*
geografía

géologie [ʒeɔlɔʒi] *nf* geología

géomètre [ʒeɔmɛtʀ] *nm/f*:
(arpenteur-)~ agrimensor(a)

géométrie [ʒeɔmetʀi] *nf*
geometría; **géométrique** *adj*
geométrico(-a)

géranium [ʒeʀanjɔm] *nm* geranio

gérant, e [ʒeʀã, ãt] *nm/f* gerente
m/f

gerbe [ʒɛʀb] *nf (de fleurs)* ramo

gercé, e [ʒɛʀse] *adj* agrietado(-a)

gerçure [ʒɛʀsyʀ] *nf* grieta

gérer [ʒeʀe] *vt* administrar

germain, e [ʒɛʀmɛ̃, ɛn] *adj voir*
cousin

germe [ʒɛʀm] *nm* germen *m*;
(pousse) brote *m*; **germer** *vi*
germinar

geste [ʒɛst] *nm* gesto

gestion [ʒɛstjõ] *nf* gestión *f*

gibier [ʒibje] *nm* caza

gicler [ʒikle] *vi* brotar

gifle [ʒifl] *nf* bofetada; **gifler** *vt*
abofetear

gigantesque [ʒigãtɛsk] *adj*
gigantesco(-a)

gigot [ʒigo] *nm* pierna

gigoter [ʒigɔte] *vi* patalear

gilet [ʒile] *nm (de costume)*
chaleco; *(tricot)* chaqueta (de
punto); *(sous-vêtement)* camiseta;
~ de sauvetage chaleco
salvavidas

gin [dʒin] *nm* ginebra

gingembre [ʒɛ̃ʒãbʀ] *nm* jenjibre

m
girafe [ʒiʀaf] *nf* jirafa
giratoire [ʒiʀatwaʀ] *adj*: **sens ~** sentido giratorio
girofle [ʒiʀɔfl] *nf*: **clou de ~** clavo
girouette [ʒiʀwɛt] *nf* veleta
gitan, e [ʒitɑ̃, an] *nm/f* gitano(-a)
gîte [ʒit] *nm* (*maison*) morada; **~ rural** casa de turismo rural
givre [ʒivʀ] *nm* escarcha; **givré, e** *adj*: **citron/orange givré(e)** limón *m* escarchado/naranja escarchada
glace [glas] *nf* hielo; (*crème glacée*) helado; (*verre*) cristal *m*; (*miroir*) espejo; (*de voiture*) ventanilla
glacé, e [glase] *adj* helado(-a); (*fig*) frío(-a)
glacer [glase] *vt* (*lac, eau*) helar; (CULIN, *papier, tissu*) glasear
glacial, e [glasjal] *adj* glacial
glacier [glasje] *nm* (GÉO) glaciar *m*; (*marchand*) heladero
glacière [glasjɛʀ] *nf* nevera
glaçon [glasɔ̃] *nm* témpano *m*; (*pour boisson*) cubito de hielo
glaïeul [glajœl] *nm* gladiolo
glaise [glɛz] *nf* greda
gland [glɑ̃] *nm* (*de chêne*) bellota; (*décoration*) borla
glande [glɑ̃d] *nf* glándula
glissade [glisad] *nf* (*par jeu*) deslizamiento; (*chute*) resbalón *m*; **faire des ~s** deslizarse
glissant, e [glisɑ̃, ɑ̃t] *adj* resbaladizo(-a)
glissement [glismɑ̃] *nm* (*aussi fig*) deslizamiento; **~ de terrain** corrimiento de tierra
glisser [glise] *vi* resbalar; (*patineur, fig*) deslizarse ♦ *vt* (*introduire: erreur, citation*) deslizar; (*mot, conseil*) decir discretamente;

se ~ dans/entre (*personne*) deslizarse *ou* escurrirse en/entre
global, e, -aux [glɔbal, o] *adj* global
globe [glɔb] *nm* globo
globule [glɔbyl] *nm* glóbulo
gloire [glwaʀ] *nf* gloria; (*mérite*) mérito; (*personne*) celebridad *f*
glousser [gluse] *vi* (*rire*) reír ahogadamente
glouton, ne [glutɔ̃, ɔn] *adj* glotón(-ona)
gluant, e [glyɑ̃, ɑ̃t] *adj* pegajoso(-a)
glucose [glykoz] *nm* glucosa
glycine [glisin] *nf* glicina
GO [ʒeo] *sigle fpl* (= *grandes ondes*) OL
goal [gol] *nm* portero, guardameta *m*
gobelet [gɔblɛ] *nm* cubilete *m*
goéland [gɔelɑ̃] *nm* gaviota
goélette [gɔelɛt] *nf* goleta
goinfre [gwɛ̃fʀ] *adj, nm/f* tragón(-ona)
golf [gɔlf] *nm* golf *m*
golfe [gɔlf] *nm* golfo
gomme [gɔm] *nf* (*à effacer*) goma (de borrar); **gommer** *vt* borrar
gonflé, e [gɔ̃fle] *adj* hinchado(-a); **être ~** (*fam*) tener jeta
gonfler [gɔ̃fle] *vt* hinchar ♦ *vi* hincharse; (CULIN, *pâte*) inflarse
gonzesse [gɔ̃zɛs] (*fam*) *nf* tía (*fam*)
gorge [gɔʀʒ] *nf* garganta; (*poitrine*) pecho; (GÉO) garganta, desfiladero
gorgée [gɔʀʒe] *nf* trago
gorille [gɔʀij] *nm* gorila
gosse [gɔs] *nm/f* chiquillo(-a), chamaco(-a) (CAM, MEX); pibe(-a) (ARG), cabro(-a) (AND, CHI)
goudron [gudʀɔ̃] *nm* alquitrán *m*;
goudronner *vt* alquitranar

gouffre [gufʀ] nm sima, precipicio; (fig) abismo

goulot [gulo] nm cuello; **boire au ~** beber a morro

goulu, e [guly] adj glotón(-ona)

gourde [guʀd] nf (récipient) cantimplora; (fam) zoquete m/f

gourdin [guʀdɛ̃] nm porra

gourmand, e [guʀmɑ̃, ɑ̃d] adj goloso(-a)

gourmandise [guʀmɑ̃diz] nf gula

gourmet [guʀmɛ] nm gastrónomo(-a)

gousse [gus] nf vaina; **~ d'ail** diente m de ajo

goût [gu] nm gusto, sabor m; (fig) gusto; **de bon/mauvais ~** de buen/mal gusto; **prendre ~ à** aficionarse a

goûter [gute] vt (aussi: **~ à**: essayer) probar; (apprécier) apreciar ♦ vi merendar ♦ nm merienda

goutte [gut] nf gota; **goutte-à-goutte** nm inv bomba de perfusión

gouttière [gutjɛʀ] nf canalón m

gouvernail [guvɛʀnaj] nm timón m

gouvernement [guvɛʀnəmɑ̃] nm gobierno

gouverner [guvɛʀne] vt gobernar

grâce [gʀɑs] nf gracia; (JUR) indulto; **de bonne/mauvaise ~** de buena/mala gana; **faire ~ à qn de qch** perdonar algo a algn; **demander ~** pedir perdón; **~ à** gracias a; **gracieux, -euse** adj elegante

grade [gʀad] nm grado; **monter en ~** ascender de grado

gradin [gʀadɛ̃] nm grada; **~s** nmpl (de stade) gradas fpl

gradué, e [gʀadɥe] adj

graduado(-a); (exercices) progresivo(-a)

graduel, le [gʀadɥɛl] adj gradual

graduer [gʀadɥe] vt graduar; (effort) dosificar

graffiti [gʀafiti] nmpl grafiti mpl

grain [gʀɛ̃] nm grano; (averse) aguacero; **~ de beauté** lunar m; **~ de café/de poivre** grano de café/de pimienta; **~ de poussière** mota de polvo; **~ de raisin** uva

graine [gʀɛn] nf semilla

graissage [gʀɛsaʒ] nm engrase m

graisse [gʀɛs] nf grasa; **graisser** vt engrasar; (tacher) manchar de grasa; **graisseux, -euse** adj grasiento(-a); (ANAT) adiposo(-a)

grammaire [gʀa(m)mɛʀ] nf gramática

gramme [gʀam] nm gramo

grand, e [gʀɑ̃, gʀɑ̃d] adj grande; (avant le nom) gran; (haut) alto(-a); (fil, voyage, période) largo(-a) ♦ adv: **~ ouvert** abierto de par en par; **un ~ homme/artiste** un gran hombre/artista; **au ~ air** al aire libre; **~ blessé/brûlé** herido/quemado grave; **~ ensemble** gran barriada; **~e personne** persona mayor; **~es écoles** universidades de élite francesas; **~e lignes** líneas fpl principales; **~e surface** hipermercado; **~es vacances** vacaciones fpl de verano; **~ magasin** grandes almacenes mpl

grand-chose [gʀɑ̃ʃoz] nm/f inv: **pas ~~** poca cosa; **Grande-Bretagne** nf Gran Bretaña; **grandeur** nf tamaño; (mesure, quantité, aussi fig) magnitud f; (gloire, puissance) grandeza; **grandeur nature** adj tamaño

natural; grandiose adj
grandioso(-a); **grandir** vi (enfant,
arbre) crecer; **grand-mère** (pl
grand(s)-mères) nf abuela;
grand-peine: à grand-peine
adv a duras penas; **grand-père**
(pl **grands-pères**) nm abuelo;
grand-parents nmpl abuelos
mpl

grange [gʀɑ̃ʒ] nf granero m

granit [gʀanit] nm granito m

graphique [gʀafik] adj gráfico(-a)
♦ nm gráfico

grappe [gʀap] nf (BOT) racimo; ~
de raisin racimo de uvas

gras, se [gʀɑ, gʀɑs] adj (viande,
soupe) graso(-a); (personne)
gordo(-a); (surface, cheveux)
grasiento(-a); (toux) flemático(-a);
(rire) ordinario(-a); (crayon)
grueso(-a); (TYPO) en negrita ♦ nm
(CULIN) gordo; **faire la ~se
matinée** levantarse tarde;
grassement adv: **grassement
payé** largamente pagado

gratifiant, e [gʀatifjɑ̃, jɑ̃t] adj
gratificante

gratin [gʀatɛ̃] nm gratín m;
gratiné, e adj gratinado(-a);
(fam) espantoso(-a)

gratis [gʀatis] adv, adj gratis

gratitude [gʀatityd] nf gratitud f

gratte-ciel [gʀatsjɛl] nm inv
rascacielos m inv

gratter [gʀate] vt (frotter) raspar;
(enlever) quitar, borrar; (bras,
bouton) rascar; **se ~** vpr rascarse

gratuit, e [gʀatɥi, ɥit] adj
gratuito(-a)

grave [gʀav] adj grave; (sujet,
problème) grave, serio(-a);
gravement adv gravemente

graver [gʀave] vt grabar; ~ **qch
dans son esprit/sa mémoire**
(fig) grabar algo en su alma/su

memoria

gravier [gʀavje] nm grava;
gravillons nmpl gravilla

gravir [gʀaviʀ] vt subir

gravité [gʀavite] nf (aussi PHYS)
gravedad f

graviter [gʀavite] vi (aussi fig): ~
autour de gravitar alrededor de

gravure [gʀavyʀ] nf grabado m

gré [gʀe] nm: **à son** ~ a su gusto;
contre le ~ de qn contra la
voluntad de algn; **de son (plein)**
~ por su propia voluntad; **de ~
ou de force** por las buenas o por
las malas; **il faut le faire bon ~
mal** ~ hay que hacerlo, queramos
o no

grec, grecque [gʀɛk] adj
griego(-a) ♦ nm/f: **G~, Grecque**
griego(-a)

Grèce [gʀɛs] nf Grecia

greffe [gʀɛf] nf (AGR) injerto; (MÉD)
tra(n)splante m ♦ nm (JUR) archivo;
~ **du rein** transplante de riñón;
greffer vt (tissu) injertar; (organe)
transplantar

grêle [gʀɛl] adj flaco(-a) ♦ nf
granizo; **grêler** vb impers: **il
grêle** graniza; **grêlon** nm
granizo

grelot [gʀəlo] nm cascabel m

grelotter [gʀəlɔte] vi tiritar

grenade [gʀənad] nf granada;
grenadine nf granadina

grenier [gʀənje] nm (de maison)
desván m, altillo (AM), entretecho
(AM)

grenouille [gʀənuj] nf rana

grès [gʀɛ] nm (roche) arenisca;
(poterie) gres msg

grève [gʀɛv] nf huelga; (plage)
playa; **se mettre en/faire** ~
declararse en/hacer huelga; ~ **de
la faim** huelga de hambre; ~ **sur
le tas** huelga de brazos caídos

gréviste [gʀevist] *nm/f* huelguista *m/f*

grièvement [gʀijɛvmɑ̃] *adv* gravemente

griffe [gʀif] *nf* garra; (*fig: d'un couturier, parfumeur*) marca;
  griffer *vt* arañar

grignoter [gʀiɲɔte] *vt* roer; (*argent, temps*) consumir

gril [gʀil] *nm* parrilla; **grillade** *nf* carne *f* a la parrilla, asado (*AM*)

grillage [gʀijaʒ] *nm* (*treillis*) reja; (*clôture*) alambrada

grille [gʀij] *nf* reja; (*fig*) red *f*

grille-pain [gʀijpɛ̃] *nm inv* tostador *m* de pan

griller [gʀije] *vt* (*aussi: faire ~: pain, café*) tostar; (: *viande*) asar; (*ampoule, résistance*) fundir; (*feu rouge*) saltar

grillon [gʀijɔ̃] *nm* grillo

grimace [gʀimas] *nf* mueca; **faire des ~s** hacer muecas

grimper [gʀɛ̃pe] *vt* trepar a ou por ♦ *vi* empinarse; (*prix, nombre*) subir; (*SPORT*) escalar

grincer [gʀɛ̃se] *vi* (*porte, roue*) chirriar; (*plancher*) crujir; **~ des dents** rechinar los dientes

grincheux, -euse [gʀɛ̃ʃø, øz] *adj* cascarrabias

grippe [gʀip] *nf* gripe *f*; **grippé, e** *adj*: **être grippé** estar griposo(-a); (*moteur*) estar gripado(-a)

gris, e [gʀi, gʀiz] *adj* gris *inv*; (*ivre*) alegre

grisaille [gʀizaj] *nf* gris *msg*

griser [gʀize] *vt* (*fig*) embriagar

grive [gʀiv] *nf* tordo

Groenland [gʀɔɛnlɑ̃d] *nm* Groenlandia

grogner [gʀɔɲe] *vi* gruñir; (*personne*) gruñir, refunfuñar; **grognon, ne** *adj* gruñón(-ona)

grommeler [gʀɔm(ə)le] *vi* mascullar

gronder [gʀɔ̃de] *vi* (*canon, tonnerre*) retumbar; (*fig*) amenazar con estallar ♦ *vt* regañar

gros, se [gʀo, gʀos] *adj* (*personne*) gordo(-a); (*paquet, problème, fortune*) gran, grande; (*travaux, dégâts*) importante; (*commerçant*) acaudalado(-a); (*orage, bruit*) fuerte; (*trait, fil*) grueso(-a) ♦ *adv*: **risquer/gagner ~** arriesgar/ganar mucho ♦ *nm* (*COMM*): **le ~** el por mayor; **en ~** en líneas generales; **prix de/vente en ~** precio/venta al por mayor; **par ~ temps** con temporal; **par ~se mer** con mar gruesa; **le ~ de** (*troupe, fortune*) el grueso de; **~ lot** premio gordo; **~ mot** palabrota; **~ œuvre** (*CONSTR*) obra bruta; **~ plan** (*PHOTO*) primer plano; **~se caisse** (*MUS*) bombo; **~ sel** sal *f* gorda; **~ titre** (*PRESSE*) titular *m*

groseille [gʀozɛj] *nf* grosella; **~ à maquereau** grosella espinosa

grosse [gʀos] *adj voir* **gros**; **grossesse** *nf* embarazo; **grosseur** *nf* (*d'une personne*) gordura; (*d'un paquet*) tamaño; (*d'un trait*) grosor *m*; (*tumeur*) bulto

grossier, -ière [gʀosje, jɛʀ] *adj* (*vulgaire*) grosero(-a); (*travail, finition*) tosco(-a); (*erreur*) burdo(-a), craso(-a);
  grossièrement *adv* groseramente; toscamente; (*en gros, à peu près*) aproximadamente; **il s'est grossièrement trompé** ha cometido un craso error

grossièreté [gʀosjɛʀte] *nf* grosería

grossir [gʀosiʀ] vi engordar; (fig) aumentar; (rivière, eaux) crecer ♦ vt (suj: vêtement): ~ qn hacer gordo a algn; (nombre, importance) aumentar; (histoire, erreur) exagerar

grossiste [gʀosist] nm/f (COMM) mayorista m/f

grotesque [gʀotɛsk] adj grotesco(-a)

grotte [gʀot] nf gruta

groupe [gʀup] nm grupo; ~ électrogène grupo electrógeno; ~ sanguin/scolaire grupo sanguíneo/escolar; **grouper** vt agrupar; **se grouper** vpr agruparse

grue [gʀy] nf grúa; (ZOOL) grulla

guépard [gepaʀ] nm guepardo

guêpe [gɛp] nf avispa

guère [gɛʀ] adv (avec adjectif, adverbe): **ne ... ~** poco; (avec verbe): poco, apenas; **tu n'es ~ raisonnable** eres poco razonable; **il ne la connaît ~** apenas la conoce; **il n'y a ~ de** apenas hay; **il n'y a ~ que toi qui puisse le faire** apenas hay otro que puede hacerlo más que tú

guérilla [geʀija] nf guerrilla

guérillero [geʀijeʀo] nm guerrillero

guérir [geʀiʀ] vt curar ♦ vi (personne, chagrin) curarse; **guérison** nf curación f; **guérisseur, -euse** nm/f curandero(-a)

guerre [gɛʀ] nf guerra; ~ atomique/de tranchées/ d'usure guerra atómica/de trincheras/de desgaste; **en ~** en guerra; **faire la ~ à** hacer la guerra a algn; **guerrier, -ière** adj, nm/f guerrero(-a)

guet [gɛ] nm: **faire le ~** estar al acecho

guet-apens [gɛtapɑ̃] nm inv emboscada; **guetter** vt (pour épier, surprendre) acechar; (attendre) aguardar

gueule [gœl] nf (d'animal) hocico; (fam: visage) jeta, **ta ~!** (fam) ¡cierra el pico!; ~ **de bois** (fam) resaca; **gueuler** (fam) vi chillar

gui [gi] nm muérdago

guichet [giʃɛ] nm (d'un bureau, d'une banque) ventanilla

guide [gid] nm guía m; (livre) guía f; **guider** vt guiar

guidon [gidɔ̃] nm manillar m

guillemets [gijmɛ] nmpl: **entre ~** entre comillas

guindé, e [gɛ̃de] adj estirado(-a)

guirlande [giʀlɑ̃d] nf guirnalda

guise [giz] nf: **à votre ~** como guste; **en ~ de** (en manière de, comme) a guisa de; (à la place de) en lugar de

guitare [gitaʀ] nf guitarra

gymnase [ʒimnaz] nm gimnasio; **gymnaste** nm/f gimnasta m/f; **gymnastique** nf gimnasia

gynécologie [ʒinekɔlɔʒi] nf ginecología; **gynécologique** adj ginecológico(-a); **gynécologue** nm/f ginecólogo(-a)

H, h

habile [abil] adj hábil

habileté [abilte] nf habilidad f

habillé, e [abije] adj vestido(-a); (robe, costume) elegante

habiller [abije] vt vestir; **s'~** vpr vestirse; (mettre des vêtements chic) vestir bien, a bien vestido(-a)

habit [abi] nm traje m; **~s** nmpl (vêtements) ropa; ~ **(de soirée)**

traje de etiqueta
habitant, e [abitɑ̃, ɑ̃t] *nm/f* habitante *m/f*; *(d'une maison)* ocupante *m/f*; *(d'un immeuble)* vecino(-a)
habitation [abitasjɔ̃] *nf (fait de résider)* habitación *f*; **~s à loyer modéré** viviendas oficiales de bajo alquiler
habiter [abite] *vt* vivir en; *(suj: sentiment, envie)* anidar **♦** *vi*: **~ à** ou **dans** vivir en
habitude [abityd] *nf* costumbre *f*; **avoir l'~ de faire/qch** tener la costumbre de hacer/algo; **d'~** normalmente; **comme d'~** como de costumbre
habitué, e [abitɥe] *adj*: **être ~ à** estar acostumbrado(-a) a **♦** *nm/f (d'une maison)* amigo(-a); *(client: d'un café etc)* parroquiano(-a)
habituel, le [abitɥɛl] *adj* habitual
habituer [abitɥe] *vt*: **~ qn à qch/faire** acostumbrar a algn a algo/hacer; **s'~ à** acostumbrarse a
hache ['aʃ] *nf* hacha
hacher ['aʃe] *vt (viande, persil)* picar; *(entrecouper)* cortar; **hachis** *nm* picadillo
haie ['ɛ] *nf* seto; *(SPORT)* valla
haillons ['ajɔ̃] *nmpl* harapos *mpl*, andrajos *mpl*
haine ['ɛn] *nf* odio
haïr ['aiʀ] *vt* odiar
hâlé, e ['ale] *adj* bronceado(-a)
haleine [alɛn] *nf* aliento; **hors d'~** sin aliento; **tenir en ~** tener en vilo
haleter [alte] *vi* jadear
hall ['ol] *nm* vestíbulo
halle ['al] *nf* mercado; **~s** *nfpl (marché principal)* mercado central
hallucination [alysinasjɔ̃] *nf* alucinación *f*

'halte ['alt] *nf* alto; *(excl)* ¡alto!; **faire ~** hacer un alto, pararse
haltère [altɛʀ] *nm* pesa; **~s** *nmpl (activité)*: **faire des ~s** hacer pesas; **haltérophilie** *nf* halterofilia
hamac ['amak] *nm* hamaca
hameau, x ['amo] *nm* aldea
hameçon [amsɔ̃] *nm* anzuelo
hanche ['ɑ̃ʃ] *nf* cadera
handball ['ɑ̃dbal] *(pl ~s)* *nm* balonmano
handicapé, e ['ɑ̃dikape] *adj*, *nm/f* disminuido(-a); **~ mental** disminuido(-a) psíquico; **~ moteur** paralítico(-a); **~ physique** minusválido(-a) ou disminuido(-a) físico(-a)
hangar ['ɑ̃gaʀ] *nm* cobertizo, galpón *m (CSUR)*; *(AVIAT)* hangar *m*
hanneton ['ɑ̃tɔ̃] *nm* abejorro
hanter ['ɑ̃te] *vt (suj: fantôme)* aparecer en
hantise ['ɑ̃tiz] *nf* obsesión *f*
haras ['aʀɑ] *nm* acaballadero
harceler ['aʀsəle] *vt (MIL)* hostigar; *(CHASSE, fig)* acosar
hardi, e ['aʀdi] *adj* audaz
hareng ['aʀɑ̃] *nm* arenque *m*
hargne ['aʀɲ] *nf* saña; **hargneux, -euse** *adj* arisco(-a), hosco(-a); *(critiques)* acerbo(-a)
haricot ['aʀiko] *nm* judía; **~ blanc/rouge** alubia blanca/ pinta; **~ vert** judía verde
harmonica [aʀmɔnika] *nm* armónica
harmonie [aʀmɔni] *nf* armonía; **harmonieux, -euse** *adj* armonioso(-a)
harpe ['aʀp] *nf* arpa
'hasard ['azaʀ] *nm* azar *m*; **un ~** una casualidad; **au ~** al azar; *(à l'aveuglette)* a ciegas; **par ~** por

casualidad; **à tout ~** por si acaso
'**hâte** [ɑt] *nf* prisa; **à la ~** de
prisa; **en ~** rápidamente; **avoir ~
de** tener prisa por; '**hâter** *vt*
apresurar; **se hâter** *vpr*
apresurarse; '**hâtif, -ive** *adj*
precipitado(-a); (*fruit, légume*)
temprano(-a)
'**hausse** ['os] *nf* alza;
(*température*) en aumento;
'**hausser** *vt* subir; '**hausser les
épaules** encoger de hombros
'**haut, e** ['o, 'ot] *adj* alto(-a);
(*température, pression*) elevado(-a),
alto(-a) ♦ *adv*: **être/monter/
lever ~** estar/subir/levantar en
alto ♦ *nm* alto; **de 3 m de ~** de 3
m de alto *ou* altura; **des ~s et
des bas** altibajos *mpl*; **en ~ lieu**
en las altas esferas; **à ~e voix,
tout ~** en voz alta; **du ~ de**
desde lo alto de; **de ~ en bas**
(*regarder*) de arriba abajo; **plus ~**
más alto; (*dans un texte*) más
arriba; **en ~** arriba; **en ~ de** (*être
situé*) por encima de; "**~ les
mains!**" "¡arriba las manos!";
~e fidélité (*ÉLEC*) alta fidelidad *f*
'**hautain, e** ['otɛ̃, ɛn] *adj*
altanero(-a)
'**hautbois** ['obwa] *nm* oboe *m*
'**hauteur** ['otœʀ] *nf* altura;
(*noblesse*) grandeza; **à la ~ de** al
nivel de; **à la ~** (*fig*) a la altura
'**haut...**: '**haut-parleur** (*pl*
'**haut-parleurs**) *nm* altavoz *m*
hebdomadaire [ɛbdɔmadɛʀ] *adj*
semanal
hébergement [ebɛʀʒəmɑ̃] *nm*
alojamiento, hospedaje *m*
héberger [ebɛʀʒe] *vt* alojar,
hospedar; (*réfugiés*) alojar
hébreu, x [ebʀø] *adj* hebreo(-a)
hectare [ɛktaʀ] *nm* hectárea
'**hein** ['ɛ̃] *excl* (*comment?*) ¿eh?; **tu**

m'approuves, ~? ¿estás de
acuerdo, eh?
'**hélas** ['elɑs] *excl* ¡ay! ♦ *adv*
desgraciadamente
'**héler** ['ele] *vt* llamar
hélice [elis] *nf* hélice *f*
hélicoptère [elikɔptɛʀ] *nm*
helicóptero
helvétique [ɛlvetik] *adj*
helvético(-a)
hématome [ematom] *nm*
hematoma *m*
hémisphère [emisfɛʀ] *nm*: **~
nord/sud** hemisferio norte/sur
hémorragie [emɔʀaʒi] *nf*
hemorragia
hémorroïdes [emɔʀɔid] *nfpl*
almorranas *fpl*, hemorroides *fpl*
'**hennir** ['eniʀ] *vi* relinchar
hépatite [epatit] *nf* hepatitis *f*
herbe [ɛʀb] *nf* hierba; **en ~** en
cierne; **herbicide** *nm* herbicida
m; **herboriste** *nm/f*
herbolario(-a)
héréditaire [eʀeditɛʀ] *adj*
hereditario(-a)
'**hérisson** ['eʀisɔ̃] *nm* erizo
héritage [eʀitaʒ] *nm* herencia
hériter [eʀite] *vi*: **~ qch (de qn)**
heredar algo (de algn) ♦ *vt*: **il a
hérité 2 millions de son
oncle** heredó 2 millones de su tío
héritier, -ière [eʀitje, jɛʀ] *nm/f*
heredero(-a)
hermétique [ɛʀmetik] *adj*
hermético(-a); (*étanche*)
impermeable
hermine [ɛʀmin] *nf* armiño
'**hernie** ['ɛʀni] *nf* hernia
héroïne [eʀɔin] *nf* heroína
'**héron** ['eʀɔ̃] *nm* garza
'**héros** ['eʀo] *nm* héroe *m*
hésitant, e [ezitɑ̃, ɑ̃t] *adj*
vacilante, indeciso(-a)

hésitation |ezitasjɔ̃| *nf* indecisión f, vacilación f

hésiter |ezite| *vi* : ~ (à faire) vacilar *ou* dudar (en hacer)

hétérosexuel, le |eterɔsɛkɥɛl| *adj* heterosexual

hêtre |'ɛtʀ| *nm* haya

heure |œʀ| *nf* hora; (SCOL) clase f; **c'est l'~** es la hora; **quelle ~ est-il?** ¿qué hora es?; **2 ~s (du matin)** las 2 (de la mañana); **être à l'~** ser puntual; (*montre*) estar en hora; **mettre à l'~** poner en hora; **à toute ~** a todas horas; **24 ~s sur 24** 24 horas al día; **à l'~ qu'il est** a esta hora; **sur l'~** inmediatamente; **d'~ en ~** cada hora; **de bonne ~** de madrugada; **~ de pointe** hora punta; **~s supplémentaires/de bureau** horas extraordinarias/de oficina

heureusement |œrøzmɑ̃| *adv* afortunadamente

heureux, -euse |œrø, øz| *adj* feliz; (*caractère*) optimista

heurt |'œʀ| *nm* choque m; **~s** *nmpl* (fig: *bagarre*) choques mpl

heurter |'œʀte| *vt* (mur, porte) chocar con *ou* contra; (*personne*) tropezar con; (fig: *personne, sentiment*) chocar (con); **se ~ à** (fig) enfrentarse a

hexagone |egzagɔn| *nm* hexágono m; (*la France*) Francia

hiberner |ibɛʀne| *vi* hibernar

hibou, x |'ibu| *nm* búho

hideux, -euse |'idø, øz| *adj* horrendo(-a)

hier |jɛʀ| *adv* ayer; **~ matin/ soir/midi** ayer por la mañana/ por la tarde/al mediodía; **toute la journée/la matinée d'~** todo el día/toda la mañana de ayer

hiérarchie |'jeʀaʀʃi| *nf* jerarquía

hindou, e |ɛ̃du| *adj* hindú ♦ *nm/f*: **H~, e** hindú m/f

hippique |ipik| *adj* hípico(-a); **hippisme** *nm* hipismo

hippodrome |ipɔdʀom| *nm* hipódromo

hippopotame |ipɔpɔtam| *nm* hipopótamo

hirondelle |iʀɔ̃dɛl| *nf* golondrina

hisser |'ise| *vt* izar

histoire |istwaʀ| *nf* historia; (*chichis: gén pl*) lío; **~s** *nfpl* (*ennuis*) problemas mpl;

historique *adj* histórico(-a)

hiver |ivɛʀ| *nm* invierno

hivernal, e, -aux |ivɛʀnal, o| *adj* invernal; **hiverner** *vi* invernar

HLM |'aʃɛlɛm| *sigle m ou f* (= *habitations à loyer modéré*) viviendas oficiales de bajo alquiler

hobby |'ɔbi| *nm* hobby m

hocher |'ɔʃe| *vt*: **~ la tête** cabecear; (*signe négatif ou dubitatif*) menear la cabeza

hockey |'ɔkɛ| *nm*: **~ (sur glace/gazon)** hockey m (sobre hielo/hierba)

hold-up |'ɔldœp| *nm inv* atraco a mano armada

hollandais, e |'ɔlɑ̃dɛ, ɛz| *adj* holandés(-esa) ♦ *nm* (LING) holandés *msg* ♦ *nm/f*: **H~, e** holandés(-esa); **les H~** los holandeses

Hollande |'ɔlɑ̃d| *nf* Holanda

homard |'ɔmaʀ| *nm* bogavante m

homéopathique |ɔmeɔpatik| *adj* homeopático(-a)

homicide |ɔmisid| *nm* homicidio; **~ involontaire** homicidio involuntario

hommage |ɔmaʒ| *nm* homenaje m; **rendre ~ à** rendir homenaje a

homme |ɔm| *nm* hombre m;

(*individu de sexe masculin*) hombre, varón *m*; **l'~ de la rue** el hombre de la calle; **~ d'affaires** hombre de negocios; **~ d'État** estadista *m*; **homogène** *adj* homogéneo(-a)

homo...: **homologue** *nm/f* homólogo(-a); **homologué, e** *adj* homologado(-a); **homonyme** *nm* (LING) homónimo; (*d'une personne*) tocayo(-a); **homosexuel, le** *adj* homosexual

Hongrie ['ɔ̃gʀi] *nf* Hungría; **hongrois, e** *adj* húngaro(-a) ♦ *nm* (LING) húngaro ♦ *nm/f*: **Hongrois, e** húngaro(-a)

honnête [ɔnɛt] *adj* (*intègre*) honrado(-a), honesto(-a); (*juste, satisfaisant*) justo(-a), razonable; **honnêtement** *adv* honestamente; (*équitablement*) justamente; **honnêteté** *nf* honestidad *f*

honneur [ɔnœʀ] *nm* honor *m*; (*mérite*) **"j'ai l'~ de ..."** "tengo el honor de ..."; **en l'~ de** (*personne*) en honor de; (*événement*) en celebración de; **faire ~ à** (*engagements*) cumplir con; (*famille, professeur*) hacer honor a; (*repas*) hacer los honores a

honorable [ɔnɔʀabl] *adj* honorable; (*suffisant*) satisfactorio(-a)

honoraire [ɔnɔʀɛʀ] *adj* honorario(-a); **~s** *nmpl* honorarios *mpl*

honorer [ɔnɔʀe] *vt* honrar; (*estimer*) respetar; (COMM: *chèque, dette*) pagar

'honte ['ɔ̃t] *nf* vergüenza; **avoir ~ de** tener vergüenza de; **faire ~ à qn** avergonzar a algn; **'honteux,**

-euse *adj* avergonzado(-a); (*conduite, acte*) vergonzoso(-a)

hôpital, -aux [ɔpital, o] *nm* hospital *m*

'hoquet ['ɔkɛ] *nm* hipo; **avoir le ~** tener hipo

horaire [ɔʀɛʀ] *adj* por hora ♦ *nm* horario; **~s** *nmpl* (*conditions, heures de travail*) horario *msg*; **~ souple** *ou* **flexible** horario flexible

horizon [ɔʀizɔ̃] *nm* horizonte *m*; (*paysage*) panorama *m*

horizontal, e, -aux [ɔʀizɔ̃tal, o] *adj* horizontal

horloge [ɔʀlɔʒ] *nf* reloj *m*; **horloger, -ère** *nm/f* relojero(-a)

'hormis ['ɔʀmi] *prép* excepto

horoscope [ɔʀɔskɔp] *nm* horóscopo

horreur [ɔʀœʀ] *nf* horror *m*; **avoir ~ de qch** sentir horror por algo; **horrible** *adj* horrible, horrendo(-a); (*laid*) horroroso(-a); **horrifier** *vt* horrorizar

'hors ['ɔʀ] *prép* salvo; **~ de** fuera de; **~ propos** fuera de lugar; **être ~ de soi** estar fuera de sí; **~ pair** fuera de serie; **~ service/ d'usage** fuera de servicio/de uso; **'hors-bord** *nm inv* fuera borda *m inv*; **'hors-d'œuvre** *nm inv* entremés *m inv*; **'hors-la-loi** *nm inv* forajido; **'hors-taxe** *adj* libre de impuestos

hortensia [ɔʀtɑ̃sja] *nm* hortensia

hospice [ɔspis] *nm* (*de vieillards*) asilo

hospitalier, -ière [ɔspitalje, jɛʀ] *adj* hospitalario(-a)

hospitaliser [ɔspitalize] *vt* hospitalizar

hospitalité [ɔspitalite] *nf* hospitalidad *f*

hostie [ɔsti] *nf* (REL) hostia

hostile [ɔstil] adj hostil; ~ à contrario(-a) a; **hostilité** nf hostilidad f; **hostilités** nfpl (MIL) hostilidades fpl

hôte [ot] nm (maître de maison) anfitrión m ♦ nm/f (invité) huésped m/f; ~ **payant** huésped de pago

hôtel [otɛl] nm hotel m; **aller à l'~** ir a un hotel; ~ **de ville** ayuntamiento m; ~ **(particulier)** palacete m; **hôtellerie** nf (profession) hostelería

hôtesse [otɛs] nf (maîtresse de maison) anfitriona; (dans une agence, une foire) azafata, recepcionista; ~ **(de l'air)** azafata (de aviación), aeromoza (AM); ~ **(d'accueil)** azafata (de recepción)

houblon [ublɔ̃] nm lúpulo

houille [uj] nf hulla; ~ **blanche** hulla blanca

houle [ul] nf marejada; **houleux, -euse** adj (mer) encrespado(-a); (discussion) agitado(-a)

hourra [uʀa] nm hurra m ♦ excl ¡hurra!

housse [us] nf funda

houx [u] nm acebo

hublot [yblo] nm portilla

huche [yʃ] nf: ~ **à pain** artesa

huer [ɥe] vt abuchear

huile [ɥil] nf aceite m; (ART) óleo; (fam) pez m gordo

huissier [ɥisje] nm ordenanza m; (JUR) ujier m

huit [ɥi(t)] adj inv, nm inv ocho m inv; **samedi en ~** el sábado en ocho días; voir aussi **cinq**; **huitaine** nf: **une huitaine de** unos ocho; **huitième** adj, nm/f octavo(-a) ♦ nm (partitif) octavo; voir aussi **cinquième**

huître [ɥitʀ] nf ostra

humain, e [ymɛ̃, ɛn] adj humano(-a) ♦ nm humano; **humanitaire** adj humanitario(-a); **humanité** nf humanidad f

humble [œ̃bl] adj humilde

humer [yme] vt aspirar, oler

humeur [ymœʀ] nf (momentanée) humor m; (tempérament) carácter m; (irritation) mal humor; **de bonne/mauvaise ~** de buen/ mal humor

humide [ymid] adj húmedo(-a)

humilier [ymilje] vt humillar

humilité [ymilite] nf humildad f

humoristique [ymɔʀistik] adj humorístico(-a)

humour [ymuʀ] nm humor m; **avoir de l'~** tener sentido del humor; ~ **noir** humor negro

huppé, e [ype] (fam) adj encopetado(-a)

hurlement [ʹyʀləmɑ̃] nm aullido, alarido

hurler [ʹyʀle] vi (animal) aullar; (personne) dar alaridos

hutte [ʹyt] nf choza

hydratant, e [idʀatɑ̃, ɑ̃t] adj hidratante

hydraulique [idʀolik] adj hidráulico(-a)

hydravion [idʀavjɔ̃] nm hidroavión m

hydrogène [idʀɔʒɛn] nm hidrógeno

hydroglisseur [idʀɔglisœʀ] nm hidroplano

hyène [jɛn] nf hiena

hygiénique [iʒenik] adj higiénico(-a)

hymne [imn] nm himno

hypermarché [ipɛʀmaʀʃe] nm hipermercado

hypermétrope [ipɛʀmetʀɔp] adj hipermétrope

hypertension [ipɛʀtɑ̃sjɔ̃] *nf*
hipertensión *f*
hypnose [ipnoz] *nf* hipnosis *fɛg;*
hypnotiser *vt* hipnotizar
hypocrisie [ipɔkʀizi] *nf*
hipocresía; **hypocrite** *adj, nm/f*
hipócrita *m/f*
hypothèque [ipɔtɛk] *nf* hipoteca
hypothèse [ipɔtɛz] *nf* hipótesis *f*
inv
hystérique [isteʀik] *adj*
histérico(-a)

I, i

iceberg [ajsbɛʀg] *nm* iceberg *m*
ici [isi] *adv* aquí; **jusqu'~** hasta
aquí; (*temporel*) hasta ahora; **d'~
là** para entonces; (*en attendant*)
mientras tanto; **d'~ peu** dentro
de poco
idéal, e, -aux [ideal, o] *adj* ideal
♦ *nm* (*modèle, type parfait*) ideal
m; **idéaliste** *adj, nm/f* idealista
m/f
idée [ide] *nf* idea; **~s noires**
pensamientos *mpl* negros; **~s
reçues** ideas preconcebidas
identifier [idɑ̃tifje] *vt* identificar;
s'~ avec *ou* **à qch/qn**
identificarse con algo/algn
identique [idɑ̃tik] *adj*
idéntico(-a); **~ à** idéntico a
identité [idɑ̃tite] *nf* (*d'une
personne*) identidad *f*
idiot, e [idjo, idjɔt] *adj* (*péj:
personne*) idiota, estúpido(-a);
(*film, réflexion*) estúpido(-a) ♦ *nm/f*
idiota *m/f*
idole [idɔl] *nf* (*aussi fig*) ídolo
if [if] *nm* (BOT) tejo
ignoble [iɲɔbl] *adj* (*individu,
procédé*) ruin, innoble
ignorant, e [iɲɔʀɑ̃, ɑ̃t] *adj, nm/f*

ignorante *m/f*
ignorer [iɲɔʀe] *vt* (*loi, faits*)
ignorar; (*personne, demande*) no
hacer caso a, ignorar a; (*être sans
expérience de: plaisir, guerre*)
desconocer
il [il] *pron* él; **~s** ellos; **~ fait froid**
hace frío; **~ est midi** es
mediodía; **Pierre est-~ arrivé?**
¿ha llegado Pedro?; *voir aussi*
avoir
île [il] *nf* isla
illégal, e, -aux [i(l)legal, o] *adj*
ilegal
illimité, e [i(l)limite] *adj*
ilimitado(-a); (*confiance*)
infinito(-a)
illisible [i(l)lizibl] *adj*
(*indéchiffrable*) ilegible
illogique [i(l)lɔʒik] *adj* ilógico(-a)
illuminer [i(l)lymine] *vt* iluminar
illusion [i(l)lyzjɔ̃] *nf* ilusión *f*; **se
faire des ~s** hacerse ilusiones;
faire ~ dar el pego
illustration [i(l)lystʀasjɔ̃] *nf*
ilustración *f*
illustré, e [i(l)lystʀe] *adj*
ilustrado(-a) ♦ *nm* (*périodique*)
revista ilustrada; (*pour enfants*)
tebeo
illustrer [i(l)lystʀe] *vt* ilustrar
ils [il] *pron voir* **il**
image [imaʒ] *nf* imagen *f*; **~ de
marque** (*d'un produit*) imagen de
marca; (*d'une personne, d'une
entreprise*) reputación *f*; **imagé, e**
adj rico(-a) en imágenes
imaginaire [imaʒinɛʀ] *adj*
imaginario(-a)
imagination [imaʒinasjɔ̃] *nf*
imaginación *f*
imaginer [imaʒine] *vt* imaginar;
(*inventer*) idear; **s'~** *vpr* (*scène*)
imaginarse; **~ que** suponer que;
j'imagine qu'il a voulu

plaisanter me figuro que habrá querido bromear; **s'~ que** imaginarse que; **s'~ à 60 ans/ en vacances** imaginarse a los 60 años/en vacaciones; **il s'imagine pouvoir faire ...** se imagina que va a poder hacer ...; **ne t'imagine pas que** no te imagines que

imbécile [ɛ̃besil] adj, nm/f imbécil m/f

imbu, e [ɛ̃by] adj: ~ **de** imbuido(-a) de

imitateur, -trice [imitatœr, tʀis] nm/f imitador(a)

imitation [imitasjɔ̃] nf imitación f

imiter [imite] vt imitar; (ressembler à) imitar a

immangeable [ɛ̃mɑ̃ʒabl] adj incomible

immatriculation [imatʀikylasjɔ̃] nf (Auto) matrícula; (à l'université) inscripción f

immatriculer [imatʀikyle] vt matricular; **se faire ~** matricularse, inscribirse

immédiat, e [imedja, jat] adj inmediato(-a) ♦ nm: **dans l'~** por ahora; **immédiatement** adv inmediatamente

immense [i(m)mɑ̃s] adj inmenso(-a); (succès, influence, avantage) enorme

immerger [imɛʀʒe] vt sumergir; **s'~** vpr (sous-marin) sumergirse

immeuble [imœbl] nm (bâtiment) edificio; ~ **locatif** edificio de alquiler

immigration [imigʀasjɔ̃] nf inmigración f

immigré, e [imigʀe] nm/f inmigrado(-a)

imminent, e [iminɑ̃, ɑ̃t] adj inminente

immobile [i(m)mɔbil] adj inmóvil

immobilier, -ière [imɔbilje, jɛʀ] adj inmobiliario(-a) ♦ nm: **l'~** (COMM) el sector inmobiliario

immobiliser [imɔbilize] vt inmovilizar; (file, circulation) detener; **s'~** vpr (personne) inmovilizarse; (machine, véhicule) pararse

immoral, e, -aux [i(m)mɔʀal, o] adj inmoral

immortel, -elle [imɔʀtɛl] adj inmortal

immunisé, e [im(m)ynize] adj: ~ **contre** inmunizado(-a) contra

immunité [imynite] nf inmunidad f

impact [ɛ̃pakt] nm impacto

impair, e [ɛ̃pɛʀ] adj impar ♦ nm (gaffe) torpeza

impardonnable [ɛ̃paʀdɔnabl] adj imperdonable

imparfait, e [ɛ̃paʀfɛ, ɛt] adj (guérison, connaissance) incompleto(-a); (imitation) deficiente ♦ nm (LING) (pretérito) imperfecto

impartial, e, -aux [ɛ̃paʀsjal, jo] adj imparcial

impasse [ɛ̃pɑs] nf callejón m sin salida

impassible [ɛ̃pasibl] adj impasible

impatience [ɛ̃pasjɑ̃s] nf impaciencia

impatient, e [ɛ̃pasjɑ̃, jɑ̃t] adj impaciente; ~ **de faire qch** impaciente de hacer algo; **impatienter: s'~** vpr impacientarse

impeccable [ɛ̃pekabl] adj impecable; (employé) impecable, intachable; (fam: formidable) fenomenal

impensable [ɛ̃pɑ̃sabl] adj (inconcevable) impensable

imper [ɛ̃pɛʀ] *nm* = **imperméable**
impératif, -ive [ɛ̃peʀatif, iv] *adj*
imperioso(-a) ♦ *nm* (LING): **l'~** el
imperativo
impératrice [ɛ̃peʀatʀis] *nf*
emperatriz *f*
imperceptible [ɛ̃pɛʀsɛptibl] *adj*
imperceptible
impérial, e, -iaux [ɛ̃peʀjal, jo]
adj imperial
impérieux, -ieuse [ɛ̃peʀjø, jøz]
adj (air, ton) imperioso(-a);
(pressant) imperioso(-a), urgente
impérissable [ɛ̃peʀisabl] *adj*
imperecedero(-a)
imperméable [ɛ̃pɛʀmeabl] *adj*
impermeable ♦ *nm* impermeable
m
impertinent, e [ɛ̃pɛʀtinɑ̃, ɑ̃t] *adj*
impertinente
impitoyable [ɛ̃pitwajabl] *adj*
despiadado(-a)
implanter [ɛ̃plɑ̃te] *vt* (usine)
instalar; (MÉD, usage, mode)
implantar; (idée) inculcar
impliquer [ɛ̃plike] *vt*: **~ qn
(dans)** implicar a algn (en);
(supposer, entraîner) implicar,
suponer
impoli, e [ɛ̃pɔli] *adj* descortés
impopulaire [ɛ̃pɔpylɛʀ] *adj*
impopular
importance [ɛ̃pɔʀtɑ̃s] *nf*
importancia; **sans ~** sin
importancia; **quelle ~?** ¿qué más
da?; **d'~** de importancia
important, e [ɛ̃pɔʀtɑ̃, ɑ̃t] *adj*
importante; (péj: airs, ton) de
importancia ♦ *nm*: **l'~ (est de/
est que)** lo importante (es/es
que)
importateur, -trice [ɛ̃pɔʀtatœʀ,
tʀis] *adj, nm/f* importador(a)
importation [ɛ̃pɔʀtasjɔ̃] *nf* (de
marchandises, fig) importación *f*

importer [ɛ̃pɔʀte] *vt* (COMM)
importar; (maladies, plantes)
importar, introducir ♦ *vi* (être
important) importar; **peu
m'importe** (je n'ai pas de
préférence) ¡me da igual!; (je m'en
moque) ¡a mí qué me importa!;
peu importe! ¡qué importa!
importun, e [ɛ̃pɔʀtœ̃, yn] *adj*
(curiosité, présence) inoportuno(-a);
(visite, personne) inoportuno(-a) ♦
nm/f inoportuno(-a);
importuner *vt* importunar; (suj:
insecte, bruit) molestar
imposant, e [ɛ̃pozɑ̃, ɑ̃t] *adj*
imponente
imposer [ɛ̃poze] *vt* (taxer) gravar;
(faire accepter par force) imponer;
s'~ *vpr* imponerse; (montrer sa
prééminence) destacar; (être
importun) molestar; **~ qch à qn**
imponer algo a algn; **en ~ à qn**
impresionar a algn
impossible [ɛ̃posibl] *adj*
(irréalisable, improbable) imposible;
(enfant) insoportable,
inaguantable; (absurde,
extravagant) increíble; **il m'est ~
de le faire** me resulta imposible
hacerlo; **faire l'~** hacer lo
imposible
imposteur [ɛ̃pɔstœʀ] *nm*
impostor(a)
impôt [ɛ̃po] *nm* (taxe) impuesto;
~s *nmpl* (contributions) impuestos
mpl; **~ direct/foncier/indirect**
impuesto directo/sobre la
propiedad/indirecto; **~s locaux**
impuestos municipales; **~ le
revenu** impuesto sobre el
capital/la renta
impotent, e [ɛ̃pɔtɑ̃, ɑ̃t] *adj*
(personne) impedido(-a),
inválido(-a)
impraticable [ɛ̃pʀatikabl] *adj*

(projet, idée) impracticable; *(piste, chemin, sentier)* intransitable, impracticable

imprécis, e [ɛ̃presi, iz] *adj (contours, mesure)* impreciso(-a); *(souvenir)* impreciso(-a), borroso(-a)

imprégner [ɛ̃preɲe] *vpr:* **s'~ de** impregnarse de

imprenable [ɛ̃prǝnabl] *adj (forteresse, citadelle)* inexpugnable; **vue ~** vista panorámica asegurada

impression [ɛ̃presjɔ̃] *nf (sentiment, sensation: d'étouffement etc)* sensación f; *(PHOTO, d'un ouvrage)* impresión f; *(d'un tissu, papier peint)* impresión f; **faire bonne/mauvaise ~** causar buena/mala impresión; **faire/ produire une vive ~** *(émotion)* causar/producir una viva impresión; **donner l'~ d'être ...** dar la impresión de ser ...; **impressionnant, e** *adj* impresionante; **impressionner** *vt* impresionar

imprévisible [ɛ̃previzibl] *adj* imprevisible

imprévu, e [ɛ̃prevy] *adj (événement, succès)* imprevisto(-a); *(dépense, réaction, geste)* inesperado(-a) ♦ *nm:* **l'~** lo imprevisto; **en cas d'~** en caso de imprevisto

imprimante [ɛ̃primɑ̃t] *nf (INFORM)* impresora

imprimé, e [ɛ̃prime] *adj (motif, tissu)* estampado(-a); *(livre, ouvrage)* impreso(-a) ♦ *nm* impreso; *(tissu)* estampado

imprimer [ɛ̃prime] *vt* imprimir; *(tissu)* estampar; **imprimerie** *nf* imprenta; *(technique)* tipografía; **imprimeur** *nm* impresor *m*

impropre [ɛ̃prɔpr] *adj (incorrect)* incorrecto(-a), impropio(-a); **~ à** *(suj: personne)* inepto(-a) para

improviser [ɛ̃provize] *vt, vi* improvisar; **s'~** *vpr* improvisarse; **s'~ cuisinier** improvisarse como *ou* de cocinero

improviste [ɛ̃provist]: **à l'~** *adv* de improviso

imprudence [ɛ̃prydɑ̃s] *nf* imprudencia

imprudent, e [ɛ̃prydɑ̃, ɑ̃t] *adj, nm/f* imprudente *m/f*

impuissant, e [ɛ̃pɥisɑ̃, ɑ̃t] *adj* impotente; *(effort)* inútil, vano(-a); **~ à faire qch** incapaz de hacer algo

impulsif, -ive [ɛ̃pylsif, iv] *adj* impulsivo(-a)

impulsion [ɛ̃pylsjɔ̃] *nf* impulso

inabordable [inabɔrdabl] *adj (cher, exorbitant)* exorbitante

inacceptable [inakseptabl] *adj* inaceptable

inaccessible [inaksesibl] *adj (endroit)* inaccesible; *(obscur)* incomprensible; *(personne)* inaccesible, inabordable

inachevé, e [inaʃ(ǝ)ve] *adj* inacabado(-a)

inactif, -ive [inaktif, iv] *adj* inactivo(-a)

inadapté, e [inadapte] *adj, nm/f* inadaptado(-a)

inadéquat, e [inadekwa(t), kwat] *adj* inadecuado(-a)

inadmissible [inadmisibl] *adj* inadmisible

inadvertance [inadvɛrtɑ̃s]: **par ~** *adv* por inadvertencia, por descuido

inanimé, e [inanime] *adj* inanimado(-a)

inanition [inanisjɔ̃] *nf:* **tomber/ mourir d'~** caer/morir de

inanition
inaperçu, e [inapɛrsy] *adj*:
passer ~ pasar desapercibido(-a)
inapte [inapt] *adj*: **~ à qch/faire
qch** incapaz para *ou* de algo/
hacer algo
inattendu, e [inatɑ̃dy] *adj*
inesperado(-a)
inattentif, -ive [inatɑ̃tif, iv] *adj*
(*lecteur, élève*) desatento(-a); **~ à**
(*dangers, détails matériels*)
despreocupado(-a) de;
inattention *nf*: **faute** *ou*
erreur d'inattention despiste
m; **une minute d'inattention**
un momento de despiste
inauguration [inogyrasjɔ̃] *nf*
inauguración *f*, descubrimiento;
discours/cérémonie d'~
discurso/ceremonia de
inauguración
inaugurer [inogyre] *vt* inaugurar;
(*statue*) descubrir; (*politique*)
inaugurar, estrenar
inavouable [inavwabl] *adj*
inconfesable
incalculable [ɛ̃kalkylabl] *adj*
incalculable
incapable [ɛ̃kapabl] *adj* incapaz;
~ de faire qch incapaz de hacer
algo
incapacité [ɛ̃kapasite] *nf*
(*incompétence*) incapacidad *f*; **je
suis dans l'~ de vous aider**
(*impossibilité*) me resulta imposible
ayudarle
incarcérer [ɛ̃karsere] *vt*
encarcelar
incassable [ɛ̃kasabl] *adj*
irrompible
incendie [ɛ̃sɑ̃di] *nm* incendio; **~
criminel/de forêt** incendio
doloso/forestal; **incendier** *vt*
incendiar
incertain, e [ɛ̃sɛrtɛ̃, ɛn] *adj*

incierto(-a); (*éventuel, douteux*)
inseguro(-a), incierto(-a); (*temps*)
inestable; (*indécis, imprécis*)
indefinido(-a); **incertitude** *nf*
(*d'un résultat, d'un fait*)
incertidumbre *f*; (*d'une personne*)
indecisión *f*
incessamment [ɛ̃sesamɑ̃] *adv*
inmediatamente
incident, e [ɛ̃sidɑ̃, ɑ̃t] *adj* (JUR:
accessoire) incidental ♦ *nm*
incidente *m*; **~ de parcours** (*fig*)
pequeño contratiempo; **~
technique** dificultad *f* técnica
incinérer [ɛ̃sinere] *vt* incinerar
incisive [ɛ̃siziv] *nf* incisivo
inciter [ɛ̃site] *vt*: **~ qn à (faire)
qch** incitar a algn a (hacer) algo
inclinable [ɛ̃klinabl] *adj*
reclinable
inclination [ɛ̃klinasjɔ̃] *nf*
inclinación *f*; **~ de (la) tête**
inclinación de (la) cabeza
incliner [ɛ̃kline] *vt* inclinar ♦ *vi*:
~ à qch/à faire tender a algo/a
hacer; **s'~** *vpr* (*personne, toit*)
inclinarse; (*chemin, pente*) bajar,
descender; **~ la tête** *ou* **le front**
(*pour saluer*) inclinar la cabeza;
s'~ devant (qn/qch) (*rendre
hommage à*) inclinarse (ante algn/
algo); **s'~ (devant qch)** (*céder*)
ceder (ante algo)
inclure [ɛ̃klyr] *vt* incluir; (*joindre à
un envoi*) adjuntar
incognito [ɛ̃kɔɲito] *adv* de
incógnito ♦ *nm*: **garder l'~**
mantener el incógnito
incohérent, e [ɛ̃kɔerɑ̃, ɑ̃t] *adj*
incoherente
incollable [ɛ̃kɔlabl] *adj* (*riz*) que
no se pega
incolore [ɛ̃kɔlɔr] *adj* incoloro(-a);
(*style*) insulso(-a)
incommoder [ɛ̃kɔmɔde] *vt*

incomodar
incomparable [ɛ̃kɔparabl] *adj*
(*inégalable*) incomparable
incompatible [ɛ̃kɔpatibl] *adj*
incompatible
incompétent, e [ɛ̃kɔpetɑ̃, ɑ̃t] *adj*
(*ignorant*): ~ **(en)** incompetente
(en); (*incapable*) incapaz
incomplet, -ète [ɛ̃kɔple, ɛt] *adj*
incompleto(-a)
incompréhensible
[ɛ̃kɔpreɑ̃sibl] *adj* incomprensible
incompris, e [ɛ̃kɔpri, iz] *adj*
incomprendido(-a)
inconcevable [ɛ̃kɔs(ə)vabl] *adj*
inconcebible
inconfortable [ɛ̃kɔfɔrtabl] *adj*
(*aussi fig*) incómodo(-a)
incongru, e [ɛ̃kɔgry] *adj*
(*attitude, remarque*) improcedente;
(*visite*) intempestivo(-a),
inoportuno(-a)
inconnu, e [ɛ̃kɔny] *adj*
desconocido(-a); (*joie, sensation*)
desconocido(-a), extraño(-a) ♦
nm/f desconocido(-a); (*étranger,
tiers*) extraño(-a) ♦ *nm*: **l'~** lo
desconocido; **inconnue** *nf* (*MATH,
fig*) incógnita
inconsciemment [ɛ̃kɔsjamɑ̃]
adv inconscientemente
inconscient, e [ɛ̃kɔsjɑ̃, jɑ̃t] *adj*
inconsciente ♦ *nm* (*PSYCH*): **l'~** el
inconsciente ♦ *nm/f* inconsciente
m/f; **il est ~ de ...**
(*conséquences*) no es consciente
de ...
inconsidéré, e [ɛ̃kɔsidere] *adj*
desconsiderado(-a)
inconsistant, e [ɛ̃kɔsistɑ̃, ɑ̃t] *adj*
inconsistente; (*caractère, personne*)
débil
inconsolable [ɛ̃kɔsɔlabl] *adj*
inconsolable
incontestable [ɛ̃kɔtestabl] *adj*

indiscutible
incontinent, e [ɛ̃kɔtinɑ̃, ɑ̃t] *adj*
(*MÉD*) incontinente
incontournable [ɛ̃kɔturnabl] *adj*
inevitable
incontrôlable [ɛ̃kɔtrolabl] *adj*
(*invérifiable*) no comprobable
incontrôlé, e [ɛ̃kɔtrole] *adj* no
comprobado(-a)
inconvénient [ɛ̃kɔvenjɑ̃] *nm*
inconveniente *m*, desventaja; (*d'un
remède, changement*)
inconveniente; **~s** inconvenientes
mpl
incorporer [ɛ̃kɔrpɔre] *vt*
incorporar; ~ **(à)** (*mélanger*)
incorporar (a); ~ **(dans)** (*insérer*)
insertar (en)
incorrect, e [ɛ̃kɔrekt] *adj*
incorrecto(-a)
incorrigible [ɛ̃kɔriʒibl] *adj*
incorregible
incrédule [ɛ̃kredyl] *adj* (*personne,
moue*) incrédulo(-a), escéptico(-a)
incroyable [ɛ̃krwajabl] *adj*
increíble
incruster [ɛ̃kryste] *vt*: ~ **qch
dans** (*ART*) incrustar algo en; **s'~
dans** (*insérer*) incrustarse en; **s'~**
vpr: **s'~ dans** incrustarse en;
(*invité*) instalarse en, aposentarse
en
inculpé, e [ɛ̃kylpe] *nm/f*
inculpado(-a), acusado(-a)
inculper [ɛ̃kylpe] *vt*: ~ **(de)**
inculpar (de), acusar (de)
inculquer [ɛ̃kylke] *vt*: ~ **qch à
qn** inculcar algo a *ou* en algn
Inde [ɛ̃d] *nf* India
indécent, e [ɛ̃desɑ̃, ɑ̃t] *adj*
indecente, indecoroso(-a);
(*inconvenant, déplacé*)
desconsiderado(-a)
indéchiffrable [ɛ̃deʃifrabl] *adj*
(*aussi fig*) indescifrable; (*pensée,
personnage*) inescrutable
indécis, e [ɛ̃desi, iz] *adj* (*paix,
victoire*) dudoso(-a); (*temps*)

dudoso(-a), inestable; (*personne*) indeciso(-a)

indéfendable [ɛ̃defɑ̃dabl] *adj* (*aussi fig*) indefendible

indéfini, e [ɛ̃defini] *adj* indefinido(-a); (*nombre*) ilimitado(-a); (*LING: article*) indeterminado(-a); **passé ~** perfecto; **indéfiniment** *adv* indefinidamente; **indéfinissable** *adj* indefinible

indélébile [ɛ̃delebil] *adj* indeleble

indélicat, e [ɛ̃delika, at] *adj* (*grossier*) falto(-a) de delicadeza; (*malhonnête*) deshonesto(-a)

indemne [ɛ̃demn] *adj* indemne; **indemniser** *vt* indemnizar; **indemniser qn de qch** indemnizar a algn por algo

indemnité [ɛ̃demnite] *nf* (*dédommagement*) indemnización *f*; (*allocation*) subsidio; **~ de licenciement** indemnización por despido

indépendamment [ɛ̃depɑ̃damɑ̃] *adv* independientemente; **~ de** (*en faisant abstraction de*) independientemente de; (*par surcroît, en plus*) además de

indépendance [ɛ̃depɑ̃dɑ̃s] *nf* independencia

indépendant, e [ɛ̃depɑ̃dɑ̃, ɑ̃t] *adj* independiente; **travailleur ~** trabajador autónomo

indescriptible [ɛ̃deskriptibl] *adj* indescriptible

indésirable [ɛ̃dezirabl] *adj* indeseable

indestructible [ɛ̃destryktibl] *adj* indestructible

indéterminé, e [ɛ̃determine] *adj* indeterminado(-a)

index [ɛ̃dɛks] *nm* índice *m*

indicateur, -trice [ɛ̃dikatœr, tris] *nm/f* (*de la police*) confidente

m/f ♦ *adj*: **poteau ~** indicador, señal *f* de orientación; **panneau ~** panel *m* informativo

indicatif [ɛ̃dikatif] *nm* (*LING*) indicativo; (*RADIO*) sintonía; (*téléphonique*) prefijo ♦ *adj*: **à titre ~** a título informativo

indication [ɛ̃dikasjɔ̃] *nf* indicación *f*; **~s** *nfpl* (*directives*) indicaciones *fpl*, instrucciones *fpl*

indice [ɛ̃dis] *nm* indicio; (*POLICE*) indicio, pista; (*ÉCON, SCIENCE, TECH, ADMIN*) índice *m*

indicible [ɛ̃disibl] *adj* (*joie, charme*) inefable; (*peine*) indecible

indien, ne [ɛ̃djɛ̃, jɛn] *adj* indio(-a), hindú ♦ *nm/f*: **I~, ne** (*d'Amérique*) indio(-a)

indifféremment [ɛ̃diferamɑ̃] *adv* indiferentemente, indistintamente

indifférence [ɛ̃diferɑ̃s] *nf* indiferencia

indifférent, e [ɛ̃diferɑ̃, ɑ̃t] *adj* indiferente; **~ à qn/qch** indiferente a algn/algo

indigène [ɛ̃diʒɛn] *adj, nm/f* indígena, criollo(-a) (*AM*)

indigeste [ɛ̃diʒɛst] *adj* indigesto(-a)

indigestion [ɛ̃diʒɛstjɔ̃] *nf* indigestión *f*

indigne [ɛ̃diɲ] *adj* indigno(-a); **~ de** indigno(-a) de

indigner [ɛ̃diɲe] *vt* indignar; **s'~** *vpr*: **s'~ (de qch/contre qn)** (*se fâcher*) indignarse (por ou con algo/contra ou con algn)

indiqué, e [ɛ̃dike] *adj* (*date, lieu*) indicado(-a), acordado(-a); (*adéquat*) indicado(-a), adecuado(-a); **ce n'est pas très ~** no es muy adecuado

indiquer [ɛ̃dike] *vt* indicar; (*heure, solution*) indicar, informar; (*déterminer*) señalar, fijar; **~ qch/**

qn du doigt/du regard (*désigner*) indicar *ou* señalar algo/a algn con el dedo/con la mirada; **à l'heure indiquée** a la hora acordada; **pourriez-vous m'~ les toilettes/l'heure?** ¿puede indicarme dónde están los servicios/decirme la hora?

indiscipliné, e [ɛ̃disipline] *adj* (*écolier, troupes*) indisciplinado(-a)

indiscret, -ète [ɛ̃diskʀɛ, ɛt] *adj* indiscreto(-a)

indiscutable [ɛ̃diskytabl] *adj* indiscutible

indispensable [ɛ̃dispɑ̃sabl] *adj* (*garanties, précautions, condition*) indispensable; (*objet, connaissances, personne*) imprescindible

indisposé, e [ɛ̃dispoze] *adj* indispuesto(-a)

indistinct, e [ɛ̃distɛ̃(kt), ɛ̃kt] *adj* (*objet*) indistinto(-a); **indistinctement** *adv* indistintamente; **tous les Français indistinctement** todos los franceses sin distinción

individu [ɛ̃dividy] *nm* individuo; **individuel, le** *adj* individual; (*opinion*) personal; (*cas*) particular; **chambre/maison individuelle** habitación *f*/casa individual

indolore [ɛ̃dɔlɔʀ] *adj* indoloro(-a)

Indonésie [ɛ̃dɔnezi] *nf* Indonesia

indu, e [ɛ̃dy] *adj*: **à des heures ~es** (*travailler*) tarde

indulgent, e [ɛ̃dylʒɑ̃, ɑ̃t] *adj* indulgente

industrialiser [ɛ̃dystʀijalize] *vt* industrializar; **s'~** *vpr* industrializarse

industrie [ɛ̃dystʀi] *nf* industria; **industriel, le** *adj, nm/f* industrial *m/f*

inébranlable [inebʀɑ̃labl] *adj*

inquebrantable; (*personne, certitude*) firme

inédit, e [inedi, it] *adj* inédito(-a)

inefficace [inefikas] *adj* ineficaz; (*machine, employé*) ineficiente

inégal, e, -aux [inegal, o] *adj* desigual; (*partage, part*) desproporcionado(-a); (*humeur*) variable; **inégalable** *adj* inigualable; **inégalé, e** *adj* inigualado(-a); **inégalité** *nf* desigualdad *f*

inépuisable [inepɥizabl] *adj* inagotable; **il est ~ sur** es inagotable en

inerte [inɛʀt] *adj* inerte

inespéré, e [inɛspeʀe] *adj* inesperado(-a)

inestimable [inɛstimabl] *adj* inestimable

inévitable [inevitabl] *adj* inevitable; (*hum: rituel*) consabido(-a)

inexact, e [inɛgza(kt), akt] *adj* inexacto(-a); (*non ponctuel*) impuntual

inexcusable [inɛkskyzabl] *adj* inexcusable

inexplicable [inɛksplikabl] *adj* inexplicable

in extremis [inɛkstʀemis] *adv* de milagro ♦ *adj* (*préparatifs, sauvetage*) en el último momento

infaillible [ɛ̃fajibl] *adj* infalible

infarctus [ɛ̃faʀktys] *nm*: **~ (du myocarde)** infarto (de miocardio)

infatigable [ɛ̃fatigabl] *adj* infatigable, incansable

infect, e [ɛ̃fɛkt] *adj* pestilente; (*goût*) asqueroso(-a); (*personne*) odioso(-a)

infecter [ɛ̃fɛkte] *vt* (*atmosphère, eau*) contaminar; (*personne*) contagiar; **s'~** *vpr* infectarse;

infection nf (MÉD) infección f
inférieur, e [ɛ̃ferjœr] adj
inferior; **~ à** inferior a
infernal, e, -aux [ɛ̃fɛrnal, o] adj
infernal; (satanique) diabólico(-a);
tu es ~! (fam: enfant) ¡eres un
diablo!
infidèle [ɛ̃fidɛl] adj infiel
infiltrer [ɛ̃filtre] vb: **s'~ dans**
infiltrarse en
infime [ɛ̃fim] adj ínfimo(-a)
infini, e [ɛ̃fini] adj infinito(-a);
(précautions) extremo(-a) ♦ nm:
l'~ (MATH, PHOTO) el infinito; **à l'~**
(MATH) al infinito; (discourir)
interminablemente; (agrandir,
varier) ampliamente; **infiniment**
adv infinitamente; **infinité** nf:
une infinité de una infinidad de
infinitif, -ive [ɛ̃finitif, iv] nm
(LING) infinitivo
infirme [ɛ̃firm] adj, nm/f
inválido(-a)
infirmerie [ɛ̃firməri] nf
enfermería
infirmier, -ière [ɛ̃firmje, jɛr]
nm/f enfermero(-a), A.T.S. m/f ♦
adj: **élève ~** alumno(-a) de
enfermería; **infirmière chef**
enfermera jefe; **infirmière
visiteuse** enfermera domiciliaria
infirmité [ɛ̃firmite] nf invalidez f
inflammable [ɛ̃flamabl] adj
inflamable
inflation [ɛ̃flasjɔ̃] nf inflación f
influençable [ɛ̃flyɑ̃sabl] adj
influenciable
influence [ɛ̃flyɑ̃s] nf influencia;
(d'une drogue) efecto; (POL)
predominio; **influencer** vt
influir; **influent, e** adj influyente
informaticien, ne [ɛ̃fɔrmatisjɛ̃,
jɛn] nm/f informático(-a)
information [ɛ̃fɔrmasjɔ̃] nf
información f; **~s** nfpl (RADIO)

noticias fpl
informatique [ɛ̃fɔrmatik] nf
informática; **informatiser** vt
informatizar
informer [ɛ̃fɔrme] vt: **~ qn (de)**
informar a algn (de); **s'~** vpr: **s'~
(sur)** informarse (sobre)
infos [ɛ̃fo] nfpl voir **information**
infraction [ɛ̃fraksjɔ̃] nf infracción
f; **être en ~** haber cometido una
infracción
infranchissable [ɛ̃frɑ̃ʃisabl] adj
infranqueable; (fig) insalvable
infrarouge [ɛ̃fraruʒ] adj
infrarrojo(-a) ♦ nm infrarrojo
infrastructure [ɛ̃frastryktyr] nf
infraestructura; **~s** nfpl (d'un pays
etc) infraestructuras fpl; **~
touristique/hôtelière/
routière** infraestructura turística/
hotelera/viaria
infuser [ɛ̃fyze] vt (aussi: **faire ~**)
dejar reposar; **infusion** nf
infusión f a
ingénier [ɛ̃ʒenje] s'~ vpr: **s'~ à
faire qch** ingeniárselas para
hacer algo
ingénierie [ɛ̃ʒeniri] nf ingeniería
ingénieur [ɛ̃ʒenjœr] nm
ingeniero; **~ agronome/du son**
ingeniero agrónomo/de sonido
ingénieux, -ieuse [ɛ̃ʒenjø, jøz]
adj ingenioso(-a)
ingrat, e [ɛ̃gra, at] adj (personne,
travail) ingrato(-a); (sol) estéril;
(visage) poco agraciado(-a) ♦ nm/f
ingrato(-a); **~ envers** ingrato con
ingrédient [ɛ̃gredjɑ̃] nm
ingrediente m
inhabité, e [inabite] adj (régions)
despoblado(-a); (maison)
deshabitado(-a)
inhabituel, le [inabituɛl] adj
inhabitual
inhibition [inibisjɔ̃] nf inhibición f

inhumain, e [inymɛ̃, ɛn] *adj*
(*barbare*) inhumano(-a)

inimaginable [inimaʒinabl] *adj*
inimaginable

ininterrompu, e [inɛ̃tɛʀɔ̃py] *adj*
ininterrumpido(-a); (*flot, vacarme*)
continuo(-a)

initial, e, -aux [inisjal, jo] *adj*,
nf inicial; **~es** *nfpl* iniciales *fpl*

initiation [inisjasjɔ̃] *nf* iniciación *f*

initiative [inisjativ] *nf* (*aussi* POL)
iniciativa; **de sa propre ~** por
propia iniciativa

initier [inisje] *vt* iniciar; **s'~ (à)**
s'~ à iniciarse en; **~ qn à** iniciar
a algn en

injecter [ɛ̃ʒɛkte] *vt* inyectar;
injection *nf* inyección *f*;
**injection intraveineuse/
sous-cutanée** inyección
intravenosa/subcutánea; **à
injection** (*moteur, système*) de
inyección

injure [ɛ̃ʒyʀ] *nf* insulto; **injurier**
vt insultar; **injurieux, -ieuse**
adj injurioso(-a)

injuste [ɛ̃ʒyst] *adj* injusto(-a); **~
(avec** *ou* **envers qn)** injusto(-a)
(con algn); **injustice** *nf* injusticia

inlassable [ɛ̃lasabl] *adj*
incansable, infatigable

inné, e [i(n)ne] *adj* innato(-a)

innocent, e [inɔsɑ̃, ɑ̃t] *adj*
inocente; (*jeu, plaisir*)
inofensivo(-a); **innocenter** *vt*
disculpar

innombrable [i(n)nɔ̃bʀabl] *adj*
incontable

innover [inɔve] *vt* innovar ♦ *vi*: **~
en art/en matière d'art**
innovar en arte/en temas de arte

inoccupé, e [inɔkype] *adj*
desocupado(-a)

inodore [inɔdɔʀ] *adj* inodoro(-a)

inoffensif, -ive [inɔfɑ̃sif, iv] *adj*

inofensivo(-a); (*plaisanterie*)
inocente

inondation [inɔ̃dasjɔ̃] *nf*
inundación *f*

inonder [inɔ̃de] *vt* inundar;
(*envahir*) invadir; **~ de** inundar de

inopportun, e [inɔpɔʀtœ̃, yn] *adj*
inoportuno(-a)

inoubliable [inublijabl] *adj*
inolvidable

inouï, e [inwi] *adj* inaudito(-a)

inox [inɔks] *adj, nm abr* acero
inoxidable

inquiet, -ète [ɛ̃kjɛ, ɛ̃kjɛt] *adj*
inquieto(-a); **inquiétant, e** *adj*
inquietante, preocupante;
inquiéter *vt* inquietar,
preocupar; **s'inquiéter** *vpr*
inquietarse, preocuparse;
s'inquiéter de preocuparse por;
inquiétude *nf* inquietud *f*,
preocupación *f*

insaisissable [ɛ̃sezisabl] *adj*
(*nuance*) imperceptible

insalubre [ɛ̃salybʀ] *adj* insalubre

insatisfait, e [ɛ̃satisfɛ, ɛt] *adj*
insatisfecho(-a)

inscription [ɛ̃skʀipsjɔ̃] *nf*
inscripción *f*; (*à une institution*)
inscripción, matrícula

inscrire [ɛ̃skʀiʀ] *vt* escribir,
inscribir; (*renseignement*) anotar;
(*nom: sur une liste etc*) anotar,
apuntar; **s'~** *vpr* (*pour une
excursion etc*) apuntarse,
inscribirse; **~ qn à** matricular *ou*
apuntar a algn a; **s'~ (à)** (*un
club, parti*) apuntarse (a),
matricularse (en); (*l'université, un
examen*) matricularse (en)

insecte [ɛ̃sɛkt] *nm* insecto;
insecticide *adj* insecticida ♦ *nm*
insecticida *m*

insensé, e [ɛ̃sɑ̃se] *adj*
insensato(-a)

insensible [ɛ̃sɑ̃sibl] *adj* insensible; *(pouls, mouvement)* imperceptible; **~ aux compliments/à la chaleur** insensible a los halagos/al calor

inséparable [ɛ̃separabl] *adj* inseparable

insigne [ɛ̃siɲ] *nm* emblema *m*

insignifiant, e [ɛ̃siɲifjɑ̃, jɑ̃t] *adj* insignificante

insinuer [ɛ̃sinɥe] *vt* insinuar; **s'~** *vpr*: **s'~ dans** *(odeur, humidité)* filtrarse en

insipide [ɛ̃sipid] *adj* insípido(-a), insulso(-a)

insister [ɛ̃siste] *vi* insistir; **~ sur** insistir en

insolation [ɛ̃sɔlasjɔ̃] *nf* insolación *f*

insolent, e [ɛ̃sɔlɑ̃, ɑ̃t] *adj* insolente, descarado(-a)

insolite [ɛ̃sɔlit] *adj* extraño(-a)

insomnie [ɛ̃sɔmni] *nf* insomnio

insouciant, e [ɛ̃susjɑ̃, jɑ̃t] *adj* despreocupado(-a); *(imprévoyant)* dejado(-a)

insoupçonnable [ɛ̃supsɔnabl] *adj* insospechable

insoupçonné, e [ɛ̃supsɔne] *adj* insospechado(-a)

insoutenable [ɛ̃sut(ə)nabl] *adj* *(argument, opinion)* insostenible; *(lumière, chaleur, spectacle)* insoportable; *(effort)* insufrible

inspecter [ɛ̃spɛkte] *vt* inspeccionar; *(personne)* dar un repaso a; *(maison)* revisar; **inspecteur, -trice** *nm/f* inspector(a); **inspecteur (de police)** inspector (de policía); **inspecteur des Finances** *ou* **des impôts** inspector de hacienda; **inspection** *nf* inspección *f*

inspirer [ɛ̃spire] *vt* inspirar ♦ *vi* inspirar; **s'~** *vpr*: **s'~ de qch** inspirarse en algo; **~ qch à qn** sugerir algo a algn; *(crainte, horreur)* inspirar algo a algn; **ça ne m'inspire pas beaucoup/ vraiment pas** eso no me dice mucho/nada

instable [ɛ̃stabl] *adj* inestable

installation [ɛ̃stalasjɔ̃] *nf* instalación *f*; **~s** *nfpl (équipement)*: **~s portuaires** instalaciones *fpl* portuarias; **une ~ provisoire** *ou* **de fortune** un alojamiento provisional; **l'~ électrique** la instalación eléctrica

installer [ɛ̃stale] *vt* instalar; **s'~** *vpr* instalarse; *(à un emplacement)* acomodarse; *(maladie, grève)* arraigarse; **s'~ à l'hôtel/chez qn** alojarse en el hotel/en casa de algn

instance [ɛ̃stɑ̃s] *nf*: **être en ~ de divorce** estar en trámites de divorcio

instant, e [ɛ̃stɑ̃, ɑ̃t] *adj* ♦ *nm* instante *m*; **en** *ou* **dans un ~** en un instante; **à l'~: je l'ai vu à l'~** lo he visto hace nada; **à chaque** *ou* **tout ~** a cada instante; **pour l'~** por el momento; **par ~s** por momentos; **de tous les ~s** constante

instantané, e [ɛ̃stɑ̃tane] *adj* instantáneo(-a) ♦ *nm (PHOTO)* instantánea

instar [ɛ̃star]: **à l'~ de** *prép* a semejanza de

instaurer [ɛ̃stɔre] *vt* implantar; **s'~** *vpr* establecerse

instinct [ɛ̃stɛ̃] *nm* instinto; **instinctivement** *adv* instintivamente

instituer [ɛ̃stitɥe] *vt* establecer; *(un organisme)* fundar

institut [ɛ̃stity] nm instituto; **~ de beauté** instituto de belleza; **l~ universitaire de technologie (IUT)** = Escuela Politécnica

instituteur, -trice [ɛ̃stitytœr, tris] nm/f maestro(-a)

institution [ɛ̃stitysjɔ̃] nf institución f; (collège) colegio privado

instructif, -ive [ɛ̃stryktif, iv] adj instructivo(-a)

instruction [ɛ̃stryksjɔ̃] nf (enseignement) enseñanza; (savoir) cultura; (JUR, INFORM) instrucción f; **~s** nfpl (directives, mode d'emploi) instrucciones fpl

instruire [ɛ̃struir] vt (élèves) enseñar; (MIL, JUR) instruir; **s'~** vpr instruirse; **instruit, e** pp de **instruire ♦** adj instruido(-a), culto(-a)

instrument [ɛ̃strymɑ̃] nm herramienta f; **~ à cordes/à percussion/à vent/de musique** instrumento de cuerda/de percusión/de viento/ musical

insu [ɛ̃sy] nm: **à l'~ de qn** a espaldas de algn; **à son ~** a sus espaldas

insuffisant, e [ɛ̃syfizɑ̃, ɑ̃t] adj insuficiente

insulaire [ɛ̃sylɛʀ] adj insular; (attitude) cerrado(-a)

insuline [ɛ̃sylin] nf insulina

insulte [ɛ̃sylt] nf insulto; **insulter** vt insultar

insupportable [ɛ̃sypɔʀtabl] adj insoportable

insurmontable [ɛ̃syʀmɔ̃tabl] adj insuperable; (angoisse, aversion) invencible

intact, e [ɛ̃takt] adj intacto(-a)

intarissable [ɛ̃taʀisabl] adj inagotable; **il est ~ sur ...** es

incansable cuando habla de ...

intégral, e, -aux [ɛ̃tegʀal, o] adj total; (édition) completo(-a); **intégralement** adv totalmente, completamente; **intégralité** nf totalidad f; **dans son intégralité** en su totalidad;

intégrant, e adj: **faire partie intégrante de qch** formar parte integrante de algo

intègre [ɛ̃tɛgʀ] adj íntegro(-a)

intégrer [ɛ̃tegʀe] vt (personnes) integrar; (théories, paragraphe) incorporar; **s'~** vpr: **s'~ à** ou **dans qch** integrarse en algo

intégrisme [ɛ̃tegʀism] nm integrismo

intellectuel, le [ɛ̃telɛktɥel] adj, nm/f intelectual m/f

intelligence [ɛ̃teliʒɑ̃s] nf inteligencia; (compréhension) comprensión f

intelligent, e [ɛ̃teliʒɑ̃, ɑ̃t] adj inteligente

intelligible [ɛ̃teliʒibl] adj: **parler de façon peu ~** hablar de forma poco clara

intempéries [ɛ̃tɑ̃peʀi] nfpl tiempo inclemente

intenable [ɛ̃t(ə)nabl] adj inaguantable, insoportable

intendant, e [ɛ̃tɑ̃dɑ̃, ɑ̃t] nm/f (MIL) intendente m; (SCOL, régisseur) administrador(a)

intense [ɛ̃tɑ̃s] adj intenso(-a); **intensif, -ive** adj intensivo(-a)

intenter [ɛ̃tɑ̃te] vt: **~ un procès/une action contre** ou **à qn** entablar proceso/una acción contra algn

intention [ɛ̃tɑ̃sjɔ̃] nf intención f; (but, objectif) intención f, propósito; **avoir l'~ de faire qch** tener la intención de hacer algo; **à l'~ de qn** para algn; (film,

ouvrage) dedicado(-a) a algn;
intentionné, e _adj_: **être bien/mal intentionné** tener buena/mala intención

interactif, -ive [ɛteraktif, iv] _adj_ (_aussi INFORM_) interactivo(-a)

intercepter [ɛtersepte] _vt_ interceptar; (_lumière etc_) impedir el paso de

interchangeable [ɛterʃɑ̃ʒabl] _adj_ intercambiable

interdiction [ɛterdiksjɔ̃] _nf_ interdicción f, prohibición f

interdire [ɛterdir] _vt_ prohibir; (_ADMIN, REL: personne_) inhabilitar; **à qn de faire qch** prohibir a algn hacer algo; (_suj: chose_) impedir que algn haga algo

interdit, e [ɛterdi, it] _pp de_ **interdire** ♦ _nm_ pauta; **film ~ aux moins de 18/13 ans** película prohibida a los menores de 18/13 años; **sens/stationnement ~** dirección f/estacionamiento prohibido(-a); **~ de séjour** expulsado(-a)

intéressant, e [ɛteresɑ̃, ɑ̃t] _adj_ interesante

intéressé, e [ɛterese] _adj_ interesado(-a)

intéresser [ɛterese] _vt_ (_élèves etc_) interesar; (_ADMIN: mesure, loi_) concernir; **ce film m'a beaucoup intéressé** he encontrado muy interesante esta película; **ça n'intéresse personne** eso no interesa a nadie; **s'~ à qn/à ce que fait qn/qch** interesarse por algn/por lo que hace algn/algo

intérêt [ɛtere] _nm_ interés _msg_; **il a ~ à acheter cette voiture** le interesa comprar ese coche; **tu aurais ~ à te taire!** ¡más te vale callarte!

intérieur, e [ɛterjœr] _adj_ interior ♦ _nm_ interior m; **ministère de l'I~** ministerio del Interior; **un ~ bourgeois/confortable** una decoración burguesa/confortable; **à l'~ (de)** en el interior _ou_ dentro _ou_ adentro (_esp Am_) (de); (_fig_) dentro (de); **intérieurement** _adv_ por dentro

intérim [ɛterim] _nm_ interinidad f; **faire de l'~** hacer sustituciones

intérimaire [ɛterimer] _adj, nm/f_ interino(-a)

interlocuteur, -trice [ɛterlɔkytœr, tris] _nm/f_ interlocutor(a)

intermédiaire [ɛtermedjer] _adj_ intermedio(-a) ♦ _nm/f_ intermediario(-a); **par l'~ de** por mediación de

interminable [ɛterminabl] _adj_ interminable

intermittence [ɛtermitɑ̃s] _nf_: **par ~** (_travailler_) con intermitencias

internat [ɛterna] _nm_ internado m

international, e, -aux [ɛternasjɔnal, o] _adj_ internacional ♦ _nm/f_ (_SPORT_) jugador(a) internacional

internaute [ɛternot] _nmf_ internauta _mf_

interne [ɛtern] _adj_ interno(-a) ♦ _nm/f_ (_élève_) interno(-a); (_MÉD_) médico(-a) interno(-a)

Internet [ɛternet] _nm_ Internet m

interpeller [ɛterpale] _vt_ interpelar; (_police_) detener

interphone [ɛterfɔn] _nm_ interfono; (_d'un appartement_) portero automático

interposer [ɛterpoze] _vt_ interponer; **s'~** _vpr_ interponerse

interprète [ɛterpret] _nm/f_ intérprete _m/f_

interpréter [ɛ̃tɛʀpʀete] *vt*
interpretar
interrogatif, -ive [ɛ̃teʀɔɡatif, iv]
adj interrogativo(-a)
interrogation [ɛ̃teʀɔɡasjɔ̃] *nf*
interrogación *f*; **~ écrite/orale**
(SCOL) control *m* escrito/oral
interrogatoire [ɛ̃teʀɔɡatwaʀ] *nm*
interrogatorio
interroger [ɛ̃teʀɔʒe] *vt* interrogar;
(*données*) consultar; (*candidat*)
examinar
interrompre [ɛ̃teʀɔ̃pʀ] *vt*
interrumpir; (*circuit électrique,
communications*) cortar; **s'~** *vpr*
interrumpirse; **interrupteur** *nm*
interruptor *m*; **interruption** *nf*
interrupción *f*; **sans
interruption** sin interrupción;
**interruption (volontaire) de
grossesse** interrupción
(voluntaria) del embarazo
intersection [ɛ̃tɛʀsɛksjɔ̃] *nf*
intersección *f*
intervalle [ɛ̃tɛʀval] *nm* intervalo;
dans l'~ mientras tanto
intervenir [ɛ̃tɛʀvəniʀ] *vi*
(*survenir*) ocurrir, tener lugar;
~ dans intervenir en; **~ (pour
faire qch)** intervenir (para hacer
algo); **~ auprès de qn/en
faveur de qn** interceder ante
algn/en favor de algn;
intervention *nf* intervención *f*;
intervention (chirurgicale)
intervención (quirúrgica)
interview [ɛ̃tɛʀvju] *nf* interviú *f*,
entrevista
intestin, e [ɛ̃tɛstɛ̃, in] *nm*
intestino
intime [ɛ̃tim] *adj* íntimo(-a);
(*convictions*) profundo(-a) ♦ *nm/f*
íntimo(-a)
intimider [ɛ̃timide] *vt* intimidar
intimité [ɛ̃timite] *nf* intimidad *f*;

dans l'~ en la intimidad; (*sans
formalités*) informalmente
intolérable [ɛ̃tɔleʀabl] *adj*
(*chaleur*) insoportable;
(*inadmissible*) intolerable
intoxication [ɛ̃tɔksikasjɔ̃] *nf*
intoxicación *f*; **~ alimentaire**
intoxicación alimenticia
intoxiquer [ɛ̃tɔksike] *vt* intoxicar;
(*fig aussi*) contaminar
intraitable [ɛ̃tʀetabl] *adj*
despiadado(-a); **~ (sur)**
intransigente (en)
intransigeant, e [ɛ̃tʀɑ̃ziʒɑ̃, ɑ̃t]
adj intransigente; (*morale, passion*)
firme
intrépide [ɛ̃tʀepid] *adj*
intrépido(-a)
intrigue [ɛ̃tʀig] *nf* intriga;
intriguer *vi*, *vt* intrigar
introduction [ɛ̃tʀɔdyksjɔ̃] *nf*
introducción *f*, incorporación *f*
introduire [ɛ̃tʀɔdɥiʀ] *vt*
introducir; **~ qn auprès de qn**
conducir a algn ante algn; **~ qn
dans un club** introducir a algn
en un club; **s'~ dans** introducirse
en
introuvable [ɛ̃tʀuvabl] *adj*
(*personne*) ilocalizable; (*COMM:
rare: édition, livre*) imposible de
encontrar
intrus, e [ɛ̃tʀy, yz] *nm/f*
intruso(-a)
intuition [ɛ̃tɥisjɔ̃] *nf* intuición *f*
inusable [inyzabl] *adj*
duradero(-a)
inutile [inytil] *adj* inútil; (*superflu*)
innecesario(-a); **inutilement** *adv*
inútilmente; **inutilisable** *adj*
inutilizable
invalide [ɛ̃valid] *adj*, *nm/f*
inválido(-a); **~ de guerre**
inválido de guerra
invariable [ɛ̃vaʀjabl] *adj*

invariable

invasion [ɛvazjɔ̃] *nf* (*aussi fig*)
invasion *f*; (*de sauterelles, rats*)
plaga, invasión

inventaire [ɛvɑ̃tɛr] *nm* inventario

inventer [ɛvɑ̃te] *vt* inventar;
(*moyen*) idear; **inventeur,
-trice** [ɛvɑ̃tœr, tʀis] *nm/f*
inventor(a); **inventif, -ive** *adj*
inventivo(-a); **invention** *nf*
invención *f*

inverse [ɛvɛrs] *adj* (*ordre*)
inverso(-a) ♦ *nm*: **l'~** lo contrario;
dans l'ordre ~ en orden
inverso; **dans le sens ~ des
aiguilles d'une montre** en
sentido contrario a las agujas del
reloj; **en** *ou* **dans le sens ~** en
sentido contrario; **à l'~** al
contrario; **inversement** *adv*
inversamente, **inverser** *vt*
invertir

investir [ɛvɛstir] *vt* (*argent,
capital*) invertir;
investissement *nm* inversión *f*

invisible [ɛvizibl] *adj* invisible

invitation [ɛvitasjɔ̃] *nf* invitación *f*

invité, e [ɛvite] *nm/f* invitado(-a)

inviter [ɛvite] *vt* invitar; **~ qn à
faire qch** (*engager, exhorter*)
invitar a algn a hacer algo

invivable [ɛvivabl] *adj*
insoportable

involontaire [ɛvɔlɔ̃tɛr] *adj*
involuntario(-a)

invoquer [ɛvɔke] *vt* invocar;
(*excuse, argument*) invocar, alegar

invraisemblable [ɛvʀɛsɑ̃blabl]
adj (*histoire*) inverosímil

iode [jɔd] *nm* yodo

irai *etc* [iʀe] *vb voir* **aller**

Irak [iʀak] *nm* Irak *m*; **irakien,
ne** *adj* iraquí ♦ *nm/f*: **Irakien,
ne** iraquí *m/f*

Iran [iʀɑ̃] *nm* Irán *m*; **iranien,**

ne *adj* iraní ♦ *nm* (*LING*) iraní *m* ♦
nm/f: **Iranien, ne** iraní *m/f*

irions *etc* [iʀjɔ̃] *vb voir* **aller**

iris [iʀis] *nm* (*BOT*) lirio; (*ANAT*) iris
m inv

irlandais, e [iʀlɑ̃dɛ, ɛz] *adj*
irlandés(-esa) ♦ *nm* (*LING*) irlandés
m ♦ *nm/f*: **I~, e** irlandés(-esa); **les
I~** los irlandeses

Irlande [iʀlɑ̃d] *nf* Irlanda; **la mer
d'~** el mar de Irlanda; **~ du
Nord/Sud** Irlanda del Norte/Sur

ironie [iʀɔni] *nf* ironía; **~ du sort**
ironía del destino; **ironique** *adj*
irónico(-a); **ironiser** *vi* ironizar

irons *etc* [iʀɔ̃] *vb voir* **aller**

irradier [iʀadje] *vi* irradiar ♦ *vt*
irradiar, difundir

irraisonné, e [iʀɛzɔne] *adj*
irrazonable

irrationnel, le [iʀasjɔnɛl] *adj*
irracional

irréalisable [iʀealizabl] *adj*
irrealizable

irrécupérable [iʀekypeʀabl] *adj*
irrecuperable

irréel, le [iʀeɛl] *adj* irreal

irréfléchi, e [iʀefleʃi] *adj*
irreflexivo(-a)

irrégularité [iʀegylaʀite] *nf*
irregularidad *f*; **~s** *nfpl*
irregularidades *fpl*

irrégulier, -ière [iʀegylje, jɛʀ]
adj irregular; (*développement,
accélération*) irregular, desigual

irrémédiable [iʀemedjabl] *adj*
irremediable

irremplaçable [iʀɑ̃plasabl] *adj*
irremplazable; (*personne*)
irremplazable, insustituible

irréparable [iʀepaʀabl] *adj* (*aussi
fig*) irreparable

irréprochable [iʀepʀɔʃabl] *adj*
(*personne, vie*) irreprochable,
intachable; (*tenue, toilette*)

intachable

irrésistible [iʀezistibl] *adj*
irresistible; *(concluant: logique)*
contundente; *(qui fait rire)*
graciosísimo(-a)

irrésolu, e [iʀezɔly] *adj*
irresoluto(-a)

irrespectueux, -euse
[iʀɛspɛktɥø, øz] *adj*
irrespetuoso(-a)

irresponsable [iʀɛspɔ̃sabl] *adj,*
nm/f irresponsable *m/f*

irriguer [iʀige] *vt* irrigar

irritable [iʀitabl] *adj* irritable

irriter [iʀite] *vt* irritar

irruption [iʀypsjɔ̃] *nf* irrupción *f*;
faire ~ dans un endroit/chez
qn irrumpir en un lugar/en casa
de algn

Islam [islam] *nm*: l'~ el Islam;
islamique *adj* islámico(-a)

Islande [islɑ̃d] *nf* Islandia

isolant, e [izɔlɑ̃, ɑ̃t] *adj, nm*
aislante *m*

isolation [izɔlasjɔ̃] *nf*: ~
acoustique/thermique
aislamiento acústico/térmico

isolé, e [izɔle] *adj* aislado(-a);
(éloigné) apartado(-a)

isoler [izɔle] *vt* aislar; s'~ *vpr*
(pour travailler) aislarse

Israël [israɛl] *nm* Israel *m*;
israélien, ne [israeljɛ̃, ɛn] *adj* israelí ♦ *nm/f*:
Israélien, ne israelí *m/f*;
israélite *adj* (REL) israelita ♦ *nm/*
f: **Israélite** israelita *m/f*

issu, e [isy] *adj*: ~ de
descendiente de; *(fig)* resultante
de; **issue** *nf* salida; *(solution)*
salida, solución *f*; à l'issue de al
concluir; chemin/rue sans
issue camino/calle *f* sin salida

Italie [itali] *nf* Italia; **italien, ne**
adj italiano(-a) ♦ *nm* (LING) italiano
♦ *nm/f*: **Italien, ne** italiano(-a)

italique [italik] *nm*: (mettre un
mot) en ~(s) (poner una
palabra) en cursiva

itinéraire [itineʀɛʀ] *nm* itinerario

IUT sigle *m* (= Institut universitaire
de technologie) voir **institut**

IVG sigle *f* (= interruption volontaire
de grossesse) interrupción *f*
voluntaria del embarazo

ivoire [ivwaʀ] *nm* marfil *m*

ivre [ivʀ] *adj* *(saoul)* ebrio(-a),
beodo(-a); ~ de colère/de
bonheur ebrio(-a) de ira/de
felicidad; **ivrogne** *nm/f*
borracho(-a)

J, j

j' [ʒ] *pron voir* je

jacinthe [ʒasɛ̃t] *nf* jacinto

jadis [ʒadis] *adv* antaño

jaillir [ʒajiʀ] *vi* *(liquide)* brotar;
(fig) surgir

jais [ʒɛ] *nm* azabache *m*

jalousie [ʒaluzi] *nf* celos *mpl*;
(store) celosía

jaloux, -se [ʒalu, uz] *adj*
(envieux) envidioso(-a)

jamais [ʒamɛ] *adv* nunca, jamás;
(sans négation) alguna vez; ne ...
~ no ... nunca, jamás; si ... ~ si alguna
vez ...; à (tout) ~, pour ~ para
siempre

jambe [ʒɑ̃b] *nf* (ANAT) pierna;
(d'un pantalon) pernil *m*

jambon [ʒɑ̃bɔ̃] *nm* jamón *m*

jante [ʒɑ̃t] *nf* llanta

janvier [ʒɑ̃vje] *nm* enero; *voir
aussi* juillet

Japon [ʒapɔ̃] *nm* Japón *m*;
japonais, e *adj* japonés(-esa) ♦
nm (LING) japonés *m* ♦ *nm/f*:
Japonais, e japonés(-esa)

jardin [ʒaʀdɛ̃] *nm* jardín *m*;

jardinage *nm* jardinería;
jardiner *vi* cuidar el jardín;
jardinier, -ière *nm/f*
jardinero(-a); **jardinière** *nf* (de
fenêtre) jardinera; **jardinière (de
légumes)** (CULIN) menestra

jargon [ʒaʀgɔ̃] *nm* jerga

jarret [ʒaʀɛ] *nm* (ANAT) corva;
(CULIN) morcillo

jauge [ʒoʒ] *nf* (*instrument*) aspilla,
varilla graduada

jaune [ʒon] *adj* amarillo(-a) ♦ *nm*
amarillo; (*aussi:* **~ d'œuf**) yema ♦
nm/f (péj): **J~** (*de race jaune*)
amarillo(-a); **jaunir** *vt* amarillear;
jaunisse *nf* ictericia

Javel [ʒavɛl] *voir* **eau**

javelot [ʒavlo] *nm* jabalina

je [ʒ] *pron* yo

jean [dʒin] *nm* (TEXTILE) tela
vaquera

Jésus-Christ [ʒezykʀi(st)] *n*
Jesucristo

jet¹ [dʒɛt] *nm* (*avion*) jet *m*, avión
m a reacción

jet² [ʒɛ] *nm* (*lancer*) lanzamiento;
(*jaillissement, tuyau*) chorro; **du
premier ~** a la primera; **~ d'eau**
chorro de agua

jetable [ʒ(ə)tabl] *adj* desechable

jetée [ʒəte] *nf* (*digue*) escollera

jeter [ʒ(ə)te] *vt* (*lancer*) lanzar,
botar (AM); (*se défaire de*) tirar;
(*passerelle, pont*) construir; tender;
(*bases, fondations*) establecer,
sentar; (*lumière, son*) dar; **~ un
coup d'œil (à)** echar un vistazo
(a); **~ qch à qn** lanzar algo a
algn; **~ un sort à qn** echar una
maldición a algn; **se ~ dans** (*suj:
fleuve*) desembocar en; **se ~ à
l'eau** (fig) lanzarse a hacer algo

jeton [ʒ(ə)tɔ̃] *nm* ficha

jette *etc* [ʒɛt] *vb voir* **jeter**

jeu, x [ʒø] *nm* juego;

(*interprétation*) actuación *f*,
interpretación *f*; (MUS)
interpretación; (TECH) juego,
holgura; (*défaut de serrage*)
holgura; **être/remettre en ~**
(FOOTBALL) estar/poner en juego;
entrer/mettre en ~ (fig)
entrar/poner en juego; **se piquer
ou se prendre au ~** cegarse por
el juego; **~ de cartes** juego de
naipes; **~ de clés/d'aiguilles**
(*série*) juego de llaves/de agujas; **~
d'échecs** ajedrez *m*; **~ de
hasard/de mots** juego de azar/
de palabras

jeudi [ʒødi] *nm* jueves *m inv*; **~
saint** jueves santo; *voir aussi*
lundi

jeun [ʒœ̃]: **à ~** *adv* en ayunas

jeune [ʒœn] *adj* joven; (*récent*)
joven, reciente; **~ fille** muchacha,
chica; **~ homme** muchacho,
chico; **~s gens** jóvenes *mpl*

jeûne [ʒøn] *nm* ayuno

jeunesse [ʒœnɛs] *nf* juventud *f*

joaillier, -ière [ʒɔajʀi, ɛʀ]
nm/f joyero(-a)

joie [ʒwa] *nf* (*bonheur intense*)
alegría, gozo; (*vif plaisir*) alegría

joindre [ʒwɛdʀ] *vt* juntar, unir; **~
qch à** (*ajouter*) adjuntar algo a; **~
qn** (*réussir à contacter*) dar con
algn, localizar a algn; **~ les deux
bouts** (fig) llegar a final de mes;
se ~ (*s'unir*) unirse a

joint, e [ʒwɛ, ɛt] *pp de* **joindre**
♦ *adj* junto(-a) ♦ *nm* (*articulation,
assemblage*) junta, empalme *m*

joli, e [ʒɔli] *adj* bonito(-a),
lindo(-a) (AM) (fam); **une ~e
somme/situation** una buena
suma/un buen puesto; **c'est du
~!** (iron) ¡muy bonito!; **c'est
bien ~ mais ...** está muy bien
pero ...

jonc [ʒɔ̃] *nm* (BOT) junco

jonction [ʒɔ̃ksjɔ̃] *nf* (action) unión f; **(point de) ~** (de routes) empalme m, enlace m

jongleur, -euse [ʒɔ̃glœʀ, øz] *nm/f* malabarista m/f

jonquille [ʒɔ̃kij] *nf* junquillo

Jordanie [ʒɔʀdani] *nf* Jordania

joue [ʒu] *nf* mejilla

jouer [ʒwe] *vt* jugar; (pièce de théâtre) representar; (film, rôle) interpretar; (simuler) fingir; (morceau de musique) ejecutar, tocar ♦ *vi* jugar; (CINÉ, THÉÂTRE) actuar; (bois, porte) combarse; **au héros** dárselas de héroe; **~ sur** (miser) jugar con; **~ de** (instrument) tocar; **~ à** (jeu, sport) jugar a; **~ avec** (sa santé etc) jugar con; **se ~ de** (difficultés) pasar por alto; **~ un tour à qn** jugar una mala pasada a algn; **à toi/nous de ~** (fig) te toca a ti/nos toca a nosotros

jouet [ʒwe] *nm* juguete m

joueur, -euse [ʒwœʀ, øz] *nm/f* jugador(a); **être beau/mauvais ~** (fig) ser un buen/mal perdedor

jouir [ʒwiʀ]: **~ de** *vt ind* (avoir) gozar de; (savourer) disfrutar de

jour [ʒuʀ] *nm* día m; (clarté) luz f; (ouverture) hueco, vano; **de nos ~s** hoy en día; **sous un ~ favorable/nouveau** (fig) bajo el aspecto más favorable/nuevo; **de ~ en ~** de día a día; **au ~ le ~, de ~ en ~** día a día; **il fait ~** es de día; **au grand ~** (fig) a todas luces, de forma evidente; **mettre au ~** (découvrir) sacar a la luz; **être/mettre à ~** estar/poner al día; **donner le ~ à** dar a luz; **voir le ~** salir a la luz; **~ férié** día festivo

journal, -aux [ʒuʀnal, o] *nm*

periódico; (personnel) diario; **~ télévisé** diario televisado, telediario

journalier, -ière [ʒuʀnalje, jɛʀ] *adj* diario(-a)

journalisme [ʒuʀnalism] *nm* periodismo; **journaliste** *nm/f* periodista m/f

journée [ʒuʀne] *nf* día m; (travail d'une journée) jornada; **la ~ continue** la jornada continua

joyau, x [ʒwajo] *nm* joya

joyeux, -euse [ʒwajø, øz] *adj* feliz, alegre; **~ Noël!** ¡feliz Navidad!; **~ anniversaire!** ¡feliz cumpleaños!

jubiler [ʒybile] *vi* regocijarse

judas [ʒyda] *nm* mirilla

judiciaire [ʒydisjɛʀ] *adj* judicial

judicieux, -euse [ʒydisjø, jøz] *adj* juicioso(-a), sensato(-a)

judo [ʒydo] *nm* judo

juge [ʒyʒ] *nm* juez m/f; **~ d'instruction/de paix** juez de instrucción/de paz

jugé [ʒyʒe]: **au ~** *adv* a bulto

jugement [ʒyʒmɑ̃] *nm* (JUR) sentencia; (gén) juicio

juger [ʒyʒe] *vt* juzgar; (JUR) juzgar, sentenciar; **~ bon de faire ...** juzgar oportuno hacer ...; **~ de qch** juzgar algo

juif, -ive [ʒɥif, ʒɥiv] *adj* judío(-a) ♦ *nm/f*: **J~, -ive** judío(-a)

juillet [ʒɥijɛ] *nm* julio; **le premier ~** el uno de julio; **le deux/onze ~** el dos/once de julio; **début/fin ~** a primeros/finales de julio; **le 14 ~** el 14 de julio (la fiesta nacional francesa)

---

14 juillet

En Francia, **le 14 juillet** es una fiesta nacional en conmemoración del asalto a la Bastilla durante la

Revolución Francesa, celebrada con desfiles, música, baile y fuegos artificiales. En París tiene lugar un desfile militar por los Champs-Élysées en presencia del Presidente.

juin [ʒɥɛ̃] *nm* junio; *voir aussi* **juillet**

jumeau, -elle, x [ʒymo, ɛl] *adj, nm/f* gemelo(-a)

jumeler [ʒym(ə)le] *vt* (TECH) acoplar; (*villes*) hermanar

jumelle [ʒymɛl] *vb voir* **jumeler**
♦ *adj, nf voir* **jumeau**, **-s** *nfpl* (*instrument*) gemelos *mpl*

jument [ʒymɑ̃] *nf* yegua

jungle [ʒœ̃gl] *nf* jungla, selva

jupe [ʒyp] *nf* falda, pollera (AM)

jupon [ʒypɔ̃] *nm* enaguas *fpl*

juré [ʒyʀe] *nm* jurado

jurer [ʒyʀe] *vt* jurar ♦ *vi* jurar; ~ (**avec**) (*couleurs etc*) chocar (con), desentonar (con); ~ **de faire/ que** jurar hacer/que; ~ **de qch** jurar algo, responder de algo

juridique [ʒyʀidik] *adj* jurídico(-a)

juron [ʒyʀɔ̃] *nm* juramento

jury [ʒyʀi] *nm* (JUR) jurado

jus [ʒy] *nm* jugo, zumo (*Esp*); (*de viande*) jugo; ~ **de fruits** jugo *ou* zumo (*Esp*) de frutas

jusque [ʒysk]: **jusqu'à** *prép* hasta; **jusqu'au matin/soir** hasta la mañana/la tarde; **jusqu'à ce que** hasta que; **jusqu'à présent** *ou* **maintenant** hasta ahora; ~ **sur/dans** hasta arriba de/en; (*y compris*) hasta, incluso

justaucorps [ʒystokɔʀ] *nm* malla

juste [ʒyst] *adj* justo(-a); (*légitime*) justo(-a), legítimo(-a); (*étroit*) ajustado(-a); (*insuffisant*) escaso(-a) ♦ *adv* (*avec exactitude, précision*)

con precisión; (*étroitement*) apretado; (*chanter*) afinado; ~ **assez/au-dessus** bastante/ hasta por encima de; **au** ~ exactamente; **le** ~ **milieu** el término medio; **à** ~ **titre** con razón; **justement** *adv* justamente; **c'est justement ce qu'il fallait faire** es precisamente lo que había que hacer; **justesse** *nf* (*exactitude, précision*) precisión *f*, exactitud *f*; (*d'une remarque*) propiedad *f*; (*d'une opinion*) rectitud *f*; **de justesse** por poco

justice [ʒystis] *nf* justicia

justificatif, -ive [ʒystifikatif, iv] *adj* justificativo(-a)

justifier [ʒystifje] *vt* justificar; ~ **de** probar; **justifié à droite/ gauche** justificado a la derecha/ izquierda

juteux, -euse [ʒytø, øz] *adj* jugoso(-a); (*fam*) jugoso(-a), sustancioso(-a)

juvénile [ʒyvenil] *adj* juvenil

K, k

K [ka] *abr* (= *kilooctet*) K

kaki [kaki] *adj inv* caqui

kangourou [kɑ̃guʀu] *nm* canguro

karaté [kaʀate] *nm* kárate *m*

kascher [kaʃɛʀ] *adj inv* de acuerdo con las normas dietéticas de la ley hebraica

kayak [kajak] *nm* kayak *m*

képi [kepi] *nm* quepis *m*

kermesse [kɛʀmes] *nf* romería

kidnapper [kidnape] *vt* secuestrar

kilo [kilo] *nm* kilo

kilo...: kilogramme *nm* kilogramo; **kilométrage** *nm* kilometraje *m*; **kilomètre** *nm*

kilómetro; **kilométrique** adj
kilométrico(-a)
kinésithérapeute
[kineziteʀapɔt] nm/f
kinesiólogo(-a)
kiosque [kjɔsk] nm (de jardin, à
journaux) kiosco ou quiosco
kir [kiʀ] nm kir m (vino blanco ou
licor de grosella negra)
kiwi [kiwi] nm kiwi m
klaxon [klaksɔn] nm bocina,
claxon m; **klaxonner** vi tocar la
bocina ou el claxon
km abr (= kilomètre(s)) km. (=
kilómetro(s))
km/h abr (= kilomètres/heure) km/
h.
K.-O. [kao] adj inv K.O.
kyste [kist] nm quiste m

L, l

l' [l] dét voir **le**
la [la] nm (MUS) la m inv ♦ dét,
pron voir **le**
là [la] adv (plus loin) ahí, allí; (ici)
aquí; (dans le temps) entonces;
elle n'est pas ~ no está; **c'est
~ que** ahí ou allí es donde; (ici)
aquí es donde; **~ où** allí donde;
par ~ (fig) con eso; **tout est ~**
todo está ahí; **là-bas** adv allí
laboratoire [labɔʀatwaʀ] nm
laboratorio
laborieux, -ieuse [labɔʀjø, jøz]
adj laborioso(-a)
labourer [labuʀe] vt labrar
labyrinthe [labiʀɛ̃t] nm laberinto
lac [lak] nm lago
lacet [lase] nm (de chaussure)
cordón m
lâche [lɑʃ] adj (poltron) cobarde;
(desserré, pas tendu) flojo(-a) ♦
nm/f cobarde m/f

lâcher [lɑʃe] vt soltar; (SPORT:
distancer) despegarse de ♦ vi
soltar; **~ les chiens** (contre)
soltar los perros
lacrymogène [lakʀimɔʒɛn] adj
lacrimógeno(-a)
lacune [lakyn] nf laguna
là-dedans [ladədɑ̃] adv ahí
dentro
là-dessous [ladsu] adv ahí
debajo; (fig) detrás de eso
là-dessus [ladsy] adv ahí encima;
(fig) luego; (à ce sujet) al respecto
lagune [lagyn] nf laguna
là-haut [lao] adv allí arriba
laid, e [lɛ, lɛd] adj feo(-a);
laideur nf fealdad f
lainage [lɛnaʒ] nm (vêtement)
jersey m ou chaqueta de lana
laine [lɛn] nf lana; **pure ~** pura
lana
laïque [laik] adj, nm/f laico(-a)
laisse [lɛs] nf (de chien) correa;
tenir en ~ tener atado(-a); (fig)
manejar a su antojo
laisser [lese] vt dejar; **~ qch
quelque part** dejar algo en
algún sitio; **se ~ aller**
abandonarse; **laisse-toi faire**
déjate hacer; **rien ne laisse
penser que ...** nada permite
pensar que ...; **laisser-aller** nm
inv (péj) desaliño; **laissez-
passer** nm inv salvoconducto
lait [lɛ] nm leche f; **frère/sœur
de ~** hermano/hermana de leche;
~ concentré/condensé leche
concentrada/condensada; **~ de
beauté** leche de belleza; **laitage**
nm producto lácteo; **laiterie** nf
lechería; **laitier, -ière** adj
(produit, industrie) lácteo(-a);
vache laitière vaca lechera
laiton [lɛtɔ̃] nm latón m
laitue [lety] nf lechuga

lambeau, x [lɑ̃bo] *nm* jirón *m*;
en ~x hecho(-a) jirones

lame [lam] *nf* (*de couteau etc*)
hoja; (*de parquet etc*) lámina;
(*vague*) ola; **~ de fond** mar *m* de
fondo; **~ de rasoir** cuchilla de
afeitar; **lamelle** *nf* laminilla

lamentable [lamɑ̃tabl] *adj*
lamentable

lamenter [lamɑ̃te] *vb*: **se ~
(sur)** quejarse (de)

lampadaire [lɑ̃padɛʀ] *nm*
lámpara de pie

lampe [lɑ̃p] *nf* lámpara; **~ de
chevet/halogène** lámpara de
mesa/halógena; **~ à pétrole**
lámpara de petróleo, quinqué *m*;
~ à souder soplete *m*; **~ de
poche** linterna

lance [lɑ̃s] *nf* lanza; **~
d'incendie/d'arrosage**
manguera de incendios/de
riego

lancée [lɑ̃se] *nf*: **être/continuer
sur sa ~** aprovechar el impulso
inicial

lancement [lɑ̃smɑ̃] *nm*
lanzamiento

lance-pierres [lɑ̃spjɛʀ] *nm inv*
tirachinas *m inv*

lancer [lɑ̃se] *nm* lanzamiento ♦ *vt*
lanzar; (*emprunt*) emitir; **~ qch à
qn** lanzar algo a algn; (*de façon
agressive*) arrojar algo a algn; **~
un appel** lanzar un llamamiento;
se ~ *vpr* lanzarse; **se ~ sur** *ou*
contre lanzarse sobre *ou* contra;
se ~ dans lanzarse en; **~ du
poids** lanzamiento de peso

landau [lɑ̃do] *nm* coche *m ou*
carro de niño

lande [lɑ̃d] *nf* landa

langage [lɑ̃gaʒ] *nm* lenguaje *m*

langouste [lɑ̃gust] *nf* langosta;
langoustine *nf* cigala

langue [lɑ̃g] *nf* lengua; **~ de
terre** franja de tierra; **tirer la ~
(à)** sacar la lengua (a); **de ~
française** de lengua francesa; **~
maternelle** lengua materna; **~
vivante** lengua viva

langueur [lɑ̃gœʀ] *nf* languidez
f

languir [lɑ̃giʀ] *vi* languidecer;
faire ~ qn hacer esperar a algn

lanière [lanjɛʀ] *nf* tralla

lanterne [lɑ̃tɛʀn] *nf* linterna; (*de
voiture*) luz *f* de población; **~
rouge** (*fig*) farolillo rojo

laper [lape] *vt* beber a
lengüetadas

lapidaire [lapidɛʀ] *adj*
lapidario(-a)

lapin [lapɛ̃] *nm* conejo

Laponie [laponi] *nf* Laponia

laps [laps] *nm*: **~ de temps** lapso

laque [lak] *nm ou f* laca

laquelle [lakɛl] *pron voir* **lequel**

larcin [laʀsɛ̃] *nm* ratería

lard [laʀ] *nm* tocino

lardon [laʀdɔ̃] *nm* (*CULIN*) torrezno

large [laʀʒ] *adj* ancho(-a); **~
d'esprit** de mentalidad abierta ♦
adv: **calculer ~** calcular por lo
alto; **voir ~** ver con amplitud ♦
nm: **le ~** alta mar; **au ~ de** a la
altura de; **largement** *adv*
ampliamente; (*au minimum*) al
menos; (*sans compter*)
generosamente; **largesse** *nf*
esplendidez *f*, largueza;
largesses *nfpl* (*dons*) regalos
mpl espléndidos; **largeur** *nf*
anchura; (*impression visuelle, fig*)
amplitud *f*

larguer [laʀge] *vt* (*fam*) pasar de;
~ les amarres soltar amarras

larme [laʀm] *nf* lágrima; **une ~
de** (*fig*) una gota de; **en ~s**

llorando; **larmoyer** vi (*yeux*) lagrimear

larvé, e [laʀve] adj larvado(-a)

laryngite [laʀeʒit] nf laringitis f inv

las, lasse [la, las] adj fatigado(-a)

laser [lazeʀ] nm: **(rayon) ~** (rayo) láser m; **disque ~** disco láser

lasse [las] adj f voir **las**

lasser [lase] vt (*ennuyer*) cansar; **se ~ de** vpr cansarse de

latéral, e, -aux [lateʀal, o] adj lateral

latin, e [latɛ̃, in] adj latino(-a)

latitude [latityd] nf latitud f

lauréat, e [lɔʀea, at] nm/f galardonado(-a)

laurier [lɔʀje] nm laurel m

lavable [lavabl] adj lavable

lavabo [lavabo] nm lavabo

lavage [lavaʒ] nm lavado; **~ de cerveau** lavado de cerebro

lavande [lavɑ̃d] nf lavanda

lave [lav] nf lava

lave-linge [lavlɛ̃ʒ] nm inv lavadora

laver [lave] vt lavar; **se ~** vpr lavarse; **se ~ les dents/les mains** lavarse los dientes/las manos; **s'en ~ les mains** (*fig*) lavarse las manos con respecto a algo; **laverie** nf: **laverie (automatique)** lavandería; **lavette** nf estropajo; (*fig: péj*) calzonazos m inv; **laveur, -euse** nm/f (*de carreaux*) lavacristales m inv; (*de voitures*) lavacoches m/f inv; **lave-vaisselle** nm inv lavaplatos m inv; **lavoir** nm lavadero

laxatif, -ive [laksatif, iv] adj, nm laxante m

layette [lejɛt] nf canastilla

le [lə], **l'**, **la** (*pl* **les**) art déf **1** (*masculin*) el; (*féminin*) la; (*pluriel*) los (las); **la pomme/l'arbre** la manzana/el árbol; **les étudiants/femmes** los estudiantes/las mujeres

2 (*indiquant la possession*): **avoir les yeux gris** tener los ojos grises

3 (*temps*): **travailler le matin/ le soir** trabajar por la mañana/la tarde; **le jeudi** (*d'habitude*) los jueves; (*ce jeudi-là*) el jueves; **le lundi je vais toujours au cinéma** los lunes voy siempre al cine

4 (*distribution, évaluation*) el (la); **10 F le mètre/la douzaine** 10 francos el metro/la docena; **le tiers/quart de** ♦ *pron* **1** (*masculin*) lo; (*féminin*) la; (*pluriel*) los (las); **je le/la/les vois** lo/la/los(las) veo

2 (*remplaçant une phrase*): **je ne le savais pas** no lo sabía; **il était riche et ne l'est plus** era rico y ya no lo es

lécher [leʃe] vt lamer; **~ les vitrines** mirar los escaparates; **lèche-vitrines** nm inv: **faire du lèche-vitrines** mirar escaparates

leçon [l(ə)sɔ̃] nf clase f; (*fig*) lección f; **faire la ~** dar la lección; **~s de conduite** clases de conducir

lecteur, -trice [lektœʀ, tʀis] nm/f lector(a) ♦ nm (*TECH*): **~ de cassettes** cassette m; (*INFORM*): **~ de disquette(s)** ou **de disque** lector m de disquete(s) ou de disco

lecture [lɛktyʀ] nf lectura
légal, e, -aux [legal, o] adj legal;
légaliser vt legalizar; **légalité**
nf legalidad f
légendaire [leʒɑ̃dɛʀ] adj
legendario(-a)
légende [leʒɑ̃d] nf leyenda;
(d'une photo) pie m
léger, -ère [leʒe, ɛʀ] adj
ligero(-a); (erreur, retard) leve; (peu
sérieux, personne) superficial;
(volage) frívolo(-a); **à la légère** a
la ligera; **légèrement** adv
ligeramente, suavemente;
légèreté nf ligereza; (d'une
personne) superficialidad f

Légion d'honneur

Creada por Napoleón en 1802
para premiar los servicios
prestados al estado, **la Légion
d'honneur** es una prestigiosa
orden encabezada por el
Presidente de la República, el
"Grand Maître". Sus miembros
reciben una paga anual libre de
impuestos.

---

législatif, -ive [leʒislatif, iv] adj
legislativo(-a); **législatives** nfpl
elecciones fpl legislativas
légitime [leʒitim] adj legítimo(-a);
en (état de) ~ défense (JUR) en
(estado de) legítima defensa
legs [leg] nm (JUR, fig) legado
léguer [lege] vt: **~ qch à qn**
legar algo a algn
légume [legym] nm verdura
lendemain [lɑ̃dmɛ̃] nm: **le ~** el
día siguiente; **le ~ matin/soir** el
día siguiente por la mañana/por la
noche; **le ~ de** el día después de;
sans ~ sin futuro, sin porvenir
lent, e [lɑ̃, lɑ̃t] adj lento(-a);

lentement adv lentamente;
lenteur nf lentitud f
lentille [lɑ̃tij] nf (OPTIQUE) lente f;
~s de contact lentillas fpl
léopard [leɔpaʀ] nm leopardo
lèpre [lɛpʀ] nf lepra
lequel, laquelle [ləkɛl, lakɛl] (pl
lesquels, f lesquelles) (à +
lequel = **auquel,** de + lequel =
duquel etc) pron (interrogatif)
cuál; (relatif: personne) el/la cual,
que; (: après préposition) el/la cual;
**laquelle des chambres est la
sienne?** ¿cuál de las habitaciones
es la suya?; **un homme sur la
compétence duquel on ne
peut compter** un hombre con
cuya competencia no se puede
contar ♦ adj: **il prit un livre, ~
livre ...** cogió un libro, el cual ...
les [le] dét voir **le**
lesbienne [lɛsbjɛn] nf lesbiana
lesdits, lesdites [ledi, ledit] dét
voir **ledit**
léser [leze] vt perjudicar
lésiner [lezine] vi: **~ (sur)**
escatimar (en)
lésion [lezjɔ̃] nf lesión f
lesquels, lesquelles [lekɛl]
pron voir **lequel**
lessive [lesiv] nf detergente m;
(linge) colada; (opération) lavado;
lessiver vt lavar
lest [lɛst] nm lastre m
leste [lɛst] adj ágil, ligero(-a);
(osé) atrevido(-a)
lettre [lɛtʀ] nf carta; (TYPO) letra;
~s nfpl (ART, SCOL) letras fpl; **à la
~** (fig) al pie de la letra; **en
toutes ~s** por extenso, sin
abreviar; **~ morte: rester ~
morte** quedarse en papel
mojado; **~ ouverte** (POL, de
journal) carta abierta
leucémie [løsemi] nf leucemia

leur [lœʀ] *adj possessif* su ♦ *pron (objet indirect)* les; *(: après un autre prénom à la troisième personne)* se; **~ maison** su casa; **~s amis** sus amigos; **à ~ avis** en su opinión; **à ~ approche** al acercarse ellos; **à ~ vue** al verles; **je ~ ai dit la vérité** les dije la verdad; **je le ~ ai donné** se lo di; **le(la) ~, les ~s** *(possessif)* el (la) suyo(-a), los (las) suyos(-as)

leurs [lœʀ] *adj voir* **leur**

levain [ləvɛ̃] *nm* levadura

levé, e [ləve] *adj:* **être ~** estar levantado(-a); **au pied ~** de forma improvisada; **levée** *nf (POSTES)* recogida; *(CARTES)* baza; **levée de boucliers** *(fig)* levantamiento de protestas

lever [l(ə)ve] *vt* levantar; *(vitre)* subir; *(impôts)* recaudar; *(armée)* reclutar; **se ~** *vpr* levantarse; *(soleil)* salir ♦ *vi (CULIN)* levantarse; *(semis, graine)* brotar ♦ *nm:* **au ~** al amanecer; **~ de soleil/du jour** amanecer *m*; **~ du rideau** subida del telón

levier [ləvje] *nm* palanca

lèvre [lɛvʀ] *nf* labio; **du bout des ~s** *(manger)* con desgana

lévrier [levʀije] *nm* galgo

levure [l(ə)vyʀ] *nf* levadura

lexique [lɛksik] *nm* glosario

lézard [lezaʀ] *nm* lagarto

lézarde [lezaʀd] *nf* grieta

liaison [ljɛzɔ̃] *nf (rapport)* relación *f*; *(RAIL, AVIAT, PHONÉTIQUE)* enlace *m*; *(relation amoureuse)* relaciones *fpl*; *(hum)* lío; **entrer/être en ~ avec** entrar/estar en comunicación con

liane [ljan] *nf* liana

liasse [ljas] *nf* fajo

Liban [libɑ̃] *nm* Líbano; **libanais, e** *adj* libanés(-esa) ♦

nm/f: **Libanais, e** libanés(-esa)

libeller [libele] *vt:* **~ (au nom de)** extender (a la orden de)

libellule [libelyl] *nf* libélula

libéral, e, -aux [liberal, o] *adj, nm/f* liberal *m/f;* **les professions ~es** las profesiones liberales

libérer [libere] *vt* liberar; *(de prison)* poner en libertad; **se ~** *vpr (de rendez-vous)* escaparse

liberté [libɛʀte] *nf* libertad *f;* **mettre/être en ~** poner/estar en libertad; **en ~ provisoire/ surveillée/conditionnelle** en libertad provisional/vigilada/ condicional; **~ d'association/ de la presse/syndicale** libertad de asociación/de prensa/ sindical; **~s individuelles** libertades individuales

libraire [libʀɛʀ] *nm/f* librero(-a)

librairie [libʀeʀi] *nf* librería

libre [libʀ] *adj* libre; *(propos, manières)* atrevido(-a); *(ligne téléphonique)* desocupado(-a); *(SCOL)* privado(-a); **~ de qch/de faire** libre de algo/de hacer; **en vente ~** de venta libre; **~ arbitre** libre albedrío; **libre-échange** *nm* librecambio; **libre-service** *(pl* **libres-services)** *nm* autoservicio

Libye [libi] *nf* Libia

licence [lisɑ̃s] *nf* licencia; *(diplôme)* ≃ licenciatura

licencié, e [lisɑ̃sje] *nm/f:* **~ ès lettres/en droit** ≃ licenciado(-a) en letras/derecho; *(SPORT)* poseedor(a) de licencia

licenciement [lisɑ̃simɑ̃] *nm* despido

licencier [lisɑ̃sje] *vt* despedir

licite [lisit] *adj* lícito(-a)

lie [li] *nf* heces *fpl*

lié, e [lje] *adj*: **être très ~ avec qn** (*fig*) tener mucha confianza con algn; **être ~ par** (*serment, promesse*) estar comprometido(-a) por

liège [ljɛʒ] *nm* corcho

lien [ljɛ̃] *nm* ligadura; (*rapport affectif, culturel*) vínculo; **~ de parenté** lazo de parentesco

lier [lje] *vt* (*attacher*) atar; (*joindre*) unir, ligar; (*fig*) unir; (*moralement*) vincular; (*sauce*) espesar; **se ~ (avec qn)** relacionarse (con algn); **lier qch à** (*attacher*) atar algo a; **~ amitié (avec)** trabar amistad (con); **~ conversation (avec)** entablar conversación (con); **~ connaissance (avec)** entablar relación (con), trabar conocimiento (con)

lierre [ljɛʀ] *nm* hiedra

lieu, x [ljø] *nm* (*position*) lugar *m*, sitio; (*endroit*) lugar; **~x** *nmpl* (*habitation, salle*): **vider** ou **quitter les ~x** desalojar el lugar; (*d'un accident, manifestation*) **arriver/être sur les ~x** llegar al/estar en el lugar; **en ~ sûr** en lugar seguro; **en haut ~** en altas esferas; **en premier/dernier ~** en primer/último lugar; **avoir ~** tener lugar, suceder; **donner ~ à** dar lugar a; **au ~ de** en lugar de, en vez de; **~ commun** lugar común; **~ public** lugar público; **lieu-dit** (*pl* **lieux-dits**) *nm* aldea

lieutenant [ljøt(ə)nɑ̃] *nm* teniente *m*

lièvre [ljɛvʀ] *nm* liebre *f*

ligament [ligamɑ̃] *nm* ligamento

ligne [liɲ] *nf* línea; **entrer en ~ de compte** entrar en cuenta; **~ de conduite** línea de conducta

lignée [liɲe] *nf* linaje *m*

ligoter [ligɔte] *vt* (*bras, personne*) amarrar

ligue [lig] *nf* (*association*) liga, asociación *f*

lilas [lila] *nm* lila

limace [limas] *nf* babosa

limande [limɑ̃d] *nf* gallo

lime [lim] *nf* lima; **~ à ongles** lima de uñas; **limer** *vt* limar

limitation [limitasjɔ̃] *nf* limitación *f*; **~ de vitesse** limitación de velocidad

limite [limit] *nf* límite *m*; **à la ~** (*au pire*) como mucho; **vitesse/ charge ~** velocidad *f*/carga límite; **cas ~** caso límite; **date ~ de vente/consommation** fecha límite de venta/consumo; **limiter** *vt* (*délimiter*) delimitar; **limitrophe** *adj* limítrofe

limoger [limɔʒe] *vt* destituir

limon [limɔ̃] *nm* limo

limonade [limɔnad] *nf* gaseosa

lin [lɛ̃] *nm* lino

linceul [lɛ̃sœl] *nm* mortaja

linge [lɛ̃ʒ] *nm* (*serviettes etc*) ropa blanca; (*pièce de tissu*) lienzo; (*aussi*: **~ de corps**) ropa interior; (*lessive*) colada; **lingerie** *nf* lencería

lingot [lɛ̃go] *nm* lingote *m*

linguistique [lɛ̃gɥistik] *adj* lingüístico(-a) ♦ *nf* lingüística

lion, ne [ljɔ̃, ɔn] *nm/f* león *m* (leona); **lionceau, x** [ljɔ̃so] *nm* cachorro de león

liqueur [likœʀ] *nf* licor *m*

liquidation [likidasjɔ̃] *nf* liquidación *f*

liquide [likid] *adj* líquido(-a) ♦ *nm* líquido; **en ~** (*COMM*) en líquido; **liquider** *vt* liquidar

lire [liʀ] *nf* (*monnaie italienne*) lira ♦ *vt*, *vi* leer

lis [lis] *vb voir* **lire** ♦ *nm* = **lys**

lisible [lizibl] *adj* legible

lisière [lizjɛʀ] nf (d'une forêt) lindero, linde m ou f

lisons [lizɔ̃] vb voir **lire**

lisse [lis] adj liso(-a)

liste [list] nf lista; **faire la ~ de** hacer la lista de; **~ de mariage** lista de boda; **~ électorale/ noire** lista electoral/negra;

listing [listiŋ] nm (INFORM) listado

lit [li] nm cama; (de rivière) lecho; **faire son ~** hacer la cama; **aller/se mettre au ~** ir a/ meterse en la cama; **~ d'enfant** cuna; **~ de camp** cama de campaña; **~ simple/double** cama sencilla/doble

literie [litri] nf ropa de cama

litige [litiʒ] nm litigio

litre [litʀ] nm litro

littéraire [literɛʀ] adj literario(-a)

littéral, e, -aux [literal, o] adj literal

littérature [literatyʀ] nf literatura

littoral, e, -aux [litɔral, o] adj, nm litoral m

livide [livid] adj lívido(-a)

livraison [livrɛzɔ̃] nf entrega, reparto

livre [livʀ] nm libro ♦ nf (poids, monnaie) libra; **~ d'or** libro de oro; **~ de bord** diario de navegación; **~ de poche** libro de bolsillo

livré, e [livre] adj: **~ à** (soumis à) sometido(-a) a; **~ à soi-même** abandonado a sí mismo

livrer [livre] vt (marchandises, otage, complice) entregar; (plusieurs colis etc) repartir; (secret, information) revelar; **se ~ à** vpr entregarse a

livret [livʀɛ] nm (petit livre) librito; (d'opéra) libreto; **~ de caisse d'épargne** libreta de ahorros; **~ de famille** libro de familia; **~**

scolaire libro escolar

livreur, -euse [livʀœʀ, øz] nm/f repartidor(a)

local, e, -aux [lɔkal, o] adj local ♦ nm local m; **locaux** nmpl (d'une compagnie) locales mpl; **localité** nf localidad f

locataire [lɔkatɛʀ] nm/f inquilino(-a)

location [lɔkasjɔ̃] nf alquiler m; (par le propriétaire) arriendo, alquiler; **"~ de voitures"** "alquiler de coches"

locomotive [lɔkɔmɔtiv] nf locomotora

locution [lɔkysjɔ̃] nf (LING) locución f

loge [lɔʒ] nf (d'artiste) camerino; (de spectateurs) palco; (de concierge) portería, conserjería; (de franc-maçon) logia

logement [lɔʒmɑ̃] nm alojamiento; (maison, appartement) vivienda; **chercher un ~** buscar una vivienda; **~ de fonction** alojamiento de servicio

loger [lɔʒe] vt alojar ♦ vi vivir; **se ~** vpr: **trouver à se ~** encontrar dónde alojarse ou vivir; **logeur, -euse** nm/f casero(-a)

logiciel [lɔʒisjɛl] nm (INFORM) software m

logique [lɔʒik] adj lógico(-a) ♦ nf lógica

logo [lɔgo] nm (COMM) logotipo

loi [lwa] nf ley f; **faire la ~** dictar la ley

loin [lwɛ̃] adv lejos; **au ~** a lo lejos; **de ~** de lejos; (de beaucoup) con mucho; **il revient de ~** (fig) ha vuelto a nacer; **de là** ni mucho menos

lointain, e [lwɛ̃tɛ̃, ɛn] adj lejano(-a)

loir [lwaʀ] nm lirón m

loisir [lwaziʀ] *nm*: **heures de ~** horas *fpl* de ocio; **~s** *nmpl* tiempo libre *msg*; *(activités)* diversiones *fpl*

londonien, ne [lɔdɔnjɛ̃, jɛn] *adj* londinense ♦ *nm/f*: **L~, ne** londinense *m/f*

Londres [lɔ̃dʀ] *n* Londres

long, longue [lɔ̃, lɔ̃g] *adj* largo(-a) ♦ *adv*: **en dire/savoir ~** decir/saber mucho ♦ *nm*: **de 5 mètres de ~** de 5 metros de largo; **au ~ cours** (NAUT) de altura; **de longue date** de antiguo; **longue durée** larga duración; **(tout) le ~ de** *(rue, bord)* a lo largo de; **tout au ~ de** *(année, vie)* a lo largo de; **de ~ en large** de un lado a otro

longer [lɔ̃ʒe] *vt* bordear, costear

longiligne [lɔ̃ʒiliɲ] *adj* longilíneo(-a)

longitude [lɔ̃ʒityd] *nf* longitud *f*

longtemps [lɔ̃tɑ̃] *adv* mucho tiempo; **avant ~** dentro de poco; **pour/pendant ~** para/durante mucho tiempo; **mettre ~ à faire qch** costarle mucho tiempo a algn *ou* algo hacer algo; **elle/il en a pour ~ (à le faire)** le va a llevar un buen rato (hacerlo); **il y a ~ que je n'ai pas travaillé** llevo mucho tiempo sin trabajar

longue [lɔ̃g] *adj f voir* **long** ♦ *nf*: **à la ~** a la larga; **longuement** *adv* mucho tiempo, largamente

longueur [lɔ̃gœʀ] *nf* longitud *f*; **en ~** a lo largo; **tirer en ~** alargarse demasiado; **à ~ de journée** durante todo el día

loquet [lɔkɛ] *nm* picaporte *m*

lorgner [lɔʀɲe] *vt* mirar de reojo

lors [lɔʀ]: **~ de** *prép* durante

lorsque [lɔʀsk] *conj* cuando

losange [lɔzɑ̃ʒ] *nm* rombo

lot [lo] *nm* lote *m*; *(de loterie)* premio; **~ de consolation** premio de consolación

loterie [lɔtʀi] *nf (tombola)* lotería, rifa

lotion [losjɔ̃] *nf* loción *f*

lotissement [lɔtismɑ̃] *nm (de maisons, d'immeubles)* urbanización *f*

loto [lɔto] *nm* lotería; *(jeu de hasard)*

Loto

La **Loto** es un sorteo nacional de lotería que distribuye grandes sumas de dinero. Los apostantes escogen 7 números de entre 49. Cuantos más números acertados, mayor es el premio. El sorteo se televisa dos veces a la semana.

---

lotte [lɔt] *nf (de mer)* rape *m*

louanges [lwɑ̃ʒ] *nfpl (compliments)* elogios *mpl*, alabanzas *fpl*

loubard [lubaʀ] *nm* macarra *m*

louche [luʃ] *adj* sospechoso(-a) ♦ *nf* cucharón *m*; **loucher** *vi* bizquear

louer [lwe] *vt* alquilar; *(réserver)* reservar; **"à ~"** "se alquila"

loup [lu] *nm* lobo; *(poisson)* róbalo, lubina

loupe [lup] *nf (OPTIQUE)* lupa; **~ de noyer** (MENUISERIE) nudo de nogal; **à la ~** *(fig)* con lupa

louper [lupe] *(fam) vt (train etc)* perder; *(examen)* catear

lourd, e [luʀ, luʀd] *adj* pesado(-a); *(chaleur, temps)* bochornoso(-a); *(responsabilité)* importante; **~ de** *(conséquences, menaces)* lleno(-a) de; **lourdaud, e** *(péj)* torpe, tosco(-a); **lourdement** *adv*: **marcher/**

tomber lourdement andar con paso pesado/caer como un plomo; **se tromper lourdement** equivocarse burdamente

loutre [lutʀ] *nf* nutria

louveteau, x [luv(ə)to] *nm* (*ZOOL*) lobezno; (*scout*) joven scout *m*

louvoyer [luvwaje] *vi* (*NAUT*) bordear; (*fig*) andar con rodeos

loyal, e, -aux [lwajal, o] *adj* leal; (*fair-play*) legal; **loyauté** *nf* lealtad *f*

loyer [lwaje] *nm* alquiler *m*

lu [ly] *pp de* **lire**

lubie [lybi] *nf* capricho, antojo

lubrifiant [lybʀifjɑ̃] *nm* lubrificante *m*

lubrifier [lybʀifje] *vt* lubrificar

lubrique [lybʀik] *adj* lúbrico(-a)

lucarne [lykaʀn] *nf* tragaluz *m*

lucide [lysid] *adj* lúcido(-a)

lucratif, -ive [lykʀatif, iv] *adj* lucrativo(-a); **à but non ~** sin ánimo de lucro

lueur [lɥœʀ] *nf* resplandor *m*; (*fig: de désir, colère*) señal *f*; (*d'espoir*) rayo, chispa

luge [lyʒ] *nf* trineo (*pequeño*)

lugubre [lygybʀ] *adj* lúgubre; (*lumière, temps*) lóbrego(-a)

lui [lɥi] *pron* (*objet indirect*) le; (: *après un autre pronom à la troisième personne*) se; (*sujet, objet direct: aussi forme emphatique*) él; **je ~ ai donné de l'argent** le di dinero; **je le ~ donne** se lo doy; **elle est riche, ~ est pauvre** ella es rica, él es pobre; **~, il est à Paris** él está en París; **c'est ~ qui l'a fait** lo hizo él; **à ~** (*possessif*) suyo(-a), suyos(-as), de él; **cette voiture est à ~** ese coche es suyo; **je la connais mieux que ~** la conozco mejor que él; **~-même** él mismo; **il a agi de ~-même** obró por sí mismo

luire [lɥiʀ] *vi* brillar, relucir

lumière [lymjɛʀ] *nf* luz *f*; (*personne*) lumbrera; **~s** *nfpl* (*d'une personne*) luces *fpl*; **mettre qch en ~** (*fig*) poner algo en claro, sacar algo a la luz; **~ du jour/du soleil** luz del día/del sol

luminaire [lyminɛʀ] *nm* luminaria

lumineux, -euse [lyminø, øz] *adj* luminoso(-a)

lunatique [lynatik] *adj* lunático(-a)

lundi [lœdi] *nm* lunes *m inv*; **on est ~** estamos a lunes; **le(s) lundi(s)** (*chaque lundi*) el (los) lunes; **"à ~"** "hasta el lunes"; **~ de Pâques** lunes de Pascua

lune [lyn] *nf* luna; **être dans la ~** estar en la luna; **~ de miel** luna de miel

lunette [lynɛt] *nf*: **~s** ♦ *nfpl* gafas *fpl*, anteojos *mpl* (*AM*); **~ arrière** (*AUTO*) ventanilla trasera; **~s noires/de soleil** gafas negras/de sol

lustre [lystʀ] *nm* araña; (*éclat*) brillo; **lustrer** *vt* lustrar

luth [lyt] *nm* laúd *m*

lutin [lytɛ̃] *nm* duende *m*

lutte [lyt] *nf* lucha; **lutter** *vi* luchar

luxe [lyks] *nm* lujo; **de ~** de lujo

Luxembourg [lyksɑ̃buʀ] *nm* Luxemburgo

luxer [lykse] *vt*: **se ~ l'épaule/ le genou** luxarse el hombro/la rodilla

luxueux, -euse [lyksɥø, øz] *adj* lujoso(-a)

lycée [lise] *nm* instituto, liceo (*AM*); **lycéen, ne** *nm/f* alumno(-a) de instituto

lyophilisé, e [ljɔfilize] *adj*
liofilizado(-a)

lyrique [liʀik] *adj* lírico(-a)

lys [lis] *nm* (BOT) lirio; (*emblème*) lis *m*

M, m

M *abr* (= *Monsieur*) Sr. (= *Señor*)

m' [m] *pron voir* **me**

ma [ma] *dét voir* **mon**

macaron [makaʀɔ̃] *nm*
mostachón *m*

macaroni [makaʀɔni] *nm*
macarrones *mpl*

macédoine [masedwan] *nf:* **~ de
fruits** macedonia de frutas

macérer [maseʀe] *vi, vt* macerar

mâcher [mɑʃe] *vt* masticar; **ne
pas ~ ses mots** no tener pelos
en la lengua

machin [maʃɛ̃] (*fam*) *nm* chisme *m*

machinal, e, -aux [maʃinal, o]
adj maquinal; **machinalement**
adv mecánicamente

machination [maʃinɑsjɔ̃] *nf*
maquinación *f*

machine [maʃin] *nf* máquina; **~
à coudre/à écrire/à tricoter**
máquina de coser/de escribir/de
tricotar; **~ à laver** lavadora; **~ à
sous** máquina tragaperras *inv*

mâchoire [mɑʃwaʀ] *nf* mandíbula

mâchonner [mɑʃɔne] *vt*
mordisquear

maçon [masɔ̃] *nm* albañil *m*;
maçonnerie *nf* albañilería;
(*murs*) muros *mpl*

Madame [madam] (*pl
Mesdames) *nf:* **~ X** la señora X;
**occupez-vous de ~/de
Monsieur/de Mademoiselle**
atienda a la señora/al señor/a la
señorita; **bonjour ~/
Monsieur/Mademoiselle** (*ton
déférent*) buenos días señora/
señor/señorita; **~/monsieur**
(*pour appeler*) ¡(oiga) señora/
señor!; **~/Monsieur/
Mademoiselle** (*sur lettre*)
Señora/Señor/Señorita; **chère ~/
cher Monsieur/chère
Mademoiselle** estimado(-a)
Señora/Señor/Señorita;
Mesdames Señoras

madeleine [madlɛn] *nf* (*gâteau*)
magdalena

Mademoiselle [madmwazɛl] (*pl
Mesdemoiselles) *nf* Señorita;
voir aussi **Madame**

madère [madɛʀ] *nm* madeira *m*

magasin [magazɛ̃] *nm* tienda;
(*entrepôt*) almacén *m*

magazine [magazin] *nm* revista;
(*radiodiffusé, télévisé*) magazine *m*

Maghreb [magʀɛb] *nm* Magreb *m*

magicien, ne [maʒisjɛ̃, jɛn] *nm/f*
mago(-a)

magie [maʒi] *nf* magia;
magique *adj* mágico(-a)

magistral, -aux [maʒistʀal, o]
adj magistral; **cours ~** (*ex
cathedra*) clase *f* teórica

magistrat [maʒistʀa] *nm*
magistrado

magnétique [maɲetik] *adj*
magnético(-a)

magnétophone [maɲetɔfɔn] *nm*
magnetófono; **~ (à cassettes)**
cassette *m*

magnétoscope [maɲetɔskɔp]
nm magnetoscopio

magnifique [maɲifik] *adj*
magnífico(-a)

magret [magʀɛ] *nm:* **~ de
canard** filete *m* de pechuga de
pato

mai [mɛ] *nm* mayo; *voir aussi*
juillet

---
mai

Le premier mai *es una fiesta
oficial en Francia que marca las
movilizaciones sindicales de 1886
en Estados Unidos para conseguir
la jornada laboral de ocho horas.
Es costumbre intercambiar y
llevar puestas ramitas de lirio de
los valles. El 8 mai es una fiesta
oficial en Francia para
conmemorar la rendición del
ejército alemán ante Eisenhower
el 7 de mayo de 1945. En la
mayoría de las poblaciones se
hacen desfiles de veteranos de
guerra. La agitación social que
tuvo lugar en mayo y junio de
1968, con manifestaciones
estudiantiles, huelgas y
disturbios, se conoce
genéricamente como "les
événements de mai 68". El
gobierno de De Gaulle resistió,
aunque se vio abocado a realizar
reformas educativas y a avanzar
hacia la descentralización.*

maigre [mɛgʁ] *adj (après nom:
personne, animal)* delgado(-a),
flaco(-a); *(: viande, fromage)*
magro(-a); *(fig: avant nom: repas,
salaire, profit)* escaso(-a);
maigreur *nf* delgadez *f*,
flaqueza; **maigrir** *vi* adelgazar
maille [mɑj] *nf (boucle)* eslabón
m; *(ouverture: dans un filet etc)*
punto; **avoir ~ à partir avec
qn** andar en dimes y diretes con
algn; **~ à l'endroit/à l'envers**
punto del derecho/del revés
maillet [majɛ] *nm (outil)* mazo

maillon [majɔ̃] *nm (d'une chaîne)*
eslabón *m*
maillot [majo] *nm* malla; *(de
sportif)* camiseta; **~ (de corps)**
camiseta; **~ de bain** traje *m* de
baño, bañador *m*
main [mɛ̃] *nf* mano *f*; **à la ~** a
mano; **se donner la ~** darse la
mano; **donner** *ou* **tendre la ~ à
qn** dar *ou* tender la mano a algn;
serrer la ~ à qn estrechar la
mano a algn; **sous la ~** a mano;
haut les ~s arriba las manos;
attaque à ~ armée ataque *m* a
mano armada; **à remettre en
~s propres** a entregar en mano;
mettre la dernière ~ à qch
dar el último toque a algo;
mettre la ~ à la pâte poner
manos a la obra; **forcer la ~ à
qn** obligar a algn; **s'en laver
les ~s** *(fig)* lavarse las manos; **se
faire la ~** *(fig)* entrenarse; **perdre la
~** = estar desentrenado(-a); **en un
tour de ~** *(fig)* en un periquete;
~ courante pasamanos *m inv*;
main-d'œuvre *(pl* **mains-
d'œuvre)** *nf* mano *f* de obra;
mainmise *nf (fig)* dominio *m*;
mainmise sur tener control
sobre
maint, e [mɛ̃, mɛ̃t] *adj* varios(-as);
à ~es reprises en repetidas
ocasiones
maintenant [mɛ̃t(ə)nɑ̃] *adv*
ahora; *(ceci dit)* ahora bien
maintenir [mɛ̃t(ə)niʁ] *vt*
mantener; **se ~** *vpr* mantenerse
maintien [mɛ̃tjɛ̃] *nm*
mantenimiento; *(attitude, allure,
contenance)* compostura
maire [mɛʁ] *nm* alcalde *m*,
intendente *m (CSUR)*, regente *m
(MEX)*; **mairie** *nf* ayuntamiento
mais [mɛ] *conj* pero; **~ non!** que

no!; **~ enfin!** ¡pero bueno!; **~ encore** sino que

maïs [mais] *nm* maíz *m*

maison [mɛzɔ̃] *nf* casa ♦ *adj inv* (*CULIN*) casero(-a); **~ de repos** casa de reposo; **~ de santé** centro de salud; **~ des jeunes** casa de la juventud

---

maisons des jeunes et de la culture

Maisons des jeunes et de la culture *son centros juveniles que organizan una amplia gama de actividades deportivas y culturales y, asimismo, realizan trabajo social. Están parcialmente financiados por el estado.*

---

maître, maîtresse [mɛtr, metrɛs] *nm/f* (*chef*) jefe(-a); (*SCOL*) maestro(-a) ♦ *nm* (*peintre etc*) maestro; (*JUR*): **M~** título que se da en Francia a abogados, procuradores y notarios ♦ *adj* maestro(-a); **être ~ de** dominar; **une ~sse femme** toda una mujer; **~ chanteur** chantajista *m*; **~ d'hôtel** (*d'hôtel*) jefe de comedor, maître *m*; **~ nageur** monitor(a) de natación
maîtresse *nf* (*amante*) amante *f*; (*SCOL*) maestra; **maîtresse de maison** (*hôtesse*) señora *ou* dueña de la casa

maîtrise [metriz] *nf* (*aussi:* **~ de soi**) dominio de sí mismo; (*habileté, virtuosité*) maestría; (*suprématie*) dominio; (*diplôme*) ≃ licenciatura; **maîtriser** *vt* dominar; **se maîtriser** *vpr* dominarse

majestueux, -euse [maʒestɥø, øz] *adj* majestuoso(-a)

majeur, e [maʒœr] *adj* mayor;

(*JUR: personne*) mayor de edad; (*préoccupation*) principal ♦ *nm/f* (*JUR*) mayor *m/f* de edad ♦ *nm* (*doigt*) corazón *m*; **en ~e partie** en su mayor parte

majorer [maʒɔre] *vt* recargar

majoritaire [maʒɔritɛr] *adj* mayoritario(-a)

majorité [maʒɔrite] *nf* mayoría; (*JUR*) mayoría de edad; **en ~** en su mayoría; **avoir la ~** tener la mayoría

majuscule [maʒyskyl] *adj, nf*: **(lettre)** ~ (letra) mayúscula

mal, maux [mal, mo] *nm* (*tort, épreuve, malheur*) desgracia; (*douleur physique*) dolor *m*; (*maladie*) mal *m*; (*difficulté*) dificultad *f* ♦ *adv* mal ♦ *adj m*: **c'est ~ (de faire)** está mal (hacer); **être ~** (*mal installé*) estar incómodo; **se sentir/se trouver ~** sentirse/encontrarse mal; **il a ~ compris** ha entendido mal; **~ tourner** ir mal; **dire du ~ de qn** hablar mal de algn; **penser du ~ de qn** pensar mal de algn; **ne voir aucun ~ à** no ver ningún mal en; **faire du ~ à qn** hacer daño a algn; **se donner du ~ pour faire qch** tomarse trabajo para hacer algo; **se faire ~** hacerse daño; **ça fait ~** duele; **j'ai ~ (ici)** me duele (aquí); **j'ai ~ au dos** me duele la espalda; **avoir ~ à la tête/aux dents** tener dolor de cabeza/de muelas; **avoir ~ au cœur** tener náuseas; **j'ai du ~ à faire...** me cuesta hacer...; **avoir le ~ du pays** tener morriña; **~ en point** *adj inv* bastante mal

malade [malad] *adj* enfermo(-a); (*poitrine, jambe*) malo(-a) ♦ *nm/f* enfermo(-a); **tomber ~** caer

enfermo(-a); **être ~ du cœur**
estar enfermo(-a) del corazón; **~**
mental enfermo mental;
maladie *nf* enfermedad *f*;
maladif, -ive *adj* enfermizo(-a)
maladresse [maladʀɛs] *nf*
torpeza
maladroit, e [maladʀwa, wat]
adj torpe
malaise [malɛz] *nm* malestar *m*
malaria [malaʀja] *nf* malaria
malaxer [malakse] *vt* amasar
malchance [malʃɑ̃s] *nf* mala
suerte; **par ~** por desgracia;
malchanceux, -euse *adj*
desafortunado(-a)
mâle [mɑl] *nm* macho ♦ *adj*
macho; *(enfant)* varón; *(viril)*
varonil, viril; **prise f ~** *(ÉLEC)*
clavija
malédiction [malediksjɔ̃] *nf*
maldición *f*
mal…: malentendant, e *nm/f:*
les malentendants las personas
con defectos de audición;
malentendu *nm* malentendido;
malfaçon *nf* defecto;
malfaisant, e *adj (bête)*
dañino(-a); *(être)* malo(-a); *(idées,*
influence) nocivo(-a); **malfaiteur**
nm malhechor *m*; *(voleur)* ladrón
m; **malfamé, e** *adj* de mala
fama
malgache [malgaʃ] *adj* malgache
♦ *nm (LING)* malgache *m* ♦ *nm/f:*
M~ malgache *m/f*
malgré [malgʀe] *prép (contre le*
gré de) contra la voluntad de; *(en*
dépit de) a pesar de; **~ tout** a
pesar de todo
malheur [malœʀ] *nm* desgracia;
faire un ~ *(fam)* explotar;
malheureusement *adv*
desgraciadamente;
malheureux, -euse *adj (triste:*

personne) infeliz, desdichado(-a);
(existence, accident)
desgraciado(-a), desdichado(-a);
(malchanceux: candidat)
derrotado(-a); *(insignifiant)*
miserable ♦ *nm/f* desgraciado(-a);
la malheureuse femme/
victime la desdichada mujer/
víctima; **les malheureux** los
desamparados
malhonnête [malɔnet] *adj*
deshonesto(-a); **malhonnêteté**
nf falta de honradez
malice [malis] *nf* malicia;
malicieux, -ieuse *adj*
malicioso(-a)
malin, -igne [malɛ̃, malin] *adj (f*
gén maline) astuto(-a); *(MÉD)*
maligno(-a)
malingre [malɛ̃gʀ] *adj* enteco(-a)
malle [mal] *nf* baúl *m*; **mallette**
nf maletín *m*
malmener [malmǝne] *vt*
maltratar; *(fig: adversaire)* dejar
maltrecho(-a)
malodorant, e [malɔdɔʀɑ̃, ɑ̃t]
adj maloliente
malpoli, e [malpɔli] *nm/f*
maleducado(-a)
malsain, e [malsɛ̃, ɛn] *adj*
malsano(-a); *(esprit, curiosité)*
morboso(-a)
malt [malt] *nm* malta
Malte [malt] *nf* Malta
maltraiter [maltʀete] *vt* maltratar
malveillance [malvejɑ̃s] *nf* mala
intención *f*; *(JUR)* malevolencia
malversation [malvɛʀsasjɔ̃] *nf*
malversación *f*
maman [mamɑ̃] *nf* mamá *f*
mamelle [mamɛl] *nf* teta
mamelon [mam(ǝ)lɔ̃] *nm* pezón
m
mamie [mami] *(fam)* *nf* abuelita,
nana

mammifère [mamifɛʀ] *nm* mamífero

mammouth [mamut] *nm* mamut *m*

manche [mɑ̃ʃ] *nf* manga; (*d'un jeu, tournoi*) partida; (GÉO): **la M~** Canal *m* de la Mancha; **faire la ~** tocar en la calle ♦ *nm* mango; **~ à balai** palo de escoba

manchette [mɑ̃ʃɛt] *nf* (*de chemise*) puño; (*coup*) golpe dado con el antebrazo; (PRESSE) cabecera, titular *m*

manchot, e [mɑ̃ʃo, ɔt] *adj* manco(-a) ♦ *nm* (ZOOL) pingüino

mandarine [mɑ̃daʀin] *nf* mandarina

mandat [mɑ̃da] *nm* (*postal*) giro; (*d'un député, président*) mandato; (POLICE) orden *f*; **~ d'arrêt** orden de arresto; **mandataire** *nm/f* mandatario(-a)

manège [manɛʒ] *nm* (*école d'équitation*) picadero; (*à la foire*) tiovivo; (*fig: manœuvre*) maniobra

manette [manɛt] *nf* palanca

mangeable [mɑ̃ʒabl] *adj* comible

mangeoire [mɑ̃ʒwaʀ] *nf* pesebre *m*

manger [mɑ̃ʒe] *vt* comer; (*ronger: suj: rouille etc*) carcomer ♦ *vi* comer

mangue [mɑ̃g] *nf* mango

maniable [manjabl] *adj* manejable

maniaque [manjak] *adj* maniático(-a) ♦ *nm/f* (*obsédé, fou*) maníaco(-a)

manie [mani] *nf* manía

manier [manje] *vt* manejar

manière [manjɛʀ] *nf* manera; **~s** *nfpl* (*attitude*) modales *mpl*; (*chichis*) melindres *mpl*; **de ~ à** con objeto de; **de telle ~ que** de tal manera que; **de cette ~ de** esta manera; **d'une ~ générale** en general; **de toute ~** de todas maneras; **d'une certaine ~** en cierto sentido

maniéré, e [manjeʀe] *adj* amanerado(-a)

manifestant, e [manifɛstɑ̃, ɑ̃t] *nm/f* manifestante *m/f*

manifestation [manifɛstasjɔ̃] *nf* manifestación *f*; (*fête, réunion etc*) acto

manifeste [manifɛst] *adj* manifiesto(-a) ♦ *nm* manifiesto; **manifester** *vt* manifestar ♦ *vi* (POL) manifestarse; **se manifester** *vpr* manifestarse; (*témoin*) presentarse

manigancer [manigɑ̃se] *vt* tramar

manipulation [manipylasjɔ̃] *nf* manipulación *f*; **~ génétique** manipulación genética

manipuler [manipyle] *vt* manipular

manivelle [manivɛl] *nf* manivela

mannequin [mankɛ̃] *nm* (COUTURE) maniquí *m*; (MODE) modelo

manœuvre [manœvʀ] *nf* maniobra ♦ *nm* obrero; **fausse ~** maniobra falsa; **manœuvrer** *vt* maniobrar; (*levier, personne*) manejar ♦ *vi* maniobrar

manoir [manwaʀ] *nm* casa solariega

manque [mɑ̃k] *nm* falta; **~s** *nmpl* (*lacunes*) lagunas *fpl*

manqué, e [mɑ̃ke] *adj* fracasado(-a), fallido(-a)

manquer [mɑ̃ke] *vi* faltar; (*échouer*) fallar, fracasar ♦ *vt* (*coup, objectif*) fallar; (*cours, réunion*) faltar a ♦ *vb impers*: **il (nous) manque encore 100 F** nos faltan todavía 100 francos; **il**

manque des pages faltan páginas; **~** le/lo echo de menos; **~ à** (*ses responsabilités etc*) faltar a; **~ de** carecer de; **~ (de) faire: il a manqué (de) se tuer** por poco se mata

mansarde [mɑ̃saʀd] *nf* buhardilla; **mansardé, e** *adj* abuhardillado(-a)

manteau, x [mɑ̃to] *nm* abrigo

manucure [manykyʀ] *nf* manicura

manuel, le [manɥɛl] *adj* manual ♦ *nm* (*livre*) manual

manufacture [manyfaktyʀ] *nf* manufactura; **manufacturé, e** *adj* manufacturado(-a)

manuscrit, e [manyskʀi, it] *adj* manuscrito(-a) ♦ *nm* manuscrito

manutention [manytɑ̃sjɔ̃] *nf* manipulación *f*

mappemonde [mapmɔ̃d] *nf* mapamundi *m*

maquereau, x [makʀo] *nm* (*ZOOL*) caballa; (*fam: proxénète*) chulo

maquette [makɛt] *nf* maqueta

maquillage [makijaʒ] *nm* maquillaje *m*

maquiller [makije] *vt* maquillar; **se ~** *vpr* maquillarse

maquis [maki] *nm* (*GÉO*) monte *m* bajo; (*MIL*) maquis *m inv*

maraîcher, -ère [maʀeʃe, ɛʀ] *adj*: **cultures maraîchères** cultivos *mpl* de huerta ♦ *nm/f* hortelano(-a)

marais [maʀɛ] *nm* pantano

marasme [maʀasm] *nm* marasmo

marathon [maʀatɔ̃] *nm* maratón *m*

marbre [maʀbʀ] *nm* mármol *m*

marc [maʀ] *nm* (*de raisin, pommes*) orujo

marchand, e [maʀʃɑ̃, ɑ̃d] *nm/f* comerciante *m/f*; (*au marché*) vendedor(a) ♦ *adj*: **valeur ~e** valor *m* comercial; **~ de fruits** frutero(-a); **~ de journaux** vendedor de periódicos; **~ de légumes** verdulero(-a); **~ de poisson** pescadero(-a);

marchander *vt*, *vi* regatear;

marchandise *nf* mercancía

marche [maʀʃ] *nf* marcha; (*d'escalier*) escalón *m*; **ouvrir/ fermer la ~** abrir/cerrar la marcha; **dans le sens de la ~** (*RAIL*) en el sentido de la marcha; **monter/prendre en ~** subir/ coger en marcha; **mettre en ~** poner en marcha; **se mettre en ~** ponerse en marcha; **~ à suivre** pasos *mpl* a seguir; (*sur notice*) método; **~ arrière** (*AUTO*) marcha atrás; **faire marche arrière** (*AUTO*) dar marcha atrás

marché [maʀʃe] *nm* mercado; (*accord, affaire*) trato; **par dessus le ~** por añadidura; **~ aux puces** rastro, mercadillo; **~ noir** mercado negro

marcher [maʀʃe] *vi* andar; (*se promener*) caminar; (*fonctionner*) funcionar; **d'accord, je marche** (*fam*) bueno, me parece bien; **~ sur** (*mettre le pied sur*) pisar; **~ dans** (*herbe etc*) caminar por; **faire ~ qn** (*pour rire*) tomar el pelo a algn; **marcheur, -euse** *nm/f* andarín(-ina)

mardi [maʀdi] *nm* martes *m inv*; **M~ gras** martes de Carnaval; *voir aussi* **lundi**

mare [maʀ] *nf* charco

marécage [maʀekaʒ] *nm* ciénaga; **marécageux, -euse** *adj* cenagoso(-a)

maréchal, -aux [maʀeʃal, o] *nm*

mariscal m

marée [maʀe] nf marea; ~ **basse/haute** marea baja/alta; ~ **montante/descendante** flujo/ reflujo; ~ **noire** marea negra

marelle [maʀɛl] nf rayuela

margarine [maʀɡaʀin] nf margarina

marge [maʀʒ] nf margen m; **en ~ (de)** al margen (de); ~ **bénéficiaire** (COMM) margen de beneficios

marginal, e, -aux [maʀʒinal, o] adj marginal

marguerite [maʀɡøʀit] nf margarita

mari [maʀi] nm marido

mariage [maʀjaʒ] nm matrimonio; (noce) boda; (fig: de mots, couleurs) combinación f; ~ **blanc** matrimonio no consumado; ~ **civil/religieux** matrimonio civil/religioso

marié, e [maʀje] adj casado(-a) ♦ nm/f novio(-a); **les ~s** los novios

marier [maʀje] vt casar; (fig: couleur) combinar; **se ~ (avec)** casarse (con)

marin, e [maʀɛ̃, in] adj marino(-a) ♦ nm marino; (matelot) marinero

marine [maʀin] adj f voir **marin** ♦ nf marina; ~ **marchande/de guerre** marina mercante/de guerra

mariner [maʀine] vt, vi escabechar

marionnette [maʀjɔnɛt] nf marioneta

maritalement [maʀitalmɑ̃] adv maritalmente

maritime [maʀitim] adj marítimo(-a)

mark [maʀk] nm marco

marmelade [maʀməlad] nf mermelada

marmite [maʀmit] nf (récipient) marmita

marmonner [maʀmɔne] vt mascullar

marmotter [maʀmɔte] vt mascullar

Maroc [maʀɔk] nm Marruecos msg

Marocain, e [maʀɔkɛ̃, ɛn] adj marroquí ♦ nm/f: **M~, e** marroquí m/f

maroquinerie [maʀɔkinʀi] nf marroquinería

marquant, e [maʀkɑ̃, ɑ̃t] adj destacado(-a); (personnalité) especial

marque [maʀk] nf marca; **de ~** adj (COMM: produit) de marca; (fig) destacado(-a); ~ **déposée** marca registrada

marquer [maʀke] vt marcar; (inscrire) anotar; (suj: chose: laisser une trace sur) dejar una marca en; (fig: impressionner) impresionar; (assentiment, refus) manifestar ♦ vi (SPORT) marcar; ~ **le pas** (fig) marcar el paso

marqueterie [maʀkətʀi] nf marquetería

marquis, e [maʀki, iz] nm/f marqués(-esa)

marraine [maʀɛn] nf madrina

marrant, e [maʀɑ̃, ɑ̃t] (fam) adj divertido(-a); **ce n'est pas ~** no tiene gracia

marre [maʀ] (fam) adv: **en avoir ~** estar harto(-a) de

marrer [maʀe]: **se ~** (fam) vpr desternillarse de risa

marron, ne [maʀɔ̃, ɔn] nm castaña ♦ adj inv (couleur) marrón inv; **marronnier** nm castaño

mars [maʀs] nm marzo; voir aussi **juillet**

Marseille [marsɛj] n Marsella

Marseillaise

La Marseillaise es el himno nacional francés desde 1879. La letra del "Chant de guerre de l'armée du Rhin", título original de la canción, fue escrita en 1792 por el capitán del ejército Rouget de Lisle con una melodía anónima. Adoptada más tarde como marcha militar por el batallón de Marsella, terminó conociéndose como la Marsellesa.

marsouin [marswɛ̃] *nm* marsopa
marteau [marto] *nm* martillo; **marteau-piqueur** (*pl* **marteaux-piqueurs**) *nm* martillo neumático
marteler [martəle] *vt* martillear
martien, ne [marsjɛ̃, jɛn] *adj* marciano(-a)
martyr, e [martir] *nm/f* mártir *m/f*; **martyre** *nm* martirio; **martyriser** *vt* martirizar
marxiste [marksist] *adj, nm/f* marxista *m/f*
mascara [maskara] *nm* rímel *m*
masculin, e [maskylɛ̃, in] *adj* masculino(-a) ♦ *nm* masculino
masochiste [mazɔʃist] *adj, nm/f* masoquista *m/f*
masque [mask] *nm* máscara; **~ de plongée** gafas *fpl* de bucear; **masquer** *vt* ocultar
massacre [masakr] *nm* matanza; **massacrer** *vt* matar, exterminar
massage [masaʒ] *nm* masaje *m*
masse [mas] *nf* masa; (*maillet*) maza; **la ~** (*péj: peuple*) la masa; **les ~s laborieuses** las masas trabajadoras; **en ~** juntos(-as); (*plus nombreux*) en masa

masser [mase] *vt* (*personne, jambe*) dar masaje a; **se ~** *vpr* (*se regrouper*) concentrarse;
masseur, -euse *nm/f* masajista *m/f*
massif, -ive [masif, iv] *adj* (*porte, silhouette, or*) macizo(-a); (*dose, déportations*) masivo(-a) ♦ *nm* macizo
massue [masy] *nf* maza
mastic [mastik] *nm* masilla
mastiquer [mastike] *vt* masticar
mat, e [mat] *adj* mate *inv*; (*son*) sordo(-a); **être ~** (*ÉCHECS*) ser mate
mât [ma] *nm* (*NAUT*) mástil *m*; (*poteau*) poste *m*
match [matʃ] *nm* partido; **~ aller/retour** partido de ida/de vuelta; **faire match nul** empatar
matelas [mat(ə)la] *nm* colchón *m*; **~ pneumatique** colchón de aire
matelot [mat(ə)lo] *nm* marinero
mater [mate] *vt* (*personne*) someter; (*révolte*) reprimir
matérialiser [materjalize]: **se ~** *vpr* materializarse
matérialiste [materjalist] *adj, nm/f* materialista *m/f*
matériau [materjo] *nm* material *m*
matériel, le [materjɛl] *adj* material ♦ *nm* material *m*; (*de camping*) equipo; (*de pêche*) aparejos *mpl*; (*INFORM*) soporte *m* físico
maternel, le [matɛrnɛl] *adj* (*amour*) maternal; (*par filiation*) grand-père etc) materno(-a);
maternelle *nf* (*aussi*: **école maternelle**) escuela de párvulos
maternité [maternite] *nf* maternidad *f*
mathématiques [matematik]

nfpl matemáticas *fpl*
maths [mat] *(fam) nfpl*
matemáticas *fpl*, mates *fpl (fam)*
matière [matjɛʀ] *nf (PHYS)*
materia; *(COMM, TECH)* material *m*;
(d'un livre etc) tema *m*; *(SCOL)*
asignatura; **en ~ de** en materia
de; *(en ce qui concerne)* en cuanto
a; **~ grise** materia gris; **~s
grasses** grasas *fpl*; **~s
premières** materias primas

---

hôtel Matignon

L'**hôtel Matignon** *es el
despacho y residencia del primer
ministro francés en París. Por
extensión, el término "Matignon"
se emplea frecuentemente para
designar al primer ministro o a su
equipo.*

---

matin [matɛ̃] *nm* mañana; **le ~**
por la mañana; **dimanche ~** el
domingo por la mañana; **le
lendemain ~** a la mañana
siguiente; **hier/demain ~** ayer/
mañana por la mañana; **du ~ au
soir** de la mañana a la noche;
une heure du ~ la una de la
mañana; **à demain ~!** ¡hasta
mañana por la mañana!; **de
grand** *ou* **bon ~** de madrugada
matinal, e, -aux [matinal, o] *adj*
(toilette, gymnastique)
matutino(-a), matinal; *(de bonne
heure)* tempranero(-a); **être ~**
(personne) ser madrugador(a);
matinée *nf* mañana; *(spectacle)*
función *f* de tarde, vermú *m (AM)*
matou [matu] *(fam) nm* gato
matraque [matʀak] *nf (de
malfaiteur)* cachiporra; *(de policier)*
porra
matricule [matʀikyl] *nf* matrícula

♦ *nm (MIL)* número de registro
matrimonial, e, -aux
[matʀimɔnjal, jo] *adj* matrimonial
maudit, e [modi, it] *adj*
maldito(-a)
maugréer [mogʀee] *vi* refunfuñar
maussade [mosad] *adj*
(personne) malhumorado(-a); *(ciel,
temps)* desapacible
mauvais, e [mɔvɛ, ɛz] *adj*
malo(-a), *(placé avant le nom)* mal;
(rire) perverso(-a) ♦ *adv*: **il fait ~**
hace malo; **sentir ~** oler mal; **la
mer est ~e** el mar está agitado;
~ joueur mal jugador *m*; **~ pas**
mal paso; **~e herbe** mala hierba;
~e langue lengua viperina; **~e
tête** terco(-a)
mauve [mov] *nm* malva ♦ *adj*
malva *inv*
maux [mo] *nmpl voir* **mal**
maximum [maksimɔm] *adj*
máximo(-a) ♦ *nm* máximo; **au ~**
adv (le plus possible) al máximo;
(tout au plus) como máximo
mayonnaise [majɔnɛz] *nf*
mayonesa
mazout [mazut] *nm* fuel-oil *m*
me [mə] *pron* me; **il m'a donné
un livre** me ha dado un libro
mec [mɛk] *(fam) nm* tío
mécanicien, ne [mekanisjɛ̃, jɛn]
nm/f mecánico(-a)
mécanique [mekanik] *adj*
mecánico(-a) ♦ *nf* mecánica; **s'y
connaître en ~** saber de
mecánica; **ennui ~** problema *m*
mecánico
mécanisme [mekanism] *nm*
mecanismo
méchamment [meʃamã] *adv*
cruelmente
méchanceté [meʃɑ̃ste] *nf*
maldad *f*, malicia
méchant, e [meʃɑ̃, ɑ̃t] *adj*

(*personne*) malvado(-a); (*sourire*)
malicioso(-a); (*animal*) malo(-a);
(*avant le nom: affaire, humeur*)
mal; (: *intensif*) malísimo(-a)
mèche [mɛʃ] *nf* mecha; (*de
cheveux: coupés*) mechón *m*;
vendre la ~ irse de la lengua;
être de ~ **avec qn** estar
conchabado(-a) con algn
méchoui [meʃwi] *nm* cordero
asado
méconnaissable [mekɔnɛsabl̩]
adj irreconocible
méconnaître [mekɔnɛtʀ] *vt*
(*ignorer*) desconocer; (*méjuger*)
infravalorar
mécontent, e [mekɔ̃tɑ̃, ɑ̃t] *adj*:
~ **(de)** descontento(-a) (con);
mécontentement [
descontento
médaille [medaj] *nf* medalla
médaillon [medajɔ̃] *nm* medallón
m
médecin [med(ə)sɛ̃] *nm*
médico(-a); ~ **généraliste/
légiste/traitant** médico
general/forense/de cabecera
médecine [med(ə)sin] *nf*
medicina; ~ **légale/préventive**
medicina legal/preventiva
médiatique [medjatik] *adj*
mediático
médical, e, -aux [medikal, o]
adj médico(-a)
médicament [medikamɑ̃] *nm*
medicamento
médiéval, e, -aux [medjeval, o]
adj medieval
médiocre [medjɔkʀ] *adj*
mediocre
méditer [medite] *vt* meditar; (
préparer) planear
Méditerranée [mediteʀane] *nf*:
la (mer) ~ el (mar)
Mediterráneo; **méditerranéen,**

ne *adj* mediterráneo(-a) ♦ *nm/f*:
Méditerranéen, ne
mediterráneo(-a)
méduse [medyz] *nf* medusa
méfait [mefɛ] *nm* (*faute*) fechoría;
~**s** *nmpl* (*ravages*) daños *mpl*
méfiance [mefjɑ̃s] *nf*
desconfianza, recelo
méfiant, e [mefjɑ̃, jɑ̃t] *adj*
desconfiado(-a), receloso(-a)
méfier [mefje]: **se** ~ *vpr*
desconfiar; **se** ~ **de** desconfiar
de; (*faire attention*) tener cuidado
con
mégarde [megaʀd] *nf*: **par** ~ por
descuido; (*par erreur*) por
equivocación
mégère [meʒɛʀ] (*péj*) *nf* arpía,
bruja
mégot [mego] *nm* colilla
meilleur, e [mɛjœʀ] *adj* mejor;
(*superlatif*): **le** ~ **(de)** (*personne*) el
mejor (de); (*chose*) lo mejor (de) ♦
nm: **le** ~ (*personne*) el mejor;
(*chose*) lo mejor ♦ *nf*: **la** ~**e** la
mejor; **le** ~ **des deux** el mejor
de los dos; **c'est la** ~**e!** ¡es el
colmo!; **le** ~ **marché** más barato
mélancolie [melɑ̃kɔli] *nf*
melancolía; **mélancolique** *adj*
melancólico(-a)
mélange [melɑ̃ʒ] *nm* mezcla;
mélanger *vt* mezclar; **vous
mélangez tout!** ¡usted lo mezcla
todo!
mêlée [mele] *nf* (*bataille*) pelea,
contienda; (*RUGBY*) melé f
mêler [mele] *vt* mezclar; **se** ~ *vpr*
mezclarse; **se** ~ **à** mezclarse con;
se ~ **de** entrometerse en; ~ **qn à
une affaire** implicar a algn en
un asunto
mélodie [melɔdi] *nf* melodía;
mélodieux, -euse *adj*
melodioso(-a)

melon [m(ə)lɔ̃] *nm* melón *m*

membre [mɑ̃bʀ] *nm* miembro ♦ *adj* miembro *inv*

mémé [meme] (*fam*) *nf* abuelita

MOT-CLÉ
---

même [mɛm] *adj* **1** (*avant le nom*) mismo(-a); **en même temps** al mismo tiempo; **ils ont les mêmes goûts** tienen los mismos gustos; **la même chose** lo mismo

2 (*après le nom: renforcement*): **il est la loyauté même** es la lealtad misma; **ce sont ses paroles mêmes** son sus mismas palabras

♦ *pron*: **le(la) même** el (la) mismo(-a)

♦ *adv* **1** (*renforcement*): **il n'a même pas pleuré** ni siquiera lloró; **même lui l'a dit** incluso él lo dijo; **ici même** aquí mismo

2: à même la bouteille de la botella misma; **à même la peau** junto a la piel; **être à même de faire** estar en condiciones de hacer

3: de même: faire de même hacer lo mismo; **lui de même** también él; **de même que** lo mismo que; **de lui-même** por sí mismo; **il en va de même pour** lo mismo va para

4: même si *conj* aunque (+*subjonctif*)

mémoire [memwaʀ] *nf* memoria; **à la ~ de** en memoria de, en recuerdo de ♦ *nm* (ADMIN, JUR, SCOL) memoria; **~s** *nmpl* (*souvenirs*) memorias *fpl*; **pour ~** *adv* a título de información; **de ~** *adv* de memoria; **mettre en ~** (INFORM) guardar en memoria; **~**

morte/vive memoria ROM/RAM

mémorable [memɔʀabl] *adj* memorable

menace [mənas] *nf* amenaza; **menacer** *vt* amenazar

ménage [menaʒ] *nm* quehaceres *mpl* domésticos, limpieza; (*couple*) matrimonio; **faire le ~** hacer la limpieza; **ménagement** *nm* deferencia

ménager¹ [menaʒe] *vt* (*personne*) tratar con deferencia; (*monture*) no fatigar; (*ouverture*) instalar; **se ~** *vpr* cuidarse

ménager², -ère [menaʒe, ɛʀ] *adj* doméstico(-a); **ménagère** *nf* ama de casa

mendiant, e [mɑ̃djɑ̃, jɑ̃t] *nm/f* mendigo(-a), pordiosero(-a)

mendier [mɑ̃dje] *vt, vi* mendigar

mener [m(ə)ne] *vt* dirigir; (*enquête, vie, affaire*) llevar ♦ *vi* (SPORT) estar a la cabeza, ir en cabeza; **~ à/dans/chez** (*emmener*) llevar a/en/a casa de; **~ qch à bonne fin/à terme/à bien** llevar algo a buen fin/a término/a buen término; **~ à rien/à tout** llevar *ou* conducir a nada/a todas partes

meneur, -euse [mənœʀ, øz] *nm/f* dirigente *m/f*; (*péj: agitateur*) cabecilla *m/f*

méningite [menɛ̃ʒit] *nf* meningitis *f*

ménopause [menopoz] *nf* menopausia

menotte [mənɔt] *nfpl* esposas *fpl*

mensonge [mɑ̃sɔ̃ʒ] *nm* mentira; **mensonger, -ère** *adj* falso(-a)

mensualité [mɑ̃syalite] *nf* mensualidad *f*

mensuel, le [mɑ̃syɛl] *adj* mensual

mensurations [mãsyʀasjɔ̃] *nfpl*
medidas *fpl*
mental, e, -aux [mãtal, o] *adj*
mental; **mentalité** *nf* mentalidad
f
menteur, -euse [mãtœʀ, øz]
nm/f mentiroso(-a), embustero(-a)
menthe [mãt] *nf* menta
mention [mãsjɔ̃] *nf* mención *f*;
(SCOL, UNIV): **~ passable/assez
bien/bien/très bien**
aprobado/bien/notable/
sobresaliente; **"rayer la ~
inutile"** (ADMIN) "tache lo que
no proceda"; **mentionner** *vt*
mencionar
mentir [mãtiʀ] *vi* mentir
menton [mãtɔ̃] *nm* (ANAT) mentón
m, barbilla
menu, e [məny] *adj* menudo(-a);
(voix) débil; (frais) módico(-a) ♦
adv: **couper/hacher ~** cortar/
picar en trocitos ♦ *nm* menú *m*
menuiserie [mənɥizʀi] *nf*
carpintería; **menuisier** *nm*
carpintero
méprendre [mepʀãdʀ]: **se ~** *vpr*
equivocarse, confundirse; **se ~
sur** confundirse en, equivocarse
en
mépris [mepʀi] *pp de*
méprendre ♦ *nm* desprecio,
menosprecio; **au ~ de** a
despecho de; **méprisable** *adj*
despreciable; **méprisant, e** *adj*
despreciativo(-a); **méprise** *nf*
equivocación *f*; **mépriser** *vt*
despreciar, menospreciar
mer [mɛʀ] *nf* mar *m*; **en ~** en el
mar; **prendre la ~** hacerse a la
mar; **en haute/pleine ~** en alta
mar
mercenaire [mɛʀsənɛʀ] *nm*
mercenario
mercerie [mɛʀsəʀi] *nf* mercería

merci [mɛʀsi] *excl* gracias ♦ *nf*
merced *f*; **à la ~ de qn/qch** a
merced de algn/algo; **~ de/pour**
gracias por
mercredi [mɛʀkʀədi] *nm*
miércoles *m inv*; **~ des cendres**
miércoles de Ceniza; *voir aussi*
lundi
mercure [mɛʀkyʀ] *nm* mercurio
merde [mɛʀd] (fam!) *nf* mierda
(fam!) ♦ *excl* ¡mierda! (fam!);
(surprise, impatience) ¡joder! (fam!),
¡coño! (fam!)
mère [mɛʀ] *nf* madre *f*; (fam) tía;
~ célibataire/de famille
madre soltera/de familia
merguez [mɛʀgɛz] *nf* salchicha
muy condimentada
méridional, e, -aux
[meʀidjɔnal, o] *adj* meridional; (du
midi de la France) del Sur de
Francia ♦ *nm/f* nativo(-a) *ou*
habitante *m/f* del Sur de Francia
meringue [məʀɛ̃g] *nf* merengue
m
mérite [meʀit] *nm* mérito; (valeur)
mérito, valor *m*; **mériter** *vt*
merecer, ameritar (AM)
merle [mɛʀl] *nm* mirlo
merveille [mɛʀvɛj] *nf* maravilla;
faire ~/des ~s hacer maravillas;
à ~ a las mil maravillas;
merveilleux, -euse *adj*
maravilloso(-a)
mes [me] *dét voir* **mon**
mésange [mezɑ̃ʒ] *nf* herrerillo
mésaventure [mezavɑ̃tyʀ] *nf*
infortunio
Mesdames [medam] *nfpl voir*
Madame
Mesdemoiselles [medmwazɛl]
nfpl voir **Mademoiselle**
mesquin, e [mɛskɛ̃, in] *adj*:
esprit ~/personne ~e espíritu
ruin/persona mezquina;

mesquinerie nf mezquindad f
message [mesaʒ] nm mensaje m;
messager, -ère [mesaʒe, ɛʀ] nm/f mensajero(-a)
messe [mes] nf misa; **aller à la ~** ir a misa; **~ de minuit** misa del gallo
Messieurs [mesjø] nmpl voir **Monsieur**
mesure [m(ə)zyʀ] nf (dimension, étalon) medida; (évaluation) medición f; (MUS) compás msg; (modération, retenue) mesura, comedimiento; **sur ~** a la medida; **dans la ~ de/où** en la medida de/en que; **à ~ que** a medida que; **en ~** (MUS) al compás; **être en ~ de** estar en condiciones de
mesurer [mezyʀe] vt medir; **se ~ avec/à qn** medirse con algn; **il mesure 1 m 80** mide 1 m 80
métal, -aux [metal, o] nm metal m; **métallique** adj metálico(-a)
météo [meteo] nf (bulletin) tiempo; (service) servicio meteorológico
météorologie [meteɔʀɔʒi] nf meteorología
méthode [metɔd] nf método
méticuleux, -euse [metikylø, øz] adj meticuloso(-a)
métier [metje] nm oficio; (technique, expérience) práctica; (aussi: **~ à tisser**) telar m
métis, se [metis] adj, nm/f mestizo(-a), cholo(-a) (AND)
métrage [metʀaʒ] nm: **long/ moyen/court ~** (CINÉ) largometraje/mediometraje/ cortometraje m
mètre [mɛtʀ] nm metro; **métrique** adj: **système métrique** sistema métrico
métro [metʀo] nm metro,

subterráneo (AM)
métropole [metʀɔpɔl] nf metrópoli f, metrópolis f inv
mets [mɛ] vb voir **mettre** ♦ nm plato
metteur [metœʀ] nm: **~ en scène** (THÉÂTRE) director m escénico; (CINÉ) director

---MOT-CLÉ---

mettre [mɛtʀ] vt **1** poner;
mettre en bouteille embotellar;
mettre en sac poner en sacos;
mettre en pages compaginar;
mettre en examen detener (para ser interrogado); **mettre à la poste** echar al correo
2 (vêtements: revêtir) poner; (: soi-même) ponerse; (installer) poner; **mets ton gilet** ponte el chaleco
3 (faire fonctionner: chauffage, réveil) poner; (: lumière) dar; (installer: gaz, eau) poner; **faire mettre le gaz/l'électricité** poner gas/electricidad; **mettre en marche** poner en marcha
4 (consacrer): **mettre du temps/2 heures à faire qch** tardar tiempo/dos horas en hacer algo
5 (noter, écrire) poner; **qu'est-ce que tu as mis sur la carte?** ¿qué has puesto en el postal?;
mettre au pluriel poner en plural
6 (supposer): **mettons que ...** pongamos que ...
7: y mettre du sien (dans une affaire) poner de su parte; **se mettre** vpr: **vous pouvez vous mettre là** puede poner allí; **où ça se met?** ¿dónde se pone eso?; **se mettre au lit** meterse en la cama; **se mettre de l'encre sur les doigts**

mancharse los dedos de tinta; **se mettre en maillot de bain** ponerse en bañador; **n'avoir rien à se mettre** no tener nada que ponerse; **se mettre à faire qch** ponerse a hacer algo; **se mettre au travail** ponerse a trabajar; **se mettre au régime** ponerse a régimen; **allons, il faut s'y mettre!** ¡venga, vamos a ponernos a trabajar!

meuble [mœbl] *nm* mueble *m*; (*ameublement, mobilier*) mobiliario; **meublé, e** *adj*: **chambre meublée** habitación *f* amueblada; **meubler** *vt* amueblar

meugler [møgle] *vi* mugir

meule [møl] *nf* muela; (*AGR*) almiar *m*; (*de fromage*) rueda grande de queso

meunier, -ière [mønje, jɛʀ] *nm/f* molinero(-a)

meurs *etc* [mœʀ] *vb voir* **mourir**

meurtre [mœʀtʀ] *nm* asesinato; **meurtrier, -ière** *nm/f* asesino(-a) ♦ *adj* mortal; (*arme, instinct*) asesino(-a)

meurtrir [mœʀtʀiʀ] *vt* magullar; (*fig*) herir

meus *etc* [mœ] *vb voir* **mouvoir**

meute [møt] *nf* jauría

mexicain, e [mɛksikɛ̃, ɛn] *adj* mexicano(-a), mejicano(-a) ♦ *nm/f*: **M~, e** mexicano(-a), mejicano(-a)

Mexico [mɛksiko] *n* México, Méjico

Mexique [mɛksik] *nm* México, Méjico

Mgr *abr* (= *Monseigneur*) Mons. (= *Monseñor*)

mi [mi] *nm inv* (*MUS*) mi *m* ♦ *préf* medio; **à la ~-janvier** a mediados de enero; **à ~-jambes** a media pierna; **à ~-hauteur/- pente** a media altura/pendiente

miauler [mjole] *vi* maullar

miche [miʃ] *nf* hogaza

mi-chemin [miʃmɛ̃]: **à ~~** *adv* a medio camino

mi-clos, e [miklo, kloz] (*pl* ~~, es) *adj* entornado(-a)

micro [mikʀo] *nm* micrófono; (*INFORM*) micro

microbe [mikʀɔb] *nm* microbio

micro...: **micro-onde** (*pl* **micro-ondes**) *nf*: **four à micro-ondes** horno microondas; **micro-ordinateur** (*pl* **micro-ordinateurs**) *nm* microordenador *m*; **microscope** *nm* microscopio; **microscopique** *adj* microscópico(-a); (*opération*) con microscopio

midi [midi] *nm* mediodía *m*; **le M~** (*de la France*) el sur de Francia; **à ~** a mediodía

mie [mi] *nf* miga

miel [mjɛl] *nm* miel *f*; **mielleux, -euse** (*péj*) *adj* meloso(-a)

mien, ne [mjɛ̃, mjɛn] *adj* mío(-a) ♦ *pron*: **le ~, la ~ne, les ~s** el mío, la mía, los míos

miette [mjɛt] *nf* migaja; **en ~s** hecho añicos

MOT-CLÉ

mieux [mjø] *adv* **1** (*d'une meilleure façon*): **mieux (que)** mejor (que); **elle travaille/ mange mieux** trabaja/come mejor; **elle va mieux** va mejor; **j'aime mieux le cinéma** me gusta más el cine; **j'attendais mieux de vous** esperaba algo más de usted; **de mieux en mieux** cada vez mejor

2 (*de la meilleure façon*) mejor; **ce**

que je sais le mieux lo que
mejor sé; **les livres les mieux
faits** los libros mejor hechos
♦ adj **1** (plus à l'aise, en meilleure
forme) mejor; **se sentir mieux**
encontrarse mejor
2 (plus satisfaisant, plus joli) mejor;
c'est mieux ainsi es mejor así;
c'est le mieux des deux es el
mejor de los dos; **le(la) mieux,
les mieux** el (la) mejor, los (las)
mejores; **demandez-lui, c'est
le mieux** pregúntele, es mejor;
il est mieux sans moustache
está mejor sin bigote; **il est
mieux que son frère** es mejor
que su hermano
3: au mieux en el mejor de los
casos; **être au mieux avec**
llevarse muy bien con; **tout est
pour le mieux** todo va de
maravilla
♦ nm **1** (amélioration, progrès)
mejoría; **faute de mieux** a falta
de algo mejor
2: faire de son mieux hacer
cuanto se pueda; **du mieux qu'il
peut** lo mejor que puede

mignon, ne [miɲɔ̃, ɔn] adj
mono(-a)
migraine [migʀɛn] nf jaqueca
mijoter [miʒɔte] vt (plat) cocer a
fuego lento; (affaire) tramar ♦ vi
cocer a fuego lento
milieu, x [miljø] nm medio;
(social, familial) medio, entorno;
au ~ de en medio de; **au beau
ou en plein ~ (de)** justo en
medio ou mitad (de); **le ~** (pègre)
el hampa
militaire [militɛʀ] adj, nm militar
m
militant, e [militɑ̃, ɑ̃t] adj, nm/f
militante m/f

militer [milite] vi militar; ~
pour/contre militar a favor de/
en contra de
mille [mil] adj inv, nm inv mil ♦
nm: ~ **marin** milla marina;
mettre dans le ~ dar en el
blanco; **millefeuille** nm milhojas
m inv; **millénaire** nm milenio ♦
adj milenario(-a); **mille-pattes**
nm inv ciempiés m inv
millet [mijɛ] nm mijo
milliard [miljaʀ] nm mil millones
mpl; **milliardaire** adj, nm/f
multimillonario(-a)
millier [milje] nm millar m; **un ~
(de)** un millar (de); **par ~s** por
miles, a millares
milligramme [miligʀam] nm
miligramo
millimètre [milimɛtʀ] nm
milímetro
million [miljɔ̃] nm millón m;
deux ~s de dos millones de;
millionnaire adj, nm/f
millonario(-a)
mime [mim] nm/f mimo; **mimer**
vt mimar; (singer) imitar
minable [minabl] adj penoso(-a)
mince [mɛ̃s] adj delgado(-a),
(étoffe, filet d'eau) fino(-a); (fig)
escaso(-a) ♦ excl: ~ **alors!**
¡caramba!; **minceur** nf delgadez
f; **mincir** vi adelgazar
mine [min] nf mina; (physionomie)
cara, aspecto; **avoir bonne/
mauvaise ~** tener buena/mala
cara; **tu as bonne ~!** (iron:
aspect) ¡vaya pinta que tienes!;
faire grise ~ poner mala cara;
faire ~ de faire qch simular
hacer algo; **ne pas payer de ~**
tener mala pinta; **~ de rien** como
quien no quiere la cosa, como si
nada
miner [mine] vt minar

minerai [minʀɛ] nm mineral m

minéral, e, -aux [mineʀal, o] adj, nm mineral m

minéralogique [mineʀalɔʒik] adj
numéro ~ número de matrícula

minet, te [minɛ, ɛt] nm/f gatito(-a), minino(-a); (péj) chuleta m/f

mineur, e [minœʀ] adj (souci) secundario(-a) ♦ nm/f (JUR) menor m/f ♦ nm (travailleur) minero

miniature [minjatyʀ] adj, nf miniatura

minibus [minibys] nm microbús msg

minier, -ière [minje, jɛʀ] adj minero(-a)

mini-jupe [miniʒyp] (pl ~~~s) nf minifalda

minime [minim] adj mínimo(-a)

minimiser [minimize] vt minimizar

minimum [minimɔm] adj mínimo(-a) ♦ nm mínimo; **au ~** como mínimo

ministère [ministɛʀ] nm ministerio; **~ public** (JUR) ministerio público

ministre [ministʀ] nm ministro

Minitel ® [minitɛl] nm Minitel m ®

Minitel

Minitel es un terminal informático personal facilitado de forma gratuita por la compañía France-Télécom a los abonados. Hace las veces de guía telefónica informatizada y de vía de acceso a distintos servicios, tales como horarios de trenes, información bursátil y oferta de empleo. A los servicios se accede marcando un número de teléfono y su

utilización se factura a cada abonado.

minoritaire [minɔʀitɛʀ] adj minoritario(-a)

minorité [minɔʀite] nf minoría; **être en ~** estar en minoría

minuit [minɥi] nm medianoche f

minuscule [minyskyl] adj minúsculo(-a) ♦ nf: **(lettre) ~** (letra) minúscula

minute [minyt] nf minuto; **d'une ~ à l'autre** de un momento a otro; **minuter** vt cronometrar; **minuterie** nf interruptor m (de la luz)

minutieux, -ieuse [minysjø, jøz] adj minucioso(-a)

mirabelle [miʀabɛl] nf ciruela mirabel

miracle [miʀakl] nm milagro

mirage [miʀaʒ] nm espejismo

mire [miʀ] nf: **point/ligne de ~** punto/línea de mira

miroir [miʀwaʀ] nm espejo

miroiter [miʀwate] vi: **faire ~ qch à qn** seducir a algn con algo

mis, e [mi, miz] pp de **mettre** ♦ adj puesto(-a)

mise [miz] nf (argent) apuesta; (tenue) porte m; **~ à jour** puesta al día; **~ au point** (PHOTO) enfoque m; (fig) aclaración f; **~ en plis** marcado; **~ en scène** (THÉÂTRE, CINÉ) dirección f

miser [mize] vt apostar; **~ sur** apostar a; (fig) contar con

misérable [mizeʀabl] adj miserable ♦ nm/f miserable m/f

misère [mizɛʀ] nf miseria; **~s** nfpl (malheurs, peines) desgracias fpl; **salaire de ~** salario de miseria

missile [misil] nm misil m

mission [misjɔ̃] *nf* misión *f*;
(*fonction, vocation*) función *f*;
missionnaire *nm/f*
misionero(-a)

mité, e [mite] *adj* apolillado(-a)

mi-temps [mitɑ̃] *nf inv* (*SPORT:
période*) tiempo; (: *pause*)
descanso; **à ~~~** *adv* media
jornada

miteux, -euse [mitø, øz] *adj*
mísero(-a)

mitigé, e [mitiʒe] *adj*
moderado(-a)

mitoyen, ne [mitwajɛ̃, jɛn] *adj*
medianero(-a)

mitrailler [mitʀaje] *vt* ametrallar;
mitraillette *nf* metralleta;
mitrailleuse *nf* ametralladora

mi-voix [mivwa]: **à ~~~** *adv* a
media voz

mixage [miksaʒ] *nm* (*CINÉ*) mezcla
f de sonido

mixer, mixeur [miksœʀ] *nm*
(*CULIN*) batidora

mixte [mikst] *adj* mixto(-a)

mixture [mikstyʀ] *nf* mixtura;
(*péj*) mejunje *m*

Mlle (*pl* **~s**) *abr* (= *Mademoiselle*)
Srta. (= *Señorita*)

MM *abr* (= *Messieurs*) ≃ Srs. (=
Señores) *voir aussi* **Monsieur**

Mme (*pl* **~s**) *abr* (= *Madame*) ≃
Sra. (= *Señora*)

mobile [mɔbil] *adj* móvil, movible
♦ *nm* móvil *m*

mobilier, -ière [mɔbilje, jɛʀ] *adj*
mobiliario(-a) ♦ *nm* mobiliario

mobiliser [mɔbilize] *vt* movilizar

mocassin [mɔkasɛ̃] *nm* mocasín
m

moche [mɔʃ] (*fam*) *adj* feo(-a)

modalité [mɔdalite] *nf* modalidad
f

mode [mɔd] *nf* moda; **à la ~** de
moda ♦ *nm* modo; **~ d'emploi**

instrucciones *fpl*; **~ de paiement**
forma de pago; **~ de vie** modo
de vida

modèle [mɔdɛl] *nm* modelo;
(*qualités*): **un ~ de fidélité/
générosité** un modelo de
fidelidad/generosidad; **~ déposé**
(*COMM*) modelo patentado *ou*
registrado; **~ réduit** modelo
reducido ♦ *adj* modelo; **modeler**
vt modelar

modem [mɔdɛm] *nm* (*INFORM*)
modem *m*, módem *m*

modéré, e [mɔdeʀe] *adj*, *nm/f*
moderado(-a)

modérer [mɔdeʀe] *vt* moderar;
se ~ *vpr* moderarse

moderne [mɔdɛʀn] *adj*
moderno(-a) ♦ *nm* (*ART*) arte *m*
moderno; **moderniser** *vt*
modernizar

modeste [mɔdɛst] *adj*
modesto(-a); **modestie** *nf*
modestia

modifier [mɔdifje] *vt* modificar;
se ~ *vpr* modificarse

modique [mɔdik] *adj* módico(-a)

module [mɔdyl] *nm* módulo

moelle [mwal] *nf* médula

moelleux, -euse [mwalø, øz]
adj esponjoso(-a)

mœurs [mœʀ(s)] *nfpl* costumbres
fpl; **~ simples/bohèmes**
costumbres sencillas/bohemias;
passer dans les ~ entrar en las
costumbres; **contraire aux
bonnes ~** contrario a las buenas
costumbres

moi [mwa] *pron* (*sujet*) yo; (*objet
direct/indirect*) me ♦ *nm* (*PSYCH*) yo
m; **c'est ~** soy yo; **c'est ~ qui
l'ai fait** lo hice yo; **c'est ~ que
vous avez appelé?** ¿me ha
llamado a mí?; **apporte-le-~**
tráemelo; **donnez m'en un peu**

deme un poco; **à ~** (*possessif*) mío (mía), míos (mías); **le livre est à ~** ese libro es mío; **avec ~** conmigo; **sans ~** sin mí; **~, je ...** (*emphatique*) yo, ...; **plus grand que ~** más grande que yo; **moi-même** *pron* yo mismo

moindre [mwɛ̃dʀ] *adj* menor; **le/la ~, les ~s** el/la menor, los/las menores; **c'est la ~ des choses** es lo mínimo

moine [mwan] *nm* monje *m*, fraile *m*

moineau, x [mwano] *nm* gorrión *m*

MOT-CLÉ

---

moins [mwɛ̃] *adv* **1** (*comparatif*): **moins (que)** menos (que); **il a 3 ans de moins que moi** tiene 3 años menos que yo; **moins intelligent que** menos inteligente que; **moins je travaille, mieux je me porte** cuanto menos trabajo, mejor me encuentro

2 (*superlatif*): **le moins** el (lo) menos; **c'est ce que j'aime le moins** es lo que menos me gusta; **le moins doué** el menos dotado; **pas le moins du monde** en lo más mínimo; **au moins, du moins** por lo menos, al menos

3: moins de (*quantité, nombre*) menos; **moins de sable/d'eau** menos arena/agua; **moins de livres/de gens** menos libros/gente; **moins de 2 ans/100 F** menos de 2 años/100 francos

4: de/en moins: **100 F/3 jours de moins** 100 francos/3 días menos; **3 livres en moins** 3 libros menos; **de l'argent en moins** menos dinero; **le soleil en moins** sin el sol; **de moins**

en moins cada vez menos; **en moins de** menos que en un santiamén **5: à moins de/que** *conj* a menos que, a no ser que; **à moins de faire** a no ser que se haga *etc*; **à moins que tu ne fasses** a menos que hagas; **à moins d'un accident** a no ser por un accidente

♦ *prép*: **4 moins 2** 4 menos 2; **il est moins 5** son menos 5; **il fait moins 5** hay cinco grados bajo cero

---

mois [mwa] *nm* mes *msg*

moisi, e [mwazi] *nm* moho; **odeur/goût de ~** olor *m*/gusto a moho; **moisir** *vi* enmohecerse; **moisissure** *nf* moho

moisson [mwasɔ̃] *nf* siega, cosecha; **moissonner** *vt* segar, cosechar; **moissonneuse** *nf* segadora

moite [mwat] *adj* (*peau*) sudoroso(-a); (*atmosphère*) húmedo(-a)

moitié [mwatje] *nf* mitad *f*; **la ~** la mitad; **la ~ du temps/des gens** la mitad del tiempo/de la gente; **~ moins grand** la mitad de grande; **à ~** a medias; **de ~** en la mitad

molaire [mɔlɛʀ] *nf* molar *m*

molester [mɔleste] *vt* maltratar

molle [mɔl] *adj* f *voir* **mou**; **mollement** *adv* débilmente; (*péj*) desganadamente

mollet [mɔlɛ] *nm* pantorrilla *f*

molletonné, e [mɔltɔne] *adj* forrado(-a) de muletón

mollir [mɔliʀ] *vi* flaquear

mollusque [mɔlysk] *nm* (ZOOL) molusco

môme [mom] (*fam*) *nm/f* chiquillo(-a); (*fille*) chavala

moment [mɔmɑ̃] *nm* momento;
ce n'est pas le ~ no es el
mejor momento; **à un certain ~**
en cierto momento; **à un ~
donné** en un momento dado; **au
même ~** en el mismo momento;
pour un bon ~ un buen rato; **en
avoir pour un bon ~** tener para
rato; **pour le ~** por el momento;
au ~ de en el momento de; **au ~
où** en el momento en que; **à
tout ~** a cada momento *ou* rato;
en ce ~ en este momento; **sur
le ~** al principio; **par ~s** por
momentos; **d'un ~ à l'autre** de
un momento a otro; **du ~ que**
siempre que; **momentané, e**
adj momentáneo(-a);
momentanément *adv*
momentáneamente

momie [mɔmi] *nf* momia

mon, ma [mɔ̃, ma] (*pl* **mes**) *dét*
mi; (*pl*) mis

Monaco [mɔnako] *nm*: **(la
principauté de)** ~ (el
principado de) Mónaco

monarchie [mɔnaʀʃi] *nf*
monarquía

monastère [mɔnastɛʀ] *nm*
monasterio

mondain, e [mɔ̃dɛ̃, ɛn] *adj*
mundano(-a)

monde [mɔ̃d] *nm* mundo;
beaucoup/peu de ~ mucha/
poca gente; **mettre au ~** dar a
luz; **tout le ~** todo el mundo;
pas le moins du ~ de ninguna
manera; **homme/femme du ~**
hombre *m*/mujer *f* de mundo

mondial, e, -aux [mɔ̃djal, jo]
adj mundial; **mondialement** *adv*
mundialmente

monégasque [mɔnegask] *adj*
monegasco(-a) ♦ *nm/f*: **M~**
monegasco(-a)

monétaire [mɔnetɛʀ] *adj*
monetario(-a)

moniteur, -trice [mɔnitœʀ,
tʀis] *nm/f* monitor(a)

monnaie [mɔnɛ] *nf* moneda;
avoir de la ~ *(petites pièces)*
tener cambio; **avoir/faire la ~
de 20 F** tener cambio de/
cambiar 20 francos; **rendre à qn
la ~ (sur 20 F)** darle la vuelta a
algn (de 20 francos)

monologue [mɔnɔlɔg] *nm*
monólogo; **monologuer** *vi*
monologar

monopole [mɔnɔpɔl] *nm*
monopolio

monospace [mɔnɔspas] *nm*
monovolumen *m*

monotone [mɔnɔtɔn] *adj*
monótono(-a)

Monsieur [məsjø] (*pl
Messieurs*) *nm* *(titre)* señor,
don; **un/le m~** un/el señor; *voir
aussi* **Madame**

monstre [mɔ̃stʀ] *nm* monstruo ♦
adj *(fam)* monstruo *inv*; **un
travail ~** un trabajo monstruo;
monstrueux, -euse *adj*
monstruoso(-a)

mont [mɔ̃] *nm*: **par ~s et par
vaux** por todas partes

montage [mɔ̃taʒ] *nm* montaje *m*

montagnard, e [mɔ̃taɲaʀ, aʀd]
adj, nm/f montañés(-esa)

montagne [mɔ̃taɲ] *nf* montaña;
~s russes montaña *fsg* rusa;
montagneux, -euse *adj*
montañoso(-a)

montant, e [mɔ̃tɑ̃, ɑ̃t] *adj*
ascendente ♦ *nm* importe *m*

monte-charge [mɔ̃tʃaʀʒ] *nm inv*
montacargas *m inv*

montée [mɔ̃te] *nf* subida; *(côte)*
cuesta; **au milieu de la ~** en
medio de la cuesta *ou* de la subida

monter [mɔ̃te] *vi* subir; *(à cheval)*: **~ bien/mal** montar bien/mal ♦ *vt* montar; *(escalier, valise etc)* subir; *(tente, échafaudage, machine)* armar; **~ dans un train/avion/taxi** subir en un tren/avión/taxi; **~ sur/à un arbre/une échelle** subir a un árbol/una escalera; **~ à cheval/bicyclette** montar a caballo/en bicicleta; **~ à pied/en voiture** subir a pie/en coche; **~ à bord** subir a bordo; **~ à la tête de qn** subírsele a la cabeza de algn

montre [mɔ̃tr] *nf* reloj *m*; **~ en main** reloj en mano; **contre la ~** contra reloj

montrer [mɔ̃tre] *vt* mostrar, enseñar; **~ qch à algn** mostrar algo a algn; **~ à qn qu'il a tort** demostrar a algn que está equivocado; **~ à qn son affection/amitié** demostrar su afecto/amistad a algn

monture [mɔ̃tyr] *nf (bête)* montura

monument [mɔnymɑ̃] *nm* monumento; **~ aux morts** monumento a los caídos

moquer [mɔke]: **se ~ de** *vt* burlarse de; *(mépriser)* importarle a algn muy poco; **se ~ de qn** burlarse de algn

moquette [mɔkɛt] *nf* moqueta

moqueur, -euse [mɔkœr, øz] *adj* burlón(-ona)

moral, e, -aux [mɔral, o] *adj, nm* moral *f*; **avoir le ~ à zéro** tener la moral por los suelos; **morale** *nf* moral *f*; *(d'une fable etc)* moraleja; **faire la morale à qn** echarle un sermón a algn; **moralité** *nf* moralidad *f*; *(conclusion)* moraleja

morceau, x [mɔrso] *nm* trozo, pedazo; *(MUS, œuvre littéraire)* fragmento; *(CULIN: de viande)* tajada; **couper en/déchirer en ~x** cortar en/rasgar en trozos; **mettre en ~x** hacer pedazos

morceler [mɔrsəle] *vt* parcelar

mordant, e [mɔrdɑ̃, ɑ̃t] *adj* *(ironie)* mordaz; *(froid)* cortante

mordiller [mɔrdije] *vt* mordisquear

mordre [mɔrdr] *vt* morder ♦ *vi* *(poisson)* picar; **~ sur** *(fig)* sobrepasar; **~ à l'hameçon** morder el anzuelo

mordu, e [mɔrdy] *pp* de **mordre** ♦ *nm/f*: **un ~ de voile/de jazz** un loco de la vela/del jazz

morfondre [mɔrfɔ̃dr]: **se ~** *vpr* aburrirse esperando

morgue [mɔrg] *nf* depósito de cadáveres

morne [mɔrn] *adj* *(personne, regard)* apagado(-a); *(temps)* desapacible

morose [mɔroz] *adj* taciturno(-a)

mors [mɔr] *nm* bocado

morse [mɔrs] *nm* *(ZOOL)* morsa; *(TÉL)* morse *m*

morsure [mɔrsyr] *nf* picadura

mort, e [mɔr, mɔrt] *pp* de **mourir** ♦ *adj, nm/f* muerto(-a) ♦ *nf* muerte *f*; *(fig)* fin *m* ♦ *nm*: **il y a eu plusieurs ~s** hubo varios muertos; **~ ou vif** vivo o muerto; **~ de peur/fatigue** muerto(-a) de miedo/cansancio

mortalité [mɔrtalite] *nf* mortalidad *f*

mortel, le [mɔrtɛl] *adj, nm/f* mortal *m/f*

mort-né, e [mɔrne] *(pl ~~s, es)* *adj* nacido(-a) muerto(-a)

mortuaire [mɔrtɥer] *adj*: **cérémonie ~** ceremonia fúnebre; **couronne ~** corona mortuoria

morue [mɔʀy] nf bacalao

mosaïque [mɔzaik] nf mosaico

Moscou [mɔsku] n Moscú

mosquée [mɔske] nf mezquita

mot [mo] nm palabra; **mettre/ écrire/recevoir un ~** *(message)* poner/escribir/recibir unas líneas; **~ à ~** adj, adv palabra por palabra; **sur/à ces ~s** después de/con estas palabras; **en un ~** en una palabra; **~ pour ~** palabra por palabra; **~ de passe** contraseña, santo y seña; **~s croisés** crucigrama msg

motard [mɔtaʀ] nm motociclista m; *(de la police)* motorista m

motel [mɔtɛl] nm motel m

moteur, -trice [mɔtœʀ, tʀis] adj *(ANAT)* motor(a); *(TECH)* motor (motriz); *(AUTO)*: **à 4 roues motrices** con 4 ruedas motrices ♦ nm motor m; **à ~** a motor

motif [mɔtif] nm motivo; **~s** nmpl *(JUR)* alegato; **sans ~** sin motivo

motivation [mɔtivasjɔ̃] nf motivación f

motiver [mɔtive] vt motivar

moto [mɔto] nf moto f; **motocycliste** nm/f motociclista m/f

motorisé, e [mɔtɔʀize] adj motorizado(-a)

motrice [mɔtʀis] adj f voir **moteur**

motte [mɔt] nf: **~ de terre** terrón m; **~ de beurre** pella de mantequilla

mou, molle [mu, mɔl] adj blando(-a); *(péj: visage)* insulso(-a); *(: résistance)* débil ♦ nm bofe m; **avoir du ~** estar flojo(-a)

mouche [muʃ] nf mosca

moucher [muʃe]: **se ~** vpr sonarse

moucheron [muʃʀɔ̃] nm mosca pequeña

mouchoir [muʃwaʀ] nm pañuelo; **~ en papier** pañuelo de papel

moudre [mudʀ] vt moler

moue [mu] nf mueca; **faire la ~** poner cara de asco

mouette [mwɛt] nf gaviota

moufle [mufl] nf manopla

mouillé, e [muje] adj mojado(-a)

mouiller [muje] vt mojar; *(NAUT)* fondear ♦ vi *(NAUT)* fondear; **se ~** vpr mojarse

moulant, e [mulɑ̃, ɑ̃t] adj ceñido(-a)

moule [mul] nf mejillón m ♦ nm molde m; *(modèle plein)* modelo; **~ à gâteaux** molde para pasteles

mouler [mule] vt moldear, vaciar; *(suj: vêtement, bas)* ceñir, ajustar

moulin [mulɛ̃] nm molino; **~ à café/à poivre** molinillo de café/ de pimienta; **~ à légumes** pasapurés m inv; **~ à paroles** cotorra

moulinet [mulinɛ] nm carrete m; **faire des ~s avec un bâton/ les bras** hacer molinetes con un palo/los brazos

moulinette ® [mulinɛt] nf pequeño pasapurés m

moulu, e [muly] pp de **moudre** ♦ adj molido(-a)

mourant, e [muʀɑ̃, ɑ̃t] vb voir **mourir** ♦ adj moribundo(-a)

mourir [muʀiʀ] vi morir(se); **~ de faim/de froid/d'ennui** morir(se) de hambre/de frío/de aburrimiento; **~ d'envie de faire** morirse de ganas de hacer; **à ~: s'ennuyer à ~** morirse de aburrimiento

mousse [mus] nf *(BOT)* musgo; *(écume)* espuma; *(CULIN)* mousse f; *(en caoutchouc etc)* gomaespuma;

~ à raser espuma de afeitar; **~ carbonique** espuma de gas carbónico ♦ *nm* grumete *m*

mousseline [muslin] *nf* (*TEXTILE*) muselina; **pommes ~** (*CULIN*) puré *m* de patatas

mousser [muse] *vi* espumar, hacer espuma; **mousseux, -euse** *adj* (*chocolat*) cremoso(-a) ♦ *nm*: **(vin) mousseux** (*vino*) espumoso

mousson [musɔ̃] *nf* monzón *m*

moustache [mustaʃ] *nf* bigote *m*; **~s** *nfpl* (*d'animal*) bigotes *mpl*; **moustachu, e** *adj* bigotudo(-a)

moustiquaire [mustikɛʀ] *nf* mosquitero

moustique [mustik] *nm* mosquito

moutarde [mutaʀd] *nf*, *adj inv* mostaza

mouton [mutɔ̃] *nm* (*ZOOL*) carnero; (*peau*) piel *f* de carnero; (*CULIN*) cordero

mouvement [muvmɑ̃] *nm* movimiento; (*geste*) gesto; **en ~** en movimiento; **~ révolutionnaire/syndical** movimiento revolucionario/ sindical; **mouvementé, e** *adj* accidentado(-a); (*agité*) agitado(-a)

mouvoir [muvwaʀ] mover; **se ~** *vpr* moverse

moyen, ne [mwajɛ̃, jɛn] *adj* medio(-a); (*élève, résultat*) regular ♦ *nm* medio; **~s** *nmpl* (*capacités*) medios *mpl*; **au ~ de** por medio de; **par tous les ~s** por todos los medios; **par ses propres ~s** por sus propios medios; **M~ Âge** Edad *f* Media; **~ d'expression** forma de expresión

moyennant [mwajɛnɑ̃] *prép* al precio de; **~ quoi** mediante lo cual

moyenne [mwajɛn] *nf* media, promedio; (*MATH, STATISTIQUE*) media; (*SCOL*) nota media; **en ~** por término medio; **~ d'âge** edad *f* media

Moyen-Orient [mwajɛnɔʀjɑ̃] *nm* Medio Oriente *m*

moyeu, x [mwajø] *nm* cubo

MST [ɛmɛste] *sigle f* (= *maladie sexuellement transmissible*)

mû, mue [my] *pp* de **mouvoir**

muer [mɥe] *vi* mudar; (*jeune garçon*): **il mue** está mudando la voz; **se ~** *vpr*: **se ~ en** convertirse en

muet, te [mɥɛ, mɥɛt] *adj*, *nm/f* mudo(-a); (*fig*): **~ d'admiration/d'étonnement** mudo(-a) de admiración/de extrañeza

mufle [myfl] *nm* hocico; (*goujat*) patán *m*

mugir [myʒiʀ] *vi* mugir; (*sirène*) sonar

muguet [mygɛ] *nm* muguete *m*, lirio del valle

mule [myl] *nf* mula; **~s** *nfpl* (*pantoufles*) chinelas *fpl*

mulet [mylɛ] *nm* mulo

multinationale [myltinasjɔnal] *nf* multinacional *f*

multiple [myltipl] *adj* múltiple ♦ *nm* múltiplo; **multiplication** *nf* multiplicación *f*; **multiplier** *vt* multiplicar; **se multiplier** *vpr* multiplicarse

municipal, e, -aux [mynisipal, o] *adj* municipal; **municipalité** *nf* municipalidad *f*, ayuntamiento

munir [myniʀ] *vt*: **~ qn de** proveer a algn de; **~ qch de** dotar algo de

munitions [mynisjɔ̃] *nfpl* municiones *fpl*

mur [myʀ] *nm* muro; (*cloison*)

pared *f*; **~ d'incompréhension/de haine** (*obstacle*) muro de incomprensión/de odio; **~ du son** barrera del sonido

mûr, e [myʀ] *adj* maduro(-a)

muraille [myʀɑj] *nf* muralla

mural, e, -aux [myʀal, o] *adj* mural

mûre [myʀ] *nf* (*de la ronce*) zarzamora

muret [myʀɛ] *nm* muro bajo

mûrir [myʀiʀ] *vt, vi* madurar

murmure [myʀmyʀ] *nm* murmullo; **~ d'approbation/ d'admiration/de protestation** murmullo de aprobación/de admiración/de protesta; **murmurer** *vi* murmurar

muscade [myskad] *nf*: **noix de ~** nuez *f* moscada

muscat [myska] *nm* uva moscatel

muscle [myskl] *nm* músculo; **musclé, e** *adj* musculoso(-a); (*fig: politique, régime*) duro(-a)

museau, x [myzo] *nm* hocico

musée [myze] *nm* museo

museler [myz(ə)le] *vt* poner un bozal a; **muselière** *nf* bozal *m*

musette [myzɛt] *adj inv*: **orchestre/valse ~** orquesta/ vals *msg* popular

musical, e, -aux [myzikal, o] *adj* musical

music-hall [myzikol] (*pl* **~~s**) *nm* music-hall *m*

musicien, ne [myzisjɛ̃, jɛn] *adj* músico(-a)

musique [myzik] *nf* música; **~ de chambre/de fond** música de cámara/de fondo

musulman, e [myzylmɑ̃, an] *adj, nm/f* musulmán(-ana)

mutation [mytasjɔ̃] *nf* (*ADMIN*) traslado; (*BIOL*) mutación *f*

muter [myte] *vt* (*ADMIN*) trasladar

mutilé, e [mytile] *nm/f* mutilado(-a)

mutiler [mytile] *vt* mutilar

mutin, e [mytɛ̃, in] *adj* (*enfant*) travieso(-a); (*air, ton*) pícaro(-a) ♦ *nm/f* (*MIL*) amotinado(-a);
mutinerie *nf* motín *m*

mutisme [mytism] *nm* mutismo

mutuel, le [mytɥɛl] *adj* mutuo(-a); **mutuelle** *nf* mutualidad *f*, mutua

myope [mjɔp] *adj, nm/f* miope *m/f*

myosotis [mjɔzɔtis] *nm* nomeolvides *m inv*

myrtille [miʀtij] *nf* arándano

mystère [mistɛʀ] *nm* misterio; **mystérieux, -euse** *adj* misterioso(-a)

mystifier [mistifje] *vt* mistificar

mythe [mit] *nm* mito

mythologie [mitɔlɔʒi] *nf* mitología

N, n

n' [n] *adv voir* **ne**

nacre [nakʀ] *nf* nácar *m*

nage [naʒ] *nf* natación *f*; **traverser/s'éloigner à la ~** atravesar/alejarse a nado; **en ~** bañado(-a) en sudor; **nageoire** *nf* aleta; **nager** *vi* nadar; **nageur, euse** *nm/f* nadador(-a)

naïf, -ïve [naif, naiv] *adj* ingenuo(-a)

nain, e [nɛ̃, nɛn] *adj, nm/f* enano(-a)

naissance [nesɑ̃s] *nf* nacimiento; **donner ~ à** (*enfant*) dar a luz a; (*fig*) originar; **lieu de ~** lugar de nacimiento

naître [nɛtʀ] *vi* nacer; **il est né**

en 1960 ha nacido en 1960
naïve [naiv] *adj voir* **naïf**
naïveté [naivte] *nf* ingenuidad *f*
nana [nana] (*fam*) *nf* chica
nappe [nap] *nf* mantel *m*;
napperon [napʁɔ̃] *nm* tapete *m*
naquit *etc* [naki] *vb voir* **naître**
narguer [naʁge] *vt* provocar
narine [naʁin] *nf* ventana (de la
nariz)
natal, e [natal] *adj* natal;
natalité *nf* natalidad *f*
natation [natasjɔ̃] *nf* natación *f*
natif, -ive [natif, iv] *adj*
nativo(-a)
nation [nasjɔ̃] *nf* nación *f*
national, e, -aux [nasjɔnal, o]
adj nacional; **nationaux** *nmpl*
nacionales; **nationale** *nf*:
(route) nationale (carretera)
nacional *f*; **nationaliser** *vt*
nacionalizar; **nationalisme** *nm*
nacionalismo; **nationalité** *nf*
nacionalidad *f*
natte [nat] *nf* (*tapis*) estera;
(*cheveux*) coleta
naturaliser [natyʁalize] *vt*
naturalizar
nature [natyʁ] *nf* naturaleza;
(*tempérament*) temperamento;
payer en ~ pagar en especie; ~
morte naturaleza muerta,
bodegón *m*; **naturel, le** *adj*
natural; **naturellement** *adv*
naturalmente
naufrage [nofʁaʒ] *nm* naufragio *m*;
(*fig*) ruina
nausée [noze] *nf* náusea, asco
nautique [notik] *adj* náutico(-a)
naval, e [naval] *adj* naval
navet [navε] *nm* nabo; (*péj: film*)
tostón *m*
navette [navεt] *nf* lanzadera; (*en
car etc*) recorrido; **faire la ~
(entre)** ir y venir (entre)

navigateur [navigatœʁ] *nm*
navegante *m/f*
navigation [navigasjɔ̃] *nf*
navegación *f*
naviguer [navige] *vi* navegar
navire [naviʁ] *nm* buque *m*
navrer [navʁe] *vt* afligir; **je suis
navré** lo siento en el alma; **je
suis navré que** siento
muchísimo que
ne [n(ə)] *adv* no; **je ~ le veux
pas** no lo quiero; **je crains
qu'il ~ vienne** temo que venga;
je ~ veux que ton bonheur
sólo quiero tu felicidad; *voir*
jamais; **pas**; **plus**
né, e [ne] *pp de* **naître**; ~ **en
1960** nacido(-a) en 1960; **~e**
Dupont de soltera Dupont
néanmoins [neɑ̃mwɛ̃] *adv* no
obstante
néant [neɑ̃] *nm* nada; **réduire à
~** reducir a la nada
nécessaire [neseseʁ] *adj*
necesario(-a) ♦ *nm*: **faire le ~**
hacer lo necesario; **nécessité** *nf*
necesidad *f*; **nécessiter** *vt*
necesitar
nectar [nεktaʁ] *nm* néctar *m*
néerlandais, e [neεʁlɑ̃dε, εz]
adj neerlandés(-esa) ♦ *nm* (*LING*)
neerlandés *m* ♦ *nm/f*: **N~, e**
neerlandés(-esa)
nef [nεf] *nf* nave *f*
néfaste [nefast] *adj* nefasto(-a)
négatif, -ive [negatif, iv] *adj*
negativo(-a) ♦ *nm* (*PHOTO*)
negativo
négligé, e [negliʒe] *adj*
descuidado(-a)
négligeable [negliʒabl] *adj*
despreciable
négligent, e [negliʒɑ̃, ɑ̃t] *adj*
(*personne*) descuidado(-a); (*geste,
attitude*) negligente

négliger [neɡliʒe] vt descuidar; (avis, précautions) ignorar, no hacer caso; **~ de faire qch** olvidarse de hacer algo

négociant, e [neɡɔsjɑ̃, jɑ̃t] nm/f negociante m/f

négociation [neɡɔsjasjɔ̃] nf negociación f

négocier [neɡɔsje] vt negociar

nègre [nɛɡʀ] (péj) nm (aussi écrivain) negro

neige [nɛʒ] nf nieve f; **battre les œufs en ~** (CULIN) batir los huevos a punto de nieve; **neiger** vi nevar

nénuphar [nenyfaʀ] nm nenúfar m

néon [neɔ̃] nm neón m

néo-zélandais, e [neɔzelɑ̃dɛ, ɛz] (pl **~~~, es**) adj neocelandés(-esa) ♦ nm/f: **N~~~, e** neocelandés(-esa)

nerf [nɛʀ] nm nervio; **~s** nmpl nervios mpl; **être à bout de ~s** estar al borde de un ataque de nervios; **nerveux, -euse** adj nervioso(-a); **nervosité** nf nerviosismo

n'est-ce pas [nɛspa] adv: "**c'est bon, ~~~ ~?**" "está bueno, ¿verdad?"

Net [nɛt] nm (fam): **le ~** Internet m o f, la Red; **surfer sur le ~** navegar por Internet

net, nette [nɛt] adj (évident, sans équivoque) evidente; (distinct, propre, sans tache) limpio(-a); (photo, film) nítido(-a); (COMM) neto(-a) ♦ adv: **s'arrêter ~** pararse en seco ♦ nm: **mettre au ~** poner en limpio; **nettement** adv claramente; **nettement mieux/meilleur** mucho mejor; **netteté** nf (v adj) limpieza; nitidez f

nettoyage [netwajaʒ] nm limpieza; **~ à sec** limpieza en seco

nettoyer [netwaje] vt limpiar

neuf¹ [nœf] adj inv, nm inv nueve m inv; voir aussi **cinq**

neuf², neuve [nœf, nœv] adj nuevo(-a) ♦ nm: **remettre à ~** dejar como nuevo; **quoi de ~?** ¿qué hay de nuevo?

neutre [nøtʀ] adj neutro(-a); (POL) neutral ♦ nm neutro

neuve [nœv] adj voir **neuf²**

neuvième [nœvjɛm] adj, nm noveno(-a) ♦ nm (partitif) noveno; voir aussi **cinquième**

neveu, x [n(ə)vø] nm sobrino

nez [ne] nm nariz f; **avoir du ~** tener olfato; **~ à ~ avec** cara a cara con; **à vue de ~** a ojo de buen cubero

ni [ni] conj: **~ l'un ~ l'autre ne sont ...** ni uno ni otro son ...; **il n'a rien vu ~ entendu** no ha visto ni oído nada

niche [niʃ] nf (du chien) perrera; (dans un mur) hornacina, nicho; **nicher** vi anidar

nid [ni] nm nido

nièce [njɛs] nf sobrina

nier [nje] vt negar

Nil [nil] nm: **le ~** el Nilo

n'importe [nɛ̃pɔʀt] adv: **~ qui** cualquiera; **~ quoi** cualquier cosa; **~ où** a ou en cualquier sitio; **~ lequel/laquelle d'entre nous** cualquiera de nosotros(-as); **~ quel/quelle** cualquier/cualquiera; **~ quand** en cualquier momento; **~ comment** de cualquier manera

niveau, x [nivo] nm nivel m; **au ~ de** a nivel de; **le ~ de la mer** el nivel del mar; **~ de vie** (ÉCON) nivel de vida

niveler [niv(ə)le] vt nivelar

noble [nɔbl] *adj, nm/f* noble *m/f*;
noblesse *nf* nobleza

noce [nɔs] *nf* boda; **faire la ~**
(*fam*) ir de juerga

nocif, -ive [nɔsif, iv] *adj*
nocivo(-a)

nocturne [nɔktyrn] *adj*
nocturno(-a)

Noël [nɔel] *nm* Navidad *f*

nœud [nø] *nm* nudo; (*ruban*) lazo;
(*fig: liens*) vínculo; **~ papillon**
pajarita

noir, e [nwar] *adj* negro(-a);
(*obscur, sombre*) oscuro(-a);
(*roman*) policíaco(-a) ♦ *nm/f*
(*personne*) negro(-a) ♦ *nm* negro;
(*obscurité*): **dans le ~** en la
oscuridad; **au ~** ilegalmente; **il
fait ~** está oscuro; **noircir** *vi*
ennegrecer ♦ *vt* ensombrecer;
noire *nf* (*MUS*) negra

noisette [nwazet] *nf* avellana

noix [nwa] *nf* nuez *f*; (*CULIN*): **une
~ de beurre** una nuez de
mantequilla; **~ de coco** coco; **~
muscade** nuez moscada

nom [nɔ̃] *nm* nombre *m*; **~ de
famille** apellido; **~ de jeune
fille** apellido de soltera

nomade [nɔmad] *adj, nm/f*
nómada *m/f*

nombre [nɔ̃br] *nm* número;
venir en ~ venir muchos; **ils
sont au ~ de 3** son 3;
nombreux, -euse *adj* (*avec
nom pl*) numerosos(-as); **un
public nombreux** mucho
público; **peu nombreux** poco
numeroso(-a)

nombril [nɔ̃bri(l)] *nm* ombligo

nommer [nɔme] *vt* nombrar;
(*baptiser*) llamar; **se ~** *vpr*: **il se
nomme Jean** se llama Jean

non [nɔ̃] *adv* no; **~ (pas) que ...**
no porque ...; **~ plus: moi ~**

plus yo tampoco; **~ seulement**
no sólo

non alcoolisé, e [nɔ̃alkɔɔlize]
adj sin alcohol

nonante [nɔnɑ̃t] *adj, nm*
(*Belgique, Suisse*) noventa

nonchalant, e [nɔ̃ʃalɑ̃, ɑ̃t] *adj*
indolente

non-fumeur, -euse [nɔ̃fymœr,
øz] (*pl* **~~s, euses**) *nm/f* no
fumador(a)

non-sens [nɔ̃sɑ̃s] *nm* disparate *m*

nord [nɔr] *nm* norte *m*; (*région*):
le N~ el Norte ♦ *adj inv* norte;
au ~ (*situation*) al norte;
(*direction*) hacia el norte; **au ~ de**
al norte de; **nord-est** *nm inv*
nordeste *m*; **nord-ouest** *nm inv*
noroeste *m*

normal, e, -aux [nɔrmal, o] *adj*
normal; **normale** *nf*: **la
normale** la normalidad;
normalement *adv* normalmente

normand, e [nɔrmɑ̃, ɑ̃d] *adj*
normando(-a) ♦ *nm/f*: **N~, e**
normando(-a)

Normandie [nɔrmɑ̃di] *nf*
Normandía

norme [nɔrm] *nf* norma

Norvège [nɔrvɛʒ] *nf* Noruega;
norvégien, ne *adj* noruego(-a)
♦ *nm* (*LING*) noruego ♦ *nm/f*:
Norvégien, ne noruego(-a)

nos [no] *dét voir* **notre**

nostalgie [nɔstalʒi] *nf* nostalgia;
nostalgique *adj* nostálgico(-a)

notable [nɔtabl] *adj, nm/f* notable
m/f

notaire [nɔtɛr] *nm* notario

notamment [nɔtamɑ̃] *adv*
particularmente, especialmente

note [nɔt] *nf* nota; (*facture*)
cuenta; **~ de service** nota de
servicio

noter [nɔte] *vt* (*écrire*) anotar,

apuntar; (*remarquer*) señalar, notar
notice [nɔtis] *nf* nota; (*brochure*):
~ **explicative** folleto explicativo
notifier [nɔtifje] *vt*: ~ **qch à qn**
notificar algo a algn
notion [nosjɔ̃] *nf* noción *f*
notoire [nɔtwaʀ] *adj* notorio(-a)
notre [nɔtʀ] *dét* nuestro(-a)
nôtre, nos [notʀ, nos] *adj*
nuestro(-a) ♦ *pron*: **le** ~ el *ou* lo
nuestro; **la** ~ la nuestra; **les** ~**s**
los (las) nuestros(-as); **soyez des**
~**s** únase a nosotros
nouer [nwe] *vt* anudar, atar; (*fig:
amitié*) trabar; (: *alliance*) formar
noueux, -euse [nwø, øz] *adj*
nudoso(-a)
nourrice [nuʀis] *nf* nodriza
nourrir [nuʀiʀ] *vt* alimentar; (*fig:
espoir*) mantener; (: *haine*)
guardar; **logé, nourri**
alojamiento y comida;
nourrissant, e *adj*
alimenticio(-a); **nourriture** *nf*
alimento, comida
nous [nu] *pron* nosotros(-as);
(*objet direct, indirect*) nos; **c'est** ~
qui l'avons fait lo hicimos
nosotros; ~ **les Marseillais**
nosotros los marselleses; **il** ~ **le
dit** nos lo dice; **il** ~ **en a parlé**
nos habló de eso; **à** ~ (*possession*)
nuestro(-a), nuestros(-as); **ce
livre est à** ~ ese libro es nuestro;
avec/sans ~ con/sin nosotros;
plus riche que ~ más rico que
nosotros; ~ **mêmes** nosotros(-as)
mismos(-as)
**nouveau (nouvel), -elle,
-aux** [nuvo, nuvɛl] *adj* nuevo(-a)
♦ *nm/f* nuevo(-a), novato(-a); **de**
~, **à** ~ de nuevo, otra vez;
Nouvel An año nuevo;
nouveau venu recién llegado;
nouvelle venue recién llegada;

nouveau-né, e (*pl* **nouveau-
nés, es**) *adj, nm/f* recién
nacido(-a); **nouveauté** *nf*
novedad *f*
nouvel [nuvɛl] *adj m voir*
nouveau
nouvelle [nuvɛl] *adj f voir*
nouveau ♦ *nf* noticia; (*LITT*)
cuento; **Nouvelle-Calédonie**
nf Nueva Caledonia;
nouvellement *adv* (*arrivé etc*)
recién; **Nouvelle-Zélande** *nf*
Nueva Zelanda, Nueva Zelandia
(*AM*)
novembre [nɔvɑ̃bʀ] *nm*
noviembre *m*; *voir aussi* **juillet**
noyade [nwajad] *nf* ahogamiento
noyau, x [nwajo] *nm* núcleo; (*de
fruit*) hueso
noyer [nwaje] *nm* nogal *m* ♦ *vt*
ahogar; (*fig: submerger*) sumergir;
se ~ *vpr* ahogarse
nu, e [ny] *adj* desnudo(-a) ♦ *nm*
(*ART*) desnudo; **mettre à** ~
desnudar
nuage [nɥaʒ] *nm* nube *f*;
nuageux, -euse *adj*
nuboso(-a), nublado(-a)
nuance [nɥɑ̃s] *nf* matiz *m*; **il y a
une ~ (entre ...)** hay una leve
diferencia (entre ...); **nuancer** *vt*
matizar
nucléaire [nykleɛʀ] *adj* nuclear
nudiste [nydist] *nm/f* nudista *m/f*
nudiste [nydist] *nm/f* nudista *m/f*
nuée [nɥe] *nf*: **une ~ de** una
nube de
nuire [nɥiʀ] *vi* perjudicar; ~ **à
qn/qch** ser perjudicial para algn/
algo; **nuisible** *adj* perjudicial;
animal nuisible animal dañino
nuit [nɥi] *nf* noche *f*; **il fait** ~ es
de noche; **cette** ~ esta noche; **de**
~ por la noche; ~ **blanche**
noche en blanco *ou* en vela
nul, nulle [nyl] *adj* (*aucun*)

ninguno(-a); (*minime, non valable, péj*) nulo(-a); **♦ pron** nadie;
résultat ~, match ~ (*SPORT*) empate *m*; **~le part** en ningún sitio; (*aller etc*) a ningún sitio;
nullement *adv* de ningún modo
numéro [nymeʀo] *nm* número; **~ de téléphone** número de teléfono; **~ vert** número verde;
numéroter *vt* numerar
nuque [nyk] *nf* nuca
nu-tête [nytɛt] *adj inv* cabeza descubierta
nutritif, -ive [nytʀitif, iv] *adj* nutritivo(-a)
nylon [nilɔ̃] *nm* nylon *m*

O, o

oasis [ɔazis] *nf ou m* oasis *m inv*
obéir [ɔbeiʀ] *vi* obedecer; **~ à** obedecer a; (*loi*) acatar;
obéissance *nf* obediencia;
obéissant, e *adj* obediente
obèse [ɔbɛz] *adj* obeso(-a);
obésité *nf* obesidad *f*
objecter [ɔbʒɛkte] *vt* (*prétexter*) pretextar; **objecteur** *nm*:
objecteur de conscience objetor *m* de conciencia
objectif, -ive [ɔbʒɛktif, iv] *adj* objetivo(-a) **♦** *nm* objetivo
objection [ɔbʒɛksjɔ̃] *nf* objeción *f*;
objectivité *nf* objetividad *f*
objet [ɔbʒɛ] *nm* objeto; **être ou faire l'~ de** ser objeto de;
(bureau des) ~s trouvés (oficina de) objetos perdidos; **~ d'art** objeto de arte
obligation [ɔbligasjɔ̃] *nf* obligación *f*; (*gén pl: devoir*) compromiso *mpl*; **obligatoire** *adj* obligatorio(-a);
obligatoirement *adv*

(*nécessairement*) obligatoriamente; (*fatalement*) a la fuerza
obligé, e [ɔbliʒe] *adj* obligado(-a)
obliger [ɔbliʒe] *vt* obligar
oblique [ɔblik] *adj* oblicuo(-a)
oblitérer [ɔblitere] *vt* matar
obnubiler [ɔbnybile] *vt* obsesionar
obscène [ɔpsɛn] *adj* obsceno(-a)
obscur, e [ɔpskyʀ] *adj* oscuro(-a); **obscurcir** *vt* oscurecer; **obscurité** *nf* oscuridad *f*; **dans l'obscurité** en la oscuridad
obsédé, e [ɔpsede] *nm/f*: **un ~ de** un obseso de; **~ sexuel** obseso sexual
obséder [ɔpsede] *vt* obsesionar
obsèques [ɔpsɛk] *nfpl* exequias *fpl*
observateur, -trice [ɔpsɛʀvatœʀ, tʀis] *adj, nm/f* observador(a)
observation [ɔpsɛʀvasjɔ̃] *nf* observación *f*; (*d'un règlement etc*) cumplimiento *m*; **faire une ~ à qn** (*reproche*) criticarle a algn; **en ~** (*MÉD*) en observación
observatoire [ɔpsɛʀvatwaʀ] *nm* observatorio
observer [ɔpsɛʀve] *vt* observar; (*remarquer*) notar; **faire ~ qch à qn** hacer ver algo a algn
obsession [ɔpsesjɔ̃] *nf* obsesión *f*
obstacle [ɔpstakl] *nm* obstáculo
obstiné, e [ɔpstine] *adj* (*caractère*) obstinado(-a); (*effort*) tenaz
obstiner [ɔpstine]: **s'~** *vpr* obstinarse; **s'~ à faire qch** empeñarse en hacer algo; **s'~ sur qch** obcecarse con algo
obstruer [ɔpstʀye] *vt* obstruir
obtenir [ɔptəniʀ] *vt* conseguir, obtener; **~ de pouvoir faire**

qch conseguir poder hacer algo; **~ de qn qu'il fasse** conseguir que algn haga

obturateur [ɔptyratœr] *nm* (PHOTO) obturador *m*

obus [ɔby] *nm* obús *msg*

occasion [ɔkazjɔ̃] *nf* ocasión *f*, oportunidad *f*, chance *m ou f* (AM); (acquisition avantageuse) ganga; (circonstance) ocasión; **à plusieurs ~s** en varias ocasiones; **être l'~ de** ser el momento para; **à l'~ de** con motivo de; **d'~** de segunda mano, de ocasión; **occasionnel, le** *adj* (fortuit) ocasional; (non régulier) eventual

occasionner [ɔkazjɔne] *vt* ocasionar, causar

occident [ɔksidã] *nm* (POL): **l'O~** Occidente *m*

occidental, e, -aux [ɔksidãtal, o] *adj* occidental

occupation [ɔkypasjɔ̃] *nf* ocupación *f*

occupé, e [ɔkype] *adj* ocupado(-a); (ligne téléphonique) comunicando

occuper [ɔkype] *vt* ocupar; **s'~** *vpr* ocuparse; **s'~ de** (être responsable de) encargarse de; (clients etc) ocuparse de

occurrence [ɔkyrãs] *nf*: **en l'~** en este caso

océan [ɔseã] *nm* océano

octet [ɔkte] *nm* (INFORM) byte *m*, octeto

octobre [ɔktɔbr] *nm* octubre *m*; *voir aussi* **juillet**

oculiste [ɔkylist] *nm/f* oculista *m/f*

odeur [ɔdœr] *nf* olor *m*

odieux, -euse [ɔdjø, jøz] *adj* abominable

odorant, e [ɔdɔrã, ãt] *adj*

oloroso(-a)

odorat [ɔdɔra] *nm* olfato

œil [œj] (*pl* **yeux**) *nm* ojo; **à l'~** (fam) por la cara; **à l'~ nu** a simple vista; **avoir l'~** estar ojo avizor; **avoir l'~ sur qn** no quitar ojo a algn; **voir qch d'un bon/mauvais ~** ver algo con buenos/malos ojos; **à mes/ses yeux** para mí/él; **de ses propres yeux** con sus propios ojos; **fermer les yeux (sur)** (fig) hacer la vista gorda (a); **ne pas pouvoir fermer l'~** no pegar ojo; **les yeux fermés** a ciegas

œillères [œjer] *nfpl* anteojeras *fpl*; **avoir des ~** (fig: péj) ser de miras muy estrechas

œillet [œje] *nm* (BOT) clavel *m*; (trou, bordure rigide) ojete *m*

œuf [œf] *nm* huevo, blanquillo (MEX); **étouffer qch dans l'~** cortar algo de raíz; **~ à la coque/au plat/dur** huevo cocido/al plato/duro; **~ de Pâques** huevo de Pascua; **~ mollet** huevo pasado por agua; **~ poché** huevo escalfado; **~s brouillés** huevos *mpl* revueltos

œuvre [œvr] *nf* trabajo; (art) obra; (organisation charitable) obra benéfica ♦ *nm* (d'un artiste) obra; (CONSTR): **le gros ~** el armazón; **être/se mettre à l'~** estar/ponerse manos a la obra; **mettre en ~** poner en práctica

offense [ɔfɑ̃s] *nf* ofensa, agravio; **offenser** *vt* ofender

offert, e [ɔfer, ert] *pp de* **offrir**

office [ɔfis] *nm* (charge) cargo; (bureau, agence) oficina; (messe) oficio; **d'~** automáticamente; **~ du tourisme** oficina de turismo

officiel, le [ɔfisjel] *adj* oficial

officier [ɔfisje] *nm* oficial *m/f* ♦ *vi* (REL) oficiar; **~ de l'état-civil** teniente *m* (alcalde)

officieux, -euse [ɔfisjø, jøz] *adj* oficioso(-a)

offrande [ɔfʀɑ̃d] *nf* regalo

offre [ɔfʀ] *vb voir* **offrir** ♦ *nf* oferta; (ADMIN: soumission) licitación *f*; **"~s d'emploi"** "ofertas *fpl* de empleo"; **~ publique d'achat** oferta pública de compra

offrir [ɔfʀiʀ] *vt* regalar, ofrecer; **s'~** *vpr* (vacances) tomarse; (voiture) regalarse; **~ (à qn) de faire** *qch* ofrecer(le) (a algn) hacer algo; **~ à boire à qn** ofrecer de beber a algn

OGM *sigle m* (= organisme génétiquement modifié) OMG *m* (= organismo modificado genéticamente)

oie [wa] *nf* ganso, oca

oignon [ɔɲɔ̃] *nm* cebolla; (de tulipe etc) bulbo

oiseau, x [wazo] *nm* ave *f*, pájaro; **~ de proie** ave de rapiña

oisif, -ive [wazif, iv] *adj* ocioso(-a) ♦ *nm/f* (péj) holgazán(-ana)

oléoduc [ɔleɔdyk] *nm* oleoducto

olive [ɔliv] *nf* aceituna, oliva; **olivier** *nm* olivo

OLP [ɔɛlpe] *sigle f* (= Organisation de libération de la Palestine) OLP *f* (= Organización para la Liberación de Palestina)

olympique [ɔlɛ̃pik] *adj* olímpico(-a)

ombragé, e [ɔ̃bʀaʒe] *adj* (coin) con sombra; (colline) umbrío(-a)

ombre [ɔ̃bʀ] *nf* sombra; **il n'y a pas l'~ d'un doute** no hay la menor sombra de duda; **donner/faire de l'~** dar/hacer

sombra; **dans l'~** en la sombra; **~ à paupières** sombra de ojos

omelette [ɔmlɛt] *nf* tortilla

omettre [ɔmɛtʀ] *vt* omitir

omoplate [ɔmɔplat] *nf* omóplato, omoplato

MOT-CLÉ
---

on [ɔ̃] *pron* **1** (indéterminé): **on peut le faire ainsi** se puede hacer así; **on frappe à la porte** llaman a la puerta

2 (quelqu'un): **on les a attaqués** les atacaron; **on vous demande au téléphone** le llaman por teléfono

3 (nous) nosotros(-as); **on va y aller demain** vamos a ir (allí) mañana

4 (les gens): **autrefois, on croyait ...** antes, se creía ...; **on dit que ...** dicen que ..., se dice que ...

5: on ne peut plus *adv*: **il est on ne peut plus stupide** no puede ser más estúpido

oncle [ɔ̃kl] *nm* tío

onctueux, -euse [ɔ̃ktɥø, øz] *adj* cremoso(-a)

onde [ɔ̃d] *nf* onda; **sur les ~s** en antena; **~s courtes** onda *fsg* corta

ondée [ɔ̃de] *nf* chaparrón *m*

on-dit [ɔ̃di] *nm inv* rumor *m*

onduler [ɔ̃dyle] *vi* ondular; (route) serpentear

onéreux, -euse [ɔneʀø, øz] *adj* oneroso(-a)

ongle [ɔ̃gl] *nm* uña

ont [ɔ̃] *vb voir* **avoir**

ONU [ɔny] *sigle f* (= Organisation des Nations unies) ONU *f* (= Organización de las Naciones Unidas)

onze [ɔ̃z] adj inv, nm inv once **m** inv; voir aussi **cinq**; **onzième** adj, nm/f undécimo(-a) ♦ nm (partitif) onceavo; voir aussi **cinquième**

OPA [ɔpea] sigle f (= offre publique d'achat) OPA f (= Oferta Pública de Adquisición)

opaque [ɔpak] adj opaco(-a)

opéra [ɔpeʀa] nm ópera

opérateur, -trice [ɔpeʀatœʀ, tʀis] nm/f operador(a)

opération [ɔpeʀasjɔ̃] nf operación f

opératoire [ɔpeʀatwaʀ] adj operatorio(-a)

opérer [ɔpeʀe] vt operar; (faire, exécuter) realizar ♦ vi (agir) hacer efecto; (MÉD) operar; **s'~** vpr realizarse; **se faire ~** operarse

opérette [ɔpeʀɛt] nf opereta

opiner [ɔpine] vi: **~ de la tête** asentir con la cabeza

opinion [ɔpinjɔ̃] nf opinión f; **~s** nfpl convicciones fpl, ideas fpl; **l'~(publique)** la opinión pública

opportun, e [ɔpɔʀtœ̃, yn] adj oportuno(-a); **opportuniste** adj, nm/f oportunista m/f

opposant, e [ɔpozɑ̃, ɑ̃t] adj, nm/f opositor(a)

opposé, e [ɔpoze] adj opuesto(-a) ♦ nm: **l'~** (contraire) lo opuesto; **être ~ à** ser opuesto a; **à l'~** (direction) en dirección contraria; **à l'~ de** al otro lado de; (contrairement à) al contrario de

opposer [ɔpoze] vt (personnes etc) enfrentar; (suj: conflit) dividir; **s'~** vpr oponerse; **s'~ à** oponerse a; (tenir tête) enfrentarse a

opposition [ɔpozisjɔ̃] nf oposición f; **par ~ à** a diferencia de; **être en ~ avec** estar en

contra de; **faire ~ à un chèque** bloquear un cheque

oppressant, e [ɔpʀesɑ̃, ɑ̃t] adj agobiante

oppresser [ɔpʀese] vt (chaleur) agobiar; **oppression** nf opresión f

opprimer [ɔpʀime] vt oprimir

opter [ɔpte] vi: **~ pour/entre** optar por/entre

opticien, ne [ɔptisjɛ̃, jɛn] nm/f óptico(-a)

optimisme [ɔptimism] nm optimismo; **optimiste** adj, nm/f optimista m/f

option [ɔpsjɔ̃] nf opción f

optique [ɔptik] adj óptico(-a) ♦ nf óptica; (fig) enfoque m

or [ɔʀ] nm oro ♦ conj ahora bien; **en ~** de oro

orage [ɔʀaʒ] nm tormenta; **orageux, -euse** adj tormentoso(-a)

oral, e, -aux [ɔʀal, o] adj oral; **par voie ~e** (MÉD) por vía oral

orange [ɔʀɑ̃ʒ] nf naranja ♦ adj inv naranja inv ♦ nm (couleur) naranja m; **orangé, e** adj anaranjado(-a), naranja inv; **orangeade** nf naranjada; **oranger** nm naranjo

orateur [ɔʀatœʀ] nm orador(a)

orbite [ɔʀbit] nf (ANAT, PHYS) órbita

orchestre [ɔʀkɛstʀ] nm orquesta; (de jazz, danse) orquesta, grupo; (THÉÂTRE, CINÉ: places) patio de butacas

orchidée [ɔʀkide] nf orquídea

ordinaire [ɔʀdinɛʀ] adj ordinario(-a) ♦ nm (menus): **l'~** lo corriente ♦ nm (essence) normal f; **d'~** por lo general, corrientemente; **à l'~** de costumbre

ordinateur [ɔʀdinatœʀ] nm ordenador m

ordonnance [ɔʀdɔnɑ̃s] nf (MÉD) recette, prescription f
ordonné, e [ɔʀdɔne] adj ordenado(-a)
ordonner [ɔʀdɔne] vt ordenar; (MÉD) recetar, prescribir; **~ à qn de faire** ordenar ou mandar a algn que haga
ordre [ɔʀdʀ] nm orden m; **~s** nmpl (REL): **être/entrer dans les ~s** pertenecer/entrar en las órdenes; **mettre en ~** poner en orden; **avoir de l'~** tener orden, ser ordenado(-a); **rentrer dans l'~** volver a la normalidad; **être aux ~s de qn/sous les ~s de qn** estar a las órdenes de algn; **jusqu'à nouvel ~** hasta nuevo aviso; **payer à l'~ de** (COMM) pagar a la orden de; **dans le même ~/un autre ~ d'idées** en el mismo orden/en otro orden de cosas; **~ du jour** orden del día; **~ public** orden público
ordure [ɔʀdyʀ] nf basura; **~s ménagères** basura
oreille [ɔʀɛj] nf oreja; **avoir de l'~** tener oído
oreiller [ɔʀeje] nm almohada
oreillons [ɔʀɛjɔ̃] nmpl paperas fpl
ores [ɔʀ]: **d'~ et déjà** adv desde ahora, de aquí en adelante
orfèvrerie [ɔʀfɛvʀəʀi] nf orfebrería
organe [ɔʀgan] nm órgano
organigramme [ɔʀganigʀam] nm organigrama m
organique [ɔʀganik] adj orgánico(-a)
organisateur, -trice [ɔʀganizatœʀ, tʀis] nm/f organizador(a)
organisation [ɔʀganizasjɔ̃] nf organización f; **O~ des Nations unies** Organización de Naciones

Unidas
organiser [ɔʀganize] vt organizar; **s'~** vpr (personne) organizarse
organisme [ɔʀganism] nm organismo
organiste [ɔʀganist] nm/f organista m/f
orgasme [ɔʀgasm] nm orgasmo
orge [ɔʀʒ] nf cebada
orgue [ɔʀg] nm (MUS) órgano
orgueil [ɔʀgœj] nm orgullo, soberbia; **orgueilleux, -euse** adj orgulloso(-a)
oriental, e, -aux [ɔʀjãtal, o] adj oriental
orientation [ɔʀjãtasjɔ̃] nf orientación f; **avoir le sens de l'~** tener sentido de la orientación; **~ professionnelle** orientación profesional
orienté, e [ɔʀjãte] adj: **bien/mal ~** (appartement) bien/mal orientado(-a); **~ au sud** orientado(-a) al sur
orienter [ɔʀjãte] vt orientar, colocar; **s'~** vpr orientarse; **(s')~ vers** (recherches) orientar(se) ou dirigir(se) hacia
origan [ɔʀigã] nm orégano
originaire [ɔʀiʒinɛʀ] adj originario(-a)
original, e, -aux [ɔʀiʒinal, o] adj original ♦ nm/f (fam: excentrique) excéntrico(-a), extravagante m/f ♦ nm (document) original m
origine [ɔʀiʒin] nf origen m; **originel, le** adj original
orme [ɔʀm] nm olmo
ornement [ɔʀnəmã] nm adorno
orner [ɔʀne] vt adornar
ornière [ɔʀnjɛʀ] nf carril m
orphelin, e [ɔʀfəlɛ̃, in] adj, nm/f huérfano(-a); **orphelinat** nm

orfanato

orteil [ɔrtɛj] *nm* dedo del pie

orthographe [ɔrtɔgraf] *nf*
ortografía

ortie [ɔrti] *nf* ortiga

os [ɔs] *nm* hueso

osciller [ɔsile] *vi* oscilar; **~ entre**
vacilar *ou* dudar entre

osé, e [oze] *adj* (*tentative*)
osado(-a); (*plaisanterie*)
atrevido(-a)

oseille [ozɛj] *nf* acedera

oser [oze] *vt*, *vi* osar, atreverse; **~
faire qch** atreverse a hacer algo

osier [ozje] *nm* mimbre *m*; **d'~,
en ~** de mimbre

osseux, -euse [ɔsø, øz] *adj*
óseo(-a); (*main, visage*)
huesudo(-a)

otage [ɔtaʒ] *nm* rehén *m*;
prendre qn comme *ou* **en ~**
tomar *ou* coger a algn de *ou* como
rehén

OTAN [ɔtɑ̃] *sigle f* (= *Organisation
du traité de l'Atlantique Nord*)
OTAN *f* (= *Organización del
Tratado del Atlántico Norte*)

otarie [ɔtari] *nf* león *m* marino,
otaria

ôter [ote] *vt* quitar, restar; **~ qch**
quitar algo de; **~ qch à qn** quitar algo a
algn

otite [ɔtit] *nf* otitis *f inv*

ou [u] *conj* o, u; **l'un ~ l'autre**
una u otra

MOT-CLÉ

---

où [u] *pron rel* **1** (*lieu*) donde, en
que; **la chambre où il était** la
habitación en que *ou* donde
estaba; **le village d'où je viens**
el pueblo de donde vengo; **les
villes par où il est passé** las
ciudades por donde pasó

2 (*direction*) adonde; **la ville où
je me rends** la ciudad adonde
me dirijo

3 (*temps, état*) (en) que; **le jour
où il est parti** el día (en) que se
marchó; **au prix où c'est** al
precio que está

♦ *adv* **1** (*interrogatif*) ¿dónde?; **où
est-il?** ¿dónde está?; **par où?**
¿por dónde?

2 (*direction*) (a)dónde; **où va-t-
il?** ¿(a)dónde va?

3 (*relatif*) donde; **je sais où il
est** sé dónde está; **où que l'on
aille** vayamos donde vayamos,
dondequiera que vayamos

---

ouate ['wat] *nf* algodón *m*, guata

oubli [ubli] *nm* olvido; **l'~** el
olvido

oublier [ublije] *vt* olvidar

ouest [wɛst] *nm* oeste *m* ♦ *adj inv*
oeste; **à l'~ (de)** al oeste (de)

ouf ['uf] *excl* ¡uf!

oui ['wi] *adv* sí

ouï-dire ['widir] *nm inv*: **par ~~~**
de oídas

ouïe [wi] *nf* oído; **~s** *nfpl* (*de
poisson*) agallas *fpl*

ouragan [uragɑ̃] *nm* huracán
m

ourlet [urlɛ] *nm* (COUTURE)
dobladillo

ours [urs] *nm inv* oso; **~ blanc/
brun** oso blanco/pardo; **~ (en
peluche)** oso de peluche

oursin [ursɛ̃] *nm* erizo de
mar

ourson [ursɔ̃] *nm* osezno(-a)

ouste [ust] *excl* ¡fuera!, ¡largo de
aquí!

outil [uti] *nm* herramienta,
instrumento; **outiller** *vt* equipar
de herramienta *ou* de maquinaria

outrage [utraʒ] *nm* ultraje *m*;

~ **à la pudeur** (*JUR*) ultraje al
pudor
outrance [utʀɑ̃s] *adv*: **à ~** a
ultranza
outre [utʀ] *nf* odre m; **passer ~**
à hacer caso omiso a; **en ~**
además, por añadidura; **~**
mesure sin medida,
desmesuradamente; **outre-**
Atlantique *adv* al otro lado del
Atlántico; **outre-mer** *adv*
ultramar
ouvert, e [uvɛʀ, ɛʀt] *pp de*
ouvrir ♦ *adj* abierto(-a);
ouvertement *adv* (*agir*)
abiertamente; **ouverture** *nf*
apertura; (*orifice, MUS*) obertura;
ouverture d'esprit apertura de
ideas, amplitud f de ideas
ouvrable [uvʀabl] *adj*: **jour ~** día
m laborable
ouvrage [uvʀaʒ] *nm* obra
ouvre-boîte(s) [uvʀɔbwat] *nm*
inv abrelatas m *inv*
ouvre-bouteille(s) [uvʀɔbutɛj]
nm inv abrebotellas m *inv*
ouvreuse [uvʀøz] *nf*
acomodadora
ouvrier, -ière [uvʀije, ijɛʀ] *nm/f*
obrero(-a) **♦** *adj* obrero(-a);
classe ouvrière clase f
obrera
ouvrir [uvʀiʀ] *vt* abrir **♦** *vi* abrir;
s'~ *vpr* abrirse; **s'~ à qn**
confiarse a algn
ovaire [ɔvɛʀ] *nm* ovario
ovale [ɔval] *adj* oval, ovalado(-a)
OVNI [ɔvni] *sigle m* (= *objet volant*
non identifié) OVNI m (= *objeto*
volante no identificado)
oxyder [ɔkside]: **s'~** *vpr* oxidarse
oxygène [ɔksiʒɛn] *nm* oxígeno
oxygéné, e [ɔksiʒene] *adj*: **eau**
~e agua oxigenada
ozone [ozɔn] *nm* ozono

P, p

pacifique [pasifik] *adj* pacífico(-a)
♦ *nm*: **le P~, l'océan P~** el
(Océano) Pacífico
pack [pak] *nm* pack m
pacotille [pakɔtij] (*péj*) *nf*
pacotilla
pacte [pakt] *nm* pacto
pagaille [pagaj] *nf* (*désordre*)
follón m, desbarajuste m
page [paʒ] *nf* página **♦** *nm* paje m;
être à la ~ (*fig*) estar al día
paiement [pemɑ̃] *nm* pago
païen, ne [pajɛ̃, pajɛn] *adj*, *nm/f*
pagano(-a)
paillasson [pajasɔ̃] *nm* felpudo
paille [paj] *nf* paja; (*défaut*)
defecto
paillettes [pajɛt] *nfpl* lentejuelas
fpl
pain [pɛ̃] *nm* pan m; **petit ~**
panecillo; **~ complet** pan
integral; **~ d'épice(s)** alfajor m;
~ de mie pan de molde; **~ grillé**
pan tostado
pair, e [pɛʀ] *adj* par; **paire** *nf* par
m
paisible [pezibl] *adj* apacible;
(*ville, lac*) tranquilo(-a)
paix [pɛ] *nf* paz f; (*fig: tranquillité*)
paz, sosiego; **faire la ~ avec**
hacer las paces con; **avoir la ~**
tener paz
Pakistan [pakistɑ̃] *nm* Paquistán
m
palais [palɛ] *nm* palacio; (*ANAT*)
paladar m
pâle [pɑl] *adj* pálido(-a); **bleu/**
vert ~ azul/verde pálido
Palestine [palestin] *nf* Palestina
palette [palɛt] *nf* paleta; (*plateau*
de chargement) plataforma

pâleur [pɑlœʀ] *nf* palidez *f*

palier [palje] *nm* (d'escalier) rellano; **par ~s** gradualmente

pâlir [pɑliʀ] *vi* palidecer

pallier [palje] *vt* paliar

palme [palm] *nf* palma; **palmé, e** *adj* palmeado(-a)

palmier [palmje] *nm* palmera

pâlot, e [pɑlo, ɔt] *adj* paliducho(-a)

palourde [paluʀd] *nf* almeja

palper [palpe] *vt* palpar

palpitant, e [palpitɑ̃, ɑ̃t] *adj* palpitante

palpiter [palpite] *vi* palpitar

paludisme [palydism] *nm* paludismo

pamphlet [pɑ̃flɛ] *nm* panfleto

pamplemousse [pɑ̃pləmus] *nm* pomelo

pan [pɑ̃] *nm* (d'un manteau, rideau) faldón *m*; (côté) cara ♦ *excl* ¡pum!

panache [panaʃ] *nm* penacho; **avoir du ~** (fig) tener caballerosidad

panaché, e [panaʃe] *nm* clara, cerveza con gaseosa

pancarte [pɑ̃kaʀt] *nf* cartel *m*, pancarta

pancréas [pɑ̃kʀeas] *nm* páncreas *m inv*

pané, e [pane] *adj* empanado(-a)

panier [panje] *nm* cesta; **~ à provisions** cesta de la compra; **panier-repas** (pl paniers-repas) *nm* almuerzo

panique [panik] *nf* pánico; **paniquer** *vt* aterrorizar ♦ *vi* aterrorizarse, espantarse

panne [pan] *nf* avería; **être/tomber en ~** tener una avería, descomponerse/estar descompuesto (esp MEX); **tomber en ~ d'essence** *ou* **sèche** quedarse sin gasolina; **~ d'électricité** *ou* **de courant** corte *m* eléctrico

panneau, x [pano] *nm* panel *m*; **~ d'affichage** tablón *m* de anuncios; **~ de signalisation** señal *f* de tráfico; **~ indicateur** panel indicador

panoplie [panɔpli] *nf* panoplia

panorama [panɔʀama] *nm* panorama *m*

panse [pɑ̃s] *nf* panza

pansement [pɑ̃smɑ̃] *nm* venda, apósito; **~ adhésif** tirita, curita (AM)

pantalon [pɑ̃talɔ̃] *nm* pantalón *m*

panthère [pɑ̃tɛʀ] *nf* pantera

pantin [pɑ̃tɛ̃] *nm* pelele *m*

pantoufle [pɑ̃tufl] *nf* zapatilla

paon [pɑ̃] *nm* pavo real

papa [papa] *nm* papá *m*

pape [pap] *nm* papa *m*

paperasse [papʀas] (péj) *nf*: **des ~s** *ou* **de la ~** papelotes *mpl*; **paperasserie** (péj) *nf* papelorio

papeterie [papɛtʀi] *nf* papelería

papi [papi] (fam) *nm* abuelito

papier [papje] *nm* papel *m*; **~s** *nmpl* (aussi: **~s d'identité**) documentación *f*, papeles *mpl*; **~ à lettres** papel de cartas; **~ (d')aluminium** papel de aluminio; **~ d'emballage** papel de envolver; **~ de verre** papel de lija; **~ hygiénique** papel higiénico; **~ peint** papel pintado

papillon [papijɔ̃] *nm* mariposa

papillote [papijɔt] *nf* papillote *m*

papoter [papɔte] *vi* parlotear

paquebot [pak(ə)bo] *nm* paquebote *m*

pâquerette [pɑkʀɛt] *nf* margarita

Pâques [pɑk] *nfpl* (fête) Pascua *fsg* ♦ *nm* (période) Semana Santa

paquet [pakɛ] *nm* paquete *m*;

paquet-cadeau (*pl* **paquets-cadeaux**) *nm* paquete *m* regalo *inv*

MOT-CLÉ
---

par [paʀ] *prép* **1** (*agent, cause*) por; **par amour** por amor; **peint par un grand artiste** pintado por un gran artista
2 (*lieu, direction*) por; **passer par Lyon/la côte** pasar por Lyon/la costa; **par la fenêtre** (*jeter, regarder*) por la ventana; **par le haut/bas** (*marcher, entrer, prendre etc*) por arriba/abajo; **par ici** por aquí; **par où?** ¿por dónde?; **par là** por allí; **par-ci, par-là** aquí y allá; **être/jeter par terre** estar en el/tirar al suelo
3 (*fréquence, distribution*) por; **3 fois par semaine** 3 veces por *ou* a la semana; **3 par jour/personne** 3 al día/por persona; **par centaines** a cientos, a centenares; **par 2** (*marcher, entrer, prendre etc*) de 2 en 2
4 (*moyen*) por; **par la poste** por correo
5 (*manière*): **prendre par la main** coger *ou* agarrar de la mano; **prendre par la poignée** coger *ou* agarrar por el asa; **finir** *etc* **par** terminar *etc* por; **le film se termine par une scène d'amour** la película termina con una escena de amor; **Pau commence par la lettre 'p'** Pau empieza por 'p'

---

parabolique [paʀabɔlik] *adj* parabólico(-a)
parachute [paʀaʃyt] *nm* paracaídas *m inv*; **parachutiste** *nm/f* paracaidista *m/f*
parade [paʀad] *nf* (MIL) desfile *m*

paradis [paʀadi] *nm* paraíso *m*
paradoxe [paʀadɔks] *nm* paradoja
paraffine [paʀafin] *nf* parafina
parages [paʀaʒ] *nmpl* (NAUT) aguas *fpl*; **dans les ~** (**de**) en los alrededores (de)
paragraphe [paʀagʀaf] *nm* párrafo
paraître [paʀetʀ] *vb + attribut* parecer, verse (AM) ♦ *vi* (*apparaître*) aparecer; (PRESSE, ÉDITION) publicarse; (*sembler*) parecer; **il paraît que** parece que; **~ en justice** comparecer ante la justicia
parallèle [paʀalɛl] *adj* paralelo(-a) ♦ *nm* paralelo ♦ *nf* (*droite, ligne*) paralela
paralyser [paʀalize] *vt* paralizar
paramédical, e, -aux [paʀamedikal, o] *adj*: **personnel ~** personal *m* paramédico
paraphrase [paʀafʀaz] *nf* paráfrasis *f inv*
parapluie [paʀaplɥi] *nm* paraguas *m inv*
parasite [paʀazit] *nm* parásito ♦ *adj* parásito(-a); **~s** *nmpl* (TÉL) parásitos *mpl*
parasol [paʀasɔl] *nm* quitasol *m*
paratonnerre [paʀatɔnɛʀ] *nm* pararrayos *m inv*
parc [paʀk] *nm* parque *m*; **~ de stationnement** aparcamiento *m*
parcelle [paʀsɛl] *nf* (*d'or, de vérité*) partícula; (*de terrain*) parcela
parce que [paʀs(ə)kə] *conj* porque
parchemin [paʀʃəmɛ̃] *nm* pergamino
parcmètre [paʀkmɛtʀ] *nm* parquímetro
parcourir [paʀkuʀiʀ] *vt* recorrer;

parcours [parkur] *vb voir*
parcourir ♦ *nm* (*trajet, itinéraire*)
trayecto; (*SPORT*) recorrido
par-dessous [pard(ə)su] *prép*
por debajo de **♦** *adv* por debajo
pardessus [pardəsy] *nm* abrigo
par-dessus [pard(ə)sy] *prép* por
encima de; **~~ le marché** para
colmo
par-devant [pard(ə)vā] *prép* ante
♦ *adv* por delante
pardon [pardɔ̃] *nm* perdón *m* **♦**
excl ¡perdón!, ¡disculpe!;
demander ~ à qn (de ...)
pedir perdón a algn (por ...);
pardonner *vt* perdonar;
pardonner qch à qn perdonar
algo a algn
pare...: pare-brise *nm inv*
parabrisas *m inv*; **pare-chocs**
nm inv parachoques *m inv*
pareil, le [parɛj] *adj* igual;
(*similaire*) parecido(-a); **faire ~**
hacer lo mismo; **~ à** parecido(-a)
a; **sans ~** sin igual
parent, e [parā, āt] *nm/f*
pariente(-a); **~s** *nmpl* (*père et
mère*) padres *mpl*; (*famille, proches*)
parientes *mpl*; **parenté** *nf*
(*rapport, lien*) parentesco
parenthèse [parātɛz] *nf*
paréntesis *m inv*
paresse [parɛs] *nf* pereza,
holgazanería; **paresseux,
-euse** *adj* perezoso(-a), flojo(-a)
(*AM*)
parfait, e [parfɛ, ɛt] *pp de*
parfaire ♦ *adj* perfecto(-a);
parfaitement *adv*
perfectamente **♦** *excl* ¡seguro!,
¡desde luego!
parfois [parfwa] *adv* a veces
parfum [parfœ̃] *nm* perfume *m*;
(*de tabac, vin*) aroma *m*; (*de glace*

etc) sabor *m*; **parfumé, e** *adj*
perfumado(-a); **parfumé au
café** aromatizado(-a) con café,
con sabor a café; **parfumer** *vt*
perfumar; (*crème, gâteau*)
aromatizar; **parfumerie** *nf*
perfumería
pari [pari] *nm* apuesta; **parier** *vt*
apostar
Paris [pari] *n* París; **parisien,
ne** *adj* (*personne, vie*) parisino(-a);
(*GÉO, ADMIN*) parisiense **♦** *nm/f*:
Parisien, ne parisiense *m/f*
parjure [parʒyr] *nm* perjurio
parking [parkiŋ] *nm*
aparcamiento
parlant, e [parlā, āt] *adj* vivo(-a),
elocuente; (*CINÉ*) sonoro(-a)
parlement [parləmā] *nm*
parlamento; **parlementaire** *adj*
parlamentario(-a) **♦** *nm/f* (*député*)
parlamentario(-a)
parler [parle] *nm* habla **♦** *vi*
hablar; **~ de qch/qn** hablar de
algo/algn; **~ (à qn) de** hablar (a
algn) de; **~ affaires/politique**
hablar de negocios/de política; **~
en dormant** hablar en sueños; **tu
parles!** ¡ya ves!
parloir [parlwar] *nm* locutorio;
(*d'un hôpital*) sala de visitas
parmi [parmi] *prép* entre, en
medio de
paroi [parwa] *nf* pared *f*
paroisse [parwas] *nf* parroquia
parole [parɔl] *nf* palabra; **~s** *nfpl*
(*d'une chanson*) letra *fsg*; **tenir ~**
cumplir con su palabra; **avoir/
prendre la ~** tener/tomar la
palabra; **sur ~: croire qn sur ~**
confiar en la palabra de algn;
prisonnier sur ~ preso bajo
palabra
parquet [parkɛ] *nm* (*plancher*)
parqué *m*; **le ~** (*JUR*) el tribunal de

justicia

parrain |parɛ̃| nm padrino;
parrainer vt apadrinar; (suj:
entreprise) patrocinar

pars |par| vb voir **partir**

parsemer |parsəme| vt cubrir; ~
qch de sembrar algo de

part |par| vb voir **partir** ♦ nf parte
f; (de gâteau, fromage) trozo,
pedazo; (titre) acción f; **prendre
~ à** (débat etc) tomar parte en;
pour ma ~ por mi parte; **à ~
entière** de pleno derecho; **de la
~ de** de parte de; **de ~ et
d'autre** a ou en ambos lados; **de
~ en ~** de parte a parte; **d'une
~ ... d'autre** por una parte ...
por otra; **nulle/autre/quelque**
~ en ninguna/en otra/en alguna
parte; **à ~** adv aparte ♦ prép: **à ~
cela** aparte de eso, excepto eso

partage |partaʒ| nm reparto

partager |partaʒe| vt repartir; **se
~** vpr repartirse; **~ un gâteau en
quatre/une ville en deux**
dividir un pastel en cuatro/una
ciudad en dos; **~ la joie de qn/
la responsabilité d'un acte**
compartir la alegría de algn/la
responsabilidad de un acto

partenaire |partənɛr| nm/f
compañero(-a)

parterre |partɛr| nm (de fleurs)
parterre m, arriate m; (THÉÂTRE)
patio de butacas

parti |parti| nm partido; **un
beau/riche ~** un buen partido;
tirer ~ de sacar partido de;
prendre le ~ de faire qch
tomar la decisión de hacer algo;
prendre ~ (pour qn) tomar
partido (por algn); **~ pris**
prejuicio

partial, e, -aux |parsjal, jo| adj
parcial

participant, e |partisipɑ̃, ɑ̃t|
nm/f participante m/f; (à un
concours) concursante m/f

participation |partisipasjɔ̃| nf
participación f; **la ~ aux frais** la
contribución a los gastos

participer |partisipe|: **~ à** vt ind
participar en

particularité |partikylarite| nf
particularidad f

particulier, -ière |partikylje,
jɛr| adj particular; (entretien,
conversation) privado(-a); **avec
un soin ~** con un cuidado
especial; **~ à** propio(-a) de; **en ~**
(précisément) en concreto; (en
privé) en privado; (surtout)
especialmente;

particulièrement adv
principalmente

partie |parti| nf parte f; (de cartes,
tennis) partida; **en ~** en parte;
faire ~ de qch formar parte de
algo; **en grande/majeure ~** en
gran/la mayor parte; **~ civile**
(JUR) parte civil

partiel, le |parsjɛl| adj, nm
parcial m

partir |partir| vi (gén) partir;
(train, bus etc) salir; (s'éloigner)
marcharse; **~ de** (lieu) salir de;
(suj: personne, route) partir de; **~
pour/à** (lieu, pays) salir para/
hacia; **à ~ de** a partir de

partisan, e |partizɑ̃, an| nm/f
seguidor(a), partidario(-a) ♦ adj
partidario(-a)

partition |partisjɔ̃| nf (MUS)
partitura

partout |partu| adv por todas
partes; **~ où il allait** por
dondequiera que iba; **trente/
quarante ~** (TENNIS) iguales a
treinta/a cuarenta, empate m a
treinta/a cuarenta

paru, e [paʀy] *pp de* **paraître**

parution [paʀysjɔ̃] *nf* aparición *f*,
publicación *f*

parvenir [paʀvəniʀ]: **~ à** *vt ind*
llegar a, arribar a (AM); **~ à ses**
fins alcanzar sus fines; **~ à faire**
qch conseguir hacer algo; **faire**
~ qch à qn hacer llegar algo a
algn

pas¹ [pɑ] *nm* paso; **~ à ~** paso a
paso; **marcher à grands ~**
andar dando zancadas; **rouler au**
~ (AUTO) ir a paso lento; **au ~ de**
gymnastique a paso de course a
paso ligero/a la carrera; **à ~ de**
loup con paso sigiloso; **faire les**
cent ~ ir y venir, de un lado
para otro; **faire les premiers ~**
dar los primeros pasos;
retourner *ou* **revenir sur ses**
~ volver sobre sus pasos; **sur le**
~ de la porte en el umbral (de
la puerta); **le ~ de Calais**
(*détroit*) el paso *ou* estrecho de
Calais

MOT-CLÉ

pas² [pɑ] *adv* **1** (*avec ne, non*
etc): **ne ... pas** no; **je ne vais**
pas à l'école no voy a la
escuela; **je ne mange pas de**
pain no como pan; **il ne ment**
pas no miente; **ils n'ont pas**
de voiture/d'enfants no tienen
coche/niños; **il m'a dit de ne**
pas le faire me ha dicho que no
lo haga; **non pas que ...** no es
que ...; **je n'en sais pas plus**
no sé más; **il n'y avait pas plus**
de 200 personnes no había
más de 200 personas; **je ne**
reviendrai pas de sitôt tardaré
en volver

2 (*sans ne etc*): **pas moi** yo no;
(*renforçant l'opposition*): **elle**

travaille, (mais) lui pas *ou*
pas lui ella trabaja, (pero) él no;
(*dans des réponses négatives*): **pas**
de sucre, merci! ¡sin azúcar,
gracias!; **une pomme pas mûre**
una manzana que no está madura;
je suis très content - yo no;
pas *ou* **pas moi** yo estoy muy
contento - yo no; **pas du tout**
(*réponse*) en absoluto; **ça ne me**
plaît pas du tout no me gusta
nada; **ils sont 4 et non (pas) 3**
son 4 y no 3; **pas encore**
todavía no

3: pas mal no está mal; **ça va?**
- pas mal ¿qué tal? - bien; **pas**
mal de (*beaucoup de*): **ils ont**
pas mal d'argent no andan mal
de dinero

passage [pasaʒ] *nm* paso;
(*extrait*) pasaje *m*; **"laissez/**
n'obstruez pas le ~" "dejen/
no impidan el paso"; **de ~**
(*touristes*) de paso; **au ~** (*en*
passant) al paso, de paso; **~ à**
niveau paso a nivel

passager, -ère [pasaʒe, ɛʀ] *adj*
pasajero(-a) ♦ *nm/f* pasajero(-a); **~**
clandestin polizón *m*

passant, e [pasɑ̃, ɑ̃t] *adj*
transitado(-a) ♦ *nm/f* transeúnte
m/f

passe [pɑs] *nf* pase *m*

passé, e [pɑse] *adj* pasado(-a) ♦
prép: **~ 10 heures/7 ans/ce**
poids después de las 10/de 7
años/a partir de ese peso ♦ *nm*
pasado(-a); **~ de mode** pasado(-a)
de moda; **~ simple/composé**
perfecto simple/pretérito perfecto

passe-partout [pɑspaʀtu] *nm*
inv llave *f* maestra

passeport [pɑspɔʀ] *nm*
pasaporte *m*

passer [pɑse] vi pasar; (air) correr; (liquide, café) filtrarse, colarse; (couleur, papier) decolorarse ♦ vt pasar; (obstacle) pasar, superar; (frontière, rivière etc) cruzar; (examen) hacer; (film, émission, disque) poner; (vêtement) ponerse; (café) filtrar; **se ~** vpr (scène, action) transcurrir; (s'écouler) pasar; (arriver): **que s'est-il passé?** ¿qué ha pasado?; **~ par** pasar por; **~ chez qn** pasar por la casa de algn; **~ qch à qn** pasar algo a algn; **~ devant/derrière qn/qch** pasar delante/detrás de algn/algo; **~ avant qch/qn** estar antes de algo/de algn; **laisser ~** dejar pasar; **~ directeur/président** ascender a director/a presidente; **~ en seconde/troisième** (AUTO) meter segunda/tercera; **~ à l'action** pasar a la acción; **~ outre (à qch)** hacer caso omiso (de algo); **~ pour un imbécile** pasar por un imbécil; **~ à table** sentarse a la mesa; **je passe mon tour** paso; **~ l'aspirateur** pasar la aspiradora; **je vous passe M. X** le pongo ou comunico (AM) con el Sr. X; **~ commande** hacer un pedido; **~ un marché/accord** concertar un negocio/acuerdo; **se ~ de l'eau sur le visage** echarse agua sur la cara; **se ~ de qch** (s'en priver) pasarse sin algo

passerelle [pɑsʀɛl] nf pasarela

passe-temps [pɑstɑ̃] nm inv pasatiempo

passif, -ive [pasif, iv] adj pasivo(-a)

passion [pasjɔ̃] nf pasión f; **passionnant, e** adj apasionante; **passionné, e** adj

apasionado(-a); **passionner** vt apasionar; **se passionner pour qch** apasionarse por algo

passoire [pɑswaʀ] nf colador m

pastèque [pastɛk] nf sandía

pasteur [pastœʀ] nm pastor m

pasteuriser [pastœʀize] vt pasteurizar

pastille [pastij] nf pastilla

patate [patat] nf patata, papa (AM); **~ douce** batata, camote m (AM)

patauger [patoʒe] vi chapotear

pâte [pɑt] nf pasta; **~s** nfpl (macaroni etc) pastas fpl; **~ à modeler** plastilina; **~ brisée** pasta quebrada; **~ d'amandes** pasta de almendra; **~ de fruits** fruta escarchada; **~ feuilletée** masa de hojaldre

pâté [pɑte] nm paté m; (CULIN) paté m; **~ de maisons** manzana de casas; **~ en croûte** paté empanado

pâtée [pɑte] nf cebo

paternel, le [patɛʀnɛl] adj paterno(-a)

pâteux, -euse [pɑtø, øz] adj pastoso(-a)

pathétique [patetik] adj patético(-a)

patience [pasjɑ̃s] nf paciencia; (CARTES) solitario

patient, e [pasjɑ̃, jɑ̃t] adj, nm/f paciente m/f; **patienter** vi esperar

patin [patɛ̃] nm patín m; **~s (à glace)** patines mpl (de cuchilla); **~s à roulettes** patines de ruedas

patinage [patinaʒ] nm patinaje m

patiner [patine] vi patinar; **patineur, -euse** nm/f patinador(a); **patinoire** nf pista de patinaje

pâtir [pɑtiʀ] vi: **~ de** padecer de

pâtisserie [pɑtisri] nf pastelería; (à la maison) repostería; ~s nfpl (gâteaux) pasteles mpl; **pâtissier, -ière** nm/f pastelero(-a)

patois [patwa] nm dialecto

patrie [patri] nf patria

patrimoine [patrimwan] nm patrimonio

patriotique [patrijɔtik] adj patriótico(-a)

patron, ne [patrɔ̃, ɔn] nm/f (chef) jefe(-a), patrón(-ona); (REL) patrono(-a) ♦ nm (COUTURE) patrón m; **patronat** nm empresariado; **patronner** vt (personne, entreprise) patrocinar

patrouille [patruj] nf patrulla

patte [pat] nf pata

pâturage [pɑtyraʒ] nm pasto

paume [pom] nf palma (de la mano)

paumé, e [pome] (fam) adj marginado(-a)

paupière [popjɛr] nf párpado

pause [poz] nf (arrêt, halte) parada; (en parlant) pausa; (MUS) silencio

pauvre [povr] adj, nm/f pobre m/f; **pauvreté** nf pobreza

pavé, e [pave] adj pavimentado(-a) ♦ nm (bloc de pierre) adoquín m; (pavage, pavement) pavimento

pavillon [pavijɔ̃] nm pabellón m; (maisonnette, villa) chalet m

payant, e [pejɑ̃, ɑ̃t] adj (hôte, spectateur) que paga; **c'est ~** hay que pagar

paye [pɛj] nf paga

payement [pɛjmɑ̃] nm = **paiement**

payer [peje] vt pagar ♦ vi (métier) dar dinero; (effort, tactique) dar fruto; **il me l'a fait ~ 10 F** me

ha cobrado 10 francos; **~ qch à qn** pagar algo a algn; **se ~ la tête de qn** (fam) burlarse de algn, tomar el pelo a algn

pays [pei] nm país msg

paysage [peizaʒ] nm paisaje m

paysan, ne [peizɑ̃, an] nm/f campesino(-a)

Pays-Bas [peiba] nmpl: **les ~~~** los Países Bajos

PC [pese] sigle m (= Parti communiste) partido comunista; (= personal computer) OP (= ordenador personal)

PDG [pedeʒe] sigle m (= président directeur général) voir **président**

péage [peaʒ] nm peaje m

peau, x [po] nf piel f; **être bien/mal dans sa ~** encontrarse/no encontrarse bien consigo mismo; **~ de chamois** gamuza

péché [peʃe] nm pecado

pêche [pɛʃ] nf pesca; (fruit) melocotón m, durazno (AM); **~ à la ligne** pesca con caña

pécher [peʃe] vi pecar

pêcher [peʃe] nm melocotonero ♦ vi ir de pesca ♦ vt pescar

pécheur, -eresse [peʃœr, peʃrɛs] nm/f pecador(a)

pêcheur [peʃœr] nm pescador m

pédagogie [pedagɔʒi] nf pedagogía; **pédagogique** adj pedagógico(-a)

pédale [pedal] nf pedal m

pédalo [pedalo] nm barca a pedal

pédant, e [pedɑ̃, ɑ̃t] (péj) adj, nm/f pedante m/f

pédestre [pedɛstr] adj: **randonnée ~** excursión f a pie

pédiatre [pedjatr] nm/f pediatra m/f

pédicure [pedikyr] nm/f pedicuro(-a)

pègre [pɛgʀ] *nf* hampa
peigne [pɛɲ] *nm* peine *m*;
   peigner *vt* peinar; **se peigner**
   vpr peinarse; **peignoir** *nm*:
   peignoir de bain *ou* **de plage**
   albornoz;*m*
peindre [pɛ̃dʀ] *vt* pintar
peine [pɛn] *nf* pena; (*effort,*
   difficulté) trabajo; (*JUR*) condena;
   faire de la ~ à qn hacer sufrir a
   algn; **prendre la ~ de faire**
   tomarse la molestia de hacer; **ce**
   n'est pas la ~ de faire/que
   vous fassiez no vale la pena
   hacer/que haga; **à ~** apenas,
   recién (*AM*); **~ était-elle**
   sortie qu'il se mit à pleuvoir
   apenas salió se puso a llover;
   défense d'afficher sous ~
   d'amende prohibido fijar carteles
   bajo multa; **~ capitale** *ou* **de**
   mort pena capital *ou* de muerte;
   peiner *vi* cansarse ♦ *vt* apenar
peintre [pɛ̃tʀ] *nm* pintor(a); **~ en**
   bâtiment pintor (de brocha
   gorda)
peinture [pɛ̃tyʀ] *nf* pintura; **"~**
   fraîche" "recién pintado"
péjoratif, -ive [peʒɔʀatif, iv] *adj*
   peyorativo(-a), despectivo(-a)
pêle-mêle [pɛlmɛl] *adv* en
   desorden
peler [pəle] *vt* pelar
pèlerin [pɛlʀɛ̃] *nm* peregrino
pèlerinage [pɛlʀinaʒ] *nm*
   peregrinación *f*; (*lieu*) centro de
   peregrinación
pelle [pɛl] *nf* pala
pellicule [pelikyl] *nf* (*couche fine*)
   película; (*PHOTO*) rollo, carrete *m*;
   (*CINÉ*) cinta; **~s** *nfpl* (*MÉD*) caspa
   fsg
pelote [p(ə)lɔt] *nf* (*de fil, laine*)
   ovillo; (*d'épingles, d'aiguilles*)
   acerico; (*balle, jeu*): **~ (basque)**

pelota (vasca)
peloton [p(ə)lɔtɔ̃] *nm* pelotón *m*;
   ~ d'exécution pelotón de
   ejecución
pelotonner [p(ə)lɔtɔne]: **se ~** *vpr*
   acurrucarse
pelouse [p(ə)luz] *nf* césped *m*
peluche [p(ə)lyʃ] *nf*: **animal en**
   ~ muñeco de peluche
pelure [p(ə)lyʀ] *nf* piel *f*
pénal, e, -aux [penal, o] *adj*
   penal; **pénalité** *nf* penalidad *f*
penchant [pɑ̃ʃɑ̃] *nm* inclinación *f*
pencher [pɑ̃ʃe] *vi* inclinarse ♦ *vt*
   inclinar; **se ~** *vpr* inclinarse; (*se*
   baisser) agacharse; **se ~ sur**
   inclinarse sobre; (*fig*) examinar; **se**
   ~ au dehors asomarse; **~ pour**
   (*fig*) inclinarse por
pendant [pɑ̃dɑ̃] *prép* durante; **~**
   que mientras
pendentif [pɑ̃dɑ̃tif] *nm* colgante
   m
penderie [pɑ̃dʀi] *nf* ropero
pendre [pɑ̃dʀ] *vt* colgar;
   (*personne*) ahorcar ♦ *vi* colgar; **se**
   ~ (à) (*se suicider*) ahorcarse (de);
   ~ à colgar de; **~ qch à** colgar
   algo de
pendule [pɑ̃dyl] *nf* (*horloge*) reloj
   m péndulo ♦ *nm* péndulo
pénétrer [penetʀe] *vi* penetrar ♦
   vt entrar; (*suj: projectile, mystère,*
   secret) penetrar; **~ dans/à**
   l'intérieur de penetrar en/en el
   interior de
pénible [penibl] *adj* penoso(-a);
   péniblement *adv* penosamente;
   (*tout juste*) a duras penas
péniche [peniʃ] *nf* chalana
pénicilline [penisilin] *nf*
   penicilina
péninsule [penɛ̃syl] *nf* península
pénis [penis] *nm* pene *m*
pénitence [penitɑ̃s] *nf*

penitencia; pénitencier nm (prison) penitenciaría

pénombre [penɔ̃bR] nf penumbra

pensée [pɑ̃se] nf pensamiento

penser [pɑ̃se] vi pensar ♦ vt pensar; (concevoir: problème, machine) pensar, idear; ~ **à** pensar en; ~ **(à) faire qch** pensar (en) hacer algo; **faire** ~ **à** hacer pensar en, recordar; **pensif, -ive** adj pensativo(-a)

pension [pɑ̃sjɔ̃] nf pensión f de jubilación; (prix du logement, hôtel) pensión; (école) internado; **mettre en** ~ (enfant) meter interno; ~ **complète** pensión completa; ~ **de famille** casa de huéspedes; **pensionnaire** nm/f (d'un hôtel) huésped m; (d'école) interno(-a); **pensionnat** nm pensionado

pente [pɑ̃t] nf pendiente f

Pentecôte [pɑ̃tkot] nf: **la** ~ Pentecostés msg

pénurie [penyRi] nf penuria

pépé [pepe] (fam) nm abuelo

pépin [pepɛ̃] nm (BOT) pepita; (fam: ennui) lío

pépinière [pepinjɛR] nf vivero

perçant, e [pɛRsɑ̃, ɑ̃t] adj (vue, regard, yeux) perspicaz; (cri, voix) agudo(-a)

percepteur [pɛRsɛptœR] nm (ADMIN) recaudador(a) de impuestos

perception [pɛRsɛpsjɔ̃] nf percepción f; (d'impôts etc) recaudación f; (bureau) oficina de recaudación

percer [pɛRse] vt (métal etc) perforar; (coffre-fort) abrir; (pneu) pinchar; (abcès) reventar; (trou etc) abrir; (mystère, énigme) penetrar; (suj: bruit: oreilles, tympan) traspasar ♦ vi (artiste) abrirse

camino; **perceuse** nf taladradora, perforadora

percevoir [pɛRsəvwaR] vt percibir

perche [pɛRʃ] nf (ZOOL) perca; (pièce de bois, métal) vara; (SPORT) pértiga

percher [pɛRʃe]: **se** ~ vpr (oiseau) encaramarse; **perchoir** nm percha

perçois etc [pɛRswa] vb voir **percevoir**

perçu, e [pɛRsy] pp de **percevoir**

percussion [pɛRkysjɔ̃] nf percusión f

percuter [pɛRkyte] vt percutir; (suj: véhicule) chocar

perdant, e [pɛRdɑ̃, ɑ̃t] nm/f perdedor(a)

perdre [pɛRdR] vt perder; (argent) gastar ♦ vi perder; **se** ~ vpr perderse

perdrix [pɛRdRi] nf perdiz f

perdu, e [pɛRdy] pp de **perdre** ♦ adj perdido(-a); **à vos moments** ~**s** en sus ratos libres

père [pɛR] nm padre m; ~ **de famille** padre de familia; **le** ~ **Noël** el papa Noel

perfection [pɛRfɛksjɔ̃] nf perfección f; **à la** ~ a la perfección; **perfectionné, e** adj perfeccionado(-a); **perfectionner** vt perfeccionar; **perforatrice** [pɛRfɔRatRis] nf perforadora, taladradora

perforer [pɛRfɔRe] vt perforar

performant, e [pɛRfɔRmɑ̃, ɑ̃t] adj (ÉCON) competitivo(-a)

perfusion [pɛRfyzjɔ̃] nf perfusión f; **être sous** ~ tener puesto el gotero

péril [peRil] nm peligro

périmé, e [peRime] adj (conception, idéologie) pasado(-a)

de moda; (*passeport, billet*) caducado(-a)
périmètre [perimetʀ] *nm* perímetro; (*zone*) superficie *f*
période [perjɔd] *nf* periodo; **périodique** *adj* periódico(-a) ♦ *nm* periódico
périphérique [periferik] *adj* periférico(-a) ♦ *nm* periférico; (AUTO): **(boulevard)** ~ carretera de circunvalación
périr [perir] *vi* perecer
périssable [perisabl] *adj* perecedero(-a)
perle [perl] *nf* perla; (*de verre etc*) cuenta; (*de rosée, sang, sueur*) gota; (*erreur*) gazapo
permanence [permanɑ̃s] *nf* permanencia; (*local*) guardia; **assurer une ~** (*service public, bureaux*) estar abierto(-a); **être de ~** estar de guardia; **en ~** permanentemente
permanent, e [permanɑ̃, ɑ̃t] *adj* permanente; (*spectacle*) continuo(-a); **permanente** *nf* permanente *f*
perméable [permeabl] *adj* permeable
permettre [permetʀ] *vt* permitir; **~ à qn de faire qch** permitir a algn hacer algo; **se ~ (de faire) qch** permitirse (hacer) algo; **permettez!** ¡perdone!
permis, e [permi, iz] *pp de* **permettre** ♦ *nm* permiso; **~ de chasse/pêche** licencia de caza/pesca; **~ de conduire** carnet *m* de conducir; **~ de séjour/de travail** permiso de residencia/de trabajo
permission [permisjɔ̃] *nf* permiso; **en ~** (MIL) de permiso; **avoir la ~ de faire qch** tener permiso para hacer algo

Pérou [peru] *nm* Perú *m*
perpétuel, le [perpetɥɛl] *adj* perpetuo(-a); **perpétuité: à perpétuité** *adj* a perpetuidad ♦ *adv* perpetuamente; **être condamné à perpétuité** estar condenado a cadena perpetua
perplexe [perpleks] *adj* perplejo(-a)
perquisitionner [perkizisjɔne] *vi* registrar
perron [perɔ̃] *nm* escalinata
perroquet [perɔkɛ] *nm* loro
perruche [peryʃ] *nf* cotorra
perruque [peryk] *nf* peluca
persécuter [persekyte] *vt* perseguir
persévérer [persevere] *vi* perseverar
persil [persi] *nm* perejil *m*
Persique [persik] *adj*: **le golfe ~** el Golfo pérsico
persistant, e [persistɑ̃, ɑ̃t] *adj* persistente
persister [persiste] *vi* persistir; **~ à faire qch** empeñarse en hacer algo
personnage [persɔnaʒ] *nm* personaje *m*
personnalité [persɔnalite] *nf* personalidad *f*
personne [persɔn] *nf* persona ♦ *pron* nadie; **~s** *nfpl* personas *fpl*; **il n'y a ~** no hay nadie; **10 F par ~** 10 francos por persona; **en ~** en persona; **~ âgée** persona mayor; **personnel, le** *adj* personal ♦ *nm* (*domestiques*) servidumbre *f*; (*employés*) plantilla; **personnellement** *adv* personalmente
perspective [perspektiv] *nf* perspectiva
perspicace [perspikas] *adj* perspicaz; **perspicacité** *nf*

perspicacia

persuader [pɛʀsɥade] *vt*: ~ **qn (de qch/de faire qch)** persuadir a algn (de algo/de hacer algo)

persuasif, -ive [pɛʀsɥazif, iv] *adj* persuasivo(-a)

perte [pɛʀt] *nf* pérdida; *(morale)* perdición *f*; ~**s** *nfpl (personnes tuées)* bajas *fpl*; ~**s blanches** flujo *msg*

pertinent, e [pɛʀtinɑ̃, ɑ̃t] *adj* pertinente

perturbation [pɛʀtyʀbasjɔ̃] *nf* perturbación *f*

perturber [pɛʀtyʀbe] *vt* perturbar

pervers, e [pɛʀvɛʀ, ɛʀs] *adj, nm/f* perverso(-a)

pervertir [pɛʀvɛʀtiʀ] *vt* pervertir

pesant, e [pəzɑ̃, ɑ̃t] *adj* pesado(-a)

pèse-personne [pɛzpɛʀsɔn] *(pl* ~~**(s))** *nm* báscula

peser [pəze] *vt* pesar ♦ *vi* pesar; *(fig)* tener peso; ~ **sur** *(fig)* abrumar

pessimiste [pesimist] *adj, nm/f* pesimista *m/f*

peste [pɛst] *nf (MÉD)* peste *f*

pétale [petal] *nm* pétalo

pétanque [petɑ̃k] *nf* petanca

---
pétanque

Pétanque, que tiene sus orígenes en el sur de Francia, es una versión del juego de **boules** practicada en diversos tipos de terreno. De pie y con los pies juntos, los jugadores lanzan bolas de acero hacia un boliche de madera.

---

pétard [petaʀ] *nm* petardo, cohete *m*

péter [pete] *(fam)* vi *(sauter)* estallar; *(casser)* romperse; *(fam!)* tirarse pedos

pétillant, e [petijɑ̃, ɑ̃t] *adj (eau)* con gas

pétiller [petije] *vi (champagne)* burbujear; *(yeux)* chispear

petit, e [p(ə)ti, it] *adj* pequeño(-a), chico(-a) *(esp AM)*; *(personne, cri)* bajo(-a); ~**s** *nmpl*: **les tout-~s** los pequeñitos; ~ **à** ~ poco a poco; ~**(e) ami(e)** novio(-a); ~ **déjeuner** desayuno; ~ **four** pastelillo; ~ **pain** panecillo; ~**s pois** guisantes *mpl*, arvejas *fpl (AM)*, chícharos *mpl (MEX)*; **les ~es annonces** anuncios *mpl* por palabras;

petite-fille *(pl* **petites-filles** *)* *nf* nieta; **petit-fils** *(pl* **petits-fils** *)* *nm* nieto

pétition [petisjɔ̃] *nf* petición *f*

petits-enfants [pətizɑ̃fɑ̃] *nmpl* nietos *mpl*

pétrin [petʀɛ̃] *nm* artesa; *(fig)*: **être dans le** ~ estar en un apuro

pétrir [petʀiʀ] *vt (argile, cire)* moldear; *(pâte)* amasar

pétrole [petʀɔl] *nm* petróleo; **pétrolier, -ière** *adj* petrolero(-a) ♦ *nm* petrolero

MOT-CLÉ

peu [pø] *adv* **1** poco; **il boit ~** bebe poco; **il est peu bavard** es poco hablador; **peu avant/après** poco antes/después; **depuis peu** desde hace poco **2** *(modifiant nom)*: **peu de** poco(-a), pocos(-as); *(quantité)*: **peu d'espoir** pocas esperanzas; **il y a peu d'arbres** hay pocos

árboles; **pour peu de temps** por poco tiempo; **c'est (si) peu de chose** eso es (muy) poca cosa
3: peu à peu poco a poco; **à peu près** adv más o menos; **à peu près 10 kg/10 F** unos 10 kg/10 francos, como 10 kg/10 francos (AM)

♦ nm **1: le peu de gens qui les** los pocos que; **le peu de courage qui nous restait** el poco valor que nos quedaba
2: un peu un poco; **un petit peu** un poquito; **un peu d'espoir** cierta esperanza; **essayez un peu !** ¡mire a ver!; **un peu plus/moins de** un poco más/menos de; **un peu plus et il ratait son train** un poco más y pierde el tren; **pour peu qu'il travaille, il réussira** a poco que trabaje, aprobará

♦ pron: **peu le savent** pocos lo saben; **avant** ou **sous peu** dentro de poco; **de peu: il a gagné de peu** ganó por poco; **il s'en est fallu de peu (qu'il ne le blesse)** faltó muy poco (para que lo hieres); **éviter qch de peu** evitar algo por poco

peuple [pœpl] nm pueblo;
peupler vt poblar
peuplier [pøplije] nm álamo
peur [pœʀ] nf miedo; **avoir ~ (de qn/qch/de faire qch)** tener miedo (de ou a algo/algo/de hacer algo); **avoir ~ que** temer que; **faire ~ à qn** asustar a algn; **de ~ de/que** por miedo a/a que; **peureux, -euse** adj (personne) miedoso(-a); (regard) atemorizado(-a)
peut [pø] vb voir **pouvoir**
peut-être [pøtɛtʀ] adv quizá(s), a

lo mejor; **~~~ bien (qu'il fera/ est)** puede (que haga/sea); **~~~ que** quizá(s), a lo mejor
phare [faʀ] nm faro; **se mettre en ~s, mettre ses ~s** poner la luz larga
pharmacie [faʀmasi] nf farmacia; (produits, armoire) botiquín m; **pharmacien, ne** nm/f farmacéutico(-a)
phénomène [fenɔmɛn] nm fenómeno; (personne) bicho raro
philosophe [filɔzɔf] adj, nm/f filósofo(-a)
philosophie [filɔzɔfi] nf filosofía
phobie [fɔbi] nf fobia
phoque [fɔk] nm foca
phosphorescent, e [fɔsfɔʀesɑ̃, ɑ̃t] adj fosforescente
photo [fɔto] nf (abr de photographie) foto f ♦ adj (abr de photographique): **appareil/ pellicule ~** máquina/carrete m de fotos; **prendre (qn) en ~** hacer una foto a algn; **faire de la ~** hacer fotografía; **~ d'identité** foto de carnet;
photocopie nf fotocopia;
photocopier vt fotocopiar;
photocopieuse nf fotocopiadora; **photographe** nm/f fotógrafo(-a); **photographie** nf fotografía; **photographier** vt fotografiar
phrase [fʀɑz] nf frase f
physicien, ne [fizisjɛ̃, jɛn] nm/f físico(-a)
physique [fizik] adj físico(-a) ♦ nm físico ♦ nf física;
physiquement adv físicamente
pianiste [pjanist] nm/f pianista m/f
piano [pjano] nm piano;
pianoter vi teclear; (tapoter) tamborilear

pic [pik] *nm* pico; (*ZOOL*) pájaro carpintero; **à ~** escarpado(-a); (*fig*): **arriver/tomber à ~** venir/caer de perilla

pichet [piʃɛ] *nm* jarro

picorer [pikɔʀe] *vt* picotear

pie [pi] *nf* (*ZOOL*) urraca

pièce [pjɛs] *nf* pieza; (*d'un logement*) habitación *f*; (*THÉÂTRE*) obra; (*de monnaie*) moneda; (*COUTURE*) parche *m*; **dix francs ~** diez francos la unidad; **vendre à la ~** vender por unidades; **travailler/payer à la ~** trabajar/cobrar a destajo; **maillot une ~** bañador *m*; **un deux-~s cuisine** apartamento con dos habitaciones y cocina; **~ à conviction** prueba de convicción; **~ d'identité: avez-vous une ~ d'identité?** ¿tiene usted algún documento de identidad?; **~ de rechange** pieza de recambio; **~s détachées** piezas *fpl* de repuesto; **~s justificatives** comprobante *msg*

pied [pje] *nm* pie *m*; (*ZOOL, d'un meuble, d'une échelle*) pata; **à ~** a pie; **à ~ sec** en pie enjuto; **au ~ de la lettre** al pie de la letra; **avoir ~** hacer pie; **perdre ~** (*fig*) perder pie; **être sur ~ dès cinq heures** estar en pie desde las cinco; **mettre sur ~** (*entreprise*) poner en pie; **~ de vigne** cepa; **pied-noir** (*pl* **pieds-noirs**) *nm* francés nacido en Argelia

piège [pjɛʒ] *nm* trampa; **prendre au ~** coger en la trampa; **piéger** *vt* coger en la trampa; **lettre/voiture piégée** carta/coche *m* bomba *inv*

pierre [pjɛʀ] *nf* piedra; **~ tombale** lápida sepulcral; **pierreries** *nfpl* pedrería

piétiner [pjetine] *vi* patalear; (*fig*) estancarse, atascarse ♦ *vt* (*aussi fig*) pisotear

piéton, ne [pjetɔ̃, ɔn] *nm/f* peatón *m/f*; **piétonnier, -ière** *adj* peatonal

pieu, x [pjø] *nm* estaca

pieuvre [pjœvʀ] *nf* pulpo

pieux, -euse [pjø, pjøz] *adj* piadoso(-a)

pigeon [piʒɔ̃] *nm* palomo

piger [piʒe] (*fam*) *vt, vi* pillar

pigiste [piʒist] *nm/f* (*journaliste*) periodista *m/f* que trabaja por líneas

pignon [piɲɔ̃] *nm* piñón *m*; (*d'un mur*) aguilón *m*

pile [pil] *nf* pila ♦ *adv* (*net, brusquement*) en seco; **à deux heures ~** a las dos en punto; **jouer à ~ ou face** jugar a cara o cruz

piler [pile] *vt* machacar

pilier [pilje] *nm* (*colonne, support, RUGBY*) pilar *m*

piller [pije] *vt* saquear

pilote [pilɔt] *nm* piloto; **~ d'essai/de chasse/de course/de ligne** piloto de pruebas/de caza/de carreras/civil ♦ *adj*: **appartement ~** piso-piloto; **piloter** *vt* pilotar

pilule [pilyl] *nf* píldora; **prendre la ~** tomar la píldora

piment [pimɑ̃] *nm* pimiento, ají *m* (*AM*); (*fig*) sal y pimienta; **pimenté, e** *adj* salpimentado(-a)

pin [pɛ̃] *nm* pino

pinard [pinaʀ] (*fam*) *nm* vino

pince [pɛ̃s] *nf* pinza; (*outil*) pinzas *fpl*; **~ à épiler** pinza de depilar; **~ à linge** pinza de la ropa

pincé, e [pɛ̃se] *adj* (*air*) forzado(-a)

pinceau, x [pɛ̃so] *nm* pincel *m*

pincée [pɛ̃se] nf: **une ~ de sel/poivre** una pizca de sal/pimienta

pincer [pɛ̃se] vt (personne) pellizcar; (MUS: cordes) puntear

pinède [pinɛd] nf pinar m

pingouin [pɛ̃gwɛ̃] nm pingüino

ping-pong [piŋpɔ̃g] (pl ~~s) nm ping-pong m

pinson [pɛ̃sɔ̃] nm pinzón m

pintade [pɛ̃tad] nf pintada

pion, ne [pjɔ̃, ɔn] nm (ÉCHECS) peón m; (DAMES) ficha

pionnier [pjɔnje] nm pionero(-a)

pipe [pip] nf pipa

piquant, e [pikɑ̃, ɑ̃t] adj punzante; (saveur) picante ♦ nm (épine) espina; (fig): **le ~** lo picante

pique [pik] nf pica; (parole blessante): **envoyer** ou **lancer des ~s à qn** tirar ou lanzar indirectas a algn ♦ nm (CARTES) picas fpl, ≃ espadas fpl

pique-nique [piknik] (pl ~~s) nm picnic m; **pique-niquer** vi ir de picnic

piquer [pike] vt picar; (fam: voler) birlar ♦ vi (oiseau, avion) bajar en picado

piquet [pike] nm estaca; **~ de grève** piquete m de huelga

piqûre [pikyʀ] nf (gén) picadura; (MÉD) inyección f; **faire une ~ à qn** poner una inyección a algn

pirate [piʀat] nm pirata m/f ♦ adj: **émetteur ~** emisora pirata

pire [piʀ] adj (comparatif): (superlatif): **le (la) ~** el/lo (la) peor ♦ nm: **le ~ (de)** lo peor (de)

pis [pi] nm (de vache) ubre f; (pire): **le ~** lo peor ♦ adj, adv peor

piscine [pisin] nf piscina; **~ couverte/en plein air/olympique** piscina cubierta/al aire libre/olímpica

pissenlit [pisɑ̃li] nm cardillo

pistache [pistaʃ] nf pistacho

piste [pist] nf pista, rastro; (sentier) camino; (d'un magnétophone) banda; **~ cyclable** pista para ciclistas

pistolet [pistɔlɛ] nm pistola; **pistolet-mitrailleur** (pl **pistolets-mitrailleurs**) nm pistola ametralladora

piston [pistɔ̃] nm (TECH) pistón m; (fig) enchufe m; **pistonner** vt enchufar

piteux, -euse [pitø, øz] adj (résultat) deplorable; (air) lastimoso(-a)

pitié [pitje] nf piedad f; **faire ~** dar pena ou lástima; **il me fait ~** me da lástima; **avoir ~ de qn** compadecerse de algn

pitoyable [pitwajabl] adj lamentable

pittoresque [pitɔʀɛsk] adj pintoresco(-a)

PJ [peʒi] sigle f (= police judiciaire) voir **police**

placard [plakaʀ] nm (armoire) armario (empotrado)

place [plas] nf plaza; (espace libre) sitio; (siège) asiento; (prix: au cinéma etc) entrada; (UNIV, emploi) puesto; **en ~** en su sitio; **sur ~** en el sitio; **faire de la ~** hacer sitio; **faire ~ à qch** dar paso a algo; **ça prend de la ~** ocupa sitio; **à votre ~ ...** en su lugar ...; **à la ~ de** en lugar de; **il y a 20 ~s assises/debout** hay 20 plazas de asiento/de pie

placé, e [plase] adj (HIPPISME) clasificado(-a); **haut ~** (fig) bien situado(-a); **être bien/mal ~** (objet) estar bien/mal colocado(-a); (spectateur) estar bien/mal situado(-a); (concurrent) tener buena/mala posición; **être bien/mal ~ pour** estar en una buena/mala posición para

placement [plasmã] *nm* (*emploi*) colocación *f*; (*FIN*) inversión *f*

placer [plase] *vt* (*convive, spectateur*) acomodar; (*chose*) colocar; (*capital*) invertir

plafond [plafɔ̃] *nm* techo

plage [plaʒ] *nf* playa

plaider [plede] *vi* (*avocat*) pleitear; (*plaignant*) litigar ♦ *vt* (*cause*) defender; **~ coupable/non coupable** declararse culpable/inocente; **plaidoyer** *nm* (*JUR, fig*) alegato

plaie [plɛ] *nf* herida

plaignant, e [plɛɲã, ãt] *vb voir* **plaindre** ♦ *adj, nm/f* demandante *m/f*

plaindre [plɛ̃dʀ] *vt* compadecer; **se ~** *vpr* quejarse

plaine [plɛn] *nf* llanura

plain-pied [plɛ̃pje]: **de ~~** *adv* al mismo nivel

plainte [plɛ̃t] *nf* queja; (*gémissement*) lamento; (*JUR*): **porter ~** poner una denuncia

plaire [plɛʀ] *vi* gustar; **se ~** *vpr* (*quelque part*) estar a gusto; **~ à: cela me plaît** eso me gusta; **s'il vous plaît** por favor

plaisance [plezãs] *nf* (*aussi:* **navigation de ~**) navegación *f* de recreo

plaisant, e [plezã, ãt] *adj* agradable

plaisanter [plezãte] *vi* bromear; **plaisanterie** *nf* broma

plaisir [plezix] *nm:* **le ~** el placer; **faire ~ à qn** complacer a algn; (*suj: cadeau, nouvelle*) agradar a algn; **j'ai le ~ de ...** tengo el gusto de ...; **pour le** *ou* **par** *ou* **pour son ~** por gusto

plaît [plɛ] *vb voir* **plaire**

plan, e [plã, an] *adj* plano(-a) ♦ *nm* plano; (*projet, ÉCON*) plan *m*; **au premier/second ~** en primer/segundo plano; **sur tous les ~s** (*aspect*) en todos los aspectos; **à l'arrière ~** en segundo plano; **laisser/rester en ~** dejar/quedar en suspenso; **~ d'eau** estanque *m*

planche [plɑ̃ʃ] *nf* tabla; **~s** *nfpl:* **les ~s** (*THÉÂTRE*) las tablas; **~ à repasser** tabla de planchar; **~ (à roulettes)** monopatín *m*; **~ à voile** (*objet*) tabla de windsurfing; (*SPORT*) windsurfing *m*

plancher [plɑ̃ʃe] *nm* suelo

planer [plane] *vi* (*oiseau*) cernerse; (*avion*) planear; **~ sur** cernerse sobre

planète [planɛt] *nf* planeta *m*

planeur [planœʀ] *nm* planeador *m*

planifier [planifje] *vt* planificar

planning [planiŋ] *nm* programación *f*; **~ familial** planificación *f* familiar

plant [plã] *nm* planta joven

plante [plɑ̃t] *nf* planta; (*ANAT*): **du pied** planta del pie

planter [plɑ̃te] *vt* plantar; (*pieu*) clavar; (*tente*) montar; (*: abandonner*): **~ là** dejar plantado(-a)

plaque [plak] *nf* placa; (*d'ardoise, de verre*) hoja; **~ chauffante** placa calientaplatos; **~ minéralogique/ d'immatriculation** placa mineralógica/de matrícula; **~ de cuisson** quemador *m*

plaqué, e [plake] *nm* (*métal*): **~ or/argent** chapado en oro/plata

plaquer [plake] *vt* (*bijou*) chapar; (*RUGBY*) hacer un placaje a; (*fam:*

laisser tomber) dejar plantado(-a); (*aplatir*): **~ qch sur/contre** aplastar algo sobre/contra

plaquette [plakɛt] *nf* (*de chocolat, pilules*) tableta

plastique [plastik] *adj* plástico(-a) ♦ *nm* plástico; **plastiquer** *vt* volar con goma dos

plat, e [pla, at] *adj* llano(-a); (*ventre, poitrine*) plano(-a); (*banal*) anodino(-a) ♦ *nm* (CULIN: *mets*) plato; (: *récipient*) fuente *f*; **à** *adv* a lo largo ♦ *adj* (*pneu*) desinflado(-a); **à ~ ventre** boca abajo; **batterie à ~** batería descargada; **talons ~s** zapatos *mpl* planos

platane [platan] *nm* plátano

plateau, x [plato] *nm* bandeja; (GÉO) meseta; (CINÉ, TV) plató; **~ à fromage** tabla de quesos

plate-bande [platbɑd] (*pl* **~s-~s**) *nf* arriate *m*

plate-forme [platfɔrm] (*pl* **~s-~s**) *nf* plataforma

platine [platin] *nm* platino ♦ *nf* platina ♦ *adj inv*: **cheveux/blond ~** cabello/rubio platino *inv*

plâtre [plɑtr] *nm* yeso; (MÉD, *statue*) escayola; **avoir un bras dans le ~** tener un brazo escayolado

plein, e [plɛ̃, plɛn] *adj* lleno(-a); (*journée*) ocupado(-a); (*porte, roue*) macizo(-a); (*joues, formes*) relleno(-a); (*chienne, jument*) preñada ♦ *prép*: **avoir de l'argent ~ les poches** tener los bolsillos llenos de dinero ♦ *nm*: **faire le ~ (d'essence)** llenar el depósito (de gasolina); **à ~es mains** a manos llenas; **à ~ régime** al máximo; **à ~ temps, à temps ~** a tiempo completo; **en ~ air** al aire libre; **en ~ soleil**

a pleno sol; **en ~e mer** en altamar; **en ~e rue** en medio de la calle; **en ~ milieu** en medio; **en ~ jour/~e nuit** en pleno día/plena noche; **en ~ sur** de lleno sobre; **en avoir ~ le dos** (*fam*) estar hasta la coronilla; **~s pouvoirs** plenos poderes *mpl*

pleurer [plœre] *vt, vi* llorar; **~ sur** llorar por

pleurnicher [plœrniʃe] *vi* lloriquear

pleurs [plœr] *nmpl*: **en ~** deshecho(-a) en lágrimas

pleut [plø] *vb voir* **pleuvoir**

pleuvoir [pløvwar] *vb impers*: **il pleut** llueve ♦ *vi* (*fig*) llover; **il pleut des cordes** ou **à verse/à torrents** llueve a cántaros/torrencialmente

pli [pli] *nm* pliegue *m*; (*d'une jupe*) tabla; (*d'un pantalon*) raya; (*aussi*: **faux ~**) arruga; (ADMIN) carta; (CARTES) baza

pliant, e [plijã, plijãt] *adj* plegable ♦ *nm* silla de tijera

plier [plije] *vt* doblar; (*pour ranger*) recoger; (*genou, bras*) flexionar ♦ *vi* curvarse; (*céder*) ceder; **se ~ à** *vpr* doblegarse a

plisser [plise] *vt* arrugar; (*jupe*) hacerle tablas a, plisar

plomb [plɔ̃] *nm* plomo; (*d'une cartouche*) perdigón *m*; (ÉLEC) fusible *m*

plomberie [plɔbri] *nf* fontanería, plomería (AM); (*installation*) cañería

plombier [plɔbje] *nm* fontanero, plomero (AM), gasfiter *m* (CHI)

plonge [plɔ̃ʒ] (*fam*) *nf*: **faire la ~** fregar los platos

plongeant, e [plɔ̃ʒã, ãt] *adj* (*vue*) desde arriba; (*décolleté*) pronunciado(-a)

plongée [plɔ̃ʒe] *nf* inmersión *f*;

(SPORT: *sans bouteilles*) buceo; ~ **(sous-marine)** submarinismo

plongeoir [plɔ̃ʒwaʀ] *nm* trampolín *m*

plongeon [plɔ̃ʒɔ̃] *nm* zambullida

plonger [plɔ̃ʒe] *vi* (*personne*) zambullirse; sumergirse; (*oiseau, avion*) lanzarse en picado; (FOOTBALL) hacer una estirada ♦ *vt* sumergir; **plongeur, -euse** *nm/f* buceador(a); (*avec bouteilles*) submarinista *m/f*; (*de restaurant*): **travailler comme plongeur** fregar los platos

plu [ply] *pp de* **plaire**; **pleuvoir**

pluie [plɥi] *nf* lluvia; **une ~ de** (*fig*) una lluvia de

plume [plym] *nf* pluma

plupart [plypaʀ]: **la ~** *pron* la mayor parte; **la ~ du temps** la mayoría de las veces; **dans la ~ des cas** en la mayoría de los casos; **pour la ~** en su mayoría

pluriel [plyʀjɛl] *nm* plural *m*

MOT-CLÉ

plus [ply] *adv* **1** (*forme négative*): **ne ... plus** ya no; **je n'ai plus d'argent** ya no tengo dinero; **il ne travaille plus** ya no trabaja **2** [plys] (*comparatif*) más; **plus intelligent (que)** más inteligente (que); **plus d'intelligence/de possibilités (que)** más inteligencia/posibilidades (que); (*superlatif*): **le plus** el más; **c'est lui qui travaille le plus** es él quien más trabaja; **le plus grand** el más grande; **(tout) au plus** a lo sumo, a lo más **3** (*davantage*) más; **il travaille plus (que)** trabaja más (que); **plus il travaille, plus il est heureux** cuanto más trabaja, más feliz es; **il était plus de minuit**

era más de medianoche; **plus de 3 heures/4 kilos** más de 3 horas/4 kilos; **3 heures/kilos de plus que** 3 horas/kilos más que; **il a 3 ans de plus que moi** tiene 3 años de más que yo; **de plus** (*en supplément*) de más; (*en outre*) además; **de plus en plus** cada vez más; **plus de pain** más pan; **sans plus** sin más; **3 kilos en plus** 3 kilos de más; **en plus de cela ...** además de eso ...; **d'autant plus que** tanto más cuando, más aún cuando; **qui plus est** y lo que es más; **plus ou moins** más o menos; **ni plus ni moins** ni más ni menos

♦ *prép*: **4 plus 2** 4 más 2

plusieurs [plyzjœʀ] *dét, pron* varios(-as); **ils sont ~** son varios

plus-value [plyvaly] (*pl* **~~s**) *nf* (ÉCON) plusvalía

plutôt [plyto] *adv* más bien; **je ferais ~ ceci** haría más bien esto; **fais ~ comme ça** haz mejor así; **~ que (de) faire qch** en lugar de hacer algo; **~ grand/rouge** más bien grande/ rojo

pluvieux, -euse [plyvjø, jøz] *adj* lluvioso(-a)

PME [peɛmœ] *sigle fpl* (= *petites et moyennes entreprises*) ≃ PYME *fsg* (= *pequeña y mediana empresa*)

PMU [peɛmy] *sigle m* (= *pari mutuel urbain*) voir **pari**

PNB [peɛnbe] *sigle m* (= *produit national brut*) PNB *m* (= *producto nacional bruto*)

pneu, x [pnø] *nm* neumático, llanta (AM)

pneumonie [pnømɔni] *nf* neumonía

poche [pɔʃ] *nf* bolsillo; **de ~ de**

bolsillo

pochette [pɔʃɛt] nf (de timbres) sobre m; (d'aiguilles etc) estuche m; (sur veste) pañuelo m; **~ de disque** funda de discos

poêle [pwɑl] nm estufa ♦ nf: **~ (à frire)** sartén f (m en AM)

poème [pɔɛm] nm poema m

poésie [pɔezi] nf poesía

poète [pɔɛt] nm poeta m

poids [pwɑ] nm peso; (pour peser) pesa; (SPORT) pesas fpl; **vendre qch au ~** vender algo al peso; **prendre/perdre du ~** coger/ perder peso; **~ lourd** peso pesado; (camion: aussi: **PL**) camión m de carga pesada

poignant, e [pwaɲɑ̃, ɑ̃t] adj conmovedor(a)

poignard [pwaɲaʀ] nm puñal m; **poignarder** vt apuñalar

poigne [pwaɲ] nf fuerza; (fig) firmeza

poignée [pwaɲe] nf puñado; (de couvercle, valise) asa; (tiroir) tirador m; (porte) picaporte m; **~ de main** apretón m de manos

poignet [pwaɲɛ] nm muñeca; (d'une chemise) puño

poil [pwal] nm pelo; (de pinceau, brosse) cerda; **à ~** (fam: tout nu) en pelota; **au ~** (parfait) estupendo; **être de bon/ mauvais ~** (fam) estar de buenas/malas; **poilu, e** adj peludo(-a)

poinçonner [pwɛ̃sɔne] vt (billet, ticket) picar

poing [pwɛ̃] nm puño

point [pwɛ̃] nm punto; (COUTURE, TAPISSERIE) puntada; **faire le ~** (NAUT) determinar la posición; (fig) recapitular; **en tout ~** de todo punto; **sur le ~ de faire qch** a punto de hacer algo; **au ~ que** hasta el punto que; **mettre au ~** poner a punto; (appareil de photo) enfocar; (affaire) precisar; **à ~** (CULIN) en su punto; **à ~ nommé** en el momento oportuno; **~ d'eau** punto de agua; **~ d'exclamation/ d'interrogation** signo de exclamación/de interrogación; **~ de repère** punto de referencia; **~ de vente** punto de venta; **~ de vue** (fig) punto de vista; **~ faible** punto débil; **~ mort** punto muerto; **~s de suspension** puntos suspensivos

pointe [pwɛ̃t] nf punta; (fig): **une ~ d'ail** una pizca de ajo; **être à la ~ de qch** estar en la vanguardia de algo; **sur la ~ des pieds** de puntillas; **en ~** adv, adj en punta; **de ~** (industries etc) de vanguardia; (vitesse) tope; **heures/jours de ~** horas fpl/ días mpl punta

pointer [pwɛ̃te] vt puntear; (employés, ouvriers) fichar; (canon, doigt) apuntar ♦ vi (ouvrier, employé) fichar

pointillé [pwɛ̃tije] nm línea de puntos

pointilleux, -euse [pwɛ̃tijø, øz] adj puntilloso(-a)

pointu, e [pwɛ̃ty] adj puntiagudo(-a); (son, voix, fig) agudo(-a)

pointure [pwɛ̃tyʀ] nf número

point-virgule [pwɛ̃viʀgyl] (pl **~s-~s**) nm punto y coma m

poire [pwaʀ] nf pera

poireau, x [pwaʀo] nm puerro

poirier [pwaʀje] nm peral m

pois [pwa] nm guisante m; (sur une étoffe) lunar m; **à ~** de lunares

poison [pwazɔ̃] nm veneno

poisseux, -euse [pwasø, øz] adj

pegajoso(-a)
poisson [pwasɔ̃] *nm* pez *m*; (CULIN) pescado; (ASTROL): **P~s** Piscis *msg*; **~ d'avril** inocentada; **~ rouge** pez de colores;
poissonnerie *nf* pescadería;
poissonnier, -ière *nm/f* pescadero(-a)
poitrine [pwatʀin] *nf* pecho
poivre [pwavʀ] *nm* pimienta
poivron [pwavʀɔ̃] *nm* pimiento morrón
polaire [pɔlɛʀ] *adj* polar
polar [pɔlaʀ] (*fam*) *nm* novela policial *ou* policíaca
pôle [pol] *nm* (GÉO, ÉLEC) polo
poli, e [pɔli] *adj* (*personne*) educado(-a), elegante
police [pɔlis] *nf*: **la ~** la policía; (*ASSURANCE*): **~ d'assurance** póliza de seguros; **~ judiciaire** policía judicial; **~ secours** servicio urgente de policía;
policier, -ière *adj* policial, policiaco(-a) ♦ *nm* policía *m/f*, agente *m* (AM); (*aussi*: **roman policier**) novela policiaca
polio(myélite) [pɔljo(mjelit)] *nf* poliomielitis *f inv*
polir [pɔliʀ] *vt* pulir
politesse [pɔlites] *nf* cortesía
politicien, ne [pɔlitisjɛ̃, jɛn] *nm/f* político(-a); (*péj*) politicastro(-a)
politique [pɔlitik] *adj*, *nm/f* político(-a) ♦ *nf* política
pollen [pɔlɛn] *nm* polen *m*
polluant, e [pɔlɥɑ̃, ɑ̃t] *adj* contaminante; **produit ~** producto contaminante
polluer [pɔlɥe] *vt* contaminar;
pollution *nf* polución *f*
polo [pɔlo] *nm* polo
Pologne [pɔlɔɲ] *nf* Polonia;
polonais, e *adj* polaco(-a) ♦ *nm* (LING) polaco ♦ *nm/f*:

Polonais, e polaco(-a)
poltron, ne [pɔltʀɔ̃, ɔn] *adj* cobarde
polycopier [pɔlikɔpje] *vt* multicopiar
Polynésie [pɔlinezi] *nf* Polinesia; **la ~ française** la Polinesia francesa
polyvalent, e [pɔlivalɑ̃, ɑ̃t] *adj* polivalente
pommade [pɔmad] *nf* pomada
pomme [pɔm] *nf* manzana; (*pomme de terre*): **un steak (~s) frites** un filete con patatas (fritas); **tomber dans les ~s** (*fam*) darle a algn un patatús; **~ d'Adam** nuez *f* de Adán; **~ de pin** piña; **~ de terre** patata, papa (AM)
pommette [pɔmɛt] *nf* pómulo
pommier [pɔmje] *nm* manzano
pompe [pɔ̃p] *nf* (*appareil*) bomba; (*faste*) pompa; **~ (à essence)** surtidor *m* (de gasolina); **~s funèbres** pompas *fpl* fúnebres;
pomper *vt* bombear
pompeux, -euse [pɔ̃pø, øz] (*péj*) *adj* pomposo(-a)
pompier [pɔ̃pje] *nm* bombero
pompiste [pɔ̃pist] *nm/f* encargado(-a) de una gasolinera
poncer [pɔ̃se] *vt* alisar con un abrasivo
ponctuation [pɔ̃ktɥasjɔ̃] *nf* puntuación *f*
ponctuel, le [pɔ̃ktɥɛl] *adj* puntual
pondéré, e [pɔ̃deʀe] *adj* ponderado(-a)
pondre [pɔ̃dʀ] *vt* (*œufs*) poner; (*fig: fam*) parir
poney [pɔnɛ] *nm* poney *m*, poni *m*
pont [pɔ̃] *nm* puente *m*; (NAUT) cubierta; **pont-levis** (*pl* **ponts-**

levis) nm puente m levadizo

pop [pɔp] adj inv pop inv

populaire [pɔpylɛr] adj popular

popularité [pɔpylarite] nf popularidad f

population [pɔpylasjɔ̃] nf población f

populeux, -euse [pɔpylø, øz] adj populoso(-a)

porc [pɔr] nm (ZOOL) cerdo, chancho (AM); (CULIN) carne f de cerdo

porcelaine [pɔrsəlɛn] nf porcelana

porc-épic [pɔrkepik] (pl ~s-~s) nm puerco espín

porche [pɔrʃ] nm porche m

porcherie [pɔrʃəri] nf porqueriza

pore [pɔr] nm poro

porno [pɔrno] adj (abr de pornographique) porno inv

port [pɔr] nm porte m; (NAUT) puerto; ~ **d'arme** (JUR) tenencia de armas

portable [pɔrtabl] adj (vêtement) ponedero(-a); (ordinateur etc) portátil

portail [pɔrtaj] nm portal m

portant, e [pɔrtɑ̃, ɑ̃t] adj: **être bien/mal ~** (personne) tener buena/mala salud

portatif, -ive [pɔrtatif, iv] adj portátil

porte [pɔrt] nf puerta; **mettre qn à la ~** poner a algn en la calle; **faire du ~ à ~** (COMM) vender de puerta en puerta, vender a domicilio; **porte-avions** nm inv portaaviones m inv; **porte-bagages** nm inv portaequipajes m; **porte-bonheur** nm inv amuleto; **porte-clefs** nm inv llavero; **porte-documents** nm inv cartera de mano, portafolio(s) m

(AM)

porté, e [pɔrte] adj: **être ~ sur qch** darle a algo; **portée** nf alcance m; (d'une chienne etc) camada; (MUS) pentagrama m; **à (la) portée (de)** al alcance de (de); **hors de portée (de)** fuera del alcance (de); **à portée de la main** al alcance de la mano; **portée de voix** a poca distancia

porte...: portefeuille nm cartera; (POL) cartera (ministerial); **portemanteau, x** nm perchero; **porte-monnaie** nm inv monedero; **porte-parole** nm inv portavoz m, vocero(-a) (AM)

porter [pɔrte] vt llevar (: responsabilité) cargar con; (suj: jambes) sostener ♦ vi (fig) surtir efecto; **se ~** vpr: **se ~ bien/mal** encontrarse bien/mal; **~ sur** tratar de; **~ secours/assistance à qn** prestar socorro/asistencia a algn; **~ bonheur à qn** traer buena suerte a algn; **~ une somme sur un registre** asentar una cantidad en un registro; **~ atteinte à (l'honneur/la réputation de qn)** atentar contra (el honor/la reputación de algn); **se faire ~ malade** declararse enfermo(-a); **~ son attention/regard/effort sur** fijar su atención/mirada/esfuerzo sobre; **~ à croire** llevar a pensar

porteur, -euse [pɔrtœr, øz] nm (de bagages) mozo de equipaje; (COMM: d'un chèque) portador m

porte-voix [pɔrtəvwa] nm inv megáfono

portier [pɔrtje] nm portero

portière [pɔrtjɛr] nf puerta

portion [pɔrsjɔ̃] nf (part) ración f; (partie) parte f

porto [pɔʀto] *nm* oporto

portrait [pɔʀtʀɛ] *nm* retrato;
portrait-robot (*pl* **portraits-robots**) *nm* retrato robot

portuaire [pɔʀtɥɛʀ] *adj*
portuario(-a)

portugais, e [pɔʀtʏɡɛ, ɛz] *adj*
portugués(-esa) ♦ *nm* (LING)
portugués *m* ♦ *nm/f:* **P~, e**
portugués(-esa)

Portugal [pɔʀtʏɡal] *nm* Portugal
m

pose [poz] *nf* (*de moquette*)
instalación *f*; (*de rideau, papier
peint*) colocación *f*; (*position*)
postura; (*temps de*) ~ (PHOTO)
(tiempo de) exposición *f*

posé, e [poze] *adj* comedido(-a)

poser [poze] *vt* poner; (*moquette,
carrelage*) instalar; (*rideaux, papier
peint*) colocar; (*question*) hacer;
(*problème*) plantear; **se ~** *vpr*
(*oiseau, avion*) posarse; (*question*)
plantearse

positif, -ive [pozitif, iv] *adj*
positivo(-a)

position [pozisjɔ̃] *nf* posición *f*;
(*posture*) postura; (*métier*) cargo;
**être dans une ~ difficile/
délicate** estar en una situación
difícil/delicada; **prendre ~** tomar
posiciones

posologie [pozɔlɔʒi] *nf* posología

posséder [posede] *vt* poseer;
(*qualité*) estar dotado(-a) de;
(*métier, langue*) dominar, conocer
a fondo; **possession** *nf*
posesión *f*

possibilité [pɔsibilite] *nf*
posibilidad *f*; **~s** *nfpl* (*moyens*)
medios *mpl*; (*potentiel*)
posibilidades *fpl*

possible [pɔsibl] *adj* posible;
(*projet*) realizable ♦ *nm:* **faire
(tout) son ~** hacer (todo) lo (que

sea) posible; **il est ~ que** es
posible que; **le plus/moins de
livres** ~ el mayor/menor número
de libros posible; **le plus/moins
d'eau** ~ la mayor/menor
cantidad de agua posible;
aussitôt *ou* **dès que** ~ en
cuanto sea posible

postal, e, -aux [pɔstal, o] *adj*
postal

poste [pɔst] *nf* (*service*) correo;
(*administration*) correos *mpl*;
(*service*) correos *mpl*; (*bureau*) oficina de correos ♦ *nm*
(MIL) puesto; (*charge*) cargo; (*de
radio, télévision*) aparato; (TÉL)
extensión *f*; **~s** *nfpl:* **agent/
employé des ~s** agente *m/*
empleado de correos; **mettre à
la ~** echar al correo; ~ **(de
police)** *nm* puesto de (policía); ~
restante *nf* lista de correos

poster¹ [pɔste] *vt* (*lettre*) echar al
correo

poster² [pɔstɛʀ] *nm* póster *m*

postérieur, e [pɔsteʀjœʀ] *adj*
posterior ♦ *nm* (*fam*) trasero

postuler [pɔstyle] *vt* solicitar

pot [po] *nm* (*service*) cacharro;
(*en métal*) bote *m*; (*fam: chance*):
avoir du ~ tener potra; **boire** *ou*
prendre un ~ (*fam*) tomar una
copa; ~ **d'échappement** (AUTO)
silenciador *m*

potable [pɔtabl] *adj* potable

potage [pɔtaʒ] *nm* sopa;
potager, -ère [pɔtaʒe, ɛʀ] *adj* hortícola;
(*jardin*) **potager** huerto

pot-au-feu [pɔtofø] *nm inv*
cocido

pot-de-vin [podvɛ̃] (*pl* ~**s**~~~)
nm gratificación *f*

pote [pɔt] (*fam*) *nm* amigo,
compadre *m* (AM), manito (MEX)

poteau, x [pɔto] *nm* poste *m*; ~
indicateur poste indicador

potelé, e [pɔt(ə)le] *adj* rollizo(-a)
potentiel, le [pɔtɑ̃sjɛl] *adj, nm* potencial *m*
poterie [pɔtʀi] *nf* (*fabrication*) alfarería; (*objet*) objeto de barro, cerámica
potier [pɔtje] *nm* alfarero
potiron [pɔtiʀɔ̃] *nm* calabaza
pou, x [pu] *nm* piojo
poubelle [pubɛl] *nf* cubo *ou* bote *m* (*AM*) de la basura
pouce [pus] *nm* pulgar *m*
poudre [pudʀ] *nf* polvo; (*fard*) polvos *mpl*; (*explosif*) pólvora; **en ~: lait en ~** leche *f* en polvo; **poudreuse** *nf* nieve *f* en polvo; **poudrier** *nm* polvera
pouffer [pufe] *vi*: **~ (de rire)** partirse de risa
poulailler [pulaje] *nm* (*aussi* THÉÂTRE) gallinero
poulain [pulɛ̃] *nm* potro; (*fig*) pupilo
poule [pul] *nf* gallina
poulet [pulɛ] *nm* pollo; (*fam*) poli *m*
poulie [puli] *nf* polea
pouls [pu] *nm* pulso; **prendre le ~ de qn** tomar el pulso a algn
poumon [pumɔ̃] *nm* pulmón *m*
poupée [pupe] *nf* muñeca

MOT-CLÉ

pour [puʀ] *prép* **1** (*destination, temps*): **elle est partie pour Paris** se ha ido a París; **le train pour Séville** el tren para *ou* a Sevilla; **j'en ai pour une heure** tengo para una hora; **il faut le faire pour après les vacances** hay que hacerlo para después de vacaciones; **pour toujours** para siempre

2 (*au prix de, en échange de*) por; **il l'a acheté pour 5 F** lo compró por 5 francos; **donnez-moi pour 200 F d'essence** deme 200 francos de gasolina; **je te l'échange pour ta montre** te lo cambio por tu reloj
3 (*en vue de, intention, en faveur de*): **pour le plaisir** por gusto; **pour ton anniversaire** para tu cumpleaños; **je le fais pour toi** lo hago por ti; **pastilles pour la toux** pastillas *fpl* para la tos; **pour que** para que; **pour faire** para hacer; **pour quoi faire?** ¿para qué?; **je suis pour la démocratie** estoy por la democracia
4 (*à cause de*): **fermé pour (cause de) travaux** cerrado por obras; **c'est pour cela que je le fais** por eso lo hago; **être pour beaucoup dans qch** influir mucho en algo; **ce n'est pas pour dire, mais ...** (*fam*) no es por nada pero ...; **pour avoir fait** por haber hecho
5 (*à la place de*): **il a parlé pour moi** habló por mí
6 (*rapport, comparaison*): **mot pour mot** palabra por palabra; **ça fait un an jour pour jour** hoy hace justamente un año; **10 pour cent** diez por ciento; **pour un Français, il parle bien suédois** para ser francés, habla bien el sueco
7 (*comme*): **la femme qu'il a eue pour mère** la mujer que tuvo por madre
8 (*point de vue*): **pour moi, il a tort** para mí que se equivoca; **pour ce qui est de ...** por lo que se refiere a ...; **pour autant que je sache** que yo sepa

♦ *nm*: **le pour et le contre** los
pros y los contras

pourboire [puʀbwaʀ] *nm* propina
pourcentage [puʀsɑ̃taʒ] *nm*
porcentaje *m*
pourchasser [puʀʃase] *vt*
perseguir
pourparlers [puʀpaʀle] *nmpl*
negociaciones *fpl*
pourpre [puʀpʀ] *adj* púrpura
pourquoi [puʀkwa] *adv, conj* por
qué ♦ *nm*: **le ~ (de)** el porqué
(de)
pourri, e [puʀi] *adj* podrido(-a)
pourrir [puʀiʀ] *vi* pudrirse ♦ *vt*
pudrir; (*fig: corrompre: personne*)
corromper; **pourriture** *nf*
podredumbre *f*
poursuite [puʀsɥit] *nf*
persecución *f*
poursuivre [puʀsɥivʀ] *vt*
perseguir; (*mauvais payeur*) acosar,
perseguir; (*obséder*) obsesionar,
perseguir; (*continuer: voyage,
études*) proseguir ♦ *vi* proseguir;
se ~ *vpr* seguirse; **~ qn en
justice** demandar a *ou*
querellarse contra algn
pourtant [puʀtɑ̃] *adv* sin
embargo; **c'est ~ facile** sin
embargo es fácil
pourtour [puʀtuʀ] *nm* (*d'un
quadrilatère*) perímetro
pourvoir [puʀvwaʀ] *vt* (COMM): **~
qn en** proveer a algn de,
suministrar a algn de ♦ *vi*: **~ à**
ocuparse de; (*emploi*) atender a; **~
qn de qch** proporcionar algo a
algn; **~ qch de** equipar algo con;
pourvu, e *pp de* **pourvoir** ♦
adj: **~ de** provisto(-a) de; **~ que**
(*à condition que*) con tal que; **~
qu'il soit là!** (*espérons que*) ¡ojalá
que esté!

pousse [pus] *nf* brote *m*;
(*bourgeon*) botón *m*, yema
poussée [puse] *nf* (*pression,
attaque*) empuje *m*; (*coup*)
empujón *m*; (MÉD) acceso
pousser [puse] *vt* empujar;
(*acculer*): **~ qn à qch/à faire
qch** arrastrar *ou* empujar a algn a
algo/a algn a hacer algo; (*cri*)
lanzar, exhalar ♦ *vi* crecer; **se ~**
vpr echarse a un lado; **faire ~**
(*plante*) sembrar, plantar
poussette [puset] *nf* cochecito
de niño
poussière [pusjɛʀ] *nf* (*la
poussière*) polvo; (*une poussière*)
mota; **poussiéreux, -euse** *adj*
sucio(-a) de polvo; (*route*)
polvoriento(-a)
poussin [pusɛ̃] *nm* pollito
poutre [putʀ] *nf* viga
pouvoir [puvwaʀ] *nm* poder *m*;
le ~ el poder; **les ~s public** los
poderes públicos; **~ calorifique**
poder calorífico; **~ d'achat** poder
adquisitivo ♦ *vt, vb semi-aux, vb
impers* poder ♦ *vi*: **il se peut
que** puede ser que; **je me porte
on ne peut mieux** me
encuentro perfectamente; **je ne
peux pas le réparer** no puedo
arreglarlo; **tu ne peux pas
savoir!** ¡no puedes imaginarte!;
je n'en peux plus no puedo
más; **je ne peux pas dire le
contraire** no puedo decir lo
contrario; **j'ai fait tout ce que
j'ai pu** hice todo lo que pude;
**qu'est-ce que je pouvais
bien faire?** ¿qué iba a *ou* podía
hacer yo?; **il aurait pu le dire!**
¡podría haberlo dicho!; **vous
pouvez aller au cinéma** podéis
ir al cine; **il a pu avoir un
accident** pudo haber un

accidente; **il peut arriver que
... ** puede suceder que ...; **il
pourrait pleuvoir** puede que
llueva

prairie [pʀeʀi] *nf* pradera

praline [pʀalin] *nf* (*bonbon*)
garapiñado

praticable [pʀatikabl] *adj*
(*chemin*) transitable

pratiquant, e [pʀatikɑ̃, ɑ̃t] *adj*
practicante

pratique [pʀatik] *nf* práctica ♦ *adj*
práctico(-a); **pratiquement** *adv*
(*dans la pratique*) de una manera
práctica; (*à peu près*)
prácticamente; **pratiquer** *vt*
practicar; (*métier*) ejercer;
(*intervention*) efectuar, realizar

pré [pʀe] *nm* prado

préalable [pʀealabl] *adj*
previo(-a) ♦ *nm*: **au ~** de
antemano

préambule [pʀeɑ̃byl] *nm*
preámbulo; **sans ~** sin
preámbulos

préau, x [pʀeo] *nm* (*d'une cour
d'école*) cobertizo

préavis [pʀeavi] *nm*: **~ (de
licenciement)** notificación *f* (de
despido); **communication avec
~** (*TÉL*) llamada con aviso

précaution [pʀekosjɔ̃] *nf*
precaución *f*; (*prudence*) atención
f; **avec/sans ~** con/sin
precaución; **par ~** por precaución

précédemment [pʀesedamɑ̃]
adv anteriormente

précédent, e [pʀesedɑ̃, ɑ̃t] *adj*
precedente, anterior ♦ *nm*
precedente *m*; **sans ~** sin
precedentes; **le jour ~** el día
antes

précéder [pʀesede] *vt* preceder;
**elle m'a précédé de
quelques minutes** llegó unos

minutos antes que yo

prêcher [pʀeʃe] *vt* (*REL*): **~
l'Evangile** predicar el Evangelio

précieux, -euse [pʀesjø, jøz]
adj precioso(-a); (*temps, qualités*)
valioso(-a), importante; (*littérature,
style*) preciosista

précipice [pʀesipis] *nm*
precipicio

précipitamment [pʀesipitamɑ̃]
adv precipitadamente

précipitation [pʀesipitasjɔ̃] *nf*
(*hâte*) precipitación *f*; **~s** *nfpl*
(*MÉTÉO*): **~s (atmosphériques)**
precipitaciones *fpl*

précipité, e [pʀesipite] *adj*
(*respiration*) jadeante; (*démarche,
entreprise*) precipitado(-a)

précipiter [pʀesipite] *vt* (*faire
tomber*) arrojar, tirar; (*événements*)
precipitar; **se ~** *vpr*
precipitarse; **se ~ sur/vers**
lanzarse sobre/hacia

précis, e [pʀesi, iz] *adj*
conciso(-a); (*vocabulaire*)
conciso(-a), preciso(-a); (*heure*)
preciso(-a), exacto(-a); (*tir,
mesures*) exacto(-a) ♦ *nm*
compendio; **précisément** *adv*
(*avec précision*) de manera precisa;
(*dans une réponse*) exactamente;
préciser *vt* precisar; **se
préciser** *vpr* precisarse,
concretarse; **précision** *nf*
precisión *f*; (*détail*) exactitud *f*

précoce [pʀekɔs] *adj* precoz

préconçu, e [pʀekɔ̃sy] (*péj*)
preconcebido(-a)

préconiser [pʀekɔnize] *vt*
preconizar

prédécesseur [pʀedesesœʀ] *nm*
predecesor *m*

prédilection [pʀedilɛksjɔ̃] *nf*:
avoir une ~ pour qn/qch tener
predilección por algn/algo; **de ~**

favorito(-a), preferido(-a)

prédire [pʀediʀ] vt (événement improbable) predecir, vaticinar

prédominer [pʀedɔmine] vi predominar

préface [pʀefas] nf prólogo

préfecture [pʀefektyʀ] nf prefectura, ≈ gobierno civil; (ville) capital f de departamento; **~ de police** dirección f general de policía de París

préférable [pʀefeʀabl] adj preferible

préféré, e [pʀefeʀe] adj preferido(-a) ♦ nm/f favorito(-a)

préférence [pʀefeʀɑ̃s] nf preferencia; **de ~** preferentemente

préférer [pʀefeʀe] vt: **~ qch/qn (à)** preferir algo/a algn (a); **~ faire qch** preferir hacer algo; **je préférerais du thé** preferiría té

préfet [pʀefɛ] nm prefecto, ≈ gobernador m civil

préhistorique [pʀeistɔʀik] adj prehistórico(-a)

préjudice [pʀeʒydis] nm perjuicio; **porter ~ à qch/à qn** perjudicar algo/a algn

préjugé [pʀeʒyʒe] nm prejuicio; **avoir un ~ contre qn/qch** tener prejuicios contra algn/algo

prélasser [pʀelase]: **se ~** vpr relajarse

prélèvement [pʀelɛvmɑ̃] nm extracción f, toma; **faire un ~ de sang** hacer una extracción de sangre

prélever [pʀel(ə)ve] vt (échantillon) tomar, sacar; **~ (sur)** (retirer) sacar de(de); (déduire) descontar (de), deducir (de)

prématuré, e [pʀematyʀe] adj prematuro(-a) ♦ nm/f prematuro(-a)

premier, -ière [pʀəmje, jɛʀ] adj

primero(-a); (avant un nom masculin) primer ♦ (premier étage) primero ♦ nf (vitesse, classe) primera; (SCOL) sexto año de educación secundaria en el sistema francés; (THÉÂTRE, CINÉ) estreno; **le ~ venu** el primero que venga; **le ~ de l'an** el primero de año, el día de año nuevo; **P~ ministre** primer(-a) ministro(-a)

premièrement adv primeramente

prémonition [pʀemɔnisjɔ̃] nf premonición f

prenant, e [pʀənɑ̃, ɑ̃t] vb voir **prendre**

prénatal, e [pʀenatal] adj prenatal

prendre [pʀɑ̃dʀ] vt coger, agarrar; (AM); (aller chercher) recoger; (emporter avec soi) llevar; (poisson) pescar; (place) ocupar; (ÉCHECS, aliment) comer; (boisson) beber; (médicament, notes, mesures) tomar; (bain, douche) darse; (moyen de transport, route) tomar, coger; (essence) echar; (passager, personnel, élève) coger, tomar; (AM); (photographie) sacar; (engagement) aceptar; (attitude) adoptar; (de la valeur) adquirir, ganar; (vacances, repos) tomar(se); (: coûter: temps) requerir, llevar; (: efforts, argent) requerir ♦ vi (pâte, peinture) espesar; (ciment) fraguar; (semis, vaccin) agarrar; (feu, incendie) comenzar; (bois, allumette) prender; **~ la fuite** emprender la huida; **~ qn en sympathie/horreur** agarrar simpatía/odio a algn; **~ qn à témoin** poner a algn por testigo; **~ à gauche** coger ou tomar a la izquierda; **s'en ~ à** emprenderla con; **se ~ pour**

creerse; **se ~ d'affection pour
qn** cobrar afecto a algn; **s'y ~
bien/mal** hacerlo bien/mal

preneur [prənœr] nm: **je suis ~**
estoy dispuesto a comprar;
trouver ~ encontrar comprador

prénom [prenɔ̃] nm nombre m
(de pila)

préoccupation [preɔkypasjɔ̃] nf
preocupación f

préoccuper [preɔkype] vt
(personne) preocupar, inquietar

préparatifs [preparatif] nmpl
preparativos mpl

préparation [preparasjɔ̃] nf
preparación f

préparer [prepare] vt preparar;
se ~ vpr prepararse; **se ~ (à
qch/à faire qch)** prepararse
(para algo/para hacer algo)

prépondérant, e [prepɔ̃derɑ̃,
ɑ̃t] adj preponderante

préposé, e [prepoze] adj: **~ (à
qch)** encargado(-a) (de algo) ♦
nm/f encargado(-a)

préposition [prepozisjɔ̃] nf
preposición f

près [prɛ] adv cerca; **~ de** (lieu)
cerca de; (temps, quantité)
alrededor de; **de ~** de cerca; **à 5
m/5 kg ~** 5 m/5 kg más o
menos; **à cela ~ que** salvo que,
excepto que

présage [prezaʒ] nm presagio

presbyte [prɛsbit] adj présbita,
hipermétrope

presbytère [prɛsbitɛr] nm casa
parroquial

prescription [prɛskripsjɔ̃] nf
(MÉD) prescripción f facultativa,
receta

prescrire [prɛskrir] vt (remède)
recetar

présence [prezɑ̃s] nf presencia;
(au bureau etc) presencia,

asistencia

présent, e [prezɑ̃, ɑ̃t] adj, nm
presente m; **~s** nmpl: **les ~s**
(personnes) los presentes; **à ~ que**
ahora que

présentation [prezɑ̃tasjɔ̃] nf
presentación f

présenter [prezɑ̃te] vt presentar;
(billet, pièce d'identité) enseñar;
(remettre: note) entregar;
(condoléances, félicitations,
remerciements) dar ♦ vi: **~ mal/
bien** tener buena/mala presencia;
se ~ vpr presentarse; (solution,
doute) surgir; **se ~ bien/mal**
(affaire) presentarse bien/mal; **se
~ à l'esprit** venir a la cabeza

préservatif [prezɛrvatif] nm
preservativo

préserver [prezɛrve] vt: **~
qch/qn de** (protéger) preservar
ou proteger algo/a algn de algn

président [prezidɑ̃] nm
presidente m; **~ directeur
général** director m gerente

présidentielles [prezidɑ̃sjɛl] nfpl (élections)
elecciones fpl presidenciales

présider [prezide] vt vi presidir; **~
à qch** presidir algo

presque [prɛsk] adv casi; **~
tous/rien** casi todos/nada; **il n'a
~ pas d'argent** casi no tiene
dinero, apenas tiene dinero

presqu'île [prɛskil] nf península

pressant, e [presɑ̃, ɑ̃t] adj
apremiante; (besoin) acuciante

presse [prɛs] nf prensa

pressé, e [prese] adj (personne)
apresurado(-a), apurado(-a) (AM);
(lettre, besogne) urgente; **orange
~e** zumo de naranja

pressentiment [presɑ̃timɑ̃] nm
presentimiento

pressentir [presɑ̃tir] vt presentir

presse-papiers [prɛspapje] nm

inv pisapapeles *m inv*

presser [pʀese] *vt* (*fruit*) exprimir; (*éponge*) escurrir; (*interrupteur, bouton*) pulsar ♦ *vi* (*être urgent*) urgir, correr prisa; **se ~** *vpr* (*se hâter*) darse prisa, apurarse (AM); **le temps presse** el tiempo apremia; **rien ne presse** no hay prisa; **~ le pas** *ou* **l'allure** aligerar (el paso)

pressing [pʀesiŋ] *nm* (*magasin*) tintorería

pression [pʀesjɔ̃] *nf* presión *f*; (*bouton*) automático; **faire ~ sur qn/qch** ejercer presión sobre algn/algo; **sous ~** a presión; (*fig*) presionado(-a); **~ artérielle** tensión *f* arterial

prestataire [pʀestatɛʀ] *nm/f* beneficiario(-a); **~ de services** (COMM) prestador *m* de servicios

prestation [pʀestasjɔ̃] *nf* (*allocation*) prestación *f*, ayuda; (*d'une entreprise*) contribución *f*; (*d'un joueur, artiste, homme politique*) actuación *f*

prestidigitateur, -trice [pʀestidiʒitatœʀ, tʀis] *nm/f* prestidigitador(a)

prestige [pʀestiʒ] *nm* prestigio; **prestigieux, -euse** *adj* prestigioso(-a)

présumer [pʀezyme] *vt*: **~ que** presumir que

prêt, e [pʀɛ, pʀɛt] *adj* listo(-a), presto(-a) ♦ *nm* préstamo; **prêt-à-porter** (*pl* **prêts-à-porter**) *nm* prêt-à-porter *f*

prétendre [pʀetɑ̃dʀ] *vt* (*avoir la ferme intention de*) pretender; (*affirmer*): **~ que** mantener que; **~ à qch** aspirar a; **prétendu, e** *adj* supuesto(-a)

prétentieux, -euse [pʀetɑ̃sjø, jøz] *adj* presuntuoso(-a)

prétention [pʀetɑ̃sjɔ̃] *nf* pretensión *f*

prêter [pʀete] *vt* (*livres, argent*): **~ qch (à)** prestar algo (a) ♦ *vi*: **~ à**: **~ aux commentaires/à équivoque/à rire** prestarse a comentarios/a equívoco/a risa; **se ~ à qch** prestarse a algo; **~ assistance à** prestar socorro a; **~ attention/serment** prestar atención/juramento; **~ l'oreille** aguzar el oído

prétexte [pʀetɛkst] *nm* pretexto; **sous aucun ~** bajo ningún pretexto; **prétexter** *vt* poner el pretexto de

prêtre [pʀɛtʀ] *nm* sacerdote *m*

preuve [pʀœv] *nf* prueba; **faire ~ de** dar pruebas de; **faire ses ~s** dar prueba de sus aptitudes

prévaloir [pʀevalwaʀ] *vi* prevalecer

prévenant, e [pʀev(ə)nɑ̃, ɑ̃t] *adj* atento(-a)

prévenir [pʀev(ə)niʀ] *vt* prevenir; (*besoins, etc*) anticiparse a; **~ qn (de qch)** (*avertir*) prevenir a algn (de algo)

préventif, -ive [pʀevɑ̃tif, iv] *adj* preventivo(-a)

prévention [pʀevɑ̃sjɔ̃] *nf* prevención *f*; **~ routière** seguridad *f* vial

prévenu, e [pʀev(ə)ny] *nm/f* preso(-a) ♦ *adj*: **être ~ contre qn** estar prevenido(-a) contra algn

prévision [pʀevizjɔ̃] *nf*: **~s** previsión *f*; **en ~ de l'orage** en caso de que haya tormenta; **~s météorologiques** previsión meteorológica

prévoir [pʀevwaʀ] *vt* prever; **prévu pour 4 personnes** con cabida para 4 personas; **prévu pour 10 h** previsto para las 10;

prévoyant, e *vb voir* **prévoir** ♦ *adj* prevenido(-a), precavido(-a)
prévu [prevy] *pp de* **prévoir**
prier [prije] *vi* rezar ♦ *vt* rogar; *(REL)* rezar; **se faire ~** hacerse rogar; **je vous en prie** *(allez-y)* pase por favor; *(de rien)* de nada; **prière** *nf* oración *f*; **"prière de faire/ne pas faire ..."** "se ruega hacer/no hacer ..."
primaire [pʀimɛʀ] *adj* primario(-a), *(péj)* primitivo(-a) ♦ *nm (SCOL: aussi:* **enseignement ~**): **le ~** ≈ primera etapa de la educación primaria
prime [pʀim] *nf (bonification, ASSURANCE, BOURSE)* prima; *(subside)* ayuda; *(COMM: cadeau)* bonificación *f* ♦ *adj*: **de ~ abord** de entrada; **primer** *vt (récompenser)* premiar ♦ *vi* primar
primeurs [pʀimœʀ] *nfpl (fruits, légumes)* frutos *mpl* tempranos
primevère [pʀimvɛʀ] *nf* primavera
primitif, -ive [pʀimitif, iv] *adj* primitivo(-a)
primordial, e, -aux [pʀimɔʀdjal, jo] *adj* primordial
prince [pʀɛ̃s] *nm* príncipe *m*; **princesse** *nf* princesa
principal, e, -aux [pʀɛ̃sipal, o] *adj* principal ♦ *nm (SCOL)* director *m*
principe [pʀɛ̃sip] *nm* principio; **pour le ~** por principios; **de/ en/par ~** de/en/por principio
printemps [pʀɛ̃tɑ̃] *nm* primavera
priorité [pʀijɔʀite] *nf* prioridad *f*; **~ à droite** prioridad a la derecha
pris, e [pʀi, pʀiz] *pp de* **prendre** ♦ *adj (place, journée)* ocupado(-a); *(billets)* sacado(-a); **avoir le nez ~/la gorge ~e** *(MÉD)* tener la nariz/la garganta irritada

prise [pʀiz] *nf (d'une ville)* toma; *(PÊCHE, CHASSE)* presa; *(ÉLEC)* conexión *f*; *(fiche)* enchufe *m*; **être aux ~s avec qn** enfrentarse con algn; **~ de courant** conexión; **~ de sang** toma de sangre; **~ de terre** toma de tierra; **~ de vue** *(PHOTO)* toma de vista; **~ en charge** *(par un taxi)* bajada de bandera; **~ multiple** ladrón *m*
priser [pʀize] *vt (tabac)* inhalar; *(estimer)* apreciar
prison [pʀizɔ̃] *nf* cárcel *f*, prisión *f*; *(MIL)* prisión militar; **faire de/ risquer la ~** estar en/correr el riesgo de ir a la cárcel;
prisonnier, -ière *nm/f* preso(-a); *(soldat, otage)* prisionero(-a)
privé, e [pʀive] *adj* privado(-a); **~ de** privado(-a) de; **en ~** en privado
priver [pʀive] *vt* privar; **se ~** *vpr*: **(ne pas) se ~ (de)** (no) privarse (de)
privilège [pʀivilɛʒ] *nm* privilegio
prix [pʀi] *nm* precio; *(récompense)* premio; **au ~ fort** al precio más alto; **acheter qch à ~ d'or** comprar algo a precio de oro; **hors de ~** carísimo(-a); **à aucun ~** por nada del mundo; **à tout ~** cueste lo que cueste
probable [pʀɔbabl] *adj* probable; **probablement** *adv* probablemente
problème [pʀɔblɛm] *nm* problema *m*
procédé [pʀɔsede] *nm* proceso; *(comportement)* proceder *m*
procéder [pʀɔsede] *vi* proceder; **~ à** *(JUR)* pasar a
procès [pʀɔsɛ] *nm (JUR)* juicio; **être en ~ avec qn** estar en

pleito con algn

processus [prosesys] *nm*
proceso

procès-verbal [proseverbal] (*pl*
~-verbaux) *nm* (*constat*)
atestado; (*aussi:* **P.V.**) multa;
(*d'une réunion*) acta

prochain, e [prɔʃɛ̃, ɛn] *adj*
próximo(-a) ♦ *nm* próximo(-a); **la ~e**
fois la próxima vez; **la semaine**
~e la semana que viene;
prochainement *adv* pronto; (*au*
cinéma) próximamente

proche [prɔʃ] *adj* (*ami*)
cercano(-a), próximo(-a); **~s** *nmpl*
(*parents*) familiares *mpl*; **être ~**
(de) estar cerca (de); (*fig: parent*)
estar unido(-a) a

proclamer [prɔklame] *vt*
declarar; (*la république, son*
innocence) proclamar

procuration [prɔkyʀasjɔ̃] *nf*
poder *m*

procurer [prɔkyʀe] *vt* (*fournir*)
proporcionar; (*causer*) dar; **se ~**
vpr conseguir; **procureur** *nm*:
procureur (de la République)
≈ fiscal *m*

prodige [prɔdiʒ] *nm* prodigio;
prodiguer *vt* prodigar

producteur, -trice [prɔdyktœʀ,
tʀis] *adj, nm/f* productor(a)

productif, -ive [prɔdyktif, iv]
adj productivo(-a)

production [prɔdyksjɔ̃] *nf*
producción *f*

productivité [prɔdyktivite] *nf*
productividad *f*

produire [prɔdɥiʀ] *vt* producir;
(*ADMIN, JUR: documents, témoins*)
presentar

produit, e [prɔdɥi, it] *pp de*
produire ♦ *nm* producto; (*profit*)
rendimiento; **~ d'entretien**
producto de limpieza

prof [prɔf] *abr* (= *professeur*) prof.
(= *profesor*)

proférer [prɔfeʀe] *vt* proferir

professeur [prɔfesœʀ] *nm*
profesor(a); (*titulaire d'une chaire*)
catedrático(-a)

profession [prɔfesjɔ̃] *nf*
profesión *f*; **"sans ~"** "sin
profesión"; **professionnel, le**
adj profesional ♦ *nm/f* profesional
m/f

profil [prɔfil] *nm* perfil *m*; **de ~**
de perfil

profit [prɔfi] *nm* (*avantage*)
provecho; (*COMM, FIN*) beneficio;
au ~ de qn/qch en beneficio de
algn/algo; **tirer** *ou* **retirer ~ de**
qch sacar provecho de algo;
profitable *adj* provechoso(-a);
profiter: profiter de *vt ind*
aprovecharse de; (*lecture*) sacar
provecho de; (*occasion*)
aprovechar

profond, e [prɔfɔ̃, ɔ̃d] *adj*
profundo(-a); (*trou, eaux*)
hondo(-a); **profondément** *adv*
profundamente; **profondeur** *nf*
profundidad *f*

programme [prɔgʀam] *nm*
programa *m*; **programmer** *vt*
programar; **programmeur,**
-euse *nm/f* (*INFORM*)
programador(a)

progrès [prɔgʀɛ] *nm* progreso,
avance *m*; **faire des/être en ~**
hacer progresos; **progresser** *vi*
(*mal etc*) avanzar; (*élève, recherche*)
progresar; **progressif, -ive** *adj*
progresivo(-a)

proie [pʀwa] *nf* presa

projecteur [pʀɔʒektœʀ] *nm* (*de*
théâtre, cirque) foco; (*de films,*
photos) proyector *m*

projectile [pʀɔʒɛktil] *nm*
proyectil *m*

projection [prɔʒɛksjɔ̃] nf
projección f

projet [prɔʒɛ] nm proyecto; **~ de
loi** proyecto de ley; **projeter** vt
proyectar; (jeter) lanzar; (envisager)
planear

prolétaire [prɔleter] nm
proletario(-a)

prolongement [prɔlɔ̃ʒmɑ̃] nm
prolongación f

prolonger [prɔlɔ̃ʒe] vt prolongar;
(délai) prorrogar; **se ~** vpr
prolongarse

promenade [prɔm(ə)nad] nf
paseo; **faire une ~** dar un paseo

promener [prɔm(ə)ne] vt dar un
paseo a; (doigts, main) recorrer;
se ~ vpr pasearse

promesse [prɔmɛs] nf promesa

promettre [prɔmɛtr] vt, vi
prometer; **~ à qn de faire qch**
prometer a algn hacer algo

promiscuité [prɔmiskɥite] nf
promiscuidad f

promontoire [prɔmɔ̃twar] nm
promontorio

promoteur, -trice [prɔmɔtœr,
tris] nm/f: **~ (immobilier)**
promotor (inmobiliario)

promotion [prɔmɔsjɔ̃] nf
promoción f; (avancement)
ascenso; **article en ~** artículo en
oferta

promouvoir [prɔmuvwar] vt (à
un grade, poste) ascender a;
(recherche etc) promover

prompt, e [prɔ̃(pt), prɔ̃(p)t] adj
rápido(-a)

prôner [prone] vt (préconiser)
preconizar

pronom [prɔnɔ̃] nm pronombre
m

prononcer [prɔnɔ̃se] vt
pronunciar; (souhait, vœu)
formular; **se ~** vpr pronunciarse;

se ~ sur qch pronunciarse sobre
algo; **prononciation** nf
pronunciación f

pronostic [prɔnɔstik] nm
pronóstico

propagande [prɔpagɑ̃d] nf
propaganda

propager [prɔpaʒe] vt propagar;
se ~ vpr propagarse

prophète, prophétesse
[prɔfɛt, prɔfɛtɛs] nm/f profeta
(profetisa)

prophétie [prɔfesi] nf (d'un
prophète) profecía; (d'une
cartomancienne) predicción f

propice [prɔpis] adj propicio(-a)

proportion [prɔpɔrsjɔ̃] nf
proporción f; (relation,
pourcentage) relación f; **toute(s)
~(s) gardée(s)** manteniendo las
proporciones

propos [prɔpo] nm (paroles)
palabras fpl; (intention) propósito;
à ~ de a propósito de; **à tout ~**
a cada momento; **à ce ~** a ese
respecto; **à ~** a propósito

proposer [prɔpoze] vt proponer;
se ~ (pour faire qch) ofrecerse
(para hacer algo); **se ~ de faire
qch** proponerse hacer algo;
proposition nf propuesta; (offre)
oferta; (LING) proposición f

propre [prɔpr] adj limpio(-a);
(net) pulcro(-a); (fig: honnête)
intachable; (intensif possessif, sens
propio(-a) ♦ nm: **le ~ de** lo
propio de; **~ à** (particulier)
propio(-a) de; **mettre** ou
recopier au ~ pasar a limpio; **~
à rien** nm/f (péj) inútil m/f;
proprement adv (manger etc)
correctamente; **à proprement
parler** a decir verdad; **le village
proprement dit** el pueblo
propiamente dicho; **propreté** nf

limpieza
propriétaire [prɔprijetɛr] nm/f propietario(-a); *(pour le locataire)* casero(-a)
propriété [prɔprijete] nf propiedad f; *(villa, terres)* casa de campo
propulser [prɔpylse] vt *(missile, engin)* propulsar; *(projeter)* lanzar
prose [proz] nf prosa
prospecter [prɔspekte] vt prospectar; *(COMM)* estudiar el mercado de
prospectus [prɔspektys] nm prospecto
prospère [prɔspɛr] adj próspero(-a); **prospérer** vi prosperar
prosterner [prɔsterne]: **se ~** vpr prosternarse
prostituée [prɔstitɥe] nf prostituta
prostitution [prɔstitysjɔ̃] nf prostitución f
protecteur, -trice [prɔtektœr, tris] adj protector(a) ♦ nm/f protector(a)
protection [prɔtɛksjɔ̃] nf protección f
protéger [prɔteʒe] vt proteger; **se ~ de/contre qch** protegerse de/contra algo
protéine [prɔtein] nf proteína
protestant, e [prɔtestɑ̃, ɑ̃t] adj, nm/f protestante m/f
protestation [prɔtestasjɔ̃] nf protesta
protester [prɔteste] vi protestar
prothèse [prɔtɛz] nf prótesis f inv; **~ dentaire** prótesis dental
protocole [prɔtɔkɔl] nm protocolo
proue [pru] nf proa
prouesse [prues] nf proeza
prouver [pruve] vt probar;

(montrer) demostrar
provenance [prɔv(ə)nɑ̃s] nf procedencia; *(d'un mot, d'une coutume)* origen m; **en ~ de** procedente de
provenir [prɔv(ə)nir] vi: **~ de** proceder de; *(résulter de)* derivarse de
proverbe [prɔvɛrb] nm proverbio
province [prɔvɛ̃s] nf provincia
proviseur [prɔvizœr] nm director(a) de instituto
provision [prɔvizjɔ̃] nf provisión f; *(acompte, avance)* anticipo; *(COMM)* provisión de fondos; **~s** nfpl *(vivres)* provisiones fpl
provisoire [prɔvizwar] adj provisional, provisorio(-a) *(AM)*;
provisoirement adv provisionalmente
provocant, e [prɔvɔkɑ̃, ɑ̃t] adj *(agressif)* provocante; *(excitant)* provocativo(-a)
provoquer [prɔvɔke] vt provocar; *(curiosité)* despertar
proxénète [prɔksenɛt] nm proxeneta m
proximité [prɔksimite] nf *(dans l'espace)* cercanía; *(dans le temps)* proximidad f; **à ~ (de)** cerca (de)
prudemment [prydamɑ̃] adv con prudencia
prudence [prydɑ̃s] nf prudencia; **avec ~** con prudencia; **par (mesure de) ~** como medida de precaución
prudent, e [prydɑ̃, ɑ̃t] adj prudente; *(sage, conseillé)* sensato(-a); **soyez ~!** ¡tened cuidado!
prune [pryn] nf ciruela
pruneau, x [pryno] nm ciruela pasa
prunier [prynje] nm ciruelo
PS [peɛs] sigle m (= Parti socialiste);

(= *post-scriptum*) PD

pseudonyme [psødɔnim] *nm*
seudónimo; (*de comédien*) nombre
m artístico

psychanalyse [psikanaliz] *nf*
(p)sicoanálisis *m inv*

psychiatre [psikjatʀ] *nm/f*
(p)siquiatra *m/f*; **psychiatrique**
adj (p)siquiátrico(-a)

psychique [psiʃik] *adj*
(p)síquico(-a)

psychologie [psikɔlɔʒi] *nf*
(p)sicología; **psychologique** *adj*
(p)sicológico(-a); **psychologue**
nm/f (p)sicólogo(-a)

pu [py] *pp de* pouvoir

puanteur [pɥɑ̃tœʀ] *nf* pestilencia
f

pub [pyb] *nf* (*fam*: *publicité*)
publicidad *f*

public, -ique [pyblik] *adj*
público(-a) ♦ *nm* público; **en ~** en
público

publicitaire [pyblisitɛʀ] *adj*
publicitario(-a)

publicité [pyblisite] *nf* publicidad
f; **une ~** un anuncio

publier [pyblije] *vt* publicar

publique [pyblik] *adj f voir*
public

puce [pys] *nf* pulga; (*INFORM*)
pulgada; **marché aux ~s**
mercadillo

pudeur [pydœʀ] *nf* pudor *m*

pudique [pydik] *adj* (*chaste*)
pudoroso(-a); (*discret*)
recatado(-a)

puer [pɥe] (*péj*) *vi*, *vt* apestar (*a*)

puéricultrice [pɥeʀikyltʀis] *nf*
puericultora

puéril, e [pɥeʀil] *adj* pueril

puis [pɥi] *vb voir* **pouvoir** ♦ *adv*
(*ensuite*) después, luego; (*en
outre*): **et ~** y además, y encima

puiser [pɥize] *vt*: **~ (dans)** sacar
(*de*)

puisque [pɥisk] *conj* ya que,
como

puissance [pɥisɑ̃s] *nf* potencia
f; (*pouvoir*) poder *m*

puissant, e [pɥisɑ̃, ɑ̃t] *adj*
poderoso(-a); (*moteur*) potente;
(*éclairage, drogue, vent*) fuerte

puits [pɥi] *nm* pozo

pull [pyl], **pull-over** [pylvɛʀ] (*pl
~-overs*) *nm* jersey *m*

pulluler [pylyle] *vi* pulular

pulpe [pylp] *nf* pulpa

pulvériser [pylveʀize] *vt*
pulverizar; (*fig*: *adversaire*)
machacar

punaise [pynɛz] *nf* (*ZOOL*) chinche
f; (*clou*) chincheta

punch [pœ̃ʃ] *nm* (*boisson*)
ponche *m*; (*fig*) vitalidad *f*

punir [pyniʀ] *vt* castigar;
punition *nf* castigo

pupille [pypij] *nf* (*ANAT*) pupila

pupitre [pypitʀ] *nm* (*SCOL*) pupitre
m; (*REL, MUS*) atril *m*

pur, e [pyʀ] *adj* puro(-a);
(*intentions*) bueno(-a); **en ~e
perte** en balde

purée [pyʀe] *nf* puré *m*;
purement *adv* puramente

purgatoire [pyʀɡatwaʀ] *nm*
purgatorio

purger [pyʀʒe] *vt* purgar;
(*vidanger*) limpiar

pur-sang [pyʀsɑ̃] *nm inv* pura
sangre *m*

pus [py] *vb voir* **pouvoir** ♦ *nm*
pus *m*

putain [pytɛ̃] (*fam!*) *nf* puta; **~!**
¡joder!

puzzle [pœzl] *nm* rompecabezas
m inv

PV [peve] *sigle m* (= *procès-verbal*)
multa

pyjama [piʒama] *nm* pijama *m*,
piyama *m ou f* (*AM*)

pyramide [piʀamid] *nf* pirámide *f*

Pyrénées [piʀene] *nfpl*: **les ~** los Pirineos

Q, q

QI [kyi] *sigle m* (= *quotient intellectuel*) C.I. *m* (= *coeficiente intelectual*)

quadragénaire [k(w)adʀaʒenɛʀ] *nm/f* (*de quarante à cinquante ans*) cuarentón(-ona); **les ~s** los mayores de cuarenta años

quadruple [k(w)adʀypl] *adj* cuádruple ♦ *nm*: **le ~ de** el cuádruplo de; **quadruplés, -ées** *nm/fpl* cuatrillizos(-as)

quai [ke] *nm* (*d'un port*) muelle *m*; (*d'une gare*) andén *m*; (*d'un cours d'eau, canal*) orilla; **être à ~** (*navire*) estar atracado; (*train*) estar en el andén

qualification [kalifikasjɔ̃] *nf* (*aptitude*) capacitación *f*

qualifier [kalifje] *vt* calificar; **se ~** *vpr* (SPORT) calificarse

qualité [kalite] *nf* calidad *f*; **rapport ~-prix** relación *f* calidad-precio

quand [kɑ̃] *conj* cuando; (*chaque fois que*) cada vez que; (*alors que*) cuando, mientras; ~ **je serai riche, j'aurai une belle maison** cuando yo sea rico, tendré una casa bonita; (*tout de même*): **tu exagères ~ même** desde luego te pasas

quant [kɑ̃]: ~ **à** *prép* en cuanto a; ~ **à moi, ...** en cuanto a mí ..., por lo que se refiere a mí ...

quantité [kɑ̃tite] *nf* cantidad *f*; (*grand nombre*): **une** *ou* **des ~(s) de** una cantidad *ou* cantidades de

quarantaine [kaʀɑ̃tɛn] *nf* (*isolement*) cuarentena; (*nombre*): **une ~ (de)** unos cuarenta; (*âge*): **avoir la ~** estar en la cuarentena; **mettre en ~** poner en cuarentena

quarante [kaʀɑ̃t] *adj inv, nm inv* cuarenta *m inv*; *voir aussi* **cinq**

quarantième [kaʀɑ̃tjɛm] *adj, nm/f* cuadragésimo(-a); *voir aussi* **cinquantième**

quart [kaʀ] *nm* cuarto ♦ *nm* (NAUT, *surveillance*) guardia; **le ~ de** la cuarta parte de; **un ~ de l'héritage** un cuarto de la herencia; **un ~ de fromage** un cuarto (de kilo) de queso; **un kilo un** *ou* **et ~** un kilo y cuarto; **~s de finale** (SPORT) cuartos *mpl* de final; **~ d'heure** cuarto de hora

quartier [kaʀtje] *nm* cuarto; (*d'une ville*) barrio; (*d'orange*) gajo; **cinéma de ~** cine *m* de barrio; **ne pas faire de ~** no dar cuartel; **~ général** cuartel general

quartz [kwaʀts] *nm* cuarzo

quasi [kazi] *adv* casi ♦ *préf*: **~-certitude/totalité** cuasicerteza/ cuasitotalidad *f*; **quasiment** *adv* casi

quatorze [katɔʀz] *adj inv, nm inv* catorce *m inv*; *voir aussi* **cinq**

quatorzième [katɔʀzjɛm] *adj, nm/f* decimocuarto(-a); *voir aussi* **cinquantième**

quatre [katʀ] *adj inv, nm inv* cuatro *m inv*; **à ~ pattes** a cuatro patas; **être tiré à ~ épingles** estar hecho un maniquí; **se mettre en ~ pour qn** desvivirse por algn; **monter/ descendre (l'escalier) ~ à ~** subir/ bajar (los escalones) de cuatro en cuatro; *voir aussi* **cinq**; **quatre-vingt-dix** *adj inv, nm inv* noventa *m inv*; *voir aussi* **cinq**;

quatre-vingt-dixième *adj,*
nm/f nonagésimo(-a); *voir aussi*
cinquantième; quatre-
vingtième *adj, nm/f*
octogésimo(-a); *voir aussi*
cinquantième; quatre-vingts
adj inv, nm inv ochenta *m inv;*
voir aussi **cinq; quatrième** *adj,*
nm/f cuarto(-a) ♦ *nf* (AUTO) cuarta;
(SCOL) tercer año de educación
secundaria en el sistema francés;
voir aussi **cinquième**

quatuor [kwatɥɔʀ] *nm* cuarteto

MOT-CLÉ
---

que [kə] *conj* **1** *(introduisant*
complétive) que; **il sait que tu**
es là sabe que estás allí; **je veux**
que tu acceptes quiero que
aceptes; **il a dit que oui** dijo que
sí

2 *(reprise d'autres conjonctions)*:
quand il rentrera et qu'il
aura mangé cuando vuelva y
haya comido; **si vous y allez**
ou que vous lui téléphonez si
usted va (allí) o le llama por
teléfono

3 *(en tête de phrase: hypothèse,*
souhait etc): **qu'il le veuille ou**
non quiera o no quiera; **qu'il**
fasse ce qu'il voudra! ¡que
haga lo que quiera!

4 *(après comparatif)*: **aussi**
grand que tan grande como;
plus grand que más grande
que; *voir aussi* **plus**

5 *(temps)*: **elle venait à peine**
de sortir qu'il se mit à
pleuvoir acababa justo de salir
cuando se puso a llover; **il y a 4**
ans qu'il est parti hace 4 años
que se marchó

6 *(attribut)*: **c'est une erreur**
que de croire ... es un error

creer

7 *(but)*: **tenez qu'il ne**
tombe pas sujételo (para) que
no se caiga

8 *(seulement)*: **ne ... que** sólo,
no más que; **il ne boit que de**
l'eau sólo bebe agua, no bebe
más que agua

♦ *adv (exclamation)*: **qu'est-ce**
qu'il est bête! ¡qué tonto es!;
qu'est-ce qu'il court vite!
¡cómo corre!; **que de livres!**
¡cuántos libros!

♦ *pron* **1** *(relatif)*: **l'homme que**
je vois el hombre que veo;
(temps): **un jour que j'étais ...**
un día en que yo estaba ...; **le**
livre que tu lis el libro que lees

2 *(interrogatif)*: **que fais-tu?,**
qu'est-ce que tu fais? ¿qué
haces?; **que préfères-tu,**
celui-ci ou celui-là? ¿cuál
prefieres, éste o ése?; **que fait-il**
dans la vie? ¿a qué se dedica?;
qu'est-ce que c'est? ¿qué es?;
que faire? ¿qué se puede
hacer?; *voir aussi* **aussi; autant**
etc

Québec [kebek] *nm* Quebec *m*

MOT-CLÉ
---

quel, quelle [kɛl] *adj* **1**
(interrogatif: avant un nom) qué;
(avant un verbe: personne) quién;
(: *chose*) cuál; **sur quel auteur**
va-t-il parler? ¿sobre qué autor
va a hablar?; **quels acteurs**
préférez-vous? ¿(a) qué actores
prefiere?; **quel est cet homme?**
¿quién es este hombre?; **quel**
livre veux-tu? ¿qué libro
quieres?; **quel est son nom?**
¿cuál es su nombre?

2 *(exclamatif)*: **quelle**

surprise/coïncidence! ¡qué sorpresa/coincidencia!; **quel dommage qu'il soit parti!** ¡qué pena que se haya marchado! **3: quel que soit** (*personne*) sea quien sea, quienquiera que sea; (*chose*) sea cual sea, cualquiera que sea; **quel que soit le coupable** sea quien sea el culpable; **quel que soit votre avis** sea cual sea su opinión
♦ *pron interrog*: **de tous ces enfants, quel est le plus intelligent?** de todos esos niños, ¿cuál es el más inteligente?

quelconque [kɛlkɔ̃k] *adj* cualquier(a); (*sans valeur*) mediocre; **pour une raison ~** por cualquier razón

MOT-CLÉ

quelque [kɛlk] *adj* **1** (*suivi du singulier*) algún(-una); (*suivi du pluriel*) algunos(-as); **cela fait quelque temps que je ne l'ai (pas) vu** hace algún tiempo que no lo he visto; **il a dit quelques mots de remerciement** dijo algunas palabras de agradecimiento; **les quelques enfants qui ...** los pocos niños que ...; **il habite à quelque distance d'ici** vive a una cierta distancia de aquí; **20 kg et quelque(s)** 20 kg y pico **2: quelque ... que:** **quelque livre qu'il choisisse** cualquier libro que elija
3: quelque chose *pron* algo; **quelque chose d'autre** otra cosa; **y être pour quelque chose** tener algo que ver; **ça m'a fait quelque chose!** (*fig*) ¡sentí una cosa!; **puis-je faire**

quelque chose pour vous? ¿puedo hacer algo por usted?; **c'est déjà quelque chose** algo es algo; **quelque part** (*position*) en alguna parte; (*direction*) a alguna parte; **en quelque sorte** (*pour ainsi dire*) en cierto modo
♦ *adv* **2** (*environ, à peu près*): **une route de quelque 100 km** una carretera de unos 100 km
2: quelque peu algo

quelquefois [kɛlkəfwa] *adv* a veces

quelques-uns, -unes [kɛlkəzœ̃, yn] *pron* algunos(-as)

quelqu'un [kɛlkœ̃] *pron* alguien; (*entre plusieurs*) alguno(-a); **~ d'autre** otro(-a); **être ~** (*de valeur*) ser alguien

qu'en dira-t-on [kɑ̃diratɔ̃] *nm inv*: **le ~ ~~~~** el qué dirán

querelle [kəʀɛl] *nf* pelea; **quereller: se quereller** *vpr* pelearse

qu'est-ce que [kɛskə] *voir* **que**
qu'est-ce qui [kɛski] *voir* **que**; **qui**

question [kɛstjɔ̃] *nf* (*gén*) pregunta; (*problème*) cuestión *f*, problema *m*; **il a été ~ de** se trató de; **de quoi est-il ~?** ¿de qué se trata?; **il n'en est pas ~** ni hablar, ni mucho menos; **en ~** en cuestión; **hors de** fuera de lugar; **(re)mettre en ~** poner en tela de juicio; **questionnaire** *nm* cuestionario; **questionner** *vt* preguntar

quête [kɛt] *nf* (*collecte*) colecta; (*recherche*) búsqueda; **faire la ~** (*à l'église*) pasar la bandeja; (*artiste*) pasar la gorra

quetsche [kwɛtʃ] *nf* ciruela

damascena

queue [kø] *nf* cola; (*d'un fruit, d'une feuille*) rabillo; **faire la ~** hacer cola; **~ de cheval** cola de caballo

---

MOT-CLÉ

qui [ki] *pron* **1** (*interrogatif*) quién; (: *pluriel*) quiénes; (: *objet*) **qui (est-ce que) j'emmène?** ¿a quién llevo?; **je ne sais pas qui c'est** no sé quién es; **à qui est ce sac?** ¿de quién es este bolso?; **à qui parlais-tu?** ¿con quién hablabas?
2 (*relatif*) que; (: *après prép*) quien, el (la) que; (: *plural*) quienes, los (las) que; **l'ami de qui je vous ai parlé** el amigo de quien *ou* del que le hablé; **la personne avec qui je l'ai vu** la persona con quien lo vi
3 (*sans antécédent*): **amenez qui vous voulez** traiga a quien quiera; **qui que ce soit** quienquiera que sea

---

quiconque [kikɔ̃k] *pron* quienquiera que; (*n'importe qui*) cualquiera

quille [kij] *nf* bolo; (*d'un bateau*) quilla

quincaillerie [kɛ̃kajʀi] *nf* (*magasin*) ferretería

quinquagénaire [kɛ̃kaʒenɛʀ] *nm/f* quincuagenario(-a)

quinte [kɛ̃t] *nf*: **~ (de toux)** golpe *m* de tos

quintuple [kɛ̃typl] *nm*: **le ~ de** el quíntuplo de; **quintuplés, -ées** *nm/fpl* quintillizos(-as)

quinzaine [kɛ̃zɛn] *nf* quincena; **une ~ (de jours)** una quincena (de días)

quinze [kɛ̃z] *adj inv, nm inv*

quince *m inv*; **dans ~ jours** dentro de quince días; *voir aussi* **cinq**

quinzième [kɛ̃zjɛm] *adj, nm/f* decimoquinto(-a); *voir aussi* **cinquantième**

quiproquo [kipʀɔko] *nm* malentendido

quittance [kitɑ̃s] *nf* (*reçu*) recibo

quitte [kit] *adj*: **être ~ envers qn** estar en paz con algn; **je resterai ~ à attendre pendant 3 heures** me quedaré aunque tenga que esperar 3 horas

quitter [kite] *vt* dejar; (*vêtement*) quitarse; **se ~** *vpr* (*couples, interlocuteurs*) separarse; **~ la route** (*véhicule*) salir de la carretera; **ne quittez pas** (*au téléphone*) no se retire

qui-vive [kiviv] *nm inv*: **être sur le ~~** estar alerta

MOT-CLÉ

quoi [kwa] *pron interrog* **1** (*interrogation directe*) qué; **quoi de plus beau que ...?** ¿hay algo más hermoso que ...?; **quoi de neuf?** ¿qué hay de nuevo?; **quoi encore?** ¿y ahora, qué?; **et puis quoi encore!** ¡y qué más!; **quoi?** (*qu'est-ce que tu dis?*) ¿qué?
2 (*interrogation directe avec prép*) qué; **à quoi penses-tu?** ¿en qué piensas?; **de quoi parlez-vous?** ¿de qué habláis?; **en quoi puis-je vous aider?** ¿en qué puedo ayudarle?; **à quoi bon?** ¿para qué?
3 (*interrogation indirecte*) qué; **dis-moi à quoi ça sert** dime para qué sirve; **je ne sais pas à quoi il pense** no sé en qué piensa

♦ *pron rel* **1** que; **ce à quoi tu penses** lo que piensas; **de quoi écrire** algo para escribir; **il n'a pas de quoi se l'acheter** no tiene con qué comprarlo; **il y a de quoi être fier** es para estar orgulloso; **merci - il n'y a pas de quoi** gracias - no hay de qué **2** (*locutions*): **après quoi** después de lo cual; **sans quoi, faute de quoi** si no; **comme quoi** (*déduction*) así que; **un message comme quoi il est arrivé** un mensaje en el que dice que ha llegado **3**: **quoi qu'il arrive** pase lo que pase; **quoi qu'il en soit** sea lo que sea; **quoi qu'elle fasse** haga lo que haga; **si vous avez besoin de quoi que ce soit** si necesita cualquier cosa
♦ *excl* qué

quoique [kwak(ə)] *conj* aunque

quotidien, ne [kɔtidjɛ̃, jɛn] *adj* cotidiano(-a) ♦ *nm* (*journal*) diario; **quotidiennement** *adv* diariamente

R, r

R [ɛʀ] *abr* (= *route*) ctra. (= *carretera*); (= *rue*) C (= *calle*)

rabais [ʀabɛ] *nm* rebaja; **rabaisser** *vt* (*prétentions, autorité*) bajar, reducir; (*personne, mérites*) rebajar

rabattre [ʀabatʀ] *vt* (*couvercle, siège*) bajar

rabbin [ʀabɛ̃] *nm* rabino

rabougri, e [ʀabugʀi] *adj* mustio(-a)

raccommoder [ʀakɔmɔde] *vt* (*vêtement, linge*) remendar; **se ~**

avec (*fam*) reconciliarse con

raccompagner [ʀakɔ̃paɲe] *vt* acompañar

raccord [ʀakɔʀ] *nm* (TECH) racor *m*, empalme *m*; **raccorder** *vt* (*tuyaux, fils électriques*) empalmar

raccourci [ʀakuʀsi] *nm* atajo

raccourcir [ʀakuʀsiʀ] *vt* acortar

raccrocher [ʀakʀɔʃe] *vt* (*tableau, vêtement*) volver a colgar; (*récepteur*) colgar ♦ *vi* (TÉL) colgar; **se ~ à** *vpr* (*branche*) agarrarse a; (*fig*) aferrarse a

race [ʀas] *nf* raza

rachat [ʀaʃa] *nm* (*v vt*) compra; redención *f*

racheter [ʀaʃ(ə)te] *vt* volver a comprar; (*part, firme: aussi d'occasion*) comprar; (*mauvaise conduite, oubli, défaut*) compensar; **se ~** *vpr* (REL) redimirse

racial, e, -aux [ʀasjal, jo] *adj* racial

racine [ʀasin] *nf* raíz *f*; **~ carrée/cubique** raíz cuadrada/ cúbica

raciste [ʀasist] *adj, nm/f* racista *m/f*

racket [ʀaket] *nm* chantaje *m*

raclée [ʀɑkle] (*fam*) *nf* paliza

racler [ʀɑkle] *vt* raspar

racontars [ʀakɔ̃taʀ] *nmpl* habladurías *fpl*

raconter [ʀakɔ̃te] *vt*: **~ (à qn)** contar (a algn)

radar [ʀadaʀ] *nm* radar *m*

rade [ʀad] *nf* rada

radeau, X [ʀado] *nm* balsa

radiateur [ʀadjatœʀ] *nm* radiador *m*

radiation [ʀadjasjɔ̃] *nf* radiación *f*

radical, e, -aux [ʀadikal, o] *adj* radical; (*moyen, remède*) infalible

radieux, -ieuse [ʀadjø, jøz] *adj* radiante

radin, e [radɛ̃, in] (*fam*) *adj* tacaño(-a)

radio [radjo] *nf* radio *f* (*m en AM*); **à la ~** en la radio; **radioactif, -ive** *adj* radioactivo(-a); **radiocassette** *nf* radiocasete *m*; **radiographie** *nf* radiografía; **radiophonique** *adj*: **programme/jeu radiophonique** programa *m*/juego radiofónico; **radio-réveil** (*pl* **radios-réveils**) *nm* radio-despertador *m*

radis [radi] *nm* rábano

radoter [radɔte] *vi* chochear

radoucir [radusir]: **se ~** *vpr* suavizarse

rafale [rafal] *nf* ráfaga

raffermir [rafɛrmir] *vt* fortalecer; (*fig*) afianzar

raffiner [rafine] *vt* refinar; **raffinerie** *nf* refinería

raffoler [rafɔle]: **~ de** *vt ind* volverse loco(-a) por

rafle [rafl] *nf* redada, allanamiento (*esp AM*); **rafler** (*fam*) *vt* arrasar

rafraîchir [rafreʃir] *vt* refrescar; (*atmosphère, température*) enfriar; (*fig*) renovar ♦ *vi*: **mettre une boisson à ~** poner una bebida a enfriar; **se ~** *vpr* refrescarse; **rafraîchissant, e** *adj* refrescante; **rafraîchissement** *nm* (*de la température*) enfriamiento; **rafraîchissements** *nmpl* refrescos *mpl*

rage [raʒ] *nf* rabia; **faire ~** (*tempête*) bramar; **~ de dents** tremendo dolor *m* de muelas

ragot [rago] (*fam*) *nm* chisme *m*

ragoût [ragu] *nm* guiso

raide [rɛd] *adj* (*cheveux*) liso(-a); (*ankylosé*) entumecido(-a); (*peu* souple: *câble, personne*) tenso(-a); (*escarpé*) empinado(-a); (*fam: surprenant*) inaudito(-a) ♦ *adv*: **tomber ~ mort** quedarse uno en el sitio; **raideur** *nf* rigidez *f*; **avec raideur** (*marcher, danser*) con envaramiento; **raidir** *vt* contraer; **se raidir** *vpr* (*personne, muscles*) contraerse; (*se crisper*) ponerse tieso(-a)

raie [rɛ] *nf* raya

raifort [rɛfɔr] *nm* rábano picante

rail [raj] *nm*: **par ~** por ferrocarril

railler [raje] *vt* burlarse de

rainure [renyr] *nf* ranura

raisin [rezɛ̃] *nm* uva; **~s secs** (uvas) pasas

raison [rezɔ̃] *nf* razón *f*; **avoir ~** tener razón; **donner ~ à qn** dar la razón a algn; **se faire une ~** conformarse; **perdre/recouvrer la ~** perder/recobrar el juicio; **~ de plus** razón de más; **à plus forte ~** con mayor motivo; **en ~ de** (*à cause de*) a causa de; **à ~ de** a razón de; **sans ~** sin razón; **~ sociale** razón social; **raisonnable** *adj* razonable

raisonnement [rezɔnmɑ̃] *nm* raciocinio; (*argumentation*) razonamiento

raisonner [rezɔne] *vi* razonar ♦ *vt* (*personne*) hacer entrar en razón a

rajeunir [raʒœnir] *vt* rejuvenecer; (*fig*) remozar ♦ *vi* (*personne*) rejuvenecer

rajouter [raʒute] *vt*: **~ du sel/un œuf** añadir sal/un huevo

rajuster [raʒyste] *vt* (*cravate, coiffure*) arreglar; (*salaires, prix*) reajustar

ralenti [ralɑ̃ti] *nm*: **au ~** a ralentí; (*CINÉ*) a cámara lenta; **tourner au ~** (*AUTO*) rodar a ralentí

ralentir [ʀalɑ̃tiʀ] vt (marche, allure) aminorar; (production, expansion) disminuir ♦ vi (véhicule, coureur) disminuir la velocidad

râler [ʀɑle] vi (fam: protester) gruñir

rallier [ʀalje] vt (rassembler) reunir; **se ~ à** vpr (avis, opinion) adherirse a

rallonge [ʀalɔ̃ʒ] nf (de table) larguero m; (ÉLEC) alargador m

rallonger [ʀalɔ̃ʒe] vt alargar

rallye [ʀali] nm rally m

ramassage [ʀamasaʒ] nm: ~ **scolaire** transporte m escolar

ramasser [ʀamase] vt recoger; **ramassis** (péj) nm revoltijo

rambarde [ʀɑ̃baʀd] nf barandilla

rame [ʀam] nf (aviron) remo; (de métro) tren m; (de papier) resma

rameau, x [ʀamo] nm rama; **les R~x** Domingo de Ramos

ramener [ʀam(ə)ne] vt volver a traer; (reconduire) llevar; (rendre) devolver; ~ **qch sur** (couverture, visière) echar algo hacia; ~ **qch à** (MATH, réduire) reducir algo a

ramer [ʀame] vi remar

ramollir [ʀamɔliʀ] vt (amollir) ablandar; **se ~** vpr reblandecerse

rampe [ʀɑ̃p] nf (d'escalier) barandilla; (dans un garage) rampa; (THÉÂTRE): **la ~** candilejas fpl

ramper [ʀɑ̃pe] vi reptar

rancard [ʀɑ̃kaʀ] (fam) nm (rendez-vous) cita

rancart [ʀɑ̃kaʀ] (fam) nm: **mettre au ~** (objet, projet) arrinconar

rance [ʀɑ̃s] adj rancio(-a)

rancœur [ʀɑ̃kœʀ] nf rencor m

rançon [ʀɑ̃sɔ̃] nf rescate m

rancune [ʀɑ̃kyn] nf rencor m; **garder ~ à qn (de qch)**

guardar rencor a algn (por algo); **sans ~!** ¡olvidémoslo!; **rancunier, -ière** adj rencoroso(-a)

randonnée [ʀɑ̃dɔne] nf excursión f

rang [ʀɑ̃] nm (rangée) fila; (grade) grado; (position dans un classement) posición f; **~s** nmpl (MIL) filas fpl; **se mettre en ~s/ sur un ~** ponerse en filas/en una fila; **au premier/dernier ~** en el primer/último puesto

rangé, e [ʀɑ̃ʒe] adj ordenado(-a)

rangée [ʀɑ̃ʒe] nf fila

ranger [ʀɑ̃ʒe] vt ordenar; **se ~** vpr (se placer/disposer) colocarse; (véhicule, conducteur) hacerse a un lado; (s'assagir) sosegarse; ~ **qch/qn parmi** (fig) situar algo/ algn entre

ranimer [ʀanime] vt reanimar

rapace [ʀapas] nm rapaz f

râpe [ʀɑp] nf (CULIN) rallador m; **râper** vt (CULIN) rallar

rapide [ʀapid] adj rápido(-a); **rapidement** adv rápidamente

rapiécer [ʀapjese] vt remendar

rappel [ʀapel] nm (MÉD) vacuna de refuerzo; (THÉÂTRE etc) llamada a escena; (de limitation de vitesse) señal recordatoria de limitación de velocidad; **rappeler** vt (retéléphoner à) volver a llamar; (ambassadeur) retirar; **rappeler qch à qn** recordar algo a algn; (évoquer, faire penser à) traer algo a la memoria de algn; **se rappeler** vpr acordarse de; **se rappeler que ...** acordarse de que ...

rapport [ʀapɔʀ] nm (compte rendu) informe m; (lien, analogie) relación f; (proportion) razón f; **~s** nmpl (entre personnes, groupes, *pays*) relaciones *fpl*; **avoir ~ à** tener relación con; **être en ~ avec** estar relacionado(-a) con; **être/se mettre en ~ avec qn** estar/ponerse en contacto con algn; **par ~ à** en comparación con; **~ qualité-prix** relación calidad-precio; **~s (sexuels)** contactos *mpl* (sexuales)

rapporter [ʀapɔʀte] *vt* (*remettre à sa place, rendre*) devolver; (*apporter de nouveau*) volver a traer; (*relater*) referir ♦ *vi* (*investissement, propriété*) rentar; (*activité*) dar beneficio; (*péj: moucharder*) chivarse; **se ~** *vpr*: **se ~ à** relacionarse con

rapprochement [ʀapʀɔʃmɑ̃] *nm* (*réconciliation*) acercamiento; (*analogie, rapport*) cotejo

rapprocher [ʀapʀɔʃe] *vt* (*deux objets*) juntar, arrimar; (*associer, comparer*) cotejar; **se ~** *vpr* acercarse

raquette [ʀaket] *nf* raqueta; (*de ping-pong*) pala

rare [ʀɑʀ] *adj* raro(-a); (*main-d'œuvre, denrées*) escaso(-a); **se faire ~** escasear; **rarement** *adv* raramente

ras, e [ʀɑ, ʀɑz] *adj* (*tête, cheveux*) rapado(-a); (*poil*) corto(-a); (*herbe, mesure, cuillère*) raso(-a) ♦ *adv* (*couper*) al ras; **à ~ bords** colmado(-a); **au ~ de** a(l) ras de; **en avoir ~ le bol** (*fam*) estar hasta el moño

raser [ʀɑze] *vt* (*barbe, cheveux*) rasurar; (*menton, personne*) afeitar; (*fam: ennuyer*) dar la lata a; (*quartier*) derribar; (*frôler*) rozar; **se ~** *vpr* afeitarse; (*fam*) aburrirse; **rasoir** *nm* navaja de afeitar

rassasier [ʀɑsɑzje] *vt* saciar

rassemblement [ʀɑsɑ̃bləmɑ̃] *nm* reunión *f*; (POL) concentración *f*

rassembler [ʀɑsɑ̃ble] *vt* (*réunir*) reunir; (*regrouper*) agrupar; **se ~** *vpr* reunirse

rassurer [ʀɑsyʀe] *vt* tranquilizar; **se ~** *vpr* tranquilizarse; **rassure-toi** tranquilízate

rat [ʀa] *nm* rata

rate [ʀat] *nf* (ANAT) bazo

raté, e [ʀate] *adj* (*tentative, opération*) frustrado(-a); (*vacances, spectacle*) malogrado(-a)

râteau, x [ʀɑto] *nm* rastrillo

rater [ʀate] *vi* (*échouer*) fracasar ♦ *vt* (*cible, balle, train*) perder; (*démonstration, plat*) estropear; (*examen*) suspender

ration [ʀasjɔ̃] *nf* ración *f*

RATP [ɛʀatepe] *sigle f* (= *Régie autonome des transports parisiens*) administración de transportes parisinos

rattacher [ʀataʃe] *vt* atar de nuevo; (*incorporer*) incorporar algo a; **~ qch à** (*relier*) relacionar algo con

rattraper [ʀatʀape] *vt* (*fugitif, animal échappé*) volver a coger; (*retenir, empêcher de tomber*) coger; (*atteindre, rejoindre*) alcanzar; (*imprudence, erreur*) reparar, subsanar; **se ~** *vpr* (*compenser une perte de temps*) ponerse al día; **se ~ (à)** (*se raccrocher*) agarrarse a

rature [ʀatyʀ] *nf* tachadura

rauque [ʀok] *adj* ronco(-a)

ravages [ʀavaʒ] *nmpl* estragos *mpl*

ravi, e [ʀavi] *adj* encantado(-a); **être ~ de/que ...** estar encantado(-a) de/de que ...

ravin [ʀavɛ̃] *nm* hondonada

ravir [ravir] vt (enchanter) encantar; **à ~** de maravilla

raviser [ravize]: **se ~** vpr cambiar de opinión

ravissant, e [ravisᾶ, ᾶt] adj encantador(a)

ravisseur, -euse [ravisœr, øz] nm/f secuestrador(a)

ravitailler [ravitaje] vt abastecer; **se ~** vpr abastecerse

raviver [ravive] vt avivar; (flamme, douleur) reavivar

rayé, e [reje] adj a ou de rayas

rayer [reje] vt rayar; (d'une liste) tachar

rayon [rejɔ̃] nm rayo; (GÉOM, d'une roue) radio; (de grand magasin) departamento, sección f; **~s** nmpl (radiothérapie) rayos mpl; **dans un ~ de ...** (périmètre) en un radio de ...; **~ de soleil** rayo de sol; **~s X** rayos X

rayonnement [rejɔnmᾶ] nm (solaire) radiación f

rayonner [rejɔne] vi irradiar; (fig) ejercer su influencia

rayure [rejyr] nf (motif) raya; (éraflure) rayado

raz-de-marée [rɑdmare] nm inv maremoto

ré [re] nm inv (MUS) re m

réaction [reaksjɔ̃] nf reacción f; **avion/moteur à ~** avión m/ motor m de reacción

réadapter [readapte] vt readaptar; **se ~ (à)** readaptarse (a)

réagir [reaʒir] vi reaccionar; **~ à** reaccionar ante

réalisateur, -trice [realizatœr, tris] nm/f realizador(a)

réalisation [realizasjɔ̃] nf realización f

réaliser [realize] vt realizar; (rêve, souhait) cumplir; (exploit) llevar a

cabo; (comprendre, se rendre compte de) darse cuenta de; **se ~** vpr (projet, prévision) realizarse

réaliste [realist] adj, nm/f realista m/f

réalité [realite] nf realidad f; **en ~** en realidad

réanimation [reanimasjɔ̃] nf reanimación f

rébarbatif, -ive [rebarbatif, iv] adj (travail) fastidioso(-a)

rebattu, e [r(ə)baty] adj trillado(-a)

rebelle [rəbɛl] adj, nm/f rebelde m/f

rebeller [r(ə)bele]: **se ~** vpr rebelarse

rebondir [r(ə)bɔ̃dir] vi rebotar; (fig) reanudarse

rebord [r(ə)bɔr] nm (d'une table etc) reborde m

rebours [r(ə)bur]: **à ~** adv: **compte à ~** cuenta f atrás

rebrousser [r(ə)bruse] vt: **~ chemin** dar marcha atrás

rebuter [r(ə)byte] vt (suj: travail, matière) repeler

récalcitrant, e [rekalsitrᾶ, ᾶt] adj indómito(-a)

récapituler [rekapityle] vt recapitular

receler [r(ə)səle] vt (produit d'un vol) ocultar; (fig) encerrar; **receleur, -euse** [r(ə)səlœr, øz] nm/f encubridor(a)

récemment [resamᾶ] adv recientemente, recién (AM)

recensement [r(ə)sᾶsmᾶ] nm censo

recenser [r(ə)sᾶse] vt (population) censar; (inventorier) hacer el recuento ou el inventario de

récent, e [resᾶ, ᾶt] adj reciente

récépissé [resepise] nm recibo

récepteur, -trice [ʀesεptœʀ, tʀis] *adj* receptor(a); **~ (de radio)** receptor *m*

réception [ʀesεpsjɔ̃] *nf* recepción *f*; **réceptionniste** *nm/f* recepcionista *m/f*

recette [ʀ(ə)sεt] *nf* (CULIN, *fig*) receta; (COMM) ingreso; **~s** *nfpl* (COMM: *rentrées d'argent*) entradas *fpl*

recevoir [ʀ(ə)səvwaʀ] *vt* recibir; (*visiteurs, ambassadeur*) acoger; (*candidat, plainte*) admitir; **être reçu** (*à un examen*) aprobar; **être bien/mal reçu** ser bien/mal recibido

rechange [ʀ(ə)fɑ̃ʒ]: **de ~** *adj* (*pièces, roue*) de repuesto; **vêtements de ~** vestidos *mpl* para cambiarse

recharge [ʀ(ə)faʀʒ] *nf* recambio; **rechargeable** *adj* recargable; **recharger** *vt* (*fusil, batterie*) recargar; (*appareil photo, briquet, stylo*) cargar

réchaud [ʀefo] *nm* hornillo

réchauffer [ʀefofe] *vt* (*plat*) recalentar; (*mains, doigts, personne*) calentar; **se ~** *vpr* calentarse

rêche [ʀεʃ] *adj* áspero(-a)

recherche [ʀ(ə)fεʀʃ] *nf* búsqueda; (*raffinement*) afectación *f*; (*scientifique etc*) investigación *f*; **être/se mettre à la ~ de** estar investigando/ponerse a la búsqueda de

recherché, e [ʀ(ə)fεʀʃe] *adj* rebuscado(-a)

rechercher [ʀ(ə)fεʀʃe] *vt* buscar; (*objet égaré, lettre*) rebuscar; (*cause d'un phénomène, nouveau procédé*) investigar; (*la perfection, le bonheur etc*) perseguir

rechute [ʀ(ə)fyt] *nf* recaída

récidiver [ʀesidive] *vi* reincidir

récif [ʀesif] *nm* arrecife *m*

récipient [ʀesipjɑ̃] *nm* recipiente *m*

réciproque [ʀesipʀɔk] *adj* (*mutuel*) recíproco(-a) ♦ *nf*: **la ~** (*l'inverse*) la inversa

récit [ʀesi] *nm* relato *m*; **récital** *nm* recital *m*; **réciter** *vt* recitar

réclamation [ʀeklamasjɔ̃] *nf* reclamación *f*; **service des ~s** servicio de reclamaciones

réclame [ʀeklam] *nf*: **la ~** la publicidad; **article en ~** artículo de oferta; **réclamer** *vt* (*aide, nourriture*) pedir; (*exiger*) reclamar; (*nécessiter*) requerir

réclusion [ʀeklyzjɔ̃] *nf* reclusión *f*

recoin [ʀəkwɛ̃] *nm* rincón *m*

reçois *etc* [ʀəswa] *vb voir* **recevoir**

récolte [ʀekɔlt] *nf* cosecha; **récolter** *vt* cosechar; (*fam: ennuis, coups*) ganarse, cobrar

recommandé, e [ʀ(ə)kɔmɑ̃de] *adj* recomendado(-a) ♦ *nm* (POSTES): **en ~** certificado(-a)

recommander [ʀ(ə)kɔmɑ̃de] *vt* recomendar

recommencer [ʀ(ə)kɔmɑ̃se] *vt* (*reprendre*) seguir con; (*refaire*) repetir; (*erreur*) reincidir ♦ *vi* volver a empezar

récompense [ʀekɔ̃pɑ̃s] *nf* recompensa; **récompenser** *vt* recompensar; **récompenser qn de** *ou* **pour qch** recompensar a algn por algo

réconcilier [ʀekɔ̃silje] *vt* reconciliar; **se ~** *vpr* reconciliarse

reconduire [ʀ(ə)kɔ̃dɥiʀ] *vt* acompañar hasta la salida

réconfort [ʀekɔ̃fɔʀ] *nm* consuelo *m*; **réconforter** *vt* reconfortar

reconnaissance [ʀ(ə)kɔnεsɑ̃s]

nf reconocimiento; (*gratitude*) agradecimiento;
reconnaissant, e *vb voir*
reconnaître ♦ *adj* agradecido(-a)
reconnaître [R(ə)kɔnɛtR] *vt* reconocer; **~ que** reconocer que; **~ qch/qn à** reconocer algo/a algn por; **reconnu, e** *pp de* **reconnaître**
reconstituer [R(ə)kɔ̃stitɥe] *vt* reconstituir; (*fortune, patrimoine*) rehacer
reconstruire [R(ə)kɔ̃stRɥiR] *vt* reconstruir
reconvertir [R(ə)kɔ̃vɛRtiR] *vt* reconvertir; **se ~ dans** reconvertirse en
record [R(ə)kɔR] *adj, nm* récord *m*
recoupement [R(ə)kupmɑ̃] *nm*: **par ~** atando cabos
recouper [R(ə)kupe] *vpr*: **se ~** (*témoignages*) coincidir
recourber [R(ə)kuRbe] *vt* (*branche, tige de métal*) doblar
recourir [R(ə)kuRiR]: **~ à** *vt ind* recurrir a
recours [R(ə)kuR] *nm*: **le ~ à la ruse/violence** el recurso de la astucia/violencia; **avoir ~ à** recurrir a; **en dernier ~** como último recurso
recouvrer [R(ə)kuvRe] *vt* (*la vue, santé, raison*) recobrar
recouvrir [R(ə)kuvRiR] *vt* recubrir; (*embrasser*) abarcar; **se ~** *vpr* (*idées, concepts*) superponerse
récréation [RekReasjɔ̃] *nf* recreo
recroqueviller [R(ə)kRɔk(ə)vije]: **se ~** *vpr* (*plantes*) marchitarse; (*personne*) acurrucarse
recrudescence [R(ə)kRydesɑ̃s] *nf* recrudecimiento
recruter [R(ə)kRyte] *vt* contratar
rectangle [Rɛktɑ̃gl] *nm* rectángulo; **rectangulaire** *adj*

rectangular
rectificatif, -ive [Rɛktifikatif, iv] *adj* rectificatif(-a) ♦ *nm* rectificativo
rectifier [Rɛktifje] *vt* (*tracé*) enderezar; (*calcul*) rectificar; (*erreur*) corregir
rectiligne [Rɛktiliɲ] *adj* rectilíneo(-a)
recto [Rɛkto] *nm* anverso
reçu, e [R(ə)sy] *pp de* **recevoir ♦** *nm* (*récépissé*) recibo
recueil [Rəkœj] *nm* selección *f*;
recueillir *vt* recoger; (*renseignements, dépositions*) reunir; (*réfugiés*) acoger; **se recueillir** *vpr* recogerse
recul [R(ə)kyl] *nm* retroceso;
avoir un mouvement de ~ hacer un movimiento de retroceso; **prendre du ~** retroceder; **reculé, e** *adj* apartado(-a); **reculer** *vi* retroceder; (*véhicule, conducteur*) dar marcha atrás; (*se dérober, hésiter*) echarse atrás ♦ *vt* (*meuble, véhicule*) retirar; (*fig: possibilités, limites*) ampliar; **reculer devant** (*danger, difficulté*) echarse atrás ante; **reculons: à reculons** *adv* hacia atrás
récupérer [RekypeRe] *vt* recuperar
récurer [RekyRe] *vt* fregar
reçut [Rəsy] *vb voir* **recevoir**
recycler [R(ə)sikle] *vt* reciclar; **se ~** *vpr* reciclarse
rédacteur, -trice [RedaktœR, tRis] *nm/f* redactor(a); **~ en chef** redactor(a) jefe
rédaction [Redaksjɔ̃] *nf* redacción *f*
redescendre [R(ə)desɑ̃dR] *vi* volver a bajar ♦ *vt* bajar
rédiger [Rediʒe] *vt* redactar

redire [ʀ(ə)diʀ] vt repetir; **avoir/
trouver qch à ~** tener/encontrar
algo que criticar

redoubler [ʀ(ə)duble] vi
(*tempête, violence*) arreciar; (*SCOL*)
repetir; **~ de** (*amabilité, efforts*)
redoblar

redoutable [ʀ(ə)dutabl] adj
temible

redouter [ʀ(ə)dute] vt temer

redressement [ʀ(ə)dʀɛsmɑ̃] nm
(*de l'économie etc*)
restablecimiento

redresser [ʀ(ə)dʀese] vt
enderezar; (*situation, économie*)
restablecer; **se ~** vpr (*objet
penché*) enderezarse; (*personne*)
erguirse

réduction [ʀedyksjɔ̃] nf
reducción f; (*rabais, remise*) rebaja

réduire [ʀedɥiʀ] vt reducir; **se ~
à** vpr reducirse a; **réduit, e** pp de
réduire ♦ adj reducido(-a) **♦** nm
cuchitril m

rééducation [ʀeedykasjɔ̃] nf
rehabilitación f

réel, le [ʀeel] adj real; (*intensif:
avant le nom*) verdadero(-a);
réellement adv realmente

réexpédier [ʀeekspedje] vt (*à
l'envoyeur*) devolver; (*au
destinataire*) remitir

refaire [ʀ(ə)fɛʀ] vt hacer de
nuevo; (*recommencer, faire tout
autrement*) rehacer

réfectoire [ʀefektwaʀ] nm
refectorio, comedor m

référence [ʀefeʀɑ̃s] nf referencia

référer [ʀefeʀe] vb: **se ~ à**
remitirse a; **en ~ à qn** remitir a
algn

refermer [ʀ(ə)fɛʀme] vt volver a
cerrar; **se ~** vpr cerrarse

refiler [ʀ(ə)file] (*fam*) vt: **~ qch à
qn** encajar algo a algn

réfléchi, e [ʀefleʃi] adj
reflexivo(-a); (*action, décision*)
pensado(-a)

réfléchir [ʀefleʃiʀ] vt reflejar **♦** vi
reflexionar; **~ à** ou **sur** reflexionar
acerca de

reflet [ʀ(ə)flɛ] nm reflejo;
refléter vt reflejar; **se refléter**
vpr reflejarse

réflexe [ʀeflɛks] nm reflejo

réflexion [ʀeflɛksjɔ̃] nf reflexión f;
(*remarque désobligeante*) reproche
m; **après ~, ~ faite, à la ~**
pensándolo bien

réforme [ʀefɔʀm] nf reforma;
réformer vt reformar

refouler [ʀ(ə)fule] vt
(*envahisseurs*) rechazar; (*liquide*)
impeler; (*fig: larmes*) contener;
(*PSYCH, colère*) reprimir

refrain [ʀ(ə)fʀɛ̃] nm estribillo; (*air*)
canción f; (*leitmotiv*) cantinela

réfréner [ʀefʀene] vt refrenar

réfrigérateur [ʀefʀiʒeʀatœʀ] nm
frigorífico, nevera, heladera (*AM*)

refroidir [ʀ(ə)fʀwadiʀ] vt enfriar **♦**
vi (*plat, moteur*) enfriar; **se ~** vpr
(*personne*) enfriarse, coger frío;
(*temps*) refrescar;
refroidissement nm
enfriamiento

refuge [ʀ(ə)fyʒ] nm refugio;
réfugié, e adj, nm/f
refugiado(-a); **réfugier: se ~**
vpr refugiarse

refus [ʀ(ə)fy] nm rechazo; **ce
n'est pas de ~** (*fam*) se
agradece; **refuser** vt (*ne pas
accorder*) denegar; (*ne pas
accepter*) rechazar; (*candidat*)
suspender; **se refuser à qch/
faire qch** negarse a algo/hacer
algo

regagner [ʀ(ə)ɡaɲe] vt regresar a

régal [ʀeɡal] nm (*mets, fig*) placer

m; **régaler: se régaler** *vpr*
(*faire un bon repas*) regalarse; (*fig*)
disfrutar
regard [ʀ(ə)gaʀ] *nm* mirada; **au**
~ de (*loi, morale*) a la luz de
regardant, e [ʀ(ə)gaʀdɑ̃, ɑ̃t] *adj*:
très/peu ~ sur (*qualité,*
propreté) muy/poco mirado(-a)
con
regarder [ʀ(ə)gaʀde] *vt* mirar;
(*concerner*) concernir ♦ *vi* ver,
mirar; **~ (vers)** mirar (hacia)
régie [ʀeʒi] *nf* (*COMM, INDUSTRIE*)
corporación *f* pública; (*CINÉ,*
THÉÂTRE) departamento de
producción; (*RADIO, TV*) sala de
control
régime [ʀeʒim] *nm* régimen *m*;
(*fig: allure*) paso; (*de bananes,*
dattes) racimo; **se mettre au/**
suivre un ~ ponerse a/estar a
régimen
régiment [ʀeʒimɑ̃] *nm*
regimiento
région [ʀeʒjɔ̃] *nf* región *f*
régional, e, -aux [ʀeʒjɔnal, o]
adj regional
régir [ʀeʒiʀ] *vt* regir
régisseur [ʀeʒisœʀ] *nm*
administrador(a); (*THÉÂTRE, CINÉ*)
regidor(a)
registre [ʀəʒistʀ] *nm* registro; **~**
de l'état civil registro civil
réglage [ʀeglaʒ] *nm* ajuste *m*,
regulación *f*
réglé, e [ʀegle] *adj* (*affaire*)
zanjado(-a); (*vie, personne*)
ordenado(-a)
règle [ʀegl] *nf* regla; **~s** *nfpl*
(*PHYSIOL*) reglas *fpl*; **en ~** (*papiers*
d'identité) en regla; **en ~**
générale por regla general
règlement [ʀegləmɑ̃] *nm* (*règles*)
reglamento; (*paiement*) pago;
(*d'un conflit, d'une affaire*) arreglo,

solución *f*; **réglementaire** *adj*
reglamentario(-a);
réglementation *nf*
reglamentación *f*; **réglementer**
vt reglamentar
régler [ʀegle] *vt* (*mécanisme,*
machine) ajustar; (*moteur,*
thermostat) regular; (*question,*
problème) arreglar; (*facture*) pagar
réglisse [ʀeglis] *nf ou m* regaliz
m
règne [ʀɛɲ] *nm* reinado; (*fig*)
reino; **régner** *vi* reinar
regorger [ʀ(ə)gɔʀʒe] *vi*: **~ de**
rebosar de
regret [ʀ(ə)gʀɛ] *nm* (*nostalgie*)
nostalgia; **à ~** *ou* **avec ~** con
pesar; **être au ~ de devoir/ne**
pas pouvoir faire ... lamentar
mucho tener que/no poder hacer
...; **regrettable** *adj* lamentable;
regretter *vt* lamentar; **je**
regrette lo siento
regrouper [ʀ(ə)gʀupe] *vt*
reagrupar; **se ~** *vpr* reagruparse
régulier, -ière [ʀegylje, jɛʀ] *adj*
regular; **régulièrement** *adv* con
regularidad
rehausser [ʀəose] *vt* (*mur,*
plafond) levantar; (*fig*) realzar
rein [ʀɛ̃] *nm* riñón *m*; **~s** *nmpl*
(*ANAT: dos, muscles du dos*) riñones
mpl
reine [ʀɛn] *nf* reina; **~ mère**
reina madre
reine-claude [ʀɛnklod] (*pl* **~s-**
~s) *nf* ciruela claudia
réinsertion [ʀeɛ̃sɛʀsjɔ̃] *nf*
reinserción *f*
réintégrer [ʀeɛ̃tegʀe] *vt*
reintegrar
rejaillir [ʀ(ə)ʒajiʀ] *vi*: **~ sur**
repercutir sobre
rejet [ʀaʒɛ] *nm* rechazo; **rejeter**
vt rechazar; **rejeter la**

responsabilité de qch sur qn echar la responsabilidad de algo sobre algn

rejoindre [ʀ(ə)ʒwɛ̃dʀ] vt (personnes) reunirse con; (lieu) retornar a; (concurrent) alcanzar; (suj: route etc) llegar a; **se** ~ vpr: **je te rejoins au café** te veo en el café

réjouir [ʀeʒwiʀ] vt alegrar; **se** ~ vpr regocijarse, alegrarse

réjouissances nfpl festejos mpl

relâche [ʀəlɑʃ] nf: **faire** ~ (CINÉ) no haber función; **sans** ~ sin descanso; **relâché, e** adj relajado(-a); **relâcher** vt (ressort, étreinte, cordes) aflojar; (animal, prisonnier) soltar; **se relâcher** vpr (cordes) aflojarse; (discipline) relajarse

relais [ʀ(ə)lɛ] nm: **(course de)** ~ (carrera de) relevos mpl; (RADIO, TV) repetidor m; **prendre le** ~ **(de qn)** tomar el relevo (de algn); ~ **routier** restaurante m de carretera

relancer [ʀ(ə)lɑ̃se] vt (économie, agriculture) reactivar

relatif, -ive [ʀ(ə)latif, iv] adj relativo(-a); ~ **à** relativo(-a) a

relation [ʀ(ə)lasjɔ̃] nf relación f; **être/entrer en** ~**(s) avec** estar/entrar en relación(relaciones) con

relaxer [ʀəlakse] vt (détendre) relajar; (JUR) poner en libertad; **se** ~ vpr relajarse

relayer [ʀ(ə)leje] vt relevar; **se** ~ vpr relevarse

reléguer [ʀ(ə)lege] vt relegar

relevé, e [ʀəl(ə)ve] adj (manches) arremangado(-a); (conversation, style) elevado(-a); (sauce, plat) sazonado(-a) ♦ nm (facture) extracto; (d'un compteur) lectura;

~ **de compte** saldo

relève [ʀəlɛv] nf relevo m; **prendre la** ~ tomar el relevo

relever [ʀəl(ə)ve] vt levantar; (niveau de vie, salaire) aumentar; (col) subir; (fautes, points) señalar; (traces, anomalies) constatar; (défi) hacer frente a; (compteur) leer; (copies) recoger; **se** ~ vpr levantarse; ~ **de** ser de la competencia de; ~ **la tête** levantar la cabeza

relief [ʀəljɛf] nm relieve m; **mettre en** ~ poner de relieve

relier [ʀəlje] vt (routes, bâtiments) unir; (livre) encuadernar; ~ **qch à** unir algo con

religieux, -euse [ʀ(ə)liʒjø, jøz] adj religioso(-a) ♦ nm religioso ♦ nf religiosa

religion [ʀ(ə)liʒjɔ̃] nf religión f

relire [ʀ(ə)liʀ] vt releer

reluire [ʀ(ə)lɥiʀ] vi relucir

remanier [ʀ(ə)manje] vt (roman, pièce) modificar; (ministère) reorganizar

remarquable [ʀ(ə)maʀkabl] adj notable

remarque [ʀ(ə)maʀk] nf comentario

remarquer [ʀ(ə)maʀke] vt notar; **se** ~ vpr notarse; **se faire** ~ (péj) hacerse notar; **faire** ~ **(à qn) que** hacer notar (a algn) que; **faire** ~ **qch (à qn)** hacer notar algo (a algn); **remarquez que** ... observe que ...

rembourrer [ʀɑ̃buʀe] vt rellenar

remboursement [ʀɑ̃buʀsəmɑ̃] nm reembolso; **rembourser** vt reembolsar

remède [ʀ(ə)mɛd] nm remedio

remémorer [ʀ(ə)memɔʀe]: **se** ~ vpr acordarse de

remerciements [ʀ(ə)mɛʀsimɑ̃]

nmpl gracias *fpl*; **(avec) tous mes ~** (con) todo mi agradecimiento

remercier [ʀ(ə)mɛʀsje] *vt* (*congédier: employé*) despedir; **~ qn de qch** agradecerle algo a algn; **je vous remercie d'être venu** le agradezco que haya venido

remettre [ʀ(ə)mɛtʀ] *vt* (*vêtement*) volver a ponerse; **~ qch à qn** entregar algo a algn; (*ajourner, reporter*): **~ qch (à)** aplazar algo (hasta *ou* para); **se ~** *vpr* (*malade*) reponerse; **~ du sel/un sucre** añadir sal/un azucarillo; **se ~ de** (*maladie, chagrin*) recuperarse de

remise [ʀ(ə)miz] *nf* entrega; (*rabais, réduction*) descuento; (*lieu, local*) trastero, galpón *m* (*CSUR*); **~ en cause** replanteamiento; **~ en jeu** (*FOOTBALL*) saque *m*

remontant [ʀ(ə)mɔ̃tɑ̃] *nm* estimulante

remonte-pente [ʀ(ə)mɔ̃tpɑ̃t] (*pl* ~~**s**) *nm* remonte *m*

remonter [ʀ(ə)mɔ̃te] *vi* volver a subir; (*jupe*) subir ♦ *vt* volver a subir; (*fleuve*) remontar; (*hausser*) subir; (*montre*) dar cuerda; **~ à** (*dater de*) remontarse a; **~ le moral à qn** levantar la moral a algn

remontrer [ʀ(ə)mɔ̃tʀe] *vt*: **en ~ à qn** dar lecciones a algn

remords [ʀ(ə)mɔʀ] *nm* remordimiento; **avoir des ~** tener remordimiento

remorque [ʀ(ə)mɔʀk] *nf* remolque *m*; **prendre en ~** llevar en remolque; **remorquer** *vt* remolcar; **remorqueur** *nm* remolcador *m*

remous [ʀəmu] *nm* remolino ♦ *nmpl* (*fig*) alboroto *msg*

remparts [ʀɑ̃paʀ] *nmpl* murallas *fpl*

remplaçant, e [ʀɑ̃plasɑ̃, ɑ̃t] *nm/f* sustituto(-a)

remplacement [ʀɑ̃plasmɑ̃] *nm* sustitución *f*; **faire des ~s** hacer sustituciones

remplacer [ʀɑ̃plase] *vt* (*pneu, ampoule*) cambiar; (*tenir lieu de*) sustituir (a); **~ qch par qch d'autre/qn par qn d'autre** cambiar una cosa por otra/a algn por otro(-a)

rempli, e [ʀɑ̃pli] *adj* (*journée*) cargado(-a); **~ de** lleno(-a) de

remplir [ʀɑ̃pliʀ] *vt* llenar; (*questionnaire*) rellenar; (*obligations, conditions, rôle*) cumplir (con); **se ~** *vpr* llenarse

remporter [ʀɑ̃pɔʀte] *vt* (*victoire, succès*) lograr

remuant, e [ʀəmɥɑ̃, ɑ̃t] *adj* (*enfant etc*) revoltoso(-a)

remue-ménage [ʀ(ə)mymenaʒ] *nm inv* zafarrancho

remuer [ʀəmɥe] *vt* (*partie du corps*) mover; (*café, salade, sauce*) remover ♦ *vi* moverse; **se ~** *vpr* moverse

rémunérer [ʀemyneʀe] *vt* remunerar

renard [ʀ(ə)naʀ] *nm* zorro

renchérir [ʀɑ̃ʃeʀiʀ] *vi* encarecerse; **~ (sur)** ir más allá (de)

rencontre [ʀɑ̃kɔ̃tʀ] *nf* encuentro; **aller à la ~ de qn** ir al encuentro de algn; **rencontrer** *vt* encontrar (a); (*SPORT: équipe*) enfrentarse con; **se rencontrer** *vpr* encontrarse

rendement [ʀɑ̃dmɑ̃] *nm* rendimiento; **à plein ~** a pleno rendimiento

rendez-vous [ʀɑ̃devu] *nm inv*

cita; **donner ~~~ à qn** dar una
cita a algn; **avoir ~~~ (avec qn)**
tener una cita (con algn);
prendre ~~~ (avec qn) pedir
cita (con algn)
rendre [ʀɑ̃dʀ] *vt* devolver; (*sons*)
producir; (*pensée, tournure*)
traducir, expresar; **~ qn
célèbre/qch possible** hacer a
algn célebre/algo posible; **se ~**
vpr rendirse; **se ~ quelque part**
irse a algún sitio; **se ~ compte
de qch** darse cuenta de algo; **se ~
la monnaie** dar las vueltas
rênes [ʀɛn] *nfpl* riendas
renfermé, e [ʀɑ̃fɛʀme] *adj* (*fig*)
reservado(-a) ♦ *nm*: **sentir le ~**
oler a cerrado
renfermer [ʀɑ̃fɛʀme] *vt* contener
renforcer [ʀɑ̃fɔʀse] *vt* reforzar;
renforts *nmpl* (MIL, *gén*) refuerzo
msg; **à grand renfort de** con
gran acompañamiento de
renfrogné, e [ʀɑ̃fʀɔɲe] *adj*
sombrío(-a)
renier [ʀənje] *vt* renegar de
renifler [ʀ(ə)nifle] *vi* resoplar ♦ *vt*
aspirar
renne [ʀɛn] *nm* reno
renom [ʀənɔ̃] *nm* renombre *m*;
renommé, e *adj*
renombrado(-a), famoso(-a);
renommée *nf* fama
renoncer [ʀ(ə)nɔ̃se]: **~ à** *vt ind*
renunciar a
renouer [ʀənwe]: **~ avec** *vt ind*
volver a; **~ avec qn** reconciliarse
con algn
renouvelable [ʀ(ə)nuv(ə)labl]
adj (*contrat, bail*) renovable
renouveler [ʀ(ə)nuv(ə)le] *vt*
renovar; (*eau d'une piscine,
pansement*) cambiar; (*demande*)
reiterar; (*exploit, méfait*) repetir; **se
~** *vpr* repetirse;

renouvellement *nm* renovación
f; (*pansement*) cambio; (*exploit,
incident*) repetición *f*
rénover [ʀenɔve] *vt* renovar;
(*quartier*) remozar
renseignement [ʀɑ̃sɛɲmɑ̃] *nm*
información *f*; **(guichet des) ~s**
(ventanilla de) información; **les
~s généraux** dirección *f* general
de seguridad
renseigner [ʀɑ̃seɲe] *vt*: **~ qn
(sur)** informar a algn (sobre); **se
~** *vpr* informarse
rentabilité [ʀɑ̃tabilite] *nf*
rentabilidad *f*
rentable [ʀɑ̃tabl] *adj* rentable
rente [ʀɑ̃t] *nf* renta
rentrée [ʀɑ̃tʀe] *nf*: **~ (d'argent)**
ingreso; **la ~ (des classes)** el
comienzo (del curso)

---
rentrée (des classes)

La **rentrée (des classes)** *en
septiembre* marca un hito
importante en el calendario anual
francés. Supone la vuelta al
colegio para profesores y alumnos
y se reanuda la vida política y
social tras el largo descanso
estival.

---

rentrer [ʀɑ̃tʀe] *vi* entrar; (*entrer
de nouveau*) volver a entrar;
(*revenir chez soi*) irse a casa;
(*revenu, argent*) ingresar ♦ *vt*
meter; (*foins*) recoger; (*griffes*)
guardar; (*fig: larmes, colère etc*)
tragarse; **~ dans l'ordre** volver
al orden; **~ dans ses frais**
cubrir sus gastos
renverse [ʀɑ̃vɛʀs]: **à la ~** *adv*
(*tomber*) de espaldas
renverser [ʀɑ̃vɛʀse] *vt* (*liquide*)
derramar; (*chaise, verre*) dejar caer;

(piéton) atropellar; *(gouvernement etc)* derrochar; **se ~** *vpr (pile d'objets, récipient)* caerse

renvoi [ʀɑ̃vwa] *nm* reenvío, devolución *f*; *(d'un élève)* expulsión *f*; *(d'un employé)* despido; *(référence)* llamada, nota; *(éructation)* eructo; **renvoyer** *vt* devolver; *(élève)* expulsar; *(employé)* despedir

repaire [ʀ(ə)pɛʀ] *nm* guarida

répandre [Repɑ̃dʀ] *vt* derramar; *(gravillons, sable etc)* echar; *(lumière, chaleur, odeur)* despedir; *(nouvelle, usage)* propagar; **se ~** *vpr (liquide)* derramarse; *(épidémie, mode)* difundirse; **répandu, e** *pp de* **répandre ♦** *adj (courant)* extendido(-a)

réparation [reparasjɔ̃] *nf* arreglo

réparer [Repare] *vt* arreglar

repartie [Reparti] *nf* réplica, **avoir de la ~** tener una respuesta fácil

repartir [Repartir] *vi (retourner)* regresar; **~ à zéro** recomenzar de cero

répartir [Repartir] *vt* repartir; **se ~** *vpr (travail, rôles)* repartirse; **répartition** *nf* reparto

repas [ʀ(ə)pɑ] *nm* comida

repassage [ʀ(ə)pasaʒ] *nm* planchado

repasser [ʀ(ə)pase] *vi (passer de nouveau)* volver a pasar ♦ *vt* planchar

repentir [ʀəpɑ̃tiʀ] *nm* arrepentimiento; **se ~** *vpr* arrepentirse

répercussions [Reperkysjɔ̃] *nfpl* *(fig)* repercusiones *fpl*

répercuter [Reperkyte]: **se ~** *vpr* repercutir; **se ~ sur** *(fig)* repercutir en

repère [ʀ(ə)pɛʀ] *nm* referencia;

(monument etc) lugar *m* de referencia

repérer [ʀ(ə)pere] *vt (erreur, connaissance)* ver; *(abri, ennemi)* localizar; **se ~** *vpr* orientarse

répertoire [Repertwar] *nm* repertorio

répéter [Repete] *vt* repetir; *(THÉÂTRE)* ensayar ♦ *vi (THÉÂTRE etc)* ensayar; **se ~** *vpr* repetirse

répétition [Repetisjɔ̃] *nf* repetición *f*; *(THÉÂTRE)* ensayo; **~ générale** *(THÉÂTRE)* ensayo general

répit [Repi] *nm* descanso

replier [ʀ(ə)plije] *vt* doblar; **se ~** *vpr* replegarse

réplique [Replik] *nf* réplica, **répliquer** *vt* contestar; *(avec impertinence)* replicar

répondeur [Repɔ̃dœr] *nm:* **~ automatique** *(TÉL)* contestador *m* automático

répondre [Repɔ̃dʀ] *vi* contestar, responder; *(freins, mécanisme)* responder; *(salut, provocation, description)* responder a

réponse [Repɔ̃s] *nf* respuesta; **en ~ à** en respuesta a

reportage [ʀ(ə)portaʒ] *nm* reportaje *m*

reporter¹ [ʀ(ə)porter] *nm* reportero

reporter² [Rəporte] *vt (total, notes)*: **~ qch sur** pasar algo a; *(ajourner, renvoyer)*: **~ qch (à)** aplazar algo (hasta); **se ~ à** remitirse a

repos [ʀ(ə)po] *nm* descanso; *(après maladie)* reposo; *(MIL)*: **~!** ¡descansen!; **au ~** en reposo; **de tout ~** seguro(-a)

reposant, e [ʀ(ə)pozɑ̃, ɑ̃t] *adj* descansado(-a)

reposer [ʀ(ə)poze] *vt (verre, livre)*

volver a poner; (question, problème) replantear ♦ vi (liquide, pâte) reposar; **~ sur** (suj: bâtiment) descansar sobre; (fig: affirmation) basarse en; **se ~** vpr descansar; **se ~ sur qn** apoyarse en algn

repoussant, e [ʀ(ə)pusɑ̃, ɑ̃t] adj repulsivo(-a)

repousser [ʀ(ə)puse] vi volver a crecer ♦ vt rechazar; (rendez-vous, entrevue) aplazar

reprendre [ʀ(ə)pʀɑ̃dʀ] vt (prisonnier) volver a coger; (MIL: ville) volver a tomar; (objet prêté, donné) recuperar; (se resservir de) volver a tomar; (travail, études) reanudar; (explication, histoire) volver a; (emprunter: argument, idée) tomar; (article etc) rehacer; (jupe, pantalon) arreglar; (personne) corregir ♦ vi (cours, classes) reanudarse; (affaires, industrie) reactivarse; **~ courage/des forces** recobrar valor/fuerzas; **~ ses habitudes/sa liberté** recuperar sus costumbres/su libertad; **~ la route** volver a ponerse en marcha; **~ haleine** ou **son souffle** recobrar el aliento

représentant, e [ʀ(ə)pʀezɑ̃tɑ̃, ɑ̃t] nm/f representante m/f

représentation [ʀ(ə)pʀezɑ̃tasjɔ̃] nf representación f

représenter [ʀ(ə)pʀezɑ̃te] vt representar; **se ~** vpr figurarse

répression [ʀepʀesjɔ̃] nf represión f

réprimer [ʀepʀime] vt reprimir

repris, e [ʀ(ə)pʀi, iz] pp de **reprendre**

reprise [ʀ(ə)pʀiz] nf (recommencement) reanudación f; (THÉÂTRE, TV, CINÉ) reposición f;

(AUTO) reprise m; (COMM) compra; (de location) traspaso; **à plusieurs ~s** repetidas veces

repriser [ʀ(ə)pʀize] vt zurcir

reproche [ʀ(ə)pʀɔʃ] nm reproche m; **faire des ~s à qn** hacer reproches a algn; **sans ~(s)** sin reproche; **reprocher** vt: **reprocher qch à (qn)** reprochar algo a (algn)

reproduction [ʀ(ə)pʀɔdyksjɔ̃] nf (aussi BIOL) reproducción f; **"~ interdite"** "prohibida su reproducción"

reproduire [ʀ(ə)pʀɔdyiʀ] vt reproducir; **se ~** vpr (BIOL, fig) reproducirse

reptile [ʀɛptil] nm reptil m

république [ʀepyblik] nf república

répugnant, e [ʀepyɲɑ̃, ɑ̃t] adj repugnante

répugner [ʀepyɲe] vt repugnar

réputation [ʀepytasjɔ̃] nf reputación f; **réputé, e** adj famoso(-a)

requérir [ʀɔkeʀiʀ] vt requerir

requête [ʀɔkɛt] nf (prière) petición f; (JUR) demanda, requerimiento

requin [ʀɔkɛ̃] nm tiburón m

requis, e [ʀɔki, iz] pp de **requérir**

RER [ɛʀøɛʀ] sigle m (= Réseau express régional) red de trenes rápidos de París y de la periferia; (train) uno de esos trenes

rescapé, e [ʀɛskape] nm/f superviviente m/f

rescousse [ʀɛskus] nf: **aller/venir à la ~ de** ir/venir en socorro de

réseau, x [ʀezo] nm red f

réservation [ʀezɛʀvasjɔ̃] nf reserva

réserve [Rezɛʀv] *nf* reserva; (*d'un magasin*) depósito; (*de pêche, chasse*) coto; **sous ~ de** a reserva de; **sans ~** sin reservas

réservé, e [Rezɛʀve] *adj* reservado(-a); (*chasse, pêche*) vedado(-a)

réserver [Rezɛʀve] *vt* reservar; (*réponse, assentiment etc*) reservarse; **~ qch pour/à** reservar algo para/a; **~ qch à qn** reservar algo a algn; **se ~ qch** reservarse algo; **se ~ le droit de faire qch** reservarse el derecho de hacer algo

réservoir [Rezɛʀvwaʀ] *nm* depósito

résidence [Rezidɑ̃s] *nf* (ADMIN) sede *f*; (*groupe d'immeubles*) conjunto residencial; **(en) ~ surveillée** (JUR) (en) arresto domiciliario; **~ universitaire** residencia universitaria;

résidentiel, le *adj* residencial; **résider** *vi*: **résider à/dans/en** residir en; **résider dans/en** (*fig*) radicar en

résidu [Rezidy] *nm* residuo

résigner [Rezine]: **se ~** *vpr* resignarse; **se ~ à qch/faire qch** resignarse a algo/hacer algo

résilier [Rezilje] *vt* rescindir

résistance [Rezistɑ̃s] *nf* resistencia; **la R~** (POL) la Resistencia

résistant, e [Rezistɑ̃, ɑ̃t] *adj* resistente

résister [Reziste] *vi* resistir; **~ à** resistir a

résolu, e [Rezɔly] *pp de* **résoudre**; **être ~ à qch/faire qch** estar decidido(-a) a algo/hacer algo

résolution [Rezɔlysjɔ̃] *nf* resolución *f*

résolve *etc* [Rezɔlv] *vb voir* **résoudre**

résonner [Rezɔne] *vi* resonar

résorber [Rezɔʀbe]: **se ~** *vpr* (MÉD) reabsorberse; (*déficit, chômage*) reducirse

résoudre [Rezudʀ] *vt* resolver; **se ~ à qch/faire qch** decidirse por algo/a *ou* por hacer algo

respect [Rɛspɛ] *nm* respeto

respecter *vt* respetar; **faire respecter** hacer respetar;

respectueux, -euse *adj* respetuoso(-a)

respiration [Rɛspiʀasjɔ̃] *nf* respiración *f*; **~ artificielle** respiración artificial

respirer [Rɛspiʀe] *vi*, *vt* respirar

resplendir [Rɛsplɑ̃diʀ] *vi* resplandecer; **~ (de)** resplandecer (de)

responsabilité [Rɛspɔ̃sabilite] *nf* responsabilidad *f*

responsable [Rɛspɔ̃sabl] *adj*, *nm/f* responsable *m/f*

ressaisir [R(ə)sezir]: **se ~** *vpr* (*se maîtriser*) serenarse

ressasser [R(ə)sase] *vt* rumiar; (*histoires, critiques*) repetir

ressemblance [R(ə)sɑ̃blɑ̃s] *nf* semejanza

ressemblant, e [R(ə)sɑ̃blɑ̃, ɑ̃t] *adj* parecido(-a)

ressembler [R(ə)sɑ̃ble]: **~ à** *vt ind* parecerse a; **se ~** *vpr* parecerse

ressentiment [R(ə)sɑ̃timɑ̃] *nm* resentimiento

ressentir [R(ə)sɑ̃tiʀ] *vt* sentir; **se ~ de** resentirse de

resserrer [R(ə)seʀe] *vt* apretar; (*liens d'amitié*) estrechar

resservir [R(ə)seʀviʀ] *vt*: **~ qn (d'un plat)** volver a servir a algn (un plato) ♦ *vi* (*être réutilisé*) servir de nuevo; **se ~ de** (*plat*) volver a servirse

ressort [ʀəsɔʀ] *vb voir* **ressortir**
♦ *nm* muelle *m*; **en dernier ~** en última instancia; **être du ~ de** ser de la competencia de

ressortir [ʀəsɔʀtiʀ] *vi* (*sortir de nouveau*) salir de nuevo; (*couleur, broderie, détail*) resaltar; **faire ~ qch** hacer resaltar algo

ressortissant, e [ʀ(ə)sɔʀtisɑ̃, ɑ̃t] *nm/f* súbdito(-a)

ressources [ʀ(ə)suʀs] *nfpl* recursos *mpl*

ressusciter [ʀesysite] *vi* resucitar

restant, e [ʀɛstɑ̃, ɑ̃t] *adj* restante
♦ *nm*: **un ~ de** unas sobras de

restaurant [ʀɛstɔʀɑ̃] *nm* restaurante *m*

restauration [ʀɛstɔʀasjɔ̃] *nf* restauración *f*; **~ rapide** comida rápida

restaurer [ʀɛstɔʀe] *vt* restaurar; **se ~** *vpr* comer

reste [ʀɛst] *nm* resto; (*MATH*) residuo; **~s** *nmpl* (*CULIN*) sobras *fpl*; **pour le ~** por lo demás; **du ~** además

rester [ʀɛste] *vi* (*dans un lieu*) quedarse ♦ *vb impers*: **il me reste du pain**: il me queda pan; **il (me) reste 2 œufs** (me) quedan 2 huevos; **il (me) reste 10 minutes** (me) quedan 10 minutos; **ce qui (me) reste à faire** lo que (me) falta por hacer; **(il) reste à savoir si ...** queda por saber si ...; **il reste que ..., il n'en reste pas moins que ...** sin embargo ..., con todo y con eso ...; **restons-en là** dejémoslo aquí; **y ~** (*fam*): **il a failli y ~** por poco estira la pata

restituer [ʀɛstitɥe] *vt* (*TECH: énergie, son*) reproducir; **~ qch (à**

qn) (*objet, somme*) restituir algo (a algn)

restreindre [ʀɛstʀɛ̃dʀ] *vt* restringir

restriction [ʀɛstʀiksjɔ̃] *nf* restricción *f*

résultat [ʀezylta] *nm* resultado

résulter [ʀezylte] *vi*: **~ de** resultar de

résumé [ʀezyme] *nm* resumen *m*; **en ~** en resumen

résumer [ʀezyme] *vt* resumir; **se ~ à** (*se réduire à*) resumirse a

résurrection [ʀezyʀɛksjɔ̃] *nf* (*REL*) resurrección *f*; (*fig*) reaparición *f*

rétablir [ʀetabliʀ] *vt* restablecer; **se ~** *vpr* restablecerse

rétablissement *nm* restablecimiento

retaper [ʀ(ə)tape] *vt* arreglar; (*fig: fam*) restablecer

retard [ʀ(ə)taʀ] *nm* retraso; **être en ~ (de 2 heures)** retrasarse (2 horas); **avoir du ~** estar retrasado(-a); **sans ~** sin retraso

retardataire [ʀ(ə)taʀdateʀ] *adj* retrasado(-a) ♦ *nm/f* rezagado(-a)

retardement [ʀ(ə)taʀdəmɑ̃]: **à ~** *adj* de efecto retardado; **bombe à ~** bomba de relojería

retarder [ʀ(ə)taʀde] *vt* (*montre*) atrasar ♦ *vi* (*horloge, montre*) atrasar; **~ qn (d'une heure)** retrasar a algn (una hora)

retenir [ʀət(ə)niʀ] *vt* retener; (*objet qui glisse*) agarrar; (*colère, larmes*) contener; (*chanson, date*) recordar; (*suggestion, proposition*) aceptar; (*place, chambre*) reservar; **~ son souffle** contener su respiración; **se ~** *vpr* (*euphémisme*) aguantarse; (*se raccrocher*): **se ~ (à)** agarrarse a); **se ~ (de faire qch)** contenerse

(de hacer algo)
retentir [R(ə)tɑ̃tiʀ] *vi* resonar;
retentissant, e *adj* (voix, choc)
ruidoso(-a); (succès etc)
clamoroso(-a)
retenue [Rət(ə)ny] *nf* (somme
prélevée) deducción *f*; (modération)
moderación *f*
réticence [Retisɑ̃s] *nf* reticencia;
réticent, e *adj* reticente
rétine [Retin] *nf* retina
retiré, e [R(ə)tiʀe] *adj* (personne,
vie) solitario(-a)
retirer [R(ə)tiʀe] *vt* retirar;
(vêtement, lunettes) quitarse; ~
qch/qn de sacar algo/a algn de
retomber [R(ə)tɔ̃be] *vi* caer;
(tomber de nouveau) caer de
nuevo; ~ **sur qn** recaer sobre
algn
rétorquer [RetɔRke] *vt:* ~ **(à qn)
que** replicar (a algn) que
retouche [R(ə)tuʃ] *nf* retoque *m*;
faire une *ou* **des ~(s)** dar un
ou unos retoque(s) a; **retoucher**
vt retocar
retour [R(ə)tuʀ] *nm* vuelta; (d'un
lieu, vers un lien) regreso *m*; **au** ~ **à**
la vuelta; **être de** ~ **(de)** estar de
vuelta (de); **par** ~ **du courrier** a
vuelta de correo; **match** ~
partido de vuelta
retourner [R(ə)tuʀne] *vt* (dans
l'autre sens) dar la vuelta a, voltear
(AM); (caisse) poner boca abajo;
(renvoyer, restituer, argument)
devolver; (sac, vêtement) volver del
revés; (terre, sol, foin, émouvoir)
revolver ♦ *vi* volver; (aller de
nouveau): ~ **quelque part** volver
de nuevo a algún sitio; **se** ~ *vpr*
volverse, voltearse (AM); ~ **à** volver
a; **se** ~ **contre qn/qch** (fig)
volverse contra algn/algo; **savoir
de quoi il retourne** saber de

qué se trata
retrait [R(ə)tʀɛ] *nm* retiro; **en** ~
apartado(-a); ~ **du permis (de
conduire)** retirada de carnet (de
conducir)
retraite [R(ə)tʀɛt] *nf* retiro; (d'une
armée) retirada; **prendre sa** ~
jubilarse; ~ **anticipée** jubilación
anticipada; **retraité, e** *adj*
retirado(-a), jubilado(-a) ♦ *nm/f*
jubilado(-a)
retrancher [R(ə)tʀɑ̃ʃe] *vt*
suprimir; ~ **qch de** (nombre,
somme) sustraer algo de; **se** ~
derrière/dans refugiarse en
rétrécir [RetʀesiʀR] *vt, vi*
(vêtement) encoger; **se** ~ *vpr*
estrecharse
rétro [Retro] *adj inv:* **mode/
style** ~ moda/estilo retro *inv* ♦
nm (fam) = **rétroviseur**
rétroprojecteur
[RetʀopʀɔʒɛktœR] *nm*
retroproyector *m*
rétrospective [Retʀɔspɛktiv] *nf*
retrospectiva;
rétrospectivement *adv*
retrospectivamente
retrousser [R(ə)tʀuse] *vt*
(pantalon etc) arremangar
retrouvailles [R(ə)tʀuvɑj] *nfpl*
reencuentro
retrouver [R(ə)tʀuve] *vt*
encontrar; (sommeil, calme, santé)
recobrar; (rejoindre) encontrarse
con; **se** ~ *vpr* encontrarse;
(s'orienter) orientarse; **se** ~ **dans**
(calculs, dossiers, désordre)
desenvolverse en; **s'y** ~ (rentrer
dans ses frais) salir ganando
rétroviseur [RetʀovizœR] *nm*
retrovisor *m*
réunion [Reynjɔ̃] *nf* reunión *f*;
(séance, congrès) encuentro
réunir [ReyniʀR] *vt* reunir;

réussi   256   réviser

(rattacher) unir; **se ~** *vpr* reunirse

réussi, e [ʀeysi] *adj (robe, photographie)* logrado(-a); *(réception)* exitoso(-a)

réussir [ʀeysiʀ] *vi (tentative, projet)* ser un éxito; *(personne)* tener éxito; (: *à un examen)* salir bien de ♦ *vt (examen, plat)* salir bien; **~ à faire qch** lograr hacer algo; **~ à qn** *(aliment)* sentar bien a algn; **réussite** *nf* éxito; *(CARTES)* solitario

revaloir [ʀ(ə)valwaʀ] *vt*: **je vous revaudrai cela** se lo pagaré con la misma moneda

revanche [ʀ(ə)vɑ̃ʃ] *nf* revancha; **en ~** en cambio

rêve [ʀɛv] *nm* sueño; **la voiture/maison de ses ~s** el coche/la casa de sus sueños

réveil [ʀevɛj] *nm* despertar *m*; *(pendule)* despertador *m*; **au ~, je ...** al despertar, yo ...; **réveiller** *vt* despertar; **se réveiller** *vpr* despertarse; *(fig: se secouer)* espabilarse

réveillon [ʀevɛjɔ̃] *nm* cena de Nochebuena; *(de la Saint-Sylvestre)* cena de Nochevieja; **réveillonner** vi celebrar la cena de Nochebuena ou la cena de Nochevieja

révélateur, -trice [ʀevelatœʀ, tʀis] *adj* revelador(a)

révéler [ʀevele] *vt* revelar; **~ qn/qch** dar algn/algo a conocer

revenant, e [ʀəvənɑ̃, ɑ̃t] *nm/f* fantasma *m*

revendeur, -euse [ʀ(ə)vɑ̃dœʀ, øz] *nm/f* revendedor(a)

revendication [ʀ(ə)vɑ̃dikasjɔ̃] *nf* reivindicación *f*

revendiquer [ʀ(ə)vɑ̃dike] *vt* reivindicar; *(responsabilité)* asumir

revendre [ʀ(ə)vɑ̃dʀ] *vt* revender;

à ~ de sobra

revenir [ʀəv(ə)niʀ] *vi (venir de nouveau)* venir de nuevo; *(rentrer)* regresar, volver; **faire ~ de la viande/des légumes** rehogar la carne/las verduras; **~ cher/à 100 F (à qn)** resultar caro/a 100 francos (a algn); **~ à** *(conversation)* volver a; *(équivaloir à)* venir a ser; *(part, honneur)* corresponder a algn; *(souvenir, nom)* venirle a algn ou à la mente; **~ de** *(fig)* salir de; **~ sur** *(question)* volver sobre; *(promesse)* retractarse de; **n'en pas ~: je n'en reviens pas** no vuelvo de mi asombro; **~ sur ses pas** dar marcha atrás; **cela revient au même/à dire que** eso equivale a lo mismo/a decir que

revenu, e [ʀəv(ə)ny] *pp de* **revenir** ♦ *nm* renta; **~s** *nmpl* ingresos *mpl*

rêver [ʀeve] *vi* soñar; **~ de** *ou* **à** soñar con

réverbère [ʀevɛʀbɛʀ] *nm* farola; **réverbérer** *vt* reverberar

revers [ʀ(ə)vɛʀ] *nm* revés *msg*; *(de la main)* dorso; *(d'une pièce, médaille)* reverso

revêtement [ʀ(ə)vɛtmɑ̃] *nm* revestimiento; *(d'une chaussée)* firme *m*; *(d'un tuyau etc)* capa

revêtir [ʀ(ə)vetiʀ] *vt* revestir; *(vêtement)* ponerse

rêveur, -euse [ʀɛvœʀ, øz] *nm/f* soñador(a)

revient [ʀəvjɛ̃] *vb voir* **revenir** ♦ *nm*: **prix de ~** *(COMM)* precio de coste

revigorer [ʀ(ə)vigɔʀe] *vt* vigorizar

revirement [ʀ(ə)viʀmɑ̃] *nm* cambio brusco

réviser [ʀevize] *vt* revisar; *(SCOL, comptes)* repasar

révision [revizjɔ̃] *nf* revisión *f*

revivre [R(ǝ)vivR] *vi* recuperar fuerzas; *(traditions, coutumes)* recuperarse ♦ *vt* revivir

revoir [R(ǝ)vwaR] *vt* volver a ver; *(texte, édition)* revisar ♦ *nm:* **au ~** adiós *msg*

révoltant, e [Revɔltɑ̃, ɑ̃t] *adj* indignante

révolte [Revɔlt] *nf* rebelión *f*

révolter [Revɔlte] *vt* indignar; **se ~** *vpr:* **se ~ (contre)** rebelarse (contra)

révolu, e [Revɔly] *adj (de jadis)* pasado(-a); *(ADMIN: complété: année etc):* **âgé de 18 ans ~s** con 18 años cumplidos

révolution [Revɔlysjɔ̃] *nf* revolución *f*; **révolutionnaire** *adj, nm/f* revolucionario(-a)

revolver [Revɔlvɛr] *nm* pistola; *(à barillet)* revólver *m*

révoquer [Revɔke] *vt* revocar; *(fonctionnaire)* destituir

revue [R(ǝ)vy] *nf* revista; **passer en ~** estudiar

rez-de-chaussée [Red(ǝ)ʃose] *nm inv* planta baja

RF [ɛrɛf] *sigle f* (= *République française*)

Rhin [Rɛ̃] *nm:* **le ~** el Rin

rhinocéros [RinɔseRɔs] *nm* (*ZOOL*) rinoceronte *m*

Rhône [Ron] *nm:* **le ~** el Ródano

rhubarbe [Rybarb] *nf* ruibarbo *m*

rhum [Rɔm] *nm* ron *m*

rhumatisme [Rymatism] *nm* reumatismo, reúma

rhume [Rym] *nm* catarro; **~ de cerveau** catarro de nariz; **le ~ des foins** la fiebre del heno

ricaner [Rikane] *vi* reírse burlonamente

riche [Riʃ] *adj* rico(-a); **richesse** *nf* riqueza

ricochet [Rikɔʃɛ] *nm* rebote *m*; **faire ~** rebotar; **faire des ~s** hacer cabrillas

ride [Rid] *nf* arruga

rideau, x [Rido] *nm* (*de fenêtre*) visillo; (*THÉÂTRE*) telón *m*

rider [Ride] *vt* arrugar

ridicule [Ridikyl] *adj* ridículo(-a); **ridiculiser** *vt* ridiculizar; **se ridiculiser** *vpr* ridiculizarse

rien [Rjɛ̃] *pron:* **(ne) ... ~** (no) ... nada; **qu'est-ce que vous avez? – ~** ¿qué le pasa? – nada; **il n'a ~ dit/fait** no dijo/hizo nada; **il n'a ~** no tiene nada; **de ~!** ¡de nada!; **n'avoir peur de ~** no tener miedo de nada; **de ~ d'intéressant** nada interesante; **~ d'autre** nada más; **~ du tout** nada en absoluto; **~ que** nada más que; **~ que pour lui faire plaisir** nada más que por agradarle; **~ que la vérité** nada más que la verdad; **en un ~ de temps** en nada de tiempo

rieur, -euse [R(i)jœR, R(i)jøz] *adj* reidor(a)

rigide [Riʒid] *adj* rígido(-a)

rigoler [Rigɔle] *vi (fam)* reírse; *(s'amuser)* pasarlo bien; **rigolo, -ote** *(fam) adj* gracioso(-a) ♦ *nm/f* gracioso(-a); *(péj:* fumista) cantamañanas *m inv*

rigoureusement [RiguRøzmɑ̃] *adv* rigurosamente; **~ interdit** totalmente prohibido

rigoureux, -euse [RiguRø, øz] *adj* riguroso(-a)

rigueur [RigœR] *nf* rigor *m*, rigurosidad *f*; **à la ~** en último extremo; **tenir ~ à qn de qch** guardar rencor a algn por algo

rillettes [Rijɛt] *nfpl* especie de paté de cerdo u oca

rime [Rim] *nf* rima

rinçage [ʀɛ̃saʒ] *nm* aclarado

rincer [ʀɛ̃se] *vt* enjuagar

ringard, e [ʀɛ̃gaʀ, aʀd] *(fam, péj)* *adj* anticuado(-a)

riposter [ʀipɔste] *vi* replicar ♦ *vt*: **~ que** responder que; **~ à** responder a

rire [ʀiʀ] *vi* reír; *(se divertir)* reírse; **se ~ de** reírse de; **pour ~** en broma ♦ *nm* risa

risible [ʀizibl] *adj* risible

risque [ʀisk] *nm* riesgo; **à ses ~s et périls** por su cuenta y riesgo; **au ~ de** a riesgo de; **risqué, e** *adj* arriesgado(-a); **risquer** *vt* arriesgar; *(allusion, comparaison, question)* aventurar; *(MIL, gén)* arriesgarse a; **ça ne risque rien** no hay riesgo alguno; **il risque de se tuer** puede matarse; **ce qui risque de se produire** lo que puede producirse; **il ne risque pas de recommencer** no hay peligro de que vuelva a empezar

rissoler [ʀisɔle] *vi, vt*: **(faire) ~ de la viande/des légumes** dorar la carne/las verduras

ristourne [ʀistuʀn] *nf* rebaja, descuento

rite [ʀit] *nm* rito

rivage [ʀivaʒ] *nm* costa

rival, e, -aux [ʀival, o] *adj* rival ♦ *nm/f (adversaire)* rival *m/f*;
rivaliser *vi*: **rivaliser avec** rivalizar con; **rivalité** *nf* rivalidad *f*

rive [ʀiv] *nf* orilla; **riverain, e** *adj, nm/f (d'une rivière)* ribereño(-a); *(d'une route)* vecino(-a)

rivière [ʀivjɛʀ] *nf* río

riz [ʀi] *nm* arroz *m*; **rizière** *nf* arrozal *m*

RMI [ɛʀɛmi] *sigle m* (= *revenu minimum d'insertion*) ayuda compensatoria

RN [ɛʀɛn] *sigle f* (= *route nationale*) N. (= *carretera nacional*)

robe [ʀɔb] *nf* vestido; *(de juge, d'avocat)* toga; *(d'ecclésiastique)* hábito; *(d'un animal)* pelo; **~ de chambre** bata; **~ de mariée** vestido de novia; **~ de soirée** traje de noche

robinet [ʀɔbinɛ] *nm* grifo, canilla *(AM)*

robot [ʀɔbo] *nm* robot *m*

robuste [ʀɔbyst] *adj* robusto(-a); **robustesse** *nf* robustez *f*

roc [ʀɔk] *nm* roca

rocade [ʀɔkad] *nf (AUTO)* circunvalación *f*

rocaille [ʀɔkaj] *nf* rocalla

roche [ʀɔʃ] *nf* roca

rocher [ʀɔʃe] *nm* (*un ~*) peñasco; *(matière)* roca

rocheux, -euse [ʀɔʃø, øz] *adj* rocoso(-a)

rodage [ʀɔdaʒ] *nm* rodaje *m*; **en ~** *(AUTO)* en rodaje

rôder [ʀode] *vi* rondar; *(péj)* vagabundear; **rôdeur, -euse** *nm/f* vagabundo(-a)

rogne [ʀɔɲ] *nf (fam)*: **être en ~** estar rabiando; **mettre en ~** hacer rabiar

rogner [ʀɔɲe] *vt* recortar; **~ sur** *(dépenses etc)* recortar

rognons [ʀɔɲɔ̃] *nmpl* riñones *mpl*

roi [ʀwa] *nm* rey *m*; **le jour** *ou* **la fête des R~s**, **les R~s** el día de Reyes, los Reyes

---

fête des Rois

La fête des Rois *se celebra el 6 de enero. Es costumbre agregar las figurillas de los Reyes Magos al belén y comer* **la galette des Rois**, *un pastel de bizcocho* aplanado en el que se esconde un amuleto (la **fève**). Quien encuentra el amuleto se convierte en rey o reina por un día y escoge a su pareja.

rôle [Rol] *nm* (CINÉ, THÉÂTRE) papel *m*; (*fonction*) función *f*

romain, e [Rɔmɛ̃, ɛn] *adj* romano(-a) ♦ *nm/f* R~, e romano(-a)

roman, e [Rɔmɑ̃, an] *adj* románico(-a)

romancer [Rɔmɑ̃se] *vt* novelar; **romancier, -ière** [Rɔmɑ̃sje, jɛʀ] *nm/f* novelista *m/f*; **romanesque** *adj* fabuloso(-a)

roman-feuilleton [Rɔmɑ̃fœjtɔ̃] (*pl* ~s~~s~) *nm* folletín *m*

romanichel, le [Rɔmaniʃɛl] *nm/f* gitano(-a)

romantique [Rɔmɑ̃tik] *adj* romántico(-a)

romarin [Rɔmaʀɛ̃] *nm* romero *m*

rompre [Rɔ̃pʀ] *vt* romper ♦ *vi* (*fiancés*) romper; **se ~** *vpr* romperse; **rompu, e** *adj* pp *de* **rompre** ♦ *adj*: **rompu à** avezado(-a) en

ronces [Rɔ̃s] *nfpl* zarzas *fpl*

ronchonner [Rɔ̃ʃɔne] (*fam*) *vi* refunfuñar

rond, e [Rɔ̃, Rɔ̃d] *adj* redondo(-a); (*fam: ivre*) alegre ♦ *nm* redondo; **je n'ai plus un ~** (*fam: sou*) no me queda ni una perra ♦ *adv*: **en ~** en corro; **ronde** *nf* ronda; (*danse*) corro; (MUS: *note*) redonda; **à 10 km à la ronde** a 10 km a la redonda; **rondelet, te** *adj* regordete(-a); (*fig: somme*) suculento(-a)

rondelle [Rɔ̃dɛl] *nf* (TECH) arandela; (*tranche*) loncha

rond-point [Rɔ̃pwɛ̃] (*pl* ~s-~s~) *nm* rotonda

ronflement [Rɔ̃flɑ̃mɑ̃] *nm* (*d'une personne*) ronquido; (*d'un moteur*) zumbido

ronfler [Rɔ̃fle] *vi* (*personne*) roncar; (*moteur, poêle*) zumbar

ronger [Rɔ̃ʒe] *vt* (*suj: souris, chien etc*) roer; (: *vers*) carcomer; (: *insectes*) ficar; (: *rouille*) corroer; **se ~ les ongles** comerse las uñas; **rongeur** *nm* roedor *m*

ronronner [Rɔ̃rɔne] *vi* ronronear

rosbif [Rɔsbif] *nm* rosbif *m*

rose [Roz] *nf* rosa ♦ *adj* rosa *inv*

rosé, e [Roze] *adj* rosa *inv* ♦ *nm*: **(vin) ~** (vino) rosado

roseau, x [Rozo] *nm* caña

rosée [Roze] *adj f voir* **rosé** ♦ *nf* rocío

rosier [Rozje] *nm* rosal *m*

rossignol [Rɔsiɲɔl] *nm* (ZOOL) ruiseñor *m*

rotation [Rɔtasjɔ̃] *nf* rotación *f*

roter [Rɔte] (*fam*) *vi* eructar

rôti [Roti] *nm* carne *f* de asar; (*cuit*) asado de carne

rotin [Rɔtɛ̃] *nm* mimbre *m ou f*; **fauteuil en ~** sillón *m* de mimbre

rôtir [Rotir] *vt* asar ♦ *vi* asarse; **rôtisserie** *nf* (*restaurant*) restaurante-parrilla *m*; (*comptoir, magasin*) establecimiento de precocinados; **rôtissoire** *nf* asador *m*

rotule [Rɔtyl] *nf* rótula

rouage [Rwaʒ] *nm* engranaje *m*; (*de montre*) maquinaria; **~s** *nmpl* (*fig*) máquina *fsg*

roue [Ru] *nf* rueda; **~ de secours** rueda de repuesto

rouer [Rwe] *vt*: **~ qn de coups** moler a algn a palos

rouge [Ruʒ] *adj* rojo(-a) ♦ *nm*

(couleur) rojo; *(fard)* carmín *m*; **(vin) ~** *(vino)* tinto; **passer au ~** *(automobiliste)* pasar en rojo; **être sur la liste ~** *(TÉL)* no constar en la guía; **~ (à lèvres)** barra de labios; **rouge-gorge** *(pl* **rouges-gorges)** *nm* petirrojo

rougeole [ʀuʒɔl] *nf* sarampión *m*

rougeoyer [ʀuʒwaje] *vi* ponerse rojo

rouget [ʀuʒɛ] *nm* salmonete *m*

rougeur [ʀuʒœʀ] *nf* rojez *f*

rougir [ʀuʒiʀ] *vi* enrojecer; *(fraise, tomate)* ponerse rojo

rouille [ʀuj] *nf* moho *m*; **rouillé, e** *adj* oxidado(-a); **rouiller** *vt* oxidar ♦ *vi* oxidarse

roulant, e [ʀulɑ̃, ɑ̃t] *adj* rodante; *(surface, trottoir)* transportador(-a)

rouleau, x [ʀulo] *nm* rollo; *(à peinture)* rodillo; *(à mise en plis)* rulo; *(vague)* rompiente *m*; **~ à pâtisserie** rodillo

roulement [ʀulmɑ̃] *nm* rodamiento; **par ~** por turno

rouler [ʀule] *vt* CULIN, tissu, papier) enrollar ♦ *vi* rodar; *(voiture, train)* circular, estar en marcha; *(automobiliste)* circular; *(bateau)* balancearse; **se ~ dans** *(boue)* revolcarse en

roulette [ʀulɛt] *nf* rueda; **la ~ la** ruleta

roulis [ʀuli] *nm* balanceo

roulotte [ʀulɔt] *nf* carro, carromato

roumain, e [ʀumɛ̃, ɛn] *adj* rumano(-a) ♦ *nm* (LING) rumano ♦ *nm/f:* **R~,** **e** rumano(-a)

Roumanie [ʀumani] *nf* Rumania

rouquin, e [ʀukɛ̃, in] *(fam) nm/f* pelirrojo(-a)

rouspéter [ʀuspete] *(fam) vi* refunfuñar

rousse [ʀus] *adj voir* **roux**

roussir [ʀusiʀ] *vt (herbe, linge)* quemar ♦ *vi (feuilles)* amarillear

route [ʀut] *nf* carretera; *(itinéraire, parcours)* ruta; *(fig)* camino; **par (la) ~** por (la) carretera; **il y a a 3 heures de ~** hay 3 horas de camino; **en ~** por el camino; **en ~!** ¡en marcha!; **mettre en ~** poner en marcha; **se mettre en ~** ponerse en camino; **~ nationale** = carretera nacional; **routier, -ière** *adj (réseau, carte)* de carreteras ♦ *nm (camionneur)* camionero

routine [ʀutin] *nf* rutina; **routinier, -ière** *adj* rutinario(-a)

rouvrir [ʀuvʀiʀ] *vt (porte, valise)* volver a abrir ♦ *vi (suj: école, piscine)* volver a abrirse; **se ~** *vpr (porte, blessure)* volver a abrirse

roux, rousse [ʀu, ʀus] *adj, nm/f* pelirrojo(-a)

royal, e, -aux [ʀwajal, o] *adj* real; *(festin, cadeau)* regio(-a)

royaume [ʀwajom] *nm* reino; *(fig)* dominios *mpl*

royauté [ʀwajote] *nf* realeza

ruban [ʀybɑ̃] *nm* cinta; *(de velours, de soie)* lazo; **~ adhésif** cinta adhesiva

rubéole [ʀybeɔl] *nf* rubeola

rubis [ʀybi] *nm* rubí *m*

rubrique [ʀybʀik] *nf (titre, catégorie)* rúbrica; *(PRESSE: article)* sección *f*

ruche [ʀyʃ] *nf* colmena

rude [ʀyd] *adj (barbe, toile, voix)* áspero(-a); *(métier, épreuve, climat)* duro(-a); *(bourru)* hosco(-a)

rudement *adv:* **elle est rudement belle/riche** *(fam: très)* es super bonita/rica; **j'ai rudement faim** *(fam)* tengo un montón de hambre

rudimentaire [ʀydimɑ̃tɛʀ] *adj*

rudimentario(-a)

rudiments [ʀydimɑ̃] *nmpl*
rudimentos *mpl*

rue [ʀy] *nf* calle *f*

ruée [ʀɥe] *nf* riada

ruelle [ʀɥɛl] *nf* callejuela

ruer [ʀɥe] *vi* cocear; **se ~** *vpr:* **se ~ sur** arrojarse sobre; **se ~ vers/dans/hors de** precipitarse hacia/en/fuera de

rugby [ʀygbi] *nm* rugby *m*

rugir [ʀyʒiʀ] *vi* rugir

rugueux, -euse [ʀygø, øz] *adj* rugoso(-a)

ruine [ʀɥin] *nf* ruina; **ruiner** *vt* arruinar; **ruineux, -euse** *adj* ruinoso(-a)

ruisseau, x [ʀɥiso] *nm* (*cours d'eau*) arroyo

ruisseler [ʀɥis(ə)le] *vi* (*eau, pluie, larmes*) correr

rumeur [ʀymœʀ] *nf* rumor *m*

ruminer [ʀymine] *vi, vt* rumiar

rupture [ʀyptyʀ] *nf* rotura; (*d'un contrat*) incumplimiento

rural, e, -aux [ʀyʀal, o] *adj* rural

ruse [ʀyz] *nf* astucia; **une ~** un ardid; **rusé, e** *adj* astuto(-a)

russe [ʀys] *adj* ruso(-a) ♦ *nm* (*LING*) ruso ♦ *nm:* **R~** ruso(-a)

Russie [ʀysi] *nf* Rusia

rustine [ʀystin] *nf* parche *m*

rustique [ʀystik] *adj* rústico(-a)

rythme [ʀitm] *nm* ritmo; **rythmé, e** *adj* rítmico(-a)

S, s

s' [s] *pron voir* **se**

sa [sa] *dét voir* **son**

sable [sabl] *nm* arena

sablé, e [sable] *adj* enarenado(-a) ♦ *nm* galleta; **pâte ~e** masa de galleta

sabler [sable] *vt* enarenar; **~ le champagne** (*fig*) celebrar algo con champán

sabot [sabo] *nm* (*chaussure*) zueco; (*de cheval, bœuf*) casco

saboter [sabɔte] *vt* sabotear

sac [sak] *nm* saco; **~ à dos** mochila; **~ à main** bolso de mano, cartera (*AM*); **~ à provisions** bolsa de la compra; **~ de couchage** saco de dormir; **~ de voyage** bolsa de viaje

saccadé, e [sakade] *adj* brusco(-a); (*voix*) entrecortado(-a)

saccager [sakaʒe] *vt* (*piller*) saquear; (*dévaster*) devastar

saccharine [sakaʀin] *nf* sacarina

sachet [saʃɛ] *nm* bolsita; (*de poudre, lavande*) saquito

sacoche [sakɔʃ] *nf* bolso, talego

sacré, e [sakʀe] *adj* sagrado(-a)

sacrement [sakʀəmɑ̃] *nm* sacramento

sacrifice [sakʀifis] *nm* sacrificio

sacrifier *vt* sacrificar

sacristie [sakʀisti] *nf* sacristía

sadique [sadik] *adj, nm/f* sádico(-a)

safran [safʀɑ̃] *nm* azafrán *m*

sage [saʒ] *adj* (*avisé, prudent*) sensato(-a); (*enfant*) bueno(-a)

sage-femme [saʒfam] (*pl* **~s-~s**) *nf* comadrona

sagesse [saʒɛs] *nf* sensatez *f*

Sagittaire [saʒiteʀ] *nm* (*ASTROL*) Sagitario

Sahara [saaʀa] *nm* Sáhara *m*

saignant, e [seɲɑ̃, ɑ̃t] *adj* (*viande*) poco hecho(-a)

saigner [seɲe] *vi* sangrar ♦ *vt* (*animal*) desangrar; **~ du nez** sangrar por la nariz

saillir [sajiʀ] *vi* sobresalir

sain, e [sɛ̃, sɛn] *adj* sano(-a); (*affaire, entreprise*) saneado(-a); **~**

et sauf sano y salvo; **~ d'esprit** sano(-a) de espíritu

saindoux [sɛ̃du] nm manteca de cerdo

saint, e [sɛ̃, sɛ̃t] adj, nm/f santo(-a); **la S~e Vierge** la Virgen Santísima; **sainteté** nf santidad f

sais etc [sɛ] vb voir **savoir**

saisie [sezi] nf (JUR) embargo; **~ (de données)** (INFORM) recogida de datos

saisir [seziʀ] vt (personne, chose: prendre) agarrar; (fig: occasion, prétexte) aprovechar; (comprendre) comprender; (entendre) captar; (suj: sensations, émotions) sobrecoger; (INFORM) procesar; (CULIN) soasar; (JUR: biens, personne) embargar; **saisissant, e** adj (spectacle, contraste) sobrecogedor(a)

saison [sɛzɔ̃] nf temporada, época; **haute/basse/morte ~** temporada alta/media/baja; **saisonnier, -ière** adj (produits, culture) estacional

salade [salad] nf ensalada; **saladier** nm ensaladera

salaire [saleʀ] nm salario; **~ de base** sueldo base

salarié, e [salaʀje] adj, nm/f asalariado(-a)

salaud [salo] (fam!) nm cabrón m (fam!), hijo de la chingada (MEX) (fam!)

sale [sal] adj sucio(-a); (avant le nom: fam) malo(-a)

salé, e [sale] adj salado(-a); (fig: histoire, plaisanterie) picante; (fam: note, facture) desorbitado(-a)

saler [sale] vt (plat) echar sal

saleté [salte] nf suciedad f; (chose sans valeur) porquería

salière [saljeʀ] nf salero

salir [saliʀ] vt manchar; (fig) mancillar; **se ~** vpr ensuciarse; **salissant, e** adj sucio(-a)

salle [sal] nf sala; (de restaurant) salón m; **~ à manger** comedor m; **~ d'attente** sala de espera; **~ d'eau** aseo; **~ de bain(s)** cuarto de baño; **~ de classe** aula; **~ de concert** sala de conciertos; **~ de jeux** sala de juegos; **~ d'embarquement** sala de embarque; **~ de séjour** cuarto de estar; **~ de spectacle** sala de espectáculos; **~ des ventes** salón de ventas; **~ d'exposition** sala de exposiciones; **~ d'opération** sala de operaciones

salon [salɔ̃] nm salón m, living m (AM); **~ de thé** salón de té

salope [salɔp] (fam!) nf marrana; **saloperie** (fam!) nf (action vile) marranada; (chose sans valeur, de mauvaise qualité) porquería

salopette [salɔpɛt] nf pantalón m de peto; (de travail) mono, overol m (AM)

salsifis [salsifi] nm salsifí m

salubre [salybʀ] adj salubre

saluer [salɥe] vt saludar

salut [saly] nm (REL, sauvegarde) salvación f; (MIL, parole d'accueil) saludo ♦ excl (fam: bonjour) ¡hola!; (: au revoir) ¡hasta luego!, ¡chao! ou ¡chau! (esp AM)

salutations [salytasjɔ̃] nfpl saludos mpl; **recevez mes ~ distinguées** ou **respectueuses** (dans une lettre) reciba mis cordiales ou respetuosos saludos

samedi [samdi] nm sábado; voir aussi **lundi**

SAMU [samy] sigle m (= service d'assistance médicale d'urgence) ≃ servicio médico de urgencia

sanction [sãksjɔ̃] *nf* sanción *f*;
sanctionner *vt* sancionar
sandale [sãdal] *nf* sandalia
sandwich [sãdwi(t)ʃ] *nm*
sandwich *m*, bocadillo,
emparedado (*esp* AM)
sang [sã] *nm* sangre *f*; **être en ~**
estar cubierto de sangre; **se faire
du mauvais ~** preocuparse;
sang-froid *nm inv* sangre *f* fría;
faire qch de sang-froid hacer
algo a sangre fría; **sanglant, e**
adj (*visage, arme*)
ensangrentado(-a); (*combat, fig*)
sangriento(-a)
sangle [sãgl] *nf* correa
sanglier [sãglije] *nm* jabalí *m*
sanglot [sãglo] *nm* sollozo;
sangloter *vi* sollozar
sangsue [sãsy] *nf* sanguijuela
sanguin, e [sãgɛ̃, in] *adj*
sanguíneo(-a)
sanitaire [saniteʀ] *adj*
sanitario(-a); **~s** *nmpl* sanitarios
mpl
sans [sã] *prép* sin; **~ qu'il s'en
aperçoive** sin que se dé cuenta;
sans-abri *nm/f inv* persona sin
hogar; **sans-emploi** *nm/f inv*
desempleado(-a); **sans-gêne** *adj
inv* desenfadado(-a)
santé [sãte] *nf* salud *f*; **être en
bonne ~** estar bien de salud;
boire à la ~ de qn beber a la
salud de algn
saoudien, ne [saudjɛ̃, jen] *adj*
saudí, saudita ◆ *nm/f*: **S~, ne**
saudí *m/f*, saudita *m/f*
saoul, e [su, sul] *adj* = **soûl**
saper [sape] *vt* socavar
sapeur-pompier [sapœʀpɔ̃pje]
(*pl* **~s**-**~s**) *nm* bombero
saphir [safiʀ] *nm* zafiro
sapin [sapɛ̃] *nm* (*BOT*) abeto; (*bois*)
pino; **~ de Noël** pino de Navidad

sarcastique [saʀkastik] *adj*
sarcástico(-a)
Sardaigne [saʀdɛɲ] *nf* Cerdeña
sardine [saʀdin] *nf* sardina
SARL [esaeʀɛl] *sigle f* (= *société à
responsabilité limitée*) = SL (=
sociedad limitada)
sarrasin [saʀazɛ̃] *nm* (*farine*)
harina de alforfón, harina de trigo
sarraceno
satané, e [satane] *adj* maldito(-a)
satellite [satelit] *nm* satélite *msg*
satin [satɛ̃] *nm* satén *m*
satire [satiʀ] *nf* sátira; **satirique**
adj satírico(-a)
satisfaction [satisfaksjɔ̃] *nf*
satisfacción *f*; **ils ont obtenu ~**
se ha accedido a sus demandas
satisfaire [satisfɛʀ] *vt* satisfacer;
se ~ de *vpr* contentarse con; **~ à**
cumplir con; (*conditions*)
responder a; **satisfaisant, e** *adj*
satisfactorio(-a); **satisfait, e** *adj*
satisfecho(-a)
saturer [satyʀe] *vt* saturar
sauce [sos] *nf* salsa; **~ blanche**
salsa blanca; **saucière** *nf* salsera
saucisse [sosis] *nf* salchicha
saucisson [sosisɔ̃] *nm* salchichón
m
sauf¹ [sof] *prép* salvo; **~ avis
contraire** salvo aviso contrario; **~
erreur/imprévu** salvo error/
imprevisto
sauf², sauve [sof, sov] *adj*
(*personne*) ileso(-a); (*fig: honneur*)
a salvo; **laisser la vie sauve à
qn** perdonar la vida a algn
sauge [soʒ] *nf* salvia
saugrenu, e [sogʀəny] *adj*
(*accoutrement*) estrafalario(-a);
(*idée, question*) ridículo(-a)
saule [sol] *nm* sauce *m*
saumon [somɔ̃] *nm* salmón *m*
saupoudrer [sopudʀe] *vt*: **~ qch**

de (*de sel, sucre*) espolvorear algo de

saur [sɔʀ] *adj m*: **hareng ~** arenque *m* ahumado

saut [so] *nm* salto; **faire un ~ chez qn** dar un salto a casa de algn; **~ en hauteur/longueur/ à la perche** salto de altura/ longitud/con pértiga; **~ à la corde** salto a la comba; **~ périlleux** salto mortal

sauter [sote] *vi* saltar; (*exploser*) estallar; (*se détacher*) soltarse ♦ *vt* (*obstacle*) franquear; (*fig: omettre*) saltarse; **faire ~** (*avec explosifs*) volar; (*CULIN*) saltear; **~ au cou de qn** echarse al cuello de algn; **~ aux yeux** saltar a la vista; **~ au plafond** (*fig*) subirse por las paredes

sauterelle [sotʀɛl] *nf* (*ZOOL*) saltamontes *m inv*

sautiller [sotije] *vi* dar saltitos

sauvage [sovaʒ] *adj* salvaje; (*plante*) silvestre; (*lieu*) agreste; (*insociable*) huraño(-a); (*non officiel*) no autorizado(-a) ♦ *nm/f* salvaje *m/f*

sauve [sov] *adj f voir* **sauf²**

sauvegarde [sovgaʀd] *nf* salvaguardia; **sauvegarder** *vt* salvaguardar; (*INFORM*) grabar; (: *copier*) hacer una copia de seguridad de

sauve-qui-peut [sovkipø] *nm inv* desbandada

sauver [sove] *vt* salvar; **se ~** *vpr* (*fam: partir*) irse; **sauvetage** *nm* salvamento; **sauveteur** *nm* salvador *m*; **sauvette: à la sauvette** *adv* precipitadamente; **sauveur** *nm* salvador *m*

savant, e [savɑ̃, ɑ̃t] *adj* sabio(-a); (*ironique: compétent, calé*) erudito(-a)

saveur [savœʀ] *nf* sabor *m*

savoir [savwaʀ] *vt* saber; (*connaître: date, fait etc*) conocer ♦ *nm* saber *m*; **se ~** *vpr* (*chose: être connu*) saberse; **je n'en sais rien** yo no sé nada de eso; **à ~** a saber; **faire ~ qch à qn** hacer saber algo a algn; **pas que je sache** que yo sepa, no

savon [savɔ̃] *nm* jabón *m*; **un ~** una pastilla de jabón; **passer un ~ à qn** (*fam*) echarle un rapapolvo a algn; **savonner** *vt* enjabonar; **savonnette** *nf* jaboncillo

savourer [savuʀe] *vt* saborear; **savoureux, -euse** *adj* sabroso(-a)

saxo(phone) [saksɔ(fɔn)] *nm* saxo(fón) *m*

scabreux, -euse [skabʀø, øz] *adj* escabroso(-a)

scandale [skɑ̃dal] *nm* escándalo; **faire du ~** armar un escándalo; **faire ~** causar escándalo; **scandaleux, -euse** *adj* escandaloso(-a)

scandinave [skɑ̃dinav] *adj* escandinavo(-a) ♦ *nm/f*: **S~** escandinavo(-a)

Scandinavie [skɑ̃dinavi] *nf* Escandinavia

scarabée [skaʀabe] *nm* escarabajo

scarlatine [skaʀlatin] *nf* escarlatina

scarole [skaʀɔl] *nf* escarola

sceau, x [so] *nm* sello

sceller [sele] *vt* sellar

scénario [senaʀjo] *nm* guión *m*

scène [sɛn] *nf* escena; (*lieu, décors*) escena; escenario; **entrer en ~** entrar en escena; **mettre en ~** (*THÉÂTRE*) poner en escena; (*CINÉ*) dirigir; **~ de ménage** riña conyugal

sceptique [septik] *adj, nm/f*
escéptico(-a)

schéma [ʃema] *nm* esquema *m*;
schématique *adj*
esquemático(-a)

sciatique [sjatik] *adj*: **nerf ~**
nervio ciático

scie [si] *nf* sierra

sciemment [sjamɑ̃] *adv*
conscientemente

science [sjɑ̃s] *nf* ciencia; **~s
humaines/naturelles** ciencias
humanas/naturales; **science-
fiction** *nf* ciencia ficción;
scientifique *adj, nm/f*
científico(-a)

scier [sje] *vt* serrar; (*partie en trop*)
aserrar; **scierie** *nf* aserradero

sciure [sjyʀ] *nf*: **~ (de bois)**
serrín *m* (de madera)

sclérose [skleʀoz] *nf* esclerosis *f
inv*; **~ en plaques** esclerosis en
placas

scolaire [skɔleʀ] *adj* escolar;
scolariser *vt* escolarizar;
scolarité *nf* escolaridad *f*

scooter [skutœʀ] *nm* escúter *m*

score [skɔʀ] *nm* (*SPORT*) tanteo

scorpion [skɔʀpjɔ̃] *nm* escorpión
m

scotch [skɔtʃ] *nm* (*whisky*) whisky
m escocés; (®️ *adhésif*) celo, cinta
adhesiva

scout, e [skut] *adj* de scout ♦
nm/f scout *m/f*, explorador(a)

script [skʀipt] *nm* (*écriture*) letra
cursiva; (*CINÉ*) guión *m*

scrupule [skʀypyl] *nm* escrúpulo

scruter [skʀyte] *vt* (*objet, visage*)
escrutar; (*horizon, alentours*) otear

scrutin [skʀytɛ̃] *nm* escrutinio

sculpter [skylte] *vt* esculpir;
sculpteur *nm* escultor *m*;

sculpture *nf* escultura;
sculpture sur bois escultura en
madera

SDF *sigle m* (= *sans domicile fixe*)
persona sin hogar; **les SDF** los
sin techo

se (s') [sə] *pron* se; **se voir
comme on est** verse como uno
es; **ils s'aiment** se quieren; **cela
se répare facilement** eso se
arregla fácilmente; **se casser la
jambe/laver les mains**
romperse una pierna/lavarse las
manos

séance [seɑ̃s] *nf* sesión *f*

seau, x [so] *nm* cubo, balde *m*
(*esp AM*)

sec, sèche [sek, seʃ] *adj* seco(-a)
♦ *nm*: **tenir au ~** mantener en
sitio seco ♦ *adv* (*démarrer*)
bruscamente; **je le bois ~** lo
bebo puro; **à ~** (*cours d'eau*)
agotado(-a); (*à court d'argent*)
pelado(-a)

sécateur [sekatœʀ] *nm* podadera

sèche [seʃ] *adj f voir* **sec**;
sèche-cheveux *nm inv* secador
m de pelo; **sèche-linge** *nm inv*
secadora; **sèchement** *adv*
(*répliquer etc*) secamente

sécher [seʃe] *vt* secar; (*fam: SCOL:
classe*) pirarse ♦ *vi* secarse; (*fam:
candidat*) estar pez; **se ~** *vpr*
secarse; **sécheresse** *nf* (*du
climat, sol*) sequedad *f*; (*absence de
pluie*) sequía; **séchoir** *nm* (*à
linge*) tendedero

second, e [səgɔ̃, ɔ̃d] *adj*
segundo(-a) ♦ *nm* ayudante *m*;
(*étage*) segundo; (*NAUT*) segundo
de a bordo; **de ~e main** de
segunda mano; **secondaire** *adj*
secundario(-a); **seconde** *nf*
segundo; **voyager en seconde**
(*TRANSPORT*) viajar en segunda;

seconder vt (assister) ayudar

secouer [s(ə)kwe] vt sacudir; (fam: faire se démener) pinchar

secourir [s(ə)kuʀiʀ] vt socorrer; (prodiguer des soins à) auxiliar;
secourisme nm socorrismo;
secouriste nm/f socorrista m/f

secours [s(ə)kuʀ] nm socorro ♦ nmpl (aide financière, matérielle) ayuda fsg; **au ~!** ¡socorro!; **appeler au ~** pedir socorro; **les premiers ~** los primeros auxilios

secousse [s(ə)kus] nf sacudida; (électrique) descarga

secret, -ète [səkʀɛ, ɛt] adj secreto(-a) ♦ nm secreto; **en ~** en secreto; **~ professionnel** secreto profesional

secrétaire [s(ə)kʀetɛʀ] nm/f secretario(-a) ♦ nm (meuble) secreter m; **~ d'État** secretario de Estado; **~ de rédaction** secretario de redacción;
secrétariat nm (profession) secretariado; (bureau, fonction) secretaría

secteur [sɛktœʀ] nm sector m; **branché sur le ~** conectado a la red; **le ~ privé/public** el sector privado/público

section [sɛksjɔ̃] nf sección f; (d'une route, d'un parcours) tramo; **sectionner** vt seccionar

sécu [seky] (fam) nf (= Sécurité sociale) voir **sécurité**

sécurité [sekyʀite] nf seguridad f; **être en ~** estar seguro(-a); **mesures de ~** medidas fpl de seguridad; **la ~ routière** la seguridad vial; **la S~ sociale** la Seguridad Social

sédentaire [sedɑ̃tɛʀ] adj sedentario(-a)

séduction [sedyksjɔ̃] nf seducción f

séduire [sedɥiʀ] vt seducir; **séduisant, e** adj seductor(a)

ségrégation [segʀegasjɔ̃] nf segregación f

seigle [sɛgl] nm (BOT) centeno

seigneur [sɛɲœʀ] nm señor m; **le S~** (REL) el Señor

sein [sɛ̃] nm (ANAT) seno; **au ~ de** en el seno de

séisme [seism] nm seísmo

seize [sɛz] adj inv, nm inv dieciséis m inv; voir aussi **cinq**; **seizième** adj, nm/f decimosexto(-a) ♦ nm (partitif) dieciseisavo; voir aussi **cinquième**

séjour [seʒuʀ] nm (villégiature) estancia; (pièce) cuarto de estar; **séjourner** vi permanecer

sel [sɛl] nm sal f

sélection [selɛksjɔ̃] nf selección f; **sélectionner** vt seleccionar

self-service [sɛlfsɛʀvis] (pl ~-~s) adj autoservicio ♦ nm self-service m, restaurante m autoservicio

selle [sɛl] nf (de cheval) silla de montar; (de bicyclette) sillín m; **~s** nfpl (MÉD) deposiciones fpl; **seller** vt ensillar

selon [s(ə)lɔ̃] prép según; **~ que** según que; **~ moi** a mi modo de ver

semaine [s(ə)mɛn] nf semana; **en ~** durante la semana; **la ~ de 35 heures** la semana de 35 horas

semblable [sɑ̃blabl] adj semejante; **~ à** parecido(-a) a ♦ nm (prochain) semejante m

semblant [sɑ̃blɑ̃] nm: **faire ~ (de faire qch)** fingir (hacer algo)

sembler [sɑ̃ble] vi parecer ♦ vb impers: **il semble que** parece que; **il me semble que**; **il me semble (bien) que** me parece (bien) que

semelle [s(ə)mɛl] nf suela;

(intérieure) plantilla

semer [s(ə)me] vt (AGR) sembrar; (fig: éparpiller) esparcir; **~ la confusion** sembrar la confusión

semestre [s(ə)mɛstʀ] nm semestre m

séminaire [seminɛʀ] nm seminario

semi-remorque [səmiʀəmɔʀk] (pl **~~s**) nm semirremolque m

semoule [s(ə)mul] nf sémola f

sénat [sena] nm: **le S~** el Senado; **sénateur** nm senador(a)

sens¹ [sɑ̃] vb voir **sentir**

sens² [sɑ̃s] nm sentido; **avoir le ~ des affaires** tener el don de los negocios; **en dépit du bon ~** sin sentido común; **en un ~; dans un ~** en cierto sentido; **à mon ~** en mi opinión; **dans le ~ des aiguilles d'une montre** en el sentido de las agujas del reloj; **dans le mauvais ~** en mal sentido; **bon ~** sensatez f; **~ commun** sentido común; **~ dessus dessous** patas arriba; **~ figuré/propre** sentido figurado/propio; **~ interdit** dirección f prohibida; **~ unique** dirección f única

sensation [sɑ̃sasjɔ̃] nf sensación f; **faire ~** causar sensación; **à ~** (péj) sensacionalista; **sensationnel, le** adj sensacional

sensé, e [sɑ̃se] adj sensato(-a)

sensibiliser [sɑ̃sibilize] vt: **~ qn (à)** sensibilizar a algn (para)

sensibilité [sɑ̃sibilite] nf sensibilidad f

sensible [sɑ̃sibl] adj sensible; (différence, progrès) apreciable; **sensiblement** adv: **ils ont sensiblement le même poids** tienen casi el mismo peso;

sensiblerie nf sensiblería

sensuel, le [sɑ̃sɥɛl] adj sensual

sentence [sɑ̃tɑ̃s] nf sentencia

sentier [sɑ̃tje] nm sendero

sentiment [sɑ̃timɑ̃] nm sentimiento; **avoir le ~ de/que** tener la impresión de/que; **recevez mes ~s respectueux/dévoués** (dans une lettre) reciba usted mis más sinceros respetos

sentimental, e, -aux [sɑ̃timɑtal, o] adj sentimental

sentinelle [sɑ̃tinɛl] nf centinela m

sentir [sɑ̃tiʀ] vt sentir; (par l'odorat) oler; (avoir une odeur de, aussi fig) oler a; **~ bon/mauvais** oler bien/mal; **se ~ à l'aise** sentirse a gusto ou cómodo; **se ~ mal** encontrarse mal

séparation [separasjɔ̃] nf separación f; (mur, cloison) división f

séparé, e [separe] adj separado(-a); **séparément** adv separadamente

séparer [separe] vt separar; **se ~** vpr separarse; (amis etc) despedirse; (écorce) desprenderse; **se ~ de** (époux) separarse de; (employé, objet personnel) deshacerse de

sept [sɛt] adj inv, nm inv siete m inv; voir aussi **cinq**; **septante** adj inv, nm inv (Belgique, Suisse) setenta m inv

septembre [sɛptɑ̃bʀ] nm se(p)tiembre m; voir aussi **juillet**

septicémie [sɛptisemi] nf septicemia

septième [sɛtjɛm] adj, nm/f sé(p)timo(-a) ♦ nm (partitif) sé(p)timo; voir aussi **cinquième**

septique [sɛptik] adj: **fosse ~** foso séptico

séquelles [sekɛl] *nfpl* secuelas *fpl*

serein, e [sɔʀɛ̃, ɛn] *adj* sereno(-a)

sergent [sɛʀʒɑ̃] *nm* sargento

série [seʀi] *nf* serie *f*; **en/de/hors** ~ en/de/fuera de serie

sérieusement [seʀjøzmɑ̃] *adv* con seriedad

sérieux, -ieuse [seʀjø, jøz] *adj* serio(-a) ♦ *nm* seriedad *f*; **garder son** ~ mantener su seriedad; **prendre qch/qn au** ~ tomarse algo/a algn en serio

serin [s(ə)ʀɛ̃] *nm* canario

seringue [s(ə)ʀɛ̃g] *nf* jeringa

serment [sɛʀmɑ̃] *nm* juramento

sermon [sɛʀmɔ̃] *nm* sermón *m*

séropositif, -ive [seʀopozitif, iv] *adj* (*MÉD*) seropositivo(-a)

serpent [sɛʀpɑ̃] *nm* serpiente *f*; **serpenter** *vi* serpentear

serpillière [sɛʀpijɛʀ] *nf* bayeta

serre [sɛʀ] *nf* (*construction*) invernadero; ~**s** *nfpl* (*d'un rapace*) garras *fpl*

serré, e [seʀe] *adj* apretado(-a); (*lutte, match*) reñido(-a); (*café*) fuerte

serrer [seʀe] *vt* apretar; (*tenir: chose*) asir; (*rapprocher*) apretujar; (*frein, robinet*) apretar ♦ *vi*: **la main à qn** estrechar la mano a algn; ~ **qn dans ses bras/contre son coeur** estrechar a algn entre sus brazos/contra su pecho; **se** ~ **contre qn** estrecharse contra algn; **se** ~ **les coudes** prestarse ayuda; ~ **les rangs** cerrar filas

serrure [seʀyʀ] *nf* cerradura, chapa (*AM*); **serrurier** *nm* cerrajero

sert *etc* [sɛʀ] *vb voir* **servir**

servante [sɛʀvɑ̃t] *nf* sirvienta, mucama (*CSUR*), recamarera (*MEX*)

serveur, -euse [sɛʀvœʀ, øz]

nm/f camarero(-a)

serviable [sɛʀvjabl] *adj* servicial

service [sɛʀvis] *nm* servicio; (*aide, faveur*) favor *m*; ~**s** *nmpl* (*travail, prestations*) servicios *mpl*; (*ÉCON*) sector *m* servicios; **porte de** ~ puerta de servicio; **rendre un** ~ **à qn** hacer un favor a algn; **être/mettre en** ~ estar/poner en servicio; **hors** ~ fuera de servicio; **au** ~ **après vente** servicio pos(t)-venta; ~ **d'ordre** servicio de orden; ~ **militaire/public** servicio militar/público; ~**s secrets/sociaux** servicios secretos/sociales

serviette [sɛʀvjɛt] *nf* (*de table*) servilleta; (*de toilette*) toalla; (*porte-documents*) cartera, portafolio(s) *m* (*AM*); ~ **hygiénique** compresa

servir [sɛʀviʀ] *vt* servir; (*client: au magasin*) atender ♦ *vi* servir; **se** ~ *vpr* servirse; **se** ~ **de** (*plat*) servirse de; (*voiture, outil*) utilizar; (*relations, amis*) valerse de; ~ **à qn** servir a algn; ~ **à qch/faire qch** servir para algo/hacer algo; **cela ne sert à rien** eso no sirve para nada; ~ (**à qn**) **de** hacer (a algn) de

serviteur [sɛʀvitœʀ] *nm* servidor *m*

ses [se] *dét voir* **son**

seuil [sœj] *nm* umbral *m*

seul, e [sœl] *adj* solo(-a); (*avec nuance affective: isolé*) solitario(-a); **le** ~ **livre/homme** el único libro/hombre ♦ *adv*: **vivre** ~ vivir solo(-a); **à lui (tout)** ~ sólo a él; **d'un** ~ **coup** *adv* de pronto; **parler tout** ~ hablar solo; **il en reste un(e)** ~**(e)** queda sólo uno(-a); **seulement** *adv*: **seulement 5, 5 seulement**

solamente 5; **non seulement ... mais aussi** *ou* **encore** no solamente ... pero también *ou* además

sève [sɛv] *nf* savia

sévère [sevɛʀ] *adj* severo(-a), *(style, tenue)* austero(-a)

sexe [sɛks] *nm* sexo; **sexuel, le** *adj* sexual

shampooing [ʃɑ̃pwɛ̃] *nm (lavage)* lavado; *(produit)* champú *m*; **se faire un ~** hacerse un lavado con champú

short [ʃɔʀt] *nm* pantalón *m* corto, short *m*

MOT-CLÉ
---

si [si] *adv* **1** *(oui)* sí; **Paul n'est pas venu? - si!** ¿no ha venido Pablo? - ¡sí!; **mais si!** ¡que sí!; **je suis sûr que si** estoy seguro (de) que sí; **je vous assure que si** le aseguro que sí; **il m'a répondu que si** me contestó que sí

2 *(tellement)*: **si gentil/ rapidement** tan amable/ rápidamente; **si rapide qu'il soit** por muy rápido que sea
♦ *conj* si; **si tu veux** si quieres; **je me demande si ...** me pregunto si ...; **si seulement** si sólo; **(tant et)** si **bien que** tanto que; **s'il pouvait (seulement) venir!** ¡si (al menos) pudiera venir!; **s'il le fait, c'est que ...** si lo hace, es que ...; **s'il est aimable, eux par contre ...** él es amable, pero en cambio ellos ...; **si j'étais toi ...** yo que tú ...
♦ *nm inv (MUS)* si

Sicile [sisil] *nf* Sicilia
SIDA [sida] *sigle m (= syndrome immuno-déficitaire acquis)* SIDA *m*

(= Síndrome de Inmunodeficiencia Adquirida)

sidéré, e [sideʀe] *adj* atónito(-a)
sidérurgie [sideʀyʀʒi] *nf* siderurgia

siècle [sjɛkl] *nm* siglo *m*

siège [sjɛʒ] *nm* asiento; *(dans une assemblée)* puesto; *(de député)* escaño; *(d'une entreprise)* oficina central; *(MIL)* sitio; **~ social** sede social; **siéger** *vi (député)* ocupar un escaño; *(assemblée, tribunal)* celebrar sesión

sien, ne [sjɛ̃, sjɛn] *pron*: **le ~, la ~ne** el suyo, la suya; **les ~s, les ~nes** los suyos, las suyas; **faire des ~nes** *(fam)* hacer de las suyas; **les ~s** *(sa famille)* los suyos

sieste [sjɛst] *nf* siesta; **faire la ~** dormir la siesta

sifflement [sifləmɑ̃] *nm* silbido

siffler [sifle] *vi* silbar; *(train, avec un sifflet)* pitar ♦ *vt* silbar; *(orateur, faute, départ)* pitar; *(fam: verre, bouteille)* soplarse

sifflet [siflɛ] *nm (instrument)* silbato; **coup de ~** pitido

siffloter [siflɔte] *vi, vt* silbar ligeramente

sigle [sigl] *nm* sigla

signal, -aux [siɲal, o] *nm* señal *f*; **donner le ~ de** dar la señal de; **~ d'alarme/d'alerte** señal de alarma/de alerta; **signalement** *nm* descripción *f*

signaler [siɲale] *vt* señalar; **~ qch à qn/(à qn) que** señalar algo a algn/(a algn) que

signature [siɲatyʀ] *nf* firma

signe [siɲ] *nm* signo; *(mouvement, geste)* seña; **c'est bon/mauvais ~** es buena/mala señal; **faire un ~ de la tête/main** hacer una seña con la cabeza/la mano; **faire ~ à qn d'entrer** hacer señas a algn para que entre; **en ~ de** en señal de; **~s particuliers** señas individuales; **signer** *vt* firmar; **se signer** *vpr* santiguarse

significatif, -ive [sinifikatif, iv] *adj* significativo(-a)

signification [sinifikasjɔ̃] *nf* significado

signifier [sinifje] *vt* significar

silence [silɑ̃s] *nm* silencio; (MUS) pausa; **"~!"** "¡silencio!"; **silencieux, -euse** *adj* silencioso(-a) ♦ *nm* silenciador *m*

silhouette [silwɛt] *nf* silueta

sillage [sijaʒ] *nm* estela

sillon [sijɔ̃] *nm* surco; **sillonner** *vt* (*suj: rides, crevasses*) formar surcos en; (*parcourir en tous sens*) surcar

simagrées [simagre] *nfpl* melindres *mpl*

similaire [similɛʀ] *adj* similar; **similicuir** *nm* cuero artificial; **similitude** *nf* semejanza

simple [sɛ̃pl] *adj* simple; (*peu complexe*) sencillo(-a), simple; (*repas, vie*) sencillo(-a) ♦ *nm* (TENNIS): **~ messieurs/dames** individual *m* masculino/femenino; **~ d'esprit** *nm/f* simplón(-ona)

simplicité [sɛ̃plisite] *nf* sencillez *f*; **en toute ~** con toda sencillez

simplifier [sɛ̃plifje] *vt* simplificar

simuler [simyle] *vt* fingir; (*suj: substance, revêtement*) simular, imitar

simultané, e [simyltane] *adj* simultáneo(-a)

sincère [sɛ̃sɛʀ] *adj* sincero(-a); **sincèrement** *adv* sinceramente; **sincérité** *nf* sinceridad *f*

singe [sɛ̃ʒ] *nm* mono; **singer** *vt* imitar; **singeries** *nfpl* monerías *fpl*

singulariser [sɛ̃gylaʀize] *vt*

singularizar; **se ~** *vpr* caracterizarse

singularité [sɛ̃gylaʀite] *nf* singularidad *f*

singulier, -ière [sɛ̃gylje, jɛʀ] *adj* singular ♦ *nm* (LING) singular *m*

sinistre [sinistʀ] *adj* siniestro(-a) ♦ *nm* siniestro; **sinistré, e** *adj* siniestrado(-a)

sinon [sinɔ̃] *conj* (*autrement, sans quoi*) de lo contrario; (*si ce n'est*) si no

sinueux, -euse [sinɥø, øz] *adj* (*ruelles*) sinuoso(-a)

sinus [sinys] *nm* seno; **sinusite** *nf* sinusitis *f inv*

sirène [siʀɛn] *nf* sirena; **~ d'alarme** sirena de alarma

sirop [siʀo] *nm* (*de fruit etc*) concentrado; (*boisson*) sirope *m*, zumo; (*pharmaceutique*) jarabe *m*

siroter [siʀɔte] *vt* beber a sorbos

sismique [sismik] *adj* sísmico(-a)

site [sit] *nm* (*paysage, environnement*) paraje *m*; (*d'une ville etc*) emplazamiento; **~ (pittoresque)** paisaje *m* (pintoresco)

sitôt [sito] *adv*: **~ parti** nada más marcharse (*etc*); **~ après** inmediatamente después; **pas de ~** no tan pronto

situation [sitɥasjɔ̃] *nf* situación *f*; (*emploi, place*) puesto; **~ de famille** estado civil

situé, e [sitɥe] *adj* situado(-a)

situer [sitɥe] *vt* situar; (*en pensée*) localizar; **se ~** *vpr*: **se ~ à** *ou* **dans/près de** situarse en/cerca de

six [sis] *adj inv, nm inv* seis *m inv*; *voir aussi* **cinq**; **sixième** *adj, nm/f* sexto(-a) ♦ *nm* (*partitif*) sexto ♦ *nf* (SCOL) primer año de educación secundaria en el sistema *francés*; *voir aussi* **cinquième**

skaï [skaj] *nm* skay *m*

ski [ski] *nm* esquí *m*; **~ de fond/
de piste/de randonnée** esquí
de fondo/de pista/de paseo; **~
nautique** esquí náutico; **skier** *vi*
esquiar; **skieur, -euse** *nm/f*
esquiador(a)

slip [slip] *nm* (*d'homme*)
calzoncillo, slip *m*, calzones *mpl*
(*AM*); (*de femme*) braga, calzones
mpl (*AM*); (*de bain: d'homme*)
bañador *m*; (: *de femme*) braga
(del bikini)

slogan [slɔgã] *nm* eslogan *m*

SMIC [smik] *sigle m* (= *salaire
minimum interprofessionnel de
croissance*) salario mínimo
interprofesional

---SMIC---

*En Francia, se llama SMIC a la
tarifa salarial mínima establecida
por hora para trabajadores de
más de dieciocho años. Va ligado
al IPC y sube cada vez que el
coste de la vida aumenta en un
2%.*

---

smoking [smɔkiŋ] *nm* esmoquin
m

SNCF [ɛsɛnseef] *sigle f* (= *Société
nationale des chemins de fer
français*) red nacional de
ferrocarriles franceses

snob [snɔb] *adj, nm/f* esnob *m/f*;
snobisme *nm* esnobismo

sobre [sɔbr] *adj* sobrio(-a)

sobriquet [sɔbrikɛ] *nm* mote *m*

social, e, -aux [sɔsjal, jo] *adj*
social

socialisme [sɔsjalism] *nm*
socialismo; **socialiste** *adj, nm/f*
socialista *m/f*

société [sɔsjete] *nf* sociedad *f*; **~
anonyme/à responsabilité
limitée** sociedad anónima/de
responsabilidad limitada

sociologie [sɔsjɔlɔʒi] *nf*
sociología

socle [sɔkl] *nm* pedestal *m*

socquette [sɔkɛt] *nf* calcetín *m*
corto

sœur [sœr] *nf* hermana *f*; **~
Elisabeth** (*REL*) sor Elisabeth; **~
aînée/cadette** hermana mayor/
menor

soi [swa] *pron* sí mismo(-a); **cela
va de ~** ni que decir tiene; **soi-
disant** *adj inv* supuesto(-a) ♦ *adv*
presuntamente

soie [swa] *nf* seda; (*de porc,
sanglier*) cerda; **soierie** *nf* sedería

soif [swaf] *nf* sed *f*; **avoir ~** tener
sed; **donner ~ (à qn)** dar sed (a
algn)

soigné, e [swaɲe] *adj* (*personne*)
cuidado(-a); (*travail*) esmerado(-a)

soigner [swaɲe] *vt* cuidar (a);
(*maladie*) curar; **soigneux,
-euse** *adj* cuidadoso(-a)

soi-même [swamɛm] *pron* sí-
mismo(-a)

soin [swɛ̃] *nm* cuidado *m*; **~s** *nmpl*
(*à un malade, aussi hygiène*)
cuidados *mpl*; **avoir** *ou* **prendre
~ de qch/qn** ocuparse de algo/
algn; **laisser à qn le ~ de faire
qch** dejar a algn al cargo de hacer
algo; **les premiers ~s** primeros
auxilios *mpl*

soir [swar] *nm* tarde *f*, noche *f*;
ce ~ esta tarde; **"à ce ~!"**
"¡hasta la tarde!"; **sept heures
du ~** las siete de la tarde; **dix
heures du ~** las diez de la
noche; **demain ~** mañana por la
noche; **soirée** *nf* (*moment de la
journée*) tarde *f*; (: *tard*) noche *f*;

(*réception*) velada

soit [swa] *vb* voir **être** ♦ *conj* es decir ♦ *adv* (*assentiment*) sea, de acuerdo; **~ que ..., ~ que ...** ya sea ... ya sea ...

soixantaine [swasɑ̃tɛn] *nf* (*nombre*) **la ~** los sesenta; **avoir la ~** rondar los sesenta

soixante [swasɑ̃t] *adj inv, nm inv* sesenta *m inv*; *voir aussi* **cinq**; **soixante-dix** *adj inv, nm inv* setenta *m inv*

soixante-dixième [swasɑ̃tdizjɛm] *adj, nm/f* septuagésimo(-a); *voir aussi* **cinquième**

soixantième [swasɑ̃tjɛm] *adj, nm/f* sexagésimo(-a); *voir aussi* **cinquième**

soja [sɔʒa] *nm* soja; **germes de ~** brotes *mpl* de soja

sol [sɔl] *nm* suelo ♦ *nm inv* (MUS) sol *m*

solaire [sɔlɛʀ] *adj* solar; (*huile, filtre*) bronceador(-a); **cadran ~** reloj *m* de sol

soldat [sɔlda] *nm* soldado

solde [sɔld] *nf* (MIL) soldada ♦ *nm* (COMM) saldo; **~s** *nm ou fpl* (COMM) saldos *mpl*; **en ~** rebajado; **solder** *vt* (*compte: en acquittant le solde*) saldar; (: *en l'arrêtant*) liquidar; (*marchandise*) rebajar; **article soldé 10 F** artículo rebajado a 10 francos

sole [sɔl] *nf* lenguado

soleil [sɔlɛj] *nm* sol *m*; **il y a ~** hace sol; **au ~** al sol; **en plein ~** a pleno sol

solennel, le [sɔlanɛl] *adj* solemne

solfège [sɔlfɛʒ] *nm* solfeo

solidaire [sɔlidɛʀ] *adj* solidario(-a); (*choses*) interdependiente; **solidarité** *nf*

solidaridad *f*; **par solidarité (avec)** por solidaridad (con)

solide [sɔlid] *adj* sólido(-a); (*personne, estomac*) fuerte ♦ *nm* (PHYS, GÉOM) sólido

soliste [sɔlist] *nm/f* solista *m/f*

solitaire [sɔlitɛʀ] *adj* solitario(-a) ♦ *nm* (*diamant, jeu*) solitario

solitude [sɔlityd] *nf* soledad *f*

solliciter [sɔlisite] *vt* solicitar; (*suj: attractions etc*) tentar; (: *occupations*) absorber; **~ qn** tentar a algn

sollicitude [sɔlisityd] *nf* solicitud *f*

soluble [sɔlybl] *adj* soluble

solution [sɔlysjɔ̃] *nf* solución *f*; **~ de facilité** solución fácil

solvable [sɔlvabl] *adj* solvente

sombre [sɔ̃bʀ] *adj* oscuro(-a); **sombrer** *vi* (*bateau*) zozobrar

sommaire [sɔmɛʀ] *adj* somero(-a) ♦ *nm* sumario

somme [sɔm] *nf* (MATH, *d'argent*) suma ♦ *nm*: **faire un ~** echar un sueño; **en ~** en resumidas cuentas

sommeil [sɔmɛj] *nm* sueño; **avoir ~** tener sueño; **sommeiller** *vi* dormitar; (*fig*) estar en suspenso

sommet [sɔmɛ] *nm* cima; (*de la perfection, gloire*) cumbre *f*

sommier [sɔmje] *nm* somier *m*

somnambule [sɔmnɑ̃byl] *nm/f* sonámbulo(-a)

somnifère [sɔmnifɛʀ] *nm* somnífero

somnoler [sɔmnɔle] *vi* dormitar

somptueux, -euse [sɔ̃ptɥø, øz] *adj* suntuoso(-a)

son¹, sa [sɔ̃, sa] (*pl* ses) *dét* su

son² [sɔ̃] *nm* sonido; (*de blé*) salvado

sondage [sɔ̃daʒ] *nm* sondeo

sonde [sɔ̃d] *nf* sonda; (TECH)

barrena

sonder [sɔ̃de] vt sondear; (plaie, malade) sondar; (fig: conscience etc) indagar (en); **~ le terrain** (fig) tantear el terreno

songe [sɔ̃ʒ] nm sueño; **songer: songer à** vt ind pensar en; **songeur, -euse** adj pensativo

sonnant, e [sɔnɑ̃, ɑ̃t] adj: **à huit heures ~es** a las ocho en punto

sonné, e [sɔne] adj: **il est midi ~** son las doce dadas; **il a quarante ans bien ~s** tiene cuarenta años bien cumplidos

sonner [sɔne] vi (cloche) tañer; (réveil, téléphone) sonar ♦ vt (cloche) tañer; (domestique, portier, infirmière) llamar a; (messe, réveil, tocsin) tocar a; (fam: suj: choc, coup) dejar sonado(-a); **~ faux** (instrument) desafinar; (rire) sonar a falso; **~ les heures** dar las horas

sonnerie [sɔnri] nf timbre m; **~ d'alarme** alarma

sonnette [sɔnɛt] nf (de porte, électrique) timbre m; **~ d'alarme** timbre de alarma

sonore [sɔnɔR] adj sonoro(-a); **sonorisation** nf sonorización f; **sonorité** nf sonoridad f

sophistiqué, e [sɔfistike] adj sofisticado(-a)

sorbet [sɔRbɛ] nm sorbete m

sorcier, -ière [sɔRsje, jɛR] nm/f brujo(-a)

sordide [sɔRdid] adj sórdido(-a)

sort [sɔR] vb voir **sortir** ♦ nm (fortune, destin) suerte f; (condition, situation) fortuna f; **jeter un ~** hechizar; **tirer au ~** sortear

sorte [sɔRt] nf clase f, especie f; **en quelque ~** en cierto modo; **de (telle) ~ que** de (tal) modo que; **faire en ~ que** procurar

que

sortie [sɔRti] nf salida f; **~ de secours** salida de emergencia

sortilège [sɔRtilɛʒ] nm sortilegio

sortir [sɔRtiR] vi salir ♦ vt llevar; (mener dehors, promener: personne, chien) sacar; (produit etc) salir al mercado; (fam: expulser: personne) echar; **~ de** salir de; (rails etc, aussi fig) salirse de; **se ~ de** (affaire, situation) salir de; **~ de ses gonds** (fig) salirse de sus casillas; **s'en ~** (malade) reponerse

sosie [sɔzi] nm doble m/f

sot, sotte [so, sɔt] adj, nm/f necio(-a); **sottise** nf: **une sottise** una tontería

sou [su] nm: **être près de ses ~s** ser un(a) agarrado(-a); **être sans le ~** estar sin blanca

soubresaut [subRəso] nm sobresalto

souche [suʃ] nf (d'un arbre) cepa; (d'un registre, carnet) matriz f

souci [susi] nm preocupación f, inquietud f; (BOT) caléndula; **se faire du ~** inquietarse; **soucier: se soucier de** vpr preocuparse por; **soucieux, -euse** adj preocupado(-a)

soucoupe [sukup] nf platillo m; **~ volante** platillo volante

soudain, e [sudɛ̃, ɛn] adj repentino(-a) ♦ adv de repente

soude [sud] nf sosa

souder [sude] vt soldar

soudure [sudyR] nf soldadura f

souffle [sufl] nm soplo; (d'une explosion) onda expansiva; **être à bout de ~** estar sin aliento; **second ~** (fig) fuerzas recobradas

soufflé [sufle] nm (CULIN) suflé m

souffler [sufle] vi soplar; (haleter) resoplar ♦ vt soplar; (suj: explosion) volar; ~ **qch à qn** apuntar algo a algn

souffrance [sufʀɑ̃s] *nf* sufrimiento

souffrant, e [sufʀɑ̃, ɑ̃t] *adj* (*personne*) indispuesto(-a)

souffre-douleur [sufʀədulœʀ] *nm inv* chivo expiatorio

souffrir [sufʀiʀ] *vi* sufrir ♦ *vt* padecer; (*exception, retard*) admitir; ~ **de** padecer de; (: *dents, blessure etc*) hacer padecer a algn

soufre [sufʀ] *nm* azufre *m*

souhait [swe] *nm* deseo; **"à vos ~s!"** "¡Jesús!"; **souhaitable** *adj* aconsejable

souhaiter [swete] *vt* desear; ~ **le bonjour à qn** dar los buenos días a algn; ~ **la bonne année à qn** desearle un feliz año nuevo a algn

soûl, e [su, sul] *adj* borracho(-a) ♦ *nm*: **boire/manger tout son ~** beber/comer hasta hartarse

soulagement [sulaʒmɑ̃] *nm* alivio

soulager [sulaʒe] *vt* aliviar

soûler [sule] *vt* emborrachar; (*boisson, bg*) embriagar; **se ~** *vpr* emborracharse

soulever [sul(ə)ve] *vt* levantar; (*difficultés*) provocar; (*question, problème, débat*) plantear; **se ~** *vpr* levantarse; (*peuple, province*) sublevarse; **cela (me) soulève le cœur** eso me revuelve el estómago

soulier [sulje] *nm* zapato

souligner [suliɲe] *vt* subrayar; (*détail, l'importance de qch*) remarcar

soumettre [sumɛtʀ] *vt* someter; **se ~** *vpr*: **se ~ (à)** someterse a

soumis, e [sumi, iz] *pp de* **soumettre** ♦ *adj* (*personne, air*) sumiso(-a); (*peuples*) sometido(-a);

soumission *nf* sumisión *f*

soupçon [supsɔ̃] *nm* sospecha; **un ~ de** una pizca de;

soupçonner *vt* sospechar;

soupçonneux, -euse *adj* desconfiado(-a)

soupe [sup] *nf* sopa

souper [supe] *vi* cenar ♦ *nm* cena

soupeser [supaze] *vt* sopesar

soupière [supjɛʀ] *nf* sopera

soupir [supiʀ] *nm* suspiro; (MUS) silencio de negra

soupirer [supiʀe] *vi* suspirar

souple [supl] *adj* flexible; (*démarche, taille*) desenvuelto(-a);

souplesse *nf* flexibilidad *f*; (*de la démarche*) desenvoltura; **en souplesse, avec souplesse** con suavidad

source [suʀs] *nf* fuente *f*; (*point d'eau*) manantial *m*; (*fig*: *cause, point de départ*) origen *m*; **~s** *nfpl* (*fig*) fuentes *fpl*

sourcil [suʀsi] *nm* ceja;

sourciller *vi*: **sans sourciller** sin pestañear

sourd, e [suʀ, suʀd] *adj* sordo(-a) ♦ *nm/f* sordo(-a); **sourdine** *nf* (MUS) sordina; **en sourdine** por lo bajo

sourd-muet, sourde-muette [suʀmye, suʀdmyet] (*pl* **~s-~s, sourdes-muettes**) *adj, nm/f* sordomudo(-a)

souriant, e [suʀjɑ̃, jɑ̃t] *vb voir* **sourire** ♦ *adj* sonriente

sourire [suʀiʀ] *nm* sonrisa ♦ *vi* sonreír; **garder le ~** mantener la sonrisa; ~ **à qn** sonreír a algn

souris [suʀi] *nf* (ZOOL, INFORM) ratón *m*

sournois, e [suʀnwa, waz] *adj* disimulado(-a), solapado(-a)

sous [su] *prép* debajo de, bajo; ~ **la pluie/le soleil** bajo la lluvia/el sol; **~ mes yeux** ante mis ojos; **~ terre** adj bajo tierra ♦ adv debajo de la tierra; **~ vide** adj al vacío ♦ adv en vacío; **~ Louis XIV** bajo el reinado de Luis XIV; **~ peu** dentro de poco; **sous-bois** nm inv maleza

souscrire [suskʀiʀ]: **~ à** vt ind suscribir a

sous...: sous-directeur, -trice (pl **sous-directeurs, trices**) nm/f subdirector(a); **sous-entendre** vt sobrentender; **sous-entendu, e** (pl **sous-entendus, es**) adj implícito(-a) ♦ nm insinuación f; **sous-estimer** vt subestimar; **sous-jacent, e** (pl **sous-jacents, es**) adj subyacente; (fig: idée) latente; **sous-louer** vt subarrendar; **sous-marin, e** (pl **sous-marins, es**) adj submarino(-a) ♦ nm submarino; **soussigné, e** adj: **je soussigné ...** yo, el que suscribe ...; **sous-sol** (pl **sous-sols**) nm sótano; **sous-titre** (pl **sous-titres**) nm subtítulo

soustraction [sustʀaksjɔ̃] nf sustracción f

soustraire [sustʀɛʀ] vt sustraer; **~ qn à** alejar a algn de

sous...: sous-traitant (pl **sous-traitants**) nm subcontratista m; **sous-traiter** vt (COMM: affaire) ceder en subcontrato ♦ vi subcontratar; **sous-vêtements** nmpl ropa interior

soutane [sutan] nf sotana

soute [sut] nf (aussi: **~ à bagages**) bodega

soutenir [sut(ə)niʀ] vt sostener; (intérêt, effort) mantener; **~ que** mantener que; **soutenu, e** pp de

soutenir ♦ adj (attention, efforts) constante; (style) elevado(-a); (couleur) vivo(-a)

souterrain, e [suteʀɛ̃, ɛn] adj subterráneo(-a) ♦ nm subterráneo

soutien [sutjɛ̃] nm apoyo; **soutien-gorge** (pl **soutiens-gorge**) nm sujetador m, corpiño (AM)

soutirer [sutiʀe] vt: **~ qch à qn** sonsacar algo a algn

souvenir [suv(ə)niʀ] nm recuerdo; (réminiscence) memoria ♦ vpr: **se ~ de** recordar, acordarse de; **en ~ de** como recuerdo de; **se ~ que** recordar que, acordarse de que

souvent [suvɑ̃] adv a menudo, con frecuencia, seguido (AM); **peu ~** pocas veces, con poca frecuencia

souverain, e [suv(ə)ʀɛ̃, ɛn] adj soberano(-a) ♦ nm/f soberano(-a)

soyeux, -euse [swajø, øz] adj sedoso(-a)

spacieux, -ieuse [spasjø, jøz] adj espacioso(-a)

spaghetti [spageti] nmpl espaguetis mpl

sparadrap [spaʀadʀa] nm esparadrapo, curita (AM)

spatial, e, -aux [spasjal, jo] adj espacial

speaker, ine [spikœʀ, kʀin] nm/f locutor(a)

spécial, e, -aux [spesjal, jo] adj especial; **spécialement** adv especialmente; **spécialiser: se ~** vpr especializarse; **spécialiste** nm/f especialista m/f; **spécialité** nf especialidad f

spécifier [spesifje] vt especificar

spécimen [spesimɛn] nm espécimen m; (revue etc) ejemplar m gratuito

spectacle [spɛktakl] nm
espectáculo; **spectaculaire** adj
espectacular

spectateur, -trice [spɛktatœʀ,
tʀis] nm/f espectador(a)

spéculer [spekyle] vi especular; ~
sur (FIN, COMM) especular con;
(réfléchir) especular sobre

spéléologie [speleɔlɔʒi] nf
espeleología

sperme [spɛʀm] nm esperma m

sphère [sfɛʀ] nf esfera f

spirale [spiʀal] nf espiral f

spirituel, le [spiʀitɥɛl] adj
espiritual; (fin, amusant)
ingenioso(-a)

splendide [splɑ̃did] adj
espléndido(-a)

spontané, e [spɔ̃tane] adj
espontáneo(-a); **spontanéité** nf
espontaneidad f

sport [spɔʀ] nm deporte m ♦ adj
inv (vêtement, ensemble) de sport;
faire du ~ hacer deporte; ~
d'hiver deporte de invierno;
sportif, -ive adj deportivo(-a) ♦
nm/f deportista mf

spot [spɔt] nm (lampe) foco; ~
(publicitaire) anuncio ou spot m
(publicitario)

square [skwaʀ] nm plazoleta

squelette [skəlɛt] nm esqueleto;
squelettique adj esquelético(-a)

stabiliser [stabilize] vt estabilizar

stable [stabl] adj estable

stade [stad] nm estadio

stage [staʒ] nm cursillo;
stagiaire nm/f cursillista m/f

stagner [stagne] vi estancarse

stand [stɑ̃d] nm (d'exposition)
stand m; (de foire) puesto; ~ **de
tir** (MIL, SPORT) galería de tiro; (à la
foire) puesto de tiro al blanco

standard [stɑ̃daʀ] adj inv
estándar ♦ nm estándar m;

(téléphonique) central f telefónica,
conmutador m (AM);
standardiste nm/f telefonista
m/f

standing [stɑ̃diŋ] nm nivel m de
vida; **immeuble de grand** ~
inmueble de lujo

starter [staʀtɛʀ] nm (AUTO)
estárter m

station [stasjɔ̃] nf estación f; (de
bus, métro) parada; (RADIO, TV)
emisora; ~ **de sports d'hiver**
estación de esquí; ~ **de taxis**
parada de taxis; ~ **thermale**
balneario; **stationnement** nm
(AUTO) aparcamiento; **stationner**
vi aparcar; **station-service** (pl
stations-service) nf gasolinera,
estación f de servicio

statistique [statistik] nf
estadística ♦ adj estadístico(-a)

statue [staty] nf estatua

statu quo [statykwo] nm:
maintenir le ~ ~ mantener el
statu quo

statut [staty] nm estatuto;
statutaire adj estatutario(-a)

Sté abr = **société**

steak [stɛk] nm bistec m, bife m
(ARG)

sténo(graphie) [steno(gʀafi)] nf
taquigrafía f

stérile [steʀil] adj estéril

stérilet [steʀilɛ] nm espiral f

stériliser [steʀilize] vt esterilizar

stimulant, e [stimylɑ̃, ɑ̃t] adj
estimulante ♦ nm (fig) aliciente m,
incentivo

stimuler [stimyle] vt estimular

stipuler [stipyle] vt estipular

stock [stɔk] nm (COMM)
existencias fpl, stock m; (d'or)
reservas fpl; **stocker** vt
almacenar

stop [stɔp] nm (AUTO: panneau)

stop m; (auto-stop) auto-stop m ♦ excl ¡alto!; **stopper** vt (navire, machine) detener; (mouvement, attaque) parar; (COUTURE) zurcir

store [stɔʀ] nm (en tissu) cortinilla; (en bois) persiana; (de magasin) toldo

strabisme [stʀabism] nm estrabismo

strapontin [stʀapɔ̃tɛ̃] nm asiento plegable

stratégie [stʀateʒi] nf estrategia; **stratégique** adj estratégico(-a)

stress [stʀɛs] nm estrés msg; **stressant, e** adj estresante; **stresser** vt estresar

strict, e [stʀikt] adj estricto(-a); (parents) severo(-a); (tenue) de etiqueta; **c'est son droit le plus ~** es su justo derecho; **le ~ nécessaire** ou **minimum** lo esencial

strident, e [stʀidɑ̃, ɑ̃t] adj estridente

strophe [stʀɔf] nf estrofa

structure [stʀyktyʀ] nf estructura; **~s d'accueil** medios mpl de acogida

studieux, -euse [stydjø, jøz] adj estudioso(-a)

studio [stydjo] nm estudio; (logement) apartamento-estudio

stupéfait, e [stypefɛ, ɛt] adj estupefacto(-a)

stupéfiant, e [stypefjɑ̃, jɑ̃t] adj, nm estupefaciente m

stupéfier [stypefje] vt dejar estupefacto(-a)

stupeur [stypœʀ] nf estupor m

stupide [stypid] adj estúpido(-a); **stupidité** nf estupidez f

style [stil] nm estilo; **meuble de ~** mueble m de estilo

stylé, e [stile] adj con clase

styliste [stilist] nm/f diseñador(a)

stylo [stilo] nm: **~ (à) plume** estilográfica; **~ (à) bille** bolígrafo, birome f (CSUR)

su, e [sy] pp de **savoir**

suave [sɥav] adj suave

subalterne [sybaltɛʀn] adj, nm/f subalterno(-a)

subconscient [sypkɔ̃sjɑ̃] nm subconsciente m

subir [sybiʀ] vt padecer; (mauvais traitements, revers, modification) sufrir; (influence, charme) experimentar; (traitement, opération, examen) pasar

subit, e [sybi, it] adj repentino(-a); **subitement** adv repentinamente

subjectif, -ive [sybʒɛktif, iv] adj subjetivo(-a)

subjonctif [sybʒɔ̃ktif] nm subjuntivo

subjuguer [sybʒyge] vt encantar

submerger [sybmɛʀʒe] vt sumergir

subordonné, e [sybɔʀdɔne] adj (LING) subordinado(-a) ♦ nm/f (ADMIN, MIL) subordinado(-a)

subrepticement [sybʀɛptismɑ̃] adv con disimulo

subside [sybzid] nm subsidio

subsidiaire [sybzidjɛʀ] adj: **question ~** pregunta adicional

subsister [sybziste] vi (monument, erreur) perdurar; (personne, famille) subsistir

substance [sypstɑ̃s] nf su(b)stancia

substituer [sypstitɥe] vt: **~ qch/qn à** sustituir algo/a algn por

substitut [sypstity] nm (JUR) sustituto; (succédané) su(b)stitutivo

subterfuge [sybtɛʀfyʒ] nm subterfugio

subtil, e [syptil] adj sutil

subvenir [sybvənir]: **~ à** vt ind
atender a

subvention [sybvɑ̃sjɔ̃] nf
subvención f; **subventionner** vt
subvencionar

suc [syk] nm (BOT) jugo; (d'un
fruit) zumo

succéder [syksede]: **~ à** vt ind
suceder a; **se ~** vpr sucederse

succès [syksɛ] nm éxito; **sans ~**
sin éxito; **avoir du ~** tener éxito;
à ~ de éxito

successeur [syksɛsœr] nm
sucesor m

successif, -ive [syksesif, iv] adj
sucesivo(-a)

succession [syksesjɔ̃] nf
sucesión f

succomber [sykɔ̃be] vi sucumbir;
~ à sucumbir a

succulent, e [sykylɑ̃, ɑ̃t] adj
suculento(-a)

succursale [sykyrsal] nf sucursal f

sucer [syse] vt chupar; **sucette**
nf (bonbon) piruleta

sucre [sykr] nm azúcar m ou f;
(morceau de sucre) terrón m de
azúcar; **~ cristallisé** azúcar en
polvo; **~ d'orge** pirulí m; **~ en
morceaux/en poudre** azúcar de
cortadillo/en polvo; **sucré, e**
adj azucarado(-a); (péj: ton, voix)
meloso(-a); **sucrer** vt poner
azúcar en ou a; **sucreries** nfpl
(bonbons) golosinas fpl; **sucrier,
-ière** nm azucarero

sud [syd] nm sur m **♦** adj inv sur
inv; **au ~** al sur; **au ~ de** al sur
de; **sud-africain, e** (pl **sud-
africains, es**) adj
sudafricano(-a) **♦** nm/f: **Sud-
Africain, e** sudafricano(-a);
sud-américain, e (pl **sud-
américains, es**) adj

sudamericano(-a) **♦** nm/f: **Sud-
Américain, e** sudamericano(-a);
sud-est nm inv sudeste m inv;
sud-ouest nm inv sudoeste m
inv

Suède [sɥɛd] nf Suecia;
suédois(-a) ♦ adj suédois(-a) **♦** nm
(LING) sueco **♦** nm/f: **Suédois, e**
sueco(-a)

suer [sɥe] vi sudar; **sueur** nf
sudor m

suffire [syfir] vi bastar; (intensif):
**il suffit d'une négligence
pour que ...** un descuido basta
para que ...; **il suffit qu'on
oublie pour que ...** basta
olvidarse para que ...; **cela lui
suffit** eso le basta; **"ça suffit!"**
"¡basta ya!"

suffisamment [syfizamɑ̃] adv
suficientemente; **~ de** suficiente

suffisant, e [syfizɑ̃, ɑ̃t] adj
suficiente; (air, ton) suficiente;
(air, ton) de suficiencia

suffixe [syfiks] nm sufijo

suffoquer [syfɔke] vt sofocar;
(nouvelle etc) dejar sin respiración
♦ vi sofocarse

suffrage [syfraʒ] nm voto; **~s**
nmpl (du public etc) votos mpl; **~
universel/direct/indirect**
sufragio universal/directo/indirecto

suggérer [sygʒere] vt sugerir;
suggestion nf sugerencia

suicide [sɥisid] nm suicidio;
suicider: se suicider vpr
suicidarse

suie [sɥi] nf hollín m

suisse [sɥis] adj suizo(-a) **♦** nm/f:
S~ suizo(-a); **Suissesse** nf suiza

suite [sɥit] nf continuación f; (de
maisons, rues, succès) sucesión f;
(MATH, liaison logique) serie f; (MUS,
appartement) suite f; (escorte)
séquito; **~s** nfpl (d'une maladie,
chute) secuelas fpl; **prendre la ~**

de (*directeur etc*) tomar el relevo de; **donner ~ à** dar curso a; **~ à votre lettre du ...** en respuesta a su carta del ...; **de ~** (*d'affilée*) seguido(-a); **par la ~** luego; **à la ~** (*derrière*) tras; (*en conséquence de*) como consecuencia de

suivant, e [sɥivã, ãt] *vb voir* **suivre ♦** *adj* siguiente **♦** *prép* según; **~ que** según que; **"au ~!"** "¡el siguiente!"

suivi, e [sɥivi] *pp de* **suivre ♦** *adj* seguido(-a) **♦** *nm* seguimiento

suivre [sɥivʀ] *vt* seguir; (*imagination, fantaisie, goût*) dejarse guiar por; (*cours*) asistir a; (*comprendre: programme, leçon*) comprender; (*malade, affaire*) llevar el seguimiento de; (*raisonnement*) seguir el hilo de **♦** *vi* (*écouter attentivement*) atender; (*assimiler le programme*) comprender; (*venir après*) seguirse; **se ~** *vpr* sucederse; **faire ~** (*lettre*) reexpedir

sujet, te [syʒɛ, ɛt] *adj:* **être ~ à** (*accidents, vertige etc*) ser propenso(-a) a **♦** *nm/f* (*d'un souverain etc*) súbdito(-a) **♦** *nm* tema *m*; **au ~ de** a propósito de; **~ de conversation** tema de conversación; **~ d'examen** tema de examen

super [sypɛʀ] *adj inv* (*fam*) súper *inv* **♦** *nm* súper *f*

superbe [sypɛʀb] *adj* espléndido(-a)

superficie [sypɛʀfisi] *nf* superficie *f*

superficiel, le [sypɛʀfisjɛl] *adj* superficial

superflu, e [sypɛʀfly] *adj* superfluo(-a)

supérieur, e [sypeʀjœʀ] *adj* superior; (*air, sourire*) de superioridad **♦** *nm* superior *m* **♦** *nm/f* Superior(a); **Mère ~e** madre *f* Superiora; **à l'étage ~** en el piso de arriba; **supériorité** *nf* superioridad *f*

supermarché [sypɛʀmaʀʃe] *nm* supermercado

superposer [sypɛʀpoze] *vt* superponer; **lits superposés** literas *fpl*

superpuissance [sypɛʀpɥisãs] *nf* superpotencia

superstitieux, -euse [sypɛʀstisjø, jøz] *adj* supersticioso(-a)

superviser [sypɛʀvize] *vt* supervisar

supplanter [syplãte] *vt* (*personne*) suplantar

suppléant, e [sypleã, ãt] *adj* (*juge, fonctionnaire*) suplente; (*professeur*) sustituto(-a) **♦** *nm/f* sustituto(-a)

suppléer [syplee] *vt* suplir; **~ à** suplir

supplément [syplemã] *nm* suplemento; **un ~ de frites** una porción extra de patatas fritas; **en ~** (*au menu etc*) no incluido; **supplémentaire** *adj* suplementario(-a); (*train etc*) adicional

supplications [syplikasjɔ̃] *nfpl* súplicas *fpl*

supplice [syplis] *nm* suplicio

supplier [syplije] *vt* suplicar

support [sypɔʀ] *nm* soporte *m*

supportable [sypɔʀtabl] *adj* soportable

supporter¹ [sypɔʀtœʀ] *nm* seguidor/a

supporter² [sypɔʀte] *vt* soportar; (*choc*) resistir a

supposer [sypoze] *vt* suponer;
en supposant *ou* **à ~ que**
suponiendo que
suppositoire [sypozitwaʀ] *nm*
supositorio
suppression [sypʀesjɔ̃] *nf*
supresión *f*
supprimer [sypʀime] *vt* suprimir
suprême [sypʀɛm] *adj* (*pouvoir
etc*) supremo(-a)

MOT-CLÉ
---

sur¹ [syʀ] *prép* **1** en; (*par dessus,
au-dessus*) encima de, sobre;
pose-le sur la table ponlo en
la mesa; **je n'ai pas d'argent
sur moi** no llevo dinero encima;
**avoir de l'influence/un effet
sur moi** tener influencia/un efecto
sobre ...; **avoir accident sur
accident** tener accidente tras
accidente; **sur ce** tras esto
2 (*direction*) hacia; **en allant sur
Paris** yendo hacia París; **sur
votre droite** a su derecha
3 (*à propos de*) acerca de, sobre;
**un livre/une conférence sur
Balzac** un libro/una conferencia
sobre Balzac
4 (*proportion, mesures*) de entre,
de cada; **un sur 10** uno de cada
10; (*scol: note*) uno sobre 10; **sur
20, 2 sont venus de 20, han
venido 2; **4m sur 2** 4m por 2

---

sur², e [syʀ] *adj* agrio(-a)
sûr, e [syʀ] *adj* seguro(-a);
(*renseignement, ami, voiture*) de
confianza; (*goût, réflexe etc*)
agudo(-a); **c'est ~ et certain**
sin lugar a dudas; **~ de soi**
seguro de sí mismo(-a)
surcharge [syʀʃaʀʒ] *nf*
sobrecarga; **~ de travail** exceso
de trabajo; **surcharger** *vt*

(*véhicule*) cargar en exceso
surcroît [syʀkʀwa] *nm*: **un ~ de**
un aumento de; **de ~** por
añadidura
surdité [syʀdite] *nf* sordera
sûrement [syʀmɑ̃] *adv* con
seguridad; (*certainement*)
seguramente
surenchère [syʀɑ̃ʃɛʀ] *nf* (*aux
enchères*) sobrepuja; (*sur prix fixe*)
encarecimiento; **surenchérir** *vi*
(*COMM*) sobrepujar; (*fig*):
surenchérir sur qn aventajar a
algn
surestimer [syʀɛstime] *vt*
sobreestimar
sûreté [syʀte] *nf* fiabilidad *f*; (*du
goût etc*) agudeza; **être/mettre
en ~** (*personne*) estar/poner a
salvo; (*objet*) estar/poner en lugar
seguro; **pour plus de ~** para
mayor seguridad
surf [sœʀf] *nm* surf *m*
surface [syʀfas] *nf* superficie *f*;
faire ~ salir a la superficie; **en ~**
(*nager, naviguer*) en la superficie;
(*fig*) aparentemente
surfait, e [syʀfɛ, ɛt] *adj*
sobreestimado(-a)
surgelé, e [syʀʒəle] *adj*
congelado(-a)
surgir [syʀʒiʀ] *vi* aparecer; (*de
terre*) salir; (*fig*)
sur...: **surhumain, e** *adj*
sobrehumano(-a); **sur-le-champ**
adv en el acto; **surlendemain**
nm: **le surlendemain** a los dos
días; **le surlendemain de** dos
días después de; **surmenage** *nm*
(*MÉD*) agotamiento; **surmener** *vt*
agotar; **se surmener** *vpr*
agotarse
surmonter [syʀmɔ̃te] *vt* vencer;
(*suj: coupole etc*) coronar
surnaturel, le [syʀnatyʀɛl] *adj*

sobrenatural ♦ nm: **le ~** lo sobrenatural

surnom [syʀnɔ̃] nm (gén) sobrenombre m

surnombre [syʀnɔ̃bʀ] nm: **être en ~** estar de más

surpeuplé, e [syʀpœple] adj superpoblado(-a)

surplace [syʀplas] nm: **faire du ~** (rester en équilibre) mantener el equilibrio; (dans un embouteillage etc) ir a paso de caracol

surplomber [syʀplɔ̃be] vi sobresalir ♦ vt destacar sobre

surplus [syʀply] nm (COMM) excedente m; **~ de bois/tissu** sobrante m de leña/de tela

surprenant, e [syʀpʀənɑ̃, ɑ̃t] vb voir **surprendre** ♦ adj sorprendente

surprendre [syʀpʀɑ̃dʀ] vt sorprender; (secret, conversation) descubrir

surpris, e [syʀpʀi, iz] pp de **surprendre** ♦ adj de sorpresa; **~ de/que** sorprendido(-a) por/de que; **surprise** nf sorpresa; **faire une surprise à qn** dar una sorpresa a algn; **surprise-partie** (pl **surprises-parties**) nf guateque m

sursaut [syʀso] nm sobresalto; **en ~** de un sobresalto; **~ d'énergie** resuello de energía; **sursauter** vi sobresaltarse

sursis [syʀsi] nm (JUR: d'une peine) indulto; (: à la condamnation à mort) aplazamiento

surtout [syʀtu] adv sobre todo; **~ pas!** ¡de ninguna manera!; **~ que ...** sobre todo porque ...

surveillance [syʀvejɑ̃s] nf vigilancia; **sous ~ médicale** bajo control médico

surveillant, e [syʀvejɑ̃, ɑ̃t] nm/f (SCOL, de prison) vigilante m/f

surveiller [syʀveje] vt (enfant etc) cuidar de; (MIL, gén) vigilar; (travaux, cuisson) atender; **se ~** vpr controlarse; **~ son langage/sa ligne** cuidar su vocabulario/la línea

survenir [syʀvəniʀ] vi sobrevenir

survêtement [syʀvɛtmɑ̃] nm chandal m ou chándal m

survie [syʀvi] nf supervivencia; **survivant, e** nm/f superviviente m/f; **survivre** vi sobrevivir; **survivre à** sobrevivir a

survoler [syʀvɔle] vt (lieu) sobrevolar

survolté, e [syʀvɔlte] adj (personne) superexcitado(-a); (ambiance) acalorado(-a)

sus [sy(s)] prép: **en ~ de** (JUR, ADMIN) además de; **en ~** además

susceptible [syseptibl] adj susceptible; **~ de** susceptible de

susciter [sysite] vt (admiration etc) suscitar; **~ (à qn)** (ennuis etc) originar (a algn)

suspect, e [syspɛ(kt), ɛkt] adj sospechoso(-a) ♦ nm/f sospechoso(-a); **suspecter** vt sospechar

suspendre [syspɑ̃dʀ] vt suspender; **se ~** vpr: **se ~ à** aferrarse a, colgarse de; **~ qch (à)** colgar algo (de)

suspendu, e [syspɑ̃dy] pp de **suspendre** ♦ adj (accroché): **~ à** colgado(-a) de; (perché): **~ au-dessus de** suspendido(-a) sobre

suspens [syspɑ̃] nm: **tenir en ~** mantener en suspense

suspense [syspɛns] nm suspense m

suspension [syspɑ̃sjɔ̃] nf suspensión f; (lustre) lámpara de

techo; **en ~** en suspensión
suture [sytyʀ] *nf*: **point de ~**
punto de sutura
svelte [svɛlt] *adj* esbelto(-a)
SVP [ɛsvepe] *abr* (= *s'il vous plaît*)
por favor
syllabe [si(l)lab] *nf* sílaba
symbole [sɛ̃bɔl] *nm* símbolo;
symbolique *adj* simbólico(-a);
symboliser *vt* simbolizar
symétrique [simetʀik] *adj*
simétrico(-a)
sympa [sɛ̃pa] (*fam*) *adj inv voir*
sympathique
sympathie [sɛ̃pati] *nf* simpatía;
(*condoléances*) pésame *m*;
accueillir avec ~ acoger con
gusto; **témoignages de ~**
muestras *fpl* de condolencia;
sympathique *adj* simpático(-a);
(*déjeuner etc*) agradable
sympathisant, e [sɛ̃patizɑ̃, ɑ̃t]
nm/f simpatizante *m/f*
sympathiser [sɛ̃patize] *vi*
simpatizar
symphonie [sɛ̃fɔni] *nf* sinfonía
symptôme [sɛ̃ptom] *nm* síntoma
m
synagogue [sinagɔg] *nf* sinagoga
syncope [sɛ̃kɔp] *nf* (MÉD) síncope
m; **elle est tombée en ~** le dio
un síncope
syndic [sɛ̃dik] *nm* administrador
m
syndical, e, -aux [sɛ̃dikal, o]
adj sindical; **syndicaliste** *nm/f*
sindicalista *m/f*
syndicat [sɛ̃dika] *nm* sindicato; ~
d'initiative oficina de turismo;
syndiqué, e *adj* sindicado(-a);
syndiquer: se syndiquer *vpr*
sindicarse
synonyme [sinɔnim] *adj*
sinónimo(-a) ♦ *nm* sinónimo
syntaxe [sɛ̃taks] *nf* sintaxis *fsg*

synthèse [sɛ̃tɛz] *nf* síntesis *f inv*
synthétique [sɛ̃tetik] *adj*
sintético(-a)
Syrie [siʀi] *nf* Siria
systématique [sistematik] *adj*
sistemático(-a)
système [sistɛm] *nm* sistema *m*;
utiliser le ~ D (*fam*) utilizar el
ingenio; ~ **nerveux/solaire**
sistema nervioso/solar

T, t

t' [t] *pron voir* **te**
ta [ta] *dét voir* **ton**[1]
tabac [taba] *nm* tabaco; **passer**
qn à ~ (*fam: battre*) dar una
tunda a algn; **faire un ~** (*fam*)
tener mucho éxito; (**débit** *ou*
bureau de) ~ estanco
tabagisme [tabaʒism] *nm*
tabaquismo
table [tabl] *nf* mesa; (*invités*)
comensales *mpl*; **à ~!** ¡a comer!;
se mettre à ~ sentarse a la
mesa; (*fam*) cantar de plano;
mettre/desservir la ~ poner/
quitar la mesa; ~ **de**
multiplication tabla de
multiplicar; ~ **de nuit** *ou* **de**
chevet mesita de noche; ~ **des**
matières índice *m*; ~ **ronde**
(*débat*) mesa redonda
tableau, x [tablo] *nm* cuadro;
(*panneau*) tablero; (*schéma*)
cuadro, gráfico; ~ **d'affichage**
tablón *m ou* tablero de anuncios;
~ **de bord** (AUTO) cuadro de
instrumentos; ~ **noir** encerado
tablette [tablɛt] *nf* (*planche*)
anaquel *m*, tabla; ~ **de chocolat**
tableta de chocolate
tablier [tablije] *nm* delantal *m*
tabou, e [tabu] *adj, nm* tabú *m*

tabouret [tabuʀe] nm taburete m

tac [tak] nm: **répondre qch du ~ au ~** saltar con algo

tache [taʃ] nf mancha; **~ de rousseur** peca

tâche [taʃ] nf tarea, labor f; **travailler à la ~** trabajar a destajo

tacher [taʃe] vt manchar

tâcher [taʃe] vi: **~ de faire** tratar de hacer, procurar hacer

tacheté, e [taʃte] adj: **~ (de)** salpicado(-a) ou moteado(-a) (de)

tact [takt] nm tacto; **avoir du ~** tener tacto

tactique [taktik] adj táctico(-a) ♦ nf táctica

taie [te] nf: **~ (d'oreiller)** funda (de la almohada)

taille [taj] nf tallado; poda; (hauteur) estatura; (grandeur) tamaño; **de ~** importante;

taille-crayon(s) nm inv sacapuntas m inv

tailler [taje] vt (pierre, diamant) tallar; (arbre, plante) podar; (vêtement) cortar; (crayon) afilar

tailleur [tajœʀ] nm sastre m; (vêtement pour femmes) traje m de chaqueta; **en ~** a la turca

taillis [taji] nm bosque m bajo

taire [teʀ] vt ocultar ♦ vi: **faire ~ qn** hacer callar a algn; **se ~** vpr callarse

talc [talk] nm talco

talent [talɑ̃] nm talento; **avoir du ~** tener talento

talkie-walkie [tokiwoki] (pl **~s-~s**) nm walkie-talkie m

talon [talɔ̃] nm (ANAT, de chaussette) talón m; (de chaussure) tacón m; **~s plats/aiguilles** tacones bajos/muy finos

talus [taly] nm (GÉO) talud m

tambour [tɑ̃buʀ] nm tambor m;

tambourin nm tamboril m;

tambouriner vi: **tambouriner contre** repiquetear en ou contra

Tamise [tamiz] nf: **la ~** el Támesis

tamisé, e [tamize] adj tamizado(-a)

tampon [tɑ̃pɔ̃] nm (de coton, d'ouate, bouchon) tapón m; (pour nettoyer, essuyer) muñequilla, bayeta; (amortisseur: RAIL, fig) tope m; (INFORM: aussi mémoire tampon) tampón m; (cachet, timbre) matasellos m inv; **~ (hygiénique)** tampón m (higiénico); **tamponner** vt (essuyer) taponar; (heurter) chocar; **se ~** vpr chocar; **tamponneuse** adj f: **autos tamponneuses** coches mpl de choque

tandem [tɑ̃dɛm] nm tándem m

tandis [tɑ̃di]: **~ que** conj mientras que

tanguer [tɑ̃ge] vi (NAUT) cabecear, arfar

tant [tɑ̃] adv tanto; **~ de** (sg) tanto(-a); (pl) tantos(-as); **~ mieux** mejor; **~ bien que mal** mal que bien

tante [tɑ̃t] nf tía

tantôt [tɑ̃to] adv (cet après-midi) esta tarde, por la tarde; **~ ... ~** unas veces ... otras veces

taon [tɑ̃] nm tábano

tapage [tapaʒ] nm alboroto

tapageur, -euse [tapaʒœʀ, øz] adj alborotador(a); (publicité) sensacionalista

tape [tap] nf cachete m; (dans le dos) palmada

tape-à-l'œil [tapalœj] adj inv vistoso(-a), llamativo(-a)

taper [tape] vt (personne) pegar; (dactylographier) escribir a máquina ♦ vi (soleil) apretar; **se ~**

vpr (*fam: travail*) chuparse, cargarse; (: *boire, manger*) soplarse, zamparse; **~ qn de 10 francs** (*fam*) dar un sablazo de 10 francos a algn; **~ sur qch** golpear en algo; **~ à** (*porte etc*) llamar a; **~ des mains/pieds** palmear/patalear

tapi, e [tapi] *adj*: **~ dans/derrière** (*blotti*) acurrucado(-a) en/detrás de

tapis [tapi] *nm* alfombra; **~ roulant** cinta transportadora, pasillo rodante

tapisser [tapise] *vt* (*avec du papier peint*) empapelar; **~ qch (de)** (*recouvrir*) revestir algo (con); **tapisserie** *nf* tapiz *m*; (*papier peint*) empapelado; **tapissier, -ière** *nm/f*: **tapissier(-décorateur)** tapicero

tapoter [tapɔte] *vt* dar golpecitos en, golpetear

taquiner [takine] *vt* pinchar

tard [taʁ] *adv* tarde

tarder [taʁde] *vi* tardar; **~ à faire** tardar en hacer; **sans (plus) tarder** sin (más) demora, sin (más) tardar

tardif, -ive [taʁdif, iv] *adj* tardío(-a)

tarif [taʁif] *nm* tarifa

tarir [taʁiʁ] *vi, vt* secarse, agotarse

tarte [taʁt] *nf* tarta

tartine [taʁtin] *nf* rebanada; **tartiner** *vt* untar; **fromage etc à tartiner** queso *etc* para untar

tartre [taʁtʁ] *nm* sarro

tas [tɑ] *nm* montón *m*; **en ~** amontonado(-a); **formé sur le ~** formado en la práctica

tasse [tɑs] *nf* taza

tassé, e [tɑse] *adj*: **bien ~** (*café etc*) bien cargado(-a)

tasser [tɑse] *vt* apisonar, pisar;

se ~ *vpr* (*sol, terrain*) hundirse; (*problème*) arreglarse; **~ qch dans** amontonar algo en

tata [tata] *nf* tita

tâter [tɑte] *vt* tantear; **se ~** *vpr* (*hésiter*) reflexionar; **~ de** (*prison etc*) probar; **~ le terrain** tantear el terreno

tatillon, ne [tatijɔ̃, ɔn] *adj* puntilloso(-a)

tâtonnement [tɑtɔnmɑ̃] *nm*: **par ~s** a tientas

tâtonner [tɑtɔne] *vi* andar a tientas

tâtons [tɑtɔ]: **à ~** *adv*: **chercher/avancer à ~** buscar/avanzar a tientas

tatouage [tatwaʒ] *nm* tatuaje *m*

tatouer [tatwe] *vt* tatuar

taudis [todi] *nm* cuchitril *m*

taule [tol] (*fam*) *nf* chirona

taupe [top] *nf* topo

taureau, x [tɔʁo] *nm* (*ZOOL*) toro; **le T~** (*ASTROL*) Tauro

tauromachie [tɔʁɔmaʃi] *nf* tauromaquia

taux [to] *nm* tasa; (*proportion: d'alcool*) porcentaje *m*; (: *de participation*) índice *m*; **~ d'intérêt** tipo de interés

taxe [taks] *nf* tasa, impuesto; (*douanière*) arancel *m*; **toutes ~s comprises** impuestos incluidos; **~ à** *ou* **sur la valeur ajoutée** impuesto sobre el valor añadido

taxer [takse] *vt* (*personne*) gravar con impuestos; (*produit*) tasar

taxi [taksi] *nm* taxi *m*

Tchécoslovaquie [tʃekɔslɔvaki] *nf* Checoslovaquia; **tchèque** *adj* checo(-a) ♦ *nm* (*LING*) checo ♦ *nm/f*: **Tchèque** checo(-a)

te [tə] *pron* te

technicien, ne [tɛknisjɛ̃, jɛn] *nm/f* técnico *m/f*

technico-commercial, e,
-aux [tɛknikokɔmɛʀsjal, jo] *adj*
técnico-comercial

technique [tɛknik] *adj* técnico(-a)
♦ *nf* técnica; **techniquement**
adv técnicamente

technologie [tɛknɔlɔʒi] *nf*
tecnología; **technologique** *adj*
tecnológico(-a)

teck [tɛk] *nm* teca

tee-shirt [tiʃœʀt] (*pl* ~~s) *nm*
camiseta

teindre [tɛdʀ] *vt* teñir; **teint, e**
pp de **teindre** ♦ *adj* teñido(-a) ♦
nm (*permanent*) tez *f*;
(*momentané*) color *m*; **grand
teint** *adj inv* (*tissu*) de color sólido

teinté, e [tɛte] *adj* (*verres,
lunettes*) ahumado(-a); (*bois*)
teñido(-a); ~ **de** teñido(-a) de

teinter [tɛte] *vt* teñir

teinture [tɛtyʀ] *nf* (*substance*)
tinte; ~ **d'iode** tintura de yodo;
teinturerie *nf* tintorería;
teinturier, -ière *nm/f*
tintorero(-a)

tel, telle [tɛl] *adj* (*pareil*) tal,
semejante; (*indéfini*) tal; **un/
des ...** tal como.../como ...; **un
~/de ~s ...** un tal/tales ...; **rien
de** ~ nada como; ~ **quel** tal cual;
~ **que** tal como

télé [tele] *nf* tele *f*; **à la** ~ en la
tele

télé...: télécabine *nf* teleférico
(monocable); **télécarte** *nf* tarjeta
de teléfono; **télécommande** *nf*
telemando; **télécopieur** *nm*
máquina de fax; **télédistri-
bution** *nf* teledistribución *f*;
télégramme *nm* telegrama *m*;
télégraphier *vt, vi* telegrafiar;
téléguider *vt* teledirigir;
télématique *nf* telemática *f*;
téléobjectif *nm* teleobjetivo;

télépathie *nf* telepatía;
téléphérique *nm* teleférico

téléphone [telefɔn] *nm* (*appareil*)
teléfono; **avoir le** ~ tener
teléfono; **au** ~ al teléfono;
téléphoner *vt, vi* llamar por
teléfono; **téléphoner à** llamar
por teléfono a; **téléphonique**
adj telefónico(-a)

télescope [teleskɔp] *nm*
telescopio

télescoper [teleskɔpe] *vt* chocar
de frente; **se** ~ *vpr* chocarse de
frente

télé...: téléscripteur *nm*
teleimpresor *m*; **télésiège** *nm*
telesilla; **téléski** *nm* telesquí *m*;
téléspectateur, -trice *nm/f*
telespectador(a); **téléviseur** *nm*
televisor *m*; **télévision** *nf*
televisión *f*; **à la télévision** en la
televisión

télex [teleks] *nm* télex *m*

telle [tɛl] *adj voir* **tel; tellement**
adv tan; **tellement de** (*sg*)
tanto(-a); (*pl*) tantos(-as);
**il était
tellement fatigué qu'il s'est
endormi** estaba tan cansado que
se durmió; **il s'est endormi
tellement il était fatigué** se
durmió de lo cansado que estaba;
**je n'ai pas tellement envie
d'y aller** no tengo muchas *ou*
tantas ganas de ir

téméraire [temeʀɛʀ] *adj*
temerario(-a)

témoignage [temwaɲaʒ] *nm*
testimonio; (*d'affection etc*)
muestra

témoigner [temwaɲe] *vt* (*intérêt,
gratitude*) manifestar ♦ *vi* (*JUR*)
testimoniar, atestiguar; ~ **de** dar
pruebas de

témoin [temwɛ̃] *nm* testigo;
(*preuve*) prueba ♦ *adj* testigo *inv*;

(*appartement*) piloto *inv*; **être ~ de** ser testigo de; **appartement ~ piso piloto; ~ oculaire** testigo ocular

tempe [tɑ̃p] *nf* sien *f*

tempérament [tɑ̃peramɑ̃] *nm* temperamento; **à ~** (*vente*) a plazos

température [tɑ̃peratyr] *nf* temperatura; **avoir** ou **faire de la ~** tener fiebre

tempête [tɑ̃pɛt] *nf* (*en mer*) temporal *m*; (*à terre*) tormenta; **~ de neige/de sable** tormenta de nieve/de arena

temple [tɑ̃pl] *nm* templo

temporaire [tɑ̃pɔrɛr] *adj* temporal

temps [tɑ̃] *nm* tiempo; (*époque*) tiempo, época; **il fait beau/ mauvais ~** hace buen/mal tiempo; **avoir le ~/tout le ~/ juste le ~** tener tiempo/mucho tiempo/el tiempo justo; **en ~ de paix/de guerre** en tiempo de paz/de guerra; **de ~ en ~, de ~ à autre** de vez en cuando; **à ~** a tiempo; **à plein/mi-~** (*travailler*) jornada completa/media jornada; **à ~ partiel** *adv, adj* a tiempo parcial; **dans le ~** hace tiempo, antaño; **de tout ~** de toda la vida

tenable [t(ə)nabl] *adj* soportable

tenace [tənas] *adj* tenaz

tenant, e [tənɑ̃, ɑ̃t] *nm/f* (SPORT): **~ du titre** poseedor(a) del título

tendance [tɑ̃dɑ̃s] *nf* tendencia; **avoir ~ à** tener tendencia a

tendeur [tɑ̃dœr] *nm* tensor *m*

tendre [tɑ̃dr] *adj* tierno(-a), blando(-a); (*affectueux*) cariñoso(-a) ♦ *vt* (*élastique, peau*) extender, estirar; (*muscle, arc*) tensar; (*piège*) tender; **se ~** *vpr* tensarse; **~ à qch/à faire qch**

tender a algo/a hacer algo; **~ qch à qn** alcanzar algo a algn; **~ l'oreille** aguzar el oído; **~ le bras/la main** alargar el brazo/ extender la mano; **tendrement** *adv* tiernamente; **tendresse** *nf* ternura

tendu, e [tɑ̃dy] *pp de* **tendre** ♦ *adj* (*allongé*) estirado(-a); (*raidi*) tensado(-a)

ténèbres [tenɛbr] *nfpl* tinieblas *fpl*

teneur [tənœr] *nf* proporción *f*; (*d'une lettre*) texto

tenir [t(ə)nir] *vt* (*avec la main, un objet*) tener; (*qn: par la main, le cou etc*) agarrar, coger; (*garder, maintenir: position*) mantener; (*propos, discours*) proferir; (*magasin, hôtel*) regentar; (*promesse*) cumplir; (*un rôle*) desempeñar; (MIL: *ville, région*) ocupar; (AUTO: *la route*) agarrarse a ♦ *vi* (*être fixé*) aguantar; **se ~** *vpr* agarrarse; **~ à** (*personne, chose*) tener cariño a; (*avoir pour cause*) deberse a; **~ à faire** tener interés en hacer; **~ qch pour** considerar algo como; **~ qn pour** tener a algn por; **~ compte de** tener en cuenta; **~ la solution/le coupable** tener la solución/el culpable; **~ la caisse/les comptes** llevar la contabilidad/ las cuentas; **~ le coup, ~ bon** aguantar; **~ au chaud/à l'abri** mantener caliente/protegido(-a); **~ chaud** (*suj: vêtement*) mantener abrigado; **~ parole** mantener su *etc* palabra; **~ sa langue** mantener la boca cerrada; **se ~ debout/droit** tenerse en pie/ derecho; **bien/mal se ~** comportarse bien/mal; **s'en ~ à qch** atenerse a algo; **se ~ prêt**

sur ses gardes estar listo/en guardia; **se ~ tranquille** estarse quieto; **ça ne tient qu'à lui** es cosa suya; **ça ne tient pas debout** no tiene ni pies ni cabeza; **qu'à cela ne tienne** por eso no me quede; **je n'y tiens pas** no me apetece; **tiens/tenez!** ¡toma/tome!

tennis [tenis] *nm* tenis *msg*; (*aussi:* **court de ~**) cancha (de tenis) ♦ *nm ou fpl* (*aussi:* **chaussures de ~**) playeras *fpl*; **tennisman** *nm* tenista *m*

tension [tɑ̃sjɔ̃] *nf* tensión *f*; **faire** *ou* **avoir de la ~** tener tensión

tentation [tɑ̃tasjɔ̃] *nf* tentación *f*

tentative [tɑ̃tativ] *nf* intento *m*

tente [tɑ̃t] *nf* tienda

tenter [tɑ̃te] *vt* tentar; **~ qch/de faire qch** intentar algo/hacer algo; **~ sa chance** tentar la suerte

tenture [tɑ̃tyʀ] *nf* colgadura

tenu, e [t(ə)ny] *pp de* **tenir** ♦ *adj*: **maison bien ~** casa bien cuidada; **les comptes de cette entreprise sont mal ~** llevan mal las cuentas de esta empresa; **être ~ de faire/de ne pas faire/à qch** estar obligado(-a) a hacer/a no hacer/a algo

ter [tɛʀ] *adj*: **16 ~** 16 C

terme [tɛʀm] *nm* término; (*FIN*) vencimiento; **être en bons/ mauvais ~s avec qn** estar en buenos/malos términos con algn; **au ~ de** al término de; **à court/moyen/long ~** *adj, adv* a corto/medio/largo plazo; **avant ~** (*MÉD*) antes de tiempo; **mettre un ~ à** poner término a

terminaison [tɛʀminɛzɔ̃] *nf* (*LING*) terminación *f*

terminal, e, -aux [tɛʀminal, o] *adj* terminal ♦ *nm* (*INFORM*) terminal *m*; (*pétrolier, gare*) terminal *f*; **terminale** *nf* (*SCOL*) séptimo año de educación secundaria en el sistema francés

terminer [tɛʀmine] *vt* terminar, acabar; **se ~** *vpr* terminar(se), acabar(se)

terne [tɛʀn] *adj* apagado(-a)

ternir [tɛʀniʀ] *vt* (*couleur, peinture*) desteñir; (*fig: honneur, réputation*) empañar; **se ~** *vpr* desteñirse

terrain [tɛʀɛ̃] *nm* terreno; (*SPORT, fig: domaine*) campo; **~ d'aviation** campo de aviación; **~ de camping** camping *m*; **~ de jeu** patio de juego; **~ vague** solar *m*

terrasse [tɛʀas] *nf* terraza; (*sur le toit*) azotea; **terrasser** *vt* (*adversaire*) derribar; (*suj: maladie etc*) fulminar

terre [tɛʀ] *nf* tierra; **à ~, par ~** en el suelo *ou* piso (*AM*); (*jeter, tomber*) al suelo; **~ à ~** *adj inv* prosaico(-a); **la T~** la Tierra; **~ cuite** terracota, arcilla cocida; **~ ferme** tierra firme

terreau [tɛʀo] *nm* mantillo

terre-plein [tɛʀplɛ̃] (*pl* **~~s**) *nm* (*CONSTR*) terraplén *m*

terrestre [tɛʀɛstʀ] *adj* terrestre; (*REL*) terrenal; (*globe*) terráqueo(-a)

terreur [tɛʀœʀ] *nf* terror *m*

terrible [tɛʀibl] *adj* terrible; (*fam*) estupendo(-a), regio(-a)

terrien, ne [tɛʀjɛ̃, jɛn] *adj*: **propriétaire ~** terrateniente *m/f* ♦ *nm/f* (*non martien etc*) terrícola *m/f*

terrier [tɛʀje] *nm* madriguera; (*chien*) terrier *m*

terrifier [tɛʀifje] *vt* aterrorizar

terrine [tɛʀin] *nf* tarro; (*CULIN*)

conserva de carnes en tarro

territoire [tɛʀitwaʀ] *nm* territorio

terroriser [tɛʀɔʀize] *vt* aterrorizar

terrorisme [tɛʀɔʀism] *nm* terrorismo; **terroriste** *adj, nm/f* terrorista *m/f*

tertiaire [tɛʀsjɛʀ] *nm* (ÉCON) sector *m* servicios

tes [te] *dét voir* ton¹

test [tɛst] *nm* prueba, examen *m*

testament [tɛstamɑ̃] *nm* testamento

tester [tɛste] *vt* someter a prueba

testicule [tɛstikyl] *nm* testículo

tétanos [tetanos] *nm* tétano, tétanos *msg*

têtard [tɛtaʀ] *nm* renacuajo

tête [tɛt] *nf* cabeza; (*visage*) cara; (FOOTBALL) cabezazo; **de ~** *adv* (*calculer*) mentalmente; **être à la ~ de qch** estar al frente de algo; **prendre la ~ de qch** tomar la dirección de algo; **tenir ~ à qn** hacer frente a algn; **la ~ la première** de cabeza; **la ~ en bas** cabeza abajo; **faire la ~** poner mala cara; **en ~** (SPORT) a la cabeza; **de la ~ aux pieds** de la cabeza a los pies; **~ d'affiche** (THÉÂTRE *etc*) cabecera del reparto; **~ de liste** (POL) cabeza de lista; **~ de série** (TENNIS) cabeza de serie; **tête-à-queue** *nm inv*: **faire un tête-à-queue** derrapar y quedar en sentido contrario

téter [tete] *vt* mamar

tétine [tetin] *nf* (*de biberon*) tetina

têtu, e [tety] *adj* terco(-a), testarudo(-a)

texte [tɛkst] *nm* texto

textile [tɛkstil] *adj* textil ♦ *nm* tejido

texture [tɛkstyʀ] *nf* textura

TGV [teʒeve] *sigle m* (= *train à grande vitesse*) ≈ AVE

thaïlandais, e [tajlɑ̃dɛ, ɛz] *adj* tailandés(-esa) ♦ *nm/f*: **T~, e** tailandés(-esa)

Thaïlande [tajlɑ̃d] *nf* Tailandia

thé [te] *nm* té *m*

théâtral, e, -aux [teatʀal, o] *adj* teatral

théâtre [teatʀ] *nm* teatro; (*fig: lieu*): **le ~ de** el escenario de

théière [tejɛʀ] *nf* tetera

thème [tɛm] *nm* tema; (*traduction*) traducción *f* inversa

théologie [teɔlɔʒi] *nf* teología

théorie [teɔʀi] *nf* teoría; **théorique** *adj* teórico(-a)

thérapie [teʀapi] *nf* terapia

thermal, e, -aux [tɛʀmal, o] *adj* termal; **station/cure ~e** estación *f*/cura termal

thermomètre [tɛʀmɔmɛtʀ] *nm* termómetro

thermos ® [tɛʀmos] *nm ou f*: **(bouteille) ~** termo

thermostat [tɛʀmɔsta] *nm* termostato

thèse [tɛz] *nf* tesis *f inv*

thon [tɔ̃] *nm* atún *m*

thym [tɛ̃] *nm* tomillo

tibia [tibja] *nm* tibia

tic [tik] *nm* (*nerveux*) tic *m*

ticket [tikɛ] *nm* billete *m*, boleto (AM); (*de cinéma, théâtre*) entrada; **~ de caisse** ticket *m ou* tique(t) *m* de compra

tiède [tjɛd] *adj* tibio(-a), templado(-a); **tiédir** *vi* templarse

tien, ne [tjɛ̃, tjɛn] *adj* tuyo(-a) ♦ *pron*: **le(la) ~(ne)** el/la tuyo(-a); **les ~s/les tiennes** los tuyos/las tuyas; **les ~s** (*ta famille*) los tuyos

tiens [tjɛ̃] *vb, excl voir* tenir

tiercé [tjɛʀse] *nm* apuesta triple

tiers, tierce [tjɛʀ, tjɛʀs] *adj* tercero(-a); **le ~ monde** el tercer

tige 289 toile

tige [tiʒ] nf tallo

tignasse [tiɲas] (péj) nf greñas fpl

Tigre [tigʀ] nm Tigris m; **tigré, e** adj picado(-a); **tigresse** nf tigresa

tilleul [tijœl] nm (arbre) tilo; (boisson) tila

timbre [tɛ̃bʀ] nm timbre m; (aussi: **~-poste**) sello, estampilla (AM)

timbré, e [tɛ̃bʀe] adj (enveloppe) timbrado(-a), sellado(-a); (fam) tocado(-a) de la cabeza

timide [timid] adj tímido(-a); **timidement** adv tímidamente; **timidité** nf timidez f

tintamarre [tɛ̃tamaʀ] nm escandalera

tinter [tɛ̃te] vi tintinar

tique [tik] nf garrapata

tir [tiʀ] nm tiro; (stand) tiro al blanco; **~ à l'arc** tiro con arco; **~ au pigeon** tiro de pichón

tirage [tiʀaʒ] nm (PHOTO) revelado; (d'un journal, de livre) tirada; (d'un poêle etc) tiro; (de loterie) sorteo; **~ au sort** sorteo

tire [tiʀ] nf: **voleur à la ~** ratero; **vol à la ~** tirón m

tiré, e [tiʀe] adj (visage) cansado(-a); **~ par les cheveux** difícil de creer

tire-bouchon [tiʀbuʃɔ̃] (pl **~~s**) nm sacacorchos m inv

tirelire [tiʀliʀ] nf hucha

tirer [tiʀe] vt (sonnette etc) tirar de, jalar (AM); (remorque) arrastrar, jalar (AM); (trait) trazar; (rideau) correr; (carte, numéro, conclusion) sacar; (en faisant feu) tirar, disparar; (: animal) disparar (a); (journal, livre) imprimir; (PHOTO) revelar; (FOOTBALL) sacar, tirar ♦ vi

(faire feu) disparar; (cheminée, SPORT) tirar; **se ~** vpr (fam) largarse; **s'en ~** salir bien; **~ à l'arc/à la carabine** tirar con arco/con carabina; **~ à sa fin** tocar a su fin; **~ les cartes** echar las cartas

tiret [tiʀe] nm guión m

tireur, -euse [tiʀœʀ, øz] nm/f (MIL) tirador(a)

tiroir [tiʀwaʀ] nm cajón m; **tiroir-caisse** (pl **tiroirs-caisses**) nm caja

tisane [tizan] nf tisana

tisser [tise] vt tejer

tissu [tisy] nm tejido; **tissu-éponge** (pl **tissus-éponges**) nm felpa

titre [titʀ] nm título; (de journal, aussi télévisé) titular m; **à juste ~** con toda razón; **à quel ~?** ¿a título de qué?; **à aucun ~** bajo ninguna razón; **au même ~ (que)** al igual que; **à ~ d'exemple** como ejemplo; **à ~ d'information** a modo de información; **~ de transport** billete m

tituber [titybe] vi tabubear

titulaire [tityleʀ] adj titular ♦ nm titular m; **être ~ de** ser titular de

toast [tost] nm tostada; (de bienvenue) brindis m inv; **porter un ~ à qn** brindar por algn

toboggan [tɔbɔgɑ̃] nm tobogán m

toc [tɔk] nm: **en ~** de imitación

tocsin [tɔksɛ̃] nm rebato, toque m de alarma

tohu-bohu [tɔybɔy] nm inv (tumulte) barullo

toi [twa] pron tú

toile [twal] nf tela; **~ cirée** hule m; **~ d'araignée** telaraña; **~ de fond** telón m de fondo; **~ émeri**

tela de esmeril
toilette [twalɛt] *nf* aseo; (*habillement*) vestimenta; **~s** *nfpl* servicios *mpl*; **faire sa ~** asearse; **articles de ~** artículos *mpl* de aseo
toi-même [twamɛm] *pron* tú mismo
toit [twa] *nm* techo; (*de bâtiment*) tejado; **~ ouvrant** techo solar
toiture [twatyʀ] *nf* tejado, techumbre *f*
tôle [tol] *nf* chapa; **~ ondulée** chapa ondulada
tolérable [tɔleʀabl] *adj* tolerable
tolérant, e [tɔleʀɑ̃, ɑ̃t] *adj* tolerante
tolérer [tɔleʀe] *vt* tolerar
tollé [tɔ(l)le] *nm*: **un ~ (d'injures/de protestations)** una sarta (de insultos/de protestas)
tomate [tɔmat] *nf* tomate *m*
tombe [tɔ̃b] *nf* tumba
tombeau, x [tɔ̃bo] *nm* tumba
tombée [tɔ̃be] *nf*: **à la ~ du jour** *ou* **de la nuit** al atardecer, al anochecer
tomber [tɔ̃be] *vi* caer; (*accidentellement*) caerse; **laisser ~** abandonar; **~ sur** encontrarse con; **~ de fatigue/de sommeil** caerse de cansancio/de sueño; **à l'eau** (*fig*) irse al garete; **ça tombe bien/mal** viene bien/mal
tombola [tɔ̃bɔla] *nf* tómbola
tome [tɔm] *nm* tomo
ton¹, ta [tɔ̃, ta, te] (*pl* **tes**) *dét* tu
ton² [tɔ̃] *nm* tono; **donner le ~** llevar la voz cantante; **de bon ~** de buen tono
tonalité [tɔnalite] *nf* tonalidad *f*; (*au téléphone*) señal *f*
tondeuse [tɔ̃døz] *nf* (*à gazon*) cortadora de césped

tondre [tɔ̃dʀ] *vt* (*pelouse*) cortar; (*mouton*) esquilar; (*cheveux*) rapar
tonifier [tɔnifje] *vt* (*organisme*) entonar; (*peau*) tonificar
tonique [tɔnik] *adj* (*lotion*) tónico(-a) ♦ *nm* (*médicament*) estimulante *m*; (*lotion*) tónico
tonne [tɔn] *nf* tonelada
tonneau, x [tɔno] *nm* tonel *m*; **faire des ~x** (*voiture*) dar vueltas de campana
tonnelle [tɔnɛl] *nf* glorieta
tonner [tɔne] *vi* tronar
tonnerre [tɔnɛʀ] *nm* trueno
tonton [tɔ̃tɔ̃] *nm* tito
tonus [tɔnys] *nm*: **avoir du ~** estar entonado(-a); **donner du ~** entonar
top [tɔp] *nm*: **au 3ème ~** a la tercera señal ♦ *adj*: **~ secret** top secret
topinambour [tɔpinɑ̃buʀ] *nm* aguaturma, pataca
torche [tɔʀʃ] *nf* antorcha
torchon [tɔʀʃɔ̃] *nm* paño de cocina
tordre [tɔʀdʀ] *vt* torcer; **se ~** *vpr* torcerse; **se ~ le pied/bras** torcerse el pie/brazo; **se ~ de douleur/de rire** retorcerse de dolor/desternillarse de risa;
tordu, e *pp de* **tordre** ♦ *adj* idiota
tornade [tɔʀnad] *nf* tornado
torrent [tɔʀɑ̃] *nm* torrente *m*
torsade [tɔʀsad] *nf* retorcido
torse [tɔʀs] *nm* torso
tort [tɔʀ] *nm* (*préjudice*) perjuicio; **~s** *nmpl* (*JUR*) daños y perjuicios *mpl*; **avoir ~** estar equivocado(-a); **être dans son ~** tener la culpa; **causer du ~ à** perjudicar a; **à ~** sin razón; **à ~ et à travers** a tontas y a locas
torticolis [tɔʀtikɔli] *nm* torticolis

f inv

tortiller [tɔrtije] *vt* retorcer; **se ~** *vpr* retorcerse

tortionnaire [tɔrsjɔnɛr] *nm* verdugo

tortue [tɔrty] *nf* tortuga

tortueux, -euse [tɔrtɥø, øz] *adj* tortuoso(-a)

torture [tɔrtyr] *nf* tortura; **torturer** *vt* torturar

tôt [to] *adv* temprano; *(au bout de peu de temps)* pronto; **~ ou tard** tarde o temprano; **si ~** tan pronto; **au plus ~** cuanto antes

total, e, -aux [tɔtal, o] *adj* total ♦ *nm* total *m*; **au ~** en total; **totalement** *adv* totalmente; **totaliser** *vt* totalizar; **totalitaire** *adj* totalitario(-a); **totalité** *nf* totalidad *f*

toubib [tubib] *(fam) nm* médico

touchant, e [tuʃɑ̃, ɑ̃t] *adj* conmovedor(a)

touche [tuʃ] *nf (de piano, de machine à écrire)* tecla; *(PEINTURE, fig)* toque *m*; *(FOOTBALL: aussi:* **remise en ~**) saque *m* de banda; *(: ligne de touche)* línea de banda

toucher [tuʃe] *nm* tacto ♦ *vt* tocar; *(mur, pays)* lindar con; *(atteindre)* alcanzar; *(émouvoir)* conmover; *(suj: catastrophe, malheur, crise)* afectar; *(prix, récompense)* recibir; *(salaire, chèque)* cobrar; **se ~** *vpr* tocarse; **au ~** al tacto; **~ à qch** tocar algo; *(concerner)* atañer a algo; **au but** llegar a la meta; **je vais lui en ~ un mot** le diré dos palabras sobre ello; **à sa fin** tocar a su fin

touffe [tuf] *nf (d'herbe)* mata

touffu, e [tufy] *adj (haie, forêt)* frondoso(-a); *(style, texte)*

denso(-a)

toujours [tuʒur] *adv* siempre; *(encore)* todavía; **~ plus** cada vez más; **pour ~** para siempre; **il vit ~ ici** sigue viviendo aquí

toupie [tupi] *nf* peonza

tour [tur] *nf* torre *f*; *(appartements)* bloque *m* (de pisos) ♦ *nm (promenade)* paseo, vuelta; *(SPORT, POL, de vis, de roue)* vuelta; *(d'être servi ou de jouer etc)* turno; *(ruse)* ardid *m*; *(de prestidigitation etc)* número; *(de potier, à bois)* torno; **faire le ~ de** dar la vuelta a; *(questions, possibilités)* dar vueltas a; **fermer à double ~** cerrar bajo siete llaves; **c'est au ~ de Philippe** le toca a Philippe; **à ~ de rôle, à ~** por turnos, en orden; **~ de chant** *nm* recital de canto; **~ de contrôle** *nf* torre de control; **~ de force** *nm* hazaña; **~ de taille** *nm* contorno de cintura

tourbe [turb] *nf* turba

tourbillon [turbijɔ̃] *nm (d'eau, de poussière)* remolino; *(de vent, fig)* torbellino; **tourbillonner** *vi* arremolinarse

tourelle [turɛl] *nf* torrecilla

tourisme [turism] *nm* turismo; **office du ~** oficina de turismo; **faire du ~** hacer turismo; **touriste** *nm/f* turista *m/f*; **touristique** *adj* turístico(-a)

tourment [turmɑ̃] *nm* tormento; **tourmenter: se tourmenter** *vpr* atormentarse

tournage [turnaʒ] *nm* rodaje *m*

tournant, e [turnɑ̃, ɑ̃t] *adj* giratorio(-a) ♦ *nm (de route)* curva; *(fig)* giro

tournée [turne] *nf (du facteur)* ronda; *(d'artiste, de politicien)* gira; **payer une ~** pagar una ronda

tourner |turne| vt girar, voltear
(AM); (difficulté etc) esquivar;
(scène, film) rodar ♦ vi girar,
voltear (AM); (vent) cambiar de
dirección; (moteur) estar en
marcha; (compteur) estar andando;
(lait etc) agriarse; **se ~** vpr volverse; **se ~
vers** volverse hacia; (personne:
pour demander: aide, conseil)
dirigirse a; **bien/mal ~** salir
bien/mal; **~ autour de** dar
vueltas alrededor de; **~ autour
du pot** andarse con rodeos; **~ le
dos à** dar la espalda a

tournesol |turnəsɔl| nm girasol
m

tournevis |turnəvis| nm
destornillador m

tournoi |turnwa| nm (HIST) torneo

tournure |turnyʀ| nf (LING)
giro m; **prendre ~** tomar forma; **~
d'esprit** manera de enfocar las
cosas

tourte |turt| nf (CULIN) **~ à la
viande** pastel m de carne

tourterelle |turtərɛl| nf tórtola

tous |tu| dét, pron voir **tout**

Toussaint |tusɛ̃| nf: **la ~** el día
de Todos los Santos

tousser |tuse| vi toser

┌─────────┐
│ MOT-CLÉ │
└─────────┘

tout, e |tu, tut| (pl **tous**, f
toutes) adj 1 (avec article)
todo(-a); **tout le lait/l'argent**
toda la leche/todo el dinero;
toute la nuit toda la noche;
tout le livre todo el libro;
**toutes les trois/deux
semaines** cada tres/dos
semanas; **tout le temps** adv
todo el tiempo; **tout le monde**
pron todo el mundo; **c'est tout
le contraire** es todo lo contrario;
toutes les nuits todas las
noches; **toutes les fois que ...**
todas las veces que ...; **tous les
deux** los dos, ambos

2 (sans article): **à tout âge/à
toute heure** a cualquier edad/
hora; **pour toute nourriture, il
avait ...** por todo alimento, tenía
...; **à toute vitesse** a toda
velocidad; **de tous côtés** ou **de
toutes parts** de todos (los) lados
ou de todas partes; **à tout
hasard** por si acaso

♦ pron todo(-a); **il a tout fait** lo
hizo todo; **je les vois toutes** las
veo a todas; **nous y sommes
tous allés** fuimos todos; **en
tout** en total; **tout ce qu'il sait**
todo lo que sabe; **tout ou rien**
todo o nada; **c'est tout** eso es
todo, nada más

♦ nm todo; **le tout est de ...** lo
importante es ...; **pas du tout** en
absoluto

♦ adv 1 (**toute** avant adj f
commençant par consonne ou h
aspiré) (très, complètement): **elle
était tout émue** estaba muy
emocionada; **elle était toute
petite** era muy pequeñita; **tout
près** muy cerca; **le tout
premier** el primero de todos;
tout seul solo; **le livre tout
entier** el libro entero; **tout en
haut/bas** arriba/abajo del todo;

tout droit todo recto; **tout rouge** todo rojo; **parler tout bas** hablar muy bajo; **tout simplement** sencillamente; **fais-le tout doucement** hazlo despacito
2: tout en mientras; **tout en travaillant il ...** mientras trabaja, ...
3: tout d'abord en primer lugar; **tout à coup** de repente; **"tout à fait!"** ";¡desde luego!"; **tout à l'heure** (passé) hace un rato; (futur) luego; **à tout à l'heure!** ¡hasta luego!; **tout de même** sin embargo; **tout de suite** enseguida; **tout terrain** ou **tous terrains**
♦ adj inv todo terreno inv

toutefois [tutfwa] adv sin embargo, no obstante

toutes [tut] dét, pron voir **tout**

toux [tu] nf tos f inv

toxicomane [tɔksikɔman] adj toxicómano(-a)

toxique [tɔksik] adj tóxico(-a)

trac [trak] nm nerviosismo

tracasser [trakase] vt (suj: problème, idée) preocupar; **se ~** vpr preocuparse

trace [tras] nf huella; (de pneu, de brûlure etc) marca; (quantité minime) rastro; **avoir une ~ d'accent étranger** tener un ligero acento extranjero; **suivre qn à la ~** seguir la pista ou el rastro de algn; **~s de pas** huellas fpl de pasos

tracer [trase] vt trazar

tract [trakt] nm panfleto

tracteur [traktœr] nm tractor m

traction [traksjɔ̃] nf tracción f

tradition [tradisjɔ̃] nf tradición f;

traditionnel, le adj tradicional

traducteur, -trice [tradyktœr, tris] nm/f traductor(a)

traduction [tradyksjɔ̃] nf traducción f

traduire [tradɥir] vt traducir; **~ qn en justice** hacer comparecer a algn ante la justicia

trafic [trafik] nm tráfico; **~ d'armes** tráfico de armas;

trafiquant, e nm/f traficante m/f; **trafiquer** vt (péj) amañar

tragédie [traʒedi] nf tragedia;

tragique adj trágico(-a)

trahir [trair] vt traicionar; (suj: objet): **~ qn** descubrir a algn; **se ~** vpr traicionarse; **trahison** nf traición f

train [trɛ̃] nm tren m; (allure) paso; (ensemble) serie f; **être en ~ de faire qch** estar haciendo algo; **mettre qch en ~** empezar a hacer algo; **~ autos-couchettes** tren coche-cama; **~ de pneus** juego de neumáticos; **~ de vie** tren de vida; **~ électrique** (jouet) tren eléctrico

traîne [trɛn] nf cola; **être à la ~** (en arrière) ir rezagado(-a)

traîneau, x [trɛno] nm trineo

traîner [trene] vt tirar de ♦ vi rezagarse; (être en désordre) estar tirado(-a); (vagabonder) callejear; (durer) alargarse; **se ~** vpr arrastrarse; **~ les pieds** arrastrar los pies; **~ par terre** arrastrar por el suelo

train-train [trɛ̃trɛ̃] nm inv rutina

traire [trɛr] vt ordeñar

trait [trɛ] nm trazo; (caractéristique) rasgo; **~s** nmpl (du visage) rasgos mpl; **d'un ~** de un tirón; **avoir ~ à** referirse a; **~ d'union** guión m; (fig) lazo

traitant [tretɑ̃] adj m: **votre**

médecin ~ su médico de cabecera

traite |tʀɛt| *nf* (AGR) ordeño; **d'une (seule)** ~ de un (solo) tirón

traité |tʀete| *nm* tratado

traitement |tʀetmɑ̃| *nm* tratamiento; **mauvais ~s** malos tratos *mpl*; ~ **de texte** (INFORM) procesamiento *ou* tratamiento de textos

traiter |tʀete| *vt, vi* tratar; ~ **qn d'idiot** llamar idiota a algn; ~ **de qch** tratar de algo

traiteur |tʀetœʀ| *nm* negocio de comidas por encargo *ou* de catering

traître, -esse |tʀɛtʀ, tʀɛtʀɛs| *adj* traicionero(-a) ♦ *nm/f* traidor(a)

trajectoire |tʀaʒɛktwaʀ| *nf* trayectoria

trajet |tʀaʒe| *nm* trayecto

trampoline |tʀɑ̃polin| *nm* trampolín *m*

tramway |tʀamwe| *nm* tranvía *m*

tranchant, e |tʀɑ̃ʃɑ̃, ɑ̃t| *adj* (*lame*) afilado(-a); (*personne*) resuelto(-a) ♦ *nm* (*d'un couteau*) filo; **à double** ~ de doble filo

tranche |tʀɑ̃ʃ| *nf* (*de pain*) rebanada; (*de jambon, fromage*) loncha; (*de saucisson*) rodaja; (*de gâteau*) porción *f*; (*d'un couteau, livre etc*) canto; ~ **d'âge/de salaires** tramo de edad/de salarios; ~ **de vie** periodo de la vida cotidiana

tranché, e |tʀɑ̃ʃe| *adj* (*couleurs*) contrastado(-a); (*opinions*) tajante

trancher |tʀɑ̃ʃe| *vt* cortar; (*question*) zanjar ♦ *vi*: ~ **avec** *ou* **sur** contrastar con

tranquille |tʀɑ̃kil| *adj* tranquilo(-a); **se tenir** ~ estarse quieto(-a); **laisse-moi/laisse-**

ça ~**!** ¡déjame/deja eso en paz!; **tranquillisant** *nm* (MÉD) tranquilizante *m*; **tranquillité** *nf* tranquilidad *f*

transférer |tʀɑ̃sfeʀe| *vt* transferir; (*prisonnier, bureaux*) trasladar; (*titre*) transmitir; **transfert** *nm* (MÉD) transferencia; (*d'un prisonnier, de bureaux*) traslado; (*d'un titre*) transmisión *f*

transformation |tʀɑ̃sfɔʀmasjɔ̃| *nf* transformación *f*; ~**s** *nfpl* (*travaux*) reformas *fpl*

transformer |tʀɑ̃sfɔʀme| *vt* transformar; (*maison, magasin, vêtement*) reformar

transfusion |tʀɑ̃sfyzjɔ̃| *nf*: ~ **sanguine** transfusión *f* sanguínea

transgresser |tʀɑ̃sgʀese| *vt* transgredir

transi, e |tʀɑ̃zi| *adj* helado(-a)

transiger |tʀɑ̃ziʒe| *vi* transigir

transit |tʀɑ̃zit| *nm* tránsito; **transiter** *vt* hacer circular

transition |tʀɑ̃zisjɔ̃| *nf* transición *f*; **transitoire** *adj* transitorio(-a)

transmettre |tʀɑ̃smɛtʀ| *vt* transmitir; (*secret*) revelar; (*recette*) pasar, dar; **transmission** *nf* transmisión *f*

transparent, e |tʀɑ̃spaʀɑ̃, ɑ̃t| *adj* transparente

transpercer |tʀɑ̃spɛʀse| *vt* traspasar

transpiration |tʀɑ̃spiʀasjɔ̃| *nf* transpiración *f*

transpirer |tʀɑ̃spiʀe| *vi* transpirar; (*information, nouvelle*) trascender

transplanter |tʀɑ̃splɑ̃te| *vt* (BOT, MÉD) trasplantar

transport |tʀɑ̃spɔʀ| *nm* transporte *m*; ~**s en commun** transportes públicos;

transporter *vt* llevar; (*voyageurs,*

marchandises) transportar;
transporteur *nm* transportista
m

transvaser [trɑ̃svaze] *vt*
transvasar

transversal, e, -aux
[trɑ̃svɛrsal, o] *adj* transversal

trapèze [trapɛz] *nm* trapecio

trappe [trap] *nf* trampa, trampilla

trapu, e [trapy] *adj* bajo(-a) y
fortachón(-ona)

traquenard [traknar] *nm* cepo

traquer [trake] *vt* acorralar;
(*harceler*) acosar

traumatiser [tromatize] *vt*
traumatizar

travail, -aux [travaj, o] *nm*
trabajo; (*MÉD*) parto; **être sans ~**
estar sin trabajo; **~ (au) noir**
trabajo clandestino; **travaux**
nmpl (*de réparation*) trabajos *mpl*;
(*de construction, sur route*) obras
fpl; **travaux des champs**
faenas *fpl* del campo; **travaux
dirigés** (*SCOL*) ejercicios *mpl*
dirigidos; **travaux manuels**
(*SCOL*) trabajos manuales

travailler [travaje] *vi* trabajar;
(*bois*) alabearse; (*argent*) producir
♦ *vt* trabajar; **cela le travaille**
eso le preocupa; **~ à** trabajar en;
(*contribuer à*) contribuir a;

travailleur, -euse *adj, nm/f*
trabajador(a); **travailleur social**
trabajador *m* social; **travailliste**
adj, nm/f laborista

travers [travɛr] *nm* (*défaut*)
imperfección *f*; **en ~ (de)**
atravesado(-a) (en); **au ~ (de)** a
través (de); **de ~** *adj* de través ♦
adv oblicuamente; (*fig*) al revés; **à
~** a través; **regarder de ~** (*fig*)
mirar de reojo

traverse [travɛrs] *nf* chemin
de ~ atajo

traversée [travɛrse] *nf* travesía

traverser [travɛrse] *vt* atravesar;
(*rue*) cruzar; (*percer: suj: pluie,
froid*) traspasar

traversin [travɛrsɛ̃] *nm* cabezal
m

travesti [travɛsti] *nm* (*artiste de
cabaret*) travestido; (*homosexuel*)
travesti *m*

trébucher [trebyʃe] *vi*: **~ (sur)**
tropezar (con)

trèfle [trɛfl] *nm* trébol *m*

treize [trɛz] *adj inv, nm inv* trece
m inv; *voir aussi* **cinq**; **treizième**
adj, nm/f decimotercero(-a) ♦ *nm*
(*partitif*) treceavo; *voir aussi*
cinquantième

---

treizième mois

Le **treizième mois** es una paga
extraordinaria de final de año
que equivale aproximadamente a
un mes de sueldo. Para muchos
empleados es una parte normal
de su salario anual.

---

tréma [trema] *nm* diéresis *f inv*

tremblement [trɑ̃bləmɑ̃] *nm*
temblor *m*; **~ de terre** terremoto

trembler [trɑ̃ble] *vi* temblar; **~
de** temblar de; **~ pour qn** temer
por algun

trémousser [tremuse]: **se ~** *vpr*
menearse

trempé, e [trɑ̃pe] *adj*
empapado(-a)

tremper [trɑ̃pe] *vt* empapar;
(*pain, chemise*) mojar ♦ *vi* estar en
remojo; **~ dans** (*fig, péj*) estar
metido(-a) *ou* implicado(-a) en;
faire ~, mettre à ~ poner en
remojo; **~ qch dans** remojar
algo en

tremplin [trɑ̃plɛ̃] *nm* trampolín *m*

trentaine [trɑ̃tɛn] nf treintena; **avoir la ~** tener unos treinta años; **une ~ (de)** unos(-as) treinta

trente [trɑ̃t] adj inv, nm inv treinta m inv; voir aussi **cinq**

trentième [trɑ̃tjɛm] adj, nm/f trigésimo(-a) ♦ nm (partitif) treintavo; voir aussi **cinquantième**

trépidant, e [trepidɑ̃, ɑ̃t] adj trepidante

trépigner [trepiɲe] vi: **~ (d'enthousiasme/ d'impatience)** patalear (de entusiasmo/de impaciencia)

très [trɛ] adv muy

trésor [trezɔr] nm tesoro; (vertu précieuse) joya; **T~ (public)** Tesoro (público); **trésorerie** nf tesorería; **trésorier, -ière** nm/f tesorero(-a)

tressaillir [tresajir] vi (de peur) estremecerse; (de joie, d'émotion) vibrar

tressauter [tresote] vi sobresaltar

tresse [tres] nf trenza; **tresser** vt trenzar

tréteau, x [treto] nm caballete m

treuil [trœj] nm torno

trêve [trɛv] nf tregua

tri [tri] nm selección f; **le ~** (POSTES: action) la clasificación

triangle [trijɑ̃gl] nm triángulo; **triangulaire** adj triangular

tribord [tribɔr] nm: **à ~** a estribor

tribu [triby] nf tribu f

tribunal, -aux [tribynal, o] nm tribunal m; (bâtiment) juzgado

tribune [tribyn] nf tribuna

tribut [triby] nm tributo; **payer un lourd ~ à** pagar un tributo muy caro a

tributaire [tribytɛr] adj: **être ~ de** ser tributario(-a) de

tricher [triʃe] vi (à un examen) copiar; (aux cartes) hacer trampas; **tricheur, -euse** nm/f tramposo(-a)

tricolore [trikɔlɔr] adj tricolor; (français: drapeau, équipe) francés(-esa)

tricot [triko] nm punto; (ouvrage) prenda de punto; **tricoter** vt tricotar

tricycle [trisikl] nm triciclo

trier [trije] vt (classer) clasificar; (choisir) seleccionar; (fruits, grains) seleccionar, escoger

trimestre [trimɛstr] nm trimestre m; **trimestriel, le** adj trimestral

trinquer [trɛ̃ke] vi chocar los vasos; (porter un toast) brindar

triomphe [trijɔ̃f] nm triunfo; **triompher** vi triunfar; **triompher de qch/qn** triunfar sobre algo/algn

tripes [trip] nfpl (CULIN) callos mpl

triple [tripl] adj triple ♦ nm: **le ~ (de)** el triple (de); **en ~ exemplaire** por triplicado; **tripler** vi, vt triplicar

triplés, -ées [triple] nm/fpl (bébés) trillizos mpl

tripoter [tripɔte] vt (objet) manosear

triste [trist] adj triste; **un ~ personnage/une ~ affaire** (péj) un personaje mediocre/un asunto turbio; **tristesse** nf tristeza

trivial, e, -aux [trivjal, jo] adj trivial

troc [trɔk] nm trueque m

trognon [trɔɲɔ̃] nm (de fruit) corazón m; (de légume) troncho

trois [trwa] adj inv, nm inv tres m inv; voir aussi **cinq**; **troisième**

adj, nm/f tercero(-a) ♦ *nf* (AUTO) tercera; *voir aussi* **cinquième**

trombe |trɔ̃b| *nf* tromba; **en ~** en tromba

trombone |trɔ̃bɔn| *nm* (MUS) trombón *m*; (*de bureau*) clip *m*

trompe |trɔ̃p| *nf* trompa

tromper |trɔ̃pe| *vt* engañar; (*espoir, attente*) frustrar; (*vigilance, poursuivants*) burlar; **se ~** *vpr* equivocarse; **se ~ de voiture/ jour** equivocarse de coche/día; **se ~ de 3 cm/20 F** equivocarse en 3 cm/20 francos

trompette |trɔ̃pet| *nf* trompeta; **nez en ~** nariz *f* respingona

trompeur, -euse |trɔ̃pœr, øz| *adj* engañoso(-a)

tronc |trɔ̃| *nm* (BOT, ANAT) tronco

tronçon |trɔ̃sɔ̃| *nm* tramo;

tronçonner *vt* (*arbre*) cortar en trozos

trône |tron| *nm* trono

trop |tro| *adv* demasiado; (*devant adverbe*) muy, demasiado; **~ (souvent/longtemps)** demasiado (a menudo)/(tiempo); **~ de sucre/personnes** demasiado azúcar/demasiadas personas; **ils sont ~** son demasiados; **de ~, en ~: des livres en ~** libros *mpl* de sobra; **du lait en ~** leche *f* de sobra; **3 livres/5 F de ~** 3 libras/5 francos de más

tropical, e, -aux |trɔpikal, o| *adj* tropical

tropique |trɔpik| *nm* trópico

trop-plein |trɔplɛ̃| (*pl* ~~s) *nm* (*lo*) sobrante *m*, exceso

troquer |trɔke| *vt*: **~ qch contre qch** trocar algo por algo; (*fig*) cambiar algo por algo

trot |tro| *nm* trote *m*; **trotter** *vi* trotar

trottinette |trɔtinet| *nf* patinete *m*

trottoir |trɔtwar| *nm* acera, vereda (AM), andén (AM); **faire le ~** (*péj*) hacer la calle; **~ roulant** cinta móvil

trou |tru| *nm* agujero; (*moment de libre*) hueco; **~ d'air** bache *m*; **~ de la serrure** ojo de la cerradura; **~ de mémoire** fallo de la memoria

troublant, e |trublã, ãt| *adj* (*ressemblance*) sorprendente

trouble |trubl| *adj* turbio(-a) ♦ *adv*: **voir ~** ver borroso ♦ *nm* (*désarroi*) desconcierto; (*émoi sensuel*) trastorno; (*embarras*) confusión *f*; **~s** *nmpl* (POL) disturbios *mpl*; (MÉD) trastornos *mpl*; **trouble-fête** *nm/f inv* aguafiestas *m/f inv*

troubler |truble| *vt* turbar; (*liquide*) enturbiar; (*ordre*) alterar; **se ~** *vpr* turbarse

trouer |true| *vt* agujerear

trouille |truj| (*fam*) *nf*: **avoir la ~** tener mieditis

troupe |trup| *nf* (MIL) tropa; **~ (de théâtre)** compañía (de teatro)

troupeau, x |trupo| *nm* (*de moutons*) rebaño; (*de vaches*) manada

trousse |trus| *nf* (*étui*) estuche *m*; (*d'écolier*) cartera; (*de docteur*) maletín *m*; **~ à outils** bolsa de herramientas; **~ de toilette** neceser *m*

trousseau, x |truso| *nm* ajuar *m*; **~ de clefs** manojo de llaves

trouvaille |truvaj| *nf* hallazgo

trouver |truve| *vt* encontrar, hallar; **se ~** *vpr* encontrarse, hallarse; **aller/venir ~ qn** ir/ venir a ver a algn; **~ le loyer**

cher/le prix excessif parecerle a algn el alquiler caro/el precio excesivo; **je trouve que** me parece que; **il se trouve que** resulta que; **se ~ bien/mal** sentirse *ou* encontrarse bien/mal

truand [tʀyɑ̃] nm truhán m, timador m; **truander** (*fam*) vt timar

truc [tʀyk] nm truco m; (*fam: machin, chose*) cosa, chisme m

truffe [tʀyf] nf (BOT) trufa

truffer [tʀyfe] vt (CULIN) trufar; **truffé de** (*fig: erreurs*) repleto de

truie [tʀɥi] nf cerda, marrana

truite [tʀɥit] nf trucha

truquer [tʀyke] vt trucar; (*élections*) amañar

TSVP [teesvepe] abr (= *tournez s'il vous plaît*) sigue

TTC [tetese] abr (= *toutes taxes comprises*) todo incluido

tu[1] [ty] pron tú

tu[2], **e** [ty] pp de **taire**

tuba [tyba] nm tuba

tube [tyb] nm tubo m; (*chanson, disque*) éxito

tuberculose [tybeʀkyloz] nf tuberculosis f

tuer [tɥe] vt matar; **se ~** vpr matarse; **tuerie** nf matanza

tue-tête [tytɛt]: **à ~~** adv a voz en grito, a grito pelado

tueur [tɥœʀ] nm asesino; **~ à gages** asesino a sueldo

tuile [tɥil] nf teja; (*fam*) contratiempo, problema m

tulipe [tylip] nf tulipán m

tuméfié, e [tymefje] adj tumefacto(-a)

tumeur [tymœʀ] nf tumor m

tumulte [tymylt] nm tumulto; **tumultueux, -euse** [tymyltɥø] adj tumultuoso(-a)

tunique [tynik] nf túnica

Tunisie [tynizi] nf Túnez m; **tunisien, ne** adj tunecino(-a) ♦ nm/f: **Tunisien, ne** tunecino(-a)

tunnel [tynɛl] nm túnel m

turbulent, e [tyʀbylɑ̃, ɑ̃t] adj revoltoso(-a)

turc, turque [tyʀk] adj turco(-a) ♦ nm (LING) turco ♦ nm/f: **T~, Turque** turco(-a); **à la turque** adj (w.c.) sin asiento

turf [tyʀf] nm deporte m hípico; **turfiste** nm/f aficionado(-a) a las carreras de caballos

Turquie [tyʀki] nf Turquía

turquoise [tyʀkwaz] adj inv turquesa inv ♦ nf turquesa

tutelle [tytɛl] nf tutela

tuteur, -trice [tytœʀ, tʀis] nm/f (JUR) tutor(a) ♦ nm (*de plante*) tutor m, rodrigón m

tutoyer [tytwaje] vt: **~ qn** tutear a algn

tuyau, x [tɥijo] nm tubo; (*fam: conseil*) consejo; **~ d'arrosage** manguera de riego; **~ d'échappement** tubo de escape; **tuyauterie** nf cañería, tubería

TVA [tevea] sigle f (= *taxe à la valeur ajoutée*) ≈ IVA

tympan [tɛ̃pɑ̃] nm tímpano

type [tip] nm tipo; (*fam: homme*) tío ♦ adj tipo

typé, e [tipe] adj típico(-a)

typique [tipik] adj típico(-a)

tyran [tiʀɑ̃] nm tirano; **tyrannique** adj tiránico(-a)

tzigane [dzigan] adj cíngaro(-a), zíngaro(-a)

U, u

UE sigle f (= *Union européenne*) UE f

ulcère [ylsɛʀ] *nm* úlcera

ultérieur, e [ylteʀjœʀ] *adj* ulterior, posterior; **reporté à une date ~e** aplazado hasta nuevo aviso; **ultérieurement** *adv* posteriormente

ultime [yltim] *adj* último(-a)

MOT-CLÉ
---

un, une [œ̃, yn] *art indéf* un(a); **un garçon/vieillard** un chico/ viejo; **une fille** una niña
♦ *pron* uno(-a); **l'un des meilleurs** uno de los mejores; **l'un ..., l'autre ...** uno ..., el otro ...; **les uns ..., les autres ...** (los) unos ..., (los) otros ...; **l'un et l'autre** uno y otro; **l'un ou l'autre** uno u otro; **pas un seul** ni uno; **un par un** uno a uno
♦ *num* uno(-a); **une pomme seulement** una manzana solamente
♦ *nf*: **la une** (*PRESSE*) la primera página; (*chaîne de télévision*) la primera (cadena)

unanime [ynanim] *adj* unánime; **unanimité** *nf* unanimidad *f*; **à l'unanimité** por unanimidad

uni, e [yni] *adj* (*tissu*) uniforme; (*surface, couleur*) liso(-a); (*groupe, pays*) unido(-a)

unifier [ynifje] *vt* unificar

uniforme [ynifɔʀm] *adj* (*aussi fig*) uniforme ♦ *nm* uniforme *m*; **uniformiser** *vt* uniformizar, uniformar

union [ynjɔ̃] *nf* unión *f*

unique [ynik] *adj* único(-a); **fils/ fille ~** hijo único/hija única; **uniquement** *adv* únicamente

unir [yniʀ] *vt* unir; (*couleurs*) mezclar; **s'~** *vpr* unirse; **~ qch à**

unir algo a

unitaire [ynitɛʀ] *adj* unitario(-a)

unité [ynite] *nf* unidad *f*

univers [ynivɛʀ] *nm* universo; **universel, le** *adj* universal

universitaire [ynivɛʀsitɛʀ] *adj*, *nm/f* universitario(-a)

université [ynivɛʀsite] *nf* universidad *f*

urbain, e [yʀbɛ̃, ɛn] *adj* urbano(-a); **urbanisme** *nm* urbanismo

urgence [yʀʒɑ̃s] *nf* urgencia; **d'~** *adv* urgentemente

urgent, e [yʀʒɑ̃, ɑ̃t] *adj* urgente

urine [yʀin] *nf* orina; **urinoir** *nm* urinario

urne [yʀn] *nf* urna

urticaire [yʀtikɛʀ] *nf* urticaria

us [ys] *nmpl*: **~ et coutumes** usos *mpl* y costumbres

usage [yzaʒ] *nm* (*aussi* LING) uso; **l'~** (*la coutume*) la costumbre; **à l'~** con el uso; **à l'~ de** para uso de; **en ~** en uso; **hors d'~** fuera de uso, en desuso; **à ~ interne/ externe** (*MÉD*) de uso interno/ externo; **usagé, e** *adj* usado(-a); **usager, -ère** *nm/f* usuario(-a)

usé, e [yze] *adj* usado(-a); (*banal, rebattu*) manido(-a)

user [yze] *vt* usar; (*consommer*) gastar; (*fig: santé, personne*) desgastar; **s'~** *vpr* (*outil, vêtement*) gastarse; **~ de** (*moyen, droit, procédé*) servirse de

usine [yzin] *nf* fábrica

usité, e [yzite] *adj* empleado(-a)

ustensile [ystɑ̃sil] *nm* utensilio; **~ de cuisine** utensilio de cocina

usuel, le [yzɥɛl] *adj* usual

usure [yzyʀ] *nf* desgaste *m*; **avoir qn à l'~** acabar convenciendo a algn

utérus [yteʀys] *nm* útero

utile [ytil] *adj* útil

utilisation [ytilizasjɔ̃] *nf*
utilización *f*

utiliser [ytilize] *vt* utilizar; (*CULIN:
restes*) aprovechar

utilitaire [ytilitɛʀ] *adj* (*objet,
véhicule*) utilitario(-a)

utilité [ytilite] *nf* utilidad *f*;
reconnu d'~ publique (*ADMIN*)
reconocido de utilidad pública

utopie [ytɔpi] *nf* utopía *f*

V, v

va [va] *vb voir* **aller**

vacance [vakɑ̃s] *nf* (*ADMIN*)
vacante *f*; **~s** *nfpl* vacaciones *fpl*;
prendre des/ses ~s (en juin)
coger las vacaciones (en junio);
aller en ~s ir de vacaciones;
vacancier, -ière *nm/f*
veraneante *m/f*

vacant, e [vakɑ̃, ɑ̃t] *adj* vacante

vacarme [vakaʀm] *nm* alboroto

vaccin [vaksɛ̃] *nm* vacuna;
vaccination *nf* vacunación *f*;
vacciner *vt* vacunar; **être
vacciné** (*fig: fam*) estar
vacunado(-a)

vache [vaʃ] *nf* vaca; (*cuir*) piel *f* ♦
adj (*fam*) duro(-a); **vachement**
(*fam*) *adv* super; **vacherie** (*fam*)
nf faena

vaciller [vasije] *vi* vacilar

va-et-vient [vaevjɛ̃] *nm inv*
vaivén *m*

vagabond, e [vagabɔ̃, ɔ̃d] *adj*
vagabundo(-a); (*pensées*)
errabundo(-a) ♦ *nm* vagabundo;
vagabonder *vi* vagabundear

vagin [vaʒɛ̃] *nm* vagina

vague [vag] *nf* ola ♦ *adj*
(*silhouette, souvenir*) vago(-a);
(*angoisse*) indefinido(-a); **~ de**

fond *nf* mar de fondo; **~ de
froid** *nf* ola de frío

vaillant, e [vajɑ̃, ɑ̃t] *adj* valiente;
(*vigoureux*) saludable

vain, e [vɛ̃, vɛn] *adj* vano(-a); **en
~** en vano

vaincre [vɛ̃kʀ] *vt* vencer, derrotar;
vaincu, e *pp de* **vaincre** ♦ *nm/f*
vencido(-a), derrotado(-a);
vainqueur *adj m, nm* ganador
m

vaisseau, x [veso] *nm* (*ANAT*)
vaso; (*NAUT*) navío; **~ spatial**
nave *f* espacial

vaisselier [vesəlje] *nm* aparador
m

vaisselle [vesɛl] *nf* vajilla;
(*lavage*) fregado *f*

valable [valabl] *adj* válido(-a);
(*motif, solution*) admisible

valet [valε] *nm* criado; (*CARTES*)
sota

valeur [valœʀ] *nf* valor *m*; **~s**
nfpl (*morales*) valores *mpl* morales;
mettre en ~ (*fig*) destacar;
avoir/prendre de la ~ tener/
adquirir valor; **sans ~** sin valor

valide [valid] *adj* (*personne*)
sano(-a); (*passeport, billet*)
válido(-a); **valider** *vt* validar

valise [valiz] *nf* maleta, valija (*AM*)

vallée [vale] *nf* valle *m*

vallon [valɔ̃] *nm* pequeño valle *m*

valoir [valwaʀ] *vi* valer ♦ *vt* valer;
(*un effort, détour*) merecer; (*causer,
procurer: suj: chose*): **~ qch à qn**
valer algo a algn; **se ~** *vpr* ser
equivalente; **faire ~** (*ses droits*)
hacer valer; **à ~ sur** a cuenta de;
cela me dit rien qui vaille
eso me da mala espina; **ce
climat *etc* ne me vaut rien** este
clima *etc* no me sienta nada bien;
~ la peine merecer la pena; **~
mieux: il vaut mieux se**

taire/que je fasse comme ceci más vale callarse/que le haga así; **ça ne vaut rien** eso no vale nada

valse [vals] *nf* vals *m*

vandalisme [vɑ̃dalism] *nm* vandalismo

vanille [vanij] *nf* vainilla

vanité [vanite] *nf* vanidad *f*; **vaniteux, -euse** *adj* vanidoso(-a)

vanne [van] *nf* compuerta; (*fam*) pulla

vannerie [vanʀi] *nf* cestería

vantard, e [vɑ̃taʀ, aʀd] *adj* jactancioso(-a)

vanter [vɑ̃te] *vt* alabar; **se ~** *vpr* jactarse; **se ~ de qch** jactarse *ou* presumir de algo

vapeur [vapœʀ] *nf* vapor *m*; **cuit à la ~** (*CULIN*) cocinado al vapor; **vaporeux, -euse** *adj* vaporoso(-a); **vaporisateur** *nm* vaporizador *m*; **vaporiser** *vt* vaporizar

varappe [vaʀap] *nf* escalada de rocas

vareuse [vaʀøz] *nf* (*blouson*) marinera

variable [vaʀjabl] *adj* variable; (*résultats*) diverso(-a)

varice [vaʀis] *nf* variz *f*

varicelle [vaʀisɛl] *nf* varicela

varié, e [vaʀje] *adj* variado(-a); (*goûts, résultats*) diverso(-a)

varier [vaʀje] *vi* variar, cambiar; (*différer*) variar ♦ *vt* cambiar; **variété** *nf* variedad *f*; **variétés** *nfpl*: **spectacle/émission de variétés** espectáculo/programa de variedades

variole [vaʀjɔl] *nf* viruela

vas [va] *vb voir* **aller**; **~-y!** ¡venga!

vase [vɑz] *nm* vaso ♦ *nf* fango

vaseux, -euse *adj* fangoso(-a); (*fam: confus*) confuso(-a); (: *fatigué*) hecho(-a) polvo

vasistas [vazistas] *nm* tragaluz *m*

vaste [vast] *adj* amplio(-a)

vautour [votuʀ] *nm* buitre *m*

vautrer [votʀe]: **se ~** *vpr* revolcarse; **se ~ dans/sur** revolcarse en

va-vite [vavit]: **à la ~~~** *adv* de prisa y corriendo

VDQS

VDQS (*vin délimité de qualité supérieure*) es la segunda categoría más alta de los vinos franceses, tras AOC, e indica que se trata de un vino de gran calidad procedente de viñedos con denominación de origen. A ésta le sigue el **vin de pays**. Vin de table *o* vin ordinaire *es vino de mesa de origen indeterminado y a menudo con mezcla.*

---

veau, x [vo] *nm* ternero; (*CULIN*) ternera; (*peau*) becerro

vécu, e [veky] *pp de* **vivre** ♦ *adj* vivido(-a)

vedette [vədɛt] *nf* estrella; (*canot*) lancha motora

végétal, e, -aux [veʒetal, o] *adj*, *nm* vegetal *m*; **végétalien, ne** *adj*, *nm/f* vegetariano(-a) estricto(-a)

végétarien, ne [veʒetaʀjɛ̃, jɛn] *adj*, *nm/f* vegetariano(-a)

végétation [veʒetasjɔ̃] *nf* vegetación *f*

véhicule [veikyl] *nm* vehículo

veille [vɛj] *nf* vigilia; (*jour*): **la ~ de** el día anterior a; **la ~ au soir** la noche anterior

veillée [veje] *nf* velada

veiller [veje] *vi* velar; *(être vigilant)* vigilar ♦ *vt* velar; **~ à faire/à ce que** ocuparse de hacer/de que; **~ sur** cuidar de; **veilleur** *nm*:
veilleur de nuit sereno;
veilleuse *nf (lampe)* lamparilla de noche; *(AUTO, flamme)* piloto; **en veilleuse** a media luz

veinard, e [vɛnaʀ, aʀd] *(fam) nm/f* suertudo(-a)

veine [vɛn] *nf* vena; *(du bois, marbre etc)* veta; **avoir de la ~** *(fam)* tener chiripa

véliplanchiste [veliplɑ̃ʃist] *nm/f* windsurfista *m/f*

vélo [velo] *nm* bici *f*;

vélomoteur *nm* velomotor *m*

velours [v(ə)luʀ] *nm* terciopelo;
~ côtelé pana; **velouté, e** *adj (peau)* aterciopelado(-a); *(au goût)* cremoso(-a) ♦ *nm (CULIN)*:
velouté d'asperges/de tomates crema de espárragos/sopa de tomate

velu, e [vəly] *adj* velloso(-a)

vendange [vɑ̃dɑ̃ʒ] *nf* vendimia;
vendanger *vi*, *vt* vendimiar

vendeur, -euse [vɑ̃dœʀ, øz] *nm/f* vendedor(a) ♦ *nm (JUR)* vendedor *m*; **~ de journaux** vendedor *ou* voceador *m (AM)* de periódicos, canillita *m (CSUR)*

vendre [vɑ̃dʀ] *vt* vender; **~ qch à qn** vender algo a algn; **"à ~"** "en venta"

vendredi [vɑ̃dʀədi] *nm* viernes *m inv*; **V~ saint** Viernes Santo; *voir aussi* **lundi**

vénéneux, -euse [venenø, øz] *adj* venenoso(-a)

vénérien, ne [venerjɛ̃, jɛn] *adj* venéreo(-a)

vengeance [vɑ̃ʒɑ̃s] *nf* venganza

venger [vɑ̃ʒe] *vt* vengar; **se ~** *vpr*

vengarse; **se ~ de/sur qch/qn** vengarse de/en algo/algn

venimeux, -euse [vənimø, øz] *adj* venenoso(-a)

venin [vənɛ̃] *nm* veneno

venir [v(ə)niʀ] *vi* venir, llegar; **~ de** *(lieu)* venir de; *(cause)* proceder de; **~ de faire: je viens d'y aller/de le voir** acabo de ir/de verle; **où veux-tu en ~?** ¿hasta dónde quieres llegar?; **je te vois ~** te veo venir; **il me vient une idée** se me ocurre una idea; **faire ~** llamar

vent [vɑ̃] *nm* viento; **il y a du ~** hace viento; **c'est du ~** *(fig)* son palabras al aire; **(être) dans le ~** *(fam)* (estar) a la moda; **avoir ~ de** enterarse de; **contre ~s et marées** contra viento y marea

vente [vɑ̃t] *nf* venta; **mettre en ~** poner en venta; **aux enchères** subasta

venteux, -euse [vɑ̃tø, øz] *adj* ventoso(-a)

ventilateur [vɑ̃tilatœʀ] *nm* ventilador *m*

ventiler [vɑ̃tile] *vt* ventilar; *(total, statistiques)* repartir

ventouse [vɑ̃tuz] *nf* ventosa

ventre [vɑ̃tʀ] *nm* vientre *m*; **j'ai mal au ~** me duele la barriga

venu, e [v(ə)ny] *pp de* **venir** ♦ *adj*: **être mal ~ de faire** ser poco oportuno hacer

ver [vɛʀ] *nm* gusano; *(intestinal)* lombriz *f*; *(du bois)* polilla; **~ à soie** gusano de seda; **~ de terre** lombriz *f*; **~ luisant** luciérnaga; **~ solitaire** tenia; *voir aussi* **vers**

verbe [vɛʀb] *nm* verbo

verdâtre [vɛʀdɑtʀ] *adj* verdusco(-a)

verdict [vɛʀdik(t)] *nm* veredicto

verdir [vɛʀdiʀ] *vi* verdear,

verdecer; **verdure** nf verde m,
verdor m

véreux, -euse [veʁø, øz] adj
agusanado(-a); (malhonnête)
corrompido(-a)

verge [veʁʒ] nf (ANAT) verga

verger [veʁʒe] nm huerto

verglacé, e [veʁglase] adj
helado(-a)

verglas [veʁgla] nm hielo

véridique [veʁidik] adj
verídico(-a)

vérification [veʁifikasjɔ̃] nf
revisión f

vérifier [veʁifje] vt revisar;
(hypothèse) comprobar; **se ~** vpr
verificarse

véritable [veʁitabl] adj
verdadero(-a); (ami, amour)
auténtico(-a); **un ~ désastre/
miracle** un auténtico desastre/
milagro

vérité [veʁite] nf verdad f

vermeil, le [veʁmɛj] adj
bermejo(-a)

vermine [veʁmin] nf parásitos
mpl; (fig) chusma

vermoulu, e [veʁmuly] adj
carcomido(-a)

verni, e [veʁni] adj barnizado(-a)

vernir [veʁniʁ] vt barnizar; **vernis**
nm barniz m; (fig) capa; **vernis à
ongles** esmalte m de uñas;
vernissage nm barnizado;
(d'une exposition) inauguración f

vérole [veʁɔl] nf (aussi: **petite ~**)
viruela

verre [veʁ] nm vidrio, cristal m;
(récipient, contenu) vaso; (de
lunettes) cristal m; **boire** ou
prendre un ~ beber ou tomar
una copa; **~s de contact** lentes
mpl de contacto, lentillas fpl;
verrière nf cristalera

verrou [veʁu] nm cerrojo; (GÉO,
MIL) bloqueo; **mettre qn/être
sous les ~** meter a algn/estar
en chirona; **verrouillage** nm
cierre m; **verrouiller** vt (porte)
cerrar con cerrojo

verrue [veʁy] nf verruga

vers [veʁ] nm verso ♦ prép hacia;
(dans les environs de) hacia, cerca
de; (temporel) alrededor de, sobre

versant [veʁsɑ̃] nm ladera

versatile [veʁsatil] adj versátil

verse [veʁs]: **à ~** adv: **il pleut à
~** llueve a cántaros

Verseau [veʁso] nm (ASTROL)
Acuario

versement [veʁsəmɑ̃] nm pago;
en 3 ~s en 3 plazos

verser [veʁse] vt verter, derramar;
(dans une tasse etc) echar; (argent:
à qn) pagar; (: sur un compte)
ingresar

version [veʁsjɔ̃] nf versión f

verso [veʁso] nm dorso; **voir au
~** ver al dorso

vert, e [veʁ, veʁt] adj verde;
(personne: vigoureux) lozano(-a);
(langage, propos) fuerte ♦ nm
verde m

vertèbre [veʁtɛbʁ] nf vértebra

vertement [veʁtəmɑ̃] adv
severamente

vertical, e, -aux [veʁtikal, o]
adj vertical; **verticale** nf vertical
f; **à la verticale** en vertical;
verticalement adv
verticalmente

vertige [veʁtiʒ] nm vértigo;
vertigineux, -euse adj
vertiginoso(-a)

vertu [veʁty] nf virtud f; **en ~ de**
en virtud de; **vertueux, -euse**
adj virtuoso(-a)

verve [veʁv] nf inspiración f; **être
en ~** estar en vena

verveine [vɛʀvɛn] nf verbena

vésicule [vezikyl] nf vesícula; **~ biliaire** vesícula biliar

vessie [vesi] nf vejiga

veste [vɛst] nf chaqueta, americana, saco (AM); **croisée/droite** chaqueta cruzada/recta ou sin cruzar

vestiaire [vɛstjɛʀ] nm (au théâtre etc) guardarropa; (de stade etc) vestuario

vestibule [vɛstibyl] nm vestíbulo

vestige [vɛstiʒ] nm vestigio

vestimentaire [vɛstimɑ̃tɛʀ] adj (détail) de la vestimenta; (élégance) en el vestir

veston [vɛstɔ̃] nm americana

vêtement [vɛtmɑ̃] nm vestido; **~s** nmpl ropa

vétérinaire [veteʀinɛʀ] adj, nm/f veterinario(-a)

vêtir [vetiʀ] vt vestir

vêtu, e [vety] pp de **vêtir** ♦ adj: **~ de** vestido(-a) de

vétuste [vetyst] adj vetusto(-a)

veuf, veuve [vœf, vœv] adj, nm/f viudo(-a)

veuve [vœv] adj f voir **veuf**

vexant, e [vɛksɑ̃, ɑ̃t] adj molesto(-a)

vexations [vɛksɑsjɔ̃] nfpl humillaciones fpl

vexer [vɛkse] vt ofender, humillar; **se ~** vpr ofenderse

viable [vjabl] adj viable

viande [vjɑ̃d] nf carne fpl

vibrer [vibʀe] vi vibrar

vice [vis] nm vicio; **~ de fabrication/construction** defecto de fabricación/ construcción

vicié, e [visje] adj viciado(-a)

vicieux, -euse [visjø, jøz] adj vicioso(-a)

vicinal, e, -aux [visinal, o] adj

vecinal; **chemin ~** camino vecinal

victime [viktim] nf víctima

victoire [viktwaʀ] nf victoria, triunfo

victuailles [viktɥaj] nfpl vitualla

vidange [vidɑ̃ʒ] nf (AUTO) cambio de aceite; (de lavabo) desagüe m; **vidanger** vt vaciar

vide [vid] adj vacío(-a) ♦ nm vacío; **emballé sous ~** envasado al vacío; **avoir peur du ~** tener miedo del vacío; **parler dans le ~** hablar en el aire; **faire le ~** hacer el vacío

vidéo [video] nf vídeo

vide-ordures [vidɔʀdyʀ] nm inv vertedero de basuras

vider [vide] vt vaciar; (bouteille, verre) beber; (volaille, poisson) limpiar; (fam) echar; **~ les lieux** desalojar el local; **videur** nm matón m

vie [vi] nf vida; (animation) vitalidad f; **être en ~** estar vivo(-a); **sans ~** sin vida; **à ~** para toda la vida, vitalicio(-a); **mener la ~ dure à qn** hacerle la vida imposible a algn

vieil [vjɛj] adj m voir **vieux**; **vieillard** nm anciano; **vieille** adj f voir **vieux**; **vieille fille** solterona; **vieilleries** nfpl antiguallas fpl; **vieillesse** nf vejez f; **vieillir** vi envejecer; (vin) hacerse añejo(-a) ♦ vt avejentar; (attribuer un âge plus avancé) envejecer

vierge [vjɛʀʒ] adj virgen; (page) en blanco ♦ nf virgen f; (ASTROL): **la V~** Virgo; **~ de** sin

vietnamien, ne [vjɛtnamjɛ̃, jɛn] adj vietnamita ♦ nm (LING) vietnamita m ♦ nm/f: **Vietnamien, ne** vietnamita m/f

vieux (vieil), vieille [vjø, vjɛj]

adj viejo(-a); (*ancien*) antiguo(-a) ♦
nmpl: **les ~** los viejos; **mon ~/
ma vieille** (*fam*) hombre/mujer;
prendre un coup de ~
envejecer de repente; **se faire ~**
hacerse viejo(-a); **~ garçon**
solterón; **~ jeu** *adj inv*
chapado(-a) a la antigua

vif, vive [vif, viv] *adj* vivo(-a);
(*alerte*) espabilado(-a); (*air*)
tonificante; (*vent, froid*) cortante;
(*émotion*) fuerte; (*déception,
intérêt*) profundo(-a); **de vive
voix** de viva voz; **avoir les
nerfs à ~** tener los nervios de
punta

vigne [viɲ] *nf* (*plante*) vid *f*;
(*plantation*) viña; **vigneron** *nm*
viñador *m*

vignette [viɲɛt] *nf* viñeta; (*AUTO*)
pegatina; (*sur médicament*)
resguardo de precio

vignoble [viɲɔbl] *nm* viñedo

vigoureux, -euse [vigurø, øz]
adj vigoroso(-a)

vigueur [vigœr] *nf* vigor *m*; (*JUR*):
être/entrer en ~ estar/entrar en
vigor; **en ~** vigente

vilain, e [vilɛ̃, ɛn] *adj* (*laid*)
feo(-a); (*affaire, blessure*) malo(-a);
(*enfant*) malo(-a)

villa [villa] *nf* villa, chalet *m*

village [vilaʒ] *nm* pueblo; (*aussi:
petit ~*) aldea; **villageois, e**
adj, nm/f lugareño(-a); (*d'un petit
village*) aldeano(-a)

ville [vil] *nf* ciudad *f*, villa,
municipio

vin [vɛ̃] *nm* vino; **~ de pays/de
table** vino del país/de mesa

vinaigre [vinɛgr] *nm* vinagre *m*;
vinaigrette *nf* vinagreta

vindicatif, -ive [vɛ̃dikatif, iv] *adj*
vindicativo(-a)

vingt [vɛ̃] *adj inv, nm inv* veinte *m*

inv; *voir aussi* **cinq**; **vingtaine**
nf: **une vingtaine (de)** unos
veinte; **vingtième** *adj, nm/f*
vigésimo(-a) ♦ *nm* (*partitif*)
veinteavo; *voir aussi*
cinquantième

vinicole [vinikɔl] *adj* vinícola

vinyle [vinil] *nm* vinilo

viol [vjɔl] *nm* violación *f*

violacé, e [vjɔlase] *adj*
violáceo(-a)

violemment [vjɔlamɑ̃] *adv*
violentamente

violence [vjɔlɑ̃s] *nf* violencia

violent, e [vjɔlɑ̃, ɑ̃t] *adj*
violento(-a)

violer [vjɔle] *vt* violar

violet, te [vjɔlɛ, ɛt] *adj, nm*
violeta *m*; **violette** *nf* violeta

violon [vjɔlɔ̃] *nm* violín *m*;
violoncelle *nm* violoncelo,
violonchelo; **violoniste** *nm/f*
violinista *m/f*

vipère [vipɛr] *nf* víbora

virage [viraʒ] *nm* (*d'un véhicule*)
giro; (*d'une route, piste*) curva

virée [vire] *nf* vuelta

virement [virmɑ̃] *nm* (*COMM*)
transferencia

virer [vire] *vt*: **~ qch (sur)**
(*COMM: somme*) hacer una
transferencia (a); (*fam*) echar ♦ *vi*
virar; **~ de bord** (*NAUT*) virar de
bordo

virevolter [virvɔlte] *vi* dar
vueltas

virgule [virgyl] *nf* coma

viril, e [viril] *adj* viril, varonil

virtuel, le [virtɥɛl] *adj* virtual

virtuose [virtɥoz] *adj, nm/f*
virtuoso(-a)

virus [virys] *nm* virus *m inv*

vis [vis] *nf* tornillo

visa [viza] *nm* visa, visado

visage [vizaʒ] *nm* cara, rostro

vis-à-vis [vizavi] adv enfrente de, frente a ♦ nm inv (personne) persona de enfrente; **~~-~~ de** con respecto a

visée [vize] nf (avec une arme) puntería; **~s** nfpl (intentions) objetivos mpl

viser [vize] vi apuntar ♦ vt apuntar; (carrière etc) aspirar a; (concerner) atañer a; **~ à qch/faire qch** pretender algo/hacer algo

visibilité [vizibilite] nf visibilidad f

visible [vizibl] adj visible

visière [vizjɛʀ] nf visera

vision [vizjɔ̃] nf visión f; **visionneuse** nf visionador m

visite [vizit] nf visita; **rendre ~ à qn** visitar a algn; **heures de ~** horas fpl de visita

visiter [vizite] vt visitar; **visiteur, -euse** nm/f visitante m/f

vison [vizɔ̃] nm visón m

visser [vise] vt atornillar; (serrer: couvercle) enroscar

visuel, le [vizɥɛl] adj visual

vital, e, -aux [vital, o] adj vital

vitamine [vitamin] nf vitamina

vite [vit] adv de prisa; (sans délai) pronto; **faire ~** darse prisa

vitesse [vites] nf rapidez f; (d'un véhicule, corps, fluide) velocidad f; (AUTO): **les ~s** las marchas; **prendre de la ~** coger velocidad; **à toute ~** a toda marcha

viticulteur [vitikyltœʀ] nm viticultor m

vitrail, -aux [vitʀaj, o] nm vidriera

vitre [vitʀ] nf vidrio, cristal m; (d'une portière, voiture) cristal; **vitré, e** adj con cristales

vitrine [vitʀin] nf escaparate m, vidriera (AM); (petite armoire) vitrina

vivable [vivabl] adj soportable

vivace [vivas] adj (arbre, plante) resistente; (haine) tenaz

vivacité [vivasite] nf vivacidad f

vivant, e [vivã, ãt] vb voir **vivre** ♦ adj viviente; (animé) vivo(-a)

vive [viv] adj f voir **vif** ♦ excl: **~ le roi/la république!** ¡viva el rey/la república!; **vivement** adv vivamente ♦ excl: **vivement qu'il s'en aille!** ¡que se vaya pronto!; **vivement les vacances!** ¡que lleguen ya las vacaciones!

vivier [vivje] nm vivero

vivifiant, e [vivifjã, jãt] adj vivificante

vivoter [vivɔte] vi ir tirando

vivre [vivʀ] vi e vt vivir; **~s** nmpl (provisions) víveres mpl; **la victime vit encore** la víctima sigue viva; **se laisser ~** dejarse estar; **il est facile/difficile à ~** tiene buen/mal carácter; **faire ~ qn** mantener a algn; **~ bien/mal** vivir bien/mal

vlan [vlã] excl ¡pum!

VO [veo] sigle f (= version originale) V.O. (= versión original)

vocabulaire [vɔkabylɛʀ] nm vocabulario

vocation [vɔkasjɔ̃] nf vocación f

vœu, x [vø] nm deseo; (à Dieu) voto; **faire ~ de** hacer voto de; **avec tous nos ~ x** muchas felicidades; **~x de bonheur** deseos mpl de felicidad

vogue [vɔg] nf moda; **en ~** en boga

voici [vwasi] prép aquí está; **et ~ que ...** y entonces ...

voie [vwa] nf vía; (AUTO) carril m; **par ~ orale/rectale** por vía

oral/rectal; **être en bonne ~**
estar en el buen camino; **mettre
qn sur la ~** encaminar a algn;
route à 2/3 ~s carretera de
dos/tres carriles; **~ ferrée/
navigable** vía férrea/navegable;
~ publique vía pública

voilà [vwala] *prép* he ahí, ahí está;
les ~ *ou* **voici** ahí *ou* aquí están;
~ ou voici deux ans que ...
hace dos años que ...; **et ~!** ¡eso
es todo!, ¡ya está!; **~ tout** eso es
todo

voile [vwal] *nm* velo ♦ *nf* vela; **la
~** (*SPORT*) la vela; **voiler** *vt* (*fig*)
velar, ocultar; (*fausser: roue*)
alabear; **se voiler** *vpr* (*lune*)
ocultarse; (*regard*) apagarse; (*TECH*)
combarse; **voilier** *nm* velero;
voilure *nf* velamen *m*

voir [vwar] *vi* ver ♦ *vt* ver;
(*constater*): **~ que/comme** ver
que/como; **se ~** *vpr*: **se ~
critiquer** verse criticado(-a);
cela se voit es evidente; **~
loin/venir** ver lejos/venir; **faire
~ qch à qn** enseñar algo a algn;
ne pas pouvoir ~ qn no poder
ver a algn; **voyons!** ¡vamos!;
c'est à ~! ¡habrá que verlo!;
c'est ce qu'on va ~ eso se habrá
que verlo; **avoir quelque chose
à ~ avec** tener algo que ver con

voire [vwar] *adv* incluso

voisin, e [vwazɛ̃, in] *adj*
vecino(-a), próximo(-a);
(*ressemblant*) parecido(-a),
vecino(-a) ♦ *nm/f* vecino(-a);
voisinage *nm* vecindad *f*

voiture [vwatyr] *nf* coche *m*,
auto (*esp AM*), carro (*AM*); **~ de
sport** coche deportivo

voix [vwa] *nf* voz *f*; (*POL*) voto; **~
passive/active** (*LING*) voz
pasiva/activa; **à haute ~** en voz

alta; **à ~ basse** en voz baja

vol [vɔl] *nm* vuelo; (*mode
d'appropriation*) robo; (*larcin*)
hurto; **à ~ d'oiseau** a vuelo de
pájaro; **au ~**: **attraper qch au
~** coger algo al vuelo; **~ à la tire**
tirón *m* (de bolsa); **~ à main
armée** robo *ou* atraco a mano
armada; **~ libre** (*SPORT*) vuelo
libre

volage [vɔlaʒ] *adj* voluble

volaille [vɔlaj] *nf* (*oiseaux*) aves
fpl de corral; (*viande, oiseau*) ave *f*

volant, e [vɔlɑ̃, ɑ̃t] *adj* volante,
volador(a) ♦ *nm* volante *m*

volcan [vɔlkɑ̃] *nm* volcán *m*

volée [vɔle] *nf* (*TENNIS*) voleo;
rattraper qch à la ~ coger algo
al vuelo; **à toute ~** (*sonner les
cloches*) al vuelo; (*lancer un
projectile*) al viento; **~ (de coups)**
paliza; **~ de flèches** lluvia de
flechas

voler [vɔle] *vi* volar; (*voleur*) robar,
hurtar ♦ *vt* (*objet*) robar; **~ en
éclats** volar en mil pedazos; **~
qch à qn** robar algo a algn

volet [vɔle] *nm* postigo

voleur, -euse [vɔlœr, øz] *adj,
nm/f* ladrón(-ona)

volontaire [vɔlɔ̃tɛr] *adj*
voluntario(-a) ♦ *nm/f* voluntario(-a)

volonté [vɔlɔ̃te] *nf* voluntad *f*; **à
~** a voluntad; **bonne/mauvaise
~** buena/mala voluntad

volontiers [vɔlɔ̃tje] *adv* con
gusto

volt [vɔlt] *nm* voltio

volte-face [vɔltəfas] *nf inv* media
vuelta

voltige [vɔltiʒ] *nf* (*au cirque*)
acrobacia (en el aire); (*ÉQUITATION*)
acrobacia ecuestre; **voltiger** *vi*
revolotear

volubile [vɔlybil] *adj* locuaz

volume [vɔlym] *nm* volumen *m*; **volumineux, -euse** *adj* voluminoso(-a)

volupté [vɔlypte] *nf* voluptuosidad *f*

vomi [vɔmi] *nm* vómito; **vomir** *vi* vomitar ♦ *vt* vomitar; **vomissements** *nmpl*: **être pris de vomissements** comenzar a devolver *ou* vomitar de pronto

vorace [vɔras] *adj* voraz

vos [vo] *dét voir* **votre**

vote [vɔt] *nm* voto; **~ par correspondance/procuration** voto por correspondencia/poder; **voter** *vi, vt* votar

votre [vɔtʀ] (*pl* **vos**) *dét* vuestro(-a), su

vôtre [vɔtʀ] *pron*: **le/la ~** el (la) vuestro(-a); **les ~s** los (las) vuestros(-as); **à la ~** ¡salud!

vouer [vwe] *vt*: **~ une haine/amitié éternelle à qn** profesar odio/amistad eterna a algn

---

MOT-CLÉ

vouloir [vulwaʀ] *vt* **1** querer; **voulez-vous du thé?** ¿quiere té?; **que me veut-il?** ¿qué quiere de mí?; **sans le vouloir** sin querer; **je voudrais qch/faire** quería *ou* quisiera algo/hacer; **le hasard a voulu que ...** el azar quiso que ...; **la tradition veut que ...** la tradición es que ...; **vouloir faire/que qn fasse qch** querer hacer/que algn haga algo; **que veux-tu que je te dise?** ¿qué quieres que te diga?

2 (*consentir*): **tu veux venir? - oui, je veux bien** ¿quieres venir? - sí, me parece bien; **oui, si on veut** sí, en cierto modo; **si**

vous voulez si quiere; **veuillez attendre** tenga la amabilidad de esperar; **veuillez agréer ...** le saluda atentamente ...; **comme vous voudrez** como quiera

3: en vouloir à: en vouloir à qn estar resentido con algn; **je lui en veux d'avoir fait ça** me sienta muy mal que haya hecho eso; **s'en vouloir d'avoir fait qch** estar arrepentido de haber hecho algo; **je ne lui veux pas de mal** no le deseo nada malo

4: vouloir de qch/qn: l'entreprise ne veut plus de lui la empresa ya no le quiere; **elle ne veut pas de son aide** ella no quiere su ayuda

5: vouloir dire (que) (*signifier*) querer decir (que)

♦ *nm*: **le bon vouloir de qn** la buena voluntad de algn

---

voulu, e [vuly] *pp de* **vouloir** ♦ *adj* (*requis*) requerido(-a); (*délibéré*) deliberado(-a)

vous [vu] *pron* (*sujet: pl: familier*) vosotros(-as), ustedes (*AM*); (: *forme de politesse*) ustedes; (: *singulier*) usted; (*objet direct: pl*) os, les (*AM*); (: *forme de politesse*) les (las) *ou* los; (: *singulier*) le (la) *ou* lo; (*objet indirect: pl*) os, les (*AM*); (: *forme de politesse*) les; (: *singulier*) le; (*réfléchi, réciproque: direct, indirect*) se; (: *forme de politesse*) se; **je ~ le jure** os lo juro; (*politesse*) se lo juro; **je ~ prie de ...** os pido que ...; (*politesse: pluriel*) les pido que ...; (: *singulier*) le pido que ...; **~ pouvez ~ asseoir** podéis sentaros; (*politesse: pluriel*) pueden sentarse; (: *singulier*) puede usted sentarse; **à ~** vuestro(-a), vuestros(-as);

(*formule de politesse*) suyo(-a), suyos(-as); **ce livre est à ~** ese libro es vuestro; (*politesse*) ese libro es suyo; **avec/sans ~** con/ sin vosotros; (*politesse: pluriel*) con/sin ustedes; (*: singulier*) con/ sin usted; **je vais chez ~** voy a vuestra casa; (*politesse*) voy a su casa; **~-même** (*sujet*) usted mismo(-a); (*après prép*) sí mismo(-a); (*emphatique*): **~-même, ~ ...** usted, ...; **~-mêmes** (*sujet*) vosotros(-as) *ou* (*AM*) ustedes mismos(-as); (*forme de politesse*) ustedes mismos(-as); (*après prép*) sí mismos(-as); (*emphatique*): **~-mêmes, ~ ...** vosotros, ..., ustedes, ... (*AM*) (*forme de politesse*) ustedes, ...
vouvoyer [vuvwaje] *vt*: **~ qn** tratar de usted a algn
voyage [vwajaʒ] *nm* viaje *m*; **être/partir en ~** estar/ir en viaje; **faire bon ~** hacer un buen viaje; **~ d'affaires** viaje de negocios; **~ de noces** viaje de novios; **~ organisé** viaje organizado
voyager [vwajaʒe] *vi* viajar; **voyageur, -euse** *adj, nm/f* viajero(-a)
voyant, e [vwajã, ãt] *adj* llamativo(-a) ♦ *nm/f* vidente *m/f* ♦ *nm* indicador *m* luminoso
voyelle [vwajɛl] *nf* vocal *f*
voyou [vwaju] *adj, nm* granuja *m*
vrac [vʁak]: **en ~** *adj, adv* en desorden; (*COMM*) a granel
vrai, e [vʁɛ] *adj* verdadero(-a), cierto(-a); **son ~ nom** su auténtico nombre; **un ~ comédien/sportif** un auténtico comediante/deportista; **à dire ~, à ~ dire** a decir verdad; **vraiment** *adv* verdaderamente;

"vraiment?" "¿de verdad?", "¿es cierto?"; **vraisemblable** *adj* (*plausible*) verosímil; **vraisemblablement** *adv* probablemente; **vraisemblance** *nf* verosimilitud *f*
vrombir [vʁɔ̃biʁ] *vi* zumbar
VRP [veɛʁpe] *sigle m* (= *voyageur, représentant, placier*) representante
VTT [vetete] *sigle m* (= *vélo tout terrain*) bicicleta todo terreno
vu¹ [vy] *prép* visto; **~ que** visto que
vu², e [vy] *pp de* **voir** ♦ *adj*: **bien/mal ~** bien/mal visto(-a)
vue [vy] *nf* vista; **~s** *nfpl* (*idées*) opiniones *fpl*; (*dessein*) proyectos *mpl*; **perdre la ~** perder la vista; **perdre de ~** perder de vista; **hors de ~** fuera de la vista; **à première ~** a primera vista; **connaître qn de ~** conocer a algn de vista; **à ~ d'oeil** a ojos vistas; **avoir ~ sur** tener vistas a; **en ~ de faire qch** con intención de hacer algo; **~ d'ensemble** vista de conjunto
vulgaire [vylgɛʁ] *adj* vulgar; **de ~s chaises de cuisine** simples sillas de cocina; **nom ~** (*BOT, ZOOL*) nombre *m* común; **vulgariser** *vt* (*connaissances*) divulgar
vulnérable [vylneʁabl] *adj* vulnerable

W, w

wagon [vagɔ̃] *nm* vagón *m*; **wagon-lit** (*pl* **wagons-lits**) *nm* coche-cama *m*; **wagon-restaurant** (*pl* **wagons-restaurants**) *nm* coche-restaurante *m*
wallon, ne [walɔ̃, ɔn] *adj*

valón(-ona) ♦ *nm* (LING) valón *m* / *nf*; **W~, ne** valón(-ona)
watt [wat] *nm* vatio
w-c [vese] *nmpl* W-C *mpl*
week-end [wikɛnd] (*pl* ~~~s) *nm* fin *m* de semana
western [wɛstɛʀn] *nm* película del oeste, western *m*
whisky [wiski] (*pl* whiskies) *nm* whisky *m*

X, x

xénophobe [gzenɔfɔb] *nm/f* xenófobo(-a)
xérès [gzeʀɛs] *nm* jerez *m*
xylophone [gzilɔfɔn] *nm* xilófono *m*

Y, y

y [i] *adv* allí; (*plus près*) ahí; (*ici*) aquí ♦ *pron* (*la préposition espagnole dépend du verbe employé*) a *ou* de *ou* en él, ella, ello; **nous ~ sommes enfin** ya estamos aquí; **à l'hôtel? j'~ reste 3 semaines** ¿en el hotel? me voy a quedar 3 semanas; **j'~ pense** (*je n'ai pas oublié*) lo tengo en mente; (*décision à prendre*) me lo estoy pensando; **j'~ suis!** ¡ya caigo!; **je n'~ suis pour rien** no he tenido nada que ver (en esto); **s'~ entendre (en qch)** entender de (algo); *voir aussi* **aller; avoir**
yacht [jɔt] *nm* yate *m*
yaourt [jauʀt] *nm* yogur *m*

yeux [jø] *nmpl de* œil
yoga [jɔga] *nm* yoga *m*
yoghourt [jɔguʀt] *nm* = **yaourt**
yougoslave [jugɔslav] *adj* yugoslavo(-a) ♦ *nm/f*: **Y~** yugoslavo(-a)
Yougoslavie [jugɔslavi] *nf* Yugoslavia

Z, z

zapping [zapiŋ] *nm*: **faire du ~** hacer zapping, zapear
zèbre [zebʀ(ə)] *nm* cebra; **zébré, e** *adj* rayado(-a)
zèle [zel] *nm* celo; **faire du ~** (*péj*) pasarse en el celo; **zélé, e** *adj* (*fonctionnaire*) diligente; (*défenseur*) celoso(-a)
zéro [zeʀo] *adj* cero ♦ *nm* (SCOL) cero; **au-dessus/au-dessous de ~** sobre/bajo cero; **réduire à ~** reducir a cero; **partir de ~** partir de cero; **trois (buts) à ~** tres (goles) a cero
zeste [zest] *nm* cáscara
zézayer [zezeje] *vi* cecear
zigzag [zigzag] *nm* zigzag *m*; **zigzaguer** *vi* zigzaguear
zinc [zɛ̃g] *nm* (CHIM) cinc *m*
zizi [zizi] (*fam*) *nm* pito
zodiaque [zɔdjak] *nm* zodíaco *m*
zona [zona] *nm* zona
zone [zon] *nf* zona; **~ industrielle** polígono industrial
zoo [zo(o)] *nm* zoo
zoologie [zɔɔlɔʒi] *nf* zoología; **zoologique** *adj* zoológico(-a)
zut [zyt] *excl* ¡mecachis!

ESPAÑOL – FRANCÉS
ESPAGNOL – FRANÇAIS

A, a

a (*a* + *el* = **al**) *prep* **1** (*dirección*) à; **fueron a Madrid/Grecia** ils sont allés à Madrid/en Grèce; **caerse al río** tomber dans la rivière; **subirse a la mesa** monter sur la table; **bajarse a la calle** descendre dans la rue; **me voy a casa** je rentre à la maison o chez moi
2 (*distancia*): **está a 15 km de aquí** c'est à 15 km d'ici
3 (*posición*): **estar a la mesa** être à table; **al lado de** à côté de
4 (*tiempo*): **a las 10 a/a medianoche** à 10 heures/à minuit; **a la mañana siguiente** le lendemain matin; **a los pocos días** peu de jours après; **estamos a 9 de julio** nous sommes le 9 juillet; **a los 24 años** à (l'âge de) 24 ans; **una vez a la semana** une fois par semaine
5 (*manera*): **a la francesa** à la française; **a caballo** à cheval; **a oscuras** à tâtons
6 (*medio, instrumento*): **a lápiz** au crayon; **a mano** à la main; **le echaron a patadas** ils l'ont flanqué dehors à coups de pied aux fesses
7 (*razón*): **a 30 ptas el kilo** à 30 ptas le kilo; **a más de 50 km/h** à plus de 50 km/h
8 (*complemento directo: no se traduce*): **vi a Juan/a tu padre** j'ai vu Jean/ton père
9 (*dativo*): **se lo di a Pedro** je l'ai donné à Pierre
10 (*verbo* + *a* + *infin*): **empezó a trabajar** il a commencé à travailler; (*no se traduce*): **voy a verle** je vais le voir; **vengo a decírtelo** je viens te le dire
11 (*simultaneidad*): **al verle, le reconocí inmediatamente** quand je l'ai vu, je l'ai tout de suite reconnu
12 (*n* + *a* + *infin*): **el camino a recorrer** le chemin à parcourir
13 (*imperativo*): **¡a callar!** taisez-vous!; **¡a comer!** on mange!

abad, esa *nm/f* abbé (abbesse); **abadía** *nf* abbaye *f*

abajo *adv* **1** (*posición*) en bas; **allí abajo** là-bas; **el piso de abajo** l'appartement du dessous; **la parte de abajo** le bas; **más abajo** plus bas; (*en texto*) ci-dessous; **desde abajo** d'en bas; **abajo del todo** tout en bas; **Pedro está abajo** Pedro est en bas; **el abajo firmante** le soussigné; **de mil ptas para abajo** au-dessous de mille pesetas
2 (*dirección*): **ir calle abajo** descendre la rue; **río abajo** en descendant le courant, en aval
♦ *prep*: **abajo de** (*AM*) sous; **abajo de la mesa** sous la table

◆ *excl*: **¡abajo!** descends!; **¡abajo el gobierno!** à bas le gouvernement!

abalanzarse *vpr*: ~ **sobre/ contra** se jeter sur/contre
abandonado, -a *adj* abandonné(e)
abandonar *vt* abandonner; (*salir de, tb* INFORM) quitter; **~se** *vpr* (*descuidarse*) se laisser aller; **~se a** (*desesperación, dolor*) s'abandonner à; **abandono** *nm* abandon *m*
abanicar *vt* éventer; **abanico** *nm* éventail *m*
abaratarse *vpr* (*artículo*) coûter moins cher; (*precio*) baisser
abarcar *vt* (*temas, período*) comprendre; (*rodear con los brazos*) embrasser
abarrotado, -a *adj*: ~ **(de)** plein(e) à craquer (de)
abarrotar *vt* bourrer
abarrotero, -a (AM) *nm/f* (*tendero*) épicier(-ière)
abarrotes (AM) *nmpl* (*ultramarinos*) épicerie *fsg*
abastecer *vt*: ~ **(de)** fournir, approvisionner (en); **~se** *vpr*: **~se (de)** s'approvisionner (en); **abastecimiento** *nm* approvisionnement *m*
abasto *nm* ~s *nmpl* provisions *fpl*; **no dar** ~ *o* **para hacer** ne pas arriver à faire
abatido, -a *adj* (*deprimido*) abattu(e)
abatir *vt* abattre; (*asiento*) rabattre; **~se** *vpr* se laisser abattre
abdicar *vi*: ~ **(en algn)** abdiquer (en faveur de qn)
abdomen *nm* abdomen *m*
abdominal *adj* abdominal(e); **~es** *nmpl* (*tb*: **ejercicios ~es**)

abdominaux *mpl*
abecedario *nm* abécédaire *m*
abedul *nm* bouleau *m*
abeja *nf* abeille *f*
abejorro *nm* bourdon *m*
abertura *nf* ouverture *f*; (*en falda, camisa*) échancrure *f*
abeto *nm* sapin *m*
abierto, -a *pp de* **abrir** ◆ *adj* ouvert(e); **a campo** ~ en rase campagne
abigarrado, -a *adj* bigarré(e)
abismal *adj* (*diferencia*) colossal(e)
abismar *vt* ~**se** *vpr*: **~se en** plonger dans; (*lectura*) se plonger dans
abismo *nm* abîme *m*
abjurar *vi*: ~ **de** abjurer
ablandar *vt* ramollir; (*persona*) adoucir; (*carne*) attendrir; **~se** *vpr* se ramollir; s'adoucir
abnegación *nf* abnégation *f*
abnegado, -a *adj* (*persona*) qui fait preuve d'abnégation
abochornar *vt* faire rougir (de honte); **~se** *vpr* rougir (de honte)
abofetear *vt* gifler
abogado, -a *nm/f* avocat(e); ~ **defensor** avocat de la défense
abogar *vi*: ~ **por** plaider pour
abolengo *nm* (*familia, persona*) de vieille souche
abolición *nf* abolition *f*
abolir *vt* abolir
abolladura *nf* bosse *f*
abollar *vt* (*metal*) bosseler; (*coche*) cabosser; **~se** *vpr* se bosseler; se cabosser
abominable *adj* abominable
abonado, -a *pp* (*deuda etc*) acquitté(e) ◆ *nm/f* abonné(e)
abonar *vt* (*deuda etc*) acquitter; (*terreno*) fumer; **~se** *vpr*: **~se a** s'abonner à; ~ **a algn a** abonner qn à; **abono** *nm* (*fertilizante*)

engrais *msg*; *(suscripción)*
abonnement *m*
abordar *vt* aborder
aborigen *nm/f* aborigène *m/f*
aborrecer *vt* abhorrer
abortar *vi* *(espontáneamente)* faire
une fausse couche; *(de manera
provocada)* avorter ♦ *vt* *(huelga,
golpe de estado)* faire avorter;
aborto *nm* *(espontáneo)* fausse
couche *f*; *(provocado)* avortement
m
abotonar *vt* boutonner; **~se** *vpr*
se boutonner
abrasar *vt* brûler ♦ *vi* être très
chaud; **~se** *vpr*: **~se de calor**
étouffer (de chaleur)
abrazar *vt* embrasser; **~se** *vpr*
s'embrasser
abrazo *nm* accolade *f*; **dar un ~
a algn** serrer qn dans ses bras;
"un ~" *(en carta)* "amitiés"
abrebotellas *nm inv* ouvre-
bouteille *m*
abrecartas *nm inv* coupe-papier
m inv
abrelatas *nm inv* ouvre-boîte *m*
abreviar *vt* abréger ♦ *vi*
(apresurarse) s'empresser;
abreviatura *nf* abréviation *f*
abridor *nm* *(de botellas)* ouvre-
bouteille *m*; *(de latas)* ouvre-boîte
m
abrigar *vt* abriter; *(suj: ropa)*
couvrir; *(fig: sospechas, dudas)*
nourrir ♦ *vi* *(ropa)* tenir chaud;
~se *vpr* se couvrir
abrigo *nm* *(prenda)* manteau *m*;
(lugar) abri *m*; **al ~ de** à l'abri de
abril *nm* avril *m*; *ver tb* **julio**
abrillantar *vt* faire reluire
abrir *vt*, *vi* ouvrir; **~se** *vpr*
s'ouvrir; **~se paso** se frayer un
chemin
abrochar *vt* *(con botones)*

boutonner; *(con hebilla)* boucler;
~se *vpr* *(zapatos)* se lacer;
(abrigo) se boutonner; **~se el
cinturón** attacher sa ceinture
abrumar *vt* *(agobiar)* accabler;
(apabullar) écraser
abrupto, -a *adj* abrupt(e)
absceso *nm* abcès *msg*
absolución *nf* *(REL)* absolution *f*;
(JUR) non-lieu *m*
absoluto, -a *adj* absolu(e); **en ~**
(para nada) en aucun cas; *(en
respuesta)* pas du tout
absolver *vt* *(REL, JUR)* absoudre
absorbente *adj* absorbant(e)
absorber *vt* absorber; **~se** *vpr*:
~se en algo s'absorber dans qch
absorto, -a *adj* en absorbé(e) par *o* dans
absorto, -a *pp de* **absorber** ♦
adj: **~ en** absorbé(e) par *o* dans
abstemio, -a *adj* abstinent(e)
abstención *nf* abstention *f*
abstenerse *vpr* s'abstenir; **~ de
algo** se priver de qch; **~ de
hacer** s'abstenir de faire
abstinencia *nf* abstinence *f*
abstracción *nf* abstraction *f*
abstracto, -a *adj* abstrait(e)
abstraer *vt* *(problemas, cuestión)*
isoler; **~se** *vpr*: **~se (de)**
s'abstraire (de)
abstraído, -a *adj* abstrait(e)
absuelto *pp de* **absolver**
absurdo, -a *adj* absurde
abuchear *vt* huer
abuela *nf* grand-mère *f*
abuelo *nm* grand-père *m*; **~s**
nmpl grands-parents *mpl*
abultado, -a *adj* *(mejillas)*
bouffi(e); *(facciones)* saillant(e);
(paquete) volumineux(-euse)
abultar *vi* prendre de la place
abundancia *nf* abondance *f*;
abundante *adj* abondant(e);
abundar *vi* abonder
aburrido, -a *adj* *(hastiado)*

saturé(e); *(que aburre)* ennuyeux(-euse); **aburrimiento** *nm* ennui *m*

aburrir *vt* ennuyer; **~se** *vpr* s'ennuyer

abusar *vi*: **~ de** abuser de

abusivo, -a *adj* abusif(-ive); **abuso** *nm* abus *msg*

a/c *abr* (= al cuidado de) abs (= aux bons soins de); (= a cuenta) a/ o (= un acompte de)

acá *adv* (esp AM: lugar) ici; **de junio** = depuis juin

acabado, -a *adj* (mueble, obra) achevé(e), fini(e); (persona) usé(e) ♦ *nm* finition *f*

acabar *vt* achever, finir; (comida, bebida) terminer, finir ♦ *vi* finir; **~se** *vpr* finir, se terminer; (gasolina, pan, agua) être épuisé(e); **~ con** en finir avec; (destruir) liquider; **~ en** se terminer en; **~ de** hacer venir de faire; **~ haciendo** o **por hacer** finir par faire; **¡se acabó!** terminé!; (¡basta!) ça suffit!

acabóse *nm*: **esto es el ~** c'est le bouquet

academia *nf* académie *f*; (de enseñanza) école *f* privée

académico, -a *adj* académique ♦ *nm/f* académicien(ne)

acallar *vt* faire taire

acalorado, -a *adj* échauffé(e)

acalorarse *vpr* (fig) s'échauffer

acampada *nf*: **ir de ~** partir camper

acampar *vi* camper

acantilado *nm* falaise *f*

acaparar *vt* (alimentos, gasolina) accumuler; (atención) accaparer

acariciar *vt* caresser

acarrear *vt* transporter; (fig) entraîner

acaso *adv* peut-être; **por si ~** au

cas où; **si ~** à la rigueur; **¿~?** (AM: fam) alors ...?; **¿~ es mi culpa?** alors, c'est ma faute?

acatamiento *nm* respect *m*

acatar *vt* respecter

acatarrarse *vpr* s'enrhumer

acaudalado, -a *adj* nanti(e)

acaudillar *vt* (motín, revolución) diriger; (tropas) commander

acceder *vi*: **~ a** accéder à; (INFORM) avoir accès à

accesible *adj* accessible

acceso *nm* (tb MED, INFORM) accès *msg*; **tener ~ a** avoir accès à

accesorio, -a *adj* accessoire; **~s** *nmpl* (prendas de vestir, AUTO) accessoires *mpl*; (de cocina) ustensiles *mpl*

accidentado, -a *adj* (terreno) accidenté(e); (viaje, día) agité(e) ♦ *nm/f* accidenté(e)

accidental *adj* accidentel(le)

accidentarse *vpr* avoir un accident

accidente *nm* accident *m*; **tener** *o* **sufrir un ~** avoir un accident; **~ laboral** *o* **de trabajo/de tráfico** accident du travail/de la circulation

acción *nf* action *f*; **accionar** *vt* actionner; (INFORM) commander

accionista *nm/f* actionnaire *m/f*

acebo *nm* houx *msg*

acechar *vt* guetter; **acecho** *nm*: **estar al acecho (de)** être à l'affût de

aceitar *vt* huiler

aceite *nm* huile *f*; **aceitera** *nf* huilier *m*

aceitoso, -a *adj* (comida) gras(se); (consistencia, líquido) huileux(-euse)

aceituna *nf* olive *f*; **~ rellena** olive fourrée

acelerador *nm* accélérateur *m*

acelerar vt, vi accélérer; **~ el paso/la marcha** presser le pas/l'allure

acelga nf blette f

acento nm accent m

acentuar vt accentuer; **~se** vpr s'accentuer

aocpción nf acception f

aceptable adj acceptable

aceptación nf acceptation f; **tener gran ~** être très populaire

aceptar vt accepter; **~ hacer algo** accepter de faire qch

acequia nf canal m d'irrigation

acera nf trottoir m

acerca: **~ de** prep de, sur, à propos de

acercar vt approcher; **~se** vpr approcher; **~se a** s'approcher de

acerico nm pelote f à épingles

acero nm acier m; **~ inoxidable** acier inoxydable

acérrimo, -a adj acharné(e)

acertado, -a adj (respuesta, medida) pertinent(e); (color, decoración) heureux(-euse)

acertar vt (blanco) atteindre; (solución, adivinanza) trouver ♦ vi réussir; **~ a hacer algo** réussir à faire qch; **~ con** (camino, calle) trouver

acertijo nm devinette f

achacar vt: **~ algo a** imputer qch à

achacoso, -a adj souffreteux(-euse)

achantar (fam) vt (acobardar) démonter; **~se** (fam) vpr se dégonfler

achaque vb ver **achacar** ♦ nm ennui m de santé

achicar vt rétrécir; (NÁUT) écoper

achicharrar vt (comida) brûler; **~se** vpr (comida) attacher; (planta) griller; (persona) se consumer

achicoria nf chicorée f

aciago, -a adj funeste

acicalarse vpr se faire beau (belle)

acicate nm stimulant m

acidez nf acidité f

ácido, -a adj acide ♦ nm (tb fam: droga) acide m

acierto vb ver **acertar** ♦ nm (al adivinar) découverte f; (éxito, logro) réussite f, idée f judicieuse; (habilidad) adresse f

aclamación nf acclamation f

aclamar vt (aplaudir) acclamer; (proclamar) proclamer

aclaración nf éclaircissement m

aclarar vt éclaircir; (ropa) rincer ♦ vi (tiempo) s'éclaircir; **~se** vpr (persona) s'expliquer; (asunto) s'éclaircir; **~se la garganta** s'éclaircir la gorge

aclaratorio, -a adj explicatif(-ive)

aclimatación nf acclimatation f; **aclimatar** vt acclimater; **aclimatarse** vpr s'acclimater

acné nm o f acné f

acobardar vt: **~se** vpr se laisser intimider

acogedor, a adj accueillant(e)

acoger vt accueillir

acogida nf accueil m

acometer vt (empresa, tarea) entreprendre ♦ vi: **(contra)** s'attaquer (à); **acometida** nf attaque f; (de gas, agua) branchement m

acomodado, -a adj huppé(e)

acomodador, a nm/f placeur (ouvreuse)

acomodar vt (paquetes, maletas) disposer; (personas) placer; **~se** vpr s'installer

acompañar vt accompagner;

¿quieres que te acompañe?
veux-tu que je t'accompagne?; ~
a algn a la puerta
raccompagner qn à la porte; **le
acompaño en el sentimiento**
veuillez accepter mes
condoléances
acondicionar vt: ~ **(para)**
aménager (pour)
acongojar vt angoisser
aconsejar vt conseiller; ~ **a algn
hacer** o **que haga/que no
haga algo** conseiller à qn de
faire/de ne pas faire qch
acontecer vi arriver;
acontecimiento nm événement
m
acopio nm: **hacer** ~ faire
provision de
acoplar vt: ~ **(a)** accoupler (à)
acordar vt décider; (precio,
condiciones) convenir de; ~**se** vpr:
~**se de (hacer)** se souvenir de
(faire); ~ **hacer algo** (resolver)
décider de faire qch; **acorde** adj
(MÚS) accordé(e) ♦ nm (MÚS)
accord m; **acorde (con)**
conforme (à)
acordeón nm accordéon m
acorralar vt acculer
acortar vt raccourcir; ~**se** vpr
raccourcir
acosar vt traquer; (fig) harceler
acoso nm harcèlement m; ~
sexual harcèlement m sexuel
acostar vt (en cama) coucher; (en
suelo) allonger; ~**se** vpr (para
descansar) s'allonger; (para dormir)
se coucher
acostumbrar vt: ~ **a algn a
hacer algo** habituer qn à faire
qch; ~**se** vpr: ~**se a** prendre
l'habitude de; (ciudad) se faire à; ~
(a) hacer algo prendre
l'habitude de faire qch

ácrata adj, nm/f anarchiste m/f
acre adj âcre ♦ nm acre m
acrecentar vt accroître
acreditar vt accréditer; ~**se** vpr
(buen médico) se faire une
réputation de
acreedor, -a adj: ~ **a** (respeto)
digne de ♦ nm/f créancier(-ière)
acribillar vt: ~ **a balazos** cribler
de balles
acróbata nm/f acrobate m/f
acta nf (de reunión) procès-verbal
m; ~ **notarial** acte m notarié
actitud nf attitude f
activar vt (mecanismo) actionner;
(economía, comercio) relancer
actividad nf activité f
activo, -a adj actif(-ive) ♦ nm
(COM) actif m
acto nm acte m; (ceremonia)
cérémonie f; **en el** ~ sur-le-
champ; ~ **seguido**
immédiatement
actor nm acteur m
actriz nf actrice f
actuación nf (acción) action f;
(comportamiento) comportement
m; (TEATRO) jeu m
actual adj actuel(le); **actualidad**
nf actualité f; **en la actualidad**
actuellement
actualizar vt actualiser, mettre à
jour
actualmente adv à l'heure
actuelle, actuellement
actuar vi (comportarse) agir;
(actor) jouer; ~ **de** tenir le rôle de
acuarela nf aquarelle f
acuario nm aquarium m; **A~**
(ASTROL) Verseau m; **ser A~** être
(du) Verseau
acuartelar vt (retener en cuartel)
consigner
acuático, -a adj aquatique
acuchillar vt poignarder

acuciante *adj* pressant(e)

acuciar *vt* presser

acudir *vi* aller; **~ a** (*amistades etc*) avoir recours à; **~ a una cita** aller à un rendez-vous

acuerdo *vb ver* **acordar** ♦ *nm* accord *m*; (*decisión*) décision *f*; **¡de ~!** d'accord!; **de ~ con** en accord avec; **de común ~** d'un commun accord; **estar de ~** être d'accord; **llegar a un ~** parvenir à un accord

acumular *vt* accumuler

acuñar *vt* (*moneda*) frapper; (*palabra, frase*) consacrer

acupuntura *nf* acupuncture *f*

acurrucarse *vpr* se blottir

acusación *nf* accusation *f*

acusado, -a *nm/f* (*JUR*) accusé(e); **acusar** *vt* accuser; (*revelar*) manifester; (*suj: aparato*) indiquer; **acusarse** *vpr*: **acusarse de algo** s'accuser de qch; (*REL*) confesser qch; **acusar recibo de** accuser réception de

acuse *nm*: **~ de recibo** accusé *m* de réception

acústico, -a *adj* acoustique ♦ *nf* acoustique *f*

adaptación *nf* adaptation *f*

adaptador *nm* adaptateur *m*

adaptar *vt*: **~ (a)** adapter (à)

adecuado, -a *adj* adéquat(e)

adecuar *vt*: **~ a** adapter à

a. de J.C. *abr* (= *antes de Jesucristo*) av. J.-C. (= *avant Jésus-Christ*)

adelantado, -a *adj* avancé(e); (*reloj*) en avance; **pagar por ~** payer d'avance

adelantamiento *nm* (*AUTO*) dépassement *m*

adelantar *vt, vi* avancer; (*AUTO*) doubler, dépasser; **~se** *vpr* (*tomar la delantera*) prendre les devants;

(*anticiparse*) être en avance

adelante *adv* devant ♦ *excl* (*incitando a seguir*) en avant!; (*autorizando a entrar*) entrez!; **en ~** désormais; **de hoy en ~** à l'avenir; **más ~** (*después*) plus tard; (*más allá*) plus loin

adelanto *nm* progrès *msg*; (*de dinero, hora*) avance *f*

adelgazar *vt* (*persona*) faire maigrir ♦ *vi* maigrir

ademán *nm* geste *m*; **ademanes** *nmpl* gestes *mpl*

además *adv* de plus; **~ de** en plus de

adentrarse *vpr*: **~ en** pénétrer dans

adentro *adv* dedans; **mar ~** au large; **tierra ~** à l'intérieur des terres; **para sus ~s** dans son for intérieur; **~ de** (*AM: dentro de*) dans

adepto, -a *nm/f* adepte *m/f*

aderezar *vt* assaisonner

adeudar *vt* (*dinero*) devoir; **~se** *vpr* (*persona*) s'endetter

adherir *vt*: **~ algo a algo** faire adhérer une chose à une autre; **~se** *vpr* (*a propuesta*) adhérer

adhesión *nf* adhésion *f*

adhesivo, -a *adj* adhésif(-ive)

adicción *nf* (*a drogas etc*) dépendance *f*

adición *nf* addition *f*; (*cosa añadida*) ajout *m*

adicto, -a *adj* (*a ideología*) acquis(e); (*persona*) dépendant(e) ♦ *nm/f* (*MED*) drogué(e); (*partidario*) fanatique *m/f*

adiestrar *vt* entraîner

adinerado, -a *adj* fortuné(e)

adiós *excl* (*despedida*) au revoir!; (*al pasar*) salut!

aditivo *nm* additif *m*

adivinanza *nf* devinette *f*;

adivinar vt (*pensamientos*) deviner; (*el futuro*) lire

adivino, -a nm/f devin(eresse)

adj abr = **adjunto**

adjetivo nm adjectif m

adjudicar vt adjuger; **~se** vpr: **~se algo** s'adjuger qch

adjuntar vt joindre

adjunto, -a adj (*documento*) joint(e); (*médico, director etc*) adjoint(e) ♦ nm/f (*profesor*) assistant(e) ♦ adv ci-joint

administración nf administration f; **A~ pública** fonction f publique

administrador, a nm/f administrateur(-trice), gérant(e)

administrar vt administrer, gérer; (*medicamento, sacramento*) administrer

administrativo, -a adj administratif(-ive) ♦ nm/f (*de oficina*) préposé(e)

admirable adj admirable

admiración nf (*estimación*) admiration f; (*asombro*) étonnement m; (LING) exclamation f

admirar vt (*estimar*) admirer; (*asombrar*) étonner; **~se** vpr: **~se de** s'étonner de

admisible adj acceptable

admisión nf admission f; (*de razones etc*) acceptation f

admitir vt (*razonamiento etc*) admettre; (*regalos*) accepter

adobar vt (CULIN) préparer

adobe nm torchis msg

adoctrinar vt endoctriner

adolecer vi: **~ de** souffrir de

adolescente adj, nm/f adolescent(e)

adonde (*esp AM*) conj où

adónde adv où

adopción nf adoption f

adoptar vt adopter

adoptivo, -a adj adoptif(-ive); (*lengua, país*) d'adoption

adoquín nm pavé m

adorar vt adorer

adormecer vt endormir; **~se** vpr somnoler; (*miembro*) s'endormir

adornar vt orner; (*habitación, mesa*) décorer

adorno nm ornement m

adosado, -a adj: **chalet ~** maison f jumelle

adquiera etc vb ver **adquirir**

adquirir vt acquérir

adquisición nf acquisition f

adrede adv exprès, à dessein

adscribir vt: **~ a** assigner à

adscrito pp de **adscribir**

aduana nf douane f

aduanero, -a adj, nm/f douanier(-ière)

aducir vt alléguer

adueñarse vpr: **~ de** s'approprier

adular vt aduler

adulterar vt (*alimentos, vino*) frelater

adulterio nm adultère m

adúltero, -a adj, nm/f adultère m/f

adulto, -a adj, nm/f adulte m/f

adusto, -a adj (*expresión, carácter*) sévère; (*paisaje, región*) austère

advenedizo, -a nm/f intrus(e)

advenimiento nm avènement m

adverbio nm adverbe m

adversario, -a nm/f adversaire m/f

adversidad nf adversité f

adverso, -a adj adverse

advertencia nf avertissement m

advertir vt (*observar*) observer; **~ a algn de algo** avertir qn de qch; **~ a algn que ...** avertir qn que ...

advierta *etc vb ver* **advertir**

adyacente *adj* adjacent(e)

aéreo, -a *adj* aérien(ne); **por vía aérea** par avion

aerobic *nm inv* aérobic *f*

aerodeslizador,
aerodeslizante *nm*
aéroglisseur *m*

aerodinámico, -a *adj*
aérodynamique

aeromozo, -a (AM) *nm/f* (AVIAT)
steward (hôtesse de l'air)

aeronave *nf* aéronef *m*

aeroplano *nm* aéroplane *m*

aeropuerto *nm* aéroport *m*

aerosol *nm* aérosol *m*

afabilidad *nf* affabilité *f*; **afable**
adj affable

afán *nm* (*ahínco*) ardeur *f*; (*deseo*)
soif *f*; **con ~** avec ardeur

afanar (*fam*) *vt* (*robar*) rafler; **~se**
vpr (*atarearse*) s'affairer; **~se por**
hacer s'évertuer à faire

afear *vt* enlaidir

afección *nf* infection *f*

afectación *nf* affectation *f*

afectado, -a *adj* affecté(e);
afectar *vt* affecter

afectísimo, -a *adj*: **suyo ~**
respectueusement vôtre

afectivo, -a *adj* (*problema*)
affectif(-ive); (*persona*)
affectueux(-euse)

afecto, -a *adj* (*cariño*) affection *f*;
tenerle ~ a algn avoir de
l'affection pour qn

afectuoso, -a *adj*
affectueux(-euse); **"un saludo ~"**
(*en carta*) "affectueusement"

afeitar *vt* raser; **~se** *vpr* se raser;
~se la barba/el bigote se raser
la barbe/la moustache

afeminado, -a *adj* efféminé(e)

Afganistán *nm* Afghanistan *m*

afianzamiento *nm* consolidation
f; (*salud*) amélioration *f*; **afianzar**
vt (*objeto, conocimientos*)
consolider; (*salud*) assurer;
afianzarse *vpr* se cramponner

afiche (AM) *nm* (*cartel*) affiche *f*

afición *nf* goût *m*, penchant *m*;
la ~ les supporters *mpl*

aficionado, -a *adj, nm/f* amateur
m; **ser ~ a algo** être amateur de
qch

aficionar *vt*: **~ a algn a algo**
donner à qn le goût de qch; **~se**
vpr: **~se a algo** prendre goût à
qch

afilado, -a *adj* (*cuchillo*)
aiguisé(e); (*lápiz*) bien taillé(e)

afilar *vt* (*cuchillo*) aiguiser; (*lápiz*)
tailler

afiliarse *vpr*: **~ (a)** s'affilier (à)

afín *adj* (*carácter*) semblable;
(*ideas, opiniones*) voisin(e)

afinar *vt* (MÚS) accorder; (*puntería,*
TEC) ajuster ♦ *vi* (MÚS) être
accordé(e)

afincarse *vpr*: **~ en** s'établir à

afinidad *nf* affinité *f*

afirmación *nf* affirmation *f*;
afirmar *vt* affirmer; (*objeto*)
consolider ♦ *vi* acquiescer

afirmativo, -a *adj* affirmatif(-ive)

aflicción *nf* affliction *f*

afligir *vt* affliger; **~se** *vpr* s'affliger

aflojar *vt* desserrer; (*cuerda*)
détendre ♦ *vi* (*tormenta, viento*) se
calmer; **~se** *vpr* (*pieza*) prendre
du jeu

aflorar *vi* affleurer

afluente *nm* affluent *m*

afluir *vi*: **~ a** (*gente, sangre*)
affluer à

afmo., -a. *abr* = **afectísimo, a**

afónico, -a *adj*: **estar ~** être
aphone

aforo *nm* (*de teatro*) capacité *f*

afortunado, -a adj (persona) chanceux(-euse)

afrancesado, -a (pey) adj partisan des Français (lors de la guerre d'Indépendance, et aux XVIII et XIX siècles)

afrenta nf affront m

África nf Afrique f; **~ del Sur** Afrique du Sud

africano, -a adj africain(e) ♦ nm/f Africain(e)

afrontar vt affronter

afuera adv (esp AM) dehors; **~s** nfpl banlieue fsg

agachar vt incliner; **~se** vpr s'incliner

agalla nf (ZOOL) ouïe f; **tener ~s** (fam) ne pas avoir froid aux yeux

agarradera (AM) nf (asa) anse f

agarrado, -a adj radin(e)

agarrar vt saisir; (esp AM: recoger) prendre; (fam: enfermedad) attraper ♦ vi (planta) prendre; **~se** vpr (comida) coller; **~se (a)** s'accrocher (à)

agarrotar vt (reo) faire subir le supplice du garrot à; **~se** vpr (MED) avoir des crampes

agasajar vt accueillir chaleureusement

agazapar vt saisir; **~se** vpr (persona, animal) se tapir

agencia nf agence f

agenciarse vpr se procurer; **agenciárselas para hacer algo** se débrouiller pour faire qch

agenda nf agenda m

agente nm agent m; **~ (de policía)** agent (de police)

ágil adj agile; **agilidad** nf agilité f

agilizar vt activer

agitación nf agitation f

agitado, -a adj (día, viaje, vida) agité(e)

agitar vt agiter; (fig) troubler,

inquiéter; **~se** vpr s'agiter; (inquietarse) se troubler, s'inquiéter

aglomeración nf: **~ de gente** rassemblement m; **~ de tráfico** embouteillage m

agnóstico, -a adj, nm/f agnostique m/f

agobiar vt (suj: trabajo) accabler; (: calor) accabler, étouffer

agolparse vpr (personas) se presser, se bousculer

agonía nf agonie f

agonizante adj agonisant(e)

agonizar vi agoniser, être à l'agonie

agosto nm août m; ver tb **julio**

agotado, -a adj épuisé(e)

agotador, a adj épuisant(e)

agotamiento nm épuisement m

agotar vt épuiser; **~se** vpr s'épuiser; (libro) être épuisé(e)

agraciado, -a adj qui a du charme ♦ nm/f (en sorteo, lotería) gagnant(e)

agradable adj agréable

agradar vi plaire; **esto no me agrada** cela ne me plaît pas; **le agrada estar en su compañía** votre compagnie lui est agréable

agradecer vt remercier; **te agradezco que hayas venido** je te remercie d'être venu

agradecido, -a adj **¡muy ~!** merci beaucoup!, merci bien!; **agradecimiento** nm remerciement m

agradezca etc vb ver **agradecer**

agrado nm agrément m, plaisir m; (amabilidad) amabilité f; **ser de tu ~** être à ton etc goût

agrandar vt agrandir

agrario, -a adj agraire

agravante nm o f: **con el o la ~ de que ...** le problème étant que ...

agravar vt aggraver; **~se** vpr s'aggraver

agraviar vt offenser; **agravio** nm offense f

agredir vt agresser

agregado nm agrégat m; (profesor) maître m de conférences (à l'université), professeur certifié(e) (dans l'enseignement secondaire)

agregar vt: ~ **(a)** ajouter (à); (unir) associer (à)

agresión nf agression f

agresivo, -a adj agressif(-ive)

agriar vt aigrir; (leche) faire tourner; **~se** vpr s'aigrir; (leche) tourner

agrícola adj agricole

agricultor, a nm/f agriculteur(-trice)

agricultura nf agriculture f

agridulce adj aigre-doux(-douce)

agrietarse vpr se crevasser; (piel) se gercer

agrimensor, a nm/f arpenteur m

agrio, -a adj aigre; (carácter) aigri(e), revêche; **~s** nmpl agrumes mpl

agrupación nf groupement m, regroupement m

agrupar vt (personas) grouper; (libros, datos) regrouper; **~se** vpr se regrouper

agua nf eau f; (lluvia) pluie f, eau de pluie; **hacer ~** (embarcación) faire eau; **se me hace la boca agua** ça me met l'eau à la bouche; **~s abajo** en aval; **~s arriba** en amont; **~ caliente/corriente** eau chaude/courante; **~ de colonia** eau de Cologne; **~ mineral (con/sin gas)** eau minérale (gazeuse/non gazeuse)

aguacate nm avocat m; (árbol) avocatier m

aguacero nm averse f

aguado, -a adj (leche, vino) baptisé(e)

aguafiestas nm/f inv trouble-fête m/f inv, rabat-joie m/f inv

aguanieve nf neige f fondue

aguantar vt supporter, endurer ♦ vi (ropa) résister; **~se** vpr (persona) se dominer; **aguante** nm (paciencia) patience f; (resistencia) résistance f

aguar vt (leche, vino) baptiser, couper

aguardar vt attendre ♦ vi: ~ **(a que)** attendre (que)

aguardiente nm eau-de-vie f

aguarrás nm essence f de térébenthine

agudeza nf (oído, olfato) finesse f; (vista) acuité f; (de sonido) aigu m; (fig: ingenio) vivacité f, finesse

agudizar vt aiguiser; (crisis) intensifier; **~se** vpr s'aiguiser; (crisis) s'intensifier

agudo, -a adj (afilado) tranchant(e), coupant(e); (vista) perçant(e); (oído, olfato) fin(e); (sonido, dolor) aigu(ë)

agüero nm: **ser de buen/mal ~** être de bon/mauvais augure

aguijón nm (de insecto) dard m; (fig: estímulo) aiguillon m

águila nf aigle m; **ser un ~** (fig) être un as

aguileño, -a adj (nariz) aquilin(e)

aguinaldo nm étrennes fpl

aguja nf aiguille f; (para hacer punto) aiguille à tricoter; (para hacer ganchillo) crochet m

agujerear vt (perforar: ropa, cristal, madera) trouer

agujero nm trou m

agujetas nfpl courbatures fpl

aguzar vt (herramientas) aiguiser, affiler; (ingenio, entendimiento)

aiguillonner, stimuler; ~ **el oído/
la vista** aiguiser l'ouïe/la vue
ahí adv (lugar) là; **de ~ que** donc,
d'où il s'ensuit que; ~ **está el
problema** tout le problème est
là; ~ **llega** le voilà; **por** ~ par là;
(lugar indeterminado) là-bas; **200
o por** ~ environ 200
ahijado, -a nm/f filleul/e
ahogar vt étouffer; (en el agua)
noyer; ~**se** vpr (en el agua) se
noyer; (por asfixia) s'asphyxier
ahondar vt creuser ♦ vi: ~ **en**
(problema) approfondir, creuser
ahora adv maintenant; (hace poco)
tout à l'heure; ~ **bien** o **que**
cependant, remarquez (que); ~
mismo à l'instant (même); ~ **voy**
j'arrive; **¡hasta** ~! à tout de
suite!, à bientôt!; **por** ~ pour le
moment
ahorcar vt pendre; ~**se** vpr se
pendre
ahorita (esp AM: fam) adv tout de
suite
ahorrar vt économiser, épargner;
~ **a algn algo** épargner qch à
qn; **ahorro** nm économie f,
épargne f; **ahorros** nmpl
économies fpl
ahuecar vt (madera, tronco)
évider; (voz) enfler
ahumar vt fumer
ahuyentar vt (ladrón, fiera)
mettre en fuite; (fig) chasser
airado, -a adj furieux(-euse)
airar vt (persona) irriter, fâcher;
airarse vpr (irritarse) s'irriter, se
fâcher
aire nm air m; ~**s** nmpl: **darse
~s** se donner des airs; **al ~ libre**
en plein air; **cambiar de ~s**
changer d'air; **estar en el ~**
(RADIO) être sur les ondes; (fig) être
en suspens; **tener un ~ con** o

darse un ~ a ressembler à;
tomar el ~ prendre l'air; ~
acondicionado air conditionné
airearse vpr prendre l'air
airoso, -a adj: **salir ~ de algo**
bien s'en tirer
aislado, -a adj isolé(e)
aislar vt isoler
ajardinado, -a adj aménagé(e)
ajedrez nm échecs mpl
ajeno, -a adj d'autrui; **estar ~ a
algo** être étranger à qch
ajetreado, -a adj (día)
mouvementé(e)
ajetreo nm agitation f
ají (AM) nm piment m rouge;
(salsa) sauce f au piment
ajo nm ail m
ajuar nm (de casa) mobilier m; (de
novia) trousseau m
ajustado, -a adj (ropa) ajusté(e);
(resultado) serré(e)
ajustar vt ajuster; (reloj, cuenta)
régler ♦ vi (ventana, puerta)
cadrer; ~**se** vpr: ~**se a** se
conformer à; ~ **algo a algo**
ajuster qch à qch; (fig) adapter
qch à qch; ~ **cuentas con algn**
régler ses comptes avec qn
ajuste nm (FIN) fixation f (des
prix); (acuerdo) accord m
al (= a + el) ver **a**
ala nf aile f; (de sombrero) bord m
alabanza nf éloge m, louange f
alabar vt (persona) louer; ~ **la**
alacena nf garde-manger m inv
alacrán nm scorpion m
alambrada nf, **alambrado** nm
grillage m
alambre nm fil m de fer; ~ **de
púas** fil de fer barbelé
alameda nf peupleraie f; (lugar de
paseo) promenade f (bordée
d'arbres)

álamo nm peuplier m

alarde nm: **hacer ~ de** se vanter de, faire étalage de

alargador nm (ELEC) rallonge f

alargar vt rallonger; (estancia, vacaciones) prolonger; (brazo) allonger, tendre; **~se** vpr (días) rallonger

alarido nm hurlement m

alarma nf (señal de peligro) alarme f, alerte f; **~ de incendios** avertisseur m d'incendie

alarmante adj alarmant(e)

alarmar vt alarmer; **~se** vpr s'alarmer

alba nf aube f

albacea nm/f exécuteur m testamentaire

albahaca nf basilic m

Albania nf Albanie f

albañil nm maçon m

albarán nm bordereau m

albaricoque nm abricot m

albedrío nm: **libre ~** libre arbitre m

alberca nf réservoir m d'eau; (AM) piscine f

albergar vt héberger; (esperanza) nourrir

albergue vb ver **albergar** ♦ nm abri m; **~ juvenil** o **de juventud** auberge f de jeunesse

albóndigas nfpl boulettes fpl de viande

albornoz nm (para el baño) sortie f de bain

alborotar vt agiter; (amotinar) ameuter ♦ vi faire du tapage; **~se** vpr s'agiter; **alboroto** nm tapage m

alborozar vt réjouir; **~se** vpr se réjouir

alborozo nm réjouissance f

álbum (pl **~s** o **~es**) nm album m

alcachofa nf artichaut m; **~ de ducha/de regadera** pomme f de douche/d'arrosoir

alcalde, -esa nm/f maire m

alcaldía nf mairie f

alcance vb ver **alcanzar** ♦ nm portée f; **al ~ de la mano** à portée de main; **estar a mi** etc/**fuera de mí** etc **~** être/ne pas être à ma etc portée

alcantarilla nf (subterránea) égout m; (en la calle) caniveau m

alcanzar vt atteindre; (persona) rattraper; (autobús) attraper; (AM: entregar) passer ♦ vi être suffisant(e); (para todos) suffire

alcaparra nf câpre f

alcayata nf (clavo) piton m

alcázar nm citadelle f; (NÁUT) dunette f

alcoba nf alcôve f

alcohol nm alcool m; (tb: **~ metílico**) alcool à brûler

alcohólico, -a adj, nm/f alcoolique m/f

alcoholímetro nm alcoomètre m

alcoholismo nm alcoolisme m

alcornoque nm chêne-liège m; (fam) andouille f

alcurnia nf noble lignée f

aldaba nf heurtoir m

aldea nf hameau m

aldeano, -a adj, nm/f villageois(e)

aleación nf alliage m

aleatorio, -a adj aléatoire

aleccionar vt instruire

alegación nf allégation f; **alegar** vt alléguer ♦ vi (AM) discuter

alegato nm plaidoyer m; (AM) discussion f

alegoría nf allégorie f

alegrar vt réjouir; (casa) égayer; (fiesta) animer; **~se** vpr (fam) se griser; **~se de** être heureux(-euse) de

alegre *adj* gai(e), joyeux(-euse); *(fam: con vino)* éméché(e);
alegría *nf* joie *f*, gaîté *f*

alejamiento *nm* éloignement *m*

alejar *vt* éloigner; **~se** *vpr* s'éloigner

alemán, -ana *adj* allemand(e) ♦ *nm/f* Allemand(e) ♦ *nm* (LING) allemand *m*

Alemania *nf* Allemagne *f*; **~ Occidental/Oriental** (HIST) Allemagne de l'Ouest/de l'Est

alentador, a *adj* encourageant(e)

alentar *vt* encourager

alergia *nf* allergie *f*

alero *nm* auvent *m*

alerta *adj inv* vigilant(e) ♦ *nf* alerte *f* ♦ *adv*: **estar ♦ mantenerse ~** être sur ses gardes

aleta *nf* (pez) nageoire *f*; (foca) aileron *m*; (nariz) aile *f*; (DEPORTE) palme *f*; (AUTO) garde-boue *m inv*

aletargar *vt* endormir; **~se** *vpr* s'assoupir

aletear *vi* (ave) battre des ailes; (pez) battre des nageoires

alevín *nm* alevin *m*

alfabeto *nm* alphabet *m*

alfalfa *nf* luzerne *f*

alfarería *nf* poterie *f*; (tienda) magasin *m* de poterie

alfarero, -a *nm/f* potier *m*

alféizar *nm* embrasure *f*

alférez *nm* (MIL) sergent *m*

alfil *nm* (AJEDREZ) fou *m*

alfiler *nm* épingle *f*; (broche) broche *f*; **~ de gancho** (AM: imperdible grande) (grande) épingle *f* de nourrice

alfiletero *nm* porte-aiguilles *m inv*

alfombra *nf* tapis *msg*;
alfombrar *vt* recouvrir d'un

tapis; **alfombrilla** *nf* carpette *f*

alforja *nf* sacoche *f*

algarabía (fam) *nf* brouhaha *m*

algas *nfpl* algues *fpl*

álgebra *nf* algèbre *f*

álgido, -a *adj* crucial(e)

algo *pron* quelque chose; (una cantidad pequeña) un peu ♦ *adv* un peu, assez; **~ así (como)** quelque chose comme; **~ es ~** c'est toujours quelque chose; **¿~ más?** c'est tout?; (en tienda) et avec ceci?; **por ~ será** il y a bien une raison

algodón *nm* coton *m*; **~ de azúcar** barbe *f* à papa; **~ hidrófilo** coton hydrophile

algodonero, -a *adj* cotonnier(-ière)

alguacil *nm* (de juzgado) huissier *m*; (de ayuntamiento) employé *m* municipal; (TAUR) officiel *m* à cheval

alguien *pron* quelqu'un

alguno, -a *adj* (delante de nm: algún) quelque, un (une); (después de n): **no tiene talento ~** il n'a aucun talent ♦ *pron* quelqu'un; **~ de ellos** l'un d'eux; **algún que otro libro** quelques livres; **algún día iré** j'irai un jour; **~s piensan** certains pensent

alhaja *nf* joyau *m*

alhelí *nm* giroflée *f*

aliado, -a *adj, nm/f* allié(e)

alianza *nf* alliance *f*

aliarse *vpr*: **~ (con/a)** s'allier (à)

alias *adv* alias

alicates *nmpl* pince *fsg*; **~ de uñas** coupe-ongles *m inv*

aliciente *nm* stimulant *m*; (atractivo) attrait *m*, charme *m*

alienación *nf* aliénation *f*

aliento *vb ver* **alentar** ♦ *nm* haleine *f*; **sin ~** hors d'haleine;

aligerar vt alléger; **~ el paso** presser le pas

alijo nm saisie f

alimaña nf animal m nuisible

alimentación nf alimentation f; **tienda de ~** magasin m d'alimentation; **alimentar** vt nourrir, alimenter; (suj: alimento) nourrir

alimenticio, -a adj (sustancia) alimentaire; (nutritivo) nourrissant(e)

alimento nm aliment m; **~s** nmpl (JUR) aliments mpl

alineación nf alignement m; (DEPORTE) formation f

alinear vt aligner; (DEPORTE) faire jouer; **~se** vpr s'aligner; (DEPORTE) rentrer

aliñar vt assaisonner; **aliño** nm assaisonnement m

alisar vt lisser; (madera) polir

alistarse vpr s'inscrire; (MIL) s'enrôler; (AM: prepararse) se préparer

aliviar vt (carga) alléger; (persona) soulager

alivio nm soulagement m

aljibe nm citerne f

allá adv là-bas; (por ahí) par là; **~ abajo/arriba** tout en bas/en haut; **hacia ~** par là-bas; **más ~** plus loin; **más ~ de** au-delà de; **~ por** vers; **¡~ tú!** tant pis pour toi!

allanamiento nm: **~ de morada** violation f de domicile

allanar vt aplanir; (muro) raser

allegado, -a adj partisan(e) ♦ nm/f proche parent(e)

allí adv (lugar) là; **~ mismo** là précisément; **por ~** par là

alma nf (tb TEC) âme f; (de negocio) nœud m; (de fiesta) clou m; (de reunión) objet m principal;

con toda el ~ du fond du cœur

almacén nm magasin m; (al por mayor) magasin de gros; (AM) épicerie f; **(grandes) almacenes** grands magasins mpl

almacenaje nm emmagasinage m, stockage m; **almacenaje secundario** (INFORM) mémoire f auxiliaire

almacenar vt emmagasiner, stocker; **almacenero, -a** (AM) nm/f épicier(-ière)

almanaque nm almanach m

almeja nf (ZOOL) clovisse f; (CULIN) palourde f

almendra nf amande f; **almendro** nm amandier m

almíbar nm sirop m; **en ~** au sirop

almidón nm amidon m

almirante nm amiral m

almirez nm mortier m

almizcle nm musc m

almohada nf oreiller m; (funda) taie f d'oreiller; **almohadilla** nf (para sentarse) coussinet m; (para planchar) pattemouille f; (para sellar) tampon m encreur; (en los arreos) tapis msg de selle; (AM) pelote f à épingles

almohadón nm coussin m; (funda de almohada) taie f d'oreiller

almorranas nfpl hémorroïdes fpl

almorzar vt: **~ una tortilla** déjeuner d'une omelette ♦ vi déjeuner

almuerzo vb ver **almorzar** ♦ nm déjeuner m

alocado, -a adj écervelé(e); (acción) irréfléchi(e)

alojamiento nm logement m

alojar vt loger; **~se** vpr: **~se en** (persona) loger à; (bala, proyectil) se loger dans

alondra nf alouette f

alpargata nf espadrille f

Alpes nmpl: **los ~** les Alpes fpl

alpinismo nm alpinisme m;
alpinista nm/f alpiniste m/f

alpiste nm alpiste m

alquilar vt louer; **"se alquila casa"** "maison à louer"

alquiler nm location f; (precio) loyer m; **de ~** à louer; **~ de coches/automóviles** location de voitures

alquimia nf alchimie f

alquitrán nm goudron m

alrededor adv autour; **~es** nmpl environs mpl; **~ de** autour de; (aproximadamente) environ; **a su ~** autour de lui; **mirar a su ~** regarder autour de soi

alta nf: **dar a algn de ~** (en empleo) autoriser qn à reprendre son travail (après un congé de maladie); **darse de ~** (MED) se déclarer guéri(e); (en club, asociación) devenir membre

altanería nf arrogance f; (de aves) haut vol m

altanero, -a adj hautain(e)

altar nm autel m

altavoz nm haut-parleur m

alteración nf altération f; (alboroto) altercation f; (agitación) agitation f; **~ del orden público** trouble m de l'ordre public

alterar vt modifier; (persona) perturber; (alimentos, medicinas) altérer; **~se** vpr (persona) se troubler

altercado nm altercation f

alternar vi fréquenter des gens; **~se** vpr se relayer

alternativa nf **no tener otra ~** ne pas avoir le choix

alternativo, -a adj alternatif(-ive); (hojas, ángulo) alterne

alterno, -a adj (días) tous les deux; (ELEC) alternatif(-ive)

alteza nf altesse f

altibajos nmpl (del terreno) inégalités fpl; (fig) des hauts et des bas mpl

altiplanicie nf haut plateau m

altiplano nm = altiplanicie

altisonante adj ronflant(e)

altitud nf altitude f

altivez nf hauteur f, morgue f

altivo, -a adj hautain(e), altier(-ière)

alto, -a adj haut(e); (persona) grand(e); (sonido) aigu(ë); (precio, ideal, clase) élevé(e) ♦ nm haut m; (AM) tas msg ♦ adv haut; (río) en crue ♦ excl halte!; **la pared tiene 2 metros de ~** le mur fait 2 mètres de haut; **alta fidelidad/ frecuencia** haute fidélité/ fréquence; **en alta mar** en haute mer; **alta tensión** haute tension; **a altas horas de la noche** à une heure avancée de la nuit; **en lo ~ de** en haut de, tout en haut de; **hacer un ~** faire une halte; **por todo lo ~** sur un grand pied; **declarar/respetar el ~ el fuego** déclarer/observer le cessez-le-feu

altoparlante (AM) nm haut-parleur m

altruismo nm altruisme m

altura nf hauteur f; (de persona) taille f; (altitud) altitude f; **~s** nfpl hauteurs fpl; **la pared tiene 1.80 de ~** le mur fait 1 mètre 80 de hauteur o de haut; **a estas ~s** à l'heure qu'il est

alubias nfpl haricots mpl

alucinación nf hallucination f; **alucinar** vt halluciner

alud nm avalanche f

aludir vi: **~ a** faire allusion à;

darse por aludido se sentir visé

alumbrado *nm* éclairage *m*;
alumbramiento *nm*
accouchement *m*

alumbrar *vt* éclairer; (MED)
accoucher de

aluminio *nm* aluminium *m*

alumno, -a *nm/f* élève *m/f*

alunizar *vi* alunir

alusión *nf* allusion *f*; **hacer ~ a**
faire allusion à

aluvión *nm* (de agua) inondation
f; (de gente, noticias) déluge *m*

alverja (AM) *nf* pois *msg* de
senteur

alza *nf* hausse *f*; **estar en ~**
(precio) être en hausse;
(estimación) être bien coté(e)

alzada *nf* (de caballos) hauteur *f*
au garrot

alzamiento *nm* (rebelión)
soulèvement *m*; (de muro)
élévation *f*

alzar *vt* (tb castigo) lever; (precio,
muro, monumento) élever; (cuello
de abrigo) relever; (poner derecho)
redresser; **~se** *vpr* s'élever;
(rebelarse) se soulever; **~ la voz**
élever la voix

ama *nf* maîtresse *f* (de maison),
propriétaire *f*; **~ de casa**
ménagère *f*; **~ de llaves**
gouvernante

amabilidad *nf* amabilité *f*;
amable *adj* aimable; **es Vd
muy amable** c'est très aimable à
vous

amaestrado, -a *adj* dressé(e)

amaestrar *vt* dresser

amago *nm* menace *f*; (MED)
symptôme *m*

amainar *vi* tomber

amalgama *nf* amalgame *m*;
amalgamar *vt* amalgamer

amamantar *vt* allaiter, donner le

sein à

amanecer *vi*: **amanece** le jour
se lève ♦ *nm* lever *m* du jour; **el
niño amaneció con fiebre**
l'enfant s'est réveillé avec de la
fièvre

amanerado, -a *adj* maniéré(e);
(lenguaje) affecté(e)

amansar *vt* apprivoiser; **~se** *vpr*
(persona) s'amadouer

amante *adj*: **~ de**
amoureux(-euse) de ♦ *nm/f* amant
(maîtresse)

amapola *nf* coquelicot *m*

amar *vt* aimer

amargado, -a *adj* amer(-ère),
aigri(e)

amargar *vt* (comida) rendre
amer(-ère); (fig: estropear) gâcher
♦ *vi* (naranja) se gâter; **~se** *vpr*
s'aigrir

amargo, -a *adj* amer(-ère);
amargura *nf* (tristeza) chagrin *m*

amarillento, -a *adj* jaunâtre;
(tez) jaune

amarillo, -a *adj* (color) jaune ♦
nm jaune *m*

amarra *nf* amarre *f*; **~s** *nfpl*
piston *msg*; **soltar ~s** larguer les
amarres

amarrar *vt* (NÁUT) amarrer; (atar)
ficeler, ligoter

amasar *vt* (masa) pétrir; (yeso,
mortero) gâcher; **amasijo** *nm*
(fig) ramassis *msg*

amateur *nm/f* amateur *m*

amazona *nf* amazone *f*, cavalière
f

Amazonas *nm*: **el (Río) ~**
l'Amazone *f*

ambages *nmpl*: **sin ~** sans
ambages

ámbar *nm* ambre *m* (jaune)

ambición *nf* ambition *f*;
ambicionar *vt* ambitionner;

ambicionar *hacer* ambitionner de faire

ambicioso, -a *adj* ambitieux(-ieuse)

ambidextro, -a *adj* ambidextre

ambientación *nf* (CINE, TEATRO, TV) cadre *m*

ambiente *nm* (atmósfera, tb fig) atmosphère *f*; (entorno) air *m* ambiant, milieu *m*

ambigüedad *nf* ambiguïté *f*

ambiguo, -a *adj* ambigu(ë)

ámbito *nm* domaine *m*; (fig) cercle *m*

ambos, -as *adj pl* les deux ♦ *pron* pl tous (toutes) les deux

ambulancia *nf* ambulance *f*

ambulante *adj* ambulant(e)

ambulatorio *nm* dispensaire *m*

amedrentar *vt* effrayer; **~se** *vpr* s'effrayer

amén *excl* amen!; **~ de** outre

amenaza *nf* menace *f*

amenazar *vt* menacer; **~ con (hacer)** menacer de (faire); **~ de muerte** menacer de mort

amenidad *nf* aménité *f*

ameno, -a *adj* amène

América *nf* Amérique *f*; **~ Central/Latina** Amérique centrale/latine; **~ del Norte/del Sur** Amérique du Nord/du Sud

americana *nf* veste *f*

americano, -a *adj* américain(e) ♦ *nm/f* Américain(e)

ametralladora *nf* mitrailleuse *f*

amianto *nm* amiante *m*

amigable *adj* amical(e)

amígdala *nf* amygdale *f*; **amigdalitis** *nf* amygdalite *f*

amigo, -a *adj* ami(e) ♦ *nm/f* (gen) ami(e); (amante) petit(e) ami(e); **ser ~ de algo** être un ami de qch; **ser muy ~s** être très amis

amilanar *vt* effrayer; **~se** *vpr*

s'effrayer

aminorar *vt* (velocidad etc) ralentir

amistad *nf* amitié *f*; **~es** *nfpl* (amigos) amis *mpl*

amistoso, -a *adj* amical(e)

amnesia *nf* amnésie *f*

amnistía *nf* amnistie *f*

amo *nm* (dueño) maître *m* (de maison), propriétaire *m*; (jefe) patron *m*; **hacerse el ~ (de algo)** prendre la direction (de qch)

amodorrarse *vpr* s'assoupir

amoldar ~se *vpr*: **~se (a)** (prenda, zapatos) prendre la forme (de); **~se a** s'adapter à

amonestación *nf* admonestation *f*; **amonestaciones** *nfpl* (REL) bans *mpl*

amonestar *vt* admonester; (REL) publier les bans de

amontonar *vt* entasser, amonceler; (riquezas etc) accumuler, amasser; **~se** (gente) se masser; (hojas, nieve etc) s'entasser; (trabajo) s'accumuler

amor *nm* amour *m*; **de mil ~es** très volontiers; **hacer el ~** faire l'amour; (cortejar) faire la cour; **tener ~es con algn** avoir une liaison avec qn; **¡por (el) ~ de Dios!** pour l'amour de Dieu!; **~ propio** amour-propre *m*

amoratado, -a *adj* (por frío) violacé(e); (por golpes) couvert(e) de bleus; **ojo ~** œil *m* au beurre noir

amordazar *vt* bâillonner

amorfo, -a *adj* amorphe

amoroso, -a *adj* amoureux(-euse); (carta) d'amour

amortiguador *nm* (dispositivo) amortisseur *m*; (parachoques) pare-chocs *m inv*; **~es** *nmpl*

(AUTO) suspension fsg
amortiguar vt amortir; (dolor)
atténuer; (color) neutraliser; (luz)
baisser
amortización nf amortissement
m
amotinar vt ameuter; **~se** vpr se
mutiner
amparar vt secourir; (suj: ley)
protéger; **~se** vpr se mettre à
l'abri; **~se en** (ley, costumbre) se
prévaloir de; **amparo** nm
protection f; **al amparo de** grâce
à
amperio nm ampère m
ampliación nf agrandissement m;
(de capital) augmentation f; (de
estudios) approfondissement m; (de
cosa añadida) extension f;
ampliar vt agrandir; (estudios)
approfondir
amplificación nf amplification f;
amplificador nm amplificateur
m
amplificar vt amplifier
amplio, -a adj (habitación) vaste;
(ropa, consecuencias) ample; (calle)
large
amplitud nf étendue f; **de gran
amplitud** de grande envergure;
amplitud de miras largeur f
d'esprit
ampolla nf ampoule f
ampuloso, -a adj ampoulé(e)
amputar vt amputer
amueblar vt meubler
amuleto nm amulette f
anacronismo nm anachronisme
m
anales nmpl annales fpl
analfabetismo nm
analphabétisme m
analfabeto, -a adj ♦ nm/f
analphabète m/f
analgésico nm analgésique m

análisis nm inv analyse f
analista nm/f analyste m/f
analizar vt analyser
analogía nf analogie f
analógico, -a adj analogique
análogo, -a adj analogue
anaquel nm rayon m
anaranjado, -a adj orangé(e)
anarquía nf anarchie f;
anarquismo nm anarchisme m;
anarquista nm/f anarchiste m/f
anatomía nf anatomie f
anca nf (de animal) croupe f
ancho, -a adj large ♦ nm largeur
f; **a lo ~** sur toute la largeur; **me
está** o **queda ~ el vestido** je
nage dans cette robe; **estar a
sus anchas** être à l'aise; **ir muy
~s** prendre de grands airs
anchoa nf anchois msg
anchura nf largeur f
anciano, -a adj vieux (vieille) ♦
nm/f personne f âgée
ancla nf ancre f; **anclar** vi
mouiller l'ancre
Andalucía nf Andalousie f
andaluz, a adj andalou(se) ♦
nm/f Andalou(se)
andamiaje nm échafaudage m
andamio nm échafaudage m

┌─────────────────────────────┐
│ PALABRA CLAVE   │
└─────────────────────────────┘

andar vt parcourir
♦ vi **1** (persona, animal) marcher;
(coche) rouler
2 (funcionar: máquina, reloj)
marcher
3 (estar) être; **¿qué tal andas?**
comment vas-tu?; **andar mal de
dinero/de tiempo** être à court
d'argent/de temps; **andar
haciendo algo** être en train de
faire qch; **anda (metido) en
asuntos sucios** il est impliqué
dans des affaires louches; **anda**

por los cuarenta il a environ quarante ans; **no sé por dónde anda** je ne sais pas où il est
4 (*revolver*): **no andes ahí/en mi cajón** ne touche pas à ça/à mon tiroir
5 (*obrar*): **andar con cuidado** *o* **con pies de plomo** faire bien attention, regarder où l'on met les pieds; **andarse** *vpr*: **andarse con rodeos** *o* **por las ramas** tourner autour du pot; **andarse con historias** raconter des histoires
♦ *nm* **andares** démarche *f*

andén *nm* quai *m*; (AM) trottoir *m*
Andes *nmpl*: **los ~** les Andes *fpl*
Andorra *nf* Andorre *f*
andrajo *nm* loque *f*, haillon *m*
andrajoso, -a *adj* déguenillé(e), loqueteux(-euse)
anduve *etc vb ver* **andar**
anduviera *etc vb ver* **andar**
anécdota *nf* anecdote *f*
anegar *vt* (*lugar*) inonder; **~se** *vpr* être inondé(e)
anejo, -a *adj* annexe ♦ *nm* = **anexo** annexe *f*
anemia *nf* anémie *f*
anestesia *nf* anesthésie *f*; **~ general/local** anesthésie générale/locale
anexar *vt* annexer; **~ algo a algo** (POL) annexer qch à qch;
anexión *nf* annexion *f*;
anexionamiento *nm* = **anexión**
anexo, -a *adj* annexe ♦ *nm* annexe *f*
anfibio, -a *adj* amphibie ♦ *nm* amphibien *m*
anfiteatro *nm* amphithéâtre *m*
anfitrión, -ona *nm/f* amphitryon

m, hôte(sse); **el equipo ~** (DEPORTE) l'équipe qui reçoit
ángel *nm* ange *m*; **~ de la guarda** ange gardien; **angelical** *adj* angélique
angélico, -a *adj* = **angelical**
angina *nf*: **tener ~s** avoir une angine; **~ de pecho** angine *f* de poitrine
anglicano, -a *adj, nm/f* anglican(e)
anglosajón, -ona *adj* anglo-saxon(ne) ♦ *nm/f* Anglo-Saxon(ne)
angosto, -a *adj* étroit(e), resserré(e)
anguila *nf* anguille *f*
angulas *nfpl* civelles *fpl*
ángulo *nm* angle *m*; (*rincón*) coin *m*
angustia *nf* angoisse *f*; (*agobio*) anxiété *f*; **angustiar** *vt* angoisser; **angustiarse** *vpr* s'angoisser
anhelar *vt* être avide de; **~ hacer** mourir d'envie de faire;
anhelo *nm* désir *m* ardent
anhídrido *nm*: **~ carbónico** dioxyde *m* de carbone
anidar *vi* nicher
anillo *nm* bague *f*; **~ de boda** alliance *f*; **~ de compromiso** bague de fiançailles
animación *nf* animation *f*
animado, -a *adj* (*vivaz*) plein(e) de vie *o* d'entrain; (*fiesta, conversación*) animé(e); (*alegre*) joyeux(-euse)
animador, a *nm/f* (TV, DEPORTE) animateur(-trice); (*persona alegre*) boute-en-train *m inv*
animadversión *nf* animadversion *f*
animal *adj* animal(e) ♦ *nm* animal *m*; **ser un ~** (*fig*) être un animal
animar *vt* animer; (*dar ánimo a*) encourager; (*habitación, vestido*)

egayer; (*fuego*) ranimer; **~se** *vpr*
s'égayer; **a algn a hacer/**
para que haga encourager qn à
faire; **~se a hacer** se décider à
faire
ánimo *nm* courage *m* ♦ *excl*
courage!; **tener ~(s) (para)** être
d'humeur (à); **con/sin ~ de**
hacer avec l'intention/sans
intention de faire
animoso, -a *adj*
courageux(-euse)
aniquilar *vt* anéantir; (*salud*)
ruiner
anís *nm* anis *msg*
aniversario *nm* anniversaire *m*
anoche *adv* hier soir, la nuit
dernière; **antes de ~** avant-hier
soir
anochecer *vi* commencer à faire
nuit ♦ *nm* crépuscule *m*; **al ~** à la
tombée de la nuit
anodino, -a *adj* (*película, novela*)
insipide; (*persona*) insignifiant(e)
anomalía *nf* anomalie *f*
anonadado, -a *adj* abattu(e)
anonimato *nm* anonymat *m*
anónimo, -a *adj* anonyme ♦ *nm*
lettre *f* anonyme
anorexia *nf* anorexie *f*
anormal *adj* anormal(e) ♦ *nm/f*
débile *m/f* mental(e)
anotar *vt* annoter
anquilosarse *vpr* s'ankyloser;
(*fig*) vieillir
ansia *nf* (*deseo*) avidité *f*;
(*ansiedad*) angoisse *f*; **ansiar** *vt*
être avide de; **ansiar hacer**
brûler de faire
ansiedad *nf* angoisse *f*
ansioso, -a *adj* (*codicioso*) avide;
(*preocupado*) anxieux(-euse); **~ de**
o **por (hacer)** avide de (faire)
antagónico, -a *adj* antagonique;
antagonista *nm/f* adversaire *m/f*

antaño *adv* jadis, autrefois
Antártico *nm*: **el ~** l'Antarctique
m
ante *prep* devant; (*enemigo,*
peligro, en comparación con) face
à; (*datos, cifras*) en présence de ♦
nm daim *m*; **~ todo** avant tout
anteanoche *adv* avant-hier soir
anteayer *adv* avant-hier
antebrazo *nm* avant-bras *m inv*
antecedente *adj* antérieur(e) ♦
nm antécédent *m*; **~s** *nmpl*
antécédents *mpl*; **estar en ~s**
être au courant; **poner a algn**
en ~s mettre *o* tenir qn au
courant; **~s penales** casier *msg*
judiciaire
anteceder *vt*: **~ a** précéder
antecesor, a *nm/f* prédécesseur
m
antedicho, -a *adj* susdit(e)
antelación *nf*: **con ~** à l'avance
antemano: de ~ *adv* d'avance
antena *nf* antenne *f*; **~**
parabólica antenne parabolique
anteojo *nm* lunette *f*; **~s** *nmpl*
(*esp AM*) lunettes *fpl*
antepasados *nmpl* ancêtres *mpl*
anteponer *vt*: **~ algo a algo**
faire passer une chose avant une
autre
anteproyecto *nm* avant-projet *m*
anterior *adj*: **~ (a)** (*en orden*) qui
précède; (*en el tiempo*) antérieur(e)
(à); **anterioridad** *nf*: **con**
anterioridad a préalablement à,
avant
antes *adv* avant; (*primero*)
d'abord; (*hace tiempo*) autrefois ♦
prep: **~ de** (*comparación*) plutôt à
conj: **~ de ir/de que te vayas**
avant d'aller/que tu ne partes; **~**
bien plutôt; **~ de nada** avant
tout; **dos días ~** deux jours plus
tôt; **la tarde de ~** la veille au

soir; **no quiso venir ~** il n'a pas voulu venir plus tôt; **tomo el avión ~ que el barco** je préfère l'avion au bateau; **~ que yo** avant moi

antiaéreo, -a *adj* antiaérien(ne)

antibalas *adj inv:* **chaleco ~** gilet *m* pare-balles

antibiótico *nm* antibiotique *m*

anticiclón *nm* anticyclone *m*

anticipación *nf:* **con 10 minutos de ~** avec 10 minutes d'avance; **hacer algo con ~** faire qch à l'avance

anticipado, -a *adj* anticipé(e); **por ~** d'avance, par anticipation

anticipar *vt* anticiper; **~se** *vpr* (*estación*) être en avance; **~se (a)** (*adelantarse*) devancer; (*prever*) prévenir

anticipo *nm* avance *f*

anticonceptivo, -a *adj* contraceptif(-ive) ♦ *nm* contraceptif *m*

anticongelante *nm* (AUTO) antigel *m*

anticuado, -a *adj* (*ropa, estilo*) démodé(e); (*máquina, término*) vieillot(te), vieux (vieille)

anticuario *nm* antiquaire *m/f*

anticuerpo *nm* anticorps *msg*

antídoto *nm* antidote *m*

antiestético, -a *adj* inesthétique

antifaz *nm* masque *m*

antigualla *nf* (*pey: objeto*) antiquité *f*

antiguamente *adv* autrefois, jadis

antigüedad *nf* antiquité *f*; (*en empleo*) ancienneté *f*; **~es** *nfpl* antiquités *fpl*

antiguo, -a *adj* ancien(ne), vieux (vieille) ♦ *nm:* **los ~s** les Anciens *mpl*; **a la antigua** à l'ancienne

Antillas *nfpl:* **las ~** les Antilles *fpl*

antílope *nm* antilope *f*

antinatural *adj* anormal(e); (*perverso*) contre nature; (*afectado*) forcé(e)

antipatía *nf* antipathie *f*; (*a cosa*) répugnance *f*

antipático, -a *adj* antipathique; (*gesto etc*) déplaisant(e)

antirrobo *adj inv* antivol

antisemita *adj, nm/f* antisémite *m/f*

antiséptico, -a *adj* antiseptique ♦ *nm* antiseptique *m*

antítesis *nf inv*

antojadizo, -a *adj* capricieux(-ieuse)

antojarse *vpr:* **se me antoja comprarlo** j'ai envie de me l'acheter; **se me antoja que** j'imagine que

antojo *nm* caprice *m*, lubie *f*; (ANAT, *de embarazada, lunar*) envie *f*; **hacer algo a su ~** faire qch à sa guise

antología *nf* anthologie *f*

antorcha *nf* torche *f*

antro *nm* (fig) antre *m*

antropófago, -a *adj, nm/f* anthropophage *m/f*

antropología *nf* anthropologie *f*

anual *adj* annuel(le)

anuario *nm* annuaire *m*

anudar *vt* nouer; **~se** *vpr* s'emmêler

anulación *nf* annulation *f*; (*ley*) abrogation *f*; (*persona*) annihilation *f*

anular *vt* annuler; (*ley*) abroger ♦ *nm* (tb: **dedo ~**) annulaire *m*

anunciación *nf* (REL): **la A~** l'Annonciation *f*

anunciante *nm/f* (COM) annonceur *m* (publicitaire)

anunciar *vt* annoncer; (COM) faire de la publicité pour

anuncio *nm* annonce *f*; (COM)
publicité *f*; (*cartel*) panneau *m*
publicitaire; (*señal*) pancarte *f*; **~s
por palabras** petites annonces
fpl

anzuelo *nm* hameçon *m*; (*fig*)
appât *m*

añadidura *nf* ajout *m*; (*vestido*)
rallonge *f*; **por ~** par surcroît

añadir *vt* ajouter; (*prenda*)
rallonger

añejo, -a *adj* (*vino*) vieux (vieille); (*pey: tocino, jamón*) rance

añicos *nmpl* morceaux *mpl*;
hacer ~ (*cosa*) mettre en
morceaux; **hacerse ~** briser en
mille morceaux; (*cristal*) voler en
éclats

añil *nm* indigo *m*

año *nm* an *m*; (*duración*) année *f*;
los ~s 80 les années 80; **¡Feliz
A~ Nuevo!** Bonne et heureuse
année!; **tener 15 ~s** avoir 15
ans; **~ académico** *o* **escolar/
bisiesto/sabático** année
scolaire *o* universitaire/bissextile/
sabbatique; **~ económico** *o*
fiscal exercice *m* financier; **~-luz**
année-lumière *f*

añoranza *nf* nostalgie *f*

apabullar *vt* sidérer

apacentar *vt* faire paître

apacible *adj* paisible; (*clima*)
doux (douce); (*lluvia*) fin(e)

apaciguar *vt* apaiser, calmer;
~se *vpr* s'apaiser, se calmer

apadrinar *vt* (REL) être le parrain
de

apagado, -a *adj* éteint(e); (*color*)
terne; (*sonido*) étouffé(e); **estar ~**
être éteint

apagar *vt* éteindre; (*sed*)
étancher; **~se** *vpr* s'éteindre

apagón *nm* panne *f*

apalabrar *vt* (*persona*) engager;

(*piso*) convenir (verbalement) de

apalear *vt* rosser

apañar (*fam*) *vt* (*arreglar*)
rafistoler; (*vestido*) raccommoder;
~se *vpr* (*arreglárselas
(para hacer)* se débrouiller
(pour faire)

aparador *nm* buffet *m*

aparato *nm* appareil *m*; (RADIO, TV)
poste *m*; **~s** *nmpl* (*gimnasia*)
agrès *mpl*; **~ de facsímil**
télécopieur *m*; **~s de mando**
(AVIAT etc) commandes *fpl*

aparatoso, -a *adj* spectaculaire

aparcamiento *nm* (*lugar*)
parking *m*; (*maniobra*)
stationnement *m*

aparcar *vt* garer ♦ *vi* se garer

aparearse *vpr* s'apparier

aparecer *vi* apparaître; (*publicarse*) paraître; (*ser
encontrado*) être trouvé(e); **~se**
vpr apparaître

aparejado, -a *adj*: **llevar** *o*
traer ~ entraîner

aparejador, a *nm/f* (ARQ) aide-
architecte

aparejo *nm* (*de pesca*) matériel *m*
(de pêche); (NÁUT) gréement *m*

aparentar *vt* (*edad*) faire ♦ *vi* se
faire remarquer; **~ hacer** faire
semblant de faire

aparente *adj* apparent(e)

aparezca *etc vb ver* **aparecer**

aparición *nf* apparition *f*; (*de
libro*) parution *f*

apariencia *nf* apparence *f*; **~s**
nfpl (*aspecto*) apparences *fpl*; **en
~** en apparence; **tener (la) ~ de**
avoir l'apparence de; **guardar
las ~s** sauver les apparences

apartado, -a *adj* (*lugar*)
éloigné(e) ♦ *nm* paragraphe *m*,
alinéa *m*; **~ (de correos)** boîte *f*
postale

apartamento nm studio m

apartar vt écarter; (quitar) retirer; (comida, dinero) mettre de côté; **~se** vpr s'écarter

aparte adv (en otro sitio) de côté; (en sitio retirado) à l'écart; (además) en outre ♦ prep: **~ de** à part ♦ nm aparté ♦ adj à part; **~ de que** sans compter que, en plus du fait que

aparthotel nm apparthôtel m

apasionado, -a adj passionné(e); **~ de/por** passionné(e) de/par

apasionar vt: **le apasiona el fútbol** c'est un passionné de football; **~se** vpr se passionner; **~se por** se passionner pour; (persona) être passionnément amoureux(-euse) de; (deporte, política) être mordu(e) de

apatía nf indolence f

apático, -a adj apathique

Apdo. abr (= Apartado (de Correos)) B.P. (= boîte postale)

apeadero nm (FERRO) halte f

apearse vpr: **~se (de)** descendre (de)

apechugar vi: **~ con algo** se coltiner qch

apedrear vt lapider

apegarse vpr: **~ a** (a persona) s'attacher à; (a cargo) prendre à cœur; **apego** nm: **apego a/por** (objeto) attachement à

apelación nf appel m

apelar vi **~ a** faire appel à; (justicia) avoir recours à

apellidarse vpr: **se apellida Pérez** il s'appelle Pérez

apellido nm nom m de famille

apelmazarse vpr (masa) se tasser; (arroz) se coller; (prenda) rétrécir

apenar vt peiner, faire de la peine

à; (AM: avergonzar) faire honte à; **~se** vpr avoir de la peine; (AM) avoir honte

apenas adv à peine, presque pas ♦ conj dès que; **~ si podía levantarse** c'est à peine s'il pouvait se lever

apéndice nm appendice m; **apendicitis** nf appendicite f

aperitivo nm apéritif m

apero nmpl (utensilios) matériel msg; (AGR) matériel agricole

apertura nf ouverture f; (de curso) rentrée f (des classes); (de parlamento) rentrée parlementaire

apesadumbrar vt attrister

apestar vt empester ♦ vi: **~ (a)** empester; **estar apestado de** être infesté de

apetecer vt: **¿te apetece una tortilla?** as-tu envie d'une omelette?; **apetecible** adj appétissant(e); (olor) agréable; (objeto) séduisant(e)

apetito nm appétit m

apetitoso, -a adj alléchant(e)

apiadarse vpr: **~ de** s'apitoyer sur

ápice nm (fig) summum m

apilar vt empiler

apiñarse vpr se presser

apio nm céleri m

apisonadora nf rouleau m compresseur

aplacar vt apaiser; (sed) étancher; (entusiasmo) refroidir; **~se** vpr s'apaiser; (entusiasmo) se refroidir

aplanar vt aplanir

aplastante adj écrasant(e)

aplastar vt écraser

aplatanarse (fam) vpr se ramollir

aplaudir vt, vi applaudir

aplauso nm applaudissement m

aplazamiento nm ajournement m

aplazar vt (reunión) ajourner
aplicación nf application f;
  aplicaciones nfpl applications
  fpl
aplicado, -a adj appliqué(e),
  studieux(-euse)
aplicar vt mettre en pratique; (ley,
  norma) appliquer; **~se** vpr
  s'appliquer; **~ (a)** appliquer (à)
aplique vb ver **aplicar** ♦ nm
  applique f
aplomo nm aplomb m
apocado, -a adj timoré(e)
apoderado nm
  mandataire m, fondé m de
  pouvoir
apoderarse vpr: **~ de** s'emparer
  de, s'approprier
apodo nm surnom m
apogeo nm apogée m
apolillarse vpr (ropa) être
  mangé(e) par les mites; (madera)
  être vermoulu(e)
apoltronarse vpr se prélasser
apoplejía nf apoplexie f
aporrear vt cogner sur
aportar vt (datos) fournir; (dinero)
  apporter; **~se** vpr (AM) arriver
aposento nm appartement m
aposta adv à dessein, exprès
apostar vt (dinero) parier; (tropas)
  poster ♦ vi parier; **~se** vpr se
  poster; **¿qué te apuestas a
  que ...?** on parie combien que
  ...?
apóstol nm apôtre m
apóstrofo nm apostrophe f
apoyar vt appuyer; **~se** vpr: **~se
  en** s'appuyer o reposer sur;
  apoyo nm appui m; (fundamento)
  fondement m
apreciable adj appréciable
apreciar vt apprécier
aprecio nm estime f; **tener ~
  a/sentir ~ por** avoir/ressentir de

l'estime pour
aprehender vt (armas, drogas)
  saisir; (persona) appréhender
apremiante adj pressant(e)
apremiar vt, vi presser; **~ a algn
  a hacer/para que haga** presser
  qn de faire
aprender vt, vi apprendre; **~ de
  memoria/de carretilla**
  apprendre par cœur
aprendiz, a nm/f apprenti(e);
  (recadero) galopin m;
  aprendizaje nm apprentissage
  m
aprensión nm appréhension f
aprensivo, -a adj
  appréhensif(-ive), méfiant(e)
apresar vt (delincuente)
  incarcérer; (contrabando) saisir;
  (soldado) mettre aux arrêts
apresurado, -a adj (decisión)
  hâtif(-ive); (persona) pressé(e)
apresurar **~se** vpr se presser;
  ~se (a hacer) se hâter (de faire)
apretado, -a adj serré(e);
  (estrecho de espacio) à l'étroit;
  (programa) chargé(e); **íbamos
  muy ~s en el autobús** nous
  étions à l'étroit dans l'autobus;
  vivir ~ vivre à l'étroit
apretar vt serrer; (labios) pincer;
  (gatillo, botón) appuyer sur ♦ vi
  (calor etc) redoubler; (zapatos,
  ropa) serrer, être trop juste; **el
  paso** presser le pas
apretón nm: **~ de
  manos** poignée f de main;
  apretones nmpl cohue fsg
aprieto vb ver **apretar** ♦ nm
  gêne f, embarras msg; **estar en
  un ~** être dans l'embarras; **estar
  en ~s** traverser des moments
  difficiles
aprisa adv vite
aprisionar vt (poner en prisión)

emprisonner; (*sujetar*) serrer

aprobación *nf* approbation *f*

aprobar *vt* (*decisión*) approuver; (*examen, materia*) être reçu(e) à ♦ *vi* (*en examen*) réussir; **~ por mayoría/por unanimidad** approuver à la majorité/à l'unanimité

apropiación *nf* appropriation *f*

apropiado, -a *adj* approprié(e)

apropiarse *vpr*: **~ de** s'approprier, s'emparer de

aprovechado, -a *adj* (*estudiante*) appliqué(e); (*día, viaje*) bien employé(e) ♦ *nm/f* (*pey*: *persona*) profiteur(-euse);
aprovechamiento *nm* exploitation *f*, utilisation *f*

aprovechar *vt* profiter de; (*tela, comida, ventaja*) tirer profit de ♦ *vi* progresser; (*pey*) profiter de; **¡que aproveche!** bon appétit!; **~ la ocasión para hacer** profiter de l'occasion pour faire

aproximación *nf* rapprochement *m*; **con ~** par approximation

aproximado, -a *adj* approximatif(-ive)

aproximarse *vpr* (s')approcher

apruebe *etc vb ver* **aprobar**

aptitud *nf*: **~ (para)** aptitude *f* (pour)

apto, -a *adj*: **~ (para)** apte (à), capable (de); (*apropiado*) qui convient (à)

apuesta *nf* pari *m*

apuntador *nm* (TEATRO) souffleur *m*

apuntalar *vt* étayer

apuntar *vt* (*con arma*) viser; (*con dedo*) montrer o désigner du doigt; (*datos*) noter; (TEATRO) souffler; **~se** *vpr* (*tanto, victoria*) remporter; (*en lista, registro*) s'inscrire

apunte *nm* croquis *msg*; **~s** *nmpl* (ESCOL) notes *fpl*

apuñalar *vt* poignarder

apurado, -a *adj* (*necesitado*) dans la gêne; (*situación*) difficile, délicat(e); (AM: *con prisa*) pressé(e); **estar ~** (*avergonzado*) être embarrassé(e)

apurar *vt* (*bebida, cigarrillo*) finir; (*recursos*) épuiser; (*persona*: *agobiar*) mettre à bout; (: *causar vergüenza a*) mettre dans l'embarras; **~se** *vpr* s'inquiéter; (*esp AM: darse prisa*) se dépêcher

apuro *nm* (*aprieto, embarazo*) gêne *f*, embarras *msg*; (AM: *prisa*) hâte *f*; **estar en ~s** (*dificultades*) avoir des ennuis; (*falta de dinero*) être dans la gêne

aquejado, -a *adj*: **~ de** (MED) atteint(e) de

aquel, aquella (*mpl* **aquellos**, *fpl* **aquellas**) *adj* ce (cette); (*pl*) ces

aquél, aquélla (*mpl* **aquéllos**, *fpl* **aquéllas**) *pron* celui-là (celle-là); (*pl*) ceux-là (celles-là)

aquello *pron* cela; **~ que hay allí** ce qu'il y a là-bas

aquí *adv*; ici; **~ abajo/arriba** en bas/là-haut; **~ mismo** ici même; **de ~ en adelante** désormais; **de ~ a siete días** d'ici sept jours; **hasta ~** jusqu'ici; **por ~** par ici

aquietar *vt* apaiser

ara *nf* (*beneficio*): **en ~s de** au nom de

árabe *adj* arabe ♦ *nm/f* Arabe *m/f* ♦ *nm* (LING) arabe *m*

Arabia *nf* Arabie *f*; **~ Saudí** o **Saudita** Arabie saoudite

arado *nm* charrue *f*

Aragón *nm* Aragon *m*

aragonés, -esa adj aragonais(e)
♦ nm/f Aragonais(e) ♦ nm (LING)
aragonais msg

arancel nm (tb: ~ de aduanas)
tarif m douanier

arandela nf rondelle f; (de vela)
bobèche f

araña nf araignée f; (lámpara)
lustre m

arañar vt (herir) griffer; (raspar)
érafler; **~se** vpr s'égratigner

arañazo nm égratignure f

arar vt labourer

arbitraje nm arbitrage m

arbitrar vt arbitrer ♦ vi arbitrer

arbitrariedad nf arbitraire m

arbitrario, -a adj arbitraire

arbitrio nm **quedar al ~ de**
algn dépendre de la volonté de
qn

árbitro, -a nm/f arbitre m

árbol nm (BOT, TEC) arbre m; (NÁUT)
mât m; **~ de Navidad** arbre de
Noël

arbolado, -a adj boisé(e) ♦ nm
bois msg

arboleda nf bois msg, bosquet m

arbusto nm arbuste m

arca nf coffre m

arcada nf arcade f; **~s** nfpl (MED)
nausées fpl

arcaico, -a adj archaïque

arce nm érable m

arcén nm (de autopista)
accotement m; (de carretera) bas-
côté m

archipiélago nm archipel m

archivador nm classeur m

archivar vt archiver; **archivo**
nm archives fpl

arcilla nf argile f

arco nm arc m; (MÚS) archet m;
(AM: DEPORTE) but m; **~ iris** arc-
en-ciel m

arder vi brûler; **estar que arde**

(fam) bouillir de rage

ardid nm ruse f

ardiente adj ardent(e)

ardilla nf écureuil m

ardor nm ardeur f; **con ~** (fig)
avec ardeur; **~ de estómago**
brûlures fpl d'estomac

arduo, -a adj ardu(e)

área nf (zona) surface f; (medida)
are m; (DEPORTE) zone f

arena nf sable m; **~s**
movedizas sables mouvants

arenal nm étendue f de sable

arenisca nf grès msg

arenoso, -a adj
sablonneux(-euse)

arenque nm hareng m

argamasa nf mortier m

Argel n Alger m; **Argelia** nf
Algérie f

argelino, -a adj algérien(ne) ♦
nm/f Algérien(ne)

Argentina nf Argentine f

argentino, -a adj argentin(e) ♦
nm/f Argentin(e)

argolla nf anneau m; (AM: anillo
de matrimonio) alliance f

argot (pl ~s) nm argot m

argucia nf argutie f

argüir vt arguer ♦ vi argumenter;
~ que (alegar) arguer que;
(deducir) déduire que

argumentación nf
argumentation f

argumentar vt argumenter;
(deducir) déduire; **~ que** (alegar)
avancer que

argumento nm argument m;
(CINE, TV) scénario m

aria nf aria f

aridez nf aridité f

árido, -a adj aride; **áridos** nmpl
(AGR) grains mpl

Aries nm (ASTROL) Bélier m; **ser ~**

être (du) Bélier

arisco, -a *adj* (*persona*) bourru(e)

aristocracia *nf* aristocratie *f*

aristócrata *nm/f* aristocrate *m/f*

aritmética *nf* arithmétique *f*

arma *nf* arme *f*; **~s** *nfpl* (MIL) armes *fpl*; **~ blanca** (*cuchillo*) arme blanche; (*espada*) épée *f*; **~ de doble filo** (*fig*) arme à double tranchant; **~ de fuego** arme à feu

armada *nf* marine *f* de guerre; (*flota*) flotte *f*

armadillo *nm* tatou *m*

armado, -a *adj* armé(e)

armador *nm* (NÁUT: *dueño*) armateur *m*

armadura *nf* (MIL) armure *f*; (TEC, FÍS) armature *f*; (*tejado*) charpente *f*; (*de gafas*) monture *f*

armamento *nm* armement *m*

armar *vt* armer; (MEC, TEC) monter; (*ruido, escándalo*) faire, provoquer; **~se** *vpr*: **~se (con/de)** s'armer (de); **~la** faire un esclandre; **~se un lío** s'arracher les cheveux

armario *nm* armoire *f*; **~ de cocina** garde-manger *m inv*; **~ empotrado** placard *m*

armatoste *nm* (*fam*) monument *m*

armazón *nf, nm* armature *f*; (ARQ) échafaudage *m*; (AUTO) châssis *msg*

armería *nf* (*tienda*) armurerie *f*

armiño *nm* hermine *f*; **de ~** d'hermine

armisticio *nm* armistice *m*

armonía *nf* harmonie *f*

armónica *nf* harmonica *m*

armonioso, -a *adj* harmonieux(-euse)

armonizar *vt* harmoniser ♦ *vi*: **~ con** (*fig*) être en harmonie avec

arneses *nmpl* (*para caballerías*) harnais *mpl*

aro *nm* cercle *m*, anneau *m*; (*juguete*) cerceau *m*; (AM: *pendiente*) anneau

aroma *nm* arôme *m*, parfum *m*

aromático, -a *adj* aromatique

arpa *nf* harpe *f*

arpía *nf* (*fig*) harpie *f*, mégère *f*

arpillera *nf* serpillière *f*

arpón *nm* harpon *m*

arquear *vt* fléchir; **~se** *vpr* fléchir

arqueología *nf* archéologie *f*

arqueólogo, -a *nm/f* archéologue *m/f*

arquetipo *nm* archétype *m*

arquitecto, -a *nm/f* architecte *m/f*; **arquitectura** *nf* architecture *f*

arrabal *nm* faubourg *m*; (*barrio bajo*) bas quartiers *mpl*; **~es** *nmpl* (*afueras*) faubourgs *mpl*

arraigado, -a *adj* enraciné(e)

arraigar *vi* prendre racine; (*ideas, costumbres*) s'enraciner, prendre racine; (*persona*) s'installer, s'établir; **~se** *vpr* (*costumbre*) s'enraciner, prendre racine; (*persona*) s'installer, s'établir

arrancar *vt* arracher; (*árbol*) déraciner; (*carteles, colgaduras*) retirer; (*esparadrapo*) enlever; (AUTO) mettre en marche; (INFORM) démarrer ♦ *vi* (AUTO, *máquina*) démarrer; **~ de raíz** déraciner

arranque *vb ver* **arrancar** ♦ *nm* (AUTO) démarrage *m*; (*fig*: *arrebato*) élan *m*

arrasar *vi* (*fig*) faire un triomphe *o* tabac (*fam*)

arrastrado, -a *adj* misérable; (AM: *servil*) servile

arrastrar *vt* traîner; (*suj*: *agua, viento, tb fig*) entraîner *o* traîner; **~se** *vpr* se traîner; **llevar algo arrastrando** traîner qch depuis longtemps

arrastre nm remorquage m
arre excl hue!
arrear vt exciter; (fam) flanquer
arrebatado, -a adj emporté(e), impétueux(-euse); (cara) congestionné(e); (color) vif (vive)
arrebatar vt arracher; **~se** vpr s'emporter
arrebato nm emportement m; **~ de cólera/entusiasmo** élan m o mouvement m de colère/d'enthousiasme
arrecife nm récif m; (tb: **~ de coral**) récif de corail
arredrarse vpr: **~ (por** o **ante algo)** s'effrayer (de qch)
arreglado, -a adj (persona) soigné(e); (vestido) impeccable; (habitación) ordonné(e), en ordre
arreglar vt ranger, mettre en ordre; (persona) préparer; (algo roto) réparer, arranger; (problema) régler; (entrevista) fixer; **~se** vpr s'arranger, se régler; (acicalarse) se pomponner; **arreglárselas** (fam) se débrouiller, s'en sortir; **~se el pelo/las uñas** s'arranger les cheveux/se faire les ongles
arreglo nm rangement m, ordre m; (acuerdo) arrangement m, accord m; (MÚS) arrangement m; (de algo roto) réparation f; (de persona) toilette f, soin m; **con ~ a** conformément à
arrellanarse vpr: **~ en** (sillón) se carrer o se prélasser dans
arremangar vt relever, retrousser; **~se** vpr retrousser ses manches
arremeter vi: **~ contra** se jeter à l'assaut de, fondre sur
arrendamiento nm location f; (contrato) bail m; (precio) loyer m;
arrendar vt louer

arrendatario, -a nm/f locataire m/f
arreos nmpl harnais msg
arrepentimiento nm repentir m
arrepentirse vpr: **~ (de)** se repentir (de); **~ de haber hecho algo** se repentir d'avoir fait qch
arrestar vt arrêter; (MIL) mettre aux arrêts
arresto nm arrestation f; (MIL) arrêts mpl; **arrestos** nmpl (audacia) audace fsg; **arresto domiciliario** assignation f à domicile
arriar vt amener

PALABRA CLAVE
---

arriba adv **1** (posición) en haut; **allí arriba** là-haut; **el piso de arriba** l'appartement du dessus; **la parte de arriba** le haut; **desde arriba** d'en haut; **arriba del todo** tout en haut; **Juan está arriba** Juan est en haut; **lo arriba mencionado** ce qui est mentionné ci-dessus
2 (dirección): **ir calle arriba** remonter la rue; **río arriba** en amont
3: **mirar a algn de arriba abajo** regarder qn de haut en bas
♦ prep: **arriba de** (AM) sur, au-dessus de; **arriba de 200 pesetas** plus de 200 pesetas
♦ excl: **¡arriba!** (¡levántate!) debout!; (¡ánimo!) courage!
¡manos arriba! haut les mains!;
¡arriba España! vive l'Espagne!

arribar vi arriver
arribista nm/f arriviste m/f
arriendo vb ver **arrendar** ♦ nm = arrendamiento
arriero nm muletier m
arriesgado, -a adj (peligroso)

risqué(e), hasardeux(-euse); (audaz: persona) audacieux(-euse)

arriesgarse vt, **arriesgarse** vpr risquer; **~se a hacer algo** se risquer à faire qch

arrimar vt (acercar): **~ a** approcher de; (dejar de lado) abandonner, laisser tomber; **~se** vpr: **~se a** (acercarse) s'approcher de; (apoyarse) s'appuyer sur

arrinconar vt (algo viejo) mettre dans un coin, mettre au rebut; (enemigo) acculer

arrodillarse vpr s'agenouiller

arrogancia nf arrogance f;

arrogante adj arrogant(e)

arrojar vt (piedras) jeter; (pelota) lancer; (basura) jeter, déverser; (humo) cracher; (persona) chasser, mettre dehors; (COM) totaliser; **~se** vpr se jeter

arrojo nm hardiesse f

arrollador, a adj (éxito) retentissant(e); (fuerza) irrésistible; (mayoría) écrasant(e)

arrollar vt (suj: vehículo) renverser; (DEPORTE) écraser

arropar vt couvrir; **~se** vpr se couvrir

arroyo nm ruisseau m; (de la calle) caniveau m

arroz nm riz m; **~ blanco** (CULIN) riz blanc; **~ con leche** (CULIN) riz au lait

arruga nf ride f; (en ropa) pli m

arrugar vt (piel) rider; (ropa, papel) froisser; (ceño, frente) froncer; **~se** vpr se rider; (ropa) se froisser

arruinar vt ruiner; **~se** vpr se ruiner

arrullar vt bercer

arsenal nm (MIL) arsenal m; (NÁUT) chantier m naval

arsénico nm arsenic m

arte nm (gen m en sg y siempre f

en pl) art m; (maña) don m; **por amor al ~** pour l'amour de l'art; **por ~ de magia** comme par enchantement; **Bellas A~s** mpl Beaux-Arts mpl

artefacto nm engin m, machine f

arteria nf artère f

artesanía nf artisanat m; **de ~** artisanal(e)

artesano, -a nm/f artisan(e)

ártico, -a adj arctique ♦ nm: **el A~** l'Arctique m

articulación nf articulation f

articulado, -a adj articulé(e)

articular vt articuler

artículo nm article m; **~s** nmpl (COM) articles mpl; **~s de escritorio/tocador** articles de bureau/toilette

artífice nm/f (fig) auteur m

artificial adj artificiel(le); (fig) artificiel(le), forcé(e)

artificio nm appareil m, engin m; (truco) artifice m

artillería nf artillerie f

artilugio nm engin m

artimaña nf (ardid) stratagème m

artista nm/f artiste m/f; **~ de cine** artiste de cinéma; **~ de teatro** comédien(ne)

artístico, -a adj artistique

artritis nf arthrite f

arveja nf (AM: guisante) nf pois msg

arzobispo nm archevêque m

as nm as m; **ser un ~ (de)** (fig) être un as (de)

asa nf anse f

asado nm (carne) rôti m; (CSUR: barbacoa) barbecue m

asaduras nfpl (CULIN) abats mpl

asalariado, -a adj, nm/f salarié(e)

asaltador, a, asaltante nm/f assaillant(e)

asaltar vt (banco etc) attaquer;

(persona, fig) assaillir; (MIL) prendre d'assaut; **asalto** nm (a banco) hold-up m inv; (a persona) agression f; (MIL) assaut m; (BOXEO) round m

asamblea nf (corporación) assemblée f, rassemblement m; (reunión) assemblée

asar vt rôtir (au four), griller (au feu de bois, au grill); **~se** vpr (fig) cuire

asbesto nm asbeste m

ascendencia nf ascendance f; **de ~ francesa** d'origine française; **tener ~ sobre algn** avoir de l'ascendant sur qn

ascender vi monter; (en puesto de trabajo) monter en grade ♦ vt faire monter; **~ a** s'élever à; **ascendiente** nm ascendant m; **ascendientes** nmpl ascendants mpl

ascensión nf ascension f; **la A~** (REL) l'Ascension

ascenso nm promotion f

ascensor nm ascenseur m

ascético, -a adj ascétique

asco nm: **¡qué ~!** (que) c'est dégoûtant!; **el ajo me da ~** j'ai horreur de l'ail; **estar hecho un ~** être dégoûtant(e); **ser un ~** (clase, libro) être nul(le); (película) être un navet

ascua nf braise f; **estar en o sobre ~s** être sur des charbons ardents

aseado, -a adj (persona) impeccable, bien mis(e); (casa) impeccable

asear vt (casa) arranger; **~se** vpr (persona) s'arranger, faire sa toilette

asediar vt assiéger; (fig) assaillir; **asedio** nm siège m

asegurado, -a adj, nm/f

assuré(e)

asegurar vt assurer; (cuerda, clavo) fixer; (maleta) bien fermer; (afirmar) assurer, certifier; (garantizar) garantir; **~se** vpr: **~se (contra)** (COM) s'assurer (contre), prendre une assurance (contre)

asemejarse vpr: **~ a** ressembler à

asentado, -a adj sensé(e); **estar ~ en** être situé(e) dans o sur; (persona) être établi(e) à

asentar vt (instalar) installer; (asegurar) assurer; **~se** vpr (persona) s'établir; (líquido, polvo) se déposer

asentir vi acquiescer; **~ con la cabeza** acquiescer d'un signe de tête

aseo nm hygiène f, toilette f; **~s** nmpl (servicios) toilettes fpl

aséptico, -a adj aseptique

asequible adj (precio) abordable; (persona) accessible, abordable; **~ a** (comprensible) accessible à, à la portée de

aserrar vt scier

asesinar vt assassiner; **asesinato** nm assassinat m

asesino, -a nm assassin m

asesor, a nm/f conseiller(-ère), consultant(e)

asesorar vt (JUR, COM) conseiller; **~se** vpr: **se con o de** prendre conseil de; **asesoría** nf (cargo) conseil m; (oficina) cabinet m d'expert-conseil

asestar vt (golpe) assener; (tiro) envoyer

asfalto nm bitume m

asfixia nf asphyxie f

asfixiar vt (suj: persona) asphyxier; (: calor) étouffer; **~se** vpr être asphyxié(e), être étouffé(e); **~se de calor** étouffer de chaleur

asgo etc vb ver **asir**

así adv (de esta manera) ainsi; (aunque) même si; **~ de grande** grand(e) comme ça; **~ llamado** soi-disant, prétendu; **y ~ sucesivamente** et ainsi de suite; **~ y todo** malgré tout; **¿no es ~?** n'est-ce pas (vrai)?; **mil pesetas o ~** à peu près mille pesetas; **~ como** (también) ainsi que, de même que; **~ pues** ainsi donc; **~ que** (en cuanto) dès que; (por consiguiente) donc

Asia nf Asie f

asiático, -a adj asiatique ♦ nm/f Asiatique m/f

asidero nm anse f

asiduidad nf assiduité f

asiduo, -a adj assidu(e) ♦ nm/f habitué(e)

asiento vb ver **asentar**; **asentir** ♦ nm siège m; (de silla etc) assise f; (de cine, tren) place f; (COM) inscription f; **~ delantero/trasero** siège avant/arrière

asignación nf attribution f; (paga) traitement m

asignar vt assigner; (cantidad) allouer, attribuer

asignatura nf matière f, discipline f

asilado, -a nm/f (POL) réfugié(e) politique; (en asilo de ancianos) pensionnaire f

asilo nm asile m; **pedir/dar ~ a algn** demander/donner asile à qn; **~ político** asile politique

asimilación nf assimilation f

asimilar vt assimiler; **~se** vpr: **~se a** s'assimiler à

asimismo adv tout autant, pareillement

asir vt saisir; **~se** vpr: **~se a** o **de**

se saisir de, s'accrocher à

asistencia nf assistance f; (tb: **~ médica**) soins mpl médicaux; **~ social/técnica** assistance sociale/technique

asistenta nf femme f de ménage

asistente nf assistant(e); **los asistentes** les assistants; **asistente social** employé(e) des services sociaux; (mujer) assistante sociale

asistido, -a adj (AUTO: dirección) assisté(e); **~ por ordenador** assisté par ordinateur

asistir vt (MED) assister, soigner; (ayudar) assister, secourir ♦ vi: **~ (a)** assister (à)

asma nf asthme m

asno nm âne m

asociación nf association f; **~ de ideas** association d'idées

asociado, -a adj, nm/f associé(e)

asociar vt associer; **~se** vpr: **~se (a)** s'associer (à)

asolar vt dévaster, ravager

asomar vt sortir, mettre dehors ♦ vi (sol) poindre, se montrer; (barco) apparaître; **~se** vpr: **~se a o por** se montrer à, se mettre par

asombrar vt (causar asombro) étonner; (causar admiración) stupéfier; **~se** vpr: **~se (de)** (sorprenderse) s'étonner (de);

asombro nm (sorpresa) étonnement m, stupéfaction f

asombroso, -a adj étonnant(e), stupéfiant(e)

asomo nm signe m, ombre f; **ni por ~** pas le moins du monde, en aucune manière

aspa nf croix fsg de Saint André; (de molino) aile f

aspaviento nm gestes mpl outranciers; **hacer ~s** faire des simagrées

aspecto *nm* aspect *m*, air *m*; (*de salud*) mine *f*; (*fig*) aspect; **tener buen/mal~** (*persona*) avoir bonne/mauvaise mine

aspereza *nf* rugosité *f*; (*de terreno, carácter*) aspérité *f*

áspero, -a *adj* rugueux(-euse); (*sabor*) âpre

aspersión *nf* aspersion *f*; **riego por ~** arrosage par aspersion

aspiración *nf* aspiration *f*

aspirador *nm* = **aspiradora**

aspiradora *nf* aspirateur *m*

aspirante *nm/f* candidat(e)

aspirar *vt* aspirer ♦ *vi*: **~ a (hacer)** aspirer à (faire)

aspirina *nf* aspirine *f*

asquear *vt* écœurer; **~se** *vpr*: **~se (de)** être dégoûté(e) (de)

asqueroso, -a *adj*, *nm/f* dégoûtant(e)

asta *nf* hampe *f*; **~s** *nfpl* (ZOOL) bois *mpl*; **a media ~** en berne

asterisco *nm* astérisque *m*

astigmatismo *nm* astigmatisme *m*

astilla *nf* éclat *m*; (*de leña*) écharde *f*; (*de hueso*) esquille *f*; **~s** *nfpl* (*para fuego*) petit bois *m*

astilleros *nmpl* chantier *m* naval; (*de la Armada*) arsenal *m*

astringente *adj* astringent(e) ♦ *nm* astringent *m*

astro *nm* astre *m*

astrología *nf* astrologie *f*

astronauta *nm/f* astronaute *m/f*

astronave *nf* astronef *m*

astronomía *nf* astronomie *f*

astrónomo, -a *nm/f* astronome *m/f*

astucia *nf* astuce *f*

astuto, -a *adj* astucieux(-euse); (*taimado*) rusé(e)

asumir *vt* assumer

asunción *nf* prise *f* de possession;

la A~ l'Assomption *f*

asunto *nm* (*tema*) sujet *m*; (*negocio*) affaire *f*

asustar *vt* faire peur à; (*ahuyentar*) mettre en fuite; **~se** *vpr*: **~se (de o por)** avoir peur (de)

atacar *vt* attaquer; (*teoría*) s'attaquer à

atadura *nf* attache *f*, lien *m*; (*impedimento*) entrave *f*, lien

atajar *vt* (*interrumpir*) couper court à, interrompre; (*cortar el paso a*) barrer la route à; (*enfermedad*) enrayer; (*riada, sublevación*) endiguer; (*incendio*) maîtriser ♦ *vi* prendre un raccourci

atajo *nm* raccourci *m*; (DEPORTE) plaquage *m*

atañer *vi*: **~ a** (*persona*) concerner; (*gobierno*) incomber à

ataque *vb ver* **atacar** ♦ *nm* (MIL) attaque *f*, raid *m*; (MED) attaque; (*de ira, nervios, risa*) crise *f*; **~ cardíaco** crise cardiaque

atar *vt* attacher, ligoter; **~se** *vpr* (*zapatos*) attacher; (*corbata*) nouer; **~ cabos** déduire par recoupements

atardecer *vi*: **atardece a las 8** la nuit tombe à 8 h ♦ *nm* tombée *f* du jour; **al ~** à la tombée du jour

atareado, -a *adj* affairé(e)

atascar *vt* boucher; **~se** *vpr* se boucher; (*coche*) s'embourber; (*motor*) se gripper; (*fig: al hablar*) bafouiller; **atasco** *nm* obstruction *f*; (AUTO) bouchon *m*

ataúd *nm* cercueil *m*, bière *f*

ataviar *vt* parer; **~se** *vpr* se parer

atavío *nm* toilette *f*

atemorizar *vt* faire peur à; **~se** *vpr*: **~se (de o por)** s'effrayer (de)

Atenas *n* Athènes

atención *nf* attention *f* ♦ *excl* attention!; **atenciones** *nfpl* (*amabilidad*) attentions *fpl*, égards *mpl*; **llamar la ~ a algn** (*despertar curiosidad*) attirer l'attention de qn; (*reprender*) rappeler qn à l'ordre; **prestar ~** prêter attention

atender *vt* (*consejos*) tenir compte de; (*enfermo, niño*) s'occuper de, soigner; (*petición*) accéder à ♦ *vi*: **~ a** se soucier de; **~ al teléfono** répondre au téléphone; **~ a la puerta** aller ouvrir la porte

atenerse *vpr*: **~ a** s'en tenir à; **~ a las consecuencias** penser aux conséquences

atentado *nm* attentat *m*; (*delito*) atteinte *f*, attentat; **~ contra la vida de algn** attentat à la vie de qn; **~ contra el pudor** attentat à la pudeur

atentamente *adv* attentivement; **le saluda ~** (*en carta*) recevez mes salutations distinguées

atentar *vi*: **~ a** *o* **contra** (*seguridad*) attenter à; (*moral, derechos*) porter atteinte à; **~ contra** (*POL*) attenter à la vie de, commettre un attentat contre

atento, -a *adj* attentif(-ive); (*cortés*) attentionné(e); **~ a** attentif(-ive) à

atenuar *vt* atténuer; **~se** *vpr* s'atténuer

ateo, -a *adj*, *nm/f* athée *m/f*

aterido, -a *adj*: **~ de frío** transi(e)

aterrador, a *adj* épouvantable, effroyable

aterrar *vt* effrayer; **~se** *vpr*: **~se de** *o* **por** être terrifié(e) par

aterrizaje *nm* (*AVIAT*) atterrissage *m*; **~ forzoso** atterrissage forcé

aterrizar *vi* atterrir

aterrorizar *vt* terroriser; **~se** *vpr*: **~se (de** *o* **por)** être terrorisé(e) (par)

atesorar *vt* amasser; (*fig*) accumuler

atestado, -a *adj* ♦ *nm* (*JUR*) procès-verbal *m*

atestar *vt* envahir; (*JUR*) attester

atestiguar *vt* (*JUR*) témoigner; (*fig: dar prueba de*) témoigner de

atiborrar *vt* envahir; **~se (de)** se gaver (de)

ático *nm* attique *m*

atinado, -a *adj* approprié(e); (*sensato*) sensé(e)

atinar *vi* viser juste; (*fig*) deviner juste; **~ con** *o* **en** (*solución*) trouver

atisbar *vt* épier; (*vislumbrar*) percevoir

atizar *vt* (*fuego, fig*) attiser; (*fam: golpe*) flanquer

atlántico, -a *adj* atlantique ♦ *nm*: **el (Océano) A~** l'(océan *m*) Atlantique *m*

atlas *nm* atlas *m*

atleta *nm/f* athlète *m/f*

atlético, -a *adj* (*competición*) d'athlétisme; (*persona*) athlétique; **atletismo** *nm* athlétisme *m*

atmósfera *nf* atmosphère *f*

atolladero *nm* (*fig*) impasse *f*

atómico, -a *adj* atomique

atomizador *nm* atomiseur *m*

átomo *nm* atome *m*

atónito, -a *adj* pantois(e)

atontado, -a *adj* étourdi(e) ♦ *nm/f* abruti(e)

atontar *vt* abrutir; **~se** *vpr* s'abêtir

atormentar *vt* tourmenter, torturer; **~se** *vpr* se tourmenter

atornillar *vt* visser

atosigar *vt* empoisonner; **~se**

vpr être obsédé(e)

atracador, a *nm/f* malfaiteur *m*

atracar *vt* (NÁUT) amarrer; (*atacar*) attaquer à main armée ♦ *vi* amarrer; **~se** *vpr*: **~se (de)** se bourrer (de)

atracción *nf* attirance *f*; **atracciones** *nfpl* (*diversiones*) attractions *fpl*; **sentir ~ por** éprouver de l'attirance pour; **centro/punto de ~** centre *m*/ point *m* d'attraction

atraco *nm* agression *f*; (*en banco*) hold-up *m inv*

atracón *nm*: **darse** *o* **pegarse un ~ (de)** (*fam*) s'empiffrer (de), se bourrer (de)

atractivo, -a *adj* attirant(e) ♦ *nm* attrait *m*

atraer *vt* attirer; **~se** *vpr* s'attirer

atragantarse *vpr*: **~ (con)** s'étrangler (avec); **se me ha atragantado el chico ése** je ne peux pas le voir, celui-là; **se me ha atragantado el inglés** l'anglais et moi, ça fait deux

atrancar *vt* (*puerta*) barricader; (*desagüe*) boucher; **~se** *vpr* (*desagüe*) se boucher; (*mecanismo*) se gripper

atrapar *vt* attraper

atrás *adv* (*posición*) derrière, en arrière; (*dirección*) derrière; **~ de** ♦ *prep* (AM: *detrás de*) derrière; **años/meses ~** des années/mois auparavant; **días ~** cela fait des jours et des jours; **asiento/parte de ~** siège *m*/partie *f* arrière; **marcha ~** marche *f* arrière; **ir hacia ~** (*movimiento*) aller en arrière; (*dirección*) aller derrière; **estar ~** être *o* se trouver derrière *o* en arrière; **está más ~** c'est plus loin derrière; (*desdecirse*) se dédire

atrasado, -a *adj* (*pago*) arriéré(e); (*país*) sous-développé(e); (*trabajo*) en retard; **el reloj está** *o* **va ~** la pendule retarde; **poner fecha atrasada a** antidater

atrasar *vi* ♦ *vt* retarder; **~se** *vpr* (*persona*) s'attarder; (*tren*) avoir du retard; (*reloj*) retarder; **atraso** *nm* retard *m*; **atrasos** *nmpl* (COM) arriérés *mpl*

atravesar *vt* traverser; (*poner al través*) barrer; **~se** *vpr* se mettre en travers de

atraviese *etc vb ver* **atravesar**

atrayente *adj* alléchant(e)

atreverse *vpr*: **~ a (hacer)** oser (faire)

atrevido, -a *adj* (*audaz*) audacieux(-euse); (*descarado*) insolent(e); (*moda, escote*) osé(e); **atrevimiento** *nm* (*audacia*) audace *f*; (*descaro*) insolence *f*

atribuciones *nfpl* (POL, ADMIN) attributions *fpl*

atribuirse *vpr* s'attribuer

atribular *vt* affliger; **~se** *vpr* être affligé(e)

atributo *nm* attribut *m*, apanage *m*

atril *nm* pupitre *m*; (MÚS) lutrin *m*

atrocidad *nf* atrocité *f*; **~es** *nfpl* (*disparates*) énormités *fpl*

atropellar *vt* écraser; **~se** *vpr* s'embrouiller; **atropello** *nm* (AUTO) collision *f*; (*contra propiedad, derechos*) violation *f*

atroz *adj* atroce; (*frío*) terrible; (*hambre*) de loup; (*sueño*) irrésistible; (*película, comida*) épouvantable

A.T.S. *sigla m/f* (= *Ayudante Técnico Sanitario*) infirmier(-ère)

atto., -a. *abr* (= *atento, a*) dévoué(e)

atuendo *nm* tenue *f*

atún *nm* thon *m*

aturdir *vt* assommer; (: *ruido*) assourdir; (: *vino*) étourdir; (: *droga*) abrutir; (: *noticia*) laisser sans voix; **~se** *vpr* être assourdi(e); (*por órdenes contradictorias*) être décontenancé(e)

atusarse *vpr* se pomponner

audacia *nf* audace *f*; **audaz** *adj* audacieux(-euse)

audible *adj* audible

audición *nf* audition *f*

audiencia *nf* audience *f*

audífono *nm* audiophone *m*

audiovisual *adj* audio-visuel(le)

auditor (JUR) assesseur *m*; (COM) commissaire *m* aux comptes

auditorio *nm* auditoire *m*; (*sala*) auditorium *m*

auge *nm* apogée *m*; (COM, ECON) essor *m*

augurar *vt* (*suj: hecho*) laisser présager; (: *persona*) prédire

augurio *nm* présage *m*

aula *nf* (*en colegio*) salle *f* de classe, classe *f*; (*en universidad*) salle de cours

aullar *vi* grogner; (*fig: viento*) hurler

aullido *nm* hurlement *m*

aumentar *vt* augmenter; (*vigilancia*) redoubler de; (FOTO) agrandir ♦ *vi* augmenter; (*vigilancia*) redoubler de; **aumento** *nm* augmentation *f*; (*vigilancia*) redoublement *m*; **en aumento** (*precios*) en hausse

aun *adv* même; **~ así** même ainsi; **~ cuando** même si

aún *adv* (*todavía*) encore, toujours; **~ no** pas encore, toujours pas; **~ más** encore plus; **¿no ha venido ~?** il n'est pas encore

arrivé?, il n'est toujours pas arrivé?

aunque *conj* bien que, même si

aúpa *adj*: **de ~** (*fam: catarro*) carabiné(e); (: *chica*) bien roulé(e); (: *espectáculo*) sensass

auricular *nm* (TELEC) écouteur *m*; **~es** *nmpl* écouteurs *mpl*

aurora *nf* aurore *f*

auscultar *vt* ausculter

ausencia *nf* absence *f*

ausentarse *vpr*: **~ (de)** s'absenter (de)

ausente *adj* absent(e)

auspicio *nm*: **buen/mal ~** bons/mauvais auspices *mpl*; **~s** *nmpl*: **bajo los ~s de** sous les auspices de

austeridad *nf* (*de vida*) austérité *f*; (*de mirada*) sévérité *f*

austero, -a *adj* austère; (*lenguaje*) dépouillé(e)

austral *adj* austral(e) ♦ *nm* (AM: *1985-1991*) austral *m*

Australia *nf* Australie *f*

australiano, -a *adj* australien(ne) ♦ *nm/f* Australien(ne)

Austria *nf* Autriche *f*

austriaco, -a, austríaco, -a *adj* autrichien(ne) ♦ *nm/f* Autrichien(ne)

auténtico, -a *adj* authentique; (*cuero*) véritable; **es un ~ campeón** c'est un vrai champion

auto *nm* (*coche*) auto *f*; (JUR) arrêté *m*; **~s** *nmpl* (JUR) pièces *fpl* d'un dossier

autoadhesivo, -a *adj* autocollant(e)

autobiografía *nf* autobiographie *f*

autobús *nm* autobus *m*; **~ de línea** car *m*

autocar *nm* autocar *m*

autóctono, -a *adj* autochtone

autodefensa nf autodéfense f
autodeterminación nf
autodétermination f
autodidacta adj, nm/f
autodidacte m/f
autoescuela nf auto-école f
autógrafo nm autographe m
autómata nm (persona) automate
m
automático, -a adj automatique
♦ nm bouton-pression m
automotor, -triz adj
automoteur(-trice) ♦ nm
automotrice f
automóvil nm automobile f;
automovilismo nm
automobilisme m;
automovilista nm/f (conductor)
automobiliste m/f
automovilístico, -a adj
(industria) automobile
autonomía nf autonomie f;
(territorio) région f autonome
autonómico, -a adj (ESP) adj
(elecciones) des communautés
autonomes; (política) d'autonomie
des régions
autónomo, -a adj (POL, INFORM)
autonome
autopista nf autoroute f; **~ de
peaje** autoroute à péage
autopsia nf autopsie f
autor, a nm/f auteur m
autoridad nf autorité f; **~es** nfpl
(POL) autorités fpl; **la ~ política/
judicial** les autorités politiques/
judiciaires; **tener ~ sobre algn**
avoir autorité sur qn
autoritario, -a adj autoritaire
autorización nf autorisation f
autorizado, -a adj autorisé(e)
autorizar vt autoriser; **~ a hacer**
autoriser à faire
autoservicio nm (tienda) libre-
service m; (restaurante) self-service

m
autostop nm auto-stop m; **hacer
~** faire de l'auto-stop;
autostopista nm/f auto-
stoppeur(-euse)
autovía nf route f à quatre voies
auxiliar vt secourir, venir en aide
à ♦ adj auxilliaire; (profesor)
suppléant(e) ♦ nm/f auxiliaire m/f;
auxilio nm aide f, secours msg;
primeros auxilios premiers
secours mpl
Av. abr (= Avenida) av. (= avenue)
aval nm aval m
avalancha nf avalanche f
avance vb ver **avanzar** ♦ nm (de
tropas) avance f, progression f; (de
la ciencia) progrès msg; (pago)
avance; (TV: de noticias) flash m
(d'information); (del tiempo)
prévisions fpl météorologiques
avanzar vt avancer ♦ vi avancer,
progresser; (proyecto) avancer;
(alumno) avancer, faire des
progrès
avaricia nf avarice f
avaricioso, -a adj
avaricieux(-euse)
avaro, -a adj, nm/f avare m/f
Avda. abr (= Avenida) av. (=
avenue)
AVE sigla m (= Alta Velocidad
Española) ≃ TGV m (= train à
grande vitesse)
ave nf oiseau m; **~ de rapiña**
oiseau de proie
avecinarse vpr approcher
avellana nf noisette f; **avellano**
nm noisetier m, coudrier m
avemaría nm Ave (Maria) m
avena nf avoine f
avenida nf avenue f; (de río) crue
f
avenir vt **~se** vpr (personas)
s'entendre; **~se a hacer**

consentir à faire

aventajado, -a *adj* remarquable

aventajar *vt*: ~ **a algn (en algo)** surpasser qn (en qch)

aventura *nf* aventure *f*

aventurado, -a *adj* aventureux(-euse)

aventurero, -a *adj, nm/f* aventurier(-ère)

avergonzar *vt* faire honte à; **~se** *vpr*: **~se de (hacer)** avoir honte de (faire)

avería *nf* (*TEC*) panne *f*, avarie *f*; (*AUTO*) panne

averiguación *nf* enquête *f*; (*descubrimiento*) découverte *f*

averiguar *vt* enquêter sur; (*descubrir*) découvrir

aversión *nf* aversion *f*

avestruz *nm* autruche *f*

aviación *nf* aviation *f*

aviador, a *nm/f* aviateur(-trice)

avidez *nf*: ~ **de** o **por** empressement *m* à; (*pey*) avidité *f* de

ávido, -a *adj*: ~ **de** o **por** avide de

avinagrado, -a *adj* aigri(e), revêche; (*voz*) aigre

avión *nm* avion *m*

avioneta *nf* avion *m* léger

avisar *vt* (*ambulancia, fontanero*) appeler; (*médico*) prévenir; ~ **(de)** (*advertir*) avertir (de); (*informar*) avertir (de), faire part (de); **aviso** *nm* avis *msg*; **hasta nuevo aviso** jusqu'à nouvel ordre; **sin previo aviso** sans préavis

avispa *nf* guêpe *f*

avispado, -a *adj* éveillé(e)

avispero *nm* guêpier *m*

avituallar *vt* ravitailler

avivar *vt* aviver; (*paso*) presser; **~se** *vpr* se raviver; (*discusión*) s'animer

axila *nf* aisselle *f*

axioma *nm* axiome *m*

ay *excl* aïe!; (*aflicción*) hélas!; **¡~ de mí!** pauvre de moi!

aya *nf* (*institutriz*) gouvernante *f*; (*niñera*) nurse *f*

ayer *adv* hier; **~ antes de** ~ avant-hier

ayote *nm* (*MÉX: calabaza*) courge *f*

ayuda *nf* aide *f* ♦ *nm*

ayudante, -a *nm/f* adjoint(e); (*ESCOL*) assistant(e); (*MIL*) adjudant *m*

ayudar *vt* aider; ~ **a algn a hacer algo** aider qn à faire qch

ayunar *vi* jeûner; **ayunas** *nfpl*: **estar en ayunas** être à jeun; **ayuno** *nm* jeûne *m*

ayuntamiento *nm* (*concejo*) municipalité *f*, mairie *f*; (*edificio*) mairie, hôtel *m* de ville

azabache *nm* jais *msg*

azada *nf* houe *f*

azafata *nf* hôtesse *f* de l'air; (*de congreso*) hôtesse d'accueil

azafrán *nm* safran *m*

azahar *nm* fleur *f* d'oranger

azar *nm* (*casualidad*) hasard *m*; **al/por** ~ au/par hasard

azoramiento *nm* trouble *m*

azorar *vt* faire honte; **~se** *vpr* se troubler

Azores *nfpl*: **las (Islas)** ~ les Açores *fpl*

azotar *vt* fouetter; **azote** *nm* coup *m* de fouet; (*a niño*) fessée *f*; (*fig*) fléau *m*

azotea *nf* terrasse *f*; **andar** o **estar mal de la** ~ travailler du chapeau

azteca *adj* aztèque ♦ *nm/f* Aztèque *m/f*

azúcar *nm* o *f* sucre *m*; ~ **glaseado** sucre glace

azucarado, -a *adj* sucré(e)

azucarero, -a *adj* (*industria*)

sucier(-ère); *(comercio)* du sucre ♦ *nm* sucrier *m*

azucena *nf* lys *m*

azufre *nm* soufre *m*

azul *adj* bleu(e) ♦ *nm* bleu *m*; ~ **celeste/marino** bleu ciel/ marine

azulejo *nm* carreau *m (au mur)*

azuzar *vt* exciter

B, b

B.A. *abr* = **Buenos Aires**

baba *nf* bave *f*; **caérsele la ~ a algn** *(fig)* baver d'admiration

babero *nm* bavoir *m*

babor *nm*: **a** *o* **por ~** à bâbord

baboso, -a *(AM: fam)* *adj*, *nm/f* idiot(e), imbécile *m/f*

baca *nf (AUTO)* galerie *f*

bacalao *nm* morue *f*

bache *nm* nid *m* de poule; *(fig)* crise *f* passagère

bachillerato *nm* baccalauréat *m*

bacteria *nf* bactérie *f*

báculo *nm (bastón)* canne *f*

bádminton *nm* badminton *m*

bagaje *nm (de ejército)* barda *m*

Bahama *nfpl*: **las (Islas) ~s** les (îles) Bahamas *fpl*

bahía *nf* baie *f*

bailar *vt* danser; *(peonza, trompo)* faire tourner ♦ *vi* danser; *(peonza, trompo)* tourner

bailarín, -ina *nm/f* danseur(-euse)

baile *nm* danse *f*; *(fiesta)* bal *m*; **baile de disfraces** bal masqué; **baile flamenco** flamenco *m*

baja *nf* baisse *f*; *(MIL)* perte *f*; *(empleado)* **darse de ~** *(de trabajo)* démissionner; *(por enfermedad)* se faire porter malade; *(de club)* se retirer

bajada *nf* baisse *f*; *(declive, camino)* pente *f*

bajar *vi* descendre; *(temperatura, precios, calidad)* baisser ♦ *vt* baisser; *(escalera, maletas)* descendre; **~se** *vpr*: **~se de** descendre de; **los coches han bajado de precio** le prix des voitures a baissé

bajeza *nf* bassesse *f*

bajío *(AM) nm* banc *m* de sable

bajo, -a *adj (persona, animal)* petit(e); *(ojos)* baissé(e); *(sonido)* faible ♦ *adv* bas ♦ *prep* sous; *(en edificio)* rez-de-chaussée *m inv*; **hablar en voz baja** parler à voix basse; **~ la lluvia** sous la pluie

bajón *nm* chute *f*; *(de salud)* aggravation *f*; **dar** *o* **pegar un ~** *(fam)* chuter

bakalao *nm (fam)* techno *f*

bala *nf (proyectil)* balle *f*; **como una ~** comme l'éclair

balance *nm (COM)* bilan *m*; **hacer ~ de** faire le point de

balancear *vt (suj: viento, olas)* balancer; **~se** *vpr* se balancer; **balanceo** *nm* balancement *m*

balanza *nf* balance *f*; ~ **comercial** balance commerciale; ~ **de pagos** balance des paiements

balar *vi* bêler

balaustrada *nf* balustrade *f*; *(en escalera)* rampe *f*

balazo *nm (disparo)* coup *m* de feu; *(herida)* blessure *f* par balle

balbucear *vi*, *vt* balbutier; **balbuceo** *nm* balbutiement *m*

balbucir = **balbucear**

balcón *nm* balcon *m*

balde *nm (esp AM)* seau *m*; **de ~** gratis; **en ~** en vain

baldío, -a *adj* en friche; *(esfuerzo, ruego)* vain(e)

baldosa nf (para suelos) carreau m; (azulejo) petit carreau en faïence

baldosín nm (de pared) petit carreau en faïence

Baleares nfpl: **las (Islas) ~** les (îles) Baléares fpl

balido nm bêlement m

baliza nf (AVIAT, NÁUT) balise f

ballena nf baleine f

ballet (pl **~s**) nm ballet m

balneario, -a adj: **estación balnearia** station f balnéaire ♦ nm station f thermale/balnéaire

balón nm ballon m

baloncesto nm basket-ball m

balonmano nm hand-ball m

balonvolea nm volley-ball m

balsa nf (NÁUT) radeau m; (charca) mare f

bálsamo nm baume m

baluarte nm (de muralla) rempart m

bambolearse vpr osciller; (persona) tituber

bambú nm bambou m

banana (AM) nf banane f

banano nm bananier m

banca nf (AM: asiento) banc m; (COM) banque f

bancario, -a adj bancaire

bancarrota nf faillite f; (fraudulenta) banqueroute f; **hacer** o **declararse en ~** faire faillite

banco nm banc m; (de carpintero) établi m; (COM) banque f; **~ de arena** banc de sable; **~ de crédito** établissement m de crédit; **~ de datos** (INFORM) banque de données

banda nf (MÚS) fanfare f; (para el pelo) ruban m; **fuera de ~** (DEPORTE) en touche; **~ de sonido** bande sonore; **~ sonora**

(CINE) bande son

bandada nf (de pájaros) volée f; (de peces) banc m

bandazo nm: **dar ~s** (coche) faire des embardées

bandeja nf plateau m

bandera nf drapeau m; **izar (la) ~** hisser les couleurs; **arriar la ~** amener les couleurs; **jurar la ~** prêter serment au drapeau

banderilla nf (TAUR) banderille f

banderín nm (para la pared) fanion m

bandido nm bandit m

bando nm arrêt m; (facción) faction f

bandolera nf (bolso) cartouchière f; **llevar en ~** porter en bandoulière

bandolero nm brigand m

banquero nm banquier m

banqueta nf banquette f; (AM) trottoir m

banquete nm banquet m; **~ de bodas** repas msg de noces

banquillo nm (JUR) banc m des accusés

bañador nm maillot m de bain

bañar vt baigner; **~se** vpr se baigner; (en la bañera) prendre un bain; **bañado en** baigné(e) de; **~ en** o **de** (de pintura) enduire de; (chocolate) enrober de

bañera nf baignoire f

bañero nm maître-nageur m

bañista nm/f baigneur(-euse)

baño nm bain m; (en río, mar, piscina) baignade f; (cuarto) salle f de bains; (bañera) baignoire f; (capa) couche f; **~ (de) María** bain-marie m

bar nm bar m; **ir de ~es** faire la tournée des bars

barahúnda nf tapage m

baraja nf jeu m de cartes;

barajar vt battre; (fig) envisager; (datos) brasser

baranda, barandilla nf (en escalera) rampe f; (en balcón) balustrade f

baratija nf babiole f

baratillo nm friperie f

barato, -a adj bon marché inv ♦ adv bon marché

baraúnda nf = barahúnda

barba nf barbe f; (mentón) menton m; **salir algo a 500 ptas por ~** (fam) revenir à 500 pesetas par tête de pipe; **con ~ de tres días** avec une barbe de trois jours

barbacoa nf barbecue m

barbaridad nf atrocité f; (imprudencia, temeridad) témérité f; **come una ~** (fam) il mange énormément; **¡qué ~!** (fam) quelle horreur!

barbarie nf barbarie f

bárbaro, -a adj barbare; (fam: estupendo) sensass; (éxito) monstre ♦ nm/f (pey: salvaje) barbare m/f ♦ adv: **lo pasamos ~** (fam) ça a été génial; **¡qué ~!** c'est formidable!

barbero nm barbier m, coiffeur m

barbilla nf collier m (de barbe)

barbo nm barbeau m

barbotar, barbotear vt, vi bredouiller

barbudo, -a adj barbu(e)

barca nf barque f; **~ pesquera** barque de pêche; **barcaza** nf péniche f

Barcelona n Barcelone

barcelonés, -esa adj barcelonais(e)

barco nm bateau m; (buque) bâtiment m; **~ de carga** cargo m; **~ de guerra** bateau de guerre; **~ de vela** bateau à voiles

baremo nm barème m

barítono nm baryton m

barman nm inv barman m

barniz nm vernis msg; **~ de uñas** vernis à ongles; **barnizar** vt vernir

barómetro nm baromètre m

barquero nm barreur m

barquillo nm (dulce) cornet m

barra nf barre f; (de un bar, café) comptoir m; (de pan) pain m long; **~ de labios** bâton m de rouge à lèvres; **~ libre** (en bar) boissons fpl à volonté

barraca nf baraque f; (en feria) stand m

barranco nm précipice m; (rambla) fossé m

barrenar vt forer

barreno nm mine f

barrer vt balayer; (niebla, nubes) dissiper

barrera nf barrière f; (obstáculo) obstacle m; **~ del sonido** mur m du son

barriada nf quartier m

barricada nf barricade f

barrida nf, **barrido** nm balayage m

barriga nf panse f, ventre m; **rascarse o tocarse la ~** (fam) se tourner les pouces; **echar ~** prendre du ventre

barrigón, -ona, barrigudo, -a adj bedonnant(e)

barril nm baril m; **cerveza de ~** bière f pression

barrio nm quartier m; (en las afueras) faubourg m; **~ chino** quartier des prostituées

barro nm boue f; (arcilla) terre f (glaise)

barroco, -a adj baroque ♦ nm baroque m

barrote nm (de ventana etc)

barreau m

barruntar vt (conjeturar) deviner; (presentir) pressentir

bartola: a la ~ adv: **tirarse** o **tumbarse a la ~** prendre ses aises

bártulos nmpl attirail m

barullo nm tohu-bohu m inv; (desorden) pagaille f

basar vt: **~ algo en** (fig) fonder qch sur; **~se** vpr: **~se en** se fonder sur

báscula nf bascule f

base nf base f ♦ adj (color, salario) de base; **a ~ de** (mediante) grâce à; **~ de datos** (INFORM) base de données; **~ de operaciones** base d'opérations; **~ imponible** (FIN) assiette f de l'impôt

básico, -a adj (elemento, norma, condición) de base

basílica nf basilique f

PALABRA CLAVE

---

bastante adj **1** (suficiente) assez de; **bastante dinero** assez d'argent; **bastantes libros** assez de livres

2 (valor intensivo): **bastante gente** pas mal de gens
♦ adv **1** (suficiente) assez; **¿hay bastante?** il y en a assez?; (lo) **bastante inteligente (como) para hacer algo** assez intelligent pour faire qch

2 (valor intensivo) assez; **bastante rico** assez riche; **voy a tardar bastante** je serai assez long

---

bastar vi suffire; **¡basta!** ça suffit!; **me basta con 5** 5 me suffisent; **me basta con ir** il me suffit d'aller; **basta (ya) de ...** arrêtez de ...

bastardilla nf (TIP) italique m

bastardo, -a adj, nm/f bâtard(e)

bastidor nm (de costura) métier m à broder; **entre ~es** en coulisse

basto, -a adj rustre; (tela) grossier(-ière); **~s** nmpl (NAIPES) l'une des quatre couleurs du jeu de cartes espagnol

bastón nm (cayado) canne f; (tb: **~ de esquí**) bâton de ski

bastoncillo nm (de algodón) bâtonnet m

basura nf ordures fpl; (tb: **cubo de la ~**) boîte f à ordures

basurero nm (persona) éboueur m; (lugar) décharge f

bata nf robe f de chambre; (MED, TEC, ESCOL) blouse f

batalla nf bataille f; **de ~** de tous les jours; **~ campal** bataille rangée

batallar vi batailler

batallón nm bataillon m

batata nf (AM: BOT, CULIN) patate f douce

batería nf batterie f ♦ nm/f (persona) batteur m; **aparcar/ estacionar en ~** se garer/ stationner en épi; **~ de cocina** batterie de cuisine

batido, -a adj (camino) battu(e); (mar) agité(e) ♦ nm (de chocolate, frutas) milk-shake m

batidora nf mixeur m

batir vt battre ♦ vi: **~ (contra)** battre (contre); **~ palmas** battre des mains

batuta nf (MÚS) baguette f; **llevar la ~** mener la danse

baúl nm malle f

bautismo nm (REL) baptême m

bautizar vt baptiser; **bautizo** nm baptême m

bayeta nf (para limpiar) chiffon m

à poussière

bayoneta *nf* baïonnette *f*

baza *nf* (NAIPES) pli *m*; (fig) atout *m*; **meter ~** mettre son grain de sel

bazar *nm* (comercio) bazar *m*

bazofia *nf*: **es una ~** c'est infect

beato, -a *adj*, *nm/f* (pey) bigot(e)

bebé (*pl* **~s**) *nm* bébé *m*

bebedor, a *adj*, *nm/f* buveur(-euse)

beber *vt*, *vi* boire

bebida *nf* boisson *f*

bebido, -a *adj* ivre

beca *nf* bourse *f*

becario, -a *nm/f* boursier(-ière)

bedel (ESCOL, UNIV) appariteur *m*

béisbol *nm* base-ball *m*

Belén *n* Bethléem; **belén** *nm* crèche *f*

belga *adj* belge ♦ *nm/f* Belge *m/f*

Bélgica *nf* Belgique *f*

bélico, -a *adj* (armamento, preparativos) de guerre; (conflicto) armé(e); (actitud) belliqueux(-euse)

beligerante *adj* belligérant(e)

belleza *nf* beauté *f*

bello, -a *adj* beau (belle); **Bellas Artes** beaux-arts *mpl*

bellota *nf* gland *m*

bemol *nm* bémol *m*

bencina (CHI) *nf* (gasolina) essence *f*

bendecir *vt*: **~ la mesa** bénir la table

bendición *nf* bénédiction *f*; **ser una ~** être une bénédiction

bendito, -a *pp de* **bendecir** ♦ *adj* bénit(e) ♦ *nm/f* brave homme/femme; (ingenuo) benêt *m*; **¡~ sea Dios!** Dieu soit loué!

beneficencia *nf* (tb: **~ pública**) assistance *f* publique

beneficiar *vt* profiter à

beneficiario, -a *nm/f* bénéficiaire *m/f*

beneficio *nm* (bien) bienfait *m*; (ganancia) bénéfice *m*; **a/en ~ de** au bénéfice de; **sacar ~ de** tirer profit de

beneficioso, -a *adj* salutaire; (ECON) rentable

benéfico, -a *adj* (organización, festival) de bienfaisance

benevolencia *nf* bienveillance *f*

benévolo, -a *adj* bienveillant(e)

benigno, -a *adj* bienveillant(e); (clima) clément(e); (resfriado, MED) bénin (bénigne)

berberecho *nm* coque *f*

berenjena *nf* aubergine *f*

Berlín *n* Berlin

Bermudas *nfpl*: **las (Islas) ~** les (îles) Bermudes *fpl*

bermudas *nfpl o nmpl* bermuda *msg*

berrear *vi* mugir; (niño) brailler

berrido *nm* mugissement *m*; (niño) braillement *m*

berrinche (fam) *nm* petite colère *f*; (disgusto) rogne *f*

berro *nm* cresson *m*

berza *nf* chou *m*

besamel *nf* béchamel *f*

besar *vt* embrasser; **~se** *vpr* s'embrasser; **beso** *nm* baiser *m*

bestia *nf* bête *f*; (fig) brute *f*; **mala ~** peau de vache; **~ de carga** bête de somme

bestial *adj* (inhumano) bestial(e); (fam: calor) accablant(e); (error) aberrant(e); **bestialidad** *nf* bestialité *f*; (fam) énormité *f*

besugo *nm* daurade *f*; (fam) bourrique *f*

betún *nm* cirage *m*

biberón *nm* biberon *m*

Biblia *nf* Bible *f*

bibliografía *nf* bibliographie *f*

biblioteca nf bibliothèque f; **~ de consulta** bibliothèque de consultation

bibliotecario, -a nm/f bibliothécaire m/f

bicarbonato nm bicarbonate m

bicho nm bestiole f; (fam) bête f

bici (fam) nf vélo m

bicicleta nf bicyclette f

bidé nm bidet m

bidón nm bidon m

PALABRA CLAVE
---

bien nm 1 bien m; **te lo digo por tu bien** je te le dis pour ton bien; **el bien y el mal** (moral) le bien et le mal
2 bienes (posesiones) nmpl biens mpl; **bienes de consumo** biens de consommation; **bienes inmuebles/muebles** biens immeubles/meubles; **bienes raíces** biens-fonds mpl ♦ adv **1** (de manera satisfactoria, correcta) bien; **trabaja/come bien** il travaille/mange bien; **huele bien** cela sent bon; **sabe bien** cela a bon goût; **contestó bien** il a bien répondu; **lo pasamos muy bien** nous nous sommes bien amusés; **hiciste bien en llamarme** tu as bien fait de m'appeler; **no me siento bien** je ne me sens pas bien
2: estar bien: estoy muy bien aquí je suis très bien ici; **¿estás bien?** ça va (bien)?; **ese libro está muy bien** ce livre est très bien, c'est un très bon livre; **está bien que vengan** c'est bien qu'ils viennent; **¡está bien!** lo haré c'est bon! je le ferai
3 (de buena gana): **yo bien que iría pero ...** moi, j'irais bien, mais ...

4 (ya): **bien se ve que ...** on voit bien que ...
5: no quiso o bien no pudo venir il n'a pas voulu venir, ou plutôt il n'a pas pu ♦ excl (aprobación) bien!; **¡muy bien!** très bien! ♦ adj inv (matiz despectivo): **niño bien** fils msg de bonne famille; **gente bien** gens mpl bien ♦ conj **1: bien ... bien: bien en coche bien en tren** en voiture soit en train
2: no bien (esp AM): **no bien llegue te llamaré** dès que j'arrive, je t'appelle
3: si bien si; ver tb **más**

bienal adj biennal(e)

bienestar nm bien-être m

bienhechor, a adj, nm/f bienfaiteur(-trice)

bienvenida nf bienvenue f; **dar la ~ a algn** souhaiter la bienvenue à qn

bienvenido, -a adj: **~ (a)** bienvenu(e) (à) ♦ excl bienvenue!

bife (AM) nm bifteck m

bifurcación nf bifurcation f

bifurcarse vpr bifurquer

bigamia nf bigamie f

bigote nm (tb: **~s**) moustache f

bigotudo, -a adj moustachu(e)

bikini nm bikini m

bilateral adj bilatéral(e)

bilbaíno, -a adj de Bilbao ♦ nm/f natif(-ive) o habitant(e) de Bilbao

bilingüe adj bilingue

billar nm billard m; **~ americano** billard américain

billete nm billet m; (en autobús, metro) ticket m; **medio ~** billet demi-tarif; **~ de ida** aller m simple; **~ de ida y vuelta** aller-retour m

billetera nf, **billetero** nm

portefeuille m

billón nm billion m

bimensual adj bimensuel(le)

bimotor adj, nm bimoteur m

bingo nm bingo m

biodegradable adj
biodégradable

biodiversidad nf biodiversité f

biografía nf biographie f

biología nf biologie f

biológico, -a adj biologique;
(cultivo, producto) bio(logique)

biólogo, -a nm/f biologiste m/f

biombo nm paravent m

biopsia nf biopsie f

biquini nm = **bikini**

Birmania nf Birmanie f

birria nf: **ser una ~** être un(e)
rien du tout; (película) être un
navet; (libro) être un torchon

bis adv bis; **viven en el 27 ~** ils
habitent au 27 bis; **artículo 47
~** article 47 bis

bisabuelo, -a nm/f arrière-
grand-père (arrière-grand-mère)

bisagra nf charnière f

bisiesto, -a adj ver **año**

bisnieto, -a nm/f arrière-petit-fils
(arrière-petite-fille)

bisonte nm (ZOOL) bison m

bisté, bistec (pl **bistés**) nm
bifteck m

bisturí (pl **-es**) nm bistouri m

bisutería nf bijoux mpl en toc

bit nm (INFORM) bit m

bizco, -a adj qui louche ♦ nm/f
personne f qui louche

bizcocho nm biscuit m

bizquear vi loucher

blanca nf: **estar sin ~** être
fauché(e)

blanco, -a adj blanc (blanche) ♦
nm/f (individuo) Blanc (Blanche) ♦
nm blanc m; (MIL) cible f; **cheque
en ~** chèque m en blanc; **noche**

en ~ nuit f blanche; **dar en el ~**
faire mouche; **quedarse en ~**
(mentalmente) avoir un trou; **ser
el ~ de las burlas** être l'objet
des railleries; **~ del ojo** blanc m
de l'œil

blancura nf blancheur f

blandir vt brandir

blando, -a adj mou (molle);
(padre, profesor) indulgent(e);
(carne, fruta) tendre; **blandura** nf
mollesse f; (de padre, profesor)
indulgence f

blanquear vt blanchir

blanquecino, -a adj blanchâtre;
(luz) blafard(e)

blasfemar vi: **~ (contra)**
blasphémer (contre); **blasfemia**
nf blasphème m

blasón nm blason m

bledo nm: **(no) me importa un
~** ça ne me fait ni chaud ni froid

blindado, -a adj blindé(e);
coche (ESP) o **carro** (AM) **~**
véhicule m blindé

blindaje nm blindage m

bloc (pl **~s**) nm bloc-notes msg;
(cuaderno) bloc m

bloque nm bloc m; (de noticias)
rubrique f; **en ~** en bloc

bloquear vt bloquer; (MIL) faire le
blocus de

bloqueo nm blocage m; (MIL)
blocus msg; **bloqueo mental**
blocage

blusa nf blouse f; (de mujer)
chemisier m

boa nf boa m

boato nm faste m

bobada nf sottise f; **decir ~s**
dire des bêtises

bobina nf bobine f

bobo, -a adj (tonto) sot (sotte) ♦
nm/f sot (sotte); **hacer el ~** faire
le pitre

boca *nf* bouche *f*; (*de animal carnívoro, horno*) gueule *f*; (*de vasija*) bec *m*; ~ **abajo** sur le ventre; ~ **arriba** sur le dos; **hacerle a algn el** ~ **a** ~ faire du bouche à bouche à qn; **se me hace la** ~ **agua** j'en ai l'eau à la bouche; **quedarse con la** ~ **abierta** en rester bouche bée; ~ **de dragón** (BOT) gueule-de-loup *f*; ~ **de incendios** bouche d'incendie; ~ **de metro** bouche de métro

bocacalle *nf*: **una** ~ **de la avenida** une rue qui donne dans l'avenue

bocadillo *nm* sandwich *m*

bocado *nm* bouchée *f*; (*mordisco*) coup *m* de dent

bocajarro: **a** ~ *adv* à brûle-pourpoint

bocanada *nf* bouffée *f*; (*de líquido*) gorgée *f*

bocata (*fam*) *nm* casse-croûte *m inv*

bocatería *nf* sandwicherie *f*

boceto *nm* esquisse *f*; (*plano*) ébauche *f*

bochorno *nm* (*vergüenza*) honte *f*; (*color*) **hace** ~ il fait lourd

bochornoso, -a *adj* (*día*) lourd(e); (*situación*) orageux(-euse)

bocina *nf* (AUTO) klaxon *m*; **tocar la** ~ klaxonner

boda *nf* (*tb*: ~**s**) noce *f*, mariage *m*; (*fiesta*) noce; ~**s de oro** noces *fpl* d'or; ~**s de plata** noces d'argent

bodega *nf* (*de vino*) cave *f*; (*establecimiento*) marchand *m* de vin; (*de barco*) cale *f*

bodegón *nm* taverne *f*; (ARTE) nature morte *f*

bofe *nm* (*tb*: ~**s**: *de res*) mou *m*

bofetada *nf* gifle *f*; **bofetón** *nm* = **bofetada**

boga *nf*: **en** ~ en vogue

bogar *vi* ramer

Bogotá *n* Bogota

bohemio, -a *adj, nm/f* bohémien(ne)

boicot (*pl* ~**s**) *nm* boycott *m*; **hacer el** ~ **a** boycotter; **boicotear** *vt* boycotter; **boicoteo** *nm* boycottage *m*

boina *nf* béret *m*

bola *nf* boule *f*; (*canica*) bille *f*; (*pelota*) balle *f*, ballon *m*; (*fam*) bobard *m*; (AM: *rumor*) rumeur *f*; ~**s** *nfpl* (AM: CAZA) bolas *fpl*; ~ **de billar** boule de billard; ~ **de nieve** boule de neige; ~ **del mundo** globe *m* terrestre

bolchevique *adj* bolchevique ♦ *nm/f* bolchevik *m/f*

boleadoras (AM) *nfpl* bolas *fpl*

bolera *nf* bowling *m*

boleta (AM) *nf* (*billete*) laissez-passer *m inv*; (*permiso*) bon *m*; (*cédula para votar*) bulletin *m* de vote

boletería (AM) *nf* (*taquilla*) guichet *m*

boletín *nm* bulletin *m*; ~ **informativo o de noticias** informations *fpl*

boleto *nm* billet *m*

boli (*fam*) *nm* stylo *m*

bolígrafo *nm* stylo bille *m*, stylo *m* à bille

bolívar *nm* bolivar *m*

Bolivia *nf* Bolivie *f*

boliviano, -a *adj* bolivien(ne) ♦ *nm/f* Bolivien(ne)

bollería *nf* viennoiserie *f*

bollo *nm* petit pain *m*; (*de bizcocho*) brioche *f*; (*abolladura*) bosse *f*

bolo *nm* quille *f* ♦ *adj* (CAM, CU, MÉX) ivre, soûl(e); (*juego de*) ~**s**

(jeu *m* de) quilles *fpl*

bolsa *nf* sac *m*, poche *f*; (*tela*) sacoche *f*; (*AM*: *bolsillo*) poche; ~ **de agua caliente** bouillotte *f*; ~ **de la compra** panier *m* de la ménagère

bolsillo *nm* poche *f*; **de** ~ de poche

bolsista *nm/f* (*FIN*) agent *m* de change

bolso *nm* sac *m*; (*de mujer*) sac à main

bomba *nf* (*MIL*) bombe *f*; (*TEC*) pompe *f* ♦ *adj* (*fam*): **noticia** ~ nouvelle *f* sensationnelle ♦ *adv* (*fam*): **pasarlo** ~ s'amuser comme un fou *o* des petits fous; ~ **atómica** bombe atomique; ~ **de agua/de gasolina/de incendios** pompe à eau/à essence/à incendie; ~ **de efecto retardado/de neutrones** bombe à retardement/à neutrons

bombardear *vt* bombarder; ~ **a preguntas** bombarder de questions; **bombardeo** *nm* bombardement *m*

bombardero *nm* bombardier *m*

bombear *vt* (*agua*) pomper; (*DEPORTE*) lober

bombero *nm* pompier *m*

bombilla *nf* ampoule *f*

bombín *nm* pompe *f* à vélo

bombo *nm* (*MÚS*) grosse caisse *f*; **dar** ~ **a** (*a persona*) ne pas tarir d'éloges sur; (*asunto*) faire du tam-tam autour de

bombón *nm* (*CULIN*) crotte *f* de chocolat, chocolat *m*

bombona *nf* bouteille *f*

bonachón, -ona *adj* bon enfant *inv* ♦ *nm/f* bonne pâte *f*

bonanza *nf* (*NÁUT*) bonace *f*

bondad *nf* bonté *f*; **tenga la** ~ **de** veuillez avoir l'amabilité de

bondadoso, -a *adj* bon (bonne)

bonificación *nf* bonification *f*

bonito, -a *adj* joli(e) ♦ *nm* (*atún*) thon *m*

bono *nm* bon *m*

bonobús *nm* (*ESP*) carte de transport (*en autobus urbain*)

boquerón *nm* anchois *msg*

boquete *nm* brèche *f*

boquiabierto, -a *adj*: **quedarse** ~ en rester bouche bée; **nos dejó ~s** nous sommes restés bouche bée

boquilla *nf* (*para cigarro*) fume-cigarette *m*; (*MÚS*) bec;*m*

borbotón *nm*: **salir a borbotones** jaillir à gros bouillons

borda *nf* (*NÁUT*) bord *m*

bordado *nm* broderie *f*

bordar *vt* broder

borde *nm* bord *m*; **al** ~ **de** (*fig*) au bord de; **ser** ~ (*ESP*: *fam*) ne pas se prendre pour n'importe qui; **bordear** *vt* longer

bordillo *nm* (*en acera*) bord *m*; (*en carretera*) accotement *m*

borla *nf* gland *m*; (*para polvos*) houppette *f*

borracho, -a *adj* (*persona*) soûl(e), saoul(e); (: *por costumbre*) ivrogne; **bizcocho** ~ baba *m* au rhum ♦ *nm/f* (*habitualmente*) ivrogne *m/f*

borrador *nm* (*de escrito, carta*) brouillon *m*; (*goma*) gomme *f*

borrar *vt* (*de lista*) barrer; ~**se** *vpr* (*de club, asociación*) quitter

borrasca *nf* tempête *f*

borrico, -a *nm/f* âne (ânesse); (*fig*) bourrique *f*

borrón *nm* tache *f* d'encre

borroso, -a *adj* flou(e); (*escritura*) indécis(e)

bosque *nm* bois *msg*, forêt *f*
bosquejo *nm* ébauche *f*, esquisse *f*
bostezar *vi* bâiller; **bostezo** *nm* bâillement *m*
bota *nf* botte *f*; (*de vino*) gourde *f*; **~s de agua o goma** bottes *fpl* en caoutchouc
botánica *nf* botanique *f*
botánico, -a *adj* botanique ♦ *nm/f* botaniste *m/f*
botar *vt* (*balón*) faire rebondir; (*NÁUT*) lancer, mettre à la mer; (*fam*) mettre à la porte; (*esp AM: fam*) jeter, balancer ♦ *vi* (*persona*) bondir; (*balón*) rebondir
bote *nm* bond *m*; (*tarro*) pot *m*; (*lata*) boîte *f* de conserve; (*embarcación*) canot *m*; **de o en ~** plein à craquer; **dar un ~** laisser un pourboire; **~ de la basura** (*AM*) poubelle *f*; **~ salvavidas** canot de sauvetage
botella *nf* bouteille *f*; **~ de oxígeno** bouteille d'oxygène
botellín *nm* petite bouteille *f*
botica *nf* pharmacie *f*
boticario, -a *nm/f* pharmacien(ne)
botijo *nm* cruche *f*
botín *nm* (*calzado*) bottine *f*; (*MIL, de atraco, robo*) butin *m*
botiquín *nm* armoire *f* à pharmacie; (*portátil*) trousse *f* à pharmacie; (*enfermería*) infirmerie *f*
botón *nm* bouton *m*; **~ de arranque** (*AUTO*) démarreur *m*; **~ de oro** bouton d'or
botones *nm inv* groom *m*
bóveda *nf* (*ARQ*) voûte *f*; **~ celeste** voûte céleste
boxeador, a *nm/f* boxeur *m*
boxear *vi* boxer
boxeo *nm* boxe *f*
boya *nf* (*NÁUT*) bouée *f*; (*en red*)

flotteur *m*
boyante *adj* (*negocio*) prospère
bozal *nm* (*de perro*) muselière *f*
bracear *vi* agiter les bras; (*nadar*) nager la brasse
bracero, -a *nm/f* journalier(-ière)
bragas *nfpl* culotte *f*
bragueta *nf* braguette *f*
braille *nm* braille *m*
bramar *vi* (*toro, viento, mar*) mugir; (*venado*) bramer; (*elefante*) barrir; **bramido** *nm* (*de toro, viento, lluvia*) mugissement *m*; (*del venado*) bramement *m*; (*del elefante*) barrissement *m*; (*de persona*) hurlement *m*
brasa *nf* braise *f*; **a la ~** (*carne, pescado*) braisé(e)
brasero *nm* (*para los pies*) brasero *m*
Brasil *nm* Brésil *m*
brasileño, -a *adj* brésilien(ne) ♦ *nm/f* Brésilien(ne)
braveza *nf* férocité *f*; (*valor*) bravoure *f*
bravío, -a *adj* féroce
bravo, -a *adj* (*soldado*) vaillant(e); (*animal: feroz*) féroce; (*: salvaje*) sauvage; (*toro*) de combat; (*mar*) déchaîné(e); (*terreno*) accidenté(e); (*AM: fam*) en colère ♦ *excl* bravo!; **bravura** *nf* (*de persona*) bravoure *f*; (*de animal*) férocité *f*
braza *nf*: **nadar a (la) ~** nager la brasse
brazada *nf* brasse *f*; (*de hierba, leña*) brassée *f*
brazalete *nm* bracelet *m*; (*banda*) brassard *m*
brazo *nm* bras *msg*; **ir del ~** se donner le bras; **tener/llevar en ~s** a algn tenir/prendre qn dans ses bras
brea *nf* brai *m*
brebaje *nm* breuvage *m*

brecha nf brèche f; (en la cabeza) blessure f; **hacer** o **abrir ~ en** faire impression sur

breva nf figue f fraîche

breve adj (pausa, encuentro, discurso) bref (brève); **en ~** d'ici peu; (en pocas palabras) en bref; **brevedad** nf brièveté f

brezal, brezo nm bruyère f

bribón, -ona nm/f fripouille f; (pillo) coquin f

bricolaje nm bricolage m

brida nf bride f; **a toda ~** à bride abattue

bridge nm (NAIPES) bridge m

brigada nf brigade f ♦ nm (MIL) brigadier m

brillante adj brillant(e) ♦ nm (joya) brillant m

brillar vi briller

brillo nm éclat m; **dar** o **sacar** ~ **a** faire reluire

brincar vi (persona, animal) bondir

brinco nm (salto) bond m; **dar** o **pegar un** ~ faire un bond

brindar vi: ~ **a** o **por** porter un toast à ♦ vt (oportunidad, amistad) offrir; ~**se** vpr: ~**se a hacer algo** s'offrir pour faire qch

brindis nm inv (al beber, frase) toast m; (TAUR) hommage m

brío nm (tb: ~**s**) énergie f, brio m; **con ~** avec brio

brisa nf brise f

británico, -a adj britannique ♦ nm/f Britannique m/f

brizna nf brin m; (paja) fétu m

broca nf (TEC) foret m

brocal nm margelle f

brocha nf (de pintar) brosse f; (de afeitar) blaireau m

broche nm (en vestido) agrafe f; (joya) broche f

broma nf plaisanterie f; **de** o **en** ~ pour rire; **gastar una ~ a** algn faire une blague à qn; ~ **pesada** plaisanterie f de mauvais goût; **bromear** vi plaisanter

bromista adj, nm/f farceur(-euse)

bronca nf dispute f; **buscar ~** chercher querelle

bronce nm bronze m

bronceado, -a adj bronzé(e) ♦ nm bronzage m

bronceador, a adj solaire ♦ nm produit m solaire

broncearse vpr se faire bronzer

bronco, -a adj (modales) bourru(e); (voz) rauque

bronquio nm bronche f

bronquitis nf inv bronchite f

brotar vi (BOT) pousser; (aguas, lágrimas) jaillir

brote nm (BOT) pousse f; (MED) accès m sg; (de insurrección, huelga) vague f

bruces: de ~ adv sur le ventre, à plat ventre; **darse de ~ con algn** tomber nez à nez avec qn

brujería nf sorcellerie f

brujo, -a nm/f sorcier(ière) ♦ nf (pey) sorcière f

brújula nf boussole f

bruma nf brume f

brumoso, -a adj brumeux(-euse)

bruñir vt polir

brusco, -a adj brusque

Bruselas n Bruxelles

brutal adj brutal(e); (fam: tremendo) énorme

brutalidad nf brutalité f

bruto, -a adj (persona) brutal(e); (estúpido) imbécile; (metal, piedra, peso) brut(e) ♦ nm brute f; **en ~** brut(e)

Bs.As. abr = **Buenos Aires**

bucal adj buccal(e); **por vía ~** par voie orale

bucear vi plonger; ~ **en**

(*documentos, pasado*) fouiller dans;
buceo *nm* plongée *f*, plongeon
m

bucle *nm* boucle *f*

buen *adj ver* **bueno**

buenamente *adv* tout
bonnement; (*de buena gana*)
volontiers

buenaventura *nf* chance *f*;
(*adivinación*) bonne aventure *f*

PALABRA CLAVE
---

bueno, -a *adj* (*antes de nmsg:*
buen) **1** (*excelente etc*) bon(ne);
es un libro bueno *o* **es un
buen libro** c'est un bon livre;
tiene buena voz il a une belle
voix; **hace buen/buen
tiempo** il fait beau/beau temps;
ya está bueno (*de salud*) il va
bien maintenant
2 (*bondadoso*): **es buena
persona** c'est quelqu'un de bien;
el bueno de Paco ce bon Paco;
fue muy bueno conmigo il a
été très gentil avec moi
3 (*apropiado*): **ser bueno para**
être bon pour; **creo que vamos
por buen camino** je crois que
nous sommes sur la bonne voie
4 (*grande*): **un buen trozo** un
bon bout; **le di un buen
rapapolvo** je lui ai passé un
savon
5 (*irónico*): **¡buen conductor
estás hecho!** comme tu
conduis bien!; **¡estaría bueno
que ...!** il ne manquerait plus
que ...!
6 (*sabroso*): **está bueno este
bizcocho** ce gâteau est très bon
7 (*atractivo: fam*): **Carmen está
muy buena** Carmen est
vachement mignonne
8 (*saludos*): **¡buenos días!**

bonjour!; **¡buenas tardes!**
bonjour!; (*más tarde*) bonsoir!;
¡buenas noches! bonne nuit!;
¡buenas! salut!
9 (*otras locuciones*): **un buen día**
un beau jour; **estar de buenas**
être de bonne humeur; **por las
buenas o por las malas** de
gré ou de force; **de buenas a
primeras** tout d'un coup
♦ *excl* bon!; **bueno, ¿y qué?**
bon, et alors?

Buenos Aires *n* Buenos Aires

buey *nm* bœuf *m*

búfalo *nm* buffle *m*

bufanda *nf* cache-nez *m inv*

bufar *vi* (*caballo*) souffler; (*gato*)
cracher

bufete *nm* étude *f*, cabinet *m*

buffer *nm* (*INFORM*) mémoire *f*
tampon

buhardilla *nf* mansarde *f*

búho *nm* hibou *m inv*

buhonero *nm* colporteur *m*

buitre *nm* vautour *m*

bujía *nf* (*vela, ELEC, AUTO*) bougie *f*

bula *nf* bulle *f*

bulbo *nm* (*BOT*) bulbe *m*

bulevar *nm* boulevard *m*

Bulgaria *nf* Bulgarie *f*

búlgaro, -a *adj* bulgare ♦ *nm/f*
Bulgare *m/f*

bulla *nf* raffut *m*; (*follón*) pagaille *f*

bullicio *nm* brouhaha *m*;
(*movimiento*) bousculade *f*

bullir *vi* (*líquido*) bouillonner; **~
(de)** (*muchedumbre, público*)
bouillir (de)

bulto *nm* paquet *m*; (*en superficie,
MED*) grosseur *f*; (*silueta*) masse *f*;
hacer ~ prendre de la place

buñuelo *nm* beignet *m*

BUP (*ESP*) *sigla m* (*ESCOL*) (=
Bachillerato Unificado y Polivalente)

troisième, seconde, première

buque *nm* navire *m*; **~ de guerra** navire de guerre

burbuja *nf* bulle *f*; **burbujear** *vi* pétiller

burdel *nm* bordel *m*

burdo, -a *adj* grossier(-ière)

burgués, -esa *adj* bourgeois(e) ♦ *nm/f* bourgeois(e); **burguesía** *nf* bourgeoisie *f*

burla *nf* moquerie *f*; (*broma*) blague *f*; **hacer ~ a algn/de algo** se moquer de qn/de qch; **hacer ~ a algn** faire la nique à qn

burladero *nm* (*TAUR*) palissade *f*

burlar *vt* (*persona*) tromper; (*vigilancia*) déjouer; **~se** *vpr*: **~se (de)** se moquer (de)

burlón, -ona *adj* moqueur(-euse)

burocracia *nf* bureaucratie *f*

burócrata *nm/f* bureaucrate *m*

burrada (*fam*) *nf*: **decir/hacer/ soltar ~s** dire/faire/lâcher des âneries; **una ~** (*mucho*) une flopée

burro, -a *nm/f* âne (ânesse) *m* (*fig: ignorante*) âne *m*; (: *bruto*) abruti *m* ♦ *adj* crétin(e); **~ de carga** (*fig*) bourreau *m* de travail

bursátil *adj* boursier(-ière)

bus *nm* bus *msg*

busca *nf*: **en ~ de** à la recherche de ♦ *nm* (*TELEC*) bip(-bip) *m*

buscar *vt* chercher ♦ *vi* chercher; **se busca secretaria** on demande une secrétaire

busque *etc vb ver* **buscar**

búsqueda *nf* recherche *f*

busto *nm* (*ANAT, ARTE*) buste *m*

butaca *nf* fauteuil *m*; **~ de patio** fauteuil d'orchestre

butano *nm* butane *m*; **bombona de ~** bouteille *f* de butane

buzo *nm/f* (*persona*)

plongeur(-euse), homme *m* grenouille

buzón *nm* boîte *f* aux lettres

C, c

C. *abr* (= *centígrado*) C (= *Celsius*)

C/ *abr* = **calle**

c. *abr* (= *capítulo*) chap. (= *chapitre*)

c.a. *abr* (= *corriente alterna*) c.a.

cabal *adj* (*honrado*) bien

cábala *nf* cabale *f*; **~s** *nfpl* (*suposiciones*): **hacer ~s** faire des suppositions

cabalgar *vt* monter ♦ *vi* chevaucher

cabalgata *nf* défilé *m*; **la ~ de los Reyes Magos** le défilé des Rois mages

caballa *nf* maquereau *m*

caballeresco, -a *adj* chevaleresque

caballería *nf* monture *f*; (*MIL*) cavalerie *f*

caballeriza *nf* écurie *f*

caballero *nm* gentleman *m*; (*de la orden de caballería*) chevalier *m*; (*en trato directo*) monsieur *m*; **de ~** d'homme, pour homme

caballerosidad *nf* courtoisie *f*

caballete *nm* (*de pintor*) chevalet *m*; (*de pizarra*) support *m*; (*de mesa*) tréteau *m*

caballito *nm*: **~s** *nmpl* chevaux *mpl* de bois

caballo *nm* cheval *m*; (*AJEDREZ, NAIPES*) cavalier *m*; **a ~** à cheval; **~ de carreras** cheval de course; **~ de vapor** cheval-vapeur *m*

cabaña *nf* cabane *f*

cabaré, cabaret (*pl* **~s**) *nm* cabaret *m*

cabecear *vi* (*caballo*) encenser;

(dormitar) piquer du nez

cabecera *nf (de mesa, tribunal)* bout *m*; *(de cama)* tête *f*; *(en libro)* frontispice *m*; *(periódico)* manchette *f*, gros titre *m*; **médico de ~** médecin *m* traitant

cabecilla *nm* chef *m* de file, meneur(-euse)

cabellera *nf* chevelure *f*

cabello *nm* cheveu *m*; **~ de ángel** cheveux *mpl* d'ange

caber *vi* tenir, rentrer; **caben 3 más** on peut encore en mettre 3; **no cabe duda** cela ne fait pas de doute

cabestrillo *nm*: **en ~** en écharpe

cabestro *nm* ♦ *en* chevreau

cabeza *nf* tête *f*; **~ abajo/ arriba** tête en bas/en haut; **a la ~ de** *(de pelotón)* en tête de; *(de empresa)* à la tête de; **tirarse de ~** plonger; **tocamos a 3 por ~** ça fait 3 par tête; **se me va la ~** je perds la tête; **~ atómica/ nuclear** tête atomique/ogive *f* nucléaire; **~ de ajo** tête d'ail; **~ de familia** chef de famille; **~ de ganado** tête de bétail; **~ de partido** chef-lieu *m* d'arrondissement; **cabezada** *nf* coup *m* de tête; **dar cabezadas** piquer du nez; **echar una cabezada** faire un somme

cabezón, -ona *adj* qui a une grosse tête; *(vino)* capiteux(-euse); *(terco)* entêté(e)

cabida *nf* capacité *f*; *(depósito)* contenance *f*

cabildo *nm (POL)* conseil *m* municipal

cabina *nf* cabine *f*; **~ de mandos** cabine de pilotage; **~ telefónica** cabine téléphonique

cabizbajo, -a *adj* tête basse *inv*

cable *nm* câble *m*; *(de electrodoméstico)* fil *m*

cabo *nm* bout *m*; *(MIL)* caporal *m*; *(de policía)* brigadier *m*; *(GEO)* cap *m*; **al ~ de 3 días** au bout de 3 jours; **al fin y al ~** en fin de compte; **llevar a ~** mener à bien

cabra *nf* chèvre *f*; **~ montés** chèvre sauvage

cabré *etc vb ver* **caber**

cabrear *(fam)* vt énerver; **~se** *(fam)* vpr s'emporter

cabrío, -a *adj*: **macho ~** bouc *m*; *ver* **ganado**

cabriola *nf* cabriole *f*

cabritilla *nf*: **de ~** en chevreau

cabrito *nm* chevreau *m*

cabrón *(fam!)* nm salaud *m (fam!)*

caca *(fam)* nf caca *m*

cacahuete *(ESP)* nm cacahuète *f*

cacao *nm* cacao *m*, chocolat *m*; *(BOT)* cacaoyer *m*; *(tb:* **crema de ~***)* beurre *m* de cacao

cacarear *vt* s'enorgueillir de ♦ *vi* caqueter

cacería *nf* partie *f* de chasse

cacerola *nf* casserole *f*, marmite *f*

cachalote *nm* cachalot *m*

cacharro *nm* ustensile *m*; *(trasto)* machin *m*, truc *m*

cachear *vt* fouiller

cachemir *nm*, **cachemira** *nf* cachemire *m*; **de ~** en cachemire

cachete *nm* claque *f*

cachiporra *nf* massue *f*

cachivache *nm* truc *m*, machin *m*

cacho, -a *nm* morceau *m*; *(AM)* corne *f*

cachondeo *(fam)* nm rigolade *f*

cachondo, -a *(fam)* adj marrant(e), rigolo(te)

cachorro, -a *nm/f* chiot *m*; *(de león)* lionceau *m*; *(de lobo)* louveteau *m*

cacique *nm (POL)* personnage *m* influent; **caciquismo** *nm*

caciquisme *m*

caco *nm* filou *m*

cacto *nm*, **cactus** *nm inv* cactus *m inv*

cada *adj inv* chaque; (*antes de número*) tous les; **~ día** tous les jours; **~ dos días** tous les deux jours; **~ cual/uno** chacun; **~ vez más/menos** de plus en plus/de moins en moins; **~ vez que** chaque fois que

cadalso *nm* échafaud *m*

cadáver *nm* cadavre *m*

cadena *nf* chaîne *f*; **~s** *nfpl* (AUTO) chaînes *fpl*; **~ de montaje** chaîne de montage; **~ montañosa** chaîne de montagnes; **~ perpetua** (JUR) emprisonnement *m* à perpétuité

cadera *nf* hanche *f*

cadete *nm* cadet *m*

caducar *vi* expirer

caduco, -a *adj* dépassé(e); **de hoja caduca** à feuilles caduques

caer *vi* tomber; **~se** *vpr* tomber; **dejar ~** laisser tomber; **¡no caigo!** je ne vois pas; **¡ya caigo!** j'y suis!; **me caen bien/mal** (*persona*) je le trouve sympathique/antipathique; **su cumpleaños cae en viernes** son anniversaire tombe un vendredi; **se me cayó el libro** j'ai fait tomber le livre

café (*pl* **~s**) *nm* café *m*; **~ con leche** café crème, café au lait; **~ solo** *o* **negro** café (noir)

cafetera *nf* cafetière *f*

cafetería *nf* cafétéria *f*

cagar (*fam!*) *vi* chier (*fam!*); **~se** *vpr* se dégonfler

caída *nf* chute *f*; (*declive*) pente *f*; (*de tela*) tombée *f*; (*de precios, moneda*) baisse *f*

caído, -a *adj* tombant(e)

caiga *etc vb ver* **caer**

caimán *nm* caïman *m*

caja *nf* boîte *f*, caisse *f*; **~ de ahorros** caisse d'épargne; **~ de cambios** boîte de vitesses; **~ de caudales** coffre *m* fort; **~ de fusibles** boîte à fusibles; **~ fuerte** coffre fort

cajero, -a *nm/f* caissier(-ière) ♦ *nm*: **~ automático** distributeur *m* automatique

cajetilla *nf* paquet *m*

cajón *nm* caisse *f*; (*de mueble*) tiroir *m*

cal *nf* chaux *fsg*; **~ viva** chaux vive

cala *nf* crique *f*

calabacín *nm*, **calabacita** *nf* (AM) courgette *f*

calabaza *nf* courge *f*, citrouille *f*

calabozo *nm* taule *f*; (*celda*) cachot *m*

calada *nf* bouffée *f*

calado, -a *adj* ajouré(e); (*de barco*) tirant *m* d'eau; (*de las aguas*) profondeur *f*; **estoy ~ (hasta los huesos)** je suis trempé(e) (jusqu'aux os)

calamar *nm* calmar *m*

calambre *nm* crampe *f*; **dar ~** envoyer une décharge

calamidad *nf* calamité *f*

calar *vt* transpercer; (AUTO) caler; **~se** *vpr* (*motor*) caler; (*mojarse*) se tremper; (*gafas*) chausser; (*sombrero*) enfoncer

calavera *nf* tête *f* de mort

calcar *vt* décalquer

calcetín *nm* chaussette *f*

calcinar *vt* calciner

calcio *nm* calcium *m*

calcomanía *nf* décalcomanie *f*

calculador, a *adj* calculateur(-trice)

calculadora *nf* calculatrice *f*

calcular vt calculer; **calculo que ...** je pense que ...; **cálculo** nm calcul m; **según mis cálculos** d'après mes calculs

caldear vt chauffer; (ánimos) réchauffer

caldera nf chaudière f

calderilla nf ferraille f

caldero nm chaudron m

caldo nm bouillon m; (vino) cru m

calefacción nf chauffage m; ~ **central** chauffage central

calendario nm calendrier m

calentador nm calorifère m

calentamiento nm échauffement m

calentar vt faire chauffer; (habitación) réchauffer; (motor) faire tourner; (pegar) flanquer une calotte à ♦ vi chauffer; ~**se** vpr se chauffer, se réchauffer; (motor) chauffer; (discusión, ánimos) s'échauffer

calentura nf fièvre f; (de boca) bouton m de fièvre

calibrar vt (consecuencias) évaluer; (importancia) jauger; **calibre** nm calibre m; (fig) calibre, envergure f

calidad nf qualité f; **de ~** de qualité; **en ~ de** en qualité de

cálido, -a adj chaud(e); (palabras, aplausos) chaleureux(-euse)

caliente vb ver **calentar** ♦ adj chaud(e); **estar/ponerse ~** (fam) être excité(e)/s'exciter

calificación nf qualification f; (en examen) note f

calificar vt noter; ~ **como/de** traiter de

calima, calina nf (neblina) brume f de chaleur; (calor) chaleur f caniculaire

cáliz nm calice m

caliza nf pierre f à chaux

callado, -a adj: **estar ~** être silencieux(-euse); **ser ~** être peu bavard(e)

callar vt taire; (persona, oposición) faire taire ♦ vi se taire; ~**se** vpr se taire; **¡cállate!** tais-toi!

calle nf rue f; (DEPORTE) couloir m; **la ~** (en conjunto) la rue; **peatonal** rue piétonne

calleja nf = **callejuela**;
callejear vi flâner

callejero, -a adj ambulant(e); (verbena) en plein air; (riña) de rue ♦ nm plan m; **callejón** nm passage m, couloir m; **callejón sin salida** impasse f, voie f sans issue; (fig) impasse; **callejuela** nf ruelle f, venelle f

callista nmf pédicure m/f

callo nm (en pies) cor m; (en manos) durillon m; ~**s** nmpl (CULIN) tripes fpl

calma nf calme m; **hacer algo con ~** faire qch calmement

calmante nm calmant m, tranquillisant m

calmar vt calmer ♦ vi (tempestad, viento) se calmer; ~**se** vpr se calmer

calor nm chaleur f; **entrar en ~** se réchauffer; **tener ~** avoir chaud

caloría nf calorie f

calumnia nf calomnie f

caluroso, -a adj chaud(e)

calvario nm calvaire m

calvicie nf calvitie f

calvo, -a adj, nm/f chauve m/f

calzada nf chaussée f

calzado, -a adj chaussé(e) ♦ nm chaussure f

calzador nm chausse-pied m

calzar vt chausser; (TEC) caler; ~**se** vpr: ~**se los zapatos** se chausser; **¿qué (número)**

calza? quelle est votre pointure?
calzón nm (AM: de hombre) slip m;
(: de mujer) culotte f
calzoncillos nmpl slip msg
cama nf lit; **~ individual/de
matrimonio** lit simple/double
camafeo nm camée m
camaleón nm caméléon m
cámara nf chambre f; (CINE, TV)
caméra f; (fotográfica) appareil-
photo m; (de vídeo) caméscope m
♦ nm/f (CINE, TV) caméraman m;
música de ~ musique f de
chambre; **~ de aire** chambre à
air; **~ de comercio** chambre de
commerce; **~ de gas** chambre à
gaz; **~ frigorífica** chambre froide
camarada nm/f camarade m/f;
(de trabajo) collègue m f
camarera nf (en hotel) femme f
de chambre; (AM) hôtesse f de
l'air; ver tb **camarero**
camarero, -a nm/f (en
restaurante) serveur(-euse); (en
bar) garçon m de café (serveuse)
¡camarera, por favor!
mademoiselle, s'il vous plaît!
camarilla nf clique f; (POL)
groupe m de pression, lobby m
camarón nm crevette f grise
camarote nm cabine f
cambiante adj variable; (humor)
changeant(e)
cambiar vt, vi changer; (fig)
échanger; **~se** vpr (de casa)
changer; (de ropa) se changer; **~
algo por algo** changer qch pour
o contre qch; **~ de coche/de
idea/de trabajo** changer de
voiture/d'idée/de travail; **~(se)
de sitio** changer de place
cambio nm changement m; (de
dinero, impresiones) échange m;
(COM: tipo de cambio) change m;
(dinero menudo) monnaie f; **a ~**

de en échange de; **en ~** (por otro
lado) en revanche, par contre; (en
lugar de eso) à la place; **~ de
divisas** change de devises; **~ de
marchas** o **de velocidades**
changement de vitesses
camelar (fam) vt baratiner
camello nm chameau m; (fam)
dealer m
camerino nm loge f
camilla nf civière f, brancard m;
(mesa) guéridon m
caminante nm/f marcheur(-euse)
caminar vi marcher, cheminer ♦
vt faire à pied
caminata nf trotte f (fam)
camino nm chemin m; **a medio
~** à mi-chemin; **en el ~** en
chemin, chemin faisant; **~ de**
vers; **ir por buen/mal ~** (fig)
être sur la bonne/mauvaise voie; **~
particular** voie f privée

Camino de Santiago

Le chemin de saint Jacques est
un pèlerinage célèbre depuis le
Moyen-Âge. Il a pour point de
départ les Pyrénées et se termine
à Saint-Jacques-de-Compostelle,
au nord-ouest de l'Espagne, où
serait enterré l'apôtre saint
Jacques. De nos jours, ce
pèlerinage attire toujours un
grand nombre de croyants et de
touristes.

---

camión nm camion m, poids msg
lourd; **estar como un ~** (fam:
mujer) être bien roulée; **~
cisterna** camion citerne; **~ de la
basura** camion des éboueurs; **~
de mudanzas** camion de
déménagement
camionero nm camionneur m,

routier m
camioneta nf camionnette f
camisa nf chemise f; **~ de fuerza** camisole f de force
camiseta nf tee-shirt m; (ropa interior) maillot m de corps; (de deportista) maillot
camisón nm chemise f de nuit
camorra nf: **armar ~** faire un scandale; **buscar ~** chercher querelle
campamento nm colonie f de vacances; (MIL) camp m
campana nf cloche f; (CSUR) campagne f; **~ de cristal** cloche de verre; **campanario** nm clocher m
campanilla nf clochette f; (BOT) campanule f
campaña nf campagne f; **~ electoral/publicitaria** campagne électorale/publicitaire
campechano, -a adj sans façon; **es muy ~** il est très nature
campeón, -ona nm/f champion(ne); **campeonato** nm championnat m
campesino, -a adj champêtre; (gente) de la campagne ♦ nm/f paysan(ne)
campestre adj champêtre
camping (pl **~s**) nm camping m; **ir de** o **hacer ~** aller en camping, faire du camping
campo nm campagne f; (AGR, ELEC, FÍS) champ m; (INFORM) champ, zone f; (MIL, de fútbol, rugby) terrain m; **a ~ traviesa** o **través** à travers champs; **~ de batalla** champ de bataille; **~ de concentración** camp m de concentration; **~ de deportes/ de golf** terrain de sports/de golf; **~ visual** champ visuel
camposanto nm cimetière m

camuflaje nm camouflage m
cana nf cheveu m blanc; ver tb **cano**
Canadá nm Canada m;
canadiense adj canadien(ne) ♦ nm/f Canadien(ne)
canal nm canal m; (de televisión) chaîne f; (de tejado) chéneau m, gouttière f; **C~ de Panamá** canal de Panama; **canalizar** vt canaliser
canalla nm canaille f
canalón nm tuyau m de descente; (del tejado) chéneau m; **canalones** nmpl (CULIN) cannelloni mpl
canapé (pl **~s**) nm canapé m
Canarias nfpl: **las (Islas) ~** les (îles) Canaries fpl
canario, -a adj des (îles) Canaries ♦ nm/f natif(-ive) o habitant(e) des (îles) Canaries ♦ nm (ZOOL) canari m, serin m; **amarillo ~** jaune canari inv, jaune serin inv
canasta nf corbeille f; (en baloncesto) panier m; (NAIPES) canasta f; **canastilla** nf trousse f à couture; (de niño) layette f
canasto nm corbeille f
cancela nf portillon m
cancelación (nf ver vt) annulation f; résiliation f; suppression f; acquittement m
cancelar vt (visita, vuelo) annuler; (contrato) résilier; (permiso) supprimer; (deuda) s'acquitter de
cáncer nm cancer m; **C~** (ASTROL) Cancer; **ser C~** être (du) Cancer
cancha nf terrain m; (de tenis) court m ♦ excl (CSUR) dégagez!, faites place!
canciller nm chancelier m; (AM) ministre m des Affaires étrangères
canción nf chanson f; **~ de cuna** berceuse f

candado *nm* cadenas *msg*
candente *adj* chauffé(e) au rouge; (*tema, problema*) brûlant(e)
candidato, -a *nm/f* candidat(e); (*para puesto*) candidat(e), postulant(e)
candidez *nf* candeur f; (*falta de malicia*) innocence f
cándido, -a *adj* candide, innocent(e)
candil *nm* lampe f à huile
candor *nm* candeur f
canela *nf* cannelle f
cangrejo *nm* crabe m; (*de río*) écrevisse f
canguro *nm* kangourou m; **hacer de ~** garder des enfants
caníbal *adj, nm/f* cannibale m/f
canica *nf* bille f
canijo, -a *adj* chétif(-ive)
canino, -a *adj* canin(e) ♦ *nm* canine f
canjear *vt*: **~ (por)** échanger (pour)
cano, -a *adj* (*pelo, cabeza*) blanc (blanche)
canoa *nf* canoë m
canon *nm* canon m; (*COM*) taxe f, impôt m
canónigo *nm* chanoine m
canonizar *vt* canoniser
canoso, -a *adj* grisonnant(e), aux cheveux blancs; (*pelo*) grisonnant(e)
cansado, -a *adj* fatigué(e); (*viaje, trabajo*) fatigant(e)
cansancio *nm* fatigue f
cansar *vt* fatiguer; (*aburrir*) ennuyer; (*hartar*) lasser; **~se** *vpr*: **~se (de hacer)** se lasser (de faire)
cantábrico, -a *adj* cantabrique; **Mar C~** golfe m de Gascogne
cántabro, -a *adj* de la province de Santander ♦ *nm/f* natif(-ive) o

habitant(e) de la province de Santander
cantante *nm/f* chanteur(-euse)
cantar *vt* chanter ♦ *vi* chanter ♦ *nm* chanson f; **estaba cantado** c'était à prévoir
cántara *nf* bidon m
cántaro *nm* cruche f
cante *nm*: **~ jondo** chant m flamenco
cantera *nf* (*lugar*) carrière f
cantidad *nf* quantité f; **gran ~ de** une grande quantité de, bon nombre de
cantimplora *nf* gourde f
cantina *nf* cantine f; (*de estación*) buffet m; (*esp AM: taberna*) café m
canto *nm* chant m; (*de mesa, moneda*) bord m; (*de libro*) tranche f; (*de cuchillo*) dos *msg*; **faltó el ~ de un duro** il s'en est fallu d'un cheveu; **de ~** de côté, sur le côté; **~ rodado** galet m
canturrear *vi* chantonner
canuto *nm* petit tube m; (*fam: droga*) joint m
caña *nf* (*BOT*) tige f; (: *especie*) roseau m; (*de cerveza*) demi m; (*AM*) alcool m de canne à sucre; **dar o meter ~** (*fam: a un coche*) appuyer sur le champignon; (: *a algn*) secouer; **~ de azúcar/de pescar** canne f à sucre/à pêche
cañada *nf* vallon m
cáñamo *nm* chanvre m
cañería *nf* tuyauterie f
caño *nm* (*de fuente*) jet m
cañón *nm* canon m; (*GEO*) canyon m
caoba *nf* acajou m
caos *nm* chaos *msg*
C.A.P. *sigla m* (= *Certificado de Aptitud Pedagógica*) certificat d'aptitude à l'enseignement
cap. *abr* (= *capítulo*) chap. (=

chapitre)
capa nf (prenda) cape f; (CULIN, GEO) couche f; (de polvo) pellicule f; **~ de ozono** couche d'ozone
capacidad nf contenance f, capacité f; **este teatro tiene una ~ de mil espectadores** ce théâtre peut contenir mille spectateurs; **tener ~ para los idiomas/las matemáticas** être doué(e) pour les langues/les mathématiques; **tener ~ de adaptación/de trabajo** avoir une capacité d'adaptation/de travail
capacitar vt: **~ a algn para** préparer qn à
capar vt castrer
caparazón nm (de ave) carcasse f; (de tortuga) carapace f
capataz nm contremaître m
capaz adj capable; **ser ~ de (hacer)** être capable de (faire); **es ~ que venga mañana** (AM) il viendra probablement demain
capcioso, -a adj: **pregunta capciosa** question f captieuse
capellán nm aumônier m; (sacerdote) chapelain m
caperuza nf capuche f; (de bolígrafo) capuchon m
capilla nf chapelle f
capicúa adj inv palindrome m
capital adj capital(e) ♦ nm capital m ♦ nf capitale f; **~ autorizado** o **social** capital social
capitalismo nm capitalisme m; **capitalista** adj, nm/f capitaliste m/f
capitán nm capitaine m
capitanear vt commander; (equipo) être le capitaine de; (pandilla, expedición) être à la tête de
capitulación nf capitulation f

capitular vi capituler
capítulo nm chapitre m
capó nm capot m
capón nm (golpe) tape f sur la tête
capota nf (de coche) capote f
capote nm (de militar) capote f; (de torero) cape f
capricho nm caprice m
caprichoso, -a adj capricieux(-euse)
Capricornio nm (ASTROL) Capricorne m; **ser ~** être (du) Capricorne
cápsula nf capsule f; **~ espacial** capsule spatiale
captar vt (indirecta, sentido) saisir; (RADIO) capter; (atención, apoyo) attirer
captura nf capture f; **capturar** vt capturer
capucha nf, **capuchón** nm capuche f
capullo nm (ZOOL) cocon m; (BOT) bouton m; **~ de rosa** bouton de rose
caqui adj inv kaki inv ♦ nm (fruta) kaki m
cara nf visage m, face f; (expresión) mine f; (de disco, papel) face; (fam: descaro) culot m, toupet m ♦ adv: **(de) ~** vis à vis de, face a; **de ~ a** de face; **decir algo ~ a ~** dire qch en face; **mirar a ~** regarder bien en face; **dar la ~** ne pas se dérober; **echar algo en ~ a algn** reprocher qch à qn; **¿~ o cruz?** pile ou face?; **poner/tener ~ de** prendre/avoir un air de; **¡qué ~ más dura!** quel culot!, en voilà du toupet!; **tener buena/mala ~** avoir bonne/mauvaise mine; (herida, asunto, guiso) avoir bon/mauvais aspect; **tener mucha ~**

avoir un culot monstre; **de una ~** (*disque*) d'une seule face
carabina *nf* carabine f; (*persona*) chaperon m
Caracas *n* Caracas
caracol *nm* escargot m; (*concha*) coquille f d'escargot; (*esp AM*) coquillage m
carácter (*pl* **caracteres**) *nm* caractère m; **tener buen/mal ~** avoir bon/mauvais caractère
característica *nf* caractéristique f
característico, -a *adj* caractéristique
caracterizar *vt* caractériser; (*TEATRO*) bien interpréter; **~se** *vpr* (*TEATRO*) se mettre en costume; **~ por** se caractériser par
caradura *nm/f*: **es un ~** c'est un malotru
carajillo *nm* café m mêlé de cognac
carajo (*fam!*) *nm*: **¡~!** merde! (*fam!*)
caramba *excl* dis donc!, mince alors!
carámbano *nm* glaçon m
caramelo *nm* bonbon m; (*azúcar fundido*) caramel m
caravana *nf* caravane f; (*de vehículos, gente*) file f; (*AUTO*) bouchon m
carbón *nm* charbon m; **papel ~** carbone m; **carboncillo** nm fusain m; **carbonilla** nf poussière f de charbon
carbonizar *vt* carboniser; **quedar carbonizado** être réduit en cendres
carbono *nm* carbone m
carburador *nm* carburateur m
carburante *nm* carburant m
carcajada *nf* éclat m de rire; **reír(se) a ~s** éclater de rire

cárcel *nf* prison f, maison f d'arrêt
carcelero, -a *nm/f* gardien(ne) de prison
carcoma *nf* termite m
carcomer *vt* manger; ronger; (*salud, confianza*) miner; **~se de** être rongé(e) par
cardar *vt* carder
cardenal *nm* cardinal m; (*MED*) bleu m
cardiaco, -a, cardíaco, -a *adj* cardiaque
cardinal *adj* (*GRAMÁTICA*) cardinal(e); **puntos ~es** points mpl cardinaux
cardo *nm* (*comestible*) cardon m; (*espinoso*) chardon m
carecer *vi*: **~ de** manquer de
carencia *nf* manque m; (*escasez*) carence f
carente *adj*: **~ de** dépourvu(e) de
carestía *nf* (*COM*) cherté f; (*escasez*) pénurie f; **época de ~** période f de pénurie
careta *nf* masque m; **~ antigás** masque à gaz
carga *nf* charge f; (*de barco, camión*) chargement m, cargaison f; (*de bolígrafo, pluma*) cartouche f, recharge f; **de ~** (*animal*) de charge; **buque de ~** cargo m; **~ explosiva** charge explosive
cargado, -a *adj* chargé(e); (*café, té*) serré(e), fort(e); (*ambiente*) raréfié(e), vicié(e)
cargamento *nm* chargement m, cargaison f
cargar *vt* charger; (*COM*) débiter ♦ *vi* charger; **~se** *vpr* (*fam: estropear*) bousiller; (*: matar*) liquider; (*: ley, proyecto*) supprimer; (*: suspender*) recaler, coller; (*ELEC*) se charger; **~**

(contra) charger (contre); **~ con** porter; *(responsabilidad)* assumer; **los indecisos me cargan** les gens indécis me portent sur les nerfs; **~ a** *o* **en la espalda** prendre sur son dos; **~se de** *(de dinero)* se munir de; *(de paquetes)* se charger de; *(de obligaciones)* assumer

cargo *nm* (COM etc) débit *m*; *(puesto)* charge *f*; **~s** *nmpl* (JUR) accusations *fpl*; **estar a(l) ~ de** être à (la) charge de; **hacerse ~ de** *(de deudas, poder)* assumer; *(darse cuenta de)* se rendre compte de

carguero *nm* cargo *m*; *(avión)* avion-cargo *m*

Caribe *nm*: **el ~** les Caraïbes *fpl*

caribeño, -a *adj* des Caraïbes

caricatura *nf* caricature *f*

caricia *nf* caresse *f*

caridad *nf* charité *f*; **obras de ~** œuvres *fpl* de charité; **vivir de la ~** vivre de la charité

caries *nf inv* carie *f*

cariño *nm* affection *f*; **sí, ~** oui, chéri; **sentir ~ por/tener ~ a** ressentir/avoir de l'affection pour

cariñoso, -a *adj* affectueux(-euse); **"saludos ~s"** "affectueusement"

carisma *nm* charisme *m*

caritativo, -a *adj* charitable

cariz *nm* *(de los acontecimientos)* tournure *f*

carmesí *adj* cramoisi(e) ♦ *nm* cramoisi *m*

carmín *nm* carmin *m*; **~ (de labios)** rouge *m* (à lèvres)

carnal *adj* charnel(le); **primo ~** cousin *m* germain

carnaval *nm* carnaval *m*

Carnaval

*Les réjouissances du **Carnaval** se déroulent pendant les trois jours qui précèdent le début du carême ("Cuaresma"). En déclin sous le régime franquiste, le carnaval connaît aujourd'hui un regain de popularité dans toute l'Espagne. Le carnaval de Cadix et celui de Tenerife sont particulièrement renommés pour leur animation: défilés, feux d'artifice et déguisements souvent somptueux.*

---

carne *nf* chair *f*; (CULIN) viande *f*; **~s** *nfpl* (fam) graisse *fsg*; **en ~ viva** à vif; **~ de cerdo/de cordero** viande de porc/ d'agneau; **~ de gallina** chair de poule; **~ de membrillo** gelée *f* de coing; **~ de ternera/de vaca** viande de veau/de bœuf; **~ picada** viande hachée

carné *nm* = **carnet**

carnero *nm* veau *m*

carnet *(pl* **~s)** *nm*: **~ de conducir** permis *msg* de conduire; **~ de identidad** carte *f* d'identité; **~ de socio** carte de membre

carnicería *nf* boucherie *f*

carnicero, -a *adj* carnassier(-ière); *(pájaro, ave)* de proie ♦ *nm/f* boucher(-ère)

carnívoro, -a *adj* carnivore

carnoso, -a *adj* charnu(e)

caro, -a *adj* cher (chère) ♦ *adv* cher

carpa *nf* carpe *f*; *(de circo)* chapiteau *m*; (AM) tente *f*

carpeta *nf* dossier *m*, chemise *f*; **~ (de anillas)** classeur *m*

carpintería nf menuiserie f;
carpintero nm menuisier m
carraspear vi (toser) se racler la
gorge, s'éclaircir la gorge
carrera nf course f; (UNIV) études
fpl; (profesión) carrière f; **tienes
una ~ en las medias** tes bas
sont filés; **aquí se recogen ~s
a las medias** ici on reprise le
bas; **darse** o **echar** o **pegar
una ~** filer à toute allure o à
toutes jambes; **de ~s** de course;
en una ~ d'une traite; **~ de
armamentos/de obstáculos**
course aux armements/d'obstacles
carreta nf charrette f
carrete nm pellicule f; (TEC)
bobine f
carretera nf route f; **~ de
circunvalación** boulevard m
périphérique; **~ nacional/
secundaria** route nationale/
secondaire
carretilla nf brouette f
carril nm chemin m; (de
autopista) file f, voie f; (FERRO) voie;
~-bici piste f cyclable
carrillo nm joue f
carrito nm chariot m, caddie m
carro nm chariot m; (con dos
ruedas) charrette f; (AM) voiture f;
¡para el ~! arrête là!, c'est bon,
ça suffit!; **~ blindado/de
combate** char m d'assaut/de
combat
carrocería nf carrosserie f
carroña nf charogne f
carroza nf carrosse m; (en desfile)
char m
carta nf lettre f; (NAIPES) carte f;
(JUR) charte f; **a la ~** à la carte;
dar ~ blanca a algn donner
carte blanche à qn; **echar una ~
(al correo)** mettre une lettre (à
la poste); **~ certificada** lettre

recommandée; **~ de ajuste** (TV)
mire f; **~ marítima** carte marine
cartabón nm équerre f
cartel nm affiche f; (COM) cartel
m, trust m; **en ~** à l'affiche;
cartelera nf rubrique f; **lleva
mucho/poco tiempo en
cartelera** Il est à l'affiche depuis
longtemps/peu
cartera nf (tb: **~ de bolsillo**)
portefeuille m; (de cobrador)
serviette f; (de colegial) cartable m;
(AM) sac à main m; **ocupa la ~
de Agricultura** il occupe le
portefeuille de l'Agriculture; ver tb
cartero
carterista nm/f pickpocket m,
voleur(-euse) à la tire
cartero, -a nm/f facteur(-trice)
cartilla nf livret m scolaire; **~ de
ahorros** livret de caisse
d'épargne
cartón nm carton m; (de tabaco)
cartouche f; **~ piedra** papier m
mâché
cartucho nm cartouche f;
(cucurucho) cornet m
cartulina nf bristol m
casa nf maison f; **sentirse
como en su ~** se sentir comme
chez soi; **~ de campo** maison de
campagne; **~ de fieras**
ménagerie f; **~ de huéspedes**
pension f de famille; **~ de
socorro** dispensaire m
casado, -a adj, nm/f marié(e)
casamiento nm mariage m
casar vt marier ♦ vi: **~ (con)** aller
bien (avec); **~se** vpr: **~se (con)**
se marier (avec); **~se por lo
civil/por la Iglesia** se marier
civilement/religieusement
cascabel nm grelot m
cascada nf cascade f
cascanueces nm inv casse-

noisettes *msg*

cascar *vt* casser; *(fam: golpear)* tabasser ♦ *vi (fam)* papoter; **~se** *vpr* se casser; *(voz)* s'érailler

cáscara *nf* coquille *f*; *(de fruta)* pelure *f*; *(de patata)* épluchure *f*; *(de limón, naranja)* écorce *f*

casco *nm* casque *m*; *(NÁUT)* coque *f*; *(ZOOL)* sabot *m*; *(pedazo roto)* tesson *m*; *(: auriculares)* écouteurs *mpl*; **el ~ antiguo** la vieille ville; **el ~ urbano** le centre ville

caserío *nm* hameau *m*, *(casa)* manoir *m*

casero, -a *adj (cocina)* maison; *(remedio)* de bonne femme; *(trabajos)* domestique ♦ *nm/f* propriétaire *m/f*; **"comida casera"** "cuisine maison"; **pan ~** pain *m* de ménage; **ser muy ~** être très casanier(-ière)

caseta *nf* baraque *f*; *(de perro)* niche *f*; *(para bañista)* cabine *f*; *(de feria)* stand *m*

casete *nm* magnétophone *m* ♦ *nf* cassette *f*

casi *adv* presque; **~ nunca/nada** presque jamais/rien; **~ te caes** tu as manqué (de) o failli tomber

casilla *nf* case *f*; *(AJEDREZ, en crucigrama)* case *f*

casillero *nm* casier *m*

casino *nm* casino *m*

caso *nm* cas *msg*; **en ~ de ...** en cas de ...; **en ~ (de) que venga** au cas où il viendrait; **el ~ es que** le fait est que; **en ese ~** dans ce cas; **en todo ~** en tout cas; **¡eres un ~!** tu es un cas!; **(no) hacer ~ a** o **de algo/algn** (ne pas) faire cas de qch/qn; **hacer** o **venir al ~** venir à propos

caspa *nf (en pelo)* pellicule *f*

cassette = casete

casta *nf* race *f*; *(clase social)* caste *f*

castaña *nf* châtaigne *f*, marron *m*; *(fam: tb:* **castañazo***)* gnon *m*, marron; *(: AUT)* gnon

castañetear *vi:* **le castañetean los dientes** il claque des dents

castaño, -a *adj* marron; *(pelo)* brun(e) ♦ *nm* châtaignier *m*, marronnier *m*; **~ de Indias** marronnier des Indes

castañuelas *nfpl* castagnettes *fpl*

castellano, -a *adj* castillan(e) ♦ *nm/f (persona)* Castillan(e) ♦ *nm (LING)* castillan *m*

castidad *nf* chasteté *f*

castigar *vt* punir, châtier; *(DEPORTE)* pénaliser; **castigo** *nm* punition *f*; *(DEPORTE)* pénalisation *f*

Castilla *nf* Castille *f*

castillo *nm* château *m*

castizo, -a *adj (LING)* pur(e); *(auténtico)* de pure souche

casto, -a *adj* chaste

castor *nm* castor *m*

castrar *vt* châtrer

castrense *adj* militaire

casual *adj* fortuit(e); **casualidad** *nf* hasard *m*; **dar la casualidad (de) que** se trouver que; **se da la casualidad que ...** il se trouve que ...; **por casualidad** par hasard; **¡qué casualidad!** quel hasard!

cataclismo *nm* cataclysme *m*

catalán, -ana *adj* catalan(e) ♦ *nm/f* Catalan(e) ♦ *nm (LING)* catalan *m*

catalizador *nm* catalyseur *m*

catalogar *vt* cataloguer; **~ a algn de** cataloguer qn comme

catálogo *nm* catalogue *m*

Cataluña *nf* Catalogne *f*

catar vt goûter
catarata nf cataracte f
catarro nm rhume m
catástrofe nf catastrophe f
catastrófico, -a adj catastrophique
catear (fam) vt recaler, coller
cátedra nf chaire f
catedral nf cathédrale f
catedrático, -a nm/f professeur m
categoría nf catégorie f; **de ~ de** classe; **de segunda ~** de seconde catégorie
categórico, -a adj catégorique
cateto, -a nm/f (pey) rustre m, péquenaud(e) (fam) ♦ nm (GEOM) côté m
catolicismo nm catholicisme m
católico, -a adj, nm/f catholique m/f
catorce adj inv, nm inv quatorze m inv; ver tb **seis**
cauce nm (de río) lit m
caucho nm caoutchouc m; (AM) pneu m; **de ~** en caoutchouc
caución nf caution f
caudal nm débit m; (fortuna) fortune f, capital m
caudaloso, -a adj à fort débit
caudillo nm chef m
causa nf cause f; **a/por ~ de** à/ pour cause de
causar vt causer
cautela nf précaution f, prudence f
cauteloso, -a adj prudent(e)
cautivar vt captiver
cautiverio nm, **cautividad** nf captivité f
cautivo, -a adj, nm/f captif(-ive)
cauto, -a adj prudent(e), avisé(e)
cava nm cava m; équivalent du "champagne" français ♦ nf cave f
cavar vt, vi creuser

caverna nf caverne f
cavidad nf cavité f
cavilar vi: **~ (sobre)** méditer (sur)
cayado nm (de pastor) houlette f; (de obispo) houlette, crosse f
cayendo etc vb ver **caer**
caza nf chasse f ♦ nm (AVIAT) chasseur m; **dar ~ a** faire la chasse à; **ir de ~** aller à la chasse; **~ mayor/menor** gros/menu gibier m
cazador, a adj, nm/f chasseur(-euse)
cazadora nf blouson m
cazar vt (buscar) chasser; (perseguir) pourchasser; (coger) attraper
cazo nm (cacerola) poêlon m; (cucharón) louche f
cazuela nf (vasija) marmite f; (guisado) ragoût m
c/c. abr (COM) (= cuenta corriente) CC (= compte courant)
CE sigla f (= Comunidad Europea) CE f (= Communauté européenne)
cebada nf orge f
cebar vt (animal) gaver, engraisser; (persona) gaver; (anzuelo) amorcer; **~se** vpr se gaver; **~se en/con** s'acharner sur/à
cebo nm appât m, amorce f; (fig) appât, leurre m
cebolla nf oignon m
cebolleta nf oignon m nouveau; (en vinagre) petit oignon blanc
cebra nf zèbre m; **paso de ~** passage m pour piétons
cecear vi zézayer; **ceceo** nm zézaiement m
ceder vt céder ♦ vi céder; (disminuir) diminuer; **"ceda el paso"** "cédez le passage"
cedro nm cèdre m

cédula *nf* cédule *f*; ~ **de identidad** (AM) carte *f* d'identité

cegar *vt* aveugler; (*tubería, ventana*) boucher; ~**se** *vpr* (*fig*) s'aveugler

ceguera *nf* cécité *f*

ceja *nf* sourcil *m*

cejar *vi*: (**no**) ~ **en su empeño/propósito** (ne pas) renoncer à son engagement/ dessein

celador, a *nm/f* (*de hospital*) gardien(ne); (*de cárcel*) gardien(ne) de prison

celda *nf* cellule *f*

celebración *nf* célébration *f*

celebrar *vt* célébrer ♦ *vi* (REL) officier; ~**se** *vpr* se célébrer; **celebro que sigas bien** je suis ravi(e) que tu ailles bien

célebre *adj* célèbre

celebridad *nf* célébrité *f*

celeste *adj* (*tb*: **azul ~**) bleu ciel *inv*; (*cuerpo, bóveda*) céleste

celestial *adj* céleste

celibato *nm* célibat *m*

célibe *adj, nm/f* célibataire *m/f*

celo *nm* zèle *m*; (® *tb*: **papel ~**) papier *m* collant, scotch ®; ~**s** *nmpl* (*de niño, amante*) jalousie *fsg*; **tener ~ de algn** être jaloux(-ouse) de qn; **estar en ~** être en chaleur

celofán *nm* cellophane *f*

celoso, -a *adj* jaloux(-ouse)

célula *nf* cellule *f*

celulitis *nf* cellulite *f*

celulosa *nf* cellulose *f*

cementerio *nm* cimetière *m*

cemento *nm* (*argamasa*) mortier *m*; (*para construcción*) ciment *m*; (AM: *cola*) colle *f*

cena *nf* dîner *m*, souper *m*

cenagal *nm* bourbier *m*

cenar *vt*: ~ **algo** manger qch

pour le dîner ♦ *vi* souper, dîner

cenicero *nm* cendrier *m*

cenit *nm* zénith *m*; (*de carrera*) sommet *m*, faîte *m*

ceniza *nf* cendre *f*; ~**s** *nfpl* (*de persona*) cendres *fpl*

censo *nm* recensement *m*; ~ **electoral** recensement électoral

censura *nf* censure *f*

censurar *vt* censurer

centella *nf* étincelle *f*; (*rayo*) foudre *f*; **como una** ~ comme la foudre

centellear *vi* étinceler; (*estrella*) scintiller

centenar *nm* centaine *f*

centenario, -a *adj*, *nm* centenaire *m*

centeno *nm* seigle *m*

centésimo, -a *adj*, *nm/f* centième *m*

centígrado *adj* centigrade

centímetro *nm* centimètre *m*; ~ **cuadrado/cúbico** centimètre carré/cube

céntimo *nm* centime *m*

centinela *nm* sentinelle *f*

centollo *nm* araignée *f* de mer

central *adj* central(e) ♦ *nf* centrale *f*; ~ **eléctrica/nuclear** centrale électrique/nucléaire

centralita *nf* standard *m*

centralizar *vt* centraliser

centrar *vt* centrer; (*interés, atención*) attirer; ~**se** *vpr* s'adapter

céntrico, -a *adj* central(e)

centrifugar *vt* essorer

centrista *adj* centriste

centro *nm* centre *m*; ~ **comercial** centre commercial; ~ **de gravedad** centre de gravité; ~ **de salud** centre de santé; ~ **docente** centre d'enseignement; ~ **social** foyer *m* socio-éducatif; ~ **turístico** centre touristique

centroamericano, -a adj d'Amérique centrale ♦ nm/f natif(-ive) o habitant m d'Amérique centrale

ceñido, -a adj cintré(e)

ceñir vt serrer; **~se** vpr (vestido) coller; **~se a algo/a hacer algo** s'en tenir à qch/à faire qch

ceño nm froncement m; **fruncir el ~** froncer les sourcils

CEOE sigla f (= Confederación Española de Organizaciones Empresariales) ≃ CNPF m (= Conseil national du patronat français)

cepillar vt brosser; (madera) raboter

cepillo nm brosse f; (para madera) rabot m; **~ de dientes** brosse à dents

cera nf cire f; (del oído) cérumen m

cerámica nf céramique f; **de ~** en céramique

cerca nf haie f ♦ adv (en el espacio) près; (en el tiempo) bientôt ♦ prep: **~ de** (cantidad) près de, environ; (distancia) près de; **de ~** de près

cercanía nf proximité f; **~s** nfpl (de ciudad) alentours mpl; **tren de ~s** train m de banlieue

cercano, -a adj proche; (pueblo etc) voisin(e); **~ a** proche de

cercar vt clôturer; (manifestantes) encercler; (MIL) assiéger

cerciorar ~se vpr: **~se (de)** s'assurer (de)

cerco nm cercle m; (AM) clôture f; (MIL) siège m

Cerdeña nf Sardaigne f

cerdo, -a nm/f cochon (truie); (fam: persona sucia) cochon(ne)

cereal nm céréale f; **~es** nmpl (CULIN) céréales fpl

cerebral adj cérébral(e)

cerebro nm cerveau m

ceremonia nf cérémonie f; **ceremonial** adj (traje) de cérémonie; (danza) cérémoniel(le) ♦ nm cérémonial m

ceremonioso, -a adj cérémonieux(-euse)

cereza nf cerise f

cerilla nf, **cerillo** (AM) nm allumette f

cernerse vpr: **~ sobre** (tempestad) menacer; (desgracia) planer sur

cero nm zéro m; **8 grados bajo ~** 8 degrés au dessous de zéro; **15 a ~** 15 à zéro

cerrado, -a adj fermé(e); (curva) en épingle à cheveux; (poco sociable) renfermé(e); (bruto) borné(e); (acento) marqué(e), prononcé(e)

cerradura nf serrure f

cerrajero, -a nm/f serrurier m

cerrar vt fermer; (paso, entrada) barrer; (debate, plazo) clore, clôturer; (cuenta) clore, fermer ♦ vi fermer; **~se** vpr se fermer; **~ con llave** fermer à clef; **~ un trato** conclure un marché

cerro nm tertre m

cerrojo nm verrou m

certamen nm concours msg

certero, -a adj adroit(e)

certeza, certidumbre nf certitude f; **tener la ~ de que** avoir la certitude que

certificado, -a adj recommandé(e) ♦ nm certificat m; **~ médico** certificat médical

certificar vt certifier; (CORREOS) envoyer en recommandé

cervatillo nm faon m

cervecería nf brasserie f

cerveza nf bière f

cesante adj en disponibilité; (AM) au chômage

cesar vi cesser; (empleado) se démettre de ses fonctions ♦ vt (funcionario, ministro) démettre de ses fonctions; **sin ~** sans cesse

cesárea nf césarienne f

cese nm fin f; (despido) révocation f

césped nm gazon m, pelouse f

cesta nf panier m

cesto nm panier m, corbeille f

cetro nm sceptre m

chabacano, -a adj vulgaire

chabola nf cabane f; **~s** nfpl (zona) bidonville m

chacal nm chacal m

chacha (fam) nf bonne f

cháchara nf: **estar de ~** parler à bâtons rompus

chaora (AND, CSUR) nf ferme f

chafar vt (pelo) aplatir; (hierba) coucher; (ropa) chiffonner; (fig: planes) bouleverser

chal nm châle m

chalado, -a (fam) adj taré(e); **estar ~ por algn** en pincer pour qn

chalé (pl ~s) nm villa f; (en la montaña) chalet m

chaleco nm gilet m; **~ salvavidas** gilet de sauvetage

chalet (pl ~s) nm = **chalé**

champán, champaña nm champagne m

champú (pl ~es, ~s) nm shampooing m

chamuscar vt roussir

chance (AM) nm o f occasion f

chancho, -a (AM) nm/f porc m

chanchullo (fam) nm magouille f

chandal nm survêtement m

chantaje nm chantage m

chapa nf (de metal, insignia) plaque f; (de madera) planche f;

(de botella) capsule f; (AM) serrure f; **de 3 ~s** (madera) en 3 épaisseurs; **~ (de matrícula)** (CSUR) plaque d'immatriculation

chaparrón nm averse f

chapotear vi patauger

chapucero, -a nm/f (pey): **ser (un) ~** bâcler son travail

chapurr(e)ar vt (idioma) baragouiner

chapuza nf bricole f; (pey) travail m bâclé

chapuzón nm: **darse un ~** faire trempette

chaqueta nf (de lana) gilet m; (de traje) veste f

chaquetón nm veste f

charca nf mare f

charco nm flaque f

charcutería nf charcuterie f

charla nf bavardage m; (conferencia) petit discours msg

charlar vi bavarder

charlatán, -ana adj bavard(e) ♦ nm/f bavard(e); (estafador) charlatan m

charol nm cuir m verni; (AM) plateau m; **de ~** verni(e)

chárter adj inv: **vuelo ~** vol m charter

chascarrillo nm histoire f drôle

chasco nm (desengaño) déception f; **me llevó un ~** ça m'a fait l'effet d'une douche froide

chasis nm inv châssis msg

chasquear vt faire claquer; **chasquido** nm claquement m; (de madera) craquement m

chatarra nf ferraille f

chato, -a adj (persona) au nez épaté; (nariz) épaté(e)

chaval, a nm/f gars msg, fille f

checo(e)slovaco, -a adj tchécoslovaque ♦ nm/f Tchécoslovaque m/f

Checo(e)slovaquia nf
Tchécoslovaquie f
chepa nf bosse f
cheque nm chèque m; **~ de
viaje** chèque de voyage
chequeo nm (MED) bilan m de
santé; (AUTO) vérification f
chequera (AM) nf chéquier m
chica ver **chico**
chicano, -a adj ♦ nm/f Chicano
m
chícharo (MÉX) nm (guisante)
petit pois msg
chichón nm bosse f (à la tête)
chicle nm chewing-gum m
chico, -a adj (esp AM) petit(e)
♦ nm/f garçon/fille
chiflado, -a (fam) adj givré(e)
chiflar vi siffler; **le chiflan los
helados** il raffole des glaces; **nos
chifla montar en moto** on
adore faire de la moto
Chile nm Chili m
chile nm piment m fort
chileno, -a adj chilien(ne) ♦ nm/f
Chilien(ne)
chillar vi (persona) pousser des
cris aigus; (animal) glapir
chillido nm (de persona) cri m
aigu; (de animal) glapissement m
chillón, -ona adj (niño)
brailleur(-euse); (voz, color)
criard(e)
chimenea nf cheminée f
chimpancé (pl ~s) nm
chimpanzé m
China nf: **la ~ la** Chine
china nf (CSUR: india) indienne f; (:
criada) domestique f
chinche nm/f punaise f; **morrirse
como ~s** tomber comme des
mouches
chincheta nf punaise f
chino, -a adj chinois(e) ♦ nm/f
Chinois(e) ♦ nm (LING) chinois

msg; (AND, CSUR: indio) indien m; (:
criado) domestique m; (MÉX)
boucle f
chipirón nm petit calmar m
Chipre nf Chypre f; **chipriota**
adj chypriote ♦ nm/f Chypriote
m/f
chiquillo, -a (fam) nm/f môme
m/f
chirimoya nf (BOT) anone f
chiringuito nm kiosque m
chiripa nf: **por o de ~** sur un
coup de pot
chirriar vi (goznes) grincer
chirrido nm grincement m
chis excl chut
chisme nm ragot m; (fam) truc m
chismoso, -a adj cancanier(-ère)
♦ nm/f commère f
chispa nf étincelle f; **una ~** (fam)
un tout petit peu
chispear vi étinceler; (lloviznar)
pleuvoter
chisporrotear vi crépiter
chiste nm histoire f drôle
chistoso, -a adj (situación)
comique; (persona) spirituel(le)
chivo, -a nm/f chevreau-(vrette);
~ expiatorio tête f de turc
chocante adj (sorprendente)
choquant(e); (gracioso) drôle
chocar vi (coches etc) cogner;
(MIL, fig) s'affronter; (sorprender)
choquer; **~ con** rentrer dans; (fig)
s'accrocher avec; **¡chócala!** (fam)
tope là!
chochear vi devenir
gâteux(-euse)
chocho, -a adj gâteux(-euse);
estar ~ por algn/algo raffoler
de qn/qch
chocolate adj (AM) chocolat inv ♦
nm chocolat m
chocolatina nf chocolat m
chofer, chófer nm chauffeur m

chollo (fam) nm bon plan
m

choque vb ver **chocar** ♦ nm
choc m; (impacto) impact m; (fig:
disputa) heurt m

chorizo nm chorizo m; (fam)
voyou m

chorrear vt dégouliner ♦ vi
dégouliner; (gotear) goutter;
estar chorreando être
trempé(e)

chorro nm (de líquido) jet m; (fig)
flot m; **salir a ~s** couler à
flots

choza nf hutte f

chubasco nm bourrasque f

chubasquero nm ciré m

chuchería nf babiole f; (para
comer) amuse-gueule m inv

chuleta nf côte f; (ESCOL etc: fam)
pompe f

chulo, -a adj (fam: bonito) classe;
(MÉX) beau (belle); (pey)
effronté(e) ♦ nm effronté m;
(matón) frimeur m; (tb: ~ de
putas) maquereau m; (AND)
vautour m

chupar vt (líquido) aspirer;
(caramelo) sucer; (absorber)
absorber; **~se** vpr (dedo) sucer;
(mano) se lécher

chupete nm sucette f

chupito nm (fam) petit verre m;
un ~ de whisky por favor un
baby s'il vous plaît

churro nm ≈ beignet m

Churros

Les **churros**, ces longs beignets
à base de farine et d'eau, sont
très appréciés dans toute
l'Espagne. On les déguste
généralement au petit-déjeuner ou
au goûter, en buvant du chocolat
chaud épais. À Madrid, en

existe une variété plus grosse
appelée "porra".

chusma (pey) nf foule f

chutar vi (DEPORTE) shooter

Cía abr (= compañía) Cie

cianuro nm (QUÍM) cyanure m

cibernauta nmf cybernaute mf

cicatriz nf cicatrice f; **cicatrizar**
vt, vi cicatriser; **cicatrizarse** vpr
se cicatriser

ciclismo nm cyclisme m

ciclista adj, nm/f cycliste m/f

ciclo nm cycle m

ciclomotor nm cyclomoteur m

ciclón nm cyclone m

cicloturismo nm cyclotourisme
m

ciego, -a vb ver **cegar** ♦ adj
aveugle ♦ nm/f aveugle m/f; **a
ciegas** à l'aveuglette

cielo nm ciel m; (ARQ: tb: ~ raso)
faux-plafond m; **¡~s!** Mon Dieu!,
juste ciel!

ciempiés nm inv mille-pattes m
inv

cien adj inv, nm inv cent m

ciénaga nf marécage m

ciencia nf science f; **ciencia-
ficción** nf science-fiction f

cieno nm vase f

científico, -a adj, nm/f
scientifique m/f

ciento adj inv, nm inv cent m; **el diez
por ~** dix pour cent

cierre vb ver **cerrar** ♦ nm
fermeture f; (pulsera) fermoir m; ~
de cremallera fermeture éclair;
~ **relámpago** (AND, CSUR)
fermeture éclair

cierto, -a adj certain(e); ~
hombre/día un certain homme/
jour; **ciertas personas**
certaines personnes; **sí, es ~** oui,

c'est certain; **por ~** à propos

ciervo *nm* cerf *m*

cifra *nf* chiffre *m*; **~ global** chiffre global

cifrar *vt* coder; *(esperanzas, felicidad)* placer; **~se** *vpr*: **~se en** s'élever à

cigala *nf* langoustine *f*

cigarra *nf* cigale *f*

cigarrillo *nm* cigarette *f*

cigarro *nm* cigarette *f*; *(puro)* cigare *m*

cigüeña *nf* cigogne *f*

cilíndrico, -a *adj* cylindrique

cilindro *nm* cylindre *m*

cima *nf* sommet *m*, cime *f*; *(de árbol)* cime; *(apogeo)* sommet

cimbrearse *vpr* se déhancher; *(ramas, tallos)* ployer

cimentar *vt (edificio)* jeter les fondations de; *(consolidar)* cimenter; **~se** *vpr*: **~se en** se fonder sur

cimientos *nmpl* fondations *fpl*

cinc *nm* zinc *m*

cincel *nm* ciseau *m*; **cincelar** *vt* ciseler

cinco *adj inv, nm inv* cinq *m inv; ver tb* **seis**

cincuenta *adj inv, nm inv* cinquante *m inv; ver tb* **sesenta**

cine *nm* cinéma *m*

cineasta *nm/f* cinéaste *m/f*

cinematográfico, -a *adj* cinématographique

cínico, -a *adj, nm/f* cynique *m/f*; *(desvergonzado)* effronté(e)

cinismo *nm (ver adj)* cynisme *m*; effronterie *f*

cinta *nf* ruban *m*, bande *f*; **~ adhesiva/aislante** ruban adhésif/isolant; **~ de vídeo** cassette *f* vidéo; **~ métrica** mètre *m* à ruban

cintura *nf* taille *f*

cinturón *nm* ceinture *f*; **~ de seguridad** ceinture de sécurité; **~ industrial** zone *f* industrielle

ciprés *nm* cyprès *m*

circo *nm* cirque *m*

circuito *nm* circuit *m*; **TV por ~ cerrado** télévision *f* en circuit fermé

circulación *nf* circulation *f*

circular *adj*, *nf*, circulaire *f* ♦ *vi* circuler

círculo *nm* cercle *m*; **~ vicioso** cercle vicieux

circuncidar *vt* entourer

circunferencia *nf* circonférence *f*

circunscribir ~se *vpr* se circonscrire; **~se a (hacer)** se limiter *o* s'en tenir à (faire)

circunscripción *nf* circonscription *f*

circunspecto, -a *adj* circonspect(e)

circunstancia *nf* circonstance *f*

circunvalación *nf ver* carretera

cirio *nm* cierge *m*

ciruela *nf* prune *f*; **~ claudia** reine *f* claude; **~ pasa** pruneau *m*

cirugía *nf* chirurgie *f*; **~ estética/plástica** chirurgie esthétique/plastique

cirujano, -a *nm/f* chirurgien(ne)

cisne *nm* cygne *m*

cisterna *nf* chasse *f* d'eau; *(depósito)* citerne *f*

cita *nf* rendez-vous *m inv*; *(referencia)* citation *f*

citación *nf* citation *f*

citar *vt* donner rendez-vous à; *(JUR)* citer; **~se** *vpr*: **~se (con)** prendre rendez-vous (avec)

cítrico, -a *adj* citrique ♦ *nm*: **~s** agrumes *mpl*

ciudad *nf* ville *f*; **~**

universitaria cité f universitaire; **la C~ Condal** Barcelone; **C~ del Cabo** le Cap; **~ perdida** (MÉX) bidonville m; **ciudadanía** nf citoyenneté f

ciudadano, -a adj, nm/f citadin(e)

cívico, -a adj civique; (persona) civil(e)

civil adj civil(e) ♦ nm civil m

civilización nf civilisation f

civilizar vt civiliser

civismo nm civisme m

cizaña nf: **meter/sembrar ~** mettre/semer la zizanie

cl. abr (= centilitro(s)) cl (= centilitre(s))

clamar vt clamer ♦ vi crier

clamor nm clameur f

clandestino, -a adj clandestin(e)

clara nf (de huevo) blanc m

claraboya nf lucarne f

clarear vi (el día) se lever; (el cielo) s'éclaircir

clarete nm rosé m

claridad nf clarté f

clarificar vt éclaircir

clarinete nm clarinette f

clarividencia nf clairvoyance f

claro, -a adj clair(e) ♦ nm éclaircie f ♦ adv clairement ♦ excl bien sûr!; **estar ~** être clair(e); **~ que sí/no** bien sûr que oui/non

clase nf genre m, classe f; (lección) cours msg; **dar ~(s)** (profesor) faire cours, donner des cours; **tener ~** avoir de la classe; **~ alta/media/obrera/social** classe dominante/moyenne/ouvrière/sociale; **~s particulares** cours particuliers

clásico, -a adj classique

clasificación nf classement m; (de cartas, líneas) tri m

clasificar vt classer; (cartas) trier;

~se vpr se qualifier

claudicar vi céder

claustro nm cloître m; (UNIV, ESCOL) conseil m; (: junta) assemblée f, réunion f

cláusula nf clause f; **~ de exclusión** clause d'exclusion

clausura nf clôture f; **de ~** (REL) claustral; (: monja) cloîtré(e);

clausurar vt clore; (local) fermer

clavar vt enfoncer; (clavo) clouer; (alfiler) épingler; (mirada) fixer; (fam: cobrar caro) arnaquer; **~se** vpr s'enfoncer

clave nf clef f ♦ adj inv clé; **en ~** (mensaje) codé(e)

clavel nm œillet m

clavícula nf clavicule f

clavija nf cheville f; (ELEC) fiche f

clavo nm clou m; (BOT, CULIN) clou de girofle; **dar en el ~** mettre dans le mille, faire mouche

claxon (pl **~s**) nm klaxon m

clemencia nf clémence f

cleptómano, -a nm/f cleptomane m/f

clérigo nm ecclésiastique m

clero nm clergé m

cliché nm cliché m

cliente, -a nm/f client(e)

clientela nf clientèle f

clima nm climat m

climatizado, -a adj climatisé(e)

clímax nm inv apogée m, point m culminant; (sexual) orgasme m

clínica nf clinique f

clínico, -a adj clinique

clip (pl **~s**) nm trombone m

clítoris nm inv clitoris m inv

cloaca nf égout m

cloro nm chlore m

club (pl **~s** o **~es**) nm club m

cm. abr (= centímetro(s)) cm m (= centimètre(s))

C.N.T. sigla f (ESP: Confederación

Nacional de Trabajo) syndicat; (AM: Confederación Nacional de Trabajadores) syndicat

coacción nf contrainte f

coaccionar vt contraindre

coagular vt coaguler; **~se** vpr se coaguler; **coágulo** nm caillot m

coalición nf coalition f

coartada nf alibi m

coba nf: **dar ~ a algn** passer de la pommade à qn

cobarde adj lâche ♦ nm/f lâche m/f, peureux(-euse); **cobardía** nf lâcheté f

cobaya nm o f cobaye m

cobertizo nm hangar m, remise f; (de animal) abri m

cobertura nf couverture f; **~ de dividendo** rapport m dividendes-résultat

cobija (AM) nf couverture f

cobijar vt héberger, loger; **~se** vpr: **~se (de)** se protéger (de); **~ (de)** protéger (de); **cobijo** nm abri m

cobra nf cobra m

cobrador, a nm/f receveur(-euse)

cobrar vt (cheque) toucher, encaisser; (sueldo) toucher; (precio) faire payer; (deuda, alquiler, gas) encaisser ♦ vi toucher son salaire; **cóbrese** payez-vous; **a ~** à encaisser; **cantidades por ~** sommes fpl dues

cobre nm cuivre m; **~s** nmpl (MÚS) cuivres mpl; **sin un ~** (AM: fam) sans un sou

cobro nm (de cheque) encaissement m; (pago) paiement m; **presentar al ~** encaisser

cocaína nf cocaïne f

cocción nf cuisson f

cocear vi ruer

cocer vt (faire) cuire ♦ vi cuire; (agua) bouillir; **~se** vpr cuire

coche nm voiture f; (para niños) poussette f; **~ de bomberos** voiture des pompiers; **~ de carreras** voiture de course

coche-cama (pl **~s-~**) nm wagon m lit

cochera nf garage m; (de autobuses) dépôt m

cochino, -a adj dégoûtant(e) ♦ nm/f cochon (truie); (persona) cochon(ne)

cocido, -a adj (patatas) bouilli(e); (huevos) dur(e) ♦ nm pot-au-feu m inv

cocina nf cuisine f; (aparato) cuisinière f; **~ eléctrica/de gas** cuisinière électrique/à gaz; **~ francesa** cuisine française; **cocinar** vt, vi cuisiner

cocinero, -a nm/f cuisinier(-ière)

coco nm noix fsg de coco

cocodrilo nm crocodile m; **cocotero** nm cocotier m

cóctel nm cocktail m; **~ molotov** cocktail Molotov

codazo nm: **dar un ~ a algn** donner un coup de coude à qn

codicia nf convoitise f; **codiciar** vt convoiter

codicioso, -a adj avide; (expresión) de convoitise

código nm code m; **~ civil/postal** code civil/postal; **~ de (la) circulación** code de la route

codillo nm (TEC) coude m

codo nm coude m

codorniz nf caille f

coerción nf coercition f

coetáneo, -a nm/f contemporain(e)

coexistir vi: **~ (con)** coexister (avec)

cofradía nf confrérie f

cofre nm coffre m; (de joyas)

coffret *m*

coger *vt* prendre; (*objeto caído*) ramasser; (*pelota*) attraper; (*frutas*) cueillir; (*sentido, indirecta*) comprendre, saisir; (*tomar prestado*) emprunter; (AM: *fam!*) baiser (*fam!*); **~se** *vpr* se prendre; **~ cariño a algn** prendre qn en affection; **~ celos de algn** être jaloux(-ouse) de qn; **~ manía a algn** prendre qn en grippe; **~se a** s'accrocher à, s'agripper à; **iban cogidos de la mano** ils se tenaient par la main

cogollo *nm* cœur *m*

cogote *nm* nuque *f*

cohecho *nm* subornation *f*

coherente *adj* cohérent(e)

cohesión *nf* cohésion *f*

cohete *nm* fusée *f*, pétard *m*; (*tb:* **~ espacial**) fusée

cohibido, -a *adj:* **estar/ sentirse ~** être/se sentir gêné(e); (*tímido*) être/se sentir intimidé(e)

cohibir *vt* intimider; (*reprimir*) réprimer; **~se** *vpr* se retenir

coincidencia *nf* coïncidence *f*

coincidir *vi* (*en lugar*) se rencontrer; **coincidimos en ideas** nous partageons les mêmes idées; **~ con** coïncider avec

coito *nm* coït *m*

cojear *vi* boiter; (*mueble*) être bancal(e)

cojera *nf* claudication *f*

cojín *nm* coussin *m*; **cojinete** *m* palier *m*

cojo, -a *vb ver* coger ♦ *adj* boiteux(-euse); (*mueble*) bancal(e) ♦ *nm/f* (*persona*) boiteux(-euse)

cojón (*fam!*) *nm* couille *f* (*fam!*); **¡cojones!** putain! (*fam!*)

cojonudo, -a (ESP: *fam!*) *adj* super

col *nf* chou *m*; **~es de Bruselas**

choux *mpl* de Bruxelles

cola *nf* queue *f*; (*para pegar*) colle *f*; **hacer ~** faire la queue

colaborador, a *nm/f* collaborateur(-trice)

colaborar *vi*: **~ con** collaborer avec

colada *nf*: **hacer la ~** faire la lessive

colador *nm* (*de té*) passoire *f*; (*para verduras*) écumoire *f*

colapso *nm* collapsus *msg*; (*de circulación*) embouteillage *m*; (*en producción*) effondrement *m*

colar *vt* filtrer ♦ *vi* (*mentira*) prendre, passer; **~se** *vpr* (*en cola*) se glisser, se faufiler; (*viento, lluvia*) s'engouffrer; **~se en** (*concierto, cine*) se faufiler dans

colcha *nf* couvre-lit *m*

colchón *nm* matelas *m*; **~ inflable/neumático** matelas gonflable/pneumatique

colchoneta *nf* tapis *msg*

colección *nf* collection *f*; **coleccionar** *vt* collectionner; **coleccionista** *nm/f* collectionneur(-euse)

colecta *nf* collecte *f*

colectivo, -a *adj* collectif(-ive) ♦ *nm* collectif *m*; (AM) autobus *msg*; (: *taxi*) taxi *m*

colega *nm/f* collègue *m/f*; (POL) homologue *m*; (*amigo*) copain (copine)

colegial, a *adj, nm/f* collégien(ne)

colegio *nm* collège *m*; (*de abogados, médicos*) ordre *m*; **ir al ~** aller à l'école *o* au collège; **~ electoral** collège électoral; **~ mayor** résidence *f* universitaire

colegir *vt* déduire

cólera *nf* colère *f* ♦ *nm* choléra *m*

colérico, -a *adj* colérique;

(*persona*) coléreux(-euse)
colesterol *nm* cholestérol *m*
coleta *nf* queue *f*, couette *f*
colgante *adj* pendant(e),
suspendu(e) ♦ *nm* pendentif *m*
colgar *vt* accrocher; (*teléfono*)
raccrocher; (*ropa*) étendre;
(*ahorcar*) pendre ♦ *vi* raccrocher;
~ de pendre à, être suspendu(e) à
cólico *nm* colique *f*
coliflor *nf* chou *m* fleur
colilla *nf* mégot *m*
colina *nf* colline *f*
colirio *nm* collyre *m*
colisión *nf* collision *f*
collar *nm* collier *m*
colmar *vt* remplir à ras bord
colmena *nf* ruche *f*
colmillo *nm* canine *f*; (*de elefante*)
défense *f*; (*de perro*) croc *m*
colmo *nm*: **ser el ~ de la
locura/frescura/insolencia**
être le comble de la folie/du
toupet/de l'insolence; **para ~ (de
desgracias)** pour comble (de
malheurs)
colocación *nf* (*de piedra*) pose *f*;
(*de persona*) placement *m*;
(*empleo*) emploi *m*, travail *m*;
(*disposición*) emplacement *m*
colocar *vt* (*piedra*) poser; (*cuadro*)
accrocher; (*poner en empleo*)
placer; **~se** *vpr* se placer;
(*conseguir trabajo*): **~se (de)**
trouver du travail (comme)
Colombia *nf* Colombie *f*
colombiano, -a *adj*
colombien(ne) ♦ *nm/f*
Colombien(ne)
colonia *nf* colonie *f*; (*tb*: **agua
de ~**) eau *f* de cologne; (*MÉX*)
quartier *m*; **~ proletaria** (*MÉX*)
bidonville *m*
colonización *nf* colonisation *f*
colonizador, a *adj*, *nm/f*

colonisateur(-trice)
colonizar *vt* coloniser
coloquial *adj* familier(-ière),
parlé(e)
coloquio *nm* colloque *m*
color *nm* couleur *f*; **de ~** de
couleur; **de ~ amarillo/azul/
naranja** de couleur jaune/bleue/
orange
colorado, -a *adj* rouge; (*AM*:
chiste) grivois(e)
colorante *nm* colorant *m*
colorar, colorear *vt* colorer
colorete *nm* fard *m*
columna *nf* colonne *f*; **~
vertebral** colonne vertébrale
columpiar *vt* balancer; **~se** *vpr*
se balancer; **columpio** *nm*
balançoire *f*
coma *nf* virgule *f* ♦ *nm* (*MED*)
coma *m*
comadrona *nf* sage-femme *f*
comandancia *nf* (*mando*)
commandement *m*; (*edificio*)
commandement, commanderie *f*
comandante *nm* commandant *m*
comarca *nf* contrée *f*
comba *nf* corde *f*; **saltar a la ~**
sauter à la corde; **no pierde ~** il
n'en perd pas une
combar *vt* courber; **~se** *vpr* se
courber
combate *nm* combat *m*;
combatiente *nm* combattant *m*
combatir *vt*, *vi* combattre
combinación *nf* combinaison *f*
combinar *vt* combiner; (*esfuerzos*)
unir
combustible *adj*, *nm*
combustible *m*
combustión *nf* combustion *f*
comedia *nf* comédie *f*
comediante *nm/f* comédien(ne)
comedido, -a *adj* modéré(e)
comedor *nm* salle *f* à manger; (*de*

colegio, hotel) réfectoire m

comensal nm/f invité(e), convive m/f

comentar vt commenter

comentario nm commentaire m; **comentarios** nmpl *(chismes)* commentaires mpl; **dar lugar a ~s** donner lieu à des commentaires, prêter à commentaires

comentarista nm/f commentateur(-trice)

comenzar vt, vi commencer; **~ a/por hacer** commencer à/par faire

comer vt manger; *(DAMAS, AJEDREZ)* souffler ♦ vi manger; *(almorzar)* manger, déjeuner; **~se** vpr manger; **está bella a comérsela** elle est belle à croquer; **~ el coco a algn** *(fam)* bourrer le crâne à qn

comercial adj commercial(e)

comercializar vt commercialiser

comerciar vi: **~ en** faire le commerce de

comercio nm commerce m; **~ autorizado** commerce autorisé; **~ exterior/interior** commerce extérieur/intérieur

comestible adj comestible ♦ nm: **~s** aliments mpl

cometa nm comète f ♦ nf cerf-volant m

cometer vt commettre

cometido nm rôle m; *(deber)* devoir m

comezón nf démangeaison f

cómic nm bande f dessinée

comicios nmpl comices mpl

cómico, -a adj comique ♦ nm/f *(de TV, cabaret)* comique m/f; *(de teatro)* comédien(ne)

comida nf nourriture f; *(almuerzo)* repas msg; *(esp AM)* dîner m

comidilla nf: **ser la ~ del barrio** être sur toutes les lèvres

comienzo vb ver **comenzar** ♦ nm commencement m

comillas nfpl guillemets mpl

comilona *(fam)* nf gueuleton m

comino nm cumin m; **(no) me importa un ~** je m'en balance

comisaría nf *(tb: ~ de Policía)* commissariat m

comisario nm commissaire m

comisión nf commission f; **~ mixta/permanente** commission paritaire/permanente; **comisiones bancarias** commissions bancaires; **Comisiones Obreras** *(ESP)* syndicat ouvrier

comité *(pl ~s)* nm comité m

comitiva nf suite f, cortège m

como adv comme; *(en calidad de)* en ♦ conj *(condición)* si, *(causa)* comme; **lo hace ~ yo** il le fait comme moi; **tan grande ~** aussi grand que; **~ si estuviese ciego** comme s'il était aveugle

cómo adv comment ♦ excl comment!; **¿~ (ha dicho)?** comment?, vous avez dit?; **¡~ no!** bien sûr!; *(esp AM: ¡claro!)* pardi!; **¡~ corre!** comme il cavale!

cómoda nf commode f

comodidad nf confort m; *(conveniencia)* avantage m; **~es** nfpl aises fpl

comodín nm *(NAIPES)* joker m; *(INFORM)* caractère m de remplacement

cómodo, -a adj confortable; *(máquina, herramienta)* pratique; **estar/ponerse/sentirse ~** être/se mettre/se sentir à l'aise

compact disc nm C.D. m

compacto, -a adj compact(e)

compadecer vt plaindre; **~se**

vpr: **~se de** se plaindre de
compadre *nm* parrain *m*; (*en oración directa*) (mon) vieux
compañero, -a *nm/f* collègue *m/f*; (*en juego*) partenaire *m/f*; (*en estudios*) camarade *m/f*
compañía *nf* compagnie *f*; **en ~ de** en compagnie de; **hacer ~ a algn** tenir compagnie à qn; **~ afiliada** filiale *f*; **~ concesionaria/inversionista** compagnie concessionnaire/ actionnaire; **~ (no) cotizable** compagnie (non) cotée en Bourse
comparación *nf* comparaison *f*; **en ~ con** par comparaison à
comparar *vt*: **~ a/con** comparer à/avec
comparecer *vi* comparaître
comparsa *nm/f* (*TEATRO, CINE*) figurant(e) ♦ *nf* (*de carnaval etc*) mascarade *f*
compartimento, compartimiento *nm* compartiment *m*
compartir *vt* partager
compás *nm* (*MÚS*) rythme *m*; (*para dibujo*) compas *msg*; **al ~ au** même rythme
compasión *nf* compassion *f*; **sin ~** sans pitié
compasivo, -a *adj* compatissant(e)
compatibilidad *nf* compatibilité *f*
compatible *adj*: **~ (con)** compatible (avec)
compatriota *nm/f* compatriote *m/f*
compendiar *vt* résumer; **compendio** *nm* abrégé *m*
compenetrarse *vpr* (*personas*) s'entendre sur tout
compensación *nf* compensation *f*, dédommagement *m*

compensar *vt* (*persona*) compenser; (*contrarrestar: pérdidas*) compenser, contrebalancer ♦ *vi* (*esfuerzos, trabajo*) récompenser
competencia *nf* compétition *f*, concurrence *f*; (*JUR, habilidad*) compétence *f*; **~s** *nfpl* (*POL*) compétences *fpl*; **la ~** (*COM*) la compétition o concurrence; **hacer la ~ a** faire concurrence à; **ser de la ~ de algn** être de la compétence de qn
competente *adj* compétent(e)
competición *nf* compétition *f*
competir *vi* concourir; **~ en** (*fig*) rivaliser en; **~ por** rivaliser pour; (*DEPORTE*) être en compétition pour, concourir pour
compilar *vt* compiler
complacencia *nf* complaisance *f*
complacer *vt* faire plaisir à; **~se** *vpr*: **~se en (hacer)** se complaire à (faire)
complaciente *adj* complaisant(e); **ser ~ con** o **para con** montrer de la complaisance envers
complejo, -a *adj* complexe ♦ *nm* (*PSICO*) complexe *m*; **~ deportivo** cité *f* des sports; **~ industrial** complexe industriel
complemento *nm* complément *m*
completar *vt* compléter
completo, -a *adj* complet(-ète); (*éxito, fracaso*) total(e); **al ~** au complet; **por ~** complètement
complicado, -a *adj* compliqué(e); **estar ~ en** être impliqué(e) dans
complicar *vt* compliquer; **~se** *vpr* se compliquer; **~ a algn en** impliquer qn dans
cómplice *nm/f* complice *m/f*

complot (*pl* ~s) *nm* complot *m*

componer *vt* composer; (*algo roto*) réparer; **~se de** se composer de; **componérselas para hacer algo** s'arranger pour faire qch

comportamiento *nm* comportement *m*

comportar *vt* comporter; **~se** *vpr* se comporter

composición *nf* composition *f*

compositor, a *nm/f* (*MÚS*) compositeur(-trice)

compostura *nf* tenue *f*, maintien *m*

compra *nf* achat *m*; **hacer/ir a la ~** faire/aller faire les courses; **ir de ~s** faire les magasins; **~ a plazos** achat à crédit

comprador, a *nm/f* acheteur(-euse)

comprar *vt* acheter; **~se** *vpr* s'acheter

comprender *vt* comprendre

comprensión *nf* compréhension *f*

comprensivo, -a *adj* compréhensif(-ive)

compresa *nf* (*tb:* ~ **higiénica**) serviette *f* hygiénique

comprimido, -a *adj* comprimé(e) ♦ *nm* (*MED*) comprimé *m*, cachet *m*

comprimir *vt* comprimer

comprobante *nm* (*COM*) reçu *m*, récépissé *m*

comprobar *vt* vérifier

comprometer *vt* compromettre; **~se** *vpr* se compromettre; **~ a algn a hacer** mettre qn dans l'obligation de faire; **~se a hacer** s'engager à faire

compromiso *nm* (*acuerdo*) compromis *msg*; (*situación difícil*) embarras *msg*

compuesto, -a *pp de* **componer** ♦ *adj* composé(e) ♦ *nm* composé *m*; **~ de** composé(e) de

computador *nm*, **computadora** *nf* ordinateur *m*; **~ central** ordinateur central

cómputo *nm* calcul *m*

comulgar *vi* (*REL*) communier; **~ con** (*con ideas, valores*) partager

común *adj* commun(e); **en ~** en commun

comunicación *nf* communication *f*; **comunicaciones** *nfpl* (*transportes, TELEC*) communications *fpl*

comunicado *nm* communiqué *m*; **~ de prensa** communiqué de presse

comunicar *vt* communiquer ♦ *vi* (*teléfono*) être occupé; **~se** *vpr* communiquer; **~ con** communiquer avec; **está comunicando** (*TELEC*) c'est occupé

comunidad *nf* communauté *f*; **~ autónoma** (*POL*) communauté autonome; **~ de vecinos** copropriétaires *mpl*, association *f* de copropriétaires; **C~ (Económica) Europea** Communauté (économique) européenne

comunión *nf* communion *f*

comunismo *nm* communisme *m*; **comunista** *adj, nm/f* communiste *m/f*

┌─────────────────────┐
│ PALABRA CLAVE │
└─────────────────────┘

con *prep* **1** (*medio, compañía, modo*) avec; **comer con cuchara** manger avec une cuillère; **café con leche** café au lait; **con habilidad** avec habileté

2 *(actitud, situación)*: **piensa con los ojos cerrados** il pense les yeux fermés; **estoy con un catarro** j'ai un rhume
3 *(a pesar de)*: **con todo, merece nuestros respetos** malgré tout, il mérite notre respect
4 *(relación, trato)*: **es muy bueno (para) con los niños** il sait s'y prendre avec les enfants
5 (+ *infin)*: **con llegar tan tarde se quedó sin comer** comme il est arrivé très tard, il n'a pas pu manger; **con estudiar un poco apruebas** en étudiant un peu tu y arriveras
6 *(queja)*: **¡con las ganas que tenía de hacerlo!** moi qui avais tellement envie de le faire!
♦ *conj* **1**: **con que**: **será suficiente con que le escribas** il suffit que tu lui écrives
2: **con tal (de) que** du moment que

conato *nm* tentative *f*; (*de incendio*) début *m*
concebir *vt*, *vi* concevoir
conceder *vt* accorder; (*premio*) décerner
concejal, -a *nm/f* conseiller *m* municipal
concentración *nf* concentration *f*
concentrar *vt* concentrer; (*personas*) rassembler; **~se** *vpr* se concentrer; **~se (en)** se concentrer (sur)
concepción *nf* conception *f*
concepto *nm* (*idea*) concept *m*; **tener buen/mal ~ de algn** avoir bonne/mauvaise opinion de qn

concernir *vi* concerner; **en lo que concierne a** en ce qui concerne
concertar *vt* (*precio*) se mettre d'accord sur; (*entrevista*) fixer; (*tratado, paz*) conclure; (*esfuerzos*) associer; (*MÚS*) accorder ♦ *vi* (*MÚS*) être en harmonie
concesión *nf* (*COM*: *adjudicación*) concession *f*; **hacer concesiones** faire des concessions; **sin concesiones** sans concessions
concesionario, -a *nm/f* (*COM*) concessionnaire *m/f*
concha *nf* (*de molusco*) coquille *f*; (*de tortuga*) carapace *f*
conciencia *nf* conscience *f*; **hacer algo a ~** faire qch consciencieusement; **tener/tomar ~ de** avoir/prendre conscience de
concienciar *vt* faire prendre conscience à; **~se** *vpr* prendre conscience
concienzudo, -a *adj* consciencieux(-euse)
concierto *nm* (*MÚS*: *acto*) concert *m*; (: *obra*) concerto *m*; (*convenio*) accord *m*
conciliar *vt* concilier; **~ el sueño** trouver le sommeil
concilio *nm* concile *m*
conciso, -a *adj* concis(e)
concluir *vt* conclure ♦ *vi* (se) terminer
conclusión *nf* conclusion *f*
concluyente *adj* concluant(e)
concordia *nf* concorde *f*
concretar *vt* concrétiser; **~se** *vpr*: **~se a (hacer)** s'en tenir à (faire)
concreto, -a *adj* concret(-ète); (*determinado*) précis(e) ♦ *nm* (*AM*: *hormigón*) béton *m*; **en ~ en**

somme; (*específicamente*) en particular; **un día ~** un jour précis
concurrencia *nf* assistance *f*
concurrido, -a *adj* fréquenté(e)
concurrir *vi* (*sucesos*) coïncider; (*factores*) concourir; (*ríos*) confluer; (*avenidas*) converger
concursante *nm/f* concurrent(e)
concurso *nm* concours *m*
conde *nm* comte *m*
condecoración *nf* décoration *f*
condecorar *vt* décorer
condena *nf* condamnation *f*
condenar *vt* condamner; **~se** *vpr* (*JUR*) se reconnaître coupable; (*REL*) se damner; **~ (a)** condamner (à)
condensar *vt* condenser; **~se** *vpr* se condenser
condesa *nf* comtesse *f*
condición *nf* condition *f*; (*modo de ser*) caractère *m*; (*estado*) état *m*; **condiciones** *nfpl* capacités *fpl*, aptitudes *fpl*; **a ~ de que ...** à condition que ...; **condicional** *adj* conditionnel(le); *ver* **libertad**
condicionar *vt* conditionner; **estar condicionado a** dépendre de
condimento *nm* condiment *m*
condolerse *vpr* compatir
condón *nm* préservatif *m*
conducir *vt* conduire; (*suj: camino, escalera, negocio*) conduire, mener ♦ *vi* conduire; **~se** *vpr* se conduire; **esto no conduce a nada/ninguna parte** cela ne mène à rien/nulle part
conducta *nf* conduite *f*
conducto *nm* conduit *m*; **por ~ oficial** par voie officielle
conductor, a *adj* (*FÍS, ELEC*) conducteur(-trice) ♦ *nm* conducteur *m* ♦ *nm/f*

conducteur(-trice)
conduje *etc vb ver* **conducir**
conduzca *etc vb ver* **conducir**
conectar *vt* relier; (*tubos*) raccorder; (*enchufar*) connecter, brancher ♦ *vi*: **~ (con)** (*TV, RADIO*) donner l'antenne (à)
conejillo *nm*: **~ de Indias** cochon *m* d'Inde; (*fig*) cobaye *m*
conejo *nm* lapin *m*
conexión *nf* connexion *f*
confección *nf* confection *f*
confeccionar *vt* confectionner
confederación *nf* confédération *f*
conferencia *nf* conférence *f*; (*TELEC*) communication *f* interurbaine; **a cobro revertido** (*TELEC*) appel *m* en PCV; **~ de prensa** conférence de presse
conferir *vt* conférer
confesar *vt* confesser, avouer ♦ *vi* (*REL*) confesser; (*JUR*) avouer; **~se** *vpr* se confesser
confesión *nf* confession *f*, aveu *m*; (*REL*) confession
confesionario *nm* (*REL*) confessionnal *m*
confeti *nm* confetti *m*
confiado, -a *adj* confiant(e)
confianza *nf* confiance *f*; (*familiaridad*) familiarité *f*; **de ~** (*persona*) de confiance; (*alimento*) de qualité; **tener ~ con algn** être intime avec qn; **tomarse ~s con algn** (*pey*) se permettre des familiarités avec qn
confiar *vt* confier; **~se** *vpr* être confiant(e); **~ en** avoir confiance en; **~ en hacer/que** compter faire/que
confidencia *nf* confidence *f*
confidencial *adj* confidentiel(le); **"~"** (*en sobre*) "confidentiel"

confidente nm/f (amigo) confident(e); (policial) informateur(-trice), indicateur(-trice)

configurar vt façonner

confín nm: **el ~ del mundo** le bout du monde

confinar vt (desterrar) confiner

confirmar vt confirmer; **~se** vpr se confirmer; (REL) faire sa confirmation; **la excepción confirma la regla** l'exception confirme la règle

confiscar vt confisquer

confitería nf (tienda) confiserie f; (CSUR: café) café m

confitura nf confiture f

conflictivo, -a adj conflictuel(le); (época) de conflit

conflicto nm conflit m; (fig: problema) problème m

confluir vi (ríos, personas) confluer; (carreteras) se rejoindre

conformar vt (carácter, paisaje) façonner; **~se** vpr: **~se con** se contenter de; (resignarse) se résigner à; **~se con hacer** se contenter de faire

conforme adj conforme; (de acuerdo) d'accord; (satisfecho) content(e), satisfait(e) ♦ conj (tal como) tel que, comme; (a medida que) à mesure que ♦ excl d'accord ♦ prep: **~ a** conformément à; **~ con** content(e) o satisfait(e) de

conformidad nf conformité f; (aprobación) accord m, approbation f; **conformista** adj, nm/f conformiste m/f

confortable adj confortable

confortar vt réconforter

confrontar vt confronter; **~se con** s'affronter; **~se con** affronter

confundir vt confondre; (persona: embrollar) embrouiller; (: descon-

certar) confondre; **~se** vpr (equivocarse) se tromper; (hacerse borroso) se confondre; (mezclarse) se confondre; **~ algo/algn con** confondre qch/qn avec

confusión nf confusion f

confuso, -a adj confus(e)

congelado, -a adj (carne, pescado) congelé(e); **~s** nmpl (CULIN) surgelés mpl

congelador nm congélateur m

congelar vt congeler; (COM, FIN) geler; **~se** vpr se congeler; (sangre, grasa) se figer

congeniar vi: **~ (con)** s'entendre (avec)

congestión nf (de tráfico) encombrement m; (MED) congestion f

congestionar vt congestionner; **~se** vpr se congestionner

congoja nf chagrin m

congraciarse vpr: **~ con** s'attirer les bonnes grâces de

congratular vt féliciter; **~se** vpr: **~se de** o **por** se féliciter de

congregación nf congrégation f

congregar vt réunir, rassembler; **~se** vpr se réunir, se rassembler

congreso nm congrès m

conjetura nf conjecture f; **sólo podemos hacer ~s** nous sommes réduits aux conjectures

conjugar vt conjuguer

conjunción nf (LING) conjonction f

conjunto, -a adj commun(e) ♦ nm ensemble m; (de circunstancias) concours msg; (de música pop) groupe m; **de ~** (visión, estudio) d'ensemble; **en ~** dans l'ensemble

conjurar vt, vi conjurer; **~se** vpr se conjurer

conmemoración nf

commémoration f

conmemorar vt commémorer

conmigo pron avec moi

conmoción nf commotion f; (en sociedad, costumbres) bouleversement m; ~ **cerebral** (MED) commotion cérébrale

conmovedor, a adj émouvant(e)

conmover vt émouvoir; (suj: terremoto, estrépito) ébranler; **~se** vpr s'émouvoir

conmutador nm (AM: TELEC) central m téléphonique

cono nm (GEOM) cône m; **C~ Sur** (GEO) Chili, Argentine, Uruguay

conocedor, a adj, nm/f connaisseur(-euse)

conocer vt connaître; (reconocer) reconnaître; **~se** vpr se connaître; **se conoce que ...** il semble o paraît que ...

conocido, -a adj connu(e) ♦ nm/f (persona) connaissance f

conocimiento nm connaissance f; **~s** nmpl (saber) connaissances fpl; **poner en ~ de algn** faire savoir à qn; **tener ~ de** avoir connaissance de

conozca etc vb ver **conocer**

conque conj ainsi donc, alors

conquista nf conquête f

conquistador, a adj, nm/f conquérant(e) ♦ nm (de América) conquistador m; (seductor) séducteur m

conquistar vt conquérir; (puesto) obtenir; (simpatía, fama) conquérir; (enamorar) conquérir, faire la conquête de

consagrar vt consacrer

consciente adj conscient(e); **estar ~** être conscient(e); **ser ~ de** être conscient(e) de

consecuencia nf conséquence f; **a ~ de** par suite de; **en ~** en

conséquence

consecuente adj: **~ (con)** conséquent(e) (avec)

consecutivo, -a adj consécutif(-ive)

conseguir vt obtenir; (sus fines) parvenir à; **~ hacer** arriver à faire

consejero, -a nm/f (persona) conseiller(-ère); (POL) ministre dans une communauté autonome

consejo nm conseil m; **~ de administración** (COM) conseil d'administration; **~ de guerra/ de ministros** conseil de guerre/ des ministres

consenso nm consensus m

consentimiento nm consentement m

consentir vt consentir; (mimar) gâter ♦ vi: **~ en hacer** consentir à faire; **~ a algn hacer algo/ que algn haga algo** permettre à qn de faire qch/que qn fasse qch

conserje nm concierge m

conserva nf conserve f; **~s** nfpl conserves fpl; **en ~** en conserve

conservación nf (de paisaje, naturaleza) conservation f; (de especie) protection f

conservador, a adj, nm/f conservateur(-trice)

conservante nm conservateur m

conservar vt (gen) conserver; (costumbre, figura) garder; **~se** vpr: **~se bien** (comida etc) bien se conserver; **~se joven** être bien conservé

conservatorio nm (MÚS) conservatoire m

considerable adj (importante) important(e); (grande) considérable

consideración nf considération f

considerado, -a adj (atento)

attentionné(e); (respetado) respecté(e)

onsiderar vt considérer

onsigna nf consigne f

onsigo vb ver **conseguir** ♦ pron (m) avec lui; (f) avec elle; (usted(es)) avec vous; **~ mismo** avec soi-même

onsiguiendo etc vb ver **conseguir**

onsiguiente adj: **el ~ susto/nerviosismo** la peur/nervosité qui en résulte; **por ~** par conséquent

onsistente adj consistant(e); (material, pared, teoría) solide; **~ en** qui consiste en

onsistir vi: **~ en** consister en

onsolación nf ver **premio**

onsolar vt consoler; **~se** vpr: **~se (con)** se consoler (avec)

onsolidar vt consolider

onsomé (pl **~s**) nm (CULIN) consommé m

onsonante nf consonne f

onsorcio nm (COM) consortium m

onspiración nf conspiration f

onspirador, a nm/f conspirateur(-trice)

onspirar vi conspirer

onstancia nf constance f; **dejar ~ de algo** faire état de qch

onstante adj constant(e) ♦ nf (MAT, fig) constante f

onstar vi: **~ (en)** figurer (dans); **~ de** se composer de; **me consta que ...** je suis conscient que ...; **(que) conste que lo hice por ti** n'oublie pas que c'est pour toi que je l'ai fait

onstatar vt constater

onsternación nf consternation f

constipado, -a adj: **estar ~** être enrhumé(e) ♦ nm rhume m

constitución nf constitution f; (de tribunal, equipo etc) composition f; **constitucional** adj constitutionnel(le)

constituir vt constituer

constituyente adj constituant(e)

constreñir vt (limitar) restreindre

construcción nf construction f

constructor, a nm/f constructeur(-trice) ♦ nf entrepreneur m

construir vt construire

construyendo etc vb ver **construir**

consuelo vb ver **consolar** ♦ nm consolation f

cónsul nm consul m; **consulado** nm consulat m

consulta nf consultation f; (MED: consultorio) cabinet m; **horas de ~** heures fpl de consultation

consultar vt consulter; **~ algo con algn** consulter qn au sujet de qch

consultorio nm (MED) cabinet m

consumar vt consommer

consumición nf consommation f; **~ mínima** prix m minimum de la consommation

consumidor, a nm/f consommateur(-trice)

consumir vt consommer; **~se** vpr se consumer; (caldo) réduire; **~se (de celos/de envidia/de rabia)** se consumer (de jalousie/d'envie/de rage)

consumismo nm (COM) surconsommation f

consumo nm consommation f; **bienes/sociedad de ~** biens mpl/société f de consommation

contabilidad nf comptabilité f; **contable** nm/f comptable m/f

contacto nm contact m; **estar/ponerse en ~ con algn** être/se mettre en contact avec qn

contado, -a adj: **en casos ~s** dans de rares cas ♦ nm: **al ~ au** comptant; **pagar al ~** payer comptant

contador, a nm/f (AM: contable) comptable m/f ♦ nm (aparato) compteur m

contagiar vt (enfermedad) passer; (persona) contaminer

contagio nm contagion f

contagioso, -a adj contagieux(-euse)

contaminación nf (de alimentos) contamination f; (del agua, ambiente) pollution f

contaminar vt (aire, agua) polluer

contante adj: **dinero ~** argent m comptant; **dinero ~ y sonante** espèces fpl sonnantes et trébuchantes

contar vt (dinero etc) compter; (historia etc) conter ♦ vi compter; **~ con** (persona) compter avec; (disponer de: plazo etc) disposer de; (: habitantes) compter

contemplación nf contemplation f; **contemplaciones** nfpl (miramientos) égards mpl

contemplar vt contempler

contemporáneo, -a adj, nm/f contemporain(e)

contendiente adj, nm/f (persona, país) rival(e); (DEPORTE) adversaire m/f

contenedor nm conteneur m

contener vt contenir; (risa, caballo etc) retenir; **~se** vpr se retenir

contenido, -a adj contenu(e) ♦ nm contenu m

contentar vt faire plaisir à; **~se** vpr: **~se con** se contenter (de); **~se con hacer** se contenter de faire

contento, -a adj: **~ (con/de)** content(e) (de)

contestación nf réponse f

contestador nm: **~ automático** répondeur m

contestar vt répondre; (JUR) plaider ♦ vi répondre; **~ a una pregunta/a un saludo** répondre à une question/à un salut

contexto nm contexte m

contienda nf dispute f

contigo pron avec toi

contiguo, -a adj: **~ (a)** contigu(ë) (à)

continente nm continent m

contingencia nf (posibilidad) éventualité f; **contingente** adj contingent(e) ♦ nm (MIL, COM) contingent m

continuación nf (de trabajo, estancia, obras) poursuite f; (de novela, película, calle) suite f; **a ~** juste après

continuar vt continuer, poursuivre ♦ vi (permanecer) rester; (mantenerse, prolongarse) continuer; (telenovela etc) reprendre; **~ haciendo** continuer de o à faire; **~ siendo** être toujours

continuo, -a adj continu(e); (llamadas, quejas) continuel(le)

contorno nm (silueta) contours mpl; (en dibujo) contour m; **~s** nmpl (alrededores) environs mpl

contorsión nf contorsion f

contra prep contre ♦ adj(NIC) contra ♦ adv: **en ~ (de)** contre ♦ nm/f contra m/f ♦ nf: **la C~ (nicaragüense)** les Contras mpl

♦ nm ver **pro**

:ontraataque nm contre-attaque f

:ontrabajo nm contrebasse f

:ontrabandista nm/f contrebandier(-ière)

:ontrabando nm contrebande f; **llevar/pasar algo de ~** passer qch en contrebande

:ontracción nf contraction f

:ontracorriente: a ~ adv à contre-courant

:ontradecir vt contredire; **~se** vpr se contredire; **esto se contradice con ...** ceci est en contradiction avec ...

:ontradicción nf contradiction f; **en ~ con** en contradiction avec

:ontradictorio, -a adj contradictoire

:ontraer vt contracter; **~se** vpr se contracter; **~ matrimonio con** épouser

:ontraluz nm (FOTO) contre-jour m; **a ~** à contrejour

:ontrapelo: a ~ adv à rebrousse-poil

:ontrapesar vt contrebalancer; **contrapeso** nm contrepoids msg

:ontraportada nf page f de garde

:ontraproducente adj qui n'a pas l'effet escompté

:ontrariar vt contrarier

:ontrariedad nf contretemps msg; (disgusto) contrariété f

:ontrario, -a adj: **~ (a)** opposé(e) (à); (equipo etc) adverse ♦ nm/f adversaire m/f; **al ~** au contraire; **por el ~** tout au contraire; **ser ~ a** être opposé(e) à; (a intereses, opinión) être contraire à; **llevar la contraria** contredire; **de lo ~** sinon

contrarrestar vt compenser

contraseña nf mot m de passe

contrastar vi: **~ (con)** trancher (avec) ♦ vt

contraste nm contraste m

contratar vt engager, recruter; (servicios) faire appel à

contratiempo nm contretemps msg

contratista nm/f entrepreneur(-euse)

contrato nm contrat m

contravenir vt contrevenir

contraventana nf volet m

contribución nf contribution f

contribuir vi: **~ (a)** contribuer (à); **~** con participer à raison de

contribuyente nm/f contribuable m/f

contrincante nm concurrent(e)

control nm contrôle m; (dominio: de nervios, impulsos) maîtrise f; (tb: **~ de policía**) contrôle m; **llevar el ~** (de situación) maîtriser; (en asunto) diriger; **perder el ~** perdre le contrôle; **~ de (la) natalidad** contrôle des naissances; **~ de pasaportes** contrôle des passeports

controlador, a nm/f: **~ aéreo** contrôleur m aérien

controlar vt contrôler; (nervios, impulsos) maîtriser; **~se** vpr se maîtriser

controversia nf controverse f

contundente adj (prueba) indiscutable; (fig: argumento etc) radical(e)

contusión nf contusion f

convalecencia nf convalescence f

convaleciente adj, nm/f convalescent(e)

convalidar vt valider

convencer vt convaincre; **~se**

vpr: **~se (de)** se persuader (de);
~ a algn de (que haga) algo
convaincre qn de (faire) qch; **~ a
algn para que haga** convaincre
qn de faire; **esto no me
convence (nada)** cela ne me
convainc pas (du tout)
convencimiento *nm* certitude *f*
convención *nf* convention *f*
conveniencia *nf* (*oportunidad*)
opportunité *f*; (*provecho*) intérêt
m; (*utilidad*) avantage *m*; **~s** *nfpl*
(*tb*: **~s sociales**) convenances
fpl
conveniente *adj* opportun(e);
(*útil*) pratique
convenio *nm* accord *m*
convenir *vt* convenir de ♦ *vi*
convenir; **no te conviene salir**
tu ne devrais pas sortir
convento *nm* couvent *m*
convenza *etc vb ver* **convencer**
converger, convergir *vi*
converger
conversación *nf* conversation *f*
conversar *vi* discuter
conversión *nf* transformation *f*
convertir *vt* transformer; (*REL*): **~
a** convertir à
convicción *nf* conviction *f*;
convicciones *nfpl* (*ideas*)
convictions *fpl*
convicto, -a *adj* condamné(e)
convidado, -a *nm/f* convive *m/f*
convidar *vt*: **~ (a)** convier (à); **~
a algn a hacer** inviter qn à faire
convincente *adj* convaincant(e)
convite *nm* (*banquete*) banquet
m; (*invitación*) invitation *f*
convivencia *nf* cohabitation *f*
convivir *vi* cohabiter
convocar *vt* convoquer; **~ (a)**
(*personas*) convoquer (à); (*huelga*)
appeler à
convocatoria *nf* convocation *f*;

(*huelga*) appel *m*
convulsión *nf* (*MED*) convulsion *f*
conyugal *adj* conjugal(e); **vida ~**
vie *f* conjugale; **cónyuge** *nm/f*
conjoint(e)
coñac (*pl* **~s**) *nm* cognac *m*
coño (*fam!*) *nm* con *m* (*fam!*) ♦
excl merde! (*fam!*)
cooperación *nf* coopération *f*
cooperar *vi* coopérer
cooperativa *nf* coopérative *f*
coordinador, -a *nm/f*
coordinateur(-trice) ♦ *nf* bureau *m*
de coordination
coordinar *vt* coordonner
copa *nf* (*recipiente*) verre *m* à pied;
(*de champán*, *DEPORTE*) coupe *f*; (*de
árbol*) cime *f*; **~s** *nfpl* (*NAIPES*)
l'une des quatre couleurs du jeu de
cartes espagnol; **tomar una ~**
prendre un verre *o* un pot
copia *nf* copie *f*; (*llave*) double *m*;
~ de respaldo *o* **de seguridad**
(*INFORM*) sauvegarde *f*; **copiar** *vt*
copier; (*INFORM*) faire une copie de
copioso, -a *adj* abondant(e);
(*comida*) copieux(-euse)
copla *nf* (*canción*) couplet *m*
copo *nm*: **~ de nieve** flocon *m*
de neige; **~s de avena** flocons
mpl d'avoine
coqueta *nf* (*mujer*) coquette *f*;
(*mueble*) coiffeuse *f*; **coquetear**
vi flirter
coraje *nm* courage *m*; (*esp AM*)
colère *f*
coral *adj* (*MÚS*) de chœur ♦ *nf*
(*MÚS*) chorale *f* ♦ *nm* (*ZOOL*) corail
m; **de ~** en corail
coraza *nf* cuirasse *f*; (*ZOOL*)
carapace *f*
corazón *nm* cœur *m*; (*BOT*) noyau
m
corazonada *nf* pressentiment *m*
corbata *nf* cravate *f*

Córcega *nf* Corse *f*

corchete *nm* agrafe *f*

corcho *nm* (PESCA, tapón) liège *m*; (: PESCA, tapón) bouchon *m*; **de ~** en liège

cordel *nm* corde *f*

cordero *nm* agneau *m*

cordial *adj* cordial(e);
cordialidad *nf* cordialité *f*

cordillera *nf* cordillère *f*

Córdoba *n* Cordoue
córdoba *nm* (NIC) monnaie du Nicaragua

cordón *nm* (cuerda) ficelle *f*; (de zapatos) lacet *m*; (ELEC, policial) cordon *m*; (CSUR) bord *m* du trottoir; **~ umbilical** cordon ombilical

cordura *nf* sagesse *f*; (MED) santé *f* mentale

córner (pl **córners**) *nm* (DEPORTE) corner *m*

corneta *nf* (MÚS) cornet *m*; (MIL) clairon *m*

cornisa *nf* corniche *f*

coro *nm* chœur *m*

corona *nf* couronne *f*;
coronación *nf* couronnement *m*; **coronar** *vt* couronner
coronel *nm* colonel *m*

coronilla *nf* sommet *m* du crâne;
estar hasta la ~ (de) en avoir jusque-là (de)

corporación *nf* corporation *f*

corporal *adj* (ejercicio) physique; (castigo, higiene) corporel(le)

corpulento, -a *adj* (persona) corpulent(e); (árbol, tronco) énorme

corral *nm* (de animales) basse-cour *f*

correa *nf* courroie *f*; (cinturón) ceinture *f*; (de perro) laisse *f*; **~ del ventilador** (AUTO) courroie du ventilateur

corrección *nf* correction *f*;

correccional *nm* pénitencier *m*

correcto, -a *adj* correct(e)

corredor, a *adj* coureur(-euse)
♦ *nm* (pasillo) corridor *m*; (balcón corrido) galerie *f*; (COM) courtier *m*

corregir *vt* corriger; **~se** *vpr* se corriger; **se le ha corregido la miopía** on lui a corrigé sa myopie

correo *nm* courrier *m*; (servicio) poste *f*; **C~s** *nmpl* (servicio) la Poste, les PTT *fpl*; (edificio) la Poste; **a vuelta de ~** par retour de courrier; **echar al ~** mettre à la poste; **~ aéreo** courrier par avion; **~ electrónico** courrier électronique

correr *vt* (mueble etc) déplacer; (riesgo) courir; (cortinas: cerrar) fermer; (: abrir) ouvrir; (cerrojo) tourner ♦ *vi* (persona, rumor) courir; (coche, agua, viento) aller vite; **~se** *vpr* (persona, terreno) se déplacer; (colores) couler; **echar a ~** se mettre à courir

correspondencia *nf* correspondance *f*

corresponder *vi* (dinero, tarea) revenir; (en amor) aimer en retour; **~se** *vpr* (amarse) bien s'entendre; **~ a** (invitación) répondre à; (convenir, ajustarse, pertenecer) correspondre à; **al gobierno le corresponde …** le gouvernement a pour tâche de …; **~se con** correspondre à

correspondiente *adj* (respectivo) correspondant(e); **~ (a)** (adecuado) qui correspond (à)

corresponsal *nm/f* correspondant(e)

corrida *nf* corrida *f*; (CHI) file *f*

corrido, -a *adj* ♦ *nm* (MÉX) ballade *f*; **de ~** couramment

corriente *adj* courant(e); (suceso, costumbre) habituel(le); (común)

commun(e) ♦ *nf* courant *m*; (*tb:*
~ de aire) courant d'air ♦ *nm:* **el
16 del ~** le 16 courant; **estar al
~ de** être au courant de; **seguir
la ~ a algn** ne pas contrarier qn;
poner/tener al ~ mettre/tenir
au courant

corrija *etc vb ver* **corregir**
corrillo *nm* petit groupe *m*
corro *nm* cercle *m*; **jugar al ~**
faire la ronde
corroborar *vt* corroborer
corroer *vt* corroder; (*suj: envidia*)
ronger; **~se** *vpr* se désagréger
corromper *vt* pourrir; (*fig:
costumbres, moral*) corrompre; (:
juez etc) corrompre, soudoyer;
~se *vpr* pourrir; (*costumbres*) se
corrompre; (*persona, justicia*) se
laisser soudoyer
corrosivo, -a *adj* corrosif(-ive)
corrupción *nf* putréfaction *f*; (*fig*)
corruption *f*
corsé *nm* corset *m*
cortacésped *nm* tondeuse *f* (*a
gazon*)
cortado, -a *adj* (*leche*) tourné(e);
(*piel, labios*) craquelé(e) ♦ *nm* café
m avec un nuage de lait; **estar ~**
être coincé(e); **quedarse ~** rester
sans voix
cortar *vt* couper ♦ *vi* couper;
(*viento*) être glacial(-ive); (*AM: TELEC*)
raccrocher; **~se** *vpr* se couper;
(*turbarse*) se troubler; (*TELEC*)
s'interrompre; (*leche*) tourner; **~se
el pelo** se (faire) couper les
cheveux; **se le cortan los
labios** ses lèvres se gercent
cortaúñas *nm inv* coupe-ongles
m inv
corte *nm* coupure *f*; (*de pelo,
vestido*) coupe *f* ♦ *nf* (*real*) cour *f*;
las C~s le parlement espagnol
cortejar *vt* courtiser

cortejo *nm* cortège *m*; **~
fúnebre** cortège funèbre
cortés *adj* courtois(e), poli(e)
cortesía *nf* courtoisie *f*, politesse
f
corteza *nf* (*de árbol*) écorce *f*; (*de
pan, queso*) croûte *f*; (*de fruta*)
peau *f*; **~ terrestre** écorce *o*
croûte terrestre
cortina *nf* rideau *m*
corto, -a *adj* court(e); (*tímido*)
timide, timoré(e); (*tonto*)
bouché(e) ♦ *nm* (*CINE*) court-
métrage *m*; **~ de vista** myope;
quedarse ~ ne pas être à la
hauteur; **cortocircuito** *nm*
court-circuit *m*
cortometraje *nm* court-métrage
m
cosa *nf* chose *f*; (*asunto*) affaire *f*;
es ~ de una hora c'est l'affaire
d'une heure; **eso es ~ mía** c'est
mon affaire; **lo que son las ~s**
c'est drôle, la vie; **las ~s como
son** les choses étant ce qu'elles
sont
coscorrón *nm* coup *m* sur la
tête; **darse un ~** se cogner la
tête
cosecha *nf* récolte *f*; (*de vino*) cru
m
cosechar *vt* récolter ♦ *vi* faire la
récolte
coser *vt* coudre; **~ algo a algo**
coudre qch à qch
cosmético, -a *adj, nm*
cosmétique *m* ♦ *nf* cosmétique *f*
cosquillas *nfpl:* **hacer ~**
chatouiller; **tener ~** être
chatouilleux(-euse)
costa *nf* (*GEO*) côte *f*; **a ~ de** aux
dépens de; (*trabajo*) à force de;
(*grandes esfuerzos*) au prix de; (*su
vida*) au péril de; **a toda ~** coûte
que coûte, à tout prix; **C~**

Brava/del Sol Costa Brava/del Sol; **C~ Azul/Cantábrica/de Marfil** Côte d'Azur/cantabrique/d'Ivoire

costado nm côté m; **de ~** (dormir etc) sur le côté

costar vt, vi coûter; **me cuesta hablarle** j'ai du mal à lui parler

costarricense, **costarriqueño, -a** adj costaricien(ne), de Costa Rica ♦ nm/f Costaricien(ne)

costear vt payer

costero, -a adj côtier(-ière)

costilla nf (ANAT) côte f; (CULIN) côtelette f

costo nm coût m, prix msg

costoso, -a adj coûteux(-euse); (difícil) difficile

costra nf (de suciedad) couche f; (MED, de cal etc) croûte f

costumbre nf coutume f, habitude f; (tradición) coutume f

costura nf couture f

costurera nf couturière f

costurero nm boîte f à couture

cotejar vt: **~ (con)** comparer (à o avec)

cotidiano, -a adj quotidien(ne)

cotilla nm/f commère f

cotillear vi faire des commérages

cotización nf (COM) cours m; (de club, del trabajador) cotisation f

cotizar vt (COM) coter; (pagar) cotiser; **~se** vpr (COM) être bien coté; **~se a** (COM) être coté à

coto nm (tb: **~ de caza**) réserve f; **poner ~ a** mettre fin à

cotorra nf (loro) perruche f; (fam: persona) pie f

COU (ESP) sigla m (= Curso de Orientación Universitario) Terminale

coyote nm coyote m

coyuntura nf articulation f, jointure f; (fig) conjoncture f,

occasion f

coz nf ruade f

cráneo nm crâne m

cráter nm cratère m

creación nf création f

creador, a adj, nm/f créateur(-trice)

crear vt créer

creativo, -a adj créatif(-ive)

crecer vi grandir; (pelo) pousser; (ciudad) s'agrandir; (río) grossir

creces: con ~ adv (pagar) au centuple

crecido, -a adj: **estar ~** avoir grandi; (planta) avoir poussé

creciente adj croissant(e); **cuarto ~** premier quartier m

crecimiento nm croissance f; (de planta) pousse f; (de ciudad) agrandissement m

credenciales nfpl lettres fpl de créance

crédito nm crédit m; **a ~** à crédit; **dar ~ a** accorder crédit à, croire

credo nm credo m

crédulo, -a adj crédule

creencia nf croyance f

creer vt, vi croire; **~se** vpr (considerarse) se croire; (aceptar) croire; **~ en** croire en; **¡ya lo creo!** je crois o pense bien; **creo que no/sí** je crois que non/oui; **no se lo cree** il n'y croit pas

creíble adj croyable

creído, -a adj présomptueux(-euse)

crema nf crème f; (para zapatos) cirage m; **~ de afeitar** crème à raser; **~ de cacao** beurre m de cacao; **~ pastelera** crème pâtissière

cremallera nf fermeture f éclair ®

crematorio nm (tb: **horno ~**) four m crématoire

crepitar vi crépiter
crepúsculo nm crépuscule m
cresta nf crête f
creyendo etc vb ver **creer**
creyente nm/f croyant(e)
creyó etc vb ver **creer**
crezca etc vb ver **crecer**
cría vb ver **criar** ♦ nf (de animales) élevage m; (cachorro) petit m; ver tb **crío**
criada nf bonne f; ver tb **criado**
criadero nm élevage m
criado, -a nm/f domestique m/f
crianza nf allaitement m; (formación) éducation f
criar vt allaiter, nourrir; (educar) éduquer, élever; (animales) élever ♦ vi avoir des petits
criatura nf créature f; (niño) gosse m
criba nf crible m; **cribar** vt cribler, tamiser
crimen nm crime m
criminal adj criminel(le) ♦ nm/f criminel(le)
crin nf (tb: ~es) crinière f
crío, -a (fam) nm/f bébé m; (más mayor) marmot m
crisis nf inv crise f; ~ **nerviosa** dépression f nerveuse
crispar vt crisper; **~se** vpr se crisper; **ese ruido me crispa los nervios** ce bruit me porte sur les nerfs
cristal nm verre m; (de ventana) vitre f; **~es** nmpl (trozos rotos) bouts mpl de verre; **de ~** en verre
cristalino, -a adj cristallin(e); **cristalizar** vi cristalliser; (fig) se cristalliser; **cristalizarse** vpr se cristalliser
cristiandad nf chrétienté f
cristianismo nm christianisme m
cristiano, -a adj, nm/f chrétien(ne)

Cristo nm le Christ; (crucifijo) crucifix m
criterio nm critère m; (opinión) avis m; (discernimiento) discernement m, jugement m
crítica nf critique f
criticar vt (censurar) critiquer; (novela, película) faire la critique de ♦ vi critiquer
crítico, -a adj, nm/f critique m/f
Croacia n Croatie f
croar vi coasser
cromo nm chrome m; (para niños) vignette f
crónica nf chronique f
crónico, -a adj chronique
cronómetro nm chronomètre m
croqueta nf croquette f
cruce vb ver **cruzar** ♦ nm croisement m; (miradas) rencontre f; (de carreteras) carrefour m; **~ de peatones** passage m clouté
crucificar vt crucifier
crucifijo nm crucifix msg
crucigrama nm mots mpl croisés
crudo, -a adj cru(e); (invierno etc) rigoureux(-euse) ♦ nm pétrole m brut
cruel adj cruel(le); **crueldad** nf cruauté f
crujido nm craquement m
crujiente adj (galleta) croquant(e); (pan) croustillant(e)
crujir vi craquer; (dientes) grincer; (nieve, arena) crisser
cruz nf croix fsg; (de moneda) pile f; **~ gamada** croix gammée; **C~ Roja** Croix-Rouge f
cruzado, -a adj croisé(e); (en calle, carretera) de travers ♦ nm croisé m
cruzar vt croiser; (calle, desierto) traverser; **~se** vpr se croiser; **~se con algn** croiser qn; **~se de brazos** se croiser les bras

cuaderno nm bloc m notes; (de escuela) cahier m

cuadra nf écurie f; (AM: ARQ) pâté m de maisons

cuadrado, -a adj carré(e) ♦ nm (MAT) carré m; **metro/kilómetro ~** mètre m/kilomètre m carré

cuadrar vt (PE) garer; **~se** vpr (soldado) se mettre au garde-à-vous; **~ (con)** (informaciones) correspondre (à); (cuentas) s'accorder (avec)

cuadrilátero nm (DEPORTE) ring m; (GEOM) quadrilatère m

cuadrilla nf (de obreros etc) équipe f; (de ladrones, amigos) bande f

cuadro nm tableau m; (cuadrado) carré m; (DEPORTE, MED) équipe f; **a/de ~s** à carreaux

cuádruple adj quadruple

cuajar vt (leche) cailler; (sangre) coaguler; (huevo) faire durcir ♦ vi (CULIN, nieve) prendre; (fig: planes) aboutir; (: acuerdo) marcher; (: idea) se réaliser; **~se** vpr (leche) se cailler; **~ algo de** remplir qch de

cuajo nm: **de ~** (arrancar etc) à la racine

cual adv comme, tel que, tel un ♦ pron: **el/la ~** lequel (laquelle), qui; **los/las ~es** lesquels (lesquelles), qui; **lo ~** ce qui, ce que; **cada ~** chacun; **con** o **por lo ~** c'est pourquoi; **del ~** duquel, dont; **tal ~** tel quel

cuál pron (interrogativo) lequel, laquelle, lesquels, lesquelles

cualesquier(a) pl de **cualquier(a)**

cualidad nf qualité f

cualquier(a) (pl **cualesquiera**) adj (indefinido) n'importe quel(le); (tras sustantivo) quelconque ♦ pron: **~a** quiconque, n'importe

qui; (a la hora de escoger) n'importe quel (laquelle); **~ día de estos** un de ces jours; **no es un hombre ~a** ce n'est pas n'importe qui; **eso ~a lo sabe hacer** ça, n'importe qui peut le faire; **es un ~a** c'est un pas grand-chose

cuando adv quand ♦ conj quand, lorsque; (puesto que) puisque, du moment que; (si) si ♦ prep: **yo, ~ niño ...** moi, quand j'étais petit ...; **aun ~** même si, même quand; **~ más/menos** tout au plus/au moins; **de ~ en ~** de temps en temps, de temps à autre

cuándo adv quand, lorsque; **¿desde ~?, ¿de ~ acá?** depuis quand?

cuantioso, -a adj considérable

PALABRA CLAVE

cuanto, -a adj **1** (todo): **tiene todo cuanto desea** il a tout ce qu'il veut; **le daremos cuantos ejemplares necesite** nous vous donnerons autant d'exemplaires qu'il vous en faudra
2: **unos cuantos**: **había unos cuantos periodistas** il y avait quelques journalistes
3 (+ más): **cuanto más vino bebas peor te sentirás** plus tu boiras de vin plus tu te sentiras mal

♦ pron **1**: **tome cuanto/cuantos quiera** prends-en autant que tu voudras
2: **unos cuantos** quelques-uns

♦ adv: **en cuanto**: **en cuanto profesor es excelente** comme professeur, il est excellent; **en cuanto a mí** quant à moi; ver tb **antes**

♦ conj **1**: **cuanto más lo**

pienso menos me gusta plus
j'y pense moins ça ne me plaît
**2: en cuanto: en cuanto
llegue/llegué** dès qu'il arrive/
arriva

cuánto, -a adj (exclamativo) que
de, quel(le); (interrogativo)
combien de ♦ pron, adv combien;
¿~ cuesta? combien ça coûte?;
¿a ~s estamos? le combien
sommes-nous?; **Señor no sé ~s**
Monsieur Untel

cuarenta adj inv, nm inv
quarante m inv; ver tb **sesenta**

cuarentena nf quarantaine f

cuaresma nf carême m

cuarta nf empan m; (MÚS) quarte
f; ver tb **cuarto**

cuartel nm caserne f; **~ general**
quartier m général

cuarteto nm quatuor m

cuarto, -a adj quatrième ♦ nm
(MAT) quart m; (habitación)
chambre f, pièce f; (ZOOL) quartier
m; **~ de baño/de estar** salle f
de bains/de séjour; **~s de final**
(DEPORTE) quarts mpl de finale; **~
de hora** quart d'heure; **~ de
kilo** demi-livre f; ver tb **sexto**

cuarzo nm quartz m

ouatro adj inv, nm inv quatre m
inv; ver tb **seis**

cuatrocientos, -as adj quatre
cents; ver tb **seiscientos**

Cuba nf Cuba m

cuba nf cuve f, tonneau m; (tina)
cuve

cubano, -a adj cubain(e) ♦ nm/f
Cubain(e)

cúbico, -a adj cubique

cubierta nf couverture f;
(neumático) pneu m; (NÁUT) pont
m

cubierto, -a pp de **cubrir** ♦ adj

couvert(e) ♦ nm couvert m; **~ de**
couvert(e) de, recouvert(e) de; **a o
bajo ~** à l'abri

cubilete nm gobelet m, cornet m

cubito nm: **~ de hielo** glaçon m

cubo nm (MAT, GEOM) cube m;
(recipiente) seau m; (TEC) tambour
m; **~ de la basura** poubelle f

cubrecama nm couvre-lit m,
dessus msg de lit

cubrir vt couvrir; (esconder)
cacher; (polvo, nieve) recouvrir,
couvrir; **~se** vpr se couvrir; **el
agua casi me cubría** je n'avais
presque pas pied; **~ de** couvrir
de; **~se de** se couvrir de, se
recouvrir de

cucaracha nf cafard m

cuchara nf cuiller f o cuillère f

cucharada nf cuillerée f

cucharilla nf petite cuiller f o
cuillère f

cucharón nm louche f

cuchichear vi chuchoter

cuchilla nf lame f

cuchillo nm couteau m

cuchitril (pey) nm taudis msg,
bouge m

cuclillas nfpl: **en ~** accroupi(e)

cuco, -a adj (astuto) malin(-igne)
♦ nm coucou m

cucurucho nm cornet m

cuello nm cou m; (de ropa) col m;
(de botella) goulot m

cuenca nf (tb: **~ del ojo**) orbite
f; (GEO: valle) vallée f

cuenco nm bol m

cuenta vb ver **contar** ♦ nf
compte m; (en restaurante)
addition f; (de collar) grain m; **a
fin de ~s** au bout du compte;
caer en la ~ y être; **darse ~ de
algo** se rendre compte de qch;
echar ~s faire le point; **perder
la ~ de** ne pas se rappeler; **tener**

en ~ tenir compte de; **trabajar por su ~** travailler à son compte; **~ atrás** compte à rebours; **~ corriente** compte courant; **~ de ahorros** compte épargne; **cuentakilómetros** nm inv compteur m kilométrique (velocímetro) compteur de vitesse

cuento vb ver **contar** ♦ nm conte m; (patraña) histoire f; **eso no viene a ~** ceci n'a rien à voir; **~ chino** histoire à dormir debout; (fam) bobard m; **~ de hadas** conte de fées

cuerda nf corde f; (de reloj) ressort m; **dar ~ a un reloj** remonter une montre; **~s vocales** cordes vocales; ver tb **cuerdo**

cuerdo, -a adj sensé(e); (prudente) sage, prudent(e)

cuerno nm corne f

cuero nm cuir m; **en ~s** tout(e) nu(e); **~ cabelludo** cuir chevelu

cuerpo nm corps msg; **a ~** sans manteau

cuervo nm corbeau m

cuesta vb ver **costar** ♦ nf pente f; (en camino etc) côte f; **ir ~ arriba/abajo** monter/descendre; **a ~s** sur le dos

cuestión nf question f; **en ~ de** en matière de; **es ~ de** c'est une question de

cueva nf grotte f, caverne f

cuidado, -a adj soigné(e) ♦ nm précaution f; (de los niños etc) soin m ♦ excl attention!; **estar al ~ de** s'occuper de; **tener ~** faire attention

cuidadoso, -a adj soigneux(-euse); (prudente) prudent(e)

cuidar vt soigner; (niños, casa) s'occuper de ♦ vi: **~ de** prendre

soin de; **~se** vpr prendre soin de soi; **~se de hacer** prendre soin de faire

culata nf crosse f

culebra nf couleuvre f

culebrón nm (fam) série f télévisée

culinario, -a adj culinaire

culminación nf point m culminant

culo nm (fam!) cul m (fam!)

culpa nf faute f; (JUR) culpabilité f; **echar la ~ a algn** accuser qn; **por ~ de** à cause de; **tengo la ~** c'est de ma faute; **culpabilidad** nf culpabilité f; **culpable** adj, nm/f coupable m/f

culpar vt accuser

cultivar vt cultiver

cultivo nm culture f; (cosecha) récolte f

culto, -a adj cultivé(e); (lenguaje) choisi(e); (palabra) savant(e) ♦ nm culte m; **rendir ~ a** (REL, fig) rendre un culte à

cultura nf culture f; **la ~** la culture

culturismo nm culturisme m

cumbre nf sommet m

cumpleaños nm inv anniversaire m; **¡feliz ~!** joyeux anniversaire!

cumplido, -a adj (cortés) poli(e); (plazo) échu(e) ♦ nm compliment m; **visita de ~** visite f de politesse

cumplimentar vt complimenter, adresser ses compliments à

cumplimiento nm accomplissement m; (de norma) respect m

cumplir vt accomplir; (ley) respecter; (promesa) tenir; (años) avoir; **~se** vpr (plazo) expirer; (plan, pronósticos) se réaliser, s'accomplir; **~ con** (deber) faire,

remplir; (*persona*) ne pas manquer
à; **hoy cumple dieciocho
años** aujourd'hui il a dix-huit ans
cúmulo *nm* tas *msg*
cuna *nf* berceau *m*
cundir *vi* (*rumor, pánico*) se
répandre, se propager; (*trabajo*)
avancer, progresser
cuneta *nf* fossé *m*
cuña *nf* (*TEC*) coin *m*
cuñado, -a *nm/f* beau-frère
(belle-sœur)
cuota *nf* quota *m*; (*parte
proporcional*) quote-part *f*; (*de club
etc*) cotisation *f*
cupo *vb ver* **caber** ♦ *nm* quote-
part *f*
cupón *nm* billet *m*; (*de resguardo*)
bon *m*
cúpula *nf* coupole *f*
cura *nf* guérison *f*; (*tratamiento*)
soin *m* ♦ *nm* curé *m*
curación *nf* guérison *f*;
(*tratamiento*) traitement *m*
curandero, -a *nm/f*
guérisseur(-euse)
curar *vt* (*enfermo, enfermedad:
herida*) guérir; (: *con apósitos*)
panser; (*CULIN*) faire sécher; (*cuero*)
tanner; **~se** *vpr* (*persona*) se
rétablir; (*herida*) se guérir
curiosear *vt* fouiner dans ♦ *vi*
fouiner
curiosidad *nf* curiosité *f*; **sentir**
o **tener** *o* **por** *o* **de** (*hacer*) être
curieux(-euse) de (faire)
curioso, -a *adj* curieux(-euse) ♦
nm/f (*pey*) curieux(-euse)
currante *nm/f* (*fam*)
bosseur(-euse)
currar, currelar *vi* (*fam*) bosser,
trimer
currículo, currículum *nm* (*tb:
~ vitae*) curriculum *m* (vitae);
curro *nm* (*fam*) job *m*

cursi *adj* de mauvais goût;
(*afectado*) maniéré(e)
cursillo *nm* cours *msg*; (*de
reciclaje etc*) stage *m*
cursiva *nf* italiques *mpl*
curso *nm* cours *msg*; (*ESCOL, UNIV*)
année *f*; **en ~** (*año, proceso*) en
cours; **en el ~ de** au cours de
cursor *nm* (*INFORM*) curseur *m*
curtido, -a *adj* (*cara, cuero*)
tanné(e)
curtir *vt* (*pieles*) tanner, corroyer;
(*suj: sol, viento*) tanner
curva *nf* virage *m*, tournant *m*;
(*MAT*) courbe *f*
cúspide *nf* sommet *m*; (*fig*) faîte
m, comble *m*
custodia *nf* surveillance *f*; (*de
hijos*) garde *f*; **custodiar** *vt*
surveiller
cutis *nm inv* peau *f*
cutre (*fam*) *adj* minable
cuyo, -a *pron* (*complemento de
sujeto*) dont le, dont la; (: *plural*)
dont les; (*complemento de objeto*)
dont; (*tras preposición*) de qui,
duquel, de laquelle, (: *plural*)
desquels, desquelles
C.V. *abr* (= *caballos de vapor*) CV
(= *cheval vapeur*)

D, d

D. *abr* (= *Don*) (*con apellido*)
Monsieur *m*; (*sólo con nombre*)
Don *m*
Da. *abr* (= *Doña*) (*con apellido*)
Madame *f*; (*sólo con nombre*)
Doña *f*; = **Madame**
dádiva *nf* (*regalo*) présent *m*
dado, -a *pp de* **dar** ♦ *adj*: **en un
momento** ~ à un moment
donné ♦ *nm* (*para juego*) dé *m*;
~s *nmpl* (*juego*) dés *mpl*; **~ que**

étant donné que
daltónico, -a *adj, nm/f*
daltonien(ne)
dama *nf* dame *f*; **~s** *nfpl* (*juego*)
dames *fpl*; **~ de honor** (*de novia*)
demoiselle *f* d'honneur
danés, -esa *adj* danois(e) ♦ *nm/f*
Danois(e)
danza *nf* danse *f*
danzar *vt* danser ♦ *vi* danser
dañar *vt* (*mueble, cuadro, motor*)
abîmer; (*cosecha*) endommager;
(*salud, reputación*) nuire à; **~se**
vpr (*cosecha*) se gâter
dañino, -a *adj* (*sustancia*)
nocif(-ive); (*animal*) nuisible
daño *nm* (*a mueble, máquina*)
dommage *m*; (*a persona, animal*)
mal *m*; **~s y perjuicios** (*JUR*)
dommages *mpl* et intérêts *mpl*;
hacer ~ (*alimento*) ne pas réussir;
hacer ~ a algn (*producir dolor*)
faire mal à qn; (*fig: ofender*) blesser
qn; **eso me hace ~** ça ne me
réussit pas; **hacerse ~** se faire
mal

PALABRA CLAVE

---

dar *vt* **1** donner; **dar algo a**
algn donner qch à qn; **dar de**
beber a algn donner à boire à
qn
2 (*causar: alegría*) donner; (:
problemas) causer; (: *susto*) faire
3 (+ *n* o *perífrasis de verbo*): **me**
da pena/asco cela me désole/
dégoûte; **da gusto escucharle**
c'est bien agréable de l'écouter;
ver tb **más**
4 (*dar a + infin*): **dar a conocer**
faire connaître
♦ *vi* **1**: **dar a** (*ventana,*
habitación) donner sur; (*botón etc*)
appuyer sur
2: **dar con**: dimos con él dos

horas más tarde nous l'avons
rencontré deux heures plus tard;
al final di con la solución
finalement j'ai trouvé la solution
3: **dar en** (*blanco*) atteindre; **dar**
en el suelo tomber par terre; **el**
sol me da en la cara j'ai le
soleil dans la figure
4: **dar de sí** (*zapatos, tela*)
s'élargir; **darse** *vpr* **1** se donner;
darse un baño prendre un bain
2 (*ocurrir*): **se han dado**
muchos casos il y a eu de
nombreux cas
3: **darse a**: **darse a la bebida**
s'adonner à la boisson
4: **darse por**: **darse por**
vencido se déclarer vaincu;
darse por satisfecho s'estimer
satisfait
5: **se me dan bien/mal las**
ciencias je suis bon/mauvais en
sciences
6: **dárselas de**: **se las da de**
experto il joue les experts

---

dardo *nm* dard *m*
datar *vi*: **~ de** dater de
dátil *nm* datte *f*
dato *nm* (*detalle*) fait *m*; **~s** *nmpl*
(*información, INFORM*) données *fpl*;
~s personales identité *fsg*
dcha. *abr* (*= derecha*) dr. (*= droite*)

PALABRA CLAVE

---

de (*de + el = del*) *prep* **1** (*gen:*
complemento de n) de, d'; **la**
casa de Isabelle/de mis
padres/de los Alvarez la
maison d'Isabelle/de mes parents/
des Alvarez; **una copa de vino**
un verre de vin; **clases de**
inglés cours *mpl* d'anglais
2 (*posesión: con ser*) **es de ellos**
c'est à eux

3 (*origen, distancia*) de; **soy de Gijón** je suis de Gijón; **salir del cine/de la casa** sortir du cinéma/de la maison; **de lado** de côté; **de atrás/delante** de derrière/devant

4 (*materia*) en; **un abrigo de lana** un manteau en laine; **temblar de miedo/de frío** trembler de peur/de froid; **de un trago** d'un coup

5 (*condicional + infin*): **de no ser así** si ce n'était pas comme ça; **de ser posible** si c'est possible; **de no terminarlo hoy** si ce n'est pas fini aujourd'hui

6: de no (*AM: si no*) sinon; **¡hazlo, de no ...!** fais-le sinon ...!

dé *vb ver* **dar**

deambular *vi* (*persona*) déambuler; (*animal*) vagabonder

debajo *adv* dessous; **~ de** sous; **por ~ de** en dessous de

debate *nm* débat *m*; **debatir** *vt* débattre (de) ♦ *vi* débattre; **debatirse** *vpr* (*forcejear*) se débattre

deber *nm* (*obligación*) devoir *m* ♦ *vt* devoir; **~es** *nmpl* (*ESCOL*) devoirs *mpl*; **~se** *vpr*: **~se a** être dû (due) à; **debo hacerlo** je dois le faire; **debe (de) ser canadiense** il doit être canadien

debido, -a *adj* (*cuidado, respeto*) dû (due); **~ a** en raison de; **a su ~ tiempo** en temps voulu; **como es ~** comme il convient

débil *adj* faible; **debilidad** *nf* faiblesse *f*; **tener debilidad por algn/algo** avoir un faible pour qn/qch

debilitar *vt* (*persona, resistencia*) affaiblir; (*cimientos*) ébranler; **~se**

vpr s'affaiblir

debutar *vi* (*en actuación*) débuter

década *nf* décennie *f*

decadencia *nf* (*de edificio*) délabrement *m*; (*de persona*) déchéance *f*; (*de sociedad*) décadence *f*

decaer *vi* (*espectáculo*) perdre son attrait; (*negocio*) dépérir; (*éxito, afición, interés*) retomber; (*salud*) décliner

decaído, -a *adj*: **estar ~** (*desanimado*) être abattu(e)

decano, -a *nm/f* doyen(ne)

decapitar *vt* décapiter

decena *nf*: **una ~** une dizaine

decencia *nf* décence *f*

decente *adj* décent(e); (*honesto*) convenable

decepción *nf* déception *f*

decepcionar *vt* décevoir

decidir *vt* décider (de) ♦ *vi* décider; **~se** *vpr*: **~se (a hacer algo)** se décider (à faire qch)

décima *nf* (*MAT*) dixième *m*; **~s** *nfpl* (*MED*) dixièmes *mpl* (de degré)

decimal *adj* décimal(e)

decímetro *nm* décimètre *m*

décimo, -a *adj, nm* dixième *m*; *ver tb* **sexto**

decir *vt* dire; **~se** *vpr*: **se dice que ...** on dit que ...; **~ para sí** se dire; **querer ~** vouloir dire; **es ~** c'est-à-dire; **¡dígame!** (*TELEC*) allô!; **por no ~** pour ne pas dire; **¿cómo se dice "cursi" en francés?** comment dit-on "cursi" en français?

decisión *nf* décision *f*; **tomar una ~** prendre une décision

decisivo, -a *adj* décisif(-ive)

declaración *nf* déclaration *f*; (*JUR*) déposition *f*; **prestar ~** (*JUR*) faire une déposition; **~ de la**

renta déclaration de revenus; ~
fiscal déclaration d'impôts
declarar vt déclarer ♦ vi (*para la
prensa, en público*) faire une
déclaration; (*JUR*) faire une
déposition; ~**se** vpr (*a una chica*)
déclarer son amour; (*guerra,
incendio*) se déclarer
declinar vt décliner ♦ vi (*poder*)
décliner; (*fiebre*) baisser
declive nm pente f; (*fig*) déclin m
decoración nf décoration f
decorado nm décor m
decorar vt décorer
decorativo, -a adj décoratif(-ive)
decoro nm (*en comportamiento
etc*) correction f
decoroso, -a adj correct(e);
(*digno*) respectable
decrecer vi diminuer; (*nivel de
agua*) baisser
decrépito, -a adj décrépit(e);
(*sociedad*) en décrépitude
decretar vt décréter; **decreto**
nm décret m
dedal nm (*para costura*) dé m
dedicación nf (*a trabajo etc*)
engagement m; (*de persona*)
dévouement m; **dedicar** vt
dédicacer; (*tiempo, dinero,
esfuerzo*) consacrer; **dedicarse**
vpr: **dedicarse a** se consacrer à;
dedicatoria nf dédicace f
dedo nm doigt m; ~ (**del pie**)
orteil m; a ~ (*entrar, nombrar*)
avec du piston; **hacer** ~ (*fam*)
faire du stop; ~ **anular** annulaire
m; ~ **corazón** majeur m; ~
gordo pouce m; (*en pie*) gros
orteil; ~ **índice** index msg; ~
meñique auriculaire m
deducción nf déduction f
deducir vt déduire
defecto nm défaut m
defectuoso, -a adj

defectueux(-euse)
defender vt défendre; ~**se** vpr:
~**se de algo** se défendre de qch;
~**se contra algo/algn** se
défendre contre qch/qn
defensa nf défense f; (*de tesis,
ideas*) soutien m ♦ nm (*DEPORTE*)
défense f
defensivo, -a adj (*movimiento,
actitud*) de défense
defensor, a adj (*persona*) qui
défend ♦ nm/f: de (*tb: abogado ~*)
avocat(e) de la défense; (*protector*)
défenseur m
deficiente adj (*trabajo*)
insuffisant(e); (*salud*) déficient(e) ♦
nm/f: **ser un ~ mental/físico**
être handicapé mental/physique
déficit (pl ~**s**) nm déficit m
definición nf définition f
definir vt définir
definitivo, -a adj définitif(-ive);
en definitiva définitivement; (*en
conclusión, resumen*) en définitive
deformación nf déformation f
deformar vt déformer; ~**se** vpr
se déformer; **deforme** adj
difforme
defraudar vt (*a personas*)
tromper; (*a Hacienda*) frauder
defunción nf décès m
degeneración nf dégradation f
degenerar vi dégénérer
degollar vt égorger
degradar vt dégrader; ~**se** vpr se
dégrader
degustación nf dégustation f
dejadez nf laisser-aller m
dejar vt laisser; (*persona, empleo,
pueblo*) quitter ♦ vi: **de** arrêter
de; ~ **a algn** (*hacer algo*)
laisser qn (faire qch); **no dejes
de visitarles** continue à leur
rendre visite; ¡**déjame en paz!**
laisse-moi tranquille!; ~ **atrás** a

algn dépasser qn; **~ entrar/
salir** laisser entrer/sortir; **~ pasar**
laisser passer
deje, dejo *nm* accent *m*
del = de + el
delantal *nm* tablier *m*
delante *adv* devant ♦ *prep:* **~ de**
devant; **por ~ (de)** par devant
delantera *nf (de vestido)* devant
m; *(de coche)* avant *m*; *(DEPORTE)*
avance *f*; **llevar la ~ (a algn)**
mener (devant qn)
delantero, -a *adj (asiento,
balcón)* avant; *(vagón)* de tête ♦
nm (DEPORTE) avant *m*
delatar *vt* dénoncer
delator, -a *nm/f*
dénonciateur(-trice)
delegación *nf* délégation *f*; *(MÉX:
comisaría)* commissariat *m*; *(:
ayuntamiento)* mairie *f*
delegado, -a *nm/f* délégué(e)
delegar *vt:* **~ algo en algn**
déléguer qch à qn
deletrear *vt* épeler
delfín *nm* dauphin *m*
delgadez *nf* maigreur *f*; *(fineza)*
minceur *f*
delgado, -a *adj* maigre; *(fino)*
mince
deliberación *nf* délibération *f*
deliberar *vi:* **~ (sobre)** délibérer
(sur)
delicadeza *nf* délicatesse *f*
delicado, -a *adj* délicat(e)
delicia *nf* délice *m*
delicioso, -a *adj* délicieux(-euse)
delimitar *vt* délimiter
delincuencia *nf* délinquance *f*; **~
juvenil** délinquance juvénile;
delincuente *nm/f* délinquant(e)
delineante *nm/f*
dessinateur(-trice)
delirar *vi* délirer
delirio *nm* délire *m*; **~s de**

grandeza folie *f* des grandeurs
delito *nm* délit *m*
delta *nm* delta *m*
demacrado, -a *adj* émacié(e)
demanda *nf* demande *f*; **en ~
de** pour demander
demandante *nm/f* (JUR)
demandeur(-deresse)
demandar *vt* demander; *(JUR)*
poursuivre
demarcación *nf* démarcation *f*;
(zona) zone *f*; *(jurisdicción)*
circonscription *f*
demás *adj:* **los ~ niños** les
autres enfants *mpl* ♦ *pron:* **los/
las ~** les autres; **lo ~** le reste;
por lo ~ à part cela
demasiado, -a *adj:* **~ vino** trop
de vin ♦ *adv* trop; **~s libros** trop
de livres; **¡es ~!** c'est trop!
demencia *nf* démence *f*;
demente *adj, nm/f* dément(e)
democracia *nf* démocratie *f*
demócrata *adj, nm/f* démocrate
m/f
democrático, -a *adj*
démocratique
demolición *nf* démolition *f*
demonio *nm* démon *m*; **¡~s!**
mince!
demora *nf* retard *m*; **demorar** *vt*
retarder ♦ *vi:* **demorar en** (AM)
mettre du temps à; **demorarse**
vpr s'attarder
demos *vb ver* **dar**
demostración *nf* démonstration
f; *(de sinceridad)* preuve *f*
demostrar *vt (sinceridad)*
prouver; *(afecto, fuerza)* montrer;
(funcionamiento, aplicación)
démontrer
demudado, -a *adj:* **tener el
rostro ~** avoir le visage pâle
den *vb ver* **dar**
denegar *vt* refuser

denigrar   409   derecho

denigrar vt dénigrer

Denominación de Origen

La "Denominación de Origen" ou "D.O." est l'équivalent espagnol de l'appellation d'origine contrôlée. Ce label est attribué à des produits agricoles (vins, fromages, charcuterie) dont il garantit la qualité et la conformité aux caractéristiques d'une région donnée.

denotar vt dénoter

densidad nf densité f

denso, -a adj dense; (humo, niebla) épais(se)

dentadura nf denture f; ~ **postiza** dentier m

dentera nf frisson m

dentífrico, -a adj: **crema o pasta dentífrica** pâte f dentifrice ♦ nm dentifrice m

dentista nm/f dentiste m/f

dentro adv dedans ♦ prep: ~ **de** dans; **mirar por** ~ regarder à l'intérieur; ~ **de tres meses** dans trois mois

denuncia nf plainte f;

denunciar vt (en comisaría) déposer une plainte contre; (en prensa etc) dénoncer

departamento nm département m; (AM) appartement m

dependencia nf dépendance f

depender vi: ~ **de** dépendre de; **todo depende** tout dépend; **no depende de mí** cela ne dépend pas de moi; **depende de lo que haga él** cela dépend de ce qu'il fait

dependienta nf vendeuse f

dependiente nm vendeur m

depilar vt épiler; ~**se** vpr s'épiler;

depilatorio, -a adj, nm dépilatoire m

deplorable adj déplorable

deplorar vt déplorer

deponer vt (rey, gobernante) déposer; (actitud) laisser libre cours à; ~ **las armas** déposer les armes

deportar vt déporter

deporte nm sport m;

deportista adj, nm/f sportif(-ive)

deportivo, -a adj sportif(-ive) ♦ nm voiture f de sport

depositar vt déposer; ~**se** vpr se déposer

depositario, -a nm/f: ~ **de** dépositaire m/f de

depósito nm dépôt m; (de agua, gasolina etc) réserve f; ~ **de cadáveres** morgue f

depreciar vt déprécier; ~**se** vpr se déprécier

depredador, a adj prédateur(-trice) ♦ nm prédateur m

depresión nf dépression f; ~ **nerviosa** dépression nerveuse

deprimido, -a adj déprimé(e)

deprimir vt, **deprimirse** vpr déprimer

deprisa adv vite

depuración nf épuration f;

depurar vt épurer

derecha nf main f droite; (POL) droite f; **a la** ~ à droite

derecho, -a adj droit(e) ♦ nm droit m; (lado) côté m droit ♦ adv droit; ~**s** nmpl droits mpl; **a mano derecha** à droite; **Facultad de D~** Faculté f de Droit; **estudiante de D~** étudiant(e) en Droit; **¡no hay ~!** il n'y a pas de justice!; **tener ~ a algo** avoir droit à qch; **tener ~ a hacer algo** avoir le droit de faire

qch; ~ **a voto** droit de vote; ~s
civiles droits civiques; ~s
humanos/de autor droits de
l'homme/d'auteur

deriva *nf*: ir/estar a la ~ aller/
être à la dérive

derivado, -a *nm* dérivé *m*

derivar *vt* (conclusión) arriver à;
(conversación) dévier ♦ *vi* dévier;
~**se** *vpr*: ~**se de** dériver de

derramamiento *nm*: ~ **de
sangre** épanchement *m* de sang

derramar *vt* (verter) verser;
(esparcir) renverser; ~**se** *vpr* se
répandre; ~ **lágrimas** verser *o*
répandre des larmes

derrame *nm* écoulement *m*;
(MED) épanchement *m*; ~
cerebral hémorragie *f* cérébrale

derretido, -a *adj* fondu(e)

derretir *vt* fondre; ~**se** *vpr*
fondre; ~**se de calor** être en
nage

derribar *vt* faire tomber;
(construcción) abattre; (gobierno,
político) renverser

derrocar *vt* (gobierno) renverser

derrochar *vt* dilapider; (energía,
salud) déborder de; **derroche**
nm gaspillage *m*; (de salud,
alegría) débordement *m*

derrota *nf* déroute *f*; (DEPORTE,
POL) défaite *f*; **derrotar** *vt*
vaincre; (enemigo) mettre en
déroute; (DEPORTE, POL) battre;
derrotero *nm* cap *m*; **tomar
otros derroteros** prendre une
autre voie

derruir *vt* démolir

derrumbar *vt* démolir; ~**se** *vpr*
s'écrouler; (esperanzas) s'effondrer

derruyendo *etc vb ver* **derruir**
des *vb ver* **dar**

desabotonar *vt* déboutonner;
~**se** *vpr* se déboutonner

desabrido, -a *adj* (persona)
désagréable

desabrochar *vt* défaire; ~**se** *vpr*
(cinturón) défaire

desacato *nm* (JUR) outrage *m*

desacertado, -a *adj* erroné(e);
(inoportuno) mal à propos

desacierto *nm* erreur *f*

desaconsejado, -a *adj*: **estar
~** être déconseillé(e)

desaconsejar *vt*: ~ **algo a
algn** déconseiller qch à qn

desacreditar *vt* discréditer

desacuerdo *nm* désaccord *m*;
(disconformidad) contradiction *f*

desafiar *vt* affronter; ~ **a algn a
hacer** mettre qn au défi de faire

desafilado, -a *adj* émoussé(e)

desafinado, -a *adj*: **estar ~**
être désaccordé(e)

desafinar *vi* détonner; ~**se** *vpr*
se désaccorder

desafío *nm* défi *m*

desaforado, -a *adj* (grito)
terrible; (ambición) démesuré(e)

desafortunadamente *adv*
malheureusement

desafortunado, -a *adj*
malheureux(-euse); (inoportuno)
inopportun(e)

desagradable *adj* désagréable;
es ~ tener que hacerlo il est
désagréable d'avoir à le faire

desagradecido, -a *adj* ingrat(e)

desagrado *nm* mécontentement
m; **con ~** de mauvaise grâce

desagraviar *vt* se racheter

desagüe *nm* écoulement *m*; (de
lavadora) vidange *f*; **tubo de ~**
tuyau *m* d'écoulement

desaguisado *nm* dommage *m*

desahogado, -a *adj* aisé(e);
(espacioso) spacieux(-euse)

desahogar *vt* laisser libre cours à;
~**se** *vpr* se soulager

desahogo nm soulagement m;
(*comodidad*) commodité f; **vivir
con ~** vivre dans l'aisance

desahuciar vt (*enfermo*)
condamner; (*inquilino*) expulser;
desahucio nm expulsion f

desaire nm mépris m; **hacer un
~ a algn** faire un affront à qn

desajustar vt desserrer; **~se** vpr
se desserrer

desajuste nm (*de situación*)
dérèglement m; (*desacuerdo*)
désaccord m; **~ económico/de
horarios** décalage m
économique/horaire

desalentador, a adj
décourageant(e)

desalentar vt décourager

desaliento vb ver **desalentar** ♦
nm découragement m

desaliño nm négligence f

desalmado, -a adj méchant(e),
cruel(le)

desalojar vt (*salir de*) quitter;
(*expulsar*) déloger

desamparado, -a adj (*persona*)
désemparé(e); (*lugar: expuesto*)
exposé(e); (: *desierto*) désert(e)

desamparar vt abandonner

desandar vt: **~ lo andado** o **el
camino** revenir sur ses pas

desangrar vt saigner; **~se** vpr se
vider de son sang; (*morir*) rendre
l'âme

desanimado, -a adj déprimé(e)

desanimar vt décourager;
(*deprimir*) déprimer; **~se** vpr se
décourager

desapacible adj orageux(-euse)

desaparecer vi disparaître ♦ vt
(AM: POL) faire disparaître

desaparecido, -a adj disparu(e)
♦ nm/f (AM: POL) disparu(e); **~s**
nmpl disparus mpl;
desaparición nf disparition f

desapasionado, -a adj
impartial(e)

desapego nm indifférence f; (*a
dinero*) désintéressement m

desapercibido, -a adj: **pasar
~** passer inaperçu(e)

desaprensivo, -a adj sans
scrupules

desaprobar vt désapprouver

desaprovechar vt (*oportunidad,
tiempo*) perdre; (*comida, tela*) ne
pas apprécier

desarmar vt désarmer; (*mueble,
máquina*) démonter; **desarme**
nm désarmement m

desarraigo nm déracinement m

desarreglo nm désordre m; **~s**
nmpl (MED) troubles mpl

desarrollar vt développer;
(*planta, semilla*) faire pousser;
(*plan etc*) mettre au point; **~se**
vpr se développer; (*hechos,
reunión*) se dérouler; **desarrollo**
nm développement m; (*de
acontecimientos*) déroulement m;
país en vías de desarrollo
pays msg en voie de
développement

desarticular vt (*mecanismo,
bomba*) désamorcer; (*grupo
terrorista*) démanteler

desasir vt (*soltar*) lâcher; **~se**
vpr: **~se (de)** se défaire (de)

desasosegar vt inquiéter; **~se**
vpr s'inquiéter

desasosiego vb ver
desasosegar ♦ nm inquiétude f;
(POL) agitation f

desastrado, -a adj (*desaliñado*)
négligé(e); (*descuidado*)
négligent(e)

desastre nm désastre m; (*fam:
persona*) catastrophe f

desastroso, -a adj
désastreux(-euse)

desatado, -a *adj* furieux(-euse)

desatar *vt (nudo)* défaire; *(cordones, cuerda)* dénouer; *(perro, prisionero)* détacher; **~se** *vpr* se défaire; *(perro, prisionero)* se détacher; *(tormenta)* se déchaîner

desatascar *vt (cañería)* déboucher

desatender *vt (consejos, súplicas)* ignorer; *(trabajo, hijo)* négliger

desatento, -a *adj* impoli(e)

desatinado, -a *adj* immodéré(e); **desatino** *nm* folie *f*; **decir desatinos** raconter des bêtises

desatornillar *vt (tornillo)* dévisser; *(estructura)* démonter; **~se** *vpr (ver vt)* se dévisser; se démonter

desatrancar *vt (puerta)* débarrer; *(cañería)* déboucher

desautorizar *vt (oficial)* désavouer; *(informe, declaraciones)* désapprouver; *(huelga, manifestación)* interdire

desavenencia *nf* désaccord *m*; *(discordia)* conflit *m*

desayunar *vt:* **~ algo** prendre qch au petit déjeuner ♦ *vi* prendre le petit déjeuner; **desayuno** *nm* petit déjeuner *m*

desazón *nf* malaise *m*

desazonarse *vpr* se faire du souci

desbandarse *vpr* se débander

desbarajuste *nm* pagaille *f*

desbaratar *vt* déranger; *(plan)* bouleverser

desbloquear *vt (COM, negociaciones)* débloquer; *(tráfico)* rétablir

desbocado, -a *adj (caballo)* emballé(e); *(cuello)* détendu(e)

desbordar *vt* déborder; *(fig: paciencia, tolerancia)* pousser à bout; **~se** *vpr:* **~se (de)** déborder (de)

descabalgar *vi:* **~ (de)** descendre (de)

descabellado, -a *adj* fantaisiste

descafeinado, -a *adj* décaféiné(e) ♦ *nm* décaféiné *m*

descalabro *nm* revers *msg*; *(daño)* coup *m*

descalificar *vt (DEPORTE)* disqualifier; *(desacreditar)* discréditer

descalzar *vt* déchausser; **~se** *vpr* se déchausser

descalzo, -a *adj (persona)* pieds nus; **estar/ir (con los pies) ~(s)** être/aller pieds nus

descambiar *vt (COM)* échanger

descaminado, -a *adj:* **estar o ir ~** se leurrer

descampado *nm* terrain *m* vague

descansado, -a *adj* reposant(e); *(oficio, actividad)* facile; **estar/ sentirse ~** être/se sentir reposé(e)

descansar *vt* reposer ♦ *vi (reposar)* se reposer; *(no trabajar)* faire une pause; *(dormir)* se coucher

descansillo *nm* palier *m*

descanso *nm* repos *msg*; *(en el trabajo)* pause *f*; *(ulivio)* soulagement *m*; *(TEATRO, CINE)* entracte *m*; *(DEPORTE)* mi-temps *fsg*

descapotable *nm (tb:* **coche ~)** décapotable *f*

descarado, -a *adj* éhonté(e); *(insolente)* effronté(e)

descarga *nf* déchargement *m*; *(MIL)* décharge *f*

descargar *vt* décharger; *(golpe)* envoyer ♦ *vi* décharger; *(tormenta)* éclater; *(nube)* crever; **~ en** *(río)* se jeter dans; **~se** *vpr* se

descaro   413   descorchar

décharger; **descargo** nm (de
obligación) libération f; (COM)
crédit m; (de conciencia)
soulagement m; (JUR) décharge f

descaro nm effronterie f;
(insolencia) impudence f

descarriar vt (fig) dévergonder;
~se vpr se dévergonder

descarrilamiento nm
déraillement m

descarrilar vi dérailler

descartar vt rejeter

descascarillado, -a adj
écaillé(e)

descendencia nf (hijos)
descendance f

descender vt descendre ♦ vi
descendre; (temperatura, nivel)
baisser; **~ de** descendre de; **~ de
categoría** se déclasser

descendiente nm/f
descendant(e)

descenso nm descente f; (de
temperatura, fiebre) baisse f

descifrar vt déchiffrer

descolgar vt décrocher; **~se** vpr
se laisser glisser; (lámpara, cortina)
se décrocher

descolorido, -a adj (tela,
cuadro) passé(e); (persona)
pâlot(te)

descomponer vt décomposer;
(desordenar) déranger; (estropear)
casser; (facciones) altérer; **~se** vpr
se décomposer; (encolerizarse) se
mettre en colère; (MÉX) se casser

descomposición nf
décomposition f; **~ de vientre**
diarrhée f

descompuesto, -a pp de
descomponer ♦ adj (alimento)
pourri(e); (vino) frelaté(e);
(persona, rostro) décomposé(e);
(con diarrea) dérangé(e)

descomunal adj énorme

desconcertado, -a adj
déconcerté(e)

desconcertar vt déconcerter;
~se vpr se déconcerter

desconcierto vb ver
desconcertar ♦ nm
désorientation f; (confusión)
discorde f

desconectar vt déconnecter;
(desenchufar) débrancher

desconfianza nf méfiance f

desconfiar vi: **~ de algn/algo**
se méfier de qn/qch; **~ de que
algn/algo haga algo** (dudar)
craindre que qn/qch (ne) fasse
qch

descongelar vt décongeler; (POL,
COM) dégeler; **~se** vpr se
décongeler; se dégeler

descongestionar vt
décongestionner

desconocer vt (dato) ignorer;
(persona) ne pas connaître

desconocido, -a adj, nm/f
inconnu(e); **está ~** (persona) il est
transformé; (lugar) c'est
transformé

desconsiderado, -a adj
irrespectueux(-euse)

desconsolar vt affliger; **~se** vpr
s'affliger

desconsuelo vb ver
desconsolar ♦ nm affliction f,
chagrin m

descontado, -a adj: **por ~** c'est
certain; **dar por ~ (que)**
escompter (que)

descontar vt (deducir) déduire;
(rebajar) faire une remise de

descontento, -a adj
mécontent(e) ♦ nm
mécontentement m

descorazonar vt décourager;
~se vpr perdre courage

descorchar vt déboucher

descorrer vt (cortina, cerrojo) tirer

descortés adj discourtois(e); (grosero) grossier(-ière)

descoser vt découdre; **~se** vpr se découdre

descosido, -a adj décousu(e) ♦ nm (en prenda) trou m

descrédito nm discrédit m

descremado, -a adj écrémé(e)

describir vt décrire; **descripción** nf description f

descuartizar vt (CULIN: cerdo) équarrir; (: pollo) dépecer

descubierto, -a pp de **descubrir** ♦ adj découvert(e); (coche) décapoté(e) ♦ nm (COM: en el presupuesto) déficit m; (: bancario) découvert m; **al ~** en plein air; **poner al ~** révéler

descubrimiento nm découverte f

descubrir ♦ adj découvrir; **~se** vpr se découvrir; (fig) éclater

descuento vb ver **descontar** ♦ nm remise f

descuidado, -a adj négligé(e); (desordenado) négligent(e); **estar ~** être pris(e) au dépourvu; **coger** o **pillar a algn ~** prendre qn au dépourvu

descuidar vt négliger ♦ vi ne plus y penser; (despistarse) ne pas faire attention; **¡descuida!** n'y pense plus!; **descuido** nm négligence f; **al menor descuido** à la moindre négligence; **con descuido** sans faire attention; **en un descuido** dans un moment d'inattention; **por descuido** par inadvertance

---
PALABRA CLAVE
---

desde prep 1 (lugar, posición) depuis; **desde Burgos hasta mi casa hay 30 km** de Burgos à chez moi il y a 30 km; **hablaba desde el balcón** il parlait du balcon

2 (tiempo) depuis; **desde ahora** à partir de maintenant; **desde niño** depuis qu'il est tout petit; **nos conocemos desde 1987/desde hace 20 años** nous nous connaissons depuis 1987/depuis 20 ans; **no le veo desde 1992/desde hace 5 años** je ne le vois plus depuis 1992/depuis 5 ans

3 (gama): **desde los más lujosos hasta los más económicos** des plus luxueux aux plus avantageux

4: **desde luego (que no/sí)** bien sûr (que non/si)

♦ conj: **desde que: desde que recuerdo** aussi loin que je m'en souvienne; **desde que llegó no ha salido** depuis qu'il est rentré il n'est pas sorti

desdecirse vpr: **~ de** se dédire de

desdén nm dédain m

desdeñar vt dédaigner

desdicha nf malheur m

desdichado, -a adj (sin suerte) infortuné(e); (infeliz) malheureux(-euse) ♦ nm/f misérable(-euse)

desdoblar vt (extender) déplier

desear vt désirer

desecar vt assécher; **~se** vpr se dessécher

desechar vt jeter; (oferta) rejeter

desecho nm déchet m; **~s** nmpl ordures fpl; **de ~** (materiales) de rebut; (ropa) à jeter

desembalar vt déballer

desembarazar vt débarrasser;

~se vpr: **~se de** se débarrasser de

desembarcar vt débarquer

desembocadura nf (de río) embouchure f

desembocar vi: **~ en** (río) se jeter dans; (fig) déboucher sur

desembragar vt, vi débrayer

desembrollar vt débrouiller

desemejanza nf dissemblance f

desempaquetar vt déballer

desempatar vi: **volvieron a jugar para ~** ils ont joué à nouveau pour se départager; **desempate** nm (FÚTBOL) belle f; (TENIS) tie-break m

desempeñar vt (cargo, función) occuper; (papel) jouer; (deber) accomplir; (lo empeñado) dégager; **~ un papel** (fig) jouer un rôle

desempeño nm (de cargo) accomplissement m

desempleado, -a adj au chômage; **desempleo** nm chômage m

desempolvar vt dépoussiérer; (recuerdos) rassembler

desencadenar vt (ira, conflicto) déchaîner; (guerra) déclencher; **~se** vpr (conflicto, tormenta) se déchaîner; (guerra) se déclencher

desencajar vt (mandíbula) décrocher; (hueso, pieza) déboîter; **~se** vpr se déboîter

desencanto nm désenchantement m

desenchufar vt débrancher

desenfadado, -a adj décontracté(e); **desenfado** nm décontraction f

desenfocado, -a adj (FOTO) flou(e)

desenfrenado, -a adj (pasión) sans bornes; (lenguaje, conducta) débridé(e); **desenfreno** nm

(libertinaje) libertinage m; (falta de control) déchaînement m

desengañar vt désillusionner; **~se** vpr: **~se (de)** perdre ses illusions (sur); **¡desengáñate!** détrompe-toi!

desenganchar vt décrocher; **~se** vpr (fam: de drogas) décrocher; **desengaño** nm désillusion f; **llevarse un desengaño (con algn)** être déçu(e) (par qn)

desenlace nm dénouement m

desenmarañar vt (fig) débrouiller

desenmascarar vt (fig) démasquer

desenredar vt débrouiller

desenroscar vt dévisser

desenterrar vt déterrer

desentonar vi détonner

desentrañar vt (misterio) percer; (sentido) éclaircir

desentumecer vt (pierna) dégourdir; (DEPORTE) échauffer; **~se** vpr se dégourdir

desenvoltura nf désinvolture f

desenvolver vt défaire; **~se** vpr se dérouler; **~se bien/mal** bien/mal se débrouiller; **~se en la vida** se débrouiller dans la vie

deseo nm désir m; **~ de (hacer)** désir de (faire)

deseoso, -a adj: **estar ~ de (hacer)** être désireux(-euse) de (faire)

desequilibrado, -a adj, nm/f déséquilibré(e)

desertar vi (soldado) déserter

desértico, -a adj désertique

desesperación nf désespoir m; (irritación) exaspération f

desesperar vt désespérer; (exasperar) exaspérer ♦ vi: **~ (de)** désespérer (de); **~se** vpr perdre espoir

desestabilizar vt déstabiliser

desestimar vt (menospreciar) mésestimer; (rechazar) rejeter

desfachatez nf aplomb m; **tener la ~ de hacer** avoir l'aplomb de faire

desfalco nm détournement m de fonds

desfallecer vi défaillir

desfasado, -a adj déphasé(e); (costumbres) vieux jeu inv; **desfase** nm (en mecanismo) déphasage m; (entre ideas, circunstancias) décalage m

desfavorable adj défavorable

desfigurar vt défigurer

desfiladero nm défilé m

desfilar vi défiler; **desfile** nm défilé m; **desfile de modelos** défilé de mode

desfogarse vpr (fig) se défouler

desgajar vt arracher; **~se** vpr (rama) s'arracher

desgana nf (falta de apetito) manque m d'appétit; (falta de entusiasmo) manque d'entrain

desganado, -a adj: **estar ~** (sin apetito) ne pas avoir d'appétit; (sin entusiasmo) manquer d'entrain

desgarrador, a adj déchirant(e)

desgarrar vt déchirer; (carne) déchiqueter; **~se** vpr (prenda) se déchirer; (carne) partir en lambeaux

desgastar vt user; **~se** vpr s'user; **desgaste** nm usure f; **desgaste físico** déchéance f physique

desglosar vt disjoindre

desgracia nf malheur m; **por ~** malheureusement

desgraciado, -a adj malheureux(-euse); (miserable) infortuné(e); (AM: fam) infâme ♦

nm/f (miserable) infortuné(e); (infeliz) malheureux(-euse)

desgravación nf (COM): **~ fiscal** dégrèvement m fiscal

desgravar vt dégrever ♦ vi (FIN) détaxer

deshabitado, -a adj (edificio) inhabité(e); (zona) déserté(e)

deshacer vt défaire; (TEC) démonter; (contrato) annuler; (disolverse) se dissoudre; (derretirse) fondre; **~se** se défaire de; **~se en cumplidos/ atenciones/lágrimas** se répandre en compliments/être plein d'attentions/fondre en larmes

desharrapado, -a adj en haillons

deshecho, -a pp de **deshacer** ♦ adj défait(e); (roto) cassé(e); **estoy ~** (cansado) je suis mort(e) de fatigue; (deprimido) je suis abattu(e)

desheredar vt déshériter

deshidratar vt déshydrater; **~se** vpr se déshydrater

deshielo nm dégel m

deshonesto, -a adj malhonnête

deshonor nm, **deshonra** nf déshonneur m

deshora: a ~(s) adv (llegar) au mauvais moment; (hablar) quand il ne faut pas; (acostarse, comer) à des heures impossibles

deshuesar vt (carne) désosser; (fruta) dénoyauter

desierto, -a adj déserté(e) ♦ nm désert m; **declarar ~ un premio** ne pas décerner un prix (à cause du niveau insuffisant des candidats)

designar vt désigner; **~ (para)** (nombrar) désigner (pour)

designio nm dessein m

desigual *adj* inégal(e); (*tamaño, escritura*) irrégulier(-ière)
desilusión *nf* désillusion *f*;
desilusionar *vt* désillusionner; (*decepcionar*) décevoir;
desilusionarse *vpr* perdre ses illusions
desinfectar *vt* désinfecter
desinflar *vt* dégonfler; **~se** *vpr* se dégonfler
desintegración *nf* désintégration *f*
desinterés *nm* (*altruismo*) désintéressement *m*; **~ por** (*familia, actividad*) désintérêt *m* pour
desintoxicarse *vpr* se désintoxiquer
desistir *vi* renoncer; **~ de (hacer)** renoncer à (faire)
desleal *adj* déloyal(e);
deslealtad *nf* déloyauté *f*
desleír *vt* diluer
deslenguado, -a *adj* (*grosero*) fort(e) en gueule
desligar *vt* (*separar*) séparer
desliz *nm* (*fig*) impair *m*;
deslizar *vt* glisser; **deslizarse** *vpr* glisser; (*aguas mansas, lágrimas*) couler
deslucido, -a *adj* terne
deslumbrar *vt* éblouir
desmadrarse (*fam*) *vpr* se défouler
desmán *nm* abus *msg*
desmandarse *vpr* (*descontrolarse*) se rebeller
desmantelar *vt* démanteler; (*casa, fábrica*) vider
desmayarse *vpr* perdre connaissance; **desmayo** *nm* (*MED*) évanouissement *m*; (*desaliento*) découragement *m*
desmedido, -a *adj* démesuré(e)
desmejorar *vi* (*MED*) s'affaiblir

desmembrar *vt* démembrer; **~se** *vpr* (*imperio*) se morceler
desmemoriado, -a *adj* distrait(e)
desmentir *vt* démentir
desmenuzar *vt* (*pan*) émietter; (*roca*) effriter; (*carne*) couper en morceaux; (*asunto, teoría*) examiner en détail
desmerecer *vi* (*marca*) baisser; (*belleza*) se flétrir; **~ de** (*cosa*) ne pas être à la hauteur de; (*persona*) ne pas être digne de
desmesurado, -a *adj* (*ambición, egoísmo*) démesuré(e); (*habitación, gafas*) énorme
desmontable *adj* (*que se quita*) démontable; (*que se puede plegar*) pliable
desmontar *vt* démonter ♦ *vi* (*de caballería*) mettre pied à terre
desmoralizar *vt* démoraliser; **~se** *vpr* se démoraliser
desmoronar *vt* saper; **~se** *vpr* s'écrouler; (*convicción, ilusión*) s'ébranler
desnatado, -a *adj* écrémé(e)
desnivel *nm* (*de terreno*) dénivellation *f*
desnudar *vt* dénuder; **~se** *vpr* se dénuder
desnudo, -a *adj* nu(e); (*árbol*) dépouillé(e) ♦ *nm* (*ARTE*) nu *m*
desnutrición *nf* malnutrition *f*
desnutrido, -a *adj* mal nourri(e)
desobedecer *vt*, *vi* désobéir
desobediente *adj* désobéissant(e)
desocupado, -a *adj* (*persona: ocioso*) désœuvré(e); (*asiento, servicios*) libre
desocupar *vt* (*vivienda*) libérer; (*local*) vider
desodorante *nm* déodorant *m*
desolación *nf* désolation *f*

desorbitado, -a adj (deseos)
démesuré(e); (precio) exorbitant(e)

desorden nm désordre m;
desórdenes nmpl (POL) troubles
mpl

desordenado, -a adj
(habitación, objetos) en désordre;
(persona) désordonné(e)

desorganización nf
désorganisation f

desorganizar vt bouleverser

desorientado, -a adj
(extraviado) égaré(e); (confundido)
confus(e)

desorientar vt (extraviar) égarer;
(desconcertar) désorienter; ~se vpr
s'égarer

despabilado, -a adj (despierto)
réveillé(e); (fig) réveillé(e)

despabilar vt réveiller ♦ vi se
réveiller; s'éveiller; ~se vpr se
réveiller; (fig) réveiller; ¡despabílate! (date
prisa) réveille-toi!

despachar vt (negocio) expédier;
(correspondencia) s'occuper de; (en
tienda: cliente) servir; (entradas)
distribuer; (empleado) se
débarrasser de; (visitas) décliner;
(ARG: maletas) enregistrer ♦ vi (en
tienda) servir

despacho nm bureau m; (envío)
dépêche f; (COM: venta) envoi m;
(comunicación oficial) dépêche; ~
de billetes o **boletos** (AM)
bureau de tabac

despacio adv lentement;
(cuidadosamente, AM: en voz baja)
doucement

desparpajo nm (desenvoltura)
aisance f; (pey) insolence f

desparramar vt répandre

despavorido, -a adj terrorisé(e)

despecho nm dépit m; **a ~ de**
en dépit de

despectivo, -a adj (tono, modo)

condescendant(e)

despedazar vt réduire en miettes

despedida nf (adiós) congé m;
regalo/cena de ~ cadeau m/
dîner m d'adieu; **hacer su ~ de
soltero/soltera** enterrer sa vie
de garçon/jeune fille

despedir vt (decir adiós a) dire au
revoir à; (empleado) renvoyer;
(olor, calor) dégager; ~se vpr
quitter son emploi; ~se de algn
dire au revoir à qn; **ir a ~ a algn**
aller prendre congé de qn

despegar vt, vi décoller; ~se vpr
se décoller; **despego** nm =
desapego

despegue vb ver despegar ♦
nm décollage m

despejado, -a adj dégagé(e);
(persona) réveillé(e)

despejar vt dégager; (desalojar)
vider; (misterio) éclaircir; (mente)
rafraîchir ♦ vi s'éclaircir; ~se vpr
s'éclaircir; (persona) émerger

despellejar vt (animal) écorcher

despensa nf armoire f à
provisions

despeñadero nm précipice m

despeñarse vpr basculer

desperdiciar vt gaspiller;
(oportunidad) manquer

desperdicio nm gaspillage m;
~s nmpl (basura) ordures fpl;
(residuos) déchets mpl; **el libro
no tiene ~** le livre est excellent
du début à la fin

desperdigarse vpr se disperser;
(semillas etc) s'éparpiller

desperezarse vpr s'étirer

desperfecto nm (deterioro)
dommage m; (defecto)
imperfection f

despertador nm réveil m

despertar vt réveiller; (sospechas,
admiración) éveiller; (apetito)

aiguiser ♦ vi se réveiller ♦ nm (de persona) réveil m; (día, era) aube f; **~se** vpr se réveiller

despiadado, -a adj impitoyable

despido vb ver **despedir** ♦ nm (de trabajador) licenciement m

despierto, -a adj réveillé(e); (fig) éveillé(e) ♦ vb ver **despertar** ♦ adj réveillé(e)

despilfarro nm gaspillage m

despistado, -a adj (distraído) distrait(e)

despistar vt (perseguidor) semer; (desorientar) dérouter; **~se** vpr (distraerse) être distrait(e)

despiste nm distraction f

desplazamiento nm déplacement m; (INFORM) défilement m; **~ hacia arriba/abajo** (INFORM) déplacement vers le haut/bas; **gastos de ~** frais mpl de déplacement

desplazar vt déplacer; (fig) supplanter; (INFORM) faire défiler; **~se** vpr se déplacer

desplegar vt déployer; (tela, papel) déplier; (MIL) déployer; **despliegue** vb ver **desplegar** ♦ nm déploiement m

desplomarse vpr s'écrouler

desplumar vt (ave) déplumer; (fam) plumer

despoblado, -a adj (sin habitantes) vide; (con pocos habitantes) dépeuplé(e) ♦ nm terrain m vague

despojar vt (casa) dépouiller; **~ de** (persona: de sus bienes) dépouiller de; (: de título, derechos) retirer; **~se** vpr: **~se de** (ropa) enlever

despojo nm (de banquete) reliefs mpl

desposado, -a adj tout juste marié(e)

desposar vt (suj: sacerdote)

marier; **~se** vpr se marier

desposeer vt: **~ (de)** déposséder (de)

déspota nm/f despote m

despreciar vt mépriser; (oferta, regalo) dédaigner; **desprecio** nm dédain m; **un desprecio** un affront

desprender vt ôter; (olor, calor) dégager; **~se** vpr se détacher; (olor, perfume) se dégager; **~ (de)** (separar) ôter (de); **~se de algo** se défaire de qch; **de ahí se desprende que** il en découle que

desprendimiento nm générosité f; **~ de retina** décollement m de la rétine; **~ de tierras** éboulement m de terrain

despreocupado, -a adj: **estar ~** (sin preocupación) ne pas s'inquiéter; **ser ~** être insouciant(e)

despreocuparse vpr: **~ (de)** (dejar de inquietarse) ne plus s'occuper (de); (desentenderse) se désintéresser (de)

desprestigiar vt discréditer; **~se** vpr se discréditer

desprevenido, -a adj dépourvu(e); **coger** ESP o **agarrar** AM **a algn ~** prendre qn au dépourvu

desproporcionado, -a adj disproportionné(e)

desprovisto, -a adj: **~ de** dépourvu(e) de

después adv après; (entonces) alors ♦ prep: **~ de** après ♦ conj: **~ (de) que** après que; **un año ~** un an après; **~ de comer** après manger; **~ de todo** après tout

desquiciar vt (puerta) sortir de ses gonds; (persona) rendre fou (folle)

desquite nm: **tomarse el ~ (de)** prendre sa revanche (sur)

destacar vt (ARTE) mettre en relief; (fig) souligner; (MIL) détacher ♦ vi (sobresalir: montaña, figura) ressortir; (: obra, persona) se démarquer; **~se** vpr se démarquer

destajo nm: **trabajar a ~** (por pieza) travailler à la pièce; (mucho) travailler d'arrache-pied

destapar vt (descubrir; botella) déboucher; (cacerola) ôter le couvercle de; **~se** vpr (botella) se déboucher; (en la cama) se découvrir

destartalado, -a adj (casa) délabré(e); (coche) démantibulé(e)

destello nm (de diamante, metal) scintillement m; (de estrella) scintillation f; (de faro) lueur f

destemplado, -a adj (MÚS) désaccordé(e); (voz) discordant(e); (METEOROLOGÍA) mauvais(e); **estar/sentirse ~** (MED) être/se sentir indisposé(e)

desteñir vt (sol, lejía) passer ♦ vi (tejido) déteindre; **esta tela no desiñe** cette toile ne déteint pas

desternillarse vpr: **~ de risa** se tordre de rire

desterrar vt exiler

destiempo: a ~ adv mal à propos

destierro vb ver **desterrar** ♦ nm (expulsión) interdiction f de séjour; (exilio) exil m

destilar vt, vi distiller; **destilería** nf distillerie f

destinar vt (funcionario, militar) affecter; (habitación, tarea) assigner; **~ a** o **para** (fondos) destiner à

destinatario, -a nm/f

destinataire m/f

destino nm (suerte) destin m; (de viajero) destination f; (de funcionario, militar) poste m; **con ~ a** à destination de

destituir vt: **~ (de)** destituer (de)

destornillador nm tournevis msg

destornillar vt = **desatornillar**

destreza nf dextérité m; (maña) adresse f

destrozar vt (romper) casser; (planes, campaña, persona) anéantir; (nervios) mettre à vif

destrozo nm destruction f; **~s** nmpl (daños) dégâts mpl

destrucción nf destruction f

destructivo, -a adj destructeur(-trice)

destruir vt détruire; (persona: moralmente) briser; (negocio, comarca) ruiner; (político, competidor, ilusiones) anéantir

desuso nm non utilisation f; **caer en ~** tomber en désuétude; **estar en ~** être inusité(e)

desvalido, -a adj déshérité(e)

desvalijar vt dévaliser; (coche) cambrioler

desván nm grenier m

desvanecerse vpr (MED) s'évanouir; (fig) se dissiper; (borrarse) s'effacer

desvanecimiento nm (de contornos, colores) effacement m; (MED) évanouissement m

desvariar vi délirer; **desvarío** nm délire m

desvelar vt (suj: café, preocupación) tenir éveillé(e); **~se** vpr rester éveillé(e)

desvelos nmpl (preocupación) soucis mpl

desvencijado, -a adj (silla) branlant(e); (máquina) détraqué(e)

desventaja nf inconvénient m;

estar en o **llevar ~** être désavantagé(e)

desventura nf malheur m

desvergonzado, -a adj, nm/f dévergondé(e); (descarado) effronté(e)

desvergüenza nf dévergondage m; (descaro) toupet m

desvestir vt déshabiller; **~se** vpr se déshabiller

desviación nf (de río) détournement m; (AUTO) déviation f; (de la conducta) écart m; **~ de la columna** (MED) scoliose f

desviar vt dévier; (río, mirada) détourner; **~se** vpr (apartarse del camino) s'égarer; (rumbo) faire un détour

desvío vb ver **desviar** ♦ nm (AUTO) détour m

desvirtuar vt (actuación, labor) nuire à; **~se** vpr perdre sa signification première

desvivirse vpr: **~ por algo/ algn** se mettre en quatre pour qch/qn; **~ por hacer** se tuer à faire

detalle nm détail m; (delicadeza) attention f; **¡qué ~!** comme c'est gentil!; **al ~** (COM) au détail

detallista adj méticuleux(-euse) ♦ nm/f (COM) détaillant(e)

detective nm/f détective m; **~ privado** détective privé

detener vt arrêter; **~se** vpr s'arrêter; (demorarse) s'attarder

detenido, -a adj arrêté(e); (minucioso) minutieux(-euse); (preso) détenu(e) ♦ nm/f détenu(e)

detenimiento nm: **con ~** avec soin

detergente nm détergent m

deteriorar vt détériorer; **~se** vpr se détériorer

determinación nf détermination f; (decisión) décision f

determinado, -a adj déterminé(e)

determinar vt déterminer; **~se** vpr: **~se a hacer** se déterminer à faire

detestar vt détester

detrás adv derrière; (en sucesión) après ♦ prep: **~ de** derrière; **~ mío/nuestro** (esp CSUR) derrière moi/nous

detrimento nm: **en ~ de** au détriment de

deuda nf dette f; **estar en ~ con algn** (fig) avoir une dette envers qn; **~ exterior/pública** dette extérieure/publique

devaluación nf dévaluation f

devaluar vt dévaluer

devastar vt dévaster

devoción nf dévotion f; **sentir ~ por algn/algo** avoir de la dévotion pour qn/qch

devolución nf restitution f; (de carta) retour m; (de dinero) remboursement m

devolver vt rendre; (a su sitio) remettre; (fam: vomitar) rendre ♦ vi (fam) rendre; **~se** vpr (AM) revenir

devorar vt dévorer

devoto, -a adj (REL) dévot(e) ♦ nm/f dévot(e); (adepto) adepte m/f

devuelto pp de **devolver**

devuelva etc vb ver **devolver**

di vb ver **dar**; **decir**

día nm (24 horas) journée f; (lo que no es noche) jour m; **¿qué ~ es?** quel jour est-on?; **estar/ poner al ~** (cuentas) être/mettre à jour; (persona) être/mettre au courant; **el ~ de mañana** demain; **al ~ siguiente** le jour suivant; **vivir al ~** vivre au jour le jour; **es de ~** il fait jour; **en**

pleno ~ en plein jour; **¡buenos
~s!** bonjour!; **~ domingo/lunes**
etc (*AM*) dimanche/lundi *etc*; **D~
de Reyes** Epiphanie *f*; **~ festivo**
o **feriado** *AM o* **de fiesta** (*AM*)
jour férié; **~ laborable** jour de
travail; **~ lectivo/libre** jour de
classe/de congé
diabetes *nf* diabète *m*
diabético, -a *nm/f* diabétique
m/f
diablo *nm* diable *m*; **¿cómo/qué
~s ...?** comment/que diable ...?;
diablura *nf* diablerie *f*
diadema *nf* diadème *m*
diafragma *nm* diaphragme *m*
diagnosis *nf inv* diagnostic *m*
diagnóstico *nm* diagnostic *m*
diagonal *adj* oblique ♦ *nf*
diagonale *f*
diagrama *nm* diagramme *m*; **~
de flujo** (*INFORM*) organigramme
m
dial *nm* (*de radio*) bande *f* de
fréquence
dialecto *nm* dialecte *m*
dialogar *vi* dialoguer; **~ con**
(*POL*) s'entretenir avec
diálogo *nm* dialogue *m*
diamante *nm* diamant *m*; **~s**
nmpl (*NAIPES*) carreau *msg*
diámetro *nm* diamètre *m*
diana *nf* (*MIL*) réveil *m*; (*de blanco*)
mouche *f*
diapositiva *nf* (*FOTO*) diapositive *f*
diario, -a *adj* quotidien(ne) ♦ *nm*
quotidien *m*; (*para memorias*)
journal *m*; (*COM*) livre *m* journal; **a
~** tous les jours; **de** *o* **para ~** de
tous les jours
diarrea *nf* diarrhée *f*
dibujar *vt, vi* dessiner
dibujo *nm* dessin *m*; **dibujos
animados** dessins *mpl* animés;
dibujo lineal/técnico dessin

industriel
diccionario *nm* dictionnaire *m*
dicho, -a *pp de* **decir** ♦ *adj*: **en
~s países** dans ces pays ♦ *nm*
proverbe *m*
dichoso, -a *adj* heureux(-euse)
diciembre *nm* décembre *m*; *ver
tb* **julio**
dictado *nm* dictée *f*
dictador *nm* dictateur *m*;
dictadura *nf* dictature *f*
dictamen *nm* expertise *f*
dictar *vt* dicter; (*decreto*) prendre;
(*ley*) édicter; (*AM: clase*) faire
didáctico, -a *adj* didactique;
(*educativo*) éducatif(-ive)
diecinueve *adj inv, nm inv* dix-
neuf *m inv*; *ver tb* **seis**
dieciocho *adj inv, nm inv* dix-
huit *m inv*; *ver tb* **seis**
dieciséis *adj inv, nm inv* seize *m
inv*; *ver tb* **seis**
diecisiete *adj inv, nm inv* dix-
sept *m inv*; *ver tb* **seis**
diente *nm* dent *f*; **hablar entre
~s** parler entre ses dents; **~ de
ajo** gousse *f* d'ail; **~ de león**
pissenlit *m*
diera *etc vb ver* **dar**
diesel *adj*: **motor ~** (moteur *m*)
diesel *m*
diestro, -a *adj* droit(e); (*hábil*)
adroit(e) ♦ *nm* (*TAUR*) matador *m*
dieta *nf* régime *m*; **~s** *nfpl* (*de
viaje, hotel*) frais *mpl*; **estar a ~**
être au régime
dietética *nf* diététique *f*
dietético, -a *adj* diététique
diez *adj inv, nm inv* dix *m inv*; *ver
tb* **seis**
diezmar *vt* décimer
difamar *vt* diffamer
diferencia *nf* différence *f*; **~s**
nfpl (*desacuerdos*) différend *msg*; **a
~ de** à la différence de;

diferenciar vt: **diferenciar (de)** distinguer (de) ♦ vi: **diferenciar entre A y B** distinguer A de B; **diferenciarse** vpr: **diferenciarse (de)** se distinguer (de)

diferente adj différent(e) ♦ adv différemment

diferido nm: **en ~** (TV) en différé

difícil adj difficile; **ser ~ de hacer/entender/explicar** être difficile à faire/comprendre/ expliquer

dificultad nf difficulté f; **~es** nfpl (problemas) difficultés fpl; **poner ~es (a algn)** faire des difficultés (à qn)

dificultar vt (explicación, labor) rendre difficile; (visibilidad) brouiller

difteria nf diphtérie f

difundir vt (calor, noticia) diffuser; (doctrina, rumores) répandre; **~se** vpr se diffuser; (doctrina) se répandre

difunto, -a adj ♦ nm/f défunt(e)

difusión nf diffusion f

diga etc vb ver **decir**

digerir vt digérer

digestión nf digestion f

digestivo, -a adj digestif(-ive)

digital adj digital(e)

dignarse vpr: **~ (a) hacer** daigner faire

dignatario, -a nm/f dignitaire m/f

dignidad nf dignité f

digno, -a adj (sueldo, nivel de vida) décent(e); (comportamiento, actitud) digne; **~ de** digne de

dije vb ver **decir**

dilapidar vt dilapider

dilatar vt dilater; (prolongar, aplazar) prolonger; **~se** vpr se dilater

dilema nm dilemme m

diligencia nf diligence f; (trámite) acte m de procédure; **~s** nfpl (JUR) formalités fpl; **diligente** adj diligent(e)

diluir vt diluer

diluvio nm déluge m

dimensión nf dimension f; (de catástrofe) proportions fpl

dimensiones nfpl (tamaño) dimensions fpl

diminuto, -a adj tout(e) petit(e)

dimitir vi: **~ (de)** démissionner (de)

dimos vb ver **dar**

Dinamarca nf Danemark m

dinámico, -a adj dynamique

dinamita nf dynamite f

dinamo, dínamo nf ♦ nm en AM dynamo f

dineral nm fortune f

dinero nm argent m; **~ contante (y sonante)** espèces fpl; **~ efectivo** o **en metálico** liquide m; **~ suelto** menue monnaie f

dinosaurio nm dinosaure m

dio vb ver **dar**

diócesis nf inv diocèse m

Dios nm Dieu m; **¡~ mío!** mon Dieu!; **¡por ~!** grand Dieu!; **si ~ quiere** si Dieu le veut

dios nm dieu m

diosa nf déesse f

diploma nm diplôme m

diplomacia nf diplomatie f

diplomado, -a adj, nm/f diplômé(e)

diplomático, -a adj diplomatique ♦ nm/f diplomate m/f

diptongo nm diphtongue f

diputación nf ≃ conseil m général

diputado, -a nm/f député m

dique nm digue f

diré etc vb ver **decir**

dirección nf direction f; (señas) adresse f; (CINE, TEATRO) mise f en scène; **~ prohibida/única** sens m interdit/unique

directa nf (AUTO) quatrième f, cinquième f

directiva nf comité m directeur

directo, -a adj direct(e); **transmitir en ~** (TV) diffuser en direct

director, a adj ♦ nm/f directeur(-trice); (CINE, TV) metteur m en scène; **~ general** o **gerente** directeur général

dirigente adj ♦ nm/f dirigeant(e)

dirigir vt diriger; (carta, pregunta) adresser; (obra de teatro, film) mettre en scène; (esfuerzos) concentrer; **~se** vpr: **~se a** s'adresser à; **~ a** o **hacia** diriger vers; **no ~ la palabra a algn** ne pas adresser la parole à qn

dirija etc vb ver **dirigir**

discernir vt discerner

disciplina nf discipline f

discípulo, -a nm/f disciple m

disco nm disque m; (AUTO) feu m; **~ compacto** disque compact; **~ de densidad doble/sencilla** disquette double densité/densité simple; **~ duro** o **rígido/flexible** o **floppy** disque dur/disquette

disconforme adj non conforme; **estar ~ (con)** ne pas être conforme

discordia nf désaccord m

discoteca nf discothèque f

discreción nf discrétion f; (prudencia) prudence f; **comer/ beber a ~** manger/boire à volonté; **discrecional** adj (uso, poder) discrétionnaire; (servicio) optionnel(le)

discrepancia nf différence f;

(desacuerdo) différend m

discreto, -a adj discret(-ète); (sensato) judicieux(-euse)

discriminación nf discrimination f

disculpa nf excuse f; **pedir ~s a/por** demander pardon à/pour; **disculpar** vt pardonner; **disculparse** vpr: **disculparse (de/por)** s'excuser (de/pour)

discurrir vt échafauder ♦ vi réfléchir; (el tiempo) s'écouler; **~ (por)** (gente, río) passer (par)

discurso nm discours msg

discusión nf discussion f

discutir vt discuter ♦ vi discuter; (disputar): **~ (con)** se disputer (avec)

disecar vt (animal) empailler; (planta) sécher

diseminar vt éparpiller; (fig) répandre

diseñar vt créer

diseño nm (TEC) conception f; (boceto) ébauche f

disfraz nm déguisement m; **disfrazar** vt déguiser; **disfrazarse** vpr: **disfrazarse de** se déguiser en

disfrutar vt jouir de ♦ vi prendre beaucoup de plaisir

disgregar vt (manifestantes) disperser; (familia, imperio) diviser; **~se** vpr (muchedumbre) se disperser

disgustar vt déplaire à; **~se** vpr être contrarié(e); (dos personas) s'accrocher

disgusto nm désagrément m; (pesadumbre) contrariété f; (desgracia) malheur m; (riña) accrochage m

disidente adj, nm/f dissident(e)

disimular vt dissimuler ♦ vi faire comme si de rien n'était

disipar vt dissiper; **~se** vpr se dissiper

dislocar vt (articulación) déboîter; **~se** vpr se déboîter

disminución nf diminution f

disminuido, -a nm/f: **~ mental/físico** handicapé(e) mental/physique

disminuir vt (gastos, cantidad, dolor) diminuer; (temperatura, velocidad, población) réduire ♦ vi (días, población, número) diminuer; (precios, temperatura, memoria) baisser; (velocidad) décroître

disociarse vpr: **~ (de)** se dissocier (de)

disolver vt dissoudre; (manifestación) disperser; (contrato) dénoncer; **~se** vpr se dissoudre; (manifestantes) se disperser

dispar adj (distinto) distinct(e)

disparar vt, vi tirer; **~se** vpr (precios) monter en flèche

disparate nm bêtise f; (error) absurdité f; **decir ~s** dire des bêtises

disparo nm tir m

dispensar vt dispenser; (bienvenida) souhaiter

dispersar vt éparpiller; (manifestación, fig) disperser; **~se** vpr se disperser; (luz) se répandre

disponer vt disposer; (mandar) ordonner ♦ vi: **~ de** disposer de; **~se** vpr: **~se a** o **para hacer** se disposer à faire; **la ley dispone que ...** la loi stipule que ...; **no puede ~ de esos bienes** il ne peut disposer librement de ces biens

disponible adj disponible; **no estar ~** ne pas être disponible

disposición nf disposition f; **~ para** (aptitud) dispositions fpl

pour; **a (la) ~ de** à (la) disposition de; **a su ~** à votre disposition

dispositivo nm dispositif m

dispuesto, -a pp de **disponer** ♦ adj (preparado) préparé(e); **estar ~/poco ~ a hacer** être disposé(e)/peu disposé(e) à faire

disputar vt (DEPORTE, premio, derecho) disputer ♦ vi discuter; **~se** vpr se disputer; **~ por** disputer

disquetera nf (INFORM) lecteur m de disquette

distancia nf distance f; (en el tiempo) écart m; **a ~** à distance

distanciar vt distancer; **~se** vpr (enemistarse) se distancier; **~se (de)** (alejarse) s'éloigner (de)

distante adj distant(e)

distar vi: **dista 5 kms de aquí** c'est à 5 km d'ici

diste, disteis vb ver **dar**

distensión nf détente f

distinción nf distinction f; **sin ~ de** sans distinction de

distinguido, -a adj distingué(e)

distinguir vt distinguer; **~se** vpr se distinguer; **~ X de Y** distinguer X de Y

distintivo, -a adj distinctif(-ive) ♦ nm (insignia) insigne m

distinto, -a adj: **~ (de)** distinct(e) (de); **~s** (varios) plusieurs mpl

distracción nf distraction f

distraer vt distraire; **~se** vpr (entretenerse) se distraire; (perder la concentración) être distrait(e)

distraído, -a adj distrait(e); (entretenido) amusé(e)

distribuidor, a nm/f (persona) distributeur(-trice) ♦ nf (COM) concessionnaire f; (CINE) distributeur m

distribuir vt (riqueza, beneficio) répartir; (cartas, trabajo) distribuer
distrito nm district m; ~ **electoral** circonscription f électorale; ~ **postal** secteur m postal
disturbio nm troubles mpl; ~ **de orden público** trouble m de l'ordre public
disuadir vt: ~ **(de)** dissuader (de)
disuelto pp de **disolver**
disyuntiva nf alternative f
DIU sigla m (= dispositivo intrauterino) stérilet m
diurno, -a adj de jour
divagar vi divaguer
diván nm divan m
divergencia nf divergence f
diversidad nf diversité f
diversificar vt diversifier; **~se** vpr se diversifier
diversión nf distraction f
diverso, -a adj (variado) varié(e)
♦ nm: **~s** (COM) articles mpl divers; **~s libros** plusieurs livres; **~s colores** couleurs fpl variées
divertido, -a adj amusant(e); (fiesta) réussi(e); (película, libro) divertissant(e)
divertir vt amuser; **~se** vpr s'amuser
dividendo nm (COM): **~s** dividendes mpl
dividir vt partager; (separar) séparer; (partido, opinión pública) diviser; (MAT): ~ **(por o entre)** diviser (par)
divierta etc vb ver **divertir**
divino, -a adj (REL, fam) divin(e)
divirtiendo etc vb ver **divertir**
divisa nf devise f; **~s** nfpl (COM) devises fpl
divisar vt deviner
división nf division f; (de herencia) partage m

divorciar vt prononcer le divorce de; **~se** vpr: **~se (de)** divorcer (de); **divorcio** nm divorce m
divulgar vt divulguer; (popularizar) vulgariser
DNI (ESP) sigla m (= Documento Nacional de Identidad) ver **documento**

DNI

Le Documento Nacional de Identidad, appelé également DNI ou "carnet de identidad" est la carte d'identité nationale espagnole, comportant la photographie, l'état civil et les empreintes digitales du titulaire. Comme en France, il faut toujours en être muni et le présenter à la police en cas de contrôle.

Dña. abr (= Doña) Mme (= Madame)
do nm (MÚS) do m
dobladillo nm ourlet m
doblar vt plier; (cantidad, CINE) doubler; **~se** vpr se plier; ~ **la esquina** tourner au coin de la rue; ~ **a la derecha/izquierda** tourner à droite/gauche
doble adj double ♦ nm: **el ~** le double ♦ nm/f (TEATRO, CINE) double m; **~s** nmpl (DEPORTE): **partido de ~s** double msg; **con ~ sentido** à double sens
doblegar vt obliger; **~se** vpr (ceder) se plier
doblez nm (pliegue) pli m
doce adj inv, nm inv douze m inv; ver tb **seis**; **docena** nf douzaine f
docente adj: **centro/personal ~** centre m/personnel m

d'enseignement; **cuerpo ~** corps
msg enseignant
dócil *adj* docile
doctor, a *nm/f* (*médico*) médecin
m; (*UNIV*) docteur *m*
doctorado *nm* doctorat *m*
doctrina *nf* doctrine *f*
documentación *nf*
documentation *f*; **documental**
adj ◆ *nm* documentaire *m*
documento *nm* (*certificado*)
justificatif *m*; (*histórico*) document
m; (*fig: testimonio*) témoignage *m*;
~ nacional de identidad carte
f d'identité
dólar *nm* dollar *m*
doler *vi* faire mal; (*fig*) peiner;
~se *vpr* se plaindre; **me duele
el brazo** mon bras me fait mal
dolor *nm* douleur *f*; **~ de cabeza**
mal *m* de tête; **~ de estómago**
maux *mpl* d'estomac; **~ de
muelas** mal de dents
domar *vt* dompter; **domesticar**
vt domestiquer
doméstico, -a *adj, nm/f*
domestique *m/f*; **economía
doméstica** économie *f*
domestique
domiciliación *nf*: **~ de pagos**
virement *m* automatique
domicilio *nm* domicile *m*;
servicio a ~ service m à
domicile; **sin ~ fijo** sans domicile
fixe; **~ particular** domicile
particulier; **~ social** (*COM*) siège
m social
dominante *adj* dominant(e);
(*persona*) dominateur(-trice)
dominar *vt* dominer; (*epidemia*)
enrayer ◆ *vi* dominer; **~se** *vpr* se
dominer
domingo *nm* dimanche *m*; **D~
de Ramos/de Resurrección**
dimanche des Rameaux/de

Pâques; *ver tb* **sábado**
dominicano, -a *adj*
dominicain(e) ◆ *nm/f*
Dominicain(e)
dominio *nm* domination *f*; (*de las
pasiones, de idioma*) maîtrise *f*; **~s**
nmpl (*tierras*) domaine *msg*
dominó *nm* domino *m*; (*juego*)
dominos *mpl*
don *nm* don *m*; (*tratamiento: con
apellido*) Monsieur *m*; (: *sólo con
nombre*) Don *m*, ≃ Monsieur; **D~
Juan Gómez** Monsieur Juan
Gómez; **tener ~ de gentes**
savoir s'y prendre avec les gens;
un ~ de la naturaleza un don
de la nature; **tener un ~ para el
dibujo/la música** être doué(e)
pour le dessin/la musique

Don/Doña

Le titre **don/doña,** *souvent
abrégé en D./Dña s'utilise en
marque de respect lorsque l'on
s'adresse à une personne plus
âgée que soi ou à un supérieur
hiérarchique. Il se place devant le
prénom, par exemple Don Diego,
Doña Inés. Cet usage, de plus en
plus rare en Espagne, est
maintenant surtout réservé à la
correspondance et aux documents
officiels. Dans ce cas, le titre
précède les prénoms et noms de
famille Sr. D. Pedro, Rodríguez
Hernández, Sra. Dña. Inés
Rodríguez Hernández.*

---

donar *vt* faire un don de; (*sangre*)
donner
donativo *nm* don *m*
doncella *nf* (*criada*) bonne *f*
donde *adv* où; (*fam*): **se fue ~
sus tíos** il est allé chez ses vieux;

por ~ par où
dónde *adv* où; **¿a ~ vas?** où vas-tu?; **¿de ~ vienes?** d'où viens-tu?; **¿por ~?** par où?
dondequiera *adv* n'importe où ♦ *conj*: **~ que** où que
doña *nf* (*tratamiento: con apellido*) Madame *f*; (: *sólo con nombre*) Doña *f*, ≃ Madame
dorado, -a *adj* doré(e) ♦ *nm* dorure *f*
dormir *vt* endormir ♦ *vi* dormir; **~se** *vpr* s'endormir; **~ la siesta** faire la sieste; **se me ha dormido el brazo/la pierna** j'ai eu des fourmis dans le bras/la jambe
dormitar *vi* somnoler
dormitorio *nm* chambre *f*; (*en una residencia*) dortoir *m*
dorsal *adj* dorsal(e) ♦ *nm* (*DEPORTE*) dossard *m*
dorso *nm* dos *m*
DOS *sigla m* (= *sistema operativo de disco*) DOS *msg*
dos *adj inv, nm inv* deux *inv*; **los ~** les deux; **de ~ en ~** deux par deux; *ver tb* **seis**
doscientos, -as *adj* deux cents; *ver tb* **seiscientos**
dosis *nf inv* dose *f*
dotado, -a *adj* doué(e); **~ de** doté(e) de
dotar *vt* équiper; **~ de** *o* **con** (*proveer: de inteligencia, simpatía*) douer de; (: *de dinero*) allouer; (: *de personal, maquinaria*) doter de; **dote** *nf* dot *f*; **dotes** *nfpl* (*aptitudes*) dons *mpl*
doy *vb ver* **dar**
dragar *vt* draguer
drama *nm* drame *m*
dramático, -a *adj* dramatique
dramaturgo, -a *nm/f* dramaturge *m/f*

drástico, -a *adj* drastique
drenaje *nm* drainage *m*
droga *nf* drogue *f*
drogadicto, -a *nm/f* drogué(e)
droguería *nf* droguerie *f*
ducha *nf* douche *f*
ducharse *vpr* se doucher
duda *nf* doute *m*; **sin ~** sans aucun doute; **no cabe ~** il n'y a pas de doute; **para salir de ~s** pour en avoir le cœur net; **dudar** *vt, vi* douter; **dudar (de)** douter (de); **dudó si comprarlo o no** il a hésité à l'acheter
dudoso, -a *adj* douteux(-euse)
duelo *vb ver* **doler** ♦ *nm* duel *m*
duende *nm* lutin *m*
dueño, -a *nm/f* (*propietario*) propriétaire *m/f*; (*empresario*) patron(ne)
duerma *etc vb ver* **dormir**
dulce *adj* doux (douce) ♦ *nm* gourmandise *f*; (*pastel*) douceur *f*
dulzura *nf* douceur *f*
duna *nf* dune *f*
duplicar *vt* (*llave, documento*) faire un double de; (*cantidad*) doubler; **~se** *vpr* se multiplier par deux
duque *nm* duc *m*; **duquesa** *nf* duchesse *f*
duración *nf* durée *f*; (*de máquina*) durée de vie
duradero, -a *adj* (*material*) résistant(e); (*fe, paz*) durable
durante *adv* pendant; **habló ~ una hora** il a parlé pendant une heure
durar *vi* durer; (*persona: en cargo*) rester
durazno (*AM*) *nm* pêche *f*; (*árbol*) pêcher *m*
durex ® (*AM*) *nm* scotch ® *m*
dureza *nf* dureté *f*; (*de clima*) rigueur *f*

duro, -a adj dur(e) ♦ adv dur ♦
nm pièce de cinq pesetas; **a duras
penas** à grand-peine; **es ~ de
pelar** il faut se le farcir

E, e

E abr (= este) E (= est)
e conj (delante de i- e hi-, pero no
hie-) et; ver tb **y**
ebanista nm/f ébéniste m/f
ébano nm ébène m
ebrio, -a adj ivre
ebullición nf ébullition f
eccema nm eczéma m
echar vt (lanzar) jeter; (verter)
verser; (gasolina, carta, freno)
mettre; (expulsar) renvoyer;
(empleado) renvoyer; (hojas)
pousser; (despedir: humo) rejeter; (:
agua) cracher; (película) passer ♦
vi: ~ **a andar/volar/correr** se
mettre à marcher/voler/courir;
~se vpr s'allonger; **~ a cara o
cruz algo** jouer qch à pile ou
face; ~ **abajo** (gobierno)
renverser; (edificio) abattre; ~ **una
carrera/una siesta** faire une
course/une sieste; ~ **un trago**
avaler une gorgée; ~ **de menos**
regretter; **~se atrás** se pencher
en arrière; (fig) se dédire; **~se a
llorar/reír/temblar** se mettre à
pleurer/rire/trembler
eclesiástico, -a adj
ecclésiastique
eclipse nm éclipse f
eco nm écho m
ecología nf écologie f
ecológico, -a adj écologique
ecologista adj, nm/f écologiste
m/f
economato nm économat m
economía nf économie f; (de

empresa) situation f économique
económico, -a adj économique
economista nm/f économiste
m/f
ecu nm écu m
ecuación nf équation f
ecuador nm équateur m; **(el) E~**
(l')Équateur
ecuánime adj (carácter) juste;
(juicio) impartial(e)
ecuatoriano, -a adj
équatorien(ne) ♦ nm/f
Équatorien(ne)
ecuestre adj équestre
eczema nm = **eccema**
edad nm âge m; ¿**qué ~ tienes?**
quel âge as-tu?; **tiene ocho
años de ~** il a huit ans; **ser de
mediana ~** être d'âge mûr; **ser
de ~ avanzada** être âgé(e); **ser
mayor/menor de ~** être
majeur/mineur; **la E~ Media** le
Moyen Âge; **tercera ~** troisième
âge; **la ~ del pavo** l'âge ingrat
edición nf édition f
edificar vt édifier
edificio nm édifice m, bâtiment m
editar vt éditer; (preparar textos)
mettre en page
editor, a nm/f éditeur(-trice);
(redactor) rédacteur(-trice) ♦ adj:
casa ~a maison d'édition;
editorial adj éditorial(e) ♦ nm
éditorial m ♦ nf (tb: **casa
editorial**) maison f d'édition
edredón nm couette f
educación nf éducation f; **ser
de buena/mala ~** être bien/mal
élevé(e)
educar vt éduquer
EE.UU. sigla mpl (= Estados
Unidos) EU mpl (= États-Unis)
efectista adj spectaculaire
efectivamente adv
effectivement

efectivo, -a *adj* effectif(-ive) ♦
nm: **en ~** (COM) en espèces;
hacer ~ un cheque encaisser
un chèque

efecto *nm* effet *m*; **~s** *nmpl* (*tb*:
~s personales) effets *mpl*;
(COM) actif *m*; **hacer o surtir ~**
(*medida*) avoir de l'effet;
(*medicamento*) faire de l'effet; **al o
a tal ~** à cet effet; **en ~** en effet;
~s especiales effets spéciaux;
~s secundarios (MED) effets
secondaires, (COM) retombées *fpl*;
~s sonoros effets de son

efectuar *vt* effectuer

eficacia *nf* efficacité *f*

eficaz *adj* efficace

eficiente *adj* efficace

efusivo, -a *adj* expansif(-ive)

EGB *sigla f* (ESP: *Educación General
Básica*) *enseignement primaire et
premier cycle de l'enseignement
secondaire*

egipcio, -a *adj* égyptien(ne) ♦
nm/f Égyptien(ne)

Egipto *nm* Egypte *f*

egoísmo *nm* égoïsme *m*

egoísta *adj*, *nm/f* égoïste *m/f*

Eire *nm* Eire *f*

ej. *abr* (= *ejemplo*) ex. (= *exemple*)

eje *nm* axe *m*

ejecución *nf* exécution *f*

ejecutar *vt* exécuter

ejecutivo, -a *adj* exécutif(-ive) ♦
nm/f exécutif *m* ♦ *nf* comité *m*
exécutif

ejemplar *adj* exemplaire ♦ *nm*
(ZOOL *etc*) spécimen *m*; (*de libro,
periódico*) exemplaire *m*

ejemplo *nm* exemple *m*; **por ~**
par exemple; **dar ~** donner
l'exemple

ejercer *vt* exercer ♦ *vi*: **~ de**
exercer le métier de

ejercicio *nm* exercice *m*; **hacer**

~ prendre de l'exercice; **~
comercial** exercice

ejército *nm* armée *f*; **E~ de
Tierra/del Aire** armée de terre/
de l'air

ejote (AM) *nm* haricot *m* vert

PALABRA CLAVE

---

el (*f* **la**, *pl* **los** *o* **las**) *art def* **1** le,
la, les; **el libro/la mesa/los
estudiantes/las flores** le
livre/la table/les étudiants/les
fleurs; **el amor/la juventud**
l'amour/la jeunesse; **me gusta el
fútbol** j'aime le football
2: romperse el brazo se casser
le bras; **levantó la mano** il leva
la main; **se puso el sombrero**
il mit son chapeau
3 (*en descripción*): **tener la boca
grande/los ojos azules** avoir
une grande bouche/les yeux bleus
4 (*con días*): **me iré el viernes**
je m'en irai vendredi; **los
domingos suelo ir a nadar** le
dimanche je vais nager
5 (*en exclamación*): **¡el susto
que me diste!** tu m'as fait une
de ces peurs!
♦ *pron demos*: **mi libro y el de
usted** mon livre et le vôtre; **las
de Pepe son mejores** celles de
Pepe sont mieux; **no la(s)
blanca(s) sino la(s) gris(es)**
pas la(les) blanche(s), la(les)
grise(s)
♦ *pron rel* **1**: **el/la/los/las +
que** (*sujeto*) celui/celle/ceux/celles
qui; (: *objeto*) celui/celle/ceux/
celles que; **el/la que quiera
que se vaya** que celui/celle qui
le veut s'en aille; **el que sea**
n'importe qui; **llévese el que
más le guste** emportez celui
que vous préférez; **el que**

compré ayer celui que j'ai
acheté hier; **la que está debajo**
celle qui est dessous
2: el/la/los/las + que (*con
preposición*) lequel/laquelle/
lesquels/lesquelles; **la persona
con la que hablé** la personne
avec laquelle j'ai parlé
♦ *conj:* **el que sea tan vago
me molesta** ça m'ennuie qu'il
soit si paresseux

él *pron pers* (*sujeto*) il; (*con
preposición*) lui; **para ~** pour lui;
es ~ c'est lui
elaborar *vt* élaborer
elasticidad *nf* élasticité *f*
elástico, -a *adj, nm* élastique *m*
elección *nf* élection *f*; (*selección*)
choix *m*; (*alternativa*) alternative *f*;
elecciones *nfpl* élections *fpl*;
elecciones generales
élections
electorado *nm* électorat *m*
electricidad *nf* électricité *f*
electricista *nm/f* électricien(ne)
eléctrico, -a *adj* électrique
electro... *pref* électro...;
electrocardiograma *nm*
électrocardiogramme *m*;
electrocutar *vt* électrocuter;
electrocutarse *vpr*
s'électrocuter; **electrodo** *nm*
électrode *f*
electrodoméstico *nm*
électroménager *m*
electromagnético, -a *adj*
électromagnétique
electrónica *nf* électronique *f*
electrónico, -a *adj* électronique
elefante *nm* éléphant *m*
elegancia *nf* élégance *f*
elegante *adj* (*de buen gusto*)
élégant(e); (*fino*) raffiné(e); **estar
o ir** ~ être élégant(e)

elegir *vt* choisir; (*por votación*)
élire
elemental *adj* élémentaire
elemento *nm* élément *m*; **~s**
nmpl (*de una ciencia*) rudiments
mpl; **estar en su ~** être dans
son élément
elepé (*pl* **~s**) *nm* 33 tours *m inv*
elevación *nf* élévation *f*
elevar *vt* élever; **~se** *vpr* s'élever;
~se a s'élever à
eligiendo *etc vb ver* **elegir**
elija *etc vb ver* **elegir**
eliminar *vt* éliminer
eliminatoria *nf* épreuve *f*
éliminatoire; (*DEPORTE*)
éliminatoires *mpl*
élite *nf* élite *f*
ella *pron* elle
ellas *pron ver* **ellos**
ello *pron* cela
ellos, -as *pron* ils (elles); (*después
de prep*) eux (elles)
elocuencia *nf* éloquence *f*
elogiar *vt* louer; **elogio** *nm* éloge
m; **hacer elogios a** *o* **de** faire
l'éloge de
elote (*AM*) *nm* épi *m* de maïs
eludir *vt* (*deber*) faillir à;
(*responsabilidad*) rejeter; (*justicia*)
se soustraire à; (*respuesta*) éluder
emanar *vi:* **~ de** émaner de;
(*situación*) découler de
emancipar *vt* affranchir; **~se** *vpr*
s'émanciper; (*siervo*) s'affranchir
embadurnar *vt:* **~ (de)**
badigeonner (de); **~se** *vpr:* **~se
(de)** se badigeonner (de)
embajada *nf* ambassade *f*
embajador, a *nm/f*
ambassadeur(-drice)
embaladura (*AM*) *nf*, **embalaje**
nm emballage *m*
embalar *vt* emballer; **~se** *vpr*
s'emballer

embalsamar vt embaumer
embalse nm réservoir m
embarazada adj f enceinte ♦ nf femme f enceinte
embarazo nm (de mujer) grossesse f
embarazoso, -a adj embarrassant(e)
embarcación nf embarcation f
embarcadero nm embarcadère m
embarcar vt embarquer; ~se vpr s'embarquer; ~(se) en (AM: tren, avión) monter dans
embargar vt (JUR) saisir
embargo nm (JUR) saisie f; (COM, POL) embargo m
embargue etc vb ver **embargar**
embarque vb ver **embarcar** ♦ nm embarquement m; **tarjeta/ sala de ~** carte f/salle f d'embarquement
embaucar vt enjôler
embeber vt boire; ~se vpr: ~se en (en libro, etc) se plonger dans
embellecer vt embellir; ~se vpr embellir
embestida nf charge f;
embestir vt charger ♦ vi charger; (olas) rugir
emblema nm emblème m
embobado, -a adj bouche bée
embolia nf embolie f
émbolo nm piston m
embolsarse vpr empocher
emborrachar vt soûler; ~se vpr se soûler
emboscada nf embuscade f
embotar vt (sentidos) émousser; (facultades) diminuer
embotellamiento nm embouteillage m
embotellar vt mettre en bouteille; ~se vpr être embouteillé(e)

embrague nm embrayage m
embriagar vt soûler; (fig) griser; ~se vpr se soûler
embrión nm embryon m
embrollar vt embrouiller; ~se vpr s'embrouiller
embrollo nm enchevêtrement m; (fig: lío) beaux draps mpl
embrujado, -a adj ensorcelé(e)
embrutecer vt abrutir; ~se vpr s'abrutir
embudo nm entonnoir m
embuste nm mensonge m
embustero, -a adj, nm/f menteur(-euse)
embutido nm (CULIN) charcuterie f
emergencia nf urgence f; (surgimiento) émergence f
emerger vi émerger
emigración nf (de personas) émigration f; (de pájaros) migration f
emigrante adj qui émigre ♦ nm/f émigrant(e)
emigrar vi (personas) émigrer; (pájaros) migrer
eminencia nf: **ser una ~ (en algo)** être un génie (en qch); **eminente** adj éminent(e)
emisario nm émissaire m
emisión nf émission f
emisor, a nm émetteur m ♦ nf station f d'émission
emitir vt émettre
emoción nf (excitación) excitation f; (sentimiento) émotion f
emocionante adj excitant(e); (conmovedor) émouvant(e)
emocionar vt exciter; (conmover, impresionar) émouvoir; ~se vpr s'émouvoir
emotivo, -a adj (escena) émouvant(e); (persona) émotif(-ive)
empadronarse vpr se faire

recenser

empalagoso, -a adj (alimento) écœurant(e); (fig: persona) mielleux(-euse); (: estilo) à l'eau de rose

empalmar vt (cable) rallonger; (carretera) rejoindre ♦ vi (dos caminos) se rejoindre; ~ **con** (tren) assurer la correspondance avec; **empalme** nm (TEC) jointure f; (de carreteras) croisement m; (de trenes) correspondance f

empanada nf sorte de chausson salé fourré de tomates, viande etc

empantanarse vpr être inondé(e); (fig) être dans une impasse

empañar vt embuer; ~**se** vpr s'embuer

empapar vt mouiller; (suj: toalla, esponja etc) absorber; ~**se** vpr: ~**se (de)** (persona) être trempé(e) (par); (esponja, comida) absorber

empapelar vt tapisser

empaquetar vt empaqueter

empastar vt plomber

empaste nm plombage m

empatar vi faire match nul; **empataron a 1** il y a eu 1 partout; **empate** nm match m nul

empecé etc, **empecemos** etc vb ver **empezar**

empedernido, -a adj invétéré(e)

empedrado, -a adj pavé(e) ♦ nm (pavimento) pavement m

empeine nm (de pie) cou-de-pied m; (de zapato) empeigne m

empellón nm coup m; **dar empellones a algn** rouer qn de coups

empeñado, -a adj (persona) endetté(e); (objeto) mis(e) en gage; ~ **en** (obstinado) déterminé(e) à

empeñar vt mettre en gage; ~**se** vpr s'endetter; ~**se en hacer algo** s'acharner à faire

empeño nm acharnement m; (cosa prendada) gage m; **casa de ~s** établissement m de prêts sur gages, mont-de-piété m; **poner ~ en hacer algo** mettre de l'acharnement à faire qch; **tener ~ en hacer algo** être déterminé(e) à faire qch

empeorar vt, vi empirer

empequeñecer vt rapetisser; (fig) banaliser

emperador nm empereur m

emperatriz nf impératrice f

empezar vt commencer ♦ vi commencer; ~ **a hacer** commencer à faire; ~ **por (hacer)** commencer par (faire)

empiece etc vb ver **empezar**

empiezo etc vb ver **empezar**

empinar vt redresser; ~**se** vpr (persona) se mettre sur la pointe des pieds; (animal) se mettre sur ses pattes de derrière

empírico, -a adj empirique

emplazamiento nm emplacement m; (JUR) citation f

emplazar vt construire; (JUR) citer à comparaître; (citar) citer

empleado, -a adj, nm/f employé(e); **le está bien ~** c'est bien fait pour lui

emplear vt employer; ~**se** vpr: ~**se de** o **como** trouver un emploi de, se faire embaucher comme

empleo nm emploi m

empobrecer vt appauvrir; ~**se** vpr s'appauvrir

empollar vt, vi (ZOOL) couver; (ESCOL: fam) bûcher

empollón, -ona (fam) nm/f (ESCOL) bûcheur(-euse)

emporio *nm* centre *m* commercial; (AM) grand magasin *m*

empotrado, -a *adj* ver **armario**

emprender *vt* entreprendre

empresa *nf* entreprise *f*

empresario, -a *nm/f* (COM) chef *m* d'entreprise

empréstito *nm* emprunt *m*

empujar *vt* pousser; **~ a algn a hacer** pousser qn à faire; **empuje** *nm* poussée *f*; (fig) brio *m*

empujón *nm* coup *m*; **abrirse paso a empujones** se frayer un chemin à coups de coude

empuñar *vt* empoigner

emular *vt* imiter

PALABRA CLAVE

en *prep* **1** (*posición*) dans; (: *sobre*): **en la mesa** sur la table; (: *dentro*): **está en el cajón** c'est dans le tiroir; **en el periódico** dans le journal; **en el suelo** par terre; **en Argentina/Francia/ España** en Argentine/France/ Espagne; **en La Paz/París/ Londres** à La Paz/Paris/Londres; **en la oficina/el colegio** au bureau/à l'école; **en el quinto piso** au cinquième étage

2 (*dirección*) dans; **entró en el aula** il est entré dans la salle de classe

3 (*tiempo*) en; **en 1605/ invierno** en 1605/hiver; **en el mes de enero** au mois de janvier; **en aquella ocasión/ época** à cette occasion/époque; **en tres semanas** dans trois semaines; **en la mañana** (AM) le matin

4 (*manera*): **en avión/autobús** en avion/autobus; **viajar en tren**

voyager en train; **escrito en inglés** écrit en anglais

5 (*forma*): **en espiral** en spirale; **en punta** pointu

6 (*tema, ocupación*): **experto en la materia** expert en la matière; **trabaja en la construcción** il travaille dans la construction

7 (*precio*) pour; **lo vendió en 20 dólares** il l'a vendu pour 20 dollars

8 (*diferencia*) de; **reducir/ aumentar en una tercera parte/en un 20 por ciento** diminuer/augmenter d'un tiers/de 20 pour cent

9 (*después de vb que indica gastar etc*) en; **se le va la mitad del sueldo en comida** il dépense la moitié de son salaire en nourriture

10 (*adj + en + infin*): **lento en reaccionar** lent à réagir; **¡en marcha!** en route!

---

enaguas (AM) *nfpl* combinaison *f*

enajenación *nf* aliénation *f*; (*tb:* **~ mental**) aliénation (mentale)

enajenar *vt* aliéner; (*fig*) déranger

enamorado, -a *adj, nm/f* amoureux(-euse); **estar ~ (de)** être amoureux(-euse) (de)

enamorar *vt* rendre amoureux(-euse); **~se** *vpr*: **~se (de)** tomber amoureux(-euse) (de)

enano, -a *adj* nain(e) ♦ *nm/f* nain(e)

enardecer *vt* (*incitar*) inciter; (*entusiasmar*) enflammer; **~se** *vpr* (*excitarse*) s'enhardir; (*exaltarse*) s'enflammer

encabezamiento *nm* en-tête *m*; (*de periódico*) titre *m*

encabezar *vt* (*movimiento*) prendre la tête de; (*lista*) être en tête de; (carta, libro) commencer

encadenar vt enchaîner; (bicicleta) attacher

encajar vt encastrer, emboîter; (fam: golpe) envoyer; (: broma, mala noticia) encaisser ♦ vi s'encastrer, s'emboîter; **~se** vpr (mecanismo) se coincer; (un sombrero) mettre; **~ con** (fig) cadrer avec

encaje nm encastrement m

encalar vt blanchir à la chaux

encallar vi (NÁUT) échouer

encaminar vt: **~ (a)** diriger (vers); **~se** vpr: **~se a** o **hacia** se diriger vers

encantado, -a adj enchanté(e); **¡~!** enchanté(e)!; **estar ~ con algn/algo** être charmé(e) par qn/qch

encantador, a adj, nm/f charmeur(-euse)

encantar vt enchanter; **me encantan los animales** j'adore les animaux; **le encanta esquiar** il adore skier; **encanto** nm (atractivo) charme m; **como por encanto** comme par enchantement

encarcelar vt emprisonner

encarecer vt augmenter le prix de ♦ vi augmenter; **~se** vpr augmenter

encarecimiento nm renchérissement m

encargado, -a adj chargé(e) ♦ nm/f (gerente) gérant(e); (responsable) responsable m/f

encargar vt charger; **~se** vpr: **~se de** se charger de; **~ a algn que haga algo** charger qn de faire qch

encargo nm requête f; (COM) commande f

encariñarse vpr: **~ con** se

prendre d'affection pour

encarnizado, -a adj (lucha) sanglant(e)

encasillar vt (TEATRO) attribuer une place à; (pey) caser

encauzar vt diriger; (fig) orienter

encendedor (esp AM) nm briquet m

encender vt allumer; **~se** vpr s'allumer

encendido, -a adj allumé(e) ♦ nm allumage m

encerado, -a nm (ESCOL) tableau m

encerar vt (suelo) cirer

encerrar vt (persona, animal) enfermer; (libros, documentos) serrer; (fig) renfermer; **~se** vpr s'enfermer

encharcar vt détremper; **~se** vpr être inondé(e)

enchufado, -a (fam) nm/f pistonné(e)

enchufar vt (ELEC) brancher; (TEC) assembler; (fam: persona) pistonner; **enchufe** nm (ELEC: clavija) prise f mâle; (: toma) prise femelle; (TEC) jointure f; (fam: recomendación) piston m; (: puesto) poste obtenu par piston

encía nf gencive f

enciclopedia nf encyclopédie f

encienda etc vb ver **encender**

encierro vb ver **encerrar** ♦ nm retraite f; (TAUR) lâchage des taureaux dans les rues avant une corrida

encima adv (en la parte de arriba) en haut; (además) en plus; **~ de** (sobre) sur; (además de) en plus de; **por ~ de** plus haut que; **leer/mirar algo por ~** lire/regarder qch distraitement; **¿llevas dinero ~?** as-tu de l'argent sur toi?; **se me vino ~** il est venu me voir à l'improviste; **~ mío/nuestro** *etc* (*esp CSUR: fam*) au-dessus de moi/nous *etc*

encina *nf* chêne *m* vert

encinta *adj f* enceinte

enclenque *adj* malingre

encoger *vt* (*ropa*) rétrécir; (*piernas*) étendre; (*músculos*) bander ♦ *vi* rétrécir; **~se** *vpr* rétrécir; (*fig*) être intimidé(e); **~se de hombros** hausser les épaules

encolar *vt* recoller

encolerizar *vt* mettre en colère; **~se** *vpr* se mettre en colère

encomendar *vt* remettre; **~se** *vpr*: **~a** s'en remettre à

encomiar *vt* faire l'éloge de

encomienda *vb ver* **encomendar** ♦ *nf* (*AM*) colis *m*; **~ postal** colis postal

encontrado, -a *adj* opposé(e)

encontrar *vt* trouver; **~se** *vpr* (*reunirse*) se retrouver; (*estar*) se trouver; (*sentirse*) se sentir; **~se con algn/algo** tomber sur qn/qch; **~se bien (de salud)** aller bien

encrespar *vt* faire moutonner; **~se** *vpr* moutonner

encrucijada *nf* croisement *m*

encuadernación *nf* reliure *f*

encuadrar *vt* encadrer; (*FOTO*) cadrer

encubrir *vt* cacher; (*JUR*) couvrir

encuentro *vb ver* **encontrar** ♦ *nm* rencontre *f*; **ir/salir al ~ de algn** aller/sortir à la rencontre de qn

encuesta *nf* sondage *m*; (*investigación*) enquête *f*; **~ de opinión** sondage d'opinion; **~ judicial** enquête judiciaire

endeble *adj* (*argumento*) mauvais(e); (*persona*) faible

endémico, -a *adj* endémique

endemoniado, -a *adj* démoniaque; (*fig: travieso*) vicieux(-euse)

enderezar *vt* redresser; **~se** *vpr* se redresser

endeudarse *vpr* s'endetter

endiablado, -a *adj* (*hum: genio, carácter*) espiègle; (: *problema*) diabolique; (: *tiempo*) de chien

endiñar (*fam*) *vt* refiler

endosar *vt* endosser; **~ algo a algn** (*fam*) refiler qch à qn

endulzar *vt* (*café*) sucrer; (*salsa, fig*) adoucir; **~se** *vpr* (*ver vt*) sucrer; adoucir, s'adoucir

endurecer *vt* durcir; (*fig: persona*) endurcir; **~se** *vpr* (*ver vt*) se durcir; s'endurcir

enema *nm* lavement *m*

enemigo, -a *adj, nm/f* ennemi(e)

enemistad *nf* aversion *f*

enemistar *vt* séparer; **~se** *vpr*: **~se (con)** se fâcher (avec)

energía *nf* énergie *f*; **~ atómica/nuclear/solar** énergie atomique/nucléaire/solaire

enérgico, -a *adj* énergique

energúmeno, -a *nm/f* énergumène *m/f*

enero *nm* janvier *m*; *ver tb* **julio**

enfadado, -a *adj* en colère

enfadar *vt* fâcher; **~se** *vpr* se fâcher

enfado *nm* colère *f*

énfasis *nm* emphase *f*; **con ~** avec emphase; **poner ~ en** mettre l'accent sur

enfático, -a *adj* emphatique

enfermar *vi* tomber malade; **~se** *vpr* (*esp AM*) tomber malade

enfermedad *nf* maladie *f*

enfermería *nf* infirmerie *f*

enfermero, -a *nm/f* infirmier(-ère); **enfermera jefa** infirmière en chef

enfermizo, -a adj maladif(-ive)
enfermo, -a adj malade ♦ nm/f
malade m/f; (en hospital)
patient(e); **caer** o **ponerse ~**
tomber malade
enflaquecer vt faire maigrir ♦ vi
maigrir
enfocar vt (luz, foco) diriger;
(persona, objeto) diriger le
projecteur sur; (FOTO) faire la mise
au point sur; (fig: problema)
envisager
enfoque vb ver enfocar ♦ nm
(FOTO) objectif m; (fig) point m de
vue
enfrentar vt (peligro) affronter;
(contendientes) confronter; **~se**
vpr s'affronter; (dos equipos) se
rencontrer; **~se a** o **con**
(problema) se trouver face à;
(enemigo) faire face à
enfrente adv en face; **~ de**
devant; **la casa de ~** la maison
d'en face; **~ mío/nuestro** etc
(esp CSUR: fam) devant moi/nous
etc
enfriamiento nm
rafraîchissement m; (MED)
refroidissement m
enfriar vt (algo caliente, amistad)
refroidir; (habitación) rafraîchir;
~se vpr se refroidir; (habitación)
se rafraîchir; (MED) prendre froid
enfurecer vt rendre
furieux(-euse); **~se** vpr devenir
furieux(-euse); (mar) se déchaîner
engalanar vt (persona) habiller;
(ciudad, calle) décorer; **~se** vpr
bien s'habiller
enganchar vt (persona, dos
vagones) accrocher; (teléfono,
electricidad) mettre; (fam: persona)
mettre le grappin sur; (pez) ferrer;
~se vpr (MIL) s'engager; **~se
(en)** (ropa) s'accrocher (à); **se le**

**enganchó la falda en el
clavo** elle a accroché sa jupe au
clou
enganche nm (TEC) crochet m;
(FERRO) accrochage m; (MÉX: COM)
dépôt m
engañar vt tromper;
escroquer; **~se** vpr se tromper
engaño nm (mentira) mensonge
m; (trampa) piège m; (estafa)
escroquerie f; **estar en** o
padecer un ~ être trompé(e)
engañoso, -a adj
trompeur(-euse)
engarzar vt (joya) sertir; (cuentas)
enfiler
engatusar (fam) vt enjôler
engendrar vt procréer; (fig)
engendrer; **engendro** (pey) nm
monstre m; (novela, cuadro etc)
monstruosité f
englobar vt englober
engordar vt faire grossir ♦ vi
grossir
engorroso, -a adj
empoisonnant(e)
engranaje nm engrenage m
engrandecer vt (ennoblecer)
ennoblir
engrasar vt graisser
engreído, -a adj suffisant(e)
engrosar vt (manuscrito) grossir;
(muro) épaissir; (capital, filas)
augmenter ♦ vi grossir
enhebrar vt enfiler
enhorabuena nf: **dar la ~ a
algn** féliciter qn; **¡~!** félicitations!
enigma nm énigme f
enjabonar vt savonner; **~se** vpr
se savonner; **~se la barba/las
manos** se savonner la barbe/les
mains
enjambre nm essaim m; (fig)
meute f
enjaular vt mettre en taule; (fam:

persona) mettre en tôle

enjuagar vt rincer; **~se** vpr se rincer

enjuague vb ver **enjuagar**

enjugar vt éponger; (*lágrimas*) essuyer; **~se** vpr: **~se el sudor** s'éponger; **~se las lágrimas** essuyer ses larmes

enjuiciar vt (*JUR*) instruire; (*opinar sobre*) juger

enjuto, -a adj décharné(e)

enlace vb ver **enlazar** ♦ nm (*relación*) lien m; (tb: **~ matrimonial**) union f; (*de trenes*) liaison f; **~ policial** contact m; **~ sindical** délégué(e) syndical(e)

enlatado, -a adj (*comida*) en conserve

enlazar vt attacher; (*conceptos, organizaciones*) faire le lien entre; (*AM*) prendre au lasso ♦ vi: **~ con** faire le lien avec

enlodar vt tacher de boue

enloquecer vt rendre fou (folle) ♦ vi devenir fou (folle); **me enloquece el chocolate** (fig) je raffole du chocolat

enlutado, -a adj en deuil

enmarañar vt emmêler; (fig) embrouiller; **~se** vpr s'embrouiller

enmarcar vt encadrer

enmascarar vt masquer; **~se** vpr se mettre un masque

enmendar vt (*escrito*) modifier; (*constitución, ley*) amender; (*comportamiento*) améliorer; **~se** vpr (*persona*) s'améliorer

enmienda vb ver **enmendar** ♦ nf amendement m

enmohecerse vpr (*metal*) s'oxyder; (*muro, plantas, alimentos*) moisir

enmudecer vi rester muet(te)

ennegrecer vt noircir; **~se** vpr (se) noircir

ennoblecer vt faire honneur à

enojar vt mettre en colère; (*disgustar*) contrarier; **~se** vpr (ver vt) se mettre en colère; être contrarié(e)

enojoso, -a adj ennuyeux(-euse)

enorgullecer vt enorgueillir; **~se** vpr s'enorgueillir

enorme adj énorme;

enormidad nf énormité f

enrarecido, -a adj raréfié(e)

enredadera nf plante f grimpante

enredar vt emmêler; (fig: *asunto*) embrouiller ♦ vi (*molestar*) faire des bêtises; (*trastear*) tripoter; **~se** vpr s'emmêler; (fig) s'embrouiller; **~ a algn en** (fig: *implicar*) mêler qn à; **~se en** se prendre dans; (fig) se mêler à

enredo nm nœud m; (fig: *lío*) pétrin m

enrejado nm grille f

enrevesado, -a adj épineux(-euse)

enriquecer vt enrichir ♦ vi s'enrichir; **~se** vpr s'enrichir

enrojecer vt, vi rougir; **~se** vpr rougir

enrolar vt enrôler; **~se** vpr s'enrôler

enrollar vt enrouler; **~se** vpr (fam: *al hablar*) s'éterniser

enroscar vt (*tornillo, tuerca*) visser; **~se** vpr (*serpiente*) se lover; (*planta*) se vriller

ensalada nf salade f;

ensaladilla nf (tb: **ensaladilla rusa**) salade f russe

ensalzar vt encenser

ensamblaje nm assemblage m; (*TEC*) joint m

ensanchar vt élargir; **~se** vpr s'élargir; (fig: *persona*) se rengorger; **ensanche** nm élargissement *m*; (*zona*) terrain *m* à lotir

ensangrentar *vt* ensanglanter

ensañarse *vpr*: ~ **con** tourmenter

ensartar *vt* enfiler

ensayar *vt* essayer; (*TEATRO*) répéter ♦ *vi* répéter

ensayo *nm* essai *m*; (*TEATRO, MÚS*) répétition *f*; (*ESCOL*) dissertation *f*; ~ **general** répétition générale

enseguida *adv* = **en seguida**

ensenada *nf* crique *f*

enseñanza *nf* enseignement *m*; ~ **primaria/media/superior** enseignement primaire/secondaire/supérieur

enseñar *vt* enseigner; (*mostrar*) montrer; (*señalar*) signaler; ~ **a algn a hacer** montrer à qn comment faire

enseres *nmpl* effets *mpl*; (*útiles*) matériel *msg*

ensillar *vt* seller

ensimismarse *vpr* s'absorber; ~ **en** s'absorber dans

ensombrecer *vt* assombrir; ~**se** *vpr* (*fig: rostro*) s'assombrir

ensortijado, -a *adj* (*pelo*) frisé(e)

ensuciar *vt* salir; ~**se** *vpr* se salir

ensueño *nm* rêve *m*; (*fantasía*) illusion *f*; **de ~** de rêve

entablar *vt* (*AJEDREZ, DAMAS*) disposer; (*conversación, lucha*) engager; (*pleito, negociaciones*) entamer

entablillar *vt* mettre une attelle à

entallar *vt* (*traje*) ajuster

ente *nm* entité *f*; (*ser*) être *m*

entender *vt, vi* comprendre; ~**se** *vpr* (*a sí mismo*) se comprendre; (*2 personas*) s'entendre; ~ **de** s'y entendre en; ~ **algo de** avoir quelques notions de; ~ **por** entendre par; **dar a ~ que ...**

donner à entendre que ...; ~**se bien/mal (con algn)** s'entendre bien/mal (avec qn)

entendido, -a *adj* (*experto*) compétent(e); (*informado*) informé(e) ♦ *nm/f* connaisseur(-euse) ♦ *excl* entendu!; **entendimiento** *nm* entente *f*; (*inteligencia*) entendement *m*

enterado, -a *adj* informé(e); **estar ~ de** être au courant de

enteramente *adv* entièrement

enterarse *vpr*: ~ **(de)** apprendre

entereza *nf* droiture *f*; (*fortaleza*) courage *m*; (*integridad*) intégrité *f*; (*firmeza*) fermeté *f*

enternecer *vt* attendrir; ~**se** *vpr* s'attendrir

entero, -a *adj* (*íntegro*) au complet; (*no roto, fig*) entier(-ère); (*COM*) point *m*; (*AM*) versement *m*; (*ARG*) bleu *m* de travail; **por ~** entièrement

enterrador *nm* fossoyeur *m*

enterrar *vt* enterrer

entibiar *vt* tiédir; ~**se** *vpr* tiédir

entidad *nf* (*empresa*) entreprise *f*; (*organismo, FILOS*) entité *f*; (*sociedad*) société *f*

entienda *etc vb ver* **entender**

entierro *vb ver* **enterrar** ♦ *nm* enterrement *m*

entonación *nf* intonation *f*

entonar *vt* entonner; (*colores*) harmoniser; (*MED*) fortifier ♦ *vi* (*al cantar*) donner le ton; ~**se** *vpr* (*MED*) se fortifier; ~ **con** (*colores*) se marier bien avec

entonces *adv* alors; **desde ~** depuis; **en aquel ~** en ce temps-là; **(pues)** ~ (et) alors

entornar *vt* (*puerta, ventana*) entrebâiller; (*los ojos*) garder mi-clos

entorno *nm* environnement *m*

entorpecer *vt* gêner; *(mente, persona)* abrutir

entrada *nf* entrée *f*; *(ingreso, COM)* recette *f*; **~s** *nfpl (COM)* recettes *fpl*; **~s y salidas** *(COM)* recettes et dépenses; **~ de aire** *(TEC)* entrée d'air; **de ~** d'entrée

entrado, -a *adj*: **~ en años** d'un âge avancé; **(una vez) ~ el verano** l'été venu

entramparse *vpr* s'endetter

entrante *adj* prochain(e) ♦ *nm* encaissement *m*; *(CULIN)* entrée *f*

entrañable *adj (amigo)* cher(-ère); *(trato)* cordial(e)

entrañas *nfpl* entrailles *fpl*; **sin ~** *(fig)* sans merci

entrar *vt* mettre; *(INFORM)* entrer ♦ *vi* entrer; *(caber: anillo, zapato)* aller; *(: tornillo, personas)* rentrer; *(en profesión etc)* entrer; **me entró sueño/frío** j'ai eu sommeil/froid; **~ en acción** entrer en action; *(entrar en funcionamiento)* commencer à fonctionner; **no me entra** je ne saisis pas; **~ a** *(AM)* entrer dans

entre *prep (dos cosas)* entre; *(más de dos cosas)* parmi; **lo haremos ~ todos** nous le ferons tous ensemble; **~ más estudia, más aprende** *(esp AM: fam)* plus il étudie, plus il apprend

entreabrir *vt* entrouvrir

entrecejo *nm*: **fruncir el ~** froncer les sourcils

entrecortado, -a *adj* entrecoupé(e)

entrega *nf (de mercancías)* livraison *f*; *(de premios)* remise *f*; *(de novela, serial)* épisode *m*

entregar *vt* livrer; *(dar)* remettre; **~se** *vpr* se livrer à; **~se a** *(al trabajo)* se consacrer à; *(al vicio)* se livrer à

entrelazar *vt* entrelacer

entremeses *nmpl* entrées *fpl*

entremeterse *vpr* = **entrometerse**

entremetido, -a *adj* = **entrometido**

entremezclar *vt* mélanger; **~se** *vpr* se mélanger

entrenador, a *nm/f* entraîneur(-euse)

entrenar *vt* entraîner ♦ *vi* *(DEPORTE)* s'entraîner; **~se** *vpr* s'entraîner

entrepierna *nf* entrejambes *msg*

entresacar *vt (árboles)* déboiser; *(pelo)* désépaissir

entresuelo *nm* entresol *m*

entretanto *adv* entre-temps

entretener *vt* amuser; *(retrasar)* retenir; *(distraer)* distraire; *(fig)* entretenir; **~se** *vpr* s'amuser; *(retrasarse)* s'attarder; *(distraerse)* se distraire

entretenido, -a *adj* amusant(e); **entretenimiento** *nm* distraction *f*

entrever *vt* entrevoir

entrevista *nf* entrevue *f*; *(para periódico, TV)* interview *f*; **entrevistar** *vt* interviewer; **entrevistarse** *vpr*: **entrevistarse (con)** avoir une entrevue (avec)

entristecer *vt* attrister; **~se** *vpr* s'attrister

entrometerse *vpr*: **~ (en)** se mêler de

entrometido, -a *adj*, *nm/f* indiscret(-ète)

entumecer *vt* engourdir; **~se** *vpr* s'engourdir

entumecido, -a *adj* engourdi(e)

enturbiar *vt (agua)* troubler; *(alegría)* gâter; **~se** *vpr (ver vt)* se troubler; retomber

entusiasmar vt enthousiasmer; **~se** vpr: **~se (con** o **por)** s'enthousiasmer (pour)

entusiasmo nm: **~ (por)** enthousiasme m (pour); **con ~** avec enthousiasme

entusiasta adj, nm/f enthousiaste m/f; **~ de** enthousiaste de

enumerar vt énumérer

enunciación nf énonciation f

enunciado nm énoncé m

envainar vt rengainer

envalentonar (pey) vt stimuler; **~se** vpr se vanter

envanecer vt monter à la tête; **~se** vpr: **~se de hacer/de haber hecho** se vanter de faire/d'avoir fait

envasar vt conditionner

envase nm (recipiente) récipient m; (botella) bouteille f; (lata) boîte f de conserve; (bolsa) poche f; (acción) conditionnement m

envejecer vt, vi vieillir

envenenar vt empoisonner

envergadura nf envergure f

envés nm envers m

enviar vt envoyer; **~ a algn a hacer** envoyer qn faire

enviciarse vpr: **~ (con)** s'intoxiquer (avec)

envidia nf envie f; (celos) jalousie f; **envidiar** vt envier; (tener celos de) jalouser

envío nm envoi m

enviudar vi devenir veuf (veuve)

envoltorio nm paquet m

envolver vt envelopper; (enemigo) encercler; **~se** vpr: **~se en** s'envelopper dans; **~ a algn en** (implicar) impliquer qn dans

envuelto etc, **envuelva** etc vb ver **envolver**

enyesar vt plâtrer

enzarzarse vpr: **~ en** se mêler à

épica nf poésie f épique

épico, -a adj épique

epidemia nf épidémie f

epilepsia nf épilepsie f

epílogo nm épilogue m

episodio nm épisode m

epístola nf lettre f

época nf époque f; **hacer ~** faire époque

equilibrar vt équilibrer; **equilibrio** nm équilibre m; **mantener/perder el equilibrio** garder/perdre l'équilibre; **equilibrista** nm/f équilibriste m/f

equipaje nm bagages mpl; **hacer el ~** faire ses bagages; **~ de mano** bagages à main

equipar vt: **~ (con** o **de)** équiper (de)

equiparar vt: **~ algo/a algn a** o **con** (igualar) mettre qch/qn sur un pied d'égalité avec; (comparar) comparer qch/qn à; **~se** vpr: **~se con** se comparer à

equipo nm (grupo, DEPORTE) équipe f; (instrumentos) matériel m, équipement m; **trabajo en ~** travail m d'équipe

equis nf (letra) X, x m inv

equitación nf équitation f

equitativo, -a adj équitable

equivalente adj équivalent(e) ♦ nm équivalent m

equivaler vi: **~ a (hacer)** équivaloir à (faire)

equivocación nf erreur f

equivocado, -a adj (decisión, camino) mauvais(e)

equivocarse vpr se tromper; **~ de camino/número** se tromper de chemin/numéro

equívoco, -a adj équivoque ♦ nm (ambigüedad) ambiguïté f;

(malentendido) quiproquo m
era vb ver **ser** ♦ nf ère f
erais vb ver **ser**
éramos vb ver **ser**
eran vb ver **ser**
erario nm biens mpl
eras vb ver **ser**
erección nf érection f
eres vb ver **ser**
erguir vt (alzar) lever; (poner derecho) redresser; **~se** vpr se redresser
erigir vt ériger; **~se** vpr: **~se en** s'ériger en
erizarse vpr se hérisser
erizo nm hérisson m; (tb: **~ de mar**) oursin m
ermita nf ermitage m
ermitaño, -a nm/f ermite m/f
erosión nf érosion f
erosionar vt éroder
erótico, -a adj érotique; **erotismo** nm érotisme m
erradicar vt éradiquer
errar vi errer; (equivocarse) se tromper ♦ vt: **el camino** s'égarer; **~ el tiro** manquer son coup
errata nf errata m inv
erróneo, -a adj erroné(e)
error nm erreur f; **estar en un ~** être dans l'erreur; **~ de imprenta** erreur d'impression; **~ judicial** erreur judiciaire
eructar vi roter
erudito, -a adj, nm/f érudit(e); **los ~s en esta materia** les experts en la matière
erupción nf éruption f
es vb ver **ser**
esa adj demos ver **ese**
ésa pron ver **ése**
esbelto, -a adj svelte
esbozo nm ébauche f
escabeche nm escabèche f; en

~ à l'escabèche
escabroso, -a adj (accidentado) accidenté(e); (fig: complicado) épineux(-euse); (: atrevido) scabreux(-euse)
escabullirse vpr s'esquiver; (de entre los dedos) filer
escafandra nf (tb: ~ **autónoma**) scaphandre m (autonome); ~ **espacial** scaphandre spatial
escala nf échelle f; (tb: ~ **de cuerda**) échelle de corde; (AVIAT, NÁUT) escale f; **en gran/pequeña ~** à grande/petite échelle; **hacer ~ en** faire escale à; ~ **móvil** échelle mobile
escalafón nm (en empresa) échelle f des salaires; (en organismo público) échelons mpl de solde
escalar vt escalader; (fig) monter ♦ vi faire de l'escalade; (fig) monter en grade
escalera nf escalier m; (tb: ~ **de mano**) échelle f; (NAIPES) suite f; ~ **de caracol/de incendios** escalier en colimaçon/de secours; ~ **de tijera** escabeau m; ~ **mecánica** escalier roulant
escalfar vt pocher
escalinata nf perron m;
escalofriante adj d'horreur
escalofrío nm frisson m; **~s** nmpl (fig): **dar o producir ~s a algn** donner des frissons à qn
escalón nm marche f; (de escalera de mano, fig) échelon m
escalope nm escalope f
escama nf écaille f; (de jabón) paillette f
escamar vt (producir recelo) rendre soupçonneux(-euse)
escamotear vt (sueldo) subtiliser

escampar vi se dégager

escandalizar vt scandaliser; **~se** vpr se scandaliser

escándalo nm scandale m

escandaloso, -a adj scandaleux(-euse); (niño) turbulent(e)

escandinavo, -a adj scandinave ♦ nm/f Scandinave m/f

escaño nm siège m

escapar vi: **~ (de)** (de encierro) s'échapper (de); (de peligro) échapper à; (DEPORTE) faire une échappée; **~se** vpr: **~se (de)** s'échapper (de); (agua, gas) fuir; **se le escapó el secreto** il a vendu la mèche; **se le escapó la risa** un rire lui a échappé

escaparate nm vitrine f

escape nm (de agua, gas) fuite f; (tb: **tubo de ~**) pot m d'échappement

escarabajo nm scarabée m

escaramuza nf escarmouche f

escarbar vt ratisser ♦ vi fouiller; **~ en** (en asunto) démêler

escarceos nmpl (fig) écarts mpl; **~ amorosos** ébats mpl amoureux

escarcha nf rosée f

escarchado, -a adj glacé(e)

escarlata adj écarlate; **escarlatina** nf scarlatine f

escarmentar vt punir ♦ vi comprendre la leçon

escarmiento vb ver **escarmentar** ♦ nm punition f; (aviso) leçon f

escarnio nm raillerie f; (insulto) quolibet m

escarola nf scarole f

escarpado, -a adj escarpé(e)

escasear vi être rare

escasez nf (falta) manque m; (pobreza) misère f

escaso, -a adj faible; (posibilidades) compté(e); (recursos) insuffisant(e); **estar ~ de algo** être à court de qch

escatimar vt (sueldo, tela) lésiner sur; (elogios, esfuerzos) ménager

escayola nf plâtre m

escena nf scène f; **poner en ~** mettre en scène

escenario nm scène f;
escenografía nf scénographie f

escepticismo nm scepticisme m

escéptico, -a adj, nm/f sceptique m/f

escisión nf (de partido) scission f

esclarecer vt éclaircir

esclavitud nf esclavage m

esclavizar vt asservir

esclavo, -a adj, nm/f esclave m/f

esclusa nf écluse f

escoba nf balai m

escobilla nf (esp AM) brosse f

escocer vi brûler; **~se** vpr s'irriter; **me escuece mucho la herida** ma blessure me brûle

escocés, -esa adj écossais(e) ♦ nm/f Écossais(e)

Escocia nf Écosse f

escoger vt choisir

escogido, -a adj choisi(e)

escolar adj, nm/f scolaire m/f

escollo nm écueil m

escolta nf escorte f; **escoltar** vt escorter

escombros nmpl décombres mpl

esconder vt cacher; **~se** vpr se cacher

escondidas nfpl (AM) cache-cache m inv; **a escondidas** en cachette; **escondite** nm cachette f; (juego) cache-cache m inv; **escondrijo** nm cachette f

escopeta nf fusil m; **~ de aire comprimido** fusil à air comprimé

escoria nf (fig) lie f

Escorpio *nm* (ASTROL) Scorpion *m*; **ser** ~ être (du) Scorpion

escorpión *nm* scorpion *m*

escotado, -a *adj* décolleté(e)

escote *nm* décolleté *m*; **pagar a ~** payer son écot

escotilla *nf* (NÁUT) écoutille *f*

escozor *nm* cuisson *f*

escribir *vt, vi* écrire; **~se** *vpr* s'écrire; **~ a máquina** taper à la machine; **¿cómo se escribe?** comment ça s'écrit?

escrito, -a *pp de* **escribir** ♦ *adj* écrit(e) ♦ *nm* (documento) écrit *m*; (manifiesto) manifeste *m*; **por ~** par écrit

escritor, a *nm/f* écrivain *m/f*

escritorio *nm* (mueble) secrétaire *m*; (oficina) bureau *m*

escritura *nf* écriture *f*; (JUR) acte *m*

escrúpulo *nm*: **me da ~ (hacer)** j'ai des scrupules (à faire); **~s** *nmpl* (dudas) scrupules *mpl*

escrupuloso, -a *adj* scrupuleux(-euse); (aprensivo) maniaque

escrutar *vt* scruter; (votos) dépouiller le scrutin

escrutinio *nm* examen *m* attentif; (de votos) scrutin *m*

escuadra *nf* équerre *f*; (MIL) escouade *f*; (NÁUT) escadre *f*;

escuadrilla *nf* escadrille *f*

escuadrón *nm* escadron *m*

escuálido, -a *adj* efflanqué(e)

escuchar *vt* écouter ♦ *vi* écouter

escudo *nm* bouclier *m*; (insignia) écusson *m*

escudriñar *vt* scruter

escuela *nf* école *f*; **~ de arquitectura/Bellas Artes/ idiomas** école d'architecture/des Beaux Arts/de langues; **~ normal** école normale

escueto, -a *adj* (estilo) dépouillé(e); (explicación) concis(e)

escuincle (MÉX: fam) *nm* gosse *m*

esculpir *vt* sculpter

escultor, a *nm/f* sculpteur *m*;

escultura *nf* sculpture *f*

escupidera *nf* crachoir *m*; (orinal) pot *m* de chambre

escupir *vt, vi* cracher

escurreplatos *nm inv* égouttoir *m*

escurridizo, -a *adj* glissant(e)

escurridor *nm* essoreuse *f*

escurrir *vt* (ropa) essorer; (verduras) égoutter; (platos) laisser s'égoutter; (líquidos) verser la dernière goutte de ♦ *vi* (ropa, botella) goutter; (líquidos) couler; **~se** *vpr* (líquido) s'écouler; (ropa, platos) s'égoutter; (resbalarse) glisser; (escaparse) s'esquiver

ese, esa, esos, esas *adj* (demostrativo: *sg*) ce (cette); (: *pl*) ces

ése, ésa, ésos, ésas *pron* (*sg*) celui-là (celle-là); (*pl*) ceux-là (celles-là); **~ ... éste ...** celui-ci ... celui-là ...

esencia *nf* essence *f*; (de doctrina) essentiel *m*; **esencial** *adj* essentiel(le)

esfera *nf* sphère *f*; (de reloj) cadran *m*

esférico, -a *adj* sphérique

esforzarse *vpr* s'efforcer; **~ por hacer** s'efforcer de faire

esfuerzo *vb ver* **esforzarse** ♦ *nm* effort *m*; **hacer un ~ (para hacer)** faire un effort (pour faire); **con/sin ~** avec/sans effort

esfumarse *vpr* (persona) s'évanouir dans la nature; (esperanzas) partir en fumée

esgrima *nf* escrime *f*

esgrimir vt (arma) manier; (argumento) déployer

esguince nm entorse f

eslabón nm maillon m

eslavo, -a adj slave ♦ nm/f Slave m/f ♦ nm (LING) langue f slave

eslip nm slip m

eslovaco, -a adj slovaque ♦ nm/f Slovaque m/f ♦ nm (LING) slovaque m

Eslovaquia nf Slovaquie f

esmaltar vt émailler

esmalte nm émail m; **esmalte de uñas** vernis m à ongles

esmerado, -a adj soigné(e)

esmeralda nf émeraude f

esmerarse vpr: ~ **(en)** se donner du mal (pour)

esmero nm soin m; **con** ~ avec soin

esnob adj inv, nm/f snob m/f; **esnobismo** nm snobisme m

eso pron ce, cela; ~ **de su coche** cette histoire avec sa voiture; ~ **de ir al cine** cette histoire d'aller au cinéma; **a** ~ **de las cinco** vers cinq heures; **por** ~ c'est pour ça; ~ **es** c'est cela; **y** ~ **mismo** cela-même; **y** ~ **que llovía** pourtant il pleuvait!

esos adj demos ver **ese**

ésos pron ver **ése**

espabilar vt = **despabilar**

espacial adj spatial(e)

espaciar vt espacer

espacio nm espace m; **el** ~ l'espace; ~ **aéreo/exterior** espace aérien/extérieur

espacioso, -a adj spacieux(-euse)

espada nf épée f; ~**s** nfpl (NAIPES) l'une des quatre couleurs du jeu de cartes espagnol

espaguetis nmpl spaghettis mpl

espalda nf dos msg; **a** ~**s de**

algn dans le dos de qn; **estar de** ~**s** être de dos; **por la** ~ (atacar) par derrière; (disparar) dans le dos; **tenderse de** ~**s** s'allonger sur le dos; **volver la** ~ **a algn** tourner le dos à qn

espantajo nm,
espantapájaros nm inv épouvantail m

espantar vt (persona) effrayer; (animal) faire fuir; ~**se** vpr s'effrayer; (ahuyentar) déguerpir; (fig) se dissiper

espanto nm frayeur f; (terror) panique f

espantoso, -a adj effrayant(e); (fam: desmesurado) terrible; (: feísimo) repoussant(e)

España nf Espagne f

español, a adj espagnol(e) ♦ nm/f Espagnol(e) ♦ nm (LING) espagnol m

esparadrapo nm sparadrap m

esparcimiento nm (fig) divertissement m

esparcir vt (objetos) éparpiller; (semillas) semer; (líquido, noticia) répandre; ~**se** vpr s'éparpiller; (noticia) se répandre

espárrago nm asperge f

esparto nm alfa m

espasmo nm spasme m

espátula nf spatule f

especia nf condiment m

especial adj spécial(e); **especialidad** nf spécialité f; (ESCOL) spécialisation f

especialista nm/f spécialiste m/f

especialmente adv spécialement

especie nf espèce f; **una** ~ **de** une espèce de; **pagar en** ~ payer en espèces

especificar vt spécifier

específico, -a adj spécifique

espécimen (pl **especímenes**) nm spécimen m; (muestra) échantillon m

espectáculo nm spectacle m

espectador, a nm/f spectateur(-trice) m; (de incidente) badaud m; **los ~es** (TEATRO) les spectateurs

espectro nm spectre m

especular vi (meditar): ~ **sobre** spéculer sur; ~ **(en)** (COM) spéculer (en)

espejismo nm mirage m

espejo nm miroir m; **mirarse al** ~ se regarder dans la glace; ~ **retrovisor** rétroviseur m

espeluznante adj à faire dresser les cheveux sur la tête

espera nf attente f; **a la o en** ~ **de** dans l'attente de

esperanza nf espoir m; **hay pocas ~s de que venga** il y a peu de chances pour qu'il vienne; ~ **de vida** espérance f de vie

esperar vt attendre; (desear, confiar) espérer ♦ vi attendre; **un bebé** attendre un enfant; **es de** ~ **que** il faut espérer que

esperma nm sperme m

espesar vt épaissir; **~se** vpr s'épaissir

espeso, -a adj épais(se)

espesor nm épaisseur f; (densidad) densité f

espía nm/f espion(ne); **espiar** vt espionner ♦ vi: **espiar para** être un espion à la solde de

espiga nf épi m

espigón nm (BOT) piquant m; (NÁUT) digue f

espina nf (BOT) épine f; (de pez) arête f; ~ **dorsal** épine dorsale

espinaca nf (BOT) épinard m; **~s** (CULIN) épinards mpl

espinazo nm épine f dorsale

espinilla nf (ANAT) tibia m; (MED) point m noir

espinoso, -a adj épineux(euse)

espionaje nm espionnage m

espiral adj en spirale ♦ nf spirale f; (anticonceptivo) stérilet m

espirar vt, vi expirer

espíritu nm esprit m; ~ **de cuerpo/de equipo** esprit de corps/d'équipe; ~ **de lucha** naturel m bagarreur; **E~ Santo** Saint-Esprit m; **espiritual** adj spirituel(le)

espita nf robinet m

espléndido, -a adj (magnífico) splendide; (generoso) généreux(-euse)

esplendor nm splendeur f

espolear vt (fig: persona) tanner

espoleta nf goupille f

espolón nm (de ave) ergot m; (malecón) jetée f

espolvorear vt saupoudrer

esponja nf éponge f; ~ **de baño** éponge de toilette

esponjoso, -a adj spongieux(-euse); (bizcocho) imbibé(e)

espontaneidad nf spontanéité f

espontáneo, -a adj spontané(e)

esposar vt passer les menottes à

esposo, -a nm/f époux(-ouse); **esposas** nfpl (para detenidos) menottes fpl

espray nm aérosol m

espuela nf éperon m

espuma nf mousse f; (sobre olas) écume f; ~ **de afeitar** mousse à raser

espumadera nf écumoire f

espumoso, -a adj moussant(e)

esqueleto nm squelette m

esquema nm schéma m; (guión) plan m

esquí (pl **~s**) nm ski m; ~

acuático ski nautique; **esquiar** vi skier

esquilar vt tondre

esquimal adj esquimau(de) ♦ nm/f Esquimau(de)

esquina nf coin m; **doblar la ~** tourner au coin de la rue

esquinazo nm: **dar ~ a algn** planter là qn

esquirol nm briseur m de grève

esquivar vt esquiver

esquivo, -a adj (huraño) asocial(e); (desdeñoso) dédaigneux(-euse)

esta adj ver **este²**

está vb ver **estar**

ésta pron ver **éste**

estabilidad nf stabilité f; **estable** adj stable

establecer vt établir; **~se** vpr s'établir; **establecimiento** nm établissement m

establo nm étable f

estaca nf (palo) piquet m; (con punta) pieu m

estación nf gare f; (del año) saison f; **~ de radio** station d'émission; **~ de servicio** station-service f; **~ meteorológica** station météorologique

estacionamiento nm stationnement m

estacionar vt (AUT) garer; **~se** vpr (AUT) se garer; (MED) se stabiliser

estacionario, -a adj (estado) stationnaire; (mercado) calme

estadio nm stade m

estadista nm (POL) homme m d'État

estadística nf statistique f

estado nm état m; **el E~** l'État; **estar en ~ (de buena esperanza)** attendre un heureux événement; **~ civil** état civil; **~ de ánimo** état d'âme; **~ de cuenta(s)** relevé m de compte; **~ de emergencia** o **excepción** état d'urgence; **~ de sitio** état de siège; **~ mayor** (MIL) état-major m; **E~s Unidos** États-Unis

estadounidense adj américain(e) ♦ nm/f Américain(e)

estafa nf escroquerie f; **estafar** vt escroquer; **les estafaron 8 millones** ils les ont escroqués de 8 millions

estafeta nf bureau m de poste

estáis vb ver **estar**

estallar vi (bomba) exploser; **estallido** nm explosion f; (fig: de guerra) déclenchement m

estampa nf estampe f; (porte) allure f

estampado, -a adj imprimé(e) ♦ nm (dibujo) imprimé m

estampar vt imprimer

estampida (esp AM) nf débandade f

estampido nm détonation f

están vb ver **estar**

estancado, -a adj stagnant(e)

estancar vt stagner; **~se** vpr stagner; (fig: progreso) piétiner; (persona): **~se en** s'enliser dans

estancia nf séjour m; (sala) salle f; (AM) ferme f d'élevage; **estanciero** (AM) nm (AGR) éleveur m

estanco, -a nm bureau m de tabac

Estanco

L'**estanco** est l'équivalent espagnol du bureau de tabac : on y achète cigarettes, tabac, timbres et timbres fiscaux. On trouve également des cigarettes et du *tabac dans les bars et les "quioscos", mais ils y sont généralement vendus plus chers.*

estándar *adj* normal(e); *(medio)* standard ♦ *nm* standard *m*;
estandarizar *vt* standardiser;
estandarizarse *vpr* se standardiser
estandarte *nm* étendard *m*
estanque *vb ver* **estancar** ♦ *nm* bassin *m*
estanquero, -a *nm/f* buraliste *m/f*
estante *nm (de mueble)* rayonnage *m*; *(adosado)* étagère *f*; *(AM: soporte)* étai *m*; **estantería** *nf* rayonnage *m*
estaño *nm* étain *m*

PALABRA CLAVE

---

estar *vi* **1** *(posición)* être; **está en la Plaza Mayor** il est sur la Plaza Mayor; **¿está Juan?** (est-ce que) Juan est là?; **estamos a 30 km de Junín** nous sommes à 30 km de Junín
2 *(+ adj o adv: estado)* être; **estar enfermo** être malade; **estar lejos** être loin; **está muy elegante** il est très élégant; **¿cómo estás?** comment vas-tu?; *ver tb* **bien**
3 *(+ gerundio)* être en train de; **estoy leyendo** je suis en train de lire
4 *(uso pasivo)*: **está condenado a muerte** il est condamné à mort; **está envasado en ...** c'est enveloppé dans ...
5 *(tiempo)*: **estamos en octubre/1994** nous sommes en octubre/1994
6 *(estar listo)*: **¿está la comida?**

le repas est prêt?; **¿estará para mañana?** ce sera prêt pour demain?; **ya está** ça y est
7 *(sentar)* aller; **el traje le está bien** le costume lui va bien
8: estar a *(con fechas)*: **¿a cuántos estamos?** nous sommes le combien?; **estamos a 5 de mayo** nous sommes le 5 mai; *(con precios)*: **las manzanas están a cien** les pommes sont à cent pesetas; *(con grados)*: **estamos a 25°** il fait 25°
9: estar de *(ocupación)*: **estar de vacaciones/viaje** être en vacances/voyage; *(trabajo)*: **está de camarero** il travaille comme garçon de café
10: estar en *(consistir)* résider dans
11: estar para *(a punto de)*: **está para salir** il est prêt à sortir; *(con humor de)*: **no estoy para bromas** je ne suis pas d'humeur à plaisanter
12: estar por *(a favor de)* être pour; **estoy por dejarlo** je suis pour le laisser tomber; *(sin hacer)*: **está por limpiar** ça reste à nettoyer
13: estar que: **¡está que trina!** il en est fumasse!
14: estar sin: **estar sin dinero** ne pas avoir d'argent; **la casa está sin terminar** la maison n'est pas finie
15 *(locuciones)*: **¡ya estuvo!** *(AM: fam)* ça suffit!; **¿estamos?** *(¿de acuerdo?)* d'accord?; **¡ya está bien!** bon, ça va!; **estarse** *vpr*: **se estuvo en la cama toda la tarde** il est resté au lit tout l'après-midi

estas *adj demos ver* **este**

éstas pron ver **éste**
estatal adj (política)
  gouvernemental(e); (enseñanza)
  public(-ique)
estático, -a adj statique
estatua nf statue f
estatura nf stature f
estatuto nm statut m
este¹ adj ♦ nm est m
este², **esta, estos, estas** adj
  (demostrativo: sg) ce (cette); (: pl)
  ces ♦ excl (AM: fam: esto) euh!
esté vb ver **estar**
éste, ésta, éstos, éstas pron
  (sg) celui-ci (celle-ci); (pl) ceux-ci
  (celles-ci); **ése ... ~ ...** celui-ci ...
  celui-là ...
estelar adj (ASTRON) stellaire;
  (actuación de star; (reparto)
  prestigieux(-euse)
estén vb ver **estar**
estepa nf steppe f
estera nf sparterie f
estéreo adj inv ♦ nm stéréo f;
  estereotipo (pey) nm stéréotype
  m
estéril adj stérile
esterilizar vt stériliser
esterlina adj: **libra ~** livre f
  sterling
estés vb ver **estar**
estética nf esthétique f
estético, -a adj esthétique
estibador nm docker m
estiércol nm fumier m
estilarse vpr être en vogue
estilo nm style m; (NATACIÓN) nage
  f; **por el ~** de ce genre
estima nf estime f; **le tiene en
  mucha ~** il a beaucoup d'estime
  pour lui
estimación nf (valoración)
  estimation f; (estima) estime f
estimar vt estimer; **~ algo en**
  (valorar) estimer qch à

estimulante adj stimulant(e) ♦
  nm stimulant m
estimular vt stimuler
estímulo nm stimulation f
estipulación nf stipulation f;
  estipular vt stipuler
estirado, -a adj tendu(e);
  (engreído) infatué(e)
estirar vt étirer; (brazo, pierna)
  tendre; (fig: dinero) faire durer ♦ vi
  tirer; **~se** vpr s'étirer; **~ las
  piernas** (fig) se dégourdir les
  jambes
estirón nm étirement m; **dar** o
  pegar un ~ pousser comme une
  asperge
estirpe nf souche f
estival adj estival(e)
esto pron cela, ça, c' ♦ excl (fam)
  euh!; **~ de la boda** cette affaire
  de la noce; **por ~** c'est pour ça
Estocolmo n Stockolm
estofado, -a adj cuit(e) à
  l'étouffée ♦ nm estouffade f
estofar vt cuire à l'étouffée
estómago nm estomac m
estorbar vt gêner ♦ vi gêner;
  estorbo nm gêne f
estornudar vi éternuer
estos adj ver **este**²
éstos pron ver **éste**
estoy vb ver **estar**
estrado nm estrade f
estrafalario, -a adj
  extravagant(e)
estrago nm: **hacer** o **causar
  ~s en** faire des ravages parmi
estragón nm estragon m
estrambótico, -a adj
  extravagant(e)
estrangular vt étrangler
Estrasburgo n Strasbourg
estratagema nf stratagème m
estrategia nf stratégie f
estratégico, -a adj stratégique

estrato *nm* strate f; **~ social**
couche f sociale
estrechamente *adv*
(*intimamente*) étroitement;
(*pobremente*) à l'étroit
estrechar *vt* rétrécir; (*persona*)
serrer; (*lazos de amistad*) resserrer;
~se *vpr* se rétrécir; (*dos personas*)
se rapprocher; **~ la mano** serrer
la main
estrechez *nf* étroitesse f;
estrecheces *nfpl* (*apuros*)
difficultés *fpl* financières
estrecho, -a *adj* étroit(e);
(*amistad*) intime ♦ *nm* détroit m;
~ de miras borné(e); **estar/ir
muy ~s** être très serrés
estrella *nf* étoile f; (*CINE etc*) star
f; **ver las ~s** (*fam*) voir trente-six
chandelles; **~ de mar** étoile de
mer; **~ fugaz** étoile filante
estrellado, -a *adj* en forme
d'étoile; (*cielo*) étoilé(e)
estrellar *vt* briser en mille
morceaux; (*huevos*) faire cuire sur
le plat; **~se** *vpr* se briser en mille
morceaux; (*coche*) s'écraser;
(*fracasar*) échouer
estremecer *vt* bouleverser; (*suj:
miedo, frío*) faire frissonner; **~se**
vpr frissonner; (*edificio*) trembler;
~se de frissonner de;
estremecimiento *nm* frisson m
estrenar *vt* (*vestido*) étrenner;
(*casa*) pendre la crémaillère;
(*película, obra de teatro*) donner la
première de; **~se** *vpr*: **~se como**
(*persona*) faire ses débuts de;
estreno *nm* inauguration f; (*CINE,
TEATRO*) première f
estreñido, -a *adj* constipé(e)
estreñimiento *nm* constipation f
estrépito *nm* fracas *msg*
estrepitoso, -a *adj* (*caída*)
spectaculaire; (*gritos*) perçant(e);

(*fracaso, victoria*) fracassant(e);
aplausos ~s un tonnerre
d'applaudissements
estrés *nm* stress m
estría *nf* (*en tronco*) strie f;
(*columna*) striure f; **~s** (*en la piel*)
vergetures *fpl*
estribación *nf* (*GEO, frec pl*)
contrefort m
estribar *vi*: **~ en** reposer sur
estribillo *nm* refrain m
estribo *nm* (*de jinete*) étrier m; (*de
tren*) marchepied m; (*de puente,
cordillera*) contrefort m; **perder
los ~s** (*fig*) monter sur ses grands
chevaux
estribor *nm* (*NÁUT*) tribord m
estricto, -a *adj* strict(e)
estridente *adj* (*color*) criard(e);
(*voz*) strident(e)
estropajo *nm* lavette f
estropear *vt* (*material*) abîmer;
(*máquina, coche*) casser; (*planes*)
détruire; (*cosecha*) gâter; (*persona*)
ravager; **~se** *vpr* tomber en
panne; (*envejecer*) vieillir
estructura *nf* structure f
estruendo *nm* vacarme m
estrujar *vt* (*limón*) presser;
(*bayeta, papel*) tordre; (*persona*)
serrer; **~se** *vpr* (*personas*) se serrer
estuario *nm* estuaire m
estuche *nm* trousse f
estudiante *nm/f* étudiant(e);
estudiantil *adj* estudiantin(e)
estudiar *vt* étudier; (*carrera*) faire
des études de ♦ *vi* étudier
estudio *nm* étude f; (*piso*) atelier
m; (*RADIO, TV etc: local*) studio m;
~s *nmpl* études *fpl*
estudioso, -a *adj*
studieux(-euse) ♦ *nm/f*: **~ de**
spécialiste *m/f* de
estufa *nf* radiateur m
estupefaciente *adj* stupéfiant(e)

♦ *nm* stupéfiant *m*
estupefacto, -a *adj*: **quedarse ~** être stupéfait(e); **me dejó ~** il m'a laissé stupéfait; **me miró ~** il m'a regardé avec stupéfaction
estupendo, -a *adj* formidable; **¡~!** super!
estupidez *nf* stupidité *f*
estúpido, -a *adj* stupide
estupor *nm* stupeur *f*
estuve *etc vb ver* **estar**
esvástica *nf* croix *f* gammée
ETA *sigla f* (POL) (= *Euskadi Ta Askatasuna*) ETA *m*
etapa *nf* étape *f*; **por ~s** par étapes
etarra *adj, nm/f* membre *m/f* de l'ETA
etc. *abr* (= *etcétera*) etc. (= *et c(a)etera*)
etcétera *adv* et cetera
eternidad *nf* éternité *f*
eterno, -a *adj* éternel(le); (*fam: larguísimo*) à n'en plus finir
ética *nf* éthique *f*; **~ profesional** éthique professionnelle
ético, -a *adj* éthique
Etiopía *nf* Éthiopie *f*
etiqueta *nf* étiquette *f*; **traje de ~** tenue *f* de soirée
étnico, -a *adj* ethnique
Eucaristía *nf* Eucharistie *f*
eufemismo *nm* euphémisme *m*
euforia *nf* euphorie *f*
eurodiputado, -a *nm/f* député(e) européen(ne)
Europa *nf* Europe *f*
europeo, -a *adj* européen(ne) ♦ *nm/f* Européen(ne)
Euskadi *nm* pays *m* basque
euskera *nm* basque *m*
eutanasia *nf* euthanasie *f*
evacuación *nf* évacuation *f*
evadir *vt* éviter; (*impuesto*) frauder; **~se** *vpr* s'évader

evaluar *vt* (*valorar*) évaluer; (*calificar*) noter
evangelio *nm* Évangile *m*
evaporar *vt* faire évaporer; **~se** *vpr* s'évaporer; (*fam: persona*) se volatiliser
evasión *nf* évasion *f*; **de ~** (*novela, película*) d'évasion; **~ de capitales** évasion des capitaux
evasiva *nf* réponse *f* évasive
evasivo, -a *adj* évasif(-ive)
evento *nm* événement *m*
eventual *adj* (*circunstancias*) éventuel(le); (*trabajo*) temporaire
evidencia *nf* évidence *f*; **poner en ~** (*a algn*) tourner en ridicule; (*algo*) mettre en évidence;
evidenciar *vt* rendre évident(e); **evidenciarse** *vpr* être manifeste
evidente *adj* évident(e)
evitar *vt* éviter; **~ hacer** éviter de faire
evocar *vt* évoquer
evolución *nf* évolution *f*;
evolucionar *vi* évoluer
ex *prep* ex; **el ~ ministro** l'ex-ministre
exacerbar *vt* exacerber; (*persona*) exaspérer
exactamente *adv* exactement
exactitud *nf* exactitude *f*; (*fidelidad*) fidélité *f*
exacto, -a *adj* exact(e); **¡~!** exactement!
exageración *nf* exagération *f*;
exagerar *vt, vi* exagérer
exaltado, -a *adj, nm/f* exalté(e)
exaltar *vt* exalter; **~se** *vpr* s'exalter
examen *nm* examen *m*; **~ de conducir** épreuve *f* de conduite; **~ de ingreso** examen d'entrée; **~ final** examen final
examinar *vt* examiner; (ESCOL) faire passer un examen à; **~se**

vpr: **~se (de)** passer un examen (de)

exasperar *vt* exaspérer; **~se** *vpr* s'irriter

Exc.ª *abr* = **Excelencia**

excavador, a *nm/f (persona)* mineur *m* ♦ *nf (TEC)* excavateur *m*, excavatrice *f*

excavar *vt, vi* excaver

excedencia *nf:* **estar en ~** être en congé sabbatique; **pedir** *o* **solicitar la ~** demander *o* solliciter un congé sabbatique

excedente *adj (producto, dinero)* excédentaire; *(funcionario)* en disponibilité ♦ *nm* excédent *m*; **~ de cupo** exempté *m* de service militaire

exceder *vt* surpasser; **~se** *vpr* dépasser; **~se en gastos** faire trop de dépenses; **~se en sus funciones** outrepasser ses pouvoirs

excelencia *nf* excellence *f*; **E~** *(tratamiento)* Excellence; **por ~** par excellence; **excelente** *adj* excellent(e)

excentricidad *nf* excentricité *f*

excéntrico, -a *adj, nm/f* excentrique *m/f*

excepción *nf:* **ser/hacer una ~** être/faire une exception; **a** *o* **con ~ de** à l'exception de; **sin ~** sans exception; **excepcional** *adj* exceptionnel(le)

excepto *adv* excepté

exceptuar *vt* excepter

excesivo, -a *adj* excessif(-ive)

exceso *nm* excès *msg*; *(COM)* excédent *m*; **~s** *nmpl (desórdenes)* excès *mpl*; **con** *o* **en ~** à l'excès; **~ de equipaje/peso** excédent de bagages/poids; **~ de velocidad** excès de vitesse

excitación *nf* excitation *f*

excitar *vt* exciter; **~se** *vpr* s'exciter

exclamación *nf* exclamation *f*; **exclamar** *vt, vi* s'exclamer

excluir *vt (descartar)* exclure; *(no incluir)* **~ (de)** exclure (de);

exclusión *nf* exclusion *f*; **con exclusión de** à l'exclusion de

exclusiva *nf* exclusivité *f*; **modelo en ~** modèle *m* exclusif

exclusivo, -a *adj* exclusif(-ive); **derecho ~** droit *m* exclusif

Excmo. *abr* = **(Excelentísimo)** titre de courtoisie

excomulgar *vt* excommunier

excomunión *nf* excommunication *f*

excursión *nf (por el campo)* randonnée *f*; *(viaje)* excursion *f*; **ir de ~** faire une excursion; **excursionista** *nm/f (por campo)* randonneur(-euse)

excusa *nf* excuse *f*

excusar *vt* excuser; **~se** *vpr* s'excuser; **~ (de hacer)** *(eximir)* excuser (de faire)

exhalar *vt* exhaler

exhaustivo, -a *adj* exhaustif(-ive)

exhausto, -a *adj* épuisé(e)

exhibir *vt* exhiber; **~se** *vpr* s'exhiber

exhortar *vt:* **~ a** exhorter à

exigencia *nf* exigence *f*; **~s del trabajo/de la situación** exigences du travail/de la situation; **exigente** *adj* exigeant(e)

exigir *vt (reclamar)* exiger; *(necesitar)* demander ♦ *vi* être exigeant(e)

exiliado, -a *adj, nm/f* exilé(e)

exilio *nm* exil *m*

eximir *vt:* **~ a algn (de)**

exempter qn (de)

existencia *nf* existence *f;* **~s**
nfpl (artículos) stock *m;* **en ~**
(COM) en stock

existir *vi* exister

éxito *nm* succès *m;* **tener ~** avoir
du succès

exonerar *vt:* **~ de** *(de cargo)*
destituer de; *(de obligación)*
dispenser de

exorbitante *adj* exorbitant(e)

exorcizar *vt* exorciser

exótico, -a *adj* exotique

expandirse *vpr* se dilater; se
répandre

expansión *nf* expansion *f;*
(diversión) distraction *f;* **~**
económica expansion
économique

expansivo, -a *adj (onda)* de
propagation; *(carácter)*
expansif(-ive)

expatriarse *vpr* s'expatrier

expectativa *nf* expectative *f;*
(perspectiva) perspective *f*

expedición *nf* expédition *f*

expediente *nm (JUR:*
procedimiento) procédure *f;* *(:*
papeles) démarches *fpl; (ESCOL: tb:*
~ académico) dossier *m*
scolaire; **abrir/formar ~ a algn**
ouvrir un dossier au nom de qn/
instruire le dossier de qn

expedir *vt (carta, mercancías)*
expédier; *(documento)* délivrer

expendedor, a *nm/f*
vendeur(-euse) ♦ *nm (tb:* **~**
automático) guichet *m*
automatique; **~ de cigarrillos**
distributeur *m* de cigarettes

expensas *nfpl (JUR)* frais *mpl;* **a ~**
de aux frais de

experiencia *nf* expérience *f*

experimentado, -a *adj*
expérimenté(e)

experimentar *vt (en laboratorio)*
expérimenter; *(deterioro, aumento)*
connaître; *(sensación)* ressentir

experimento *nm* expérience *f*

experto, -a *adj, nm/f* expert(e)

expiar *vt* expier

expirar *vt* expirer

explanada *nf* esplanade *f*

explayarse *vpr* s'étendre; **~ con**
algn se confier à qn

explicación *nf* explication *f;*

explicar *vt* expliquer;

explicarse *vpr* s'expliquer;
explicarse algo s'expliquer qch

explícito, -a *adj* explicite

explique *etc vb ver* **explicar**

explorador, a *nm/f*
explorateur(-trice); *(MIL)*
éclaireur(-euse)

explorar *vt* explorer

explosión *nf* explosion *f*

explosivo, -a *adj* explosif(-ive) ♦
nm explosif *m*

explotación *nf* exploitation *f*

explotar *vt* exploiter ♦ *vi* exploser

exponer *vt* exposer; **~se:**
~se a (hacer) algo s'exposer à
(faire) qch

exportación *nf* exportation *f;*

exportar *vt* exporter

exposición *nf* exposition *f;* **E~**
Universal exposition universelle

exprés *adj inv (café)* express

expresamente *adv (decir)*
expressément; *(ir)* exprès

expresar *vt* exprimer; **~se** *vpr*
s'exprimer; **expresión** *nf*
expression *f*

expresivo, -a *adj (vivo)*
expressif(-ive); *(cariñoso)*
expansif(-ive)

expreso, -a *adj (explícito)*
exprès(-esse); *(claro)* explicite;
(tren) express ♦ *nm (FERRO)* express
msg

exprimidor nm presse-citrons m sg

exprimir vt presser

expropiar vt exproprier

expuesto, -a pp de **exponer** ♦ adj exposé(e)

expulsar vt expulser; (humo) cracher; **expulsión** nf expulsion f; (de humo) émission f

exquisito, -a adj exquis(e)

éxtasis nm extase f

extender vt étendre; (mantequilla, pintura) étaler; (certificado, documento) délivrer; (cheque, recibo) établir; **~se** vpr s'étendre

extendido, -a adj étendu(e); (costumbre, creencia) répandu(e)

extensión nf étendue f; (TELEC) poste m; **por ~** par extension

extenso, -a adj étendu(e)

extenuar vt exténuer

exterior adj extérieur(e) ♦ nm extérieur m; (países extranjeros) étranger m; **al ~** à l'extérieur; **en el ~** en extérieur

exterminar vt exterminer; **exterminio** nm extermination f

externo, -a adj externe; (culto) extérieur(e) ♦ nm/f externe m/f; **de uso ~** (MED) à usage externe

extinguir vt (fuego) éteindre; (raza) provoquer l'extinction de; **~se** vpr s'éteindre

extinto, -a adj disparu(e)

extintor nm (tb: **~ de incendios**) extincteur m

extirpar vt (mal) déraciner; (MED) extirper

extorsión nf extorsion f; (molestia) gêne f

extra adj inv (tiempo, paga) supplémentaire; (chocolate) extra; (calidad) super ♦ nm/f (CINE) figurant(e) ♦ nm (bono) bonus m inv; (de menú, cuenta) supplément m

extracción nf extraction f

extracto nm résumé m; (de café, hierbas) extrait m

extradición nf extradition f

extraer vt extraire

extraescolar adj: **actividad ~** activité f extrascolaire

extralimitarse vpr: **~ (en)** dépasser les limites (de)

extranjero, -a adj, nm/f étranger(-ère) ♦ nm étranger m; **en el ~** à l'étranger

extrañar vt étonner; (AM: echar de menos) regretter; (algo nuevo) ne pas reconnaître; **~se** vpr: **~se (de)** s'étonner (de); **te extraño mucho** tu me manques beaucoup

extrañeza nf (rareza) singularité f; (asombro) étonnement m

extraño, -a adj étranger(-ère); (raro) bizarre ♦ nm/f étranger(-ère); **... lo que por ~ que parezca** ... ce qui, aussi bizarre que cela puisse paraître

extraordinario, -a adj extraordinaire; (edición) spécial(e) ♦ nm (de periódico) numéro m spécial; **horas extraordinarias** heures fpl supplémentaires

extrarradio nm banlieue f

extravagancia nf extravagance f; **extravagante** adj extravagant(e)

extraviar vt (objeto) égarer; **~se** vpr s'égarer; **extravío** nm objet m perdu

extremar vt pousser à l'extrême

extremaunción nf extrême-onction f

extremeño, -a adj d'Estrémadure

extremidad nf extrémité f; **~es** nfpl (ANAT) extrémités fpl

extremo, -a adj extrême ♦ nm
(punta) extrémité f; (fig) extrême
m; **en último ~** en dernière
extrémité; **E~ Oriente** Extrême-
Orient m
extrovertido, -a adj, nm/f
extraverti(e)
exuberancia nf exubérance f;
exuberante adj exubérant(e)
eyacular vi éjaculer

F, f

fa nm fa m
fábrica nf usine f; **de ~** (ARQ) en
brique; **marca/precio de ~**
marque f/prix m de fabrique
fabricación nf fabrication f; **de
~ casera** fait(e) maison; **en
serie** fabrication en série
fabricante nm/f fabricant(e)
fabricar vt fabriquer
fábula nf (tb chisme, mentira)
fable f
fabuloso, -a adj fabuleux(-euse)
facción nf (POL) faction f;
facciones nfpl (del rostro) traits
mpl
faceta nf facette f
facha (fam) adj, nm/f (pey) facho
m/f ♦ nf (aspecto) aspect m; **estar
hecho una ~** ressembler à un
épouvantail
fachada nf façade f
fácil adj facile; **es ~ que venga**
il est probable qu'il vienne
facilidad nf facilité f; **~es** nfpl
(condiciones favorables) facilités fpl;
~ de palabra facilité d'élocution
facilitar vt faciliter; (proporcionar)
fournir
fácilmente adv facilement
facsímil nm fac-similé m
factible adj faisable

factor nm facteur m
factoría nf (fábrica) fabrique f
factura nf facture f
facturación nf (COM) facturation
f; **~ de equipajes**
enregistrement m des bagages;
facturar vt (COM) facturer;
(equipaje) enregistrer
facultad nf faculté f
faena nf tâche f; **~s
domésticas** tâches fpl
domestiques; **hacerle una ~ a
algn** (fam) ficher la frousse à qn
faisán nm faisan m
faja nf (para la cintura) ceinture f;
(de mujer) gaine f; (de tierra, libro
etc) bande f
fajo nm liasse f
falacia nf fausseté f
falda nf jupe f; (GEO) versant m; **~
pantalón** jupe-culotte f
falla nf (GEO) faille f
fallar vt (JUR) prononcer ♦ vi
échouer; (cuerda, rama) céder;
(motor) tomber en panne; (frenos)
lâcher; **le falló la memoria** il a
eu un trou de mémoire; **le ~on
las piernas** les jambes lui ont
manqué; **sin ~** sans faute

Fallas

Les **Fallas** ou fêtes de la Saint-
Joseph, en l'honneur du saint
patron de la ville, ont lieu chaque
année à Valence, la semaine du
19 mars. Le terme *fallas* désigne
les grandes figures en papier
mâché et en bois, à l'effigie
d'hommes politiques et de
personnalités connues, qui sont
réalisées pendant l'année par les
différentes équipes en
compétition. Ces figures sont
ensuite examinées par un jury et
brûlées dans des feux de joie.

Seules les meilleures échappent aux flammes.

fallecer *vi* décéder;
fallecimiento *nm* décès *m*
fallido, -a *adj* avorté(e)
fallo *nm* (*JUR*) jugement *m*;
(*defecto, INFORM*) défaut *m*; (*error*)
erreur *f*; **~ cardíaco** crise *f*
cardiaque
falsedad *nf* fausseté *f*; (*mentira*)
mensonge *m*
falsificar *vt* falsifier
falso, -a *adj* faux (fausse);
declarar en ~ faire une fausse
déclaration
falta *nf* (*carencia*) manque *m*;
(*defecto, en comportamiento*)
défaut *m*; (*ausencia*) absence *f*; (*en
examen, ejercicio, DEPORTE*) faute *f*;
echar en ~ (*persona, clima*)
regretter; **hace ~ hacerlo** il faut
le faire; **me hace ~ un lápiz** j'ai
besoin d'un crayon; **a/por ~ de**
faute de; **~ de educación**
manque d'éducation; **~ de
ortografía** faute d'orthographe
faltar *vi* manquer; (*escasear*) se
faire rare; **faltan 2 horas para
llegar** il reste encore 2 heures
avant que l'on arrive; **¡no faltaba
o ~ía más!** (*naturalmente*) mais
comment donc!; (*¡ni hablar!*) pas
question!
falto, -a *adj*: **está ~ de** il (elle)
manque de
fama *nf* (*celebridad*) célébrité *f*;
(*reputación*) réputation *f*; **tener ~
de** avoir la réputation de
famélico, -a *adj* famélique
familia *nf* famille *f*
familiar *adj* familial(e); (*conocido,
informal*) familier(-ère) ♦ *nm/f*
parent(e); **familiaridad** *nf*

familiarité *f*; **familiaridades** *nfpl*
(*pey*) familiarités *fpl*
familiarizarse *vpr*: **~ con** se
familiariser avec
famoso, -a *adj* célèbre
fanático, -a *adj, nm/f* fanatique
m/f; **ser un ~ de** être un
fanatique de; **fanatismo** *nm*
fanatisme *m*
fanfarrón, -ona *adj, nm/f*
fanfaron(ne)
fango *nm* fange *f*
fangoso, -a *adj* fangeux(-euse);
(*consistencia*) visqueux(-euse)
fantasía *nf* fantaisie *f*; **~s** *nfpl*
(*ilusiones*) illusions *fpl*; **joyas de
~** bijoux *mpl* fantaisie
fantasma *nm* fantôme *m*
fantástico, -a *adj* fantastique
farmacéutico, -a *adj*
pharmaceutique ♦ *nm/f*
pharmacien(ne)
farmacia *nf* pharmacie *f*; **~ de
guardia** pharmacie de garde
fármaco *nm* médicament *m*
faro *nm* (*NÁUT, AUTO*) phare *m*; **~s
antiniebla/delanteros/
traseros** feux *mpl*
antibrouillard/avant/arrière
farol *nm* lanterne *f*; **echarse** *o*
tirarse un ~ (*fam*) frimer
farola *nf* réverbère *m*
farsa *nf* farce *f*; **¡es una ~!** (*fig*)
quelle farce!
farsante *nm/f* farceur(-euse)
fascículo *nm* fascicule *m*
fascinar *vt* fasciner
fascismo *nm* fascisme *m*;
fascista *adj, nm/f* fasciste *m/f*
fase *nf* phase *f*
fastidiar *vt* (*molestar*) ennuyer;
(*estropear*) gâcher; **~se** *vpr*
prendre sur soi
fastidio *nm* ennui *m*; **¡qué ~!**
c'est trop bête!

fastidioso, -a *adj* fastidieux(-euse)

fastuoso, -a *adj* fastueux(-euse)

fatal *adj* fatal(e); *(fam: malo)* dur(e) ♦ *adv* très mal; **fatalidad** *nf* fatalité *f*

fatiga *nf* fatigue *f*

fatigar *vt* fatiguer; **~se** *vpr* se fatiguer

fatigoso, -a *adj* *(tarea)* pénible; *(respiración)* difficile

favor *nm* faveur *f*; **haga el ~ de ...** faites-moi le plaisir de ...; **por ~** s'il vous plaît; **a ~ de** en algo/algn avoir foi en qch/qn; **favorable** *adj* favorable; **ser favorable a algo** être favorable à qch

favorecer *vt* favoriser; *(suj: vestido, peinado)* avantager

favorito, -a *adj, nm/f* favori(te)

fax *nm* fax *m*

fe *nf* foi *f*; **de buena/mala ~** de bonne/mauvaise foi; **dar ~ de** faire foi de; **tener ~ en algo/ algn** avoir foi en qch/qn; **~ de bautismo/de vida** certificat *m* de baptême/de vie

fealdad *nf* laideur *f*

febrero *nm* février *m*; *ver tb* **julio**

febril *adj* fiévreux(-euse); *(fig)* fébrile

fecha *nf* date *f*; **en ~ próxima** prochainement; **hasta la ~** jusqu'à aujourd'hui; **~ de caducidad** *(de alimentos)* date limite de consommation; **~ límite** *o* **tope** date limite; **fechar** *vt* dater

fecundar *vt* féconder

fecundo, -a *adj* *(mujer, fig)* fécond(e); *(tierra)* fertile

federación *nf* fédération *f*

federal *adj* fédéral(e)

felicidad *nf* bonheur *m*; *(dicha)* félicité *f*; **~es** tous mes *etc* vœux

felicitación *nf* *(enhorabuena)* vœux *mpl*; *(tarjeta)* carte *f* de vœux

felicitar *vt*: **~ (por)** féliciter (pour); **me felicitó por mi cumpleaños** il me souhaita un bon anniversaire

feligrés, -esa *nm/f* fidèle *m/f*

feliz *adj* heureux(-euse)

felpudo *nm* paillasson *m*

femenino, -a *adj* féminin(e); *(ZOOL, BIO)* femelle ♦ *nm* *(LING)* féminin *m*

feminista *adj, nm/f* féministe *m/f*

fenomenal *adj* *(fam: enorme)* phénoménal(e); *(: estupendo)* sensationnel(le) ♦ *adv* vachement bien

fenómeno *nm* phénomène *m* ♦ *adv*: **lo pasamos ~** on s'est vachement bien amusé ♦ *excl* super!

feo, -a *adj* laid(e); **esto se está poniendo ~** ça va mal tourner

féretro *nm* cercueil *m*

feria *nf* *(AM: mercado de pueblo)* marché *m*; *(MÉX: cambio)* monnaie *f*; **~s** *nfpl (fiestas)* fêtes *fpl*

fermentar *vi* fermenter

ferocidad *nf* férocité *f*

feroz *adj* féroce

férreo, -a *adj* ferreux(-euse); *(fig)* de fer

ferretería *nf* ferronnerie *f*

ferrocarril *nm* chemin *m* de fer

ferroviario, -a *adj* ferroviaire

fértil *adj* *(tierra, fig)* fertile; *(persona)* fécond(e)

ferviente *adj* fervent(e)

fervor *nm* ferveur *f*

fervoroso, -a *adj* = **ferviente**

festejar *vt* fêter; **festejo** *nm* fête *f*; **festejos** *nmpl (fiestas)* festivités *fpl*

festín nm festin m

festival nm festival m

festividad nf festivité f

festivo, -a adj festif(-ive); (alegre) joyeux(-euse); **día ~** jour m de fête

fétido, -a adj fétide

feto nm fœtus msg

fiable adj (persona) digne de confiance; (máquina) fiable; (criterio, versión) valable

fiador, a nm/f garant(e)

fiambre adj (CULIN) froid(e) ♦ nm (CULIN) charcuterie f

fianza nf caution f; **libertad bajo ~** (JUR) liberté f sous caution

fiar vt vendre à crédit ♦ vi vendre à crédit; **~se** vpr: **~se de algn/ algo** avoir confiance en qn/qch; **es de ~** on peut se fier à lui

fibra nf fibre f; **~ de vidrio** fibre de verre; **~ óptica** (INFORM) fibre optique

ficción nf fiction f; **literatura/ obra de ~** littérature f/œuvre f de fiction

ficha nf fiche f; (en juegos, casino) jeton m; **fichar** vt ficher; (DEPORTE) recruter; (fig) classer; (trabajador) pointer; **estar fichado** être fiché; **fichero** nm fichier m

ficticio, -a adj (imaginario) fictif(-ive); (falso) simulé(e)

fidelidad nf fidélité f; **alta ~** haute fidélité

fideos nmpl vermicelles mpl

fiebre nf fièvre f; **tener ~** avoir de la fièvre; **~ amarilla** fièvre jaune; **~ del heno** rhume m des foins; **~ palúdica** paludisme m

fiel adj fidèle; **los ~es** (REL) les fidèles mpl

fieltro nm feutre m

fiera nf bête f féroce

fiero, -a adj féroce

fiesta nf fête f; (vacaciones: tb: **~s**) fêtes fpl; **hoy/mañana es ~** aujourd'hui/demain c'est fête; **~ de guardar** (REL) Fête d'obligation

---

Fiestas

Les **Fiestas** correspondent à des fêtes légales ou à des jours fériés institués par chaque région autonome. Elles coïncident souvent avec des fêtes religieuses. De nombreuses **fiestas** sont également organisées dans toute l'Espagne en l'honneur de la Sainte Vierge ou du saint patron de la ville ou du village. Les festivités, qui durent généralement plusieurs jours, peuvent comporter des processions, des défilés de carnaval, des courses de taureaux et des bals.

---

figura nf figure f

figurar vt, vi figurer; **~se** vpr se figurer; **¡figúrate!** figure-toi!

fijador nm fixateur m

fijar vt fixer; (sellos) coller; (cartel) afficher; **~se** vpr: **~se (en)** observer; **~ algo a** attacher qch à; **¡fíjate!** figure-toi!

fijo, -a adj fixe; (sujeto:) **~ (a)** fixé(e) (à) ♦ adv: **mirar ~** regarder fixement; **de ~** assurément

fila nf file f; (DEPORTE, TEATRO) rang m; **~s** nfpl (MIL) service m militaire; **ponerse en ~** se mettre en file; **~ india** file indienne

filántropo, -a nm/f philanthrope m/f

filatelia nf philatélie f

filete *nm* filet *m*

filial *adj* filial(e) ♦ *nf* filiale *f*

Filipinas *nfpl*: **las (Islas) ~** les (îles) Philippines *fpl*

filipino, -a *adj* philippin(e) ♦ *nm/f* Philippin(e)

filmar *vt* filmer

filo *nm* fil *m*; **sacar ~ a** aiguiser; **arma de doble ~** (fig) arme *f* à double tranchant

filón *nm* filon *m*

filosofía *nf* philosophie *f*

filósofo, -a *nm/f* philosophe *m/f*

filtrar *vt* filtrer ♦ *vi* s'infiltrer; **~se** *vpr* (*líquido*) s'infiltrer; (*luz, noticia*) filtrer

filtro *nm* filtre *m*; (*papel*) buvard *m*; **filtro de aceite** (AUTO) filtre à huile

fin *nm* fin *f*; **al ~** à la fin; **al ~ y al cabo** finalement; **a ~ de (que)** afin que; **a ~es de** à la fin de; **por/en ~** enfin; **~ de archivo** (INFORM) fin de fichier; **~ de semana** fin de semaine

final *adj* final(e) ♦ *nm* (*de partido, tarde*) fin *f*; (*de calle, novela*) bout *m* ♦ *nf* (DEPORTE) finale *f*; **al ~** à la fin; **finalidad** *nf* finalité *f*

finalista *nm/f* finaliste *m/f*;

finalizar *vt* terminer ♦ *vi* toucher à sa fin

financiar *vt* financer

financiero, -a *adj* financier(-ère) ♦ *nm/f* financier *m*

finca *nf* (*rústica*) ferme *f*; (*urbana*) propriété *f*

fingir *vt* feindre ♦ *vi* mentir; **~se** *vpr*: **~se dormido** faire semblant de dormir; **~se un sabio** se donner des airs de savant

finlandés, -esa *adj* finlandais(e) ♦ *nm/f* Finlandais(e) ♦ *nm* (LING) finnois *m*

Finlandia *nf* Finlande *f*

fino, -a *adj* fin(e); (*de buenas maneras*) délicat(e)

firma *nf* signature *f*; (COM) firme *f*

firmamento *nm* firmament *m*;

firmar *vt, vi* signer

firme *adj* solide; (*fig*) ferme ♦ *nm* chaussée *f*; **mantenerse ~** (*fig*) tenir ferme; **firmemente** *adv* fermement; **firmeza** *nf* fermeté *f*; (*solidez*) solidité *f*; (*perseverancia*) persévérance *f*

fiscal *adj* fiscal(e) ♦ *nm* (JUR) avocat *m* général

fisco *nm* fisc *m*

fisgar *vt* fouiner dans ♦ *vi* fouiner

fisgonear *vt* fureter dans ♦ *vi* fureter

física *nf* physique *f*; *ver tb* **físico**

físico, -a *adj* physique ♦ *nm* physique *m* ♦ *nm/f* physicien(ne)

fisura *nf* fissure *f*; (MED) fracture *f*

flác(c)ido, -a *adj* flasque

flaco, -a *adj* (*delgado*) maigre; **~ punto** ~ point *m* faible

flagrante *adj* flagrant(e); **en ~ delito** en flagrant délit

flamante (*fam*) *adj* (*vistoso*) voyant(e); (*nuevo*) flambant neuf (neuve)

flamenco, -a *adj* (*de Flandes*) flamand(e); (*baile, música*) flamenco ♦ *nm* flamenco *m*

flan *nm* flan *m* au caramel

flaqueza *nf* faiblesse *f*

flash (*pl* **~es**) *nm* (FOTO) flash *m*

flauta *nf* flûte *f*

flecha *nf* flèche *f*

flechazo *nm* (*enamoramiento*) coup *m* de foudre

fleco *nm* frange *f*

flema *nm* flegme *m*

flequillo *nm* frange *f*

flexible *adj* (*material*) souple; (*fig*) flexible

flexión *nf* flexion *f*

flexo *nm* lampe *f* de bureau

flojera *nf* défaillance *f; (AM)* paresse *f;* **me da ~ (hacer)** j'ai la flemme de (faire)

flojo, -a *adj (cuerda, nudo)* lâche; *(persona, COM: sin fuerzas)* faible; *(perezoso: esp AM)* paresseux(-euse); *(viento, vino, trabajo)* léger(-ère)

flor *nf* fleur *f;* **en ~** en fleur; **en la ~ de la vida** dans la fleur de l'âge; **florecer** *vi* fleurir; **floreciente** *adj* fleurissant(e); **florero** *nm* pot *m* de fleurs

floristería *nf* fleuriste *f*

flota *nf* flotte *f*

flotador *nm* flotteur *m; (para nadar)* bouée *f*

flotar *vi* flotter; **flote** *nm:* **a flote** à flot

fluctuar *vi* fluctuer

fluidez *nf* fluidité *f;* **con ~** avec fluidité

fluido, -a *adj* ♦ *nm* fluide *m*

fluir *vi* couler

flujo *nm* flux *m;* **~ y reflujo** flux et reflux

fluvial *adj* fluvial(e)

foca *nf* phoque *m*

foco *nm* foyer *m*

fofo, -a *adj (esponjoso)* mou (molle); *(carnes)* flasque

fogata *nf* feu *m* de bois

fogón *nm (de cocina)* plaque *f*

fogoso, -a *adj* fougueux(-euse)

folio *nm* feuille *f* de papier

folklore *nm* folklore *m*

follaje *nm* feuillage *m*

folletín *nm* feuilleton *m; (fig)* mélodrame *m*

folleto *nm (de propaganda)* prospectus *msg*

follón *nm (fam)* bordel *m;* **armar un ~** faire du bordel

fomentar *vt* promouvoir; *(odio, envidia)* fomenter; **fomento** *nm* promotion *f*

fonda *nf* auberge *f*

fondo *nm* fond *m;* **~s** *nmpl (COM, de museo, biblioteca)* fonds *msg;* **a/de ~** à/de fond; **en el ~** au fond; **~ común** fond commun; **~ del mar** fond de la mer

fontanería *nf* plomberie *f*

fontanero *nm* plombier *m*

footing *nm* footing *m;* **hacer ~** faire du footing

forastero, -a *nm/f* étranger(-ère)

forcejear *vi* lutter

forense *nm/f (tb:* **médico ~***)* médecin *m* légiste

forjar *vt* forger; *(imperio, fortuna)* bâtir

forma *nf* forme *f; (manera)* façon *f,* manière *f;* **en (plena) ~** en (pleine) forme; **guardar las ~s** se tenir convenablement; **de todas ~s** de toute façon

formación *nf* formation *f;* **~ profesional** formation professionnelle

formal *adj (defecto)* de forme; *(requisito, promesa)* formel(le); *(persona: de fiar)* sérieux(-euse); **formalidad** *nf (trámite)* formalité *f;* **formalizar** *vt* officialiser; **formalizarse** *vpr* se ranger

formar *vt* former; *(hacer)* faire; **~se** *vpr* se former; **~ parte de** faire partie de

formatear *vt (INFORM)* formater

formativo, -a *adj* formateur(-trice)

formato *nm* format *m*

formidable *adj* formidable

fórmula *nf* formule *f; (fig: método)* solution *f;* **~ de cortesía** formule de courtoisie; **~**

uno (AUTO) formule un
formular vt formuler; (idea) émettre
formulario nm formulaire m
fornido, -a adj corpulent(e)
forrar vt (abrigo) doubler; (libro, sofá) recouvrir; **~se** vpr (fam) amasser une petite fortune; **forro** nm (de abrigo) doublure f; (de libro) couverture f; (de sofá) tissu m
fortalecer vt fortifier; (músculos) endurcir
fortaleza nf (MIL) forteresse f; (fuerza) force f
fortuito, -a adj fortuit(e)
fortuna nf fortune f; **por ~** par hasard
forzar vt forcer; (proceso) accélérer; **~ a algn a hacer algo** forcer qn à faire qch
forzoso, -a adj forcé(e)
fosa nf fosse f; **~s nasales** fosses fpl nasales
fósforo nm phosphore m; (AM: cerilla) allumette f
fósil adj, nm fossile m
foso nm (hoyo, AUTO) fosse f; (TEATRO) fosse d'orchestre; (de castillo) douves fpl
foto nf photo f; **sacar o hacer una ~** faire une photo
fotocopia nf photocopie f; **fotocopiadora** nf photocopieuse f; **fotocopiar** vt photocopier
fotografía nf photographie f
fotógrafo, -a nm/f photographe m/f; **fracasar** vi échouer
fracaso nm échec m; (desastre) catastrophe f
fracción nf fraction f; (POL) scission f; **fraccionamiento** (AM) nm lotissement m
fractura nf fracture f; (grieta)

cassure f
fragancia nf parfum m
frágil adj fragile
fragmento nm fragment m; (MÚS) morceau m choisi
fragua nf forge f; **fraguar** vt forger ♦ vi prendre
fraile nm moine m
frambuesa nf framboise f
francamente adv franchement
francés, -esa adj français(e) ♦ nm/f Français(e) ♦ nm (LING) français m
Francia nf France f
franco, -a adj franc(he) ♦ nm franc m; **de ~** (CSUR) en permission
francotirador, a nm/f franc-tireur m
franela nf flanelle f
franja nf (en vestido, bandera) frange f; (de tierra, luz) bande f
franquear vt (paso, entrada) débarrasser; (carta etc) affranchir; (obstáculo) franchir
franqueo nm affranchissement m
franqueza nf franchise f; **con ~** avec franchise
frasco nm flacon m
frase nf phrase f; (locución) expression f; **~ hecha** expression f figée; (despectivo) cliché m
fraterno, -a adj fraternel(le)
fraude nm fraude f
fraudulento, -a adj frauduleux(-euse)
frazada (AM) nf couvre-lit m
frecuencia nf fréquence f; **con ~** fréquemment
frecuentar vt fréquenter
frecuente adj fréquent(e); (habitual) habituel(le)
fregadero nm lave-vaisselle m
fregado, -a (fam) adj (AM: molesto) embêtant(e) ♦ nm

dispute f

fregar vt laver; (AM: fam) énerver

fregona nf serpillière f; (pey: sirvienta) boniche f

freír vt frire

frenar vt, vi freiner

frenazo nm coup m de frein

frenético, -a adj frénétique; (persona) hors de soi

freno nm frein m; (de cabalgadura) mors m; ~ **de mano** frein à main

frente nm front m ♦ nf front m adv (esp CSUR: fam): ~ **mío/ nuestro** etc en face de moi/nous etc; ~ **a** en face de; (en comparación con) par rapport à; **chocar de** ~ se heurter de front; **hacer** ~ **a** faire face à; **ir/ ponerse al** ~ **de** être/se mettre à la tête de

fresa nf (ESP) fraise f

fresco, -a adj frais (fraîche); (ropa) léger(-ère); (descarado) insolent(e) ♦ nm (aire) frais m; (ARTE) fresque f; (AM) boisson f fraîche ♦ nm/f (fam: descarado) insolent(e) (: desvergonzado) effronté(e); **hace** ~ il fait frais; **estar/quedarse tan** ~ demeurer imperturbable; **tomar el** ~ prendre le frais; **frescura** nf fraîcheur f; (descaro) insolence f

frialdad nf froideur f; (indiferencia) froideur glaciale

fricción nf friction f

frigidez nf frigidité f

frigorífico, -a adj frigorifique ♦ nm réfrigérateur m; **camión** ~ camion m frigorifique

frijol (AM) nm haricot m sec; (verde) haricot vert

frío, -a adj froid(e); (fig: poco entusiasta) pas très chaud(e); (relaciones) tendu(e) ♦ nm froid m;

tener ~ avoir froid; **hace** ~ il fait froid

frito, -a pp de **freír** ♦ adj (CULIN) frit(e) ♦ nm: ~**s** (CULIN) friture f; **me tiene o trae** ~ **ese hombre** (fam) ce type est barbant

frívolo, -a adj frivole

frontal adj frontal(e); (choque) de front

frontera nf frontière f; **sin** ~**s** sans limite

fronterizo, -a adj (pueblo, paso) frontalier(-ère)

frontón nm (cancha) fronton m; (juego) pelote f basque

frotar vt, vi frotter; ~**se** vpr: ~**se las manos** se frotter les mains

fructífero, -a adj fructueux(-euse)

fruncir vt froncer

frustrar vt frustrer

fruta nf fruit m; **frutería** nf boutique f de fruits et légumes

frutero, -a adj fruitier(-ère) ♦ nm/f marchand(e) de fruits et légumes ♦ nm compotier m

frutilla (AND, CSUR) nf fraise f

fruto nm fruit m; ~**s secos** fruits mpl secs

fue vb ver **ser**; **ir**

fuego nm feu m; **prender** ~ **a** mettre le feu à; **¿tienes** ~? t'as du feu?; ~**s artificiales** o **de artificio** feux mpl d'artifice

fuente nf fontaine f; (bandeja) plateau m; (fig) source f; ~ **de soda** (AM) buvette f

fuera vb ver **ser**; **ir** ♦ adv dehors; (de viaje) en voyage ♦ prep: ~ **de** hors de; (fig) sauf; **¡~!** dehors!; **por** ~ au dehors

fuera-borda nm inv hors-bord m

fuerte adj fort(e); (resistente) solide ♦ adv (sujetar) solidement;

fuerza vb ver **forzar** ♦ nf force f;
(MIL: tb: **~s**) forces fpl; **a ~ de** à
force de; **cobrar ~s** prendre des
forces; **tener ~** avoir de la force;
tener ~s para hacer avoir la
force de faire; **a o por la ~** de
force; **por ~** forcément; **~s
aéreas/armadas** forces
aériennes/armées; **~ de voluntad**
volonté f

fuga nf fugue f; (de gas, agua)
fuite f

fugarse vpr s'enfuir; (amantes)
faire une fugue

fugaz adj fugitif(-ive)

fugitivo, -a adj en fuite ♦ nm/f
fugitif(-ive)

fui etc vb ver **ser**; **ir**

fulano, -a nm/f un(e) tel(le)

fulminante adj explosif(-ive);
(MED, fig) foudroyant(e); (fam:
éxito) fulgurant(e)

fumador, a nm/f fumeur(-euse)

fumar vt, vi fumer; **~se** vpr
fumer; (fam: herencia) manger; (:
clases, trabajo) manquer; **~ en
pipa** fumer la pipe

función nf fonction f; (TEATRO etc)
représentation f; **entrar en
funciones** entrer en fonction; **~
de tarde/de noche** matinée f/
soirée f; **en ~ de** en fonction de;
**presidente/director en
funciones** président/directeur
par intérim

funcional adj fonctionnel(le)

funcionar vi fonctionner; **"no
funciona"** "en panne"

funcionario, -a nm/f
fonctionnaire m/f

funda nf étui m; (de almohada)
taie f

fundación nf fondation f

fundamental adj fondamental(e)

fundamentar vt (fig): **~ (en)**
fonder (sur); **fundamento** nm
fondement m

fundar vt fonder; (fig: basar): **~
en** fonder sur; **~se** vpr: **~se en**
se fonder sur

fundición nf (fábrica) fonderie f

fundir vt fondre; (COM, fig)
fusionner; (ELEC, nieve, mantequilla)
fondre; (fig) fusionner

fúnebre adj funèbre

funeral nm funérailles fpl

funeraria nf pompes fpl funèbres

funesto, -a adj funeste

furgón nm (camión) camion m;
(FERRO) wagon m; **furgoneta** nf
fourgonnette f

furia nf furie f

furibundo, -a adj furibond(e)

furioso, -a adj furieux(-euse);
furor nm fureur f

furtivo, -a adj furtif(-ive);
(cazador) braconnier m

fusible nm fusible m

fusil nm fusil m; **fusilar** vt fusiller

fusión nf fusion f

fútbol nm football m; **futbolista**
nm/f footballeur(-euse)

futuro, -a adj futur(e) ♦ nm
avenir m; **futura madre** future
maman f

G, g

gabardina nf imperméable m;
(tela) gabardine f

gabinete nm cabinet m; (de
abogados) étude f

gaceta nf gazette f

gachas nfpl polenta f

gafas nfpl lunettes fpl; **~ de sol**
lunettes de soleil

gafe adj: **ser ~** porter la poisse

gaita nf cornemuse f

gajes nmpl: **~ del oficio** aléas mpl du métier

gajo nm (de naranja) quartier m

gala nf gala m; **~s** nfpl (atuendo) atours mpl; **de ~** de gala; **vestir de ~** mettre sa tenue de gala; **hacer ~ de** se targuer de

galante adj galant(e); **galantería** nf galanterie f; (cumplido) courtoisie f

galápago nm tortue f marine

galaxia nf galaxie f

galera nf (nave) galère f

galería nf galerie f; **~ comercial** galerie commerciale

Gales nm: **(el País de) ~** le pays de Galles

galés, -esa adj gallois(e) ♦ nm/f Gallois(e) ♦ nm gallois msg

galgo, -a nm/f lévrier (levrette)

Galicia nf Galice f, Galicie f

galimatías nm inv galimatias msg

gallardía nf (en aspecto) grâce f; (al actuar) vaillance f

gallego, -a adj galicien(ne) ♦ nm/f Galicien(ne) ♦ nm (LING) galicien m

galleta nf galette f

gallina nf poule f ♦ nm (fam) poule mouillée; **carne de ~** chair f de poule

gallinero nm poulailler m

gallo nm coq m; (pescado) raie f

galón nm galon m

galopar vi galoper

gama nf

gamba nf crevette f

gamberro, -a nm/f vandale m/f, voyou m

gamuza nf (bayeta) peau f de chamois

gana nf (deseo) envie f; (apetito) faim f; **de buena/mala ~** volontiers/à contrecœur; **me dan**

~s de hacer ça me donne envie de faire; **tener ~s de (hacer)** avoir envie de (faire); **no me da la (real) ~** je n'en ai pas (vraiment) envie

ganadería nf bétail m; (cría) élevage m; (comercio) commerce m du bétail

ganado nm bétail m; **~ bovino** o **vacuno** bovins mpl

ganador, a adj, nm/f gagnant(e)

ganancia nf gain m; **~s** nfpl (ingresos) revenus mpl; (beneficios) gains mpl

ganar vt gagner; (fama, experiencia) acquérir; (premio) remporter ♦ vi (DEPORTE) gagner; **~se** vpr: **~se la vida** gagner sa vie; **le gana en simpatía** il est plus sympathique

ganchillo nm crochet m; **hacer ~** faire du crochet

gancho nm crochet m

gandul, a adj, nm/f feignant(e)

ganga nf (COM) affaire f

gangrena nf gangrène f

gángster (pl **~s**) nm gangster m

ganso, -a nm/f jars (oie); (fam) tarte f

ganzúa nf crochet m

garabatear vt griffonner ♦ vi avoir une écriture de chat

garabato nm gribouillage m; **~s** nmpl (escritura) pattes fpl de mouche

garaje nm garage m

garante adj, nm/f garant(e)

garantía nf garantie f

garantizar vt garantir

garbanzo nm pois msg chiche

garbo nm allure f

garfio nm (TEC) crochet m

garganta nf gorge f; **gargantilla** nf collier m

gárgara nf gargarisme m; **hacer**

~s faire des gargarismes

garita nf guérite f

garra nf griffe f; (de ave) serre f;
caer en las ~s de algn tomber
entre les griffes de qn

garrafa nf carafe f

garrapata nf puce f

garrote nm (palo) gourdin m;
(porra) massue f; (ejecución) garrot
m

garza nf héron m

gas nm gaz m; **a todo ~** plein gaz; **~s
lacrimógenos** gaz mpl
lacrymogènes

gasa nf gaze f; (de pañal) couche
f

gaseosa nf limonade f

gaseoso, -a adj gazeux(-euse)

gasoil, gasóleo nm gas-oil m

gasolina nf essence f;
gasolinera nf station-service f

gastado, -a adj (ropa) usé(e);
(mechero) fini(e); (bolígrafo) qui
n'a plus d'encre

gastar vt dépenser; (desgastar)
perdre; (desgastar) user; **~se** vpr
s'user; **~ bromas** faire des
blagues; **¿qué número gastas?**
quelle est ta pointure?

gasto nm dépense f; **~s** nmpl
(desembolsos) dépenses fpl

gastritis nf gastrite f

gastronomía nf gastronomie f

gata nf ver **gato**

gatear vi marcher à quatre pattes

gatillo nm gâchette f

gato, -a nm/f chat(te) ♦ nm (TEC)
cric m; **andar a gatas** marcher à
quatre pattes; **dar a algn ~ por
liebre** rouler qn

gaviota nf mouette f

gay adj y nm homo m

gazpacho nm gaspacho m (soupe
froide espagnole)

gel nm (de ducha) gel m; (de baño)
bain m moussant

gelatina nf gélatine f

gema nf gène m

gemelo, -a adj, nm/f
jumeau(-elle); **~s** nmpl (de
camisa) boutons mpl de
manchette; (anteojos) jumelles fpl;
~s de campo/de teatro
jumelles de campagne/de
spectacle

gemido nm gémissement m

Géminis nm (ASTROL) Gémeaux
mpl; **ser ~** être (des) Gémeaux

gemir vi gémir; (animal) geindre

gen nm gène m

generación nf génération f

general adj général(e) ♦ nm
général m; **en** o **por lo ~** en
général; **Generalitat** nf
gouvernement catalan;

generalizar vt, vi généraliser;
generalizarse vpr se généraliser;
generalmente adv
généralement

generar vt (energía) générer

género nm genre m; (COM) article
m; **~s** nmpl (productos) articles
mpl; **~s de punto** tricots mpl; **~
humano** genre humain

generosidad nf générosité f

generoso, -a adj
généreux(-euse)

genial adj (artista, obra) de génie;
(fam: idea) génial(e)

genio nm tempérament m; (mal
carácter) mauvais caractère m;
tener mal ~ être soupe au lait
inv, être emporté(e)

genital adj génital(e) ♦ nm: **~es**
organes mpl génitaux

gente nf gens mpl; (fam: familia)
petite famille f; **~ de la calle**
gens comme vous et moi; **~
menuda** les tout petits

gentileza *nf:* **tener la ~ de hacer** avoir la gentillesse de faire; **por gentileza de** avec l'aimable autorisation de

gentío *nm* foule *f*

genuino, -a *adj* authentique

geografía *nf* géographie *f*

geología *nf* géologie *f*

geometría *nf* géométrie *f*

geranio *nm* géranium *m*

gerencia *nf* direction *f;* **gerente** *nm/f (supervisor)* gérant(e); *(jefe)* directeur(-trice)

geriatría *nf* gériatrie *f*

germen *nm* germe *m*

germinar *vi* germer

gesticular *vi* gesticuler; *(hacer muecas)* faire des grimaces

gestión *nf* gestion *f; (trámite)* démarche *f;* **gestionar** *vt* s'occuper de

gesto *nm* geste *m; (mueca)* grimace *f*

Gibraltar *nm* Gibraltar *m*

gibraltareño, -a *adj* de Gibraltar ♦ *nm/f* natif(-ive) *o* habitant(e) de Gibraltar

gigante *adj* géant(e) ♦ *nm/f* géant(e); *(fig)* génie *m*

gigantesco, -a *adj* gigantesque

gilipollas *(fam!) adj inv,* *nm/f inv* con(ne) *(fam!)*

gimnasia *nf* gymnastique *f;* **gimnasio** *nm* gymnase *m;* **gimnasta** *nm/f* gymnaste *m/f*

gimotear *vi* pleurnicher

ginebra *nf* genièvre *m*

ginecólogo, -a *nm/f* gynécologue *m/f*

gira *nf* excursion *f; (de grupo)* tournée *f*

girar *vt (hacer girar)* faire tourner; *(dar la vuelta)* tourner; *(giro postal, letra de cambio)* virer ♦ *vi* tourner; **~ (a/hacia)** *(torcer)* virer (à); **~**

en torno a *(conversación)* s'orienter vers

girasol *nm* tournesol *m*

giratorio, -a *adj* tournant(e)

giro *nm* tour *m; (COM)* virement *m; (tb:* **~ postal)** mandat (postal) *m;* **dar un ~** tourner; **~ bancario** virement bancaire

gis *(MÉX) nm* craie *f*

gitano, -a *adj* gitan(e); ♦ *nm/f* Gitan(e)

glacial *adj (zona)* glaciaire; *(frío, fig)* glacial(e)

glaciar *nm* glacier *m*

glándula *nf* glande *f*

global *adj* global(e)

globo *nm* globe *m; (para volar, juguete)* ballon *m;* **~ terráqueo** *o* **terrestre** globe terrestre

glóbulo *nm:* **~ blanco/rojo** globule *m* blanc/rouge

gloria *nf* gloire *f; (REL)* paradis *m;* **estar en la ~** être aux anges; **es una ~** *(fam)* quel délice

glorieta *nf (de jardín)* tonnelle *f; (AUTO, plaza)* rond-point *m*

glorificar *vt* glorifier

glorioso, -a *adj* glorieux(-euse)

glosario *nm* glossaire *m*

glotón, -ona *adj, nm/f* glouton(ne)

glucosa *nf* glucose *m*

gobernador, a *nm/f* gouverneur *m;* **G~ civil** représentant du gouvernement au niveau local; **G~ militar** gouverneur militaire

gobernante *adj* gouvernant(e) ♦ *nm* gouvernant *m*

gobernar *vt* gouverner; *(nave)* piloter ♦ *vi* gouverner; *(NÁUT)* piloter

gobierno *vb ver* **gobernar** ♦ *nm* gouvernement *m; (NÁUT)* pilotage *m*

goce *vb ver* **gozar**

gol *nm* but *m*; **meter un ~** marquer un but

golf *nm* golf *m*

golfa (*fam*) *nf* pute *f*

golfo¹ *nm* golfe *m*

golfo² *nm* voyou *m*; (*gamberro*) casse-pieds *m inv*; (*hum: pillo*) radin *m*

golondrina *nf* hirondelle *f*

golosina *nf* gourmandise *f*

goloso, -a *adj* gourmand(e)

golpe *nm* coup *m*; **no dar ~** ne pas en ficher une rame; **de un ~** en un clin d'œil; **golpear** *vt* frapper, heurter ♦ *vi* cogner; (*lluvia*) tomber dru; (*puerta*) battre

goma *nf* gomme *f*; (*gomita, COSTURA*) élastique *m*; **~ de pegar** colle *f*

gordo, -a *adj* gros(se); (*libro, árbol, tela*) épais(se); (*fam: problema*) de taille; (*accidente*) catastrophique ♦ *nm/f* gros homme (grosse femme) ♦ *nm* (*tb: premio ~*) gros lot *m*; (*de la carne*) gras *msg*; **ese tipo me cae ~** ce type ne me revient pas

El Gordo

El Gordo *désigne le gros lot attribué au tirage de la loterie nationale espagnole "Lotería Nacional", en particulier à Noël. Le tirage au sort exceptionnel "Sorteo Extraordinario de Navidad" du 22 décembre atteint une valeur de plusieurs millions de francs. Étant donné le coût élevé des billets, les Espagnols jouent souvent en groupe et se partagent ensuite les gains.*

gordura *nf* obésité *f*

gorila *nm* gorille *m*; (*CSUR: fam: jefe militar*) chef *m*

gorjear *vi* triller

gorra *nf* casquette *f*, béret *m*; (*de niño*) bonnet *m*; **de ~** (*sin pagar*) à l'œil

gorrión *nm* moineau *m*

gorro *nm* bonnet *m*

gorrón, -ona *nm/f* parasite *m/f*

gota *nf* goutte *f*; **gotear** *vi* goutter; (*lloviznar*) pleuvoter; **gotera** *nf* gouttière *f*; (*mancha*) tache *f* d'humidité

gozar *vi* jouir; **~ de** jouir de

gozne *nm* gond *m*

gozo *nm* (*alegría*) plaisir *m*; (*placer*) jouissance *f*

gr. *abr* (= *gramo(s)*) g (= *gramme(s)*)

grabación *nf* enregistrement *m*

grabado, -a *adj* (*MÚS*) enregistré(e) ♦ *nm* gravure *f*

grabadora *nf* magnétophone *m*

grabar *vt* (*en piedra, ARTE*) graver; (*discos, en vídeo, INFORM*) enregistrer

gracia *nf* grâce *f*; (*humor*) humour *m*; **¡muchas ~s!** merci beaucoup!; **~s a** grâce à; **tener ~** (*chiste etc*) être amusant(e); (*irónico*) être très amusant(e); **no me hace ~ (hacer)** ça ne m'amuse pas (de faire); **dar las ~s a algn por algo** remercier qn de o pour qch

gracioso, -a *adj* amusant(e)

grada *nf* marche *f*; **~s** *nfpl* (*de estadio*) gradins *mpl*

gradería *nf* gradins *mpl*; **~ cubierta** stade *m* couvert

grado *nm* degré *m*; (*ESCOL*) classe *f*; (*UNIV*) titre *m*; (*MIL*) grade *m*; **de buen ~** de bon gré; **~ centígrado/Fahrenheit** degré centigrade/Fahrenheit

graduación *nf* (*del alcohol*) degré *m*; (*MIL*) grade *m*

graduado, -a adj gradué(e) ♦ nm/f (UNIV) diplômé(e) ♦ nm: **~ escolar** ≈ brevet m des collèges; **~ social** ≈ B.T.S. m d'assistance sociale

gradual adj progressif(-ive)

graduar vt graduer; (volumen) mesurer; (MIL): **~ a algn de** conférer à qn le grade de; **~se** vpr (UNIV) être diplômé(e); (MIL): **~se (de)** obtenir son grade (de); **~se la vista** se faire vérifier la vue

gráfica nf courbe f

gráfico, -a adj graphique; (revista) d'art ♦ nm graphique m; **~s** nmpl graphiques mpl; **~ de barras** (COM) graphique à barres

gragea nf (MED) pilule f

grajo nm corbeau m

Gral. abr (MIL) (= General) Général

gramática nf grammaire f; ver tb **gramático**

gramatical adj grammatical(e)

gramático, -a nm/f grammairien(ne)

gramo nm gramme m

gran adj ver **grande**

granada nf grenade f; **~ de mano** grenade à main

granate adj grenat adj inv ♦ nm grenat m

Gran Bretaña nf Grande-Bretagne f

grande adj grand(e) ♦ nm grand m; **gran miedo** grand peur; **los zapatos le están o quedan ~s** ces chaussures sont trop grandes pour lui; **grandeza** nf grandeur f

grandioso, -a adj grandiose

granel nm: **a ~** (COM) en vrac

granero nm grenier m

granito nm granit m

granizado nm jus m de fruit glacé

granizar vi grêler; **granizo** nm grêlon m

granja nf ferme f; **~ avícola** ferme avicole

granjear vt (amistad, simpatía) gagner; **~se** vpr gagner

granjero, -a nm/f fermier(-ère)

grano nm grain m; (MED) bouton m

granuja nm (bribón) fripouille f; (golfillo) filou m

grapa nf agrafe f

grapadora nf agrafeuse f

grasa nf graisse f; (sebo) gras m

grasiento, -a adj gras(se); (sucio) graisseux(-euse)

graso, -a adj gras(se)

gratificación nf gratification f; **gratificar** vt (recompensar) gratifier

gratis adj inv, adv gratis inv

gratitud nf gratitude f

grato, -a adj agréable

gratuito, -a adj gratuit(e)

gravamen nm (carga) poids msg; (impuesto) servitude f, hypothèques f

gravar vt (JUR: propiedad) grever; **~ (con impuesto)** (producto) imposer

grave adj grave; **gravedad** nf gravité f

gravilla nf gravillon m

gravitar vi graviter

graznar vi (cuervo) croasser; (pato) cancaner

Grecia nf Grèce f

gremio nm corporation f

greña nf (tb: **~s**) tignasse f

gresca nf altercation f

griego, -a adj grec(que) ♦ nm/f Grec(que)

grieta nf (en pared, madera) fente f; (en terreno, MED) crevasse f

grifo nm robinet m; (AND) station-service f

grilletes nmpl fers mpl

grillo nm grillon m

gripe nf grippe f

gris adj gris(e) ♦ nm gris msg

gritar vt, vi crier; **grito** nm cri m; **a gritos** en criant; **dar gritos** pousser des cris

grosella nf groseille f; **~ negra** cassis msg

grosería nf grossièreté f

grosero, -a adj grossier(-ère)

grosor nm grosseur f

grotesco, -a adj grotesque

grúa nf grue f

grueso, -a adj épais(se); (persona) corpulent(e) ♦ nm grosseur f; **el ~ de** le gros de

grulla nf grue f

grumo nm grumeau m

gruñido nm grognement m

grupa nf (ZOOL) croupe f

grupo nm groupe m; **~ de presión** groupe de pression; **~ sanguíneo** groupe sanguin

gruta nf grotte f

guadaña nf serpe f

guagua nf (ANT, CANARIAS) autobus msg; (AND, CSUR) bébé m

guante nm gant m; **~s de goma** gants de caoutchouc

guantera nf (AUTO) boîte f à gants

guapo, -a adj beau (belle) ♦ nm (AND: fam) beau gosse m; **estar ~** être beau

guarda nm/f gardien(ne); **~ forestal** garde m forestier; **~ jurado** vigile m; **guardabosques** nm/f inv garde m forestier; **guardacostas** nm inv garde m côte; **guardaespaldas** nm/f inv garde m/f du corps;

guardameta nm gardien m de but; **guardar** vt garder; (poner: en su sitio) mettre; (: en sitio seguro) ranger; **guardarse** vpr garder; (ocultar) garder (pour soi); **guardar cama/silencio** garder le lit/le silence; **guardarse de** (evitar) se garder de; **guardarse de hacer** (abstenerse) se garder de faire; **se la tengo guardada** il me le paiera; **guardarropa** nm (en establecimiento público) vestiaire m

guardería nf garderie f

guardia nf garde f ♦ nm/f (de tráfico, municipal etc) agent m; (policía) policier (femme policier); **estar de ~** être de garde; **estar/ponerse en ~** être sur ses gardes/se mettre en garde; **montar ~** monter la garde; **la G~ Civil** la Garde Civile espagnole; **un ~ civil** ≃ un gendarme; **G~ Nacional** (NIC, PAN) ≃ gendarmerie f nationale

guardián, -ana nm/f gardien(ne)

guarecer vt héberger; **~se** vpr: **~se (de)** s'abriter (de)

guarida nf abri m

guarnecer vt garnir; (TEC) revêtir; **guarnición** nf (de vestimenta) ornement m; (de piedra preciosa) chaton m; (CULIN) garniture f; (MIL) garnison f

guarro, -a adj (fam) sale ♦ nm/f (animal) cochon (truie); (fam: persona) cochon(ne)

guasa nf blague f; **con o de ~** pour rire

guasón, -ona adj, nm/f blagueur(-euse)

Guatemala nf Guatemala m

gubernativo, -a adj du gouvernement

guerra nf guerre f; **Primera/**

Segunda G~ Mundial
Première/Deuxième Guerre
mondiale; **dar ~** donner du fil à
retordre; **~ atómica/
bacteriológica/nuclear/
psicológica** guerre atomique/
bactériologique/nucléaire/
psychologique; **~ civil/fría**
guerre civile/froide; **guerrear** vi
guerroyer
guerrero, -a adj de guerre;
(carácter) guerrier(-ère) ♦ nm/f
guerrier(-ère)
guerrilla nf guérilla f
guerrillero, -a nm/f guérillero m
guía vb ver **guiar** ♦ nm/f (persona)
guide m/f ♦ nf (libro) guide m; **~
de ferrocarriles** horaire m des
trains; **~ telefónica** annuaire m
guiar vt guider; (AUTO) diriger;
~se vpr: **~se por** suivre
guijarro nm caillou m
guillotina nf guillotine f; (para
papel) coupe-papier m inv
guinda nf griotte f
guindilla nf piment m
guiñapo nm (harapo) haillon m;
(persona) chiffe f molle
guiñar vt cligner de
guión nm (LING) tiret m; (esquema)
plan m; (CINE) scénario m;
guionista nm/f scénariste m/f
guirnalda nf guirlande f
guisado nm ragoût m
guisante nm petit pois msg
guisar vt, vi faire cuire; (fig)
tramer; **guiso** nm plat m
guitarra nf guitare f
gula nf gloutonnerie f
gusano nm vers msg; (de
mariposa, pey) larve f
gustar vt goûter ♦ vi plaire; **~ de
hacer** prendre plaisir à faire; **me
gustan las uvas** j'aime le raisin;
le gusta nadar il aime nager;

**me gusta ese chico/esa
chica** j'aime bien ce garçon/cette
fille
gusto nm goût m; (afición) intérêt
m; **a su** etc **~** à votre etc aise; **dar
~ a algn** faire plaisir à qn; **de
buen/mal ~** de bon/mauvais
goût; **estar/sentirse a ~** être/
se sentir à l'aise; **¡mucho** o **tanto
~ (en conocerle)!** enchanté(e)
o ravi(e) de faire votre
connaissance!; **coger** o **tomar
~ a algo** prendre goût à qch
gustoso, -a adj
savoureux(-euse); **aceptar ~**
accepter avec joie

H, h

ha vb ver **haber**
haba nf fève f
Habana nf: **la ~** la Havane
habano nm havane m
habéis vb ver **haber**

PALABRA CLAVE
---

haber vb aux **1** (tiempos
compuestos) avoir; (con verbos
pronominales y de movimiento)
être; **he/había comido** j'ai/
j'avais mangé; **antes/después
de haberlo visto** avant/après
l'avoir vu
2: haber de (+ infin): **he de
hacerlo** je dois le faire; **he de
llegar mañana** il doit arriver
demain; **no ha de tardar** (AM) il
arrivera bientôt; **has de estar
loco** (AM) tu dois être tombé sur
la tête
♦ vb impers **1** (existencia) avoir;
**hay un hermano/dos
hermanos** il y a un frère/deux
frères; **¿cuánto hay de aquí a**

habichuela 471 hacer

Sucre? il y a combien d'ici à Sucre?
2 (tener lugar) **¿hay partido mañana?** il y a un match demain?
3: ¡no hay de o **por** AM **qué!** il n'y a pas de quoi!
4: ¿qué hay? (¿qué pasa?) qu'est-ce qu'il y a?; (¿qué tal?) ça va?; **¡qué hubo! ¡qué húbole!** (esp MÉX, CHI: fam) salut!
5 (haber que + infin): **hay que apuntarlo para acordarse** il faut le marquer pour s'en souvenir; **¡habrá que decírselo!** il faudra le lui dire!
6: ¡hay que ver! il faut voir!
7: he aquí las pruebas voici les preuves
8 ¡hubiera visto …! (MÉX: si hubiera visto) si vous aviez vu …!;
haberse vpr: **voy a habérmelas con él** je vais m'expliquer avec lui ♦ nm **1** (COM) crédit m; **¿cuánto tengo en el haber?** j'ai combien sur mon compte?; **tiene varias novelas en su haber** il a plusieurs romans à son actif
2 haberes nmpl avoirs mpl

habichuela nf haricot m
hábil adj habile; **día ~** jour m ouvrable; **habilidad** nf habileté f
habilitar vt **~ (para)** (casa, local) aménager (pour); **~ a algn para hacer** habiliter qn à faire
hábilmente adv habilement
habitación nf pièce f; (dormitorio) chambre f; **~ doble** o **de matrimonio** chambre double; **~ sencilla** o **individual** chambre simple
habitante nm/f habitant(e)
habitar vt, vi habiter

hábito nm (costumbre) habitude f; (traje) habit m
habitual adj habituel(le)
habituar vt: **~ a algn a (hacer)** habituer qn à (faire); **~se** vpr: **~se a (hacer)** s'habituer à (faire)
habla nf (capacidad de hablar) parole f; (forma de hablar) langage m; (dialecto) parler m; **perder el ~** perdre l'usage de la parole; **de ~ francesa/española** de langue française/espagnole; **estar/ponerse al ~** être en train de parler/se mettre à parler; **estar al ~** (TELEC) être à l'appareil; **¡González al ~!** (TELEC) González à l'appareil!
hablador, a adj, nm/f bavard(e)
habladuría nf commérage m; **~s** nfpl (chismes) commérages mpl
hablante nm/f (LING) locuteur(-trice); **los ~s de catalán** les personnes parlant catalan
hablar vt, vi parler; **~se** vpr se parler; **~ con** parler avec; **¡ni ~!** pas question!; **~ de** parler de; **"se habla francés"** "on parle français"; **no se hablan** ils ne se parlent plus; **no me hablo con mi hermana** je ne parle plus à ma sœur
habré etc vb ver **haber**
hacendoso, -a adj travailleur(-euse)

PALABRA CLAVE

hacer vt **1** (producir, ejecutar) faire; **hacer una película/un ruido** faire un film/un bruit; **hacer la compra** faire les courses; **hacer la comida** faire à manger; **hacer la cama** faire le lit
2 (obrar) faire; **¿qué haces?**

qu'est-ce que tu fais?; **eso no se hace** ça ne se fait pas; **¡bien hecho!** bravo!

3 (*dedicarse a*) faire de; **hacer español/económicas** faire de l'espagnol/de l'économie; **hacer yoga/gimnasia/deporte** faire du yoga/de la gym/du sport

4 (*causar*): **hacer ilusión** faire plaisir; **hacer gracia** faire rire

5 (*conseguir*): **hacer amigos** se faire des amis; **hacer una fortuna** faire une fortune

6 (*dar aspecto de*): **ese peinado te hace más joven** cette coiffure te rajeunit

7 (*cálculo*): **esto hace 100** et voilà 100

8 (*como sustituto de vb*) faire; **él bebió y yo hice lo mismo** il a bu et j'ai fait la même chose

9 (+ *inf*, + *que*): **les hice venir** je les ai fait venir; **hacer trabajar a los demás** faire travailler les autres; **aquello me hizo comprender** cela m'a fait comprendre; **hacer reparar algo** faire réparer qch; **esto nos hará ganar tiempo** ça nous fera gagner du temps

♦ *vi* **1**: **no le hace** (AM: *no importa*) ça ne fait rien

2: **haz como que no lo sabes** fais comme si tu ne savais rien

3: **hacer de** (*objeto*) servir de; **la tabla hace de mesa** la planche sert de table; **hacer de madre** jouer le rôle de mère (*pey*) jouer les mères poules; (*TEATRO*): **hacer de Otelo** jouer Othello

♦ *vb impers* **1**: **hace calor/frío** il fait chaud/froid; *ver tb* **bueno**; **sol**; **tiempo**

2 (*tiempo*): **hace 3 años** il y a 3 ans; **hace un mes que voy/no**

voy cela fait un mois que j'y vais/ je n'y vais plus; **hacerse** *vpr* **1** (*volverse*) se faire; **hacerse viejo** se faire vieux; **se hicieron amigos** ils sont devenus amis

2 (*resultar*): **se me hizo muy duro el viaje** j'ai trouvé le voyage très pénible

3 (*acostumbrarse*): **hacerse a** se faire à

4 (*obtener*): **hacerse de** *o* **con algo** obtenir qch

5 (*fingir*): **hacerse el sordo** *o* **el sueco** faire la sourde oreille

6: **hacerse idea de algo** se faire une idée de qch

7: **se me hace que** (AM: *me parece que*) il me semble que

---

hacha *nf* hache *f*

hachís *nm* haschich *m*

hacia *prep* vers; (*actitud*) envers; **~ adelante/atrás/dentro/fuera** devant/derrière/dedans/dehors; **~ abajo/arriba** en bas/haut; **mira ~ acá** regarde par ici; **~ mediodía/finales de mayo** vers midi/la fin mai

hacienda *nf* (*propiedad*) propriété *f*; (*finca*) ferme *f*; (AM) hacienda *f*; **(Ministerio de) H~** (ministère *m* des) Finances *fpl*; **~ pública** trésor *m* public

hada *nf* fée *f*

haga *etc vb ver* **hacer**

Haití *nm* Haïti *m*

halagar *vt* flatter; (*agradar*) réjouir

halago *nm* flatterie *f*

halagüeño, -a *adj* réjouissant(e); (*lisonjero*) flatteur(-euse)

halcón *nm* faucon *m*

hallar *vt* trouver; **~se** *vpr* se trouver; **hallazgo** *nm* trouvaille *f*

halterofilia *nf* haltérophilie *f*

hamaca *nf* hamac *m*; (*asiento*)

chaise f longue

hambre nf faim f; **tener ~** avoir faim

hambriento, -a adj, nm/f affamé(e)

hamburguesa nf hamburger m

hamburguesería nf sandwicherie f

han vb ver **haber**

harapiento, -a adj en haillons

harapos nmpl haillons mpl

haré etc vb ver **hacer**

harina nf farine f; **~ de maíz/de trigo** farine de maïs/de blé

hartar vt (de comida) gaver; (fastidiar) fatiguer; **~se** vpr (cansarse) se lasser; (de comida): **~se (de)** se gaver (de); **~se de leer/reír** se lasser de lire/rire;

hartazgo nm: **darse un hartazgo (de)** avoir son content (de)

harto, -a adj: **~ (de)** rassasié(e) (de); (cansado) fatigué(e) (de); **estar ~ de hacer/algn** en avoir marre de faire/qn; **¡estoy ~ de decírtelo!** je te l'ai assez dit!

has vb ver **haber**

hasta adv même, voire ♦ prep jusqu'à ♦ conj: **~ que** jusqu'à ce que; (CAM, COL, MÉX: no ... hasta): **viene ~ las cuatro** il ne vient pas avant quatre heures; **~ luego** o **ahora** fam, **~ siempre** ARG salut!; **~ mañana/el sábado** à demain/samedi; **¿~ qué punto?** à quel point?; **~ tal punto que ...** à tel point que ...; **~ ayer empezó** (AM) cela n'a commencé qu'hier

hastiar vt fatiguer; **~se** vpr: **~se de (hacer)** se lasser de (faire); **hastío** nm ennui m

hatillo nm affaires fpl

hay vb ver **haber**

Haya nf: **la ~** La Haye

haya vb ver **haber** ♦ nf hêtre m

haz vb ver **hacer** ♦ nm botte f; (de luz) faisceau m

hazaña nf exploit m

hazmerreír nm inv: **ser/convertirse en el ~ de** être/devenir la risée de

he vb ver **haber**

hebilla nf boucle f

hebra nf fil m

hebreo, -a adj hébreu (sólo m), hébraïque ♦ nm/f Hébreu m ♦ nm (LING) hébreu m

hechizar vt ensorceler

hechizo nf sorcellerie f; (encantamiento) enchantement m

hecho, -a pp de **hacer** ♦ adj fait(e); (hombre, mujer) mûr(e); (vino) arrivé(e) à maturation; (ropa) de prêt-à-porter ♦ nm fait m; (factor) facteur m ♦ excl c'est fait!; **¡bien ~!** bravo!, bien joué!; **muy/poco ~** (CULIN) très/peu cuit(e); **bien/mal ~** bien/mal fait(e); **de ~** de fait!; **el ~ es que** ... le fait est que ...

hechura nf (confección) confection f; (corte, forma) coupe f

hectárea nf hectare m

heder vi puer

hediondo, -a adj puant(e); (fig) dégoûtant(e)

hedor nm puanteur f

helada nf gelée f

heladera nf (CSUR) réfrigérateur m

helado, -a adj congelé(e); (muy frío) gelé(e) ♦ nm glace f; **quedarse ~** être abasourdi(e)

helar vt congeler; (BOT) geler; (dejar atónito) abasourdir ♦ vi geler; **~se** vpr geler; **~se de frío** mourir de froid

helecho nm fougère f

hélice nf hélice f

helicóptero nm hélicoptère m
hembra nf femelle f; (mujer) femme f
hemorragia nf hémorragie f; ~ **nasal** saignement m de nez
hemorroides nfpl hémorroïdes fpl
hemos vb ver **haber**
hendidura nf fente f; (GEO) faille f
heno nm foin m
herbicida nm herbicide m
heredad nf domaine m
heredar vt hériter
heredero, -a nm/f héritier(-ère) m/f
hereje nm/f hérésiarque m/f
herencia nf héritage m; (BIO) hérédité f
herida nf blessure f; ver tb **herido**
herido, -a adj, nm/f blessé(e)
herir vt blesser
hermana nf sœur f; ~ **política** belle-sœur
hermanastro, -a nm/f demi-frère (demi-sœur)
hermandad nf congrégation f
hermano nm frère m; ~ **político** beau-frère
hermético, -a adj hermétique
hermoso, -a adj beau (belle); (espacioso) spacieux(-euse)
hermosura nf beauté f
hernia nf hernie f; ~ **discal** hernie discale
héroe nm héros msg
heroína nf (mujer, droga) héroïne f
heroísmo nm héroïsme m
herradura nf fer m à cheval
herramienta nf outil m
herrero nm forgeron m
herrumbre nf rouille f
hervidero nm (fig: de personas) foule f; (: de animales) troupeau m; (: de pasiones) déchaînement m

hervir vt (faire) bouillir ♦ vi bouillir; (fig): ~ **de** bouillir de; **hervor** nm: **dar un hervor a** faire bouillir
hice etc vb ver **hacer**
hidratante adj: **crema** ~ crème f hydratante
hidratar vt hydrater
hidrato nm: ~**s de carbono** hydrates mpl de carbone
hidráulica nf hydraulique f
hidráulico, -a adj hydraulique
hidroeléctrico, -a adj hydroélectrique
hidrofobia nf hydrophobie f
hidrógeno nm hydrogène m
hiedra nf lierre m
hiel nf bile f
hielo vb ver **helar** ♦ nm glace f; ~**s** nmpl (escarcha) gelées fpl
hiena nf hyène f
hierba nf herbe f; **mala** ~ mauvaise herbe; **hierbabuena** nf menthe f
hierro nm fer m; (trozo, pieza) bout m de fer; **de** ~ en fer; (fig: persona) fort(e) comme un bœuf; (: voluntad, salud) de fer
hígado nm foie m
higiene nf hygiène f
higiénico, -a adj hygiénique
higo nm figue f; ~ **seco** figue sèche; **higuera** nf figuier m
hija nf fille f; ~ **política** belle-fille
hijastro, -a nm/f fils/fille (belle-fille); ~**s** beaux-enfants mpl
hijo nm (retoño) fils msg; ~**s** nmpl (hijos e hijas) enfants mpl; ~ **adoptivo** fils adoptif; ~ **de mamá/papá** fils à maman/papa; ~ **de puta** (fam!) fils de pute (fam!); ~ **político** gendre m
hilar vt filer
hilera nf rangée f
hilo nm fil m; (de metal) filon m;

(de agua, luz, voz) filet *m*;
perder/seguir el ~ *(de relato, pensamientos)* perdre/suivre le fil
hilvanar *vt (COSTURA)* ourler
himno *nm* hymne *m*; **~ nacional** hymne national
hincapié *nm*: **hacer ~ en** mettre l'accent sur
hincar *vt* planter; **~se** s'enfoncer; **~le el diente a** *(comida)* mordre à belles dents dans; *(fig: asunto)* s'attaquer à; **~se de rodillas** s'agenouiller
hincha *nm/f (fam: DEPORTE)* fan *m/f*
hinchado, -a *adj (MED)* enflammé(e); *(inflado)* enflé(e)
hinchar *vt* gonfler; *(fig)* exagérer; **~se** *vpr (MED)* s'enflammer; **~se de (hacer)** en avoir marre de (faire); **hinchazón** *f* inflammation *f*
hinojo *nm* fenouil *m*
hipermercado *nm* hypermarché *m*
hípico, -a *adj (concurso)* hippique; *(carrera)* de chevaux
hipnotismo *nm* hypnotisme *m*; **hipnotizar** *vt* hypnotiser
hipo *nm* hoquet *m*; **me ha entrado ~** j'ai le hoquet; **tener ~** avoir le hoquet
hipocresía *nf* hypocrisie *f*; **hipócrita** *adj, nm/f* hypocrite *m/f*
hipódromo *nm* hippodrome *m*
hipopótamo *nm* hippopotame *m*
hipoteca *nf* hypothèque *f*; **pagar la ~** rembourser l'hypothèque
hipótesis *nf inv* hypothèse *f*
hiriente *adj* blessant(e)
hispánico, -a *adj* hispanique
hispano, -a *adj* espagnol(e); *(en EEUU)* hispano-américain(e) ♦ *nm/f* Espagnol(e); *(en EEUU)* Hispano-

Américain(e); **Hispanoamérica** *nf* Amérique *f* latine
hispanoamericano, -a *adj* hispano-américain(e) ♦ *nm/f* Hispano-Américain(e)
histeria *nf* hystérie *f*
historia *nf* histoire *f*; **~s** *nfpl (chismes)* histoires *fpl* drôles; **déjate de ~s** ne me raconte pas d'histoires; **pasar a la ~** passer à la postérité
historiador, a *nm/f* historien(ne)
historial *nm (profesional)* curriculum vitae *m inv*; *(MED)* antécédents *mpl*
histórico, -a *adj* historique; *(estudios)* d'histoire
historieta *nf* bande *f* dessinée
hito *nm (fig)* fait *m* historique
hizo *vb ver* hacer
Hno(s). *abr (= Hermano(s))* Frère(s) *(= frère(s))*
hocico *nm* museau *m*
hockey *nm* hockey *m*; **~ sobre hielo/patines** hockey sur glace/ patins
hogar *nm* foyer *m*
hogareño, -a *adj (ambiente)* familial(e); *(escena)* de famille; *(persona)* casanier(-ère)
hoguera *nf* feu *m* de bois
hoja *nf* feuille *f*; *(de cuchillo)* lame *f*; **~ de afeitar** lame de rasoir; **~ de pedido** bon *m* de commande; **~ de servicios** états *mpl* de service; **~ informativa** circulaire *f*
hojalata *nf* fer *m* blanc
hojaldre *nm* pâte *f* feuilletée
hojear *vt* feuilleter
hola *excl* salut!
Holanda *nf* Hollande *f*
holandés, -esa *adj* hollandais(e) ♦ *nm/f* Hollandais(e) ♦ *nm (LING)* hollandais *msg*

holgado, -a *adj* (*prenda*) ample; (*situación*) aisé(e); **iban muy ~s en el coche** ils étaient au large dans la voiture

holgar *vi*: **huelga decir que** inutile de dire que

holgazán, -ana *adj, nm/f* paresseux(-euse)

holgura *nf* ampleur *f*; (*TEC*) jeu *m*; **vivir con ~** vivre dans l'aisance

hollín *nm* suie *f*

hombre *nm* homme *m*; (*raza humana*): **el ~** l'homme ♦ *excl* dis donc!; **buen ~** bon gars *msg*; **pobre ~** pauvre homme; **¡sí, ~!** mais si!; **~ de mundo** homme du monde; **~ de negocios** homme d'affaires; **~-rana** (*pl* **~s-rana**) homme-grenouille *m*

hombrera *nf* épaulette *f*

hombro *nm* épaule *f*; **al ~** sur l'épaule; **encogerse de ~s** hausser les épaules; **llevar/traer a ~s** porter sur les épaules

hombruno, -a *adj* hommasse

homenaje *nm* hommage *m*

homicida *adj* (*arma*) du crime; (*carácter*) meurtrier(-ère) ♦ *nm/f* meurtrier(-ère); **homicidio** *nm* homicide *m*

homologar *vt* homologuer

homólogo, -a *nm/f*: **su** *etc* **~** son *etc* homologue

homosexual *adj, nm/f* homosexuel(le)

hondo, -a *adj* profond(e); **en lo ~ de** au fin fond de; **hondonada** *nf* creux *msg*

Honduras *nf* Honduras *m*

hondureño, -a *adj* du Honduras ♦ *nm/f* natif(-ive) *o* habitant(e) du Honduras

honestidad *nf* honnêteté *f*

honesto, -a *adj* honnête

hongo *nm* champignon *m*; **~s**

nmpl (*MED*) champignons *mpl*, mycose *f*

honor *nm* honneur *m*; **en ~ a la verdad ...** la vérité est que ...; **en ~ de algn** en l'honneur de qn; **honorable** *adj* honorable

honorario, -a *adj* honoraire ♦ *nm*: **~s** honoraires *mpl*

honra *nf* honneur *m*; **~s fúnebres** honneurs funèbres; **honradez** *nf* honnêteté *f*; (*de mujer*) vertu *f*

honrado, -a *adj* honnête

honrar *vt* honorer

honroso, -a *adj* (*que da honra*) tout à l'honneur de qn; (*decoroso*) pour sauver l'honneur

hora *nf* heure *f*; **¿qué ~ es?** quelle heure est-il?; **¿a qué ~?** à quelle heure?; **media ~** une demi-heure; **a la ~ de comer/ del recreo** à l'heure du repas/de la récréation; **a primera/última ~** à la première/dernière heure; **~ tras ~** heure après heure; **a altas ~s (de la noche)** à des heures tardives; **entre ~s** (*comer*) entre les repas; **a todas ~s** à toute heure; **en mala ~** par malchance; **me han dado ~ para mañana** ils m'ont fixé rendez-vous pour demain; **dar la ~** donner l'heure; **pedir ~** demander un rendez-vous; **poner el reloj en ~** mettre sa montre à l'heure; **~s de oficina/de trabajo/de visita** heures de bureau/de travail/de visite; **~s extraordinarias** heures supplémentaires

horadar *vt* forer

horario, -a *adj* ♦ *nm* horaire *m*; **~ comercial** heures *fpl* ouvrables

horca *nf* potence *f*

horcajadas: **a ~** *adv* à

horchata — 477 — hueco

califourchon
horchata nf ≈ sirop m d'orgeat
horizontal adj horizontal(e)
horizonte nm horizon m
horma nf forme f
hormiga nf fourmi f
hormigón nm béton m; ~
armado béton armé
hormigueo nm fourmis fpl; (fig)
agitation f
hormona nf hormone f
hornada nf fournée f
hornillo nm réchaud m; ~ **de
gas** réchaud à gaz
horno nm four m; (CULIN) four,°
fourneau m; **alto(s) ~s** haut(s)
fourneau(x); ~ **crematorio** four
crématoire; ~ **microondas** four
à micro-ondes
horóscopo nm horoscope m
horquilla nf peigne m; (AGR)
fourche f
horrendo, -a adj affreux(-euse)
horrible adj horrible
horripilante adj horripilant(e)
horror nm horreur f; ~**es** nmpl
(atrocidades) horreurs fpl; **¡qué ~!**
(fam) quelle horreur!; **me da ~**
cela me fait horreur!; **tener ~ a
(hacer)** avoir horreur de (faire);
horrorizar vt horrifier;
horrorizarse vpr: **se horrorizó
de pensarlo** il a été horrifié à
cette idée
horroroso, -a adj affreux(-euse);
(hambre, sueño) terrible
hortaliza nf légume m
hortelano, -a nm/f
maraîcher(-ère)
hortera (fam) adj, nm/f plouc m/f
hosco, -a adj (persona)
antipathique
hospedar vt loger; ~**se** vpr se
loger
hospital nm hôpital m

hospitalario, -a adj
hospitalier(-ère); **hospitalidad** nf
hospitalité f
hostal nm pension f
hostelería nf hôtellerie f
hostia nf (REL) hostie f; (fam!)
beigne f (fam!) ♦ excl: **¡~(s)!**
(fam!) putain! (fam!)
hostigar vt (MIL, fig) harceler;
(caballería) cravacher
hostil adj hostile; **hostilidad** nf
hostilité f
hotel nm hôtel m

Hotel

Il existe en Espagne différents
types d'hébergement dont le prix
est fonction des services offerts
aux voyageurs. Les voici, par
ordre décroissant de prix : l'hôtel
(du 5 étoiles au 1 étoile),
l'hostal, la pensión, la casa de
huéspedes et la fonda. L'État
gère également un réseau d'hôtels
de luxe, appelés "paradores",
généralement situés dans des
lieux à caractère historique ou
installés dans des monuments
historiques.

---

hotelero, -a adj, nm/f
hôtelier(-ère)
hoy adv aujourd'hui; **de ~ en
adelante** dorénavant
hoyo nm fosse f; **hoyuelo** nm
fossette f
hoz nf faux fsg
hube etc vb ver **haber**
hucha nf tirelire f
hueco, -a adj creux(-euse) ♦ nm
creux msg; (espacio) place f;
hacerle (un) ~ a algn faire une
place à qn; ~ **de la escalera/
del ascensor** cage f d'escalier/

d'ascenseur

huela *etc vb ver* **oler**

huelga *vb ver* **holgar** ♦ *nf* grève f; **declararse/estar en ~** se mettre/être en grève; **~ de brazos caídos** grève sur le tas; **~ de celo** grève du zèle; **~ de hambre** grève de la faim; **~ general** grève générale

huelguista *nm/f* gréviste *m/f*

huella *nf* trace f; **~ dactilar** trace de doigt; **~ digital** empreinte f digitale

huérfano, -a *adj:* **~ (de)** orphelin(e) (de) ♦ *nm/f* orphelin(e); **quedar(se) ~** devenir orphelin(e)

huerta *nf* verger *m*; (*en Murcia, Valencia*) huerta f

huerto *nm* (*de verduras*) jardin *m* potager; (*de árboles frutales*) verger *m*

hueso *nm* os *msg*; (*de fruta*) noyau *m*; (*MÉX: fam*) sinécure f

huésped, a *nm/f* hôte *m/f*; (*en hotel*) client(e)

huesudo, -a *adj* osseux(-euse)

huevas *nfpl* œufs *mpl* de poisson

huevera *nf* (*para servir*) coquetier *m*; (*para transportar*) boîte f à œufs

huevo *nm* œuf *m*; **~ duro/ escalfado/frito** œuf dur/ poché/au plat; **~ estrellado** œuf sur le plat; **~s revueltos** œufs *mpl* brouillés; **~ pasado por agua** *o AM* **tibio** œuf à la coque

huida *nf* fuite f

huidizo, -a *adj* (*tímido*) farouche; (*mirada, frente*) fuyant(e)

huir *vt, vi* fuir; **~ de** fuir

hule *nm* toile f cirée

humanidad *nf* humanité f

humanitario, -a *adj* humanitaire

humano, -a *adj* humain(e) ♦ *nm*

humain *m*; **ser ~** être humain

humareda *nf* nuage *m* de fumée

humedad *nf* humidité f; **a prueba de ~** résiste à l'humidité; **humedecer** *vt* humidifier; **humedecerse** *vpr* s'humidifier

húmedo, -a *adj* humide

humildad *nf* humilité f; **humilde** *adj* humble

humillación *nf* humiliation f

humillar *vt* humilier; **~se** *vpr:* **~se (ante)** s'humilier (devant)

humo *nm* fumée f; **~s** *nmpl* (*fig: altivez*) air *m* hautain; **echar ~** fumer; **bajar los ~s a algn** rabattre son caquet à qn

humor *nm* humeur f; **de buen/ mal ~** de bonne/mauvaise humeur; **humorista** *nm/f* humoriste *m/f*

humorístico, -a *adj* humoristique

hundimiento *nm* (*de barco*) naufrage *m*; (*de edificio*) écroulement *m*; (*de tierra*) éboulement *m*

hundir *vt* (*barco, negocio*) couler; (*edificio*) raser; (*fig: persona*) abattre; **~se** *vpr* (*barco, negocio*) couler; (*edificio*) s'écrouler

húngaro, -a *adj* hongrois(e) ♦ *nm/f* Hongrois(e)

Hungría *nf* Hongrie f

huracán *nm* ouragan *m*

huraño, -a *adj* désagréable; (*poco sociable*) peu sociable

hurgar *vt* remuer ♦ *vi:* **~ (en)** fouiner (dans); **~se** *vpr:* **~se (las narices)** se curer (le nez)

hurón *nm* furet *m*

hurtadillas: a ~ *adv* à la dérobée

hurtar *vt* dérober; **hurto** *nm* vol *m*

husmear *vt* humer ♦ *vi* fouiner; **~ en** (*fam*) se mêler de

huyendo *etc vb ver* **huir**

I, i

iba *etc vb ver* **ir**
ibérico, -a *adj* ibérique
iberoamericano, -a *adj* latino-
américain(e) ♦ *nm/f* Latino-
américain(e)
Ibiza *nf* Ibiza
iceberg (*pl* **~s**) *nm* iceberg *m*
icono *nm* icône *f*
iconoclasta *adj, nm/f*
iconoclaste *m/f*
ictericia *nf* jaunisse *f*
ida *nf* aller *m*; **~ y vuelta** aller et
retour
idea *nf* idée *f*; (*propósito*) intention
f; **no tengo la menor ~** je n'en
ai pas la moindre idée; **cambiar
de ~** changer d'idée; **¡ni ~!**
aucune idée!
ideal *adj* idéal(e) ♦ *nm* idéal *m*;
idealista *adj, nm/f* idéaliste *m/f*;
idealizar *vt* idéaliser
idear *vt* concevoir
ídem *pron* idem
idéntico, -a *adj*: **~ (a)** identique
(à)
identidad *nf* identité *f*
identificación *nf* identification *f*
identificar *vt* identifier; **~se** *vpr*:
~se (con) s'identifier (à)
ideología *nf* idéologie *f*
idilio *nm* idylle *f*
idioma *nm* langue *f*
idiota *adj, nm/f* idiot(e); **idiotez**
nf idiotie *f*
ídolo *nm* idole *f*
idóneo, -a *adj* idéal(e)
iglesia *nf* église *f*
ignorancia *nf* ignorance *f*;
ignorante *adj, nm/f* ignorant(e)
ignorar *vt* ignorer

PALABRA CLAVE

igual *adj* **1** (*idéntico*) pareil(le);
Pedro es igual que tú Pedro
est comme toi; **X es igual a Y**
(*MAT*) X est égal à Y; **son iguales**
ils sont pareils; **van iguales** (*en
carrera, competición*) ils sont à
égalité; **él, igual que tú, está
convencido de que ...** comme
toi, il est convaincu que ...; **¡es
igual!** (*no importa*) ça ne fait
rien!; **me da igual** ça m'est égal
2 (*liso: terreno, superficie*) égal(e)
♦ *nm/f* (*persona*) égal(e); **sin
igual** sans égal
♦ *adv* **1** (*de la misma manera*) de
la même façon, pareil (*fam*);
visten iguales ils s'habillent de la
même façon
2 (*fam: a lo mejor*) peut-être que;
igual no lo saben todavía
peut-être qu'ils ne le savent pas
encore
3 (*esp CSUR: fam: a pesar de todo*)
quand même; **era inocente
pero me expulsaron igual**
j'étais innocent mais ils m'ont
renvoyé quand même

---

igualar *vt* égaliser; **~se** *vpr*
(*diferencias*) s'aplanir; **~se (con)**
(*compararse*) se comparer (avec)
igualdad *nf* égalité *f*; **en ~ de
condiciones** dans les mêmes
conditions
igualmente *adv*: **¡felices
vacaciones! - ~** bonnes
vacances! - à toi aussi
ilegal *adj* illégal(e)
ilegible *adj* illisible
ilegítimo, -a *adj* illégitime
ileso, -a *adj*: **resultar** *o* **salir ~
(de)** sortir indemne (de), sortir
sain(e) et sauf (sauve) (de)

ilícito, -a *adj* illicite

ilimitado, -a *adj* illimité(e)

ilógico, -a *adj* illogique

iluminación *nf* illumination *f*, éclairage *m*; *(de local, habitación)* éclairage

iluminar *vt* illuminer, éclairer; *(adornar con luces)* illuminer; *(colorear: ilustración)* enluminer

ilusión *nf* illusion *f*; *(alegría)* joie *f*; *(esperanza)* espoir *m*; **hacerle ~ a algn** faire plaisir à qn; **hacerse ilusiones** se faire des illusions

ilusionado, -a *adj:* **estar ~ (con)** se réjouir (de)

ilusionar *vt* réjouir; **~se** *vpr:* **~se (con)** se réjouir (de)

ilusionista *nm/f* illusionniste *m/f*

iluso, -a *adj* naïf(-ïve) ♦ *nm/f* rêveur(-euse)

ilusorio, -a *adj* illusoire

ilustración *nf* illustration *f*; *(cultura)* instruction *f*, culture *f*; **la l~** le Siècle des lumières

ilustrado, -a *adj* illustré(e); *(persona)* cultivé(e), instruit(e)

ilustrar *vt* illustrer

ilustre *adj* illustre, célèbre

imagen *nf* image *f*

imaginación *nf* imagination *f*; **imaginaciones** *nfpl (suposiciones)* idées *fpl*

imaginar *vt* imaginer; *(idear)* imaginer, concevoir; **~se** *vpr* s'imaginer; **~ que ...** *(suponer)* imaginer que ...

imaginario, -a *adj* imaginaire

imaginativo, -a *adj* imaginatif(-ive)

imán *nm* aimant *m*

imbécil *adj, nm/f* imbécile *m/f*

imitación *nf* imitation *f*; *(parodia)* imitation, pastiche *m*; **de ~** en imitation

imitar *vt* imiter; *(parodiar)* imiter, pasticher

impaciencia *nf* impatience *f*;

impaciente *adj* impatient(e); **estar impaciente** se tracasser; *(deseoso)* être impatient; **estar impaciente (por hacer)** être impatient (de faire), avoir hâte (de faire)

impacto *nm* impact *m*; *(esp AM: fig)* impression *f*

impar *adj* impair(e)

imparcial *adj* impartial(e)

impartir *vt (clases)* donner; *(orden)* intimer

impasible *adj* impassible

impecable *adj* impeccable

impedimento *nm* empêchement *m*, obstacle *m*

impedir *vt (imposibilitar)* empêcher; *(estorbar)* gêner; **~ a algn hacer o que haga algo** empêcher qn de faire qch

impenetrable *adj* impénétrable

imperar *vi* régner

imperativo, -a *adj* impératif(-ive); **~s** *nmpl (exigencias)* impératifs *mpl*

imperceptible *adj* imperceptible

imperdible *nm* épingle *f* à nourrice

imperdonable *adj* impardonnable

imperfección *nf (en prenda, joya, vasija)* défaut *m*; *(de persona)* imperfection *f*

imperfecto, -a *adj* défectueux(-euse); *(tarea, LING)* imparfait(e)

imperial *adj* impérial(e); **imperialismo** *nm* impérialisme *m*

imperio *nm* empire *m*

imperioso, -a *adj* impérieux(-euse)

impermeable *adj* ♦ *nm*
impermeable *m*
impersonal *adj* impersonnel(le)
impertinencia *nf* impertinence *f*;
impertinente *adj* impertinent(e)
imperturbable *adj*
imperturbable
ímpetu *nm* (*violencia*) violence *f*;
(*energía*) énergie *f*
impetuoso, -a *adj*
impétueux(-euse); (*paso, ritmo*)
soutenu(e)
impío, -a *adj* (*sin fe*) impie;
(*irreverente*) irrévérencieux(-euse)
implacable *adj* implacable
implantar *vt* implanter; **~se** *vpr*
s'implanter
implicar *vt* impliquer; **~ a algn
en algo** impliquer qn dans qch
implícito, -a *adj* (*tácito*) tacite;
(*sobreentendido*) implicite; **llevar
~** comporter implicitement
implorar *vt* implorer
imponente *adj* imposant(e);
(*fam*) sensationnel(le)
imponer *vt* imposer; (*respeto*)
inspirer; **~se** *vpr* (*moda,
costumbre*) s'imposer; (*razón,
equipo*) l'emporter; **~se (a)**
s'imposer (à); **~se (hacer)**
s'imposer (de faire); **imponible**
adj (*COM*) imposable
impopular *adj* impopulaire
importación *nf* importation *f*
importancia *nf* importance *f*;
darse ~ faire l'important; **sin ~**
sans importance; **importante** *adj*
important(e)
importar *vt* importer; (*ascender a:
cantidad*) se monter à, coûter ♦ *vi*
importer; **me importa un bledo**
o **rábano** je m'en fiche pas mal;
¿le importa que fume? ça
vous ennuie si je fume?; **¿y a ti
qué te importa?** qu'est-ce que

ça peut (bien) te faire?; **no
importa** ce n'est pas grave, ça ne
fait rien
importe *nm* (*coste*) coût *m*; (*total*)
montant *m*
importunar *vt* importuner
imposibilidad *nf* impossibilité *f*;
imposibilitar *vt* rendre
impossible; (*impedir*) empêcher
imposible *adj*: **hacer lo ~ por**
faire l'impossible pour
imposición *nf* (*de moda*)
introduction *f*; (*sanción, condena*)
application *f*; (*mandato*) ordre *m*;
(*COM: impuesto*) imposition *f*; (:
depósito) dépôt *m*
impostor, a *nm/f* imposteur *m*
impotencia *nf* impuissance *f*;
impotente *adj* impuissant(e) ♦
nm impuissant *m*
impracticable *adj* (*camino*)
impraticable
impreciso, -a *adj* imprécis(e)
impregnar *vt* imprégner; **~se**
vpr s'imprégner
imprenta *nf* (*aparato*) presse *f*;
letra de ~ caractère *m*
d'imprimerie
imprescindible *adj*
indispensable
impresión *nf* impression *f*
impresionable *adj*
impressionnable
impresionante *adj*
impressionnant(e)
impresionar *vt* impressionner;
(*conmover*) bouleverser, toucher;
~se *vpr* être impressionné(e); **se
impresiona con facilidad** il ne
faut pas prendre grand-chose pour
l'impressionner
impreso, -a *pp de* **imprimir** ♦
adj imprimé(e) ♦ *nm* (*solicitud*)
imprimé *m*, formulaire *m*; **~s**
nmpl (*material impreso*) imprimés

mpl; **impresora** *nf* (*INFORM*) imprimante *f*

imprevisto, -a *adj* imprévu(e) ♦ *nm* imprévu *m*

imprimir *vt* imprimer

improbable *adj* improbable

improcedente *adj* inopportun(e)

improductivo, -a *adj* improductif(-ive)

improperio *nm* insulte *f*, injure *f*

impropio, -a *adj* impropre; ~ **de** *o* **para** peu approprié(e) à

improvisado, -a *adj* improvisé(e)

improvisar *vt, vi* improviser

improviso *adv*: **de** ~ à l'improviste

imprudencia *nf* imprudence *f*; (*indiscreción*) indiscrétion *f*; **imprudente** *adj* imprudent(e); (*indiscreto*) indiscret(-ète)

impúdico, -a *adj* impudique, indécent(e)

impuesto, -a *pp de* **imponer** ♦ *nm* impôt *m*; **libre de ~s** exonéré(e) d'impôt; ~ **directo/ indirecto** impôt direct/indirect; ~ **sobre el valor añadido** *o AM* **agregado** taxe à la valeur ajoutée; ~ **sobre la renta/ sobre la renta de las personas físicas** impôt sur le revenu/sur le revenu des personnes physiques

impugnar *vt* contester; (*refutar*) réfuter

impulsar *vt* propulser; (*economía*) stimuler; **él me impulsó a hacerlo** *o* **a que lo hiciera** il m'a poussé à le faire

impulsivo, -a *adj* impulsif(-ive)

impulso *nm* impulsion *f*; (*fuerza*) élan *m*; **dar** ~ **a** donner une impulsion à

impune *adj* impuni(e)

impureza *nf* impureté *f*; ~**s** *nfpl* (*de agua, aire*) impuretés *fpl*

impuro, -a *adj* impur(e)

imputar *vt* imputer

inacabable *adj* interminable

inaccesible *adj* inaccessible

inacción *nf* inaction *f*

inaceptable *adj* inacceptable

inactividad *nf* inactivité *f*

inactivo, -a *adj* inactif(-ive)

inadecuado, -a *adj* inadéquat(e)

inadmisible *adj* inadmissible

inadvertido, -a *adj*: **pasar** ~ passer inaperçu(e)

inagotable *adj* inépuisable, intarissable

inaguantable *adj* insupportable

inalterable *adj* inaltérable; (*persona*) entier(-ère)

inanición *nf* inanition *f*

inanimado, -a *adj* inanimé(e)

inapreciable *adj* (*poco importante*) insignifiant(e); (*de gran valor*) inestimable

inaudito, -a *adj* inouï(e)

inauguración *nf* inauguration *f*; **inaugurar** *vt* inaugurer

inca *adj* inca *inv* ♦ *nm/f* Inca *m/f*

incalculable *adj* incalculable

incandescente *adj* incandescent(e)

incansable *adj* infatigable

incapacidad *nf* incapacité *f*; ~ **física** incapacité physique

incapacitar *vt*: ~ (**para**) (*inhabilitar*) rendre inapte (à); (*descalificar*) déclarer inapte (à)

incapaz *adj* incapable

incautación *nf* saisie *f*

incautarse *vpr*: ~ **de** s'emparer de

incauto, -a *adj* (*imprudente*) imprudent(e)

incendiar *vt* incendier; ~**se** *vpr* prendre feu, brûler

incendiario, -a *adj* incendiaire
incendio *nm* incendie *m*
incentivo *nm* stimulation *f*,
   aiguillon *m*
incertidumbre *nf* incertitude *f*
incesante *adj* incessant(e)
incesto *nm* inceste *m*
incidencia *nf* (*repercusión*)
   incidence *f*
incidente *nm* incident *m*
incidir *vi*: ~ **en** affecter; ~ **en un**
   error tomber dans l'erreur
incienso *nm* encens *msg*
incineración *nf* incinération *f*
incinerar *vt* incinérer
incipiente *adj* naissant(e)
incisión *nf* incision *f*
incisivo, -a *adj* (*fig*) incisif(-ive) ♦
   nm incisive *f*
incitar *vt* inciter
inclemencia *nf* sévérité *f*; ~**s**
   nfpl (*del tiempo*) rigueurs *fpl*
inclinación *nf* inclinaison *f*; (*fig*)
   inclination *f*, penchant *m*; **tener**
   ~ **por algn/algo** avoir un
   penchant pour qn/qch
inclinar *vt* incliner; (*cabeza,*
   cuerpo) incliner, pencher; ~**se** *vpr*
   pencher; (*persona*) se pencher;
   me inclino a pensar que ...
   j'incline à penser que ...
incluir *vt* (*abarcar*) comprendre;
   (*meter*) inclure
inclusive *adv* (*incluido*) inclus, y
   compris; (*incluso*) même
incluso *a, adv*, *prep* même
incógnito: **de ~** *adv* incognito
incoherente *adj* incohérent(e)
incomodar *vt* incommoder; ~**se**
   vpr se fâcher
incomodidad *nf* ennui *m*; (*de*
   vivienda, asiento) manque *m* de
   confort
incómodo, -a *adj* (*vivienda*)
   inconfortable; (*asiento*) peu

confortable; (*molesto*)
   incommodant(e); **sentirse** ~ se
   sentir mal à l'aise
incomparable *adj* incomparable
incompatible *adj*: ~ **(con)**
   incompatible (avec)
incompetencia *nf* incompétence
   f; **incompetente** *adj*
   incompétent(e)
incompleto, -a *adj*
   incomplet(-ète)
incomprensible *adj*
   incompréhensible
incomunicado, -a *adj* (*aislado:*
   persona) isolé(e); (: *pueblo*)
   coupé(e) de tout; (*preso*) mis(e) au
   régime cellulaire
inconcebible *adj* inconcevable
incondicional *adj*
   inconditionnel(le)
inconexo, -a *adj* décousu(e)
inconfundible *adj* caractéristique
incongruente *adj* incongru(e); ~
   (con) (*actitud*) en désaccord
   (avec)
inconsciencia *nf* inconscience *f*;
inconsciente *adj*
   inconscient(e); **inconsciente de**
   inconscient(e) de
inconsecuente *adj*: ~ **(con)**
   inconséquent(e) (avec)
inconsiderado, -a *adj*
   inconsidéré(e)
inconsistente *adj* inconsistant(e)
inconstancia *nf* inconstance *f*;
   inconstante *adj* inconstant(e)
incontable *adj* innombrable,
   incalculable
incontestable *adj* incontestable
incontinencia *nf* incontinence *f*
inconveniencia *nf*
   inconvenance *f*; **inconveniente**
   adj déplacé(e) ♦ *nm* inconvénient
   m; **el inconveniente es que**
   ... l'inconvénient, c'est que ...

incordiar (*fam*) *vt* emmerder (*fam!*)

incorporación *nf* incorporation *f*

incorporar *vt* incorporer; (*enderezar*) lever; **~se** *vpr* se lever; **~ a** (*puesto*) se présenter à

incorrección *nf* incorrection *f*

incorrecto, -a *adj* incorrect(e)

incorregible *adj* incorrigible

incredulidad *nf* incrédulité *f*

incrédulo, -a *adj* incrédule

increíble *adj* incroyable

incremento *nm* augmentation *f*

increpar *vt* admonester

incubar *vt* couver

inculcar *vt* inculquer

inculpar *vt* inculper

inculto, -a *adj* inculte ♦ *nm/f* ignorant(e)

incumplimiento *nm* (*de promesa*) manquement *m*; **~ de contrato** rupture *f* de contrat

incurrir *vi*: **~ en** (*error*) tomber dans; (*crimen*) en arriver à

indagación *nf* recherche *f*

indagar *vt* rechercher

indecente *adj* indécent(e)

indecible *adj* indicible

indeciso, -a *adj* indécis(e)

indefenso, -a *adj* (*animal, persona*) sans défense

indefinido, -a *adj* (*indeterminado*) indéfini(e); (*ilimitado*) indéterminé(e)

indeleble *adj* indélébile

indemne *adj*: **salir ~ de** sortir indemne de

indemnizar *vt*: **~ (de)** indemniser (de)

independencia *nf* indépendance *f*

independiente *adj* indépendant(e)

indeterminado, -a *adj* indéterminé(e)

India *nf*: **la ~** l'Inde *f*

indicación *nf* indication *f*; (*señal: de persona*) signe *m*; **indicaciones** *nfpl* (*instrucciones*) indications *fpl*

indicador *nm* indicateur *m*; (*AUTO*) panneau *m* de signalisation

indicar *vt* indiquer

índice *nm* index *m*; **~ de materias** table *f* des matières

indicio *nm* indice *m*

indiferencia *nf* indifférence *f*;

indiferente *adj*: **indiferente (a)** indifférent(e) (à); **me es indiferente hacerlo hoy o mañana** cela m'est égal de le faire aujourd'hui ou demain; **a Alfonso le era indiferente Carmen** Carmen laissait Alfonso indifférent

indígena *adj, nm/f* indigène *m/f*

indigencia *nf* indigence *f*

indigestión *nf* indigestion *f*

indigesto, -a *adj* indigeste; (*persona*) insupportable

indignación *nf* indignation *f*

indignar *vt* indigner; **~se** *vpr*: **~se (por)** s'indigner (de)

indigno, -a *adj*: **~ (de)** indigne (de)

indio, -a *adj* indien(ne) ♦ *nm/f* Indien(ne); **hacer el ~** faire l'imbécile

indirecta *nf* allusion *f*

indirecto, -a *adj* indirect(e)

indiscreción *nf* indiscrétion *f*

indiscreto, -a *adj* indiscret(-ète)

indiscriminado, -a *adj* (*golpes*) distribué(e) au hasard; **de un modo ~** sans discrimination

indiscutible *adj* indiscutable

indispensable *adj* indispensable

indisponer *vt* indisposer; **~se** *vpr* (*MED*) se sentir indisposé(e); **~se con** *o* **contra algn** se

brouiller avec qn
indisposición *nf* indisposition *f*
indistinto, -a *adj* indistinct(e)
individual *adj* individuel(le);
  (*habitación, cama*) simple ♦ *nm*
  (*DEPORTE*) simple *m*
individuo *nm* individu *m*
índole *nf* (*naturaleza*) nature *f*;
  (*clase*) caractère *m*
indómito, -a *adj* indomptable
inducir *vt* induire; **~ a algn a
  hacer** inciter qn à faire
indudable *adj* indubitable
indulgencia *nf* indulgence *f*
indultar *vt* gracier; **indulto** *nm*
  grâce *f*
industria *nf* industrie *f*;
  industrial *adj* industriel(le)
inédito, -a *adj* inédit(e)
inefable *adj* ineffable
ineficaz *adj* (*medida,
  medicamento*) inefficace; (*persona*)
  peu efficace
inepto, -a *adj* inepte ♦ *nm/f*
  incapable *m/f*
inequívoco, -a *adj* clair(e)
inercia *nf* inertie *f*
inerme *adj* (*sin armas*)
  désarmé(e); (*indefenso*) sans
  défense
inerte *adj* inerte
inesperado, -a *adj* inattendu(e)
inestable *adj* instable
inevitable *adj* inévitable
inexactitud *nf* inexactitude *f*
inexacto, -a *adj* inexact(e)
inexperto, -a *adj*
  inexpérimenté(e)
infalible *adj* infaillible
infame *adj* infâme
infancia *nf* enfance *f*
infantería *nf* infanterie *f*
infantil *adj* (*programa, juego*) pour
  les enfants; (*población*) enfantin(e);
  (*pey*) puéril(e)

infarto *nm* (*tb:* **~ de miocardio**)
  infarctus *msg*
infatigable *adj* infatigable
infección *nf* infection *f*
infeccioso, -a *adj* (*MED*)
  infectieux(-euse)
infectar *vt* infecter; **~se** *vpr*
  s'infecter
infeliz *adj, nm/f*
  malheureux(-euse)
inferior *adj, nm/f* inférieur(e); **~
  (a)** inférieur(e) (à)
inferir *vt* inférer
infestar *vt* infester
infidelidad *nf* infidélité *f*; **~
  conyugal** infidélité conjugale
infiel *adj, nm/f* infidèle *m/f*
infierno *nm* (*REL*) enfer *m*
infiltrarse *vpr* s'infiltrer
ínfimo, -a *adj* infime
infinidad *nf*: **una ~ de** une
  infinité de
infinito, -a *adj* infini(e) ♦ *nm*
  infini *m*
inflación *nf* (*ECON*) inflation *f*
inflacionario, -a *adj*
  inflationniste
inflamar *vt* enflammer; **~se** *vpr*
  s'enflammer; (*hincharse*) s'enfler
inflar *vt* gonfler; (*fig*) exagérer;
  ~se *vpr* s'enfler; **~se de**
  (*chocolate etc*) se bourrer de
inflexible *adj* (*material*)
  indéformable; (*persona*) inflexible
infligir *vt* infliger
influencia *nf* influence *f*;
  influenciar *vt* influencer
influir *vt* influencer ♦ *vi* agir; **~ en**
  o **sobre** influer sur, influencer
influjo *nm* influence *f*
influyendo *etc vb ver* **influir**
influyente *adj* influent(e)
información *nf* (*sobre un asunto,
  INFORM*) information *f*; (*noticias,
  informe*) informations *fpl*; **I~**

(oficina, TELEC) Renseignements *mpl*; *(mostrador)* Information
informal *adj (persona)* peu sérieux(-euse); *(estilo, lenguaje)* informel(le)
informar *vt* informer ♦ *vi (dar cuenta de)*: **~ de/sobre** informer de/sur; **~se** *vpr*: **~se (de)** s'informer (de); **(les) informó que ...** il (les) a informé(s) que ...
informática *nf* informatique *f*
informe *adj* informe ♦ *nm* rapport *m*
infortunio *nm* infortune *f*
infracción *nf* infraction *f*
infranqueable *adj* infranchissable
infringir *vt* transgresser
infructuoso, -a *adj* infructueux(-euse)
infundado, -a *adj* peu fondé(e)
infundir *vt*: **~ ánimo** *o* **valor** insuffler du courage; **~ respeto** inspirer le respect; **~ miedo** inspirer de la crainte
infusión *nf* infusion *f*
ingeniar *vt* inventer; **~se** *vpr*: **~se** *o* **ingeniárselas para hacer** se débrouiller pour faire
ingeniería *nf* ingénierie *f*
ingeniero, -a *nm/f* ingénieur *m*; *(esp MÉX: título de cortesía: tb: I~)* Monsieur (Madame); **~ de caminos** ingénieur des travaux publics; **~ de sonido** ingénieur du son
ingenio *nm* génie *m*
ingenioso, -a *adj (hábil)* ingénieux(-euse); *(divertido)* spirituel(le)
ingenuidad *nf* ingénuité *f*
ingenuo, -a *adj* ingénu(e)
ingerir *vt* ingérer
Inglaterra *nf* Angleterre *f*
ingle *nf* aine *f*

inglés, -esa *adj* anglais(e) ♦ *nm/f* Anglais(e) ♦ *nm (LING)* anglais *msg*
ingratitud *nf* ingratitude *f*
ingrato, -a *adj* ingrat(e)
ingrediente *nm* ingrédient *m*
ingresar *vt (dinero)* déposer; *(enfermo)* faire entrer ♦ *vi*: **~ (en)** *(en facultad, escuela)* être admis(e) (à); *(en club etc)* s'inscrire (à); *(en ejército)* entrer (dans); *(en hospital)* entrer (à)
ingreso *nm* admission *f*; **~s** *nmpl (dinero)* revenus *mpl*; *(: COM)* recettes *fpl*
inhabitable *adj* inhabitable
inhalar *vt* inhaler
inherente *adj*: **~ a** inhérent(e) à
inhibir *vt (MED)* inhiber; **~se** *vpr*: **~se (de hacer)** s'abstenir (de faire)
inhóspito, -a *adj* inhospitalier(-ère)
inhumano, -a *adj* inhumain(e)
inicial *adj* initial(e); *(letra)* premier(-ère) ♦ *nf* initiale *f*
iniciar *vt* commencer; **~ (en)** *(persona)* initier (à)
iniciativa *nf* initiative *f*; **la ~ privada** l'initiative privée; **tomar la ~** prendre l'initiative
inicio *nm* début *m*
internauta *nmf* internaute *mf*
ininterrumpido, -a *adj* ininterrompu(e)
injerencia *nf* ingérence *f*
injertar *vt* greffer
injuria *nf* injure *f*; **injuriar** *vt* injurier
injurioso, -a *adj* injurieux(-euse)
injusticia *nf* injustice *f*
injusto, -a *adj* injuste
inmadurez *nf* immaturité *f*
inmediaciones *nfpl* environs *mpl*

inmediato, -a *adj* immédiat(e);
(*contiguo*) contigu(ë); **~ a**
contigu(ë) à; **de ~** (*esp AM*) tout
de suite

inmejorable *adj* excellent(e)

inmenso, -a *adj* immense

inmerecido, -a *adj* (*críticas*)
injustifié(e)

inmigración *nf* immigration f

inmigrante *adj, nm/f*
immigrant(e)

inmiscuirse *vpr*: **~ (en)**
s'immiscer (dans)

inmobiliaria *nf* (tb: **agencia ~**)
agence f immobilière

inmobiliario, -a *adj*
immobilier(-ère)

inmoral *adj* immoral(e)

inmortal *adj* immortel(le);
inmortalizar *vt* immortaliser

inmóvil *adj* immobile

inmueble *adj*: **bienes ~s** biens
mpl immeubles ♦ *nm* immeuble m

inmundicia *nf* saleté f

inmundo, -a *adj* (*lugar*)
immonde

inmune *adj*: **~ (a)** immunisé(e)
(contre)

inmunidad *nf* immunité f

inmutarse *vpr* se troubler

innato, -a *adj* inné(e)

innecesario, -a *adj* pas
nécessaire

innoble *adj* ignoble

innovación *nf* innovation f

inocencia *nf* innocence f

inocentada *nf* (*broma*) ≈ poisson
m d'avril

inocente *adj, nm/f* innocent(e)

Día de los Santos Inocentes

Le 28 décembre, jour des saints
Innocents, l'Église commémore le
massacre des enfants de Judée
ordonné par Hérode. Cette journée

---

est l'occasion pour les Espagnols
de se faire des plaisanteries et de
se jouer des tours appelés
inocentadas, *un peu comme lors
du premier avril en France.*

---

inocuo, -a *adj* inoffensif(-ive)

inodoro, -a *adj* inodore ♦ *nm*
cabinet m

inofensivo, -a *adj* inoffensif(-ive)

inolvidable *adj* inoubliable

inopinado, -a *adj* inopiné(e)

inoportuno, -a *adj*
inopportun(e)

inoxidable *adj* inoxydable;
acero ~ acier m inoxydable

inquebrantable *adj* (*fe*)
inébranlable; (*promesa*)
solennel(le)

inquietar *vt* inquiéter; **~se** *vpr*
s'inquiéter

inquieto, -a *adj* inquiet(-ète);
(*niño*) turbulent(e); **inquietud** *nf*
inquiétude f; (*agitación*) dissipation
f

inquilino, -a *nm/f* locataire m/f

inquirir *vt* s'enquérir de

insalubre *adj* insalubre

inscribir *vt* inscrire; **~se** *vpr*
(*ESCOL etc*) s'inscrire

inscripción *nf* inscription f

insecticida *nm* insecticide m

insecto *nm* insecte m

inseguridad *nf* insécurité f;
(*inestabilidad*) instabilité f; (*de
carácter*) manque m de confiance;
(*indecisión*) indécision f; **~
ciudadana** insécurité urbaine

inseguro, -a *adj* incertain(e);
(*persona*) pas sûr(e) de soi; (*lugar*)
peu sûr(e); (*terreno*) instable;
(*escalera*) branlant(e); **sentirse ~**
ne pas se sentir en sécurité

insensato, -a *adj* insensé(e)

insensibilidad *nf* insensibilité *f*

insensible *adj* insensible

insertar *vt* insérer

inservible *adj* inutilisable

insidioso, -a *adj* insidieux(-euse)

insignia *nf* (*emblema*) insigne *m*; (*estandarte*) enseigne *f*; **buque ~** vaisseau *m* amiral

insignificante *adj* insignifiant(e)

insinuar *vt* insinuer

insípido, -a *adj* insipide

insistencia *nf* insistance *f*; **con ~** avec insistance

insistir *vi*: **~ (en)** insister (sur)

insolación *nf* insolation *f*

insolencia *nf* insolence *f*;
insolente *adj* insolent(e)

insólito, -a *adj* insolite

insoluble *adj* (*problema*) insoluble; **~ (en)** (*sustancia*) insoluble (dans)

insolvencia *nf* (COM) insolvabilité *f*

insomnio *nm* insomnie *f*

insondable *adj* insondable

insonorizar *vt* insonoriser

insoportable *adj* insupportable

insospechado, -a *adj* insoupçonné(e)

inspección *nf* inspection *f*;
inspeccionar *vt* inspecter

inspector, a *nm/f* inspecteur(-trice)

inspiración *nf* inspiration *f*

inspirar *vt* inspirer; **~se** *vpr*: **~se en** s'inspirer de

instalación *nf* installation *f*;
instalaciones *nfpl* (*de centro deportivo, hotel*) installations *fpl*; **~ eléctrica** installation électrique

instalar *vt* installer; **~se** *vpr* s'installer

instancia *nf* instance *f*; **en última ~** en dernier ressort

instantánea *nf* instantané *m*

instantáneo, -a *adj* instantané(e); **café ~** café *m* instantané

instante *nm* instant *m*; **a cada ~** à tout instant; **al ~** à l'instant

instar *vt*: **~ a algn a hacer** *o* **para que haga** prier instamment qn de faire

instaurar *vt* instaurer

instigar *vt*: **~ a algn a (hacer)** inciter qn à (faire)

instinto *nm* instinct *m*; **por ~** d'instinct

institución *nf* institution *f*;
instituciones *nfpl* (*de un país*) institutions *fpl*

instituir *vt* instituer; **instituto** *nm* (ESCOL) lycée *m*; (*de investigación, cultural etc*) institut *m*; **Instituto de Bachillerato** (ESP) lycée

institutriz *nf* préceptrice *f*

instrucción *nf* instruction *f*;
instrucciones *nfpl* (*normas de uso, órdenes*) instructions *fpl*; **~ del sumario** (JUR) instruction

instructivo, -a *adj* instructif(-ive)

instruir *vt* (JUR) instruire

instrumento *nm* instrument *m*

insubordinarse *vpr*: **~ (contra)** se rebeller (contre)

insuficiencia *nf* insuffisance *f*;
insuficiente *adj* insuffisant(e) ♦ *nm* (ESCOL) note *f* inférieure à la moyenne

insufrible *adj* = **insoportable**

insular *adj* insulaire

insultar *vt* insulter; **insulto** *nm* insulte *f*

insuperable *adj* (*excelente*) incomparable; (*invencible*) insurmontable

insurgente *adj, nm/f* insurgé(e)

insurrección *nf* insurrection *f*

intachable *adj* irréprochable

intacto, -a adj intact(e)
integral adj intégral(e); (idiota) parfait(e); **pan ~** pain m complet
integrar vt composer; **~se** vpr s'intégrer
integridad nf intégrité f
íntegro, -a adj intègre
intelectual adj, nm/f intellectuel(le)
inteligencia nf intelligence f;
inteligente adj intelligent(e)
inteligible adj intelligible
intemperie nf intempérie f; **a la ~** sans abri
intempestivo, -a adj intempestif(-ive)
intención nf intention f; **con segundas intenciones** avec des intentions cachées; **buena/ mala ~** bonne/mauvaise intention; **de buena/mala ~** bien/mal intentionné(e)
intencionado, -a adj intentionnel(le); **bien/mal ~** bien/mal intentionné(e)
intensidad nf intensité f; **llover con ~** pleuvoir dru
intenso, -a adj intense
intentar vt: **~ (hacer)** essayer o tenter de (faire); **intento** nm essai m, tentative f
intercalar vt intercaler
intercambio nm échange m
interceder vi: **~ (por)** intercéder (en faveur de)
interceptar vt intercepter
intercesión nf intercession f
interés nm intérêt m; **intereses** nmpl (dividendos, aspiraciones) intérêts mpl; **sentir/tener ~ en** éprouver/avoir de l'intérêt pour;
tipo de ~ (COM) taux msg d'intérêt; **intereses creados** coalition f d'intérêts; **~ propio** intérêt personnel

interesado, -a adj, nm/f intéressé(e); **~ en/por** intéressé(e) par
interesante adj intéressant(e)
interesar vt intéresser ♦ vi être intéressant(e); **~se** vpr: **~se en** o **por** s'intéresser à; **no me interesan los toros** les courses de taureaux ne m'intéressent pas
interferencia nf (RADIO, TV, TELEC) interférence f; **~ (en)** (injerencia) ingérence f (dans)
interferir vt (TELEC) brouiller ♦ vi (persona): **~ (en)** s'immiscer (dans)
interfono nm interphone m
interino, -a adj intérimaire ♦ nm/f intérimaire m/f; (MED) remplaçant m
interior adj intérieur(e) ♦ nm intérieur m; **Ministerio del I~** ministère m de l'Intérieur; **ropa ~** linge m de corps
interjección nf interjection f
interlocutor, a nm/f interlocuteur(-trice)
intermediario, -a adj, nm/f intermédiaire m/f
intermedio, -a adj intermédiaire ♦ nm (TEATRO, CINE) intervalle m
interminable adj interminable
intermitente adj intermittent(e) ♦ nm (AUTO) clignotant m
internacional adj international(e)
internado nm internat m
internar vt interner; **~se** vpr (penetrar): **~se en** se pénétrer dans
Internet nm Internet m
interno, -a adj interne; (POL etc) intérieur(e) ♦ nm/f (alumno) interne m/f
interponer vt interposer; (JUR: apelación) interjeter; **~se** vpr s'interposer; **~ (entre)** interposer

(entre)
interpretación *nf* interprétation
f
interpretar *vt* interpréter; **~ mal**
mal interpréter; **intérprete** *nm/f*
interprète *m/f*
interrogación *nf* interrogation *f*;
(*tb*: **signo de ~**) point *m*
d'interrogation
interrogar *vt* interroger
interrumpir *vt* interrompre
interrupción *nf* interruption *f*
interruptor *nm* (ELEC)
interrupteur *m*
intersección *nf* intersection *f*
interurbano, -a *adj*
interurbain(e)
intervalo *nm* intervalle *m*; **a ~s** à
intervalles
intervención *nf* intervention *f*
intervenir *vt* (MED) pratiquer une
intervention sur; (*suj: policía*) saisir;
(*teléfono*) placer sous écoute
téléphonique; (*cuenta bancaria*)
bloquer ♦ *vi* intervenir
interventor, a *nm/f* (*en
elecciones*) inspecteur(-trice); (COM)
audit *m/f*
interviú *nf* interview *f*
intestino *nm* intestin *m*
intimar *vt*: **~ a algn a que ...**
intimer à qn de ... ♦ *vi* se lier
d'amitié
intimidad *nf* intimité *f*; (*amistad*)
amitié *f*; **en la ~** dans l'intimité
íntimo, -a *adj* intime
intolerable *adj* intolérable
intoxicación *nf* intoxication *f*; **~
alimenticia** intoxication
alimentaire
intranquilizarse *vpr* s'inquiéter
intranquilo, -a *adj* inquiet(-ète)
intransigente *adj*
intransigeant(e)
intransitable *adj* impraticable

intrépido, -a *adj* intrépide
intriga *nf* intrigue *f*; **intrigar** *vt*,
vi intriguer
intrincado, -a *adj* (*camino*)
embrouillé(e); (*bosque*)
impénétrable; (*problema, asunto*)
inextricable
intrínseco, -a *adj* intrinsèque
introducción *nf* introduction *f*
introducir *vt* introduire; **~se** *vpr*
s'introduire
intromisión *nf* intromission *f*
introvertido, -a *adj, nm/f*
introverti(e)
intruso, -a *nm/f* intrus(e)
intuición *nf* intuition *f*
inundación *nf* inondation *f*;
inundar *vt* inonder; **inundarse**
vpr s'inonder
inusitado, -a *adj* (*espectáculo*)
insolite; (*hora, calor*) inhabituel(le)
inútil *adj* (*herramienta*) inutilisable;
(*esfuerzo*) inutile; (*persona*:
minusválido) handicapé(e); (: *pey*)
bon(ne) à rien, inepte; **inutilidad**
nf inutilité *f*; (*ineptitud*) ineptie *f*
inutilizar *vt* rendre inutilisable
invadir *vt* envahir
inválido, -a *adj* invalide ♦ *nm/f*
handicapé(e)
invariable *adj* invariable
invasión *nf* invasion *f*
invasor, a *adj* envahissant(e) ♦
nm/f envahisseur *m*
invención *nf* invention *f*
inventar *vt* inventer
inventario *nm* inventaire *m*
inventiva *nf* inventivité *f*
invento *nm* invention *f*
inventor, a *nm/f* inventeur(-trice)
invernadero *nm* serre *f*
inverosímil *adj* invraisemblable
inversión *nf* (COM) investissement
m
inverso, -a *adj* inverse; **en**

orden ~ dans l'ordre inverse; **a la inversa** à l'inverse

inversor, a *nm/f* (COM) investisseur *m*

invertir *vt* (COM) investir; (*poner del revés*) intervertir; (*tiempo*) consacrer

investigación *nf* recherche *f*; **~ del mercado** étude *f* de marché

investigar *vt* (*indagar*) chercher; (*estudiar*) faire des recherches en

invierno *nf* hiver *m*

invisible *adj* invisible

invitación *nf* invitation *f*

invitado, -a *nm/f* invité(e)

invitar *vt* inviter; **~ a algn a hacer algo** inviter qn à faire qch

invocar *vt* invoquer

involucrar *vt*: **~ a algn en** impliquer qn dans; **~se en** s'impliquer dans

involuntario, -a *adj* involontaire

inyección *nf* piqûre *f*, injection *f*; **ponerse una ~** se faire une piqûre

inyectar *vt* (MED) injecter

PALABRA CLAVE

ir *vi* **1** aller; **ir andando** marcher; **fui en tren** j'y suis allé en train; **¡(ahora) voy!** j'y vais!

2: ir (a) por: ir (a) por el médico aller chercher le docteur

3 (*progresar*) aller; **el trabajo va muy bien** le travail marche très bien; **¿cómo te va?** tu t'y fais?; **me va muy bien** ça va très bien; **le fue fatal** ça n'a pas du tout été

4 (*funcionar*): **el coche no va muy bien** la voiture ne marche pas très bien

5 (*sentar*): **me va estupendamente** (*ropa, color*) cela me va à merveille;

(*medicamento*) c'est exactement ce qu'il me fallait

6 (*aspecto*): **ir con zapatos negros** porter des chaussures noires; **iba muy bien vestido** il était très bien habillé

7 (+ *combinar*): **ir con algo** aller avec qch

8 (*excl*): **¡que va!** (*no*) mais non!; **vamos, no llores** allons, ne pleure pas; **vamos a ver** voyons voir; **¡vaya coche!** (*admiración*) quelle super voiture!; (*desprecio*) quelle voiture minable!; **que le vaya bien** (*esp* AM: *despedida*) salut!; **¡vete a saber!** allez savoir!

9: no vaya a ser: tienes que correr, no vaya a ser que pierdas el tren il faut que tu te dépêches, sinon tu vas rater ton train

♦ *vb aux* **1**: **ir a: voy/iba a hacerlo hoy** je vais/j'allais le faire aujourd'hui

2 (+ *gerundio*): **iba anocheciendo** il commençait à faire nuit; **todo se me iba aclarando** tout devenait clair pour moi

3 (+ *pp* = *pasivo*): **van vendidos 300 ejemplares** 300 exemplaires en ont déjà été vendus; **irse** *vpr* **1**: **¿por dónde se va al parque?** comment va-t-on au parc?

2: irse (de) (*marcharse*) s'en aller (de); **ya se habrán ido** ils doivent être déjà partis; **¡vámonos!** allons-y!, on y va!

ira *nf* colère *f*

Irak *nm* = **Iraq**

Irán *nm* Iran *m*; **iraní** *adj* iranien(ne) ♦ *nm/f* Iranien(ne)

Iraq *nm* Irak *m*; **iraquí** *adj* irakien(ne), iraquien(ne) ♦ *nm/f* Irakien(ne), Iraquien(ne)

iris *nm inv* (ANAT) iris *msg*

Irlanda *nf* Irlande *f*; **~ del Norte** Irlande du Nord

irlandés, -esa *adj* irlandais(e) ♦ *nm/f* Irlandais(e)

ironía *nf* ironie *f*

irónico, -a *adj* ironique

IRPF (ESP) *sigla m* (= Impuesto sobre la Renta de las Personas Físicas) ≈ IRPP *m* (= impôt sur le revenu des personnes physiques)

irracional *adj* irrationnel(le)

irreal *adj* irréel(le)

irrecuperable *adj* irrécupérable

irreflexión *nf* irréflexion *f*

irregular *adj* irrégulier(-ère)

irremediable *adj* irrémédiable

irreparable *adj* irréparable

irresoluto, -a *adj* irrésolu(e)

irrespetuoso, -a *adj* irrespectueux(-euse)

irresponsable *adj* irresponsable

irreversible *adj* irréversible

irrigar *vt* irriguer

irrisorio, -a *adj* dérisoire

irritación *nf* irritation *f*

irritar *vt* irriter; **~se** *vpr* s'irriter

irrupción *nf* irruption *f*

isla *nf* île *f*

Islam *nm* Islam *m*

islandés, -esa *adj* islandais(e) ♦ *nm/f* Islandais(e)

Islandia *nf* Islande *f*

isleño, -a *adj, nm/f* insulaire *m/f*

Israel *nm* Israël *m*; **israelí** *adj* israélien(ne) ♦ *nm/f* Israélite *m/f*

istmo *nm* isthme *m*

Italia *nf* Italie *f*

italiano, -a *adj* italien(ne) ♦ *nm/f* Italien(ne)

itinerario *nm* itinéraire *m*

IVA (ESP) *sigla m* (COM) (= Impuesto sobre el Valor Añadido) TVA *f* (= taxe à la valeur ajoutée)

izar *vt* hisser

izdo. *abr* (= izquierdo) g (= gauche)

izquierda *nf* gauche *f*; (lado izquierdo) côté *m* gauche; **a la ~** à gauche

izquierdista *adj* (POL) de gauche ♦ *nm/f* gauchiste *m/f*

izquierdo, -a *adj* gauche

J, j

jabalí *nm* sanglier *m*

jabalina *nf* javelot *m*

jabón *nm* savon *m*; **~ en polvo** savon en poudre; **jabonar** *vt* savonner; **jabonarse** *vpr* se savonner

jaca *nf* bidet *m*

jacinto *nm* jacinthe *f*

jactarse *vpr*: **~ (de)** se vanter (de)

jadear *vi* haleter; **jadeo** *nm* halètement *m*

jaguar *nm* jaguar *m*

jalea *nf* gelée *f*

jaleo *nm* (barullo) tapage *m*; (riña) grabuge *m*; **armar un ~** faire (toute) une histoire

jalón *nm* (AM: estirón) coup *m*

jamás *adv* jamais

jamón *nm* jambon *m*; **~ serrano/de York** jambon cru/cuit

Japón *nm* Japon *m*

japonés, -esa *adj* japonais(e) ♦ *nm/f* Japonais(e)

jaque *nm* (AJEDREZ) échec *m*; **~ mate** échec et mat

jaqueca *nf* migraine *f*

jarabe *nm* sirop *m*

jarcia *nf* (NÁUT) cordage *m*

jardín *nm* jardin *m*; **~ de (la) infancia** *o* **de infantes** (AM) jardin d'enfants; **jardinería** *nf* jardinage *m*

jardinero, -a *nm/f* jardinier(-ère)

jarra *nf* jarre *f*

jarro *nm* broc *m*

jaula *nf* cage *f*

jauría *nf* meute *f*

jazmín *nm* jasmin *m*

jefa *nf* ver **jefe**

jefatura *nf* (*liderato*) commandement *m*; (*sede*) direction *f*; **~ de policía** préfecture *f* de police

jefe, -a *nm/f* chef *m*; **ser el ~** (*fig*) être le chef; **comandante en ~** commandant *m* en chef; **~ de estación** chef de gare; **~ de estado** chef d'état; **~ de estudios** surveillant *m* général; **~ de gobierno** chef de gouvernement

jeque *nm* cheik *m*

jerarquía *nf* hiérarchie *f*

jerárquico, -a *adj* hiérarchique

jerga *nf* jargon *m*

jeringa *nf* seringue *f*; (*esp AM*: *fam*) ennui *m*

jeringuilla *nf* seringue *f*

jeroglífico *nm* hiéroglyphe *m*; (*pasatiempo*) rébus *m*

jersey (*pl* **~s** *o* **jerséis**) *nm* pull-over *m*

Jerusalén *n* Jérusalem *f*

Jesucristo *nm* Jésus-Christ *m*

jesuita *adj* ♦ *nm* jésuite *m*

Jesús *nm* Jésus *m*; **¡~!** mon Dieu!; (*al estornudar*) à tes *o* vos souhaits!

jinete *nm* cavalier *m*

jipijapa (AM) *nm* panama *m*

jirafa *nf* girafe *f*

jirón *nm* lambeau *m*; (PE: *calle*) rue *f*

jocoso, -a *adj* cocasse

jofaina *nf* cuvette *f*

jornada *nf* journée *f*; (**trabajar a**) **~ intensiva/partida** (faire la) journée continue/discontinue

jornal *nm* journée *f*; **jornalero** *nm* journalier *m*

joroba *nf* bosse *f*

jorobado, -a *adj*, *nm/f* bossu(e)

jota *nf* (*letra*) j *m inv*; (*danza*) jota *f*; **no entiendo ni ~** je n'y pige rien; **no sabe ni ~** il n'en sait rien; **no veo ni ~** je n'y vois rien

joven *adj* jeune ♦ *nm* jeune homme *m*; (*MÉX*: *señor*) monsieur *m* ♦ *nf* jeune fille *f*; **¡oiga, ~!** eh, jeune homme!

jovial *adj* jovial(e)

joya *nf* bijou *m*; (*persona*) perle *f*; **~s de fantasía** bijoux *mpl* fantaisie; **joyería** *nf* bijouterie *f*; **joyero** *nm* bijoutier *m*; (*caja*) coffret *m* à bijoux

juanete *nm* (*del pie*) oignon *m*

jubilación *nf* retraite *f*

jubilado, -a *adj*, *nm/f* retraité(e)

jubilar *vt* mettre à la retraite; (*fam*: *algo viejo*) mettre au rancart; **~se** *vpr* prendre sa retraite

júbilo *nm* joie *f*

judía *nf* haricot *m*; **~ verde** haricot vert; **~ blanca** flageolet *m*; ver tb **judío**

judicial *adj* judiciaire

judío, -a *adj*, *nm/f* juif(-ive)

judo *nm* judo *m*

juego *vb* ver **jugar** ♦ *nm* jeu *m*; **fuera de ~** hors-jeu; **hacer ~ con** aller avec, faire pendant à; **~ de palabras** jeu de mots; **J~s Olímpicos** Jeux olympiques

juerga *nf* fête *f*

jueves *nm inv* jeudi *m*; ver tb **sábado**

juez *nm/f* (*f tb*: **jueza**) juge *m*; **~ ~**

de instrucción juge d'instruction; **~ de línea** juge de touche; **~ de salida** starter m

jugada nf (en juego) coup m; (fig) mauvais tour m

jugador, a nm/f joueur(-euse)

jugar vt, vi jouer; **~se** vpr (partido) jouer; (lotería) être tiré(e); (vida, puesto, futuro) jouer; **~ a** jouer à

jugo nm jus msg; **~ de naranja/ de piña** jus d'orange/d'ananas

jugoso, -a adj juteux(-euse); (fig) savoureux(-euse)

juguete nm jouet m; **juguetear** vi jouer; **juguetería** nf magasin m de jouets

juguetón, -ona adj joueur(-euse)

juicio nm jugement m; (sensatez) esprit m; (opinión) avis msg; (JUR) procès msg; **a mi** etc **~** à mon etc avis; **estar fuera de ~** avoir perdu l'esprit; **perder el ~** perdre la tête

juicioso, -a adj sage

julio nm juillet m; **el uno de ~** le premier juillet; **el dos/once de ~** le deux/onze juillet; **a primeros/finales de ~** début/ fin juillet

junco nm jonc m

jungla nf jungle f

junio nm juin m; ver tb **julio**

junta nf comité m; (organismo) assemblée f, conseil m; (TEC: punto de unión) joint m; **~ de culata** (AUTO) joint de culasse; **~ directiva** équipe f de direction

juntar vt (grupo, dinero) rassembler; (rodillas, pies) joindre; **~se** vpr (ríos, carreteras) se rejoindre; (personas) se rassembler; (: citarse) se voir; (: acercarse) se rapprocher; (: vivir juntos) vivre à

la colle; **~se a** o **con algn** rejoindre qn

junto, -a adj ensemble ♦ adv: **todo ~** tout ensemble; **~ a** (cerca de) à côté de; **~ con** ci-joint; **~s** ensemble; (próximos) rapprochés; (en contacto) joints

jurado nm jury m; (individuo: JUR) juré m; (: de concurso) membre m du jury

juramento nm serment m; (maldición) juron m; **prestar ~** prêter serment; **tomar ~ a** faire prêter serment de

jurar vt, vi jurer; **~ en falso** se parjurer; **jurársela(s) a algn** garder un chien de sa chienne à qn

jurídico, -a adj juridique

jurisdicción nf juridiction f

jurisprudencia nf jurisprudence f

jurista nm/f juriste m/f

justamente adv justement

justicia nf justice f; **en ~** en toute justice; **hacer ~** rendre la justice

justiciero, -a adj justicier(-ère)

justificación nf justification f; **justificar** vt justifier; **justificarse** vpr se justifier

justo, -a adj juste; (preciso) précis(e) ♦ adv précisément; **venir muy ~** (dinero, comida) être (tout) juste suffisant

juvenil adj juvénile; (equipo) junior; (moda, club) de jeunes; (aspecto) jeune

juventud nf jeunesse f; (jóvenes) jeunes mpl

juzgado nm tribunal m

juzgar vt juger; (opinar) penser; **a ~ por ...** à en juger par ...; **lo juzgo mi deber** j'estime que c'est mon devoir

K, k

karate, kárate nm karaté m

Kg., kg. abr (= kilogramo(s)) kg, K (= kilogramme(s))

kilo nm kilo m

kilogramo nm kilogramme m; **kilometraje** nm kilométrage m

kilómetro nm kilomètre m; **kilómetro cuadrado** kilomètre carré; **kilovatio** nm kilowatt m

kiosco nm = quiosco

km abr (= kilómetro(s)) km (= kilomètre(s))

kv abr (= kilovatio(s)) kW (= kilowatt)

L, l

l. abr (= litro(s)) l (= litre(s)) (JUR) = ley

la art def la ♦ pron (a ella) la, l'; (usted) vous; (cosa) la ♦ nm (MÚS) la m inv; **~ del sombrero rojo** celle qui porte un chapeau rouge

laberinto nm labyrinthe m

labia nf (locuacidad) volubilité f; (pey) bagout m

labio nm lèvre f

labor nf travail m, labeur m; (AGR) labour m; (obra) travail; (COSTURA, de punto) ouvrage m; **~ de equipo** travail d'équipe; **~ de ganchillo** ouvrage au crochet; **~es domésticas** o **del hogar** tâches fpl domestiques

laborable adj (AGR) labourable; **día laborable** jour m ouvrable

laboral adj du travail

laboratorio nm laboratoire m

laborioso, -a adj (persona) travailleur(-euse); (negociaciones,

trabajo) laborieux(-euse)

labrado, -a adj (campo) labouré(e); (madera) travaillé(e); (metal, cristal) ciselé(e)

labrador, -a nm/f cultivateur(-trice)

labrar vt (tierra) labourer; (madera, cuero) travailler; (metal, cristal) ciseler; (porvenir, ruina) courir à

labriego, -a nm/f paysan(ne)

laca nf laque f

lacayo nm laquais msg

lacio, -a adj raide

lacónico, -a adj laconique

lacra nf (fig) fléau m; **~ social** fléau de la société

lacrar vt cacheter; **lacre** nm cire f (à cacheter)

lactancia nf allaitement m

lácteo, -a adj: **productos ~s** produits mpl laitiers

ladear vt pencher; **~se** vpr se pencher

ladera nf versant m

lado nm côté m; (de cuerpo, MIL) flanc m; **al ~ (de)** à côté (de); **poner de ~** mettre o placer de côté; **por un ~ ..., por otro ...** d'un côté ..., d'un autre côté ...

ladrar vi aboyer; **ladrido** nm aboiement m

ladrillo nm brique f

ladrón, -ona nm/f voleur(-euse) ♦ nm (ELEC) prise f multiple

lagartija nf lézard m

lagarto nm lézard m; (AM: caimán) caïman m

lago nm lac m

lágrima nf larme f

laguna nf lagune f

laico, -a adj, nm/f laïque m/f

lamentable adj (desastroso) déplorable; (lastimoso) lamentable

lamentar vt (desgracia, pérdida) leurer; **~se** vpr: **~se (de)** se nenter (sur); **lamento tener :~s decirle ...** je regrette d'avoir à vous dire ...; **lo lamento mucho** je regrette beaucoup; **lamento** nm plainte f

lamer vt lécher

lámina nf (de metal, papel) feuille f; (ilustración, de madera) planche f

lámpara nf lampe f; (mancha) tache f; **~ de alcohol/de gas** lampe à alcool/à gaz; **~ de pie** lampe de chevet

lana nf laine f

lancha nf canot m, vedette f; **~ de socorro** canot de sauvetage; **~ motora** canot à moteur

langosta nf (insecto) sauterelle f; (crustáceo) langouste f

langostino nm langoustine f

languidecer vi languir;

languidez nf langueur f

lánguido, -a adj languissant(e)

lanza nf lance f

lanzamiento nm lancer m; (de cohete, COM) lancement m; **~ de pesos** lancer du poids

lanzar vt lancer; **~se** vpr: **~se a** se jeter à; (al vacío) se jeter dans; (fig) se lancer à; **~se contra algn/algo** se lancer contre qn/qch

lapa nf bernicle f, bernique f

lapicero nm crayon m; (AM: bolígrafo) stylo m

lápida nf pierre f tombale; **~ conmemorativa** plaque f commémorative

lapidario, -a adj, nm lapidaire m

lápiz nm crayon m (à papier); **~ de color** crayon de couleur; **~ de labios/de ojos** rouge m à lèvres/crayon pour les yeux

lapón, -ona adj lapon(e) ♦ nm/f Lapon(e)

lapso nm (tb: **~ de tiempo**) laps msg de temps; (error) lapsus msg

lapsus nm inv lapsus msg

largar vt (NÁUT: cable) larguer; (fam: dinero, bofetada) allonger; (: discurso) infliger; (AM) lancer ♦ vi (fam: hablar) causer; **~se** vpr (fam) se casser; **~se a** (AM) se mettre à

largo, -a adj long (longue) ♦ nm longueur f; **dos horas largas** deux bonnes heures; **tiene 9 metros de ~** il fait 9 mètres de long; **~ y tendido** (hablar) en long et en large; **a lo ~ de** (espacio) le long de; (tiempo) pendant; **a la larga** à la fin

largometraje nm long métrage m

laringe nf larynx msg; **laringitis** nf laryngite f

larva nf larve f

las art def, pron les; **~ que cantan** celles qui chantent

lascivo, -a adj lascif(-ive)

láser nm laser m

lástima nf pitié f; **dar ~** faire pitié; **es una ~ que** quel dommage que; **¡qué ~!** quel dommage!; **estar hecho una ~** faire pitié à voir

lastimar vt (herir) blesser; **~se** vpr se blesser

lastimero, -a adj navrant(e)

lastre nm (TEC, NÁUT) leste m; (fig) poids msg mort

lata nf (metal) fer m blanc; (envase) boîte f de conserve; (fam) plaie f; **en ~** en conserve; **dar la ~** enquiquiner

latente adj latent(e)

lateral adj latéral(e) ♦ nm (de iglesia, camino) côté m; (DEPORTE) aile f

latido nm (del corazón) battement m

latifundio nm latifundio m, latifundium m; **latifundista** nm/f propriétaire m/f d'un latifundio

latigazo nm coup m de fouet

látigo nm fouet m

latín nm (LING) latin m

latino, -a adj latin(e)

Latinoamérica nf Amérique f latine

latinoamericano, -a adj latino-américain(e) ♦ nm/f Latino-américain(e)

latir vi battre

latitud nf latitude f; **~es** nfpl (región) latitudes fpl

latón nm laiton m

latoso, -a adj enquiquinant(e)

laúd nm (MÚS) luth m

laurel nm laurier m

lava nf lave f

lavabo nm lavabo m; (servicio) toilettes fpl

lavado nm nettoyage m; (de cuerpo) toilette f; **~ de cerebro** lavage m de cerveau

lavadora nf machine f à laver

lavanda nf lavande f

lavandería nf blanchisserie f; **~ automática** laverie f automatique

lavaplatos nm inv lave-vaisselle m inv

lavar vt laver; **~se** vpr se laver; **~ y marcar** (pelo) faire un shampooing et une mise en plis; **~ en seco** nettoyer m à sec; **~ las manos** se laver les mains

lavavajillas nm inv = **lavaplatos**

laxante nm laxatif m

lazada nf nœud m

lazarillo nm: **perro ~** chien m d'aveugle

lazo nm nœud m; (para animales) lasso m; (trampa) piège m; (vínculo) lien m

le pron (directo) le; (: usted) vous; (indirecto) lui; (: usted) vous

leal adj loyal(e); **lealtad** nf loyauté f

lección nf leçon f

leche nf lait m; **tener o estar de mala ~** (fam) être de mauvais poil; **~ condensada/ descremada o desnatada** lait condensé/écrémé; **~ en polvo** lait en poudre; **lechera** nf (recipiente) pot m à lait; ver tb **lechero**

lechero, -a adj, nm/f laitier(-ère)

lecho nm lit m, couche f; **~ de río** lit de la rivière

lechón nm cochon m de lait

lechoso, -a adj laiteux(-euse)

lechuga nf laitue f

lechuza nf chouette f

lector, a nm/f lecteur(-trice)

lectura nf lecture f

leer vt lire

legado nm (JUR, fig) legs msg; (enviado) légat m

legajo nm dossier m

legal adj légal(e); **legalidad** nf légalité f; (normas) législation f; **legalizar** vt légaliser

legaña nf chassie f

legar vt (JUR, fig) léguer

legendario, -a adj légendaire

legión nf (MIL, fig) légion f

legionario nm légionnaire m

legislación nf législation f; **legislar** vi légiférer

legislatura nf législature f

legitimar vt légitimer

legítimo, -a adj (genuino) véritable; (legal) légitime

lego, -a adj (REL) séculaire; (ignorante) profane

legua *nf* lieue *f*
legumbres *nfpl* légumes *mpl*
leído, -a *adj* instruit(e)
lejanía *nf* éloignement *m*
lejano, -a *adj* éloigné(e); **L~
Oriente** Extrême-Orient *m*
lejía *nf* lessive *f*
lejos *adv* loin; **a lo ~** au loin; **de
o desde ~** de loin; **~ de** loin de
lelo, -a *adj* bébête
lema *nm* devise *f*; (POL) slogan *m*
lencería *nf* (*ropa interior*) lingerie
f
lengua *nf* langue *f*; **morderse la
~** (*fig*) se mordre les doigts; **~s
clásicas** langues mortes
lenguado *nm* sole *f*
lenguaje *nm* langage *m*; **en ~
llano** simplement; **~ comercial**
langage commercial; **~ de
programación** (INFORM) langage
de programmation; **~
ensamblador o de bajo nivel**
(INFORM) assembleur *m*; **~
máquina** (INFORM) langage
machine; **~ periodístico**
langage journalistique
lengüeta *nf* (*de zapatos, MÚS*)
languette *f*
lente *nf* lentille *f*; **~s** *nmpl* (*gafas*)
lorgnon *m*; **~s de contacto**
lentilles de contact
lenteja *nf* lentille *f*; **lentejuela**
nf paillette *f*
lentilla *nf* lentille *f*
lentitud *nf* lenteur *f*; **con ~** avec
lenteur
lento, -a *adj* lent(e)
leña *nf* (*para el fuego*) bois *msg*
leñador, a *nm/f* bûcheron(ne)
leño *nm* tronc *m*
Leo *nm* (ASTROL) Lion *m*; **ser ~**
être (du) Lion
león *nm* lion *m*; **~ marino** otarie
f

leopardo *nm* léopard *m*
leotardos *nmpl* collants *mpl*
lepra *nf* lèpre *f*
leproso, -a *nm/f* lépreux(-euse)
lerdo, -a *adj* lent(e)
les *pron* (*directo*) les; (: *ustedes*)
vous; (*indirecto*) leur; (: *ustedes*)
vous
lesbiana *nf* lesbienne *f*
lesión *nf* lésion *f*
lesionado, -a *adj* blessé(e)
letal *adj* létal(e)
letanía *nf* (REL) litanie *f*
letargo *nm* léthargie *f*
letra *nf* lettre *f*; (*escritura*) écriture
f; (COM) traite *f*; (MÚS: *de canción*)
paroles *fpl*; **L~s** *nfpl* (UNIV, ESCOL)
Lettres *fpl*; **~ de cambio** (COM)
lettre de change; **~ de imprenta
o de molde** caractère *m*
d'imprimerie
letrado, -a *adj* instruit(e) ♦ *nm/f*
avocat(e); **letrero** *nm* panneau
m; (*anuncio*) écriteau *m*
letrina *nf* latrines *fpl*
leucemia *nf* leucémie *f*
levadizo, -a *adj*: **puente ~** pont
m basculant; (HIST) pont-levis *m*
levadura *nf* levure *f*; **~ de
cerveza** levure de bière
levantamiento *nm* soulèvement
m; (*de castigo, orden*) levée *f*; **~
de pesos** haltérophilie *f*
levantar *vt* lever; (*velo, telón*)
relever; (*paquete, niño*) soulever;
(*construir*) élever; **~se** *vpr* se lever;
~ el ánimo ranimer les esprits
levante *nm* (GEO) levant *m*; **el L~**
le Levant
levar *vt*: **~ anclas** lever l'ancre
leve *adj* léger(-ère); **levedad** *nf*
légèreté *f*; (*de herida*) caractère *m*
bénin
levita *nf* redingote *f*
léxico, -a *adj* lexical(e) ♦ *nm*

lexique *m*

ley *nf* loi *f*; *(de sociedad)* règlement *m*; **de ~** *(oro, plata)* au titre *m*

leyenda *nf* légende *f*

leyendo *etc vb ver* **leer**

liar *vt (atar)* lier; *(enredar)* embrouiller; *(cigarrillo)* rouler; *(envolver)* enrouler; **~se** *vpr (fam)* s'embrouiller; **~se a palos** se taper dessus

Líbano *nm*: **el ~** le Liban

libelo *nm* libelle *m*

libélula *nf* libellule *f*

liberación *nf* libération *f*

liberal *adj, nm/f (POL ECON)* libéral(e); **liberalidad** *nf* libéralité *f*

liberar *vt* libérer

libertad *nf* liberté *f*; **~es** *nfpl (pey)* libertés *fpl*; **~ bajo fianza/ bajo palabra** liberté sous caution/sur parole; **~ condicional** liberté conditionnelle; **~ de comercio** libre-échange *m*; **~ de culto/de expresión/de prensa** liberté du culte/d'expression/de presse

libertar *vt (preso)* délivrer

libertino, -a *adj, nm/f* libertin(e)

libra *nf* livre *f*; **L~** *(ASTROL)* Balance *f*; **ser L~** être *(de la)* Balance; **~ esterlina** livre sterling

librar *vt (de castigo, obligación)* soustraire; *(de peligro)* sauver; *(batalla)* livrer; *(cheque)* virer; *(JUR)* exempter ♦ *vi* avoir un jour de congé; **~se** *vpr*: **~se de algn/ algo** échapper à qn/qch

libre *adj* libre; **~ de impuestos** exonéré(e) d'impôts; **tiro ~** coup *m* franc; **los 100 metros ~s** le 100 mètres nage libre; **al aire ~** à l'air libre

librería *nf* librairie *f*

librero, -a *nm/f* libraire *m/f* ♦ *nm*

(MÉX) librairie *f*

libreta *nf* cahier *m*; **~ de ahorros** livret *m* de caisse d'épargne

libro *nm* livre *m*; **~ de bolsillo** livre de poche; **~ de caja/de caja auxiliar** *(COM)* livre de caisse/de petite caisse; **~ de texto** manuel *m*

licencia *nf (ADMIN, JUR)* licence *f*, autorisation *f*; **~ de armas/de caza** permis *msg* de port d'arme/de chasse; **~ fiscal** patente *f*

licenciado, -a *adj (soldado)* libéré(e); *(UNIV)* titulaire d'une maîtrise ♦ *nm/f* titulaire *m/f* d'une maîtrise; **L~** *(abogado)* Maître *m*

licenciar *vt (soldado)* libérer; **licenciarse** *vpr* terminer son service militaire; *(UNIV)* passer sa maîtrise

licencioso, -a *adj* licencieux(-euse)

licitar *vt* faire une enchère sur

lícito, -a *adj (legal)* licite; *(justo)* juste; *(permisible)* permis(e)

licor *nm* liqueur *f*

licuadora *nf* mixeur *m*

licuar *vt* passer au mixeur

lid *nf* lutte *f*; **~es** *nfpl* matière *f*

líder *nm/f* leader *m*

liderazgo *nm* leadership *m*

lidia *nf (TAUR)* combat *m*; (: *una lidia)* corrida *f*; **toros de ~** taureaux *mpl* de combat; **lidiar** *vt* combattre ♦ *vi*: **lidiar con** *(dificultades, enemigos)* batailler avec

liebre *nf* lièvre *m*; *(CHI: microbús)* minibus *msg*

lienzo *nm* toile *f*

liga *nf (de medias)* porte-jarretelles *m inv*; *(DEPORTE)* compétition *f*; *(POL)* ligue *f*

ligadura nf ligature f

ligamento nm ligament m

ligar vt lier; (MED) ligaturer ♦ vi (fam: persona) draguer; **~se** vpr (fig) se lier

ligereza nf légèreté f

ligero, -a adj léger(-ère) ♦ adv (andar) d'un pas léger; (moverse) avec légèreté; **a la ligera** à la légère

liguero nm porte-jarretelles m inv

lija nf (pez) roussette f; (tb: **papel de ~**) papier m de verre

lila nf (BOT) lilas msg

lima nf (herramienta, BOT) lime f; **~ de uñas** lime à ongles; **limar** vt limer

limitación nf limitation f; **limitaciones** nfpl (carencias) limites fpl; **~ de velocidad** limitation de vitesse

limitar vt limiter; (terreno, tiempo) délimiter ♦ vi: **~ con** (GEO) faire frontière avec; **~se** vpr: **~se a (hacer)** se limiter à (faire)

límite nm limite f; **~s** nmpl (de finca, país) limites fpl; **fecha ~** date f limite; **~ de velocidad** limitation f de vitesse

limítrofe adj limitrophe

limón nm citron m ♦ adj: **amarillo ~** jaune citron inv; **limonada** nf limonade f

limosna nf aumône f

limpiaparabrisas nm inv essuie-glace m

limpiar vt nettoyer

limpieza nf propreté f; (acto, POLICÍA) nettoyage m; (habilidad) adresse f; **operación de ~** (MIL) opération f de nettoyage; **~ en seco** nettoyage à sec; **~ étnica** purification f ethnique

limpio, -a adj propre; (conducta, negocio) net(te) ♦ adv: **jugar ~**

(fig) jouer franc jeu; **pasar a ~** mettre au propre

linaje nm lignée f

lince nm lynx msg

linchar vt lyncher

lindar vi: **~ con** border; **linde** nm o f (de bosque, terreno) limite f

lindero nm = **linde**

lindo, -a adj joli(e) ♦ adv (AM) bien; **canta muy ~** (AM) il chante très bien; **de lo ~** (fam: muy bien) vachement

línea nf ligne f; **en ~** (INFORM) en ligne; **~ aérea** ligne aérienne; **~ de meta** (DEPORTE) ligne de touche; (: de carrera) ligne d'arrivée; **~ discontinua** (AUTO) ligne discontinue; **~ recta** ligne droite

lingote nm lingot m

lingüística nf linguistique f

lino nm lin m

linóleo nm linoléum m

linterna nf lampe f de poche

lío nm paquet m; (desorden) fatras msg; (fam: follón) bordel m; **hacerse un ~** s'emmêler les pédales

liquen nm lichen m

liquidación nf (de empresa) dépôt m de bilan; (de salario) prime f; **~ de existencias, cuenta, deuda)** liquidation f

liquidar vt liquider

líquido, -a adj liquide; (ganancia) net(te) ♦ nm liquide m

lira nf (MÚS) lyre f; (moneda) lire f

lírico, -a adj lyrique

lirio nm iris msg

lirón nm loir m

Lisboa n Lisbonne

lisiado, -a adj, nm/f estropié(e)

lisiar vt estropier

liso, -a adj (superficie, cabello) lisse; (tela, color) uni(e)

lisonja nf flatterie f
lista nf liste f; (franja) rayure f;
pasar ~ faire la liste; **tela a ~s**
tissu m rayé; **~ de correos** poste
f restante; **~ de espera** liste
d'attente; **~ de precios** tarif m
listo, -a adj intelligent(e);
(preparado) prêt(e)
listón nm planche f
litera nf (en barco, tren) couchette
f; (en dormitorio) lit m superposé
literal adj littéral(e)
literario, -a adj littéraire
literatura nf littérature f
litigar vi (JUR) plaider
litigio nm (JUR, fig) litige m
litografía nf lithographie f
litoral adj littoral(e) ♦ nm littoral
m
litro nm litre m
lívido, -a adj livide
llaga nf plaie f
llama nf flamme f; (ZOOL) lama m
llamada nf (telefónica) appel m; **~
al orden** o **atención** rappel
m à l'ordre
llamado (AM), **llamamiento** nm
appel m
llamar vt appeler
llamarada nf flambée f
llamativo, -a adj voyant(e);
(color) criard(e)
llano, -a adj (superficie) plat(e);
(persona, estilo) simple ♦ nm plaine
f; **Los L~s** (VEN) les Plaines
llanta nf jante f; (AM: cámara)
chambre f à air
llanto nm pleurs mpl, larmes fpl
llanura nf plaine f
llave nf clé f, clef f; (MEC) clé f; (de
la luz) interrupteur m; **cerrar
con ~** o **echar la ~** fermer à clé;
~ de contacto (AUTO) clé de
contact; **~ de judo** prise f de
judo; **~ de paso** robinet d'arrêt;

~ inglesa clé anglaise; **~
maestra** passe-partout m inv;
llavero nm porte-clefs msg
llegada nf arrivée f
llegar vi arriver; (ruido) parvenir;
(bastar) suffire; **~se** vpr: **~se a**
aller à; **~ a arriver à; ~ a saber**
finir par savoir; **~ a (ser)
famoso/jefe** devenir célèbre/le
patron
llenar vt remplir; (satisfacer)
combler ♦ vi rassasier; **~se** vpr:
~se (de) se remplir (de); (al
comer) se rassasier (de)
lleno, -a adj plein(e), rempli(e);
(persona: de comida) rassasié(e) ♦
nm (TEATRO) salle f comble; **~ de
polvo/de gente/de errores**
rempli(e) de poussière/de gens/
d'erreurs
llevar vt porter; (en coche)
emmener; (transportar)
transporter; (dinero) avoir sur soi;
~se vpr (estar de moda) se porter
beaucoup; **me llevó una hora
hacerlo** j'ai mis une heure à le
faire; **llevamos dos días aquí**
nous sommes ici depuis deux
jours; **llevo un año estudiando**
cela fait un an que j'étudie; **~
hecho/vendido/estudiado**
avoir fait/vendu/étudié; **~ los
libros** (COM) tenir les registres;
**~se un susto/disgusto/
sorpresa** être effrayé(e)/
mécontent(e)/surpris(e); **~se
bien/mal (con algn)** bien/ne
pas s'entendre (avec qn)
llorar vt, vi pleurer; **~ de risa**
pleurer de rire
lloriquear vi pleurnicher
lloro nm pleur m
llorón, -ona adj, nm/f
pleurnichard(e)
lloroso, -a adj (ojos) gonflé(e)

par les larmes; (*persona*) qui a pleuré
llover *vi* pleuvoir
llovizna *nf* bruine *f*; **lloviznar** *vi* pleuvoter
llueve *etc vb ver* **llover**
lluvia *nf* pluie *f*; **~ radioactiva** pluie radioactive
lluvioso, -a *adj* pluvieux(-euse)

PALABRA CLAVE
---

lo *art def* **1**: **lo bueno/caro** ce qui est bon/cher; **lo mejor/peor** le mieux/pire; **lo mío** ce qui est à moi; **olvidaste lo esencial** tu as oublié l'essentiel

2: **lo + de** (*pron dem*): **¿sabes lo del presidente?** tu es au courant pour le président?

3: **lo que** (*pron rel*): **lo que yo pienso** ce que je pense; **lo que más me gusta** ce que j'aime le plus; **lo que pasa es que ...** ce qu'il y a, c'est que ...; **lo que quieras** ce que tu veux *o* voudras; **lo que sea** quoi que ce soit; **(a) lo que** (*AM: en cuanto*) dès que

4: **lo cual**: **lo cual es lógico** ce qui est logique

♦ *pron pers* **1** (*a él*) le, l'; **lo han despedido** ils l'ont renvoyé; **no lo conozco** je ne le connais pas

2 (*a usted*) vous; **lo escucho señor** je vous écoute, monsieur

3 (*cosa, animal*) le, l'; **te lo doy** je te le donne

4 (*concepto*) le, l'; **no lo sabía** je ne le savais pas; **voy a pensarlo** je vais y réfléchir

loable *adj* louable
loar *vt* louer
lobo *nm* loup *m*; **~ de mar** (*fig*) loup de mer

lóbrego, -a *adj* sombre
lóbulo *nm* lobe *m*
local *adj* local(e) ♦ *nm* local *m*; (*bar*) bar *m*; **localidad** *nf* localité *f*; (*TEATRO*) place *f*; **localizar** *vt* localiser; **localizarse** *vpr* (*dolor*) être localisé(e)
loción *nf* lotion *f*
loco, -a *adj*, *nm/f* (*MED*) fou (folle); **estar ~ con algo/por algn** être fou (folle) de qch/de qn; **me vuelve ~** (*me gusta mucho*) j'en suis fou (folle) ; (*me marea*) il me rend fou (folle)
locomotora *nf* locomotive *f*
locuaz *adj* loquace
locución *nf* (*LING*) locution *f*
locura *nf* folie *f*; **con ~** follement
locutor, -a *nm/f* (*RADIO, TV*) speaker(ine)
locutorio *nm* cabine *f* téléphonique
lodo *nm* boue *f*
lógica *nf* logique *f*
lógico, -a *adj* logique; **es ~ que ...** il est logique que ...
logística *nf* logistique *f*
logotipo *nm* logo *m*
logrado, -a *adj* réussi(e)
lograr *vt* réussir; (*victoria*) remporter; **~ hacer algo** réussir à faire qch; **~ que algn venga** réussir à faire venir qn
logro *nm* réussite *f*
loma *nf* colline *f*
lombriz *nf* (*ZOOL*) ver *m* de terre; (*MED*) ver
lomo *nm* (*de animal*) dos *msg*, échine *f*; (*CULIN: de cerdo*) épaule *f*; (: *de vaca*) entrecôte *f*; (*de libro*) dos
lona *nf* toile *f* cirée
loncha *nf* tranche *f*
lonche (*AM*) *nm* petit-déjeuner *m*; **lonchería** (*AM*) *nf* cafétéria *f*

Londres n Londres
longaniza nf sorte de merguez
longitud nf longueur f; (GEO)
longitude f; **tener 3 metros de
~** faire 3 mètres de long; **~ de
onda** (FIS) longueur d'onde
lonja nf (edificio) halle f; (de
jamón, embutido) tranche f; **~ de
pescado** halle f au poisson
loro nm perroquet m
los art def les ♦ pron les; (ustedes)
vous; **mis libros y ~ de usted**
mes livres et les vôtres
losa nf dalle f; **~ sepulcral**
pierre f tombale
lote nm (de libros, COM, INFORM) lot
m; (de comida) portion f
lotería nf loterie f

Lotería

D'importantes sommes d'argent
sont dépensées chaque année en
Espagne à ce jeu de hasard.
L'État a institué deux loteries,
dont il perçoit directement les
gains : la Lotería Primitiva et
la Lotería Nacional. Une des
loteries les plus célèbres est
organisée par l'influente et
prospère association d'aide aux
aveugles, "la ONCE".

---

loza nf (material) faïence f; (vajilla)
vaisselle f
lozano, -a adj vigoureux(-euse)
lubricante adj lubrifiant(e) ♦ nm
lubrifiant m
lubricar vt lubrifier
luces nfpl de **luz**
lucha nf lutte f; **~ contra/por**
lutte contre/pour; **~ de clases**
lutte des classes; **~ libre** lutte
libre; **luchar** vi lutter; **luchar
contra/por** (problema) lutter

contre/pour
lucidez nf lucidité f
lúcido, -a adj lucide; **estar ~**
être lucide
luciérnaga nf ver m luisant
lucir vt (vestido, coche) étrenner;
(conocimientos) étaler; (habilidades)
exhiber ♦ vi briller; (AM: parecer)
sembler; **~se** vpr (presumir) se
montrer; **¡te has lucido!**
(irónico) bien joué!; **la casa luce
limpia** (AM) la maison a l'air très
propre
lucro (pey) nm lucre m
lúdico, -a adj ludique
luego adv (después) après; (más
tarde) plus; (AM: fam: en seguida)
tout de suite ♦ conj (consecuencia)
donc; **desde ~** évidemment;
¡hasta ~! à plus tard!, salut!; **~
luego** (esp MÉX) dare-dare
lugar nm lieu m, endroit m; (en
lista) place f; **en ~ de** au lieu de;
dar ~ a donner lieu à; **fuera de
~** (comentario, comportamiento)
déplacé(e); **tener ~** avoir lieu; **~
común** lieu commun
lugareño, -a nm/f villageois(e)
lugarteniente nm remplaçant m
lúgubre adj lugubre
lujo nm luxe m; **de ~** de luxe
lujoso, -a adj luxueux(-euse)
lujuria nf luxure f
lumbre nf feu m (de bois)
lumbrera nf (genio) lumière f
luminoso, -a adj lumineux(-euse)
luna nf lune f; (vidrio) glace f;
estar en la ~ être dans la lune;
~ de miel lune de miel; **~
llena/nueva** pleine/nouvelle
lune
lunar adj lunaire ♦ nm grain m de
beauté; (diseño) pois msg; **tela de
~es** tissu m à pois
lunes nm inv lundi m; ver tb

sábado

lupa nf loupe f

lustrar vt lustrer; (AM: zapatos) cirer; **lustre** nm lustre m; **dar lustre a algo** faire briller qch

lustroso, -a adj brillant(e)

luto nm deuil m; **ir** o **vestirse de ~** porter des habits de deuil

Luxemburgo nm Luxembourg m

luz (pl **luces**) nf lumière f; **dar a ~ un niño** mettre un enfant au monde; **dar la ~** donner de la lumière; **encender** ESP o **prender** esp AM/**apagar la ~** allumer/éteindre la lumière; **a todas luces** de toute évidence; **se hizo la ~ sobre ...** la lumière se fit sur ...; **sacar a la ~** tirer au clair; **tener pocas luces** ne pas être une lumière

M, m

m. abr (= metro(s)) m (= mètre(s)) (= minuto(s)) min. (= minute(s)) (= masculino) m (= masculin)

macarrones nmpl (CULIN) macarons mpl

macedonia nf: ~ **de frutas** macédoine f de fruits

macerar vt macérer

maceta nf pot m de fleurs

machacar vt (ajos) réduire en purée ♦ vi insister

machete nm machette f

machismo nm machisme m

machista adj, nm/f machiste m/f

macho adj (BOT, ZOOL) mâle m; (fam) macho ♦ nm mâle m

macizo, -a adj massif(-ive) ♦ nm (GEO, de flores) massif m

madeja nf (de lana) écheveau m

madera nf bois msg; **una ~** un morceau de bois; **tiene ~ de**

profesor il a l'étoffe d'un professeur

madero nm madrier m

madrastra nf belle-mère f

madre adj (lengua) maternel(le); (acequia) maîtresse ♦ nf mère f

Madrid n Madrid

madriguera nf terrier m

madrileño, -a adj madrilène ♦ nm/f Madrilène m/f

madrina nf marraine f; ~ **de boda** demoiselle f d'honneur

madrugada nf aube f

madrugador, a adj lève-tôt inv

madrugar vi se lever tôt

madurar vt, vi mûrir; **madurez** nf maturité f

maduro, -a adj mûr(e); (hombre, mujer) d'âge mûr

maestra nf ver **maestro**

maestría nf maestria f

maestro, -a adj ♦ nm/f (de escuela) maître(sse) (d'école), instituteur(-trice); (en la vida) maître ♦ nm maître m; (MÚS) maestro m; ~ **albañil** maître maçon m

magdalena nf madeleine f

magia nf magie f

mágico, -a adj magique

magisterio nm (enseñanza) études fpl d'instituteur(-trice); (profesión) métier m d'instituteur(-trice)

magistrado nm (JUR) magistrat m; **primer M~** (AM) président m

magnánimo, -a adj magnanime

magnate nm magnat m

magnético, -a adj magnétique; **magnetizar** vt magnétiser

magnetofón nm magnétophone m

magnetofónico, -a adj: **cinta magnetofónica** bande f magnétique

magnetófono nm =
magnetófono

magnífico, -a adj magnifique;
(carácter) exceptionnel(le)

magnitud nf (física) grandeur f;
(de problema etc) ampleur f

mago, -a nm/f mage m; **los
Reyes M~s** les Rois mpl Mages

magro, -a adj, nm maigre m

maguey nm (BOT) agave m

magullar vt contusionner;
(lastimar) abîmer

mahometano, -a adj
mahométan(e) ♦ nm/f
Mahométan(e)

mahonesa nf = mayonesa

maíz nm maïs msg

majadero, -a adj imbécile

majestad nf: **Su M~** Sa Majesté

majestuoso, -a adj
majestueux(-euse)

majo, -a adj beau (belle);
(persona, apelativo) mignon(ne)

mal adv mal; (oler, saber) mauvais
♦ adj = **malo** ♦ nm: **el ~** le mal;
me entendió = il m'a mal
compris; **haces ~ en callarte**
tu as tort de te taire; **¡menos ~!**
heureusement!

malabarismo nm jonglerie f;
malabarista nm/f
jongleur(-euse)

malaria nf malaria f

malcriado, -a adj mal élevé(e)

maldad nf méchanceté f

maldecir vt **~ de** maudire

maldición nf malédiction f

maldito, -a adj maudit(-e); **¡~
sea!** (fam) maudit(e) soit ...!

maleante nm/f malfaiteur m,
criminel(le)

maledicencia nf médisance f

maleducado, -a adj mal élevé(e)

malentendido nm malentendu
m

malestar nm malaise m

maleta nf valise f; **hacer la ~**
faire sa valise; **maletera** (AM) nf,
maletero nm (AUTO) coffre m;
maletín (de uso profesional)
serviette f; (de viaje) mallette f

maleza nf (arbustos) fourré m

malgastar vt gaspiller;
(oportunidades) laisser passer

malhechor, -a nm/f malfaiteur m

malhumorado, -a adj de
mauvaise humeur

malicia nf méchanceté f; (de
niño) malice f

malicioso, -a adj
malicieux(-euse); (con mala
intención) méchant(e); (de
malpensado) mauvais(e)

maligno, -a adj (MED) malin
(maligne); (ser) méchant(e)

malla nf (esp AM) maillot m de
bain; (tb: **~s**) collants mpl

Mallorca nf Majorque f

malo, -a adj (antes de nmsg: **mal**)
mauvais(e); **estar ~** (persona)
être malade; (comida) être
mauvais(e); **lo ~ es que ...** le
problème, c'est que ...; **por las
malas** de force

malograrse vpr (plan) tomber à
l'eau; (cosecha) être gâché(e);
(carrera profesional) se briser; (PE:
fam) s'abîmer; **el malogrado
actor** l'acteur mort
prématurément

malparado, -a adj: **salir ~** s'en
tirer mal

malpensado, -a adj
malveillant(e)

malsano, -a adj malsain(e)

maltratar vt maltraiter

maltrecho, -a adj en mauvais
état

malvado, -a adj méchant(e)

malversar vt détourner

Malvinas *nfpl*: **las (Islas) ~** les (îles) Malouines *fpl*

malvivir *vi* vivre à l'étroit

mama *nf* mamelle *f*

mamá *nf* (*fam*) maman *f*; (*AM*: *cortesía*) mère *f*

mamar *vt, vi* téter; **dar de ~** allaiter

mamarracho (*persona despreciable*) rien-du-tout *m/f inv*

mamífero, -a *adj* ♦ *nm* mammifère *m*

mampara *nf* (*entre habitaciones*) cloison *f*; (*biombo*) écran *m*

mampostería *nf* maçonnerie *f*

manada *nf* (*de leones, lobos*) horde *f*; (*de búfalos, elefantes*) troupeau *m*

manantial *nm* source *f*

manar *vt* laisser couler ♦ *vi* jaillir

mancha *nf* tache *f*; **manchar** *vt, vi* tacher; **mancharse** *vpr* se tacher

manchego, -a *adj* de la Manche

manco, -a *adj* manchot(e)

mancomunar *vt* mettre en commun; (*JUR*) rendre solidaires; **mancomunidad** *nf* (*de bienes*) copropriété *f*; (*de personas, JUR*) association *f*; (*de municipios*) syndicat *m*

mandamiento *nm* (*REL*) commandement *m*; **~ judicial** mandat *m* d'arrêt

mandar *vt* ordonner; (*MIL*) commander; (*enviar*) envoyer ♦ *vi* commander; **~ hacer un traje** se faire faire un costume

mandarina *nf* mandarine *f*

mandato *nm* (*orden*) ordre *m*; (*POL*) mandat *m*; (*INFORM*) commande *f*; **~ judicial** mandat d'arrêt

mandíbula *nf* mandibule *f*

mandil *nm* tablier *m*

mando *nm* (*MIL*) commandement *m*; (*de organización, país*) direction *f*; (*TEC*) commande *f*; **al ~ (de)** sous la responsabilité (de); **~ a distancia** télécommande *f*

manejable *adj* maniable; (*libro*) peu encombrant(e)

manejar *vt* manier; (*máquina*) manœuvrer; (*pey: a personas*) manœuvrer; (*casa, negocio*) mener; (*dinero, números*) brasser; (*idioma*) maîtriser; (*AM: AUTO*) conduire; **~se** *vpr* se débrouiller; **manejo** *nm* maniement *m*; (*de máquinas*) manœuvre *f*; (*AM: de negocio*) conduite *f*; **manejos** *nmpl* (*pey*) manœuvres *fpl*

manera *nf* manière *f*, façon *f*; **~s** *nfpl* (*modales*) manières *fpl*; **¡de ninguna ~!** en aucun cas!; **de otra ~** autrement; **de todas ~s** de toute manière; **no hay ~ de persuadirle** il n'y a pas moyen de le persuader

manga *nf* manche *f*; **~ de riego** tuyau d'irrigation

mangar (*fam*) *vt* piquer

mango *nm* manche *m*; (*BOT*) mangue *f*

mangonear (*pey*) *vt* commander ♦ *vi* se mêler de tout

manguera *nf* lance *f* d'arrosage

manía *nf* manie *f*, tenor ♦ **a algn/algo** avoir de l'antipathie pour qn/qch

maníaco, -a *adj*, *nm/f* maniaque *m/f*

maniatar *vt* ligoter

maniático, -a *adj*, *nm/f* maniaque *m/f*

manicomio *nm* asile *m* (de fous)

manifestación *nf* manifestation *f*

manifestar *vt* manifester; (*declarar*) déclarer; **~se** *vpr* (*POL*)

manifester
manifiesto, -a pp de
  manifestar ♦ adj manifeste ♦ nm
  (ARTE, POL) manifeste m
manilla nf guidon m
maniobra nf manœuvre f; **~s**
  nfpl (MIL, pey) manœuvres fpl;
  maniobrar vi manœuvrer; (MIL)
  faire des manœuvres
manipulación nf manipulation f;
  manipular vt manipuler
maniquí nm/f mannequin m/f ♦
  nm (de escaparate) mannequin m
manirroto, -a adj, nm/f
  dépensier(-ère)
manivela nf manivelle f
manjar nm mets msg
mano nf main f; (de pintura)
  couche f ♦ nm (MÉX: fam) copain
  m; **a ~** à la main; estar/tener
  algo **a ~** être/avoir qch à portée
  de la main; **a ~ derecha/
  izquierda** à (main) droite/
  gauche; **de segunda ~**
  d'occasion; **darse la(s) ~(s)** se
  donner la main; **echar una ~**
  donner un coup de main; **~ de
  obra** main-d'œuvre f
manojo nm (de hierbas) brassée f;
  (de llaves) trousseau m
manopla nf moufle f
manoseado, -a adj (tema)
  rebattu(e); (papel) manipulé(e);
  manosear vt (libro) manipuler;
  (flores) écraser; (tema, asunto)
  rebattre; (fam: una persona)
  tripoter
manotazo nm gifle f
mansalva: **a ~** adv sans risque
mansedumbre nf (de persona)
  douceur f; (de animal) docilité f
mansión nf demeure f
manso, -a adj (persona) doux
  (douce); (animal) apprivoisé(e)
manta nf couvre-lit m; (AM)

poncho m
manteca nf (de cerdo) saindoux
  m; (de cacao, AM) beurre m
mantel nm nappe f
mantendré etc vb ver **mantener**
mantener vt maintenir; (familia)
  subvenir aux besoins de; (TEC)
  assurer la maintenance (de);
  (actividad) conserver; (edificio)
  soutenir; **~se** vpr (edificio) être
  soutenu(e); (no ceder) se
  maintenir; **~ el equilibrio** garder
  l'équilibre; **~se (de o con)** vivre
  (de); **~se en pie** rester debout;
  ~se firme rester ferme;
mantenimiento nm (TEC)
  maintenance f; (de orden,
  relaciones) maintien m; (sustento)
  subsistance f
mantequilla nf beurre m
manto nm cape f
mantuve etc vb ver **mantener**
manual adj manuel(le) ♦ nm
  manuel m
manufactura nf manufacture f
manufacturado, -a adj
  manufacturé(e)
manuscrito, -a adj manuscrit m
manutención nf (de persona)
  subsistance f; (de alimentos, dinero)
  conservation f
manzana nf pomme f; (de
  edificios) pâté m
manzanilla nf camomille f
manzano nm pommier m
maña nf adresse f; **~s** nfpl
  (artimañas) ruses fpl
mañana adv demain ♦ nm: (**el**) ~
  (le) lendemain ♦ nf matin m; **de** o
  por la ~ le matin; **¡hasta ~!** à
  demain!; **~ por la ~** demain
  matin
mañoso, -a adj adroit(e)
mapa nm carte f
maqueta nf maquette f

maquillaje *nm* maquillage *m*
maquillar *vt* maquiller; **~se** *vpr* se maquiller
máquina *nf* machine *f*; (*de tren*) locomotive *f*; (*AM*) voiture *f*; **escrito a ~** tapé à la machine; **~ de coser/de escribir/de vapor** machine à coudre/à écrire/à vapeur
maquinación *nf* machination *f*
maquinal *adj* machinal(e)
maquinaria *nf* machinerie *f*
maquinilla *nf* (*tb:* **~ de afeitar**) rasoir *m*
maquinista *nm* mécanicien *m*
mar *nm o f* mer *f*; **~ adentro** au large; **en alta ~** en haute mer; **es la ~ de guapa** elle est très jolie; **el M~ Negro/Báltico** la Mer Noire/Baltique
maraña *nf* enchevêtrement *m*
maratón *nm* marathon *m*
maravilla *nf* merveille *f*;
maravillar *vt* émerveiller;
maravillarse *vpr*:
maravillarse (de) s'émerveiller (de)
maravilloso, -a *adj* merveilleux(-euse)
marca *nf* marque *f*; (*DEPORTE*) record *m*; **de ~** (*COM*) de marque; **~ de fábrica** marque *f*
marcador *nm* (*DEPORTE*) tableau *m*
marcapasos *nm inv* stimulateur *m* cardiaque
marcar *vt* marquer; (*número de teléfono*) composer ♦ *vi* (*DEPORTE*) marquer; (*TELEC*) composer le numéro
marcha *nf* marche *f*; (*AUTO*) vitesse *f*; (*DEPORTE: animación*) fête *f*; **dar ~ atrás** (*AUTO, fig*) faire marche arrière; **estar en ~** être en marche; (*negocio*) marcher;

poner en ~ faire démarrer
marchar *vi* marcher; (*ir*) partir; **~se** *vpr* s'en aller
marchitarse *vpr* se faner
marcial *adj* martial(e)
marco *nm* cadre *m*; (*moneda*) Mark *m*
marea *nf* marée *f*; **~ negra** marée noire
marear *vt* (*MED*) donner mal au cœur à; (*fam*) harceler; **~se** *vpr* avoir le mal de mer; (*desmayarse*) s'évanouir; (*estar aturdido*) être abruti(e)
maremoto *nm* raz-de-marée *m inv*
mareo *nm* mal *m* au cœur; (*en barco*) mal de mer; (*en avión*) mal de l'air; (*en coche*) mal des transports; (*desmayo*) évanouissement *m*; (*aturdimiento*) abrutissement *m*
marfil *nm* ivoire *m*
margarina *nf* margarine *f*
margarita *nf* marguerite *f*
margen *nm o f* (*de río, camino*) bord *m*; (*de página*) marge *f* ♦ *nm* marge *f*; **dar ~ para** donner l'occasion de; **dejar a algn al ~** laisser qn en plan; **mantenerse al ~** rester en marge
marginar *vt* (*socialmente*) marginaliser
marica *nm* (*fam!: homosexual*) pédé *m* (*fam!*); (*: cobarde*) poule *f* mouillée
maricón *nm* (*fam!: homosexual*) pédé *m* (*fam!*); (*: insulto*) connard *m* (*fam!*)
marido *nm* mari *m*
marihuana *nf* marijuana *f*
marina *nf* (*MIL*) marine *f*; **~ mercante** marine marchande
marinero, -a *adj* marin(e) ♦ *nm* marin *m*
marino, -a *adj* marin(e) ♦ *nm*

marin m

marioneta nf marionnette f

mariposa nf papillon m

mariquita nf coccinelle f

marisco nm fruit m de mer

marítimo, -a adj maritime

mármol nm marbre m

marqués, -esa nm/f marquis(e)

marrón adj marron

marroquí adj marocain(e) ♦ nm/f Marocain(e) ♦ nm (cuero) maroquin m

Marruecos nm Maroc m

martes nm inv mardi m; ver tb **sábado**

Martes y Trece

En Espagne, selon une superstition, le mardi, et en particulier le mardi 13, est un jour qui porte malheur.

---

martillo nm marteau m

mártir nm/f martyr(e); **martirio** nm martyre m

marxismo nm marxisme m; **marxista** adj, nm/f marxiste m/f

marzo nm mars msg; ver tb **julio**

mas conj mais

PALABRA CLAVE

---

más adv 1 (compar) plus; **más grande/inteligente** plus grand/intelligent; **trabaja más (que yo)** il travaille plus (que moi); **más de mil** plus de mille; **más de lo que yo creía** plus que je ne croyais

2 (+ sustantivo) plus de; **más libros** plus de livres; **más tiempo** plus longtemps

3 (tras sustantivo) en plus, de plus; **3 personas más (que ayer)** 3 personnes de plus

4 (superl): **el más ...** le plus ...; **el más inteligente (de)** le plus intelligent (de); **el coche más grande** la voiture la plus grande; **el que más corre** le plus rapide

5 (adicional): **deme una más** donnez m'en encore une; **un poco más** encore un peu; **¿qué más?** quoi d'autre?, quoi encore?; **¿quién más?** qui d'autre?; **¿quieres más?** en veux-tu plus o davantage?

6 (negativo): **no tengo más dinero** je n'ai plus d'argent; **no viene más por aquí** il ne vient plus par ici; **no sé más** je n'en sais pas plus o davantage; **nunca más** plus jamais; **no hace más que hablar** il ne fait que parler; **no lo sabe nadie más que él** il n'y a que lui qui le sache

7 (+ adj: valor intensivo): **¡qué perro más sucio!** comme ce chien est sale!; **¡es más tonto!** qu'est-ce qu'il est bête!

8 (locuciones): **más o menos** plus ou moins; **los más** la plupart; **es más, acabamos pegándonos** on a même fini par se battre; **más aún** mieux encore; **más bien** plutôt; ver tb **cada**

9: **de más**: **veo que aquí estoy de más** je vois que je suis de trop ici; **tenemos uno de más** nous en avons un de trop

10 (AM): **no más** seulement; **así no más** comme ça; **ayer no más** pas plus tard qu'hier

11: **por más**: **por más que lo intento** j'ai beau essayer; **por más que quisiera ...** j'ai beau vouloir ...

12 (MAT): **2 más 2 son 4** 2 plus

2 font 4

♦ *nm* (MAT: *signo*) signe *m* plus; **este trabajo tiene sus más y sus menos** ce travail a de bons et de mauvais côtés

masa *nf* masse *f*; **las ~s** *nmpl* (POL) les masses *fpl*; **en ~** en masse

masacre *nf* massacre *m*

masaje *nm* massage *m*

máscara *nf* masque *m*; **~ antigás/de oxígeno** masque à gaz/à oxygène; **mascarilla** *nf* (MED, *en cosmética*) masque *m*

masculino, -a *adj* masculin(e); (BIO) masculin(e), mâle ♦ *nm* (LING) masculin *m*

masificación *nf* encombrement *m*

masivo, -a *adj* massif(-ive)

masón *nm* franc-maçon *m*

masoquista *adj, nm/f* masochiste *m/f*

máster *nm* (ESCOL) mastère *m*

masticar *vt, vi* mastiquer

mástil *nm* mât *m*; (*de guitarra*) manche *m*

mastín *nm* mâtin *m*

masturbación *nf* masturbation *f*

masturbarse *vpr* se masturber

mata *nf* (*esp* AM) arbuste *m*; (*de espinas*) brassée *f*; (*de perejil*) bouquet *m*

matadero *nm* abattoir *m*

matador *nm* (TAUR) matador *m*

matamoscas *nm inv* tue-mouches *m inv*

matanza *nf* (*de gente*) massacre *m*; (*de cerdo: acción*) abattage *m* du cochon

matar *vt* tuer; (*hambre, sed*) apaiser; **~se** *vpr* se tuer

matasellos *nm inv* cachet *m* de la poste

mate *adj* mat(e); (AND, CSUR: *hierba, infusión*) maté *m*, thé *m* des Jésuites; (: *vasija*) récipient *m* pour le maté; **~ de coca/de menta** thé à la coca/à la menthe

matemáticas *nfpl* mathématiques *fpl*, maths *fpl*; *ver tb* **matemático**

matemático, -a *adj* mathématique ♦ *nm/f* mathématicien(ne)

materia *nf* matière *f*; **en ~ de** en matière de; **~ prima** matière première; **material** *adj* matériel(le) ♦ *nm* matière *f*, matériau *m*; (*dotación*) matériel *m*; (*cuero*) peau *f*; **materialista** *adj* matérialiste; **materialmente** *adv*: **es materialmente imposible** c'est matériellement impossible

maternal *adj* maternel(le)

maternidad *nf* maternité *f*

materno, -a *adj* maternel(le)

matinal *adj* matinal(e)

matiz *nm* nuance *f*; **matizar** *vt*, *vi* préciser

matón *nm* dur *m*

matorral *nm* buisson *m*

matraca *nf* matraque *f*

matrícula *nf* (ESCOL) inscription *f*; (AUTO) immatriculation *f*; (: *placa*) plaque *f* d'immatriculation; **~ de honor** ≃ mention *f* très bien; **matricular** *vt* (*coche*) immatriculer; (*alumno*) inscrire; **matricularse** *vpr* s'inscrire

matrimonial *adj* (*contrato*) de mariage; (*vida*) conjugal(e)

matrimonio *nm* (*pareja*) couple *m*; (*boda*) mariage *m*

matriz *nf* (ANAT) utérus *m sg*; (TEC, MAT) matrice *f*

maullar *vi* miauler

máxime *adv* particulièrement

máximo, -a *adj* maximal(e), maximum; (*longitud, altitud*) maximal(e) ♦ *nm* maximum *m*; **al ~** au maximum

mayo *nm* mai *m*; *ver tb* **julio**

mayonesa *nf* mayonnaise *f*

mayor *adj* (*adulto*) adulte; (*de edad avanzada*) âgé(e); (*MUS, fig*) majeur(e); (*compar: de tamaño*) plus grand(e); (*: de edad*) plus âgé(e); (*superl: ver compar*) très grand(e); très âgé(e); **~es** *nmpl* adultes *mpl*; **al por ~** en gros; **~ de edad** majeur(e)

mayordomo *nm* majordome *m*

mayoría *nf* majorité *f*

mayorista *nm/f* grossiste *m/f*

mayúscula *nf* (*tb: letra ~*) majuscule *f*

mayúsculo, -a *adj* (*susto*) terrible; (*error*) magistral(e)

mazapán *nm* pâte *f* d'amande

mazo *nm* maillet *m*

me *pron* me; (*: en imperativo*) moi; ¡**dámelo!** donne-le-moi!

mear (*fam*) *vt, vi* pisser

mecánica *nf* mécanique *f*

mecánico, -a *adj* mécanique ♦ *nm/f* mécanicien(ne)

mecanismo *nm* mécanisme *m*

mecanografía *nf* dactylographie *f*

mecanógrafo, -a *nm/f* dactylo(graphe) *m/f*

mecate (*AM*) *nm* corde *f*

mecedor (*AM*) *nm*, **mecedora** *nf* fauteuil *m* à bascule

mecer *vt* balancer; **~se** *vpr* se balancer

mecha *nf* mèche *f*; **~s** *nfpl* (*en el pelo*) mèches *fpl*

mechero *nm* briquet *m*

mechón *nm* (*de pelo*) mèche *f*

medalla *nf* médaille *f*

media *nf* moyenne *f*; (*prenda de vestir*) bas *msg*; (*AM*) chaussette *f*

mediano, -a *adj* moyen(ne); **el ~** celui du milieu

medianoche *nf* minuit *m*

mediante *adv* grâce à

mediar *vi* servir d'intermédiaire; (*problema: interponerse*) s'interposer; **~ por algn** intercéder en faveur de qn

medicación *nf* (*acción*) prise *f* de médicaments; (*medicamentos*) médicaments *mpl*

medicamento *nm* médicament *m*

medicina *nf* (*ciencia*) médecine *f*; (*medicamento*) médicament *m*

medición *nf* mesure *f*

médico, -a *adj* médical(e) ♦ *nm/f* médecin *m/f*

medida *nf* mesure *f*; **~s** *nfpl* (*de persona*) mesures *fpl*; **en cierta ~** dans une certaine mesure; **en gran ~** en grande partie; **un traje a la ~** un costume sur mesure; **~ de cuello** encolure *f*; **a ~ de mi** *etc* **capacidad/necesidad** dans la mesure de mes *etc* possibilités/besoins; **a ~ que ...** à mesure que ...

medio, -a *adj* moyen(ne) ♦ *adv* à moitié ♦ *nm* milieu *m*; (*método*) moyen *m*; **~s** *nmpl* moyens *mpl*; **a medias** à moitié; **~ litro** un demi-litre; **media hora/docena/manzana** une demi-heure/douzaine/pomme; **las tres y media** trois heures et demie; **~ dormido/enojado** à moitié endormi/fâché; **en ~,** entre **medias** au milieu; **por ~ de** au moyen de; **~ ambiente** environnement *m*; **~s de comunicación/transporte** moyens de communication/transport

medioambiental adj (efectos) sur l'environnement; (política) écologique

mediocre (pey) adj médiocre

mediodía nm midi m; **a ~** à midi

medir vt mesurer; **¿cuánto mides?** - **mido 1.50 m** tu mesures combien? - je mesure 1 m 50

meditar vt méditer ♦ vi: **~ (sobre)** méditer (sur)

mediterráneo, -a adj méditerranéen(ne) ♦ nm: **el (mar) M~** la (Mer) Méditerranée

médula nf moelle f; **~ espinal** moelle épinière

medusa (ESP) nf méduse f

megafonía nf sono f; (técnica) sonorisation f

megáfono nm porte-voix m inv

megalómano, -a nm/f mégalomane m/f

mejicano, -a (ESP) adj mexicain(e) ♦ nm/f Mexicain(e)

Méjico (ESP) nm Mexique m

mejilla nf joue f

mejillón nm moule f

mejor adj meilleur(e) ♦ adv mieux; **será ~ que vayas** il vaut mieux que tu t'en ailles; **a lo ~** peut-être; **~ dicho** plutôt; **¡(tanto) ~!** tant mieux!; **~ vámonos** (esp AM; fam) allons-y; **tu, ~ te callas** (esp AM: fam) toi, tu ferais mieux de te taire

mejora nf amélioration f; **mejorar** vt améliorer ♦ vi s'améliorer; (enfermo) se rétablir

mejoría nf (de enfermo) rétablissement m; (del tiempo) amélioration f

melancólico, -a adj mélancolique

melena nf (de persona) chevelure f; (de león) crinière f

mellizo, -a adj, nm/f jumeau(-elle); **~s** nmpl (AM) jumelles fpl; (de ropa) boutons mpl de manchette

melocotón (ESP) nm pêche f

melodía nf mélodie f

melodrama nm mélodrame m

melón nm melon m

membrete nm en-tête m

membrillo nm (fruto) coing m; (tb: **carne de ~**) confiture f de coings

memorable adj mémorable

memoria nf mémoire f; **~s** nfpl (de autor) mémoires fpl; **aprender/saber/recitar algo de ~** apprendre/savoir/réciter qch par cœur; **memorizar** vt mémoriser

menaje nm (de cocina) ustensiles mpl de cuisine; (del hogar) ustensiles de ménage

mencionar vt mentionner

mendigar vt, vi mendier

mendigo, -a nm/f mendiant(e)

mendrugo nm quignon m

menear vt remuer; (cadera) balancer; **~se** vpr remuer

menester nm: **es ~ hacer algo** il faut faire qch; **~es** nmpl devoirs mpl

menestra nf: **~ de verduras** macédoine f de légumes (parfois avec des morceaux de viande)

menguante adj décroissant(e); **menguar** vt diminuer ♦ vi décroître; (número) réduire; (días) diminuer

meningitis nf méningite f

menopausia nf ménopause f

menor adj (más pequeño: compar) plus petit(e); (número: superl) moindre; (más joven) plus jeune; (MÚS) mineur/e ♦ nm/f (tb: **~ de edad**) mineur(e); **no tengo la ~**

idea je n'en ai pas la moindre idée; **al por ~** au détail

Menorca *nf* Minorque *f*

PALABRA CLAVE
---

menos *adv* **1** (*compar*) moins; **me gusta menos (que el otro)** je l'aime moins (que l'autre); **menos de 50** moins de 50; **menos de lo que esperaba** moins que je n'en attendais

2 (+ *sustantivo*) moins de; **menos gente** moins de gens; **menos coches** moins de voitures

3 (*tras sustantivo*) de moins; **3 libros menos (que ayer)** 3 livres de moins (qu'hier)

4 (*superl*): **es la menos lista (de su clase)** c'est la moins intelligente (de sa classe); **el libro menos vendido** le livre le moins vendu; **de todas ellas es la que menos me agrada** c'est celle qui me plaît le moins parmi elles; **es el que menos culpa tiene** c'est celui qui est le moins coupable; **lo menos que ...** le moins que ...

5 (*locuciones*): **no quiero verle y menos visitarle** je ne veux pas le voir, encore moins lui rendre visite; **menos aun cuando ...** d'autant moins que ...; **¡menos mal (que ...)!** heureusement (que ...)!; **al** *o* **por lo menos** (tout) au moins; **si al menos ...** si seulement ...

6 (*MAT*): **5 menos 2** 5 moins 2

♦ *prep* (*excepto*) sauf; **todos menos él** tous sauf lui

♦ *conj*: **a menos que: a menos que venga mañana** à moins qu'il ne vienne demain

menospreciar *vt* sous-estimer

mensaje *nm* message *m*

mensajero, -a *nm/f* messager(-ère)

menstruación *nf* menstruation *f*

mensual *adj* mensuel(elle); **mensualidad** *nf* mensualité *f*

menta *nf* menthe *f*

mental *adj* mental(e); **mentalidad** *nf* mentalité *f*

mentalizar *vt* faire prendre conscience à; **~se** *vpr*: **~se (de/ de que)** se faire à l'idée (de/que)

mentar *vt* mentionner

mente *nf* esprit *m*; **tener en ~ (hacer)** avoir dans l'idée (de faire)

mentir *vi* mentir

mentira *nf* mensonge *m*; **parece ~ que ...** on ne dirait vraiment pas que ...; **(como reproche)** cela paraît incroyable que ...

mentiroso, -a *adj* ♦ *nm/f* menteur(-euse)

menú *nm* menu *m*

menudo, -a *adj* (*muy pequeño*) menu(e); **¡~ negocio!** drôle d'affaire!; **¡~ chaparrón/lío!** quelle engueulade/histoire!; **¡~ sitio/actor!** (*pey*) drôle d'endroit/d'acteur!; **a ~** souvent

meñique *nm* (*tb*: **dedo ~**) auriculaire *m*

meollo *nm*: **el ~ del asunto** le fond du problème

mercado *nm* marché *m*; **M~ Común** marché commun

mercancía *nf* marchandise *f*

mercantil *adj* commercial(e)

mercenario, -a *adj* ♦ *nm* mercenaire *m*

mercería *nf* mercerie *f*; **artículos/sección de ~** mercerie

mercurio *nm* mercure *m*

merecer *vt* mériter; **merece la pena** ça vaut la peine

merecido, -a *adj* mérité(e); **recibir su ~** en prendre pour son grade

merendar *vt* prendre pour son goûter ♦ *vi* prendre son goûter

merengue *nm* meringue *f*

meridiano *nm* méridien *m*

merienda *vb ver* **merendar** ♦ *nf* goûter *m*; (*en el campo*) pique-nique *m*

mérito *nm* mérite *m*

merluza *nf* colin *m*

merma *nf* perte *f*; **mermar** *vt* diminuer ♦ *vi* (*comida*) réduire; (*fortuna*) diminuer

mermelada *nf* confiture *f*

mero, -a *adj* simple; (*CAM, MÉX: fam: verdadero*) vrai(e); (: *principal*) principal(e); (: *exacto*) précis(e)

merodear *vi*: **~ por (un lugar)** rôder dans (un endroit)

mes *nm* mois *msg*

mesa *nf* table *f*; **poner/quitar la ~** mettre/débarrasser la table; **~ electoral** bureau *m* de vote; **~ redonda** table ronde

mesero, -a (*esp MÉX*) *nm/f* garçon (serveuse)

meseta *nf* plateau *m*

mesilla *nf* (*tb*: **~ de noche**) table *f* de nuit

mesón *nm* restaurant *m*

mestizo, -a *adj* ♦ *nm/f* métis(-isse)

mesura *nf* (*moderación*) mesure *f*

meta *nf* but *m*

metabolismo *nm* métabolisme *m*

metáfora *nf* métaphore *f*

metal *nm* métal *m*; (*MÚS*) cuivres *mpl*

metálico, -a *adj* métallique ♦

nm: **en ~** en espèces

metalurgia *nf* métallurgie *f*

meteoro *nm* météore *m*

meteorología *nf* météorologie *f*

meter *vt* mettre; (*involucrar*) mêler; (*COSTURA*) raccourcir; (*miedo*) faire; (*paliza*) flanquer; **~se** *vpr*: **~se en** (*un lugar*) entrer dans; (*negocios, política*) se lancer dans; (*entrometerse*) se mêler de; **~ algo en** o *esp AM* **a** mettre qch dans; **~se a escritor** se lancer dans la littérature; **~se con algn** s'en prendre à qn; (*en broma*) taquiner qn

meticuloso, -a *adj* méticuleux(-euse)

metódico, -a *adj* méthodique

método *nm* méthode *f*; **con ~** avec méthode

metodología *nf* méthodologie *f*

metralleta *nf* mitraillette *f*

metro *nm* mètre *m*; (*tren: tb*: **~politano**) métro *m*

mexicano, -a (*AM*) *adj* mexicain(e) ♦ *nm/f* Mexicain(e)

México (*AM*) *nm* Mexique *m*; **Ciudad de ~** Mexico

mezcla *nf* mélange *m*; **mezclar** *vt* mélanger; (*cosas, ideas dispares*) mêler; **mezclarse** *vpr* se mélanger; **mezclar a algn en** (*pey*) mêler qn à; **mezclarse en algo** (*pey*) se mêler de qch

mezquino, -a *adj* mesquin(e)

mezquita *nf* mosquée *f*

mg. *abr* (= *miligramo(s)*) mg (= *milligramme(s)*)

mi *adj* mon (ma) ♦ *nm* (*MÚS*) mi *m*; **~ hijo** mon fils; **mis hijos** mes enfants

mí *pron* moi

michelín *nm* bourrelet *m*

micro *nm* micro *m*; (*AM*: *microordenador*) micro-ordinateur

m; (: *microbús*) minibus *msg*
microbio *nm* microbe *m*
micrófono *nm* microphone *m*
microondas *nm inv* (*tb:* **horno ~**) four *m* à micro-ondes
microscopio *nm* microscope *m*
miedo *nm* peur *f*; **tener ~** avoir peur; **tener ~ de que** avoir peur que
miedoso, -a *adj* peureux(-euse)
miel *nf* miel *m*
miembro *nm* membre *m*; **~ viril** membre viril
mientras *conj* pendant que ♦ *adv* en attendant; **~ viva/pueda** tant que je vivrai/pourrai; **~ que** tandis que; **~ tanto** entre-temps
miércoles *nm inv* mercredi *m*; *ver tb* **sábado**
mierda (*fam!*) *nf* merde *f* (*fam!*)
miga *nf* mie *f*; (*una miga*) miette *f*; **hacer buenas ~s** (*fam*) faire bon ménage
migración *nf* migration *f*
mil *adj, nm* mille *m*; **dos ~ libras** deux milles livres
milagro *nm* miracle *m*; **de ~** par miracle
milagroso, -a *adj* miraculeux(-euse)
milésimo, -a *adj, nm/f* millième *m*
mili *nf*: **la ~** (*fam*) le service (militaire)
milicia *nf* milice *f*
milímetro *nm* millimètre *m*
militante *adj, nm/f* militant(e)
militar *adj, nm/f* militaire *m* ♦ *vi*: **~ en** (*POL*) militer dans
millar *nm* millier *m*
millón *nm* million *m*
millonario, -a *adj, nm/f* millionnaire *m/f*
mimar *vt* gâter
mimbre *nm o f* osier *m*

mímica *nf* mimique *f*
mimo *nm* (*gesto cariñoso*) mamours *mpl*; (*en trato con niños: pey*) indulgence *f*; (*TEATRO*) mime *m*
mina *nf* mine *f*; **minar** *vt* miner
mineral *adj* minéral(e) ♦ *nm* minéral *m*
minero, -a *adj* minier(-ière) ♦ *nm/f* mineur *m*
miniatura *nf* miniature *f*; **en ~** en miniature
minifalda *nf* mini-jupe *f*
mínimo, -a *adj* (*temperatura, salario*) minimal(e); (*detalle, esfuerzo*) minime ♦ *nm* minimum *m*
ministerio *nm* ministère *m*
ministro, -a *nm/f* ministre *m*
minoría *nf* minorité *f*
minucioso, -a *adj* minutieux(-euse)
minúscula *nf* minuscule *f*
minusválido, -a *adj, nm/f* handicapé(e)
minuta *nf* (*de abogado etc*) minute *f*
minutero *nm* aiguille *f* des minutes
minuto *nm* minute *f*
mío, -a *adj* mien(-enne) ♦ *pron* le mien (la mienne); **un amigo ~** un de mes amis
miope *adj* myope
mira *nf* (*de arma*) viseur *m*; **con la ~ de** (*hacer*) dans le but de (faire); **con ~s a** (*hacer*) en vue de (faire)
mirada *nf* regard *m*; (*momentánea*) coup *m* d'œil; **echar una ~ a** jeter un coup d'œil à
mirado, -a *adj* réservé(e); **estar bien/mal ~** être bien/mal vu(e)
mirador *nm* mirador *m*

mirar vt regarder; (*considerar*) penser à ♦ vi regarder; (*suj: ventana etc*) donner sur; **~se** vpr se regarder; **~ (hacia/por)** regarder (vers/par); **~ (en/por)** veiller (à); **~ bien/mal a algn** apprécier/ne pas apprécier qn; **~ por algn/algo** veiller sur qn/qch

mirilla nf judas msg

mirlo nm merle m

misa nf messe f

miserable adj, ♦ nm/f misérable m/f

miseria nf misère f; **una ~ (muy poco)** une misère

misericordia nf miséricorde f

misil nm missile m

misión nf mission f; **misiones** nfpl (REL) missions fpl

misionero, -a nm/f missionnaire m/f

mismo, -a adj: **el ~ libro/ apellido** le même livre/nom de famille; (*con pron personal*): **mi etc ~** moi etc même ♦ adv: **aquí/hoy ~** (*dando énfasis*) ici/aujourd'hui même; (*por ejemplo*) par exemple ici/aujourd'hui; **ayer ~** pas plus tard qu'hier ♦ conj: **lo ~ que** de même que; **el ~ color** la même couleur; **ahora ~** à l'instant; **yo ~ lo vi** je l'ai vu de mes propres yeux; **quiero lo ~** je veux la même chose; **es o da lo ~** peu importe; **~ que** (MÉX: *esp en prensa*) qui

misterio nm mystère m; **hacer algo con (mucho) ~** faire qch en (grand) secret

misterioso, -a adj mystérieux(-euse)

mitad nf moitié f; (*centro*) milieu m; **a ~ de precio** à moitié prix; **en** o **a ~ del camino** à mi-chemin; **cortar por la ~**

partager en deux

mitigar vt atténuer

mitin nm (*esp* POL) meeting m

mito nm mythe m

mixto, -a adj mixte; (*ensalada*) composé(e)

mobiliario nm mobilier m

mochila nf sac m à dos

moción nf motion f

moco nm morve f

moda nf mode f; **estar de ~** être à la mode; **pasado de ~** démodé(e)

modales nmpl manières fpl

modalidad nf modalité f

modelar vt modeler

modelo adj inv modèle ♦ nm/f modèle m; (*en moda, publicitario*) mannequin m ♦ nm (*a imitar*) modèle

moderado, -a adj modéré(e)

moderar vt modérer; **~se** vpr: **~se (en)** se modérer (dans)

modernizar vt moderniser

moderno, -a adj moderne

modestia nf modestie f

modesto, -a adj modeste

módico, -a adj modique

modificar vt modifier

modisto, -a nm/f couturier(-ère)

modo nm (*manera*) manière f; **~s** nmpl (*modales*): **buenos/malos ~s** bonnes/mauvaises manières; **"~ de empleo"** "mode d'emploi"; **de ningún ~** en aucune façon; **de todos ~s** de toute manière

modorra nf léthargie f

mofa nf: **hacer ~ de algn** se moquer de qn

mofarse vpr: **~ de** se moquer de

moho nm (*en pan etc*) moisi m

mojar vt mouiller; **~se** vpr se mouiller

mojón nm borne f

molde nm moule m

mole nf masse f ♦ nm (MÉX) (sorte f de viande au piment) daube f

moler vt moudre

molestar vt (suj: olor, ruido) gêner; (: visitas, niño) déranger; (: zapato, herida) faire mal à; (: comentario, actitud) vexer ♦ vi (visitas, niño) déranger; **~se** vpr se déranger; (ofenderse) se vexer; **~se (en)** prendre la peine (de)

molestia nf gêne f; (MED) douleur f; **tomarse la ~ de** prendre la peine de; **no es ninguna ~** cela ne me dérange pas du tout, je vous en prie; **"perdonen las ~s"** "veuillez nous excuser pour le désagrément"

molesto, -a adj gênant(e), désagréable; **estar ~** (MED) se sentir mal; (enfadado) être fâché(e); **estar ~ con algn** ne pas être à l'aise avec qn

molido, -a adj: **estar ~** être crevé(e)

molinillo nm: **~ de café** moulin m à café

molino nm moulin m

momentáneo, -a adj momentané(e)

momento nm moment m; **es el/no es el ~ de (hacer)** c'est/ce n'est pas le moment de (faire); **de ~** pour le moment

momia nf momie f

monarca nm monarque m; **monarquía** nf monarchie f

monárquico, -a adj monarchique ♦ nm/f monarchiste m/f

monasterio nm monastère m

La Moncloa

Le palais de la Moncloa à Madrid est la résidence officielle du chef du gouvernement espagnol. Par extension, la Moncloa désigne souvent le chef du gouvernement et ses collaborateurs.

mondar vt éplucher; **~se** vpr: **~se de risa** (fam) se tordre de rire

moneda nf (unidad monetaria) monnaie f; (pieza) pièce f de monnaie; **monedero** nm porte-monnaie m inv

monetario, -a adj monétaire

monitor, a nm/f moniteur(-trice) ♦ nm (TV, INFORM) moniteur m

monja nf religieuse f

monje nm moine m

mono, -a adj beau (belle) ♦ nm/f singe (guenon) ♦ nm (prenda: entera) bleu m de travail

monólogo nm monologue m

monopolio nm monopole m; **monopolizar** vt monopoliser

monotonía nf monotonie f

monótono, -a adj monotone

monstruo nm monstre m

monstruoso, -a adj monstrueux(-euse)

montaje nm montage m

montaña nf montagne f; **~ rusa** montagne russe

montar vt, vi monter; **~ a caballo** monter à cheval; **botas de ~** bottes fpl d'équitation; **~ en cólera** se mettre en colère

monte nm mont m; (área sin cultivar) bois msg; **~ de piedad** mont de piété

montón nm tas msg; (de gente, dinero) flopée f

monumento nm monument m

moño nm chignon m

moqueta nf moquette f

mora *nf* (BOT) mûre *f*

morada *nf* demeure *f*

morado, -a *adj* violet(-ette) ♦ *nm* violet *m*

moral *adj* moral(e) ♦ *nf* morale *f*; (*ánimo*) moral *m* ♦ *nm* (BOT) mûrier *m*

moraleja *nf* morale *f*

moralidad *nf* moralité *f*

morboso, -a *adj* morbide

morcilla *nf* (CULIN) ≃ boudin *m* noir

mordaz *adj* (*crítica*) sévère

mordaza *nf* bâillon *m*

morder *vt* mordre; **mordisco** *nm* petite morsure *f*

moreno, -a *adj* brun(e); (*de pelo*) mat(e); **estar ~** être bronzé(e); **ponerse ~** se bronzer

morfina *nf* morphine *f*

moribundo, -a *adj, nm/f* moribond(e)

morir *vi* mourir; **~se** *vpr* mourir; **fue muerto a tiros/en un accidente** il a été tué par balles/dans un accident; **~se de envidia/de ganas/de vergüenza** mourir de jalousie/d'envie/de honte

moro, -a *adj* maure (mauresque) ♦ *nm/f* Maure (Mauresque)

moroso, -a *adj* retardataire ♦ *nm* (COM) mauvais payeur *m*

morral *nm* musette *f*

morro *nm* museau *m*; (AUTO, AVIAT) devant *m*; **beber a ~** boire au goulot; **estar de ~s (con algn)** faire la gueule (à qn); **tener mucho ~** (*fam*) avoir du toupet

mortadela *nf* mortadelle *f*

mortaja *nf* linceul *m*

mortal *adj, nm/f* mortel(-elle); **mortalidad** *nf* mortalité *f*

mortero *nm* mortier *m*

mortífero, -a *adj* meurtrier(-ère)

mortificar *vt* mortifier

mosca *nf* mouche *f*

Moscú *n* Moscou

mosquear (*fam*) *vt* (*hacer sospechar*) faire soupçonner; (*fastidiar*) agacer; **~se** (*fam*) *vpr* se vexer

mosquitero *nm* moustiquaire *f*

mosquito *nm* moustique *m*

mostaza *nf* moutarde *f*

mostrador *nm* comptoir *m*

mostrar *vt* montrer, indiquer; (*explicar*) expliquer; **~se** *vpr*: **~se amable** se montrer aimable

mota *nf* poussière *f*; (*en tela: dibujo*) nœud *m*

mote *nm* surnom *m*

motín *nm* mutinerie *f*

motivar *vt* motiver, encourager, stimuler; **motivo** *nm* motif *m*

moto, motocicleta *nf* moto *f*

motor, a *adj* moteur(-trice) ♦ *nm* moteur *m*; **~ a o de reacción/ de explosión** moteur à réaction/à explosion

motora *nf* canot *m*

movedizo, -a *adj*: **arenas movedizas** sables *mpl* mouvants

mover *vt* bouger; (*máquina*) mettre en marche; **~se** *vpr* se déplacer; (*tierra*) glisser; **~ a algn a hacer** (*inducir*) pousser qn à faire; **~ la cabeza** (*para negar*) hocher la tête de droite à gauche

móvil *adj* mobile; (*pieza de máquina*) roulant(e) ♦ *nm* (*de crimen*) mobile *m*; **movilidad** *nf* mobilité *f*; **movilizar** *vt* mobiliser

movimiento *nm* mouvement *m*

moza *nf* jeune fille *f*

mozo *nm* jeune homme *m*; (*en hotel*) groom *m*; (*camarero*) garçon *m*; (MIL) conscrit *m*

muchacha *nf* fille *f*; (*criada*)

domestique f
muchacho nm garçon m
muchedumbre nf foule f

PALABRA CLAVE
---

mucho, -a adj 1 (cantidad,
número) beaucoup de; **mucha
gente** beaucoup de monde;
mucho dinero beaucoup
d'argent; **hace mucho calor** il
fait très chaud; **muchas amigas**
beaucoup d'amies
2 (sg: fam: grande): **ésta es
mucha casa para él** cette
maison est bien trop grande pour
lui
3 (sg: demasiados): **hay mucho
gamberro aquí** il y a beaucoup
de voyous par ici
♦ pron: **tengo mucho que
hacer** j'ai beaucoup (de choses) à
faire; **muchos dicen que ...**
beaucoup de gens disent que ...;
ver tb **tener**
♦ adv 1: **te quiero mucho** je
t'aime beaucoup, **lo siento
mucho** je regrette beaucoup, je
suis vraiment désolé; **mucho
antes/mejor** bien avant/
meilleur; **come mucho** il mange
beaucoup; **¡ni mucho menos!**
**¿te vas a quedar
mucho?** tu vas rester longtemps?
2 (respuesta) très; **¿estás
cansado? - ¡mucho!** tu es
fatigué? - très!
3 (locuciones): **leo como mucho
un libro al mes** je lis au
maximum un livre par mois; **el
mejor con mucho** de loin le
meilleur; **¡ni mucho menos!**
loin de là!; **él no es ni mucho
menos trabajador** il est loin
d'être travailleur
4: **por mucho que**: **por
mucho que le quieras** tu as

beau l'aimer
muda nf (de ropa) linge m de
rechange
mudanza nf déménagement m;
camión/casa de ~s camion
m/entreprise f de déménagement
mudar vt changer; (ZOOL) muer;
~se vpr: **~se (de ropa)** se
changer; **~ de** (opinión, color)
changer de; **~se (de casa)**
déménager; **la voz le está
mudando** il est en train de muer
mudo, -a adj muet(te); (callado)
silencieux(-euse)
mueble nm meuble m
mueca nf grimace f
muela vb ver **moler** ♦ nf (diente
de atrás) molaire f; **~ del juicio**
dent f de sagesse
muelle nm ressort m; (NÁUT) quai
m
muera etc vb ver **morir**
muerte nf mort f; **dar ~ a**
donner la mort à
muerto, -a pp de **morir** ♦ adj
mort(e) ♦ nm/f mort(e)
muestra vb ver **mostrar** ♦ nf
(COM, COSTURA) échantillon m; (de
sangre) prélèvement m; (en
estadística) échantillon m;
(señal) preuve f
muestreo nm (estadístico)
échantillonnage m
mueva etc vb ver **mover**
mugir vi mugir
mugre nf (suciedad) crasse f; (:
grasienta) cambouis msg
mugriento, -a adj
crasseux(-euse)
mujer nf femme f; **mujeriego**
adj ♦ nm coureur m
mula nf mule f
muleta nf (para andar) béquille f;
(TAUR) muleta f

mullido, -a adj moelleux(-euse)
multa nf amende f; **multar** vt condamner à une amende
multicines nmpl cinéma m multisalle
multinacional adj multinational(e) ♦ nf multinationale f
múltiple adj multiple
multiplicar vt multiplier; **~se** vpr se multiplier; (para hacer algo) se démener, se mettre en quatre
multitud nf foule f; **~ de** multitude de
mundano, -a adj mondain(e)
mundial adj mondial(e)
mundo nm monde m; **todo el ~** tout le monde; **tiene mundo** il sait comment se comporter en société
munición nf munition f
municipal adj municipal(e) ♦ nm/f (tb: **policía ~**) agent m de police
municipio nm municipalité f
muñeca nf (ANAT) poignet m; (juguete, mujer) poupée f; (AND, CSUR: fam) prise f de courant
muñeco nm (juguete) baigneur m; (marioneta, fig) pantin m
mural nm peinture f murale
muralla nf muraille f
murciélago nm chauve-souris fsg
murmullo nm murmure m
murmuración nf médisance f;
murmurar vt, vi murmurer;
murmurar (de) (criticar) dire du mal (de)
muro nm mur m
muscular adj musculaire
músculo nm muscle m
museo nm musée m
musgo nm mousse f
música nf musique f; ver tb **músico**

musical adj musical(e)
músico, -a nm/f musicien(ne)
muslo nm cuisse f
mustio, -a adj (planta) flétri(e)
musulmán, -ana adj, nm/f musulman(e)
mutación nf mutation f
mutilar vt mutiler
mutismo nm mutisme m
mutuo, -a adj mutuel(-elle)
muy adv très; **M~ Señor mío/ Señora mía** cher Monsieur/chère Madame; **~ de noche** tard dans la nuit

N, n

N abr (= norte) N (= nord)
N. sigla f (= carretera nacional) RN f (= route nationale)
n. abr (= nacido, a) né(e)
nabo nm navet m
nácar nm nacre f
nacer vi naître; (vegetal, barba, vello) pousser; (río) prendre sa source; (columna, calle) commencer
nacido, -a adj: **~ en** né(e) en;
naciente adj naissant(e); **el sol naciente** le soleil levant;
nacimiento nm naissance f; (de Navidad) crèche f; (de río) source f
nación nf nation f; **nacional** adj national(e)
nacionalidad nf nationalité f;
nacionalismo nm nationalisme m; **nacionalista** adj nationaliste m/f; **nacionalizar** vt nationaliser; **nacionalizarse** vpr se faire naturaliser
nada pron, adv rien; **no decir ~** ne rien dire; **de ~** de rien; **por ~** pour rien
nadador, a nm/f nageur(-euse)

nadar vi nager
nadie pron personne; ~ habló personne n'a parlé; **no había** ~ il n'y avait personne
nado adv: **a** ~ à la nage
nafta (CSUR) nf (gasolina) essence f
naipe nm carte f
nalgas nfpl fesses fpl
nana nf berceuse f
naranja adj inv orange ♦ nm (color) orange m ♦ nf (fruta) orange f; **media** ~ (fam) moitié f; **naranjada** nf orangeade f; **naranjo** nm oranger m
narciso nm narcisse m
narcótico, -a adj, nm narcotique m; **narcotizar** vt administrer des narcotiques à
nardo nm nard m
narigón, -ona, narigudo, -a adj: **un tipo** ~ un type au grand nez
nariz nf nez m; **narices** nfpl narines fpl; **delante de las narices de algn** au nez de qn; ~ **chata/respingona** nez épaté/en trompette
narración nf narration f
narrador, a nm/f narrateur(-trice)
narrar vt raconter; **narrativa** f genre m narratif
nata nf crème f
natación nf natation f
natal adj natal(e); **natalidad** nf natalité f; **control de natalidad** contrôle m des naissances
natillas nfpl crème f renversée
nativo, -a adj (costumbres) local(e), du pays; (lengua) maternel(le); (país) natal(e) ♦ nm/f natif(-ive)
nato, -a adj: **un actor/pintor/músico** ~ un acteur/peintre/musicien né
natural adj naturel(le); (luz) du

jour; (flor, fruta) vrai(e); ~ **de** natif(-ive) de
naturaleza nf nature f
naturalidad nf naturel m
naturalmente adv naturellement; **¡~!** naturellement!
naufragar vi faire naufrage; **naufragio** nm naufrage m
náufrago, -a nm/f naufragé(e)
náuseas nfpl nausées fpl; **me da** ~ ça me donne la nausée
náutico, -a adj nautique
navaja nf couteau m (de poche); ~ **(de afeitar)** rasoir m à main
naval adj naval(e)
Navarra nf Navarre f
nave nf (barco) navire m; (ARQ) nef f; ~ **espacial** vaisseau m spatial; ~ **industrial** atelier m
navegación nf navigation f; (viaje) voyage m en mer; ~ **aérea/costera/fluvial** navigation aérienne/côtière/fluviale; **navegante** nm/f navigateur(-trice); **navegar** vi naviguer
navidad nf (tb: ~**es**) fêtes fpl de Noël; (tb: **día de** ~) la Noël; (REL) Noël m
navideño, -a adj de Noël
navío nm navire m
nazca etc vb ver **nacer**
nazi adj nazi(e) ♦ nm/f Nazi(e)
NE abr (= nor(d)este) N.-E. (= nord-est)
neblina nf brume f
nebulosa nf nébuleuse f
necesario, -a adj: ~ **(para)** nécessaire (pour); **(no) es ~ que** il (n'est pas) nécessaire que
neceser nm nécessaire m
necesidad nf besoin m; (cosa necesaria) nécessité f; (miseria) pauvreté f; **en caso de** ~ en cas de besoin; **hacer sus ~es** faire

ses besoins

necesitado, -a *adj*
nécessiteux(-euse); **estar ~ de**
avoir grand besoin de

necesitar *vt:* **~ (hacer)** avoir
besoin de (faire) ♦ *vi:* **~ de** avoir
besoin de

necio, -a *adj, nm/f* idiot(e)

néctar *nm* nectar *m*

nectarina *nf* nectarine *f*

nefasto, -a *adj* néfaste

negación *nf* négation *f*

negar *vt (hechos)* nier; *(permiso,
acceso)* refuser; **~se** *vpr:* **~se a
hacer algo** se refuser à faire qch

negativa *nf* négative *f; (rechazo)*
refus *msg*

negativo, -a *adj* négatif(-ive) ♦
nm (FOTO) négatif *m*

negligencia *nf* négligence *f;*
negligente *adj* négligent(e)

negociado *nm* bureau *m*

negociante *nm/f (COM)*
négociant(e); *(pey)* trafiquant(e)

negociar *vt* négocier ♦ *vi:* **~ en** *o*
con *(COM)* faire le commerce de *o*
du commerce avec

negocio *nm* affaire *f; (tienda)*
commerce *m;* **los ~s** les affaires
fpl; **hacer ~** faire des affaires;
¡eso es un ~! ça rapporte!; **~
sucio** affaire *f* louche, **¡mal ~!**
(fam) ça va mal!

negra *nf (MÚS)* noire *f*

negro, -a *adj* noir(e) ♦ *nm (color)*
noir *m* ♦ *nf:* **la negra** la poisse ♦
nm/f (persona) noir(e); *(AM: fam)*
chéri(e)

nene, -a *nm/f* petit(e)

nenúfar *nm* nénuphar *m*

neón *nm:* **luz** *o* **lámpara de ~**
néon *m*

neoyorquino, -a *adj* new-
yorkais(e)

nervio *nm* nerf *m; (BOT, ARQ)*

nervure *f;* **nerviosismo** *nm* état
m d'agitation, nervosité *f*

nervioso, -a *adj* nerveux(-euse)

neto, -a *adj* net (nette)

neumático *nm* pneu *m;* **~ de
recambio** roue *f* de secours

neurona *nf* neurone *m*

neutral *adj* neutre; **neutralizar**
vt neutraliser

neutro, -a *adj* neutre; *(BIO)*
asexué(e)

neutrón *nm* neutron *m*

nevada *nf* chute *f* de neige

nevar *vi* neiger

nevera *(ESP) nf* réfrigérateur *m*

nexo *nm* lien *m*

ni *conj* ni; *(tb:* **~ siquiera)** même
pas; **~ aunque** même si; **~
blanco ~ negro** ni blanc ni noir

Nicaragua *nf* Nicaragua *m;*
nicaragüense *adj*
nicaraguayen(ne) ♦ *nm/f*
Nicaraguayen(ne)

nicho *nm* niche *f*

nicotina *nf* nicotine *f*

nido *nm* nid *m*

niebla *nf* brouillard *m*

niego *etc,* **niegue** *etc vb ver*
negar

nieto, -a *nm/f* petit-fils (petite-
fille); **los ~s** *nmpl* les petits-
enfants

nieve *vb ver* **nevar** ♦ *nf* neige *f;*
(AM: helado) glace *f*

Nilo *nm:* **el (Río) ~** le Nil

nimiedad *nf* bagatelle *f*

nimio, -a *adj* insignifiant(e), sans
importance

ninfa *nf* nymphe *f*

ningún *adj ver* **ninguno**

ninguno, -a *adj* aucun(e) ♦ *pron*
personne; **de ninguna manera**
en aucune manière

niña *nf* (petite) fille *f; (del ojo)*
pupille *f*

niñera nf nourrice f; **niñería**
(pey) nf enfantillage m

niñez nf enfance f

niño, -a adj jeune; (pey) puéril(e)
♦ nm enfant m; (chico) (petit)
garçon m; (bebé) petit enfant m

nipón, -ona adj nippon(e o ne)

níquel nm nickel m; **niquelar** vt
nickeler

níspero nm néflier m

nitidez nf (de imagen) netteté f;
(de atmósfera) pureté f

nítido, -a adj (imagen) net(te);
(cielo) dégagé(e); (atmósfera)
pur(e)

nitrato nm nitrate m

nitrógeno nm azote m

nivel nm niveau m; **~ del aceite**
niveau d'huile; **~ de vida** niveau
de vie; **nivelar** vt niveler;
(ingresos, categorías) égaliser

NN. UU. abr (= Naciones Unidas)
NU (= Nations unies)

PALABRA CLAVE

no adv 1: **¡no!** (en respuesta) non!;
ahora no pas maintenant; **no
mucho** pas beaucoup; **¡cómo no!** bien sûr!
2 (con verbo) ne ... pas; **no viene**
il ne vient pas; **no es el mío** ce
n'est pas le mien
3 (nm + sustantivo): **pacto de no
agresión** pacte m de non-
agression; **los países no
alineados** les pays non-alignés
4: **no sea que haga frío** au cas
où il ferait froid
5: **no bien hubo terminado
se marchó** à peine eut-il terminé
qu'il s'en alla
6: **¡a que no lo sabes!** je parie
que tu ne le sais pas!

noble adj, nm/f noble m/f;

nobleza nf noblesse f; **la
nobleza** la noblesse

noche nf nuit f; (la tarde) soir m;
de ~, por la ~ le soir; (de
madrugada) la nuit; **se hace de
~** la nuit tombe; **es de ~** il fait
nuit

Noche de San Juan

La fête de la **Noche de San
Juan** a lieu le 24 juin. Cette fête,
qui coïncide avec le solstice d'été,
a remplacé d'anciennes fêtes
païennes. Durant les festivités, où
selon la tradition le feu joue un
rôle important, on danse autour
de feux de joie dans les villes et
les villages.

Nochebuena nf nuit f de Noël

Nochebuena

Dans les pays de langue
espagnole, comme en France, on
fête Noël la nuit du 24 décembre;
c'est **Nochebuena**. Les familles
se réunissent autour d'un grand
repas et les plus pieux assistent à
la messe de minuit. Bien que la
tradition veuille que les cadeaux
soient apportés par les Rois mages
le 6 janvier, on fête de plus en plus
fréquent de s'offrir des cadeaux la
veille de Noël.

Nochevieja nf nuit f de la Saint
Sylvestre

Nochevieja

En Espagne, "las campanadas",
les douze coups de l'horloge de la
"Puerta del Sol" à Madrid, qui
sont retransmis en direct pour

marquer le début de chaque nouvelle année, représentent le temps fort du réveillon de la Saint-Sylvestre **Nochevieja**. *Lorsque minuit sonne, la tradition connue sous le nom de "las uvas de la suerte" ou "las doce uvas", veut que l'on mange douze grains de raisin, un pour chaque coup.*

noción *nf* notion *f*

nocivo, -a *adj* nocif(-ive)

noctámbulo, -a *adj, nm/f* noctambule *m/f*

nocturno, -a *adj* nocturne; (*club*) de nuit; (*clases*) du soir ♦ *nm* (*MÚS*) nocturne *m*

nodriza *nf* nourrice *f*; **buque/ nave ~** bateau *m*/navire *m* de ravitaillement

nogal *nm* noyer *m*

nómada *adj, nm/f* nomade *m/f*

nombramiento *nm* nomination *f*

nombrar *vt* nommer

nombre *nm* nom *m*; (*tb: ~ completo*) nom (et prénoms); **~ y apellidos** nom et prénoms; **~ común** nom commun; **~ de pila** prénom *m*; **~ de soltera** nom de jeune fille; **~ propio** nom propre

nómina *nf* (*de personal*) liste *f*; (*hoja de sueldo*) feuille *f* de paie

nominal *adj* nominal(e)

nominar *vt* nommer

nominativo, -a *adj* (*LING*) nominatif(-ive); **un cheque ~ a X** un chèque à l'ordre de X

nordeste *adj* nord-est ♦ *nm* nord-est *m*

nórdico, -a *adj* (*zona*) nord; (*escandinavo*) nordique

noreste *adj, nm* = **nordeste**

noria *nf* (*AGR*) noria *f*; (*de feria*) grande roue *f*

normal *adj* normal(e); **normalidad** *nf* normalité *f*; **restablecer la normalidad** rétablir l'ordre; **normalizar** *vt* normaliser; (*gastos*) régulariser; **normalizarse** *vpr* se normaliser

normando, -a *adj* normand(e) ♦ *nm/f* Normand(e)

normativa *nf* réglementation *f*

noroeste *adj* nord-ouest ♦ *nm* nord-ouest *m*

norte *adj* nord ♦ *nm* nord *m*

norteamericano, -a *adj* américain(e) ♦ *nm/f* Américain(e)

Noruega *nf* Norvège *f*

noruego, -a *adj* norvégien(ne) ♦ *nm/f* Norvégien(ne)

nos *pron* nous; **~ levantamos a las 7** nous nous levons à 7 heures

nosotros, -as *pron* nous

nostalgia *nf* nostalgie *f*

nota *nf* note *f*; **~s** *nfpl* (*apuntes*) notes *fpl*; (*ESCOL*) résultats *mpl*

notar *vt* (*darse cuenta de*) remarquer; (*frío, calor*) sentir; **~se** *vpr* (*efectos, cambio*) se faire sentir; (*mancha*) se voir; **se nota que ...** on voit que ...

notarial *adj* notarial(e); **acta ~** acte *m* notarié

notario *nm* notaire *m*

noticia *nf* nouvelle *f*; **las ~s** (*TV*) les informations; **tener ~s de algn** avoir des nouvelles de qn

noticiero *nm* journal *m*

notificación *nf* notification *f*; **notificar** *vt* notifier

notoriedad *nf* notoriété *f*

notorio, -a *adj* notoire

novato, -a *adj, nm/f* nouveau(-velle)

novecientos, -as *adj* neuf

cents; *ver tb* **seiscientos**
novedad *nf* nouveauté *f*; *(noticia)* nouvelle *f*
novel *adj* débutant(e)
novela *nf* roman *m*
noveno, -a *adj, nm/f* neuvième *m/f*; *ver tb* **sexto**
noventa *adj inv, nm inv* quatre-vingt-dix *m inv*; *ver tb* **sesenta**
novia *nf ver* **novio**
noviazgo *nm* fiançailles *fpl*
novicio, -a *adj* (REL) novice ♦ *nm/f* (REL) novice *m/f*
noviembre *nm* novembre *m*; *ver tb* **julio**
novillada *nf* course de jeunes taureaux
novillero *nm* torero combattant de jeunes taureaux
novillo *nm* jeune taureau *m*; **hacer novillos** *(fam)* faire l'école buissonnière
novio, -a *nm/f* (*amigo íntimo*) petit(e) ami(e); (*prometido*) fiancé(e); (*en boda*) marié(e); **los ~s** les fiancés *mpl*, (*en boda*) les mariés *mpl*
nubarrón *nm* gros nuage *m*
nube *nf* nuage *m*; *(de mosquitos)* nuée *f*; (MED: *ocular*) taie *f*
nublado, -a *adj* nuageux(-euse); *(día)* gris(e)
nublar *vt* obscurcir
nubosidad *nf* nuages *mpl*; **había mucha ~** il y avait beaucoup de nuages
nuca *nf* nuque *f*
nuclear *adj* nucléaire
núcleo *nm* noyau *m*; **~ de población** agglomération *f*; **~ urbano** centre *m* urbain
nudillo *nm* jointure *f*
nudista *adj, nm/f* nudiste *m/f*
nudo *nm* nœud *m*; **~ de carreteras** nœud routier; **~ de comunicaciones** nœud de

communications
nudoso, -a *adj* noueux(-euse)
nuera *nf* belle-fille *f*
nuestro, -a *adj* à nous ♦ *pron* notre; **~ padre** notre père; **~ amigo** un de nos amis; **es el ~** c'est le nôtre
nueva *nf* nouvelle *f*
nuevamente *adv* à nouveau; **Nueva York** *n* New York
Nueva Zelanda *nf* Nouvelle-Zélande *f*; **Nueva Zelandia** (AM) *nf* = **Nueva Zelanda**
nueve *adj inv, nm inv* neuf *m inv*; *ver tb* **seis**
nuevo, -a *adj* nouveau(-velle); *(no usado)* neuf (neuve); **de ~** de nouveau
nuez (*pl* **nueces**) *nf* noix *fsg*; **~ (de Adán)** pomme *f* d'Adam; **~ moscada** noix muscade
nulidad *nf* nullité *f*; **es una ~** *(pey)* il est nul
nulo, -a *adj* nul(le); **soy ~ para la música** je suis nul(le) en musique
núm. *abr* (= *número*) n° (= *numéro*)
numeración *nf* (*de calle, páginas*) numérotation *f*; *(sistema)* chiffres *mpl*
numeral *nm* numéral *m*
numerar *vt* numéroter
número *nm* nombre *m*; *(de zapato)* pointure *f*; (TEATRO, *publicación, de lotería*) numéro *m*; **estar en ~s rojos** être à découvert; **~ atrasado** vieux numéro; **~ de matrícula/de teléfono** numéro d'immatriculation/de téléphone; **~ decimal/impar/par** nombre décimal/impair/pair; **~ romano** chiffre romain
numeroso, -a *adj*

nombreux(-euse); *ver tb* **familia**
nunca *adv* jamais
nupcias *nfpl:* **en segundas ~** en secondes noces
nutria *nf* loutre *f*
nutrición *nf* nutrition *f*
nutrido, -a *adj* nourri(e); *(grupo, representación)* dense; **bien/mal ~** bien/mal nourri(e)
nutrir *vt* nourrir; **~se** *vpr:* **~se de** se nourrir de
nutritivo, -a *adj* nutritif(-ive)
nylon *nm* nylon *m*

Ñ, ñ

ñato, -a *(CSUR) adj (de nariz chata)* camus(e)
ñoñería *nf (de persona sosa)* fadeur *f; (de persona melindrosa)* pudibonderie *f; (una ñoñería)* niaiserie *f*
ñoño, -a *adj (soso)* fadasse *(fam); (melindroso)* pudibond(e)

O, o

O *abr* (= oeste) O (= ouest)
o *conj* ou
o/ *nm* (= *orden*) commande *f*
oasis *nm inv* oasis *msg o fsg*
obedecer *vt* obéir à ♦ *vi* obéir; **~ a** *(MED, fig)* succomber à;
   obediencia *nf* obéissance *f;*
   obediente *adj* obéissant(e)
obertura *nf (MÚS)* ouverture *f*
obesidad *nf* obésité *f*
obeso, -a *adj* obèse
obispo *nm* évêque *m*
objeción *nf* objection *f*
objetar *vt:* **~ que** objecter que ♦ *vi* être objecteur de conscience
objetivo, -a *adj* objectif(-ive) ♦

nm objectif *m*
objeto *nm* objet *m; (finalidad)* objet, but *m;* **ser ~ de algo** être l'objet de qch
objetor *nm* objet *m; (tb:* **~ de conciencia**) objecteur *m* de conscience
oblicuo, -a *adj* oblique
obligación *nf* obligation *f;*
   obligaciones *nfpl* obligations *fpl;* **cumplir con mi** *etc* **~** remplir mon *etc* devoir
obligar *vt* obliger
obligatorio, -a *adj* obligatoire
oboe *nm* hautbois *msg*
obra *nf* œuvre *f; (tb:* **~ dramática** *o* **de teatro)** pièce *f;*
   ~s *nfpl* travaux *mpl;* **ser ~ de algn** être l'œuvre de qn; **por ~ de** à cause de; **~ maestra** chef-d'œuvre *m;* **~s públicas** travaux publics; **obrar** *vi* agir
obrero, -a *adj* ouvrier(-ère) ♦
   nm/f ouvrier(-ère); *(del campo)* ouvrier(-ère) (agricole); **clase obrera** classe *f* ouvrière
obscenidad *nf* obscénité *f*
obsceno, -a *adj* obscène
obscu... = oscu...
obsequiar *vt:* **~ a algn con algo** faire cadeau de qch à qn;
   obsequio *nm (regalo)* présent *m*
observación *nf* observation *f*
observador, a *adj* observateur(-trice) ♦ *nm/f* observateur *m*
observar *vt* observer
obsesión *nf* obsession *f*
obsesivo, -a *adj* obsessionnel(le)
obsoleto, -a *adj (máquina)* obsolète; *(ideas)* désuet(te)
obstáculo *nm* obstacle *m*
obstante *adv:* **no ~** cependant
obstinado, -a *adj* obstiné(e)
obstinarse *vpr* s'obstiner; **~ en**

s'obstiner à

obstrucción *nf* obstruction *f*;

obstruir *vt* obstruer; (*plan, labor, proceso*) faire obstacle à

obtener *vt* obtenir

obturador *nm* obturateur *m*

obvio, -a *adj* évident(e)

ocasión *nf* occasion *f*; **¡~!** (COM) offre spéciale; **de ~** (*libro*) d'occasion; **ocasionar** *vt* occasionner

ocaso *nm* (*puesta de sol*) coucher *m* du soleil

occidente *nm* occident *m*; **el O~** l'Occident *m*

O.C.D.E. *sigla f* (= *Organización para la Cooperación y el Desarrollo Económico*) OCDE *f* (= *Organisation de coopération et de développement économique*)

océano *nm* océan *m*

ochenta *adj inv, nm inv* quatre-vingts *m inv*; *ver tb* **sesenta**

ocho *adj inv, nm inv* huit *m inv*; *ver tb* **seis**

ochocientos, -as *adj* huit cents; *ver tb* **seiscientos**

ocio *nm* (*tiempo*) loisir *m*

ocioso, -a *adj*: **estar ~** être oisif(-ive)

octavilla *nm* (*esp POL*) tract *m*

octavo, -a *adj, nm/f* huitième *m* *f*; *ver tb* **sexto**

octubre *nm* octobre *m*; *ver tb* **julio**

ocular *adj* (*inspección*) des yeux; **testigo ~** témoin *m* oculaire

oculista *nm/f* oculiste *m/f*

ocultar *vt* cacher

oculto, -a *adj* (*puerta, persona*) dissimulé(e); (*razón*) caché(e)

ocupación *nf* occupation *f*

ocupado, -a *adj* occupé(e); **ocupar** *vt* occuper; **ocuparse** *vpr*: **ocuparse de** s'occuper de

ocurrencia *nf* (*idea*) idée *f*; (: *graciosa*) trait *m* d'esprit; **¡qué ~!** (*pey*) quelle drôle d'idée!

ocurrir *vi* (*suceso*) se produire, se passer; **~se** *vpr*: **se me ha ocurrido que ...** il m'est venu à l'esprit que ...; **¿qué te ocurre?** qu'est-ce que tu as?; **¡qué cosas se te ocurren!** tu as de ces idées!

odiar *vt* (*a algn*) haïr; **odio** *nm* haine *f*

odioso, -a *adj* (*persona*) odieux(-euse); (*tiempo*) exécrable; (*trabajo, tema*) insupportable

odontólogo, -a *nm/f* odontologiste *m/f*

O.E.A. *sigla f* (= *Organización de Estados Americanos*) OEA *f* (= *Organisation des États américains*)

oeste *nm* ouest *m*; **película del ~** western *m*; *ver tb* **norte**

ofender *vt* offenser; **~se** *vpr* s'offenser; **ofensa** *nf* offense *f*

ofensiva *nf* offensive *f*

ofensivo, -as *adj* (*palabra etc*) offensant(e); (MIL) offensif(-ive)

oferta *nf* offre *f*; (COM: *de bajo precio*) promotion *f*; **la ~ y la demanda** l'offre et la demande; **artículos de** *o* **en ~** articles *mpl* en promotion

oficial *adj* officiel(le) ♦ *nm/f* (MIL) officier *m*; (*en un trabajo*) ouvrier(-ère) qualifié(e)

oficina *nf* bureau *m*; **~ de información** bureau d'information; **~ de turismo** office *m* du tourisme; **oficinista** *nm/f* employé(e) de bureau

oficio *nm* travail *m*

oficioso, -a *adj* officieux(-euse)

ofrecer *vt* offrir; **~se** *vpr*: **~se a** *o* **para hacer algo** s'offrir pour faire qch; **¿qué se le ofrece?**,

¿se le ofrece algo? puis-je vous aider?; **~se de** s'offrir comme

ofrecimiento *nm* offre *f*

oftalmólogo, -a *nm/f* ophtalmologue *m/f*

ofuscar *vt* aveugler; **~se** *vpr* se troubler

oída *nf*: **de ~s** par ouï-dire

oído *nm* (ANAT) oreille *f*; (*sentido*) ouïe *f*

oiga *etc vb ver* **oír**

oír *vt* entendre; (*atender a, esp AM*) écouter; **¡oye!, ¡oiga!** écoute!, écoutez!

O.I.T. *sigla f* (= *Organización Internacional del Trabajo*) OIT *f* (= Organisation internationale du travail)

ojal *nm* boutonnière *f*

ojalá *excl* si seulement!, espérons! ♦ *conj* (*tb:* **~ que**) si seulement, espérons que; **~ (que) venga hoy** espérons qu'il viendra aujourd'hui

ojeada *nf* coup *m* d'œil

ojera *nf* cerne *m*; **tener ~s** avoir les yeux cernés

ojeriza *nf:* **tener a ~** prendre en grippe

ojeroso, -a *adj* (*cara, aspecto*) fatigué(e); (*ojos*) cerné(e)

ojo *nm* œil *m*; (*de puente*) arche *f*; (*de cerradura*) trou *m*; (*de aguja*) chas *m* ♦ *excl* attention!; **tener ~ para** avoir l'œil pour

okupa *nm/f* (*fam*) squatteur(-euse) *mf*

ola *nf* vague *f*

olé *excl* olé!

oleada *nf* vague *f*

oleaje *nm* vagues *fpl*

óleo *nm:* **un ~** une peinture à l'huile; **al ~** à l'huile; **oleoducto** *nm* oléoduc *m*

oler *vt* sentir ♦ *vi* (*despedir olor*) sentir; **huele a tabaco** ça sent le tabac

olfatear *vt* renifler; (*con el hocico*) flairer; **olfato** *nm* odorat *m*

oligarquía *nf* oligarchie *f*

olímpiada *nf* olympiade *f*; **~s** *nfpl* jeux *mpl* olympiques

oliva *nf* olive *f*; **aceite de ~** huile *f* d'olive; **olivo** *nm* olivier *m*

olla *nf* marmite *f*; (*comida*) ragoût *m*; **~ a presión** cocotte-minute *f*

olmo *nm* orme *m*

olor *nm* odeur *f*

oloroso, -a *adj* odorant(e)

olvidar *vt* oublier; **~se** *vpr:* **~se (de)** oublier (de); **~ hacer algo** oublier de faire qch; **se me olvidó (hacerlo)** j'ai oublié (de le faire)

olvido *nm* oubli *m*

ombligo *nm* nombril *m*

omiso, -a *adj:* **hacer caso ~ de** passer outre à

omitir *vt* omettre

omnipotente *adj* omnipotent(e)

omoplato *nm* omoplate *f*

OMS *sigla f* (= *Organización Mundial de la Salud*) OMS *f* (= Organisation mondiale de la santé)

ONCE *sigla f* (= *Organización Nacional de Ciegos Españoles*) entreprise et organisme d'aide aux aveugles

once *adj inv, nm inv* onze *m inv* ♦ *nf* (AM: *refrigerio, merienda*): **la ~, las ~s** le goûter, le thé; *ver tb* **seis**

onda *nf* (FÍS) onde *f*; **~ corta/larga/media** onde courte/grande/moyenne; **ondear** *vi* onduler

ondular *vt, vi* onduler; **~se** *vpr* onduler

ONG *sigla f* (= *Organización no*

gubernamental) ONG f

ONU *sigla f* (= *Organización de las Naciones Unidas*) ONU f (= *Organisation des Nations unies*)

opaco, -a *adj* opaque

opción *nf* (*elección*) choix m; (*una opción*) option f; (*derecho*): **~ a** choix entre

opcional *adj* facultatif(-ive)

O.P.E.P. *sigla f* (= *Organización de Países Exportadores del Petróleo*) OPEP f (= *Organisation des pays exportateurs de pétrole*)

ópera *nf* opéra m

operación *nf* opération f

operar *vt* opérer ♦ *vi* opérer; (*COM*) faire des transactions; **~se** *vpr* (*cambio*) s'opérer; **~se (de)** être opéré(e) (de)

opereta *nf* opérette f

opinar *vt* penser ♦ *vi*: **~ (de** *o* **sobre)** donner son avis (sur); **opinión** *nf* opinion f, avis m*sg*; **cambiar de opinión** changer d'avis

opio *nm* opium m

oponente *nm/f* adversaire m/f

oponer *vt* opposer; **~se** *vpr*: **~se (a)** s'opposer (à); **¡me opongo!** je m'y oppose!

oportunidad *nf* (*ocasión*) occasion f; (*posibilidad*) opportunité f; **~es** *nfpl* (*COM*) promotions f*pl*

oportuno, -a *adj* opportun(e); (*persona*) judicieux(-euse); **en el momento ~** au moment opportun

oposición *nf* opposition f; **oposiciones** *nfpl* (*ESP*) concours m*sg*; **la ~** (*POL*) l'opposition

opresivo, -a *adj* (*régimen*) oppressif(-ive); (*medidas*) de répression

opresor, a *nm/f* oppresseur m

oprimir *vt* (*botón*) presser; (*suj: cinturón, ropa*) serrer; (*obrero, campesino*) opprimer

optar *vi*: **~ por** opter pour; **~ a** aspirer à

optativo, -a *adj* (*asignatura*) facultatif(-ive)

óptica *nf* (*tienda*) opticien m; (*FÍS, TEC*) optique f

óptico, -a *adj* optique ♦ *nm/f* opticien(ne)

optimismo *nm* optimisme m; **optimista** *adj, nm/f* optimiste m/f

óptimo, -a *adj* optimal(e)

opuesto, -a *pp de* **oponer** ♦ *adj* opposé(e)

opulencia *nf* opulence f

opulento, -a *adj* opulent(e)

oración *nf* (*REL*) prière f; (*LING*) énoncé m

orador, a *nm/f* orateur(-trice)

oral *adj* oral(e)

orangután *nm* orang-outang m

orar *vi* prier

oratoria *nf* éloquence f, bagou m

órbita *nf* orbite f

orden *nm* ordre m ♦ *nf* (*mandato, REL*) ordre m; **por ~** par ordre; **de primer ~** de premier ordre; **~ del día** ordre du jour

ordenado, -a *adj* ordonné(e)

ordenador *nm* (*INFORM*) ordinateur m

ordenanza *nf* (*militar, municipal*) ordonnance f

ordenar *vt* (*mandar*) ordonner; (*papeles, juguetes*) ranger; (*habitación, ideas*) mettre de l'ordre (dans); **~se** *vpr* (*REL*) être ordonné(e)

ordeñar *vt* traire

ordinario, -a *adj* ordinaire m; (*pey*) grossier(-ère)

orégano *nm* origan m

oreja nf oreille f
orfanato nm orphelinat m
orfandad nf fait d'être orphelin
orfebrería nf orfèvrerie f
orgánico, -a adj organique;
 (todo) organisé(e)
organigrama nm organigramme
 m
organismo nm organisme m
organización nf organisation f;
 organizar vt organiser; (crear)
 fonder; **organizarse** vpr
 s'organiser; (escándalo) se produire
órgano nm organe m; (MÚS)
 orgue m
orgasmo nm orgasme m
orgía nf orgie f
orgullo nm orgueil m
orgulloso, -a adj
 orgueilleux(-euse)
orientación nf orientation f
orientar vt orienter; (esfuerzos)
 diriger; **~se** ♦ vpr s'orienter; **~se**
 (en, sobre) s'orienter (vers,
 d'après)
oriente nm orient m; **O~**
 Medio/Próximo Moyen-/
 Proche-Orient; **Lejano O~**
 Extrême-Orient
origen nm origine f; **de ~**
 español d'origine espagnole; **de**
 ~ humilde d'origine modeste
original adj original(e); (relativo al
 origen) originel(le); **originalidad**
 nf originalité f
originar vt causer, provoquer;
 ~se vpr: **~se (en)** trouver son
 origine (dans)
originario, -a adj originaire; **~**
 de originaire de
orilla nf bord m
orina nf urine f; **orinal** nm pot m
 de chambre; **orinar** vi uriner;
 orinarse vpr faire pipi; **orines**
 nmpl urines fpl

oriundo, -a adj: **~ de** originaire
 de
ornitología nf ornithologie f
oro nm or m; ver tb **oros**
oropel nm oripeau m
oros nmpl (NAIPES) l'une des quatre
 couleurs d'un jeu de cartes espagnol
orquesta nf orchestre m
orquídea nf orchidée f
ortiga nf ortie f
ortodoxo, -a adj orthodoxe
ortografía nf orthographe f
ortopedia nf orthopédie f
ortopédico, -a adj orthopédique
oruga nf chenille f
orzuelo nm orgelet m
os pron vous
osa nf ourse f
osadía nf audace f
osar vi oser
oscilación nf oscillation f
oscilar vi osciller; (precio,
 temperatura) fluctuer
oscurecer vt obscurcir ♦ vi
 commencer à faire nuit; **~se** vpr
 s'obscurcir
oscuridad nf obscurité f
oscuro, -a adj obscur(e); (color
 etc) foncé(e); (día, cielo) sombre; **a**
 oscuras dans l'obscurité
óseo, -a adj osseux(-euse)
oso nm ours msg; **~ de peluche**
 ours en peluche; **~ hormiguero**
 tamanoir m
ostentación nf ostentation f
ostentar vt arborer; (cargo, título,
 récord) posséder
ostra nf huître f
OTAN sigla f (= Organización del
 Tratado del Atlántico Norte) OTAN
 f (= Organisation du traité de
 l'Atlantique Nord)
otear vt scruter
otitis nf otite f
otoñal adj automnal(e)

otoño nm automne m

otorgar vt octroyer, concéder; (perdón) accorder

otorrinolaringólogo, -a nm/f oto-rhino(-laryngologiste) m/f

PALABRA CLAVE
---

otro, -a adj **1** (distinto: sg) un(e) autre; (: pl) d'autres; **otra persona** une autre personne; **con otros amigos** avec d'autres amis

2 (adicional): **tráigame otro café (más), por favor** apportez-moi un autre café, s'il vous plaît; **otros 10 días más** encore 10 jours; **otros 3** 3 autres; **otra vez** encore une fois

3 (un nuevo): **es otro Mozart** c'est un nouveau Mozart

4: otro tanto: comer otro tanto manger autant; **recibió una decena de telegramas y otras tantas llamadas** il a reçu une dizaine de télégrammes et autant de coups de téléphone
♦ pron **1: el otro/la otra** l'autre; **otros/otras** d'autres; **los otros/las otras** les autres; **no cojas esa gabardina, que es de otro** ne prends pas cet imperméable, il est à quelqu'un d'autre; **que lo haga otro** que quelqu'un d'autre le fasse

2 (recíproco): **se odian (la) una a (la) otra** elles se détestent l'une l'autre; **unos y otros** les uns et les autres

---

ovación nf ovation f

ovalado, -a adj ovale

óvalo nm ovale m

ovario nm ovaire m

oveja nf brebis fsg

overol (AM) nm salopette f

ovillo nm pelote f; **hacerse un ~** se pelotonner

OVNI sigla m (= objeto volante (o volador) no identificado) OVNI m (= objet volant non identifié)

ovulación nf ovulation f; **óvulo** nm ovule m

oxidar vt oxyder, rouiller; **~se** vpr s'oxyder, se rouiller

óxido nm oxyde m; (sobre metal) rouille f

oxigenado, -a adj (agua) oxygéné(e)

oxígeno nm oxygène m

oyendo etc vb ver **oír**

oyente nm/f auditeur(-trice)

P, p

P abr (REL = Padre) P; = (Père) (= Papa); (= pregunta) Q. (= question)

pabellón nm pavillon m

pacer vi paître

paciencia nf patience f

paciente adj ♦ nm/f patient(e)

pacificar vt pacifier

pacífico, -a adj pacifique; **el (Océano) P~** le (o l'océan) Pacifique

pacifismo nm pacifisme m; **pacifista** nm/f pacifiste m/f

pacotilla nf: **de ~** de pacotille

pactar vt, vi pactiser

pacto nm pacte m

padecer vt (dolor, enfermedad) souffrir de; (injusticia) subir; (consecuencias, sequía) subir ♦ vi: **~ de** souffrir de; **padecimiento** nm souffrance f

padrastro nm beau-père m

padre nm père m ♦ adj (fam): **una juerga ~** une bringue à tout casser; **~s** nmpl (padre y madre) parents mpl; **~ político** beau-

père m
padrino nm parrain m; **~s** nmpl
le parrain et la marraine; **~ de
boda** témoin m de mariage
padrón nm recensement m
paella nf paella f
paga nf paie f, paye f

Paga Extraordinaria

En Espagne, la plupart des
contrats de travail à durée
indéterminée ou de longue durée
stipulent un treizième et
quatorzième mois de salaire. En
juin et en décembre, la majorité
des salariés reçoivent donc un
mois double, appelé **paga
extraordinaria** ou **paga extra**.

---

pagano, -a adj, nm/f païen(ne)
pagar vt, vi payer
pagaré nm billet m à ordre
página nf page f
pago nm paiement m; **~(s)** (esp
AND, CSUR) région fsg; **~ a cuenta**
acompte m
pág(s). abr (= página(s)) pp (=
page(s))
pague etc vb ver **pagar**
país nm pays msg; **los Países
Bajos** les Pays Bas, **el P~ Vasco**
le Pays Basque
paisaje nm paysage m
paisano, -a nm/f compatriote
m/f; (esp CSUR) paysan(ne) ♦ adj
(esp CSUR) paysan(ne); **vestir de
~** être en civil
paja nf paille f; (fig) remplissage m
pajarita nf nœud m papillon
pájaro nm oiseau m
pajita nf paille f
pala nf pelle f; (de pingpong,
frontón) raquette f
palabra nf mot m; (promesa,

facultad, en asamblea) parole f;
faltar a su ~ manquer à sa
parole; **no encuentro ~s para
expresar ...** je ne trouve pas les
mots pour exprimer ...
palabrota nf gros mot m
palacio nm palais msg; **~ de
justicia** palais de justice
paladar nm (tb fig) palais msg;
paladear vt savourer
palanca nf levier m; **~ de
cambio/mando** levier de
changement de vitesse/de
commande
palangana nf cuvette f
palco nm (TEATRO) loge f
Palestina nf Palestine f
palestino, -a adj palestinien(ne)
♦ nm/f Palestinien(ne)
paleta nf (de albañil) truelle f;
(ARTE) palette f; (AM) esquimau m;
ver tb **paleto**
paleto, -a adj, nm/f
péquenaud(e)
paliar vt pallier; **paliativo** nm
palliatif m
palidecer vi pâlir; **palidez** nf
pâleur f
pálido, -a adj pâle
palillo nm cure-dents msg; **~s**
nmpl (para comer: tb: **~s chinos**)
baguettes fpl
paliza nf raclée f; **dar una ~ a
algn** flanquer une raclée à qn
palma nf (de mano) paume f;
(árbol) palmier m; **batir o dar ~s**
battre des mains; **palmada** nf
tape f; **palmadas** nfpl (aplauso)
applaudissements mpl; (en música)
battements mpl de mains
palmar (fam) vi (tb: **~la**) clamser
palmear vi applaudir
palmera nf palmier m
palmo nm empan m; (fig) pied m;
~ a ~ (recorrer) d'un bout à

l'autre; (*registrar*) de fond en comble

palo *nm* (*de madera*) bâton *m*; (*poste*) piquet *m*; (*mango*) manche *m*; (*golpe*) coup *m*; (*de golf*) club *m*; (*NÁUT*) mât *m*; (*NAIPES*) couleur *f*

paloma *nf* pigeon *m*; **la ~ de la paz** la colombe de la paix

palomitas *nfpl* (*tb:* **~ de maíz**) pop-corn *msg*

palpar *vt* palper

palpitación *nf* palpitation *f*

palpitante *adj* palpitant(e); (*fig*) brûlant(e)

palpitar *vi* palpiter

palta (*AND, CSUR*) *nf* avocat *m*

paludismo *nm* paludisme *m*

pamela *nf* capeline *f*

pampa (*AM*) *nf* pampa *f*

pan *nm* pain *m*; **un ~** un pain; **barra de ~** baguette *f*, flûte *f*; **~ de molde** pain de mie; **~ integral** pain complet; **~ rallado** chapelure *f*

pana *nf* velours *msg* côtelé

panadería *nf* boulangerie *f*

Panamá *nm* Panama *m*

panameño, -a *adj* panaméen(ne) ♦ *nm/f* Panaméen(ne)

pancarta *nf* pancarte *f*

panda *nm* panda *m*

pandereta *nf* tambourin *m*

pandilla *nf* bande *f*

panel *nm* panneau *m*

panfleto *nm* pamphlet *m*

pánico *nm* panique *f*

panorama *nm* panorama *m*

pantalla *nf* écran *m*; (*de lámpara*) abat-jour *m*

pantalón *nm*, **pantalones** *nmpl* pantalon *msg*

pantano *nm* (*ciénaga*) marécage *m*; (*embalse*) barrage *m*

panteón *nm*: **~ familiar** caveau *m* de famille

pantera *nf* panthère *f*

pantis *nmpl* collant *msg*

pantomima *nf* pantomime *f*

pantorrilla *nf* mollet *m*

panty(s) *nm(pl)* collant *msg*

panza *nf* panse *f*

pañal *nm* lange *m*

paño *nm* (*tela*) étoffe *f*; (*trapo*) torchon *m*; **en ~s menores** en petite tenue

pañuelo *nm* (*para la nariz*) mouchoir *m*; (*para la cabeza*) foulard *m*

Papa *nm* Pape *m*

papa (*AM*) *nf* pomme de terre *f*

papá (*fam*) *nm* papa *m*; **~s** *nmpl* (*padre y madre*) parents *mpl*

papada *nf* double menton *m*

papagayo *nm* perroquet *m*

paparrucha *nf* (*tontería*) bourde *f*; (*rumor falso*) bobard *m*

papaya *nf* papaye *f*

papel *nm* papier *m*; (*TEATRO, fig*) rôle *m*; **~ carbón** papier carbone; **~ de aluminio** papier aluminium; **~ de calco/de lija** papier calque/de verre; **~ de envolver** papier d'emballage; **~ de estaño** *o* **plata** papier aluminium; **~ higiénico** *o* *MÉX* **sanitario/secante** papier hygiénique/buvard; **~ moneda** papier-monnaie *m*

papeleo *nm* paperasserie *f*

papelera *nf* (*corbeille f* à papiers; (*en la calle*) poubelle *f*

papelería *nf* papeterie *f*

papeleta *nf* (*de rifa*) billet *m*; (*POL*) bulletin *m*; (*ESCOL: calificación*) relevé *m* de notes

paperas *nfpl* oreillons *mpl*

papilla *nf* bouillie *f*

paquete *nm* paquet *m*; (*esp AM: fam*) ennui *m*; **~s postales** colis

mpl postaux
par *adj* pair(e) ♦ *nm* (de guantes, calcetines) paire *f*; (de veces, días) deux; (pocos) deux ou trois; **abrir de ~ en ~** ouvrir tout grand; **sin ~** unique
para *prep* pour; **decir ~ sí** se dire; **¿~ qué?** pourquoi faire?; **¿~ qué lo quieres?** que veux-tu en faire?; **~ entonces** à ce moment-là; **estará listo ~ mañana** ça sera prêt demain; **ir ~ casa** aller chez soi; **tengo bastante ~ vivir** j'ai de quoi vivre; **~ el caso que me haces** vu l'intérêt que tu me portes
parábola *nf* parabole *f*
parabólica *nf* (*tb*: **antena ~**) antenne *f* parabolique
parabrisas *nm inv* pare-brise *m inv*
paracaídas *nm inv* parachute *m*; **paracaidista** *nm/f* parachutiste *m/f*
parachoques *nm inv* pare-chocs *m inv*
parada *nf* arrêt *m*; **~ de autobús/de taxis** arrêt d'autobus/station de taxis
paradero *nm* endroit *m*; (AND, CSUR) halte *f*
parado, -a *adj* arrêté(e); (sin empleo) au chômage; (AM) debout ♦ *nm/f* chômeur(-euse)
paradoja *nf* paradoxe *m*
parador *nm* (*tb*: **~ de turismo**) parador *m* (hôtel de première catégorie géré par l'état)

Parador Nacional

*Le réseau des **paradores** a été mis en place par le gouvernement dans les années 50, au début de l'essor du tourisme en Espagne. Il s'agit d'hôtels de première*

catégorie, dans des sites uniques ou des lieux à caractère historique, souvent établis dans d'anciens châteaux et monastères. Il existe actuellement 57 paradores, tous classés trois-étoiles ou plus, offrant des prestations de qualité ainsi qu'un large éventail de spécialités locales.

paráfrasis *nf inv* paraphrase *f*
paraguas *nm inv* parapluie *m*
Paraguay *nm* Paraguay *m*
paraguayo, -a *adj* paraguayen(ne) ♦ *nm/f* Paraguayen(ne)
paraíso *nm* paradis *msg*
paraje *nm* parage *m*
paralelo, -a *adj, nm* parallèle *m*
parálisis *nf inv* paralysie *f*
paralítico, -a *adj, nm/f* paralytique *m/f*
paralizar *vt* paralyser; **~se** *vpr* être paralysé(e)
paramilitar *adj* paramilitaire
páramo *nm* plateau *m* nu
parangón *nm*: **sin ~** sans égal(e)
paranoico, -a *adj* paranoïaque ♦ *nm/f* paranoïaque *m/f*; (fig) maniaque, obsédé(e)
parar *vt* arrêter ♦ *vi* s'arrêter; **~se** *vpr* s'arrêter; (AM) se lever; **sin ~** sans arrêt; **ha parado de llover** il ne pleut plus; **fue a ~ a la comisaría** il a atterri au commissariat
pararrayos *nm inv* paratonnerre *m*
parásito, -a *adj, nm* parasite *m*
parcela *nf* parcelle *f*
parche *nm* (de rueda) rustine *f*; (de ropa) pièce *f*
parcial *adj* (pago, eclipse)

partiel(le); *(juicio)* partial(e);
parcialidad *nf* partialité *f*
pardillo, -a *adj, nm/f*
péquenaud(e) *(fam)* ♦ *nm (ZOOL)*
bouvreuil *m*
parecer *nm* opinion *f* ♦ *vi*
sembler; *(asemejarse a)* ressembler
à; **~se** *vpr* se ressembler; **~se a**
ressembler à; **~ a** à ce qu'il
paraît; **me parece bien/
importante que ...** je trouve
que c'est bien/qu'il est important
que ...
parecido, -a *adj* semblable ♦ *nm*
ressemblance *f*; **un hombre bien
~** un bel homme
pared *nf* mur *m*
pareja *nf* paire *f*; *(hombre y mujer)*
couple *m*; *(persona)* partenaire
m/f; **una ~ de guardias** deux
gendarmes
parentela *nf* parenté *f*
parentesco *nm* parenté *f*
paréntesis *nm inv* parenthèse *f*
parezca *etc vb ver* **parecer**
pariente, -a *nm/f* parent(e)
parir *vt (hijo)* accoucher de;
(animal) mettre bas ♦ *vi (mujer)*
accoucher; *(animal)* mettre bas
París *n* Paris
parisiense, parisino, -a *adj*
parisien(ne) ♦ *nm/f* Parisien(ne)
parking *nm* parking *m*
parlamentario, -a *adj, nm/f*
parlementaire *f*
parlamento *nm* parlement *m*;
P~ Europeo Parlement européen
parlanchín, -ina *adj, nm/f*
bavard(e)
paro *nm (huelga)* arrêt *m*;
(desempleo, subsidio) chômage *m*;
estar en ~ être au chômage; **~
cardíaco** arrêt cardiaque
parodia *nf* parodie *f*; **parodiar**
vt parodier

parpadear *vi* clignoter
párpado *nm* paupière *f*
parque *nm* parc *m*; **~ de
atracciones** parc d'attractions;
~ de bomberos caserne *f* de
pompiers
parquímetro *nm* parcmètre *m*,
parcmètre *m*
parra *nf* treille *f*
párrafo *nm* paragraphe *m*
parrilla *nf* grill *m*; **carne a la ~**
viande *f* grillée; **parrillada** *nf*
grillade *f*
párroco *nm* curé *m*
parroquia *nf* paroisse *f*
parsimonia *nf* parcimonie *f*
parte *nm* rapport *m* ♦ *nf* partie *f*;
(lado) côté *m*; *(lugar, de reparto)*
part *f*; **en alguna ~ de Europa**
quelque part en Europe; **por
todas ~s** partout; **en (gran)**
en (grande) partie; **la mayor ~
de los españoles** la plupart des
Espagnols; **de ~ de algn** de la
part de qn; **¿de ~ de quién?**
(TELEC) de la part de qui?; **por ~
de** de la part de; **yo por mí ~** en
ce qui me concerne, quant à moi;
por una ~ ... por otra ~ d'une
part ... d'autre part; **dar ~ a algn**
communiquer à qn; **formar ~ de**
faire partie de; **tomar ~ (en)**
prendre part (à); **~
meteorológico** bulletin *m*
météorologique
partición *nm* partage *m*
participación *nf* participation *f*;
(de lotería) tranche *f*
participante *nm/f* participant(e)
participar *vt* communiquer ♦ *vi*:
~ (en) participer (à)
partícipe *nm/f*: **hacer ~ a algn
de algo** faire part à qn de qch
particular *adj* particulier(-ière) ♦
nm (punto, asunto) sujet *m*,

chapitre m; (individuo) particulier m; **clases ~es** cours mpl particuliers; **en ~** en particulier

partida nf départ m; (COM: de mercancía) lot m; (: de cuenta, factura) entrée f; (: de presupuesto) chapitre m; (juego) partie f; **~ de defunción/de matrimonio** extrait m d'acte de décès/de mariage; **~ de nacimiento** extrait de naissance

partidario, -a adj: **ser ~ de** être partisan(e) de ♦ nm/f (seguidor) partisan(e)

partido nm parti m; (DEPORTE) match m; **sacar ~ de** tirer parti de; **tomar ~** prendre parti; **~ judicial** arrondissement m

partir vt (dividir) partager; (romper) casser; (rebanada, trozo) couper ♦ vi partir; **~se** vpr se casser; **a ~ de** à partir de, à compter de; **~ de** partir de

partitura nf partition f

parto nm (de una mujer) accouchement m; (de un animal) mise bas f; **estar de ~** être en couches

pasa nf raisin m sec

pasada nf (con trapo, escoba) coup m; **de ~** (leer, decir) au passage; **mala ~** mauvais tour m

pasadizo nm passage m

pasado, -a adj passé(e); (muy hecho) trop cuit(e) ♦ nm passé m; **~ mañana** après-demain; **el mes ~** le mois dernier; **~ de moda** démodé(e)

pasador nm verrou m; (de pelo) barrette f; (de corbata) épingle f

pasaje nm passage m; (de barco, avión) billet m; (los pasajeros) passagers mpl

pasajero, -a adj, nm/f passager(-ère)

pasamontañas nm inv passe-montagne m

pasaporte nm passeport m

pasar vt passer; (barrera, meta) franchir; (frío, calor, hambre) avoir; (: con énfasis) souffrir de ♦ vi passer; (ocurrir) se passer; (entrar) entrer; **~se** vpr se passer; (excederse) à exagérer; **~ a (hacer)** en venir à (faire); **~ de** dépasser de; **~ de (hacer) algo** (fam) se ficher de (faire) qch; **¡pase! entrez!; ~ por un sitio/una calle** passer par un endroit/une rue; **~ por alto** faire fi de, passer sous silence; **~ sin algo** se passer de qch; **~lo bien** s'amuser; **¿qué te pasa?** que t'arrive-t-il?; **pase lo que pase** quoi qu'il en soit, advienne que pourra; **se hace ~ por médico** il se fait passer pour médecin; **pásate por casa/la oficina** passe chez moi/par mon bureau; **~se al enemigo** passer à l'ennemi; **me lo pasé bien/mal** cela s'est bien/mal passé; **se me pasó** j'ai complètement oublié

pasarela nf passerelle f; (de modas) podium m

pasatiempo nm passe-temps msg; **~s** nmpl (en revista) jeux mpl

Pascua, pascua nf (Lb: **de Resurrección**) Pâques fpl; **~s** nfpl Noël msg; **¡felices ~s!** joyeux Noël!; **de ~s a Ramos** tous les trente-six du mois

pase nm passe f; (COM) passavant m; (CINE) projection f

pasear vt, vi promener; **~se** vpr se promener

paseo nm promenade f; (distancia corta) pas msg; **dar un paseo** faire une promenade; **paseo marítimo** front m de mer

pasillo nm couloir m

pasión nf passion f

pasivo, -a adj passif(-ive) ♦ nm (COM) passif m

pasmar vt ébahir; **pasmo** nm stupéfaction f

paso, -a adj ♦ nm passage m; (pisada, de baile) pas msg; (modo de andar) pas, allure f; (TELEC) unité f; **a ese ~** à cette allure; **salir al ~ de** répliquer à; **salir al ~** passer à la contre-offensive; **de ~**, ... au passage, ...; **estar de ~** être de passage; **prohibido el ~** passage interdit; **ceda el ~** céder le passage, priorité; **~ a nivel** passage à niveau; **~ de peatones/de cebra** passage pour piétons/clouté; **~ elevado** saut-de-mouton m; **~ subterráneo** passage souterrain

pasota (fam) adj, nmf je-m'en-foutiste m/f

pasta nf pâte f; (tb: **~ de té**) petit four m; (fam: dinero) fric m; (encuadernación) reliure f; **~ dentífrica** o **de dientes** dentifrice m

pastar vi paître

pastel nm gâteau m; (de carne) friand m; (ARTE) pastel m; **pastelería** nf pâtisserie f

pasteurizado, -a adj pasteurisé(e)

pastilla nf (de jabón) savonnette f; (de chocolate) tablette f; (MED) comprimé m, cachet m

pastillero, a nm/f (fam) accro aux petites pilules

pasto nm pâture f

pastor, a nm/f berger(-ère) ♦ nm (REL) pasteur m; **~ alemán** berger allemand

pata nf patte f; (pie) pied m; **~s arriba** (caer) les quatre fers en

l'air; (revuelto) sens dessus dessous; **meter la ~** mettre les pieds dans le plat; **tener mala ~** ne pas avoir de chance; **~ de cabra** (TEC) pince f à levier; **~ de gallo** pied-de-poule; **patada** nf coup m de pied

patalear vi trépigner

patata nf pomme f de terre; **~s fritas** frites fpl; (en rebanadas) chips fpl

paté nm pâté m

patear vt piétiner ♦ vi trépigner

patentar vt breveter

patente adj manifeste ♦ nf patente f, brevet m; (CSUR) immatriculation f

paternal adj paternel(le)

paterno, -a adj paternel(le)

patético, -a adj pathétique

patilla nf (de gafas) branche f; **~s** nfpl (de la barba) favoris mpl

patín nm patin m; **patinaje** nm patinage m; **patinar** vi patiner; (fam: equivocarse) se gourer

patio nm cour f; **~ de butacas** (CINE, TEATRO) orchestre m; **~ de recreo** cour de récréation

pato nm canard m; **pagar el ~** (fam) payer les pots cassés

patológico, -a adj pathologique

patoso, -a adj lourdaud(e)

patraña nf mensonge m

patria nf patrie f

patrimonio nm patrimoine m

patriota nm/f patriote m/f; **patriotismo** nm patriotisme m

patrocinar vt (sufragar) sponsoriser, parrainer; (apoyar) appuyer, parrainer; **patrocinio** nm parrainage m

patrón, -ona nm/f patron(ne); (de pensión) hôte (hôtesse) ♦ nm patron m

patronal adj: **la clase ~** la classe

patronale ♦ nf patronat m
patrulla nf patrouille f
pausa nf pause f
pausado, -a adj posé(e)
pauta nf modèle m
pavimento nm pavement m
pavo nm dindon m; **~ real** paon m
pavor nm frayeur f
payaso, -a nm/f clown m
payo, -a nm/f gadjo m/f
paz (pl **paces**) nf paix f; (tranquilidad) calme m; **hacer las paces** faire la paix
P.D. abr (= posdata) P.S. (= postscriptum)
peaje nm péage m
peatón nm piéton m
peca nf tache f de rousseur
pecado nm péché m
pecador, -a adj, nm/f pécheur(-eresse)
pecar vi pécher; **~ de generoso** pécher par excès de générosité
pecho nm poitrine f; (fig) cœur m; **dar el ~ a** donner le sein à; **tomar algo a ~** prendre qch à cœur
pechuga nf (de ave) blanc m
peculiar adj caractéristique; (particular) particulier(-ère); **peculiaridad** nf particularité f
pedal nm pédale f; **pedalear** vi pédaler
pedante adj, nm/f pédant(e); **pedantería** nf pédanterie f
pedazo nm morceau m; **hacer algo ~s** réduire qch en mille morceaux; **hacer ~s a algn** mettre qn en bouillie; **caerse algo a ~s** tomber en ruine; **ser un ~ de pan** (fig) avoir un cœur d'or
pediatra nm/f pédiatre m/f
pedido nm commande f

pedir vt demander; (COM) commander **♦** vi mendier; **~ disculpas** demander des excuses; **~ prestado** emprunter; **¿cuánto piden por el coche?** combien demande-t-on pour cette voiture?
pedo (fam!) nm (ventosidad) pet m
pega nf (obstáculo) problème m; (fam: pregunta) colle f; **de ~** à la gomme, de pacotille; **nadie me etc puso ~** personne n'a trouvé à redire
pegadizo, -a adj (canción) entraînant(e)
pegajoso, -a adj collant(e)
pegamento nm colle f
pegar vt coller; (enfermedad, costumbre) passer; (golpear) frapper **♦** vi (adherirse) se coller; (armonizar) aller bien; (el sol) taper; **~se** vpr se coller; (costumbre, enfermedad) s'attraper; (dos personas) se frapper; **~ un grito** pousser un cri; **~ un salto** faire un saut; **~ en** toucher; **~se un tiro** se tirer une balle dans la tête
pegatina nf adhésif m
pegote (fam) nm emplâtre m; **tirarse un ~** (fam) s'envoyer des fleurs
peinado nm coupe f
peinar vt peigner; **~se** vpr se peigner
peine nm peigne m; **peineta** nf grand peigne m
p.ej. abr (= por ejemplo) p. ex. (= par exemple)
Pekín n Pékin
pelado, -a adj pelé(e); (cabeza) tondu(e); (fam) fauché(e)
pelaje nm pelage m
pelar vt (fruta, animal) peler;

(*patatas, marisco*) éplucher; (*cortar el pelo*) couper; **~se** *vpr* (*la piel*) peler

peldaño *nm* marche *f*

pelea *nf* (*lucha*) lutte *f*; (*discusión*) discussion *f*

peleado, -a *adj*: **estar ~ (con algn)** être brouillé(e) (avec qn)

pelear *vi* se battre; (*discutir*) se disputer; **~se** *vpr* se battre; se disputer; (*enemistarse*) se brouiller

peletería *nf* pelleterie *f*

pelícano *nm* pélican *m*

película *nf* film *m*; (*capa fina, FOTO*) pellicule *f*; **de ~** (*fam*) sensass; **~ de dibujos (animados)** dessin *m* animé; **~ del oeste** western *m*; **~ muda** film muet

peligro *nm* danger *m*; **correr ~ de** courir le risque de

peligroso, -a *adj* dangereux(-euse)

pelirrojo, -a *adj* roux (rousse), rouquin(e) ♦ *nm/f* rouquin(e)

pellejo *nm* peau *f*

pellizcar *vt* pincer

pellizco *nm* pincement *m*; (*pizca*) pincée *f*

pelma, pelmazo, -a (*fam*) *nm/f* casse-pieds *m/fsg*

pelo *nm* cheveux *mpl*; (*un pelo*) cheveu *m*; (: *en el cuerpo*) poil *m*; **a ~** (*sin abrigo*) peu couvert(e); **venir al ~** tomber à pic; **por los ~s** de justesse; **con ~s y señales** en long et en large; **no tener ~s en la lengua** ne pas mâcher ses mots; **tomar el ~ a algn** se payer la tête de qn

pelota *nf* pelote *f*; (*tb*: **~ vasca**) pelote; **en ~(s)** (*fam*) à poil; **hacer la ~ (a algn)** lécher les bottes (à qn)

pelotón *nm* peloton *m*

peluca *nf* perruque *f*

peluche *nm*: **muñeco de ~** peluche *f*

peludo, -a *adj* (*cabeza*) chevelu(e); (*persona, perro*) poilu(e)

peluquería *nf* salon *m* de coiffure

peluquero, -a *nm/f* coiffeur(-euse)

pelusa *nf* (*BOT*) duvet *m*; (*de tela*) peluche *f*; (*de polvo*) mouton *m*

pelvis *nf* bassin *m*

pena *nf* peine *f*; (*AM*) honte *f*; **~s** *nfpl* pénalités *fpl*; **merecer/ valer la ~** valoir la peine; **a duras ~s** à grand-peine; **me da ~** cela me fait de la peine; **¡qué ~!** quel dommage!; **~ de muerte** peine de mort

penal *adj* pénal; **antecedentes ~es** casier *msg* judiciaire

penalidades *nfpl* souffrances *fpl*

penalti, penalty *nm* penalty *m*

pendiente *adj* (*asunto*) en suspens; (*asignatura*) à repasser; (*terreno*) en pente ♦ *nm* boucle *f* d'oreille ♦ *nf* pente *f*; **estar ~ de algo/algn** (*vigilar*) garder un œil sur qch/qn; **estar ~ de los labios/de las palabras de algn** être pendu(e) aux lèvres de qn/boire les paroles de qn

pene *nm* pénis *msg*

penetración *nf* pénétration *f*

penetrante *adj* pénétrant(e)

penetrar *vt, vi* pénétrer

penicilina *nf* pénicilline *f*

península *nf* péninsule *f*; **peninsular** *adj* péninsulaire

penique *nm* penny *m*

penitencia *nf* pénitence *f*

penoso, -a *adj* pénible

pensador, -a *nm/f* penseur(-euse)

pensamiento *nm* pensée *f*

pensar *vt, vi* penser; **~ (hacer)** penser (faire); **~ en** penser à; **he pensado que** j'ai pensé que; **~ mal de algn** avoir une mauvaise opinion de qn

pensativo, -a *adj* pensif(-ive)

pensión *nf* pension f; **media ~** (*en hotel*) demi-pension f; **~ completa** pension complète; **pensionista** *nm/f* (*jubilado*) pensionné(e)

penúltimo, -a *adj, nm/f* avant-dernier(-ière)

penumbra *nf* pénombre f

penuria *nf* pénurie f

peña *nf* rocher m; (*grupo*) amicale f

peñasco *nm* rocher m

peñón *nm* piton m; **el P~** Gibraltar

peón *nm* manœuvre m, ouvrier m; (*esp AM*) ouvrier agricole; (*AJEDREZ*) pion m

peor *adj* (*compar*) moins bon, pire; (*superl*) pire ♦ *adv* (*compar*) moins bien, pire; (*superl*) moins bien; **de mal en ~** de mal en pis

pepinillo *nm* cornichon m

pepino *nm* concombre m; **(no) me importa un ~** je m'en fiche complètement

pepita *nf* pépin m; (*de mineral*) pépite f

pequeñez *nf* petitesse f

pequeño, -a *adj, nm/f* petit(e)

pera *adj inv* (*fam*) ≈ BCBG *inv* ♦ *nf* poire f

percance *nm* contretemps *msg*

percatarse *vpr*: **~ de** se rendre compte de

percepción *nf* perception f

percha *nf* cintre m; (*en la pared*) portemanteau m

percibir *vt* percevoir

percusión *nf* percussion f

perdedor, a *adj, nm/f* perdant(e)

perder *vt* perdre; (*tren*) rater ♦ *vi* perdre; **~se** *vpr* se perdre; **echar a ~** (*comida*) gâcher, gâter

perdición *nf* perdition f

pérdida *nf* perte f; **~s** *nfpl* (COM) pertes *fpl*; **una ~ de tiempo** une perte de temps

perdido, -a *adj* perdu(e); **tonto ~** (*fam*) bête à manger du foin, bête comme ses pieds

perdiz *nf* perdrix f

perdón *nm* pardon m; **¡~!** pardon!; **perdonar** *vt* pardonner; (*la vida*) gracier; (*eximir*) dispenser, exempter ♦ *vi* pardonner; **¡perdone (usted)!** pardon!

perdurar *vi* perdurer; (*continuar*) durer

perecedero, -a *adj* périssable

perecer *vi* périr

peregrino, -a *adj* (*idea*) curieux(-euse), bizarre ♦ *nm/f* pèlerin(e)

perejil *nm* persil m

perenne *adj*: **hoja ~** feuille persistante

pereza *nf* paresse f

perezoso, -a *adj* paresseux(-euse)

perfección *nf* perfection f; **perfeccionar** *vt* perfectionner

perfectamente *adv* parfaitement; **¡~!** parfaitement!, certainement!

perfecto, -a *adj* parfait(e)

perfil *nm* profil m; **~es** *nmpl* (*de figura*) contours *mpl*; **de ~** de profil; **perfilar** *vt* profiler

perforación *nf* perforation f; **perforar** *vt* perforer

perfume *nm* parfum m

pericia *nf* adresse f

periferia *nf* périphérie f

periférico, -a *adj* périphérique ♦

nm (AM: AUTO) (boulevard *m*)
périphérique *m*
perímetro *nm* périmètre *m*
periódico, -a *adj* périodique ♦
nm journal *m*
periodismo *nm* journalisme *m*;
periodista *nm/f* journaliste *m/f*
periodo, período *nm* période *f*;
(*menstruación*) règles *fpl*
perito, -a *nm/f* expert(e);
(*técnico*) technicien(ne)
perjudicar *vt* nuire à, porter
préjudice à; **perjudicial** *adj*
néfaste, préjudiciable; **perjuicio**
nm préjudice *m*
perla *nf* perle *f*; **me viene de ~s**
ça tombe à pic
permanecer *vi* séjourner, rester;
(*seguir*) rester
permanencia *nf* (*estancia*) séjour
m
permanente *adj* permanent(e) ♦
nf permanente *f*
permiso *nm* permission *f*;
(*licencia*) licence *f*, permis *msg*;
con ~ avec votre permission;
estar de ~ être en permission; **~
de conducir** permis de conduire
permitir *vt* permettre
pernicioso, -a *adj*
pernicieux(-euse)
pero *conj* mais ♦ *nm* objection *m*;
¡~ bueno! mais (enfin) bon!
perpendicular *adj*
perpendiculaire
perpetrar *vt* perpétrer
perpetuar *vt* perpétuer
perpetuo, -a *adj* perpétuel(le)
perplejo, -a *adj* perplexe
perra *nf* chienne *f*
perrera *nf* chenil *m*
perrito *nm*: **~ caliente** hot-dog
m
perro *nm* chien *m*
persa *adj* persan(e) ♦ *nm/f*

Persan(e)
persecución *nf* poursuite *f*; (REL,
POL) persécution *f*
perseguir *vt* poursuivre; (*atosigar*,
REL, POL) persécuter
perseverante *adj* persévérant(e)
perseverar *vi* persévérer; **~ en**
persévérer dans
persiana *nf* persienne *f*
persignarse *vpr* se signer
persistente *adj* persistant(e)
persistir *vi*: **~ (en)** persister
(dans)
persona *nf* personne *f*; **~
jurídica** personne morale
personaje *nm* personnage *m*
personal *adj* personnel(le); (*aseo*)
intime ♦ *nm* personnel *m*;
personalidad *nf* personnalité *f*
personarse *vpr*: **~ (en)** se
présenter (à)
personificar *vt* personnifier
perspectiva *nf* perspective *f*; **~s**
nfpl (*de futuro*) perspectives *fpl*
perspicacia *nf* perspicacité *f*
perspicaz *adj* perspicace
persuadir *vt* persuader; **~se** *vpr*
se persuader; **persuasión** *nf*
persuasion *f*
persuasivo, -a *adj*
persuasif(-ive)
pertenecer *vi*: **~ a** appartenir à;
perteneciente *adj*: **ser
perteneciente a** appartenir à;
pertenencia *nf* possession *f*; (*a
organización, club*) affiliation *f*;
pertenencias *nfpl* (*posesiones*)
biens *mpl*
pertenezca *etc vb ver*
pertenecer
pértiga *nf* perche *f*; **salto de ~**
saut *m* à la perche
pertinente *adj* pertinent(e);
(*momento etc*) approprié(e)
perturbado, -a *adj* troublé(e) ♦

nm/f (tb: ~ mental) malade *m/f* mental(e)
perturbar *vt* perturber, troubler; *(MED)* troubler
Perú *nm* Pérou *m*
peruano, -a *adj* péruvien(ne) ♦ *nm/f* Péruvien(ne)
perversión *nf* perversion *f*
perverso, -a *adj* pervers(e)
pervertido, -a *adj, nm/f* pervers(e)
pervertir *vt* pervertir; **~se** *vpr* se pervertir
pesa *nf* poids *msg; (DEPORTE)* haltère *m;* **hacer ~s** faire des haltères
pesadez *nf* lourdeur *f; (fastidio)* ennui *m*
pesadilla *nf* cauchemar *m*
pesado, -a *adj* lourd(e); *(difícil, duro)* pénible; *(aburrido)* ennuyeux(-euse) ♦ *nm/f* enquiquineur(-euse)
pésame *nm* condoléances *fpl;* **dar el ~** présenter ses condoléances
pesar *vt* peser ♦ *vi* peser; *(fig: opinión)* compter ♦ *nm (remordimiento)* remords *msg; (pena)* chagrin *m;* **a ~ de** en dépit de; **a ~ de que** bien que; **(no) me pesa haberlo hecho** je (ne) regrette (pas) de l'avoir fait
pesca *nf* pêche *f;* **ir de ~** aller à la pêche
pescadería *nf* poissonnerie *f*
pescadilla *nf* merlan *m*
pescado *nm* poisson *m*
pescador, a *nm/f* pêcheur(-euse)
pescar *vt* pêcher; *(fam)* choper; *(novio)* se dénicher; *(delincuente)* cueillir ♦ *vi* pêcher
pescuezo *nm* cou *m*
peseta *nf* peseta *f*
pesimista *adj, nm/f* pessimiste

m/f
pésimo, -a *adj* lamentable
peso *nm* poids *msg; (balanza)* balance *f; (AM: moneda)* peso *m;* **vender a ~** vendre au poids; **~ bruto** poids brut; **~ neto** poids net; **~ pesado/pluma** *(BOXEO)* poids lourd/plume
pesquero, -a *adj (industria)* de la pêche; *(barco)* de pêche
pesquisa *nf* recherche *f*
pestaña *nf* cil *m; (borde)* bord *m;* **pestañear** *vi* cligner des yeux
peste *nf* peste *f; (mal olor)* puanteur *f*
pesticida *nm* pesticide *m*
pestillo *nm* verrou *m; (picaporte)* poignée *f*
petaca *nf (para cigarros)* porte-cigarettes *m inv; (para tabaco)* tabatière *f; (para beber)* flasque *f*
pétalo *nm* pétale *m*
petardo *nm* pétard *m*
petición *nf* demande *f; (JUR)* requête *f*
petrificar *vt* pétrifier
petróleo *nm* pétrole *m*
petrolero, -a *adj* pétrolier(-ère) ♦ *nm* pétrolier *m*
peyorativo, -a *adj* péjoratif(-ive)
pez *nm* poisson *m;* **~ espada** poisson-épée *m;* **~ gordo** *(fig)* grosse légume *f*
pezón *nm* mamelon *m*
pezuña *nf (de animal)* sabot *m*
piadoso, -a *adj* pieux(-euse)
pianista *nm/f* pianiste *m/f*
piano *nm* piano *m*
piar *vi* piailler
pibe, -a *(AM) nm/f* gosse *m/f*
picadillo *nm* hachis *msg*
picado, -a *adj* haché(e); *(hielo)* pilé(e); *(mar)* agité(e); *(diente)* gâté(e); *(tabaco)* découpé(e); *(enfadado)* piqué(e) ♦ *nm:* **en ~**

picador nm (TAUR) picador m; (minero) piqueur m

picadura nf piqûre f; (tabaco picado) tabac m gris

picante adj épicé(e); (comentario, chiste) piquant(e)

picaporte nm poignée f

picar vt piquer; (ave) picoter; (CULIN) hacher, ♦ vi piquer; (el sol) brûler; (pez) mordre; ~**se** vpr (vino) se piquer; (muela) se gâter; (ofenderse) prendre la mouche; **me pica el brazo** mon bras me démange

picardía nf sournoiserie f; (astucia) astuce f; (travesura) espièglerie f

pícaro, -a adj astucieux(-euse); (travieso) espiègle ♦ nm canaille f; (LIT) picaro m

pichón, -ona nm/f pigeon m

pico nm bec m; (de mesa, ventana) coin m; (GEO, herramienta) pic m

picotear vt, vi (fam) grignoter ♦ vi (ave) picorer

picudo, -a adj au bec pointu; (zapato, tejado) pointu(e)

pidiendo etc vb ver **pedir**

pie nm pied m; (de página) bas msg; **ir a ~** aller à pied; **al ~ de** au pied de; **estar de ~** être debout; **ponerse de ~** se mettre debout; **al ~ de la letra** au pied de la lettre; **en ~ de igualdad** sur un pied d'égalité; **dar ~ a** donner prise à; **hacer ~** (en el agua) avoir pied

piedad nf pitié f

piedra nf pierre f; ~ **preciosa** pierre précieuse

piel nf peau f; (de animal, abrigo) fourrure f

pienso vb ver **pensar** ♦ nm (AGR)

tourteau m

pierda etc vb ver **perder**

pierna nf jambe f; (de cordero) gigot m

pieza nf pièce f; ~ **de recambio** o **de repuesto** pièce de rechange

pigmeo, -a adj pygmée

pijama nm pyjama m

pila nf pile f; (fregadero) évier m; (lavabo) lavabo m

píldora nf pilule f; **la ~ (anticonceptiva)** la pilule (contraceptive)

pileta nf (esp CSUR) évier m; (piscina) piscine f

pillaje nm pillage m

pillar vt coincer; (fam: coger, sorprender) pincer; (: conseguir) se dégotter; (: atropellar) faucher; (: alcanzar) attraper; **me pilla cerca/lejos** c'est près/loin de chez moi; ~ **una borrachera** (fam) prendre une cuite; ~ **un resfriado** (fam) choper un rhume

pillo, -a adj malin(-igne), coquin(e) ♦ nm/f fripouille f

piloto nm pilote m ♦ nm (ARG) imperméable m; ~ **automático** pilote automatique

pimentón nm piment m doux

pimienta nf poivre m

pimiento nm poivron m

pinacoteca nf galerie f de peintures

pinar nm pinède f

pincel nm pinceau m

pinchar vt piquer; (neumático) crever; (teléfono) mettre sur (table d'écoute); ~**se** vpr se piquer

pinchazo nm piqûre f; (de llanta) crevaison f; ~ **telefónico** écoute f téléphonique

pincho nm pointe f; (de planta)

épine *f*; (CULIN) amuse-gueule *m*
inv; **~ moruno** (chiche-)kebab *m*
pingüino *nm* pingouin *m*
pino *nm* pin *m*
pinta *nf* (*mota*) tache *f*; (*aspecto*)
mine *f*
pintar *vt* peindre; (*con lápices de
colores*) colorier; (*fig*) dépeindre ♦
vi peindre; (*fam*) compter; **~se**
vpr se maquiller; (*uñas*) se faire
pintor, a *nm/f* peintre *m/f*
pintoresco, -a *adj* pittoresque
pintura *nf* peinture *f*; **~ a la
acuarela** aquarelle *f*; **~ al óleo**
peinture à l'huile
pinza *nf* pince *f*; (*para colgar ropa*)
pince à linge; **~s** *nfpl* pinces *fpl*;
(*para depilar*) pince à épiler
piña *nf* (*fruto del pino*) pomme *f*
de pin; (*fruta*) ananas *msg*
piñón *nm* pignon *m*
piojo *nm* pou *m*
pionero, -a *adj*, *nm/f*
pionnier(-ère)
pipa *nf* pipe *f*; (BOT) pépin *m*; **~s**
nfpl (*de girasol*) graines *fpl* (de
tournesol); **pasarlo ~** (*fam*) bien
s'amuser
pique *vb ver* **picar** ♦ *nm* brouille
f; (*rivalidad*) compétition *f*; **irse a
~** couler à pic; (*familia, negocio*)
aller à la dérive
piquete *nm* piquet *m*
piragua *nf* pirogue *f*; (DEPORTE)
canoë *m*; **piragüismo** *nm*
canoë-kayak *m*
pirámide *nf* pyramide *f*
pirata *adj*: **edición/disco ~**
édition *f*/disque *m* pirate ♦ *nm*
pirate *m*
Pirineo(s) *nm(pl)* Pyrénées *fpl*
pirómano, -a *nm/f* pyromane
m/f
piropo *nm* compliment *m*
pis (*fam*) *nm* pipi *m*, pisse *f*;

hacer ~ pisser
pisada *nf* pas *msg*
pisar *vt* fouler, marcher sur;
(*apretar con el pie, fig*) écraser;
(*idea, puesto*) piquer ♦ *vi* marcher;
me has pisado tu m'as marché
dessus
piscina *nf* piscine *f*
Piscis *nm* (ASTROL) Poissons *mpl*;
ser ~ être Poissons
piso *nm* (*planta*) étage *m*;
(*apartamento*) appartement *m*;
(*suelo*) sol *m*; **primer ~** premier
étage; (AM: *de edificio*) rez-de-
chaussée *m inv*
pista *nf* piste *f*; **~ de aterrizaje**
piste d'atterrissage; **~ de baile**
piste de danse; **~ de carreras**
champ *m* de courses; **~ de hielo**
patinoire *f*; **~ de tenis** court *m*
de tennis
pistola *nf* pistolet *m*
pistolero *nm* gangster *m*
pistón *nm* piston *m*
pitar *vt* siffler; (AUTO) klaxonner ♦
vi siffler; (AUTO) klaxonner; (*fam*)
gazer; (AM) fumer
pitillo *nm* (*fam*) sèche *f*
pito *nm* sifflement *m*; (*silbato*)
sifflet *m*; (*de coche*) klaxon *m*
pitón *nm* python *m*
pitorreo *nm* moquerie *f*; **estar
de ~** se payer la tête des gens
pizarra *nf* ardoise *f*; (*encerado*)
tableau *m* (noir)
pizca *nf* pincée *f*; (*de pan*) miette
f; (*fig*) petit morceau *m*; **ni ~ pas**
une miette
pizza *nf* pizza *f*
placa *nf* plaque *f*; **~ de
matrícula** plaque
d'immatriculation
placentero, -a *adj* agréable
placer *nm* plaisir *m*
plácido, -a *adj* placide; (*día, mar*)

calme
plaga *nf* fléau *m*; **plagar** *vt* infester
plagio *nm* plagiat *m*; (*AM*) kidnapping *m*
plan *nm* plan *m*, projet *m*; (*idea*) idée *f*; **en ~ económico** pour pas cher; **vamos en ~ de turismo** on y va en touristes; **si te pones en ese ~ ...** si tu le vois comme ça ...
plana *nf* page *f*; **a toda ~** sur toute une page; **la primera ~** la une; **~ mayor** (*MIL*) état-major *m*
plancha *nf* (*para planchar*) fer *m* (à repasser); (*de metal, madera, TIP*) planche *f*; **pescado a la ~** poisson *m* grillé; **planchado, -a** *adj* repassé(e) ♦ *nm* repassage *m*; **planchar** *vt*, *vi* repasser
planeador *nm* planeur *m*
planear *vt* planifier ♦ *vi* planer
planeta *nm* planète *f*
planicie *nf* plaine *f*
planificación *nf* planification *f*; **~ familiar** planning familial
plano, -a *adj* plat(e) ♦ *nm* plan *m*; **primer ~** (*CINE*) premier plan; **caer de ~** tomber de tout son long
planta *nf* plante *f*; (*TEC*) usine *f*; (*piso*) étage *m*; **~ baja** rez-de-chaussée *m inv*
plantación *nf* plantation *f*
plantar *vt* planter; (*novio, trabajo*) laisser tomber; **~se** *vpr* se planter
plantear *vt* exposer; (*problema*) poser; (*proponer*) proposer; **~se** *vpr* envisager
plantilla *nf* (*de zapato*) semelle *f*; (*personal*) personnel *m*; **estar en ~** faire partie du personnel
plasmar *vt* (*representar*) reproduire; **~se** *vpr*: **~se en** se concrétiser

plástico, -a *adj* plastique ♦ *nm* plastique *m*
plastilina ® *nf* pâte *f* à modeler
plata *nf* (*metal, dinero*) argent *m*; (*cosas de plata*) argenterie *f*
plataforma *nf* plate-forme *f*; (*tribuna*) estrade *f*; **~ de lanzamiento** rampe *f* de lancement; **~ petrolera/de perforación** plate-forme pétrolière/de forage
plátano *nm* banane *f*; (*árbol*) bananier *m*
platea *nf* orchestre *m*
plateado, -a *adj* argenté(e); (*TEC*) plaqué(e) argent
platillo *nm* soucoupe *f*; **~ volante** soucoupe volante
platino *nm* platine *m*; **~s** *nmpl* (*AUTO*) vis *fpl* platinées
plato *nm* assiette *f*; **~ combinado** menu *m* express
playa *nf* plage *f*; **~ de estacionamiento** (*AM*) place *f* de stationnement
playera *nf* (*AM*) T-shirt *m*; **~s** *nfpl* chaussures *fpl* en toile
plaza *nf* place *f*; (*mercado*) place du marché; **~ de toros** arène *f*
plazo *nm* délai *m*; (*pago parcial*) terme *m*; **a corto/largo ~** à court/long terme; **comprar a ~s** acheter à tempérament
pleamar *nf* pleine mer *f*
plebe *nf* (*pey*) *nf* plèbe *f*
plebiscito *nm* plébiscite *m*
plegable *adj* pliable
plegar *vt* plier; **~se** *vpr* se plier
pleito *nm* procès *msg*; (*fig*) conflit *m*
pleno, -a *adj* plein(e) ♦ *nm* plenum *m*; **en ~ día/verano** en plein jour/été; **en plena cara** en plein visage
pliego *vb ver* **plegar** ♦ *nm* (*hoja*)

feuille f (de papier); **~ de cargos** charges fpl produites contre l'accusé; **~ de condiciones** cahier m des charges; **~ de descargo** témoignage mpl à la décharge de l'accusé

pliegue vb ver **plegar** ♦ nm pli m

plomero (AM) nm plombier m

plomo nm plomb m; **~s** nmpl (ELEC) plombs mpl; **(gasolina) sin ~** (essence) sans plomb

pluma nf plume f; **~ (estilográfica)** stylo-plume f; **~ fuente** (AM) stylo-plume f

plumón nm (AM) stylo-feutre m

plural adj pluriel(le) ♦ nm pluriel m; **pluralidad** nf pluralité f

pluriempleo nm cumul d'emplois

plusvalía nf (COM) plus-value f

población nf population f; (pueblo, ciudad) peuplement m

poblado, -a adj peuplé(e) ♦ nm hameau m; **densamente ~** densément peuplé(e)

poblar vt peupler; **~se** vpr: **~se de** se peupler de

pobre adj, nmf pauvre m/f; **los ~s** les pauvres mpl; **pobreza** nf pauvreté f

pocilga nf porcherie f

PALABRA CLAVE

poco, -a adj **1** (sg) peu de; **poco tiempo** peu de temps; **de poco interés** peu intéressant; **poca cosa** peu de chose
2 (pl) peu de; **pocas personas lo saben** peu de gens le savent; **unos pocos libros** quelques livres
♦ adv (comer, trabajar) peu; **poco amable/inteligente** peu aimable/intelligent; **cuesta poco** cela ne coûte pas cher; **a poco**

que se interese ... pour peu qu'il montre de l'intérêt ...
♦ pron **1**: **unos/as pocos/as** quelques-uns/unes
2 (casi): **por poco me caigo** j'ai failli tomber
3 (locuciones de tiempo): **a poco de haberse casado** peu après s'être marié; **poco después** peu après
4: **poco a poco** peu à peu
♦ nm un peu; **un poco;** **un poco triste** un peu triste; **un poco de dinero** un peu d'argent

podar vt élaguer

PALABRA CLAVE

poder vb aux (capacidad, posibilidad, permiso) pouvoir; **no puedo hacerlo** je ne peux pas le faire; **puede llegar mañana** il peut arriver demain; **pudiste haberte hecho daño** tu aurais pu te faire mal; **no se puede fumar en este hospital** on n'a pas le droit de fumer dans cet hôpital; **podías habérmelo dicho** tu aurais pu me le dire
♦ vi **1** pouvoir; **¿se puede?** on peut entrer?; **¡no puedo más!** je n'en peux plus!; **¡es tonto a más no poder!** il est on ne peut plus idiot!
2: **¿puedes con eso?** tu peux y arriver?; **no puedo con este crío** je n'arrive pas à venir à bout de cet enfant
3: **A le puede a B** (fam) A est plus fort que B
♦ vb impers: **¡puede (ser)!** cela se peut!; **¡no puede ser!** ce n'est pas possible!; **puede que llueva** il pourrait pleuvoir
♦ nm pouvoir m; **ocupar el**

poder détenir le pouvoir; **detentar el poder** s'emparer du pouvoir; **estar en el poder** être au pouvoir; **en mi/tu** etc **poder** (*posesión*) en ma/ta etc possession; **en poder de** entre les mains de; **por poderes** (*JUR*) par procuration; **poder adquisitivo** pouvoir d'achat; **poder ejecutivo/legislativo** (*POL*) pouvoir exécutif/législatif

poderoso, -a adj puissant(e)

podio, podium nm podium m

podrido, -a adj pourri(e); (*fig*) corrompu(e)

podrir vt = **pudrir**

poema nm poème m

poesía nf poésie f

poeta nm/f poète m

póker nm poker m

polaco, -a adj polonais(e) ♦ nm/f Polonais(e)

polar adj polaire; **polaridad** nf polarité f

polarizar vt polariser; **~se** vpr se polariser

polea nf poulie f

polémica nf polémique f

polémico, -a adj controversé(e)

polen nm pollen m

policía nm/f policier, femme-policier, agent(e) (de police) ♦ nf police f

policíaco, -a, policial adj policier(-ière)

polideportivo nm complexe m omnisports

poligamia nf polygamie f

polilla nf mite f

polio nf polio f

política nf politique f; **~ agraria** politique agricole; **~ económica** politique économique

político, -a adj politique ♦ nm/f homme/femme politique; **padre/hermano ~** beau-père/-frère m; **madre política** belle-mère f

póliza nf police f; (*sello*) timbre m fiscal; **~ de seguro(s)** police d'assurance

polizón nm passager(-ère) clandestin(e)

pollera (*AM*) nf jupe f

pollería nf marchand m de volailles

pollo nm poulet m

polo nm pôle m; (*helado*) glace f; (*DEPORTE, suéter*) polo m; **P~ Norte/Sur** Pôle Nord/Sud

Polonia nf Pologne f

poltrona (*esp AM*) nf fauteuil m

polvo nm poussière f; (*en cosmética etc*) poudre f sg; **en ~** en poudre; **estar hecho ~** (*fam*) être fichu; (: *persona*) être crevé

pólvora nf poudre f

polvoriento, -a adj poussiéreux(-euse)

pomada nf pommade f

pomelo nm pomélo m

pomo nm poignée f

pompa nf bulle f; (*ostentación*) pompe f

pomposo, -a (*pey*) adj prétentieux(-euse); (*lenguaje, estilo*) pompeux(-euse)

pómulo nm pommette f

pon vb ver **poner**

ponche nm punch m

poncho (*AM*) nm poncho m

ponderar vt soupeser; (*elogiar*) porter aux nues

pondré etc vb ver **poner**

PALABRA CLAVE

poner vt **1** (*colocar*) mettre, poser; (*ropa, mesa*) mettre

2 (*imponer: tarea*) donner; (*multa*) condamner à
3 (*obra de teatro, película*) passer; **¿qué ponen en el Excelsior?** qu'est-ce qui passe à l'Excelsior?; (*instalar: gas etc*) (faire) mettre
4 (*radio, TV*) mettre; **ponlo más alto** mets-le plus fort
5 (*suponer*): **pongamos que ...** mettons que ...
6 (*contribuir*): **el gobierno ha puesto un millón** le gouvernement a mis un million
7 (+ *adj*) rendre; **me estás poniendo nerviosa** tu commences à m'énerver
8 (*dar nombre*): **al hijo le pusieron Diego** ils ont appelé leur fils Diego
9 (*huevos*) pondre
♦ *vi* (*gallina*) pondre; **ponerse** *vpr* **1** (*colocarse*): **se puso a mi lado** il s'est mis à côté de moi; **ponte en esa silla** mets-toi sur cette chaise
2 (*vestido, cosméticos*) mettre; **¿por qué no te pones el vestido nuevo?** pourquoi ne mets-tu pas ta nouvelle robe?
3 (*sol*) se coucher
4 (+ *adj*) devenir; **se puso muy serio** il a pris un air très sérieux

poniente *nm* couchant *m*
pontífice *nm* pontife *m*
popa *nf* poupe *f*
popular *adj* populaire;
popularidad *nf* popularité *f*
popularizar *vt* populariser; **~se** *vpr* se populariser

PALABRA CLAVE

---

por *prep* **1** (*objetivo, en favor de*) pour; **luchar por la patria** combattre pour la patrie; **hazlo**

por mí fais-le pour moi
2 (+ *infin*) pour; **por no llegar tarde** pour ne pas arriver tard; **por citar unos ejemplos** pour citer quelques exemples
3 (*causa, agente*) par; **por escasez de fondos** par manque de fonds; **le castigaron por desobedecer** il a été puni pour avoir désobéi; **por eso** c'est pourquoi; **escrito por él** écrit par lui
4 (*tiempo*): **por la mañana/Navidad** le matin/vers Noël
5 (*duración*): **se queda por una semana** il reste une semaine; **se fue por 3 días** il est parti pour 3 jours
6 (*lugar*): **pasar por Madrid** passer par Madrid; **ir a Guayaquil por Quito** aller à Guayaquil via Quito; **caminar por la calle/por las Ramblas** déambuler dans la rue/sur les Rambles; **por fuera/dentro** par dehors/dedans; **vive por aquí** il habite par ici; *ver tb* **todo**
7 (*cambio, precio*): **te doy uno nuevo por el que tienes** je t'en donne un neuf contre le tien; **lo vendo por 1 000 pesetas** je le vends pour 1 000 pesetas
8 (*valor distributivo*): **550 pesetas por hora/cabeza** 550 pesetas de l'heure/par tête; **100km por hora** 100 km à l'heure; **veinte por ciento** vingt pour cent
9 (*modo, medio*) par; **por avión/correo** par avion/la poste; **caso por caso** cas par cas; **por tamaños** par ordre de taille
10: 25 por 4 son 100 4 fois 25 font 100

11: ir/venir por algo/algn
aller/venir chercher qch/qn;
estar/quedar por hacer être/
rester à faire
12 (evidencia): **por lo que
dicen** d'après ce qu'ils disent
13: por sí (acaso) au cas où
14: ¿por qué? pourquoi?; **¿por
qué no?** pourquoi pas?

porcelana nf porcelaine f
porcentaje nm pourcentage m
porción nf portion f
pordiosero, -a nm/f
mendiant(e)
pormenor nm détail m
pornografía nf pornographie f
poro nm pore m
poroso, -a adj poreux(-euse)
porque conj parce que
porqué nm pourquoi m
porquería nf cochonnerie f,
saleté f; (algo sin valor)
cochonnerie; **~s** nfpl (comida)
cochonneries fpl
porra nf matraque f; **¡vete a la
~!** va te faire voir!
porrazo nm coup m
porrón nm gourde f
portada nf couverture f
portador, -a nm/f porteur(-euse),
(COM) porteur m
portaequipajes nm inv
(maletero) coffre m; (baca) porte-
bagages m inv
portal nm (entrada) vestibule m;
(puerta) porte f
portamaletas nm inv =
portaequipajes
portarse vpr se comporter; **~
bien/mal** bien/mal se comporter
portátil adj portatif(-ive);
(ordenador) portable
portavoz nm/f porte-parole m inv
portazo nm: **dar un ~** claquer la

porte
porte nm (COM) port m
portento nm prodige m
porteño, -a adj de Buenos Aires
portería nf loge f (de concierge);
(DEPORTE) but m
portero, -a nm/f concierge m/f;
(de club) portier m; (DEPORTE)
gardien(ne) de but; **~
automático** interphone m
pórtico nm portique m
portorriqueño, -a adj
portoricain(e)
Portugal nm Portugal m
portugués, -esa adj
portugais(e) ♦ nm/f Portugais(e) ♦
nm (LING) portugais msg
porvenir nm avenir m
pos: en ~ de prep après, en quête
de
posada nf auberge f; **dar ~ a**
héberger
posar vt, vi poser; **~se** vpr se
poser; (polvo) se déposer
posavasos nm inv sous-verre m
posdata nf post-scriptum m inv
pose nf pose f
poseedor, a nm/f possesseur m
poseer vt posséder;
(conocimientos, belleza) avoir;
(récord, título) détenir
posesión nf possession f
posesivo, -a adj possessif(-ive)
posgrado nm = **postgrado**
posibilidad nf possibilité f
posible adj possible; **es ~ que** il
est possible que
posición nf position f
positivo, -a adj positif(-ive) ♦ nf
(FOTO) cliché m
poso nm (de café) marc m; (de
vino) lie f
posponer vt subordonner;
(aplazar) ajourner
posta nf: **a ~** exprès

postal *adj* postal(e) ♦ *nf* carte *f* postale

poste *nm* poteau *m*

póster *nm* poster *m*

postergar *vt* reléguer; (*esp AM*: *aplazar*) retarder

posteridad *nf* postérité *f*

posterior *adj* de derrière; (*parte*) postérieur(e); (*en el tiempo*) ultérieur(e); **posterioridad** *nf*: **con posterioridad** par la suite

postgrado *nm* troisième cycle *m*

postizo, -a *adj* faux (fausse), postiche ♦ *nm* postiche *m*

postor, a *nm/f* offrant *m*

postre *nm* dessert *m*

postrero, -a *adj* dernier(-ière)

postulado *nm* postulat *m*

póstumo, -a *adj* posthume

postura *nf* position *f*, posture *f*; (*ante hecho, idea*) position

potable *adj* potable

potaje *nm* potage *m*

pote *nm* pot *m*

potencia *nf* puissance *f*; **en ~** en puissance

potencial *adj* potentiel(le) ♦ *nm* potentiel *m*; **potenciar** *vt* promouvoir

potente *adj* puissant(e)

potro *nm* poulain *m*; (*DEPORTE*) cheval *m* d'arçon

pozo *nm* puits *msg*; (*de río*) endroit le plus profond

p.p. *abr* (= *por poderes*) p.p. (= *par procuration*)

práctica *nf* pratique *f*; **~s** *nfpl* (*ESCOL*) travaux *mpl* pratiques; (*MIL*) entraînement *m*; **en la ~** dans la pratique

practicante *adj* (*REL*) pratiquant(e) ♦ *nm/f* (*MED*) aide-soignant(e)

practicar *vt, vi* pratiquer

práctico, -a *adj* pratique

practique *etc vb ver* **practicar**

pradera *nf* prairie *f*

prado *nm* pré *m*; (*AM*) gazon *m*

Praga *n* Prague

pragmático, -a *adj* pragmatique

preámbulo *nm* préambule *m*

precario, -a *adj* précaire

precaución *nf* précaution *f*

precaverse *vpr*: **~ de** *o* **contra algo** se prémunir contre qch

precavido, -a *adj* prévoyant(e)

precedente *adj* précédent(e) ♦ *nm* précédent *m*

preceder *vt* précéder

precepto *nm* précepte *m*

preciado, -a *adj* précieux(-euse)

preciarse *vpr* se vanter; **~ de** se vanter de

precinto *nm* (*COM: tb:* **~ de garantía**) cachet *m*

precio *nm* prix *msg*; **a ~ de saldo** en réclame; **~ al detalle** prix de détail; **~ al por menor** prix de détail; **~ de ocasión** prix avantageux; **~ de venta al público** prix de vente conseillé

preciosidad *nf* (*cosa bonita*) merveille *f*; **es una ~** c'est une merveille

precioso, -a *adj* (*hermoso*) beau (belle); (*de mucho valor*) précieux(-euse)

precipicio *nm* précipice *m*

precipitación *nf* précipitation *f*

precipitado, -a *adj* précipité(e)

precipitar *vt* précipiter; **~se** *vpr* se précipiter

precisamente *adv* précisément

precisar *vt* (*necesitar*) avoir besoin de; (*determinar, especificar*) préciser

precisión *nf* précision *f*; **de ~** de précision

preciso, -a *adj* précis(e); (*necesario*) nécessaire

preconcebido, -a *adj*
  preçonçu(e)
precoz *adj* précoce
precursor, a *nm/f* précurseur *m*
predecir *vt* prédire
predestinado, -a *adj*
  prédestiné(e)
predicar *vt, vi* prêcher
predicción *nf* prédiction *f*
predilecto, -a *adj* préféré(e)
predisponer *vt* prédisposer;
  predisposición *nf*
  prédisposition *f*
predominante *adj*
  prédominant(e)
predominar *vi* prédominer;
  predominio *nm* prédominance *f*
preescolar *adj* préscolaire
prefabricado, -a *adj*
  préfabriqué(e)
prefacio *nm* préface *f*
preferencia *nf* (*predilección*)
  préférence *f*; (*AUTO, ventaja*)
  priorité *f*
preferible *adj* préférable
preferir *vt* préférer, ~ **hacer/
  que** préférer faire/que
prefiera *etc vb ver* **preferir**
prefijo *nm* (*TELEC*) indicatif *m*
pregonar *vt* crier
pregunta *nf* question *f*; **hacer
  una** ~ poser une question
preguntar *vt, vi* demander; **~se**
  vpr se demander; **~ por algn**
  demander qn
prehistórico, -a *adj*
  préhistorique
prejuicio *nm* préjugé *m*
preliminar *adj, nm* préliminaire
  m
preludio *nm* prélude *m*
premeditación *nf* préméditation
  f
premiar *vt* récompenser; (*en un
  concurso*) décerner un prix à

premio *nm* récompense *f*; (*de
  concurso etc*) prix *msg*
premonición *nf* prémonition *f*
prenatal *adj* prénatal(e)
prenda *nf* (*ropa*) vêtement *m*;
  (*garantía*) gage *m*
prendedor *nm* broche *f*
prender *vt* (*sujetar*) attacher;
  (*delincuente*) arrêter; (*esp AM:
  encender*) allumer ♦ *vi* (*idea,
  miedo*) s'enraciner; (*planta, fuego*)
  prendre; **~se** *vpr* prendre feu;
  (*esp AM: encenderse*) s'allumer; **~
  fuego a algo** mettre le feu à qch
prendido, -a (*AM*) *adj* (*luz etc*)
  allumé(e)
prensa *nf* presse *f*; **prensar** *vt*
  (*papel, uva*) presser
preñado, -a *adj* (*mujer*) enceinte;
  ~ de chargé(e) de
preocupación *nf* souci *m*
preocupado, -a *adj*
  soucieux(-euse)
preocupar *vt* préoccuper; **~se**
  vpr (*inquietarse*) se soucier; **~se
  de algo** (*hacerse cargo*) s'occuper
  de qch
preparación *nf* préparation *f*
preparado, -a *adj* (*dispuesto*)
  prêt(e); (*platos, estudiante etc*)
  préparé(e) ♦ *nm* (*MED*) préparation
  f
preparar *vt* préparer; **~se** *vpr*
  se préparer; **~se para hacer algo**
  se préparer à faire qch;
  preparativos *nmpl* préparatifs
  mpl
preparatoria (*AM*) *nf* terminale *f*
prerrogativa *nf* prérogative *f*
presa *nf* (*de animal*) proie *f*; (*de
  agua*) barrage *m*
presagio *nm* présage *m*
prescindir *vi*: **~ de** (*privarse de*)
  se passer de; (*descartar*) faire
  abstraction de

prescribir vt prescrire;
prescripción nf prescription f
presencia nf présence f;
presencial adj: **testigo**
presencial témoin m oculaire;
presenciar vt (accidente,
discusión) être témoin de;
(ceremonia etc) assister à
presentación nf présentation f
presentador, a nm/f
présentateur(-trice)
presentar vt présenter; (JUR:
pruebas, documentos) produire;
~se vpr se présenter
presente adj présent(e) ♦ nm
présent m; **tener ~** se souvenir
de
presentimiento nm
pressentiment m
presentir vt pressentir; **~ que**
pressentir que
preservativo nm préservatif m
presidencia nf présidence f
presidente nm/f président(e)
presidiario nm forçat m
presidio nm prison f
presidir vt (reunión) présider
presión nf pression f; **cerrar a ~**
fermer avec des pressions; **~**
atmosférica pression
atmosphérique; **presionar** vt
(coaccionar) faire pression sur ♦ vi:
presionar para o **por** faire
pression pour
preso, -a adj: **~ de terror/**
pánico pris(e) de terreur/panique
♦ nm/f (en la cárcel)
prisonnier(-ière)
prestación nf (ADMIN) prestation
f; **prestaciones** nfpl (TEC, AUTO)
performances fpl
prestado, -a adj emprunté(e);
pedir ~ emprunter
préstamo nm prêt m; **~**
hipotecario prêt hypothécaire

prestar vt prêter
presteza nf promptitude f
prestigio nm prestige m
presumido, -a adj, nm/f
prétentieux(-euse); (preocupado de
su aspecto) coquet(te)
presumir vt présumer ♦ vi (tener
aires) s'afficher; **~ de listo** se
croire fin; **presunción** nf
présomption f
presunto, -a adj présumé(e);
(heredero) présomptif(-ive)
presuntuoso, -a adj
présomptueux(-euse)
presuponer vt présupposer
presupuesto pp de
presuponer ♦ nm (FIN) budget
m; (de costo, obra) devis msg
pretencioso, -a adj
prétentieux(-euse)
pretender vt prétendre; **~ que**
prétendre que; **pretendiente,**
-a nm/f prétendant(e)
pretensión nf prétention f;
pretensiones nfpl (pey)
prétentions fpl
pretexto nm (excusa) prétexte m
prevalecer vi prévaloir
prevención nf prévention f
prevenido, -a adj: (estar) **~**
(preparado) (être) prévenu(e);
(ser) ~ (cuidadoso) (être) averti(e)
prevenir vt prévenir; **~se** vpr se
préparer; **~ (en) contra (de)/a**
favor de prévenir contre/en
faveur de; **~se contra** se
prémunir contre
preventivo, -a adj préventif(-ive)
prever vt prévoir
previo, -a adj (anterior) préalable;
~ pago de los derechos
moyennant l'acquittement
préalable des droits
previsión nf prévision f; **en ~ de**
en prévision de

prima *nf* prime *f*; *ver tb* **primo**
primacía *nf* primauté *f*
primario, -a *adj* primaire
primavera *nf* printemps *m*
primera *nf* première *f*; **a la ~** du premier coup
primero, -a *adj (delante de nmsg: primer)* premier(-ière) ♦ *adv (en primer lugar)* d'abord; *(más bien)* plutôt ♦ *nm*: **ser/llegar el ~** être/arriver le premier
primicia *nf* primeur *f*
primitivo, -a *adj* primitif(-ive)
primo, -a *adj (MAT)* premier(-ière) ♦ *nm/f* cousin(e); *(fam)* idiot(e); **materias primas** matières *fpl* premières; **~ hermano** cousin *m* germain
primogénito, -a *adj* aîné(e)
primordial *adj* primordial(e)
princesa *nf* princesse *f*
principal *adj* principal(e)
príncipe *nm* prince *m*
principiante *nm/f* débutant(e)
principio *nm (comienzo)* début *m*; *(fundamento, moral, tb QUÍM)* principe *m*; **en ~** en principe
pringoso, -a *adj* gras(se)
pringue *nm (grasa)* graisse *f*
prioridad *nf* priorité *f*
prisa *nf* hâte *f*; *(rapidez)* rapidité *f*; **correr ~** être urgent(e); **darse ~** se presser; **tener ~** être pressé(e)
prisión *nf* prison *f*
prisionero, -a *nm/f* prisonnier(-ière)
prismáticos *nmpl* jumelles *fpl*
privación *nf* privation *f*
privado, -a *adj* privé(e)
privar *vt (despojar)* priver; **~se** *vpr*: **~se de** *(abstenerse)* se priver de
privilegiado, -a *adj, nm/f* privilégié(e)

privilegio *nm* privilège *m*
pro *nm* profit *m* ♦ *prep*: **asociación ~ ciegos** association *f* au profit des aveugles ♦ *pref*: **~ soviético/americano** pro-soviétique/américain; **en ~ de** en faveur de; **los ~s y los contras** le pour et le contre
proa *nf (NÁUT)* proue *f*
probabilidad *nf* probabilité *f*; **~es** *nfpl (perspectivas)* chances *fpl*; **probable** *adj* probable
probador *nm* cabine *f* d'essayage
probar *vt* essayer; *(demostrar)* prouver; *(comida)* goûter ♦ *vi* essayer; **~se** *vpr*: **~se un traje** essayer un costume
probeta *nf* éprouvette *f*; **bebé-~** bébé *m* éprouvette
problema *nm* problème *m*
proceder *vi (actuar)* procéder; *(ser correcto)* convenir ♦ *nm (comportamiento)* procédé *m*; **~ a** procéder à; **~ de** provenir de; **procedimiento** *nm (JUR, ADMIN)* procédure *f*; *(proceso)* processus *msg*; *(método)* procédé *m*
procesado, -a *nm/f (JUR)* prévenu(e)
procesador *nm*: **~ de textos** *(INFORM)* machine *f* de traitement de texte
procesar *vt (JUR)* accuser
procesión *nf* procession *f*
proceso *nm (desarrollo, procedimiento)* processus *msg*; *(JUR)* procès *msg*
proclamar *vt* proclamer
procreación *nf* procréation *f*
procrear *vt, vi* procréer
procurador, a *nm/f (JUR)* avoué *m*; *(POL)* député *m*
procurar *vt (intentar)* essayer de; *(proporcionar)* procurer; **~se** *vpr* se procurer

prodigio nm prodige m
prodigioso, -a adj prodigieux(-euse)
producción nf production f; **~ en serie** production en série
producir vt produire; **~se** vpr se produire
productividad nf productivité f
productivo, -a adj productif(-ive)
producto nm produit m
productor, a adj, nm/f producteur(-trice)
proeza nf prouesse f
profanar vt profaner
profano, -a adj, nm/f profane m/f
profecía nf prophétie f
proferir vt proférer
profesión nf profession f;
profesional adj, nm/f professionnel(le)
profesor, a nm/f professeur m
profeta nm prophète m;
profetizar vt, vi prophétiser
prófugo, -a adj nm/f fugitif(-ive) ♦ nm (MIL) insoumis msg
profundidad nf profondeur f;
~es nfpl (de océano etc) profondeurs fpl; **profundizar** vi:
profundizar en (fig) approfondir
profundo, -a adj profond(e)
programa nm programme m; **~ de estudios** programme;
programación nf programmation f
programador, a nm/f programmeur(-euse) ♦ nm programmateur m; **programar** vt programmer
progresar vi progresser;
progresista adj, nm/f progressiste m/f
progresivo, -a adj progressif(-ive); **progreso** nm

(avance) progrès msg; **el progreso** le progrès
prohibición nf interdiction f;
(ADMIN, JUR) prohibition f
prohibir vt interdire; (ADMIN, JUR) prohiber; **"prohibido fumar"** "défense de fumer"; **"prohibida la entrada"** "entrée interdite"
prójimo nm prochain m
proletariado nm prolétariat m
proletario, -a adj, nm/f prolétaire m/f
proliferación nf prolifération f
proliferar vi proliférer
prolífico, -a adj prolifique
prólogo nm prologue m
prolongación nf prolongation f
prolongado, -a adj (largo) prolongé(e); (alargado) allongé(e)
prolongar vt prolonger; **~se** vpr se prolonger
promedio nm moyenne f
promesa nf promesse f
prometer vt: **~ hacer algo** promettre de faire qch ♦ vi promettre; **~se** vpr (dos personas) se fiancer
prometido, -a adj promis(e) ♦ nm/f promis(e), fiancé(e)
prominente adj proéminent(e); (artista) en vue; (político) important(e)
promiscuo, -a (pey) adj (persona) de mœurs légères
promoción nf promotion f
promotor, a nm/f promoteur(-trice)
promover vt promouvoir; (escándalo, juicio) provoquer
promulgar vt promulguer
pronombre nm pronom m
pronosticar vt pronostiquer
pronóstico nm pronostic m;
pronóstico del tiempo prévisions fpl météorologiques

pronto, -a *adj* (*rápido*) rapide ♦ *adv* rapidement; (*dentro de poco*) bientôt; (*temprano*) tôt ♦ *nm* (*impulso*) élan *m*; (: *de ira*) accès *msg*; **de ~** tout à coup; **por lo ~** pour l'instant

pronunciación *nf* (LING) prononciation *f*

pronunciar *vt* prononcer; **~se** *vpr* (MIL) se soulever; (*declararse*) se prononcer

propaganda *nf* propagande *f*

propagar *vt* propager; **~se** *vpr* se propager

propenso, -a *adj*: **~ a** enclin(e) à; **ser ~ a hacer algo** être enclin(e) à faire qch

propicio, -a *adj* propice

propiedad *nf* propriété *f*; **~ particular** propriété privée

propietario, -a *nm/f* propriétaire *m*

propina *nf* pourboire *m*

propio, -a *adj* propre; (*mismo*) en personne; **el ~ ministro** le ministre en personne; **¿tienes casa propia?** as-tu une maison à toi?

proponer *vt* proposer; **~se** *vpr*: **~se hacer** se proposer de faire

proporción *nf* proportion *f*; **proporciones** *nfpl* (*dimensiones, tb fig*) proportions *fpl*

proporcionado, -a *adj* proportionné(e); **proporcionar** *vt* (COM) fournir

proposición *nf* proposition *f*

propósito *nm* intention *f*; *adv*: **a ~** à propos; **a ~ de** à propos de

propuesta *nf* (*de propia*)

propulsar *vt* (*impulsar*) propulser; **propulsión** *nf* propulsion *f*

prórroga *nf* (*de plazo*) prorogation *f*; (DEPORTE) prolongations *fpl*; (MIL) sursis *msg*

prorrogar *vt* (*plazo*) proroger; (*decisión*) différer

prorrumpir *vi*: **~ en lágrimas/ carcajadas** éclater en sanglots/ de rire; **el público prorrumpió en aplausos** les applaudissements ont fusé dans le public

prosa *nf* (LIT) prose *f*

proscrito, -a *adj, nm/f* proscrit(e)

proseguir *vt* poursuivre ♦ *vi* poursuivre; (*discusiones etc*) se poursuivre

prospección *nf* prospection *f*

prospecto *nm* (MED) notice *f*

prosperar *vi* prospérer; **prosperidad** *nf* prospérité *f*

próspero, -a *adj* prospère; **~ año nuevo** bonne année!

próstíbulo *nm* bordel *m*

prostitución *nf* prostitution *f*

prostituir *vt* prostituer; **~se** *vpr* se prostituer

prostituta *nf* prostituée *f*

protagonista *nm/f* protagoniste *m/f*

protagonizar *vt* (*película, suceso*) être le/la protagoniste de

protección *nf* protection *f*

protector, -a *adj* (*barrera, gafas, crema*) de protection ♦ *nm/f* protecteur(-trice)

proteger *vt* protéger; **~se** *vpr*: **~se (de)** se protéger (de)

proteína *nf* protéine *f*

protesta *nf* protestation *f*

protestante *adj* protestant(e)

protestar *vt* (*cheque*) protester ♦ *vi* protester

protocolo *nm* protocole *m*

prototipo *nm* prototype *m*

prov. *abr* = **provincia**

provecho *nm* profit *m*; **¡buen ~!** bon appétit!; **en ~ de** au profit

de; **sacar ~ de** tirer profit de
proveer vt (suministrar) fournir
provenir vi provenir
proverbio nm proverbe m
providencia nf providence f
provincia nf province f; (ADMIN)
≃ département m
provinciano, -a (pey) adj
provincial(e)
provisión nf (abastecimiento)
provision f; **provisiones** nfpl
(víveres) provisions fpl
provisional adj provisoire
provocación nf provocation f
provocar vt provoquer; (AM): ¿**te
provoca un café?** ça te dit, un
café?
provocativo, -a adj
provocant(e)
próximamente adv
prochainement
proximidad nf proximité f; **~es**
nfpl (cercanías) proximité fsg
próximo, -a adj (cercano) proche;
(parada, año) prochain(e)
proyectar vt projeter
proyectil nm projectile m
proyecto nm projet m
proyector nm projecteur m
prudencia nf prudence f;
prudente adj prudent(e)
prueba vb ver **probar** ♦ nf (gen)
épreuve f; (testimonio) témoignage
m; (JUR) preuve f; (de ropa)
essayage m; **a ~ à l'épreuve; a ~
de** à l'épreuve de; **a ~ de
agua/fuego** étanche/à l'épreuve
du feu; **poner/someter a ~**
mettre/soumettre à l'épreuve
prurito nm démangeaison f
psico... pref psycho...;
psicoanálisis nm psychanalyse
f; **psicología** nf psychologie f;
psicológico, -a adj
psychologique; **psicópata** nm/f

psychopathe m/f; **psicosis** nf
inv psychose f
psiquiatra nm/f psychiatre m/f
psiquiátrico, -a adj
psychiatrique
psíquico, -a adj psychique
PSOE sigla m (= Partido Socialista
Obrero Español)
pta(s). abr = **peseta(s)**
pts. abr = **pesetas**
púa nf (de planta) piquant m;
(para guitarra) médiator m;
alambre de ~s fil m de fer
barbelé
pubertad nf puberté f
publicación nf publication f
publicar vt publier
publicidad nf publicité f;
publicitario, -a adj publicitaire
público, -a adj public(-ique) ♦
nm public m; **en ~** en public
puchero nm (CULIN: olla) marmite
f; (: guiso) pot-au-feu m; **hacer
~s** bouder
púdico, -a adj pudique
pudiendo etc vb ver **poder**
pudor nm pudeur f
pudrir vt pourrir; **~se** vpr pourrir
pueblo vb ver **poblar** ♦ nm
peuple m; (población pequeña)
village m; **~ joven** (PE) quartier m
de bidonvilles
pueda etc vb ver **poder**
puente nm (gen) pont m; **hacer
~** (fam) faire le pont; **~ aéreo/
colgante** pont aérien/suspendu;
~ levadizo pont-levis m
puerco, -a nm (ZOOL) cochon(ne) ♦
nm/f (ZOOL) porc m (truie); (fam)
porc (cochonne)
pueril adj puéril(e)
puerro nm poireau m
puerta nf porte f; (de coche)
portière f; (de jardín) portail m,
porte f; (portería: DEPORTE) but m;

a ~ cerrada à huis clos; **~ giratoria** tourniquet *m*, porte à tambour

puerto *nm* port *m*; *(de montaña)* col *m*

puertorriqueño, -a *adj* portoricain(e) ♦ *nm/f* Portoricain(e)

pues *conj* *(en tal caso)* donc; *(puesto que)* car ♦ *adv* *(así que)* donc; **¡~ claro!** bien sûr!; **~ ... no sé** eh bien ... je ne sais pas

puesta *nf*: **~ al día/a punto** mise à jour/au point; **~ del sol** coucher *m* du soleil; **~ en marcha** mise en marche

puesto, -a *pp de* **poner** ♦ *adj*: **ir bien/muy ~** être bien habillé/tiré à quatre épingles ♦ *nm* poste *m*; *(MIL: en clasificación)* rang *m*; *(tb:* **~ de trabajo)** poste; *(COM: en mercado)* étal *m*, éventaire *m*; *(: de flores, periódicos)* kiosque *m* ♦ *conj*: **~ que** puisque

pugna *nf* lutte *f*; **pugnar** *vi*: **pugnar por** lutter pour

pujar *vi* *(en subasta)* surenchérir

pulcro, -a *adj* propre

pulga *nf* puce *f*

pulgada *nf* *(medida)* pouce *m*

pulgar *nm* pouce *m*

pulir *vt* polir

pulla *nf* *(broma)* pique *f*

pulmón *nm* poumon *m*; **pulmonía** *nf* pneumonie *f*

pulpa *nf* pulpe *f*

pulpería *(AM)* *nf* épicerie *f*

púlpito *nm* *(REL)* chaire *f*

pulpo *nm* poulpe *m*

pulsación *nf* pulsation *f*

pulsar *vt* *(tecla)* frapper; *(botón)* appuyer sur

pulsera *nf* bracelet *m*

pulso *nm* *(MED)* pouls *msg*; **a ~** *(tb fig)* à la force du poignet

pulverizador *nm* pulvérisateur *m*

pulverizar *vt* pulvériser

puna *(AND, CSUR)* *nf* *(MED)* puna *f*

punitivo, -a *adj* punitif(-ive)

punta *nf* pointe *f*; *(de lengua, dedo)* bout *m*; **horas ~** heures *fpl* de pointe; **sacar ~ a** *(lápiz)* tailler

puntada *nf* *(COSTURA)* point *m*

puntal *nm* étai *m*

puntapié *(pl ~s)* *nm* coup *m* de pied

puntear *vt* *(dibujar)* pointiller

puntería *nf* *(de arma)* visée *f*; *(destreza)* précision *f*

puntero, -a *adj* *(industria, país)* de pointe ♦ *nm* *(vara)* baguette *f*

puntiagudo, -a *adj* pointu(e)

puntilla *nf* *(COSTURA)* dentelle *f* fine; **(andar) de ~** *(marcher)* sur la pointe des pieds

punto *nm* point *m*; **a ~** *(= listo)* au point; **estar a ~ de** être sur le point de; **dos ~s** *(TIP)* deux points; **de ~** tricoté(e); **en ~** *(horas)* pile; **estar en su ~** *(CULIN)* être à point; **hacer ~** tricoter; **~ acápite** *(AM)* point, à la ligne; **~ de vista** point de vue; **~ muerto** point mort; **~ y coma** point-virgule

puntuación *nf* *(signos)* ponctuation *f*; *(puntos)* points *mpl*

puntual *adj* ponctuel(le); **puntualidad** *nf* ponctualité *f*; **puntualizar** *vt* préciser

puntuar *vt* *(LING, TIP)* ponctuer ♦ *vi* *(DEPORTE)* compter

punzada *nf* *(puntura)* piqûre *f*

punzante *adj* *(dolor)* aigu(ë), lancinant(e); *(herramienta)* pointu(e); **punzar** *vt* *(pinchar)* piquer

puñado *nm* poignée *f*

puñal *nm* poignard *m*; **puñalada** *nf* coup *m* de poignard

puñetazo *nm* coup *m* de poing

puño *nm* (ANAT) poing *m*; (*de ropa*) poignet *m*; (*de herramienta*) manche *m*

pupila *nf* (ANAT) pupille *f*

pupitre *nm* pupitre *m*

puré *nm* (CULIN) purée *f*; **~ de patatas/de verduras** purée de pommes de terre/de légumes

pureza *nf* pureté *f*

purga *nf* purge *f*; **purgante** *adj* purgatif(-ive) ♦ *nm* purgatif *m*; **purgar** *vt* purifier

purgatorio *nm* purgatoire *m*

purificar *vt* purifier

puritano, -a *adj*, *nm/f* puritain(e)

puro, -a *adj* pur(e); (*esp* MÉX) même ♦ *nm* (*tabaco*) cigare *m* ♦ *adv* (*esp* MÉX) uniquement; **de ~ cansado** à force de fatigue; **por pura casualidad/curiosidad** par pur hasard/pure curiosité

púrpura *nf* pourpre *f*; **purpúreo, -a** *adj* pourpré(e)

pus *nm* pus *msg*

puse *etc* *vb* ver **poner**

pústula *nf* pustule *f*

puta (*fam!*) *nf* putain *f*, pute *f* (*fam!*)

putrefacción *nf* putréfaction *f*

PVP (ESP) *sigla m* (= Precio de Venta al Público)

Q, q

que *pron rel* **1** (*sujeto*) qui; **el hombre que vino ayer** l'homme qui est venu hier **2** (*objeto*) que; **el sombrero que te compraste** le chapeau que tu t'es acheté; **la chica**

que invité la fille que j'ai invitée

3 (*circunstancial, con prep*): **el día que yo llegué** le jour où je suis arrivé; **el piano con que toca** le piano sur lequel il joue; **el libro del que te hablé** le livre dont je t'ai parlé; **la cama en que dormí** le lit dans lequel j'ai dormi; *ver tb* **el**

♦ *conj* **1** (*con oración subordinada*) que; **dijo que vendría** il a dit qu'il viendrait; **espero que lo encuentres** j'espère que tu le retrouveras; *ver tb* **el**

2 (*con verbo de mandato*): **dile que me llame** dis-lui de m'appeler

3 (*en oración independiente*): **¡que entre!** qu'il (elle) entre!; **¡que se mejore tu padre!** j'espère que ton père ira mieux!; **que lo haga él** qu'il le fasse, lui; **que yo sepa** que je sache

4 (*enfático*): **¿me quieres? - ¡que sí!** tu m'aimes? - oh oui!

5 (*consecutivo*) que; **es tan grande que no lo puedo levantar** c'est si gros que je ne peux pas le soulever

6 (*en comparaciones*) que; **es más alto que tú** il est plus grand que toi; **ese libro es igual que el otro** ce livre est pareil que l'autre; *ver tb* **más**; **menos**; **mismo**

7 (*porque*): **no puedo, que tengo que quedarme en casa** je ne peux pas, je dois rester à la maison

8 (*valor condicional*): **que no puedes, no lo haces** si tu ne peux pas, ne le fais pas

9 (*valor final*): **sal a que te vea** sors pour que je te voie

10: todo el día toca que toca
il joue toute la sainte journée

qué adj quel(le) ♦ pron que, quoi; **¿~ edad tienes?** quel âge astu?; **¡~ divertido/asco!** comme c'est drôle/dégoûtant!; **¡~ día más espléndido!** quelle journée splendide!; **¿~? quoi?; ¿~ quieres?** qu'est-ce que tu veux?; **¿de ~ me hablas?** de quoi me parles-tu?; **¿~ tal?** (comment) ça va?; **¿~ más?** autre chose?; **no sé ~ quiere hacer** je ne sais pas ce qu'il veut faire; **¡y ~!** et alors!

quebradizo, -a adj cassant(e); (persona, salud) fragile

quebrado, -a adj (roto) cassé(e); (línea) brisé(e) ♦ nm (MAT) fraction f

quebrantar vt (moral) casser; (ley, secreto, promesa) violer; (salud) affaiblir; **~se** vpr (persona, fuerzas) s'affaiblir

quebranto nm (en salud) affaiblissement m; (en fortuna) perte f

quebrar vt casser ♦ vi faire faillite; **~se** vpr se casser; (línea, cordillera) se briser; (MED) se faire une hernie

quedar vi rester; (encontrarse) se donner rendez-vous; **~se** vpr rester; **~ en** convenir de; **~ en nada** ne pas aboutir; **~ por hacer** rester à faire; **no te queda bien ese vestido** cette robe ne te va pas bien; **quedamos allí** on se retrouve là; **quedamos a las seis** (en pasado) on a dit 6 heures; (en presente) on se voit à 6 heures; **eso queda muy lejos** c'est très loin; **quedan dos horas** il reste deux heures; **~se ciego/mudo** devenir aveugle/muet; **~se (con)**

algo garder qch

quedo, -a adj (voz) bas (basse); (pasos) feutré(e) ♦ adv (hablar) doucement; (andar) à pas feutrés

quehacer nm tâche f; **~es (domésticos)** tâches fpl (domestiques)

queja nf plainte f

quejarse vpr se plaindre; **~ de que ...** se plaindre que ...;

quejido nm gémissement m, plainte f

quemado, -a adj brûlé(e) ♦ nm: **oler a ~** sentir le brûlé; **estar ~** (fam: irritado) être en pétard; (: político, actor) être fini

quemadura nf brûlure f

quemar vt brûler; (fig: malgastar) gâcher; (: deteriorar: imagen, persona) détruire ♦ vi brûler; **~se** vpr (consumirse) brûler; (del sol) attraper un (des) coup(s) de soleil

quemarropa: a ~ adv (disparar) à bout portant; (preguntar) à brûle-pourpoint

quepo etc vb ver **caber**

querella nf (JUR) plainte f; (disputa) querelle f

querellarse vpr porter plainte

PALABRA CLAVE

querer vt 1 (desear) vouloir; **quiero más dinero** je veux plus d'argent; **quisiera o querría un té** je voudrais un thé; **sin querer** sans le vouloir

2 (+ vb dependiente): **quiero ayudar/que vayas** je veux aider/que tu t'en ailles; **¿qué quieres decir?** que veux-tu dire?

3 (para pedir algo): **¿quiere abrir la ventana?** vous voulez bien ouvrir la fenêtre?

4 (amar) aimer; (amigo, perro)

aimer bien; **quiere mucho a sus hijos** elle aime beaucoup ses enfants

5 (*requerir*): **esta planta quiere más luz** cette plante a besoin de plus de lumière

querido, -a *adj* (*mujer, hijo*) chéri(e); (*tierra, amigo, en carta*) cher (chère) ♦ *nm/f* amant(e); **¡sí, ~!** oui, chéri!

queso *nm* fromage *m*; **~ cremoso** fromage crémeux

quicio *nm* gond *m*; **sacar a algn de ~** mettre qn hors de soi

quiebra *nf* effondrement *m*; (COM) faillite *f*

quiebro *vb ver* **quebrar**

quien *pron* (*relativo: sujeto*) qui; (: *complemento*) qui, que; **la persona a ~ quiero** la personne que j'aime; **~ dice eso es tonto** (*indefinido*) celui qui dit cela est un idiot; **hay ~ piensa** il y a des gens qui pensent que; **no hay ~ lo haga** il n'y a personne qui le fasse

quién *pron* (*interrogativo*) qui; **¿~ es?** qui est-ce?

quienquiera (*pl* **quienesquiera**) *pron* quiconque

quiera *etc vb ver* **querer**

quieto, -a *adj* (*manos, cuerpo*) immobile; **quietud** *f* (*inmovilidad*) immobilité *f*

quilate *nm* carat *m*

quilla *nf* quille *f*

quimera *nf* chimère *f*

química *nf* chimie *f*

químico, -a *adj* chimique ♦ *nm/f* chimiste *m/f*

quince *adj inv, nm inv* quinze *m inv*; *ver tb* **seis**

quinceañero, -a *adj* ♦ *nm/f* adolescent(e); **quincena** *nf*

quinzaine *f*; **quincenal** *adj* (*pago, reunión*) bimensuel(le)

quiniela *nf* (*impreso*) grille *f o* feuille *f* de paris; **~s** ≈ Loto *msg* sportif; **~ hípica** ≈ tiercé *m*

quinientos, -as *adj* cinq cents; *ver tb* **seiscientos**

quinina *nf* quinine *f*

quinto, -a *adj* cinquième; *ver tb* **sexto**

quiosco *nm* kiosque *m*

quirófano *nm* salle *f* d'opération

quirúrgico, -a *adj* chirurgical

quise *etc vb ver* **querer**

quisquilloso, -a *adj* (*susceptible*) chatouilleux(-euse); (*meticuloso*) pointilleux(-euse)

quiste *nm* kyste *m*

quitaesmalte *nm* dissolvant *m*

quitamanchas *nm inv* détachant *m*

quitanieves *nm inv* chasse-neige *m inv*

quitar *vt* enlever; (*ropa*) enlever, ôter; (*dolor*) éliminer ♦ *vi*: **¡quita de ahí!** hors d'ici!; **~se** *vpr* (*mancha*) partir; (*ropa*) ôter; (*vida*) se donner la mort; **quítalo de ahí** enlève ça de là; **se quitó el sombrero** il ôta son chapeau; **~se de** renoncer à

quite *nm* (TAUR) action de détourner l'attention du taureau

Quito *n* Quito

quizá(s) *adv* peut-être

R, r

rábano *nm* radis *msg*; **me importa un ~** je m'en moque comme de l'an quarante

rabia *nf* rage *f*; **rabiar** *vi* (MED) avoir la rage; **rabiar por hacer algo** mourir d'envie de faire qch

rabieta *nf* crise *f* de colère
rabino *nm* rabbin *m*
rabioso, a *adj* (*perro*) enragé(e);
　(*dolor, ganas*) fou (folle)
rabo *nm* queue *f*
racha *nf* (*de viento*) rafale *f*;
　buena/mala ~ bonne/mauvaise
　passe *f*
racial *adj* racial(e)
racimo *nm* grappe *f*
raciocinio *nm* raisonnement *m*
ración *nf* ration *f*; (*en bar*) portion
　f
racional *adj* rationnel(le); **animal**
　~ être *m* doué de raison;
　racionalizar *vt* rationaliser
racionar *vt* rationner
racismo *nm* racisme *m*; **racista**
　adj, nm/f raciste *m/f*
radar *nm* radar *m*
radiactivo, -a *adj* =
　radioactivo
radiador *nm* radiateur *m*
radiante *adj* radieux(-euse)
radical *adj* radical(e)
radicar *vi*: **~ en** (*consistir*) résider
　en; (*estar situado*) être basé à;
　~se *vpr* s'établir
radio *nf* (AM: *a veces nm*) radio *f* ♦
　nm rayon *m*; **por ~** à la radio
radioactividad *nf* radioactivité *f*
radioactivo, -a *adj*
　radioactif(-ive)
radiocasete *nm* radio-cassette
　m; **radiodifusión** *nf* radio-
　diffusion *f*; **radioemisora** *nf*
　station *f* (de radio); **radiografía**
　nf radiographie *f*; **radioterapia**
　nf radiothérapie *f*; **radioyente**
　nm/f auditeur(-trice)
ráfaga *nf* rafale *f*; (*de luz*) jet *m*
raído, -a *adj* (*ropa*) râpé(e)
raigambre *nf* racines *fpl*
raíz (*pl* **raíces**) *nf* racine *f*; **~**
　cuadrada racine carrée; **a ~ de**

(*como consecuencia de*) à la suite
　de
raja *nf* (*de melón, limón*) tranche *f*;
　(*en muro, madera*) fissure *f*; **rajar**
　vt (*tela*) couper; (*madera*) fendre;
　(*fam: herir*) entailler; **rajarse** *vpr*
　se fendre; (*fam*) se dégonfler
rajatabla: **a ~** *adv* à la lettre
rallador *nm* râpe *f*
rallar *vt* râper
rama *nf* branche *f*; **andarse** *o*
　irse por las ~s (*fig, fam*)
　tourner autour du pot; **ramaje**
　nm ramage *m*; **ramal** *nm* (FERRO)
　embranchement *m*; (AUTO) bretelle
　f
rambla *nf* rambla *f*
ramificación *nf* ramification *f*
ramificarse *vpr* se ramifier
ramillete *nm* bouquet *m*
ramo *nm* bouquet *m*; (*de*
　industria) branche *f*
rampa *nf* rampe *f*; **~ de acceso**
　rampe d'accès
ramplón, -ona *adj* vulgaire
rana *nf* grenouille *f*
ranchero *nm* (AM) fermier *m*
rancho *nm* (*comida*) popote *f*;
　(AM) ranch *m*; (: *pequeño*) petite
　ferme *f*; (*choza*) cabane *f*
rancio, -a *adj* rance; (*vino, fig*)
　vieux (vieille)
rango *nm* rang *m*
ranura *nf* rainure *f*; (*de teléfono*)
　fente *f*
rapar *vt* raser
rapaz *adj* (*ave*) de proie ♦ *nf*
　rapace *m* ♦ *nm* gamin *m*
rape *nm* (*pez*) baudroie *f*; **al ~** ras
　inv
rapé *nm* chique *f*
rapidez *nf* rapidité *f*
rápido, -a *adj* rapide ♦ *adv*
　rapidement ♦ *nm* (FERRO) rapide *m*;
　~s *nmpl* (*de río*) rapides *mpl*

rapiña *nm* rapine *f*; **ave de ~** oiseau *m* de proie

raptar *vt* enlever; **rapto** *nm* rapt *m*, enlèvement *m*

raqueta *nf* raquette *f*

raquítico, -a *adj* rachitique; **raquitismo** *nm* rachitisme *m*

rareza *nf* rareté *f*; (*fig*) manie *f*

raro, -a *adj* rare; (*extraño*) curieux(-euse)

ras *nm*: **a ~ de tierra/del suelo** à ras de terre/au ras du sol

rascacielos *nm inv* gratte-ciel *m inv*

rascar *vt* gratter; (*raspar*) racler; **~se** *vpr* se gratter

rasgar *vt* déchirer

rasgo *nm* trait *m*; **~s** *nmpl* (*de rostro*) traits *mpl*; **a grandes ~s** à grands traits

rasguñar *~se* *vpr* s'égratigner; **rasguño** *nm* égratignure *f*

raso, -a *adj* ras(e) ♦ *nm* satin *m*; **cielo ~** ciel *m* dégagé

raspadura *nf* (*marca*) rayure *f*; **~s** *nfpl* (*restos*) restes *mpl*

raspar *vt* gratter; (*arañar*) rayer; (*limar*) râper

rastra *nf*: **a ~s** en traînant; (*fig*) à contrecœur

rastreador, a *nm* (*de huellas, pistas*) pisteur *m*; **~ de minas** dragueur *m* de mines

rastrear *vt* (*pista*) suivre

rastrero, -a *adj* (*BOT*) grimpant(e); (*ZOOL, fig*) rampant(e)

rastro *nm* trace *f*; (*mercado*) marché *m* aux puces

rastrojo *nm* chaume *m*

rasurarse (*AM*) *vpr* se raser

rata *nf* rat *m*

ratear *vt* voler

ratero, -a *nm/f* voleur(-euse); (*AM: de casas*) cambrioleur(-euse)

ratificar *vt* ratifier; **~se** *vpr*: **~se**

en algo réaffirmer qch

rato *nm* moment *m*; **a ~s** par moments; **al poco ~** peu après; **hay para ~** il y en a pour un bon bout de temps; **pasar el ~** passer le temps; **pasar un buen/mal ~** passer un bon/ mauvais moment

ratón *nm* souris *fsg*; **ratonera** *nf* souricière *f*

raudal *nm* torrent *m*; **a ~es** à flots

raya *nf* raie *f*; (*en tela*) rayure *f*; (*TIP*) tiret *m*; **pasarse de la ~** dépasser les bornes; **tener a ~** tenir en respect; **rayar** *vt* rayer ♦ *vi*: **rayar en** *o* **con** confiner à *o* avec; (*parecerse a*) friser; **raya en la cincuentena** il frise la cinquantaine

rayo *nm* rayon *m*; (*en una tormenta*) foudre *f*; **ser un ~** (*fig*) être très vif (vive); **~s X** rayons X

raza *nf* race *f*; **~ humana** race humaine

razón *nf* raison *f*; (*MAT*) relation *f*; **a ~ de 10 cada día** à raison de 10 par jour; **"~: aquí"** "s'adresser ici"; **en ~ de** en raison de; **dar la ~ a algn** donner raison à qn; **tener/no tener ~** avoir/ne pas avoir raison; **~ directa/inversa** relation directe/inverse; **~ de ser** raison d'être; **razonable** *adj* raisonnable; **razonamiento** *nm* raisonnement *m*; **razonar** *vt* raisonner; (*COM: cuenta*) détailler ♦ *vi* raisonner

reacción *nf* réaction *f*; **avión a ~** avion *m* à réaction; **reaccionar** *vi* réagir

reaccionario, -a *adj, nm/f* réactionnaire *m/f*

reacio, -a adj réticent(e)

reactivar vt (economía, negociaciones) relancer; **~se** vpr reprendre

reactor nm réacteur m

readaptación nf: **~ profesional** réadaptation f professionnelle

reajuste nm réajustement m; **~ ministerial** remaniement m ministériel

real adj (verdadero) réel(le); (del rey, fig) royal(e)

Real Academia Española

La Real Academia Española ou (RAE), a été créée en 1713 et approuvée par le roi Philippe V en 1714 sous la devise "limpia, fija y da esplendor" dans le but de protéger la pureté de la langue espagnole. Les 46 membres de cette institution, nommés à vie, comptent parmi les plus grands écrivains et linguistes d'Espagne. Le premier dictionnaire, "Diccionario de Autoridades" en six volumes, a été publié entre 1726 et 1739. Depuis la version condensée en un volume parue en 1780, plus d'une vingtaine de nouvelles éditions ont été publiées.

---

realce vb ver **realzar** ♦ nm relief m; **poner de ~** mettre en relief; **dar ~ a algo** (fig) mettre qch en relief

realidad nf réalité f

realista adj réaliste ♦ nm/f réaliste m/f

realización nf réalisation f

realizador, -a nm/f (TV, CINE) réalisateur(-trice)

realizar vt réaliser; **~se** vpr se réaliser

realmente adv réellement; (con adjetivo) vraiment; **es ~ apasionante** c'est vraiment passion

realquilar vt (subarrendar) sous-louer

realzar vt (TEC) surélever; (belleza) rehausser, mettre en valeur; (importancia) augmenter

reanimar vt ranimer; **~se** vpr se ranimer

reanudar vt renouer; (historia, viaje) reprendre

reaparición nf réapparition f

rearme nm réarmement m

rebaja nf solde m; **rebajar** vt rabaisser

rebanada nf tranche f

rebañar vt racler

rebaño nm troupeau m

rebasar vt dépasser

rebatir vt réfuter

rebeca nf cardigan m

rebelarse vpr se rebeller

rebelde adj rebelle ♦ nm/f (POL) rebelle m/f; (JUR) accusé(e) défaillant(e); **rebeldía** nf rébellion f; (JUR) contumace f

rebelión nf rébellion f

reblandecer vt ramollir

rebobinar vt rembobiner

rebosante adj: **~ de** (fig) débordant(e) de

rebosar vi, vi déborder

rebotar vi rebondir; **rebote** nm rebondissement m; **de rebote** (fig) par ricochet

rebozado, -a adj enrobé(e) de pâte à frire

rebozar vt enrober de pâte à frire

rebuscado, -a adj recherché(e)

rebuscar vt rechercher ♦ vi: **~ (en o por)** chercher (dans)

rebuznar *vi* braire
recado *nm* course *f*; *(mensaje)* message *m*
recaer *vi* rechuter; **~ en** *(responsabilidad)* retomber sur
recalcar *vt* (fig) souligner
recalcitrante *adj* récalcitrant(e)
recámara *nf* (habitación) dressing-room *m*; *(de arma)* magasin *m*; (AM) chambre *f*
recambio *nm* (de pieza) pièce *f* détachée; (de pluma) recharge *f*
recapacitar *vi* réfléchir
recargado, -a *adj* surchargé(e)
recargar *vt* recharger; *(pago)* alourdir; **recargo** *nm* majoration *f* de prix; *(aumento)* augmentation *f*
recatado, -a *adj* réservé(e)
recato *nm* réserve *f*
recaudación *nf* recette *f*; *(acción)* perception *f*
recaudador, a *nm/f* (tb: **~ de impuestos**) percepteur(-trice)
recelar *vt*: **~ que** *(sospechar)* soupçonner que; *(temer)* craindre que ♦ *vi* se méfier; **~se** *vpr* se méfier; **recelo** *nm* (desconfianza) méfiance *f*; *(temor)* crainte *f*
receloso, -a *adj* (suspicaz) méfiant(e); *(temeroso)* craintif(-ive)
recepción *nf* réception *f*;
recepcionista *nm/f* réceptionniste *m/f*
receptáculo *nm* réceptacle *m*
receptivo, -a *adj* réceptif(-ive)
receptor, a *nm/f* réceptionnaire *m/f* ♦ *nm* (TELEC, radio) récepteur *m*
recesión *nf* récession *f*
receta *nf* (CULIN) recette *f*; *(MED)* ordonnance *f*
rechazar *vt* (ataque, oferta) repousser; *(idea, acusación)* rejeter
rechazo *nm* rejet *m*; *(sentimiento)* refoulement *m*

rechinar *vi* grincer
rechistar *vi*: **sin ~** sans rechigner
rechoncho, -a *(fam) adj* trapu(e)
rechupete: de ~ *adj* à s'en lécher les babines *o* doigts
recibidor *nm* vestibule *m*
recibimiento *nm* accueil *m*
recibir *vt*, *vi* recevoir; **~ por** (AM: ESCOL) le diplôme de; **~se** de obtenir le diplôme de; **recibo** *nm* reçu *m*
reciclaje *nm* recyclage *m*
reciclar *vt* recycler
recién *adv* récemment; (AM: sólo) seulement; **~ casado** jeune marié; **el ~ llegado/nacido** le nouveau venu/-né; **~ a las seis me enteré** (AM) je ne l'ai appris qu'à six heures
reciente *adj* récent(e); *(pan, herida)* frais (fraîche);
recientemente *adv* récemment
recinto *nm* enceinte *f*
recio, -a *adj* résistant(e); *(voz)* fort(e) ♦ *adv* fortement
recipiente *nm* (objeto) récipient *m*
reciprocidad *nf* réciprocité *f*
recíproco, -a *adj* réciproque
recital *nm* récital *m*
recitar *vt* réciter
reclamación *nf* réclamation *f*
reclamar *vt*, *vi* réclamer
reclamo *nm* (en caza) appeau *m*; *(incentivo)* appât *m*; **reclamo publicitario** réclame *f*
reclinar *vt* incliner; **~se** *vpr* s'incliner
recluir *vt* enfermer; **~se** *vpr* vivre en reclus; **~ en su casa** s'enfermer chez soi
reclusión *nf* réclusion *f*; *(voluntario)* retraite *f*
recluta *nm/f* recrue *f* ♦ *nf* recrutement *m*

reclutar *vt* recruter

recobrar *vt* récupérer; **~se** *vpr*: **~se (de)** se remettre (de); **~ el sentido** reprendre connaissance

recodo *nm* coude *m*

recoger *vt* (*firmas, dinero*) recueillir; (*fruta*) cueillir; (*del suelo*) ramasser; (*ordenar*) ranger; (*juntar*) rassembler; (*pasar a buscar*) prendre; (*dar asilo*) recueillir; (*polvo*) prendre; **~se** *vpr* se retirer; (*pelo*) se ramasser

recogida *nf* (AGR) cueillette *f*; (*de basura*) ramassage *m*; (*de cartas*) levée *f*

recogido, -a *adj* (*lugar*) retiré(e); (*pequeño*) petit(e)

recolección *nf* (AGR) récolte *f*; (*de datos, dinero*) collecte *f*

recomendación *nf* recommandation *f*

recomendar *vt* recommander

recompensa *nf* récompense *f*; **recompensar** *vt* récompenser

recomponer *vt* réparer

reconciliación *nf* réconciliation *f*

reconciliar *vt* réconcilier; **~se** *vpr* se réconcilier

recóndito, -a *adj* (*lugar*) retiré(e)

reconfortar *vt* réconforter

reconocer *vt* reconnaître

reconocido, -a *adj* reconnu(e); **reconocimiento** *nm* reconnaissance *f*

reconquista *nf* reconquête *f*

reconstituyente *nm* reconstituant *m*

reconstruir *vt* reconstruire; (*suceso*) reconstituer

reconversión *nf* reconversion *f*

recopilación *nf* (*resumen*) résumé *m*; (*colección*) recueil *m*, compilation *f*; **recopilar** *vt* compiler

récord (*pl* **records** *o* **~s**) *adj inv*

record ♦ *nm* record *m*

recordar *vt* se rappeler ♦ *vi* (*acordarse de*) se rappeler; **~ algo a algn** rappeler qch à qn

recorrer *vt* parcourir; **recorrido** *nm* parcours *msg*; **tren de largo recorrido** train *m* de grandes lignes

recortado, -a *adj* découpé(e); (*barba*) taillé(e)

recortar *vt* découper; (*presupuesto, gasto*) réduire; **recorte** *nm* (*de telas, chapas: acto*) coupe *f*; (: *fragmento*) découpure *f*; (*de prensa*) coupure *f*; (*de presupuestos, gastos*) compression *f*

recostado, -a *adj* penché(e); **estar ~** être allongé(e)

recostar *vt* appuyer; **~se** *vpr* s'appuyer

recoveco *nm* (*de camino, río*) coude *m*; (*en casa*) coin *m*

recreación *nf* récréation *f*

recrear *vt* recréer; **~se** *vpr*: **~se con/en** prendre plaisir à

recreativo, -a *adj* récréatif(-ive); **sala ~** salle *f* de jeux; **recreo** *nm* récréation *f*

recriminar *vt* reprocher ♦ *vi* récriminer

recrudecer *vi* redoubler d'intensité; **~se** *vpr* redoubler d'intensité

recrudecimiento *nm* recrudescence *f*

recta *nf* ligne *f* droite

rectángulo, -a *adj*, *nm* rectangle *m*

rectificar *vt* rectifier ♦ *vi* se corriger

rectitud *nf* rectitude *f*

recto, -a *adj* droit(e) ♦ *nm* (ANAT) rectum *m*

rector, a *adj*, *nm/f* recteur(-trice)

recuadro nm case f; (TIP)
entrefilet m

recubrir vt: ~ **(con)** recouvrir
(de)

recuento nm décompte m;
hacer el ~ **de** faire le décompte
de

recuerdo vb ver **recordar** ♦ nm
souvenir m; **¡~s a tu madre!**
amitiés à ta mère!

recuperable adj récupérable

recuperación nf récupération f;
(de enfermo) rétablissement m;
(ESCOL) rattrapage m

recuperar vt récupérer; **~se** vpr
se récupérer; **~ fuerzas**
reprendre ses forces

recurrir vi (JUR) faire appel; **~ a**
algo/a algn recourir à qch/à qn;
recurso nm recours msg

recusar vt récuser

red nf (tejido, trampa) filet m;
(organización) réseau m

redacción nf rédaction f

redactar vt rédiger

redactor, a nm/f
rédacteur(-trice)

redada nf (tb: ~ **policial**)
descente f

redicho, -a adj maniéré(e)

redil nm bercail m

redimir vt racheter

rédito nm (ECON) intérêt m

redoblar vt redoubler ♦ vi battre
le tambour

redomado, -a adj (astuto)
rusé(e); **sinvergüenza** ~ fieffée
canaille

redonda nf (MÚS) ronde f; **a la** ~
à la ronde

redondear vt (negocio, velada)
conclure; (cifra, objeto) arrondir

redondel nm cercle m

redondo, -a adj rond(e);
(completo) bon(ne); **en números**

~**s** en chiffres ronds

reducción nf réduction f

reducido, -a adj réduit(e)

reducir vt réduire; **~se** vpr se
réduire; **~se a** (fig) se réduire à

redundancia nf redondance f

reembolsar vt rembourser;
reembolso nm remboursement
m

reemplazar vt remplacer;
reemplazo nm remplacement
m; **de reemplazo** (MIL) du
contingent

reencuentro nm rencontre f

referencia nf référence f; **~s**
nfpl (de trabajo) références fpl;
con ~ **a** en ce qui concerne

referéndum (pl ~**s**) nm
référendum m

referente adj: **~ a** relatif(-ive) à

referir vt rapporter; **~se** vpr:
~se a se référer à

refilón: de ~ adv en passant

refinado, -a adj raffiné(e)

refinamiento nm raffinement m

refinar vt (petróleo, azúcar)
raffiner; (modales) affiner;
refinería nf raffinerie f

reflejar vt refléter

reflejo, -a adj réflexe ♦ nm reflet
m; (ANAT) réflexe m; **~s** nmpl (en
el pelo) reflets mpl

reflexión nf réflexion f;
reflexionar vi réfléchir;
reflexionar sobre réfléchir sur

reflexivo, -a adj (carácter)
réflexif(-ive); (LING) réfléchi(e)

reflujo nm reflux m

reforma nf réforme f; **~s** nfpl
(obras) transformations fpl

reformar vt réformer; (ARQ)
transformer; **~se** vpr se réformer

reformatorio nm (tb: ~ **de**
menores) maison f de
redressement o correction

reforzar vt renforcer
refractario, -a adj réfractaire
refrán nm proverbe m
refregar vt frotter
refrenar vt (deseos) réfréner
refrendar vt ratifier
refrescante adj rafraîchissant(e)
refrescar vt rafraîchir ♦ vi se rafraîchir; **~se** vpr se rafraîchir
refresco nm rafraîchissement m
refriega vb ver **refregar** ♦ nf bagarre f
refrigeración nf réfrigération f
refrigerador (esp AM) nm, **refrigeradora** (AM) nf réfrigérateur m
refrigerar vt réfrigérer
refuerce vb ver **reforzar**
refuerzo nm renfort m; **~s** nmpl (MIL) renforts mpl
refugiado, -a nm/f réfugié(e)
refugiarse vpr se réfugier
refugio nm refuge m
refunfuñar vi ronchonner
refutar vt réfuter
regadera nf arrosoir m; (MÉX: ducha) douche f
regadío nm irrigation f; **tierras de ~** terres irriguées
regalado, -a adj (gratis) gratis; (vida) de château
regalar vt offrir; (mimar) cajoler
regaliz nm réglisse m o f
regalo nm cadeau m; (gusto) régal m; (comodidad) aisance f
regañadientes: a ~ adv en rechignant
regañar vt gronder ♦ vi se fâcher; (dos personas) se disputer
regar vt arroser; (fig) semer
regatear vt marchander ♦ vi (COM) marchander; **regateo** nm (COM) marchandage m
regazo nm giron m
regeneración nf régénération f

regenerar vt régénérer
regentar vt (empresa, negocio) régenter; (local, bar) tenir;
regente, -a nm/f (COM) gérant(e); (POL) régent(e); (MÉX: alcalde) maire m
régimen (pl **regímenes**) nm régime m
regimiento nm régiment m
regio, -a adj royal(e); (AM: fam) formidable
región nf région f
regir vt (ECON, JUR, LING) régir ♦ vi (ley) être en vigueur
registrar vt fouiller; (anotar) enregistrer; **~se** vpr (inscribirse) s'inscrire; (ocurrir) avoir lieu
registro nm registre m; (inspección) fouille f; (de datos) enregistrement m; **~ civil** état m civil
regla nf règle f; **en ~** en règle
reglamentar vt réglementer
reglamentario, -a adj réglementaire; **reglamento** nm règlement m
regocijarse vpr: **~ de** o **por** se réjouir de; **regocijo** nm réjouissance f
regodearse vpr: **~ con** o **en algo** se délecter de qch; (pey) se réjouir de qch; **regodeo** nm délectation f
regresar vi retourner; **~se** vpr (AM) retourner
regresivo, -a adj régressif(-ive);
regreso nm retour m
reguero nm traînée f
regulador, a adj régulateur(-trice) ♦ nm régulateur m
regular adj régulier(-ière); (mediano) moyen(ne); (fam: no bueno) médiocre ♦ vt régler; (normas, salarios) contrôler; **por**

lo ~ en général; **regularidad** nf régularité f; **regularizar** vt régulariser

regusto nm arrière-goût m

rehabilitación nf (de drogadicto) rééducation f; (ARQ, de memoria) réhabilitation f

rehabilitar vt (drogadicto) rééduquer; (ARQ, memoria) réhabiliter

rehacer vt refaire; **~se** vpr se rétablir

rehén nm otage m

rehuir vt fuir

rehusar vt, vi refuser

reina nf reine f; **~ de (la) belleza/de las fiestas** reine de beauté/de la fête; **prueba ~** épreuve f phare; **reinado** nm règne m

reinante adj régnant(e)

reinar vi régner

reincidir vi (JUR) récidiver; **~ (en)** (recaer) retomber (dans)

reincorporarse vpr: **~ a** réintégrer; (MIL) être réincorporé dans

reino nm royaume m; **~ animal/vegetal** règne m animal/végétal; **el R~ Unido** le Royaume-Uni

reintegrar vt réintégrer; **~se** vpr: **~se a** réintégrer

reír vi rire; **~se** vpr rire; **~se de** rire de

reiterar vt réitérer

reivindicación nf revendication f

reivindicar vt revendiquer

reja nf grille f

rejilla nf grillage m; (en muebles) cannage m; (en hornillo, de ventilación) grille f; (para equipaje) filet m

rejuvenecer vt, vi rajeunir

relación nf relation f; (narración) récit m; **con ~ a, en ~ con** par rapport à; **relaciones públicas** relations publiques; **relacionar** vt mettre en rapport; **relacionarse** vpr fréquenter

relajación nf relaxation f

relajado, -a adj (costumbres, moral) relâché(e); (persona) détendu(e)

relajar vt (mente, cuerpo) décontracter; (disciplina, moral) relâcher; **~se** vpr (distraerse) se détendre

relamerse vpr se pourlécher

relamido, -a (pey) adj (pulcro) bichonné(e); (afectado) collet monté inv

relámpago adj inv: **visita/huelga ~** visite f/grève f éclair ♦ nm éclair m

relatar vt relater

relativo, -a adj relatif(-ive); **en lo ~ a** en ce qui concerne

relato nm récit m

relegar vt reléguer

relevante adj remarquable

relevar vt relever; **~se** vpr se relayer; **~ a algn de su cargo** relever qn de ses fonctions

relevo nm relève f; **carrera de ~s** course f de relais

relieve nm relief m; **bajo ~** bas-relief m; **poner de ~** mettre en relief

religión nf religion f

religioso, -a adj, nm/f religieux(-euse)

relinchar vi hennir; **relincho** nm hennissement m

reliquia nf relique f

rellano nm (ARQ) palier m

rellenar vt remplir; (CULIN) farcir

relleno, -a adj plein(e) ♦ nm (CULIN) farce f; (de cojín) rembourrage m

reloj nm montre f; ~ **(de
pulsera)** montre; ~
despertador réveille-matin m
inv; ~ **digital** montre à affichage
numérique

relojero, -a nm/f horloger(-ère)

reluciente adj reluisant(e)

relucir vi reluire; **sacar algo a
~** remettre qch sur le tapis

relumbrar vi reluire

remachar vt river; (fig) insister
sur; **remache** nm rivet m

remanente (COM) surplus
msg; (de producto) excédent m

remangarse vpr retrousser ses
manches

remanso nm (de río) bras msg
mort

remar vi ramer

rematar vt achever; (trabajo)
parfaire; (COM) liquider ♦ vi (en
fútbol) tirer; ~ **de cabeza** faire
une tête

remate nm fin f; (extremo)
couronnement m; (DEPORTE) tir m;
(ARQ) sommet m; (COM) liquidation
f; **de ~** (tonto) complètement;
para ~ pour couronner le tout

remediar vt remédier à; (evitar)
éviter

remedio nm remède m; (JUR)
secours msg; **poner ~ a** remédier
à; **no tener más ~** ne pas avoir
le choix; **¡qué ~!** c'est comme
ça!, qu'y faire!; **sin ~** sans
rémission

remendar vt raccommoder; (con
parche) rapiécer

remesa nf envoi m

remiendo vb ver **remendar** ♦
nm raccommodage m; (con
parche) rapiéçage m

remilgado, -a adj (melindroso)
minaudier(-ière); (afectado)

maniéré(e)

remilgo nm (melindre) minauderie
f; (afectación) manière f

reminiscencia nf réminiscence f

remite nm expéditeur m;
remitente nm/f
expéditeur(-trice)

remitir vt envoyer ♦ vi
(tempestad) se calmer; (fiebre)
baisser; **~se** vpr: **~se a** s'en
remettre à

remo nm rame f

remojar vt laisser tremper

remojo nm: **dejar la ropa en ~**
laisser tremper le linge

remolacha nf betterave f

remolcador nm remorqueur m

remolcar vt remorquer

remolino nm remous msg

remolque vb ver **remolcar** ♦ nm
remorque f; (cuerda) câble m de
remorquage; **llevar a ~** prendre
en remorque

remontar vt remonter; **~se** vpr
s'élever; (COM) s'élever à; **~
el vuelo** monter en flèche

remorder vt causer du remords à;
me remuerde la conciencia
j'ai des remords;

remordimiento nm remords
msg

remoto, -a adj éloigné(e)

remover vt remuer

remozar vt (ARQ) rafraîchir

remuneración nf rémunération f

remunerar vt rémunérer

renacer vi renaître;
renacimiento nm renaissance f;
el Renacimiento la Renaissance

renacuajo nm têtard m

renal adj rénal(e)

rencilla nf querelle f

rencor nm (resentimiento)
rancœur f

rencoroso, -a adj

rancunier(-ière)

rendición *nf* reddition *f*

rendido, -a *adj* épuisé(e); **su ~ admirador** votre admirateur passionné

rendija *nf* fente *f*

rendimiento *nm* rendement *m*

rendir *vt* rapporter; (*agotar*) épuiser ♦ *vi* (COM) rapporter; **~se** *vpr* (*tb: cansarse*) se rendre; **~ homenaje/culto a** rendre hommage/un culte à; **~ cuentas a algn** rendre des comptes à qn

renegar *vi* renier; (*quejarse*) grommeler; (*con imprecaciones*) blasphémer

RENFE, Renfe *sigla f* (FERRO) (= *Red Nacional de los Ferrocarriles Españoles*) société nationale des chemins de fer espagnols

renglón *nm* ligne *f*; (COM) chapitre *m*; **a ~ seguido** à la ligne

renombrado, -a *adj* renommé(e)

renombre *nm* renom *m*; **de ~** de renom

renovación *nf* (*de contrato, sistema*) renouvellement *m*; (ARQ) rénovation *f*

renovar *vt* renouveler; (ARQ) rénover

renta *nf* revenu *m*; (*esp AM: alquiler*) loyer *m*; **~ disponible** revenu (individuel) disponible; **~ nacional (bruta)** revenu national (brut); **rentable** *adj* rentable; **rentar** *vt* rapporter

renuncia *nf* renonciation *f*

renunciar *vi* renoncer

reñido, -a *adj* (*batalla, debate, votación*) serré(e); **estar ~ con algn** être brouillé(e) avec qn

reñir *vt* gronder ♦ *vi* (*pareja, amigos*) se disputer; (*físicamente*)

se battre

reo *nm/f* (JUR) accusé(e); **~ de muerto** condamné à mort

reojo: de ~ *adv* (*mirar*) à la dérobée

reparación *nf* réparation *f*

reparar *vt* réparer ♦ *vi*: **~ en** (*darse cuenta de*) s'apercevoir de; (*poner atención en*) remarquer

reparo *nm* (*duda*) doute *m*; (*inconveniente*) obstacle *m*; **poner ~s** formuler des objections; **poner ~s a algo** contester qch

repartición *nf* répartition *f*

repartidor, a *nm/f* livreur(-euse)

repartir *vt* distribuer; (COM) livrer; **reparto** *nm* (*de dinero, poder*) répartition *f*; (CINE, CORREOS) distribution *f*

repasar *vt* réviser; **repaso** *nm* révision *f*

repatriar *vt* rapatrier

repelente *adj* repoussant(e)

repensar *vt* reconsidérer

repente *nm*: **de ~** soudain; **~ de ira** accès de colère

repentino, -a *adj* (*súbito*) subit(e)

repercusión *nf* répercussion *f*

repercutir *vi* répercuter; **~ en** (*fig*) répercuter sur

repertorio *nm* répertoire *m*

repetición *nf* répétition *f*

repetir *vt* répéter; (ESCOL) redoubler; (*plato, TEATRO*) reprendre ♦ *vi* (ESCOL) redoubler; (*sabor*) revenir; (*en comida*) en reprendre; **~se** *vpr* se répéter

repicar *vi* (*campanas*) sonner, carillonner

repique *vb ver* **repicar** ♦ *nm* (*de campanas*) volée *f*; **repiqueteo** *nm* (*de campanas*) volée *f*

repisa *nf* étagère *f*; (ARQ) console *f*; (*de chimenea*) dessus *msg*; (*de*

ventana) rebord *m*
repitiendo *etc vb ver* **repetir**
replantear *vt* reconsidérer
replegarse *vpr* se replier
repleto, -a *adj* plein(e)
réplica *nf* réplique *f*
replicar *vt, vi* répliquer; **¡no repliques!** et pas de discussion!
repliegue *vb ver* **replegarse** ♦ *nm* (MIL) repli *m*
repoblación *nf* repeuplement *m*; ~ **forestal** reboisement *m*
repoblar *vt* repeupler
repollo *nm* chou *m*
reponer *vt* (*volver a poner*) réinstaller; (TEATRO) reprendre; **~se** *vpr* se remettre; **~ que** répondre que
reportaje *nm* reportage *m*
reportero, -a *nm/f* reporter *m*
reposacabezas *nm inv* appui-tête *m*
reposado, -a *adj* reposé(e); (*tranquilo*) calme
reposar *vi* reposer
reposición *nf* (*de dinero*) réinvestissement *m*; (*maquinaria*) remplacement *m*; (CINE, TEATRO) reprise *f*
reposo *nm* repos *msg*
repostar *vt* se ravitailler en ♦ *vi* se ravitailler; (AUTO) se ravitailler en carburant
repostería *nf* pâtisserie *f*
repostero, -a *nm/f* pâtissier(-ière)
reprender *vt* (*persona*) réprimander; (*comportamiento*) blâmer
represa *nf* barrage *m*
represalia *nf* représailles *fpl*
representación *nf* représentation *f*; **en ~ de** en représentation de
representante *nm/f* (POL, COM)

représentant(e); **representante diplomático** (POL) représentant diplomatique
representar *vt* représenter; (*significar*) signifier; **~se** *vpr* se représenter
representativo, -a *adj* représentatif(-ive)
represión *nf* répression *f*
reprimenda *nf* réprimande *f*
reprimir *vt* réprimer
reprobar *vt* réprouver
reprochar *vt* reprocher;
reproche *nm* reproche *m*
reproducción *nf* reproduction *f*
reproducir *vt* reproduire; **~se** *vpr* se reproduire
reproductor, a *adj* reproducteur(-trice)
reptil *nm* reptile *m*
república *nf* république *f*
republicano, -a *adj, nm/f* républicain(e)
repudiar *vt* répudier
repuesto *pp de* **reponer** ♦ *nm* (*pieza de recambio*) pièce *f* de rechange; (*abastecimiento*) ravitaillement *m*; **rueda de ~** roue *f* de secours
repugnancia *nf* répugnance *f*;
repugnante *adj* répugnant(e)
repugnar *vt, vi* répugner
repulsa *nf* condamnation *f*
repulsión *nf* répulsion *f*
repulsivo, -a *adj* répulsif(-ive)
reputación *nf* réputation *f*
requemado, -a *adj* brûlé(e)
requerimiento *nm* requête *f*; (JUR) mise *f* en demeure
requerir *vt* requérir
requesón *nm* fromage *m* blanc
requete... *pref* très
réquiem *nm* requiem *m*
requisito *nm* condition *f* requise
res *nf* bête *f*

resaca nf (en el mar) ressac m; (de alcohol) gueule f de bois

resaltar vt détacher ♦ vi se détacher

resarcir vt (reparar) dédommager; **~se** vpr se rattraper

resbaladizo, -a adj glissant(e)

resbalar vi glisser; (gotas) couler; **~se** vpr glisser; **resbalón** nm glissade f (fig) faux-pas msg

rescatar vt sauver; (pagando rescate) payer la rançon de; (objeto) récupérer

rescate nm sauvetage m; (dinero) rançon f; (de objeto) récupération f; **pagar un ~** payer une rançon

rescindir vt résilier

rescisión nf résiliation f

rescoldo nm braises fpl

resecar vt dessécher; (MED) disséquer; **~se** vpr se dessécher

reseco, -a adj desséché(e)

resentido, -a adj (envidioso) jaloux(-ouse); (dolido) aigri(e)

resentimiento nm ressentiment m

resentirse vpr: **~ de** o **con** se ressentir de; **su salud se resiente** sa santé s'en ressent

reseña nf (descripción) description f; (informe, LIT) compte m rendu

reseñar vt décrire; (LIT) faire le compte rendu de

reserva nf réserve f; (de entradas) réservation f, location f; **a ~ de que ...** (AM) sous réserve que ...; **con ~** (con cautela) sous toutes réserves; (con condiciones) sous réserve; **gran ~** (vino) grand cru m

reservado, -a adj réservé(e) ♦ nm cabinet m particulier

reservar vt réserver; (TEATRO) réserver, louer; **~se** vpr se réserver

resfriado nm rhume m

resfriarse vpr s'enrhumer

resfrío (esp AM) nm rhume m

resguardar vt protéger; **~se** vpr: **~se de** se protéger de;

resguardo nm abri m; (justificante, recibo) reçu m

residencia nf résidence f; **~ de ancianos** maison f de retraite;

residencial adj résidentiel(le); (AND, CHI) hôtel m modeste

residente adj, nm/f résident(e)

residir vi résider; **~ en** (habitar en: ciudad) résider à; (: país) résider en o à

residuo nm (sobrante) résidu m; (desperdicios) résidus mpl

resignación nf résignation f

resignarse vpr: **~ a** se résigner à

resina nf résine f

resistencia nf résistance f; **no ofrece ~** il n'offre pas de résistance; **resistente** adj résistant(e)

resistir vt résister à; (peso, calor, persona) supporter ♦ vi résister; **~se** vpr résister; **~se a** (decir, salir) refuser de; (cambio, ataque) résister à

resolución nf résolution f; (arrojo) détermination f

resolver vt résoudre; **~se** vpr se résoudre

resonancia nf résonance f, (fig) retentissement m

resonar vi résonner

resoplar vi haleter; **resoplido** nm halètement m

resorte nm (TEC, fig) ressort m

respaldar vt appuyer; **~se** vpr (en asiento) s'adosser; **~se en** (fig) s'appuyer sur; **respaldo** nm (de sillón) dossier m; (fig) appui m

respectivamente adv respectivement

respectivo, -a adj respectif(-ive);
en ~ a en ce qui concerne
respecto nm: **al ~ a** à ce sujet;
con ~ a en ce qui concerne; **~
de** par rapport à
respetable adj respectable
respetar vt respecter; **respeto**
nm respect m; **respetos** nmpl
respects mpl
respetuoso, -a adj
respectueux(-euse)
respingo nm: **dar o pegar un ~**
sursauter
respiración nf respiration f; **~
asistida** respiration assistée
respirar vt, vi respirer;
respiratorio, -a adj respiratoire;
respiro nm répit m
resplandecer vi resplendir;
(belleza) resplendir, rayonner;
resplandeciente adj
resplendissant(e); **resplandor**
nm éclat m
responder vt répondre ♦ vi
répondre; **~ de o por** répondre
de o pour
respondón, -ona adj effronté(e)
responsabilidad nf
responsabilité f
responsabilizar vt
responsabiliser, rendre
responsable; **~se** vpr: **~se de**
(atentado) revendiquer; (crisis,
accidente) assumer la
responsabilité de
responsable adj, nm/f
responsable m/f
respuesta nf réponse f
resquebrajar vt fendiller,
fissurer; **~se** vpr s'écailler
resquicio nm fente f; (fig)
possibilité f, rayon m
resta nf soustraction f
restablecer vt rétablir; **~se** vpr
se rétablir

restallar vi claquer
restante adj restant(e); **lo ~** le
reste, ce qui reste
restar vt (MAT) soustraire; (fig)
ôter ♦ vi rester
restauración nf restauration f
restaurante nm restaurant m
restaurar vt restaurer
restitución nf restitution f
restituir vt restituer
resto nm reste m; **~s** nmpl (CULIN,
de civilización etc) restes mpl;
echar el ~ jouer le tout pour le
tout
restregar vt frotter
restricción nf restriction f
restrictivo, -a adj restrictif(-ive);
restringir vt restreindre
resucitar vt, vi ressusciter
resuello nm (aliento) souffle m
resuelto, -a pp de **resolver** ♦
adj résolu(e)
resultado nm résultat m;
resultante adj résultant(e)
resultar vi (ser) être; (llegar a ser)
finir par être; (salir bien) réussir;
(ser consecuencia) résulter; **~ de**
résulter de; **resulta que ...** il se
trouve que ...; **el conductor
resultó muerto** le chauffeur est
mort; **no resultó** cela n'a pas
réussi; **me resulta difícil
hacerlo** il m'est difficile de le
faire
resumen nm résumé m; **en ~** en
résumé
resumir vt résumer
resurgir vi ressurgir
resurrección nf résurrection f
retablo nm retable m
retaguardia nf arrière-garde f
retahíla nf chapelet m
retal nm coupon m
retar vt défier
retardar vt (demorar) retarder;

(*hacer más lento*) ralentir

retazo *nm* coupon *m*

retención *nf* retenue *f*; (MED) rétention *f*; **~ de tráfico** embouteillage *m*, bouchon *m*; **~ fiscal** prélèvement *m* fiscal

retener *vt* retenir; (*suj: policía*) garder à vue; (*impuestos, sueldo*) prélever

retina *nf* rétine *f*

retintín *nm*: **decir algo con ~** dire qch d'un ton malicieux

retirada *nf* (MIL) retraite *f*; (*de dinero*) retrait *m*; **batirse en ~** battre en retraite

retirado, -a *adj* (*lugar*) retiré(e); (*vida*) calme; (*jubilado*) retraité(e) ♦ *nm/f* retraité(e)

retirar *vt* retirer; (*jubilar*) mettre à la retraite; **~se** *vpr* se retirer; **retiro** *nm* retraite *f*; (DEPORTE) abandon *m*

reto *nm* défi *m*

retocar *vt* retoucher

retoño *nm* rejeton *m*

retoque *vb ver* **retocar** ♦ *nm* retouche *f*

retorcer *vt* (*tela*) essorer; (*brazo*) tordre; **~se** *vpr* se tortiller; (*persona*) se contorsionner

retorcido, -a *adj* (*tronco*) tordu(e); (*columna*) tors(e); (*personalidad*) retors(e); (*mente*) mal tourné(e)

retórica *nf* rhétorique *f*

retórico, -a *adj* rhétorique

retornar *vt* (*cartas*) renvoyer; (*dinero*) rendre ♦ *vi*: **~ (a)** retourner (à); **retorno** *nm* retour *m*

retortijón *nm* (*tb*: **~ de tripas**) crampe *f* (d'estomac)

retozar *vi* folâtrer

retozón, -ona *adj* folâtre

retracción *nf* rétraction *f*

retractarse *vpr* se rétracter; **me retracto** je me rétracte

retraer *vt* (*antena*) rentrer; (*órgano*) rétracter; **~se** *vpr*: **~se (de)** se retirer (de)

retraído, -a *adj* renfermé(e)

retraimiento *nm* (*timidez*) réserve *f*

retransmisión *nf* retransmission *f*

retransmitir *vt* retransmettre

retrasado, -a *adj* en retard; (MED: *tb*: **~ mental**) attardé(e); **estar ~** (*reloj*) être en retard, retarder

retrasar *vt, vi* retarder; **~se** *vpr* (*persona, tren*) être en retard; (*reloj*) retarder; (*quedarse atrás*) s'attarder

retraso *nm* retard *m*; **~s** *nmpl* (COM) arriérés *mpl*; **llegar con ~** arriver en retard; **~ mental** déficience *f* mentale

retratar *vt* (ARTE) faire le portrait de; (FOTO) photographier; (*fig*) décrire; **~se** *vpr* se faire faire son portrait; (*fig*) se révéler; **retrato** *nm* portrait *m*; **ser al vivo retrato de** être tout le portrait de; **retrato-robot** (*pl* **retratos-robot**) *nm* portrait-robot *m*

retreta *nf* (MIL) retraite *f*

retrete *nm* toilettes *fpl*

retribución *nf* rétribution *f*

retribuir *vt* rétribuer

retro... *pref* rétro...

retroactivo, -a *adj* rétroactif(-ive)

retroceder *vi* reculer; **la policía hizo ~ a la multitud** la police a fait reculer la foule

retroceso *nm* recul *m*

retrógrado, -a *adj* rétrograde

retrospectivo, -a *adj*

rétrospectif(-ive)

retrovisor nm rétroviseur m

retumbar vi retentir

reuma, reúma nm rhumatisme m

reumatismo nm rhumatisme m

reunificar vt réunifier

reunión nf réunion f

reunir vt réunir; (recoger) rassembler, réunir; (personas) rassembler; **~se** vpr se réunir

revalidar vt (título) confirmer

revancha nf revanche f

revelación nf révélation f

revelado nm développement m

revelar vt révéler; (FOTO) développer

reventa nf revente f

reventar vt (globo) faire éclater; (presa) céder ♦ vi éclater

reventón nm crevaison f

reverencia nf révérence f;

reverenciar vt révérer

reverendo, -a adj révérend(e)

reverente adj révérencieux(-euse)

reversible adj réversible

reverso nm revers msg

revertir vi revertir

revés nm envers msg; (fig, TENIS) revers msg; **al ~** à l'envers; **volver algo al o del ~** retourner qch

revestir vt revêtir; **~se con o de** s'armer de

revisar vt réviser

revisión nf révision f; **revisión salarial** révision des salaires

revisor, a nm/f contrôleur(-euse)

revista vb ver **revestir** ♦ nf revue f, magazine m; **pasar ~ a** passer en revue; **~ literaria** revue littéraire; **~s del corazón** presse f du cœur

revivir vt, vi revivre

revocación nf révocation f

revocar vt révoquer

revolcarse vpr se vautrer

revolotear vi voltiger

revoltijo nm embrouillamini m

revoltoso, -a adj turbulent(e)

revolución nf révolution f; (TEC) tour m; **revolucionar** vt révolutionner

revolucionario, -a adj, nm/f révolutionnaire m/f

revolver vt remuer; (casa) mettre sens dessus dessous; (mezclar) remuer, agiter; (POL) soulever ♦ vi: **~ en** fouiller dans; **~se contra** se retourner contre

revólver nm revolver m

revuelo nm vol m; (fig) trouble m

revuelta nf révolte f; (pelea) bagarre f

revuelto, -a pp de **revolver** ♦ adj (desordenado) sens dessus dessous

rey nm roi m; **el deporte ~** le sport roi

Reyes Magos

Selon la tradition espagnole, les Rois mages apportent des cadeaux aux enfants pendant la nuit qui précède l'Épiphanie. Le lendemain soir, le 6 janvier, les Rois mages arrivent dans la ville par mer ou par terre, et participent à une procession connue sous le nom de cabalgatas, *à la plus grande joie des enfants.*

---

reyerta nf rixe f

rezagado, -a adj: **quedar ~** être en retard

rezagar vt retarder; **~se** vpr traîner

rezar vi prier; **~ con** (fam) aller avec; **rezo** nm prière f

rezongar *vi* ronchonner

rezumar *vt* laisser couler ♦ *vi* suinter

ría *nf* ria *f*

riada *nf* crue *f*, inondation *f*

ribera *nf* rive *f*, berge *f*; (*área*) rivage *m*, littoral *m*

ribete *nm* (*de vestido*) liseré *m*; **~s** *nmpl* (*atisbos*) côtés *mpl*; **muestra ~s de filósofo** il a un côté philosophe

ricino *nm*: **aceite de ~** huile *f* de ricin

rico, -a *adj* riche; (*comida*) délicieux(-euse); (*niño*) gentil(le) ♦ *nm/f* riche *m/f*; **~ en** riche en

rictus *nm* rictus *msg*

ridiculez *nf* ridicule *m*; (*nimiedad*) insignifiance *f*

ridiculizar *vt* ridiculiser

ridículo, -a *adj* ridicule; **hacer el ~** se couvrir de ridicule; **poner a algn en ~** tourner qn en ridicule

riego *vb ver* **regar** ♦ *nm* arrosage *m*; **~ sanguíneo** irrigation *f*

riel *nm* (FERRO) rail *m*; (*de cortina*) tringle *f*

rienda *nf* rêne *f*; **dar ~ suelta a** donner libre cours à

riesgo *nm* risque *m*; **correr el ~ de** courir le risque de

rifa *nf* tombola *f*; **rifar** *vt* tirer au sort; **rifarse** *vpr* se disputer

rifle *nm* rifle *m*

rigidez *nf* rigidité *f*

rígido, -a *adj* rigide

rigor *nm* rigueur *f*; **de ~** de rigueur

riguroso, -a *adj* rigoureux(-euse)

rima *nf* rime *f*; **~s** *nfpl* (*composición*) rimes *fpl*

rimbombante *adj* (*fig*) ronflant(e)

rímel *nm* rimmel *m*

rímmel *nm* = **rímel**

rincón *nm* coin *m*

rinoceronte *nm* rhinocéros *msg*

riña *nf* (*disputa*) dispute *f*; (*pelea*) bagarre *f*

riñón *nm* (ANAT) rein *m*; (CULIN) rognon *m*

río *vb ver* **reír** ♦ *nm* (*que desemboca en otro río*) rivière *f*; (*que desemboca en el mar*) fleuve *m*; (*fig*) flot *m*; **~ abajo/arriba** en aval/amont

Río de la Plata *n* Rio de la Plata

rioja *nf* rioja *m*

rioplatense *adj* de Rio de la Plata

riqueza *nf* richesse *f*

risa *nf* rire *m*; **¡qué ~!** que c'est drôle!

risco *nm* rocher *m* escarpé

risotada *nf* éclat *m* de rire

ristra *nf* chapelet *m*

risueño, -a *adj* souriant(e)

ritmo *nm* rythme *m*; **a ~ lento** au ralenti; **trabajar a ~ lento** travailler au ralenti; **~ de vida** rythme de vie

rito *nm* rite *m*

ritual *adj* rituel(le) ♦ *nm* rituel *m*

rival *adj, nm/f* rival(e); **rivalidad** *nf* rivalité *f*; **rivalizar** *vi* rivaliser

rizado, -a *adj* (*pelo*) frisé(e) ♦ *nm* frisure *f*

rizar *vt* friser; **~se** *vpr* (*el pelo*) se friser; (*agua, mar*) moutonner; **rizo** *nm* boucle *f*

RNE *abr* (= Radio Nacional de España)

robar *vt* voler

roble *nm* chêne *m*

robo *nm* vol *m*

robot (*pl* **~s**) *nm* robot *m*; **~ de cocina** robot *m*

robustecer *vt* fortifier

robusto, -a *adj* robuste

roca *nf* roche *f*

roce vb ver **rozar** ♦ nm
frottement m; (caricia) frôlement
m; (TEC) friction f; (señal) éraflure
f; (: en la piel) égratignure f;
tener un ~ con s'accrocher
avec, avoir une prise de bec avec

rociar vt arroser

rocín nm rosse f

rocío nm rosée f

rock adj, nm (MÚS) rock m

rocoso, -a adj rocailleux(-euse)

rodado, -a adj: **tráfico ~**
circulation f routière

rodaja nf tranche f

rodaje nm (CINE) tournage m; **en
~** (AUTO) rodage m

rodar vt (vehículo) roder; (película)
tourner ♦ vi rouler; (CINE) tourner

rodear vt entourer; **~se** vpr: **~se
de amigos** s'entourer d'amis

rodeo nm détour m; (AM: DEPORTE)
rodéo m; **hablar sin ~s** parler
sans détours

rodilla nf genou m; **de ~s** à
genoux

rodillo nm rouleau m

roedor, a adj rongeur(-euse) ♦
nm rongeur m

roer vt ronger

rogar vt, vi prier; **se ruega no
fumar** prière de ne pas fumer

rojizo, -a adj rougeâtre

rojo, -a adj, nm rouge m;
al ~ (vivo) (metal) rouge; (fig)
chauffé(e) à blanc

rol nm rôle m

rollizo, -a adj rondelet(te)

rollo nm rouleau m; (fam: película)
navet m; (libro) ouvrage m de bas
étage; **¡qué ~!** quelle barbe!,
quelle scie!

Roma n Rome

romance nm (LING) roman m;
(relación) idylle f

romanticismo nm romantisme
m

romántico, -a adj romantique

rombo nm losange m

romería nf (REL) fête f patronale,
≈ pardon m; (excursión)
pèlerinage m

Romería

À l'origine un pèlerinage vers un
lieu saint ou une église, en
l'honneur de la Sainte Vierge ou
du saint local, la **romería** donne
également lieu de nos jours à une
fête populaire. Les participants,
parfois venus de loin, apportent à
boire et à manger, et les festivités
durent toute une journée.

---

romero, -a nm/f pèlerin m ♦ nm
(BOT) romarin m

romo, -a adj émoussé(e)

rompecabezas nm inv casse-
tête m inv

rompeolas nm inv brise-lames m
inv

romper vt casser; (papel, tela)
déchirer; (contrato) rompre ♦ vi
(olas) briser; (diente) casser; **~se**
vpr se casser; **~ el día**
commencer à faire jour; **~ a** se
mettre à; **~ a llorar** éclater en
sanglots; **~ con algn** rompre
avec qn

ron nm rhum m

roncar vi ronfler

ronco, -a adj rauque

ronda nf (de bebidas,
negociaciones) tournée f; (patrulla)
ronde f; **hacer la ~** (MIL) faire sa
ronde; **rondar** vt (vigilar)
surveiller ♦ vi faire une ronde;
(fig) rôder; **la cifra ronda el millón**
le chiffre frise le million

ronquido nm ronflement m

ronronear *vi* ronronner;
ronroneo *nm* ronronnement
m

roña *nf* (VETERINARIA) gale *f*;
(*mugre*) crasse *f*; (*óxido*) rouille *f*

roñoso, -a *adj* (*mugriento*)
crasseux(-euse); (*tacaño*) radin(e)

ropa *nf* vêtements *mpl*; ~
blanca/de casa linge *m* blanc/
de maison; ~ **de cama** literie *f*; ~
interior *o* **íntima** linge de corps;
ropaje *nm* vêtements *mpl*

ropero *nm* (*de ropa de cama*)
armoire *f* (*a linge*); (*guardarropa*)
garde-robe *f*

rosa *adj inv* rose ♦ *nf* (BOT) rose *f*
♦ *nm* (*color*) rose *m*; ~ **de los
vientos** rose *f* des vents

rosado, -a *adj* rose ♦ *nm* rosé *m*

rosal *nm* rosier *m*

rosario *nm* chapelet *m*;
(*oraciones*) rosaire *m*

rosca *nf* pas *msg*; (*pan*) couronne
f

rosetón *nm* (ARQ) rosace *f*

rosquilla *nf* beignet à pâte dure en
forme d'anneau

rostro *nm* visage *m*; **tener
mucho ~** (*fam*) avoir un sacré
culot *o* toupet

rotación *nf* rotation *f*; ~ **de
cultivos** rotation des cultures

rotativo *nm* journal *m*

roto, -a *pp de* **romper** ♦ *adj*
cassé(e); (*tela, papel*) déchiré(e);
(CHI: *de clase obrera*) ouvrier(-ière)
♦ *nm/f* (CHI) ouvrier(-ière) ♦ *nm*
(*en vestido*) accroc *m*

rotonda *nf* rotonde *f*

rótula *nf* rotule *f*

rotulador *nm* crayon *m* feutre

rotular *vt* (*carta, documento*)
légender; **rótulo** *nm* (*título*)
enseigne *f*; (*letrero*) écriteau *m*

rotundamente *adv*

catégoriquement

rotundo, -a *adj* catégorique

rotura *nf* rupture *f*; (MED) fracture
f

roturar *vt* défricher

rozadura *nf* (*huella*) éraflure *f*;
(*herida*) écorchure *f*

rozar *vt* frôler; (*tocar ligeramente,
fig*) effleurer; **~se** *vpr* se
frôler; **~se (con)** (*tratar*) se
frotter (à)

Rte. *abr* (= *remite, remitente*) exp.
(= *expéditeur*)

RTVE *sigla f* (= *Radiotelevisión
Española*)

rubí *nm* rubis *msg*

rubio, -a *adj, nm/f* blond(e);
tabaco ~ tabac *m* blond

rubor *nm* (*sonrojo*) rougeur *f*;
(*vergüenza*) honte *f*

ruborizarse *vpr* rougir

rúbrica *nf* (*de firma*) paraphe *m*,
parafe *m*; **rubricar** *vt* (*firmar*)
parapher *o* parafer; (*concluir*)
couronner

rudimentario, -a *adj*
rudimentaire

rudimentos *nmpl* rudiments
mpl

rudo, -a *adj* (*material*) rude;
(*modales, persona*) grossier(-ière)

rueda *nf* roue *f*; (*corro*) ronde *f*; ~
de prensa conférence *f* de
presse; ~ **de recambio** *o* **de
repuesto** roue de secours; ~
delantera/trasera roue avant/
arrière

ruedo *vb ver* **rodar** ♦ *nm* (TAUR)
arène *f*; (*corro*) ronde *f*

ruego *vb ver* **rogar** ♦ *nm* prière *f*

rufián *nm* ruffian *m*

rugby *nm* rugby *m*

rugido *nm* rugissement *m*

rugir *vi* rugir

rugoso, -a *adj* rugueux(-euse)

ruido nm bruit m; (alboroto) bruit,
grabuge m
ruidoso, -a adj bruyant(e); (fig)
tapageur(-euse)
ruin adj (vil) vil(e); (tacaño) pingre
ruina nf ruine f; **~s** nfpl ruines
fpl
ruindad nf mesquinerie f; (acto)
bassesse f
ruinoso, -a adj ruineux(-euse)
ruiseñor nm rossignol m
ruleta nf roulette f
rulo nm rouleau m
Rumania, Rumanía nf
Roumanie f
rumba nf rumba f
rumbo nm (ruta) cap m; (ángulo
de dirección) rumb m, thumb m;
(fig) direction f; **poner ~ a**
mettre le cap sur; **sin ~ fijo** au
hasard
rumboso, -a (fam) adj
généreux(-euse)
rumiante nm ruminant m
rumiar vt, vi ruminer
rumor nm (ruido sordo) rumeur f;
(chisme) bruit m
rumorearse vpr: **se rumorea
que** le bruit court que
runrún nm rumeur f; (fig)
rengaine f
rupestre adj: **pintura ~** peinture
f rupestre
ruptura nf rupture f
rural adj rural(e)
Rusia nf Russie f
ruso, -a adj russe ♦ nm/f Russe
m/f
rústica nf: **libro en ~** livre m
broché
rústico, -a adj (del campo)
rustique; (ordinario) rustre
ruta nf route f
rutina nf routine f
rutinario, -a adj routinier(-ière)

S, s

S abr (= sur) S (= sud)
S. abr (= san) S (= Saint)
s. abr = **siglo; siguiente**
S.A. abr (COM) (= Sociedad
Anónima) SA f (= société anonyme);
(= Su Alteza) SA (= Son Altesse)
sábado nm samedi m
sábana nf drap m
sabandija nf (ZOOL) bestiole f
sabañón nm engelure f

PALABRA CLAVE

saber vt savoir; **a saber** à savoir;
no lo supe hasta ayer je ne
l'ai appris qu'hier; **¿sabes
conducir/nadar?** sais-tu
conduire/nager?; **¿sabes
francés?** sais-tu parler français?;
saber de memoria savoir o
connaître par cœur; **lo sé** je (le)
sais; **hacer saber** faire savoir;
que yo sepa que je sache;
¡vete a saber! va savoir!;
¿sabes? tu vois?
♦ vi: **saber a** avoir le goût de;
sabe a fresa ça a un goût de
fraise; **saber mal/bien** (comida,
bebida) avoir bon/mauvais goût;
**le sabe mal que otro saque a
bailar a su mujer** ça ne lui plaît
pas que d'autres gens invitent sa
femme à danser; **saberse** vpr:
se sabe que ... on sait que ...;
no se sabe todavía on ne sait
toujours pas

sabiduría nf savoir m; (buen
juicio) sagesse f
sabiendas: a ~ adv en
connaissance de cause
sabio, -a adj savant(e); (prudente)

sage ♦ *nm/f* savant(e)
sabor *nm* goût *m*, saveur *f*;
  saborear *vt* savourer
sabotaje *nm* sabotage *m*
saboteador, a *nm/f*
  saboteur(-euse)
sabotear *vt* saboter
sabré *etc vb ver* **saber**
sabroso, -a *adj*
  savoureux(-euse); (*salado*) salé(e)
sacacorchos *nm inv* tire-
  bouchon *m*
sacapuntas *nm inv* taille-crayon
  m
sacar *vt* sortir; (*dinero, entradas*)
  retirer; (*beneficios*) tirer; (*premio*)
  remporter; (*datos*) extraire;
  (*conclusión*) arriver à; (*esp AM:
  ropa*) enlever; **~ adelante** (*hijos*)
  élever; (*negocio*) faire démarrer; **~
  una foto** faire une photo; **~ la
  lengua** tirer la langue; **~
  buenas/malas notas** avoir de
  bonnes/mauvaises notes
sacarina *nf* saccharine *f*
sacerdote *nm* prêtre *m*
saciar *vt* assouvir; **~se** *vpr* se
  rassasier
saco *nm* sac *m*; (*AM: chaqueta*)
  veste *f*; **~ de dormir** sac de
  couchage
sacramento *nm* sacrement *m*
sacrificar *vt* sacrifier; **~se** *vpr*:
  ~se por se sacrifier pour;
  sacrificio *nm* sacrifice *m*
sacrilegio *nm* sacrilège *m*
sacristía *nf* sacristie *f*
sacudida *nf* secousse *f*; **~
  eléctrica** décharge *f* électrique
sacudir *vt* secouer
sádico, -a *adj, nm/f* sadique *m/f*;
  sadismo *nm* sadisme *m*
saeta *nf* flèche *f*
sagacidad *nf* sagacité *f*; **sagaz**
  adj sagace

Sagitario *nm* (*ASTROL*) Sagittaire
  m; **ser ~** être (du) Sagittaire
sagrado, -a *adj* sacré(e)
Sáhara *nm*: **el ~** le Sahara
sal *vb ver* **salir** ♦ *nf* sel *m*;
  (*encanto*) grâce *f*; **~es de baño**
  sels de bain
sala *nf* salle *f*; (*sala de estar*) salle
  de séjour; (*JUR*) tribunal *m*; **~ de
  espera** salle d'attente; **~ de
  fiestas** salle des fêtes
salado, -a *adj* salé(e); (*fig*)
  piquant(e); **agua salada** eau *f*
  salée
salar *vt* saler
salarial *adj* (*aumento*) de salaire;
  (*revisión*) salarial(e)
salario *nm* salaire *m*
salchicha *nf* saucisse *f*;
  salchichón *nm* saucisson *m*
saldar *vt* solder; (*deuda,
  diferencias*) régler; **saldo** *nm*
  solde *m*; (*de deuda*) règlement *m*
saldré *etc vb ver* **salir**
salero *nm* (*CULIN*) salière *f*
salga *etc vb ver* **salir**
salida *nf* sortie *f*; (*de tren, AVIAT,
  DEPORTE*) départ *m*; (*puerta*) sortie,
  issue *f*; (*fig*) issue; (: *de estudios*)
  débouché *m*; **calle sin ~** voie *f*
  sans issue; **a la ~ del teatro** à la
  sortie du théâtre; **~ de
  emergencia/de incendios**
  sortie de secours
saliente *adj* sortant(e)

┌─────────────────────┐
│ *PALABRA CLAVE* │
└─────────────────────┘

salir *vi* **1** (*ir afuera*) sortir; (*tren,
  avión*) partir; **salir de** sortir de;
  Juan ha salido Juan est sorti;
  salió de la cocina il est sorti de
  la cuisine
  2 (*aparecer: sol*) se lever; (*flor,
  pelo, dientes*) pousser; (*disco, libro*)
  sortir; **anoche salió el**

reportaje en la tele le reportaje me pasé hier soir à la télé; **su foto salió en todos los periódicos** sa photo est parue dans tous les journaux **3** (*resultar*): **salir bien/mal** réussir/rater; **el niño nos ha salido muy estudioso** notre fils se révèle très studieux; **la comida te ha salido exquisita** ton repas est très réussi; **sale muy caro** c'est très cher **4** (*mancha*) partir; (*tapón*) s'enlever **5: le salió un trabajo** il a trouvé du travail **6: salir adelante** s'en sortir; **no sé como haré para salir adelante** je ne sais pas comment faire pour m'en sortir; **salirse** *vpr* (*líquido*) se renverser; (*animal*) sortir; (*de la carretera*) quitter; (*persona: de asociación*) quitter

saliva *nf* salive *f*
salmo *nm* psaume *m*
salmón *nm* saumon *m*
salmuera *nf* saumure *f*
salón *nm* salon *m*; **~ de belleza** institut *m* de beauté
salpicadero *nm* (*AUTO*) tableau *m* de bord
salpicar *vt* éclabousser; (*esparcir*) parsemer
salsa *nf* (*CULIN, MÚS*) sauce *f*
saltamontes *nm inv* sauterelle *f*
saltar *vt* sauter ♦ *vi* sauter; (*al agua*) plonger; (*quebrarse: cristal*) se briser; (*explotar: persona*) exploser; **~se** *vpr* sauter; **~se un semáforo** brûler un feu
salto *nm* saut *m*; (*al agua*) plongeon *m*; **~ de agua** chute *f* d'eau; **~ de altura/de longitud** saut en hauteur/en longueur; **~**

mortal saut périlleux
saltón, -ona *adj* (*ojos*) globuleux(-euse); (*dientes*) en avant
salud *nf* santé *f*; **¡(a su) ~!** (à votre) santé!; **saludable** *adj* sain(e)
saludar *vt* saluer; **salude de mi parte a X** saluez X de ma part; **saludo** *nm* salut *m*; **saludos** *nmpl* (*en carta*) salutations *fpl*
salva *nf* (*MIL*) salve *f*; **una ~ de aplausos** une salve d'applaudissements
salvación *nf* sauvetage *m*; (*REL*) salut *m*
salvado *nm* (*AGR*) son *m*
salvador *nm* sauveur *m*; **El S~** (*GEO*) El Salvador; **San S~** San Salvador
salvaguardar *vt* sauvegarder
salvajada *nf* sauvagerie *f*
salvaje *adj, nm/f* sauvage *m/f*
salvamento *nm* sauvetage *m*
salvar *vt* sauver; (*obstáculo, distancias*) franchir; (*exceptuar*) excepter; **~se** *vpr*: **~se (de)** se sauver (de)
salvavidas *adj inv*: **bote/ chaleco/cinturón ~** canot *m/* gilet *m/*bouée *f* de sauvetage
salvo, -a *adj*: **a ~** en lieu sûr ♦ *adv* sauf; **~ que** sauf que; **salvoconducto** *nm* sauf-conduit *m*
san *nm* saint *m*; **~ Juan** Saint Jean
sanar *vt, vi* guérir
sanatorio *nm* sanatorium *m*
sanción *nf* sanction *f*; (*aprobación*) approbation *f*; **sancionar** *vt* sanctionner; (*aprobar*) approuver
sandalia *nf* sandale *f*
sandía *nf* pastèque *f*

sandwich (pl ~s o ~es) nm
sandwich m
saneamiento nm assainissement
m
sanear vt assainir

Sanfermines

Les Sanfermines de Pampelune
sont un festival d'une semaine,
rendu célèbre par Hemingway. À
partir du 7 juillet, fête patronale
de "San Fermín", les habitants de
la ville, principalement les jeunes,
se rassemblent dans les rues pour
chanter, boire et danser. Tôt le
matin, on lâche des taureaux
dans les rues étroites qui
conduisent à l'arène. Selon une
coutume répandue dans de
nombreux villages espagnols, des
jeunes gens font acte de courage
en s'élançant devant les taureaux,
au risque de leur vie.

---

sangrar vt saigner ♦ vi saigner;
sangre nf sang m
sangría nf (MED) saignée f; (CULIN)
sangria f
sangriento, -a adj sanglant(e)
sanguijuela nf sangsue f
sanguinario, -a adj sanguinaire
sanguíneo, -a adj sanguin(e)
sanidad nf (ADMIN) santé f; (de
ciudad, clima) salubrité f; **~
pública** santé publique

San Isidro

San Isidro, saint patron de
Madrid, donne son nom à des
festivités d'une semaine qui ont
lieu aux alentours du 15 mai.
Foire Au XVIIIe siècle, la fête de
San Isidro consiste de nos jours
en diverses manifestations, telles

que bals, musique, spectacles,
courses de taureaux et une célèbre
romería.

sanitario, -a adj sanitaire ♦ nm:
~s sanitaires mpl
sano, -a adj sain(e); (sin daños)
intact(e); **~ y salvo** sain et sauf
Santiago n: **~ (de Chile)**
Santiago (du Chili)
santiamén nm: **en un ~** en un
clin d'œil
santidad nf sainteté f
santiguarse vpr se signer
santo, -a adj saint(e) ♦ nm/f (REL)
Saint(e) ♦ nm fête f; **~ y seña**
mot m de passe
santuario nm sanctuaire m
saña nf (crueldad) sauvagerie f;
(furor) fureur f
sapo nm crapaud m
saque vb ver sacar ♦ nm (TENIS)
service m; (FÚTBOL) remise f en jeu;
~ de esquina corner m
saquear vt piller; **saqueo** nm
pillage m
sarampión nm rougeole f
sarcasmo nm sarcasme m
sarcástico, -a adj sarcastique
sardina nf sardine f
sargento nm (MIL) sergent m
sarmiento nm sarment m
sarna nf (MED, ZOOL) gale f
sarpullido nm (MED) éruption f
(prurigineuse)
sarro nm tartre m
sartén nf o (AM) m (CULIN) poêle f
(à frire)
sastre nm tailleur m
Satanás nm Satan m
satélite nm satellite m
sátira nf satire f
satisfacción nf satisfaction f
satisfacer vt satisfaire; **~se** vpr

se satisfaire
satisfecho, -a *pp de*
satisfacer ♦ *adj* satisfait(e)
saturar *vt* saturer; **~se** *vpr* être
saturé(e)
sauce *nm* saule *m*; **~ llorón**
saule pleureur
sauna *nf* sauna *m*
savia *nf* sève *f*
saxofón *nm* saxophone *m*
sazonar *vt* mûrir; (CULIN) relever

PALABRA CLAVE
---

se *pron* **1** (*reflexivo*) se, s'; (: *de Vd,*
Vds) vous; **se divierte** il s'amuse;
lavarse se laver
2 (*con complemento directo: sg*)
lui; (*pl*) leur; (: *Vd, Vds*) vous; **se lo**
dije (*a él*) je le lui ai dit; (*a ellos*)
je le leur ai dit; (*a usted(es)*) je
vous l'ai dit; **se compró un**
sombrero il s'est acheté un
chapeau; **se rompió la pierna** il
s'est cassé la jambe
3 (*uso recíproco*) se; (: *Vds*) vous;
se miraron (el uno al otro) ils
se sont regardés (l'un l'autre);
cuando (ustedes) se
conocieron quand vous vous
êtes connus
4 (*en oraciones pasivas*): **se han**
vendido muchos libros
beaucoup de livres ont été vendus
5 (*impersonal*): **se dice que ...**
on dit que ...; **allí se come muy**
bien on y mange très bien; **se**
ruega no fumar prière de ne
pas fumer

sé *vb ver* **saber**; **ser**
sea *etc vb ver* **ser**
sebo *nm* sébum *m*
secador *nm* (*tb*: **~ de pelo**)
sèche-cheveux *m inv*
secadora *nf* sèche-linge *m inv*

secar *vt* sécher; **~se** *vpr* sécher;
(*persona*) se sécher
sección *nf* section *f*
seco, -a *adj* sec (sèche); **Juan, a**
secas Juan tout court; **parar/**
frenar en ~ s'arrêter/freiner
brusquement
secretaría *nf* secrétariat *m*
secretario, -a *nm/f* secrétaire
m/f
secreto, -a *adj* secret(-ète) ♦ *nm*
secret *m*
secta *nf* secte *f*
sectario, -a *adj* sectaire
sector *nm* secteur *m*; **~**
terciario secteur tertiaire
secuela *nf* séquelle *f*
secuencia *nf* séquence *f*
secuestrar *vt* séquestrer; (*avión*)
détourner; (*publicación*) retirer de
la circulation; (*bienes: JUR*)
séquestrer, mettre sous séquestre;
secuestro *nm* (*de persona*)
séquestration *f*; (*de avión*)
détournement *m*
secular *adj* séculaire
secundar *vt* seconder
secundario, -a *adj* secondaire;
(INFORM) d'arrière-plan
sed *nf* soif *f*; **tener ~** avoir soif
seda *nf* soie *f*
sedal *nm* ligne *f*
sedante *nm* sédatif *m*
sede *nf* siège *m*; **Santa S~** Saint
Siège
sedentario, -a *adj* sédentaire
sediento, -a *adj* assoiffé(e)
sedimento *nm* sédiment *m*
sedoso, -a *adj* soyeux(-euse)
seducción *nf* séduction *f*
seducir *vt* séduire
seductor, -a *adj* séducteur(-trice);
(*personalidad, idea*) séduisant(e) ♦
nm/f séducteur(-trice)
segar *vt* (*mies*) moissonner;

(*hierba*) faucher; (*vidas*) briser

seglar *adj* séculier(-ière)

segregación *nf* ségrégation *f*; ~ **racial** ségrégation raciale

segregar *vt* ségréguer; (*líquido*) sécréter

seguida *nf*: **en ~** tout de suite

seguido, -a *adj* (*semana*) continu(e) ♦ *adv* (*derecho*) tout droit; (*AM: a menudo*) souvent; **5 días ~s** 5 jours de suite

seguimiento *nm* suivi *m*

seguir *vt* suivre ♦ *vi* (*venir después*) suivre; (*continuar*) poursuivre; **~se** *vpr*: **~se (de)** résulter (de); **sigo sin comprender** je ne comprends toujours pas; **sigue lloviendo** il continue de pleuvoir; **¡siga!** (*AM*) allez-y!

según *prep* d'après ♦ *adv* (*tal como*) tel(le) que; (*depende de*) selon; (*a medida que*) à mesure que; **~ esté el tiempo** selon le temps qu'il fera; **está ~ lo dejaste** c'est resté tel que tu l'avais laissé

segundo, -a *adj* deuxième, second(e) ♦ *nm* seconde *f* ♦ *nm/f* deuxième *m/f*, second(e); **segunda (clase)** (*FERRO*) seconde (classe) *f*; **segunda (marcha)** (*AUTO*) seconde; **con segundas (intenciones)** avec une arrière-pensée; **de segunda mano** d'occasion; *ver tb* **sexto**

seguramente *adv* sûrement

seguridad *nf* sécurité *f*; (*certeza*) certitude *f*; (*confianza*) confiance *f*; **~ social** sécurité sociale

seguro, -a *adj* sûr(e) ♦ *adv* sûr ♦ *nm* sécurité *f*; (*COM*) assurance *f*; (*CAM, MÉX*) épingle *f* à nourrice; **~ a todo riesgo/contra terceros** assurance tous risques/

au tiers

seis *adj inv, nm inv* six *m inv*; **el ~ de abril** le six avril

seiscientos, -as *adj* six cents; **~ veinticinco** six cent vingt-cinq

seísmo *nm* séisme *m*

selección *nf* sélection *f*; **seleccionar** *vt* sélectionner

selectividad *nf* (*UNIV*) sélection *f*

selecto, -a *adj* sélect(e)

sellar *vt* sceller; (*pasaporte*) tamponner

sello *nm* (*de correos*) timbre *m*; (*para estampar*) tampon *m*; (*precinto*) sceau *m*

selva *nf* (*bosque*) forêt *f*; (*jungla*) jungle *f*

semáforo *nm* (*AUTO*) feu *m* rouge o de circulation

semana *nf* semaine *f*; **S~ Santa** semaine sainte

Semana Santa

Les célébrations de la semaine sainte en Espagne sont souvent grandioses. "Viernes Santo" (le Vendredi saint), "Sábado Santo" (le Samedi saint) et "Domingo de Resurrección" (le dimanche de Pâques) sont des fêtes légales auxquelles s'ajoutent d'autres jours fériés dans chaque région. Dans tout le pays, les membres des "cofradías" (confréries), vêtus de cagoules, avancent en processions dans les rues, précédant leurs "pasos", des chars richement décorés sur lesquels se dressent des statues religieuses. Les processions de la semaine sainte à Séville sont particulièrement renommées.

---

semanal *adj* hebdomadaire

semblante *nm* (traits *mpl* du)

visage m

sembrar vt semer

semejante adj, nm semblable m;

semejanza nf ressemblance f

semen nm sperme m, semence f

semestral adj semestriel(le)

semi... pref semi...

semicírculo nm demi-cercle m

semifinal nf demi-finale f

semilla nf graine f, semence f

seminario nm (REL) séminaire m;
(ESCOL) séance f de T.P.

sémola nf semoule f

Sena nm: **el ~** la Seine

senado nm sénat m

senador, a nm/f sénateur(-trice)

sencillez nf simplicité f

sencillo, -a adj simple

senda nf sentier m

sendero nm sentier m; **S~**
Luminoso (PE: POL) Sentier
lumineux

senil adj sénile

seno nm sein m; (MAT) sinus m; **~**
materno sein maternel

sensación nf sensation f;

sensacional adj sensationnel(le)

sensato, -a adj sensé(e)

sensible adj sensible

sensorial adj sensoriel(le)

sensual adj sensuel(le)

sentada nf (protesta) sit-in m

sentado, -a adj: **estar ~** être
assis(e); **dar por ~** considérer
comme réglé(e)

sentar vt asseoir; (noticia, hecho,
palabras) établir ♦ vi (vestido,
color) aller; **~se** vpr s'asseoir; **~**
bien (ropa) aller bien; (comida)
faire du bien; (vacaciones) réussir;
me ha sentado mal (comida) je
ne l'ai pas digéré; (comentario)
cela m'a blessé

sentencia nf sentence f;

sentenciar vt (JUR) condamner

sentido, -a adj (pérdida)
regretté(e) ♦ nm sens msg; **mi**
más ~ pésame mes plus
sincères condoléances; **con ~**
doble à double sens; **tener ~**
avoir de sens; **~ común** bon sens;
~ del humor sens de l'humour;
~ único (AUTO) sens unique

sentimental adj sentimental(e);
vida ~ vie f sentimentale

sentimiento nm sentiment m

sentir nm opinion f ♦ vt sentir;
(lamentar) regretter; (esp AM)
entendre ♦ vi sentir; **~se** vpr se
sentir; **lo siento (mucho)** je suis
désolé(e); **~se bien/mal** se
sentir bien/mal

seña nf signe m; (MIL) mot m de
passe; **~s** nfpl (dirección) adresse
f; **~s personales** (descripción)
caractéristiques fpl physiques

señal nf signal m; (síntoma) signe
m; (marca, INFORM) marque f;
(COM) arrhes fpl; **en ~ de** en
signe de; **señalar** vt signaler;
(poner marcas) marquer; (con el
dedo) montrer du doigt; (hora)
donner; (fijar) déterminer

señor, a adj (fam) classe ♦ nm
monsieur m; (hombre) homme m;
(trato) monsieur m; **Muy ~ mío**
cher Monsieur

señora nf madame f; (dama)
dame f; (mujer) femme f;
Nuestra S~ (REL) Notre-Dame

señorita nf (tratamiento)
mademoiselle f; (mujer joven)
demoiselle f, jeune fille f

señorito nm (pey) fils msg à papa

señuelo nm leurre m

sepa etc vb ver **saber**

separación nf séparation f;
(división) partage m; (distancia)
distance f

separar vt séparer; (dividir)

diviser; **~se** vpr se séparer; (partes) se détacher; **~se de** (persona: de un lugar) s'éloigner de; (: de asociación) quitter

sepia nf (CULIN) seiche f

septiembre nm septembre m; ver tb **julio**

séptimo, -a adj, nm/f septième m/f; ver tb **sexto**

sepulcro nm sépulcre m

sepultar vt inhumer; (suj: aguas, escombros) ensevelir; **sepultura** nf (entierro) inhumation f; (tumba) sépulture f

sequedad nf sécheresse f

sequía nf sécheresse f

séquito nm (de rey) cour f

SER sigla f (RADIO) = Sociedad Española de Radiodifusión société privée de radiodiffusion

---

PALABRA CLAVE

---

ser vi 1 (descripción, identidad) être; **es médico/muy alto** il est docteur/très grand; **soy Pepe** (TELEC) c'est Pepe (à l'appareil)

2 (suceder): **¿qué ha sido eso?** qu'est-ce que c'était?; **la fiesta es en casa** la fête a lieu chez nous

3 (ser + de: posesión): **es de Joaquín** c'est à Joaquín; (origen): **ella es de Cuzco** elle est de Cuzco; (sustancia): **es de piedra** c'est en pierre; **¿qué va a ser de nosotros?** qu'allons nous devenir?

4 (horas, fechas, números): **es la una** il est une heure; **son las seis y media** il est six heures et demi; **es el 1 de junio** c'est le 1er juin; **somos/son seis** nous sommes/ils sont six; **2 y 2 son 4** 2 et 2 font 4

5 (valer): **¿cuánto es?** c'est

combien?

6 (+ para): **es para pintar** c'est pour peindre

7 (en oraciones pasivas): **ya ha sido descubierto** ça a déjà été découvert; **fue construido** ça a été construit

8 (ser + de + vb): **es de esperar que ...** il faut s'attendre à ce que ...

9 (+ que): **es que no puedo** c'est que je ne peux pas; **¿cómo es que no lo sabes?** comment se fait-il que tu ne saches pas?

10 (locuciones: con subjun): **o sea** c'est-à-dire; **sea él, sea su hermana** soit lui, soit sa sœur

11 (con infinitivo): **a no ser ...** si ce n'est ...: **a no ser que salga mañana** à moins qu'il ne sorte demain; **de no ser así** si ce n'était pas le cas

12: "érase una vez ..." "il était une fois ..."

♦ nm (ente) être m; **ser humano/vivo** être humain/vivant

serenarse vpr s'apaiser

sereno, -a adj (día) serein(-e); (tiempo) calme ♦ nm veilleur m de nuit

serie nf série f; (TV: por capítulos) feuilleton m; **fuera de ~** (COM) hors série; (fig) hors norme; **fabricación en ~** fabrication f en série

seriedad nf sérieux msg; (de crisis) gravité f

serio, -a adj sérieux(-ieuse); **en ~** sérieusement

sermón nm sermon m

seropositivo, -a adj séropositif(-ive)

serpiente nf serpent m; **~ de cascabel** serpent à sonnettes

serranía nf zone f montagneuse
serrar vt scier
serrín nm sciure f (de bois)
serrucho nm scie f égoïne
servicio nm service m; **~s** nmpl (wáter) toilettes fpl; (ECON: sector) services mpl; **~ incluido** service compris; **~ militar** service militaire
servil (pey) adj servile
servilleta nf serviette f
servir vt, vi servir; **~se** vpr se servir; **~ (para)** servir (à); **~se de algo** se servir de qch; **sírvase pasar** veuillez entrer
sesenta adj inv, nm inv soixante m inv
sesgo nm tournure f; **al ~** (COSTURA) en biais
sesión nf séance f
seso nm cerveau m
seta nf champignon m; **~ venenosa** champignon vénéneux
setecientos, -as adj sept cents; ver tb **seiscientos**
setenta adj inv, nm inv soixante-dix m inv; ver tb **sesenta**
seudónimo nm pseudonyme m
severidad nf sévérité f
severo, -a adj sévère
Sevilla n Séville
sevillano, -a adj sévillan(e) ♦ nm/f Sévillan(e)
sexo nm sexe m
sexto, -a adj, nm/f sixième m/f
sexual adj sexuel(le)
si conj si ♦ nm (MÚS) si m inv; **me pregunto ~ ...** je me demande si ...; **él no quiere pero yo ~** il ne veut pas mais moi oui; **ella ~ vendrá** elle, elle viendra; **claro que ~** bien sûr que oui/si; **creo**

que **~** je crois que oui/si; **porque ~** (porque lo digo yo) parce que; **¡~ que lo es!** bien sûr que si!; **¡eso ~ que no!** alors là, non! ♦ nm (consentimiento) oui m ♦ pron (uso impersonal) soi; (sg: m) lui; (: f) elle; (: de cosa) lui (elle); (pl) eux; **por ~ solo/solos** à lui seul/eux seuls; **volver en ~** revenir à soi; **~ mismo/misma** lui-/elle-même; **se ríe de ~ misma** elle rit d'elle-même; **hablaban entre ~** ils parlaient entre eux; **de por ~** en soi-même etc
siamés, -esa adj, nm/f siamois(e)
SIDA, sida sigla m (= síndrome de inmuno-deficiencia adquirida) SIDA m, sida m (= syndrome immunodéficitaire acquis)
siderúrgico, -a adj sidérurgique
sidra nf cidre m
siembra vb ver **sembrar** ♦ nf (AGR) semence f
siempre adv toujours ♦ conj: **~ que ...** (cada vez que) chaque fois que ...; (a condición de que) seulement si; **como ~** comme toujours; **para ~** pour toujours; **me voy mañana** (AM) de toute façon, je pars demain
sien nf tempe f
siento vb ver **sentar; sentir**
sierra vb ver **serrar** ♦ nf (TEC) scie f; (GEO) chaîne f de montagnes; **S~ Leona** Sierra f Leone
siervo, -a nm/f serf (serve)
siesta nf sieste f; **dormir la o echarse una ~** faire une (petite) sieste
siete adj inv, nm inv sept m inv ♦ excl (AM: fam): **¡la gran ~!** punaise!; **se armó un follón de**

la gran ~ ça a fait un raffut de tous les diables; **hijo de la gran ~** (fam!) fils msg de pute; ver tb **seis**

sífilis nf syphilis fsg
sifón nm siphon m
siga etc vb ver **seguir**
sigla nf sigle m
siglo nm siècle m
significación nf signification f
significado nm signification f
significar vt signifier
significativo, -a adj significatif(-ive)
signo nm signe m; **~ de admiración** point d'exclamation; **~ de interrogación** point d'interrogation
siguiendo etc vb ver **seguir**
siguiente adj suivant(e); **¡el ~!** au suivant!
sílaba nf syllabe f
silbar vt, vi siffler; **silbato** nm sifflet m; **silbido, silbo** nm sifflement m
silenciador nm silencieux msg
silenciar vt (AM: persona) faire taire; **silencio** nm silence m
silencioso, -a adj silencieux(-ieuse)
silla nf chaise f; (tb: **~ de montar**) selle f; **~ de ruedas** chaise roulante
sillón nm fauteuil m
silueta nf silhouette f
silvestre adj (BOT) sauvage
simbólico, -a adj symbolique
simbolizar vt symboliser
símbolo nm symbole m
simetría nf symétrie f
simiente nf graine f
similar adj similaire
simio nm singe m

simpatía nf sympathie f
simpático, -a adj (persona) sympathique
simpatizante nm/f sympathisant(e)
simpatizar vi: **~ con** sympathiser avec
simple adj simple ♦ nm/f (pey) simplet(te); **simplificar** vt simplifier
simposio nm symposium m
simular vt simuler
simultáneo, -a adj simultané(e)
sin prep sans ♦ conj: **~ que** (+subjun) sans que +subjun; **la ropa está ~ lavar** le linge n'est pas lavé; **~ embargo** cependant
sinagoga nf synagogue f
sinceridad nf sincérité f
sincero, -a adj sincère
sincronizar vt synchroniser
sindical adj syndical(e); **central ~** centrale f syndicale;
sindicalista adj, nm/f syndicaliste m/f
sindicato nm syndicat m
síndrome nm syndrome m; **~ de abstinencia** symptômes mpl de la privation
sinfín nm: **un ~ de** une infinité de
sinfonía nf symphonie f
singular adj singulier(-ière);
singularidad nf singularité f;
singularizar vt singulariser;
singularizarse vpr se singulariser
siniestro, -a adj sinistre ♦ nm sinistre m; (en carretera) accident m
sinnúmero nm = **sinfín**
sino nm destin m ♦ conj sinon
sinónimo, -a adj, nm synonyme m
síntesis nf inv synthèse f

sintético, -a *adj* (*material*) synthétique; (*producto*) de synthèse

sintetizar *vt* synthétiser

sintiendo *etc vb ver* **sentir**

síntoma *nm* symptôme *m*

sintonía *nf* (RADIO) réglage *m*; (*melodía*) indicatif *m* (musical)

sintonizar *vt* (RADIO) régler ♦ *vi*: **~ con** régler sur

sinvergüenza *adj, nm/f* canaille *f*; (*descarado*) effronté(e)

siquiera *conj* même si ♦ *adv* au moins; **ni ~** pas même; **~ bebe algo** bois au moins qch

sirena *nf* sirène *f*

Siria *nf* Syrie *f*

sirviendo *etc vb ver* **servir**

sirviente, -a *nm/f* domestique *m/f*

sisear *vi* dire "chut"

sistema *nm* système *m*

Sistema educativo

La réforme du système scolaire espagnol (*sistema educativo*) date du début des années 90. Les cycles EGB, BUP et COU ont été remplacés respectivement par la "Primaria", cycle obligatoire de 6 ans, la "Secundaria", cycle obligatoire de 4 ans et le "Bachillerato", cycle facultatif de 2 ans dans le secondaire, indispensable à la poursuite d'études supérieures.

---

sistemático, -a *adj* systématique

sitiar *vt* assiéger

sitio *nm* endroit *m*, site *m*; (*espacio*) place *f*; (MIL) siège *m*

situación *nf* situation *f*

situado, -a *adj* situé(e)

situar *vt* situer; (*socioeconómicamente*) placer; **~se** *vpr* se situer; (*socioeconómicamente*) réussir (dans la vie)

slip (*pl* **~s**) *nm* slip *m*

SME *sigla m* (= *Sistema Monetario Europeo*) SME *m* (= *Système monétaire européen*)

smoking (*pl* **~s**) *nm* smoking *m*

snob *nm* = **esnob**

SO *abr* (= *suroeste*) S.-O. (= *sud-ouest*)

sobaco *nm* aisselle *f*

sobar *vt* tripoter

soberanía *nf* souveraineté *f*

soberano, -a *adj* souverain(e) ♦ *nm/f* souverain(e)

soberbia *nf* superbe *f*, orgueil *m*

soberbio, -a *adj* (*persona*) orgueilleux(-euse); (*palacio, ejemplar*) superbe

sobornar *vt* acheter, soudoyer; **soborno** *nm* (*un soborno*) pot-de-vin *m*; (*el soborno*) corruption *f*

sobra *nf* excès *m*; **~s** *nfpl* (*restos*) restes *mpl*; **de ~** en trop; **tengo de ~** j'en ai plus qu'assez; **sobrante** *adj* restant(e) ♦ *nm* restant *m*

sobrar *vi* (*quedar*) rester

sobre *prep* sur; (*por encima de*) au-dessus de; (*aproximadamente*) environ ♦ *nm* enveloppe *f*; **~ todo** surtout

sobredosis *nf inv* overdose *f*

sobreentender *vt* sous-entendre; **~se** *vpr*: **se sobreentiende (que)** il est sous-entendu (que)

sobrehumano, -a *adj* surhumain(e)

sobrellevar *vt* supporter

sobremesa *nf*: **de ~** (*ordenador*) de bureau; (*programación*) de l'après-midi; **en la ~** après manger

sobrenatural adj surnaturel(le)

sobrentender vt = **sobreentender**

sobrepasar vt dépasser

sobreponerse vpr: **~ a algo** surmonter qch

sobresaliente adj extraordinaire ♦ nm (ESCOL) ≈ mention f "très bien"

sobresalir vi (punta) saillir; (cabeza) dépasser; (fig) se distinguer

sobresaltar vt faire sursauter; **~se** vpr sursauter

sobrevenir vi survenir

sobreviviente adj, nm/f survivant(e)

sobrevolar vt survoler

sobriedad nf sobriété f

sobrino, -a nm/f neveu (nièce)

sobrio, -a adj sobre

socarrón, -ona adj narquois(e)

socavar vt saper

socavón nm (en calle) trou m

sociable adj sociable

social adj social(e)

socialdemócrata adj, nm/f social-démocrate f

socialista adj, nm/f socialiste f

sociedad nf société f; **~ anónima** société anonyme

socio, -a nm/f membre m/f; (COM) associé(e)

sociología nf sociologie f

sociólogo, -a nm/f sociologue m/f

socorrer vt secourir; **socorrista** nm/f secouriste m/f; **socorro** nm secours msg; (MIL) secours mpl; **¡socorro!** au secours!

soda nf soda m

sofá nm canapé m; **sofá-cama** nm canapé-lit m

sofocar vt suffoquer, étouffer; (incendio, rebelión) étouffer; **~se** vpr étouffer; (fig) suffoquer; **sofoco** nm suffocation f

soga nf cordage m

sois vb ver **ser**

soja nf soja m

sol nm soleil m; **hace ~** il fait soleil; **tomar el ~** prendre le soleil

solamente adv seulement

solapa nf (de chaqueta) revers msg; (de libro) rabat m

solar adj solaire ♦ nm terrain m vague

solaz nm distraction f

solazarse vpr se distraire

soldado nm soldat m; **~ raso** simple soldat

soldador, a nm/f soudeur(-euse) ♦ nm machine f à souder

soldar vt souder

soleado, -a adj ensoleillé(e)

soledad nf solitude f

solemne adj solennel(le); **solemnidad** nf solennité f

soler vi: **~ hacer algo** avoir l'habitude de faire qch; **suele salir a las ocho** d'ordinaire, il sort à 8 heures; **solíamos ir todos los años** nous y allions tous les ans

solicitar vt solliciter

solicitud nf sollicitation f

solidaridad nf solidarité f

solidario, -a adj solidaire

solidez nf solidité f

sólido, -a adj solide

soliloquio nm soliloque m

solista nm/f soliste m/f

solitario, -a adj, nm/f solitaire m/f ♦ nm (NAIPES) réussite f

sollozar vi sangloter; **sollozo** nm sanglot m

solo, -a adj (único) seul(e) (et

unique); *(sin compañía)* seul(e);
hay una sola dificultad il y a
une seule difficulté; **a solas**
tout(e) seul(e); *(dos personas)* seul
à seul

sólo *adv* seulement

solomillo *nm* aloyau m

soltar *vt* lâcher; *(preso)* relâcher;
(pelo) détacher; *(nudo)* défaire;
(estornudo, carcajada) laisser
échapper; **~se** *vpr* se détacher;
(adquirir destreza) se débrouiller

soltero, -a *adj, nm/f* célibataire
m/f

solterón, -ona *nm/f* vieux
garçon *(vieille fille)*

soltura *nf (al hablar, escribir)*
facilité f; *(agilidad)* adresse f

soluble *adj* soluble

solución *nf* solution f;

solucionar *vt* résoudre

solventar *vt (deudas)* régler;
(conflicto) résoudre

solvente *adj (COM)* solvable

sombra *nf* ombre f; **tener**
buena/mala ~ *(suerte)* avoir de
la/pas de chance

sombrero *nm* chapeau m

sombrilla *nf* ombrelle f

sombrío, -a *adj* sombre

somero, -a *adj* sommaire

someter *vt* soumettre; *(alumnos,*
familia) faire obéir; **~se** *vpr* se
soumettre; **~ algo/a algn a**
soumettre qch/qn à; **~se a**
(mayoría, opinión) se soumettre à;
(tratamiento) se soumettre à

somnífero *nm* somnifère m

somnolencia *nf* somnolence f

somos *vb ver* ser

son *vb ver* ser ♦ *nm* son m; **en ~**
de paz en signe de paix

sonajero *nm* hochet m

sonámbulo, -a *nm/f*
somnambule m/f

sonar *vi* sonner; *(música, voz)*
retentir; *(LING)* être prononcé(e);
(resultar conocido) dire qch; **~se**
vpr: **~se (la nariz)** renifler; **me**
suena ese nombre/esa cara
ce nom/ce visage me dit quelque
chose

sonda *nf* sonde f

sondear *vt (MED)* examiner à la
sonde; **sondeo** *nm* sondage m;
(MED) examen m à la sonde

sonido *nm* son m

sonoro, -a *adj* sonore

sonreír *vi* sourire; **~se** *vpr*
sourire; **sonriente** *adj*
souriant(e); **sonrisa** *nf* sourire m

sonrojarse *vpr* rougir

soñar *vt, vi* rêver; **~ con algn/**
algo rêver de qn/qch

soñoliento, -a *adj* somnolent(e)

sopa *nf* soupe f

sopesar *vt* peser

soplar *vt* souffler ♦ *vi* souffler;
soplo *nm* souffle m

sopor *nm* somnolence f

soporífero, -a *adj* soporifique

soportar *vt* supporter; **soporte**
nm support m

soprano *nm/f* soprano m/f

sorber *vt (sopa)* avaler; *(refresco)*
siroter; *(absorber)* absorber

sorbo *nm* gorgée f

sordera *nf* surdité f

sórdido, -a *adj* sordide

sordo, -a *adj, nm/f* sourd(e)

sordomudo, -a *adj, nm/f* sourd-
muet *(sourde-muette)*

soroche *(AM) nm* mal m des
montagnes

sorprendente *adj* surprenant(e)

sorprender *vt* surprendre; **~se**
vpr: **~se (de)** être surpris(e) (de);
sorpresa *nf* surprise f

sortear *vt* tirer (au sort);
(dificultad) déjouer; **sorteo** *nm*

tirage *m* (au sort)

sortija *nf* bague *f*

sosegado, -a *adj* paisible

sosegar *vt* apaiser; **~se** *vpr*
s'apaiser; **sosiego** *vb ver*
sosegar ♦ *nm* calme *m*

soslayo: de ~ *adv* (*mirar*) de
côté; (*pasar*) sans s'arrêter

soso, -a *adj* insipide

sospecha *nf* soupçon *m*;
sospechar *vt*: **sospechar
(que)** soupçonner (que) **♦** *vi*:
sospechar de algn soupçonner
qn

sospechoso, -a *adj, nm/f*
suspect(e)

sostén *nm* soutien *m*

sostener *vt* soutenir; (*alimentar*)
faire vivre; **~se** *vpr* (*en pie*) rester;
(*económicamente*) survivre; (*seguir*)
se maintenir

sotana *nf* soutane *f*

sótano *nm* sous-sol *m*

soviético, -a *adj* soviétique **♦**
nm/f Soviétique *m/f*

soy *vb ver* **ser**

Sr. *abr* (= *Señor*) M. (= *Monsieur*)

Sra. *abr* (= *Señora*) Mme (=
Madame)

S.R.C. *abr* (= *se ruega
contestación*) RSVP (= *répondez s'il
vous plaît*)

Sres. *abr* (= *Señores*) MM (=
Messieurs)

Srta. *abr* (= *Señorita*) Mlle (=
Mademoiselle)

Sta. *abr* (= *Santa*) Ste (= *Sainte*)

status *nm inv* statut *m*

Sto. *abr* (= *Santo*) St (= *Saint*)

su *adj* (*de él, ella, una cosa*) son
(sa); (*de ellos, ellas*) leur; (*de usted,
ustedes*) votre; **sus** (*de él, ella, una
cosa*) ses; (*de ellos, ellas*) leurs; (*de
usted, ustedes*) vos

suave *adj* doux (douce);

suavidad *nf* douceur *f*;

suavizar *vt* adoucir;

suavizarse *vpr* s'adoucir

subalimentado, -a *adj* sous-
alimenté(e)

subasta *nf* vente *f* aux enchères;
(*de obras, servicios*) appel *m*
d'offre; **subastar** *vt* vendre aux
enchères

subcampeón, -ona *nm/f*
second(e)

subconsciente *adj*
subconscient(e) **♦** *nm* subconscient
m

subdesarrollado, -a *adj* sous-
développé(e)

subdesarrollo *nm* sous-
développement *m*

subdirector, a *nm/f* sous-
directeur(-trice)

súbdito, -a *nm/f* sujet *m*

subestimar *vt* sous-estimer

subida *nf* montée *f*

subir *vt* (*mueble, niño*) soulever;
(*cabeza*) lever; (*volumen*)
augmenter; (*calle*) remonter;
(*montaña, escalera*) monter, gravir;
(*precio*) augmenter; (*producto*)
augmenter le prix de **♦** *vi* monter;
(*precio, temperatura, caudal*)
augmenter; **~se** *vpr*: **~se a**
monter dans

súbito, -a *adj* subit(e), soudain(e)

subjetivo, -a *adj* subjectif(-ive)

sublevación *nf* soulèvement *m*

sublevar *vt* soulever; **~se** *vpr* se
soulever

sublime *adj* sublime

submarinismo *nm* plongée *f*
sous-marine

submarino, -a *adj* sous-marin(e)
♦ *nm* sous-marin *m*

subnormal *adj* anormal(e) **♦** *nm/f*
handicapé(e) mental(e)

subordinado, -a *adj, nm/f*

subordonné(e)

subrayar vt souligner

subsanar vt pallier

subscribir vt = **suscribir**

subsidio nm (de enfermedad, paro, etc) allocation f

subsistencia nf subsistance f

subsistir vi subsister

subterráneo, -a adj souterrain(e) ♦ nm souterrain m

subtítulo nm sous-titre m

suburbano, -a adj de banlieue ♦ nm train m de banlieue

suburbio nm banlieue f

subvención nf subvention f

subvencionar vt subventionner

subversión nf subversion f

subversivo, -a adj subversif(-ive)

subyugar vt opprimer

sucedáneo nm ersatz m

suceder vi se passer; ~ a succéder à; **lo que sucede es que ...** ce que se passe, c'est que ...; **sucesión** nf succession f

sucesivamente adv: **y así ~** et ainsi de suite

sucesivo, -a adj successif(-ive); **en lo ~** à l'avenir

suceso nm événement m

suciedad nf saleté f

sucinto, -a adj succinct(e)

sucio, -a adj sale; (negocio) malhonnête

suculento, -a adj succulent(e)

sucumbir vi succomber

sucursal nf succursale f

Sudáfrica nf Afrique f du Sud

Sudamérica nf Amérique f du Sud

sudamericano, -a adj sud-américain(e) ♦ nm/f Sud-Américain(e)

sudar vi suer

sudeste adj sud-est inv ♦ nm

sud-est m

sudoeste adj sud-ouest inv ♦ nm sud-ouest m

sudor nm sueur f

Suecia nf Suède f

sueco, -a adj suédois(e) ♦ nm/f Suédois(e)

suegro, -a nm/f beau-père (belle-mère)

suela nf semelle f

sueldo vb ver **soldar** ♦ nm salaire m

suelo vb ver **soler** ♦ nm sol m; **caerse al ~** tomber par terre

suelto, -a vb ver **soltar** ♦ adj (hojas) volant(e); (pelo, pieza) détaché(e); (preso) libéré(e); (por separado: ejemplar) séparé(e) ♦ nm monnaie f; **dinero ~** (petite) monnaie

sueño vb ver **soñar** ♦ nm sommeil m; (lo soñado, fig) rêve m; (ganas de dormir) somnolence f; **echar un ~** faire un somme; **tener ~** avoir sommeil

suero nm (MED) sérum m; (de leche) petit-lait m

suerte nf (fortuna) chance f; (azar) hasard m; (destino) destin m; **lo echaron a ~s** ils ont tiré au sort; **tener ~** avoir de la chance; **tener mala ~** ne pas avoir de chance

suéter (pl **~s**) nm pull m

suficiente adj suffisant(e)

sufragio nm suffrage m

sufrimiento nm souffrance f

sufrir vt souffrir de; (malos tratos, cambios) subir; (fam: soportar) sentir ♦ vi souffrir

sugerencia nf suggestion f

sugerir vt suggérer

sugestión nf suggestion f; **sugestionar** vt influencer; **sugestionarse** vpr se faire des idées

sugestivo, -a adj suggestif(-ive); (idea) séduisant(e)

suicida adj suicidaire ♦ nm/f (que se mata) suicidé(e)

suicidarse vpr se suicider; **suicidio** nm suicide m

Suiza nf Suisse f

suizo, -a adj ♦ nm/f Suisse m/f

sujeción nf assujettissement m

sujetador nm soutien-gorge m

sujetar vt attacher; **~se** vpr s'attacher; (someterse) se soumettre

sujeto, -a adj attaché(e) ♦ nm sujet m; **~ a cambios** susceptible d'être modifié

suma nf somme f; (operación) addition f; **en ~** en somme

sumamente adv: **~ agradecido/necesario** extrêmement reconnaissant/absolument nécessaire

sumar vt additionner ♦ vi faire une addition; **~se** vpr: **~se (a)** s'additionner (à)

sumario, -a adj sommaire ♦ nm (JUR) mise f en accusation

sumergir vt submerger; **~se** vpr plonger

suministrar vt fournir; **suministro** nm approvisionnement m; **suministros** nmpl (provisiones) provisions fpl

sumir vt submerger; (fig) plonger; **~se** vpr: **~se en** se plonger dans

sumisión nf soumission f

sumiso, -a adj soumis(e)

sumo, -a adj (cuidado) extrême; (grado) supérieur(e)

suntuoso, -a adj somptueux(-euse)

supe etc vb ver **saber**

supeditar vt: **~ algo a algo** faire passer qch avant qch; **~se** vpr: **~se a** se plier à

super (fam) adv hyper ♦ adj inv super-; **~ caro** hyper cher; **~ oferta** offre f exceptionnelle

super... pref super...; (fam: +adjetivo) hyper; (: +adverbio) super-

superar vt surpasser; (crisis, prueba) surmonter; **~se** vpr se surpasser

superávit (pl **~s**) nm (ECON) excédent m

superficial adj superficiel(le)

superficie nf surface f; (área) superficie f

superfluo, -a adj superflu(e)

superior adj, nm/f supérieur(e); **superioridad** nf supériorité f

supermercado nm supermarché m

superponer vt superposer

supersónico, -a adj supersonique

superstición nf superstition f

supersticioso, -a adj superstitieux(-ieuse)

supervisar vt superviser

supervivencia nf survie f

superviviente adj, nm/f survivant(e)

suplantar vt supplanter

suplemento nm supplément m

suplente adj remplaçant(e) ♦ nm/f remplaçant(e); (actor) doublure f

supletorio, -a adj supplémentaire ♦ nm (tb: **teléfono ~**) second poste m

súplica nf supplication f; (JUR) placet m

suplicar vt supplier

suplicio nm supplice m

suplir vt suppléer; (objeto)

supo   595   **tableta**

remplacer

supo *etc vb ver* **saber**
suponer *vt* supposer;
suposición *nf* supposition *f*
supremacía *nf* suprématie *f*
supremo, -a *adj* suprême
supresión *nf* suppression *f*
suprimir *vt* supprimer;
supuesto, -a ♦ *pp de* **suponer** ♦
adj supposé(e) ♦ *nm* supposition *f*;
¡por ~! évidemment!
sur *adj* sud ♦ *nm* Sud *m*
surcar *vt* sillonner; **surco** *nm*
sillon *m*
surgir *vi* surgir
surtido, -a *adj* (*galletas*) assorti(e)
♦ *nm* assortiment *m*
surtir *vt* fournir; (*efecto*) produire
susceptible *adj* susceptible; **~**
de susceptible de
suscitar *vt* susciter
suscribir *vt* (*firmar*) souscrire;
(*respaldar*) approuver; **~se** *vpr*:
~se (a) souscrire (à); (*a periódico
etc*) s'abonner (à); **suscripción**
nf souscription *f*; (*a periódico etc*)
abonnement *m*
susodicho, -a *adj* susdit(e),
susmentionné(e)
suspender *vt* suspendre; (*ESCOL*)
recaler ♦ *vi* (*ESCOL*) échouer, être
recalé(e); **suspensión** *nf*
suspension *f*; (*de empleo,
garantías*) suppression *f*
suspenso, -a *adj* (*ESCOL:
asignatura*) pas passé(e); (:
alumno) recalé(e) ♦ *nm* (*ESCOL*)
échec *m*; **quedar** *o* **estar en ~**
rester en suspens
suspicacia *nf* suspicion *f*;
suspicaz *adj* suspicieux(-ieuse)
suspirar *vi* soupirer; **suspiro**
nm soupir *m*
sustancia *nf* substance *f*
sustentar *vt* (*familia*) faire vivre;

(idea, moral) soutenir; **sustento**
nm (*alimento*) subsistance *f*
sustituir *vt* substituer;
(*temporalmente*) remplacer; **~ A**
por B substituer B à A, remplacer
A par B
susto *nm* peur *f*
sustraer *vt* subtiliser; (*MAT*)
soustraire
susurrar *vi* susurrer; **susurro**
nm susurrement *m*
sutil *adj* subtil(e); **sutileza** *nf*
subtilité *f*
suyo, -a *adj* (*después del verbo
ser: de él, ella*) le sien (la sienne), à
lui (à elle); (: *de ellos, ellas*) le(-la)
leur, à eux (à elles); (: *de usted,
ustedes*) le(-la) vôtre, à vous ♦
pron: **el ~/la suya** (*de él, ella*) le
sien (la sienne); (*de ellos, ellas*) le
(la) leur; (*de usted, ustedes*) le (la)
vôtre

T, t

Tabacalera *nf* ≃ SEITA *f*
tabaco *nm* tabac *m*
taberna *nf* taverne *f*
tabique *nm* cloison *f*
tabla *nf* (*de madera*) planche *f*; (*de
falda*) pli *m*; (*ARTE*) panneau *m*; **~s**
nfpl (*TEATRO*) planches *fpl*;
tablado *nm* plancher *m*, estrade
f; (*TEATRO*) scène *f*
tablao *nm* (*tb*: **~ flamenco**) bar
où l'on donne des représentations
de flamenco
tablero *nm* planche *f*; (*de ajedrez,
damas*) damier *m*; **~ de
anuncios** panneau *m*
d'affichage; **~ de mandos** (*AUTO,
AVIAT*) tableau de bord
tableta *nf* (*MED*) comprimé *m*; (*de
chocolate*) tablette *f*

tablón nm (de suelo) planche f; (de techo) poutre f; **~ de anuncios** panneau m d'affichage

tabú nm tabou m

tabular vt (TIP) mettre en colonnes

taburete nm tabouret m

tacaño, -a adj radin(e)

tacha nf défaut m; (TEC) clou m (à grosse tête), broquette f; **tachar** vt rayer; **le tachan de irresponsable** ils l'accusent d'être irresponsable

tácito, -a adj tacite

taciturno, -a adj taciturne, morose

taco nm (tarugo) cheville f, taquet m; (libro de entradas) carnet m; (AM: tacón) talon m; (tb: **~ de billar**) queue f; (: palabrota) grossièreté f, gros mot m; (CAM, MÉX) crêpe de maïs fourrée

tacón nm talon m; **de ~ alto** à talons hauts; **taconeo** nm bruit m des talons sur le sol

táctica nf tactique f

táctico, -a adj tactique

tacto nm toucher m; (fig) tact m

taimado, -a adj rusé(e), sournois(e)

tajada nf tranche f

tajante adj catégorique; (persona) abrupt(e)

tajo nm (corte) coupure f; (GEO) gorge f

tal adj tel (telle); (semejante) un(e) tel (telle), pareil(le) ♦ pron (persona) un(e) tel (telle); (cosa) une telle chose ♦ adv: **~ como** (igual) tel (telle) que ♦ conj: **con ~ (de) que** pourvu que, du moment que; **~ día a ~ hora** tel jour à telle heure; **jamás vi ~ desvergüenza** je n'ai jamais vu une telle effronterie o une

effronterie pareille; **~es cosas** de telles choses; **el ~ cura** le curé en question; **un ~ García** un certain García; **~es como** tels (telles) que; **son ~ para cual** les deux font la paire; **hablábamos de que sí ~ que sí cual** nous parlions de choses et d'autres; **fuimos al cine y ~** nous avons été au ciné et tout ça; **~ cual** (como es) tel (telle) quel (quelle); **~ como lo dejé** tel que je l'ai laissé; **¿qué ~?** ça va?; **¿qué ~ has comido?** tu as bien mangé?; **con ~ de llamar la atención** du moment qu'il etc attire l'attention

taladrar vt percer; **taladro** nm perceuse f; (hoyo) trou m (fait à la perceuse)

talante nm humeur f

talar vt abattre

talco nm (tb: **polvos de ~**) talc m

talego nm sac m

talento nm talent m; (capacidad, don) don m

Talgo sigla m (FERRO) (= tren articulado ligero Goicoechea-Oriol) train rapide

talismán nm talisman m

talla nf taille f; (fig) envergure f; (figura) sculpture f

tallado, -a adj taillé(e), sculpté(e) ♦ nm sculpture f

tallar vt tailler, sculpter; (medir) toiser

tallarines nmpl nouilles fpl

talle nm taille f

taller nm atelier m

tallo nm (de planta) tige f; (de hierba) brin m

talón nm talon m; (COM) chèque m

talonario nm carnet m; (de

cheques) carnet de chèques

tamaño, -a *adj* tel (telle) ♦ *nm* taille *f*; **de ~ natural** grandeur *f* nature; **de ~ grande/pequeño** de grande/petite taille

tamarindo *nm* tamarinier *m*

tambalearse *vpr* chanceler; *(vehículo)* bringuebaler

también *adv* aussi; *(además)* de plus

tambor *nm* tambour *m*; *(ANAT)* tympan *m*; **~ del freno/de lavadora** tambour de frein/de machine à laver

tamiz *nm* tamis *msg*; **tamizar** *vt* tamiser

tampoco *adv* non plus; **yo ~ lo compré** je ne l'ai pas acheté non plus

tampón *nm* tampon *m*

tan *adv* si; **~ ... como** aussi ... que; **¡qué cosa ~ rara!** comme c'est bizarre!; **no es una idea ~ buena** ce n'est pas une si bonne idée

tanda *nf* série *f*; *(de personas)* équipe *f*

tangente *nf* tangente *f*

Tánger *n* Tanger

tangible *adj* tangible

tanque *nm* *(MIL)* char *m* d'assaut; *(depósito: AUTO)* citerne *f*; *(: NÁUT)* tanker *m*; *(: de agua)* réservoir *m*

tantear *vt* jauger; *(probar)* essayer ♦ *vi* *(DEPORTE)* compter les points; **tanteo** *nm* *(cálculo)* calcul *m* approximatif; *(prueba)* essai *m*; *(DEPORTE)* score *m*

tanto, -a *adj (cantidad)* tant de, tellement de; *(en comparaciones)* autant de ♦ *adv* tant, autant; *(tiempo)* si longtemps ♦ *nm (suma)* quantité *f*; *(proporción)* tant *m*; *(punto)* point *m*; *(gol)* but *m* ♦ *pron*: **cada uno paga ~** chacun

paie tant ♦ *suf*: **veintitantos** vingt et quelques; **tiene ~s amigos** il a tellement o tant d'amis; **~ dinero como tú** autant d'argent que toi; **~ gusto** *(al ser presentado)* enchanté(e); **~ que** tellement que; **~ como él** autant que lui; **~ como eso** pas tant que ça; **~ es así que ...** c'est si vrai que ...; **~ más cuanto que ...** d'autant plus que ...; **~ mejor/peor** tant mieux/pis; **~ quejarse para nada** tant de plaintes pour rien; **~ tú como yo** toi autant que moi; **me he vuelto ronco de o con ~ hablar** je me suis enroué à force de parler; **no quiero ~**, je n'en veux pas autant; **gasta ~ que ...** il dépense tellement que ...; **viene ~ si viene**, tant si souvent; **ni ~ así** *(fam)* pas une miette; **ni ni tan clavo** n'exagérons rien; **¡no es para ~!** ce n'est pas si grave!; **¡y ~!** je ne vous o te le fais pas dire!; **en ~ que** pendant que; **entre ~** entre-temps; **por ~, por lo ~** donc, par conséquent; **~ alzado** forfait *m*; **~ por ciento** tant pour cent; **estar al ~** être au courant; **estar al ~ de los acontecimientos** être au courant des événements; **un ~ perezoso** un rien paresseux; **uno de ~s** un parmi d'autres; **he visto ~** j'en ai tellement vu; **a ~s de agosto** cette le tralle date en août; **cuarenta y ~s** quarante et quelques; **se quedó en el bar hasta las tantas** il est resté au café jusqu'à une heure impossible

tapa *nf* couvercle *m*; *(de libro)* couverture *f*; *(comida)* amuse-gueule *m inv*, tapa *f*

tapadera *nf* couvercle *m*

tapar vt couvrir; (*hueco, ventana*) fermer, boucher; (*ocultar*) dissimuler; (*vista*) boucher; (AM: *dientes*) plomber; **~se** vpr se couvrir

tapete nm tapis msg

tapia nf mur m de pisé; **tapiar** vt murer

tapicería nf (*para muebles*) tissu m d'ameublement; (*para coches*) garniture f

tapiz nm tapisserie f; **tapizar** vt (*muebles*) recouvrir

tapón nm bouchon m; (TEC) bonde f; (MED: *de cera*) bouchon de cire; **~ de rosca** o **de tuerca** bouchon à vis

taquigrafía nf sténographie f

taquígrafo, -a nm/f sténo m/f

taquilla nf guichet m; (*suma recogida*) recette f

taquillero, -a adj: **función taquillera** spectacle m qui fait recette ♦ nm/f guichetier(-ère)

tara nf tare f

tarántula nf tarentule f

tararear vt fredonner

tardar vi (*tomar tiempo*) mettre longtemps, (*llegar tarde*) être en retard; **¿tarda mucho el tren?** le train arrive bientôt?; **a más ~** au plus tard; **~ en hacer algo** mettre longtemps o tarder à faire qch; **no tardes en venir** ne tarde pas en chemin

tarde adv tard ♦ nf (*de día*) après-midi m o f inv; (*de noche*) soir m; **de ~ en ~** de temps en temps; **¡buenas ~s!** (*de día*) bonjour!; (*de noche*) bonsoir!; **a o por la ~** l'après-midi o le soir

tardío, -a adj tardif(-ive)

tarea nf travail m, tâche f

tarifa nf tarif m

tarima nf plate-forme f

tarjeta nf carte f; (DEPORTE) carton m; **~ de crédito/de embarque/de transporte** carte de crédit/d'embarquement/de transport; **~ de identificación fiscal** carte d'immatriculation fiscale; **~ postal/de Navidad** carte postale/de Noël; **~ verde** (MÉX) permis m de travail

tarro nm pot m

tarta nf tarte f

tartamudear vi bégayer

tartamudo, -a adj, nm/f bègue

tártaro, -a adj tartare ♦ nm/f Tartare m/f

tasa nf (*valoración*) évaluation f; (*precio*) taxe f; (*índice*) taux msg; (*medida*) mesure f, règle f; **~ de cambio/de interés** taux de change/d'intérêt; **tasación** nf taxation f

tasador, a nm/f taxateur m

tasar vt (*fijar el precio*) taxer; (*valorar*) évaluer

tasca (fam) nf bistro(t) m

tatarabuelo, -a nm/f trisaïeul(e)

tatuaje nm tatouage m

tatuar vt tatouer

taurino, -a adj taurin(e)

Tauro nm (ASTROL) Taureau m; **ser ~** être (du) Taureau

tauromaquia nf tauromachie f

taxi nm taxi m

taxista nm/f chauffeur m de taxi

taza nf tasse f; (*fam: de retrete*) cuvette f; **~ de/para café** tasse de/à café; **tazón** nm bol m

te pron te; (*delante de vocal*) t'; (*con imperativo*) toi; **¿~ duele mucho el brazo?** ton bras te fait très mal?, tu as très mal au bras?; **~ equivocas** tu te trompes; **¡cálmate!** calme-toi!

té nm thé m

teatral adj théâtral(e)

teatro *nm* théâtre *m*; **~ de la ópera** opéra *m*

tebeo *nm* bande *f* dessinée, BD *f*

techo *nm* plafond *m*; (*tejado*) toit *m*

tecla *nf* (INFORM, MÚS, TIP) touche *f*; **teclado** *nm* clavier *m*; **teclear** *vi* (MÚS: fam) pianoter; (INFORM, TIP) taper

técnica *nf* technique *f*

técnico, -a *adj* technique ♦ *nm/f* technicien(ne)

tecnología *nf* technologie *f*

tecnológico, -a *adj* technologique

tedio *nm* ennui *m*

tedioso, -a *adj* ennuyeux(-euse)

teja *nf* tuile *f*; **tejado** *nm* toit *m*

tejemaneje *nm* (*intriga*) manigances *fpl*

tejer *vt* tisser; (*fig*) ourdir; **tejido** *nm* tissu *m*

tel. *abr* (= *teléfono*) tél. (= *téléphone*)

tela *nf* toile *f*; **~ de araña** toile d'araignée; **telar** *nm* (*máquina*) métier *m* à tisser; **telares** *nmpl* (*fábrica*) usine *f* textile

telaraña *nf* toile *f* d'araignée

tele (*fam*) *nf* télé *f*

tele... *pref* télé...;

telecomunicación *nf* télécommunication *f*;

telecontrol *nm* télécommande *f*; **telediario** *nm* journal *m* télévisé; **teledifusión** *nf* télédiffusion *f*

teledirigido, -a *adj* téléguidé(e)

teléf. *abr* (= *teléfono*) tél. (= *téléphone*)

teleférico *nm* téléphérique *m*

telefonear *vt*, *vi* téléphoner

telefónico, -a *adj* téléphonique

telefonillo *nm* interphone *m*

telefonista *nm/f* standardiste *m/f*

teléfono *nm* téléphone *m*; **está hablando por ~** il est au téléphone

telegrafía *nf* télégraphie *f*

telégrafo *nm* télégraphe *m*

telegrama *nm* télégramme *m*; **teleimpresor** *nm* téléimprimeur *m*

telepatía *nf* télépathie *f*

telescópico, -a *adj* télescopique; **telescopio** *nm* télescope *m*; **telesilla** *nm* télésiège *m*

telespectador, a *nm/f* téléspectateur(-trice); **telesquí** *nm* téléski *m*; **teletipo** *nm* téléimprimeur *m*

televidente *nm/f* téléspectateur(-trice)

televisar *vt* téléviser

televisión *nf* télévision *f*; **~ en blanco y negro/en color** télévision en noir et blanc/en couleurs

televisor *nm* téléviseur *m*

télex *nm* télex *m*

telón *nm* rideau *m*; **~ de acero** rideau de fer; **~ de fondo** toile *f* de fond

tema *nm* thème *m*, sujet *m*; (MÚS) thème *m*

temática *nf* thématique *f*

temático, -a *adj* thématique

temblar *vi* trembler

temblón, -ona *adj* tremblotant(e)

temblor *nm* tremblement *m*; **temblor de tierra** tremblement de terre

tembloroso, -a *adj* tremblant(e)

temer *vt* craindre, avoir peur de ♦ *vi* avoir peur; **temo que Juan llegue tarde** je crains que Juan n'arrive tard; **~ por** avoir peur pour

temerario, -a *adj* téméraire;
temeridad *nf* témérité *f*; (*una temeridad*) acte *m* irréfléchi
temeroso, -a *adj* craintif(-ive), peureux(-euse)
temible *adj* redoutable
temor *nm* crainte *f*, peur *f*
témpano *nm* (*tb:* ~ **de hielo**) banquise *f*
temperamento *nm* tempérament *m*
temperatura *nf* température *f*
tempestad *nf* tempête *f*
tempestuoso, -a *adj* orageux(-euse)
templado, -a *adj* tempéré(e); (*en el comer, beber*) modéré(e); (*agua*) tiède; (*nervios*) solide, bien trempé(e); **templanza** *nf* tempérance *f*
templar *vt* tempérer, modérer; (*agua, brisa*) tiédir; (*MÚS*) accorder; (*acero*) tremper; **temple** *nm* (*serenidad, TEC*) trempe *f*; (*MÚS*) accord *m*; (*pintura*) détrempe *f*
templo *nm* temple *m*; (*iglesia*) église *f*
temporada *nf* période *f*; **de** ~ saisonnier(-ière)
temporal *adj* temporaire; (*REL*) temporel(le) ♦ *nm* tempête *f*
tempranero, -a *adj* (*BOT*) précoce; (*persona*) matinal(e)
temprano, -a *adj* précoce ♦ *adv* tôt; (*demasiado pronto*) trop tôt
ten *vb ver* **tener**
tenacidad *nf* ténacité *f*
tenacillas *nfpl* pincettes *fpl*
tenaz *adj* résistant(e)
tenaza(s) *nf(pl)* pince(s) *f(pl)*
tendedero *nm* séchoir *m* à linge; (*cuerda*) corde *f* à linge
tendencia *nf* tendance *f*
tendencioso, -a *adj* tendancieux(-euse)

tender *vt* étendre; (*vía férrea, cable*) poser; (*cuerda, trampa*) tendre ♦ *vi*: ~ **a** tendre à; ~**se** *vpr* s'étendre, s'allonger; ~ **la cama** (*AM*) faire le lit; ~ **la mesa** (*AM*) mettre la table; ~ **la mano** tendre la main
tenderete *nm* (*puesto*) étalage *m*
tendero, -a *nm/f* commerçant(e)
tendido, -a *adj* étendu(e), allongé(e); (*colgado*) accroché(e), pendu(e) ♦ *nm* (*TAUR*) gradins *mpl*; **a galope** ~ au triple galop
tendón *nm* tendon *m*
tendré *etc vb ver* **tener**
tenebroso, -a *adj* sombre
tenedor, a *nm/f* détenteur(-trice) ♦ *nm* fourchette *f*; ~ **de libros** comptable *m/f*
tenencia *nf* (*de propiedad*) possession *f*

┌─ PALABRA CLAVE ─┐

tener *vt* **1** avoir; (*sostener*) tenir; **¿tienes un boli?** tu as un stylo?; **¿dónde tienes el libro?** où as-tu mis le livre?; **va a tener un niño** elle va avoir un enfant; **¡ten!, ¡aquí tienes!** tiens!, voilà!; **¡tenga!, ¡aquí tiene!** tenez!, voilà!
2 (*edad, medidas*) faire; **tiene 7 años** il a 7 ans; **tiene 15 cm de largo** cela fait 15 cm de long; *ver tb* **calor; hambre** *etc*
3 (*sentimiento*) avoir; **tener admiración/cariño** avoir de l'admiration/l'affection; **tener miedo** avoir peur; **¿qué tienes, estás enfermo?** qu'est-ce que tu as, tu es malade?
4 (*considerar*): **lo tengo por brillante** je le considère comme quelqu'un de brillant; **tener en**

mucho/poco a algn avoir beaucoup/peu d'estime pour qn **5: tengo/tenemos que acabar este trabajo hoy** il faut que je finisse/nous finissions ce travail aujourd'hui
6 (+ *pp* = *pretérito*): **tengo terminada ya la mitad del trabajo** j'ai déjà fait la moitié du travail
7 (+ *adj*, + *gerundio*): **nos tiene muy contentos/hartos** nous sommes très satisfaits de lui/en avons assez de lui; **me ha tenido tres horas esperando** il m'a fait attendre pendant trois heures **8: las tiene todas consigo** a tout pour lui; **tenerse** *vpr* **1: tenerse en pie** se tenir debout **2: tenerse por** se croire; **se tiene por muy listo** il se croit très intelligent

tenga *etc vb ver* **tener**
tenia *nf* ténia *m*
teniente *nm* lieutenant *m*
tenis *nm* tennis *msg*; **~ de mesa** tennis de table, ping-pong *m*; **tenista** *nm/f* joueur(-euse) de tennis
tenor *nm* (*MÚS*) ténor *m*; **a ~ de** d'après
tensar *vt* tendre; (*arco*) bander
tensión *nf* tension *f*; **de alta ~** (*ELEC*) haute tension; **tener la ~ alta** avoir de la tension; **~ arterial** tension artérielle
tenso, -a *adj* tendu(e)
tentación *nf* tentation *f*
tentáculo *nm* tentacule *m*
tentador, a *adj* tentant(e); (*gesto*) tentateur(-trice) ♦ *nm/f* tentateur(-trice)
tentar *vt* tenter; (*palpar, MED*) tâter; (*incitar*) inciter

tentativa *nf* tentative *f*; **tentativa de asesinato** tentative d'assassinat
tentempié (*fam*) *nm* casse-croûte *m inv*
tenue *adj* (*hilo*) mince; (*neblina*) léger(-ère)
teñir *vt* teindre; (*fig*) teinter; **~se el pelo** se (faire) teindre les cheveux
teología *nf* théologie *f*
teorema *nm* théorème *m*
teoría *nf* théorie *f*; **en ~** en principe; **teóricamente** *adv* théoriquement
teórico, -a *adj* théorique ♦ *nm/f* théoricien(ne); **teorizar** *vi* théoriser
tequila *nf* tequila *f*
terapéutico, -a *adj* thérapeutique
terapia *nf* thérapie *f*
tercer *adj ver* **tercero**
tercermundista *adj* tiers-mondiste
tercero, -a *adj* (*delante de nmsg*: **tercer**) troisième ♦ *nm* (*JUR*) tiers; *ver tb* **sexto**
terceto *nm* (*MÚS*) trio *m*
terciar *vt* (*bolsa etc*) mettre en bandoulière ♦ *vi* intervenir; **~se** *vpr* se présenter; **si se tercia** si l'occasion
terciario, -a *adj* tertiaire
tercio *nm* tiers *msg*
terciopelo *nm* velours *msg*
terco, -a *adj* têtu(e)
tergal ® *nm* tergal *m* ®
tergiversar *vt* déformer
termal *adj* thermal(e)
termas *nfpl* thermes *mpl*
terminación *nf* extrémité *f*; (*finalización*) achèvement *m*
terminal *adj* terminal(e); (*enfermo*) en phase terminale ♦ *nm*

(ELEC) borne f; (INFORM) terminal m
♦ nf (AVIAT) aérogare f; (FERRO)
terminus msg
terminante adj catégorique;
(decisión) final(e)
terminantemente adv
catégoriquement
terminar vt finir, terminer ♦ vi
finir; ~**se** vpr finir; ~ **por hacer
algo** finir par faire qch
término nm terme m, fin f;
(parada) terminus msg; (límite: de
espacio) bout m; ~**s** nmpl (COM)
termes mpl; ~ **medio** moyenne f;
en ~s de en termes de
terminología nf terminologie f
termo ® nm thermos m o f ®
termodinámico, -a adj
thermodynamique
termómetro nm thermomètre m
termonuclear adj
thermonucléaire
termo(s) ® nm thermos m o f
®
termostato nm thermostat m
ternero, -a nm/f veau (génisse)
ternura nf tendresse f
terquedad nf entêtement m
terrado nm terrasse f
terraplén nm terre-plein m;
(cuesta) renflement m
terrateniente nm propriétaire m
terrien
terraza nf terrasse f
terremoto nm tremblement m de
terre
terrenal adj terrestre
terreno nm terrain m
terrestre adj terrestre; (ruta)
intérieur(e)
terrible adj terrible
territorio nm territoire m
terrón nm (de azúcar) morceau m;
(de tierra) motte f
terror nm terreur f

terrorífico, -a adj terrifiant(e)
terrorismo nm terrorisme m;
terrorista adj, nm/f terroriste
m/f
terso, -a adj lisse; **tersura** nf
douceur f
tertulia nf cercle m
tesis nf inv thèse f
tesón nm (firmeza) acharnement
m; (tenacidad) persévérance f
tesorero, -a nm/f trésorier(-ière)
tesoro nm trésor m
test nm test m
testaferro nm prête-nom m
testamentario, -a adj
testamentaire ♦ nm/f (JUR)
exécuteur(-trice) testamentaire
testamento nm testament m;
Nuevo/Antiguo T~ Nouveau/
Ancien Testament
testar vi tester, faire son
testament
testarudo, -a adj entêté(e)
testículo nm testicule m
testificar vt, vi témoigner
testigo nm/f témoin m; ~ **de
cargo/de descargo** témoin à
charge/à décharge; ~ **ocular**
témoin oculaire
testimoniar vt témoigner de;
testimonio nm témoignage m
teta nf (fam) téton m, nichon m;
niño de ~ nourrisson m
tétanos nmsg tétanos msg
tetera nf théière f
tétrico, -a adj sombre
textil adj textile; ~**es** nmpl
textiles mpl
texto nm texte m; **textual** adj
textuel(le)
textura nf (de tejido) tissage m;
(estructura) texture f
tez nf (cutis) peau f; (color) teint m
ti pron toi
tía nf tante f; (fam) bonne femme

f, nana *f*

tibieza *nf* tiédeur *f*

tibio, -a *adj* tiède

tiburón *nm* requin *m*

tic *nm* tic *m*

tictac *nm* tic-tac *m inv*

tiempo *nm* temps *msg*; **a** ~ à temps; **a un** *o* **al mismo** ~ en même temps; **al poco** ~ peu après; **hace buen/mal** ~ il fait beau/mauvais temps; **hace** ~ il y a quelque temps; **hacer** ~ passer le temps; **motor de 2 ~s** moteur *m* deux temps

tienda *vb ver* tender ♦ *nf* magasin *m*; ~ **de campaña** tente *f*

tiene *etc vb ver* tener

tienta *nf*: **andar a ~s** avancer à tâtons

tiento *vb ver* tentar ♦ *nm* tact *m*; (*precaución*) prudence *f*

tierno, -a *adj* tendre

tierra *nf* terre *f*; (*país*) pays *msg*; ~ **adentro** à l'intérieur des terres; ~ **firme** terre ferme

tieso, -a *adj* (*rígido*) raide; (*erguido*) droit(e); (*fam: orgulloso*) fier(-ère); **dejar** ~ **a algn** (*fam: matar*) refroidir qn; (*: sorprender*) laisser qn pantois(e)

tiesto *nm* pot *m* de fleurs

tifoidea *nf* typhoïde *f*

tifón *nm* typhon *m*

tifus *nm* typhus *msg*

tigre *nm* tigre *m*; (*AM*) jaguar *m*

tijera *nf* (*tb*: ~**s**) ciseaux *mpl*; (*: para plantas*) sécateur *m*

tijeretear *vt* découper

tildar *vt*: ~ **de** traiter de

tilde *nf* (*TIP*) tilde *m*

tilín *nm* drelin *m*

timar *vt* (*dinero*) escroquer

timbal *nm* (*MÚS*) timbale *f*

timbrar *vt* timbrer

timbre *nm* (*MÚS, sello*) timbre *m*; (*de estampar*) cachet *m*; (*de puerta*) sonnette *f*; (*tono*) sonnerie *f*

timidez *nf* timidité *f*

tímido, -a *adj* timide

timo *nm* escroquerie *f*

timón *nm* (*NÁUT*) gouvernail *m*; (*AM: AUTO*) volant *m*; **timonel** *nm* (*NÁUT*) timonier *m*

tímpano *nm* (*ANAT*) tympan *m*; (*MÚS*) tympanon *m*

tina *nf* cuve *f*; (*AM*) baignoire *f*; **tinaja** *nf* jarre *f*

tinglado *nm* (*fig*) ruse *f*; **estar en** ~ (*fig*) être dans le brouillard

tino *nm* adresse *f*; (*juicio*) doigté *m*

tinta *nf* encre *f*; (*TEC*) teinture *f*; (*ARTE*) couleur *f*; **sudar** ~ trimer, suer sang et eau; **(re)cargar las** ~**s** en rajouter

tinte *nm* teinture *f*; (*tintorería*) teinturerie *f*

tintero *nm* encrier *m*

tinieblas *nfpl* ténèbres *fpl*; **estar en** ~ (*fig*) être dans le brouillard

tintinear *vi* (*cascabel*) tintinnabuler; (*campana*) tinter

tinto *nm* rouge *m*; (*COL*) café *m* noir

tintorería *nf* teinturerie *f*

tintura *nf* teinture *f*

tío *nm* oncle *m*; (*fam: viejo*) père *m*; (*: individuo*) type *m*, mec *m*

tiovivo *nm* manège *m*, chevaux *mpl* de bois

típico, -a *adj* typique; (*traje*) régional

tipo *nm* type *m*; (*ANAT*) physique *m*; (*: de mujer*) silhouette *f*; (*TIP*) caractère *m*; ~ **bancario/de cambio/de descuento/de interés** taux *msg* bancaire/de change/d'escompte/d'intérêt

tipografía *nf* typographie *f*; (*lugar*) imprimerie *f*

tipográfico, -a *adj*
typographique
tique *nm*, **tiquet** (*pl* **~s**) *nm*
ticket *m*; (*en tienda*) ticket *m* de
caisse
tira *nf* (*cinta*) bande *f* ♦ *nm*: **~ y
afloja** tiraillements *mpl*
tirabuzón *nm* (*rizo*) boucle *f*
tirachinas *nm inv* lance-pierre *m*
tirada *nf* lancer *m*, jet *m*;
(*distancia*) trotte *f*; (*TIP*) tirage *m*;
de una ~ d'une traite
tirado, -a *adj* (*fam: barato*) bon
marché; (: *fácil*) facile
tirador, a *nm/f* tireur(-euse) ♦ *nm*
(*mango*) poignée *f*
tiralíneas *nm inv* tire-ligne *m*
tiranía *nf* tyrannie *f*
tirano, -a *nm/f* tyran *m*
tirante *adj* tendu(e); **~s** *nmpl*
bretelles *fpl*; **tirantez** *nf* tension *f*
tirar *vt* jeter, lancer; (*volcar*)
renverser; (*derribar*) abattre,
démolir; (*desechar*) jeter; (*dinero*)
dilapider; (*imprimir, tirador*) tirer;
(*golpe*) décocher ♦ *vi* tirer; (*fig*)
attirer; (*fam: andar*) aller; (*tender*)
tendre; **~se** *vpr* (*abalanzarse*) se
lancer; (*tumbarse*) se jeter; **~
abajo** descendre; **tira a su
padre** il tient de son père; **ir
tirando** aller comme ci comme
ça; **se tiró toda la mañana
hablando** il a passé toute la
matinée à parler
tirita *nf* pansement *m* (adhésif)
tiritar *vi* grelotter
tiro *nm* tir *m*; (*TENIS, GOLF*) drive *m*;
(*alcance*) portée *f*; (*de chimenea*)
tirage *m*; **caballo de ~** cheval *m*
de trait; **andar de ~s largos**
être tiré(e) à quatre épingles; **al ~**
(*CHI*) tout de suite
tirón *nm* coup *m*; (*muscular*)
crampe *f*; **de un ~** d'un trait

tiroteo *nm* (*disparos*) fusillade *f*
tísico, -a *adj*, *nm/f* phtisique *m/f*
tisis *nf* phtisie *f*
títere *nm* marionnette *f*
titiritero, -a *nm/f* marionnettiste
m/f
titubeante *adj* (*indeciso*)
hésitant(e)
titubear *vi* (*dudar*) hésiter;
(*moverse*) vaciller; **titubeo** *nm*
hésitation *f*
titulado, -a *pp de* **titular** ♦ *nm/f*
diplômé(e)
titular *adj* titulaire ♦ *nm/f* (*de
cargo*) titulaire *m/f* ♦ *nm* titre *m* ♦
vt intituler; **~se** *vpr* s'intituler;
(*UNIV*) obtenir son diplôme; **título**
nm titre *m*; (*COM*) valeur *f*; (*ESCOL*)
diplôme *m*; **a título de** à titre de
tiza *nf* craie *f*
tiznar *vt* souiller
tizo, tizón *nm* tison *m*
toalla *nf* serviette *f*; **arrojar la ~**
baisser les bras
tobillo *nm* cheville *f*
tobogán *nm* (*rampa*) toboggan *m*
tocadiscos *nm inv* tourne-
disques *m inv*
tocado, -a *adj* (*fruta*) abîmé(e) ♦
nm coiffure *f*
tocador *nm* (*mueble*) coiffeuse *f*
tooante: **~ a** *prep* touchant à
tocar *vt* toucher; (*timbre*) tirer;
(*MÚS*) jouer de; (*topar con*) heurter;
(*referirse a*) aborder ♦ *vi* (*a la
puerta*) frapper; (*ser de turno*) être
le tour de; (*atañer*) concerner;
~se *vpr* se toucher; (*cubrirse la
cabeza*) se coiffer; **por lo que a
mí me toca** en ce qui me
concerne
tocayo, -a *nm/f* homonyme *m/f*
tocino *nm* lard *m*
todavía *adv* encore; (*en frases
afirmativas o con énfasis*) toujours;

~ más encore plus; **~ no** pas encore

todo, -a *adj* **1** *(sg)* tout(e); **toda la noche** toute la nuit; **todo el libro** tout le livre; **toda una botella** toute une bouteille; **todo lo contrario** tout le contraire; **está toda sucia** elle est toute sale; **a todo esto** *(mientras tanto)* pendant ce temps-là; *(a propósito)* à propos

2 *(pl)* tous (toutes); **todos vosotros** vous tous; **todos los libros** tous les livres; **todas las noches** toutes les nuits; **todos los que quieran salir** tous ceux qui veulent sortir

♦ *pron* **1** tout; **todos/as** tous (toutes); **lo sabemos todo** nous savons tout; **todos querían ir** ils voulaient tous s'en aller; **nos marchamos todos** nous partons tous; **arriba del todo** tout en haut; **no me agrada del todo** ça ne me satisfait pas entièrement

2: con todo: con todo, él me sigue gustando malgré tout, il me plaît toujours

♦ *adv* tout; **vaya todo seguido** allez tout droit

♦ *nm:* **como un todo** comme un tout

todopoderoso, -a *adj* tout(e)-puissant(e)
toga *nf* robe *f*
Tokio *n* Tokyo
toldo *nm (para el sol)* parasol *m*; *(tienda)* marquise *f*
tolerancia *nf* tolérance *f*
tolerar *vt* tolérer
toma *nf* prise *f*; **~ de tierra**

(AVIAT) atterrissage *m*
tomar *vt* prendre ♦ *vi* prendre; **~se** *vpr* prendre; **~ el sol** prendre le soleil; **tome la calle de la derecha** prenez la rue de droite; **~ a bien/a mal** prendre bien/mal; **~ en serio** prendre au sérieux; **~ el pelo a algn** taquiner qn; **~la con algn** s'en prendre à qn; **~se por** se prendre pour
tomate *nm* tomate *f*
tomavistas *nm inv* caméra *f*
tomillo *nm* thym *m*
tomo *nm* tome *m*
ton *abr* (= *tonada*) t (= *tonne*)
tonada *nf* air *m*
tonalidad *nf* tonalité *f*
tonel *nm* tonneau *m*
tonelada *nf* tonne *f*, **tonelaje** *nm* tonnage *m*
tónica *nf (bebida)* tonic *m*; *(tendencia)* tendance *f*
tónico, -a *adj* tonique ♦ *nm (MED)* remontant *m*
tonificar *vt* tonifier
tono *nm* ton *m*; **fuera de ~** hors de propos; **darse ~** se donner de grands airs
tontería *nf* sottise *f*, bêtise *f*
tonto, -a *adj* bête, idiot(e) ♦ *nm/f* idiot(e), sot (sotte); *(payaso)* idiot(e)
topar *vi:* **~ con** tomber sur; **~se** *vpr:* **~se con** tomber sur; **~ contra** *o* **en** buter contre
tope *adj* limite ♦ *nm* limite *f*; *(obstáculo)* difficulté *f*; *(de puerta)* butoir *m*; *(FERRO)* tampon *m*
tópico, -a *adj* rebattu(e); *(MED)* externe ♦ *nm (pey)* cliché *m*
topo *nm* taupe *f*
topografía *nf* topographie *f*
topógrafo, -a *nm/f* topographe *m/f*

toque vb ver **tocar** ♦ nm (de mano, pincel) coup m; (matiz) touche f; **dar un ~ a** passer un coup de fil à; (advertir) donner un avertissement à; **~ de diana** sonnerie de clairon; **~ de queda** couvre-feu m; **toquetear** vt tripoter

toquilla nf châle m

tórax nm thorax msg

torbellino nm tourbillon m; (fig) tornade f

torcedura nf torsion f

torcer vt tordre; (inclinar) pencher ♦ vi (cambiar de dirección) tourner; **~se** vpr se tordre; (inclinarse) pencher; (desviarse) dévier; (fracasar) se gâter; **~ la esquina** tourner au coin de la rue

torcido, -a adj tordu(e); (cuadro) penché(e)

tordo, -a nm étourneau m

torear vt (toro) combattre; (evitar) esquiver ♦ vi toréer; **toreo** nm tauromachie f

torero, -a nm/f torero m

tormenta nf tempête f, orage m; (fig) orage m; **una ~ en un vaso de agua** une tempête dans un verre d'eau

tormento nm torture f; (fig) tourment m

tornado nm tornade f

tornar vt (devolver) rendre; (transformar) transformer ♦ vi revenir; **~se** vpr (ponerse) devenir

tornasolado, -a adj (tela) chatoyant(e); (mar, superficie) irisé(e)

torneo nm tournoi m

tornillo nm vis fsg

torniquete nm tourniquet m

torno nm (TEC: grúa) treuil m; (: de carpintero, alfarero) tour m; **en ~ a** autour de

toro nm taureau m; (fam) malabar m; **los ~s** nmpl (fiesta) la corrida

toronja nf pamplemousse m

torpe adj maladroit(e); (necio) abruti(e); (lento) lent(e)

torpedo nm torpille f

torpeza nf maladresse f; (lentitud) lenteur f

torre nf tour f; **~ de perforación** foreuse f

torrefacto, -a adj: **café ~** café m torréfié

torrente nm torrent m

tórrido, -a adj torride

torrija nf pain m perdu

torsión nf torsion f

torso nm torse m

torta nf tarte f; (MÉX) omelette f; (fam) baffe f

tortícolis nf o nm inv torticolis msg

tortilla nf omelette f; (AM) crêpe f de maïs; **~ española/francesa** tortilla f/omelette f

tórtola nf tourterelle f

tortuga nf tortue f

tortuoso, -a adj tortueux(-ueuse)

tortura nf torture f; **torturar** vt torturer; **torturarse** vpr se torturer

tos nf toux fsg; **~ ferina** coqueluche f

tosco, -a adj (material) brut(e); (artesanía) grossier(-ière); (sin refinar) rustre, grossier(-ière)

toser vi tousser

tostada nf pain m grillé, toast m

tostado, -a adj grillé(e); (por el sol) bronzé(e)

tostador nm grille-pain m inv

tostar vt (pan) faire griller; (café) torréfier; (al sol) dorer; **~se** vpr (al sol) se dorer

total adj total(e) ♦ adv au total ♦ nm total m; **en ~** au total; **~ que**

bref, somme toute
totalidad nf totalité f
totalitario, -a adj totalitaire
totalmente adv entièrement;
(antes de adjetivo) complètement
tóxico, -a adj toxique ♦ nm
produit m toxique
toxicómano, -a nm/f
toxicomane m/f
toxina nf toxine f
tozudo, -a adj têtu(e)
traba nf entrave f; (de rueda)
rayon m
trabajador, a adj, nm/f
travailleur(-euse); ~ **autónomo** o
por cuenta propia travailleur
indépendant, free-lance m/f
trabajar vt travailler; (intentar
conseguir) s'occuper de ♦ vi
travailler; ~ **de** travailler comme
trabajo nm travail m; (fig)
difficultés fpl; **tomarse el
trabajo de** se donner la peine
de; **trabajo por turnos/a
destajo** travail par roulement/à la
pièce; **trabajo a tiempo
parcial** travail à temps partiel;
trabajos forzados travaux
forcés
trabajoso, -a adj
laborieux(-ieuse)
trabalenguas nm inv phrase f
difficile à prononcer
trabar vt joindre; (puerta) coincer;
(amistad, conversación) nouer;
~**se** vpr bafouiller; **se le traba
la lengua** il bafouille
tracción nf traction f; ~
delantera/trasera traction
avant/arrière
tractor nm tracteur m
tradición nf tradition f;
tradicional adj traditionnel(le)
traducción nf traduction f
traducir vt traduire

traductor, a nm/f
traducteur(-trice)
traer vt apporter; (llevar: ropa)
porter; (incluir) impliquer;
(ocasionar) apporter, causer; ~**se**
vpr: ~**se algo** tramer qch
traficar vi: ~ **con** faire du trafic
de
tráfico nm (AUTO) trafic m,
circulation f; (: pey) trafic
tragaluz nm vasistas msg
tragaperras nf inv machine f à
sous
tragar vt avaler; (devorar) dévorer;
(suj: mar, tierra) engloutir; ~**se**
vpr avaler; (devorar) dévorer;
(desprecio, insulto) ravaler;
(discurso, rollo) se farcir
tragedia nf tragédie f
trágico, -a adj tragique
trago nm gorgée f; (fam: bebida)
verre m; (desgracia) moment m
difficile
traición nf trahison f; **alta** ~
haute trahison; **a** ~ en traître;
traicionar vt trahir
traicionero, -a adj, nm/f traître
(traîtresse)
traidor, a adj, nm/f traître
(traîtresse)
traiga etc vb ver **traer**
traje vb ver **traer** ♦ nm (de
hombre, de época) costume m; ~
de baño maillot m de bain; ~ **de
chaqueta** tailleur m; ~ **de
luces** habit m de lumière
trajera etc vb ver **traer**
trajín nm agitation f; (fam) va-et-
vient m inv; **trajinar** vi s'affairer
trama nf (de tejido) trame f; (de
obra) intrigue f; (intriga)
machination f; **tramar** vt tramer,
ourdir
tramitar vt (suj: departamento,
comisaría) s'occuper de; (:

individuo) faire des démarches pour obtenir

trámite *nm* démarche *f*; **~s** *nmpl* *(burocracia)* formalités *fpl*; *(JUR)* mesures *fpl*

tramo *nm (de escalera)* volée *f*; *(de vía)* tronçon *m*

tramoya *nf (TEATRO)* machinerie *f*; **tramoyista** *nm/f* machiniste *m*

trampa *nf* piège *m*; *(en el suelo)* trappe *f*; *(fam: deuda)* dette *f*

trampolín *nm* tremplin *m*

tramposo, -a *adj*, *nm/f* tricheur(-euse)

tranca *nf (palo)* trique *f*; *(de puerta, ventana)* barre *f*; **trancar** *vt* barrer

trance *nm (crítico)* moment *m* critique; *(estado hipnótico)* transe *f*

tranquilidad *nf* tranquillité *f*

tranquilizar *vt* tranquilliser

tranquilo, -a *adj* calme; *(apacible)* tranquille

Trans. *abr* = **transferencia**

trans... *pref* trans...; *ver tb* **tras...**

transacción *nf* transaction *f*

transbordador *nm* transbordeur *m*, bac *m*

transbordar *vt* transborder ♦ *vi* changer de train; **transbordo** *nm* transbordement *m*; **hacer transbordo** changer

transcurrir *vi (tiempo)* passer; *(hecho, reunión)* se dérouler

transcurso *nm (de tiempo)* cours *msg*; *(de hecho)* déroulement *m*

transeúnte *nm/f* passant(e)

transferencia *nf* transfert *m*; *(COM)* virement *m*

transferir *vt* transférer; *(dinero)* virer

transformador *nm* transformateur *m*

transformar *vt* transformer; **~**

en transformer en

tránsfuga *nm/f* transfuge *m*

transfusión *nf (tb:* **~ de sangre)** transfusion *f (sanguine)*

transgénico *adj* transgénique

transgredir *vt* transgresser

transición *nf* transition *f*

transigir *vi* transiger

transistor *nm* transistor *m*

transitar *vi:* **~ (por)** circuler (sur); **tránsito** *nm* passage *m*; *(AUTO)* transit *m*

transitorio, -a *adj* transitoire

transmisión *nf* transmission *f*; *(RADIO, TV)* diffusion *f*; **~ en directo** diffusion en direct; **~ exterior** émission tournée en extérieur

transmitir *vt* transmettre; *(aburrimiento, esperanza)* communiquer; *(RADIO, TV)* diffuser

transparencia *nf* transparence *f*; *(foto)* transparent *m*

transparentar *vt (figura)* révéler ♦ *vi* être transparent(e); **~se** *vpr* être transparent(e);

transparente *adj* transparent(e)

transpirar *vi (sudar)* transpirer

transportar *vt* transporter;

transporte *nm* transport *m*

transversal *adj* transversal(e)

tranvía *nm* tramway *m*

trapecio *nm* trapèze *m*;

trapecista *nm/f* trapéziste *m/f*

trapero, -a *nm/f* chiffonnier(-ière)

trapicheos *(fam) nmpl* stratagèmes *mpl*, machinations *fpl*

trapo *nm* chiffon *m*; *(de cocina)* torchon *m*

tráquea *nf* trachée *f*

traqueteo *nm* cahot *m*

tras *prep (detrás)* derrière; *(después)* après; **~ de** en plus de

tras... *pref* trans...; *ver tb* **trans...**

trasatlántico, -a *adj, nm* transatlantique *m*

trascendencia *nf* importance *f*

trascendental *adj* capital(e)

trascender *vi* (*noticias*) filtrer, transpirer; **~ de** dépasser

trasero, -a *adj* arrière ♦ *nm* (ANAT) postérieur *m*

trasfondo *nm* fond *m*

trashumante *adj* transhumant(e)

trasladar *vt* déplacer; (*empleado, prisionero*) transférer; (*fecha*) reporter; **~se** *vpr* (*mudarse*) déménager; (*desplazarse*) se déplacer; **traslado** *nm* déplacement *m*; (*mudanza*) déménagement *m*; (*de empleado, prisionero*) transfert *m*

traslucir *vt* laisser entrevoir; **~se** *vpr* (*cristal*) être translucide; (*figura, color*) se voir au travers; (*fig*) apparaître, se révéler

trasluz *nm* lumière *f* tamisée; **al ~** à la lumière

trasnochar *vi* se coucher tard; (*no dormir*) passer une nuit blanche

traspapelar *vt* égarer

traspasar *vt* transpercer; céder; (*propiedad, derechos*) céder; (*empleado, jugador*) transférer; (*límites*) dépasser; (*ley*) transgresser; **traspaso** *nm* (*de negocio, jugador*) cession *f*, vente *f*

traspié *nm* (*fig*) faux pas, gaffe *f*

trasplantar *vt* transplanter

trasplante *nm* transplant *m*

traste *nm* (MÚS) touche *f*; **dar al ~ con algo** en finir avec qch

trastero *nm* débarras *msg*

trastienda *nf* arrière-boutique *f*

trasto *nm* (*pey: cosa*) saleté *f*; (: *persona*) propre à rien

trastornado, -a *adj* (*loco*) détraqué(e)

trastornar *vt* déranger; (*persona*) troubler; (: *enamorar*) envoûter; (: *enloquecer*) rendre fou (folle); **~se** *vpr* (*plan*) échouer; (*persona*) devenir fou (folle); **trastorno** *nm* dérangement *m*; (*confusión*) désordre *m*

tratado *nm* traité *m*

tratamiento *nm* traitement *m*

tratar *vt* traiter; (*dirigirse a*) adresser; (*tener contacto*) fréquenter ♦ *vi*: **~ de** (*hablar sobre*) traiter de; (*intentar*) essayer de; **~se** *vpr*: **~se de** s'agir de; **~ con** traiter avec; **~ en** (COM) être négociant en; **¿de qué se trata?** de quoi s'agit-il?; **trato** *nm* traitement *m*; (*relaciones*) rapport *m*; (*manera de ser*) manières *fpl*; (COM, JUR) marché *m*; (*título*) titre *m*

trauma *nm* trauma *m*

través *nm* a ~ en travers; **a ~ de** à travers, en travers de; (*radio, teléfono, organismo*) par, par l'intermédiaire de

travesaño *nm* (ARQ) traverse *f*; (DEPORTE) barre *f* transversale

travesía *nf* (*calle*) passage *m*; (NÁUT) traversée *f*

travesura *nf* diablerie *f*

traviesa *nf* (FERRO) traverse *f*

travieso, -a *adj* (*niño*) espiègle, polisson(ne)

trayecto *nm* trajet *m*, chemin *m*; (*tramo*) section *f*; **trayectoria** *nf* trajectoire *f*

traza *nf* (*aspecto*) allure *f*; **trazado** *nm* (ARQ) plan *m*; (*fig*) grandes lignes *fpl*

trazar *vt* tracer; (*plan*) tirer; **trazo** *nm* (*línea*) trait *m*; (*bosquejo*) ébauche *f*

trébol *nm* trèfle *m*

trece *adj inv, nm inv* treize *m inv*;

ver tb **seis**

trecho *nm* (*distancia*) distance *f*; (*de tiempo*) moment *m*; **de ~ en ~** de temps en temps

tregua *nf* trêve *f*

treinta *adj inv, nm inv* trente *m inv*; *ver tb* **sesenta**

tremendo, -a *adj* (*terrible*) impressionnant(e); (*imponente*) terrible, impressionnant(e); (*fam*) terrible

trémulo, -a *adj* tremblant(e)

tren *nm* train *m*; **~ de aterrizaje** train d'atterrissage

trenza *nf* tresse *f*; **trenzar** *vt* tresser; **trenzarse** (*AM: fam*) *vpr* se mêler à une querelle

trepador, a *adj* (*planta*) grimpant(e) ♦ *nm/f* arriviste *m/f* ♦ *nf* (*planta*) plante *f* grimpante

trepar *vi* grimper

trepidante *adj* trépidant(e); (*ruido*) accablant(e)

tres *adj inv, nm inv* trois *m inv*; *ver tb* **seis**

trescientos, -as *adj* trois cents; *ver tb* **seiscientos**

tresillo *nm* salon *m* (*comprenant un canapé et deux fauteuils*); (*MÚS*) triolet *m*

treta *nf* machination *f*

triángulo *nm* triangle *m*

tribal *adj* tribal(e)

tribu *nf* tribu *f*

tribuna *nf* tribune *f*

tribunal *nm* (*JUR*) tribunal *m*

tributar *vt* payer; **tributo** *nm* tribut *m*, impôt *m*

tricotar *vi, vt* tricoter

trigal *nm* champ *m* de blé

trigo *nm* blé *m*

trigueño, -a *adj* (*pelo*) châtain-clair *inv*; (*piel*) basané(e)

trillado, -a *adj* (*AGR*) battu(e); (*fig*) rebattu(e); **trilladora** *nf*

batteuse *f*

trillar *vt* battre

trimestral *adj* trimestriel(le)

trimestre *nm* trimestre *m*

trinar *vi* (*ave*) gazouiller

trinchar *vt* découper

trinchera *nf* (*MIL*) tranchée *f*

trineo *nm* traîneau *m*

trinidad *nf*: **la T~** la Trinité

trino *nm* gazouillement *m*

tripa *nf* (*ANAT*) intestin *m*; **~s** *nfpl* (*ANAT*) intestins *mpl*; (*CULIN, fig*) tripes *fpl*

triple *adj, nm* triple *m*

triplicado, -a *adj*: **por ~** en trois exemplaires

tripulación *nf* équipage *m*

tripulante *nm/f* membre *m* de l'équipage

tripular *vt* former l'équipage de; **nave espacial tripulada** vaisseau *m* spatial habité

tris *nm*: **estar en un ~ de hacer algo** être sur le point de faire qch

triste *adj* triste; **tristeza** *nf* tristesse *f*

triturar *vt* triturer, broyer; (*mascar*) mâcher

triunfar *vi* triompher, gagner; **triunfo** *nm* triomphe *m*

trivial *adj* banal(e), sans importance; **trivializar** *vt* minimiser, banaliser

triza *nf* morceau *m*, lambeau *m*; **hacer algo ~s** réduire qch en miettes

trocar *vt* (*COM*) troquer; **~se** *vpr* se changer; **~ (en)** changer (en); **~se (en)** se changer (en)

trocear *vt* couper en morceaux

trocha *nf* (*AM*) sentier *m*

troche: **a ~ y moche** *adv* à tort et à travers

trofeo *nm* trophée *m*

tromba *nf* trombe *f*

trombón *nm* trombone *m*

trombosis *nf inv* thrombose *f*

trompa *nf* (MÚS) cor *m*; (*de elefante, insecto, fam*) trompe *f*; **cogerse una ~** (*fam*) prendre une cuite

trompada *nf*, **trompazo** *nm* coup *m*; (*puñetazo*) coup de poing; **darse un ~** se donner un coup

trompeta *nf* trompette *f* ♦ *nm/f* trompettiste *m/f*

trompicón: a trompicones *adv* par à-coups

trompo *nm* toupie *f*

tronar *vt* (CAM, MÉX: *fam*) tuer ♦ *vi* (METEOROLOGÍA) tonner

tronchar *vt* (*árbol*) abattre; (*vida, esperanza*) briser, détruire; **~se** *vpr* se fendre, tomber

tronco *nm* tronc *m*

trono *nm* trône *m*

tropa *nf* troupe *f*

tropel *nm* (*desorden*) cohue *f*

tropezar *vi* trébucher; **~ con** (*fig*) tomber sur; **tropezón** *nm* faux pas *msg*

tropical *adj* tropical(e)

trópico *nm* tropique *m*

tropiezo *vb ver* **tropezar** ♦ *nm* (*error*) erreur *f*, bévue *f*; (*obstáculo*) difficulté *f*

trotamundos (*fam*) *nm/f inv* globe-trotter *m/f*

trotar *vi* trotter; **trote** *nm* trot *m*; (*fam*) activité *f*; **de mucho trote** solide, résistant(e)

trozo *nm* morceau *m*

trucha *nf* truite *f*

truco *nm* truc *m*

trueno *vb ver* **tronar** ♦ *nm* tonnerre *m*; (*estampido*) détonation *f*

trueque *vb ver* **trocar** ♦ *nm*

échange *m*; (COM) troc *m*

trufa *nf* truffe *f*

truhán, -ana *nm/f* truand(e)

truncar *vt* tronquer; (*vida*) abréger; (*desarrollo*) retarder; (*esperanzas*) briser

tu *adj* ton (ta); **tus hijos** tes enfants

tú *pron* tu

tubérculo *nm* tubercule *m*

tuberculosis *nf* tuberculose *f*

tubería *nf* tuyau *m*; (*sistema*) tuyauterie *f*

tubo *nm* tube *m*; **~ de ensayo** éprouvette *f*, tube à essai; **~ de escape** pot *m* d'échappement

tuerca *nf* écrou *m*

tuerto, -a *adj*, *nm/f* borgne *m/f*

tuerza *etc vb ver* **torcer**

tuétano *nm* moelle *f*

tufo (*pey*) *nm* relent *m*

tul *nm* tulle *m*

tulipán *nm* tulipe *f*

tullido, -a *adj* estropié(e)

tumba *nf* tombe *f*

tumbar *vt* (*extender en el suelo*) allonger; (: *en examen*) recaler, coller; (: *en competición*) battre; **~se** *vpr* s'allonger; (*extenderse*) s'étendre

tumbo *nm* chute *f*; (*de vehículo*) cahot *m*

tumbona *nf* chaise *f* longue

tumor *nm* tumeur *f*

tumulto *nm* tumulte *m*

tuna *nf* petit orchestre *m* d'étudiants; *ver tb* **tuno**

Tuna

Une **tuna** *est un groupe musical constitué d'étudiants ou d'anciens étudiants qui portent les costumes de l'"Edad de Oro", l'âge d'or espagnol. Ces groupes se promènent dans les rues en* *jouant de la guitare, du luth et du tambourin. Ils chantent des sérénades aux étudiantes dans les résidences universitaires et font des apparitions improvisées dans les mariages et les soirées, où pour quelques pesetas, ils chantent des airs traditionnels espagnols.*

Turrón

*Le **Turrón** est une sorte de nougat, d'origine orientale, fait avec du miel, des blancs d'œufs et des noisettes. On le consomme pendant la période de Noël. Il peut être dur et contenir des amandes entières (Alicante), ou tendre, à base d'amandes pilées (Jijona).*

---

tunante adj coquin(e) ♦ nm/f coquin(e), garnement m; **¡~!** garnement!, vilain(e)!

tunda nf raclée f

túnel nm tunnel m

Túnez n Tunis

tuno nm membre m d'un orchestre d'étudiants

tupido, -a adj (niebla, bosque) épais(se); (tela) serré(e)

turba nf (muchedumbre) foule f

turbar vt (paz, sueño) troubler; (preocupar) inquiéter, troubler; (: azorar) gêner; **~se** vpr être gêné(e)

turbina nf turbine f

turbio, -a adj, adv trouble

turbulencia nf agitation f; (fig) turbulence f, agitation

turbulento, -a adj agité(e); (fig) agité(e), turbulent(e)

turco, -a adj turc (turque) ♦ nm/f Turc (Turque)

turismo nm tourisme m; (coche) voiture f (particulière); **turista** nm/f touriste m/f

turístico, -a adj touristique

turnar vi alterner; **~se** vpr se relever; **turno** nm tour m

turquesa adj, nf turquoise f

Turquía nf Turquie f

turrón nm touron m (sorte de nougat)

tutear vt tutoyer; **~se** vpr se tutoyer

tutela nf tutelle f; **tutelar** adj tutélaire ♦ vt avoir la tutelle de

tutor, a nm/f tuteur(-trice); (ESCOL) professeur m particulier

tuve etc vb ver **tener**

tuyo, -a adj ton (ta) ♦ pron: **el ~/la tuya** le tien/la tienne; **es ~** c'est à toi; **los ~s** (fam) les tiens

TV sigla f (= televisión)

TVE sigla f (= Televisión Española)

U, u

u conj ou

ubicar (esp AM) vt situer; (encontrar) trouver; **~se** vpr se trouver

ubre nf mamelle f

Ud(s) abr (= usted(es)) ver **usted**

UE sigla f (= Unión Europea) UE f

ufano, -a adj (arrogante) suffisant(e); (satisfecho) satisfait(e)

UGT sigla f (= Unión General de Trabajadores) syndicat

ujier nm (JUR) huissier m

úlcera nf ulcère m

ulcerar vt ulcérer; **~se** vpr s'irriter

últimamente adv dernièrement

ultimar vt finaliser; (preparativos) mettre la dernière main à; (AM: asesinar) abattre

ultimátum (pl ~s) nm ultimatum m

último, -a adj dernier(-ière); **a la última** (en moda) à la dernière mode; (en conocimientos) au goût du jour; **el ~** le dernier; **en las últimas** (enfermo) à l'article de la mort; (sin dinero, provisiones) démuni(e); **por ~** enfin, en dernier lieu

ultra adj, nm/f (POL) ultra m/f

ultrajar vt outrager; **ultraje** nm outrage m

ultramar nm: **de ~** d'outre-mer

ultranza: **a ~** adv à outrance

ultrasónico, -a adj hypersonique

ultratumba nf outre-tombe f

ultravioleta adj inv ultraviolet(te), ultra-violet(te)

umbral nm seuil m

PALABRA CLAVE

un, una art indef **1** (sg) un(e); **una naranja** une orange; **un arma blanca** une arme blanche **2** (pl) des; **hay unos regalos para ti** il y a des cadeaux pour toi; **hay unas cervezas en la nevera** il y a des bières dans le frigo **3** (enfático): **¡hace un frío!** il fait un de ces froids!

unánime adj unanime; **unanimidad** nf unanimité f

undécimo, -a adj, nm/f onzième m/f; ver tb **sexto**

ungir vt oindre

ungüento nm onguent m

únicamente adv uniquement

único, -a adj unique

unidad nf unité f

unido, -a adj uni(e)

unificar vt unifier

uniformar vt uniformiser

uniforme adj uniforme; (color) uni(e) ♦ nm uniforme m; **uniformidad** nf uniformité f

unilateral adj unilatéral(e)

unión nf union f; (TEC) jointure f; **la U~ Soviética** l'Union Soviétique

unir vt (piezas) assembler; (cuerdas) nouer; (tierras, habitaciones) relier; (esfuerzos, familia) unir; (empresas) fusionner; **~se** vpr (personas) s'unir; (empresas) fusionner; **~se a** se joindre à

unísono nm: **al ~** à l'unisson

universal adj universel(le)

universidad nf université f

universitario, -a adj universitaire ♦ nm/f étudiant(e)

universo nm univers msg

PALABRA CLAVE

uno, -a adj un(e); **unos pocos** quelques uns; **unos cien** une centaine; **el día uno** le premier ♦ pron **1** un(e); **quiero uno solo** je m'en veux qu'un; **uno de ellos** l'un d'eux; **uno mismo** soi-même; **de uno en uno** un à un **2** (alguien) quelqu'un; **conozco a uno que se te parece** je connais quelqu'un qui te ressemble; **unos querían quedarse** quelques-uns voulaient rester **3**: (los) unos ... (los) otros ... certains o les ... les autres o d'autres; **se miraron el uno al otro** il se sont regardés l'un l'autre; **se pegan unos a otros**

ils se battent entre eux

4 (enfático): **¡se montó una ...!** il y a eu une de ces pagailles!

♦ *nf* (hora): **es la una** il est une heure

♦ *nm* (número) un *m*

untar *vt* (con aceite, pomada) enduire; (en salsa, café) tremper; (fig, fam) graisser la patte à
uña *nf* (ANAT) ongle *m*; (de felino) griffe *f*
uranio *nm* uranium *m*
urbanidad *nf* courtoisie *f*
urbanismo *nm* urbanisme *m*
urbanización *nf* lotissement *m*
urbanizar *vt* urbaniser
urbano, -a *adj* urbain(e)
urbe *nf* grande ville *f*
urdimbre *nf* (de tejido) chaîne *f*
urdir *vt* ourdir
urgencia *nf* urgence *f*; **~s** *nfpl* (MED) urgences *fpl*; **urgente** *adj* urgent(e)
urgir *vi* être urgent(e); **me urge** j'en ai besoin rapidement
urinario, -a *nm* urinoir *m*
urna *nf* urne *f*; (de cristal) vitrine *f*
urraca *nf* pie *f*
Uruguay *nm* Uruguay *m*
uruguayo, -a *adj* uruguayen(ne) ♦ *nm/f* Uruguayen(ne)
usado, -a *adj* usagé(e); (ropa etc) usé(e), usagé(e)
usar *vt* utiliser; (ropa) porter; (derecho etc) user de; **~se** *vpr* s'utiliser; **uso** *nm* usage *m*; (aplicación: de objeto, herramienta) utilisation *f*
usted *pron* (sg: abr Ud (esp AM) o Vd: formal) vous; **~es** (pl: abr Uds (esp AM) o Vds: formal) vous
usual *adj* habituel(-le)
usuario, -a *nm/f* usager *m*; (INFORM) utilisateur(-trice)

usura (pey) *nf* usure *f*
usurero, -a *nm/f* usurier(-ère)
usurpar *vt* usurper
utensilio *nm* instrument *m*; (de cocina) ustensile *m*
útero *nm* utérus *msg*
útil *adj* utile; **~es** *nmpl* outils *mpl*
utilidad *nf* utilité *f*; (provecho) avantage *m*; (COM) bénéfice *m*;
utilizar *vt* utiliser
utopía *nf* utopie *f*
utópico, -a *adj* utopique
uva *nf* raisin *m*

V, v

v. *abr* (ELEC) (= voltio) V (= volt)
va *vb* ver **ir**
vaca *nf* vache *f*; (carne) bœuf *m*
vacaciones *nfpl* vacances *fpl*
vacante *adj* vacant(e) ♦ *nf* poste *m* vacant
vaciar *vt* vider; (ARTE) mouler; **~se** *vpr* se vider
vacilante *adj* vacillant(e); (dudoso) hésitant(e)
vacilar *vi* hésiter; (mueble, lámpara) chanceler; (luz, persona) vaciller; (fam: bromear) plaisanter
vacío, -a *adj* vide; (puesto) libre ♦ *nm* vide *m*
vacuna *nf* vaccin *m*; **vacunar** *vt* vacciner; **vacunarse** *vpr* se faire vacciner
vacuno, -a *adj* bovin(e)
vacuo, -a *adj* vide
vadear *vt* passer à gué; **vado** *nm* gué *m*
vagabundo, -a *adj* vagabond(e); (perro) errant(e) ♦ *nm/f* vagabond(e)
vagamente *adv* vaguement
vagancia *nf* paresse *f*
vagar *vi* errer, vagabonder

vagina *nf* vagin *m*

vago, -a *adj* vague; (*perezoso*) fainéant(e) ♦ *nm/f* fainéant(e)

vagón *nm* wagon *m*

vaguedad *nf* vague *m*, manque *m* de précision; **~es** *nfpl*: **decir ~es** rester dans le vague

vaho *nm* vapeur *f*; (*aliento*) buée *f*

vaina *nf* (*de espada*) fourreau *m*; (*de guisantes, judías*) cosse *f*

vainilla *nf* vanille *f*

vainita (*AM*) *nf* haricot *m* vert

vais *vb* ver **ir**

vaivén *nm* va-et-vient *m inv*; **vaivenes** *nmpl* (fig: *de la vida*) vicissitudes *fpl*

vajilla *nf* vaisselle *f*

val *etc*, **valdré** *etc vb* ver **valer**

vale *nm* bon *m*; (*recibo*) reçu *m*; (*pagaré*) billet *m* à ordre

valedero, -a *adj* valable

valenciano, -a *adj* valencien(ne) ♦ *nm/f* Valencien(ne)

valentía *nf* bravoure *f*

valer *vt* valoir ♦ *vi* servir; (*ser válido*) être valable; (*estar permitido*) être permis(e); (*tener mérito*) avoir du mérite; **~se** *vpr*: **~se de** (*hacer valer*) faire valoir; (*servirse de*) se servir de; **~ la pena** valoir la peine; **~ (para)** servir (à); **¡vale!** d'accord!; **más vale (hacer/que)** mieux vaut (faire/que)

valga *etc vb* ver **valer**

valía *nf* valeur *f*

validez *nf* validité *f*

válido, -a *adj* valable

valiente *adj* (*soldado*) brave, courageux(-euse); (*niño, decisión*) courageux(-euse) ♦ *nm/f* brave *m/f*

valioso, -a *adj* précieux(-euse)

valla *nf* clôture *f*; (*DEPORTE*) haie *f*; **~ publicitaria** panneau *m* publicitaire; **vallar** *vt* clôturer

valle *nm* vallée *f*; **~ de lágrimas** vallée de larmes

valor *nm* valeur *f*; (*valentía*) courage *m*; **~es** *nmpl* (*ECON, COM*) valeurs *fpl*, titres *mpl*; (*morales*) valeurs; **valorar** *vt* évaluer, estimer

vals *nm* valse *f*

válvula *nf* valve *f*

vamos *vb* ver **ir**

vampiro *nm* vampire *m*

van *vb* ver **ir**

vanagloriarse *vpr*: **~ (de)** se glorifier (de); **vandalismo** *nm* vandalisme *m*

vándalo, -a *nm/f* (*pey*) vandale *m/f*

vanguardia *nf* avant-garde *f*

vanidad *nf* vanité *f*

vanidoso, -a *adj* vaniteux(-euse)

vano, -a *adj* vain(e) ♦ *nm* (*ARQ*) embrasure *f*; **en ~** en vain

vapor *nm* vapeur *f*; (*tb*: **barco de ~**) (*bateau m à*) vapeur *f*; **al ~** (*CULIN*) à la vapeur; **~ de agua** vapeur d'eau

vaporoso, -a *adj* vaporeux(-euse)

vapulear *vt* fustiger; (*reprender*) houspiller

vaquero *nm* (*CINE*) cow-boy *m*; (*AGR*) vacher *m*; **~s** *nmpl* (*pantalones*) jeans *mpl*

vaquilla *nf* (*AM*) génisse *f*

vara *nf* perche *f*; (*de mando*) bâton *m*

variable *adj*, *nf* variable *f*

variación *nf* changement *m*

variar *vt* (*cambiar*) changer; (*poner variedad*) varier ♦ *vi* varier

varices *nfpl* varices *fpl*

variedad *nf* variété *f*; **~es** *nfpl* (*espectáculo*) variétés *fpl*

varilla *nf* baguette *f*; (*de paraguas, abanico*) baleine *f*

vario, -a adj divers(e); **~s** plusieurs

varita nf: **~ mágica** baguette f magique

varón nm homme m; **hijo ~** enfant m mâle; **varonil** adj viril(e)

Varsovia n Varsovie

vas vb ver **ir**

vasco, -a adj basque ♦ nm/f Basque m/f ♦ nm (LING) basque m

vascongadas nfpl: **las V~** les provinces fpl basques

vaselina nf vaseline f

vasija nf pot m, récipient m

vaso nm verre m; (ANAT) vaisseau m

vástago nm (BOT) rejeton m; (TEC) tige f; (de familia) descendant m

vasto, -a adj vaste

Vaticano nm Vatican m

vatio nm watt m

vaya vb ver **ir** ♦ excl (fastidio) mince!, zut!; (sorpresa) eh bien!, tiens!; **¿qué tal? - ¡~!** ça va? - on fait aller!; **¡~ tontería!** quelle idiotie!; **¡~ mansión!** quelle maison!

Vd(s) abr (= usted(es)) ver **usted**

ve vb ver **ir**; ver **venir**

vecindad nf voisinage m

vecindario nm voisinage m, quartier m

vecino, -a adj voisin(e) ♦ nm/f voisin(e); (residente: de pueblo) habitant(e)

veda nf (de pesca, caza) défense f, interdiction f

vedar vt interdire, défendre; (caza, pesca) interdire

vegetación nf végétation f

vegetal adj végétal(e) ♦ nm végétal m

vehemencia nf impétuosité f; (apasionamiento) véhémence f;

vehemente adj impétueux(-euse); (apasionado) véhément(e)

vehículo nm véhicule m

veinte adj inv, nm inv vingt m inv; ver tb **seis**

vejación nf brimade f

vejez nf vieillesse f

vejiga nf vessie f

vela nf bougie f; (NÁUT) voile f; **en ~** éveillé(e); (velando) à veiller

velar vt veiller; (FOTO, cubrir) voiler ♦ vi veiller; **~se** vpr (FOTO) se voiler; **~ por** veiller à

velatorio nm veillée f

veleidad nf inconstance f

velero nm (NÁUT) voilier m; (AVIAT) planeur m

veleta nm/f (pey) girouette f ♦ nf (para el viento) girouette

veliz nm (MÉX) nm valise f

vello nm duvet m

velo nm voile m

velocidad nf vitesse f; (rapidez) rapidité f

velocímetro nm compteur m de vitesse

veloz adj rapide

ven vb ver **venir**

vena nf veine f

venado nm grand gibier m

vencedor, a adj victorieux(-euse) ♦ nm/f vainqueur m

vencer vt vaincre; (obstáculos) surmonter ♦ vi (plazo) expirer

vencido, -a adj vaincu(e); (COM: letra) arrivé(e) à échéance ♦ adv: **pagar ~** payer après échéance; **vencimiento** nm échéance f

venda nf pansement m; **vendar** vt bander

vendaval nm vent m violent

vendedor, a nm/f vendeur(-euse)

vender vt vendre; **~ al**

contado/al por mayor/al por menor/a plazos vendre au comptant/en gros/au détail/à crédit; **"se vende"** "à vendre"

vendimia nf vendange f

vendré etc vb ver **venir**

veneno nm poison m

venenoso, -a adj (seta) vénéneux(-euse); (producto) toxique

venerable adj vénérable; **venerar** vt vénérer

venéreo, -a adj vénérien(ne)

venezolano, -a adj vénézuélien(ne) ♦ nm/f Vénézuélien(ne)

Venezuela nf Venezuela m

venga etc vb ver **venir**

venganza nf vengeance f; **vengar** vt venger; **vengarse** vpr se venger

vengativo, -a adj vindicatif(-ive)

venia nf permission f

venial adj véniel(le)

venida nf venue f

venidero, -a adj futur(e), à venir

venir vi venir; (en periódico, texto) être; (llegar, ocurrir) arriver; **~se** vpr: **~se abajo** s'écrouler; (persona) s'effondrer; **~ de** venir de; **~ bien/mal** convenir/ne pas convenir; **el año que viene** l'année prochaine

venta nf vente f; **estar a la/en ~** être à la/en vente; **~ al contado** vente au comptant; **~ al detalle** vente au détail; **~ a plazos** vente à crédit; **~ al por mayor** vente en gros; **~ al por menor** vente au détail

ventaja nf avantage m

ventajoso, -a adj avantageux(-euse)

ventana nf fenêtre f; **ventanilla** nf guichet m

ventilación nf ventilation f, aération f; **ventilar** vt ventiler, aérer; (ropa) aérer; (fig) divulguer; (: resolver) éclaircir; **ventilarse** vpr s'aérer

ventisca nf, **ventisquero** nm bourrasque f de neige

ventrílocuo, -a adj, nm/f ventriloque m/f

ventura nf félicité f; (suerte, destino) fortune f; **a la (buena) ~** à l'aventure

ver vt voir; (televisión, partido) regarder; (esp AM: mirar) regarder ♦ vi voir; **~se** vpr se voir; (hallarse) se trouver; (AM: fam) avoir l'air; **(voy) a ~ que hay** je vais voir ce qu'il y a; **a ~** voyons voir; **no tener que ~ con** n'avoir rien à voir avec; **¡viera(n) qué casa!** (MÉX: fam) tu verrais la maison!; **¡hubiera(n) visto qué casa!** (MÉX: fam) tu aurais vu la maison!; **(ya) se ve que ...** on voit bien que ...; **te ves divina** (AM) tu es divine

vera nf: **a la ~ de** (del camino) au bord de; (de algn) auprès de

veracidad nf véracité f

veranear vi passer ses vacances d'été; **veraneo** nm: **ir de veraneo** partir en vacances d'été

veraniego, -a adj estival(e)

verano nm été m

veras nfpl: **de ~** vraiment

veraz adj véridique

verbal adj verbal(e)

verbena nf kermesse f

verbo nm verbe m

verdad nf vérité f; **¿~?** n'est-ce pas?; **de ~** vraiment; **¡es ~!** c'est vrai!; **la ~ es que ...** en fait ...

verdadero, -a adj véridique; (antes del nombre) vrai(e), véritable

verde adj (tb POL) vert(e); (chiste)

cochon(ne) ♦ *nm* vert *m*; *(hierba)*
verdure *f*; **viejo ~** vieux cochon
m; **verdear, verdecer** *vi* verdir;
verdor *nm (color)* couleur *f* verte,
vert *m*

verdugo *nm* bourreau *m*

verdura(s) *nf(pl)* légumes *mpl*

vereda *nf* sentier *m*; *(AM)* trottoir
m

veredicto *nm* verdict *m*

vergonzoso, -a *adj (persona)*
timide; *(acto, comportamiento)*
honteux(-euse)

vergüenza *nf* honte *f*; **me da ~
decírselo** j'ai honte de le lui
dire; **¡qué ~!** quelle honte!

verídico, -a *adj* véridique

verificar *vt* vérifier

verja *nf* grille *f*

vermut *(pl ~s)* *nm* vermouth *m*
(esp AND, CSUR: CINE) matinée *f*

verosímil *adj* vraisemblable

verruga *nf (MED)* verrue *f*

versado, -a *adj*: **~ en** versé(e)
en

versátil *adj (material)*
polyvalent(e); *(persona)* versatile

versión *nf* version *f*; **en ~
original** en version originale

verso *nm* vers *msg*

vértebra *nf* vertèbre *f*

verter *vt* verser; *(derramar)*
répandre

vertical *adj* vertical(e); *(postura,
piano)* droit(e)

vértice *nm* sommet *m*

vertiente *nf* versant *m*

vertiginoso, -a *adj*
vertigineux(-euse)

vértigo *nm* vertige *m*

vesícula *nf* vésicule *f*

vestíbulo *nm* vestibule *m*; *(de
teatro)* foyer *m*

vestido *nm (de mujer)* robe *f*

vestigio *nm* vestige *m*

vestimenta *nf* habillement *m*

vestir *vt* habiller; *(llevar puesto)*
porter ♦ *vi* s'habiller; *(ser elegante)*
habiller; **~se** *vpr* s'habiller; **ropa
de ~** vêtements *mpl* habillés

vestuario *nm* garde-robe *f*;
(TEATRO, CINE) costumes *mpl*; *(local:
TEATRO)* loge *f*; **~s** *nmpl (DEPORTES)*
vestiaires *mpl*

veta *nf (de mineral)* veine *f*, filon
m; *(en piedra, madera)* veine

vetar *vt* mettre son veto à

veterano, -a *adj* ancien(ne) ♦
nm/f vétéran *m*

veterinaria *nf* médecine *f*
vétérinaire

veterinario, -a *nm/f* vétérinaire
m/f

veto *nm* veto *m*

vez *nf* fois *fsg*; *(turno)* tour *m*; **a la
~** en même temps; **a su ~** à son
tour; **una ~** une fois; **en ~ de** au
lieu de; **a veces/algunas
veces** parfois; **otra ~** encore
(une fois); **una y otra ~** à
maintes reprises; **de ~ en
cuando** de temps en temps;
hacer las veces de tenir lieu
de, faire office de; **tal ~** peut-être

vía *nf* voie *f*; **por ~ judicial** par
voie de droit; **por ~ oficial** par la
voie officielle; **en ~s de** en voie
de; **Madrid-Berlín ~ París**
Madrid-Berlin via Paris; **~s
aéreas** *fpl* voies *fpl* aériennes; **V~
Láctea** Voie lactée; **~ pública**
voie publique

viable *adj* viable

viaducto *nm* viaduc *m*

viajar *vi* voyager

viaje *nm* voyage *m*; **estar de
viaje** être en voyage; **viaje de
ida y vuelta** voyage aller-retour;
viaje de novios voyage de
noces

viajero, -a *adj, nm/f* voyageur(-euse)

vial *adj* (AUTO: *seguridad*) routier(-ière); (*marca*) au sol

víbora *nf* vipère *f*

vibración *nf* vibration *f*

vibrar *vi* vibrer

vicario *nm* vicaire *m*

vicepresidente *nm/f* vice-président(e)

viceversa *adv:* **y ~** et vice versa

viciado, -a *adj* (*corrompido*) dépravé(e); (*postura*) gauchi(e); (*aire, atmósfera*) vicié(e); **viciar** *vt* (*persona, costumbres*) pervertir; (JUR, *aire*) vicier; (*objeto, postura*) déformer; (*mecanismo, dicción*) fausser; (*deformarse*) se déformer; **viciarse con** (*persona*) devenir mordu(e) de

vicio *nm* vice *m*; (*mala costumbre*) mauvaise habitude *f*, défaut *m*

vicioso, -a *adj, nm/f* vicieux(-euse)

vicisitud *nf* vicissitude *f*

víctima *nf* victime *f*

victoria *nf* victoire *f*

victorioso, -a *adj* victorieux(-ieuse)

vid *nf* vigne *f*

vida *nf* vie *f*; **de por ~** de (toute) ma *etc* vie; **en la/mi** *etc* **~** (*nunca*) de la/ma *etc* vie; **estar con ~** être en vie; **ganarse la ~** gagner sa vie; **de ~ o muerte** de vie ou de mort

vídeo *nm* vidéo *f*; (*aparato*) magnétoscope *m*

videocámara *nf* caméra *f* vidéo

videocas(s)et(t)e *nm* vidéocassette *f*

videoclub *nm* club *m* vidéo

videojuego *nm* jeu *m* vidéo

vidrio *nm* verre *m*; **~s** *nmpl* (*objetos*) objets *mpl* en verre;

pagar los ~s rotos payer les pots cassés

viejo, -a *adj* vieux (vieille); (*tiempos*) ancien(ne) ♦ *nm/f* vieux (vieille); **hacerse** *o* **ponerse ~** se faire vieux (vieille)

Viena *n* Vienne

viene *etc vb ver* venir

vienés, -esa *adj* viennois(e) ♦ *nm/f* Viennois(e)

viento *nm* vent *m*

vientre *nm* ventre *m*

viernes *nm inv* vendredi *m*; **V~ Santo** vendredi saint; *ver tb* **sábado**

Vietnam *nm* Vietnam *m*; **vietnamita** *adj* vietnamien(ne) ♦ *nm/f* Vietnamien(ne)

viga *nf* poutre *f*

vigencia *nf* (*de ley, contrato*) validité *f*; **estar/entrar en ~** être/entrer en vigueur; **vigente** *adj* (*ley etc*) en vigueur

vigésimo, -a *adj, nm/f* vingtième *m/f*

vigía *nm/f* guetteur(-euse)

vigilancia *nf* surveillance *f*

vigilante *adj* vigilant(e) ♦ *nm* gardien *m*

vigilar *vt* surveiller

vigilia *nf* veille *f*; (REL) vigile *f*

vigor *nm* vigueur *f*; **en ~** en vigueur; **entrar en ~** entrer en vigueur

vigoroso, -a *adj* vigoureux(-euse)

vil *adj* vil(e); **vileza** *nf* vilenie *f*

villa *nf* villa *f*; (*población*) ville *f*; **~ miseria** (CSUR) bidonville *m*

villancico *nm* chant *m* de Noël

vilo: en ~ *adv* (*sostener, levantar*) en l'air; **estar en ~** (*fig*) être sur des charbons ardents

vinagre *nm* vinaigre *m*

vinagreta *nf* vinaigrette *f*

vincular vt rapprocher; (por contrato, obligación) lier; **~se** vpr: **~se (a)** se rapprocher (de); **vínculo** nm lien m

vinicultura nf viticulture f

vino vb ver **venir ♦** nm vin m; **~ blanco** vin blanc

viña nf vigne f

viñedo nm vignoble m

violación nf (de una persona) viol m; (de derecho, ley) violation f

violar vt violer

violencia nf violence f; **violentar** vt forcer; (persona) violenter

violento, -a adj violent(e); (embarazoso) embarrassant(e); (incómodo) mal à l'aise m

violeta adj violet(te) ♦ nf (BOT) violette f ♦ nm (color) violet m

violín nm violon m

viraje nm virage m

virgen adj vierge; **la (Santísima) V~** la (Sainte) Vierge

Virgo nm (ASTROL) la Vierge; **ser ~** être (de) la Vierge

viril adj viril(e); **virilidad** nf virilité f

virtud nf vertu f; **en ~ de** en vertu de

virtuoso, -a adj vertueux(-euse) ♦ nm/f (MÚS) virtuose m/f

viruela nf variole f

virulento, -a adj virulent(e)

virus nm inv virus msg

visa (AM) nf, **visado** nm visa m

víscera nf viscère m; **~s** nfpl viscères mpl

visceral adj viscéral(e)

viscoso, -a adj visqueux(-euse)

visera nf visière f; (gorra) casquette f à visière

visibilidad nf visibilité f; **visible** adj visible

visillo nm rideau m

visión nf vision f

visita nf visite f; **hacer una ~** rendre o faire une visite

visitar vt (familia etc) rendre visite à; (ciudad, museo) visiter

vislumbrar vt apercevoir, distinguer

viso nm (de metal) éclat m; (de tela) lustre m; (aspecto) luisant m

visón nm vison m

visor nm (FOTO) viseur m

víspera nf veille f; **la ~ o en ~s de (j)** la veille de

vista nf vue f; **a primera o simple ~** à première vue, au premier abord; **hacer la ~ gorda** fermer les yeux; **está o salta a la ~ que** il saute aux yeux que; **conocer a algn de ~** connaître qn de vue; **... en ~ de ... vu ...; en ~ de que** vu que; **¡hasta la ~!** à bientôt!; **con ~s a** (al mar) avec vue sur; (al futuro, a mejorar) dans le but de; **vistazo** nm coup m d'œil; **dar o echar un vistazo a** donner o jeter un coup d'œil à

visto, -a vb ver **vestir ♦** pp de **ver ♦** adj: **estar muy ~** être très en vue ♦ nm: **~ bueno** autorisation f; **está ~ que** il est clair que; **está bien/mal ~** c'est bien/mal vu; **~ que** vu que; **por lo ~** apparemment

vistoso, -a adj voyant(e)

visual adj visuel(le)

vital adj vital(e); (persona) plein(e) de vitalité

vitalicio, -a adj viager(-ère); (cargo) à vie

vitalidad nf vitalité f

vitamina nf vitamine f

viticultor, a nm/f viticulteur(-trice); **viticultura** nf viticulture f

viticulture f
vitorear vt acclamer
vitrina nf vitrine f; **viudez** nf veuvage m
viudo, -a adj, nm/f veuf (veuve)
viva excl vivat!; **¡~ el rey!** vive le roi!
vivacidad nf vivacité f
vivaracho, -a adj vivant(e)
vivaz adj vivace
víveres nmpl vivres mpl
vivero nm (HORTICULTURA) pépinière f; (criadero) vivier m
vivienda nf logement m, habitation f
viviente adj vivant(e)
vivir vt, vi vivre
vivo, -a adj vif (vive); (ser, recuerdo, planta) vivant(e); **en ~** (TV, MÚS) en direct
vocablo nm mot m
vocabulario nm vocabulaire m
vocación nf vocation f; **vocacional** (MÉX) nf (ESCOL) collège m technique
vocal adj vocal(e) ♦ nm/f membre m ♦ nf (LING) voyelle f; **vocalizar** vt prononcer ♦ vi vocaliser
vocear vi vociférer; **vocerío** nm clameur f
vocero, -a (AM) nm/f porte-parole m inv
voces pl de **voz**
vociferar vi vociférer
vodka nm vodka f
vol abr (= volumen) vol. (= volume)
volandas: en ~ adv en volant
volante nm volant m; (MED: de aviso) convocation f
volar vt faire exploser ♦ vi voler
volátil adj volatile
volcán nm volcan m
volcánico, -a adj volcanique
volcar vt (recipiente) vider; (contenido) verser; (vehículo)

renverser; (barco) faire chavirer ♦ vi (vehículo) capoter; (barco) chavirer; **~se** vpr (recipiente) se renverser; (esforzarse): **~se para hacer algo/con algn** se donner beaucoup de mal pour faire qch/ avec qn
voleibol nm volley-ball m
volqué etc, **volquemos** etc vb ver **volcar**
voltaje nm voltage m
voltear vt faire tourner; (persona: en el aire) faire sauter en l'air; (AM) tourner; (: volcar) verser; **~se** vpr (AM) se retourner; **~ a hacer algo** (AM) recommencer (à faire) qch
voltereta nf (rodada) culbute f
voltio nm volt m
voluble adj voluble
volumen nm volume m; (COM) volume, chiffre m
voluminoso, -a adj volumineux(-euse)
voluntad nf volonté f
voluntario, -a adj, nm/f volontaire m/f
voluntarioso, -a adj volontaire
voluptuoso, -a adj voluptueux(-euse)
volver vt tourner; (de atrás adelante) ramener; (transformar en: persona) rendre ♦ vi (regresar) revenir; (ir de nuevo) retourner; **~se** vpr se retourner; (convertirse en) devenir; **~ la espalda** tourner le dos; **~ a hacer algo** recommencer (à faire) qch; **~ en sí** revenir à soi; **~se loco/insociable** devenir fou/asocial
vomitar vt vomir ♦ vi vomir;
vómito nm vomissement m; (lo vomitado) vomi m
voraz adj vorace; (hambre)

dévorant(e)

vos (AM) pron vous; (esp CSUR) tu

vosotros, -as pron vous; **entre ~** parmi vous

votación nf vote m; **por ~** par vote

votar vt, vi voter; **voto** nm vote m; (REL) vœu m; **hacer votos por** faire des vœux pour

voy vb ver **ir**

voz nf voix fsg; (grito) cri m; (rumor) bruit m; **dar voces** pousser des cris; **llamar a algn/ hablar a voces** appeler qn en criant/crier; **a media ~** à mi-voix; **de viva ~** de vive voix; **en ~ alta/baja** à voix haute/basse; **~ de mando** ton m de commandement

vuelco vb ver **volcar** ♦ nm culbute f, chute f; (de coche) tonneau m, capotage m

vuelo vb ver **volar** ♦ nm vol m; (de falda, vestido) ampleur f; **cazar** o **coger al ~** attraper au vol; **~ libre** vol libre; **~ regular** vol régulier

vuelque etc vb ver **volcar**

vuelta nf tour m; (regreso) retour m; (en carreras, circuito) virage m; (de camino, río) méandre m; (de papel) verso m; (de pantalón, tela, fig) revers msg; (dinero) monnaie f; **a la ~** (ESP) au retour; **a la ~ (de la esquina)** au coin (de la rue); **a ~ de correo** par retour du courrier; **dar(se) la ~** (coche) faire demi-tour; (persona) se retourner; **dar la ~ a algo** retourner qch; (de atrás adelante) ramener qch; **dar ~s** tourner; **dar ~s a** algo (comida) remuer qch; (manivela) tourner qch; **dar ~s a una idea** tourner et retourner une idée dans sa tête;

dar una ~ faire un tour; **~ ciclista** tour f (cycliste)

vuelto pp de **volver** ♦ nm (AM) monnaie f

vuelva etc vb ver **volver**

vuestro, -a adj votre ♦ pron: **el ~/la vuestra** le/la vôtre; **los ~s, las vuestras** les vôtres; **un amigo ~** un de vos amis; **¿son ~s?** c'est à vous?

vulgar adj (pey) vulgaire; (no refinado) grossier(-ière); (gustos, uso) commun(e); **vulgaridad** nf vulgarité f; (de gustos, rasgos) banalité f; (grosería) grossièreté f; **vulgarizar** vt vulgariser

vulgo nm: **el ~** (pey) le commun des mortels

vulnerable adj vulnérable; (punto, zona) sensible

vulnerar vt (ley, acuerdo) transgresser; (derechos, reputación) bafouer; (intimidad) violer

W, w

wáter nm waters mpl

whisky nm whisky m

windsurf nm windsurf m, planche f à voile

X, x

xenofobia nf xénophobie f

xilófono nm xylophone m

Y, y

y conj et

ya adv déjà; (con presente: ahora) maintenant; (: en seguida) tout de

suite; (con futuro: pronto) bientôt ♦
excl OK! ♦ conj déjà; ~ que
puisque; ~ **no vamos** nous ne
partons plus; ~ **lo sé** je sais; ~
veremos on verra bien; **que ~,
ya** mais oui, c'est ça; **¡~ voy!**
j'arrive!, j'y vais!; ~ **mismo** (esp
CSUR) tout de suite; **desde ~**
(CSUR) tout de suite; (: claro)
évidemment; ~ **vale (de
hacer),** ~ **está bien** ça
suffit

yacer vi gésir; **aquí yace** ci-gît
yacimiento nm gisement m
yanqui adj yankee ♦ nm/f Yankee
m/f
yate nm yacht m
yazca etc vb ver **yacer**
yedra nf lierre m
yegua nf jument f
yema nf (del huevo) jaune m; (BOT)
bourgeon m; ~ **del dedo** bout m
du doigt
yerga etc, **yergue** etc vb ver
erguir
yermo, -a adj (no cultivado)
inculte
yerno nm gendre m
yerre etc vb ver **errar**
yeso nm (ARQ) plâtre m
yo pron (personal) je; **soy ~** c'est
moi
yodo nm iode m
yoga nm yoga m
yogur(t) nm yaourt m, yogourt
m
yudo nm judo m
yugo nm joug m
Yugoslavia nf Yougoslavie f
yugular adj, nf jugulaire f
yunque nm enclume f
yunta nf attelage m
yuxtaponer vt juxtaposer;
yuxtaposición nf juxtaposition
f

Z, z

zafarse vpr: ~ **de** se libérer de
zafio, -a adj rustre
zafiro nm saphir m
zaga nf: **a la** ~ à la traîne
zaguán nm vestibule m
zaherir vt mortifier
zalamería nf cajolerie f
zalamero, -a adj cajoleur(-euse)
zamarra nf veste f en cuir
zambullirse vpr plonger
zampar (fam) vt engouffrer
zanahoria nf carotte f
zancada nf enjambée f
zancadilla nf croc-en-jambe m;
echar o **poner la ~ a algn**
barrer la route à qn
zanco nm échasse f
zancudo, -a adj: **ave** ~ oiseau
m aux longues pattes ♦ nm (AM)
moustique m
zángano nm (ZOOL) faux bourdon
m
zanja nf fossé m; **zanjar** vt
trancher
zapata nf patin m
zapatear vi (bailar) danser le
zapatéado
zapatería nf (tienda) magasin m
de chaussures; (oficio) cordonnerie
f
zapatero, -a nm/f
cordonnier(-ière)
zapatilla nf (para casa, ballet)
chausson m; (para la calle)
chaussure f légère; ~ **de deporte**
chaussure f de sport
zapato nm chaussure f
zapping nm zapping m; **hacer ~**
zapper
zarandear vt secouer
zarpa nf griffe f

zarpar vi lever l'ancre

zarza nf ronce f; **zarzal** nm fourré m

zarzamora nf (fruto) mûre f; (planta) mûrier m

zarzuela nf zarzuela f

zigzag nm zigzag m; **zigzaguear** vi zigzaguer

zinc nm zinc m

zócalo nm soubassement m

zodíaco nm zodiaque m

zona nf zone f

zoo nm zoo m

zoología nf zoologie f

zoológico, -a adj zoologique ♦ nm (tb: **parque ~**) zoo m

zoólogo, -a nm/f zoologue m

zoom nm zoom m

zopilote (AM) nm vautour m

zoquete (fam) adj, nm/f abruti(e)

zorro, -a adj rusé(e) ♦ nm/f renard(e)

zozobra nf angoisse f; **zozobrar** vi (barco) couler; (fig: plan) échouer

zueco nm sabot m

zumbar vi (abeja) bourdonner; (motor) vrombir; **zumbido** nm (de abejas) bourdonnement m; (de motor) vrombissement m

zumo nm jus msg

zurcir vt (COSTURA) raccommoder

zurdo, -a adj (persona) gaucher(-ère); (mano) gauche

zurrar vt (fam: pegar) tabasser

LOS VERBOS FRANCESES

1 Participe présent **2** Participe passé **3** Présent **4** Imparfait **5** Futur **6** Conditionnel **7** Subjonctif présent

acquérir 1 acquérant 2 acquis 3 acquiers, acquérons, acquièrent 4 acquérais 5 acquerrai 7 acquière

ALLER 1 allant 2 allé 3 vais, vas, va, allons, allez, vont 4 allais 5 irai 6 irais 7 aille

asseoir 1 asseyant 2 assis 3 assieds, asseyons, asseyez, asseyent 4 asseyais 5 assiérai 7 asseye

atteindre 1 atteignant 2 atteint 3 atteins, atteignons 4 atteignais 7 atteigne

AVOIR 1 ayant 2 eu 3 ai, as, a, avons, avez, ont 4 avais 5 aurai 6 aurais 7 aie, aies, ait, ayons, ayez, aient

battre 1 battant 2 battu 3 bats, bat, battons 4 battais 7 batte

boire 1 buvant 2 bu 3 bois, buvons, boivent 4 buvais 7 boive

bouillir 1 bouillant 2 bouilli 3 bous, bouillons 4 bouillais 7 bouille

conclure 1 concluant 2 conclu 3 conclus, concluons 4 concluais 7 conclue

conduire 1 conduisant 2 conduit 3 conduis, conduisons 4 conduisais 7 conduise

connaître 1 connaissant 2 connu 3 connais, connaît, connaissons 4 connaissais 7 connaisse

coudre 1 cousant 2 cousu 3 couds, cousons, cousez, cousent 4 cousais 7 couse

courir 1 courant 2 couru 3 cours, courons 4 courais 5 courrai 7 coure

couvrir 1 couvrant 2 couvert 3 couvre, couvrons 4 couvrais 7 couvre

craindre 1 craignant 2 craint 3 crains, craignons 4 craignais 7 craigne

croire 1 croyant 2 cru 3 crois, croyons, croient 4 croyais 7 croie

croître 1 croissant 2 crû, crue, crus, crues 3 croîs, croissons 4 croissais 7 croisse

cueillir 1 cueillant 2 cueilli 3 cueille, cueillons 4 cueillais 5 cueillerai 7 cueille

devoir 1 devant 2 dû, due, dus, dues 3 dois, devons, doivent 4 devais 5 devrai 7 doive

dire 1 disant 2 dit 3 dis, disons, dites, disent 4 disais 7 dise

dormir 1 dormant 2 dormi 3 dors, dormons 4 dormais 7 dorme

écrire 1 écrivant 2 écrit 3 écris, écrivons 4 écrivais 7 écrive

ÊTRE 1 étant 2 été 3 suis, es, est, sommes, êtes, sont 4 étais 5 serai 6 serais 7 sois, sois, soit, soyons, soyez, soient

FAIRE 1 faisant 2 fait 3 fais, fais, fait, faisons, faites, font 4 faisais 5 ferai 6 ferais 7 fasse

falloir 2 fallu 3 faut 4 fallait 5 faudra 7 faille

FINIR 1 finissant 2 fini 3 finis, finit, finissons, finissez, finissent 4 finissais 5 finirai 6 finirais 7 finisse

fuir 1 fuyant 2 fui 3 fuis, fuyons, fuient 4 fuyais 7 fuie

joindre 1 joignant 2 joint 3 joins, joignons 4 joignais 7 joigne

lire 1 lisant 2 lu 3 lis, lisons 4 lisais 7 lise

luire 1 luisant 2 lui 3 luis, luisons 4 luisais 7 luise

maudire 1 maudissant 2 maudit 3

maudis, maudissons 4 maudissait 7 maudisse

mentir 1 mentant 2 menti 3 mens, mentons 4 mentais 7 mente

mettre 1 mettant 2 mis 3 mets, mettons 4 mettais 7 mette

mourir 1 mourant 2 mort 3 meurs, mourons, meurent 4 mourais 5 mourrai 7 meure

naître 1 naissant 2 né 3 nais, naît, naissons 4 naissais 7 naisse

offrir 1 offrant 2 offert 3 offre, offrons 4 offrais 7 offre

PARLER 1 parlant 2 parlé 3 parle, parles, parle, parlons, parlez, parlent 4 parlais, parlais, parlait, parlions, parliez, parlaient 5 parlerai, parleras, parlera, parlerons, parlerez, parleront 6 parlerais, parlerais, parlerait, parlerions, parleriez, parleraient 7 parle, parles, parle, parlions, parliez, parlent *impératif* parle! parlons! parlez!

partir 1 partant 2 parti 3 pars, partons 4 partais 7 parte

plaire 1 plaisant 2 plu 3 plais, plaît, plaisons 4 plaisais 7 plaise

pleuvoir 1 pleuvant 2 plu 3 pleut, pleuvent 4 pleuvait 5 pleuvra 7 pleuve

pourvoir 1 pourvoyant 2 pourvu 3 pourvois, pourvoyons, pourvoient 4 pourvoyais 7 pourvoie

pouvoir 1 pouvant 2 pu 3 peux, peut, pouvons, peuvent 4 pouvais 5 pourrai 7 puisse

prendre 1 prenant 2 pris 3 prends, prenons, prennent 4 prenais 7 prenne

prévoir *como voir* 5 prévoirai

RECEVOIR 1 recevant 2 reçu 3 reçois, reçois, reçoit, recevons, recevez, reçoivent 4 recevais 5 recevrai 6 recevrais 7 reçoive

RENDRE 1 rendant 2 rendu 3 rends, rends, rend, rendons, rendez, rendent 4 rendais 5 rendrai 6 rendrais 7 rende

résoudre 1 résolvant 2 résolu 3 résous, résolvons 4 résolvais 7 résolve

rire 1 riant 2 ri 3 ris, rions 4 riais 7 rie

savoir 1 sachant 2 su 3 sais, savons, savent 4 savais 5 saurai 7 sache *impératif* sache, sachons, sachez

servir 1 servant 2 servi 3 sers, servons 4 servais 7 serve

sortir 1 sortant 2 sorti 3 sors, sortons 4 sortais 7 sorte

souffrir 1 souffrant 2 souffert 3 souffre, souffrons 4 souffrais 7 souffre

suffire 1 suffisant 2 suffi 3 suffis, suffisons 4 suffisais 7 suffise

suivre 1 suivant 2 suivi 3 suis, suivons 4 suivais 7 suive

taire 1 taisant 2 tu 3 tais, taisons 4 taisais 7 taise

tenir 1 tenant 2 tenu 3 tiens, tenons, tiennent 4 tenais 5 tiendrai 7 tienne

vaincre 1 vainquant 2 vaincu 3 vaincs, vainc, vainquons 4 vainquais 7 vainque

valoir 1 valant 2 valu 3 vaux, vaut, valons 4 valais 5 vaudrai 7 vaille

venir 1 venant 2 venu 3 viens, venons, viennent 4 venais 5 viendrai 7 vienne

vivre 1 vivant 2 vécu 3 vis, vivons 4 vivais 7 vive

voir 1 voyant 2 vu 3 vois, voyons, voient 4 voyais 5 verrai 7 voie

vouloir 1 voulant 2 voulu 3 veux, veut, voulons, veulent 4 voulais 5 voudrai 7 veuille *impératif* veuillez

VERBES ESPAGNOLS

1 Gerundio **2** Imperativo **3** Presente **4** Pretérito perfecto **5** Futuro **6** Presente de subjuntivo **7** Imperfecto de subjuntivo **8** Participio pasado **9** Imperfecto

agradecer 3 agradezco 6 agradezca *etc*

aprobar 2 aprueba 3 apruebo, apruebas, aprueba, aprueban 6 apruebe, apruebes, apruebe, aprueben

atravesar 2 atraviesa 3 atravieso, atraviesas, atraviesa, atraviesan 6 atraviese, atravieses, atraviese, atraviesen

caber 3 quepo 4 cupe, cupiste, cupo, cupimos, cupisteis, cupieron 5 cabré *etc* 6 quepa *etc* 7 cupiera *etc*

caer 1 cayendo 3 caigo 4 cayó, cayeron 6 caiga *etc* 7 cayera *etc*

cerrar 2 cierra 3 cierro, cierras, cierra, cierran 6 cierre, cierres, cierre, cierren

COMER 1 comiendo 2 come, comed 3 como, comes, come comemos, coméis, comen 4 comí, comiste, comió, comimos, comisteis, comieron 5 comeré, comerás, comerá, comeremos, comeréis, comerán 6 coma, comas, coma, comamos, comáis, coman 7 comiera, comieras, comiera, comiéramos, comierais, comieran 8 comido 9 comía, comías, comía, comíamos, comíais, comían

conocer 3 conozco 6 conozca *etc*

contar 2 cuenta 3 cuento, cuentas, cuenta, cuentan 6 cuente, cuentes, cuente, cuenten

dar 3 doy 4 di, diste, dio, dimos, disteis, dieron 7 diera *etc*

decir 2 di 3 digo 4 dije, dijiste, dijo, dijimos, dijisteis, dijeron 5

diré *etc* 6 diga *etc* 7 dijera *etc* 8 dicho

despertar 2 despierta 3 despierto, despiertas, despierta, despiertan 6 despierte, despiertes, despierte, despierten

divertir 1 divirtiendo 2 divierte 3 divierto, diviertes, divierte, divierten 4 divirtió, divirtieron 6 divierta, diviertas, divierta, divirtamos, divirtáis, diviertan 7 divirtiera *etc*

dormir 1 durmiendo 2 duerme 3 duermo, duermes, duerme, duermen 4 durmió, durmieron 6 duerma, duermas, duerma, durmamos, durmáis, duerman 7 durmiera *etc*

empezar 2 empieza 3 empiezo, empiezas, empieza, empiezan 4 empecé 6 empiece, empieces, empiece, empecemos, empecéis, empiecen

entender 2 entiende 3 entiendo, entiendes, entiende, entienden 6 entienda, entiendas, entienda, entendamos, entendáis, entiendan

ESTAR 2 está 3 estoy, estás, está, están 4 estuve, estuviste, estuvo, estuvimos, estuvisteis, estuvieron 6 esté, estés, esté, estén 7 estuviera *etc*

HABER 3 he, has, ha, hemos, han 4 hube, hubiste, hubo, hubimos, hubisteis, hubieron 5 habré *etc* 6 haya *etc* 7 hubiera *etc*

HABLAR 1 hablando 2 habla, hablad 3 hablo, hablas, habla, hablamos, habláis, hablan 4 hablé,

627

hablaste, habló, hablamos, hablasteis, hablaron 5 hablaré, hablarás, hablará, hablaremos, hablaréis, hablarán 6 hable, hables, hable, hablemos, habléis, hablen 7 hablara, hablaras, hablara, habláramos, hablarais, hablaran 8 hablado 9 hablaba, hablabas, hablaba, hablábamos, hablabais, hablaban

hacer 2 haz 3 hago 4 hice, hiciste, hizo, hicimos, hicisteis, hicieron 5 haré etc 6 haga etc 7 hiciera etc 8 hecho

instruir 1 instruyendo 2 instruye 3 instruyo, instruyes, instruye, instruyen 4 instruyó, instruyeron 6 instruya etc 7 instruyera etc

ir 1 yendo 2 ve 3 voy, vas, va, vamos, vais, van 4 fui, fuiste, fue, fuimos, fuisteis, fueron 6 vaya, vayas, vaya, vayamos, vayáis, vayan 7 fuera etc 9 iba, ibas, iba, íbamos, ibais, iban

jugar 2 juega 3 juego, juegas, juega, juegan 4 jugué 6 juegue etc

leer 1 leyendo 4 leyó, leyeron 7 leyera etc

morir 1 muriendo 2 muere 3 muero, mueres, muere, mueren 4 murió, murieron 6 muera, mueras, muera, muramos, muráis, mueran 7 muriera etc 8 muerto

mover 2 mueve 3 muevo, mueves, mueve, mueven 6 mueva, mueve, muevas, muevan

negar 2 niega 3 niego, niegas, niega, niegan 4 negué 6 niegue, niegues, niegue, neguemos, neguéis, nieguen

ofrecer 3 ofrezco 6 ofrezca etc

oír 1 oyendo 2 oye 3 oigo, oyes, oye, oyen 4 oyó, oyeron 6 oiga etc 7 oyera etc

oler 2 huele 3 huelo, hueles, huele, huelen 6 huela, huelas, huela, huelan

parecer 3 parezco 6 parezca etc

pedir 1 pidiendo 2 pide 3 pido, pides, pide, piden 4 pidió, pidieron 6 pida etc 7 pidiera etc

pensar 2 piensa 3 pienso, piensas, piensa, piensan 6 piense, pienses, piense, piensen

perder 2 pierde 3 pierdo, pierdes, pierde, pierden 6 pierda, pierdas, pierda, pierdan

poder 1 pudiendo 2 puede 3 puedo, puedes, puede, pueden 4 pude, pudiste, pudo, pudimos, pudisteis, pudieron 5 podré etc 6 pueda, puedas, pueda, puedan 7 pudiera etc

poner 2 pon 3 pongo 4 puse, pusiste, puso, pusimos, pusisteis, pusieron 5 pondré etc 6 ponga etc 7 pusiera etc 8 puesto

preferir 1 prefiriendo 2 prefiere 3 prefiero, prefieres, prefiere, prefieren 4 prefirió, prefirieron 6 prefiera, prefieras, prefiera, prefiramos, prefiráis, prefieran 7 prefiriera etc

querer 2 quiere 3 quiero, quieres, quiere, quieren 4 quise, quisiste, quiso, quisimos, quisisteis, quisieron 5 querré etc 6 quiera, quieras, quiera, quieran 7 quisiera etc

reír 3 río, ríes, ríe, ríen 4 rio, rieron 6 ría, rías, ría, riamos, riáis, rían 7 riera etc

repetir 1 repitiendo 2 repite 3 repito, repites, repite, repiten 4 repitió, repitieron 6 repita etc 7 repitiera etc

rogar 2 ruega 3 ruego, ruegas, ruega, ruegan 4 rogué 6 ruegue, ruegues, ruegue, roguemos, roguéis, rueguen

saber 3 sé 4 supe, supiste, supo, supimos, supisteis, supieron 5 sabré etc 6 sepa etc 7 supiera etc

salir 2 sal 3 salgo 5 saldré etc 6 salga etc

seguir 1 siguiendo 2 sigue 3 sigo, sigues, sigue, siguen 4 siguió, siguieron 6 siga *etc* 7 siguiera *etc*

sentar 2 sienta 3 siento, sientas, sienta, sientan 6 siente, sientes, siente, sienten

sentir 1 sintiendo 2 siente 3 siento, sientes, siente, sienten 4 sintió, sintieron 6 sienta, sientas, sienta, sintamos, sintáis, sientan 7 sintiera *etc*

SER 2 sé 3 soy, eres, es, somos, sois, son 4 fui, fuiste, fue, fuimos, fuisteis, fueron 6 sea *etc* 7 fuera *etc* 9 era, eras, era, éramos, erais, eran

servir 1 sirviendo 2 sirve 3 sirvo, sirves, sirve, sirven 4 sirvió, sirvieron 6 sirva *etc* 7 sirviera *etc*

soñar 2 sueña 3 sueño, sueñas, sueña, sueñan 6 sueñe, sueñes, sueñe, sueñen

tener 2 ten 3 tengo, tienes, tiene, tienen 4 tuve, tuviste, tuvo, tuvimos, tuvisteis, tuvieron 5 tendré *etc* 6 tenga *etc* 7 tuviera *etc*

traer 1 trayendo 3 traigo 4 traje,

trajiste, trajo, trajimos, trajisteis, trajeron 6 traiga *etc* 7 trajera *etc*

valer 2 val 3 valgo 5 valdré *etc* 6 valga *etc*

venir 2 ven 3 vengo, vienes, viene, vienen 4 vine, viniste, vino, vinimos, vinisteis, vinieron 5 vendré *etc* 6 venga *etc* 7 viniera *etc*

ver 3 veo 6 vea *etc* 8 visto 9 veía *etc*

vestir 1 vistiendo 2 viste 3 visto, vistes, viste, visten 4 vistió, vistieron 6 vista *etc* 7 vistiera *etc*

VIVIR 1 viviendo 2 vive, vivid 3 vivo, vives, vive, vivimos, vivís, viven 4 viví, viviste, vivió, vivimos, vivisteis, vivieron 5 viviré, vivirás, vivirá, viviremos, viviréis, vivirán 6 viva, vivas, viva, vivamos, viváis, vivan 7 viviera, vivieras, viviera, viviéramos, vivierais, vivieran 8 vivido 9 vivía, vivías, vivía, vivíamos, vivíais, vivían

volver 2 vuelve 3 vuelvo, vuelves, vuelve, vuelven 6 vuelva, vuelvas, vuelva, vuelvan 8 vuelto

LES NOMBRES

LOS NÚMEROS

un(e)	1	un(o)(-a)
deux	2	dos
trois	3	tres
quatre	4	cuatro
cinq	5	cinco
six	6	seis
sept	7	siete
huit	8	ocho
neuf	9	nueve
dix	10	diez
onze	11	once
douze	12	doce
treize	13	trece
quatorze	14	catorce
quinze	15	quince
seize	16	dieciséis
dix-sept	17	diecisiete
dix-huit	18	dieciocho
dix-neuf	19	diecinueve
vingt	20	veinte
vingt et un(e)	21	veintiun(o)(-a)
vingt-deux	22	veintidós
trente	30	treinta
trente et un(e)	31	treinta y uno(-a)
trente-deux	32	treinta y dos
quarante	40	cuarenta
cinquante	50	cincuenta
soixante	60	sesenta
soixante-dix	70	setenta
soixante et onze	71	setenta y uno(-a)
soixante-douze	72	setenta y dos
quatre-vingts	80	ochenta
quatre-vingt-un(e)	81	ochenta y uno(-a)
quatre-vingt-dix	90	noventa
quatre-vingt-onze	91	noventa y uno(-a)
cent	100	cien(to)
cent un(e)	101	ciento un(o)(-a)
cent cinquante-six	156	ciento cincuenta y seis
deux cents	200	doscientos(-as)
trois cent un(e)	301	trescientos(-as) uno(-a)
cinq cents	500	quinientos(-as)
mille	1 000	mil
cinq mille	5 000	cinco mil
un million	1 000 000	un millón

LES NOMBRES

premier (première), 1er (1ère)
deuxième, 2e, 2ème
troisième, 3e, 3ème
quatrième
cinquième
sixième
septième
huitième
neuvième
dixième
onzième
douzième
treizième
quatorzième
quinzième
seizième
dix-septième
dix-huitième
dix-neuvième
vingtième
vingt et unième
vingt-deuxième
trentième
centième
cent-unième
millième

LOS NÚMEROS

primer(o)(-a), 1º(1ª)
segundo(-a), 2º(2ª)
tercer(o)(-a), 3º(3ª)
cuarto(-a)
quinto(-a)
sexto(-a)
séptimo(-a)
octavo(-a)
noveno(-a)
décimo(-a)
undécimo(-a)
duodécimo(-a)
decimotercero(-a)
decimocuarto(-a)
decimoquinto(-a)
decimosexto(-a)
decimoséptimo(-a)
decimoctavo(-a)
decimonoveno(-a)
vigésimo(-a)
vigésimo primero(-a)
vigésimo segundo(-a)
trigésimo(-a)
centésimo(-a)
centésimo primero(-a)
milésimo(-a)